이 책이 세세한 내용과 대담한 가설들로 가득하다는 데에는
반론의 여지가 없다.⋯⋯이 책은 인간이 할 수 있는
끝없이 다양한 상업의 세계들을 보여준다.
—조너선 스펜스, 「뉴욕 타임스 북 리뷰(*New York Times Book Review*)」

저명한 프랑스의 역사가 페르낭 브로델은 사람들이 어떻게 먹고 입는지,
어디에 사는지, 그리고 어디에서 필수품과 사치품을 얻었는지를
연구함으로써 역사를 깊이 이해할 수 있다고 설득한다.
브로델은 역사의 큰 흐름이 어떻게 작은 부분으로부터
만들어졌는지를 낱낱이 보여준다.
—엘리자베스 그로스만, 「새터데이 리뷰(*Saturday Review*)」

저자의 오래된 학식과 세련된 문체뿐 아니라 인간에 대한 이해,
그리고 현대사회에 대한 예리한 비유로 생생하게 살아 숨 쉬는 책이다.
—「이코노미스트(*Economist*)」

페르낭 브로델은 '인간에 밀접한 역사'를 쓰고자 했다.
그는 혁명을 일으켰다. 그는 20세기의 고통을 발견의 땅으로 만들었다.
—「라 크루아(*La Croix*)」

물질문명과 자본주의 3

물질문명과 자본주의 ❸

세계의 시간

페르낭 브로델

주경철 옮김

까치

CIVILISATION MATÉRIELLE, ÉCONOMIE ET CAPITALISME, XVe– XVIIIe Siècle

Tome 3. Les Temps du Monde

by Fernand Braudel

역자 주경철(朱京哲)
서울대학교 경제학과와 같은 대학원 서양사학과를 졸업한 후 파리 사회과학고등연구 원에서 역사학 박사학위를 받았다. 서울대학교 역사연구소 소장과 중세르네상스연구 소 소장, 도시사학회 회장을 지냈다. 현재 서울대학교 역사학부 교수로 재직 중이다. 『일 요일의 역사가』, 『대항해시대』, 『바다 인류』를 비롯하여 『문명과 바다』, 『주경철의 유럽인 이야기 1-3』, 『중세 유럽인 이야기』, 『문화로 읽는 세계사』 등을 쓰고, 『지중해 : 펠리페 2 세 시대의 지중해 세계 1-3』(공역)와 『제국의 몰락』, 『유토피아』 등을 우리말로 옮겼다.

물질문명과 자본주의 3
세계의 시간

저자 / 페르낭 브로델
역자 / 주경철
발행처 / 까치글방
발행인 / 박후영
주소 / 서울시 용산구 서빙고로 67, 파크타워 103동 1003호
전화 / 02 · 735 · 8998, 736 · 7768
팩시밀리 / 02 · 723 · 4591
홈페이지 / www.kachibooks.co.kr
전자우편 / kachibooks@gmail.co.kr
등록번호 / 1-528
등록일 / 1977. 8. 5
초판 1쇄 발행일 / 1997. 2. 25
제2판 1쇄 발행일 / 2024. 3. 15

값 / 뒤표지에 쓰여 있음

ISBN 978-89-7291-825-7 94900
      978-89-7291-822-6 (세트)

클레멘스 헬러에게

차례

일러두기

1. 이 책에 나오는 인명, 지명 등의 고유명사는 몇 개의 예외를 제외하고는 개정된 외래어 표기법에 따르되, 명시되지 않은 경우에는 현지의 발음을 따르는 것을 원칙으로 했다.

2. 괄호 중에 대괄호([ ])는 원저에 나오는 것을 그대로 옮긴 것이다. 원저에서는 예컨대 다른 저자의 글을 인용하다가 중간에 저자가 간단한 주석을 붙일 때 이것을 많이 사용했다. 이것과 구별하여 역자가 이 책을 옮기면서 독자의 이해를 돕기 위해서 본문에 간단하게 덧붙이고 싶은 말이 있을 때에는 대괄호 안에 "역주"라는 말을 넣어 "[/역주]"와 같이 썼다.

3. 큰따옴표(" ")는 원저에서 기유메(guillemet, « »)로 표기된 것으로서, 인용문을 표시하거나 또는 그 부호 안의 말이 원래 뜻대로 쓰이기보다 다른 뉘앙스를 가지는 것을 표시하는 경우가 많았다. 한편, 역자가 번역할 때 프랑스어 단어로는 자연스러우나 우리말로 직역하면 다소 어색하다고 생각될 때에는 작은따옴표(' ')를 썼다.

4. 많은 인명, 지명 혹은 역사적 사건 등에 대해서 간략한 소개가 필요하다고 느낀 경우에, 혹은 그 외에도 본문의 이해에 필요하다고 생각한 경우에 역주를 달았다. 역주는 별표(*)를 이용하여 구분하고 각 페이지의 아래에 각주로 달았다. 한편 저자의 주는 원저에 나오는 대로 번호를 붙여 구분하고 책 끝에 후주로 모았다.

5. 원어를 밝히고자 할 때에는 괄호 안에 프랑스어, 그 외의 언어 순으로 표기했다. 영어를 함께 표기하는 것이 이해에 도움이 된다고 판단했을 때에는 영어를 함께 썼다. 그러나 원어 자체가 영어, 독일어 등이고 그에 해당되는 프랑스어 번역어가 의미가 없다고 생각한 경우에는 원래의 말만 쓰고 프랑스어 표기는 생략하기도 했다.

서론

이 책의 마지막 권인 이 3권은 일종의 내기와 주장이라고 할 수 있다. 그러한 내기와 주장이 이번 권의 방향을 잡아준다. 제목은 볼프람 에버하르트의 훌륭한 표현을[1] 나름대로 취하여 『세계의 시간(*Le Temps du Monde*)』이라고 했다. 이 제목이 내가 실제로 다루는 것보다 더 많은 것을 약속해주는 것처럼 보이는 문제는 있지만, 여하튼 훌륭한 제목이다.

내기를 한다는 것은 내가 역사—연대기적인 전개와 다양한 시간성 속에서 포착되는—에 대해서 최고의 믿음을 품고 있다는 것을 뜻한다. 그것은 마치 역사의 흐름과 논리들을 그대로 따라가봄으로써 앞의 두 권에서 이미 수행한 연구의 결과를 확인하거나 파기하는 확실한 실험을 하는 것과 같다. 그렇다고 할 때 이런 내기에는 다음과 같은 주장이 뒤에 깔려 있는 셈이다. 즉, 역사는 하나의 설명—가장 설득력 있는 설명 중의 하나—으로 이용될 수도 있고, 하나의 증명—추상적인 추론, 선험적인 논리, 또는 우리가 늘 빠지는 상식의 함정 등에서 벗어난 유일한 증명—으로 이용될 수도 있다. 더군다나 대단히 불완전한 동시에 도저히 다 살펴볼 수 없을 정도로 방대한 양이 남아 있는 사료로부터 세계사의 타당한 도식을 제시하려는 이 시도는 더욱 대담한 주장이 될 것이다.

이것이 제3권의 구체적인 구상이다. 독자들은 이 권에서 많은 이야기, 묘사, 이미지, 발전, 급격한 변화, 규칙성 등을 보겠지만, 나는 다만 여기에서 하나의 선, 하나의 점을 나타내기 위하여 그리고 하나의 중요한 사실을 내세우기 위하여 너무 길게 이야기하거나 자세하게 묘사하지는 않으려고 시종일관 주의했다. 나는 오로지 이해하기 위하여, 다시 말하면 증명하기 위하여 우선 나 자신이 보고 또 남들로 하여금 보도록 노력했다. 연구가 정당화되고 더 나아가서 역사가의 직무가 정당화되는 것이 이런 노력이라고 생각하면서 나는 이 일을 꾸준히 수행했다.

그렇지만 세계사에는 가장 끈질긴 자, 혹은 가장 우직한 자라도 용기를 잃게 만드는 요소가 있다. 그것은 강변이 없는 강, 시작도 끝도 없는 강과 같다. 아니 이 비유도 적당하지 않은 듯하다. 세계사란 하나의 강이 아니라 여러 개의 강들과 같기 때문이다. 그러나 다행히도 역사가들은 이와 같은 과잉에 이미 익숙하다. 그들은 이 과잉을 여러 영역(정치사, 경제사, 사회사, 문화사)으로 나누어서 단순화시킨다. 특히 역사가들은 경제학자들로부터 시간이 여러 개의 시간성으로 나뉠 수 있으며 그렇게 해서 길들여지고 결국 조종 가능해진다는 것을 배웠다. 첫째로 장기지속 또는 최장기지속의 시간성, 둘째로 어느 정도 느린 콩종크튀르, 마지막으로 빠른 또는 순간적인 일탈 같은 것이 있다. 그중에서 마지막으로 든 가장 짧은 시간성이 대체로 가장 파악하기 쉽다. 이렇게 해서 우리는 세계사를 단순화하고 조직화하는 데에 매우 유용한 수단들을 얻었다. 그것들을 통해 세계의 수준에서 영위되는 삶의 시간, 즉 **세계의 시간**을 추출한다. 그러나 세계의 시간이 인간의 역사 전체를 포괄하지는 않는다. 오히려 예외에 속하는 이 시간은 장소와 시대에 따라서 단지 일부의 공간과 현실들을 지배할 따름이다. 그 외의 다른 공간과 현실들은 이것에서 벗어나 있고 낯선 채로 남아 있다.

예를 하나 들어보자. 인도는 그 자체로서 하나의 대륙이다. 이제 여기에 네 개의 선을 그려보자. 코로만델 해안선, 말라바르 해안선, 수라트에서 델리를 잇는 축, 델리에서 갠지스 삼각주를 잇는 축이 그것들이다. 그러면 이 사각형 안에 인도가 들어간다.[2] 이 사각형 내에서 해안지역만이 진정으로 세계의 시간 속에 살며 지구 전체의 교역과 리듬을 받아들인다. 물론 여기에 다른 곳과의 격차와 다른 곳으로부터의 저항이 없지는 않다. **세계의 시간은** 우선적으로 그와 같은 활기 있는 선분들만을 활성화시킨다. 그러면 사각형 내부로도 그 영향이 미칠까? 물론 여기저기에서 그럴 것이다. 그러나 대부분의 지역들은 그런 영향에서 벗어나 있다. 그런데 이렇게 인도라는 "대륙"의 규모에서 일어난 일은 인간이 살아가는 지구상의 다른 모든 지역, 심지어 산업혁명기의 영국 제도에서도 되풀이된다. 세계사가 거의 영향을 미치지 못하는 지역, 침묵의 지역, 조용한 무지의 지역이 도처에 존재한다. "우리[나폴리] 왕국 안에는, 차라리 사모예드족*이 더 문명화되고 세련된 것처럼 보이게 만드는 지역들이 존재한다"고 경제학자인 안토니오 제노베시(1712-1769)**는 이야기했다.[3] 처음에는 우리가 하려는 작업이 도저히 해낼 수 없는 것으로 보였다. 그러나 이제 우리는 아무런 소리도 들리지 않는 빈 공간들—승리한 역사의 바깥에 위치한 지역들로서 이 책의 제1권에서 주로 다루었다—이 수없이 깔려 있어서 어느 정도 감당할 수 있게 된 세계지도의 앞에 서 있다.

세계의 시간은 따라서 전체사의 상층구조의 작동과 관련을 가진다. 그 상층구조는 아래층에서 작용하는 힘들이 창조하고 부양해준 결과물이지만, 동시에 그 무게가 아래로 영향을 미치기도 한다. 장소와 시대에 따라서 이러한 아래에서 위로의 움직임과 위에서 아래로의 움직임의 중요성이 변화한다. 그러나 사회적, 경제적으로 가장 발전한 지역에서도 세계의 시간이 모든 것을 다 책임지지는 못한다.

---

* 시베리아의 오비 강 하류로부터 예니세이 강 사이와 타이미르 반도에서 사는 몽골계 종족들. 이들은 순록 방목과 어업을 하면서 살아가며 샤머니즘적 색채가 강한 문화를 계승한다.
** 이 책 제2권 365쪽의 역주를 참조하라.

원칙적으로 제3권은 한 영역의 역사, 즉 물질적이고 경제적인 역사를 우선적으로 취급할 것이다. 이 마지막 권에서 내가 파악해보려고 하는 것은 무엇보다도 15-18세기의 세계 **경제사**이다. 그러므로 나의 작업은 단순화될 것이다. 또는 그래야만 할 것이다. 우리는 수십여 종의 탁월한 일반 경제사 책들을 알고 있다. 그중 어떤 것들은 간략하다는 장점이 있고[4] 또 어떤 것들은 참고자료가 방대하다는 장점이 있다. 내가 이용한 것은 1928-1929년에 두 권으로 발간된 이오시프 쿨리셰르의 『일반 경제사(*Allgemeine Wirtschaftsgeschichte*)』이다.[5] 이 책은 오늘날에도 가장 믿을 만한 최고의 참고서이다. 그 외에 내가 이용한 책으로는 베르너 좀바르트의 기념비적인 저작 『근대 자본주의(*Der Moderne Kapitalismus*)』(마지막 판인 1928년판)가 있는데, 이것은 엄청난 양의 독서와 해석의 산물이다. 그렇지만 이런 모든 일반 저작들은 한결같이 유럽이라는 틀 속에 한정되어 있다. 그런데 역사는 전세계적인 차원에서의 비교를 통하여 추론할 수 있다는 이점이 있으며 또 그렇게 할 때에만 가치가 있다고 나는 확신한다.

프리드리히 노발리스(1772-1801)는 이렇게 이야기하지 않았던가. "모든 역사는 필연적으로 세계사이다."[6] 실제로 세계 경제사는 유럽에만 한정된 경제사보다 더 명료하다. 그러나 과연 그것을 더 단순화시킬 수 있을까?

적어도 1950년대 이래 경제학자들이나[7] 그보다 더 오래 전의 역사학자들은 경제가 그 자체로서 독립적인 영역이라거나 경제사가 다른 것과 분리하여 연구될 수 있는 한정된 영역이라고는 믿지 않는다. 오늘날 이 점에 대해서는 누구나 분명히 동의한다. 비톨드 쿨라는 "발전된 자본주의에서 [내가 여기에 덧붙여 이야기한다면 초기 단계의 자본주의에서도] 독자적인 경제가 존재한다는 이론은 순전히 학자들 간의 약속에 불과하다"고 보았다.[8] 조제 젠틸 다 실바에 의하면 "역사에서는 모든 것이 서로 연관되어 있다. 특히 경제활동은 정치 및 정치를 둘러싼 여러 신념들과 분리될 수 없으며, 또 경제활동을 위치 짓는 여러 가능성 혹은 제약과도 분리될 수 없다."[9] 사회 속에 존재하는 인간은 근본적으로 경제인(homo economicus)일까? 로스토는 분명히 아니라고 대답한다.[10] 죄르지 루카치는 경제적인 문제가 "사회적, 이데올로기적, 정치적인 다른 문제들과 정말로 분리될 수 있다고 믿는다면" 우스운 일이라고 이야기했다.[11] 레이먼드 퍼스에 의하면 인간의 모든 활동은 "경제적 측면, 사회적 측면, 문화적 측면" 그리고 당연히 정치적 측면을 포함하고 있다.[12] 조지프 슘페터는 경제사가 "순전히 경제적일 수만은 없다"고 말했고[13] 민족학자인 장 푸아리에는 "경제학자가 경제적 사실을 완전히 이해하기 위해서는 경제 이상의 것을 보아야 한다"고 이야기했다.[14] 오늘날의 한 경제학자는 "정치경제학과 다른 사회과학들의 단절은 받아들일 수 없다"고 했는데,[15] 이전에 장-바티스트 세 역시 이미 이와 비슷한 내용을 이야기한 바 있다(1828). "정치경제학은 물질적인 재화만을 대상으로 하는 것처럼 보이지만, 사회체제 전체와 사회 내의 모든 것을 다루고 있다."[16]

세계경제사란 따라서 세계의 전체사이되, 그것을 경제라는 독특한 전망대에서 바라본 역사이다. 그런데 경제라는 전망대를 선택하든 혹은 다른 어떤 전망대를 선택하든 간에, 사전에 어느 한 일원적인 설명에 우위권을 준 것이며 바로 이 점 때문에 위험한 것이다. 나 역시 그 위험으로부터 전적으로 벗어나지는 못한다는 것을 알고 있다. 일련의 경제적 사실들에 우위권을 인정하는 것이 아무런 문제가 없을 수는 없다. 아무리 조심해서 그 경제적 사실들을 통제하고 제자리를 잡아주며 또 그것을 넘어서려고 해도 어떻게 우리가 그 교묘하게 스며드는 "경제주의"와 사적 유물론이라는 문제를 피할 수 있을 것인가? 이것은 유사(流沙)*를 지나는 것과도 같다.

나는 이상과 같은 논거에 의해서 우리의 앞길을 막는 어려움들을 제거하려고 노력했다. 그러나 작업을 진행함에 따라 다시 어려운 문제들이 집요하게 나타날 것이다. 그러나 그러한 어려움들이 없다면 우리는 역사를 진지하

---

* 그 위를 지나가는 사람이나 짐승을 빨아들이는 모래.

게 대하지 못했을 것이라고 생각하자.

독자들은 다음의 장들에서 내가 어떻게 이 어려움들을 극복해나가는지를 보게 될 것이다.

우선 나의 손전등부터 불을 밝혀야 했다. 그래서 이론적인 첫 번째 장인 **공간과 시간의 분할**에서는 시간과 공간 속에서의 경제의 위치에 대해서 그리고—경제와 함께 이 시간과 공간을 나누어 가지는—정치, 문화, 사회의 전후좌우 혹은 위아래에서의 경제의 위치에 대해서 살펴보려고 했다.

그다음 제2장에서 제6장까지의 여러 장들에서는 시간을 파악하려고 했다. 이제부터 시간은 우리의 가장 중요한, 심지어 유일한 적수이다. 나는 다시 한번 더 **장기지속(longue durée)**에[17] 의존했다. 이것은 분명히 주마간산 격일 수밖에 없으므로 에피소드들과 단기간의 현실들을 보지 못한다. 여기에서 자크 쾨르의 일생이라든가 거부(巨富) 야코프 푸거의 초상, 혹은 로 체제에 대한 진부한 설명 등을 다시 접하는 따위의 일은 없을 것이다. 이런 점에서는 분명히 빈틈투성이이다. 그러나 그렇지 않고서야 어떻게 달리 간략한 설명이 가능하겠는가?

훌륭한 전통적 방식에 따라서 나는 **세계의 시간**을 여러 개의 긴 시대로 나누었다. 그것은 유럽이 차례로 겪은 경험에 따른 구분이다. 두 개의 장(제2장 베네치아, 제3장 암스테르담)에서는 **도시가 지배하는 경제**에 대해서 살펴볼 것이다. **전국시장**이라는 제목의 제4장에서는 18세기 국민경제의 발전을 연구할 것이며, 무엇보다도 프랑스와 영국을 주요 대상으로 할 것이다. **세계와 유럽 : 지배와 저항**이라는 제목의 제5장에서는 이른바 계몽의 세기라고 부르던 시대의 전 세계를 차례로 일주할 것이다. 마지막 제6장인 **산업혁명과 성장**에서는 오늘날 우리가 살고 있는 이 시대의 기원이 되는 거대한 단절을 연구한다. 마지막으로 결론은 상당히 긴 분량으로서 거의 하나의 독립된 장에 가깝다.

우리가 제법 자세히 그리고 여유 있게 살펴볼, 이토록 다양한 역사적 경험들을 통해서 이 책의 이전 권들에서 행했던 분석들이 확인되었으면 하는 것이 나의 바람이다. 슘페터는 우리 역사가들이 그의 대표작으로 꼽는 『경제분석의 역사(*History of Economic Analysis*)』(1954)에서 경제를 연구하는 데에는 역사를 통한 방법, 이론을 통한 방법, 통계를 통한 방법 등의 세 가지가 있으나,[18] 만일 생애를 다시 시작할 수 있다면 역사가가 되겠다고 말하지 않았던가? 다른 사회과학 전문가들 역시 그처럼 역사 속에서 인식과 탐구의 탁월한 수단을 발견했으면 한다. 현재의 절반 이상은 끈질기게 살아남으려는 과거의 먹이가 아닐까? 또 과거는 그 규칙성, 차별성 및 유사성을 통해서 현재를 진지하게 이해하는 데에 필수불가결한 열쇠가 아닐까?

제1장

공간과 시간의 분할 : 유럽

제목이 말해주듯이 이번 장은 이론적인 측면을 다룬다. 이 장은 공간의 분할과 시간의 분할이라는 두 개의 축으로 이루어져 있다. 여기에서의 문제는 우선 경제적인 현실들, 그리고 그다음으로 그것에 수반되는 사회적인 현실들을 공간과 시간지속(durée)에 따라서 위치 짓는 것이다. 이런 정리작업, 특히 공간에 따라서 위치 짓는 첫 번째 작업에는 많은 시간이 소요될 것이다. 대신 이것은 시간지속에 따라서 위치 짓는 두 번째의 작업을 쉽게 이해하도록 해줄 것이다. 나는 이 두 가지 작업들이 모두 유용하다고 생각한다. 이 작업들은 우리가 나아가야 할 길의 이정표가 되고 그 길을 정당화시켜주며 우리에게 편리한 어휘들을 제공한다. 모든 진지한 논쟁에서는 다 그렇듯이 용어 문제야말로 핵심적인 문제이다.

공간과 경제 : 세계-경제

설명의 원천으로서 공간은 모든 역사적 현실들—국가, 사회, 문화, 경제 등 공간적 넓이를 차지하는 모든 부분들—에 영향을 미친다. 우리가 이런 **집합들**(ensembles)[1] 중에 어느 것을 선택하느냐에 따라서 공간의 의미와 역할이 분명 달라지지만, 그렇다고 그런 선택에 따라서 정말로 모든 것이 완전히 달라지지는 않는다.

나는 우선 잠정적으로 경제만을 살펴보려고 한다. 그러고 나서 경제 이외의 다른 **집합들**이 차지하는 위치와 그것들의 영향을 규정해볼 것이다. 경제로부터 시작하는 것은 단지 이 책의 구상에 적합하기 때문만은 아니다. 우리가 곧 알게 되듯이 공간을 차지하는 모든 범주들 중에서 경제야말로 가장 쉽게 위치 지을 수 있고 동시에 가장 폭넓다. 사실 경제는 세계의 물질적 시간에만 리듬을 부여하는 것이 아니다. 경제의 작동에 대해서는 다른 모든 사회현실들이 우호적으로든 적대적으로든 끊임없이 개입하고 또 반대로 그것들이 경제의 영향을 받는다. 적어도 그것만은 확실히 이야기할 수 있다.

세계-경제

논의를 시작하기 전에 혼란을 초래할 수도 있는 두 가지 용어를 설명해야 한다. 세계경제(économie mondiale, world economy)와 세계-경제(économie-monde, world-economy)가 그것이다.

세계경제는 지구 전역에 걸쳐 있다. 시스몽디*가 이야기했듯이 이것은 "전 지구적인 시장"[2] 또는 "함께 교역을 하여 오늘날에는 일종의 단일시장을 형성한 인류 전체, 또는 인류의 어느 부분 전체"를 가리킨다.[3]

세계-경제(이 말은 사실 어색하고 프랑스어에는 잘 어울리지 않는 표현으로, 예전에 내가 독일어의 '벨트비르트샤프트[Weltwirtschaft]'[4]의 번역어를 찾을 때 그다지 논리적이지 않다는 것은 알지만 달리 나은 표현이 없어서 만든 말이다)는 우선 지구의 일부분에만 관련된 말임을 주목해야 한다. 이 말은 경제적으로 독자적이며, 핵심적인 것들을 자급자족할 수 있고, 내부적인 연결과 교역이 유기적인 통일성을 이루는 단위를 가리킨다.[5]

---

* 이 책 제2권 115쪽의 역주를 참조하라.

예를 들면 오래 전에 나는 16세기의 지중해를 세계-무대(Welttheater) 또는 세계-경제(Weltwirtschaft)로서 연구한 적이 있다.[6] 이때 지중해는 단지 바다만 의미하지 않고, 연안으로부터 어느 정도의 거리 내에서 교역에 의해 활성화되는 모든 곳을 포함한다. 즉, 이것은 그 자체가 하나의 세계이며 하나의 전체이다. 지중해권은 사실 정치적, 문화적, 사회적으로는 분리되지만 경제적으로는 통일성을 띠었다. 이것은 북부 이탈리아의 지배적인 도시들—베네치아를 필두로 밀라노, 제노바, 피렌체 등—에 의해서 위로부터 건설된 것이다.[7] 그러나 이때 전체 경제란 정말로 지중해와 그 바다에 의존하는 지역들의 경제 **전체**가 아니라, 일종의 상층구조만을 가리킨다. 그 상층구조의 활동은 지역에 따라 강도가 다르게 나타나는데, 대개는 모든 연안지역에서 볼 수 있으나 때로는 내륙의 꽤 깊숙한 지역에서도 찾아볼 수 있다. 이런 활동은 제국—카를 5세(황제 재위 1519-1556)와 함께 완성된 스페인 제국이든, 콘스탄티노폴리스의 함락(1453) 이전부터 이미 확장을 계속하던 튀르키예 제국이든—의 경계를 무시하고 넘나든다. 마찬가지로 지중해 공간을 나누던 문명들—튀르키예의 굴레 아래에서 위축되어 굴욕을 겪던 그리스 문명, 이스탄불을 중심으로 한 이슬람 문명, 피렌체와 로마에 동시에 의존하던 기독교 문명(즉, 르네상스의 유럽과 가톨릭 종교 개혁의 유럽)—사이에 뚜렷이 구분되고 또 사람들이 그것을 강하게 의식하던 경계 역시 이 활동들을 제약하지는 못했다. 이슬람권과 기독교권은 남북방향으로 그어진 구분선을 따라 각각 포난트의 지중해와 레반트의 지중해*로 나뉘어서 서로 맞서고 있었다. 이 구분선은 아드리아 해 연안과 시칠리아 섬 연안을 통과해서 오늘날의 튀니지의 해안선에 닿는다. 이처럼 지중해를 둘로 갈라놓았던 이 구분선 위에서 기독교도와 이른바 이교도들 사이의 요란한 전쟁들이 일어났다. 그러나 선박들은 이 구분선을 넘어서 쉴 새 없이 왕래했다.

---

* '포난트(Ponant)'는 해 지는 방향인 서쪽을, '레반트(Levant)'는 해 뜨는 방향인 동쪽을 가리킨다.

지금까지 우리가 개략적인 틀을 이야기한 16세기의 지중해라는 이 특정한 세계-경제는 그 안에 각기 나름대로 이 세계를 구획하고 차별화시키는 정치적, 문화적 경계들을 유지했지만 동시에 그것들을 뛰어넘고 포괄하는 특징을 가지고 있다. 그 결과 1500년에 기독교도 상인들이 시리아, 이집트, 이스탄불, 아프리카 북부 등지로 돌아다닐 수 있었고, 반대로 레반트, 튀르키예, 아르메니아 상인들이 후일에 아드리아 해에서 활동할 수 있었던 것이다. 다른 모든 것들이 거의 대부분 차별화된 진영을 따로 구성하려는 데에 비해서 경제는 도처에 침투하여 화폐와 교역을 뒤섞으면서 일종의 통일을 이루는 경향이 있다. 지중해 지역의 사회도 크게 둘로 나뉘는데, 하나는 영주제가 지배적인 기독교 사회이고 또 하나는 은대지(beneficium)와 유사한 체제—누구든지 전쟁에서 뛰어난 능력을 과시하여 공을 세우면 그에 대한 보상으로 토지를 받아 일대에 한해서 영주가 되지만, 이 작위를 받았던 사람이 죽으면 그 은대지가 국가에 귀속되어 다시 재분배되는 체제—가 지배적인 이슬람 사회이다.

요컨대 이 특정한 사례를 살펴본 결과 우리가 알게 된 사실은 세계-경제는 경제적이든 비경제적이든 개별화된 공간들을 모아놓은 총체라는 점, 그 면적이 대단히 넓다는 점(원칙적으로는 주어진 한 시대에 지구상의 어느 한 지역에서, 응집력을 가진 단위 중에 가장 큰 권역이다) 그리고 역사적으로 형성된 다른 종류의 경계들을 대개 넘나든다는 점이다.

세계-경제는 늘 존재해왔다

세계-경제는 언제나 또는 적어도 아주 오래 전부터 존재해왔다. 그것은 사회나 문명, 국가, 혹은 제국들이 언제나 존재해왔던 것과 마찬가지이다. 역사를 큰 발걸음으로 건너뛰면서 살펴보면, 우선 고대 페니키아는 주변의 거대한 제국들에 맞선 세계-경제의 초안이라고 할 수 있다.

전성기의 카르타고나 헬레니즘 세계, 또 엄밀한 의미의 로마 제국, 엄청난

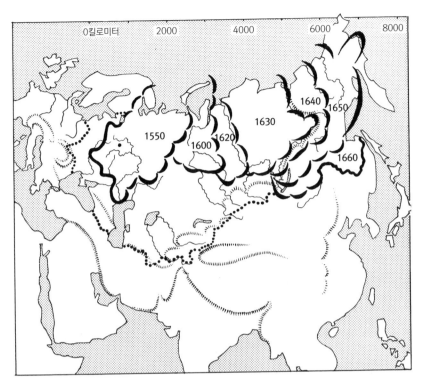

1. 세계-경제인가, 세계-제국인가?

러시아는 1세기 만에 시베리아 공간—서부 시베리아의 습지, 중앙 시베리아의 고원, 동부 시베리아의 산지—을 차례로 점령했는데, 동부 산지에 이르러서는 남쪽의 중국과 충돌했기 때문에 전진하는 데에 애를 먹었다. 이것은 이매뉴얼 월러스틴이 제기한 바처럼 세계-경제인가, 세계-제국인가? 그가 말한 대로 시베리아에 대한 지배는 무력으로 이루어졌고 경제—다시 말해서 보급—는 단지 그 뒤를 좇아갔다는 점을 인정하자. 지도의 점선은 옛 소련의 국경선을 나타낸다.

성공을 거둔 이후의 이슬람 세계*도 마찬가지이다. 한편 9세기에 바이킹들이 서유럽의 변방에서 모험을 펼친 끝에 짧은 기간 동안 세계-경제의 밑그림을 그린 적이 있으나, 취약성을 면하지 못하여 결국 다른 세계-경제들로 대체되었다. 11세기에 유럽에서 최초의 세계-경제가 만들어진 다음 일련의 세계-경제들이 그 뒤를 따라 만들어져서 오늘날까지 지속되고 있다. 중동, 인도, 중국, 중앙 아시아, 시베리아 등지와 연결되어 있던 모스크바 대공국

---

* 7세기에 무함마드가 활약한 이후 약 100년 만에 아시아의 광범한 지역, 아프리카 북부, 유럽의 일부를 점령하고 개종시킴으로써 이슬람 세계가 엄청나게 팽창한 것을 가리킨다.

은 적어도 18세기까지 그 자체로서 하나의 세계-경제를 이루었다. 또 중국
도 일찍부터 이웃의 한국, 일본, 말레이 제도, 베트남, 윈난, 티베트, 몽골과
같은 여러 속국들을 통제해서 이 지역들을 자신의 운명 속에 끌어들였다. 인
도는 그보다 더 일찍이 아프리카의 동해안으로부터 말레이 제도에 이르는
인도양을 자신이 이용할 수 있는 일종의 내해(內海)처럼 만들었다.

요컨대 이것은 늘 다시 시작되는 과정이며 거의 자연발생적인 세력 교체
의 과정으로, 어디에서나 그 흔적을 찾아볼 수 있다. 얼핏 보면 그럴 것 같지
않은 로마 제국 역시 이 경우에 해당한다. 사실 로마 제국의 경제는 라인 강
과 도나우 강을 연결하는 번영의 경계선을 넘어서 팽창했고 동쪽으로는 홍
해와 인도양 방향으로까지 확장했다. 대(大) 플리니우스에 의하면 로마는 아
시아와의 교역에서 매년 1억 세스테르티우스*의 적자를 보았다. 실제로 오
늘날 인도에서 고대 로마의 화폐들이 자주 출토되는 것이 이런 까닭이다.[8]

경향적인 법칙

이처럼 과거 세계-경제의 예들을 적지 않게 찾아볼 수 있다. 그 수가 아주
많다고는 할 수 없지만 비교해볼 정도는 된다. 게다가 각각의 세계-경제는
아주 오랫동안 한곳에서 진화하여 점차 변모해갔으므로 한 세계-경제 내
에서 각 시대마다 서로 다른 상태들 간의 비교도 가능하다. 결국 우리가 가
진 자료만 해도 아주 풍부한 내용을 담고 있어서 그것으로부터 세계-경제
에 관한 일종의 유형학을 만들어볼 수도 있고, 또 경향적인 법칙들(règles
tendancielles)의 집합을 구성하여[9] 그것을 통해서 세계-경제와 공간과의 관
계를 명확히 밝히거나 정의할 수 있다.

어떤 세계-경제에 대해서든지 간에 첫 번째로 할 일은 그것이 차지하고 있

---

* sestertius : 로마 공화정 및 제정 당시에 주조된 화폐. 초기에는 은화였으나 아우구스투스 시대
부터 놋쇠로 재주조되었다. 이 화폐는 3세기 말까지 유통되다가 그후에는 단위로만 남아 명목
화폐가 되었다.

는 공간을 한정하는 것이다. 그 경계는 서서히 변화하기 때문에 보통 손쉽게 그려낼 수 있다. 세계-경제의 첫 번째 존립 조건은 우선 일정한 지역을 차지해야 한다는 점이다. 자기 고유의 영토가 없는 세계-경제란 생각할 수도 없다. 이것은 다음과 같은 몇 가지 의미를 가진다.

• 세계-경제에는 일정한 경계가 있는데, 그 경계선은 마치 해안선이 육지로부터 바다를 구획하듯이 그 세계-경제를 규정한다.

• 세계-경제에는 하나의 중심이 있는데, 그것은 하나의 도시와 하나의 지배적인 **자본주의**—그 형태가 어떻든지 간에—가 맡는다. 여러 중심이 형성된다면, 그것은 이 세계-경제가 아직 젊거나 아니면 반대로 퇴화해가거나 격변을 겪고 있다는 표시이다. 외부 혹은 내부의 힘의 작용으로 중심이 흔들리기도 하고 실제로 이동하기도 한다. 국제적인 소명을 맡은 도시들, 즉 **세계-도시들**이 끊임없이 서로 경쟁하며 그러다가 누군가의 자리를 빼앗기 때문이다.

• 이 공간 내에서는 각각의 개별 경제들이 계서제를 이룬다. 그중 어떤 것들은 가난하고 어떤 것들은 소박한 수준을 면하지 못하는 가운데 중심에 위치한 하나의 경제만이 상대적으로 부유하다. 이로부터 불평등, 전압 차가 발생하는데, 이것이 전체를 작동시키는 힘이 된다. 이것이 "국제분업"을 야기한다. 이와 관련해서 스위지가 설명하는 바에 의하면, 국제분업은 "발전과 저발전이라는 [공간적인] 모델로서 구체화될 것이며, 이것은 선진 자본주의 국가들 내에서 부르주아지와 프롤레타리아트를 나누어놓는 장벽보다 더 근원적인 장벽이 되어 인류를 두 집단—가진 자(haves)와 못 가진 자(have-nots)—으로 나누는데"[10] 마르크스도 이런 사실을 예상하지 못했다. 그렇지만 이것은 "새로운" 구분이 아니다. 이것은 예전부터 있었던, 아마도 치유가 불가능한 상처이다. 이것은 마르크스 시대 훨씬 이전부터 존재했다.

이처럼 상정한 세 가지 기본요건들은 각각 일반적인 적용성을 가진다.

첫 번째 법칙 : 공간은 서서히 변화한다

어느 한 세계-경제의 경계선은 같은 유형의 또다른 세계-경제가 시작되는 곳에 위치한다. 둘 사이에는 하나의 선, 정확히 말하면 지대가 있어서 경제적으로 볼 때 그것을 넘어가는 것은 예외적인 경우를 제외하고는 이익이 없다. 대규모 교역을 한다면 양쪽 방향 모두 "교환으로 인한 손실이 이익보다 크다."[11] 또 세계-경제의 변경은 거의 생기가 없고 정체적인 지역이라는 점이 일반법칙이다. 대개 통과하기 힘든 두꺼운 외피로서 흔히 무인지대(no man's land), 무인해역(no man's sea)과 같은 자연적인 장벽이다. 블랙 아프리카와 화이트 아프리카*를 갈라놓는 사하라 사막이 그런 예이다(비록 카라반이 통과한다고는 하지만 그것은 예외적인 현상이다). 아프리카의 남쪽과 서쪽의 대서양 역시 무인해역으로서 이곳은 수 세기 동안이나 인도양 항해를 가로막는 장애물이었다(이에 비해서 인도양은 직어도 북쪽에서는 아주 일찍부터 활발한 상업의 무대였다). 유럽의 해외원정대가 그들의 교통망 속에 포섭하는 데에 아주 애를 먹었던 태평양도 바로 그런 예이다. 마젤란의 세계주항은 결국 남해(南海)**의 입구를 발견한 것에 불과하지, 입구와 출구 모두, 즉 왕복 항로를 발견하지는 못했다. 마젤란의 함대는 포르투갈의 희망봉 항로를 이용해서 유럽으로 귀환하지 않았는가? 1572년에 마닐라 갤리온선의 항해가 시작되었지만 이것도 남해라는 거대한 장애물을 진정으로 뛰어넘지는 못했다.

이와 마찬가지로 기독교 유럽과 튀르키예 지배하의 발칸 지역 사이, 러시아와 중국 사이, 유럽과 모스크바 대공국 사이 등의 변경지역들도 역시 거대한 장벽이었다. 17세기에 유럽 세계-경제의 동쪽 경계는 폴란드 동부를 지나갔다. 따라서 거대한 모스크바 대공국은 유럽 세계-경제로부터 배제되어 있었다. 유럽인이 보기에 모스크바 대공국은 이 세상의 끝이었다. 1602년에

---

* 사하라 사막 이북의 아프리카 지역.
** 태평양의 별칭. 이 책 제1권 233쪽의 역주를 참조하라.

한 여행자는 페르시아로 가기 위해서 스몰렌스크를 떠나 러시아 영토를 지나갔는데,[12] 그가 보기에 모스크바 대공국은 "크고 광활하며" "야생적이고 황폐한 데다가 늪이 많고 덤불과" 숲으로 가득 차 있고 "곳곳에 습지가 있어 통나무를 깔아서 길을 만들어 지나갔다." 그가 세어본 바에 의하면 스몰렌스크에서부터 모스크바까지 "이런 식의 통과지점이 600곳이 넘었는데" 흔히 상태가 아주 좋지 않았다. 이 나라는 모든 점에서 다른 나라와 달리 텅 비어 있고("20-30마일을 가도 도시나 마을 하나 볼 수 없었다") 길들은 날씨가 좋은 계절에도 지나가기가 아주 힘들 정도로 형편없는 상태였다. 결국 이 나라는 "대공(大公)의 허가나 통행증 없이 들어갔다가 몰래 나오는 것이 불가능한, 접근이 봉쇄된" 곳이었다. 그와 마찬가지로 1680년경에 빌나(빌뉴스)를 떠나서 스몰렌스크를 지나 모스크바까지 여행을 해본 한 스페인인 역시 이곳이 통행하기 힘든 나라라는 인상을 받았다. 그는 "모스크바 대공국 전체가 하나의 연속된 큰 숲"으로서 도끼로 나무를 베어내고서야 밭을 만들 수 있는 곳이라고 이야기했다.[13] 또 18세기에 쿠를란드*의 수도인 미타우를 지나간 한 여행자에 의하면 이곳에서는 집이라고는 유대인이 경영하는 "이가 끓는 누옥"밖에 볼 수 없는데 "그곳에서 암소, 돼지, 닭, 오리 그리고 이스라엘 놈들과 함께 섞여서 자야 했고 언제나 너무 뜨겁게 달구어진 난로 때문에 온갖 것이 뒤섞인 냄새를 맡아야 했다."[14]

이처럼 방대한 거리에 걸쳐서 오지가 전개된다는 점에 다시 주목할 필요가 있다. 왜냐하면 이렇게 접근하기 힘든 변경의 내부에서 세계-경제가 자리를 잡고, 성장하고, 지속하고, 또 변화해가기 때문이다. 세계-경제가 공간을 정복하여 지배하게 되었다고 하더라도, 그 공간이 늘 다시 복수를 해오고 그러면 새로 더 많은 노력을 들여야만 한다. 15세기 말에 '지리상의 대발견'을 통해서 유럽이 거의 단번에 경계를 멀리 확장해간 것은 일종의 기적이었

---

* Courland : 오늘날 라트비아의 한 지방. 13세기부터 독일인들이 이주하여 살던 곳이었으나 16세기에 폴란드로, 18세기 말에는 러시아로 귀속되었다.

다. 그러나 일단 공간이 한번 열리면 대서양의 바다이든 아메리카 대륙의 땅이든 그것을 유지해야 했다. 그런데 텅 빈 대서양이나 텅 빈 아메리카 대륙을 유지하는 것은 쉬운 일이 아니었다. 또한 다른 세계-경제로 길을 개척하고, 그곳을 향해서 "촉수" 또는 고압선을 뻗치는 것 역시 쉬운 일이 아니었다. 서로 경계하는 두 적대세력 사이에서 수 세기 동안 레반트 무역의 문호를 개방하고 그 상태를 유지시키기 위해서는 얼마나 많은 조건들이 충족되어야 했던가!……희망봉 항로의 성공도 그전에 이와 같은 장기간에 걸친 성공이 누적되지 않았다면 불가능했을 것이다. 그러고도 이 성공이 얼마나 많은 노력을 요구했으며 얼마나 많은 조건들이 필요했는지를 보라. 그 첫 번째 주자였던 포르투갈은 문자 그대로 탈진했다. 사막을 넘는 이슬람 카라반의 성공 역시 거대한 위업이었다. 그것은 오아시스와 샘들의 연결망을 개척하면서 서서히 이루어낸 결과이다.

두 번째 법칙 : 중심부에는 지배적인 자본주의 도시가 있다

세계-경제에는 언제나 중심점 역할을 하는 도시가 있다. 이곳은 사업상의 병참기지와 같은 곳이다. 이곳으로 정보, 상품, 자본, 크레딧, 인력, 주문, 상업서신이 몰려왔다가 빠져나간다. 이곳은 대개 극히 부유한 대상인들이 지배한다.

이 중심점을 둘러싸고 어느 정도 떨어진 거리에 부차적인 연결도시들이 존재하는데, 이들은 중심도시에 대해서 동료 또는 공모자 역할을 하거나 대개는 보조 역할을 한다. 이 도시들의 활동은 중심도시의 활동에 종속된다. 즉, 그 주변에서 보초를 서든지, 사업의 흐름을 그곳으로 유도하든지, 중심도시가 맡겨오는 상품들을 재분배하거나 다른 곳으로 넘기든지, 혹은 중심도시의 크레딧 활동에 동참하여 손익을 분담한다. 베네치아와 안트베르펜은 홀로 있지 않았다. 암스테르담도 마찬가지이다. 대도시는 수행원 또는 신하들을 거느리고 있었던 것이다. 리하르트 헤프케는 이 현상에 대해서 "도시들의 열도(列島)"라는 표현을 썼는데, 그 이미지를 잘 나타내주는 적절한 표현이다. 스탕달은 이탈리아의 대도시들이 자기들보다 작은 도시들을 다 독거리며 함께 잘 지낸 것은 자비로운 마음에서였다는 식으로 생각했다.[15] 그러나 대도시들이 과연 중소도시들을 없애버릴 수 있었을까? 대도시들은 이런 소도시들의 서비스가 필요했기 때문에 그곳들을 이용한 것뿐이다. 세계-도시는 다른 도시들의 희생―자발적이든 아니든―이 없이는 높은 생활 수준에 도달하거나 그것을 유지할 수 없다. 이 중심도시는 다른 도시들과 한편으로는 비슷하면서도―도시는 결국 도시이다―또 한편으로는 다를 수밖에 없다. 우리는 이것을 초(超)도시(superville)라고 부를 수 있을 것이다. 초도시의 첫 번째 표시는 이곳이 다른 곳의 도움을 받고 그곳을 이용한다는 바로 그 점이다.

예외적이고 수수께끼 같은 이 희귀한 도시들은 보는 사람의 눈을 부시게 한다. 1495년에 필리프 드 코민*이 본 베네치아가 그런 도시로, "이곳은 지금까지 본 도시들 중에 가장 웅장하다."[16] 데카르트가 본 암스테르담 역시 그런 곳인데 이곳은 "가능성의 목록"과 같았다. "사람들이 원하는 모든 상품과 귀한 물건들을 이처럼 쉽게 얻을 수 있는 곳이 이곳 말고 이 세상에 또 있겠는가"[17] 하고 데카르트는 1631년 5월 5일에 드 발자크**에게 썼다. 그러나 동시에 이 눈부신 도시는 이방인들을 당황하게 만들고 관찰자들에게 쉽게 전체적인 윤곽을 보여주지 않는다. 볼테르나 몽테스키외 시대에 프랑스 인을 비롯한 외국인들이 런던을 본 뒤 이곳을 이해하고 설명하기 위해서 얼

---

* Philippe de Commynes, seigneur d'Argenton(1447–1511) : 프랑스의 연대기 작가. 부르고뉴 공 작들을 모시다가 프랑스의 국왕 루이 11세에게 매료되어 그의 총신이 되었다. 15세기 말부터 16세기 초까지 국내의 주요 정치문제에 중심인물로 참여했으며, 루이 12세를 따라 이탈리아 원 정에 참여했다. 1464–1498년의 시대를 기록한 8권의 『비망록(*Mémoires*)』을 남겼다.

** Jean-Louis Guez de Balzac(1597–1654) : 프랑스의 작가. "프랑스어의 재건자"라는 별명이 있 으며, 프랑스어 산문의 정규화에 공헌했다. 『서한집(*Lettres*)』, 비평문 『기독교도인 소크라테스 (*Le Socrate Chrétien*)』, 정치적 논설 『군주(*Le Prince*)』 등을 통해 고전시대 산문의 발전에 핵심 적인 영향을 미쳤다.

1500

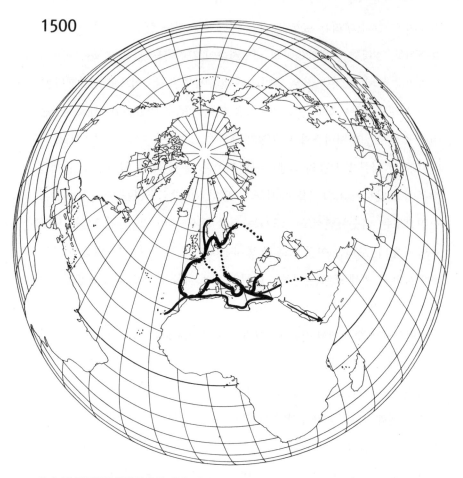

2, 3. 전 지구적인 차원의 유럽 세계-경제

팽창일로에 있는 유럽 경제를 전 세계적인 차원의 상업교역으로 표시했다. 1500년에는 베네치아를 중심으로 지중해(15번 지도, 갈레레 데 메르카토의 연결망 참조)와 서유럽이 직접 교역했다. 이 교역로는 중간 연결점들을 통해서 발트 해와 노르웨이로, 그리고 레반트의 섬들을 통해서 인도양으로 확대되었다.

마나 애를 먹었던가? 하나의 문학 장르처럼 되어버린 영국 여행은 말하자면 새로운 발견을 위한 여행으로서 언제나 오만하기 짝이 없는 런던의 독특함에 부딪쳐보는 일이었다. 오늘날 뉴욕에 가본 사람 역시 그곳의 비밀을 쉽게 설명할 수 있겠는가?

어느 정도 큰 규모이며 특히 바다에 면한 조건을 갖춘 도시만 해도 브로

1775

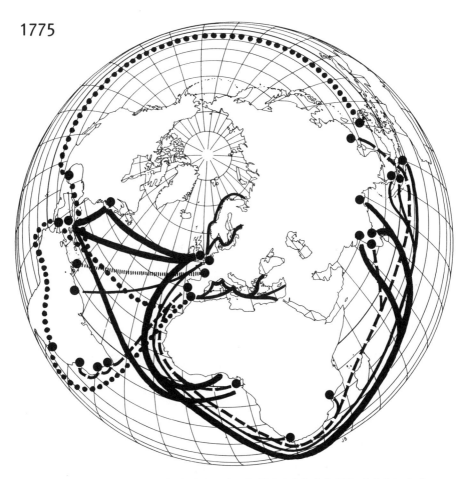

1775년에는 유럽 교역의 문어발이 전 세계로 뻗는다. 출발지점에 따라 영국, 네덜란드, 스페인, 포르투갈, 프랑스의 교역로를 구분할 수 있다. 프랑스와 아프리카 및 아시아 사이의 교역로는 유럽의 다른 나라들의 교역로와 섞여 있다. 무엇보다도 영국의 여러 연결노선들의 역할을 밝히는 일이 문제이다. 런던은 세계의 중심이 되어 있다. 지중해와 발트 해에서는 여러 상업국가들의 선박이 모두 이용하는 중요한 항로만을 표시했다.

스 고등법원장*이 리보르노에 대해서 규정했던 식으로, "노아의 방주", "가면무도회", "바벨 탑"과 같은 면모를 가진다.[18] 그러니 진짜 국제도시는 어떠하겠는가? 런던이나 이스탄불, 에스파한이나 믈라카, 수라트나 콜카타

---

* 이 책 제1권 717쪽의 역주를 참조하라.

등은 모두 어마어마한 대혼융의 양상을 보여주었다(마지막에 언급한 콜카타
는 초기의 성공 직후부터 이미 그런 성격을 띠었다).* 그 자체로서 상업세계
의 축약도라고 할 수 있는 암스테르담의 거래소 건물 안에서는 세상의 모든
언어를 들을 수 있었다. 베네치아에서 "만일 이 세상 각지에서 온 사람들이
각자 색다른 의상을 입은 모습을 보고 싶다면, 산 마르코 광장이나 리알토
광장으로 가보라. 그곳에서 모든 종류의 사람들을 다 볼 수 있을 것이다."

이렇게 잡다한 세계시민들이 공존하려면 평화롭게 살아가며 일해야만 한
다. 노아의 방주 안에서는 관용이 필수적이다. 도시국가 베네치아에 대해서
비야몽 영주는 이렇게 생각했다(1590).[19] "이탈리아 전체에서 이곳만큼 큰
자유를 누리는 곳은 없을 것이다……왜냐하면 첫째, 시정부가 사람을 사형
에 처하는 일이 거의 없고, 둘째, 무기가 금지되어 있지 않으며,[20] 셋째, 신앙
문제에 대한 심문이 없고, 마지막으로 각자가 종교의 자유에 따라서 마음대
로 살아가기 때문이다. 이 때문에 프랑스의 많은 자유사상가들(libertins)[21]
이 이곳에 머물면서 수색과 통제를 벗어나 완전한 용인 속에서 살아간다."
내 생각에는 베네치아가 천부적으로 가진 이런 관용이 이곳의 "유명한 반
(反)교권주의"[22] 혹은 달리 말하자면 로마 교황청의 완고함에 대한 강한 반
발을 일부 설명해주는 것 같다. 상업이 발달하는 곳에서는 어디에서나 관용
의 기적이 일어난다. 암스테르담에서는 고마루스파**와 아르미니우스파*** 사

---

* 콜카타는 1690년에 영국 상인들이 건설했으며 곧바로 영국 동인도회사의 소재지가 되었다.
1772년부터 1912년까지는 영국령 인도의 수도였다.

** Gomaristes : 네덜란드의 칼뱅주의 신학자 프란치스쿠스 고마루스(1563–1641)의 추종자들.
고마루스는 하느님이 죄의 창시자는 아니지만, 인간의 타락을 적극적으로 의중에 품었다는
타락 이전 예정설(Supralapsarianism)을 주장했다. 이들은 종교적으로 견해가 다른 모든 사람
들에 대한 관용에 반대했다. 이들이 당시 네덜란드 교회를 지배한 데다가 정치적 영향력이 컸
으므로 요한 판 올덴바르네벨트의 처형으로 이어진 종교논쟁이 야기되었고 스페인과의 휴전
이후 1621년에 다시 전쟁이 재개되었다.

*** Arminiens : 레이던 대학교 신학 교수였던 야코부스 아르미니우스(야코프 헤르만스존, 1560–
1609)의 추종자들. 이들의 주장은 엄격한 칼뱅주의 예정설에 대한 자유주의적인 반동이라고
할 수 있다. 아르미니우스보다 더 자유주의적인 성향을 띤 45명의 목사들이 서명하여 네덜란

이의 갈등(1619-1620)을 겪고 난 후에 관용이 자리 잡았다. 런던에서는 각양각색의 종교들이 모여 모자이크를 이루었다.

한 프랑스인 여행자에 의하면(1725)[23] "이곳에는 유대인, 독일, 네덜란드, 스웨덴, 덴마크, 프랑스의 개신교도와 루터파, 재세례파,* 천년교도,** 브라운파,*** 독립파 또는 청교도, 그리고 퀘이커 등이 있다." 여기에 국교도, 장로파, 가톨릭 신도도 덧붙여야 한다. 가톨릭 신도들은 영국인이든 외국인이든 구분 없이 프랑스, 스페인, 포르투갈 대사관의 부속성당에서 미사를 드리는 것이 관례였다. 모든 종파와 종교에 각자 자신의 교회나 집회소가 있었다. 그리고 각자 서로 알아볼 수 있고 또 남들에게 자신을 드러내 보이는 표시들도 있었다. 예컨대 "퀘이커들은 납작한 모자, 폭이 좁은 넥타이, 목까지 단추를 촘촘히 채운 의상 그리고 거의 언제나 눈을 감고 있는 모습 때문에 멀리 떨어진 곳에서도 쉽게 알아볼 수 있다."[24]

이런 초도시들의 가장 두드러진 특징은 아주 일찍부터 뚜렷한 사회적 분화가 이루어졌다는 점이다. 이곳에는 프롤레타리아트, 부르주아지 그리고

드 의회에 제출한 항의서(Remonstrance, 1610)에서 유래하여 이들을 "항의파"라고 부르기도 한다. 이 문제의 해결을 위해서 소집된 교회회의(1618-1619)에서 단죄되었으나 1630년에 법적으로 신앙의 자유를 인정받았다.

* anabaptistes : 16세기 종교개혁 때 급진파, 좌파에 속한 집단. 유아세례를 부정하고, 선악을 판단할 수 있는 성년이 되면 자신의 죄와 믿음을 공개적으로 고백하고 난 후에 성인세례를 받아야 한다고 주장했으며 여기에서 이들의 이름이 유래했다. 자신의 신앙공동체가 국가로부터 독립해야 한다고 했지만, 일부 예외적인 극단파를 제외하면 대부분은 무력의 사용을 부정하고 단지 초대교회와 같은 조직으로의 복귀를 주장했을 뿐이다. 그러나 당시 기존 체제에 대한 가장 급진적인 도전세력으로 여겨져 극심한 탄압을 받았다.

** millénaires : 천년왕국설 신봉자. 기독교 전승 중의 하나인 천년왕국설에는 여러 해석들이 있으나 대개 예수가 재림하여 지상에 왕국을 건설하고 통치하는 정의와 지복(至福)의 기간이 1,000년 동안 계속된다는 믿음을 가리킨다. 이 기간이 지난 후 일시적으로 사탄이 풀려나오지만 결국 패배하고 그러면 모든 죽은 자들이 한자리에서 심판을 받는다고 한다. 보통 커다란 사회적 위기의 시대에 이런 믿음이 새롭게 등장하는 경향이 있다.

*** brownistes : 영국의 청교도이며 비국교도인 로버트 브라운이 1582년에 주장한 체제를 추종하는 사람들. 브라운의 주장들은 약간 변형된 형태로 "독립파"의 주장이 된다.

도시 과두귀족*이 나뉘어 있다. 특히 도시 과두귀족은 부와 권력을 가진 지배자로서 자신감이 확고한 나머지, 베네치아와 제노바에서 그랬던 것처럼 노빌리(nobili : 귀족)라는 직함을 내거는 데에 주저함이 없었다.[25] 도시 과두귀족과 프롤레타리아트가 "분화되면서" 부자는 더욱 부유해지고 가난한 자는 더욱 비천해졌다. 그 이유는 고도로 발전된 자본주의 도시들의 영원한 악(惡)인 물가고, 즉 끝없는 인플레이션 때문이다. 인플레이션은 주변지역 경제의 지배가 거의 운명인 상급 도시의 기능 그 자체에서 유래한다. 경제생활은 저절로 높은 물가를 향해서 집중하게 마련이다. 그러나 도시와, 또 도시에 집중된 경제가 이런 긴장 속에 사로잡히면 결국 과열의 위험에 빠진다. 런던과 암스테르담에서 생활비의 상승은 때로 감당할 수 없는 지경에 이르기도 했다. 오늘날 뉴욕에서도 기업들과 상업활동 일반이 높은 세금과 지방부담금을 피해서 이곳을 빠져나가고 있다.

그렇지만 이런 대(大)중심도시들은 이익과 상상력에 아주 강하게 호소하기 때문에 그들의 주장이 먹혀들어간다. 그리하여 마치 모든 사람들이 축제와 화려한 구경거리, 사치에 참여함으로써 일상의 어려움을 잊어버리는 듯한 현상이 일어난다. 세계-도시들은 그들의 화려함을 전시하지 않는가? 추억 속의 환상마저 여기에 더해진다면 이런 이미지는 부조리할 정도로 압도적이게 된다. 1643년에 한 여행안내서는 한 세기 전의 안트베르펜을 이렇게 묘사한다.[26] 이 도시에는 "내국인과 외국인을 합해서" 20만 명의 주민들이 있으며 "이 항구에 한 번에 2,500척의 배까지 들어올 수 있어서 [이 배들은] 짐을 부리지 못하고 닻을 내린 채 한 달 정도 기다려야 했다." 이 도시는 워낙 부유해서 카를 5세에게 "300톤의 금"을 제공했지만, "바닷물처럼 들어왔

---

* patriciat : 원래 고대 로마 제국의 귀족가문을 가리키는 말이지만, 근대사에서는 다른 개념으로 쓰이는데, 한 도시 내에서 가장 부유하고 오랜 역사를 가진 부르주아 가문들의 구성원을 집합적으로 지칭한다. 이들은 도시정부의 요직을 차지함으로써 권력을 지속적으로 장악했으며 그리하여 큰 사회적 변동이 없는 한 일종의 과두지배 카스트로 발전하기 쉬웠다. 특히 이탈리아와 네덜란드에서 이런 현상이 두드러지게 발전했다. 이 책에서는 "도시 과두귀족"으로 번역했다.

다 나가는 외환들 말고도" 매년 "5억의 은과 1억3,000만의 금이 쏟아져 들어온다." 이 모든 것은 한낱 꿈이고 연기와 같다. 그러나 아니 땐 굴뚝에 연기 나랴라는 속담은 이번에도 맞는 말이다. 심지어 1587년에 알론소 모르가도는 『세비야의 역사(*Historia de Sevilla*)』에서 "이 도시에 들어온 귀금속은 보도블럭처럼 거리를 모두 덮을 수 있을 정도"라고 주장했다.[27)]

두 번째 법칙(계속) : 도시의 우월한 지위는 차례로 돌아간다

지배적인 도시라는 지위는 영원히 계속되지 않고 차례로 바뀌어간다. 이것은 최정상에서만 타당한 진리가 아니며 도시 계서제의 모든 수준에서 타당한 진리이다. 이런 전환은 어디에서 일어나든지(꼭대기에서든 중간에서든), 또는 그 이유가 무엇이든지(순전히 경제적인 이유에서든 아니든) 언제나 중요한 의미를 가진다. 그것은 역사의 조용한 흐름을 깨며, (드문 일인 만큼 더욱 중요한) 역사 인식의 길을 열어준다. 암스테르담이 안트베르펜을 대신하고, 런던이 암스테르담의 뒤를 이으며, 또 1929년경에 뉴욕이 런던을 대체한 사례들은 모두 거대한 역사적 변동의 예들이며, 이것들은 이전의 균형이 얼마나 미약했는지, 그리고 새로 막 들어선 균형이 얼마나 강한 힘을 가지는지를 보여준다. 이로 인해서 세계-경제의 전 영역이 영향을 받는데, 그 영향이 단지 경제적인 것만은 아니라는 점은 쉽게 짐작할 수 있으리라.

1421년에 명나라가 청하(靑河)*를 통해서 해상항해와 직접 연결되는 장점이 있는 난징을 버리고, 만주와 몽골 지방에서 오는 위험에 대처하기 위해서 베이징으로 천도한 것은 중국이라는 거대한 세계-경제가 결연히 방향을 전환한 중요한 사건이었다. 이것은 바다의 편익을 이용한 경제형태와 활동양태에 중국이 등을 돌렸음을 의미한다. 귀를 막고 좁은 곳에 눌러앉은 대도시 베이징은 대지의 한복판에 뿌리를 박고 모든 것을 자신에게로 끌어당기

---

* fleuve Bleu : 양쯔 강에 대한 프랑스식의 별칭.

려고 했다. 이것이 의식적인 선택이든 무의식적인 선택이든 간에 분명히 결정적인 중요성을 띠는 것은 사실이다. 이 순간부터 세계의 패권을 놓고 싸우는 경쟁에서 중국은 지고 들어가게 되었다. 자신은 알지 못했겠지만 중국은 15세기 초에 난징으로부터 해상모험*을 시도한 이후 이 경쟁에 돌입해 있었던 것이다.

이와 비슷한 사례로 1582년에 펠리페 2세가 취한 선택을 들 수 있다. 당시 스페인은 정치적으로 유럽을 지배하고 있었다. 스페인 국왕 펠리페 2세는 포르투갈을 정복하고(1580) 그의 정부를 리스본에 세운 다음 약 3년 동안 그곳에서 머물렀다. 이때 리스본은 엄청난 비중을 가지고 있었다. 대양을 마주하고 있는 이 도시는 전 세계를 지배하고 통제하는 데에 이상적인 곳이었다. 국왕과 정부 주재라는 든든한 배경을 등에 업은 스페인 함대는 1583년에 아조레스 제도에서 프랑스인들을 축출하고 포로들을 별다른 재판절차 없이 배의 활대에서 교수형에 처하기도 했다. 그러다가 1582년에 정부가 리스본을 떠났는데, 이는 제국의 경제를 잘 통제할 수 있는 중심지를 포기한 것이다. 그러고는 스페인의 힘을 카스티야의 활기 없는 중심부인 마드리드에 가두어놓았다. 이 얼마나 큰 실수인가! 오래 전부터 양성해온 무적함대는 1588년에 대패했다. 스페인의 활동은 이 패배에서 큰 피해를 입었고 당대인들도 이것을 잘 인식하고 있었다. 펠리페 4세 시대에도 가톨릭 왕[스페인 국왕/역주]에게 "포르투갈의 예전의 꿈"을 실현시키고,[28] 또 그러기 위해 왕국의 중심을 마드리드로부터 리스본으로 이전시키자고 주장하는 사람들이 있었다. 한 명은 이렇게 썼다. "이 세상의 그 어느 군주보다도 스페인 국왕만큼 해상세력이 긴요한 사람은 없습니다. 서로 그토록 멀리 떨어져 있는 각 지방들을 하나로 통합할 수 있는 것은 오직 해상세력으로만 가능하기 때문입니다."[29] 1638년에도 군사 전문 작가 한 사람이 똑같은 생각을 이야기했는데,

---

* 명나라가 이슬람 출신의 환관인 정화(鄭和)의 지도 아래 수행했던 해상모험을 가리킨다. 이에 대해서는 이 책 제1권 537-538쪽을 참조하라.

이것은 머핸 제독*의 말을 연상시킬 정도이다. "스페인의 군사력에 가장 적합한 힘은 바다에서 찾을 수밖에 없다. 그러나 이 문제는 너무나 잘 알려져 있어서, 그것을 이야기하는 것이 적합한 자리라고 하더라도 더 이상 논의하지 않는 편이 좋겠다."[30]

실제로 일어난 일이 아니라 일어났을 수도 있는 일에 대해 이야기하는 것은 큰 의미가 없다. 그렇지만 만일 리스본에 스페인 국왕이 상주한 덕분에 이 도시가 승리를 구가했다면, 암스테르담의 발전은 일어나지도 않았거나 적어도 그렇게 빨리 나타나지는 못했으리라는 것은 확실하다. 왜냐하면 세계-경제의 중심에는 한 번에 오직 하나의 극점(極點)만 있을 수 있기 때문이다. 어느 정도 긴 시간대 속에서 한 곳의 성공은 다른 곳의 후퇴를 의미한다. 아우구스투스 시대에 로마 제국이 지배하던 지중해에서 알렉산드리아는 로마에 대항해보았으나, 결국 로마가 승리를 거두었다. 중세에는 동양의 부를 획득하기 위해서 제노바와 베네치아가 투쟁했으나 둘 중 하나만 승리할 수 있었다. 둘 사이의 결투는 오랫동안 승패를 가리지 못하는 상태였다가 키오자 전쟁(1378-1381) 이후 갑자기 베네치아가 승리를 거두었다.** 이탈리아 도시국가들 사이에 우위를 다투던 투쟁은 이들의 후계자 격인 근대국가들이나 민족들 사이의 투쟁이 도저히 따라가지 못할 정도로 치열했다.

투쟁의 결과로 한쪽의 성공과 다른 한쪽의 패배가 판가름 나면 이것은 진짜 격변을 불러온다. 한 세계-경제의 수도가 함락되면 그 파장은 멀리 주변부까지 미친다. 진짜 식민지이든 유사 식민지이든 간에 실제로 변방에서 파장이 가장 뚜렷하게 나타난다. 베네치아는 패권을 상실하자 식민지도 잃었다. 네그로폰테 1540년, 키프로스(가장 빛나는 곳이었다) 1572년, 칸디아

---

* Alfred Thayer Mahan(1840-1914) : 미국의 해군 제독, 역사학자. 미국 해군 대학에서 강의하면서 고대로부터 17-18세기까지의 제해권을 연구했다. 역사상 군사적, 상업적으로 바다를 지배한 나라가 패권을 차지했다는 그의 주장은 금세기 미국의 군사 정책에 중대한 영향을 미쳤다.
** 이 책의 162쪽 이하를 참조하라.

1669년……. 암스테르담이 우위를 확보하자 포르투갈은 아시아의 식민지를 잃었고, 브라질마저 잃을 뻔했다. 프랑스는 영국과의 투쟁에서 1762년 이후로 승기를 놓치자 캐나다를 상실했을 뿐만 아니라 인도에서도 확실한 미래를 보장받을 수 없게 되었다. 런던이 1815년에 세력의 정점에 서자 스페인은 남아메리카를 상실했다(혹은 조만간 놓치게 되었다). 마찬가지로 1929년 이후, 그전까지 런던을 중심으로 삼던 세계는 뉴욕을 새로운 중심으로 삼았다. 1945년 이후에는 영국, 네덜란드, 벨기에, 프랑스, 스페인의 식민지들(그때까지 보유하고 있던)이, 그리고 그후로는 포르투갈의 식민지들이 하나씩 사라져갔다. 식민지를 포기하는 일이 계속된 것은 우연이 아니다. 이것은 상호의존의 연쇄들이 깨져간다는 의미이다. 오늘날 미국의 헤게모니가 종식된다면 그것이 전 세계적으로 지대한 영향을 미치리라는 것은 어렵지 않게 상상할 수 있다.

두 번째 법칙(마지막) : 도시의 지배는 각양각색이다

지배적인 도시라는 말을 두고 똑같은 유형의 성공과 도시세력을 생각해서는 안 된다. 역사상의 중심도시들은 모두 어느 정도 자기 과업을 잘 처리할 능력이 있었으나, 면밀히 살펴보면 이들 간의 차이점이나 상대적인 부족함이 있게 마련이어서 이에 대한 정확한 재해석이 요구된다.

앞으로 자세히 살펴보겠지만 베네치아, 안트베르펜, 제노바, 암스테르담, 런던 순으로 서유럽의 지배적인 도시들이 연이어 나오는데, 이 고전적인 순서를 잘 살펴보면 앞의 세 도시의 경우 경제적 지배를 위한 수단들을 완벽하게 갖추지는 못했다는 것을 확인하게 된다. 14세기 말에 베네치아는 한창 번영을 누리던 상업도시였으나 절반 정도는 공업 부문에서 활력을 띠었으며, 재정 및 은행체제를 갖추고 있다고 해도 그 크레딧 체제는 베네치아 경제 내에서만 작동하는 내부적인 모터에 불과했다. 사실상 자체의 항해선단이 없었던 안트베르펜은 유럽의 상업자본주의를 품고 있었다고는 하지만,

사실 이곳의 교역과 사업은 '스페인 여관(auberge espagnole)'—스페인 여관에는 각자 자기가 필요로 하는 것을 가지고 들어가야 했다—수준에 불과했다. 더 이후 시기에 제노바는 13-14세기의 피렌체처럼 은행업에서만 우위를 차지했는데, 이곳이 중요한 역할을 맡을 수 있었던 이유는 우선 귀금속의 지배자였던 스페인 국왕을 고객으로 두었기 때문이며, 여기에 더해서 16-17세기에 유럽의 중심지가 확실하게 정해지지 않았기 때문이기도 하다. 안트베르펜은 더 이상 중심지가 아니었고 암스테르담은 아직 중심지가 되지 못한 중간시기였던 것이다. 암스테르담과 런던부터는 경제적인 힘을 완벽히 갖춘 세계-도시들이 되었다. 이런 곳들은 제해권으로부터 상공업의 확대와 크레딧 도구의 완전한 발달에 이르기까지 모든 영역을 장악했다.

각각의 지배지역마다 다른 요소로는 또 정치세력의 틀도 들 수 있다. 이 점에서 베네치아는 강력한 독립국이었다. 15세기 초에 베네치아는 테라 피르마를 지배했는데, 이것은 가까이에 잡아둔 광대한 보호지역이었다. 그리고 이미 1204년부터 식민제국을 보유했다. 이와 달리 안트베르펜은 정치세력을 전혀 가지고 있지 못했다. 제노바는 영토적으로는 해골만 남은 상태였다. 이곳은 정치적 독립은 포기한 채 단지 돈이라는 또다른 지배도구만을 추구했다. 암스테르담은 네덜란드 연방을—네덜란드 연방이 그것을 원하든 원하지 않든 간에—지배한 것과 다름이 없다. 그러나 "왕국"은 베네치아의 테라 피르마와 큰 차이가 없었다. 그러다가 런던과 함께 모든 것이 변화한다. 이 거대한 도시는 잉글랜드의 전국시장을 지배했고 곧이어 영국 제도 전체를 지배하게 되었다. 그후 세계의 규모가 다시 한번 바뀌어서 이 강력한 권력체도 미국과 같은 공룡 앞에서는 그저 조그마한 하나의 국가라는 의미밖에 가지지 못하게 되었다.

간단히 정리하자면, 14세기 이후 등장하는 유럽의 지배적인 도시들의 연쇄의 역사는 그 기저에 깔려 있는 세계-경제의 발전사를 보여준다. 이 세계-경제들은 중심이 강하냐 약하냐에 따라서 전체적인 통합과 통제의 정도가 달라졌다. 또 이 연쇄를 통해서 우리는 항해, 상업, 공업, 크레딧, 정치세력 또는 무력 등 지배의 무기가 어떤 가치를 가지는지를 알 수 있다.

세 번째 법칙 : 여러 권역들은 계서제를 이루고 있다

하나의 세계-경제를 이루는 상이한 권역들은 하나의 초점, 즉 중심부를 향한다. "극성(極性)을 띤(polarisé)" 각 권역들은 복합적인 응집력을 통해서 하나의 전체를 이룬다. 마르세유 상공회의소가 말했듯이(1763) "모든 교역은 서로 연결되어 있으며 말하자면 서로 손을 잡고 있다."[31] 이보다 한 세기 전에 암스테르담에서 한 관찰자는 홀란트의 사례를 통해서 "이 세계의 모든 교역들은 서로 연결되어 있어서 어느 하나를 모르면 다른 것들도 잘 모르게 된다"는 결론을 이끌어냈다.[32]

그리고 일단 연결관계가 성립되면 그것들은 지속되는 경향이 있다.

나는 16세기 후반의 지중해를 열정적으로 연구한 바 있다. 약 반세기의 시간 동안 나는 이 지역을 항해하고, 항구에 들르고, 상품을 교환하고 판매하는 마음속의 여행을 했다. 그러고 난 후에는 17-18세기의 지중해의 역사도 공부할 필요를 느꼈다. 나는 이 시기의 지중해에 나름대로의 새로운 독특성이 있어서 낯선 느낌을 줄 테고 거기에 익숙해지려면 새로 채비를 해야 할 것이라고 예상했다. 그런데 1660년, 혹은 1670년, 심지어 1750년에도 이곳은 내가 익히 아는 세상임을 곧 깨달았다. 기본적인 공간들, 여행로, 소요시간, 생산품, 교환되는 상품, 정박지 등 모든 것이 같은 곳에 거의 그대로 남아 있었다. 전체적으로 보면 여기저기에서 몇몇 변화가 눈에 띄기는 하지만, 거의 전적으로 상층구조와 관련된 것이었다. 그것은 아주 중요한 것일 수도 있고 동시에 아주 하찮은 것일 수도 있다. 비록 위층에서 일어난 하찮은 변화—화폐, 자본, 크레딧, 몇몇 상품에 대한 수요의 증감 등—가 아래층의 일상적인 "자연스러운" 생활층에 지배적인 영향을 미칠 수 있다고 해도 말이다. 그러나 정작 이 아래층에서는 그들의 지배자가 바뀌었다는 것을 모르거나 아니면 거의 관심을 두지 않을 수도 있다. 18세기가 되면 풀리아의 올리브유가 트리에스테, 안코나, 나폴리, 페라라를 경유해서 북유럽으로 수출되며 베네치아를 경유하는 양은 대폭 줄어든다.[33] 이것은 분명히 중요한 사실이지만, 사실 올리브 재배 농민으로서는 뭐 그다지 중요한 일이겠는가?

세계-경제가 어떻게 구성되어 있는지, 혹은 자본주의와 시장경제가 서로 섞이지는 않으면서 공존과 상호 침투를 하는 메커니즘이 무엇인지 등에 대해서 내가 이해하게 된 것은 이런 경험들을 통해서였다. 지표면을 따라서 그리고 물길을 따라서, 수 세기에 걸쳐 지방시장 및 지역시장의 연쇄망들이 조직되었다. 대개 일상적인 관례대로 움직이는 이러한 지방경제는 지배적인 어느 한 지역이나 한 도시에게만 이익을 가져다줄 뿐 그 자신은 정기적으로 통합의 대상 또는 "합리적인" 신질서 수립의 대상이 되어버리는 운명을 맞는다. 이와 같은 일은 새로운 "조직주동자"가 나타날 때까지 한두 세기 정도 지속된다. 이것은 마치 자원과 부의 **중앙화** 및 **집중화**[34]가 필연적으로 일부 선택된 **축적**지역에만 이익을 가져다주는 것과 같다.

앞에서 든 예를 가지고 설명한다면, 아드리아 해가 베네치아에 유리하도록 이용된 것이 좋은 예이다. 적어도 1383년에 베네치아가 코르푸를 점령한 이후 통제하게 된 이 바다는 베네치아에 대해서 일종의 **전국시장** 역할을 했으므로 베네치아는 이 바다를 그들이 피를 흘리며 얻은 "우리의 만(灣)"이라고 불렀다. 겨울철에 일기가 좋지 않을 때만 제외하면 1년 내내 황금빛 뱃머리를 가진 베네치아의 갤리 선단이 원무를 추듯이 계속해서 이 바다를 항해했다. 그러나 베네치아가 이 바다를 만든 것은 아니다. 또 이 바다 주변에 빙 둘러서 자리 잡은 도시들 역시 베네치아가 만든 것은 아니다. 베네치아는 이미 있던 연안지역의 생산물들, 그것의 교환 그리고 선원들을 발견했을 뿐이다. 베네치아로서는 자신이 등장하기 전에 이미 행해지던 교역들을 마치 실 가닥처럼 수중에 모아서 쥐기만 하면 되었다. 풀리아의 올리브유, 몬테 가르가노 숲의 조선용 목재, 이스트라 반도의 석재, 아드리아 해 양안에서 사람과 가축 모두에 필요했던 소금 그리고 포도주와 밀 등이 그런 것들이다. 베네치아는 또 여행상인들, 수백 혹은 수천 척의 소형 선박과 범선들을 불러모아서 자신의 필요에 맞추어 새로운 모델에 따르게 하고 자신의 경제에 짜맞추었다. 이렇게 손안에 잡아두는 것, 이것이야말로 확고한 독점을 유지하면서 세계-경제를 건설하는 과정이자 "모델"이다. 베네치아 시정부는 아드리아 해의 모든 교역에 대해서 목적지가 어디가 되든지 간에 반드시 베네치아 항구에 들러 통제를 받도록 했다. 그리고 이 주장을 관철시키기 위해서 해적의 소굴이었던 세뉴(Senj) 및 리예카와 끊임없이 싸웠고, 또 상업 경쟁자들인 트리에스테, 라구사, 안코나와도 싸웠다.[35]

베네치아식의 지배도식은 다른 곳에서도 볼 수 있다. 이 도식에서 핵심 사항은 한편에 거의 자연발생적으로 발전하는 시장경제가 있고, 다른 한편에 이 소수의 활동을 다시 그 위에서 쥐고 있으면서 방향을 잡고 마음대로 통제하는 상층의 경제가 있어서 이 양자 사이에 진동하는 변증법이 작용한다는 점이다. 우리는 베네치아가 오랫동안 독점했던 풀리아의 올리브유에 대해서 이야기했다. 이를 위해서 베네치아는 1580년경 올리브 산지에 자국의 수하에 있던 베르가모* 출신 상인들을 500명 이상 배치하여[36] 수집, 저장, 출하 등의 업무를 맡겼다. 이런 식으로 상층경제는 생산을 포괄하고 판매 방향을 통제한다. 성공을 위해서는 모든 수단과 방법을 가리지 않으며 특히 의도적으로 크레딧을 제공해주기도 한다. 메수엔 조약(1703) 이후 영국이 포르투갈에 대해서 우위권을 확보한 것이나, 미국이 제2차 세계대전 이후 남아메리카에서 영국 세력을 축출한 것도 이와 다르지 않다.

세 번째 법칙(계속) : 튀넨의 권역

우리는 이와 관련된 하나의 설명—유일한 설명은 아니라고 해도—을 요한

---

* Bergamo : 이탈리아 북부의 롬바르디아 지역의 도시. 아주 오래된 직물업 중심지이다. 1428-1797년에 베네치아의 지배를 받았다.

하인리히 폰 튀넨(1780-1851)*에게서 찾을 수 있다. 그는 마르크스와 함께 19세기의 가장 저명한 독일 경제학자였다.[37] 모든 세계-경제는 그의 『고립국가(Der Isolierte Staat)』(1826)에 나오는 도식을 따른다. "기름진 평야 한가운데에 대도시가 하나 있다고 생각해보자. 이곳에는 배가 다닐 수 있는 강도 없고 운하도 없다. 이 평야는 완전히 균질한 지력의 경작지이다. 그리고 이 도시로부터 상당히 멀리 떨어진 곳에 경작이 불가능한 황무지가 가로막고 있어서 이 국가는 나머지 세상과 격리되어 있다. 게다가 이 평야에는 위에서 언급한 대도시를 제외하면 다른 도시가 하나도 없다."[38] 현실의 경제를 더 잘 이해하기 위해서는 이렇게 현실을 떠나볼 필요가 있다.[39]

유일한 도시와 평야는 닫힌 공간 속에서 서로가 서로에게 영향을 미친다. 모든 활동은 단지 거리에 의해서만 결정되므로(토질의 차이가 전혀 없어서 어느 부분의 땅이 어떤 특정한 경작에 적합한 것이 아니기 때문이다) 시 주변에 동심원 모양의 권역들이 저절로 형성된다. 첫 번째 동심원은 텃밭, 채소밭(특히 채소밭은 도시공간에 바짝 붙어 있고 심지어는 도시 내부로까지 파고들어간다) 그리고 낙농지역이고, 두 번째 동심원은 곡물 경작지역, 세 번째 동심원은 목축지역이다. 이것은 그 자체로서 하나의 소우주를 이룬다. 니마이어는 이 모델을 세비야와 안달루시아에 적용해보았다.[40] 아마 우리가 살펴보았던 런던과 파리의 식량 공급지들에 대해서도 이 모델을 적용해볼 수 있을 것이고,[41] 그 외의 다른 모든 도시들에도 마찬가지일 것이다. 이 이론에서는 제시된 모델이 구체적인 내용을 담고 있지 않기 때문에 오히려 현실에 더욱 부합할 수 있다. 그것은 마치 스페인 여관처럼 자기가 사용할 것을 스스로 가지고 들어가는 식이다.

나는 튀넨의 이 모델에 대해서, 공업의 이식 및 발달을 고려하지 않았다거나(공업활동은 18세기에 영국에서 산업혁명이 일어나기 이전부터 존재했다), 오

---

* 이 책 제2권의 45쪽의 역주를 참조하라.

직 거리만이 전능의 해결사처럼 연속적인 권역들을 규정하고 있을 뿐 읍도 마을도 없는, 즉 현실에서의 시장이 없는 추상적인 시골을 그리고 있다고 비난하지는 않겠다. 사실 지나치게 단순화된 이 모델을 현실의 예에 적용하려면, 이런 요소들을 다시 포함시켜야만 하는 것은 당연하다. 그보다 내가 비판하는 바는 이 도식에 **불평등**이라는 중요한 개념이 전혀 포함되어 있지 않다는 점이다. 각 권역 간의 불평등은 그저 명백한 것으로 치고 다른 설명 없이 받아들인다. "대도시"가 시골을 지배한다는 단순한 사실 그 자체, 그뿐이다. 그러나 도대체 왜 그와 같은 지배가 이루어지는가? 애덤 스미스가 무엇이라고 하든 간에,[42] 경제의 초보적인 순환을 형성하는 시골-도시 사이의 교환은 불평등 교환의 훌륭한 예이다. 이 불평등에는 기원과 유래가 있다.[43] 경제학자들은 이 점과 관련해서 역사적 발전을 너무 무시했다. 그러나 이 역사적 발전이야말로 분명히 결정적인 중요성을 가진다.

세 번째 법칙(계속) : 세계-경제의 공간적 도식

세계-경제는 서로 연결되어 있는 여러 구역들의 조립 또는 병치라고 할 수 있지만, 그 연결은 **상이한 수준**에서 이루어진다. 여기에서 **적어도 세 개의** "지대(aire)" 또는 카테고리를 그려볼 수 있다. 좁은 중심부, 꽤 발달한 두 번째 지역 그리고 외부의 거대한 주변지역이 그것이다. 그중 어느 한 지역에서 다른 지역으로 옮겨갈 때마다 사회, 경제, 기술, 문화, 정치질서의 질과 성격이 바뀔 수밖에 없다. 우리는 이에 관해서 아주 폭넓은 설명을 제시한 예를 알고 있다. 그것은 이매뉴얼 월러스틴이 『근대세계체제(*The Modern World-System*)』(1974)에서 제시한 설명이다.

"중심부"는 가장 발전해 있고 가장 분화된 것들을 모아서 가지고 있다. 두 번째의 동심원은 이런 이점을 나누어 가지기는 하지만, 일부분밖에 가지고 있지 못하다. 말하자면 이곳은 "우수한 2등"의 지역이다. 인구가 희박한 거대한 주변부는 이와 반대로 구태의연하고, 지체되어 있으며, 남에게 쉽게 착취당하는 성격을 띤다. 이런 차별적인 지리학은 오늘날까지도 일반 세계사를 덫에 가두어놓는 동시에 그것을 설명해주지만, 경우에 따라서는 일반 세계사 스스로 그와 같은 덫을 만드는 데에 협조하기도 한다.

중심지역과 관련해서 불명확한 것이라고는 하나도 없다. 암스테르담이 세계의 "창고"였을 때 네덜란드(혹은 적어도 이 나라의 일부 지역)는 중심지역이었다. 런던이 확고히 우위를 점할 때 잉글랜드(그레이트 브리튼 섬 전체가 그런 것은 아니다)는 세계 전체의 중심부에 위치해 있었다. 16세기 초의 어느 날 안트베르펜이 유럽 교역의 중심에 위치하게 되었을 때 네덜란드는, 앙리 피렌이 이야기한 대로 "안트베르펜의 변두리"가 되었으며[44] 세계의 거대한 나머지 지역은 더욱 먼 변두리지역이 되었다. "이 성장의 중심점들이 강력한 펌프의 흡인력을 가지고 있다"는 점은 분명하다.[45]

반대로 중심지역 근처에 바로 잇닿아 있는 광범위한 지역들의 위치를 상정하는 일은 매우 힘든 작업이다. 이 지역들은 중심부지역보다 열등하지만 때로 그 차이는 매우 미세하다. 이곳은 중심부지역에 합류하기 위해서 모든 방향에서 압력을 가하고 있으며 다른 어느 곳보다도 큰 활동성을 보인다. 이곳들의 차이가 언제나 뚜렷하지는 않다. 폴 바이로크가 보기에[46] 이런 지역들 간의 차이는 오늘날보다 과거에 더 미미했다. 헤르만 켈렌벤츠는 심지어 이런 차이가 실제로 존재하는지 의심했다.[47] 그러나 크든 작든 그 차이는 분명히 존재한다. 이것은 물가, 임금, 생활수준, 국민생산, 1인당 소득, 무역수지 등에 관한 수치 자료가 존재하는 경우에는 언제나 여러 지역들 간에 차이가 있다는 것으로 알 수 있다.

최상의 기준이라고 할 수는 없지만 가장 간단하며 어쨌든 가장 손쉽게 이용할 수 있는 기준은 어떤 지역에 **외국**의 상업 식민지들이 존재하느냐 아니냐 하는 것이다. 어느 한 도시 혹은 국가에서 외국 상인이 높은 지위를 차지한다면, 이 도시 혹은 국가가 그 상인을 대표나 밀사로 파견한 곳의 경제에 비해서 열등하다는 표시이다. 그러한 예들은 얼마든지 있다. 펠리페 2세 시대에 마드리드에 와 있던 제노바의 상인-은행가들, 17세기에 라이프치히에 있던 네덜란드 상인들, 18세기에 리스본에 주재하던 영국 상인들 그리고 특히 브루게, 안트베르펜, 리옹, 파리(적어도 마자랭 시대까지)에 존재하던 이탈리아인들이 그런 사례들이다. 1780년경 "리스본과 카디스에서는 모든 상업회사들이 외국인 회사의 지점이었다(Alle Hauserfremde Comptoirs sind)."[48] 18세기 베네치아의 사정도 크게 다르지 않았다.[49]

이와 달리 주변부지역으로 가면 즉시 모든 모호성이 사라진다. 이곳에서는 실수할 가능성이 없다. 이곳은 가난하고 지체해 있는 국가들이며, 최대다수의 사회계층은 대개 농노이거나 심지어 노예이다(이곳에서는 서유럽 중심부에서 볼 수 있는 자유농민들, 혹은 스스로 자유롭다고 자부하는 농민들이 없다). 이런 나라들에는 화폐경제가 일부에만 침투해 있다. 분업이 발달해 있지 않아서 농민들은 모든 직종의 일을 동시에 한다. 화폐가격이 존재한다고 해도 그것은 말도 안 되게 낮았다. 생활비가 지나치게 싸다는 것 자체가 저개발의 표시이다. 헝가리의 설교사인 셉시 촘보르 마르톤은 1618년에 조국으로 돌아가면서 이런 관찰을 했다. "네덜란드와 영국에서는 식료품값이 아주 높았다. 이런 상황은 프랑스에서 변하기 시작해서 독일, 폴란드, 보헤미아로 갈수록 빵값이 계속 내려가다가 헝가리에서 최저가 되었다."[50] 헝가리만 해도 거의 최하 수준이었지만 이보다도 더한 지역들이 아직 남아 있다. 시베리아의 토볼스크에서는 "생필품 가격이 어찌나 싼지 평민들은 1년에 10루블만 가지고도 살 수 있다."[51]

유럽의 변두리에 있는 후진지역들은 주변부 경제들에 관한 수많은 모델을 제시한다. 18세기의 "봉건적인" 시칠리아와 어느 시대라고 할 것도 없이 후진지역인 사르데냐, 튀르키예 지배하의 발칸, 서유럽 시장의 이익을 위해서 동원되고 자신의 지방적 수요보다는 외부 시장의 수요에 생산을 맞추어야 했던 메클렌부르크, 폴란드, 리투아니아 등지의 광범위한 지역, 러시아 세계-경제의 착취 대상인 시베리아, 그리고 건포도와 리쾨르 주—영국에서도 소비되었다—에 대한 외부 수요 때문에 15세기부터 외부로부터 단일경작(monoculture)체제가 강요되고 이것이 지방의 균형을 파괴했던 레반트 지역의 베네치아령 섬들 역시 마찬가지이다.

물론 전 세계 어디에서나 **주변부**(périphérie)가 존재한다. 바스쿠 다 가마 이전이든 이후이든, 아프리카 동해안에 위치한 모노모타파의 미개발지역에서 금을 캐는 광부이자 사냥꾼인 흑인들은 금과 상아를 인도산 면직물과 교환했다. 중국인들은 변방의 "오랑캐" 국가들을 정벌하며 영토를 확장했다. 중국 문헌에서는 늘 이들을 "만족(蠻族)"이라고 불렀는데 이것은 고전시대의 그리스인들이 그리스어를 모르는 사람은 누구나 야만인(barbare)으로 취급한 것과 똑같다. 그래서 베트남과 말레이 제도에는 오직 "만족"만이 있었다(그러나 베트남에는 중국화된 만족과 그렇지 않은 만족이 있다고 중국인들은 따로 구분을 했다). 16세기의 한 중국인 역사가에 의하면, 중국인들은 "원시적 관습을 그대로 간직한 채 독립을 유지하고 있는 사람을 생만(生蠻)이라고 부르고, 황제에게 복종해서 중국 문명을 어느 정도 받아들인 사람을 숙만(熟蠻)이라고 불렀다." 여기에서는 정치적, 문화적, 경제적 그리고 사회적 모델 등이 함께 고려의 대상이 된다. 자크 두른이 설명하듯이 생(生)과 숙(熟)은 이 문맥에서 자연 대 문화의 대조이기도 하다. "날 것"은 무엇보다도 벌거벗은 상태에서 잘 나타난다. "푀타오[산지의 '왕들']가 안남(安南)의 [중국화된] 조정에 공납을 바치러 올 때에는 옷을 입었다."[52]

종속관계는 화난의 연안 가까이에 있는 하이난 섬*에서도 찾아볼 수 있다. 이 섬 중앙의 산지에는 비(非)중국인들, 즉 원주민들이 독립해서 살고 있는 반면, 논이 펼쳐져 있는 저지대에는 중국인 농민들이 살고 있었다. 산지

---

* 타이완 다음으로 큰 중국의 섬으로, 오늘날에는 행정적으로 한 개의 성(省)이다. 기원전 2세기 말부터 중국의 지배를 받았으나 원주민의 저항이 심하여 기원전 1세기에 중국 세력이 후퇴했다. 그후 당나라 시기에 본격적으로 다시 식민화되었으나 이때에도 해안에만 중국인 마을이 형성되었다. 그후 12–13세기에 본격적으로 중국인이 이곳에 정착해서 원주민인 여족(黎族)을 산악지대로 내쫓았다.

사람들은 타고난 약탈자들이지만 때로는 그들 자신이 산짐승처럼 추격당하기도 했다. 이들은 기꺼이 단단한 나무(침향*과 칼람바**)와 사금을 가져와서 중국인이 "산지에 놓고 가는 직포나 잡화"와 바꾸어가는,[53] 일종의 침묵교역***을 했다. 침묵교역이라는 점을 빼면 이 물물교환은 항해왕자 엔리케의 시대에 사하라 사막의 대서양 연안지역에서 행했던 물물교환과 유사하다. 이곳에서 포르투갈인들은 나사(羅紗), 면포, 모포 등을 가져와서 베르베르 유목민이 가져오는 사금, 흑인 노예 등과 교환했다.

세 번째 법칙(계속) : 중립지역이 존재하는가?

그렇지만 후진지역이 전적으로 주변부에만 분포되어 있지는 않다. 사실 중심부지역에도 이런 지역들이 점점이 박혀 있다. 이런 곳들은 한 "지방(pays)"이나 캉통(canton), 산지의 고립된 계곡, 혹은 중심도로의 바깥에 있어서 접근이 어려운 구역과 같은 소규모 지역들이다. 모든 선진경제에는 이렇게 세계의 시간에서 벗어나 있는 우물과 같은 곳들이 점점이 박혀 있다. 이런 곳에서 역사가들은 마치 바닷속으로 고기잡이를 하러 잠수한 듯한 느낌을 받을 것이다. 최근 몇 년 동안 나는 이 미숙한 운명, 교환경제가 비껴가버리는 까닭에 결국 시장의 아래 혹은 그 옆에 놓이게 된 이 특별한 역사적 조직을 포착하기 위해서 무척 애를 써왔다(아마 독자들이 이 책의 앞의 두 권에서 받은 인상보다 훨씬 더 큰 정도로 나는 이 일을 위해서 노력했다). 내가 여러 번 이야기한 바 있지만, 이런 지역의 사람들이라고 해서 다른 지역 사람들에 비해 인간적으로 더 불행하거나 더 행복한 것은 아니다.

---

* 아시아 열대지역에서 나는 나무. 아갈로체(agalloche) 또는 알로에라고도 한다. 향이 아주 강하며 태울 때 향긋한 냄새를 발한다.

** calamba : 말레이 제도와 오세아니아에서 자라며 세공용 목재로 쓰인다.

*** 이민족이나 적대적인 집단 간에 직접 접촉하지 않으면서 행하는 원시적인 형태의 교역. 한편이 정해진 곳에 물건을 놓고 가면, 다른 집단이 그것을 가지는 대신 다른 물건을 같은 곳에 놓고 가는 교역이다.

그러나 그런 고기잡이는 소득이 많은 경우가 거의 없다. 사료는 부족하고, 우리가 얻는 구체적인 사실들은 유용하기보다는 독특한 것이기 쉽다. 내가 하고자 했던 것은 여러 요소들을 수집하여 그것을 통해서 이 제로 수준 근처의 경제가 가지는 깊이와 성격을 판단하는 것이었다. 이것은 분명 너무 큰 요구이리라. 그렇지만 여하튼 교환과 융합에서 거의 벗어나 있는 그런 "중립적인" 구역이 존재한다는 것은 확실하다. 프랑스를 보더라도 심지어 18세기까지도 이렇게 시간을 거슬러가는 지역들이 많이 존재했다. 그런 곳들이 꼭 브르타뉴의 오지에만 있는 것은 아니다. 우아장의 알프스 산록,[54] 또는 몽테 고개 너머의 모르진 계곡,[55] 또 알프스 등반이 본격적으로 시작되기 전까지는 외부세계로부터 철저히 고립되어 있었던 샤모니의 고지 계곡 등이 그런 곳들이다. 1970년에 콜레트 보두이라는 역사가가 브리앙송 지역의 세르비에르에서 "우리 선조대의 리듬대로 살며 과거의 심성을 그대로 간직하고 먼 과거의 농업기술에 따라 생산활동을 하는, [한마디로] 이웃 지역들이 모두 사라져버린 가운데 홀로 살아남은"[56] 산골의 농촌을 만난 것은 엄청난 행운이었다. 그리고 그녀는 이 행운을 제대로 이용할 줄 알았다.

1970년의 프랑스에서 그러한 **고립집단***을 만날 수 있었다는 점을 놓고 보면, 산업혁명 전야의 영국에서 여행자나 조사자들이 발걸음을 옮길 때마다 후진지역들을 만났다는 것이 그다지 놀라운 일이 아니다. 데이비드 흄 (1711-1776)[57]은 18세기 중엽에 생활비가 프랑스에서만큼이나 싼 지역들이 영국과 아일랜드에 있다고 기록했다.

이것은 오늘날 우리가 "저개발"지역이라고 부르는 곳을 우회적으로 표현한 것이다. 삶이 전통적인 형태로 남아 있으며, 주민이 마음껏 짐승을 사냥하고 강에서 연어와 송어를 잡는 곳이다. 이런 지역의 주민은 미개한 생활을 했다. 17세기 초에 네덜란드식으로 개간사업이 한창 벌어지던 워시 만 근

---

* isolat : 인구가 아주 적어서 인구학적으로 규정할 수 있고 여러 변수들을 명백히 측정할 수 있는 집단.

처의 펜스* 지역이 그런 곳이다. 물가 짐승을 사냥하고 물고기를 잡으며 자유롭게 살던 이곳에 수리사업이 벌어지면서 자본주의적인 농촌이 출현했다. 그러자 이곳 주민은 엔지니어와 토목 인부들을 공격하고 제방을 무너뜨렸으며 저주스러운 노동자들을 살해하는 등 자신들의 삶을 지키기 위해서 맹렬히 투쟁했다.58) 이러한 근대화와 고풍주의 사이의 갈등은 캄파니아** 내부와 같은 곳에서는 오늘날에도 일어나는 일이다.59) 그러나 이런 폭력은 상대적으로 드문 편이다. 일반적으로 "문명"은 필요할 경우에는 그때까지 오랫동안 고립된 상태로 내버려두던 지역들을 유혹하고 그곳에 뚫고 들어갈 방도들을 가지고 있다. 그러나 그 결과로 크게 달라진 것이 있을까?

세 번째 법칙(마지막) : 포락선과 하층구조

세계-경제는 하나의 거대한 포락선***으로 그려진다. 선험적으로는 예전의 교통통신 수단으로 보건대 이 세계-경제를 훌륭하게 유지하기 위해서는 대단한 힘들을 결집시켜야만 했으리라고 생각하게 된다. 그렇지만 실제로는 중심부와 바로 그 이웃 지역에만 충분한 정도의 밀도와 심도, 부수적인 자원들 그리고 효율적인 힘이 있었음에도 불구하고 세계-경제는 문제없이 잘 유지되었다. 그리고 베네치아, 암스테르담, 런던 등지에서 드러나듯이 중심부지역 자체 내에도 활력이 떨어지는―즉, 결정권을 가진 중심부와의 연결이 미약한―경제가 있다. 심지어 오늘날 미국 내부에도 저개발지역들이 존재한다.

따라서 전 지구적인 차원에서 세계-경제 전체를 고찰하든 아니면 중심부

---

* Fens : '펜(fen)'이란 늪의 일종으로서 거의 물에 잠겨 있으며 풀, 사초, 갈대 등이 많은 저지대를 가리킨다. 그중에서도 특히 '펜스(Fens)'라고 할 때에는 케임브리지셔, 링컨셔 및 그 주변의 저지대를 가리킨다.

** Campania : 나폴리를 중심도시로 하는 이탈리아의 지방. 비옥한 연안 저지대에서는 집약적 농업이 이루어지고 어업과 일부 공업이 발달해 있으며 해안을 따라 이루어지는 교통도 용이하지만, 내륙에는 교통이 아주 불편한 산악지역이 자리한다.

*** 包絡線, enveloppe : 이 책 제1권 749쪽의 역주를 참조하라.

지역에 한정하여 심층적으로 세계-경제를 고찰하든 간에 마찬가지의 놀라운 사실을 확인하게 된다. 이 기계는 작동은 하지만 강력한 힘은 거의 가지고 있지 않다(특히 과거 유럽의 초기의 지배적인 도시들을 생각해보라). 어떻게 그런 일이 가능했을까? 이 책의 끝까지 이 질문이 계속 제기되겠지만 우리는 확실한 대답을 하지는 못할 것이다. 네덜란드가 루이 14세 치하의 적대적인 프랑스 내부 깊숙이 자신의 상업적인 이익을 추구해 들어간 것, 영국이 거대한 인도를 지배한 것 등은 모두 대단한 성취임에는 분명하지만 이해 불가능의 선상에 있다.

하나의 이미지를 통해서 설명을 구해보자.

미켈란젤로나 그 당시의 어느 조각가가 카라라* 채석장에서 대리석 한 덩어리를 채굴한다고 상상해보라.[60] 이 거대한 돌덩어리는 엄청나게 무겁지만 그래도 아주 초보적인 수단으로 채취할 수 있고 또 아주 작은 힘으로도 운반할 수 있다. 먼 옛날부터 채석장이나 광산에서 사용하던 약간의 폭약, 두세 개의 지렛대, 10여 명의 인부들, 밧줄, 끌짐승, 돌을 굴려서 끌고 갈 때 사용할 통나무들, 경사면⋯⋯이것들이면 족하다. 이것이 가능한 이유는 이 돌덩어리가 자체의 무게 때문에 땅에 밀착해 있기 때문이다. 그것은 거대하지만 스스로 움직일 줄 모르는 중립적인 힘이다. 초보적인 경제활동들의 덩어리 역시 사로잡혀서 얽매여 있으며 땅에 밀착해 있는데, 바로 이 사실 때문에 **위로부터** 손쉽게 조종당한다. 이 거창한 작업을 가능하게 하는 도구와 지렛대에 해당하는 것은 그단스크나 메시나 등지에 도착한 현찰이나 은, 구미를 당기는 크레딧, 약간의 "인공" 화폐, 아니면 사람의 마음을 끄는 진귀한 상품들, 혹은 시장체제 그 자체이다⋯⋯. 상업 연쇄망의 가장 끝에 있는 높은 가격들은 언제나 유인 역할을 한다. 한 번의 신호만 있어도 모든 것이 그곳을 향해 움직인다. 여기에 관습의 힘이 더해진다. 수 세기 동안 후추와 향

---

* Carrara : 이탈리아의 토스카나 지방에 있는 도시로, 세계적으로 유명한 대리석 산지이다. 고대로부터 약 500여 곳의 채석장들에서 질 좋은 대리석을 채굴해왔다.

신료들이 레반트 지역 항구들에 도착해서 은과 교환된 것이 그런 예이다.

물론 여기에는 폭력도 함께 작용한다. 포르투갈과 네덜란드의 함대들은 "함포외교의 시대" 이전에도 이미 상업활동을 활성화시켰다. 그러나 이보다 더 빈번하게 사용한 것은 외관상으로는 보잘것없어 보이지만 종속적인 지위의 경제를 교묘히 조종하는 수단들이었다. 이 이미지는 사실 모든 세계-경제의 메커니즘에 타당하다. 중심부와 주변부 사이에 대해서 타당한 것은 중심부의 내부 자체에 대해서도 타당하다. 왜냐하면 다시 반복하지만 중심부는 여러 층으로 나뉘기 때문이다. 그리고 주변부 역시 마찬가지이다. 한 러시아 영사는 이렇게 썼다. "팔레르모에서는 거의 모든 물품들이 나폴리에서보다 50퍼센트 정도 비싸다."[61] 그러나 그는 이 물품들이 무엇이며 "거의"라는 수식어의 예외가 어느 정도인지 자세히 이야기하지 않았다. 이에 대한 답과 함께, 후진적인 남부 이탈리아의 두 왕국의 수도 사이에 존재했던 이런 차등이 어떤 움직임을 가져왔을까 하는 것은 우리가 상상해볼 일이다.

세계-경제 : 다른 여러 질서들 중의 하나

경제적인 예속이 아무리 명백하다고 해도 그리고 그 결과가 어떻든지 간에 세계-경제라는 질서가 사회 전체를 지배하며 이것 혼자서 사회의 모든 질서를 결정한다고 생각하면 안 된다. 경제는 결코 고립되어 있지 않다. 경제의 영역과 공간은 동시에 다른 실체들—문화, 사회, 정치—이 자리 잡고 살아가는 곳이기도 하다. 이것들은 끊임없이 경제에 섞여 들어가서 경제를 돕기도 하고 반대로 방해하기도 한다. 우리가 관찰하는 것—경험적 현실로서 프랑수아 페루가 이야기하는 "현실적 현실(réel réel)"[62]—은 **총체성**(globalité)이기 때문에 이런 것들을 구분해내는 것이 어렵다. 우리는 이것을 특별한 의미의 사회 또는 **전체집합**(ensemble des ensembles)[63]이라고 부른 바 있다. 각각의 개별집합[64]은 파악 불가능성 때문에 실생활에서는 다른 집합들과 섞여서 존재한다. 나는 토머스 윌런이 주장하듯[65] 경제사와 사회사 사이에 무인지대가 있다고는 단 한 순간도 생각해본 적이 없다. 다음과 같은 등식들은 어떤 방향에서든 성립될 것이다. 경제는 정치, 문화, 사회이다. 문화는 경제, 정치, 사회이다 등……. 또는 주어진 한 사회에서 정치는 경제를 인도하고 그 역도 성립한다. 경제는 문화를 돕기도 하고 저해하기도 하며 그 역도 성립한다 등……. 피에르 브뤼넬이 말한[66] "인간적인 모든 것은 정치적이며 따라서 문학(말라르메의 은둔적인 시조차도)은 정치적이다"라는 내용도 마찬가지이다. 자신의 공간을 넘어서는 것이 경제의 독특한 특징이라고 하지만, 사실 이것은 다른 사회적 집합들에 대해서도 똑같이 적용되지 않겠는가? 모든 것은 공간을 잡아먹으며 확장하려고 하고, 튀넨의 방식처럼 연속적인 권역들을 차지하려고 한다.

한 국가는 수도, 지방, 식민지의 세 권역으로 나뉜다. 이것은 15세기의 베네치아에 정확히 들어맞는 도식이다. 베네치아는 첫째, 도시와 그 교외인 도가도(Dogado),[67] 둘째, 테라 피르마(Terra firma)의 지방도시와 구역들, 셋째, 마르(Mar)라고 부르는 식민지로 되어 있다. 피렌체는 도시, 콘타도(Contado), 로 스타토(lo Stato)[68]로 되어 있다. 그중 마지막에 언급한 로 스타토는 시에나와 피사를 누르고 정복한 땅으로서 준(準)식민지가 아니었을까? 17, 18, 19, 20세기의 프랑스, 영국, 네덜란드 역시 세 개의 지역으로 구성되었다. 그러나 유럽 전체의 차원에서 이루어지는 이른바 **유럽의 균형**(équilibre européen)[69] 체제—역사가들이 즐겨 연구하던 소재—는 세계-경제의 정치적인 복사판이 아닐까? 그 목적은 상호 긴장 상태가 완전히 해소되지 않는 주변부 및 반(半)주변부를 의도적으로 구성하고 유지해서 중심부의 세력이 위협받지 않도록 하려는 데에 있다. 왜냐하면 정치에도 "중심부"가 있어서 이 좁은 구역으로부터 가까운 곳과 먼 곳의 사건들을 감시하기 때문이다. 다시 말해서 기다리면서 지켜본다는 원칙(wait and see)에 따르는 것이다.

사회형태들 역시 지리적 차별성을 따른다. 예를 들면 노예제, 농노제, 봉

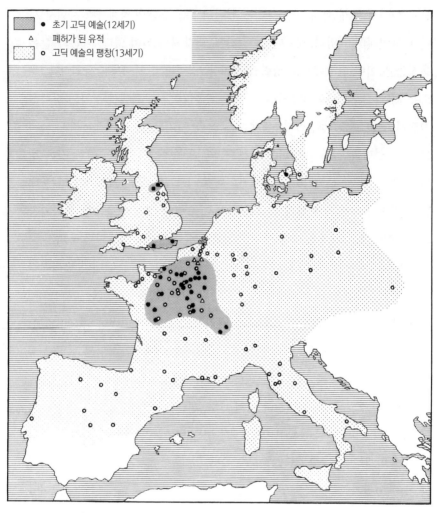

4. 고딕 양식의 지도
(조르주 뒤비 감수, 『역사 지도』, 1978, 라루스)

건사회 등의 영역은 영토상으로 어디까지 펼쳐져 있는가? 공간에 따라서 사회는 완전히 바뀐다. 뒤퐁 드 느무르가 차르토리스키 공의 아들의 가정교사가 되었을 때, 그는 폴란드가 농노제의 나라로서 농민들은 국가가 무엇인지도 모르고 단지 그들의 직속 영주만 알고 있을 뿐이라는 사실을 발견하고 기가 막혀했다. 그런데 그 영주들로 말할 것 같으면 "로렌보다 더 큰 영토"를 통치하는 라지비우와 같은 제후도 보통 사람들처럼 맨땅 위에서 잤다.[70]

문화 역시 마찬가지여서 언제나 공간을 분할하고 있고 연속적인 동심원을 이루고 있다. 르네상스 시대의 경우를 보면 "피렌체, 이탈리아, 나머지 유럽 전역" 같은 식이다. 그리고 이 원은 물론 공간의 정복에 상응한다. "프랑스" 예술, 즉 고딕 성당이 센 강과 루아르 강 사이 지역으로부터 출발하여 어떻게 유럽 전역으로 퍼져갔는지를 보라. 가톨릭 종교개혁으로 태어난 바로크 양식이 어떻게 로마와 마드리드로부터 출발해서 대륙을 석권하고 개신교 국가인 영국까지 물들였는지를 보라. 어떻게 해서 18세기에 프랑스어가 유럽 교양층의 공용어가 되었는지, 또 어떻게 해서 델리로부터 시작하여 이슬람이든 힌두이든 가릴 것 없이 인도 전역이 이슬람 건축 및 예술에 지배되고 더 나아가서 이것이 인도 상인들의 해외 진출에 힘입어 이슬람권 말레이 제도까지 퍼져나갔는지를 보라.

우리는 사회의 이런 다양한 "질서들"이 공간을 차지하는 방식들을 지도에 그려볼 수 있고 그것들의 중심점, 중심구역, 역선(力線)을 위치 지어볼 수 있을 것이다. 각각 자신의 고유한 역사와 영역을 가지고 있다. 그리고 모든 것은 상호 영향을 주고받는다. 그 어떤 것도 다른 것보다 영원히 우위에 있을 수는 없다. 이것들 간의 중요도의 분류—그런 것이 존재한다면—는 끊임없이 변화한다. 비록 느리기는 하지만 어쨌든 변화한다.

경제질서와 국제분업

그러나 근대화가 진행되면서 경제의 우위성은 갈수록 뚜렷해졌다. 경제는 다른 질서들에 대해서 방향을 잡아주거나 교란하고 영향을 미친다. 경제는 불평등을 더욱 확대하며 세계-경제 속에 공존하는 파트너들을 빈곤 혹은 부유함 속에 가두고, 이들에게 아주 장기간 계속될 역할을 부여한다. 한 경제학자는 농담이 아니라 진지하게 다음과 같이 말하지 않았던가.[71] "가난한 나라가 가난한 이유는 가난하기 때문이다." 또 한 역사가는 "성장이 성장을 부른다"고 말했는데[72] 이것은 "어떤 나라가 부유해지는 이유는 이미 부유하기 때문"이라고 말하는 것과 같다.

이것은 지나치게 단순화한 말로 들리지만, 내가 보기에는 데이비드 리카도의 이른바 "부인할 수 없는"(1817)[73] 의사-정리(擬似-定理)보다는 더 의미가 있는 듯하다. 그 의사-정리의 내용은 잘 알려져 있다. 어떤 주어진 두 나라의 관계는 생산에 드는 "상대비용(comparative costs)"에 따라서 좌우된다. 모든 교역은 상호적인 균형을 향하며 양쪽 파트너 모두에게 이익을 가져다주게 되어 있다(부득이한 경우라도 한 편이 다른 편에 비해서 약간 더 유리할 뿐이다). 왜냐하면 "교역은 문명화된 세계의 모든 나라들을 공동의 이해라는 고리와 우호관계로 묶어주며 그리하여 이 모든 나라들을 하나의 거대한 사회로 통합하기 때문이다. 바로 이 원칙에 의해서 포도주는 프랑스와 포르투갈에서 생산되고, 밀은 폴란드와 미국에서 생산되며, 철물과 같은 물품들은 영국에서 생산된다."[74] 이것은 지나치게 사람들을 안심시키는 말이다. 그래서 다음과 같은 의문을 품지 않을 수 없다. 1817년에 리카도가 그린 바와 같은 역할분담은 마치 자연적인 규칙으로 보이지만 도대체 언제, 어떤 이유에서 그렇게 되었는가?

그것은 "자연적인", 즉 저절로 이루어지는 소명의 결과가 아니고, 서서히 역사적으로 형성된, 어느 정도 오래된 상황을 이어받고 고착화한 결과이다. 세계(또는 세계-경제) 차원의 분업은 매번 동등한 파트너 사이에서 조화롭고 수정 가능한 협약을 통해 만들어지지 않았다. 그것은 서로가 서로에 대해서 결정한 종속관계의 연쇄로서 점진적으로 형성된 것이다. 불평등 교역은 세계의 불평등을 낳고 반대로 세계의 불평등은 끈질기게 교역을 창출한다. 불평등 교역과 세계의 불평등, 이 두 가지는 모두 오래 전부터 존재하던 현실이다. 경제라는 카드놀이에서는 다른 것보다 더 나은 패들이 언제나 존재했으며 때로는 속임수가 개재되기도 했다. 어떤 활동은 다른 활동들보다 더 많은 이윤을 가져다준다. 밀보다 포도 재배가 더 유리하며(다만 다른 모든 사람들이 기꺼이 당신 대신에 밀을 재배한다는 조건에서 그렇다), 1차 산업 분야보다 2차 산업 분야에서, 또 2차 산업 분야보다 3차 산업 분야에서 활동하는 것이 유리하다. 리카도의 시대에 영국과 포르투갈 사이의 교역을 보면, 영국은 직물과 다른 공업제품을 공급하고 포르투갈은 포도주를 공급했으므로 결국 포르투갈이 더 열등한 1차 산업 분야에 종사한 것이다. 영국은 수 세기 전부터―엘리자베스 여왕 시대 이전부터―자국의 상업과 공업을 발달시키기 위해서 양모와 같은 원재료의 수출을 중단했던 데에 비해서, 포르투갈은 이전에는 부유한 나라였으나 수 세기 전부터 그 반대 방향으로 변해 갔거나 혹은 그럴 수밖에 없었다. 에리세이라 백작* 시기에 포르투갈 정부는 자신을 지키기 위해서 온갖 종류의 중상주의 정책들을 사용하여 자국의 공업 발전을 장려했다. 그러나 백작이 사망한 지(1690) 2년 후부터 이 모든 것을 포기했다. 그리고 10여 년 후에는 메수엔 조약이 체결되었다. 사정이 이렇다고 할 때 영국과 포르투갈 사이의 관계에 대해서 역전이 거의 불가능한 세력관계라고 하지 않고 우호적인 이웃 사회들이 "공동의 이해고리"에 따르는 관계였다고 주장할 사람이 누가 있겠는가?

국가들 간의 세력관계는 때로 아주 오래된 상태로부터 유래되었을 수도 있다. 하나의 경제, 사회, 문명, 혹은 정치적 총체에서 구속력을 가진 과거가 일단 형성되면 깨기가 힘들어진다. 예컨대 이탈리아의 메초조르노**는 적어도 12세기 이래 오랫동안 후진지역으로 남아 있었다. 한 시칠리아인은 과장해서 이렇게 말했다. "우리는 2,500년 전부터 식민지였다."75) 브라질인들은 1822년에 독립을 이루었지만 가까운 과거에나 심지어 현재까지도 "식민지적인" 상황에 놓여 있다고 느낀다. 즉, 포르투갈만이 아니라 유럽과 미국에 대해서도 식민지라고 생각하는 것이다. 오늘날 유행하는 농담 중의 하나는

---

* Conde da Ericeira(1632-1690) : 포르투갈의 페드루 2세 시대의 재상. 프랑스의 콜베르주의에 고무받아서 중상주의적인 정책을 취했다. 특히 제조업 중에서도 직물업을 보호, 육성하려고 외국산 직물 재료의 수입을 금지시키기도 했다.

** Mezzogiorno : 이탈리아의 남부지역을 가리키는 말.

"우리는 브라질 합중국(États-Unis du Brésil)이 아니라 미합중국의 브라질 (Brésil des États-Unis)"이라는 말이다.

　마찬가지로 프랑스의 공업화의 정체현상도 19세기에 가서 명백해졌지만 그보다 먼 과거로 거슬러올라가지 않으면 설명이 되지 않는다. 일부 역사가들은 혁명과 제정 때문에 프랑스가 공업국으로의 전환에 실패하고, 유럽과 세계에서 첫 번째 지위를 차지하기 위한 경쟁에서 영국에게 졌다고 주장한다.[76] 주어진 기회를 이 시기에 놓쳐버렸다는 것이다. 그 당시의 상황적인 요인도 함께 작용해서 프랑스는 영국이 전 세계의 공간을 상업적으로 이용하도록 방치해둔 것이 사실이다. 또한 트라팔가르와 워털루의 영향도 매우 컸다. 그렇지만 1789년 이전에 놓쳐버린 기회들에 대해서는 어떻게 말할 것인가? 1713년에 스페인 왕위 계승 전쟁이 종전되면서 프랑스는 스페인령 아메리카의 은광에 자유롭게 접근할 기회를 상실하지 않았던가? 1722년에 로 체제의 실패로 인해 프랑스는 (1776년까지) 중앙은행을 가지지 못했다.[77] 파리 조약을 맺기도 전인 1762년에 프랑스는 캐나다를 상실했고 사실상 인도도 상실했다. 이보다 훨씬 더 멀리 과거로 올라가봐도 마찬가지이다. 프랑스는 13세기에 자국 내의 **육로**를 통해서 샹파뉴 정기시로 상업이 집중된 결과 번영을 누렸으나, 14세기 초에 지브롤터 해협을 지나는 **해로**를 통해서 이탈리아와 네덜란드가 직접 연결되자 그 이점을 상실했다. (앞으로 우리가 이것에 대해서 설명하겠지만)[78] 이렇게 해서 프랑스는 유럽의 핵심적인 "자본주의" 유통로에서 비껴나게 되었다. 여기에서 우리가 얻는 교훈이 있다면, 기회는 결코 한번에 다 상실하는 것이 아니라는 점이다. 마찬가지로 한번에 모든 것을 얻는 것도 아니다. 성공은 주어진 그 시대의 기회들을 잘 포착하는 데에 있고 또 반복과 누적에 따른다. 힘도 돈과 마찬가지로 누적된다. 따라서 얼핏 보면 너무나 당연해 보이는 넉시*와 쇼뉘의 생각이 마음에 드

---

* 이 책 제2권 235쪽의 역주를 참조하라.

는 것도 이런 이유이다. "어떤 나라가 가난한 것은 가난하기 때문이다"라는 이 말을 좀더 분명히 하면 그 나라가 이미 가난했기 때문에, 혹은 넉시의 말을 빌리면[79] 이미 "빈곤의 악순환"에 사로잡혀 있기 때문이라는 뜻이다. "성장이 성장을 부른다"는 것은 어느 나라의 발전은 그 나라가 이미 발전해 있었기 때문이며 그 나라를 유리하게 만들어주는 이전의 움직임에 편승해 있기 때문이라는 뜻이다. 그러므로 과거는 언제나 발언권을 가지는 법이다. 세계의 불균등은 구조적인 현실과 관련을 가진다. 세계의 불균등은 자리 잡는 것도 느리게 이루어지고 사라지는 것도 느리게 이루어진다.

국가 : 정치세력, 경제세력

오늘날 국가에 대한 연구가 유행이다. 철학자들도 이 문제에 달려드는 형편이다. 국가의 역할을 중시하지 않는 설명은 갑자기 유행의 흐름에서 뒤처진 것이 되어버렸다. 이 유행은 물론 과장과 단순화의 잘못을 저지를 가능성이 있지만, 적어도 프랑스의 몇몇 역사가들로 하여금 그동안 완전히 무시하거나 적어도 큰 중요성을 부여하지 않던 이 문제에 대해서 재고하고 열성을 바치도록 만들었다.

그렇지만 15-18세기 중에 국가는 모든 사회공간을 다 채우지는 못했다. 이때에는 오늘날의 국가가 가진 "악마적인" 침투력을 갖추지 못했다. 그럴 수단이 부족했던 것이다. 더군다나 국가는 1350-1450년 동안 장기적인 위기를 거치면서 큰 타격을 받았기 때문에 더욱 사정이 나빴다. 국가의 재건은 15세기 후반에 가서의 일이다. 18세기 초까지 영토국가보다 우선해서 첫 번째 역할을 하던 도시국가는 완전히 상인들의 수중에 놓인 도구가 되었다. 느릿느릿 세력을 형성해가던 영토국가의 경우는 사정이 훨씬 복잡하다. 전국시장과 국민경제를 처음 이루어낸 영토국가 영국은 1688년 혁명 이후 아주 일찍이 상인의 지배하에 들어갔다. 따라서 전(前)산업화 시대의 유럽에서 정치세력과 경제세력이 합치하도록 만드는 어떤 결정주의가 있다고 해도 조금도 놀라운 일이 아니다. 고전압 상태의 중심지역과 집중도가 상이한 여러 지역들을 나타내는 세계-경제의 지도는 유럽의 정치지도와 꽤 잘 일치한다.

세계-경제의 중심에는 언제나 유례없이 역동적인 국가—두려움과 동시에 찬탄의 대상—가 강하고 공격적이고 특권적인 상태로 존재한다. 15세기의 베네치아, 17세기의 네덜란드, 18세기 및 19세기의 영국, 오늘날의 미국이 그런 경우이다. "중심에 있는" 이 정부들이 강하지 않을 수 있겠는가? 이매뉴얼 월러스틴은 17세기의 네덜란드 연방정부가 이와 다르다는 점을 입증하기 위해서 애를 썼다. 동시대인과 역사가들은 경쟁적으로 이 나라의 정부가 거의 존재하지 않는 것과 같다고 반복해서 이야기했다. 그것은 중심적인 위치에 존재한다는 것만으로도 유능한 정부가 만들어지고 또 그렇게 될 수밖에 없다는 사실을 무시하는 것이다.[80] 또한 정부와 사회는 하나의 집합이며 한 덩어리라는 사실, 그리고 돈이 사회적인 규율을 만들고 비범한 활동력을 고취시킨다는 사실을 무시하는 것이기도 하다.

그러므로 베네치아만이 아니라 암스테르담이나 런던에서도 모두 강한 정부가 들어서 있었다. 정부는 국내적으로 강력한 힘을 발휘해서, 도시의 "서민들"을 길들이고 필요한 경우 재정적인 부담을 무겁게 지우기도 하며 크레딧과 상업상의 자유를 보장해주기도 한다. 또 국외적으로도 강력한 힘을 발휘해서, 때로는 주저하지 않고 폭력을 휘둘렀기 때문에 아주 **일찍부터** 이런 도시들이 **식민주의** 및 **제국주의** 세력이었다고 말하더라도 부당한 것은 아니다. 그러나 이 "중심부의" 정부들이라고 하더라도 이미 야심을 드러내던 조숙한 자본주의에 대해서는 어느 정도 종속되지 않을 수 없었다. 그러므로 결국 이 양자가 권력을 나누어 가지게 되었다. 이 게임에서 국가는 세계-경제에 완전히 잡아먹히지 않으면서 그 움직임 속으로 침투해갔다. 남들에게 봉사하고 돈에 봉사하면서 국가는 결국 자기 자신에게 봉사하는 것이다.

중심부로부터 우리의 시선을 옮기면, 비록 중심부에 아주 가까운 곳이라고 하더라도 배경이 완전히 달라지는 것을 알 수 있다. 이곳은 활기차기는 하지만 덜 발달된 곳이다. 이곳에서 국가는 전통적인 카리스마적 군주제와 근대적인 조직이 혼재해 있는 상태였다. 이곳의 정부는 고풍스러운 일면을 가진 사회, 경제, 더 나아가서 문화 속에 갇혀 있다. 이런 정부는 광대한 세계를 제대로 호흡하지 못한다. 유럽 대륙의 군주정들은 그 측근 귀족들과 한편으로 협력하고 또 한편으로 대항하면서 그럭저럭 통치할 수밖에 없었다. 만일 귀족들이 없다면 불완전한 국가(심지어 루이 16세의 프랑스라고 하더라도 마찬가지이다)로서는 어떻게 자기 임무를 수행하겠는가? 물론 상승하는 "부르주아지"가 있고 또 국가가 이들의 성장을 후원했지만, 그것은 조심스럽고 느린 과정이었다. 동시에 이 국가들은 교역 교차로상에서 그들보다 유리한 위치를 점하는 상업국가들이 성공을 거두는 광경을 목도했다. 이들은 자신이 열등한 입장에 있다는 사실을 잘 알고 있었으므로 어떤 비용을 들여서라도 상층의 카테고리로 들어가는 것, 즉 중심부로 상승해가는 것이 중요하다는 점을 알고 있었다. 그래서 한편으로는 성공한 모델을 베껴오고 성공의 비결을 탐지하려고 노력했다. 예컨대 영국이 네덜란드에 대해서 오랫동안 가지고 있던 고정관념이 이런 것이었다. 다른 한편으로는 여러 소득원을 창출하고, 그 자원을 동원해서 전쟁을 수행하며, 과시적인 사치를 부렸다. 사치도 일종의 통치방식이기 때문이다. 세계-경제의 중심부에 가까이 있는 나라들은 공격적이고 정복자 행세를 하기 쉬웠는데, 이것을 보면 마치 중심부에 가까이 있다는 사실만으로도 그와 같은 격한 성질이 부추겨지는 듯한 느낌을 받는다.

그러나 17세기의 네덜란드와 같은 근대적인 국가와, 프랑스나 스페인과 같은 위풍당당한 국가 사이에 큰 거리가 있다는 점을 오해하지 말아야 한다. 이런 거리는 각 정부가 특정한 경제 정책에 대해서 어떤 태도를 취하느냐에서 분명히 드러난다. 당시에는 만병통치약으로 통했던 이 정책에 대해서 우리는 사후적(事後的)으로 **중상주의**라는 말을 만들어 붙였다. 이 용어에 역사가들은 다양한 뜻을 부여한다. 그러나 그 여러 의미들 중에 더욱 우세한 것은 타자에 대한 자신의 방어라는 것이다. 중상주의는 무엇보다도 자기 자신을 방어하고자 하는 방식이다. 군주나 국가가 중상주의의 원칙을 따른 것은 한편으로 그 시대의 유행에 따른 것이기도 하지만, 동시에 자기 나라가 취약하기 때문에 응급조치를 취하거나 그 상태를 바로잡아야 한다는 사실을 인정했기 때문이기도 하다. 네덜란드는 아주 예외적인 때에만 중상주의적인 태도를 취했는데 그 예외적인 때란 외부로부터 큰 위험이 닥치고 있음을 인식한 때를 말한다. 그러나 평시에는 아무 문제 없이 자유경쟁을 주장했고, 대개는 그것이 유리했다. 18세기에 영국은 엄격한 중상주의로부터 멀어져갔는데 이것은 세계의 시간 속에서 영국이 위대함과 힘을 차지하는 시기가 도래했다는 증거이다. 아닌 게 아니라 한 세기 뒤에 가면(1846) 영국은 큰 위험 없이 자유교역에 문호를 개방했다.

세계-경제의 변두리로 가면 더욱 큰 변화를 보게 된다. 이곳에서는 주민들이 자치의 권리를 상실한 채 노예화되어 있는 식민지가 자리 잡고 있다. 이곳의 지배자는 중심부의 대도시들이다. 그들은 형태는 다양할 수 있지만 거의 어디에서나 본질적으로는 똑같은 **독점교역**(exclusif)체제* 속에서 상업 이윤을 독차지하려고 한다. 중심부의 대도시는 이곳으로부터 멀리 떨어져 있기 때문에 해당 지역 차원에서는 지배적인 도시들과 소수 지배집단이 모든 것을 좌우한다. 그러나 아메리카의 민주제라고 부르는 이런 행정 세력과 지역자치주의(particularisme) 세력은 초보적인 통치형태에 불과하다. 기껏해야 고대 그리스의 도시 수준에 불과하다! 이 점은 식민지의 독립 이후 갑자기 권력의 공백이 발생한 데에서 알 수 있다. 그러므로 식민지의 사이비 국

---

* 앙시앵 레짐 시기에 프랑스와 식민지 사이의 교역을 규제한 체제. 1717-1727년 사이에 법제화된 이 체제는 허가받은 상인과 의장업자들에게만 대서양 너머의 식민지 교역 및 노예무역을 배타적으로 인정하는 한편, 식민지들이 그들 사이에 혹은 다른 외국과 교역하는 것을 금지하고, 모국과 경쟁할 가능성이 있는 상품의 생산도 금지했다. 그 대신 식민지에 대해서는 고부가가치 식민지 산물(인디고, 면화, 설탕, 커피, 향신료 등)의 생산을 유도하고 그것을 프랑스가 유럽 시장에서 판매하며, 그 대가로 식민지에 식량과 공산품을 공급하고 군사원조를 해주었다. 그러나 밀수를 규제하는 것이 힘들어서 1767-1783년에 제한을 완화하는 수밖에 없었다.

가가 붕괴되자 완전히 다른 새로운 국가를 만들어야 했다. 1787년에 구성된 미합중국의 경우 응집력 있고 효율적인 정치세력으로 변모하기까지 오랜 시간이 필요했다. 그리고 이 과정은 다른 아메리카 국가들에서도 아주 느리게 진행되었다.

식민지가 아닌 주변부지역, 특히 동유럽에서는 적어도 국가가 존재하기는 했다. 그러나 이곳의 경제는 외국세력과 결탁한 집단이 지배했다. 그 결과 이런 곳의 국가는, 예컨대 폴란드에서 보이듯이 알맹이가 빠진 제도가 되었다. 마찬가지로 18세기의 이탈리아도 진정한 정부라고 할 만한 것을 갖추지 못했다. "사람들은 이탈리아와 이탈리아 사람들을 마치 양 떼나 다른 천한 동물들처럼 취급한다"고 마페이 백작*은 이야기했다(1736).[81] 베네치아는 파사로비츠 평화조약(1718)** 이래—흔쾌히 그랬는지 포기하는 심정으로 그랬는지는 모르겠지만—"중립"을 표방했다. 이 말은 사실 전의를 상실했다는 의미였다.[82]

이렇게 패자의 편에 서 있는 나라들이 가진 유일한 해결책은 폭력, 침략, 전쟁이다. 구스타프 2세 아돌프***의 스웨덴이 좋은 예이다. 또는 바르바리 해적이 판치는 아프리카가 그런 예이다. 물론 바르바리 해적은 유럽의 세계-

---

* Francesco Scipione Maffei(1675-1755) : 이탈리아의 극작가, 고고학자, 고전학자. 1710년에 『문예지(Giornale de' Letterati d'Italia)』를 발간하여 이탈리아 극을 개혁하려고 했고, 비극시 "메로페(Merope)"(1713)를 통해서 그리스 고전극과 프랑스 고전극의 단순성을 도입하여 그에 대한 모범을 보였다. 그 외에도 학술저서와 극작품이 있고, 『일리아스』와 『아이네이스』를 번역했으며, 역사서로 『베로나 해설서(Berona Illustrata)』를 남겼다.

** 오스트리아-베네치아 대 튀르키예의 전쟁의 결과 파사로비츠(포자레바츠)에서 체결된 조약(1718년 7월 21일). 튀르키예가 베네치아의 영토를 침범하자 오스트리아가 베네치아와 동맹을 맺고 튀르키예에 대항했다. 두 세력 간의 전쟁이 지속되자 레반트 무역에 방해를 받던 영국과 네덜란드가 중재에 나서서 이 조약을 체결하게 했다. 그 결과 오스만 제국은 오스트리아에 발칸 반도의 많은 영토를 내주면서 팽창이 저지되었다. 이 조약 이후 이 지역에서 한동안 전쟁이 중단되었다.

*** Gustav II Adolf(1594-1632) : 스웨덴의 국왕. 국가기구를 정비하고 군사력을 크게 강화시킨 다음 30년전쟁에 개입해서, 프랑스와 동맹을 맺고 신성 로마 제국에 대항하여 많은 침략전쟁을 벌였다. 라인란트로 들어가 남부 독일까지 진격했으나 전장에서 전사했다.

경제를 벗어나 또 하나의 세계-경제인 튀르키예 제국이 포괄하는 정치적, 경제적 공간 속에 있었다(여기에 대해서는 앞으로 살펴볼 것이다). 알제리라는 국가는 그 나름대로 좋은 예를 보여준다. 이 나라는 유럽과 튀르키예라는 두 세계-경제의 중첩지역에 자리 잡고 있으면서 양쪽 모두에게 복종하지 않았고 또 사실상 이스탄불에 대한 신하관계를 끊어버렸지만, 유럽의 해군력이 점차 강해지자 지중해 상업에서 배제되어갔다. 알제리의 해적질은 유럽의 헤게모니에 대한 유일한 출구이며 궁지를 벗어날 유일한 가능성이었던 것이다. 유럽과 러시아라는 두 경제의 변두리에 있는 스웨덴 역시 발트 무역의 직접적인 이익으로부터 배제되어 있었다. 따라서 전쟁은 이 나라에게 하나의 구원이었던 셈이다.

제국과 세계-경제

초(超)국가(super-État)라고 할 수 있는 제국이 단독으로 세계-경제의 전체 공간을 차지하는 경우, 이것은 또 하나의 포괄적인 문제를 제기한다. 대개 세계-제국(world-empire)—이것은 월러스틴의 표현이다—은 구식 구성체로서 경제에 대해 정치가 우월한 형태이다. 이것은 이 책이 다루는 시기 동안에도 유럽 이외의 지역에 존속해 있었다. 대(大)무굴 제국의 인도, 중국, 이란, 오스만 제국, 차르 통치하의 모스크바 대공국 등이 그것이다. 이매뉴얼 월러스틴에 의하면 제국이 존속하는 한 그 기저에 있는 세계-경제는 발전할 수 없고 성장이 저지된다. 이것은 존 힉스가 말하는 지시경제*라고 할 수 있고 마르크스의 구식 설명에 의하면 아시아적 생산양식**이라고 할 수 있다.

---

* command economy : 비(非)시장경제의 순수 형태로, 중앙의 명령에 의해서 경제 전체가 통제되는 방식. 힉스는 칭기즈 칸이 지휘하는 몽골 제국을 전형적인 예로 든다.

** asiatische Produktionsweise : 인도, 중국 등에 대한 관찰에 의거하여 고대 오리엔트, 북아프리카, 콜럼버스의 발견 이전의 아메리카 등에 타당한 생산양식이라는 마르크스의 개념. 특징은 다음과 같다. 첫째, 국가의 상급 소유권을 바탕으로 토지를 공동체가 점유한다. 둘째, 토지의 관리는 관료주의적, 계서제적 국가기관의 수장인 전제군주가 담당한다. 셋째, 주민을 공공노동에 동원한다. 넷째, 현물지대가 국세의 주요요소이다. 다섯째, 상품생산의 발달이 미약하다.

경제는 견제장치가 없는 제국정치의 요구와 제약에 잘 적응하지 못한다. 이곳에서는 그 어떤 상인도, 그 어떤 자본가도 자유롭게 활동할 여지가 없다. 오스만 제국에서 유럽의 푸거와 비슷한 지위에 있던 미하일 칸타쿠제노스는 1578년 3월 13일에 별다른 재판형식도 거치지 않고 단지 술탄의 명령에 의해, 이스탄불에 있는 그의 호사스러운 안키올리 궁전의 성문에서 교수형에 처해졌다.[83] 중국에서는[84] 건륭제의 총신이었던 대부호 화신이 황제가 사망하자 그다음 황제에 의해서 처형되고 재산을 몰수당했다.* 러시아에서는[85] 시베리아 총독으로서 독직행위를 일삼던 가가린 공**이 1720년에 처형되었다. 물론 우리는 자크 쾨르,*** 상블랑세,**** 푸케*****를 생각하게 된다. 이 예들에서 볼 수 있는 재판과 (상블랑세의 경우) 처형은 그 나름대로 프랑스의 정치 및 경제 상태가 어떠했는지를 우리에게 알려준다. 비록 아무리 낡은 형태라고 해도 오직 자본주의체제만이 이런 소란들을 삼키고 소화시킬 수 있는 위장을 가지고 있다.

그렇지만 내 개인적인 생각에, 비록 공격적이고 또 자신의 여러 영토들의 개별적인 이익에 대한 인식이 거의 없는 제국의 억압 아래에서 세계-경제가 혹사당하고 감시당하고 있는 것이 사실이라고 해도 세계-경제는 그에 굴하지 않고 꾸준히 살아남아서 제국의 경계를 넘어 자신의 조직을 확대하게 마련이다. 예컨대 로마인들은 홍해와 인도양에서 교역을 했다. 에스파한의 외

---

* 이 책 제2권 816쪽의 역주를 참조하라.
** Matvei Petrovich Gagarin(?-1721) : 시베리아 총독이었으나 시베리아를 따로 독립국가로 만들려고 한다는 혐의를 받고 표트르 대제에 의해서 처형당했다.
*** 이 책 제1권 18쪽의 역주를 참조하라.
**** 이 책 제2권 744쪽의 역주를 참조하라.
***** Nicolas Fouquet(1615-1680) : 프랑스의 정치가. 마자랭과의 친분을 이용해서 재무장관이 되고 국가의 재정지출을 담당했다. 그러면서 개인적으로 엄청난 치부를 했고 사적인 요새까지 갖추면서 군사력을 보유했으며 문인들을 지원했다. 콜베르가 그의 지나친 성공을 견제하여 루이 14세에게 그의 비리를 고발한 가운데, 자신의 성에 국왕을 초대하고 지나치게 성대한 파티를 연 것이 화근이 되어 체포되었다. 무기금고형을 받고 피녜롤 요새에 수감되었다가 사면 직전에 그곳에서 죽었다.

곽지역인 줄파의 아르메니아 상인들은 거의 전 세계를 상대로 상업활동을 했다. 바니아 상인들은 모스크바까지 갔다. 중국 상인들은 말레이 군도의 모든 기착 항구에 들렀다. 모스크바 대공국은 기록적인 속도로 시베리아라는 주변부지역을 장악했다. 카를 비트포겔은 정치적 압력이 강한 남부 아시아와 동부 아시아의 전통적인 여러 제국들에서는 "국가가 사회보다 훨씬 강하다"고 이야기했다.[86] 맞는 말이다. 그러나 국가가 경제보다 강하지는 못했다.

유럽으로 되돌아가보자. 이곳에서는 일찍이 제국이라는 질식 상태를 벗어났다. 로마 제국은 유럽 이상이기도 하고 그 이하이기도 했다. 카롤링거 제국과 오토 제국[신성 로마 제국/역주]은 완전한 쇠퇴를 겪던 유럽을 장악하지 못했다. 가톨릭 교회는 유럽 전 공간으로 자신의 문화를 확산하는 데에 성공했지만 결국 정치적 우위를 확보하지는 못했다. 이런 점들을 볼 때 과연 **보편왕국**(monarchie universelle)을 정립하려던 카를 5세(1519-1555)와 펠리페 2세(1555-1598)의 시도가 경제적으로도 중요했다고 확대 해석할 수 있을까? 이렇게 스페인의 제국적인 면을 부각시키는 것, 더 정확히 말해서 월러스틴이 강조하듯이 합스부르크 가문의 제국 건설 시도의 종국적인 실패― 그 시점을 월러스틴은 약간 이른 시기인 1557년의 파산으로 잡고 있다― 를 유럽 세계-경제의 탄생 시점으로 잡는 것은 내가 보기에는 제대로 문제에 접근하는 방식이 아니다. 합스부르크 가문의 정책은 화려하기는 하지만 우유부단하고, 강하면서도 동시에 취약하며, 특히 시대착오적인 면이 있었다. 여기에 대해서 사람들은 그 중요성을 과장하고는 했다. 합스부르크 가문의 시도는 그들이 소유한 여러 분산된 국가들 연합의 한가운데에 포위된 프랑스뿐 아니라 적대적인 "유럽의 협조(concert de l'Europe)"와도 충돌했다. 그런데 이 "유럽의 협조"라는 동맹체는 우리가 이미 이야기한 바처럼 샤를 8세가 이탈리아로 진격해온(1494) 직후에 만들어진 것이 아니라, 키나스트가 올바르게 지적하듯,[87] 아주 오래 전부터 존재해왔다. 그것은 사실 카페 왕조와 플랜태저넷 왕조가 싸우던 시점부터, 혹은 페데리코 샤보가 생각하듯이, 그보다도 더 이전부터 있었던 것이다. 합스부르크 가문이 복종시키려고 했던 유럽은 따라서 수 세기 전부터 정치적, 경제적인 자기보호 장치들을 가지고 있었다. 더군다나 주목해야 할 점은 유럽이 더 광대한 세계로 팽창해갔다는 점이다. 11세기부터는 지중해로, 그리고 콜럼버스(1492)와 바스쿠 다 가마(1498)의 대항해 이후부터는 대서양으로 확장했다. 간단히 말해서 세계-경제로서 유럽의 운명은 슬픈 얼굴을 한 황제[카를 5세/역주]의 운명보다 앞서갔다. 그리고 당대의 저명한 인문주의자들이 기대했던 것처럼 카를 5세가 승리했다고 하더라도 이미 발아 중이던 중요 지점들—안트베르펜, 리스본, 세비야, 제노바—에 터를 잡은 자본주의는 분명히 곤경에서 벗어났을 것이다. 제노바인들이 국왕 펠리페 2세가 아니라 "황제" 펠리페 2세의 재정을 도맡았다고 해도* 유럽의 정기시들의 움직임을 지배하기는 마찬가지였을 것이다.

그러나 에피소드들은 그만두고 진정한 논쟁거리로 들어가보자. 유럽이 충분히 활동적이고 특권적인 지위를 가지며 또 무역의 강력한 흐름들이 발생한 결과, 여러 다양한 경제들이 온전히 자리를 잡아 이것들 사이에 한편으로 서로 돕기도 하고 한편으로 서로 경쟁하게 된 것이 언제부터인지 하는 문제 말이다. 여기에서는 국제적인 협조가 아주 이른 시기인 중세 이래 시작되었으며 그후 수 세기 동안 계속되었다는 점에 주목해야 한다. 따라서 하나의 세계-경제를 이루는 상호 보충적인 지역들 그리고 생산 및 교환의 계서화는 아주 일찍부터 만들어졌고 그것은 거의 시초부터 효율적이었다고 말할 수 있다. 카를 5세가 평생 성공하지 못했던 것을 16세기 초에 새로 경신된 세계-경제의 중심에 놓인 안트베르펜은 힘들이지 않고 성공했다. 이 도

---

* 황제 카를 5세는 1555년에 양위하면서 그의 황제위 및 국왕위와 소유 영지 등을 양분하여 아들과 동생에게 나누어주었다. 아들인 펠리페 2세에게는 스페인 왕위를, 그리고 동생인 페르디난트에게는 독일 및 형가리 지역과 함께 황제위를 주었다.

시는 전 유럽을 장악했으며 또 세계는 유럽이라는 이 작은 대륙에 의존하게 되었다.

이렇게 정치적 격변들을 거치는 동안에 그런 격변들 때문에, 혹은 그런 격변들에도 불구하고 유럽—정확히 말하면 서유럽—의 경제질서가 일찍 형성되었으며, 그다음에는 전압의 차이와 그로 인한 갈등을 이용해서 유럽 대륙의 경계를 넘어섰다. 아주 일찍부터 유럽의 "중심부"는 근접한 반주변부와 멀리 떨어진 주변부들로 둘러싸이게 되었다. 그중에서도 중심부를 압박하고 또 더욱 빠르게 작동하도록 강요하는 이 반주변부가 아마도 유럽의 구조의 핵심적인 양상일 것이다. 14–15세기 동안 베네치아를 둘러싼 북부 이탈리아, 또 안트베르펜을 둘러싼 네덜란드 등이 대표적인 곳이다. 이런 반주변부는 베이징, 델리, 에스파한, 이스탄불, 모스크바 주변에서는 볼 수 없는 것이었다.

그러므로 나는 유럽의 세계-경제가 이매뉴얼 월러스틴이 고집하듯이 16세기에 탄생한 것이 아니고 그보다 훨씬 일찍 탄생했다고 본다. 사실 월러스틴을 괴롭힌 문제는 마르크스가 제기한 문제였던 것 같다. 유명한 그 문장을 다시 한번 인용해보자. "자본의 전기(傳記)는 16세기에 시작된다."* 월러스틴이 보기에 유럽 세계-경제는 자본주의를 배태하고 있는 과정이다. 이 점에서는 나 역시 그에게 반대하지 않는다. 왜냐하면 중심부지역을 이야기하나 자본주의를 이야기하나 결국 같은 것이기 때문이다. 또한 16세기에 유럽에 세워진 세계-경제가 유럽—좁지만 비범한 대륙—에 근거를 둔 첫 번째 세계-경제는 아니라는 주장은 자본주의가 16세기를 기다려서 이때 처음 등장한 것이 아니라는 주장과 같다. 그러므로 나는 유럽의 자본주의—심지

---

* 마르크스의 『자본론(Das Kapital)』 제4장 "자본의 일반 공식"에 나오는 다음 문장을 가리키는 것 같다. "상품유통은 자본의 출발점이다. 상품생산과 상품유통 그리고 그것의 발달된 형태인 상품은 자본이 성립하기 위한 역사적 전제조건을 이룬다. 16세기에 세계무역과 세계시장이 형성된 때로부터 자본의 근대사가 시작된다."

어 자본주의적인 생산 역시─가 13세기에 이탈리아에서 시작했다는 마르크스의 주장(그후 마르크스는 그렇게 말한 것을 후회했다지만*)에 동의한다. 이 논쟁은 결코 쓸데없는 것이 아니다.

세계-경제의 각 권역에서의 전쟁

역사가들은 개별 전쟁을 하나하나 연구해왔다. 그러나 과거의 오랜 기간 내내 빈발했던 전쟁 그 자체에 대해서는 거의 관심을 두지 않았다. 한스 델브뤼크의 그 유명한 책[88]도 마찬가지이다. 끈질기게 계속된 전쟁은 각 세기마다 역사를 수놓았다. 전쟁은 가장 명료한 계산, 용기, 비겁함 등 모든 것을 의미한다. 베르너 좀바르트는 전쟁이 자본주의를 만들었다고 생각했지만 그 역도 사실이다. 전쟁은 진실의 저울이며, 여러 국가들에 대해서 누가 강한지를 가려주는 힘의 테스트이고, 결코 누그러들지 않는 광기이다. 전쟁은 인간의 역사에서 하나의 움직임으로 합쳐져서 흘러들어가는 모든 것에 대한 지표이기 때문에, 전쟁을 세계-경제의 틀 속에 집어넣으면 인간의 투쟁에 대해서 또다른 의미를 부여하게 되고 그 결과 이매뉴얼 월러스틴의 도식에 뜻밖의 정당화를 부여하게 된다.

사실 전쟁은 하나의 모습만 가지고 있지는 않다. 전쟁은 지리적인 요인에 따라서 다른 모습, 다양한 색채를 띤다. 마치 노예제, 농노제, 자본주의 등이 혼재하듯 원시적인 전쟁과 근대적인 전쟁이 공존할 수 있다. 각자 자신에게 가능한 형태의 전쟁을 수행하는 것이다.

기술에 의해서 전쟁의 면모가 일신되었고 동시에 전쟁이 근대성의 창출요인으로서 자본주의체제의 확립을 가속화시켰다고 한 베르너 좀바르트의 말

---

* 마르크스의 『자본론』 제1권 제26장의 앞부분을 가리키는 것 같다. "자본주의적 생산의 최초의 단서는 이미 14세기나 15세기에 지중해 연안의 일부 도시들에서 드문드문 볼 수 있었지만, 자본주의 시대는 16세기부터 비로소 시작된다." 저자는 마르크스를 인용하면서 시기와 관련하여 약간 착각했을 가능성이 있다.

FIGVRE DV CORPS
D'ARMEE CARRE': COMME IL FORME
l'ordre de bataille.

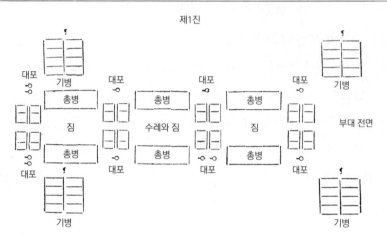

제1진

5. 세련된 전쟁의 교육

프뤼뉴의 영주 드 비용의 『전술원리』(1615)에서 제시하고 주석을 단 수많은 행군, 분열 및 전투대형 중의 하나. "위대한 대장 마우리츠 판 나사우 공의 규칙들"(p.44)에 의거한 것이다.

은 틀리지 않았다. 16세기부터 전쟁은 크레딧, 지능, 기술자의 창의성을 전폭적으로 동원하는 첨단전쟁이 되어서 매년 새롭게 변화해갔다. 그 변화는 거역할 수 없는 유행을 좇아갔다. 물론 이런 유행은 의상의 유행보다는 즐겁지 못한 일이다. 그러나 진보의 어머니이자 딸인 이런 성격의 전쟁은 오직 세계-경제의 중심부에서만 존재한다. 그러한 발전이 이루어지기 위해서는 풍부한 인력과 재력이 있어야 하고 무모할 정도로 거대한 계획이 있어야 한다. 세계 극장의 중심무대—사실 당시의 정보와 역사학 연구 덕에 더 밝은 빛을 받는다—를 떠나 가난하고 때로는 원시적이기조차 한 주변부지역으로 가면, 영광에 찬 전쟁은 발붙이기가 힘들어진다. 이곳의 전쟁은 가소로운 수준에 머물러 있고 비효율적으로 전개된다.

오랑의 연대기 작가이자 군인인 디에고 수아레스는 이에 관해서 아주 좋은 증거를 제시한다.[89] 1590년경에 스페인 정부는 이유는 알 수 없지만, 첨단전쟁의 무대였던 플랑드르 전선에서 활약하던 정예부대인 테르시오 군대를 일부 차출하여 아프리카의 작은 성채로 보냈다. 그러나 오랑 주둔군들이 보기에 이들은 신병에 불과했다. 이들이 처음 성채에서 출진하자 지평선상에 몇몇 아랍 기병들이 나타났다. 그러자 테르시오군은 곧 방진형태를 취했다. 그러나 이곳에서는 이런 전술이 불필요했다. 적들은 이렇게 결의에 찬군인들과 싸우는 것을 그냥 회피해버렸다. 테르시오군들이 이렇게 쓸모없는 전술을 펴는 것을 보고 주둔군들은 한바탕 웃음을 터뜨렸다.

사실 세련된 전술이란 양쪽에서 모두 사용할 때라야 가능하다. 이것은 최근에 브라질의 한 젊은 역사가가 박력 있는 필치로 보여준 것처럼[90] 1630년부터 1654년까지 브라질의 노르데스치에서 벌어진 장기전이 증명해주는 바이다.

이것은 가장 넓은 의미의 유럽의 변두리에서 있었던 장면이다. 1630년에 무력으로 헤시피를 지배한 네덜란드인들은 설탕 생산지인 페르남부쿠를 완전히 지배하지는 못하고 있었다. 이들은 사실상 20년 동안 이 도시 속에 갇혀 지내면서 바다를 통해서 식량, 보급품, 무기, 심지어 건축용 석재와 벽돌까지 공급받고 있었다. 그러다가 1654년에 이 장기간의 투쟁은 포르투갈인들의 승리로 끝났다. 더 정확하게 말하자면 포르투갈계 브라질인들의 승리였다. 이들은 자신들이 헤시피를 해방했다고 주장했고 그후에도 그렇게 기억했다.

1580년부터 1640년에 이르기까지 반세기가 넘는 기간 동안 스페인 국왕은 포르투갈을 점령한 지배자였다. 그리하여 이 머나먼 전쟁의 무대[포르투갈의 식민지였던 브라질/역주]에 플랑드르 전선 참전경험이 있는, 스페인 혹은 이탈리아 출신의 베테랑 장교 및 군인들을 파견했다. 그러나 이 유럽의 정규군과 "현지군(soldado da terra)" 사이에는 곧바로 전면적인 알력이 생겼다. 원정군을 지휘한 나폴리 출신의 바뉴올로 백작은 끊임없이 현지 군인들에게 욕설을 퍼붓다가 낙담해서는 다른 위안을 찾지 못해 하루 종일 술을 마셨다고 한다. 그가 원하는 것은 무엇이었던가? 플랑드르 전쟁에서 그랬듯이 이곳 브라질에서도 당시의 규칙들대로 성을 포위하고 수비하는 전쟁을 하고자 했던 것이다. 적군인 네덜란드인들이 파라이바*를 점령했을 때에도 그는 "점령하신 도시가 귀측에게 유익하기를 바랍니다. 여기 다섯 명의 포로와 함께 이 말씀을 올립니다……"91) 하는 글을 써보내는 것이 합당하다고 생각한 사람이었다. 그가 바란 것은 진보된 전쟁일 뿐 아니라 예의 바른 전쟁이기도 했다. 벨라스케스가 그린 "란사스"에 나오는 1625년의 브레다의 항복 장면에서와 같은 정신에 입각한 전쟁 말이다.

그러나 쓸데없이 바람만 든 고참 병사들이 아무리 불만을 늘어놓는다고 해도 브라질의 전쟁은 플랑드르의 전쟁과 같을 수 없었다. 기습공격에 대단히 능한 인디오와 브라질인들은 게릴라전을 펼쳤다. 게다가 바뉴올로 백작이 위풍당당한 스타일로 공격을 가하기 전에 병사들에게 용기를 북돋아주기 위해서 사탕수수로 만든 증류주[럼주/역주]를 나누어주면 그들은 어디론가 가서 술을 마시고는 곯아떨어졌다. 여하튼 약간의 틈만 있으면 이 이상한 군인들은 전열에서 이탈하여 숲이나 광대한 늪지로 가버리고는 했다. 마찬가지로 유럽식의 규칙에 따라서 전쟁을 하고자 했던 네덜란드인들 역시 이 종잡을 수 없이 사라져버리는 적군들 때문에 질려버렸다. 적군들은 넓은 허허벌판에서 정정당당하게 싸우기보다는 도망가고 숨고 매복하는 것을 좋아했다. 얼마나 비겁한 놈들인가! 스페인인들 역시 여기에 동감했다. 그들의 한 고참 병사는 이렇게 말했다. "우리가 원숭이라는 말인가? 나무 위에서 싸우고 있게!" 그렇지만 이 고참병들도 훌륭한 자질을 갖춘 보초병들과 효율적인 타격부대가 안전하게 지켜주는 전선 후방에서 주둔하는 데에 대해서는 화를 내지 않았을 것이다. 이 타격부대는 소규모 접전의 명수들로서 이런 전투를 이곳에서는 '게라 두 마투(guerra do matto : 삼림전투)', 혹은 더 특색

---

* Paraiba : 브라질 북동부의 주. 16세기에 포르투갈인들이 흑인 노예 노동자를 이용하여 세계 최초로 대규모 사탕수수 농장을 설립하면서 부유해졌다.

있게 '게라 볼란트(guerra volante : 유격전)'라고 불렀다.

그러다가 1640년에 포르투갈이 스페인에서 독립하여 갈라져 나왔다. 그래서 두 군주도 서로 갈라섰다. 이베리아 반도에서는 리스본과 마드리드 사이에 1668년까지 거의 30년 동안 계속될 전쟁이 시작되었다. 브라질에서도 당연히 스페인 함대의 호위가 사라졌다. 이제 고참병도, 값비싼 물자의 조달도 없어졌다. 브라질 편에서는 오직 유격전밖에 남지 않았다. 이것은 정말로 가난한 사람들의 전쟁방식이었다. 그런데 모든 합리적인 예상에도 불구하고 결국 이것이 1654년에 네덜란드의 끈기를 이겨내고 승리했다. 사실 이때 네덜란드는 제1차 영란전쟁에 들어갔으며 이 때문에 군사적인 측면에서 대단히 약화되어 있었다. 다른 한편 포르투갈은 차라리 네덜란드에 소금을 공급하는 식으로 값비싼 대가를 치르면서라도 마침내 얻은 이 평화를 지키는 현명한 선택을 했다.

사람들이 굳게 믿고 있는 전승 중의 하나는 다음과 같다. 가리발디가 젊었을 때 브라질의 전투에 참여한 적이 있는데(1838년경에 있었던 "누더기를 입은 자들[Faroupilhas]"의 봉기를 말한다) 이때 독특한 게릴라 전술을 익혔다는 것이다. 에발도 카브랄 데 멜루는 그의 책에서 이 전승이 사실임을 입증하는 증거를 제시한다. 브라질의 게릴라 전술이란 열 군데 정도에서 갑자기 한곳으로 달려들어 큰 타격을 가하고 가능한 한 빠르고 조용히 흩어져서 다시 다른 곳을 공격하는 방식이었다. 가리발디는 1860년에 시칠리아에 천인부대*를 상륙시킨 다음 바로 이 방식으로 전쟁을 이끌었다.[92] 그런데 사실 '게라 도 마토'는 브라질에서만 볼 수 있는 것이 아니다. 게릴라전은 오늘날에도 여전히 존재한다. 독자들은 아마 게릴라전에 대해서 최근의 예들을 한

---

* 가리발디가 1860년에 시칠리아를 공격할 때 이끌었던 약 1,000명의 군대를 가리킨다. 그해 5월 6일에 그는 이 부대와 함께 제노바 근처를 출발하여 11일에 시칠리아의 마르살라에 도착한 다음 자신을 독재자로 선포하고 나폴리 국왕의 정규군과 전투를 벌였다. 당시 봉건적 억압에 시달리던 농민은 가리발디군을 해방군으로 맞이하여 봉기를 일으켰으며 이 덕분에 가리발디는 승리를 거둘 수 있었고 5월 말에는 팔레르모도 점령했다.

두 가지씩은 알고 있을 것이다. 가리발디는 브라질이 아니었어도 다른 곳에서 이 전술을 배울 수 있었을 것이다. 프랑스령 캐나다가 영국과 전쟁을 치를 때 프랑스 정규군의 한 장교는 그의 동료들이 마치 짐승을 사냥하듯이, 적군을 공격하기 위해서 매복하는 것을 보고 신랄히 비난했다. "이것은 전쟁이 아니라 살인행위이다."[93]

유럽에서는 이와 반대로 세련되고 절도 있는 정규군을 대규모로 전개하는 소란스러운 전쟁이 벌어졌다. 17세기에 전쟁이란 공성전, 포격전, 병참전, 회전(會戰) 등을 의미했다. 한마디로 비용이 많이 들고 손실도 큰 전쟁이었다. 아주 작은 나라들, 특히 도시국가들은 아무리 병기창을 경제적으로 운영하고 용병을 절약해서 쓴다고 해도 이 때문에 국운이 기울 수밖에 없었다. 근대국가가 성장하고 또 자본주의가 그와 같은 국가에 터를 잡는다고 한다면 전쟁이 바로 그 도구가 되었다. 전쟁은 모든 것의 아버지이다(bellum omnium pater). 그러나 이 시대의 전쟁은 전면전은 결코 아니었다. 포로를 서로 교환하고 부자에게는 몸값을 물리며, 전술은 유혈적이기보다 오히려 병법을 자랑하는 것에 가까웠다. 영국의 오러리의 백작인 로저 보일*은 1667년에 이 점에 대해서 명료하게 이렇게 썼다.[94] "우리는 사자라기보다는 여우처럼 전쟁을 하며, 따라서 전투 한 번당 스무 번의 공성전을 벌인다." 무자비한 전쟁은 프리드리히 2세, 아니 차라리 프랑스 혁명과 나폴레옹 제정 이후 시작되었다.

이와 같은 상층의 전쟁을 하는 데에 핵심적인 규칙은 반드시 이웃 나라에 가서 전쟁을 하라는 것이었다. 전쟁의 무대가 되는 나라는 가장 약한 나라 또는 적어도 가장 강하지 못한 나라이다. 만일 반대로 공격을 당하게 되어서 성스러운 국경을 넘어 우리 땅으로 전쟁이 밀려온다면, 우위는 영영 상

---

* Roger Boyle(1621-1679) : 초대 오러리 백작, 군인, 작가. 크롬웰 아래에서 아일랜드군 총수를 맡았다. 그러나 크롬웰의 대의가 성공하지 못하리라는 것을 확신하고 아일랜드를 찰스 2세에게 넘겼다. 몇 편의 극과 『전쟁기술론(*A Treatise on the Art of War*)』(1671)을 썼다.

실되어버린다. 이 규칙에는 거의 예외가 없다. 예컨대 이탈리아 전쟁은 이때까지 지배적이었던 이탈리아가 쇠퇴하는 과정을 완결시켰다. 네덜란드는 1672년에 루이 14세의 공격을 피할 수 있었다. 이것은 정말로 다행스러운 일이었다. 그러나 1795년에 피슈그뤼*의 공격은 피할 수 없었으니 그것은 결국 네덜란드가 이제 더 이상 유럽의 중심부가 아니라는 뜻이었다. 19–20세기에는 누구도 영불해협이나 북해를 넘어간 적이 없다. 강력한 영국은 이 나라에서 멀리 떨어진 곳에서 전쟁을 수행했고 정작 본토는 영국이 섬나라라는 사정에 더해 동맹국들에게 제공하는 막대한 지원금 덕분에 보호를 받았다. 당신이 강하다면 전쟁은 다른 나라에서 일어난다. 불로뉴 캠프** 당시 영국이 오스트리아에 크레딧을 분배하자 프랑스군은 마치 명령을 받은 듯이 도나우로 향했다는 것이 그 점을 보여준다.

사회와 세계-경제

사회는 천천히 진화한다. 역사적 관찰이 용이한 것도 일면 이 덕분이다. 중국에는 늘 관료들이 있다(과연 중국에서 이들이 사라지는 때가 있을까?). 인도에는 아직도 카스트가 남아 있고 무굴 제국에서는 마지막 순간까지 '자긴다르(jagindar)', 즉 튀르키예의 시파이(sipahi)에 해당하는 사람들이 있었다. 그나마 가장 유동적이라는 유럽 사회도 느린 변화는 마찬가지이다. 영국 사회는 오늘날 영국 출신이 아닌 역사가들을 놀라게 하듯이(내 경험에 근거해서

---

* Charles Pichegru(1761–1804) : 프랑스의 장군. 나폴레옹 아래에서 군대를 이끌고 오스트리아 령 남부 네덜란드와 북부 네덜란드를 정복하는 데에 주도적인 역할을 했다(1794–1795). 그러나 곧 반혁명세력과 결탁했다가 체포되어 기아나로 유형당했다. 이곳에서 탈출한 그는 프랑스에 잠입하여 보나파르트 군사정권을 전복하려고 시도하다가 체포되었으며 수감 중에 의문사했다.

** Camp de Boulogne : 영국과의 화의가 깨진 후 나폴레옹은 영국을 침공하기 위해서 16만7,000명의 군대를 훈련시켰는데, 그중 가장 큰 것이 불로뉴 캠프였다. 그러나 실제로 이 군대는 영국을 공격하지 못했고 심지어는 그럴 계획조차 세우지 못했다. 대신 1805년 8월에 나폴레옹은 이 군대를 아우스터리츠로 보내 러시아-오스트리아 연합군에 대승을 거두었다.

하는 이야기이다) 18세기에 유럽 대륙에서 찾아온 방문객들을 놀라게 했다. 이러한 영국 사회는 이보다 3세기 전인 장미전쟁 때부터 형성되기 시작했다. 유럽이 식민지 아메리카에서 부활시킨 노예제는 미국에서는 1865년에 사라졌고 브라질에서는 1888년에 가서야 사라졌다. 이것은 바로 엊그제와 다름없는 시기이다.

나는 일반적으로 사회적인 변화가 극적으로 빨리 이루어지지는 않는다고 믿는다. 혁명조차도 전면적인 단절은 아니다. 사회적 상승은 경제발전과 함께 활기를 띠는 것이 상례이지만, 부르주아지 전체가 그들의 밀집한 대형 그대로를 유지하면서 상승하지는 않는다. 왜냐하면 전체 인구 중에서 특권층이 차지하는 비율은 한정되어 있기 때문이다. 또한 불리한 콩종크튀르에서는 상층계급이 바리케이드를 친다. 이런 상황에서 강제로 문을 열고 들어간 사람이 있다면 그는 정말이지 능력 있는 사람이다. 1590년대에 프랑스에서 바로 이와 같은 일이 일어났다. 또다른 작은 예를 든다면 1628-1629년에 루카라는 초소형 공화국에서 있었던 일을 들 수 있다.[95] 일반적으로 국가는 사람들이 흔히 믿고 있는 바와는 달리 부르주아지의 상승을 단지 간헐적으로만 도와주며, 그것도 자기 자신에게 필요할 경우에만 그렇게 한다. 그래서 만일 시간이 지나도 지배계급의 구성원 중에 탈락하는 수가 적다면 사회적 상승은 한층 더 느리게 이루어진다. 다른 곳들에서도 마찬가지였겠지만 프랑스에서 "제3신분은 언제나 귀족을 동경하여 **믿지 못할 정도의 노력을 통해서** 귀족을 모방하려고 했으나"[96] 아무런 소용이 없었다. 사회적 상승이 힘들고 오랜 동경의 대상인 만큼 언제나 소수일 수밖에 없는 새로 선택된 자들은 당연히 그들이 도달한 지위를 강화하려고 했다. 위로부터 교황청의 통제를 받던 마르케*의 소도시들에서도 특권을 지키기에 혈안이 되어 있던 소수 귀족층은 극소수의 신참자만 받아들였기 때문에 그들의 사회적 지위가

---

* Marche : 이탈리아의 아펜니노 산맥과 아드리아 해 사이의 지역. 주도는 안코나이다. 1532년에 교황령에 합병되었다가 1860년에 피에몬테에 귀속되었다.

위험에 빠지는 일은 없었다.[97]

따라서 사회적 자원이 세계-경제의 주형 속으로 흘러 들어가 오랫동안 거기에 적응하다가 그곳에서 굳어지고 결국 그것과 하나가 되고 마는 것은 당연한 일이다. 사회를 제약하는 주변 배경에 적응하고 또 반대로 그 배경을 적응시켜 균형에 이르도록 하는 데에는 많은 시간이 필요했다. 그래서 세계-경제의 한쪽 구역에서 다른 쪽 구역으로 통과해보는 것은 한 시대 내에서도 임금노동으로부터 농노제로, 또 노예제로 수백 년의 시간을 거슬러가는 것을 의미한다. 사회질서는 언제나 기본적인 경제적 필요에 따라 단조로울 정도로 똑같이 재구성되었다. 국제분업에서 어느 한 과업이 일단 부과되면 그에 따른 특별한 통제가 만들어지고 이 통제는 해당 사회를 구성하고 명령한다. 18세기가 끝나갈 무렵, 세계-경제의 중심에 위치한 영국에서는 시골이든 도시이든 임금노동이 모든 곳으로 뚫고 들어갔다. 조만간 그 어떤 것도 임금노동을 벗어나지는 못하게 되었다. 유럽 대륙에서는 임금노동이 어느 정도 보급되었는지가 곧 근대화의 달성 정도를 재는 척도가 되었으나, 독립적인 수공업 장인층이 여전히 많이 있었다. 이곳에서는 반분소작이 아직도 대단히 중요한 지위를 차지하고 있었는데 이것은 차지농과 이전의 농노 사이의 타협의 산물이었다. 혁명기 프랑스에서는 극히 소규모의 지주들이 수없이 많았……. 마지막으로 농노제는 끈질긴 생명력을 가진 잡초처럼 재봉건화된 동유럽, 튀르키예령 발칸 지역 등지로 뻗어갔고, 노예제는 16세기 이후 신대륙에 경이롭게 침투해서 마치 이곳에서 모든 것이 제로 상태에서 다시 시작하는 것처럼 보였다. 매번 사회는 상이한 경제적 의무에 상응하는 반응을 보이게 마련이며 일단 어떤 해결책이 만들어지면 거기에서 빨리 벗어나는 것이 불가능해져서 그 적응방식 자체에 갇혀버린다. 그러므로 사회가 어떤 특정한 형태를 띠게 되면 그것은 **유일한** 해결책이든지 적어도 하나의 가능한 해결책을 가리킨다. 그것은 "(다른 모든 조건이 같다고 할 때) 사회가 직면하게 된 특정한 생산형태들에 가장 잘 적응한 해결책"이다.[98]

사회가 경제에 적응하는 것이 기계적이거나 자동적이지 않다는 것은 자명하다. 또 전반적으로 따라야 하는 지상명령과 같은 것이 있지만 여기에서도 문화에 따라서, 또 지리적인 장소에 따라서 일탈과 자유 그리고 상당한 상위점들이 발생한다는 것은 말할 나위도 없다. 그 어떤 분석 틀도 현실에 전체적이고도 완전하게 들어맞지는 않는다. 나는 여러 차례에 걸쳐서 베네수엘라의 사례를 언급했다.[99] 유럽이 이곳을 발견한 후 모든 것이 제로 수준에서 재출발했다. 이 거대한 땅에는 아마도 2,000명의 백인과 1만8,000명의 원주민들이 살고 있었던 것으로 보인다. 해안지역의 진주잡이는 수십 년밖에 지속되지 못했다. 그러다가 야라쿠이* 금광을 비롯한 광산의 개발로 인해서 처음으로 노예제를 도입하게 되었다. 전쟁포로로 잡혀온 인디오들과 소수의 흑인 노예들이 이곳에서 일을 했다. 첫 번째 대성공은 내륙의 광대한 야노스** 지역의 목축업이었다. 이곳에서는 가축 소유주이자 영주인 일부 백인들과 기마목동인 인디오들 사이에 봉건적 양태를 띠는 원시적 사회가 형성되었다. 더 이후 시기에, 특히 18세기에 해안지역에서 카카오나무를 재배하는 플랜테이션이 발달함으로써, 수입된 흑인 노예들을 사용하는 노예제가 새로 시작되었다. 다시 말하자면 하나는 “봉건적”이고 하나는 “노예제적인” 두 개의 베네수엘라가 있는데 “봉건적인” 베네수엘라가 “노예제적인” 베네수엘라보다 더 먼저 발달했다. 그러나 여기에서 특기할 점은 18세기에 비교적 많은 흑인 노예들이 야노스의 아시엔다(hacienda : 농장)에 편입되었다는 점이다. 또 베네수엘라의 식민사회는 막 싹트기 시작한 도시들과 제도들을 가지고 있었으며 이 사회 전체가 앞에서 말한 두 개의 틀로 다 설명

---

* Yaracuy : 베네수엘라 북서부의 주. 열대지대에 속하는 비옥한 농경지역으로서 경제적으로 중요한 위치에 있다. 농업생산성이 아주 높은 땅콩, 사탕수수, 바나나, 감귤류, 커피, 면화, 담배 등이 재배되고 석탄, 구리, 납, 백금 등의 광물이 매장되어 있다. 베네수엘라에서 가장 인구밀도가 높은 지역이자 주요 상업지역이다.

** Llanos : 남아메리카의 베네수엘라 북서부 및 콜럼비아 서부에 펼쳐진 대초원으로서 면적이 57만 제곱킬로미터에 이른다. 나무가 거의 없는 초원지대로 목축이 가장 중요한 경제활동이었으나 유전이 개발되면서 변화가 시작되었다.

되는 것은 결코 아니었다는 점 역시 주의해야 한다.

어쩌면 자명한 사실을 다시 강조해야 할 것 같다. 내 의견으로는 역사가와 사회학자들이 분석한 모든 분류와 "모델"은 일찍부터 우리가 가지고 있던 표본들 속에 다 내재해 있었다. 계급, 카스트(즉, 그 자체 속에 폐쇄된 집단), "신분"―대개 국가의 지지를 받는다―등이 공존했다. 아주 일찍이 이곳저곳에서 계급투쟁이 불붙었다가 완화되고 다시 불붙는 일이 반복되었다. 서로 갈등하는 힘들이 존재하지 않으면 사회가 존재하지 않기 때문이다. 또 사회를 구성하는 일반 대중을 노동과 복종상태로 몰아넣는 계서제가 없다면 사회가 존재하지 않는다. 노예제, 농노제, 임금노동제란 근본적으로 늘 같은 보편적인 문제에 대해서 사회적으로 그리고 역사적으로 다르게 제시된 해결책들이다. 이 해결책들 사이에는 비교가 가능하다. 그것이 정당하든 아니든, 가벼운 것이든 무거운 것이든 그것이 문제가 아니다. "리보니아의 대영주 아래에서 일하는 가내노예들이나 자메이카의 플랜테이션 경영주와 저택에서 일하는 흑인들은 비록 그 자신이 노예이면서도 밭에서 일하는 다른 농민이나 흑인들에 비해서 우월한 존재라고 생각한다"고 1793년에 매카트니는 썼다.[100] 비슷한 시기에 보드리 데 로지에르는 "극단적인 친흑인파(négrophiles outrés)"와 논쟁을 벌이면서 이런 주장까지 했다. "요컨대 노예라는 말은 식민지에서는 단지 극빈계급, 즉 일하는 데에 특히 적합하도록 자연이 만든 계급을 가리킬 뿐이다. 그런데 유럽에서는 이 극빈계급이 대다수를 차지한다. 식민지에서 노예들은 늘 일하며 살고, 또 언제나 수익성 있는 일거리를 찾는다. 이에 비해서 유럽에서는 이 불행한 사람들이 항상 일거리를 가지는 것은 아니어서 비참함 속에서 죽어간다.⋯⋯식민지에서 궁핍 속에 죽어간 사람이 있는지 이야기해보라. 굶주린 배를 풀로 채울 수밖에 없고 배고파서 죽어야만 하는 사람이 있다는 말인가? 그러나 유럽에서는 먹을 것이 없어서 죽는 사람들이 얼마든지 있다.⋯⋯"[101]

이것이 우리 문제의 핵심이다. 사회적 착취양식들은 서로 연결되고 결국 서로 보완된다. 세계-경제의 중심부에서는 인력, 거래, 화폐 등이 풍부한 덕택에 가능한 일이 여러 주변부지역에서는 더 이상 가능하지 않다. 세계-경제의 "영토" 위에서 어느 한 지점과 다른 지점 사이에는 결국 역사발전의 퇴행현상을 찾아볼 수 있다. 그러나 나는 오늘날의 체제도 여전히 역사적인 차이에서 발생한 구조적 불평등을 재료로 수놓아지고 있지는 않은가 생각한다. 오랫동안 중심지역들은 주변지역으로부터 인력을 뽑아왔다. 주변부지역은 노예들을 차출해오도록 선택된 곳이었다. 오늘날 유럽이나 미국, 혹은 소련의 산업지역에서 일하는 비숙련 노동자들은 모두 어디 출신인가?

이매뉴얼 월러스틴은 세계-경제라는 도식을 통해서, 노예제로부터 자본주의에 이르는 여러 "생산양식들"이 공존한다는 점 그리고 자본주의는 다른 생산양식들 사이에 둘러싸여서 그것들을 희생시킬 때에만 존립할 수 있다는 점을 사회적 증거를 통해서 확증했다고 보았다. 로자 룩셈부르크*가 옳았던 것이다.

이런 것들은 내 머릿속에서 서서히 형성되었던 견해를 더욱 확신하도록 만들었다. 자본주의는 무엇보다도 계서제를 내포하며, 그 계서제의 최상층을 차지한다(자본주의가 이 계서제를 만들었는지 아닌지는 상관이 없다). 자본주의가 가장 마지막에 개입하는 곳에서는 하나의 중개점만 있으면 충분하다. 그것은 이질적이면서도 적극 협조를 아끼지 않을 사회계서제로서, 자본주의의 활동을 확장하고 활성화시키는 일을 한다. 그단스크 시장(市場)에 관심을 둔 폴란드의 대귀족과 리스본, 포르투, 암스테르담 상인들과 연결되어 있는, 브라질 노르데스치 지역 설탕 제조소(engenho)를 소유한 영주, 그

---

* Rosa Luxemburg(1870–1919) : 폴란드 출신의 독일 공산주의자, 혁명운동가. 독일 공산당의 전신인 스파르타쿠스단을 결성했다. 1919년 베를린 봉기의 실패 후 체포되어 피살되었다. 그녀의 경제 학설 가운데 가장 중요한 것은 자본축적에 관한 이론이다. 노동자와 자본가로만 구성된 순수한 자본주의에서는 소비(즉, 수요)의 결여로 잉여가치 실현이 불가능하며 제3자, 즉 국내 중산층이나 식민지가 존재해야만 잉여가치 실현과 자본축적이 가능하다는 것이다. 결국 그것은 제국주의의 경제적 필연성을 말하고 있다.

리고 런던의 대상인들과 관계를 맺고 있는 자메이카의 플랜테이션 경영주들이 그런 예들이다. 연결이 맺어지면 전류가 흐른다. 이 연결점들은 분명히 자본주의와 관계를 가지며 자본주의를 구성하는 한 요소이다. 다른 곳에서는 중심부의 "전진 초소" 또는 "안테나"를 이용해서 자본주의 자신이 생산과 대상업을 연결하는 연쇄망 속으로 침투해간다. 이것은 해당 사회와 경제 전체를 장악하는 것이 아니라 축적의 핵심 분야를 통제하는 전략지점만 차지하려는 것이다. 이렇게 하는 이유는 굳건히 계서화된 이 연쇄망이 끊임없이 긴 연결 고리들을 펼치고 있어서 사회 전체와 연관된 변화가 너무나도 느리기 때문이 아닐까? 혹은 같은 말이지만 피터 래슬릿이 말한 것처럼 통상적인 경제적 과업들이 사람들의 어깨를 무겁게 짓누르고 있고,[102] 언제나 (여러 다양한 자격으로) 특권적인 지위에 있는 사람들이 자신들 어깨 위에 놓인 무거운 짐—모든 이들의 생활에 필요한 짐—을 다른 사람들의 어깨 위에 얹어놓기 때문이 아닐까?

문화적인 질서

경제와 마찬가지로 문화(혹은 문명—사람들이 무엇이라고 이야기하든 간에 이 두 단어는 대부분 같이 쓸 수 있다)도 공간을 조직하는 질서이다. 문화가 경제와 일치하기도 하지만(한 세계-경제 **전체**가 다른 세계-경제와는 구분되는 하나의 문화를 공유하거나 혹은 적어도 하나의 문화의 몇몇 요소들을 공유하려는 **경향** 때문이다) 다른 점들도 있다. 문화 지도와 경제 지도가 완전히 중첩되지는 않는다는 것은 논리적으로 당연하다. 세계-경제가 비록 인상적일 정도로 아주 오래 지속되기는 하지만, 문화는 그보다도 훨씬 더 장기지속적인 시간 속에서 나왔기 때문이다. 문화는 인간의 역사에서 가장 오래된 등장인물이다. 경제는 바뀌고 정치체제는 붕괴되며 사회는 연속적으로 변화해가지만, 문명은 꾸준히 자신의 길을 걷는다. 로마 제국은 기원후 5세기에 붕괴되었지만 로마 가톨릭 교회는 오늘날에도 존속해 있다. 18세기에 이슬람교가 힌두교에 맞서 싸우면서 야기된 혼란이 영국의 지배를 불러들이는 빌미를 제공했지만, 인도에서 영국령 제국이 사라진 지 반세기 가까이 지난 지금까지도 두 문명 간의 대립은 계속되면서 많은 영향을 미치고 있다. 문명이라는 이 노인은 세계사를 수호하는 족장(族長)이다.

모든 문명의 중심부에는 종교적인 가치가 자리를 잡고 있다. 이것은 아주 먼 과거로부터 유래했다. 중세와 그 이후 시기까지 교회가 고리대금업과 돈의 출현에 맞서 싸운 것은 교회가 자본주의보다 훨씬 이전 시대를 대변하므로 신생요소들이 교회와 양립할 수 없었기 때문이다. 그렇지만 종교적 현실만이 문화 전체는 아니다. 문화는 또한 정신이며, (넓은 뜻의) 생활양식이고, 문학, 예술, 이데올로기, 의식화 등이다. 문화는 물질적이든 정신적이든 수많은 자산을 가지고 만든 것이다.

게다가 문화가 동시에 사회이고 정치이며 경제적 팽창이라는 점은 사태를 더욱 복잡하게 만든다. 사회가 이루지 못한 것을 문화가 달성하기도 하고, 경제가 스스로 하려는 것에 문화가 가능성을 제약하기도 한다……. 한편 모든 문화적 경계는 동시에 다른 수많은 과정을 증명해주기도 한다. 라인 강과 도나우 강을 잇는 변경은 이 책이 다루는 시기에는 무엇보다도 문화적인 변경이었다. 한편에는 기독교 구유럽이 있고 다른 한편에는 뒤늦게 정복이 이루어진 "기독교적 주변부"가 있다. 그런데 종교개혁이 일어났을 때 프로테스탄트와 가톨릭이라는 기독교 내부의 단절도 이 구분선을 경계로 해서 굳어졌다. 이것은 또 옛 로마 제국의 경계*였다. 로마네스크 예술의 팽창이든 고딕 예술의 팽창이든 그 외의 다른 예들도 유사한 점을 보여준다. 예외

---

* limes : 원래 라틴어로 "길"이라는 뜻이다. 이것은 고대 로마에서 군대가 적대지역으로 진격할 때 이용하던 탁 트인 길이었다. 따라서 이 도로는 감시탑과 요새로 방비를 강화한 로마의 군용도로를 뜻하게 되었고, 결국에는 국경(인공적이든 자연적이든)의 의미까지 포함하게 되었다. 탑과 요새는 대개 '리메스'를 따라 집중적으로 설치되었고 감시탑이나 요새 사이의 도로는 방벽으로 대치되었기 때문이다. 특히 라인 강과 도나우 강 사이의 지역에는 약 2.7미터 높이의 긴 방벽이 480킬로미터가 넘게 세워졌다.

들도 있으나 그것은 규칙을 확인해줄 뿐이다. 이 모든 것들은 서유럽의 점증하는 문화적 단일성을 증명해준다. 이것은 곧 세계-문화, 세계-문명이다.

세계-문명과 세계-경제는 물론 서로 연결되고 또 서로 돕기도 한다. 신대륙 정복은 동시에 여러 형태의 유럽 문명의 확대이기도 하다. 이런 확대는 식민화를 후원하고 보장해주었다. 유럽 내에서도 문화적인 통일성과 경제적 교환은 상호 도움을 주었다. 이탈리아에서 처음으로 시에나 시에 고딕 문화가 등장한 것은 샹파뉴 정기시를 자주 방문한 시에나 상인들이 그것을 직수입했기 때문이다. 이로 인해서 이 도시의 중앙광장의 벽면을 모두 재건축해야 했다. 마르크 블로크는 중세 기독교 유럽의 문화적 통일성에서 상호 침투 가능성 및 교환 가능성의 원인을 찾았다. 그러나 이것은 중세 이후에도 계속될 요인이다.

서유럽 상업자본주의의 주요 무기였던 환어음은 18세기까지도 기독교 세계의 경계 내에서만 유통될 뿐 이슬람권, 모스크바 대공국, 아시아 지역으로 넘어가지 못했다는 점도 이렇게 설명할 수 있다. 물론 15세기에 제노바에서 북아프리카의 상업지역에 대해서 발행한 환어음들이 있기는 하지만, 그것들은 제노바인이나 다른 이탈리아인이 서명하고 오랑, 틀렘센,* 튀니지의 기독교도 상인이 받는 것들이었다.[103] 즉, 유럽인 사이에서만 유통되었던 것이다. 마찬가지로 18세기에 바타비아,[104] 영국령 인도, 혹은 프랑스 섬[105]**으로부터 환어음을 통한 자금 환수 역시 유럽인들 사이에서만 시행된 기술이다. 이 경우 여행로의 양 끝에 있는 것은 다만 유럽인들뿐이다. 베네치아에서 레반트에 대하여 발행한 환어음도 거의 대부분 콘스탄티노폴리스 주재 베네치아 대사에 대해서 발행한 것이든지 그에 의해서 발행된 것이다.[106] 같

---

* Tlemcen : 알제리 북서부에 있는 도시. "샘"을 뜻하는 베르베르어에서 이름이 유래했다. 배후에는 틀렘센 산맥이 있고 앞에는 비옥한 헨나야 평야와 마그니아 평야가 있다. 특히 13-15세기에 이슬람의 문화 및 종교 중심지이면서 동시에 북아프리카 해안무역의 본거지였다. 그후 쇠퇴하다가 1559년에 알제리의 투르크에게 점령당했고 1842년에 프랑스에 넘어갔다.
** 모리셔스 섬의 옛 명칭.

은 원칙을 준수하고 같은 사법권 내에 속해 있는 동료 상인들 사이를 벗어 난다는 것은 적정한 수준 이상의 위험을 의미했다. 그런데 여기에서 문제가 되는 것은 기술적인 어려움이 아니라 문화적인 반감이었다. 왜냐하면 서유 럽 이외의 지역에서도 이슬람, 아르메니아, 인도 등지의 상인들 사이에 조밀 하고 효과적인 환어음 유통망이 존재했기 때문이다. 이 유럽 이외의 유통망 들도 각각의 문화적 경계에서 멈추어 섰다. 타베르니에는 바니아 상인들의 어음을 연쇄적으로 이용하여 인도의 어느 지역으로부터든지 지중해의 레반 트까지 자금을 이전시키는 방법을 설명했다.* 여기에서도 지중해의 레반트 지역이 마지막 중개지이다. 이곳에서 세계-문명과 세계-경제는 변경과 장애 물을 만난다.

이와 반대로 세계-경제의 내부에서는 문화의 지도와 경제의 지도는 아주 다를 수 있고 심지어 상반되기도 한다. 경제의 중심지역들과 문화의 중심지 역들을 보면 이 점을 분명히 알 수 있다. 13-15세기 중에 서유럽 문명을 지 배한 것은 당시 상업의 여왕이었던 베네치아나 제노바가 아니라 피렌체였 다. 피렌체는 르네상스를 창조하고 전파시켰으며 자신의 방언—토스카나 어—을 이탈리아 문학 언어로 만들었다. 선험적으로는 베네치아어가 그렇 게 될 것으로 보였지만 실제로는 그런 시도를 하지도 않았다. 경제적으로 승리를 차지한 도시나 압도적으로 지배적인 국가라고 하더라도 모든 것을 한번에 이룰 수는 없기 때문일까? 17세기에 암스테르담이 승리를 거두었으 나 유럽을 장악한 바로크 양식의 중심지는 로마, 엄밀히 말하면 마드리드였 다. 18세기에 런던도 문화의 왕홀까지 잡지는 못했다. 1733년부터 1740년 까지 영국을 방문했던 르 블랑 신부는 런던의 세인트-폴 성당을 건축한 크 리스토퍼 렌**에 대해서 이야기하면서[107] 그는 "로마의 성 베드로 성당을 3 분의 2 크기로 줄여서 옮겨왔을 뿐이며 그나마 비율도 제대로 지키지 못했

---

* 이 책 제2권의 159-160쪽을 참조하라.
** 이 책 제1권 713쪽의 역주를 참조하라.

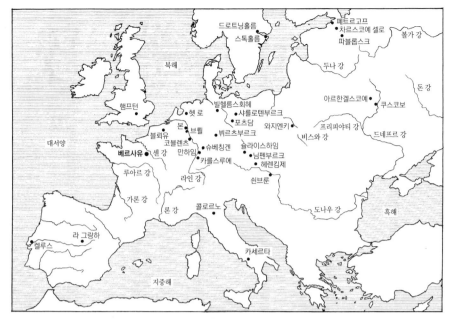

6. 18세기 유럽에서 볼 수 있던 베르사유의 모방사례들
영국에서 러시아까지, 스웨덴에서 나폴리까지 전 유럽에서 베르사유를 모방한 수많은 사례
들을 나타내는 이 지도는 계몽주의 시대의 유럽에서 프랑스의 문화적 우월성이 어느 정도였
는지를 보여준다. (루이 레오, 『계몽주의 세기의 프랑스적인 유럽』, 1938, p.279)

다"고 폄하했다. 영국의 시골 저택에 대해서도 그다지 좋지 않은 언급을 하
여서, "아직 이탈리아의 취향을 따르고 있지만 그것을 정확하게 적용하지도
못했다"고 이야기했다.[108] 18세기의 영국에는 이탈리아 문화 이외에도 프
랑스 문화가 유입되었다. 이 당시 프랑스는 문화적으로는 찬란했으며 그래
서 사람들은 지성, 예술, 유행 등에서 프랑스의 우위를 인정했는데, 이것은
프랑스가 세계를 지배하지 못한 데에 대한 일종의 위로가 되었다. "영국인
이 우리의 언어를 어찌나 좋아하는지 키케로까지 프랑스어로 읽으려고 한
다"고 르 블랑은 이야기했다.[109] 또한 런던에 프랑스인 하인들이 많이 있다
는 소리를 하도 많이 들어서 짜증이 난 그는 이렇게 되받아 이야기했다. "런
던에 당신들에게 봉사하는 프랑스인이 그렇게 많은 것은 당신들이 우리 프
랑스인처럼 옷 입고 머리를 볶고 분을 바르는 것을 광적으로 좋아하기 때문

이오. 당신들은 우리의 유행에 고집스럽게 집착해서 우리의 조롱거리를 전수해주는 사람에게 비싼 비용을 지불해주려고 하는군요."110) 세계의 중심인 런던은 자신의 문화가 발달해 있음에도 불구하고 이 방면에서는 프랑스에게 양보하고 많은 것을 배워갔다. 그러나 늘 기분 좋게 받아들인 것은 아니다. 우리는 1770년경에 반(反)프랑스 협회가 있었으며 "이 협회 회원들의 첫 번째 서약은 프랑스제 의상을 입지 않겠다는 것"이었음을 알고 있다.111) 그러나 그런 협회가 있다고 해서 어떻게 유행을 막을 수 있겠는가? 영국이 비록 진보했다고는 하지만 지성 면에서 파리의 지배력을 탐낼 수는 없었다. 모스크바에까지 이르는 유럽 전역에서 프랑스어를 귀족사회의 언어이자 유럽의 사고를 실어나르는 언어로 만들고자 하는 움직임이 있었다. 19세기 말에서 20세기 초에 프랑스가 경제적으로는 유럽 전반에 비해 뒤처져 있었으나 문학과 미술에서는 의심할 바 없는 중심지였다. 이탈리아와 독일이 경제적으로 유럽을 지배하지 못하던 시기에 음악에서는 1류의 위치에 있었다는 점도 마찬가지이다. 그리고 오늘날의 사정을 보더라도 미국이 경제적으로는 압도적으로 앞서 있지만 문학과 예술 분야에서도 그런 것은 아니다.

그렇지만 언제나 그렇듯이 기술(과학까지는 아니라고 해도)은 경제적으로 지배적인 지역에서 선택적으로 발전한다. 베네치아의 조선소는 16세기에도 여전히 기술상의 중심지였다. 네덜란드와 영국은 차례로 이 이중의 특권을 이어받았다. 오늘날 이것은 미국으로 넘어갔다. 그러나 기술은 문명의 육체이지, 영혼은 아니다. 경제적으로 가장 앞선 지역에서는 산업활동이 활발하게 이루어지고 임금이 높아서 당연히 기술 발전에 유리하다. 반대로 과학에서는 어느 한 나라가 우월한 위치를 차지하지 않는다. 적어도 가까운 과거에는 그러했다. 오늘날에는 어떨지 모르겠다.

세계-경제의 분석 틀은 분명히 타당하다

우리는 월러스틴의 분석 틀에 대해서 대강의 윤곽과 중요한 면모들을 살펴보았다. 큰 반향을 불러일으키는 모든 학설들이 그렇듯이 이 분석 틀도 1975년에 처음 나왔을 때부터 찬탄과 비판을 동시에 받았다. 사람들은 여기에서 상상할 수 없을 정도로 수많은 선례들을 찾아냈다. 이 분석 틀에는 다양한 적용성과 함축적인 의미들이 있다. 심지어 국민경제 역시 그와 같은 분석 틀의 축소판 정도로 여겨졌다. 즉 국민경제 안에 자급자족적인 지역들이 여기저기에 널려 있는 것으로 보게 되었다. 그리하여 마치 이 세계를 "주변부들"―즉, 저개발된 지방, 권역, 지역권, 경제 등의 의미로서―이 널려 있는 것으로 생각하기도 했다. 한정된 "국가" 공간들에 대해서 이런 분석 틀을 적용하다 보면, 일반 명제와는 분명히 모순되는 예들을 찾아볼 수 있다.[112] 영국의 "주변부"라고 할 수 있는 스코틀랜드가 18세기 말에 경제발전을 이룩한 것이 그런 예이다. 1557년에 있었던 카를 5세의 제국의 실패에 대해서는 사람들이 월러스틴의 설명보다는 나의 설명을 더 선호할지 모르겠고, 혹은 나 자신이 암암리에 그렇게 비판했듯이 월러스틴이 그의 분석 틀을 적용시킬 때 경제적 질서 이외에 다른 것들을 충분히 고려하지 않았다는 비판을 가할 수도 있을 것이다. 월러스틴의 책은 앞으로 세 권이 더 나올 것이다.* 두 번째 권은 내가 원고의 일부를 볼 기회가 있었다. 오늘날의 세계를 다루게 되는 마지막 권까지 모두 출간되면, 이 책이 가지고 있는 체계적인 시각의 적합성, 새로운 주장, 그 한계 등을 다시 살펴볼 수 있을 것이다. 그의 책은 어쩌면 지나치게 체계적일지 모르겠으나 어쨌든 풍성한 내용을 가지고 있는 것은 분명하다.

바로 이러한 성공에 대해서 강조할 필요가 있다. 세계의 불평등성을 통해서 자본주의의 팽창과 뿌리내리기를 설명하는 방식은 중심지역이 자신의 한계를 극복하며 스스로 앞서가고 가능한 모든 진보의 선두에 서는 것을 설명해준다. 또 세계의 역사란 여러 생산양식들의 행렬이자 진행이며 공존이

---

* 월러스틴의 『근대세계체제(*The Modern World-System*)』의 마지막 권인 제4권은 2011년에 출판되었다.

라는 것도 설명해준다. 우리는 이 생산양식들에 대해서 지나치게 시대적인 순서 속에서만 보려는 경향이 강했다. 사실 이 상이한 생산양식들은 서로 연결되어 있다. 가장 발전한 것이 가장 뒤처져 있는 것에 의존하고 그 반대도 역시 마찬가지이다. 발전은 저발전의 다른 측면인 것이다.

이매뉴얼 월러스틴은 최대의 외연(外延)을 가지면서도 응집성을 가진 측정단위를 찾던 중에 세계-경제라는 설명에 도달했다고 이야기했다. 사회학자이며 무엇보다도 아프리카학 연구자인 이 저자는 역사에 대항해서 투쟁을 전개하고 있으며 그의 이런 역할은 아직 끝나지 않았다. 공간에 따른 구분은 필수불가결하다. 그러나 시간적인 참조단위도 필요하다. 왜냐하면 유럽의 공간에서 여러 세계-경제들이 연이어 나왔기 때문이다. 혹은 달리 말하자면 유럽의 세계-경제는 13세기 이래 여러 차례에 걸쳐서 형태를 바꾸고 중심지를 이동했으며 주변부지역들을 재정비했기 때문이다. 그렇다면 어느 주어진 세계-경제에 대해서 가장 장기적인 단위, 그렇게 오래 지속되고 여러 변화들을 겪으면서도 시간의 흐름 가운데에서 부정할 수 없는 응집성을 가지고 있는 시간적인 단위는 무엇인지 물어야 하지 않을까? 사실 공간이든 시간이든 응집성이 없다면 측정이 불가능하기 때문이다.

시간의 분할과 세계-경제

공간과 마찬가지로 시간도 분할이 가능하다. 문제는 이렇게 시간을 분할함으로써—이 방면에서는 물론 역사가들이 앞서 있다—세계-경제라는 역사적 괴물을 연대기적으로 더 잘 장리하고 이해할 수 있는가 하는 점이다. 사실 이것은 결코 쉬운 과제가 아니다. 세계-경제는 완만한 역사의 진행 속에서 겨우 개략적인 연대만 가지고 있기 때문이다. 어떤 경우에는 팽창의 연대를 잡는 데에 10년에서 20년 단위의 시간을 설정하기도 하지만, 어떤 경우에는 중심의 형성이나 이동의 연대를 구획하는 데에 한 세기를 설정하기도 한다. 예컨대 1665년에 포르투갈 정부가 영국에 양도한 뭄바이가 이전에 인도 서부의 무역 중심지였던 수라트를 대체하는 데에는 한 세기나 걸렸다.[113] 그러므로 우리가 보는 역사는 느린 움직임의 역사이고 완수과정이 한없이 긴 여행이며, 제 모습을 드러내는 사건들이 거의 없어서 그 여행의 궤적을 제대로 그려내는 것마저도 힘든 여정이다. 거의 움직이지 않는 이 거대한 몸 체는 시간을 거부한다. 이것을 건설하고 또 부수는 데에는 수 세기의 역사 가 필요하다.

또다른 어려움은 우리의 길을 밝혀줄 유일한 수단으로서 콩종크튀르의 역사를 보아야 하고 그 도움을 받아야만 한다는 점이다. 그런데 이것은 우리에게 필요한 "지수"가 되는 느린 변동보다는 단기간의 변동과 더 관련이 깊다. 따라서 우리는 이 예비설명에서 단기간의 변동—사실 이것이 가장 찾기 쉽고 또 해석하기 편하다—은 다루지 않기로 하겠다.

콩종크튀르의 리듬

인간 삶의 영역 전체가 영구히 반복되는 **주기적** 변동을 좇아서 순환운동을 한다는 진리를 인문과학이 발견한 것은 지금으로부터 약 50년 전의 일이다. 그들 간에 서로 조화를 이루기도 하고 상충하기도 하는 이 순환운동들은 우리가 학교에서 물리시간에 배운 공명실 또는 공명 막대의 이미지와 비슷하다. 1923년에 조르주 부스케는 이렇게 이야기했다.[114] "사회적 변동의 여러 다양한 양태들은 물결 운동의 형태를 띠는데, 그 물결 운동은 불변하거나 규칙적으로 변화하는 것이 아니라 강도가 주기적으로 증감한다." 그가 말하는 "사회적 변동"이란 한 사회를 활성화시키는 모든 변동, 즉 콩종크튀르, 그보다는 **복수로서의** 여러 콩종크튀르들을 구성하는 변동 전체를 뜻한다. 콩종크튀르는 여러 개가 존재하기 때문이다. 경제, 정치, 인구의 콩종크튀르뿐만이 아니라 의식, 집단심성, 범죄의 증감, 연이어 등장하는 예술상의 유파들, 문학 동향, 나아가서 유행 등도 다 콩종크튀르이다(유럽에서 의상의 유행은 덧없이 빨리 변하지만 그래도 이 역시 콩종크튀르의 결과이다). 이들 중에서 경제적 콩종크튀르만이 진지한 연구의 대상이 되었을 뿐이며 그나마도 아직 최종적인 결론에 이르지는 못했다. 그러므로 콩종크튀르의 역사는 대단히 복잡하고 아직 미완성인 상태이다. 우리는 결론에서 이 점을 확인할 것이다.

현재로서는 단지 경제적 콩종크튀르, 그중에서도 특히 현재까지 지대한 연구가 진행된 가격 콩종크튀르만을 다루고자 한다. 이에 관한 이론은 1929-1932년에 경제학자들이 당시의 자료를 가지고 만들었다. 그후 역사가들이 그 뒤를 이었고 그들의 노력 덕분에 점차 더욱 먼 과거까지 조명해볼 수 있었다. 개념, 기본 지식들, 관련 용어 일체가 이로부터 나왔다. 전체의 변동은 특정한 몇 개의 변동으로 세분할 수 있다. 그 각각의 것은 자신의 식별 표지, 주기 그리고 의미를 가지고 있다.[115]

계절별 변동은 아직도 때때로 작용하지만(예를 들면 1976년 여름의 가뭄처럼) 오늘날의 광범한 경제 속에서는 큰 의미를 상실한 채 묻혀버렸다. 그러나 과거에는 전혀 그렇지 않았다. 흉작이나 기근은 몇 달 만에 16세기의 가격혁명 전체와 유사한 규모의 인플레이션을 유발할 수 있었다! 가난한 사람들은 다음 수확 때까지 가능한 한 내핍생활을 해야 했다. 이런 변동에서 유일한 위안은 이것이 빨리 사라진다는 사실이다. 비톨드 쿨라가 말했듯이 폭풍우가 지나가면 폴란드 농민들은 달팽이처럼 껍질 속에서 다시 나온다.[116]

다른 변동들, 혹은 달리 이야기하면 다른 **사이클**들은 지속시간이 훨씬 길다. 이것들은 몇몇 경제학자들의 이름을 따서 명명했다. 키친 사이클*은 3-4년간 지속되는 짧은 사이클이고, **쥐글라르** 혹은 10년 이내(intradécennal) 사

---

* 1923년에 키친이 영국과 미국의 30여 년간(1890-1922)의 어음교환량과 도매물가 및 이자율의 변동을 분석하여 40개월을 주기로 하는 단기 순환이 존재한다는 것을 발견했다. 이것은 쥐글라르 사이클 주기의 3분의 1에 해당한다. 원래 쥐글라르 사이클이 최초로 발견되었을 때에는 그것만이 존재한다고 생각되었으나 키친 사이클이 발견됨으로써 그 외에도 다른 종류의 사이클들이 공존한다는 것을 밝힌 계기가 되었다.

이클*은 6-8년 정도 지속되며 앙시앵 레짐 내내 재난을 가져온 사이클이었다. 라브루스 사이클은 인터사이클(intercycle) 또는 간(間)10년(interdécennal) 사이클이라고도 하는데 10-12년, 혹은 그 이상 지속되는 사이클이다. 이것은 쥐글라르 사이클의 후반 하강부(3-4년)에 상승하지 못하고 그대로 눌러앉은 온전한 하나의 쥐글라르 사이클이 덧붙여진 것이다. 다시 말해서 반 개의 쥐글라르 사이클과 온전한 한 개의 쥐글라르 사이클이 합쳐진 것을 말한다. 라브루스 사이클의 가장 고전적인 예는 1778-1791년 동안 불황과 침체를 가져온 사이클이다. 이 사이클은 분명 프랑스 혁명의 발발에 일조했을 것이다. 하이퍼사이클(hypercycle) 또는 **쿠즈네츠** 사이클은 쥐글라르 사이클의 두 배로서 약 20여 년 정도 지속된다. **콘드라티예프** 사이클**은 반세기 혹은 그 이상 지속되는 사이클이다.[117] 1791년에 개시된 콘드라티예프 사이클은 1817년경에 최고점에 도달했고 그후 1851년까지 하강세에 들어갔다. 이 시점은 프랑스에서는 제2제정(1852-1870)이 시작되는 때였다. 마지막으로 가장 긴 주기의 사이클로서 장기추세(trend séculaire)***가 있다. 사실 이것에 대해서는 아직까지 거의 연구되지 않았다. 나는 곧 이것을 살펴보겠다. 이것을

---

* 전통적인 경기순환을 이야기할 때는 보통 쥐글라르 사이클을 지칭하며, 따라서 이것을 주순환(主循環, major cycle)이라고도 한다. 또 이 사이클이 설비투자의 변동에 기인하여 발생한다고 보기 때문에 설비순환이라고도 한다. 쥐글라르는 1803-1882의 가격, 이자율, 금 가격, 중앙은행 잔고 등을 분석하여 경기순환이 6-10년 정도의 주기로 반복된다는 것을 발견하고 자신의 이름을 따서 쥐글라르 사이클이라고 했다.

** 쥐글라르 순환보다 훨씬 긴 장기 순환의 존재를 이미 많은 학자가 예견했으나, 가장 체계적으로 연구한 사람이 콘드라티예프이므로 슘페터가 그 이름을 따서 명명했다. 콘드라티예프는 18세기 말부터 1920년까지 영국, 프랑스, 미국의 도매물가, 이자율, 임금률, 국제무역, 생산고 등의 시계열 자료를 분석하여 약 50년 주기의 장기 순환의 존재를 확인했다. 그는 이것이 완전히 독립적인 하나의 사이클이 아니라 여러 쥐글라르 사이클들이 모여 형성되었다고 보았다.

*** 저자는 이것을 최장기 사이클로 보고 있으나 엄밀한 의미에서 보면 이것은 사이클과는 다르다는 것이 통설이다(이 책에서는 "장기추세"라는 번역어로 옮겼다). 이것은 경제변동 현상 가운데 경기순환 주기를 넘어서 장기적으로 어떤 경향을 띠고 변동하는 것을 말한다. 즉, 다른 사이클의 경우 일정한 주기를 놓고 상승, 하강의 운동을 되풀이하지만, 장기추세는 장기간에 걸친 지속적인 증가(또는 감소)라고 할 수 있다. 그러므로 이 책에서는 일반적으로 이야기하는 것과는 약간 다른 의미로 이 말이 쓰이고 있음을 고려해야 한다.

정확하게 규명하고 그 중요성을 재확인하지 않는다면, 아무리 많은 연구가 진행된다고 해도 콩종크튀르의 역사는 대단히 불완전한 채로 남을 것이다.

이 모든 사이클은 같은 시간대에서 진행된다. 이것들은 공존하고 서로 섞이고 더해져서 변동을 증폭시키기도 하고 혹은 자신의 움직임을 통해서 전체의 진동을 완화시키기도 한다. 기술적으로 쉬운 조작을 통해서 전체의 변동을 몇 개의 개별적인 변동으로 나눌 수 있고, 또 그중 몇 개의 변동은 지워버리고 우리가 보려는 특정한 변동을 부각시켜볼 수도 있다.

우선 결정적으로 중요한 문제는 **현재**의 경제에 대한 관찰로 찾아낸 사이클들이 과거 전산업화 시대의 경제에도 존재했는지를 알아내는 일이다. 예컨대 1791년 이전에도 콘드라티예프 사이클이 존재했는가? 어느 역사가는 우리가 19세기 이전에 대해 어느 특정한 사이클을 찾아내려고 마음만 먹으면 분명히 찾아낼 것이라고 악의적으로 이야기했다.[118] 이 경고가 유익하기는 하지만 그렇더라도 우리가 하려는 작업의 중요성을 무시해서는 안 된다. 만일 오늘날의 사이클들이 과거의 사이클들과 상당히 유사하다면, 과거의 경제와 현재의 경제 사이에 어느 정도의 지속성을 상정할 수 있다. 그렇다면 오늘날의 경험에서 찾아낼 수 있는 법칙이 과거에도 비슷하게 작용했다고 볼 수 있다. 그리고 만일 변동의 폭이 다르고 여러 사이클들 간의 상호관계가 다르다면 중요한 진화가 있었다고 생각할 수 있다. 따라서 피에르 쇼뉘가 16세기 세비야 항구의 교역에서 키친 사이클들을 찾아낸 것이 아무런 의미 없는 시시한 일이 아니다.[119] 또 1368-1797년 동안 쾰른의 곡물 가격과 빵 가격 그래프에서 여러 차례 콘드라티예프 사이클을 관찰할 수 있다는 것 역시 연속성에 관한 가장 기본적인 이 문제에 대한 결정적인 증거이다.[120]

파동과 파급공간

가격은 끊임없이 변화한다(가격을 연구할 때 전산업화 시대에 대해서는 특히 곡물 가격을 많이 이용한다). 아주 일찍부터 이와 같은 변동이 있었을 뿐 아

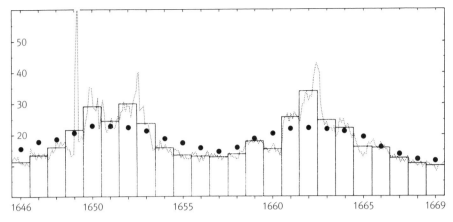

7. 가격의 움직임을 몇개의 변동으로 분해하는 방법

이 그래프는 파리 레 알 시장에서 측정한 밀 1세티에의 가격을 세 가지 방식으로 중첩되게 기록한 것이다.

• 점선은 월평균 가격을 나타낸다. 정상적인 해에는 평온한 상태이다가 기근이 들거나 수확 직전에 곡물 부족을 겪으면 급격히 상승한다.

• 막대 그래프는 수확년도(8월부터 그다음 해 7월까지)의 연평균 가격을 나타낸다. 흉년 (1648–1649년부터 1652–1653년까지, 프롱드의 난이 있던 1661–1662년, 루이 14세의 즉위 당시)과 풍년이 번갈아 나타나는 것을 볼 수 있다.

• 굵은 점은 7년 단위의 이동평균을 나타낸다. 주기적 변동(1645–1646년부터 1655–1656년 까지 한 주기, 그리고 1656–1657년부터 1668–1669년까지 다음 한 주기)을 보인다. 이렇게 긴 주기의 변동으로 이행하는 모습은 가격의 변동을 장기추세와 연관시키게 한다.

나라, 특히 이것이 아주 넓은 공간에 걸쳐서 공시적으로 전개되었다는 것은 유럽에서 일찍이 시장망이 형성되었다는 표시이다. 15세기, 16세기, 17세기 의 유럽이 물론 완전한 조화를 이루지는 않았으나 이미 전체적인 리듬, 혹은 하나의 질서를 따르고 있었다는 것은 분명하다.

그런데 바로 이 점은 물가와 임금을 연구하는 역사가들의 용기를 꺾는 일 이기도 하다. 역사가는 지금까지 연구되지 않은 시계열을 정립해보려고 하 지만, 작업이 끝나면 이미 들었던 노래를 다시 듣게 될 뿐이다. 대개 이에 관 한 하나의 조사를 하면 이전에 조사했던 내용의 반복이 되고 만다. 그림 8은 『케임브리지 근대경제사(*Cambridge Modern Economic History*)』에서 인용한 것으로서[121] 그와 같은 단성합창을 잘 나타내준다. 이것은 마치 높은 가격 과 낮은 가격의 여러 물결들이 유럽 전역으로 퍼져가는 것처럼 보인다. 기압

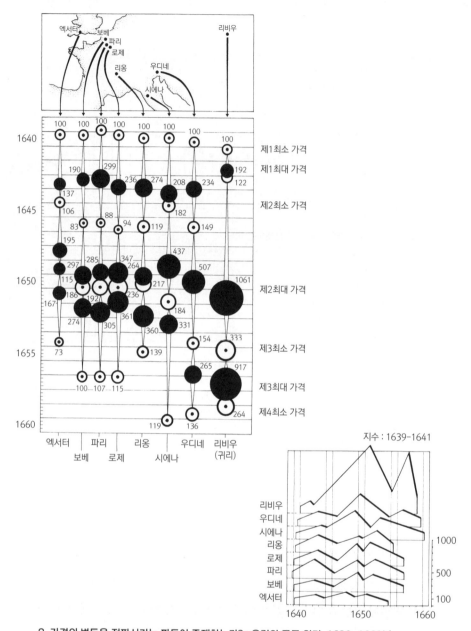

8. 가격의 변동을 전파시키는 파동이 존재하는가? : 유럽의 곡물 위기, 1639–1660년

왼쪽 그래프는 프랭크 스푸너가 작성한 것이다(『케임브리지 경제사』, 제4권, 1967, p.468). 여기에서 검은 원은 네 번의 연속적인 위기들의 최고치를 가리킨다. 대서양부터 폴란드에 이르기까지 전 유럽 공간에서 볼 수 있다. 기준치 100은 1639년 4분의 4분기부터 1641년 4분의 1분기의 자료를 가지고 구한 것이다. 오른쪽 그래프는 사회과학 고등연구원 연구소에서 만든 것으로 같은 가격 파동들을 더 도식적으로 나타낸다.

배치도에서 등압선의 이동을 연상시키기도 한다. 프랭크 스푸너는 이 과정을 잘 알아볼 수 있도록 도표를 만들었는데, 이것은 문제에 대한 해답을 주지는 않아도 문제가 무엇인지는 명확히 보여준다. 이 문제를 풀기 위해서는 사실 진원지가 어디인지를 알아내야 하는데 그것은 우선 그런 진원지가 존재한다는 가정을 전제로 한다. 과연 그럴 가능성이 있을까? 피에르 쇼뉘의 생각으로는 "16세기에 세계-경제의 첫 시안(試案) 같은 것이 존재했다고 한다면……가격변동의 진원은 세비야와 베라 크루스 사이의 어딘가에서 탄생한 듯하다."[122] 만일 굳이 한 곳을 선택해야 한다면, 이와 같은 콩종크튀르의 진동은 당시 유럽 교역의 중심지였던 안트베르펜에서—탄생했다고 말할 수는 없어도—퍼져나갔을 것이다. 그렇지만 현실은 너무 복잡해서 반드시 어떤 하나의 중심지가 있다고 말할 수는 없다.

여러 가격들이 거의 함께 변화한다는 것은 세계-경제에 화폐교환이 뚫고 들어왔고, 또 세계-경제가 이미 자본주의적인 조직화 속에서 발달하고 있다는 최상의 증거이다. 가격변동이 빠른 속도로 전파되고 "균형에 이르는" 것은 당시의 교통수단이 허락하는 속도 내에서는 어쨌든 교환이 효율적으로 이루어졌다는 증거이지만, 그 속도는 우리의 관점에서 보면 가소로운 수준이다. 여하튼 특별한 임무를 띤 파발꾼들이 국제적인 정기시가 끝날 때마다 대(大)상업 중심지로 급히 말을 몰아서 유용한 소식, 가격에 관한 정보, 환어음 다발—특히 이것이야말로 당연히 인편을 이용할 수밖에 없었다—등을 전해주었다. 특히 나쁜 소식들, 즉 지방적인 기근, 파산 등의 소식은 아주 먼 곳의 소식일지라도 날개를 단 듯이 빨리 전해졌다. 1751년 9월,[123] 활기에 찬 항구이기는 하지만 유럽의 교역 중심지라고는 할 수 없는 리보르노에서는 "여러 도시들로부터 파산 소식들이 전해져와서 이곳의 교역에 피해를 끼쳤다. 마침 바로 직전에 리크와 프레스코트라는 사람들이 상트 페테르부르크에서 파산했다는 소식이 들어왔는데 그 규모는 50만 루블에 달한다고 했다. 그리고 제노바인들은 그들의 항구의 면세권을 부활시키려는 것이 리보르노의 교역에 큰 해를 끼치지 않을까 걱정하고 있다." 이런 이야기는 유럽의 통합성, 특히 콩종크튀르의 통합성에 관한 명백한 증거가 아닐까? 모든 것이 보조를 맞추고 있었다.

그러나 가장 이상한 것은 유럽의 콩종크튀르의 리듬이 자신의 세계-경제의 엄격한 경계를 넘어서서, 유럽 이외의 지역에 대해 원격조정의 힘을 가지게 되었다는 것이다. 16세기에 모스크바 대공국의 가격들은 우리가 아는 한 서유럽의 가격 움직임을 따라가고 있었다. 이것은 아마도 아메리카 대륙산 은의 중개를 통해서 이루어졌을 것이다. 다른 곳에서와 마찬가지로 이곳에서도 은은 "트랜스미션 벨트"의 역할을 했다. 오스만 제국의 가격들도 똑같은 이유에서 서유럽의 가격들과 같은 보조를 취했다. 아메리카, 그중에서 적어도 누에바 에스파냐와 브라질에서는 가격변동이 멀리 떨어진 유럽의 모델을 따랐다. 루이 데르미니는 심지어 이렇게 썼다. "피에르 쇼뉘가 보여준 비와 같은[124] 대서양-태평양 사이의 상관관계는 마닐라에만 한정되지 않는다."[125] 유럽의 가격들은 사실 마닐라 갤리온선 항로를 넘어서 마카오에까지 그 리듬을 전파했다. 또 우리는 아지자 하잔의 연구를 통해서 16세기 유럽의 인플레이션이 약 20년 정도의 시차를 두고 인도에까지 영향을 미쳤다는 사실을 알게 되었다.[126]

이런 확인 작업이 어떤 점에서 흥미로운지는 자명하다. 이렇게 강요된 혹은 전달된 가격의 리듬이 내가 생각하는 것처럼 진정한 지배의 표시 혹은 역으로 충성의 표시였다면, 유럽 중심의 세계-경제의 영향력은 일찍이 예상했던 최대치를 훨씬 더 상회했음을 알 수 있다. 지배적인 세계-경제가 자신의 경계 밖으로 "더듬이"를 내뻗는 것에 대해서 우리가 주목하는 이유도 이 때문이다. 이것은 달리 표현하면 고압선 같은 것으로서 레반트 무역이 대표적이다. (월러스틴을 포함해서) 역사가들은 이런 유형의 교역을 과소평가하고 단지 부수적인 것으로 치부해버렸다. 이 무역이 전적으로 사치품 무역이므로 이것을 제거해버린다고 해도 보통 사람들의 일상의 삶에 아무런 영향을 미치지 않는다는 것이 이유였다. 그럴지도 모르겠다. 그러나 가장 정교한 자본주의의 핵심에 자리 잡은 이 무역은 일상생활에 대해서 여러 방향의 가지를 치면서 **영향력**을 행사한다. 무엇보다도 물가에 영향을 미치지만 그것만이 전부가 아니다. 바로 이 때문에 우리는 화폐와 귀금속에 주목하게 된다. 이것은 지배의 도구이며 일반적으로 생각하는 것 이상으로 중요한 전쟁의 무기이기 때문이다.

장기추세

앞에서 언급한 여러 사이클들 중에서 가장 긴 것은 장기추세이다. 이것은 다른 모든 사이클들 중에서 가장 연구가 되지 않았다. 경제학자들이 일반적으로 단기간의 콩종크튀르에만 관심을 둔다는 것이 그 이유의 일단이다. 앙드레 마르샬은 "순전히 경제적인, 장기간에 관한 분석은 아무런 의미가 없다"고 쓸 정도였다.[127] 그러나 그렇게 된 이유의 또다른 일단은 움직임이 너무 느리다 보니 이 사이클이 잘 드러나지 않기 때문이다. 이것은 나머지 모든 가격들이 자리 잡고 있는 바닥과 같다. 이 바닥이 약간 위로 혹은 밑으로 기운다거나 평평한 상태를 유지한다고 해도 어떻게 곧바로 알아낼 수 있겠는가? 이에 비해서 단기 콩종크튀르의 움직임들은 이 기본선 위에 훨씬 움직임이 많고 상하의 변동이 심한 선을 덧붙인다. 장기추세는 다른 변동들의 잔재, 즉 우리가 계산을 통해서 이 나머지 변동들을 제거하면 남는 것이 아닐까? 여기에 "지수(나는 아직 작용인[作用因]이라고까지는 말하지 않겠다)"의 역할을 맡긴다는 것은 실제 문제를 불가하게 만들 우려가 있다(이것은 프랑수아 시미앙이 말하는 "A단계", "B단계"와 유사하지만, 이것은 완전히 다른 시간상의 규모를 가진다). 장기추세라는 것이 과연 존재하기는 할까?

많은 경제학자와 역사학자들은 그것이 **존재하지 않는다**는 쪽으로 주장했다. 혹은 더 간단히 이야기하자면 마치 존재하지 않는 것처럼 생각했다. 그러나 만일 이 조심스럽고 회의적인 사람들이 틀렸다면? 1974년부터 명백해졌으나 이 시점 훨씬 이전부터 이미 시작된 장기적이고 비정상적인 그리고 연구자들을 난처하게 만든 위기가 시작되자 갑자기 전문가들이 장기적인 현상에 주의를 기울이게 되었다. 처음 포화를 연 것은 레옹 뒤프리에로서 그는 많은 경고와 주장을 펼쳤다. 미셀 루트팔라는 심지어 "콘드라티예프로의 복귀"를 이야기했다. 론도 캐머런은 150~350년 정도 지속되는, 그 자신이 "로지스티크(logistique)"라고 명명한 사이클을 제시했다.[128] 그러나 사실 이것은 이름만 빼면 장기추세와 다른 것이 없지 않은가? 이런 점들을 볼 때 장기추세는 한번 재고해볼 가치가 있다.

금방 알아볼 수는 없지만 늘 한 방향으로 자신의 진로를 따라가는 장기추세는 **누적적인 과정**, 즉 자기 자신에게 스스로 더해지는 과정이다. 이것은 물가와 경제활동들의 덩어리를 조금씩 조금씩 쌓아가는 듯이 움직이다가 어느 시점 이후에는 마찬가지로 끈질기게 반대 방향으로 하강 운동을 계속한다. 이 움직임은 파악할 수 없을 정도의 느린 속도로 아주 장기간 계속된다. 1년 단위로는 거의 아무런 계산이 되지 않는다. 그러나 1세기별로 보면 이것은 아주 중요한 동인이다. 그리고 만일 우리가 장기추세를 더 잘 계측하고 체계적으로 유럽사에 적용한다면(마치 월러스틴이 유럽사에 세계-경제라는 공간의 도식을 적용한 것처럼) 그 경제적 흐름에 대해서 몇몇 설명을 추출할 수 있을 것이다. 그 흐름은 오늘날 우리를 실어나르고 우리는 그것을 겪으며 살지만 그러면서도 정확히 이해하지 못하고 그에 대한 치료책도 확실히 제시하지 못하고 있다. 물론 나는 장기추세에 관한 이론을 급조할 의사도 없고 그럴 능력도 없다. 단지 예니 그리지오티 크레스치만[129]이나 가스통 앵베르[130]의 고전적인 책에 나오는 내용들을 다시 취하고 그것들의 가능한 귀결들에 주목하고자 할 따름이다. 물론 이것은 우리의 문제를 명확히 하는 한 방식일 뿐이지, 그 문제를 해결하는 방식은 아니다.

다른 모든 사이클과 마찬가지로 장기추세 역시 출발점, 정점, 도착점이 있지만, 이 사이클의 곡선은 기복이 거의 없기 때문에 그런 점들을 결정하는 것은 개략적일 수밖에 없다. 그래서 정점이 대략 1350년, 대략 1650년……
하는 식이 된다. 현재 일반적으로 인정되는 자료들을 보면,[131] 유럽에 대해
서는 다음과 같은 네 개의 연속적인 장기추세를 구분해볼 수 있다. 1250
[1350] 1507–1510 / 1507–1510 [1650] 1733–1743 / 1733–1743 [1817]
1896 / 1896 [1974?]……. 세 숫자 중에 첫 번째 것과 마지막 것은 각각 상승
의 시발점과 하락의 도착점을 가리킨다. 그리고 가운데 대괄호 안에 있는
숫자는 정점, 즉 장기적인 경향이 바뀌는 지점, 다시 말해 위기를 가리킨다.*

이러한 시간상의 기준점 중에서 처음 것이 가장 불확실하다. 사실 나로서
는 1250년보다는 12세기 초를 출발점으로 보고 싶다. 여기에서의 어려움은
이렇듯 먼 과거의 가격 자료가 대단히 불완전해서 아무런 확실성도 주지 못
하기 때문에 발생한다. 그러나 어쨌든 농촌과 도시의 거대한 팽창, 십자군
파병 등을 고려해볼 때 유럽의 팽창의 첫 출발을 적어도 50년 정도 앞으로
위치시키는 것이 나을 것 같다.

이런 논의에서 정확성을 기하려는 노력은 헛된 것이 아니다. 우리에게 단
지 세 번의 장기추세만이 알려져 있고 네 번째 것은 (1970년대가 전환점이라
면) 아직 반밖에 진행되지 않았기 때문에 이 사이클들의 지속시간이 어느 정
도인지에 대해서 판단하는 것은 쉬운 일이 아니다. 그런데 끝없이 길게 지속
될 것만 같은 이 기본 사이클들은 갈수록 짧아지는 것 같다. 과연 역사는 가
속화되는 것일까? (그러나 사람들은 역사의 가속화에 지나치게 큰 중요성을
부여하고 무조건 믿는 경향이 있다는 점을 아울러 고려해야 한다.)

이것이 우리의 문제는 아니다. 문제가 되는 것은 다시 반복하거니와 당대
인들이 읽어낼 수 없는 이와 같은 변동이 과연 세계-경제의 장기적인 운명
을 담아내는가, 혹은 그렇지 않더라도 적어도 그것을 밝혀주는가 하는 점이

---

* 이때의 위기는 우리말에서의 위기와 다른 뜻임을 알 수 있다. 대개 우리말에서는 더 이상 악화될
수 없는 맨 밑바닥에 떨어진 시점을 가리키는 경향이 있으나, 이 책에서는 최고의 정점에 도달했
다가 하락세로 반전하는 지점을 가리킨다.

다. 그리고 세계-경제가 자신의 무게와 지속성에도 불구하고, 어쩌면 그 무게와 지속성 때문에, 그런 변동에 이르고 그것을 유지, 감내하는가 하면 또 그것을 설명함으로써 자신을 스스로 설명하는가 하는 점이다. 정말 그렇게만 된다면 이것은 너무나도 멋진 것이리라. 설명을 무리하게 이끌지 않고 논쟁을 간략화하기 위해서 나는 장기추세의 정점인 1350, 1650, 1817, 1973–1974년이라는 관찰점들 위에 자리 잡는 것으로 만족하려고 한다. 원칙적으로 이 관찰점들은 두 개의 과정, 두 개의 상반된 풍경이 만나는 곳이다. 이것들은 내가 자의적으로 선택한 것이 아니고 단지 다른 사람들의 계산결과를 토대로 받아들인 결과이다. 어쨌든 이 정점들이 기록한 단절들은 역사가들이 작업해온 여러 다양한 차원의 시대구분과 맞아떨어진다(그리고 이는 우연이 아닐 것이다). 동시에 이 정점들은 유럽 세계-경제들의 역사상의 중요한 단절과도 일치하는데, 이것은 우리가 어느 한편으로만 편벽되게 관찰했기 때문이라고는 할 수 없을 것이다.

세계-경제를 설명하는 연대

이 네 개의 정점들로부터 바라보는 지평이 유럽의 전체 역사를 모두 설명하지는 못하지만, 이 네 개의 점이 현명한 판단의 결과로 얻은 것이라면 우리가 살펴볼 역사적 경험들 전체와 유용한 비교를 할 수 있을 것이다. 왜냐하면 이것들은 서로 유사한 상황에 처해 있기 때문이다.

　1350년 흑사병의 창궐은 그보다 훨씬 이전에 시작된 느리고 강력한 경기후퇴에 재앙을 가중시켰다. 이 시대의 유럽의 세계-경제는 중부 및 서부 유럽의 내륙에 북해와 지중해라는 바다가 연결되어 있었다. 유럽-지중해라는 이 체제가 심대한 위기를 맞이한 것은 분명하다. 십자군의 의욕과 가능성을 모두 상실한 기독교권은 이슬람의 저항과 부동성에 부딪혀서 1291년에는 성지(聖地)의 최종 거점인 아크레를 이슬람권에 양도해야 했다. 1300년경에는 북해와 지중해를 잇는 중간지점이었던 샹파뉴 정기시가 쇠퇴했다. 이것과 맞먹는 중대한 사태로서 베네치아와 제노바가 흑해를 넘어 인도와 중국으로까지 자유로운 교역을 행하던 교역로인 "몽골" 루트, 즉 실크로드가 1340년경에 차단되었다. 이전에는 이 교역로를 통해서 이슬람이라는 장막을 통과할 수 있었으나, 이제는 불가능해지고 다시 레반트 지역의 전통적인 항구들—이집트와 시리아의 항구들—을 이용해야 했다. 1350년경에는 이탈리아가 산업화하기 시작했다. 이 나라는 북유럽에서 생산한 가공하지 않은 모직에 염색을 해서 오리엔트 지역에 판매했으나 마침내 스스로 모직을 생산하기 시작했다. 아르테 델라 라나(모직물 제조 길드)는 피렌체를 정복하게 될 것이다. 요컨대 이 시대는 더 이상 성왕 루이의 시대는 아니다. 북유럽과 지중해라는 두 개의 축으로 분할되던 유럽 체제는 남쪽으로 중심이 이동했고 베네치아의 우위가 확고해졌다. 즉, 베네치아에 유리하게 중심화가 이루어진 것이다. 베네치아를 중심으로 돌던 세계-경제는 이 도시에 상대적인 번영을 가져다주었고, 종국적으로는 명백히 쇠퇴 중이던 취약한 유럽에서 가장 번성하는 곳이 되었다.

그로부터 300년 뒤인 1650년에(1600년부터 1630-1650년까지의 "성 마르탱의 여름"*이 지난 후에) 장기 16세기의 번영이 끝났다. 아메리카 대륙의 광산에 문제가 있었을까? 아니면 콩종크튀르가 나쁜 방향으로 선회했을까? 여기에서도 장기적인 경향의 전환점이 되는 하나의 뚜렷한 시점에서 세계-경제의 **광범**한 쇠락이 시작되는 것을 분명히 볼 수 있다. 아메리카 대륙의 귀금속과 합스부르크의 제국주의적인 재정에 지나치게 의존하던 스페인과 이탈리아를 필두로 지중해 체제가 이미 완전히 쇠퇴한 이후, 이번에는 새로운 대서양체제마저 비틀거리다가 고장을 일으켰다. 이와 같은 일반적인 후퇴가 바로 "17세기의 위기"였다. 이것은 고전적인 논쟁주제였으나 결론을 내리지는 못했다. 그런데 바로 이때 17세기 초부터 이미 세계의 중심을 차지하

---

* 성 마르탱의 축일인 11월 11일경에 가끔씩 나타나는 화창한 날씨를 가리킨다. 영어 표현 "인디언 서머(Indian summer)"와 거의 같은 것으로, 뒤늦게 얻는 좋은 시기나 기회 등을 가리킨다.

던 암스테르담이 승리를 구가했다. 이후 지중해는 수 세기 동안 거의 독점적인 우위를 차지하던 위치로부터 추락해서 대(大)역사의 흐름으로부터 배제되고 말았다.

1817년이 그 다음번 시점이다. 그러나 이와 같이 너무 정확한 시점을 제시하는 것에 현혹되어서는 안 된다. 장기적인 경향의 전환이 일어난 것은 영국에서는 1809-1810년이었고 프랑스에서는 나폴레옹 시대의 마지막 위기들이 일어난 시기였다. 미국에서는 1812년을 그런 변화의 명백한 출발점으로 잡을 수 있다. 멕시코에서는 그동안 유럽의 희망이자 시기의 대상이었던 은광들이 1810년의 혁명*으로 큰 손상을 입었다. 그후 이 은광들이 곧 복구되지 못한 데에는 콩종크튀르에 원인이 있다. 그 결과 유럽과 전 세계는 은 부족 사태를 겪었다. 이것은 곧 중국에서부터 아메리카까지 전 세계를 뒤흔들어놓았다. 이제 영국이 세계의 중심이 되었으나 이 나라는 자신의 승리에도 불구하고 고통을 겪었으며 한숨 돌리기까지는 수년이 더 걸렸다는 것이 분명하다. 그렇지만 영국은 그 누구도 넘볼 수 없고 빼앗을 수 없는 1등의 자리를 차지하고 있었다(이때쯤 네덜란드는 이미 지평선에서 사라졌다).

1973-1974년은 어떨까? 대부분의 경제학자들이 믿는 것처럼 단지 단기적인 콩종크튀르의 위기일까? 아니면 우리는 영광스럽게도(그렇게 자랑스러운 일은 아니지만) 이 세기가 하락세로 돌아서는 것을 우리 눈으로 직접 보고 있는 것일까? 만일 이것이 사실이라면 우리의 정치 지도자와 경제 전문가들이 제아무리 즉각적인 효과를 내는 단기 정책을 잘 쓴다고 해도 그것은 우리 아들들의 아들들도 그 끝을 보지 못할 장기적인 질병을 치료하는 데에는 완전히 무기력할 가능성이 있다. 현재의 사태는 우리에게 긴박한 문제를 제

---

* 멕시코에서는 1810년에 식민세력인 스페인을 몰아내는 미겔 이달고(1753-1811)의 봉기가 일어났으나, 크레올들이 왕당파를 지지함으로써 봉기가 분쇄되고 이달고는 1811년에 처형되었다. 그러나 남부지방에서 호세 마리아 모렐로스 신부(1765-1815)가 그 뒤를 이어 봉기를 일으켰다. 그렇지만 그 역시 3년 정도 후에 실패하여 처형되었다. 스페인의 부왕과 독립조약을 맺은 것은 1821년의 일이다.

기하고 있다. 그러나 이런 급박한 요구에 응하기 전에 우선 잠시 살펴보아야 할 문제가 있다.

콘드라티예프 사이클과 장기추세

우리가 이미 이야기한 것처럼 장기추세는 자신의 등 위에 다른 변동들을 업고 있다. 그 단기 사이클들은 장기추세와 같은 긴 호흡, 장구함, 신중함과는 거리가 멀다. 단기 사이클들은 갑자기 위로 솟구쳐오르기도 해서 사람들이 쉽게 볼 수 있다. 이것들은 원래 이처럼 쉽게 자신의 모습을 드러낸다. 지금이나 과거나 일상생활은 활기찬 변동들로 가득하다. 이 변동들을 모두 장기추세에 합쳐서 볼 때 전체의 변동을 파악할 수 있다. 그러나 여기에서 우리는 단지 장기적인 콘드라티예프 사이클만 보려고 한다. 이 사이클은 반세기에 걸친 긴 호흡을 한다. 다시 말하자면 두 세대의 시간에 해당하는데 그중한 세대는 좋은 방향의 콩종크튀르, 다른 한 세대는 나쁜 방향의 콩종크튀르를 거느리고 있다. 장기추세와 콘드라티예프라는 두 변동을 합치면 이것은 마치 두 개의 화성(和聲)을 가진 장기적인 콩종크튀르의 음악과도 같다. 이것은 우리의 초기 관찰을 복잡하게 만들지만, 다른 한편으로 그것을 강화시켜준다. 일반적으로 믿는 바와는 달리 콘드라티예프 사이클은 1791년에 처음 유럽에 나타난 것이 아니라 수 세기 전에 이미 나타났기 때문이다.

  콘드라티예프 사이클의 상승 또는 하락의 움직임이 어떻게 더해지느냐에 따라서 이것은 장기추세를 강화시키기도 하고 완화시키기도 한다. 두 번 중에 한 번은 콘드라티예프 사이클의 정점이 장기추세의 정점과 합쳐진다. 1817년이 그런 경우이고 (내가 잘못 생각하는 것인지는 몰라도) 아마도 1973–1974년이 그런 경우일 것이다. 어쩌면 1650년에도 그랬는지 모르겠다. 1817년과 1971년 사이에는 독립적인 콘드라티예프 사이클의 정점이 두 번 있었을 것으로 보인다. 그 시점은 1873년과 1929년이다. 만일 이 자료들이 비판의 여지없이 정확하다면—물론 그럴 리는 없지만—세계적인 위기

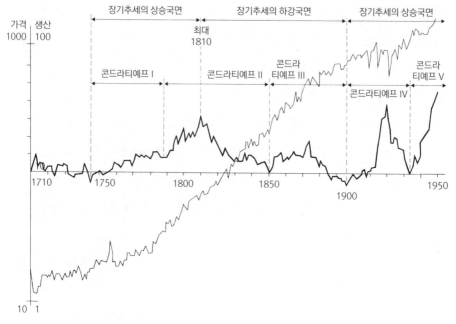

9. 콘드라티예프 사이클과 장기추세
1700-1950년의 영국 물가에 관해 콘드라티예프 사이클과 장기추세, 두 가지 움직임을 나타
낸다. 그리고 생산 곡선을 추가했다. 이 생산 곡선과 가격 움직임 사이에 차이가 있다는 것에
주목해야 한다. (가스통 앵베르, 『콘드라티예프 장기지속의 움직임』, 1959, p.22)

의 기원이 된 1929년의 단절은 단지 콘드라티예프 사이클의 방향 전환에 불
과한 것이 된다. 이 사이클의 상승국면은 1896년에 시작되어서 19세기 말과
20세기 초 그리고 제1차 세계대전을 지나고 다시 간전기(間戰期)의 10년을
지나서 1929년에 정점에 달했던 것이다. 1929-1930년의 전환은 관찰자들
과 전문가들을 너무나 놀라게 만들어서 특히 전문가들의 경우 이 현상을 이
해하기 위하여 집중적인 노력을 경주했다. 프랑수아 시미앙의 책이 그 가운
데 최고의 업적 중 하나이다.

　1973-1974년에는 1945년경에 출발한 콘드라티예프 사이클의 상승국면
(이것은 정상적인 경우처럼 대략 25년 정도 지속되었다)이 방향을 전환한 데다
가 1817년에 그랬던 것처럼 장기추세의 전환이 여기에 겹쳐졌던 것이 아닐
까? 말하자면 두 가지의 방향전환이 겹친 것이다. 이것을 증명할 수는 없지

만 나는 그렇게 믿고 싶다. 혹시 이 책이 기원후 2000년 이후의 독자들 손에 들려 있어서 그들이 여기 쓰여 있는 몇 줄을 본다면, 마치 내가 장-바티스트 세가 쓴 바보 같은 내용을 보고 다소 악의적으로 비웃었던 것처럼 그들 역시 웃게 되는 것은 아닐지 모르겠다.

이중의 것이든 단일한 것이든 1973-1974년의 방향전환은 장기적인 경기후퇴를 가져왔다. 1929-1930년의 위기를 겪었던 사람들은 예기하지 못했고 전례가 없었던, 그러나 상대적으로 짧았던 폭풍우를 기억할 것이다. 우리를 붙들고 놓아주지 않는 현재의 이 위기는 그보다도 더 불길해 보인다. 이것은 본래의 자기 모습을 보여주지 않고 이름도 없으며 또 그것을 설명해서 우리를 안심시켜줄 모델도 없다. 이것은 폭풍우라기보다는 차라리 하늘에 끈질기게 시커먼 구름이 가득 차 있는 가운데 천천히 절망적으로 수위가 올라가는 홍수와 비슷하다. 모든 경제생활의 기초, 현재와 과거의 모든 경험상의 교훈이 도전을 받고 있다. 왜냐하면 경기후퇴, 생산의 둔화, 실업 등의 현상과 동시에 물가가 계속해서 올라가는 역설적인 현상이 나타나기 때문이다. 이것은 예전의 법칙과는 반대되는 것이다. 이 현상에 대해서 **스테그플레이션***이라는 이름을 붙였다고 해서 이것을 설명했다고 할 수는 없다. 국가가 모든 측면에서 신과 같은 역할을 하고, 케인스의 가르침에 따라 단기적인 위기에 대처하고 나서며, 1929년에서와 같은 파국이 다시 나타나지 않도록 만반의 준비를 갖추었다고 자부하는 그런 종류의 행동이 오히려 그 위기의 격화에 책임이 있는 것이 아닐까? 혹은 노동자들의 방어 및 감시기제가 물가와 임금의 지속적인 상승을 불러온 원인이었을까? 레옹 뒤프리에는 이런 문제들을 제기하기는 했으나[132] 그에 대한 답을 제시하지는 못했다. 마

---

* stagflation : 과거의 인플레이션은 경기순환의 호황국면에서 일어나는 일반적인 물가상승 현상이었다. 그런데 1950년대 이후에는 인플레이션이 경기의 호황, 불황에 상관없이 일어나는 일반적인 현상이 되어 이를 신(新)인플레이션이라고 한다. 특히, 경기침체(stagnation)와 인플레이션이 공존하는 것을 스테그플레이션이라고 한다.

지막 결과가 어떻게 될지는 알 수 없다. 그리고 우리가 모르는 어떤 법칙이나 규칙을 따르는 것으로 보이는 장기적인 사이클들의 정확한 의미 역시 우리는 알지 못한다.

장기적인 콩종크튀르는 설명이 가능한가?

경제학자들과 역사가들은 콩종크튀르적인 변동을 확인하고 기술한다. 그리고 프랑수아 시미앙의 표현대로, 마치 해류가 자신의 움직임 위에 다른 작은 물결을 이고 움직이듯이 여러 사이클들이 서로 중첩된다고 할 때 그것들이 어떤 방식으로 중첩되는지 그리고 그것이 어떤 영향을 미치는지 등에도 주의를 기울였다. 그러면서 이 변동의 범위가 광대하며 거의 영구적으로 규칙성을 띤다는 점을 확인하고 놀라움을 감추지 못했다.

그러나 그들은 왜 이 사이클들이 중첩되는지, 왜 이것들이 발전하고 또다시 시작되는지를 설명하려고 하지는 않았다. 유일하게 그러한 점들이 언급된 것은 쥐글라르 사이클뿐이었다. 제본스*에 의하면 쥐글라르 사이클은 태양 흑점과 관련이 있다는 것이다! 이 양자 간에 긴밀한 관계가 있다고는 그 누구도 믿지 않을 것이다. 그리고 그것이 맞는다고 해도 다른 사이클들에 대해서는 어떻게 설명하겠는가? 물가변동만이 아니라 산업생산에 관련된 사이클(호프만의 그래프**를 생각해보라), 18세기 브라질의 금 사이클, 혹은 두 세기에 걸친(1696-1900) 멕시코의 은 사이클, 세비야 항구의 교역이 대서양 경제 전체에 리듬을 부여하던 당시 이 항구의 교역에 관한 사이클 등이 다 마찬가지이다. 장기추세의 변화와 깊은 관련을 맺고 있으며, 그 원인인 동시에 결과이기도 한 인구의 장기적인 변동은 말할 필요도 없다. 경제학자

---

* William Stanley Jevons(1835-1882) : 영국의 경제학자. 맹거, 왈라스와 같은 시기에 한계효용 및 자본의 한계효용성이론을 창안했다. 이것은 현대경제학이 발전하는 데에 혁명적인 방법론상의 변화를 의미한다(이른바 경제학의 "한계혁명"). 제본스 자신은 이 이론을 통해서 자유주의가 사회주의보다 우월하다는 입장을 취했다.

** 이 책 제2권의 제3장을 참조하라.

와 역사가들이 수많은 연구를 수행했던 귀금속 유입의 변동도 마찬가지이다. 여기에서 작용과 반작용이 폭넓게 존재한다는 것을 감안할 때 지나치게 단순한 결정주의는 크게 믿을 바가 못 된다. 화폐수량설*은 그 나름의 역할을 하지만 나는 모든 경제성장은 자신의 화폐와 크레딧을 스스로 만든다고 한 피에르 빌라르의 말에 동의한다.[133]

이 문제를—해결한다기보다는—명확히 하기 위해서 우리는 초보적인 물리학에 나오는 주기적인 진동운동을 머릿속에 그려볼 필요가 있다. 그 운동은 외부의 충격과 그 충격에 반응하여 진동이 일어난 결과이다. 그것은 줄일 수도 있고 칼의 도신일 수도 있다…… 바이올린의 현이 활 아래에서 떨리듯이 말이다. 하나의 진동은 당연히 다른 진동을 야기할 수도 있다. 보조를 맞추어 행진하는 군대는 다리에 들어설 때에는 일부러 보조를 흐트러뜨리고 걸어야 한다. 그렇지 않으면 다리가 진동하여 어떤 조건에서는 유리가 깨지듯이 다리가 무너질 위험이 있다. 이처럼 콩종크튀르의 복합체 속에서 어떤 움직임은 다른 움직임에 영향을 미치고 이것이 또다른 것에 영향을 미치는 식으로 연쇄적으로 작용할 수 있다는 점을 상상해보라.

가장 중요한 충격은 아마도 외부적, 혹은 외생적(外生的) 충격일 것이다. 앙시앵 레짐의 경제는 주세페 팔롬바가 이야기했듯이 달력의 통제 아래에 있었다. 이것은 농업상의 수많은 제약과 영향을 의미한다. 사실 그것은 자명한 일이지만 다르게 생각할 여지가 없는 것은 아니다. 예컨대 겨울은 수공업 작업을 하기에 아주 좋은 계절이 아니겠는가? 또 인간들의 의지와 그들을 다스리는 권력기구들 이외에 수확의 풍흉, 시장상황의 등락—이 영향은 다른 무엇보다도 곧장 퍼져나가기 쉽다—그리고 원거리 교역의 변동과 그것이 "국내" 물가에 미치는 영향 등 이 모든 것들에서 외부적인 것과 내부적인

---

* quantity theory of money : 넓은 의미로 볼 때 화폐수량과 물가 사이의 비례관계를 인정하는 모든 물가이론 혹은 화폐이론이라고 할 수 있다. 화폐수량이 증가하면 화폐가치가 저하하여 물가가 상승하고, 화폐수량이 감소하면 화폐가치가 상승하여 물가가 저하된다는 주장이다.

것의 만남은 돌파구가 될 수도 있고 상처가 될 수도 있다.

그러나 외부적인 충격만큼이나 중요한 것은 그것이 작용하는 장소이다. 변동의 장소가 되는 동시에 변동에 주기를 부과하는 몸체(corps, body)—그다지 적합한 말은 아니지만—란 대체 무엇인가? 나는 아주 오래 전에(1950) 루뱅 대학교 경제학 교수였던 위르뱅과 대화를 나눈 적이 있다. 그는 가격 변동이 일어나는 공간 및 그 변동의 폭과 관련해서만 그 가격변동을 보고자 늘 주의했다. 그가 보기에는 같은 공간 안에서 변동하는 가격들끼리만 비교가 가능하다. 가격의 충격을 받고 변동하는 것은 사실 사전에 이미 만들어진 망으로서 내 생각에 이것은 다름 아니라 진동이 일어나는 공간, 즉 가격의 **구조**(이것은 분명히 레옹 뒤프리에가 사용하는 것과는 다른 의미에서이다)이다. 독자들은 내가 어떤 방향의 주장을 하려는지 벌써 짐작할 것이다. 세계-경제야말로 같은 가격진동이 일어나는 가장 넓은 공간으로서, 이것은 단지 콩종크튀르를 받아들일 뿐 아니라 어느 정도의 심층에서는 그리고 어느 수준에서는 그 콩종크튀르를 만드는 곳이다. 세계-경제는 광대한 공간 속에서 가격의 **단일성**(unicité)을 만든다. 그것은 마치 동맥계가 몸 전체로 피를 전달하는 것과 유사하다. 이것은 그 자체로서 하나의 구조이다. 그러나 여전히 문제로 남는 것은 내가 언급한 것처럼 일치를 보인다고는 해도, 장기추세가 이런 공명(共鳴) 구역을 잘 나타내는 지수인지의 여부이다. 나는 세계-경제라는 광대하지만 어쨌든 유한한 공간이 없다면 장기적인 변동을 설명하는 것이 불가능하며, 여기에서의 이 장기적인 진동이 콩종크튀르라는 복합적인 흐름을 만들었다가 깨고 다시 만드는 것이라고 생각한다.

오늘날 역사학 연구와 경제학 연구가 이런 긴 호흡의 문제를 지향하는지는 확실하지 않다. 지난날 피에르 레옹은 이렇게 이야기했다.[134] "역사가들은 흔히 장기적인 것에 무신경하다." 에르네스트 라브루스는 저서 초입부에서 이렇게 쓰기까지 했다.[135] "우리는 장기지속적인 설명을 모두 포기했다." 인터사이클의 지속시간 내에서 장기추세는 물론 잊게 마련이다. 이에 비해서 비톨드 쿨라는 장기지속적인 움직임에 주목해서 이것이 "누적적인 활동에 의해 구조의 변형을 일으킨다"고 보았다.[136) 그러나 그는 거의 유일한 예외에 속한다. 정반대 편에 서 있는 미셸 모리노는 "우리의 삶에서 경험된 시간이 가진 풍미(風味)와 밀도와 사건사적인 재료를 되살려야 한다"고 주장했다.[137) 그리고 피에르 빌라르는 단기적인 시간을 시야에서 놓치지 말아야 한다고 이야기했다.[138) 그런 시각을 버린다는 것은 "계급 간의 갈등과 투쟁을 체계적으로 은폐하는 것이기 때문이다. 계급투쟁은 앙시앵 레짐에서든 자본주의체제에서든 단기 속에서 드러난다." 이 논쟁에서 어느 편에 서느냐는 중요하지 않다. 논쟁 자체가 잘못되었기 때문이다. 콩종크튀르는 전체의 두께 속에서 연구해야 한다. 콩종크튀르의 경계를 한편으로는 사건사적인 것과 단기적인 것에서 찾고 다른 한편으로는 장기지속과 장기추세와 같은 것에서 찾아야지, 그렇지 못하면 애석한 일이 아닐 수 없다. 단기와 장기는 공존하며 분리될 수 없는 성질의 것이다. 단기적인 시간 위에 그의 이론체계를 세운 케인스는 사람들이 흔히 인용하는 다음의 경구를 이야기한 적이 있다. "장기적으로는 우리 모두 죽는다(In the long run, we are all dead)." 이 말은 농담으로서의 재미만 빼면 진부하고 또 부조리하다. 우리는 단기적으로 살면서 동시에 장기적으로도 살기 때문이다. 내가 말하는 언어, 내가 종사하는 직업, 나의 신앙, 나를 둘러싼 인문지리, 이런 것들은 모두 내가 물려받은 것들이다. 그것들은 나 이전에도 존재했고 나 이후에도 존재할 것이다. 나는 또 단기란 "하나의 시간지속이 아니라 하나의 상태"라고 주장하는 조앤 로빈슨에게도[139) 동의하지 않는다. 그런 점에서 본다면 "장기"란 무엇이라는 말인가? 그런 식으로 본다면 시간을 단지 그것이 담고 있는 것 또는 그것이 담아내는 사람들만을 가리키는 것이 된다. 이것이 가능할까? 시간은 "무고하지도 또 무해하지도 않다(ni innocent ni anodin)"고 말한 장-마리 베사르의 말이[140) 더 합리적이다. 시간은 그 안에 담고 있는 내용을 창조하지는 않는다고 해도 그것에 작용하고 형식과 현실성을 부여한다.

과거와 현재

이번 장은 이론적인 입문 혹은 달리 이야기하면 문제의식의 시론에 해당한다. 이 장을 끝내기 위해서는 장기적인 주기들의 유형들—상승기, 최고의 정점에 도달한 위기, 하락기—을 하나씩 건축해가야 한다. 과거 소급적인 경제학이든 가장 대담한 역사학이든 그 어느 것도 이런 작업을 도와주지는 못할 것이다. 더군다나 앞으로 나올 연구들이 지금 내가 다루려고 하는 문제들을 완전히 무시할 가능성도 있다.

상승, 위기, 하락이라는 세 경우에 대해서 월러스틴이 말하는 세 개의 지역구분을 각각 적용해야 한다. 그러면 벌써 이것으로도 아홉 개의 상이한 경우들이 만들어진다. 여기에 다시 네 종류의 사회적인 집합들—경제적, 정치적, 문화적, 사회적 계서제—을 구분하면 모두 36가지 경우들이 생긴다. 결국 아무리 규칙적인 유형을 만든다고 해도 그것이 모든 경우를 다 포함하지는 못할 것이다. 적합한 정보를 가지고 있다면 훨씬 더 많은 수의 자세한 구분을 해야 한다. 그러므로 차라리 우리는 논의의 여지가 있고 취약성을 보인다고 하더라도 조심스럽게 일반성의 차원에 머물고자 한다.

그러므로 지나치게 양심의 가책을 느낄 필요 없이 마음 편하게 단순화를 시도해보자. 위기에 대해서는 앞에서 이야기한 내용들이 잘 요약해준다. 위기란 탈구조화(déstructuration)의 초기를 가리킨다. 최고조로 발전한 하나의 응집적인 세계-경제는 쇠퇴를 거듭하다가 그 쇠퇴과정이 완수되며 그러는 가운데 다른 체제가 머뭇거리는 듯이 완만한 속도로 탄생한다. 그와 같은 단절은 사건, 고장, 왜곡이 누적된 결과이다. 이 책의 다음 장들에서 내가 밝혀보고자 하는 것도 한 체제로부터 다른 체제로의 이행에 관한 것이다.

장기적인 상승기 동안에는 경제와 사회질서, 문화, 국가가 활짝 꽃핀다. 얼 해밀턴은 예전에(1927) 시만카스에서 만나 대화를 나누었을 때 이렇게 말하고는 했다. "16세기는 모든 상처가 다 아물고, 고장이 수리되고, 후퇴에 따른 보상이 이루어진 시기였지요." 그야말로 모든 분야에서 이런 식이었다.

일반적으로 생산은 좋은 상태였고, 국가는 자신의 활동을 펼쳐볼 수단을 가지고 있었고, 사회적으로는 한정된 귀족층이 성장했으며, 문화도 자기 나름대로의 방향을 좇아 발전했고 인구상승의 지원을 받는 경제는 복잡한 유통망을 발전시켜갔다. 이것은 또 분업을 촉진시킴으로써 물가 상승을 가져왔다. 화폐 스톡도 증가하고 자본이 누적되어갔다. 모든 상승은 게다가 보수적이다. 이것은 기존의 체제를 보호하고 **모든 경제들**을 장려한다. 바로 이런 상승기간에 여러 곳에서 중심 형성이 가능하다. 16세기에 베네치아, 안트베르펜, 제노바 사이에서 분산이 이루어진 것이 그 예이다.

그러나 오랫동안에 걸쳐 고집스럽게 하락세가 계속되면 사정이 변화한다. 건강한 경제란 이제 거의 세계-경제의 중심에서만 가능하다. 경기후퇴가 시작되고 하나의 극(極)에 집중되는 현상이 일어난다. 국가들은 성미가 까다로워지고 공격적이게 된다. 프랭크 스푸너가 프랑스에 대해서 하나의 "법칙"을 만든 것도 이런 맥락에서이다. 즉, 프랑스에서는 경제가 상승할 때에는 분산과 분열의 경향이 부추겨지고(종교전쟁 시기가 전형적인 예이다) 경기가 좋지 않을 때에는 분명히 강력한 정부를 중심으로 여러 당파들이 모여든다는 것이다. 그러나 이 법칙이 프랑스의 과거 전체에 타당하며 또다른 나라들에 대해서도 타당할까? 경기가 좋지 않을 때 상류사회는 투쟁을 시작하고 바리케이드를 쳐서 자신을 보호하고 자신의 수를 제한하려고 한다(결혼을 뒤로 늦추고, 과도한 수에 이른 젊은 사람들이 이민을 떠나며, 17세기에 제노바에서 그랬던 것처럼 일찍부터 피임을 시행한다). 그런데 문화는 그중에서 가장 이상한 양태의 행동을 한다. 만일 문화가 이 장기적인 후퇴기 동안에 강제로 개입하려고 한다면(마치 국가가 그런 것처럼) 그것은 아마도 문화의 사명 중의 하나가 사회 전체의 공백과 빈틈을 메우는 것이기 때문이다(그렇다면 문화는 진정 "인민의 아편"일까?). 그리고 또다른 이유로서 문화야말로 가장 비용이 적게 들기 때문이다. 스페인의 황금의 세기는 이 나라가 이미 쇠퇴기에 들어섰을 때 문화가 수도에 집중되면서 이루어졌다. 황금의 세기란 무엇보다도 마드리드의 폭발적인 팽창, 그곳의 궁정과 극장들의 팽창을 의미한다. 낭비벽이 심했던 올리바레스 공작 겸 백작의 시기에 얼마나 성급히 그리고 값싸게 건축을 했던가! 루이 14세 시대에도 이것이 들어맞는지는 모르겠다. 그러나 확실히 이야기할 수 있는 사실은 장기적인 후퇴가 문화의 팽창, 더 나아가서 문화의 폭발을 촉진시킨다는 것이다. 베네치아, 볼로냐, 로마 등지에서 볼 수 있듯이 1600년 이후 이탈리아가 마지막으로 활짝 꽃핀 가을을 맞이했던 것과 1815년 이후 이미 사양길에 접어든 유럽에서 낭만주의의 불길이 일어난 것을 보라.

이런 주장들이 어쩌면 너무 성급한지는 모르겠으나 이로 인하여—핵심적인 문제는 아닐지라도—통상적인 질문을 던지게 된다. 우리는 사회 상층에서의 진보와 후퇴가 중요하다는 사실을 부각시켰다. 문화(엘리트의 문화), 사회계층(피라미드의 최상층에 있는 특권층), 정부 수준에서의 국가, 유통 분야만을 떼어서 본 생산(일부분만 유통의 대상이다), 가장 발전한 부분의 경제 등이 그런 것들이다. 다른 모든 역사가들이 그랬던 것처럼 우리도 최대 다수의 사람들의 운명에 대해서는 본의 아니게 살펴보지 못했다. 이 다수의 대중은 장기적인 상승과 후퇴의 균형 속에서 대체 어떻게 움직였을까?

역설적이지만, 경제의 모든 지표가 나은 방향으로 움직이기 시작할 때 오히려 대중의 상태는 나빠진다. 생산증가의 영향이 느껴지기 시작하면서 인구가 늘어나지만 이것은 여러 활동층과 노동층에게 부담을 가중시킨다. 그렇게 되면 얼 해밀턴이 지적했듯이[141] 물가와 임금 사이에 격차가 발생한다. 즉, 임금이 물가의 변화에 비해서 뒤처진다. 장 푸라스티에, 르네 그랑다미, 빌헬름 아벨 등의 저작, 그리고 펠프스 브라운과 실라 홉킨스의 논문을 참조해보면[142] **실질임금**의 하락이 뚜렷하다. 상층의 영역이 진보하고 경제의 잠재력이 성장하는 것은 이런 식으로 일반 대중의 고통이라는 대가를 치르게 만든다. 일반 대중의 수는 생산과 비슷하게, 어쩌면 그보다 더 **빠른** 속도로 증가한다. 그리고 아마도 이런 인구증가, 사람들의 교역과 노력의 증가가 생산성의 증가로 보상을 받지 못하면 모든 것이 이완되고 위기에 도달하며 그다음에는 움직임이 역전되고 하락세가 시작된다. 이상한 것은 상층구조가 후퇴할 때 일반 대중의 생활수준이 향상되고 실질임금이 다시 상승한다는 것이다. 1350년부터 1450년 사이 기간은 유럽이 겪은 가장 큰 쇠퇴기의 하나이지만 이때가 소시민들에게는 일상생활상에서 일종의 황금기였다.

샤를 세뇨보스라면 "진지한" 역사라고 이름 붙였을[143] 이런 식의 역사적 조망에 의하면, 엄청난 결과를 가져온 가장 큰 사건 혹은 결정적 단절은 19세기 중반에 산업혁명과 함께 장기적인 경제상승이 일어났으나 이것이 민중의 복지를 후퇴시키지 않고 오히려 1인당 소득을 상승시킨 것이다. 이 문제에 대해서도 단정적인 이야기를 하기는 쉽지 않다. 그러나 우리는 기계와 함께 생산성이 급격히 그리고 거대하게 증대함으로써 갑자기 가능성의 천장이 높아졌다는 점을 생각해볼 수 있다. 이런 새로운 세계 속에서 한 세기가 넘는 기간에 전례 없는 인구증가가 일어나고 그와 동시에 1인당 소득의 증가가 병행해서 일어났다. 분명히 사회적인 상승의 양식도 변화했을 것이다. 그러나 1970년대 이후 끈질기게 지속된 경기후퇴는 어떻게 된 일일까?

과거에 경기가 후퇴할 때 하층민들의 복리가 증진되는 것은 언제나 그 이전에 엄청난 희생을 치르고 얻은 결과였다. 1350년에는 적게 잡아도 수백만 명이 죽었고 17세기에도 심각한 인구상의 스테그네이션[인구의 정체 및 감소/역주]을 겪었다. 정확히 말하면 인구의 이러한 감소와 그에 따른 경제적 압력의 이완 때문에 재앙을 피해간 생존자들이 더 나은 상태를 맞았다. 그러나 오늘날의 위기는 그와 같은 징후를 보이지는 않는다. 전 세계적으로 인구증가가 지속되고 생산이 둔화되며 실업이 늘어나면서도 동시에 인플레이션이 수그러들지 않는다. 그렇다면 일반 대중의 복리증진은 어디에서 유래했을까? 농업과 의학의 발달, 게다가 세계에서 식량이 모자라는 곳에 원조를 해주는 우호적인 태도가 어느 정도 자리를 잡음으로써 옛날과 같은 무자비한 치유책―질병과 기근―을 피할 수 있게 된 데에는 누구든 만족해할 것이다. 그러나 사람들은 현대세계가 지속 성장을 유지할 것으로 보고 또 그렇게 확신하지만, 우리로서는 예전과 비슷한 문제가 제기되지는 않을지 자문하게 된다. 지난 세기에 산업혁명에 의해서 인구증가의 가능성이 크게 증가되기는 했으나 이미 그 가능성의 한계수준에 이르렀거나 아니면 그것을 초과한 것은 아닐까? 그리고 예컨대 에너지 문제와 같은 분야에서 새로운 혁명이 일어나 문제의 기본 조건을 바꾸지 않는 한, 적어도 일시적으로라도 인구 증가가 커다란 재앙을 초래하지는 않을까?

제2장

도시가 지배하는 유럽의 옛 경제 : 베네치아 이전과 이후

오랫동안 유럽 세계-경제는 도시국가라는 좁은 몸체로 수렴되었다. 도시국가는 거의 완전한 활동상의 자유를 누렸으나 그 대신 자기 자신의 힘만으로 살아가야 했다. 이런 취약점을 보완하기 위해서 도시국가는 흔히 여러 지역 집단 사이의 분쟁을 이용했다. 이쪽과 저쪽을 대립시켜 이용하기도 하고 자신에게 복종하는 10여 개의 도시, 국가, 혹은 경제들의 힘을 빌리기도 했다. 그들이 도시국가에 봉사하는 이유는 이익 때문일 수도 있지만 강제적인 의무 때문일 수도 있었다.

우리는 그다지 넓지 않은 중심부로부터 어떻게 그런 광대한 영역에 대한 지배가 이루어지고 또 그것이 유지될 수 있었는지에 대해서 묻지 않을 수 없다. 더구나 이 중심부를 내부적으로 보면 엄중한 통치하에 있던 사람들—흔히 "프롤레타리아화된" 사람들—이 끊임없이 권력에 도전하고 또 철저히 감시했기 때문에 그런 의문은 더욱 커진다. 모든 사람들이 알고 있는 몇몇 명망 있는 가문들이 이익을 독점했고, 그런 만큼 당연히 이 가문들은 불만의 표적이 되었다. 이 가문들은 모든 권력을 쥐고 있었지만 어느 날 갑자기 모든 것을 잃을 수도 있었다. 게다가 이 가문들은 서로 분열되어 있었다.[1]

이 도시들을 포괄하는 세계-경제 그 자체는 아직 취약한 그물망이었다.

그러나 그렇기 때문에 오히려 이 그물망이 찢어졌을 때 큰 어려움 없이 고칠수 있었다. 이것은 긴밀한 감시, 필요한 경우라면 의도적인 강제력이 사용되었음을 뜻한다. 사실 훗날 파머스턴이나 디즈레일리 시대의 영국 역시 완전히 같은 방식으로 움직이지 않았던가? 이처럼 대단히 광대한 공간을 장악하는 데에는 단지 몇 군데의 요지(要地)를 점유하는 것만으로 충분하다(베네치아가 1204년에 칸디아, 1383년에 코르푸, 1489년에 키프로스를 장악한 것이나 영국이 1704년에 지브롤터*를 기습하고 1800년에 몰타**를 장악한 것 등이 그 예이다). 혹은 적절한 독점을 수립하는 것만으로 충분하다. 이 독점체제는 마치 오늘날 우리가 사용하는 기계를 간수하듯이 그렇게 관리되었다. 이 독점은 대개 한번 속도가 붙으면 스스로 작동했다. 물론 경쟁도시들이 이 독점을 쟁취하기 위해서 도전해오고 경우에 따라서는 그 때문에 아주 큰 곤경에 빠지기도 했다.

그렇지만 역사가들이 이러한 외부적인 갈등 또는 그런 갈등을 잘 보여주는 사건이나 에피소드, 혹은 내부적인 사건들, 즉 도시의 내부 역사에 강한 색채를 부여하는 정쟁(政爭)과 사회적 변화들만을 지나치게 강조한 것은 아닐까? 외부적으로 이 도시들이 우위를 점한다는 것, 그리고 내부적으로 도시 내의 부유하고 권력 있는 사람들이 우위를 점한다는 것은 언제나 타당한 사실이다. 그러나 갈등, 임금과 일자리를 위한 투쟁, 정당과 정치집단들 사이의 격렬한 싸움 등이 있다고 하더라도 이 좁은 세계에서 자본의 건강한 성장을 막지는 못했다. 무대 위에서 아무리 큰 소란이 벌어지더라도 막후에서

---

* 구체적으로는 지브롤터 해협 북동쪽의 영국 식민지를 가리킨다. 길이 5킬로미터, 너비 1.3킬로미터 정도의 작은 영토이지만 지중해의 입구라는 전략적인 위치 때문에 매우 중요한 곳이다. 스페인 왕위 계승 전쟁 당시인 1704년에 영국의 조지 루크 경이 점령했고, 1713년의 위트레흐트 조약에서 정식으로 영국령으로 인정받았다.

** 몰타 섬은 중세 말에 몰타 기사단(구호기사단)이 지배했으며, 이 상태는 1798년 6월에 나폴레옹의 점령으로 끝났다. 그러나 1802년의 아미앵 조약으로 다시 이 섬이 기사단에게 넘어가자 주민들이 저항에 나섰고, 그들의 권리와 가톨릭 종교를 존중하는 조건으로 영국 국왕을 지배자로 받아들였다. 이 조건은 1814년 파리 조약에서 수용되었다.

는 많은 이윤이 걸려 있는 게임이 벌어졌다.

중세의 상업도시들은 모두 이윤을 지향했다. 더 나아가서 그러한 노력이 이 도시들을 만들었다. 이런 도시들을 생각하면서 폴 그루세는 "현대 자본주의는 아무것도 발명하지 않았다"고까지 이야기했다.[2] 아르만도 사포리는 또 이렇게 이야기했다.[3] "오늘날 이탈리아 공화국의 천재성 속에서 전례를 찾을 수 없는 것은 아무것도 없다. 심지어 소득세(income tax)[4] 같은 것도 마찬가지이다." 이것은 사실이다. 환어음, 크레딧, 화폐의 주조, 은행, 선구매, 공공재정, 대부, 자본주의, 식민주의뿐 아니라 사회문제, 노동력의 수준 향상, 계급투쟁, 사회적 만행 및 정치적 잔혹성 등은 모두 이전부터 있었다. 아주 일찍이 제노바나 베네치아 혹은 네덜란드의 도시에서는 적어도 12세기 이래 거액의 돈이 현찰로 지불되었다.[5] 그러나 곧 크레딧이 그 뒤를 이었다.

시대에 앞선 근대적인 도시국가들은 다른 지역들의 지체와 열등함을 이용했다. 그리고 이렇게 바깥 세계가 취약하다는 것이 이 도시국가들로 하여금 성장하고 독재하도록 만들었으며, 원거리 교역에 따른 대규모 이익을 차지하도록 보장해주었고, 통상적인 법칙을 무시하도록 만들었다. 이들과 맞설 수 있는 적수는 영토국가였다. 이와 같은 근대국가는 남부 이탈리아에서 프리드리히 2세가 거둔 성공*에서 선례를 찾을 수 있다. 그러나 영토국가는 잘 성장하지 못했거나 적어도 빨리 성장하지 못했고, 여기에 더해서 14세기의 장기적인 경기후퇴가 악영향을 미쳤다. 그래서 여러 국가들이 곤경을 겪고 해체되었으며 그 결과 도시들이 다시금 활동의 자유를 누렸다.

그럼에도 도시와 국가는 여전히 잠재적인 적대관계를 유지했다. 도시가 국가를 지배할 것인가, 국가가 도시를 지배할 것인가? 이것이 유럽의 운명

---

* 신성 로마 제국의 황제이자 나폴리-시칠리아의 국왕인 프리드리히 2세는 자신의 영향력을 강하게 확립하기 위해서 이탈리아에 빈번히 개입했고 그러면서 교황과 충돌했다. 그는 멜피(Melfi)의 헌장(1231)을 통해서 일종의 절대주의 국가를 성립했으며, 행정조직을 정비하고 도시의 자치권을 빼앗고 국왕이 공무원을 임명하게 하고 귀족을 감시했다. 또한 농업을 장려하고 국내세관을 없애 상업을 촉진했으며 효율적인 재정기구를 발전시켰다.

을 결정짓는 중요한 문제이다. 여기에서 왜 도시들이 늦게까지 큰 세력으로 남을 수 있었는지는 쉽게 설명되지 않는다. 여하튼 장-바티스트 세가 "13세기에 베네치아 공화국이 이탈리아 내에 한 치의 땅도 가지지 못했으면서도 교역을 통해서 부를 축적한 결과 달마치아, 그리스의 대부분의 섬들 그리고 콘스탄티노폴리스를 정복한 것"이 놀랍다고 지적한 것도6) 당연하다. 도시는 공간, 시장, 안전하게 보호받는 유통권역을 필요로 한다는 것, 즉 착취할 광대한 국가를 필요로 한다는 것은 분명하다. 이들은 살기 위해서 먹이가 필요했던 것이다. 비잔티움 제국—후에는 튀르키예 제국—이 없는 베네치아는 상상도 못할 일이다. 이것이 바로 "상호보완적인 적들"이라는 늘 단조롭게 반복되는 비극이다.

유럽 최초의 세계-경제

이러한 도시의 우월성은 11-13세기 중에 형성된 유럽 최초의 세계-경제의 틀 안에서 살펴볼 때에만 설명이 가능하다. 그 시기에 매우 광대한 유통공간이 만들어졌는데 이에 대해서 도시는 도구이자 중개소이자 수혜자였다. 그러므로 세계사를 움직이는 괴력의 소유자인 유럽이 탄생한 것은 이 책이 다루는 시기의 시작연대인 1400년경이 아니라, 그보다 적어도 2-3세기 이전의 일이다.

따라서 이 책의 시간적인 경계를 넘어서, 아직은 불완전하지만 장래에 세계-경제를 구성하게 될 공간들의 계서화와 조합을 통해 어떻게 하나의 세계-경제가 탄생하는지를 그 기원까지 올라가서 살펴볼 필요가 있다. 이렇게 보면 유럽사의 큰 흐름과 맥락들은 이미 그려져 있는 상태이고 이 좁은 대륙의 근대화(모호한 단어이기는 하다)라는 커다란 문제는 아주 장기적이고 적절한 전망 속에 놓이게 된다. 중심지역이 부상하면서 원형적인 자본주의(proto-capitalisme)가 거의 필연적으로 형성된다. 이때 근대화는 단순히 한 상태에서 다른 상태로 변화한 것이라기보다는 일련의 여러 단계와 이행들로 나타난다. 그중 초기의 것들은 15세기 말의 고전적인 르네상스 시기보다도 훨씬 앞서 있다.

11세기 이후 유럽의 팽창

오랜 준비기간 동안 당연히 도시들이 중요한 역할을 맡았지만 그렇다고 도시 혼자서 모든 일을 다한 것은 아니다. 유럽 전체가 도시들을 짊어지고 있었던 것이다. 유럽 전체란, 이사크 데 핀토가 말한 바와 같이[7] "전체적으로 파악한 유럽", 다시 말해서 경제적 및 정치적 공간 전체 속의 유럽을 의미하며 동시에 과거 전체 속의 유럽을 의미한다. 여기에는 저 멀리 로마가 유럽에 부여해준 윤곽—유럽은 로마의 유산을 물려받았고 또 아직도 그 유산이 자신의 역할을 다하고 있다—과 5세기 게르만족의 대침입 이후 다방면의 팽창까지 포함된다. 그후 로마 제국의 영토는 게르마니아,* 동유럽, 스칸디나비아 지방 그리고 로마가 영토의 절반 정도를 지배했던 잉글랜드 등 사방에서 경계를 넘었다. 조금씩 조금씩 해상 공간—발트 해, 북해, 영불해협, 아일랜드 해—에 대한 정복이 이루어져서 여기에서도 로마 시대의 활동영역을 초과하게 되었다. 로마 시대에는 솜 강 입구와 불로뉴에 함대기지를 두고는 있었으나[8] 이 해상세계에서 활동영역은 그다지 넓지 않았다. "발트 해는 로마인들에게 그저 약간의 호박(琥珀)을 제공했을 뿐이다."[9]

이보다 더 눈여겨볼 것은 남쪽에서 이슬람과 비잔티움 세력에 대항하여 지중해를 재정복했다는 점이다. 전성기 로마 제국의 존재 이유이자 핵심부였던 이 "정원 한가운데의 연못"을[10] 이탈리아의 선박과 상인이 재점령했

---

* Germania : 옛날의 지리적 명칭으로, 북쪽으로는 북해와 발트 해, 동쪽으로는 비스와 강, 남쪽으로는 카르파티아 산맥 및 도나우 강, 서쪽으로는 라인 강을 대략적인 경계로 하는 중유럽 지역을 가리킨다. 기원전 1000년부터 기원전 500년 사이에 주로 게르만족이 점거하여 살던 곳으로 기원전 1세기경에 '게르마니아'라는 이름이 붙었다.

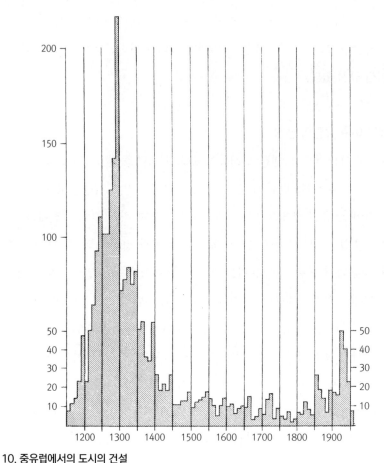

10. 중유럽에서의 도시의 건설
13세기에 도시가 눈에 띄게 팽창했음을 볼 수 있다. (빌헬름 아벨, 『독일 농업사』, 1962, p.46, 하인스 슈토브의 그래프)

다. 승리의 정점을 이룬 것은 강력한 십자군 운동이었다. 그러나 이러한 기독교 세력의 재정복에 많은 지역들이 저항했다. 재정복 운동이 한동안 지속되다가(1212년의 라스 나바스 데 톨로사 전쟁*이 대표적이다) 제자리걸음을 하

---

* 1212년 7월 16일의 전쟁. 스페인의 재정복 운동에서 중요한 의미를 가진다. 이 전쟁에서 알모아데(북아프리카와 스페인을 통치하는 이슬람 왕조) 군대는 레온-카스티야-아라곤-나바라-포르투갈 연합군에 졌다. 그 결과가 즉각적이지는 않았으나, 장기적으로는 알모아데 제국이 패퇴하는 동기가 되었다.

던 스페인, 지브롤터로부터 이집트에 이르는 넓은 의미의 북부 아프리카, 성
지의 기독교 왕국들이 세워졌다가 곧 짧은 생을 마감하게 될 레반트 지역,
1204년에 무너지는 그리스 제국 등이 그런 곳들이다.

　그렇지만 아치볼드 루이스가 지적했듯이 "유럽의 팽창에서 가장 중요한
변경지역은 숲, 늪지, 랑드*와 같은 내부의 변경지역이었다."[11] 이 유럽 내
부 공간의 황무지는 농민의 개간활동으로 축소되었다. 더 많은 사람들이 풍
차와 물레방아의 바퀴와 날개를 이용했다. 그때까지 서로 낯설던 지역들 간
에 연결이 이루어졌다. 벽 허물기가 시작된 것이다. 교통의 요지에 수많은
도시들이 새로 생기거나 아니면 이전에 있었던 도시들이 새로 활력을 되찾
았는데, 이렇게 도시가 발달했다는 것이 특히 핵심적인 사실이다. 이제 유럽
은 도시들로 가득 차게 되었다. 독일 지역에만 3,000개가 넘는 도시들이 있
었다.[12] 물론 그중에는 성벽을 두르기만 했을 뿐 고작해야 인구 200-300명
에 불과한 마을 수준의 도시도 있었다. 그러나 이들 중에 많은 도시들은 성
장을 거듭해서 지금까지 볼 수 없었던 새로운 유형의 도시가 되었다. 고대
그리스에서 전형적으로 볼 수 있는 것처럼 고대도시는 자유로운 곳이기는
하되 주변 농촌지역 주민의 유입과 활동에 개방되어 있어서, 말하자면 주변
지역으로부터의 침투가 쉽게 이루어졌다. 이에 비해서 중세도시들은 성벽으
로 둘러싸인 폐쇄된 곳이었다. 독일 속담은 이에 대해서 "성벽이 시민과 농
민을 갈라놓는다"고 표현한다. 도시는 그 자체로서 하나의 소우주이며 배타
적인 특권들을 가지고("도시의 공기는 자유롭게 만든다")** 공격적인 공간으로
서 언제나 불평등 교환을 만든다. 그리고 장소와 시대에 따라 활력의 정도
에는 차이가 나지만 유럽의 전반적인 부흥을 주도한 것도 도시의 역할이었

---

* landes : 원래 금작화나 히스 등의 야생초 외에는 거의 아무것도 자라지 못하는 황무지를 가리
　키는 말이다. 고유명사로 쓰일 때에는 프랑스 남서부의 대서양 연안에 펼쳐진 광대한 모래 및
　늪지 지역을 가리킨다.
** 서양 중세에는 농노가 도시로 도망쳐서 1년 1일 동안 잡히지 않으면 자유를 얻는 관례가 있었
　다. 이것을 두고 도시의 공기가 예속민을 자유롭게 만든다는 식의 표현이 생겼다.

다. 그것은 마치 효모가 커다란 밀가루 반죽을 부풀리는 것과 비슷했다. 중세도시가 이 역할을 맡을 수 있었던 것은 신대륙의 도시들이나 고대 그리스의 도시들이 빈 공간에 자리 잡은 것과는 달리, 중세의 도시들은 이미 잘 조직되어 있는 농촌세계 내에서 팽창하고 발전했기 때문이 아닐까? 가까이에 재료들이 있었기에 그 재료들을 희생시켜가며 자신은 성장했던 것이다. 특히 중요한 일은 국가가 아주 느리게 성장했기 때문에 도시의 발달을 저해하는 일이 없었다는 점이다. 이번에는 토끼가 거북이에게 쉽고 자연스럽게 승리를 거둔 것이다.

도시는 도로, 시장, 작업장 그리고 도시 안에 축적되는 화폐 등을 통해서 확실한 미래를 보장받았다. 일상적인 잉여물을 가지고 오는 농민들 덕분에 도시는 식량공급을 확보했다. "시장은 영주 직영지에서 생기는 점증하는 잉여, 현물로 납부하는 막대한 양의 지대를 처분하는 판매처가 되었다."[13] 슬리허르 판 밧에 의하면 1150년 이후 유럽은 "직접 농산물 소비"(즉, 자가 소비)로부터 "간접 농산물 소비"로 이행해갔다. 이것은 잉여 농산물의 유통 때문에 가능했다.[14] 이와 동시에 도시는 수공업 활동을 유치한 다음 공산품의 제조와 판매를 독점했다. 전(前)산업이 농촌지역으로 다시 후퇴해 들어가는 것은 이후 시기의 일이다.

요컨대 "13세기 이후 경제의 양태를 보면 도시가 농업적인 성격을 유지하던 (예전의) 단계를 넘어서게 되었다."[15] 대단히 넓은 공간 위에서 가내경제로부터 시장경제로 이행하는 결정적인 변화가 이루어진 것이다. 다른 말로 표현하면 도시들은 농촌적인 주변지역으로부터 벗어나 이후 자신의 지평선 너머를 조망하게 되었다. 이것은 "거대한 단절"이었다. 이것이야말로 처음으로 유럽 사회를 만들고 또 그 사회를 성공으로 도약시키는 단절이었다.[16] 이러한 팽창과 그나마 비슷한 것이 있다면 유럽인의 침입 초기 아메리카 대륙에서 형성된 여러 중개도시들을 들 수 있다. 이 도시들은 교역, 명령, 방어 등의 필요로 인해서 서로를 연결하는 도로망을 건설했다.

지노 루차토와 아르만도 사포리가 이미 이야기한 바 있듯이[17] 유럽이 진정한 르네상스—이 단어의 뜻이 모호하기는 하지만—를 맞이한 때가 이때이다. 이것은 전통적으로 말하는 르네상스보다 2–3세기 이전이다. 그러나 왜 이런 팽창이 일어났는지를 설명하는 것은 여전히 쉽지 않은 과제이다.

물론 인구 증가가 있었다. 이것이 모든 면에서 지배적인 영향을 미쳤겠지만 왜 인구가 증가했는지에 대해서는 다시 설명이 필요하다. 아마도 9세기이래 시작된 농업기술의 진보 덕분이 아닐까. 쟁기의 개선, 가축 사육을 위한 개방경지를 갖춘 삼포제 등이 그런 예이다. 린 화이트는 농업의 발달을 유럽 팽창의 가장 중요한 요인으로 본다.[18] 이에 비해 모리스 롱바르는 상업의 발달을 중요시한다.[19] 아주 일찍부터 이슬람권과 비잔티움에 연결된 이탈리아는 이미 오리엔트에서 활발히 진행되던 화폐경제에 연결된 후 유럽에까지 그것을 전파했다. 한편 조르주 뒤비[20] 그리고 약간의 뉘앙스 차이는 있지만 로베르토 로페스[21]는 화이트의 견해에 동조하는 편이다. 이들의 말에 의하면 핵심 사항은 농업의 초과생산과 잉여의 대규모 재분배이다.

세계-경제와 양극성

사실 이 모든 설명들은 서로 연결해서 보아야 한다. 만일 모든 것이 거의 같은 시기에 진보하지 않았다면 어떻게 성장이 가능했겠는가? 인구가 늘고 농업기술이 발전하고 상업이 부활하며 수공업이 처음으로 발달하는 이 모든 일들이 동시에 일어나야만 유럽 공간 전체에 걸쳐서 도시의 망 또는 도시의 상층구조가 창출될 수 있다. 그리하여 도시와 도시 간의 연결망이 잠재적인 활동들을 포괄하고 또 이 활동들이 "시장경제" 속에서 제자리를 찾도록 만든다. 시장경제는 아직 소규모에 불과하지만 물레방아를 산업 목적에 광범위하게 사용하는 에너지 혁명을 가져왔고 종국적으로는 유럽 전체 차원의 세계-경제에 이르게 했다. 페데리고 멜리스는 14세기 말에 이 세계-경제가 브루게, 런던, 리스본, 페스, 다마스쿠스, 아조프, 베네치아를 꼭짓점으로 하는 다각형을 이룬 것으로 상정했다.[22] 이 다각형 안에 있는 300개의 상업지점들로부터 프라토의 상인 프란체스코 디 마르코 다티니*의 서한 15만3,000통이 오갔다(이 편지들은 오늘날까지 고문서 보관소에 잘 보관되어 있다). 한편 하인리히 베히텔은 리스본, 알렉산드리아, 노브고로드, 베르헌으로 이루어진 사각형을 이야기했다.[23] 독일어의 '벨트비르트샤프트(Weltwirtschaft)'에 처음으로 세계-경제라는 뜻을 부여한 프리츠 뢰리히는 이 세계-경제의 동쪽 변경을 일멘 호(湖)에 면한 노브고로드로부터 비잔티움에 이르는 선으로 상정했다.[24] 이런 식으로 강력하고 빈도 높은 교환이 광대한 공간의 경제적 통합성을 이루는 데에 기여한 것이다.[25]

그렇다면 여기에서 하나의 문제만이 남게 된다. 이 세계-경제는 언제부터 진정으로 존재하게 되었는가? 이 문제를 푸는 것은 거의 불가능하다. 세계-경제가 진정으로 존재한다는 것은 교역망이 제법 촘촘한 그물코들을 가지고 있어서 중심지역에 활기를 불어넣을 정도로 교환이 규칙적이고 대량으로 이루어지는 때를 뜻할 것이다. 그러나 이 먼 과거에는 무엇이든 아무런 이의 없이 곧장 명료해지는 일이 하나도 없다. 11세기 이후 장기적인 상승운동의 결과 모든 것이 순조로워지기는 했지만, 대신 여러 곳에 중심이 형성되었다. 13세기 초에 샹파뉴 정기시가 융성하면서부터 비로소 네덜란드 지역으로부터 지중해에 이르는 전역에 통일성이 이루어졌다. 여기에서 이익을 본 것은 일반 도시들이 아니라 정기시 도시들이며, 해상교역로가 아니라 육상교역로였다. 이것은 정말로 특이한 서설이다. 어쩌면 차라리 막간 에피소드에 불과할지 모른다. 진정한 시작이 아니기 때문이다. 이전에 네덜란드와 북부 이탈리아가 고전압 상태로 발전해 있었고 이 두 지역이 당연히 서로 연결되어 있

---

* Francesco di Marco Datini(1355-1410?) : 이탈리아의 상인. 아비뇽에서 사업에 성공한 후, 고향인 프라토로 돌아와서 상업회사를 세우고 유럽 전역에 지사를 세우며 상업활동을 했다. 거의 대부분의 상인들의 문서가 멸실된 반면에 그의 경우에는 엄청난 양의 상업서한과 사신(私信)들이 보존되어 있다가 최근에 우연히 발견되어 14세기의 상업 및 상인세계에 관한 대단히 귀중한 정보를 제공했다.

었다는 점을 볼 때, 이 두 지역이 없었다면 샹파뉴에서의 회합이 어떻게 가능했겠는가?

새로운 유럽의 시작과 관련해서는 사실 이 두 복합체의 성장을 살펴보아야 한다. 북쪽과 남쪽, 네덜란드와 이탈리아, 북해―이곳으로 합류하는 발트 해까지 포함하여―와 지중해 전체 등이 그것이다. 따라서 서유럽은 하나의 "극"이 아니라 두 개의 극을 가지고 있었다. 유럽 대륙 전체를 북부 이탈리아와 넓은 의미의 네덜란드로 갈라놓는 이 양극성은 수 세기 동안 지속될 것이다. 이것은 유럽사에 아주 중요한 특징이며 어쩌면 가장 중요한 사항일지 모른다. 그러므로 중세 및 근대 유럽을 이야기한다는 것은 두 개의 언어로 말하는 것이다. 북쪽에서 사실인 것이 결코 남쪽에서도 똑같이 사실은 아니며 그 반대도 마찬가지이다.

모든 것은 9−10세기에 결정되었을 가능성이 크다. 아직 완전히 모양이 굳어지지 않은 유럽의 여러 활동들을 재료로 삼아 광범위한 두 개의 지역경제가 서로 독립적으로 형성되어갔다. 북쪽에서는 이 과정이 빨리 이루어졌다. 사실 이에 대한 저항이라고 할 만한 것이 없었다. 주변지방은 신생지역 또는 차라리 원시적인 지역이었기 때문이다. 이에 비해서 찬란한 과거의 역사를 가진 지중해 지역에서는 뒤늦게 갱신이 이루어졌으나 대신 그후에는 더 빠르게 진보했다. 특히 이탈리아의 팽창에 이슬람과 비잔티움이 가속화 역할을 해주었기 때문이다. 그 결과 북쪽은 남쪽에 비해서 덜 복잡하고 상대적으로 더 "산업적"이었던 반면, 남쪽은 더 상업적이 되었다. 그리하여 지리적으로 다른, 또 전압 차이가 있는 상이한 두 개의 세계가 만들어져서 서로가 서로에게 흡인력을 가졌고 또 서로 보충하게 되었다. 이 둘 사이의 연결은 남북 간의 여러 육로를 통해서 이루어졌는데, 13세기의 샹파뉴 정기시는 그 중 괄목할 만한 첫 번째 성과이다.

이렇게 두 지역이 연결된 결과 양극성이 없어진 것이 아니라 오히려 강화되었다. 이 체제는 서로 반향을 불러일으키고 상호 교역을 증가시켰으며 유

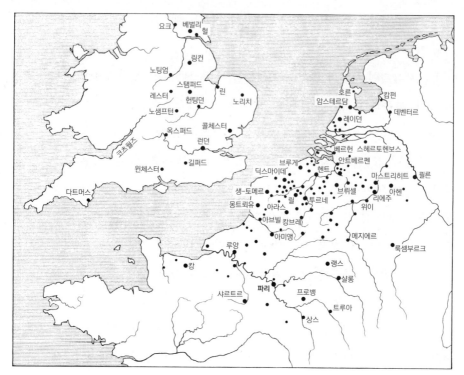

11. 산업적인 북부의 "극점"

자위더르 해부터 센 강 계곡까지의 지역에 성운처럼 밀집해 있는 직물업 작업장들. 남북 유럽 전체에 대해서는 샹파뉴 정기시의 영향권을 나타내는 그림 13을 보라. (핵토르 암만, 「헤센 지방사 연보」, 8, 1958)

럽의 다른 지역들에 비해서 양쪽 지역 모두에 더 큰 활기를 부여했다. 이 초기 유럽의 도시화 속에서 양 지역 혹은 그 두 곳을 연결하는 축 위에 **초도시들**(supervilles)이 등장했다. 이 초도시들의 위치는 유럽이라는 몸체의 골격 혹은 혈액순환 체계를 보여준다.

물론 유럽 경제의 중심은 양극 간의 투쟁의 대가를 통해서만 형성될 수 있었다. 지중해가 오랫동안 구대륙의 중심무대였던 만큼 이탈리아가 16세기까지도 승리를 구가했다. 그러나 1600년경에 유럽이 동요하면서 북쪽이 유리해졌다. 암스테르담의 등장은 흔히 일어나는 하찮은 일이 아니다. 그것은 단지 안트베르펜에서 홀란트로의 무게중심의 이전이 아니라, 대단히 심층적인 위기를 의미했다. 오랫동안 번영을 누리던 지중해와 이탈리아가 완전히 침체에 빠지자 유럽의 무게중심이 이제 하나밖에 남지 않았다. 북유럽이 바로 유일한 극점이 되었으며 이후 오늘날까지 수 세기 동안 이 북유럽의 극점을 기준으로 심층적인 불균형의 선과 영역이 그려졌다. 따라서 우선 이 결정적으로 중요한 지역들이 탄생한 기원에 관한 개략적인 소개가 필요하다.

북유럽 공간 : 브루게의 번성

북유럽 경제는 제로 상태로부터 창출되었다. 사실 네덜란드는 **창조된** 것이다. 앙리 피렌은 이렇게 이야기한 바 있다. "이탈리아, 프랑스, 라인 강 연안의 독일, 도나우 강 연안의 오스트리아의 대도시들의 태반은 기원전부터 만들어진 것이다. 그러나 리에주, 루뱅, 메헬렌, 안트베르펜, 브뤼셀, 이퍼르, 강, 위트레흐트는 중세 초에 등장했다."[26]

카롤링거 왕조가 아헨에 정주하면서 이 왕조는 유럽의 초기 부흥에 일조했다. 820년부터 891년 사이에[27] 바이킹의 약탈과 함께 이 부흥이 중단되었다. 그러나 다시 평화가 찾아오고 라인 강 너머의 지역과 북해 연안지역과의 관계가 맺어지면서 네덜란드는 다시 활기를 찾았다. 이 지역은 이제 더 이상 "세계의 끝(finistère)"이 아니었다. 이 지역은 성벽으로 둘러싸인 도시들과 성곽으로 덮이게 되었다. 이때까지 떠돌이 생활을 했던 상인집단이 이제 도시와 성 근처에 정주했다. 11세기 중반부터 도시 주변지역의 직조공들이 도시 내에 자리를 잡고 눌러앉았다. 센 강과 마른 강으로부터 자위더르 해에 이르는 지역 사이에서는 인구가 늘고 대규모 농장이 번성했으며 직물업이 발달해서 작업장이 증대했다.

이 모든 것은 결국 브루게에 거대한 부를 안겨주었다. 1200년부터 이 도시는 이퍼르, 토르하우트,* 메젠** 등을 포함하는 플랑드르 정기시 순환체제에

---

* Torhout : 브루게에서 20킬로미터쯤 떨어진 직물업 도시.
** Mesen : 벨기에 북서쪽, 플랑드르 서부의 이퍼르 근처에 있는, 인구 약 1,000명 정도의 소읍.

참여했다.[28] 그 덕분에 이 도시는 자신의 한계 이상으로 발전할 수 있었다. 외국 상인들이 자주 방문하고 산업이 활성화되었으며 교역이 잉글랜드와 스코틀랜드에까지 뻗어갔다(이곳에서 브루게는 직물업에 필요한 양모뿐 아니라 플랑드르의 다른 직물업 도시들로 재수출할 양모까지 확보했다). 영국과 관계를 맺음으로써 이 도시는 영국 국왕이 프랑스 내에 소유하던 영국 영토들과의 거래에서도 자연히 도움을 받았다. 그 덕분에 아주 일찍이 노르망디의 밀과 보르도의 포도주를 거래했다. 마지막으로 한자 동맹 도시들의 선박이 이곳에 입항함으로써 이 도시의 번영이 공고해지고 더 큰 발전을 이루었다. 그리하여 외항(外港)으로서 다머*가 건설되고(1180년 이전부터) 더 후일에는 즈빈 강 입구에 슬로이스가 건설되었다. 슬로이스 항을 만든 것은 브루게의 앞바다가 점차 침니층(沈泥層)으로 막히게 된 데다가 한자 동맹의 대형 선박인 코크선이 입항할 정도로 수심이 깊은 항구가 필요했기 때문이기도 하다.[29] 제국 속민의 이름으로 협상을 한 끝에 뤼베크와 함부르크의 대표들은 1252년에 플랑드르 백작부인으로부터 특권들을 얻었다. 그러나 그녀는 뤼베크인들이 다머 근처에 런던의 슈탈호프**와 비슷한 상관을 건설하는 것은 불허했다. 아닌 게 아니라 런던 사람들은 이후 시기에 슈탈호프의 특권을 박탈하는 데에 아주 애를 먹었다.[30]

1277년에 제노바의 선박들이 브루게에 당도했다. 지중해와 북해 사이에 이처럼 정규적인 해상 연결이 시작된 것은 남유럽인이 북쪽으로 뚫고 들어오는 데에 결정적인 의미를 가지는 사건이었다. 그러나 사실 제노바인들은 선발대 정도에 불과했다. 베네치아의 갤리선들이 1314년에 마침내 들이닥친 것이다. 브루게로서는 포로가 되는 동시에 큰 번영을 누렸다. 포로라고

---

* Damme : 브루게 북동쪽의 외항. 즈빈 강의 침니작용으로 쇠퇴했다.
** Stahlhof : 런던교 근처의 템스 강변에 있는 한자 동맹 상인들의 상관. 영국인은 이것을 '스틸야드(steelyard)'라고 불렀는데, 중기 저지 독일어 '슈탈호프(stâlhof)'를 영국에서 잘못 옮긴 말이다. 원래 '슈탈(stâl)'은 표본이라는 뜻인데 이를 강철(Stahl)과 같은 것으로 보고 영어의 '스틸(steel)'로 옮겼다.

한 것은 엄격히 말해서 브루게가 스스로 이룰 수도 있었을 번영을 남유럽인에게 빼앗겼기 때문이다. 그러나 동시에 지중해의 선원, 선박, 상인들의 도착은 재화와 자본 그리고 상업 및 재정 기술들이 들어오는 것을 의미했으므로 그 자체가 번영이었다. 이탈리아의 부유한 상인들이 이 도시 내에 정착했다. 이들은 그 당시 가장 귀중한 상품이었던 레반트의 후추와 향신료들을 직접 가지고 왔으며 이것을 플랑드르의 공산품과 교환해 갔다.

브루게는 이때부터 거대한 합류가 일어나는 중심지가 되었다. 이곳에는 지중해 지역, 포르투갈, 프랑스, 영국, 독일의 라인 연안지역 그리고 한자 동맹 상인들까지 모여들었다. 이 도시의 인구는 1340년에 3만5,000명이었다가 1500년에는 10만 명이 되었다. "얀 반 에이크(약 1380-1440)와 멤링 (1435-1494) 시대에 이 도시는 분명히 세계에서 가장 아름다운 도시 중 하나였다."[31] 또한 아마도 가장 부지런한 도시들 중의 하나였을 것이다. 이 도시에서 직물업이 발달했을 뿐 아니라 이것이 플랑드르의 주변지역으로 퍼져가서 곧 강과 이퍼르에서도 직물업이 폭발적으로 성장했다. 한마디로 이곳은 유럽에서 유례없는 산업지역이 된 것이다. 동시에 상업활동의 정점을 이루는 정기시의 주위에 그 유명한 거래소*가 만들어졌다(1309). 그리고 곧 정교한 화폐 거래의 중심지가 되었다. 1399년 4월 26일에 브루게에서 프란체스코 다티니의 대리인은 이렇게 썼다. "제노바에서는 현찰이 넘쳐나는 것 같습니다. 그러므로 그곳으로는 아주 좋은 대가를 얻는 것이 아닌 한 우리의 돈을 보내지 마십시오. 그보다는 차라리 베네치아나 피렌체, 아니면 이곳[브루게]이나 파리, 몽펠리에 같은 곳으로든지 아니면 그 외에 당신이 생각건대 좋은 곳으로 돈을 보내십시오."[32]

브루게의 역할이 아무리 중요하다고 해도 지나치게 거기에 매혹되어서는 안 된다. 예컨대 브루게가 베네치아보다 더 우월한 "국제적 중요성"을 가

---

* 브루게의 거래소(bourse)에 대해서는 이 책 제2권 120쪽 이하의 내용을 참조하라.

졌다는 피렌의 말을 믿어서는 안 된다. 그는 민족주의적 감정을 과거에 투사한 듯하다. 사실 피렌 자신도 이곳을 출입하는 선박들이 "외부의 의장업자에게 귀속되어 있다"는 점과 "이곳의 주민들은 적극적인(actif) 상업에 아주 미미하게 참여했을 뿐이며 사방에서 이곳으로 몰려드는 상인들에 대해서 중개 역할을 하는 것으로 만족해했다"는 점을 이야기하고 있다.[33] 다시 말하면 브루게인들은 종속적인 지위를 차지했으며, 이 도시의 상업은 18세기의 표현에 의하면 "소극적인(passif)" 성격이었다. 그래서 얀 판 하우터가 큰 반향을 불러일으킨 그의 논문(1952)에서 브루게와 안트베르펜의 차이점으로서 브루게는 "국내(national) 항구"이며 안트베르펜은 "국제(international) 항구"라고 했던 것이다.[34] 그러나 이것은 또 반대 방향으로 약간 지나치게 표현한 것이 아닐까? 나는 브루게(이것은 리하르트 헤프케[35]에게 흡족할 것이다) 역시 뤼베크(이것은 프리츠 뢰리히[36]의 마음에 흡족할 것이다)와 마찬가지로 세계-시장이라고 말하겠다. 비록 이 두 도시가 세계-도시, 다시 말해서 세계의 중심에서 비길 데 없는 위치를 차지한 태양과 같은 존재라고는 할 수 없겠지만 말이다.

북유럽 공간 : 한자 동맹의 약진[37]

브루게는 영국에서부터 발트 해에 이르는 광대한 영역의 오직 한 점에 불과하다. 물론 가장 중요한 점이기는 하지만 어쨌든 한 점에 불과한 것은 분명하다. 발트 해, 북해, 영불해협, 아일랜드 해까지 포괄하는 이 드넓은 해양 상업공간에서 한자 동맹 상인들의 해상 상업활동은 성공을 거두었다. 한자 동맹은 1158년에 뤼베크 시—발트 해에서 약간 떨어진 곳에, 트라베 강과 바케니츠 강 주변의 늪지로 둘러싸인—가 건립되면서 드러나기 시작했다.

그러나 이와 같은 공간은 무(無)로부터 건설된 것은 아니다. 8-9세기에 바이킹들의 원정, 침략, 약탈은 이 북방 해상제국 영역의 경계에 이르렀고 심지어는 그 이상으로 확대되었다. 이들의 모험은 유럽의 공간과 연안에서 사라져갔지만 그래도 그 자취가 남았다. 이들 이후에 오랫동안 스칸디나비아의 가볍고 갑판이 없는 배들이 발트 해와 북해를 휘젓고 다녔다. 노르웨이인들은 영국 연안과 아일랜드 해에까지 진출했다.[38] 고틀란드 섬의 농민들이 배를 타고 남쪽 항구들과 강들을 찾아나서서 노브고로드 대공국에까지 이르렀다.[39] 그리고 최근의 고고학적 발굴에 의해서 드러난 것처럼 유틀란트로부터 핀란드까지 슬라브 도시들이 번성했으며[40] 러시아 상인들은 당시 슬라브인들만 살던 도시 슈체친*까지 찾아왔다.[41] 그러나 한자 동맹 이전에는 진정으로 **국제적인** 경제가 존재하지 않았다. 독일의 도시, 상인, 군인 그리고 농민들은 때로는 평화적으로 지배자들과 타협한 끝에 교역을 통하여, 때로는 무력과 폭력을 사용하여 발트 해와 북해로 이루어진 이 이중의 해상 영역을 장악하고 조직했다.

그러나 이 도시들이 애초부터 서로 연결되어 있었다고 생각해서는 안 된다. 한자(Hansa : 상인들의 집단)라는 단어는[42] 뒤늦게 등장했으며 분명하게 글로 표기된 사례는 1267년 영국 국왕의 한 문서가 처음이다.[43] 처음에 이 말은 자위더르 해로부터 핀란드까지 그리고 스웨덴으로부터 노르웨이까지 포괄하는 지역 내에 성운 모양으로 모여 있는 한 무리의 상인들, 여기에 더해서 한 무리의 선박들을 가리켰다. 교역의 중심축은 런던과 브루게로부터 탈린과 리가 방향으로 뻗어 있었다. 탈린이나 리가는 다시 노브고로드와 비텝스크, 스몰렌스크 방향으로 진로를 열어주었다. 원재료와 식량을 공급하는 발트 해 연안의 저개발지역과, 이미 서유럽이 연락지점과 필요요소들을 조직해놓은 북해지역 사이에 교환이 행해진 것이다. 브루게에서는 유럽과 지중해를 기반으로 건설된 세계-경제가 한자의 거대한 코크선을 맞이했다. 이것은 이중으로 외피를 대서 탄탄하게 건조한 선박으로서 13세기 말부

---

* Szczecin : 폴란드의 항구도시. 1637년에 브란덴부르크 선제후의 지배하에 들어갔다가 1720년 이후 프로이센의 영토가 되면서 제2차 세계대전까지 독일의 지배를 받았으나, 원래는 슬라브족이 거주하는 도시로서 어업과 교역의 중심지였다.

터 등장했다(이 배는 나중에 지중해에서 나브선*의 모델이 되었다).[44] 더 이후 시기에는 우르크선**도 등장했다.[45] 이 배 역시 바닥이 평평해서 소금, 포도주 통, 목재와 임산물과 같은 중량이 나가는 상품들과 곡물—특별히 어디에 담지 않고 그대로 선창에 부어서—까지 실을 수 있었다. 한자 도시의 배들이 바다를 지배하고는 있었으나 그렇다고 완벽하지는 않았다. 사실 1280년경까지도 이 배들은 위험도가 높은 덴마크 해협 통과 항로(Umlandfahrt)를[46] 기피했으며, 나중에 이 항로가 실용화되었을 때에도 **지협 통과로**—뤼베크와 함부르크를 잇는 도로를 말하지만 사실은 육로라기보다는 여러 강줄기와 하나의 운하를 이용한 운송로였으며 아주 속도가 느렸다—가 여전히 유용하게 쓰였다.[47]

발트 해와 북해 사이를 오가는 상품들은 이 지협 통과로를 이용하는 한 뤼베크를 지날 수밖에 없었으므로 이 도시는 유리한 위치를 점했다. 1227년에 이 도시는 제국도시***의 특권을 얻었는데, 엘베 강 동쪽 지역에서는 유일한 사례였다.[48] 또다른 이점으로는 뤼네부르크의 암염 광산이 가까이 있다는 점이었다. 이 광산들은 일찍이 뤼베크 상인들의 통제 아래 들어갔다.[49] 1227년 보른회페트**** 전투에서 승리한 이래[50] 이 도시의 우월성이 형성되

---

*   nave : 13세기에 지중해에서 쓰인 대형 범선. 북유럽에서는 네프선(nef)이라고 부른다.

**   hourque : 네덜란드의 화물용 선박. 네덜란드어 '휠커(hulke)'에서 유래했다. 두세 개의 작은 마스트가 있으며, 가능한 한 짐을 많이 싣기 위해서 선체가 아주 둥글게 부풀린 모양이다. 짐을 많이 싣는 대신 속도가 아주 느려서 '우르크'라는 말은 모양이 거칠고 속도가 느린 배에 대한 경멸어가 되었다.

***   Reichsstadt : 신성 로마 제국에서, 황제로부터만 지배를 받는 도시. 황제의 개인 영지에서 유래했다. 뤼베크와 같이 특히 부유한 일부 도시는 제국 내의 제국(imperia in imperio)의 지위를 누려서 자체적으로 전쟁을 수행하고 강화를 할 수 있었다. 거의 완전한 자치를 누리고 제국의회에 독자적인 대표를 파견할 수도 있었다. 나폴레옹의 침입 이후 제국도시의 수가 크게 감소해서 19세기 후반에는 함부르크, 뤼베크, 브레멘 세 곳만 남았다. 뤼베크는 1937년 히틀러에 의해서 슐레스비히-홀슈타인에 합병되었다.

**** Bornhöved : 독일의 슐레스비히-홀슈타인 지방의 도시로, 중세에는 홀슈타인 의회가 있었다. 1227년 7월에 뤼베크와 튜턴 기사단이 덴마크의 발데마르 2세의 군대를 격파함으로써, 발트 해를 완전 장악하려는 덴마크의 시도를 저지했다.

기 시작하다가 한자 동맹 상인들이 플랑드르 지역에서 특권을 얻으면서 더 명백해졌다. 이는 1252-1253년에 있었던 일로서[51] 한자 동맹 총회가 처음 열렸던 시기보다 한 세기 이상이나 앞선 때였다. 이 총회는 각 도시의 대표들을 뤼베크에 모이게 함으로써 명실상부하게 모든 도시들의 한자(동맹)가 만들어졌다.[52] 그러나 이런 일이 있기 오래 전부터도 뤼베크는 "한자 동맹의 상징으로서 모든 사람들로부터 상인동맹의 수도로 인식되었다. 이 시의 상징인 제국의 독수리 문장은 15세기에 한자 동맹 전체의 문장이 되었다."[53]

목재, 밀랍, 모피, 호밀, 밀, 임산물 같은 북유럽 및 동유럽의 상품들은 서유럽으로 재수출될 때에만 비로소 가치를 가졌다. 반대 방향으로는 소금, 직물, 포도주 등이 필수적인 상품이었다. 단순하고 소박한 이 체제는 많은 어려움들에 부딪혔다. 그런데 바로 이렇게 극복해야 할 어려움들이 존재한다는 것 자체가 한자 동맹 도시들을 결속시키는 역할을 했으며, 따라서 한자 동맹은 취약하면서도 탄탄한 성격을 띠었다. 취약함이란 서로 멀리 떨어진 70-170여 개의 도시들이 연합하여 있고 그나마 각각의 도시대표들이 한자 총회에 완전히 다 모이는 일이 없는 데에서 기인한다. 한자 동맹의 뒤에는 국가도, 강하게 짜인 조직도 없었다. 단지 자신의 특권을 혼자 간직하고 자랑하는 도시들, 때로는 서로 경쟁하고 든든한 성벽으로 보호받는 도시들, 자신의 상인, 도시귀족, 길드 제도, 선단, 창고, 부 등을 따로 가지는 도시들만 있을 뿐이었다. 반면 이 동맹의 탄탄함은 공동의 이해, 같은 경제적 게임을 해야 할 필요, 발트 해에서 리스본에 이르는 가장 활기찬 유럽 해상지역 중의 한 곳에서 이루어지는 수송에 의해 융합된 하나의 문명, 공통의 언어 등에서 유래했다. 이 마지막 요소는 결코 무시할 만한 것이 아니다. 이 언어는 "저지 독일어(남부 독일어와는 다르다)를 기반으로 하고 경우에 따라 여러 요소들, 즉 라틴어, 탈린에서라면 에스토니아어, 루블린에서라면 폴란드어 그리고 이탈리아어, 체코어, 우크라이나어, 아마도 리투아니아어까지 포함한 여러 요소들이 더해진 것이다."[54] 이것은 "권력 엘리트……부의 엘리트의 언어로서 사회적으로, 또 직업적으로 명확히 규정된 한 집단에 속해 있다는 것을 의미했다."[55] 게다가 이 상업귀족들은 각별히 이동성이 좋았기 때문에 앙게르뮌데, 페킹후젠, 폰 죄스트, 기제, 폰 주흐텐 같은 가문들은 탈린, 그단스크, 뤼베크, 브루게 등지에 널리 퍼져 있었다.[56]

이 모든 연결은 응집성, 연대감, 관례, 공동의 자부심 등을 만들었다. 일반적인 여러 상황의 제약요소들이 그 나머지 역할을 했다. 상대적으로 부유한 지중해에서는 여러 도시들이 각각 갈 길을 가고 자기 나름대로 그럭저럭 투쟁하는 것이 가능했다. 그러나 발트 해와 북해 지역에서는 한층 더 힘들었다. 이곳에서 다루는 상품은 값은 그다지 비싸지 않으면서 부피는 아주 컸기 때문에 이윤은 적고 비용이 매우 많이 들었다. 이윤율은 기껏해야 5퍼센트 정도였다.[57] 그러므로 다른 어느 곳에서보다 계산하고 절약하고 예측해야 할 필요가 컸다. 성공을 거두기 위한 하나의 조건은 공급과 수요를 한 손에 집중하는 것이다. 서유럽으로의 수출이든지 혹은 서유럽으로부터 수입한 상품의 재분배이든지 마찬가지이다. 한자 동맹이 관리하는 상관은 유리한 거점 역할을 했고 그런 만큼 모든 한자 상인들이 공유하며 특권으로 보호하고 집요하게 방어했다. 노브고로드의 장크트 페터호프(Sankt Peterhof), 베르헌의 도이체 브뤼케(Deutsche Brücke), 런던의 슈탈호프 등이 그런 곳들이다. 한 철만 이곳의 주인이 되는 독일인들은 그런 만큼 엄격한 규율을 지켜나갔다. 베르헌에서 "도제 훈련 중인" 젊은 사람들은 10년간 이곳에 머물면서 현지의 언어와 상관습을 배우고 미혼상태를 지켜야 했다. 이 상관에서는 장로회의와 두 명의 대표(Alderman)가 모든 것을 결정했다. 브루게만 빼고―이곳에서는 그렇게 하는 것이 불가능했으므로―나머지 곳들에서는 상관 내 거주가 의무였다.

결국 북유럽의 공간은 감시와 규제의 망으로 조직되어갔다. 예컨대 베르헌에서는 순전히 노르웨이에게만 이익이 되는 것은 철저히 묵살당했다. 농산물 생산이 부족한 이 나라는[58] 뤼베크인들이 포메라니아나 브란덴부르크

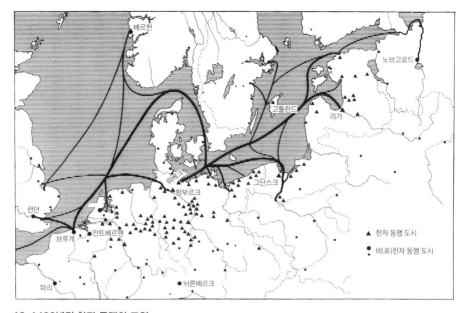

12. 1400년경 한자 동맹의 교역
(프리드리히 빌헬름 푸츠거, 『역사 지도』, 1963, p.57)

지역으로부터 수입해오는 곡물에 의존할 수밖에 없었다. 그래서 노르웨이
가 한자의 특권들을 억압하려고 하면 곡물의 수입선을 봉쇄함으로써(1284-
1285년에 실제로 그런 적이 있다) 그런 시도를 무위로 돌렸다. 이처럼 곡물 수
입이 이 나라의 자급자족적인 농업의 발달을 저해하는 가운데, 외국 상인들
은 염장 육류, 로포텐 제도*산 염장 대구 혹은 말린 대구, 목재, 지방, 역청,
모피 등 그들이 원하는 것들을 얻었다.

서유럽의 파트너들은 한자 동맹 세력에 대해서 더욱 잘 방비했지만 그래
도 한자 상인들은 런던이나 브루게 등지에서 특권들을 얻어냈다. 런던의 경
우 런던교 근처에 위치한 슈탈호프는 자체의 부두와 창고가 있어서 마치 베
네치아의 독일 상관(Fondaco dei Tedeschi)과 비슷했다. 이곳에서 한자 상인
들은 대부분의 조세를 면제받았고 자신들의 재판관을 두고 있었으며 명예

---

* Lofoten : 노르웨이 북쪽 바다에 있는 열도. 오늘날에도 대단히 중요한 대구잡이 기지이다.

의 표시로서 런던 시의 성문 하나를 수비할 권리를 얻었다.[59]

뤼베크의 부(富)와 연관된 도시들이 최고 정점에 도달한 시기는 꽤 이후인 1370-1388년이다. 1370년은 한자 동맹이 슈트랄준트 조약*을 통해서[60] 덴마크 국왕을 완전히 제압하고 덴마크 해협들에 있는 성채들을 점령한 해이다. 1388년은 브루게와 분쟁을 겪자 효과적인 봉쇄를 행하여 이 부유한 도시와 네덜란드 정부에 압력을 가해서 굴복시킨 해이다.[61] 그렇지만 이 뒤늦은 성공의 이면에는 곧 명백하게 드러날 후퇴의 시작이 숨어 있었다.[62]

그런데 14세기 후반에 서유럽 세계 전반이 위기에 봉착했던 데에 비해서 한자 동맹의 세계는 어떻게 이 위기에서 벗어나 있었을까? 우선 서유럽에서는 인구의 감소에도 불구하고 발트 지역의 산물에 대한 수요가 감소하지 않았다는 점을 들 수 있다. 네덜란드의 인구는 흑사병의 피해를 거의 입지 않았으며, 서유럽 해상세력의 증대는 목재의 수입수준이 줄어들기는커녕 오히려 늘었으리라고 짐작하게 한다. 반면 서유럽에서의 가격동향은 한자 동맹에 불리하게 돌아갔다. 1370년 이후 곡물 가격이 하락했고 1400년 이후에는 모피 가격도 따라서 하락한 반면 공산품 가격은 상승했다. 이 두 개의 상반된 가격 가위의 움직임은 뤼베크를 비롯한 발트 해 연안 도시들의 교역에 불리하게 작용했다.

모든 것이 서로 연관되어 있는 법이어서, 한자 동맹의 배후지에서도 위기가 일어나 군주, 영주, 농민, 도시들이 서로 대립하게 되었다. 여기에 헝가리와 보헤미아의 금광과 은광의 쇠퇴가 덧붙여졌다.[63] 그리고 마지막으로 영토국가들이 탄생 또는 부활했다. 덴마크, 영국, 네덜란드(부르고뉴의 발루아 왕조에 의해서 재편성되었다),** 폴란드(1466년에 튜턴 기사단에게 승리를 거두

---

* 덴마크의 발데마르 4세는 해외영토 팽창에 노력했으며, 스웨덴의 내란을 이용해 스코네를 얻는 등의 성과를 올렸다. 그러나 한자 동맹에 패배하여 1370년에 슈트랄준트 조약을 통해 한자 동맹 도시들에 많은 특권을 허여했다. 특히 15년간 순트 해협 통과세의 3분의 2와 이 해협을 수비하는 성을 내준 것이 중요한 내용이었다.

** 부르고뉴 공작의 가계는 1361년에 단절되어 프랑스 왕실의 방계인 발루아 가문의 대담공 필리

었다), 모스크바 대공국(1476년에 이반 뇌제[雷帝]는 노브고로드 대공국의 독립운동을 종식시켰다)[64] 등이 그런 예들이다. 여기에 더해서 영국인, 네덜란드인, 뉘른베르크 상인들이 한자 동맹의 공간 안으로 뚫고 들어왔다.[65] 그중 일부 도시들은 잘 버텨나갔다. 예컨대 뤼베크는 1470-1474년에 영국에 대해서 승리를 거두었다. 그러나 다른 도시들은 차라리 신진세력들에 적응하는 편을 택했다.

독일 역사가들은 독일의 **정치적** 미숙성이 한자 동맹 쇠퇴의 원인이라고 설명했다. 엘리 헥셔는 이들의 설명이 틀리다고 주장했으나[66] 뚜렷한 이유는 대지 않았다. 도시의 우월성이 분명했던 이 시대에 독일이라는 국가가 지나치게 강력하면 한자 동맹 도시들을 돕는 것만큼이나 저해할 우려가 있다고 보아야 하지 않을까? 그러므로 한자 동맹의 쇠퇴는 발전이 미미한 그들의 경제가 이미 활력이 넘치는 경제(서유럽 경제)와 조우한 데에서 유래한 것으로 보인다. 분명 전체적인 조망에서 보면 뤼베크를 베네치아나 브루게와 동일한 수준에 놓을 수는 없다. 활동적인 서유럽과 활기가 덜한 동유럽 사이에 있는 한자 동맹은 아직 초보적인 자본주의에 속했다. 이들의 경제는 물물교환과 화폐 사이에서 주저하고 있었다. 크레딧은 그다지 자주 이용하지 않았으며 오랫동안 오직 현찰화폐만 받아들였다. 따라서 그 당시의 자본주의 수준에서 보더라도 저급한 전통적 요소들이 혼재해 있었다. 14세기 말의 극히 심각한 소요는 기반이 잘 갖추어지지 않은 경제들만 공격했다. 강한 자들만이 **상대적으로** 이것을 피해갈 수 있었다.

프 2세가 부르고뉴 공작령의 주인이 되었다. 그는 프랑스 국왕인 형 샤를 5세로부터 부르고뉴를 왕자령(apanage)으로 받고, 여기에 그의 장인으로부터 부르고뉴 백작령(원래의 부르고뉴는 이전에 부르고뉴 공작령과 부르고뉴 백작령으로 양분되었는데, 그중 백작령은 프랑슈-콩테 지역에 해당된다), 플랑드르, 아르투아, 느베르 지역 등을 얻었다. 그의 후손들 역시 영지의 확대에 주력하여 필리프 3세는 마콩 백작령, 피카르디, 벨기에, 홀란트를 추가했다. 후에 이 영토들은 합스부르크 가문에 귀속되었다가 이로부터 북부 네덜란드 주들이 독립하여 오늘날의 네덜란드 왕국의 모체가 되었다.

반대편의 극점 : 이탈리아 도시들

7세기에 이슬람 세력이 단번에 지중해를 정복한 것은 아니다. 엘리야유 애쉬터의 주장에 따르면 이슬람의 연쇄적인 침입에 따른 위기가 지중해의 교역을 말살시켰다.[67] 그러나 8-9세기에 가면 교역이 다시 활성화된다. 지중해에는 다시 배들이 왕래하고 연안의 주민들은 가난한 사람이든 부자이든 이로부터 이익을 보았다.

이탈리아 반도 및 시칠리아 섬 연안에서는 작은 항구들이 활기를 띠었다. 아직 보잘것없는 수준이었던 베네치아 역시 이 대열에 끼어 있었다. 그러나 이때에는 이곳만이 아니고 열 개, 스무 개의 작은 베네치아들이 활약하고 있었다. 그중 선두에 서 있던 곳이 아말피였다.[68] 그러나 이곳은 바닷가 바로 근처에 수직으로 깎아지른 산지들 사이의 우묵한 공간에 항구와 집들, 성당이 겨우 들어선 정도에 불과했다. 이곳이 약진한 이유는 얼핏 보면 이해가 되지 않지만, 일찍이 이슬람권과 스스로 관계를 맺었으며 또 이곳의 농토가 지력이 좋지 않아서 해상사업에 온몸으로 뛰어들 수밖에 없었던 조건 등으로 설명할 수 있을 것이다.[69]

이런 군소 도시들의 운명은 그들에게 익숙한 바다로부터 100여 리외 떨어진 곳에서 결정되었다. 이 도시들에게 성공이란, 이슬람 도시들이나 콘스탄티노폴리스와 같이 부유한 연안지역들로 가서 이집트나 시리아의 디나르화와 같은 금화를[70] 얻고 이것으로 비잔티움의 화려한 견직물을 사서 서유럽에 재판매하는 것, 즉 삼각무역을 하는 것이었다. 다른 말로 하면 상업활동을 하는 이탈리아는 아직 변변하지 못한 "주변부지역"으로서 목재, 밀, 아마포, 소금, 중유럽에서 얻는 노예 등을 수송하고 있었다. 이 모든 일은 기독교권과 이슬람권이 서로 대립하기 전, 즉 십자군 운동 이전의 일이다.

이런 활동들은 로마 제국의 몰락 이래 반쯤 졸고 있던 이탈리아의 경제를 흔들어 깨웠다. 아말피에 화폐경제가 침투했다. 공증문서들에 의하면 이 도시의 상인들은 9세기 이래 금화를 가지고 토지를 구입했다.[71] 11-13세기 동안 아말피 "계곡(valle)"에는 밤나무, 포도나무, 올리브나무, 감귤류, 물레방아 등이 증가해서 풍경이 바뀌어갔다. 이 도시의 국제적 활동이 증가한 표시로는 아말피 법전*이 기독교권 지해의 중요한 해양법의 하나가 되었다는 사실을 들 수 있다. 그러나 이 도시에도 여러 번 불행이 찾아왔다. 1100년에는 바이킹에게 점령되었고, 1135년과 1137년, 두 번에 걸쳐서 피사인들로부터 약탈을 당했다. 마지막으로 1343년에는 이 도시의 저지대가 해일로 파괴되었다. 아말피는 계속해서 해상세력으로 남아 있기는 했으나 위대한 역사의 뒷면으로 사라져갔다.[72] 1250년 이후에는 이 도시의 교역이 줄어들어서 950-1050년 수준의 3분의 1로 떨어졌다. 해상교역의 공간은 갈수록 줄어들어서 급기야는 10여 척의 소형 선박들(사에타[saetta], 브리간틴[brigantin])을 가지고 이탈리아 해안을 따라가는 연안항해 정도만 남았다.

베네치아의 첫걸음도 이와 비슷했다. 869년부터 베네치아의 도제(doge)인 주스티니아노 파르테치파치오는 유산의 일부로 1,200리브르의 은을 남겼는데 이것은 상당한 액수였다.[73] 산지 사이의 우묵한 공간에 자리 잡았던 아말피와 마찬가지로 60여 개의 대소 섬들 위에 자리 잡은 베네치아 역시 낯선 세계로, 은신처로서는 적합했으나 대신 아주 불편한 곳이었다. 이곳에는 민물도, 식량자원도 없는 대신 오직 소금만 넘쳐나게 많았다! 베네치아인들에 대해서 사람들은 "경작도, 파종도, 수확도 하지 않는다(Non arat, non seminat, non vendemiat)"고 말하고는 했다.[74] 1327년에 도제인 조반니 소란초는 그의 도시에 대해서 "바다 가운데에 지어져서 포도밭과 경작지가 전혀 없다"고 썼다.[75] 비도시적인 요소가 완전히 탈각된 순수한 형태의 도시인 베네치아는 생존을 위해서 밀이나 조, 호밀, 가축, 치즈, 채소류, 포도주, 기름, 목재, 석재 등 필요한 모든 것을 교환을 통해 얻어야만 했다. 심지어는 마실 물까지도 그랬다! 베네치아의 주민들은 "1차 산업" 분야에서 완전히

---

* Tabole Amalfitane : 아말피의 해양법. 1570년경까지 지중해에서 통용된 기본적 법률이었다.

벗어나 있었다. 대개 전산업 시기의 도시들의 경우에는 심지어 도시 내부에서도 1차 산업이 광범위하게 퍼져 있는 것이 예사였다. 이에 비해서 베네치아의 활동은 오늘날 경제학자들이 2차 산업과 3차 산업이라고 부르는 분야였다. 공업, 상업, 서비스 등 이런 분야들은 노동의 수익성이 농업보다 더 높았다. 이것은 곧 다른 사람들에게 수익성이 낮은 과업들을 맡긴다는 것, 모든 대도시들이 하는 것처럼 불균형을 만든다는 것을 의미했다. 피렌체는 지력이 좋은 땅을 가지고 있음에도 불구하고 14–15세기부터 시칠리아에서 곡물을 수입했고, 대신 가까운 언덕들은 모두 포도나무와 올리브나무들로 덮어버렸다. 17세기에 암스테르담에서는 발트 지역의 밀과 호밀, 덴마크산 육류, 도거 뱅크의 "대어업"*으로 얻는 청어 등을 먹었다. 베네치아, 아말피, 제노바 등 자신의 영토라고 할 만한 것이 없는 도시들은 이런 식으로 살 수밖에 없었다. 다른 선택의 여지가 없었기 때문이다.

9–10세기에 베네치아의 원거리무역이 분명하게 모습을 드러냈을 때, 지중해는 비잔티움, 이슬람권, 서유럽 기독교권 등으로 삼분되어 있었다. 얼핏 보면 비잔티움이 당시 형성 중이던 세계-경제의 중심이 될 것으로 보였다. 그러나 과거의 무거운 짐을 지고 있던 비잔티움은 투쟁적인 면모를 거의 보여주지 못했다.[76] 지중해 방면에서 활짝 만개하여, 카라반과 선박들의 행렬을 통해 인도양과 중국으로까지 확대되었던 이슬람권은 그리스 제국의 오래된 수도[콘스탄티노폴리스/역주]를 압도했다. 그렇다면 이슬람권이 모든 것을 지배할 것인가? 그렇지 않다. 비잔티움이 여전히 예로부터의 부를 누리고 있고 경험이 풍부하며 (재통합이 힘든 이 세계 내에서) 권위를 가지고 있었기 때문에, 또 그 어떤 것으로도 마음대로 움직이게 할 수 없을 정도로 막중한 무게를 가진 거대한 도시, 콘스탄티노폴리스를 가지고 있기 때문에 이슬람에 대한 장애물이 되었던 것이다.

---

* 네덜란드의 청어잡이 어업의 별칭이다. 이에 대해서는 제3장을 참조하라.

제노바, 피사, 베네치아와 같은 이탈리아 도시들은 점차 해상을 지배하는 여러 경제권들 사이로 파고들었다. 베네치아로서는 제노바나 피사와 달리 유리한 자리를 차지하기 위해서 폭력이나 약탈에 의존하지 않아도 되었다는 것이 행운이었다. 이론에 불과하지만 그리스 제국의 지배하에 있다는 명분 때문에 베네치아는 다른 도시들보다 더 용이하게 비잔티움의 거대한 시장—무방비 상태에 있던—으로 뚫고 들어갈 수 있었다. 그러고는 이 제국에 많은 도움을 주었고 심지어는 방위비까지 분담했다. 그 대가로 베네치아는 엄청난 특권들을 받았다.[77] 그러나 아무리 이 도시 내에 조숙한 "자본주의"가 발전했다고 하더라도 베네치아는 여전히 보잘것없는 도시에 불과했다. 수 세기 동안 산 마르코 광장은 포도원, 나무들, 거추장스러운 건물들로 덮여 있었고, 운하에 의해서 두 부분으로 나뉘어 있었으며, 북쪽에는 과수원이 있었다(이 때문에 나중에 이곳이 귀족들의 회합 장소, 정치적 음모와 험담의 중심지가 되었을 때에도 브롤로[Brolo], 즉 과수원이라는 이름이 남아 있었다).[78] 거리는 아직 포장되지 않아서 다져진 흙 상태 그대로였고 교량과 주택은 모두 목재로 건설되어 있었다. 그래서 이 신생 도시는 화재를 피하기 위해서 유리 제조용 가마를 무라노*로 이전시켰다. 활력이 증가하고 있다는 표시는 많이 볼 수 있었다. 은화의 주조라든지 비잔틴 금화인 히페르피론화(hyperpyron)로 대부금을 계산하는 관례 등이 그런 것들이다. 그러나 물물교환이 여전히 중요한 비중을 차지하고 있고, 이자율도 상당히 높았으며(20퍼센트[de quinque sex]), 상환조건이 아주 가혹했다는 것은 통화량이 부족했고 경제적 힘이 미진했다는 증거이다.[79]

그러나 너무 단정적으로 말해서는 안 된다. 13세기 이전의 베네치아의 역사는 짙은 안개에 가려져 있다. 이에 대해서 전문가들은 마치 고대사가들이

---

* Murano : 베네치아 북쪽의 석호에 있는 섬. 1291년에 베네치아로부터 유리 제조용 가마를 옮겨온 이후로 유명한 유리장식그릇 생산의 중심지가 되었다. 이곳에서 생산된 유리그릇은 대량으로 유럽 전역에 수출되었다. 3만 명 이상의 주민이 살던 16세기경이 전성기였다.

모호하기 짝이 없는 로마의 기원에 대해서 그러하듯이 논의에 논의를 거듭
하고 있다. 예를 들면 콘스탄티노폴리스, 네그로폰테, 칸디아 섬 등지에 거
주하던 유대인 상인들이 아주 일찍부터 베네치아 항구를 자주 찾았다고 이
야기한다(그러나 주데카*라고 부르는 섬은 그 이름에도 불구하고 반드시 유대
인 거주지는 아니었다).80) 그리고 베네치아에서 붉은 수염 프리드리히 1세와
교황 알렉산데르 3세가 회합했던** 1177년경에는 성 마르코의 도시(베네치
아)***와 독일 사이에 상업관계가 맺어져 있었고 독일 광산의 은이 베네치아
에서 비잔티움 금화에 대항하여 중요한 역할을 했으리라는 것은 더욱 가능
성 있는 일이다.81)

    그러나 베네치아가 진정한 베네치아가 되기 위해서는 아직도 많은 일들
을 해야만 했다. 석호를 통제하고, 아드리아 해에 연결되어 들어가는 강에서
의 자유로운 통행을 확보하며, (1178년까지 베로나가 통제하던)82) 브레너 협
로를 확보하는 것 등 말이다. 상선과 전함의 수를 늘리고, 1104년에 만들어
진83) 아르스날레(국영 조선소)가 무적의 강력한 중심지가 되어야 하고, 아드
리아 해가 "베네치아 만"이 되도록 지배하고, 코마키오, 페라라, 안코나 혹
은 아드리아 해 저편의 스플리트, 자다르, 라구사(두브로브니크) 등지와의 경
쟁을 분쇄하든지 회피해야만 했다. 곧 제노바와 치러야 했던 경쟁 역시 말할
나위도 없다. 재정, 금융, 화폐, 행정, 정치제도를 만들고, 또 최후의 전제적
도제인 비탈레 미키엘이 집권한(1172) 직후에 이 도시의 부자들(베네치아의

---

*   Giudecca : 이탈리아어로 '주데오(giudèo)'는 유대인을 가리킨다.
** 신성 로마 제국의 황제 프리드리히 1세는 당시 교황 알렉산데르 3세와 정치적 갈등에 빠져서
    그를 교황으로 인정하지 않고 다른 인물을 교황으로 앉히려고 했다(이를 대립교황[anti-pape]
    이라고 하는데, 황제는 연속적으로 세 명이나 대립교황을 내세웠다). 이 문제를 해결하기 위해
    서 양자가 1177년에 베네치아에서 회동하여 화해의 조약을 체결했다. 이를 통해서 황제는 교
    황의 권위를 인정하고, 교황은 그동안의 교회 분열의 책임을 용서했다.
*** 베네치아의 연대기에 의하면 828년에 이 도시의 두 상인이 이집트의 알렉산드리아에 갔다가
    그곳의 수도원에 보관되던 성 마르코의 유해를 가지고 왔다고 한다. 이후 베네치아는 성 마르
    코를 이 도시의 수호성인으로 모셨으며, 성 마르코의 상징(부활)인 날개 달린 사자를 도시의
    상징으로 삼았다.

초기 역사에 대해서 혁명적인 책을 쓴 조르조 그라코의 견해로는[84] "자본가들"이라고 할 수 있는 사람들)이 권력을 탈취해야만 했다.[85] 이때 가서야 베네치아의 위대함이 겨우 윤곽을 드러내기 시작했다.

그렇지만 분명 기독교권과 베네치아의 상업적 성장을 가속화시킨 것은 십자군 운동이라는 놀라운 모험이었다. 북유럽인들은 지중해 지역으로 오기 위해서 말을 타고 이탈리아 도시들까지 여행한 후 그곳에서 선박을 이용해야 했으나 그 비용을 대다가 파산지경에 빠졌다. 조만간 피사, 제노바, 베네치아 등지의 선박들이 거대한 크기로 커졌다. 성지에는 기독교 국가들이 이식되었는데 이 나라들은 동양 쪽으로 후추, 향신료, 비단, 약물 등과 같은 특별한 상품들을 얻기 위한 돌파구를 열었다.[86] 베네치아에 **결정적인** 전환점이 된 것은 끔찍한[87] 제4차 십자군 운동이었다. 이것은 기독교권인 자다르의 점령으로부터 시작되어(1203) 콘스탄티노폴리스의 약탈(1204)로 끝났다. 이때까지 베네치아는 마치 기생충처럼 비잔티움 제국을 내부에서 갉아먹는 정도였다. 그러나 이제 이 제국은 베네치아의 소유물이나 마찬가지가 되었다. 이탈리아의 도시들은 비잔티움 제국의 붕괴로부터 큰 이익을 얻었고 마찬가지로 몽골의 침입으로부터도 이익을 보았다. 몽골 제국은 1240년 이후 한 세기 이상 흑해로부터 중국 및 인도를 직접 잇는 대륙 관통로를 제공했으며 이것은 이슬람권의 요새들을 우회하는 대단히 귀중한 이점을 제공했다.[88] 제노바와 베네치아 사이에는 이제 흑해라는 핵심 무대에서—그리고 당연히 콘스탄티노폴리스에서도—적대관계가 심화되었다.

십자군 운동은 1270년에 성왕 루이가 사망하기 이전에 이미 중단되었고, 이슬람 세력은 1291년에 아크레를 수복함으로써 성지에서 기독교 세력이 장악하던 마지막 중요한 요새를 되찾았다. 그러나 결정적인 전략적 요충지인 키프로스 섬은 레반트 해상에서 기독교도 상인과 선원들을 보호했다.[89] 이미 기독교권이었던 이 바다는 이후에도 전반적으로 계속 기독교권 영역으로 남아 있었으며 그리하여 이탈리아 도시들의 지배를 확고하게 해주었다.

피렌체에서는 1250년에, 제노바에서는 그보다도 훨씬 이전에, 그리고 베네치아에서는 1284년에 금화를 주조한 것은[90] 이슬람의 디나르 화로부터의 독립을 의미했으며 그것은 다름 아니라 기독교권의 세력 강화를 뜻한다. 한편 이 도시들은 어렵지 않게 영토국가들을 조정했다. 제노바는 1261년에 팔라이올로구스 왕조*의 그리스 제국을 재건했고 시칠리아에 아라곤인들의 정착을 도왔다(1282). 비발디 형제**는 바스쿠 다 가마보다 이미 두 세기 전에 훗날 희망봉이라고 부르게 되는 곳을 찾아 떠났다.[91] 당시 제노바와 베네치아는 모두 식민제국을 소유하고 있었지만, 두 곳 사이의 경쟁이 격화됨으로써 이 식민지들은 결국 한 국가의 수중에 집중될 것으로 보였다. 제노바가 1284년에 멜리오라 전투에서 피사에 치명적인 타격을 가하고 1298년 12월에 아드리아 해의 코르출라 섬 앞에서 베네치아의 갤리 선단을 격파할 때쯤이면―이 당시에 마르코 폴로가 포로로 잡혔을 가능성이 있다[92]―그중 누가 승자가 될 것인지는 명확해 보였을 것이다. 13세기 말의 이와 같은 상황에서 성 조르조의 도시[제노바/역주]가 곧 완전한 승리를 거둘 것으로 내기를 걸지 않을 사람이 누가 있겠는가?

그러나 그런 내기를 건 사람은 돈을 잃었을 것이다. 최종적으로는 베네치아가 승리를 거두기 때문이다. 그러나 지중해 지역에서의 투쟁이 기독교권과 이슬람권 사이가 아니라, 북부 이탈리아 전역에서 번영을 누리던 상공업 도시들 사이에서 벌어졌다는 점이 중요하다. 이 투쟁의 목표는 레반트의 후추와 향신료였다. 이것은 지중해 지역 너머에서도 중요한 의미가 있는 특권이며, 지중해 서부지역이 경기를 회복하는 동시에 북유럽이 역사의 전면으로 나오게 되었을 때 이탈리아 상인들이 쥐고 있던 가장 중요한 카드였다.

---

* 11세기에 역사의 무대에 등장한 비잔티움의 귀족가문이다. 미하일 8세가 니케아의 황제가 되고 (1258) 오스만 제국에게 빼앗겼던 콘스탄티노폴리스를 탈환한 이후(1261) 이 가문이 약 2세기 동안(1261-1453) 비잔티움 제국의 황실이 되었다. 1453년 오스만의 정복 이후 멸실했다.

** 이 책 제1권 537쪽의 역주를 참조하라.

간주곡 : 샹파뉴의 정기시들

네덜란드와 이탈리아라는 경제적으로 발달한 두 지역은 동시에 그리고 서서히 형성되었다. 샹파뉴 정기시들의 세기는 이 두 개의 극점 또는 중심구역 사이에서 전개되었다. 사실 유럽 세계-경제의 초기 정착과정에서는 북쪽과 남쪽 중 어느 쪽도 승리하지 못했다(사실 둘 사이에 경쟁조차 일어나지 않았다). 꽤 오랫동안 경제의 중심지는 마치 양쪽 모두를 만족시키려는 듯이 그 둘 사이의 가운데 지점에서 형성되었다. 그것은 샹파뉴와 브리의 6개 연례 정기시들로, 이곳들 사이에서 마치 공을 주고받듯이 2개월씩 번갈아 장이 섰다.[93] "우선 1월에 라니-쉬르-마른 정기시가 열린다. 다음으로 사순절 셋째 주의 화요일에 바르-쉬르-오브 정기시가 열리고 5월에 프로뱅의 첫 번째 정기시인 이른바 성 키리아스 정기시가 열린다. 6월에는 트루아의 '더운 정기시'가 열리고 다음에 9월에는 프로뱅의 두 번째 정기시인 이른바 성 아율 정기시가 열린다. 그리고 마지막으로 10월에 트루아의 '추운 정기시'가 열린다."[94] 교역과 사업가들의 회합이 이 도시들 사이에서 번갈아 이루어졌다. 13세기부터 시작된 이 정기시 체제를 이곳에서 창조한 것은 아니다. 아마도 이미 플랑드르에 있던 정기시들의 순환체제를 모방하여,[95] 샹파뉴 지방 자체에 이미 존재하던 지역시장들의 망을 재조직해서 만들었을 것이다.[96]

이처럼 샹파뉴와 브리의 6개 정기시들은 한 곳에서 각각 2개월씩 지속되면서 결국 연중 계속해서 장이 서는 "상설시장"[97]을 형성한 셈인데 이것은 유례없는 일이었다. 오늘날 프로뱅에 남아 있는 유적은 당시의 창고시설들이 얼마나 컸는지를 잘 보여준다. 이 정기시들이 얼마나 유명한지는 속담을 통해서 알 수 있다. "샹파뉴 정기시들을 모른다"는 말은 모든 사람이 다 알고 있는 것을 모른다는 뜻이었다.[98] 사실 샹파뉴 정기시들은 북유럽과 남유럽 상품들이 모두 모여드는, 즉 유럽 전체가 모여드는 곳이었다. 집단을 이루고 호위조직을 갖춘 채 샹파뉴와 브리의 정기시들로 모여드는 대상(隊商)들은 이슬람권의 거대한 사막을 가로질러 지중해를 향해 모여드는 낙타 대

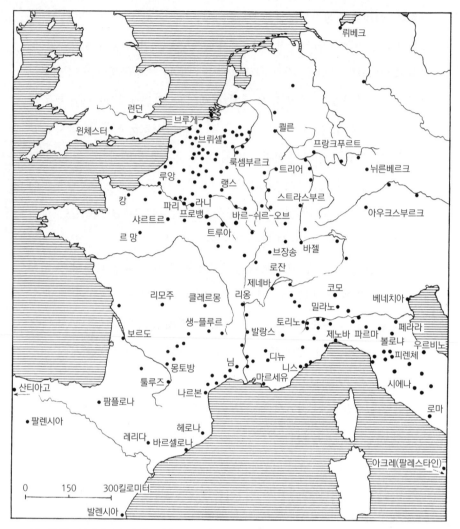

13. 샹파뉴 정기시들과 관계를 맺은 도시들(12-13세기)
이 지도는 13세기 유럽의 경제적 집합성과 동시에 북쪽의 네덜란드와 남쪽의 이탈리아라는
양극성을 강조한다. (그림 11과 같은 출전)

상과 어느 정도 비슷했다.

　우리는 이 수송로들의 지도를 만들 수 있다. 샹파뉴 정기시들 주변에 수
많은 가내수공업 작업장들이 들어서서 번영한 것은 당연한 일이다. 센 강과
마른 강으로부터 브라반트에 이르는 지역에 널리 퍼져 있던 이 작업장들에

서는 마직물과 모직물을 생산했다. 이 직물들은 더 남쪽으로 내려가서 이탈리아 전역에 퍼졌고 이곳에서 다시 지중해 전역으로 보급되었다. 공증문서 자료에 의하면 12세기 후반부터 북유럽의 직물이 제노바에 들어왔다는 것을 알 수 있다.[99] 피렌체에서는 표백하지 않은 북유럽의 직물을 들여와 아르테 디 칼리말라(Arte di Calimala)에서 염색했다.[100] 이 길드는 피렌체의 가장 부유한 상인들 집단이었다. 한편 이탈리아로부터 샹파뉴로 후추, 향신료, 약물, 비단, 현찰, 크레딧이 들어왔다. 베네치아와 제노바로부터 상품들이 해로를 따라서 에그-모르트까지 들어오고, 다시 이곳에서 론 강, 손 강, 센 강의 긴 계곡을 따라서 올라갔다. 또 알프스를 넘는, 순전히 육로로만 이루어진 길도 있었다. 시에나를 비롯한 많은 도시들을 멀리 프랑스와 연결한 비아 프란치제나(via francigena : 프랑스 길)가 그 예이다.[101] 롬바르디아의 아스티로부터는[102] 상품수송인들과 한 무리의 소상인들이 출발했다. 고리대금업과 소매상업을 하는 이들은 조만간 담보를 잡고 돈을 빌려주는 사람이라는 뜻을 가진 롬바르디아인(Lombard)이라는 치욕적인 이름을 서유럽 전역에 퍼트리게 된다. 이런 흐름에 프랑스의 여러 지방들, 영국, 독일, 이베리아 반도―이 마지막 경우에는 산티아고 데 콤포스텔라 루트를 이용하기도 했다―의 상품들도 합류했다.[103]

그렇지만 샹파뉴 정기시들의 독창성은 대규모의 상품 거래보다는 화폐 거래와 조숙하게 발달한 크레딧 거래에 있을 것이다. 이 정기시들은 언제나 직물의 경매로 시작되었고 첫 4주일은 상품 거래에만 할애되었다. 그다음 달에는 환전업자들의 거래가 이루어진다. "프로뱅에서는 생-티보 교회 앞의 구(舊)시장에", 또 "트루아에서는 무아옌 거리 혹은 생-장-뒤-마르셰 근처의 대(大)잡화상에"[104] 정해진 날에 등장하는 이들은 겉보기에는 보잘것없는 사람들 같다. 그러나 대개 이탈리아 출신인 이 환전상들은 정말로 중요한 인물들이었다. 이들이 가진 것이라고는 "융단 깔린 테이블 하나"와 저울밖에 없었지만, 이들의 마대 안에는 "금괴와 금화들이 가득 차 있었다."[105]

매매차액의 결제, 다음번 정기시까지의 지불연기, 영주와 국왕들에 대한 대부, 정기시에 도착해서 "만기가 된" 환어음의 지불과 새로 만들어져서 떠날 환어음의 작성 등 이 모든 것들이 그들의 손을 거쳐 갔다. 결과적으로 샹파뉴 시장에서 국제적인 성격을 띤 것, 특히 근대적인 것은 모두 가까이에서든지 멀리에서든지 이탈리아 상인들의 지배를 받았다. 이들의 기업은 시에나의 로스차일드 가문이라고 할 수 있는 부온시뇨리 가문의 마냐 타볼라 회사와 같은 대기업이었다.[106)

넓은 범위에 걸쳐 있는 정기시들의 영역을 통해서 서유럽이라는 거대한 시장을 이탈리아의 크레딧이 이용하고 반대급부로 현찰을 얻는 것, 이것은 훗날 제네바나 리옹의 정기시에서 볼 수 있는 현상의 전조였다. 샹파뉴 정기시들이 경제 중심지인 이탈리아 북부보다도 고객이자 공급자인 북유럽에 가까이 자리 잡았던 이유도 유럽 시장을 장악하기 위함이 아니었을까? 혹은 11세기 이래 육상교역의 중심이 북유럽의 대규모 산업 중심지 쪽으로 이전함에 따라서 그렇게 될 수밖에 없지 않았을까? 분명 샹파뉴 정기시들은 이 생산지역의 경계에 위치해 있었다. 파리, 프로뱅, 샬롱, 랭스 등은 12세기부터 직물업 중심지였다. 이와 반대로 13세기에 승리를 거둔 이탈리아는 무엇보다도 상업적이었고 대교역에 관한 고급기술을 보유하고 있었다. 이탈리아는 유럽에 금화의 주조, 환어음, 크레딧의 관행을 전해주었지만 공업활동은 14세기의 위기를 겪고 난 다음 세기에 가서야 그들의 영역이 되었다.[107)] 그렇게 될 때까지 그들은 핵심적인 부의 원천인 레반트 무역을 수행하는 데에 필수불가결했던 직물을 북유럽에서 수입해야만 했다.

흔히 역사가들은 샹파뉴 백작들의 자유주의적 정책의 매력에 대해서 강조했으나* 사실 앞에서 말한 필요성들이야말로 훨씬 더 중요한 요소들이었

---

* 일반 역사 개설서에서 흔히 하는 설명으로, 샹파뉴 백작이 세금의 수입을 올리기 위해 샹파뉴 정기시들을 진작시키려고 했으며, 그런 목적에서 시장의 안전을 도모하도록 정치적 중립을 취했고 또 시장활동을 원활하게 만들 여러 조치들을 취한 것(예컨대 치안 및 사법 면에서 안전하고

다.[108] 물론 상인들은 언제나 자유를 추구했고 또 바로 그것을 샹파뉴 백작이 제공했던 것이 사실이다. 그는 명목상으로는 프랑스 국왕의 종주권 아래에 있었지만 상당히 독자적인 활동이 가능했다. 똑같은 이유에서 플랑드르 백작이 지원한 정기시들도 상인들의 호의를 얻었다.[109] 상인들은 지나치게 강한 국가가 흔히 야기하는 위험과 혼란을 피하고자 하는 법이다. 그러나 1273년에 대담공 필리프 2세가 샹파뉴를 정복하고 1284년에 이곳을 프랑스 국왕인 미려왕 필리프 4세에게 넘긴 것[110]이 샹파뉴 정기시들을 몰락시킨 원인이라고 할 수 있을까? 상인들에게 내내 유리했던 시기인 13세기가 끝나갈 무렵 이 정기시들이 쇠퇴한 데에는 그 외에도 여러 원인들이 있었다. 사업의 부진은 우선 상품 분야에부터 영향을 미쳤다. 그러나 크레딧 활동들은 1310-1320년경에 이르기까지 상당 기간 유지되었다.[111] 그런데 이 연대는 피렌체에서 런던에 이르는 전 유럽을 뒤흔들어놓은 장기적이고 격렬한 위기들—이것은 흑사병의 발발 이전에 이미 14세기의 대후퇴를 예고했다—이 일어난 연대와 일치한다.

이 위기들은 번영하던 정기시들을 크게 교란시켰다. 그러나 이와 동시에 지브롤터 해협을 통해서 지중해와 북해를 직접 연결하는 해상로가 13세기 말에서 14세기 초에 만들어진 것도 매우 중요한 요인이다. 이것은 정기시들에 아주 강력한 경쟁자가 되었음에 틀림없다. 이 해상로는 제노바 선박들에 의해서 1277년에 처음 개척되었으며 그후 약간의 시차를 두고 다른 지중해 도시들이 뒤를 이었다.

동시에 육로를 통한 또다른 연결로가 생겼다. 서부 알프스를 관통하던 몽-스니 고개와 생플롱 고개는 이제 중요성을 잃었고, 대신 동쪽의 생-고타르 고개와 브레너 고개가 중요해졌다. 생-고타르 길의 개통은 1237년에 로이스 강 위로 다리를 놓는 대담한 사업*의 결과였다.[112] 그후 "독일 지협"은

편리한 제도들을 만든 것)이 샹파뉴 정기시의 발전에 결정적인 역할을 했다는 설명이다.
* 로이스 강(Reuss)은 스위스의 알프스 지방을 흐르는 강으로, 험준한 안데르마트 계곡에 깎아지

더욱 유리해졌다. 독일과 중유럽은 은광과 동광의 번영, 농업의 진보, 푸스티안(마와 면의 혼방직물) 직물업의 도입, 시장과 정기시들의 발달 등의 요인으로 인해서 전반적인 약진을 이루었다. 독일 상인들은 서유럽 국가들과 발트 지역들, 동유럽 전역, 샹파뉴 정기시들 그리고 1228년에 독일 상관이 개설된 베네치아 등 유럽 전역으로 퍼져갔다.[113]

베네치아가 제노바와 달리 브루게에 이르는 해상로를 개발하는 데에 상당히 뒤처진 이유는(베네치아는 1314년에 가서야 이 해상로를 개설했다) 브레너 고개를 통한 교역이 더 매력적이었기 때문일 수 있다. 레반트 무역에서 은이 중요한 역할을 했다는 점을 볼 때, 이탈리아 도시들이 무엇보다도 독일의 은광에 관심을 가지고 있었다는 데에는 의심의 여지가 없다. 아주 일찍부터 고지 독일과 라인 지역의 도시들에 들어선 환전상 점포들은 브루게와 샹파뉴 정기시들의 은행가-상인들과 같은 역할을 했다.[114] 그러므로 프랑스의 옛 중심지인 샹파뉴는 서로 경쟁하는 해로와 육로가 발전하면서 양쪽에서 배후공격을 받은 것이다.

흔히 샹파뉴 정기시들은 새로운 "상업혁명"의 피해를 입었다고 이야기한다. 그 혁명이란, 상인들 자신은 점포나 외국 지점에 정주한 채 정해진 지점에 배치한 대리인과 운송 전문업자들을 부리면서 향상된 회계방법 그리고 정보, 주문, 항의를 전달하는 상업서신을 통하여 사업을 운영하는 방식을 말한다. 그러나 정주상업과 순회상업이라는 두 가지 방식은 샹파뉴 정기시들 이전에도 이미 있던 일이다. 그리고 사실 프로뱅이나 트루아에서도 그 새로운 방식이 뿌리내리지 못하란 법은 없지 않은가?

프랑스가 놓친 기회

샹파뉴 정기시들의 번영이 프랑스, 특히 파리에 어느 정도 도움을 주었는지

른 듯한 절벽이 있어서 교통이 자유롭지 못했다. 중세에 "악마의 다리(pont du Diable)"라는 교량이 건설되어 고타르 고개에 연결됨으로써 알프스 산맥을 넘는 교역이 크게 활성화되었다.

는 누구도 말할 수 없을 것이다.

프랑스 왕국이 필리프 오귀스트(1180–1223) 이래 정치적으로 구조화되고 성왕 루이(1226–1270) 이전부터 벌써 유럽에서 가장 유력한 국가가 되었다면, 그 이유는 우선 유럽의 전반적인 도약 덕분이지만 동시에 유럽 세계의 중심지가 파리에서 하루나 이틀 정도 걸리는 거리에 위치해 있었기 때문이기도 하다. 파리는 대(大)상업 중심지가 되었고 이것은 15세기까지도 지속되었다. 이 도시는 주변지역의 많은 사업가들로부터 이익을 끌어냈다. 동시에 이곳은 프랑스 왕정의 여러 기관들, 대(大)기념물들 그리고 유럽에서 가장 중요한 대학들이 몰려 있다는 이점이 있었다(이 대학들에서 아리스토텔레스의 사상이 다시 부활함으로써 과학혁명이 폭발했다). 아우구스토 구초에 의하면 "이 위대한 세기[13세기] 동안……모든 사람들은 파리를 주시했다. 많은 이탈리아인들은 파리의 제자가 되든지 혹은 성 보나벤투라나 토마스 아퀴나스처럼 파리의 스승이 되었다."[115] 이때가 파리의 세기 아니었을까? 13세기의 인문주의를 연구한 역사가 주세페 토파닌이 반어적으로 이야기한 것이 바로 그 내용이다. 논쟁적이고 열정적인 그의 책 제목이 말해주듯이 13세기는 "로마 없는 시기(Il Secolo senza Roma)"이다.[116] 무엇보다 프랑스 예술인 고딕 양식은 일-드-프랑스로부터 퍼져나갔다. 이것을 실어간 사람들은 샹파뉴 정기시들의 단골이었던 시에나 상인들뿐만이 아니다. 모든 것들이 서로 얽혀 있는 법이다. 이 시기는 프랑스의 코뮌(commune)의 발달이 완성되었던 시기이며, 1236년부터 1325년 사이에 파리 주변의 쉬시-앙-브리, 부아시, 오를리 등지에서 국왕의 성은을 입어 농민해방이 가속화된 시기이기도 하다.[117] 그리고 이때는 성왕 루이의 프랑스가 지중해에서 십자군 운동의 지휘권을 계승한 시점이다. 말하자면 프랑스는 기독교권 내의 명예로운 지점이었던 것이다.

그렇지만 유럽사와 프랑스사에서 샹파뉴 정기시들은 간주곡에 불과했다. 유럽 위에 건설된 경제적 복합체가 일련의 정기시 도시들로 귀결되는 것, 더구나 내륙지방의 정기시 도시들로 귀결되는 것은 이번이 처음이자 마지막이었다. 또한 프랑스 내에 서유럽 경제의 중심이 건설된 것도 처음이자 마지막이었다. 이것은 프랑스의 운명을 책임지던 사람들이 의식하지도 못한 새에 쥐고 있다가 놓쳐버린 보물이다.[118] 오랫동안 프랑스 왕국이 상업순환의 바깥으로 밀려난 것은 카페 왕조 말기에 나타나기 시작한 현상이었다. 독일과 이탈리아를 잇는 남북 간 도로, 지중해와 북해 사이의 해상 연결로 등은 13세기가 끝나기도 전에 자본주의와 근대성의 특권적 유통로가 되었다. 이 유통로는 프랑스를 건드리지도 않은 채 먼 거리를 두고 돌아가고 있었다. 마르세유와 에그-모르트라는 예외만 빼면 대교역과 또 그 대교역이 실어나르는 자본주의는 프랑스 영역의 거의 바깥에 놓여 있었다. 프랑스는 백년전쟁 당시의 불행과 궁핍을 겪는 동안, 그리고 그 직후의 시기 동안에만 대규모 국제교역에 문호를 일부 개방했을 뿐이다.

백년전쟁과 시기적으로 일치하는 경기후퇴가 시작되기 훨씬 이전에 프랑스 경제는 이미 작동불능 상태에 빠졌다고 말하는데, 사실 그렇게 고장 난 상태는 프랑스 경제뿐만이 아니라 프랑스라는 영토국가에도 해당되는 것 아닐까? 만일 프랑스 왕국이 자신의 힘과 응집성을 유지했더라면, 이탈리아의 자본주의가 그처럼 마음 놓고 활개를 치지는 못했을 것이다. 그러나 반대로 이야기해서 자본주의의 새로운 순환들은 이탈리아와 네덜란드의 도시국가들에 너무나 강력한 독점이익을 가져다주었기 때문에, 영국, 프랑스, 스페인과 같이 막 태어나던 영토국가들이 필연적으로 그 영향을 입지 않을 수 없었다.

베네치아의 뒤늦은 우위

프랑스는 샹파뉴에서 공을 놓쳤다. 누가 그 공을 잡을 것인가? 플랑드르 정기시도, 또 람베르토 인카르나티의 주장과는[119] 달리, 1309년에 그 유명한 거래소를 설립한 브루게도 아니다. 우리가 지적한 바와 같이 선박, 대상인, 고가의 상품, 현찰, 크레딧 등은 모두 남쪽에서부터 올라왔다. "크레딧 전문 가들은 거의 대부분 이탈리아인"이라는 것은 인카르나티 자신도 인정하는 사실이다.[120] 그리고 네덜란드의 국제수지를 보아도 15세기 말까지 혹은 그 이후까지도 남유럽인들이 흑자를 기록했다.[121]

만일 무게중심이 계속해서 아드리아 해와 북해의 중간지점에 위치했다면, 예컨대 열두어 개의 대교역로들이 모여드는 뉘른베르크나 독일의 최대 도시 인 쾰른 같은 곳이 그런 중심지가 되었을 법하다. 그런데 브루게나 샹파뉴 정기시들과 같은 중간지점들이 승리하지 못한 이유는 상인들이 쉽게 접근 할 수 있는 정도의 거리에 있는 피렌체, 밀라노 등지에서 자체적으로 산업이 발전함으로써 이제 더는 이탈리아에서 북유럽으로 갈 필요가 없어졌기 때 문이다. 이제껏 북유럽에서 표백하지 않은 직물을 수입하여 염색하는 것이 가장 중요한 길드 활동이었던 피렌체에서도 이제 주요 활동은 아르테 디 칼 리말라(Arte di Calimala)로부터 아르테 델라 라나(Arte della Lana)로* 이행했 다. 그 결과 이곳의 산업이 빠르고 눈부시게 발전했다.

여기에서 또 한 가지 중요한 사실은 심각한 경기후퇴가 발생하여 오래 전 부터 흑사병의 참혹한 재앙을 예비했고 또 그에 뒤이은 경제활동의 침체를 불러왔다는 점이다. 우리가 이미 살펴본 바와 같이[122] 위기의 발발과 여러 추세들의 역전현상은 기존 체제를 약화시켰지만, 동시에 약자를 거세하고 강자의 지위를 더욱 강하게 하는 역할도 했다(물론 강자라고 해서 충격을 전 혀 받지 않은 것은 아니었다). 이탈리아에도 폭풍우가 몰아쳤고 많은 것이 교 란당했다. 이곳에서도 대성공이나 대위업 같은 것은 찾아보기 힘들게 되었 다. 그러나 이탈리아에만 한정하여 사업을 한다고 해도 그것은 곧 지중해— 가장 활기에 넘치며 또 가장 수익성 좋은 국제무역의 중심지로 남은 곳—에

---

* 즉, 가공하지 않은 모직물을 수입하여 끝손질을 하는 것으로부터 직접 제조하는 것으로.

기댄다는 것을 의미했다. 서유럽이 전반적인 불황을 겪는 가운데에도 이탈리아는 경제학자들이 말하는 "안전지대"였다. 이탈리아는 최상의 교역을 독차지하고 있었고, 금에 대한 투기[123]와 화폐와 크레딧에 대한 축적된 경험 덕분에 보호를 받았다. 둔중한 영토국가에 비해서 관리가 한결 손쉬운 가벼운 도시국가들은 갑갑한 콩종크튀르 속에서도 여유 있게 처신해나갈 수 있었다. 어려움은 다른 나라들―특히 고통을 겪고 고장을 일으키고 있는 대(大)영토국가들―의 몫이었다. 지중해와 유럽의 활기는 그 어느 때보다도 도시의 열도(列島)로 한정되었다.

그러므로 유럽 경제중심의 재조정 작업이 준비 중인 이때 이탈리아 도시들 사이에서만 경쟁이 일어난 것은 당연한 일이다. 특히 베네치아와 제노바는 그들의 정열과 이익을 내세워서 왕위를 차지하기 위한 투쟁에 들어갔다. 둘 중 누구라도 승리를 쟁취할 만한 강호들이었다. 그런데 왜 하필 베네치아가 승리를 거두었을까?

제노바 대 베네치아

제노바는 1298년 코르출라 섬 앞바다에서 베네치아의 함대를 격파했다. 그로부터 80년 뒤인 1379년 8월에는 베네치아의 석호에서 아드리아 해로 나오는 출구의 하나인 키오자라는 작은 항구를 탈취했다.[124] 오만하기 이를 데 없는 성 마르코의 도시 베네치아가 패배한 것으로 보였다. 그러나 베네치아는 대단한 노력으로 분기하여 상황을 돌려놓았다. 베토르 피사니는 1380년에 키오자를 탈환하고 제노바의 함대를 격파했다.[125] 그다음 해에 토리노에서 체결한 평화협정이 베네치아에 결정적인 우위를 안겨주지는 않았지만[126] 제노바의 후퇴의 시작이자―이후 제노바는 두 번 다시 아드리아 해에 모습을 나타내지 못했다―베네치아가 더 이상 논의의 여지 없는 우위를 차지하는 계기가 된 것은 분명하다.

왜 이렇게 한쪽이 패배하고 다른 한쪽이 승리했는지에 대해서는 쉽게 이

해되지 않는다. 우선 제노바는 키오자 전투 이후에도, 부유하고 강력한 도시들 가운데에서 탈락한 것은 아니다. 그렇다면 지중해라는 이 거대한 닫힌 공간에서 이때까지 오랫동안 서로 타격을 가하고 연안지역을 공격하며 호송대를 나포하고 갤리선을 격파하고 또 앙주 왕가, 헝가리 왕가, 팔라이올로구스 왕가, 아라곤 왕가 등의 군주들을 개입시켜 서로 정치투쟁을 하던 두 적수가 왜 갑자기 전쟁을 최종적으로 마무리지었을까?

서로 치명적인 상처를 입히지는 않은 채—마치 매번 출혈과 상처가 저절로 낫는 것처럼—치열한 전쟁을 오랫동안 계속할 수 있었던 것 자체가 아마도 오랫동안 번영이 지속되고 사업이 확장되었기 때문이다. 키오자 전쟁이 단절점이 된 것은 1380년대에 들어와서 장기간의 성장이 결정적으로 중단되었기 때문이 아닐까? 규모가 크든 작든 간에 전쟁은 사치에 속하는데 이제는 너무 큰 비용이 드는 일이 되어버려서 평화공존을 할 수밖에 없게 된 것이다. 더구나 제노바와 베네치아의 상업적이고 식민주의적인 이해관계(이때 식민주의적인 현상은 이미 발전된 자본주의 단계에 이르고 있었다)는 어느 한쪽이 죽을 때까지 서로 싸우는 것을 만류했다. 자본주의적인 적대관계에는 비록 원수지간이라고 하더라도 언제나 어느 정도는 상호보완적인 면이 있기 때문이다.

올리버 콕스는 베네치아의 자본주의가 독창적인 모델을 만들었다고 찬양한 바 있으나[127] 나는 베네치아의 흥기가 이곳의 탁월한 자본주의 때문이었다고 보지는 않는다. 사실 제노바야말로 자본주의로 발전해가는 도상에서 다른 어느 곳보다 앞서 있었고 근대적이었다는 데에 어떤 역사가도 부인하지 않을 것이다. 이 점에서 보면 제노바는 베네치아보다 근대적이었지만, 아마도 이렇게 앞서 있다는 점 때문에 오히려 어떤 취약성을 띠지 않았을까 생각한다. 베네치아의 강점 중 하나는 분명히 더 이성적이고 덜 모험적이라는 점이다. 그리고 이곳의 지리적 상황이 유리했다는 것도 분명하다. 베네치아의 석호를 나오면 아드리아 해로 들어가게 되지만 이곳은 여전히 자국 내에 있는 것이나 마찬가지이다. 이에 비해서 제노바로서는 이 도시를 빠져나오면 티레니아 해로 들어가는데 이 바다는 너무 넓어서 효과적으로 감시하기가 어려웠고 그래서 사실 모든 사람들에게 개방되어 있었다.[128] 그리고 동쪽 지역이 중요한 부의 원천인 까닭에 오리엔트 방향의 교역로에 섬들이 연이어 있는 것이 베네치아에는 이점으로 작용했다. 1340년대에 "몽골 루트"가 끊어졌을 때 베네치아는 다른 경쟁자들보다 앞서서 1343년부터 시리아와 이집트 문전에 도착했는데, 이곳들은 문호를 닫지 않았다.[129] 마지막으로 다른 이탈리아 도시들에 비해 베네치아가 가진 장점으로서 면화, 후추, 향신료 등에 대한 확실한 고객이자, 레반트 교역의 핵심적인 열쇠 역할을 하는 은의 특출한 공급원이었던 독일 및 중유럽 지역들과 더욱 잘 연결되어 있었다는 점을 들 수 있다.

베네치아의 힘

14세기 말에 베네치아의 우위는 분명하게 굳어졌다. 베네치아는 1383년에 아드리아 해를 출입하는 항해의 요지였던 코르푸 섬을 점령했다. 또 1405-1427년에 비록 많은 비용은 들었지만[130] 큰 어려움 없이 테라 피르마의 도시들—파도바, 베로나, 브레시아, 베르가모—을 점령했다.[131] 이탈리아 전역에 대해서 이제 베네치아는 여러 도시들과 지역들을 방어선으로 삼아 자신을 보호하게 되었다. 그런데 오래 전부터 베네치아가 자신의 경제활동을 펼쳐 나가던 이 내륙지역을 아예 점령해버린 것은 당시의 전반적 경향을 따른 것이다. 밀라노는 같은 시기에 롬바르디아 전체 지역으로 확장해나갔고, 피렌체는 토스카나를 지배했고 1405년에 경쟁자인 피사를 점령했다. 제노바는 레반트와 포난트의 두 "연안"까지 지배를 확대했고 경쟁자인 사보나의 항구 앞바다를 메워버렸다.[132] 이렇게 이탈리아의 대도시들이 소도시들을 희생시키면서 강화되었다. 이런 것들은 모두 고전적인 과정에 속한다.

베네치아는 훨씬 더 일찍이 제국의 형성에 성공했다. 이 제국은 범위는 작지만 레반트 항로를 따라가며 존재하기 때문에 전략적으로 그리고 상업적으로 매우 중요했다. 이 분산된 제국은 규모의 차이를 고려해보면, 이후 시기에 인도양에서 펼쳐진 포르투갈 제국이나 네덜란드 제국과 유사했다. 이것은 앵글로-색슨인이 교역거점 제국(trading posts Empire)이라고 부르던 도식대로, 상업거점들이 마치 자본주의적인 긴 안테나처럼 연쇄를 이룬 제국이었다. 이것은 어쩌면 "페니키아적인" 제국이라고 부를 수도 있을 것이다.

권력과 부는 병행하기 마련이다. 베네치아의 부(따라서 권력)는 두 가지 검증자료를 통해 확인할 수 있다. 하나는 베네치아 시정부의 예산(Bilanci)[133] 자료이고 또 하나는 노(老)도제인 토마소 모체니고가 죽기 직전인 1423년에 행한 유명한 연설이다.

이 시대에 베네치아 시의 예산은 75만 두카트에 달했다. 우리가 다른 곳에서 시도했던 대로[134] 예산이 국민소득의 5-10퍼센트에 해당한다는 계수를 적용하면, 이 도시의 국민총소득은 750만-1,500만 두카트 사이가 될 것이다. 베네치아 시와 도가도(Dogado, 키오자에까지 이르는 교외지역)의 인구를 최대로 15만 명이라고 추산한다면, 이 도시의 1인당 소득은 50-100두카트 사이가 된다. 이것은 매우 높은 수준이며 그중 최저치(50두카트)라도 거의 믿을 수 없을 정도로 높은 편이다.

당시의 다른 경제들과 비교하면 이 점을 더 분명히 볼 수 있다. 베네치아의 한 문서[135]가 마침 15세기 초 유럽 각국의 예산액수를 기록하고 있다(그림 14는 이 수치들로 작성한 것이다). 베네치아의 예산이 75만-80만 두카트로 추산되는 데에 비해서 프랑스 왕국의 예산은 고작 100만 두카트에 불과하다(물론 이 당시 프랑스가 아주 불리한 상황에 처해 있었다는 점을 고려해야 한다). 베네치아는 스페인(그러나 도대체 어떤 스페인을 가리키는가?)과 비슷하고 영국과도 거의 비슷하며, 베네치아의 뒤를 좇는다고 주장하는 밀라노, 피렌체, 제노바 등 이탈리아의 다른 도시들과 비교하면 큰 차이로 앞서간다. 물론 마지막에 언급한 제노바의 경우에는 사개인들이 공공소득의 많은 부

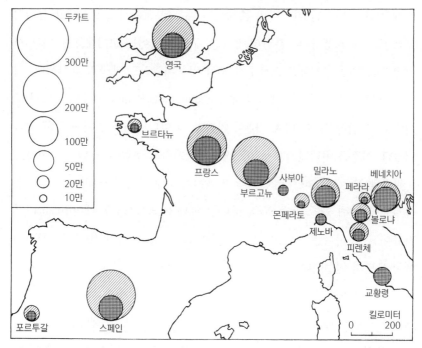

14. 예산의 비교 : 베네치아는 다른 나라들보다 위기에 더 잘 대처했다

베네치아 관련 자료(『일반 예산』, 제1권, 1912, pp.98-99)에서 얻은 수치를 표시한 이 지도는
유럽 각국의 예산 규모를 나타내는 동시에, 그것이 15세기 4분의 1분기에 크게 감소했음을
보여준다. 본문에서 제시한 수치는 아마도 1423년의 예산일 것이며, 가장 확실한 자료로서
짙은 색의 원으로 나타냈다. 옅은 색의 원은 그 이전 시기의 예산으로서 훨씬 규모가 크다.

분을 차지하기 때문에 예산액수가 그다지 중요한 의미를 가지지 않는다는
점을 고려해야 한다.

　지금까지 말한 것은 베네치아 시와 도가도에만 한정된 것이다. 시정부의
소득(75만 두카트)에 테라 피르마의 소득(46만4,000두카트)을 더하고 "바다",
즉 제국의 소득(37만6,000두카트)을 더해야 한다. 그때의 총액(161만5,000두
카트)*을 보면 베네치아의 예산은 유럽국가들 중에 1등의 수준이다. 어쩌면
이렇게 눈에 보이는 것 이상일지도 모른다. 만일 베네치아 전체(베네치아 시,

---

* 실제로 더해보면 본문에서처럼 161만5,000두카트가 아니라 159만 두카트가 된다. 약간의 착오
　가 있는 것 같다.

테라 피르마 그리고 제국)의 인구를 최대치인 150만 명으로 잡고 샤를 6세 치하의 프랑스의 인구를 (개략적으로) 1,500만 명으로 잡는다면 프랑스가 베네치아에 비해 인구가 10배 이상이므로 두 나라가 같은 정도로 부유했다면 프랑스의 예산은 베네치아 예산의 10배인 1,600만 두카트가 되었어야 한다. 그러나 프랑스의 실제 예산이 100만 두카트에 불과한 것을 보면 "영토"국가의 경제에 비해 도시국가가 얼마나 엄청나게 우월한지 알 수 있다. 그리고 일찍이 자본이 한 도시―그러므로 결국 한 줌의 소수 인사들―에 집중되었다는 것이 무엇을 의미하는지를 생각하게 한다. 이 도표에는 결정적이지는 않지만 흥미로운 다른 비교사항도 있다. 앞에서 말한 문서는 15세기―그러나 불행하게도 정확히 언제부터인지는 말하지 않는다―에 각국의 예산이 감소하고 있음을 밝히고 있다. 예전의 기준을 놓고 볼 때 영국의 예산은 65퍼센트가 줄었고 스페인(그러나 이번에도 어떤 스페인을 말하는가?)은 73퍼센트나 줄었으나 베네치아의 예산은 단지 27퍼센트만 줄었을 뿐이다.

두 번째 검증자료는 도제 모체니고의 유명한 연설이다. 이것은 유언이면서 통계이고 정치적인 독설이었다.[136] 죽기 전에 노(老)도제는 전쟁론자인 프란체스코 포스카리의 정치적 진출을 막기 위해서 필사적으로 노력했다(그러나 포스카리는 1423년 4월 15일에 그의 뒤를 이어서 도제가 되어 베네치아의 운명을 좌우하다가 1457년 10월 23일에 실각했다). 노령의 도제는 그의 주장에 귀를 기울이는 사람들에게 국가와 각 개인의 재산을 지키기 위해서 평화가 얼마나 유리한지를 역설했다. 그의 주장에 따르면, 만일 포스카리를 선출하면 "조만간 전쟁에 돌입하게 될 것이다. 그렇게 되면 1만 두카트를 가진 사람은 1,000두카트밖에 가지지 못하게 되고, 열 채의 집을 가진 사람은 한 채만을 가지게 될 것이며, 열 벌의 옷을 가진 사람은 한 벌의 옷만을, 열 벌의 내의를 가진 사람도 한 벌밖에 가지지 못할 것이다." 이와 반대로 평화가 유지된다면, 즉 "나의 충고를 듣는다면 당신들은 기독교권의 황금의 주인이 될 것이다."

모체니고의 이 말은 분명 놀랍다. 그것은 이 시대의 베네치아인들이 두카트 화, 집, 혹은 의복 등을 가지는 것이 곧 진정한 권력이며, 또 무기가 아니라 상업유통에 의해서 "기독교권의 황금의 주인", 다시 말해 유럽 경제 전체의 지배자가 된다는 사실을 이해하고 있다는 점을 보여준다. 그리고 모체니고에 의하면(그가 제시한 수치는 예전에는 의문시되었으나 오늘날에는 더 이상 그렇지 않다) 매년 상업에 투자되는 자본이 1,000만 두카트였다. 이 1,000만 두카트의 투자는 200만 두카트의 자본소득 이외에 다시 200만 두카트의 상업이윤을 가져온다. 이렇게 투자자본의 이자와 상업이윤이 구분되고 있으며, 그 각각이 20퍼센트라는 점을 주목할 필요가 있다. 따라서 모체니고에 의하면 원거리 교역의 전체 수익은 40퍼센트이다. 이 놀라울 정도로 높은 수익률은 베네치아의 자본주의가 일찍부터 대단히 건강했다는 것을 말해준다. 좀바르트는 12세기에 베네치아에서 자본주의가 발전했다고 운위하는 사람들에 대해서 "유치하다"고 비난했다. 그러나 모체니고의 놀라운 연설 가운데에 언뜻 비쳐 보이는 이 세계에 대해서 그 외에 다른 어떤 이름을 붙일 수 있겠는가?

도제 자신이 추산한 400만 두카트의 연간 상업소득은 이 도시의 총소득에 대한 나 자신의 추산치와 비교해보면 2분의 1에서 4분의 1 사이의 수준에 있다. 한편 모체니고의 연설로부터 베네치아의 상업과 선박에 대한 추산치도 얻을 수 있는데 이것은 우리의 계산으로부터 얻은 규모와 일치한다. 우리의 계산은 또 베네치아 조폐국(Zecca)의 활동과 관련하여 알려진 사실들과도 부합한다(조폐국에 관한 자료는 훨씬 이후 시기, 즉 "베네치아의 쇠락"이라고 부르는 인플레이션 시대의 자료이기는 하다). 조폐국은 16세기 말에 금화와 은화로 1년에 대략 200만 두카트를 주조했다.[137] 이것은 4,000만 두카트까지 이를 통화량의 증가를 예견하게 한다.[138] 그런데 이렇게 증가된 화폐는 베네치아에 잠시 머무르다가 곧 다른 곳으로 빠져나가므로 매년 새로 주조하여 보충해야 했다. 베네치아의 상인들이 후추, 향신료, 시리아의 면화,

밀, 포도주, 소금 등과 같은 해상교역을 확고히 유지해나간 것을 고려하면 그러한 화폐의 유출은 전혀 놀라운 일이 아니다. 이미 피에르 다뤼는 여전히 유용한 고전인 『베네치아의 역사(*Histoire de Venise*)』(1819)에서[139] "소금 교역 분야가 얼마만큼의 이익을 베네치아에 가져다주는지" 이야기했다. 그 때문에 베네치아 시정부는 아드리아 해와 키프로스 해안에 있는 염전의 관리에 주의를 기울였다. 이스트라 반도의 소금을 싣기 위해서만도 헝가리, 크로아티아, 독일 등지로부터 매년 4만 마리의 말들이 도착했다.[140]

베네치아의 부를 나타내는 표시로는 그 외에도 국립 조선소(Arsenale)로 대변되는 권력의 집중화, 갤리선과 화물선의 숫자, (우리가 곧 살펴볼) 갈레레 다 메르카토[141] 등이 있다. 또 15세기 중에 조금씩 시의 면모를 일신한 미화작업 역시 베네치아의 부를 드러내는 표시였다. 맨땅을 다진 것에 불과했던 도로는 포장되었고, 나무로 건조했던 운하의 제방과 다리는 석재 교량과 석재 기초(fondamenta)로 대체되었으며(이렇게 함으로써 자본의 "석화[石化, pétrification]"가 일어났지만 그것은 사치일 뿐만이 아니라 필요한 일이기도 했다) 그 외에도 많은 흥미로운 도시계획 작업이 진행되었다. 우물을 파는 일이나[142] 가끔 참을 수 없을 정도로 악취가 심한 운하를 청소하는 일[143] 등이 그런 예들이다.

이렇게 위신을 높이는 일은 국가이든 도시이든 혹은 개인이든 지배의 한 방식일 수 있다. 베네치아 정부는 시를 아름답게 꾸며야 한다고 강하게 의식했기 때문에 "시의 미화에 적합한 일이라면 돈을 아끼지 않았다(non sparangando spexa alguna come e conveniente a la beleza sua)."[144] 도제 궁전의 재건축 작업은 아주 오랫동안 거의 중단 없이 진행되었다. 리알토 베키오에서는 1459년에 상인들의 거래소로 쓰일 새로운 로지아(Loggia)가 독일 상관을 마주 보는 지점에 세워졌다.[145] 1421-1440년에 콘타리니 가문은 대운하 연안에 황금저택(Ca' d'Oro)을 축조했는데, 이곳에는 이외에도 곧 새로운 대저택들이 많이 들어섰다. 사실 이와 비슷한 건축 열기는 이탈리아의 다른 도시들이나 그 외의 다른 곳에서도 똑같이 볼 수 있기는 했다. 그러나 모래와 석호의 개펄에 참나무 말뚝들을 수천 개씩 박고 이스트라 반도에서 실어온 석재를 사용해야 하는 베네치아의 건축작업만큼 어마어마한 비용이 드는 것은 없었다.146)

베네치아의 힘이 정치적인 측면에서 더욱 확연히 드러나는 것은 자연스러운 일이다. 베네치아는 이 방면에서 분명히 앞서 있었다. 예컨대 아주 일찍부터 대사들(oratori)을 두고 있었다. 또 용병들을 정치에 이용했다. 돈이 있는 사람들은 이들을 고용하고 매수하고 전쟁터에 내보냈다.

용병들이 늘 최선의 군대는 아니다. 용병대장들(condottieri)은 진짜로 싸우는 대신 담합해서 전투를 하는 척하기만 하는147)—마치 1939-1940년의 "이상한 전쟁"*과 비슷한—전쟁을 했다. 그러나 베네치아는 헤게모니를 장악하려는 밀라노의 시도를 저지했고, 이탈리아의 세력균형을 도출한—그보다는 차라리 세력균형을 굳혀버렸다고 할 수 있는—로디 화약(1454)**에 참여했다. 그리고 1482-1483년의 제2차 페라라 전쟁 당시 베네치아의 적들중에 한 명이 말했듯이, 베네치아인들을 그들의 본거지인 바닷물로 처넣으려는 시도에 대해서 강하게 저항했다.148) 또 1495년에는 그 전해에 나폴리 왕국까지 너무나도 손쉽게 진군한 프랑스의 젊은 국왕 샤를 8세를 큰 소란없이 돌려보내는***교섭—이것은 필리프 드 코민을 놀라게 했다—을 주도

---

* drôle de guerre : 제2차 세계대전 초기에 폴란드의 패퇴(1939년 9월 28일)로부터 1940년 5월 10일까지의 기간을 가리키는 말. 이때 독일군과 프랑스군은 자신의 진지만 지킨 채 일종의 휴전 상태에 들어갔다.

** 로디(Lodi)는 이탈리아 북부 롬바르디아 지역에 있는 도시이다. 1454년에 이곳에서 밀라노, 피렌체, 베네치아 등이 로디 동맹을 맺어서 프랑스에 공동으로 저항하고자 했다. 이것은 그 전해인 1453년에 비잔티움 제국이 튀르키예 제국에 멸망당한 것에 충격을 받은 이탈리아의 영방국가들이 분열된 상태에서 외세의 침략을 받으면 공멸한다는 점을 인식하고, 외국에 함께 대처하기 위해 일단 당시의 이탈리아 내의 세력관계를 고착시키려는 의도가 있었다.

*** 프랑스의 국왕 샤를 8세는 누이(안 드 프랑스)의 섭정에서 벗어나 국내의 통합을 어느 정도 완수하자, 나폴리 왕국에 대한 소유권을 구실로 이탈리아를 침공했다. 이것은 이후 수십 년간 외세가 이탈리아 내에서 전쟁을 벌이는 이탈리아 전쟁의 시초가 되었다. 그러나 1495년에 그가

했다. 이 모든 것들은 극도로 부유한 이 도시국가의 힘을 말해준다. 프리울리는 그의 『일기(*Diarii*)』에서[149] 유럽 각국의 대사들과 술탄의 대표까지 모여들어 1495년 3월 31일에 반불동맹을 맺을 당시의 대단한 광경을 서술했다. 이 동맹은 프랑스 국왕의 침략을 받은 불쌍한 이탈리아를 지키기 위한 것으로서 이때 "기독교 세계의 수호자"인 베네치아인들은 이탈리아의 아버지 노릇을 했다.[150]

베네치아를 중심으로 한 세계-경제

중심지 베네치아를 힘의 근원으로 하는 세계-경제를 유럽 지도에 그려보려고 하면 명확하게 되지는 않는다. 동쪽으로 폴란드와 헝가리 근처에서는 꽤 분명하게 변경이 그려지지만, 발칸 반도를 넘어서서는 불명확해진다. 튀르키예의 정복 움직임이 콘스탄티노폴리스의 점령(1453) 이전부터 시작되었고 북쪽으로 더욱 확장되었기 때문이다(튀르키예는 1361년에 아드리아노플[에디르네]을 정복하고 1389년에 코소보 전쟁*의 결과 대[大]세르비아 제국을 분쇄했다). 그러나 서쪽에서는 아주 분명하다. 유럽 전체가 베네치아의 지배하에 있었던 것이다. 지중해 지역과 (1453년 이전의 일이지만) 콘스탄티노폴리스 그리고 앞으로도 몇 년 더 서유럽의 착취를 받게 될 그 너머의 흑해 지역 등도 여기에 포함된다. 아직 튀르키예의 지배하에 들지 않은 이슬람 지역(북아프리카, 이집트, 시리아)은 1415년 이후 포르투갈령이 된 세우타로부터 베이루트, 시리아의 트리폴리에 이르기까지 해안지역에서 서유럽 상인들에게 개

직접 지휘한 전쟁은 아주 손쉽게 이루어졌다. 거의 전투도 벌이지 않고 왕이 흑판 위에 백묵으로 진군할 장소만 그려주면 되었다고 해서, 일명 "백묵 전쟁"이라고 불릴 정도였다. 이런 식으로 나폴리를 점령했으나 곧 밀라노, 베네치아, 신성 로마 제국, 아라곤, 심지어 교황까지 그에 반대하는 동맹을 맺자, 그는 서둘러 협정을 맺고 퇴각함으로써 나폴리 왕국을 다시 상실했다.

* 1389년 6월 15일에 일어난, 무라트 1세가 지휘하는 튀르키예군과 세르비아의 전제군주 라자르가 지휘하는 세르비아-보스니아-알바니아 연합군 간의 전쟁. 무라트는 치명적인 부상을 입었으나 튀르키예군이 압승을 거두어서, 튀르키예가 세르비아와 그 주변국들을 확실하게 지배하게 되었다.

방되었다. 그러나 이 지역에서도 블랙 아프리카, 홍해, 페르시아 만 방향으로 이어지는 내륙 도로들은 현지인이 독점했다. 그래서 서유럽 상인들은 레반트 항구들에서 머물며 이곳으로 운반되어오는 향신료, 약품, 견직물 등의 상품들을 기다려야 했다.

이 세계-경제를 구성하는 여러 다양한 지역들을 분류하는 작업은 이 세계-경제 전체의 변경을 그리는 일보다 더 복잡하다. 그중에서 중심지역은 쉽게 알아볼 수 있다. 앞에서 언급한 모체니고의 연설에 따르면, 베네치아는 밀라노, 롬바르디아의 도시들, 제노바, 피렌체 등지와의 연결을 무엇보다 중시했다. 베네치아가 지배하는 세계-경제의 중심지역을 들라면 남쪽으로는 피렌체와 안코나를 잇는 선으로, 북쪽으로는 알프스 산맥의 선으로 경계를 지은 지역 내의 도시들이다. 그러나 이렇게 스타급 도시들이 점점이 박혀 있는 공간은 북쪽으로 알프스 산맥을 넘어 마치 은하수처럼 펼쳐져서―아우크스부르크, 빈, 뉘른베르크, 레겐스부르크, 울름, 바젤, 스트라스부르, 쾰른, 함부르크, 뤼베크 등이 그런 도시들이다―언제나 강력한 힘을 자랑하는 네덜란드의 많은 도시들(그중에서 특히 브루게가 여전히 최고의 자리를 차지했다)과 영국의 두 도시인 런던과 사우샘프턴(남유럽인들은 이 도시를 안토네라고 불렀다)으로 마감된다.

그 결과 유럽의 공간은 남북으로 베네치아―브루게―런던을 잇는 축을 중심으로 두 지역으로 나뉜다. 동쪽이든 서쪽이든 이 축의 양쪽으로는 중심축보다 활력이 모자라는 거대한 주변부지역들이 펼쳐져 있다. 그리고 예전에 샹파뉴 정기시들의 발전을 자극했던 기본법칙*과는 반대로, 중심부가 이 축의 최남단―유럽의 동서간 원거리 교역의 핵심 연결선이며 그 이익의 중요한 원천이었던 지중해 축과 연결되는 지점―에 자리를 잡았다.

---

* 이탈리아와 네덜란드의 중간지점에 중심부가 형성되는 현상을 말한다.

베네치아의 책임

이렇게 이탈리아에 중심이 형성된 데에는 그 외에 다른 원인도 작용했을 것이다. 베네치아의 상인들은 이슬람 국가들에서 폰두크(fondouk)—하나의 거리 또는 여러 채의 건물들로 이루어졌다—를 벗어나지 못한 채 거래해야 하는 규정 때문에 어려움을 겪었다. 그런데 베네치아 역시 이런 경제 정책을 다른 나라 상인들에게 시행했다.[151] 베네치아는 독일 상인들에게 사업 중심지인 리알토 다리의 맞은편에 위치한, 독일 상관(Fondaco dei Tedeschi)이라고 부르는[152] 강제적인 결집점 혹은 격리점을 강요했다. 모든 독일 상인들은 이곳에 상품을 하역하고 이들을 머물게 할 목적으로 만든 방에 머물면서 시정부의 엄중한 감시하에 매매를 했으며 이렇게 해서 번 돈으로는 반드시 베네치아의 상품을 구매해야만 했다. 이런 엄격한 감시에 대해 독일 상인들은 끊임없이 불만을 토로했다. 결국 독일인들은 대교역에서 배제되어버렸고 오직 베네치아의 완전 시민권 소유자들(cittadini de intus et extra)만이 독점적으로 교역을 수행했기 때문이다. 독일인이 이 교역에 슬쩍 끼어들려고 하면 어김없이 상품을 압수당했다.

반면에 베네치아는 자국 상인들이 독일에서 직접 상품매매를 하는 행위를 사실상 금지시켰다.[153] 그 결과 독일인들로서는 나사, 면화, 모직물, 비단, 향신료, 후추, 금 등을 사기 위해서 반드시 베네치아로 직접 와야 했다. 그러므로 바스쿠 다 가마의 항해 이후 포르투갈인들이 안트베르펜에 페이토리아(feitoria : 상관)를 세우고[154] 후추와 향신료를 북유럽의 고객들에게 직접 가져가 판 것과는 정반대이다. 물론 독일의 구매자들은 제노바 쪽으로 갈 수 있었고 또 실제로 그곳에 가기도 했다. 제노바는 그들에게 별다른 규제를 가하지 않고 문호를 개방했다. 그러나 제노바는 그 어느 곳보다도 스페인, 포르투갈, 북부 아프리카 방향을 향한 문호였다는 점, 그리고 베네치아에 없는 것은 이곳에도 없었다는 점을 생각해야 한다(베네치아는 후기의 암스테르담과 마찬가지로—다만 규모는 베네치아가 작지만—일종의 세계적인 창고였다). 세계-경제의 중심에 위치한 도시가 가진 편익과 유혹을 어떻게 이겨낼 수 있겠는가? 그리하여 독일 전체가 이 게임에 참가하여 베네치아 공화국(Serenissimo)* 상인들에게 철, 철물, 푸스티안을 공급했다. 15세기 중엽 이후에는 점차 더 많은 양의 은을 베네치아에 가져다주었는데, 베네치아인들은 그중 일부를 튀니지에 가지고 가서 사금과 교환했다.155)

이것이 베네치아의 의도적인 정책이었다는 점에는 거의 의심의 여지가 없다. 왜냐하면 베네치아는 자신에게 어느 정도 복종적인 모든 도시들에 이 정책을 강요했기 때문이다. 테라 피르마로부터 오는, 혹은 그곳으로 가는 모든 교역 그리고 레반트 지역에 있는 베네치아의 섬들이나 아드리아 해의 도시들로부터의 수출은 반드시 베네치아의 항구를 통해서 이루어져야만 했다 (심지어 시칠리아나 영국과 같은 곳으로 가는 상품들도 마찬가지였다). 따라서 베네치아는 독일을 포함해 자신에게 복종하는 모든 경제를 의도적으로 덫에 빠뜨림으로써 이익을 보았다. 다시 말해서 이 경제들이 각자의 논리에 따라서 마음대로 활동하지 못하도록 방해해야만 베네치아에 이익이 되었다. 만일 리스본이 지리상의 발견 직후 북유럽 선박들이 자신에게로 직접 와서 향신료와 후추를 사도록 강요했다면, 안트베르펜이 그토록 빨리 우위를 차지하는 것을 분쇄했든지 적어도 방해했을 것이다. 그러나 리스본의 경우에는 이탈리아 도시들과는 달리 필요한 힘도, 상업이나 은행업에 대한 경험도 없었다. 그렇다면 독일 상관이라는 덫은 베네치아의 우위의 결과이며 동시에 원인이 아니겠는가?

갈레레 다 메르카토

베네치아가 레반트 및 유럽과의 연결망을 건설하는 데에는 여러 문제들이 있었다. 그것은 이 도시가 월등히 우세한 지위에 있을 때조차도 마찬가지였

---

* "대단히 평온한"이라는 뜻의 이탈리아어로서, 일부 군주들에게 붙인 경칭이자 15-16세기의 베네치아 공화국의 별칭이기도 하다.

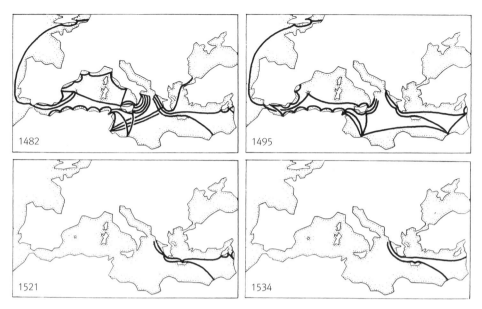

15. 베네치아의 갈레레 다 메르카토

이 네 장의 지도는 알베르토 테넨티와 코라도 비반티가 「아날」(1961)에 발표한 장문의 보고
문에서 발췌한 것이다. 플랑드르, 에귀-모르트, 바르바리, "트라페고(트라팔가르)", 알렉산드
리아, 베이루트, 콘스탄티노폴리스 등지와의 연결이 어떻게 쇠퇴했는지를 요약해서 보여준
다. 1482년에는 이 노선들이 모두 이용되었지만 1521년과 1534년에는 수익성이 높은 레반트
노선만이 살아남았다. 지도를 간략화하기 위해서 선박들이 베네치아로부터가 아니라 아드리
아 해에서 떠난 것처럼 그렸다.

다. 그중에서도 특히 지중해와 대서양을 통한 수송의 문제가 심각했다. 값
비싼 상품들의 재분배가 유럽 전역으로 확대되었기 때문이다. 콩종크튀르
가 유리할 때에는 모든 문제가 저절로 풀렸지만, 콩종크튀르가 어둡게 바뀌
면 중대한 수단을 강구해야만 했다.

갈레레 다 메르카토(galere da mercato : 상업 갤리선) 체제는 암울한 경기가
베네치아 국가에 강요한 **계획경제**의 결과물이었다. 14세기 초부터 맞이한
지독한 위기의 타개책으로서 일종의 **덤핑**(dumping)—지노 루차토가 고안
한 용어이다—으로 시작된 이 체제는 국가기업이면서 동시에 효율적인 사
기업 연합이었다. 이것은 수송비를 절약함으로써 외국인들에 맞서 경쟁력을
유지하고 더 나아가서 절대적인 우위를 차지하려는 수출업자들의 해상활동

연합(pool)이었다.[156] (아마도 1314년에 시작했을 가능성이 크고 1328년 이후에는 확실한 일이지만) 베네치아 시정부는 국립 조선소에서 갈레레 다 메르카토를 건조하도록 만들었다. 이 상선—초기에는 100톤이었다가 이후 시기에는 300톤으로 커졌다—은 수레 50대 분의 상품을 선창에 적재할 수 있었다. 또 항구에 출입할 때에는 노를 사용했지만 그 외에는 다른 일반적인 둥근 배들과 마찬가지로 돛을 사용하여 항해했다.* 15세기에 제노바의 카라크선들 중에는 1,000톤을 넘는 것들도 있었으므로 베네치아의 이 배들이 당시 가장 큰 것은 아니었다.[157] 그러나 이 배들은 여러 척이 함께 항해하고 방어수단으로 활과 투석기를 갖추었기 때문에 대단히 안전했다. 이후 시기에는 배의 측면에 대포도 탑재했다. 베네치아 시정부는 가난한 귀족들을 투석기사수들(ballestieri)로 고용하기도 했는데, 이는 이들이 먹고살아갈 수 있도록 도와주는 한 방법이었다.

국가 소유의 이 배들을 빌리는 일은 매년 경매(incanto)로 이루어졌다. 경매에서 승리한 도시귀족이 다른 상인에게 적재상품에 비례한 운임을 받는 일도 맡았다. 결국 "공공" 분야에서 만든 도구를 "사개인" 분야에서 사용한 셈이다. 사용자들이 모든 것을 공동의 계정으로,** 즉 하나의 연합을 이루어서 항해하거나, 혹은 한 척의 갤리선의 적재상품이나 귀환상품을 위해서 하나의 임시회사를 구성하는 행위 등을 시정부가 장려했다. 이 관행들은 원칙적으로 모든 참가자들에게 평등한 기회를 부여하기 위함이었다. 마찬가지로 시리아의 면화나 알렉산드리아의 후추를 사기 위해서 모든 사람들이 참여할 수 있는 연합이 자주 결성되었다. 이와 반대로 배타적인 일부 집단이 독점행위를 하는 것으로 보이는 카르텔은 시정부가 여지없이 억압했다.

국립 고문서 보관소(Archivo di Stato)에 보관된 문서들을 통해서 우리는 갈레레 다 메르카토의 항해를 1년 단위로 재구성해볼 수 있고, 지중해 전역

---

* 갤리선은 선체가 길쭉하지만, 일반 상선들은 배의 폭이 상대적으로 넓어서 둥그런 모양이다.
** ad unum denarium : 원문의 뜻은 "돈을 하나로 모아서"이다.

에 걸쳐서 베네치아 공화국이 운영하는 문어발과 같은 이 조직이 어떻게 변형되어가는지를 볼 수 있으며, 특히 1314년 이후 갈레레 디 피안드라(galere di Fiandra : 플랑드르 갤리선)의 창설과 함께 브루게 방향으로 (혹은 더 정확히 말하면 브루게의 항구인 슬로이스의 방향으로) 한 갈래가 뻗어나가는 것도 확인할 수 있다. 독자들은 그림 15의 설명용 지도를 참조하라. 이 체제의 절정기는 대략 1460년경이었다.[158] 이 시기에 시정부는 북부 아프리카와 금 생산지인 수단 방향으로 밀고 나가는 갈레레 디 트라페고(galere di trafego : 무역 갤리선) 항로라는 흥미로운 노선을 개척했다. 이후 이 체제는 여러 실패를 겪다가 16세기 중에 쇠퇴해갔다. 그러나 이런 실패의 경험보다는 그 이전에 있었던 성공의 경험들이 우리에게는 더욱 흥미롭다.

베네치아의 자본주의

올리버 콕스는 베네치아의 승리의 요인으로 일찍이 등장한 자본주의적인 조직을 들었다.[159] 그가 보기에 자본주의는 베네치아에서 탄생하고 이곳에서 발명되었으며, 그후 다른 곳들이 배워갔다는 것이다. 과연 그의 말이 사실일까? 그러나 사실 베네치아와 동시대에, 혹은 그보다 앞선 시대에 자본주의적 도시들이 없지는 않았다. 만일 베네치아가 우세한 위치를 차지하지 못했다면 틀림없이 제노바가 그 자리를 손쉽게 차지했을 것이다. 사실 베네치아는 독자적으로 성장한 것이 아니라, 그 시대의 문제에 대해서 같은 해결책들을 창안한 여러 활동적인 도시들의 망 속에서 성장했다. 베네치아는 여러 분야에서 진정한 혁신의 근원지가 되지 못했다. 강력한 회사들의 형성이라든지 은행과 같은 문제에서 베네치아는 토스카나의 선구적 도시들에 비해 뒤처져 있었다. 금화를 먼저 주조한 것도 베네치아가 아니라 제노바(13세기 초)와 피렌체(1250)였다(두카트 화—곧 제키노 화*라고 불린다—는 1284

---

* 베네치아에서 주조한 금화. 이 책 제1권 598쪽과 같은 곳의 역주를 참조하라.

년에 가서야 등장한다).[160] 수표나 지주회사*를 고안한 것도,[161] 또 복식부기를 생각한 것도 베네치아가 아니라 피렌체였다. 피렌체의 피니 가문과 파롤피 가문의 13세기 초 회사 문서 중에는 복식부기의 견본이 될 만한 것이 남아 있다.[162] 해상보험을 체결하는 데에 공증인의 중개를 생략하는 효율적인 단순화 역시 해상도시들이 아니라 피렌체가 시작했다.[163] 산업을 극도로 발전시키고 의심할 바 없이 분명하게 매뉴팩처 단계로 이행한 것도 피렌체였다.[164] 한편 최초로 지브롤터를 경유하여 플랑드르와 **정규적인** 해상 연결을 이룩한 것은 제노바였다(실로 중요한 혁신이었다). 혁신적인 상상력을 발휘해서 1291년에 인도 항로를 찾아나선 것은 제노바의 비발디 형제였다. 그리고 1407년 말에 포르투갈의 항해상의 발전에 대해서 불안감을 느낀 나머지 투아트**의 금 생산지를 찾아나선 것도 제노바의 말판테***였다.[165]

그러므로 자본주의적인 기술 및 기획 면에서 베네치아는 앞서 있기는커녕 오히려 뒤처져 있었다. 다른 이탈리아 도시들은 창조의 길을 가는 서유럽과 더 긴밀한 관계를 맺은 반면, 베네치아는 전통을 대변하는 오리엔트와의 연결을 더 선호했기 때문일까? 베네치아는 손쉽게 부를 얻음으로써 예전의 관습대로 이미 정리된 해결책의 포로가 된 반면, 훨씬 더 우발적인 상황에 직면한 다른 도시들은 결국 더 약게 행동하든지 더 창조적이어야만 했다. 그렇더라도 베네치아의 체제는 처음부터 자본, 노동, 국가 사이의 관계들—자본주의의 종국적인 장기 발전과정에서 점점 더 내포하게 되는 관계들—에 관련된 문제를 제기했다.

12세기 말부터 13세기 초까지 그리고 14세기에는 더 분명하게 베네치아의 경제는 시장, 상점, 창고, 센사 정기시, 조폐국, 도제 궁전, 국립 조선소, 세

---

*   holding company : 생산활동은 자회사(子會社)에 일임하고 단지 주식보유만을 담당하여 지배하는 모회사(母會社)를 가리킨다.

**   Touat : 알제리령 사하라에 있는 일련의 오아시스 지역. 여러 곡물과 담배를 경작한다.

*** Antonio Malfante(1409–1450?) : 제노바의 탐험가. 센투리오네 가문의 지원으로 탐험활동을 하여 1447년에 유럽인 최초로 사하라 사막의 오아시스인 투아트를 방문했다.

관(Dogana) 등과 같은 모든 도구들을 구비했다. 이 당시 이미 리알토 광장의 산 자코모 소성당 근처에 위치한 환전상과 은행들 앞에서는[166] 매일 아침 베네치아 상인들과 외지―테라 피르마, 다른 이탈리아 지역들, 혹은 알프스 너머의 지역―상인들이 회합했다. 은행가들은 손에 펜과 공책을 들고 계좌 간 이체를 기입했다. 기입(scritta)이라는 방법은 화폐의 교환에 의존하지도 않고 또 다음번 정기시까지 기다릴 필요도 없이 계좌이체를 통해서 상인들 간의 거래를 현장에서 해결하는 놀라운 방법이었다. 스크리타 은행(banchi di scritta)*은 일부 고객들에게 당좌대월**까지 허용해주었다.[167] 때로는 일종의 어음인 체돌레(cedole)를 발행하기도 하고[168] 고객들의 예탁금으로 투기도 했다(국가가 그 돈을 차지하지 않을 때에 가능한 일이다).

이와 같이 리알토에서 있었던 "거래소"와 유사한 회합에서 상품의 가격이 결정되고 조만간 시정부의 공채가격도 결정되었다(시정부는 그동안 주로 조세로 운영되었지만 갈수록 점점 더 공채에 의존했다).[169] 더 나아가서 해상보험료도 이곳에서 결정되었다. 오늘날에도 리알토에서 아주 가까운 곳에 있는 칼레 델라 시쿠르타(Calle della Sicurtà : 보험 골목)는 14세기의 보험업자들에 대한 추억을 간직하고 있다. 모든 대규모의 사업 거래는 이렇게 리알토 다리 가까운 곳에서 이루어졌다. 어느 상인에게 "리알토로 갈 권리의 박탈"이라는 제재를 가하는 것은 수많은 사면요청서들에서 읽을 수 있듯이 "대교역을 수행할 권리의 박탈"을 의미했다.[170]

조만간 상업적인 계서제가 만들어졌다. 조세수취의 목적으로 베네치아에서 수행한 최초의 인구조사(1379-1380)에 의하면[171] 과세 대상 귀족들(총 1,121명) 가운데 최고 부유층이 20-30가구이고, 신흥 부유층인 포폴라

---

* 이 책 제2권 제4장의 내용과 제1권 634쪽의 역주를 참조하라.
** dépassemdent de compte : 은행이 자기 은행에 당좌예금 계정을 가지고 있는 사람과 미리 당좌대월 계약을 체결해놓고 예금 소유주가 일정한 한도까지 당좌예금 잔액 이상으로 수표를 발행해도 은행이 그 지급에 응하는 융자방식이다.

니(popolani : 서민)가 6가구, 그리고 푸주한, 구두 제조인, 석공, 비누 제조인, 금세공인, 잡화상—특히 이 잡화상이 그중 최고의 지위를 누렸다—등 아주 유복한 상점주인들이 있다는 것을 알 수 있다.

베네치아에서 부의 분배는 이미 대단히 다양하게 분화되었고 상업교역의 수익도 소액이든 거액이든 대단히 다양한 분야에서 누적되었다. 이 수익은 끊임없이 투자되고 재투자되었다. 나중에 페트라르카가 "떠다니는 거대한 저택"이라고 표현한 바 있는 선박은 거의 언제나 24카라토*로 나뉘어 있었다(각각의 소유주들은 여러 카라토를 가지고 있었다). 그러므로 선박은 거의 처음부터 자본주의적이었다. 배에 적재하는 상품은 대개 대금업자들에게 빌린 돈으로 조달했다. 현찰 대출(mutuo)은 언제나 존재했고 또 일반적으로 사람들이 믿는 바와는 달리 고리대금업이라는 진창에 빠져 있지는 않았다. 아주 일찍부터 베네치아인들은 "근대 기업기들의 기준에서 판단하여 크레딧 업무의 정당성을 인정했다."[172] 그렇다고 해서 고리대금업(우리가 흔히 이야기하는 의미로서)이 전혀 존재하지 않았다는 것은 아니다. 실제로 고리대급업은 아주 고율의 이자("우리 나라의 관례에 따른[secundum usum patriae nostrae]" 정상적인 이자율이 벌써 20퍼센트나 되었기 때문이다)에다가 담보까지 요구했는데, 이 담보물은 대개 대부업자의 수중으로 떨어졌다. 그런 과정을 통해서 치아니 가문은 12세기부터 산 마르코 광장 주변과 잡화상점(Merceria) 근처에 있는 대부분의 땅을 획득했다. 그러나 근대적인 은행이 만들어지기 전에 고리대금업은 어디에서나 필요악이 아니었을까? 베네치아를 크게 동요시킨 키오자 전쟁 직후 베네치아는 유대인 고리대금업자의 계약(condotta, 1382-1387)을 처음 인정했다.[173] 이들은 서민에게 주로 대부했으나 간혹 도시귀족에게도 대부했다.

상업대부(mutuo ad negotiandum)는 또다른 문제이다. 이것은 상업에 필수

---

* carato : 공동소유의 상선에서 소유권의 24분의 1을 의미하는 이탈리아어이다.

불가결한 도구로서 이자율이 높기는 했지만 일반적으로 은행가들이 받는 이자와 같은 수준이었기 때문에 고리대금업이라고 할 수는 없다. 이것은 십중팔구 콜레간차(colleganza)라고 부르는 파트너십 계약과 연결되어 있었다. 이것은 적어도 1072-1073년에는[174] 이미 등장해 있었는데, 곧 두 가지 형태로 알려지게 되었다. 하나는 편무적(片務的) 콜레간차이다. 대부인(이를 '소치우스 스탄스[socius stans]'라고 하는데 이 사람은 현지에 그대로 머무는 파트너이다)은 일정 금액을 '소치우스 프로체르탄스(socius procertans : 여행하는 파트너)'에게 빌려준다. 후자가 귀환하여 정산할 때 원래 빌린 금액을 갚은 후에 남은 수익 중에 4분의 1을 그의 몫으로 하고 나머지 4분의 3은 자본가(즉, 대부인)에게 준다. 다른 방식은 쌍무적(雙務的) 콜레간차이다. 이 경우 대부인은 4분의 3의 금액을 빌려주고 소치우스 프로체르탄스는 그의 노동과 함께 4분의 1의 자본을 스스로 댄다. 이때의 수익은 반반씩 나누어 가진다. 지노 루차토에 의하면[175] 이 두 번째 콜레간차는 편무적인 콜레간차에서 고리대금업으로 보일 만한 것을 감추는 데에 많이 사용되었다고 한다. 그러나 우리는 말에 속아서는 안 된다. 콜레간차는 이탈리아의 다른 도시들의 코멘다(commenda)와 모든 면에서 비슷하며, 또 이전 시기이든 이후 시기이든 이와 유사한 것을 마르세유, 바르셀로나 등지에서 발견할 수 있다. 베네치아에서 코멘다라는 말에는 예치, 예금의 뜻이 있었기 때문에 해상사업에서 대부를 가리키는 다른 말이 필요했던 것이다.[176]

이런 상황에서 1934년에 앙드레 세유가 했던 주장은[177] 이해할 만하다. 마르크 블로크를 비롯한[178] 많은 역사가들이 받아들인 그의 견해에 따르면, 1050년에서 1150년 사이에 베네치아에서 자본과 노동 사이의 "분할" 또는 구분이 있었다. 소치우스 스탄스는 본국에 머무르는 자본가이다. 반면 그의 파트너는 배를 타고 콘스탄티노폴리스, 타나 혹은 이집트의 알렉산드리아 등지로 돌아다닌다. 배가 귀환했을 때 노동자인 소치우스 프로체르탄스는 그 여행의 수익이 좋았을 경우, 빌린 돈과 수익금을 가지고 자본가 앞에 나타난다. 그러므로 이 경우에 한쪽은 자본가, 다른 한쪽은 노동자이다. 그러나 너무나 단순한 이 견해는 1940년 이후에 새로운 문서들이 발견되자[179] 수정하지 않을 수 없었다. 무엇보다도 소치우스 스탄스는 그 단어가 가리키는 것과는 달리 계속해서 돌아다녔다. 우리가 관찰하는 시기(1200년 전후)에 이 정주 파트너는 이집트의 알렉산드리아, 아크레, 파마구스타 등지를 떠돌고 빈번히 콘스탄티노폴리스를 방문했다(한편 이 사실은 베네치아의 부가 얼마나 흔히 비잔티움 경제의 내부에서 만들어지는지를 보여주기도 하다). 또 소치우스 프로체르탄스 역시 마음대로 부릴 수 있는 노동자라고는 할 수 없다. 그는 한 번의 여행마다 10여 개에 달하는 콜레간차 계약을 체결해서 수행할 뿐 아니라(따라서 만일 일이 잘되면 그는 막대한 수익을 얻는다) 흔히 한 계약에서는 돈을 빌리지만 다른 계약에서는 돈을 빌려주기도 한다.

게다가 우리가 알고 있는 대부업자들의 이름들을 보면 "자본가들"이 얼마나 넓은 범위에 걸쳐 있는지 알 수 있다. 일부 사람들은 워낙 적은 액수의 자본을 빌려주었으므로 말만 자본가였다.[180] 베네치아의 수많은 사람들이 기업활동을 하는 상인들에게 돈을 빌려주었고 그래서 이 도시 전체를 일종의 상업사회로 만들었다. 이렇게 사방에 편재하는 자발적인 크레딧 덕분에 상인들은 혼자서, 혹은 두세 명이 임시 조합을 이루어서—따라서 피렌체의 고도의 활동을 특징 짓는 장기지속적이고 고액의 누적된 자본을 가진 회사를 만들 필요 없이—활동할 수 있었다.

이렇게 베네치아의 조직이 완벽하고 편리하다는 사실 자체, 또 이렇게 자본주의적인 자족성을 가지고 있다는 사실 자체가 오히려 베네치아 기업의 한계를 설명해준다. 대개 외지인 출신이었던 베네치아의 은행가들은 "이 도시의 활동에만 전적으로 몰입했을 뿐 고객을 찾아 외부로 활동을 펼쳐나갈 유인을 발견하지 못했다."[181] 따라서 영국에서 활약한 피렌체의 자본주의, 혹은 더 이후 시기에 세비야나 마드리드에서 활약한 제노바의 자본주의의 모험과 유사한 것이 베네치아에서는 없었다.

마찬가지로 크레딧과 사업이 손쉬웠기 때문에 상인들이 사업을 하나씩 차례로 선택해서 수행할 수 있었다. 선박의 출항 때 몇몇 동료들이 하나의 조합을 결성했다가 배가 귀환하면 해산한다. 그러고 나서 모든 것을 다시 시작하는 것이다. 결국 베네치아인들은 거대한 투자를 하기는 하지만 그것은 단기간의 활동에 그치고 만다. 물론 조만간 플랑드르 항해와 같은 원거리 해상사업뿐 아니라 산업활동 및 기타 이 도시의 지속적인 활동들에 대한 장기 대부와 장기 투자가 등장하지 않는 것은 아니다. 원래 아주 단기간이었던 대부(mutuo)는 계약의 반복적인 갱신을 통해서 결국 수년간 지속되었다. 이와 반대로 13세기라는 늦은 시기에 등장해서 서서히 보급된[182] 환어음은 흔히 단기 크레딧의 도구로 남았다. 대개 그 사용기간은 두 장소 사이의 왕복에 필요한 시간에 불과했다.

베네치아의 경제적 풍토는 따라서 아주 독특했다. 상업활동은 전반적으로 대단히 활력이 넘쳤지만 그것은 무수히 많은 소규모 사업으로 나뉘어 행해졌다. 장기간 지속되는 회사인 콤파니아(compagnia) 몇몇이 등장하기는 했으나, 피렌체식의 거대주의는 결코 이곳에서 적합한 토양을 발견하지 못했다. 그 이유는 아마도 정부이든 도시귀족 엘리트이든 피렌체에서처럼 도전을 받는 일이 없었기 때문일 것이다. 한마디로 베네치아는 안전한 곳이었다. 달리 말하면 일찍이 유복한 삶에 푹 빠진 상업활동은 이미 검증된 전통적인 방법에만 만족했던 것이다. 그러나 거래의 성격 역시 하나의 원인이 된다. 베네치아에서 상업은 무엇보다도 레반트 무역을 의미했다. 이것은 분명히 막대한 자본을 요구하는 상업이므로 베네치아의 거대한 화폐자본이 여기에 투입되어서 시리아로 갤리 선단이 떠나고 나면 도시 내에 현찰이 문자 그대로 바닥나는 정도였다.[183] 이것은 나중에 서인도로 선단이 떠난 후에 세비야에서 일어났던 현상과 비슷했다.[184] 그러나 자본의 **순환**은 제법 빠른 편이어서 6개월 혹은 1년 정도면 회수되었다. 그래서 선박의 왕복이 이 도시의 모든 활동에 리듬을 부여했다. 그러므로 베네치아가 독특한 성격을 띠게 된 결정적인 요인은 레반트가 하나에서부터 열까지 모든 것에 책임을 지고 상인들의 행동 전체에 동기를 부여하기 때문으로 보인다. 예컨대 두카트 금화가 1284년이라는 뒤늦은 시기에 가서야 주조된 것도 이때까지 비잔티움의 금화를 계속 사용하는 것이 더 편리했기 때문일 것이다. 이런 정책을 바꾸어서 자체적으로 금화를 주조하게 된 것은 히페르피론 화가 급속히 평가절하되었기 때문으로 보인다.[185] 다시 말해 베네치아는 처음부터 자신이 거둔 성공의 논법 속에 갇혀버렸다. 변화의 힘에 저항하는 베네치아의 진정한 지배자는 베네치아의 과거, 법전처럼 모든 사람들이 그것을 참조하는 선례(先例)였다. 베네치아의 위대함에 드리워진 그림자는 위대함 그 자체였다. 이것은 분명한 사실이다. 그러나 똑같은 말을 20세기의 영국에 대해서도 할 수 있지 않겠는가? 세계-경제 차원의 리더십은 역사의 승자가 가진 힘의 경험이다. 그러나 역사는 계속해서 스스로를 만들면서 앞으로 나아가는 데에 비해 승자는 어느 날부터인가 이런 사실을 보지 못할 위험이 있다.

그렇다면 노동은?

베네치아는 15세기에 10만 명, 16-17세기에는 14만-16만 명의 인구가 있는 거대 도시였다. 그런데 수천 명의 특권층—귀족(nobili), 시민(cittadini), 성직자들—과 빈민, 부랑자들을 제외한다면 나머지 거대한 인구층은 자기 손으로 일을 하며 먹고살아갔다.

이곳에는 두 개의 노동계가 공존했다. 하나는 비숙련 노동자들로서 그 어떤 조직에도 포섭되지 않고 아무런 보장도 받지 못하는 사람들이다. 이들 중에는 프레더릭 레인이 "바다의 프롤레타리아"라고 불렀던[186] 운송업자, 하역인부, 선원, 조타수 등이 포함되어 있다. 다른 하나는 아르테(Arte)라는 길드의 세계로서 이 도시의 여러 장인들로 조직된 틀을 이루고 있다. 그러나 이 두 세계 사이의 구분이 그다지 명확하지 못할 때가 많다. 역사가들도 때로는 어떤 직종에 대해서 어느 쪽으로 구분하는 것이 좋을지 모르는 경우가 있다. 대운하 연변―'리파 델 빈(Ripa del Vin)', '리파 델 페로(Ripa del Ferro)', '리파 델 카르본(Ripa del Carbon)' 등*―에서 일하는 하역인부들, 대개는 세력가 집안의 하인으로 있는 곤돌라 사공들, 도제 궁전 앞―일종의 노동시장과 같은 곳이다[187]―에서 선원으로 등록한 빈민 등은 첫 번째 집단에 속할 것이다. 선원 지원자들은 모두 선급금을 받는다. 그러나 정해진 날에 그가 나타나지 않으면 추적해서 체포한 다음 선급금의 두 배를 벌금으로 물리고 엄밀한 감시하에 승선시킨 후 여기에서 받는 임금으로 빚을 갚게 한다. 또다른 중요한 비조직 노동자들 중에는 견직 혹은 모직 아르테의 거친 업무들을 수행하는 남녀 노동자들이 있다. 이와 반대로 브렌타 강에서 길어온 식수를 배를 이용해서 날라주는 물장수(aquaroli), 거룻배 젓는 사람(peateri), 떠돌이 땜장이, 집집마다 우유를 배달하는 사람(pestrineri) 등도 길드를 조직하고 있다는 것은 놀라운 일이다.

리처드 틸든 랩은 이 도시의 전체 노동력 중에서 두 집단의 노동자들이 각각 어느 정도의 비중을 차지하는지 계산해보았다.[188] 자료가 불완전함에도 불구하고 전반적인 결과는 꽤 타당해 보인다. 그리고 16-17세기에 **커다란 변화가 전혀** 보이지 않기 때문에 이 결과가 그대로 베네치아의 고용구조를 나타내는 것으로 받아들여도 좋을 것이다. 베네치아의 인구가 15만 명 정도이던 1586년에 전체 노동력은 3만4,000명이 약간 못 되었다. 노동자 한 명이 가족 네 명의 가구를 대표한다면 이것은 1만 명의 소수 특권층을 제외한 거의 전 인구에 해당한다. 이렇게 랩이 계산한 3만3,852명의 노동자들 가운데 아르테 구성원이 2만2,504명이었고 그 나머지―자유노동자라고 불러야겠지만 차마 자유롭다고 말하기 힘든 상태에 있는―사람들이 1만1,348명이었다. 그러므로 노동력의 3분의 2가 아르테 성원이고 3분의 1이 비조직 노동자이다.

---

* 각각 "포도주 하역 제방", "철물 하역 제방", "땔감 하역 제방"의 뜻이다.

이 두 번째 집단의 사람들을 남녀노소 가릴 것 없이 모두 합하면 적게 잡아도 4만 명이 되는데, 이들은 베네치아의 노동시장을 무거운 무게로 내리누르고 있었다. 이들은 이 도시경제가 필요로 하는 프롤레타리아 또는 하층 프롤레타리아였다. 그러나 이들만으로 베네치아의 수요를 충분히 만족시키지는 못했다. 예컨대 선원들의 경우 석호 및 도시 내의 소시민만으로는 필요한 인원을 모두 충원할 수 없었기 때문에 외지의 프롤레타리아가 있어야만 이 문제를 해결할 수 있었다. 그러나 이 이방인들이 모두 자신의 뜻에 따라 들어온 것은 아니다. 베네치아는 이런 사람들을 달마치아나 그리스의 섬들에서 구해왔다. 흔히 베네치아는 칸디아 혹은 더 이후 시기에는 키프로스에서 갤리선의 의장을 갖추었다.

이것과 비교하면 조직화된 "산업"은 특권적인 세계로 보인다. 그렇다고 길드의 활동이 길드 규약들의 내용 그대로 이루어지지는 않았다. 법과 실제는 다르다. 주데카의 피혁업, 무라노의 유리 산업, 또 견직물 제조 길드(Arte della Seta, 이것은 1314년경에 루카의 노동자들의 힘을 빌려 강화되었으나 그 전에 벌써 조합원이 크게 늘었다), 모직물 제조 길드(Arte della Lana, 이 길드는 원로원의 포고에 의해서 1458년 봄에 재발족된 것으로 보인다.[189]) 그 이유는 베네치아 상인들이 노동력이 싸고 규제가 더 유연했던 플랑드르나 영국 등지로 나가서[190] "피렌체식으로" 모직물을 제조하고자 했으므로 시정부로서는 상인들로부터 길드를 보호해야만 했기 때문이다) 등이 모두 정부의 꼼꼼한 규제를 피할 수 없었다. 지나치다 싶을 정도로 주의 깊은 시정부는 엄격한 품질기준을 부과해서 제품의 규격, 원재료의 선택, 날실과 씨실의 숫자, 염색물질의 종류 등을 결정했는데, 이것은 비록 레반트를 비롯한 외국시장에서 제품의 명성을 높이기는 했지만 불확실하고 가변적인 수요에 생산이 적응하는 것을 방해하는 결과를 낳았다.

오래된 것이든 새로운 것이든 베네치아의 모든 길드는 13세기 이래 아르테(arte : 길드)와 스쿠올레(scuole : 형제단)로[191] 조직되었다. 그러나 자기 보호적인 이 체제는 정부의 간섭—베네치아에 특징적인 현상이다—이나 상인의 개입에 대해서도 장인들을 보호해주지 못했다. 16세기에 큰 바람을 일으켰고 1600-1610년경에 절정을 맞았던 모직물 길드도 상인들이 지배하는 선대제(Verlagssystem)의 틀 속에 들어간 후에야 진정한 승리를 거두었다. 선대제 상인들은 흔히 외국 상인들이었고 그중에서도 특히 베네치아에 정착한 제노바인들이었다. 심지어는 조선업과 같은 유서 깊은 산업들에서도 작업장 소유주들이 15세기부터 임금 지불과 원재료 공급에 필요한 돈을 쥔 상인-의장업자들에게 복종하기 시작했다.

산업의 우위?

결국 이것은 돈과 공권력이 노동의 세계를 장악했음을 뜻한다. 공권력이 감시와 중재를 위하여 조직한 기구는 주스티치아 베키아(Giustizia Vecchia),* 친쿠에 사비이 아 라 메르칸치아(Cinque Savii a la Mercanzia),** 프로베디토리 디 코문(Provveditori di Comun),*** 콜레조 알레 아르티(Collegio alle Arti) 등 네 개였다. 베네치아가 사회적으로 놀라울 정도의 평온을 유지했던 것도 이러한 주의 깊은 감시, 꽉 짜인 틀 때문이 아니었을까? 중대한 사건들은 전혀, 혹은 거의 일어나지 않았다. 1446년 2월에는 도제 궁전 앞에서 자원 노수(櫓手)들이 아직 지불받지 못한 임금을 달라고 울먹이며 요구했다.[192] 조만간 적어도 3,000명의 노동자들이 산 마르코 광장의 거대한 종(鐘)인 마란고나(Marangona) 소리에 맞추어 일터로 모여드는 광경을 연출하게 될 국영 매뉴팩처인 국립 조선소(Arsenale)도 엄격한 방식으로 유지되었다. 소요가

---

* 선원, 길드, 노동자의 임금, 도량형, 상품의 정당한 가격(just price) 등의 문제를 관장하는 행정 및 사법기관.
** 1507년에 세워진 베네치아 상무위원회의 구성원 다섯 명을 가리킨다.
*** 특정 임무를 담당하는 정부 임명 위원을 '프로베디토레(Provveditore, 복수형 Provveditori)'라고 하는데 여러 종류가 있다. 그중 '프로베디토리 디 코문'은 가로, 교량, 운하, 공공우물 등의 관리와 모직물 관련 일부 길드 업무, 그리고 외국인에 대한 시민권 부여 여부를 담당한다.

일어나자마자 한두 명의 주동자들을 교수형에 처하면(impicati per la gola) 모든 것이 다시 질서 있게 돌아갔다.

그 어떤 경우에도 베네치아의 아르테들은 피렌체와 달리 정부 권력에 참여하지 못한 채 거리를 두었다. 그럼에도 불구하고 베네치아의 사회적 평온은 놀라운 정도였다. 세계-경제의 핵심부에서는 소시민들도 자본주의적 노획물의 일부를 차지할 수 있었는데, 아마도 이것이 사회적 평온의 한 원인이 아닐까? 베네치아의 임금은 상대적으로 높은 편이었다. 그리고 임금 수준이 어떻든지 간에 그것을 다시 낮추는 것은 결코 쉬운 일이 아니었다. 이것이 베네치아의 아르테들이 당당하게 자신을 방어할 수 있었던 요체이다. 17세기 초에 북유럽 직물업과의 경쟁에 직면했을 때 장인들이 높은 임금을 결코 포기하려고 하지 않았기 때문에 아르테 델라 라나의 번영이 막히게 된 것을 볼 때 이 점을 분명히 알 수 있다.[193]

이 때문에 17세기 초에 가까이로는 테라 피르마와의 경쟁 앞에서, 그리고 멀리로는 북유럽 산업과의 경쟁 앞에서 이 도시의 산업활동이 쇠퇴했다. 리처드 랩이 말한 것처럼 이런 다양한 산업활동이 베네치아의 주요 양태였는지를 묻기 위해서는 여러모로 모범적이었던 15-16세기의 베네치아로 되돌아가서 살펴보아야 한다. 더 일반적으로 이야기해서 종국적으로 산업활동에 뿌리를 내리는 것이 지배적인 도시들의 운명이라고 할 수 있을까? 브루게, 안트베르펜, 제노바, 암스테르담, 런던 등이 모두 그런 경우이다. 나는 15세기의 베네치아가 다양한 활동들을 했다는 점을 놓고 볼 때 기술의 질이 뛰어나고 기술이 일찍부터 발달했다는 점(디드로의 『백과사전』이 설명하는 것은 그보다 2세기 전에 베네치아에 이미 다 있었다), 따라서 15세기의 베네치아는 아마도 유럽의 첫 번째 산업 중심지이며 또한 이 점이 이 도시의 역사에 무거운 영향을 미치고 있었다는 점, 16세기 말에서 17세기 첫 20년 사이에 산업의 번영이 종식됨으로써 이곳의 운명이 종말을 맞기 시작했다는 점을 모두 인정할 채비가 되어 있다. 그렇지만 산업의 번영이 끝난 것이 정말로 베네치아의 운명의 끝일까? 그것이 원인일 수 있을까? 이것은 또다른 문제이다. 상업자본주의가 산업자본주의에 대해서 우위를 점하고 있었다는 점은 적어도 18세기까지는 거의 의심의 여지가 없는 사실이다. 노(老)도제인 프리울리가 1421년에 이 도시의 부를 열거할 때에 산업적인 부를 거의 언급하지 않았다는 점은 주목할 만하다. 그리고 아마 13세기부터 존립해왔던 아르테 델라 라나가 오랜 휴지기간 이후 1458년에 다시 활기를 찾았으며 1580-1620년에 가서야 진정한 도약을 이루었다는 점 역시 마찬가지이다. 개략적으로 말해서 산업활동은 상당히 뒤늦게 일종의 보상으로서, 그리고 우리가 이제 살펴보게 되듯이 1558-1559년에 안트베르펜에서 그랬던 것처럼 불리한 상황을 타개하는 방식으로서 베네치아의 부에 참여했던 것으로 보인다.

튀르키예의 위협

거대한 도시 베네치아가 점차 쇠퇴하는 데에 대하여 모든 것이 이 도시만의 책임은 아니다. 지리상의 대발견(1492-1498)에 뒤이어 유럽이 전 세계로 폭발적인 팽창을 하기 이전에도 벌써 영토국가들이 다시 흥기했다. 위험스러운 아라곤 국왕, 무력을 사용할 태세가 되어 있는 프랑스 국왕, 기꺼이 몽둥이를 휘두르려는 네덜란드의 지배자, 다른 지역을 불안에 떨게 할 계획들을 수립하고 있던 독일 황제—비록 그가 돈 한 푼 없는 가난한 오스트리아의 막시밀리안 같은 인물에 불과하기는 하지만*—등이 모두 새로운 주인공들이다. 그 결과 도시들의 운명이 전반적으로 위협을 받았다.

상승 흐름을 타던 이 국가들 가운데 가장 영토가 넓고 베네치아에게 위협

---

* 막시밀리안 1세(재위 1493-1519)를 가리킨다. 이탈리아 영토에 대한 욕심이 컸으나, 베네치아의 저항으로 그의 세력이 이탈리아에서 축출당했다. 베네치아에 대항하기 위해 프랑스, 스페인, 교황과 1508년에 캉브레 동맹을 맺었으나, 군대와 자금이 동나는 바람에 베네치아와의 전쟁에서 역할을 다하지 못했고 동맹국들에게 믿을 수 없는 파트너로 낙인찍혔다.

적이었던 국가는 오스만 제국이었다. 처음에 베네치아는 이 국가를 과소평가했다. 튀르키예인들은 바다에서는 거의 위협적이지 않은 육상세력이라고 생각했던 것이다. 그런데 아주 일찍부터 튀르키예의 해적들(혹은 자칭 튀르키예의 해적들)이 레반트의 바다에 등장했을 뿐 아니라 오스만 튀르크가 점차로 영토를 팽창함에 따라서 조금씩 바다를 포위함으로써 사전에 이미 그 바다를 지배하는 것과 다름없게 되었다. 1453년 튀르키예의 콘스탄티노폴리스 점령은 청천벽력과도 같았다. 튀르키예는 레반트의 바다를 지배하는 데에 결정적인 중요성을 가진 도시를 정복함으로써 이 바다의 핵심부로까지 진출한 것과 다름없게 되었다. 베네치아인들을 포함해서 라틴계 사람들이 알맹이를 미리 빼갔기 때문에 이 도시는 튀르키예인들 앞에서 거의 저절로 무너져 내렸으나 곧 새로운 강력한 도시인 이스탄불이 되었다.* 강제 이주 정책의 결과 이 도시는 크게 팽창했다.[194] 튀르키예의 수도는 곧 술탄이 사용해야 하는 해상정책의 모터가 되었다. 베네치아는 값비싼 희생을 치른 끝에 이 사실을 깨달았다.

베네치아는 콘스탄티노폴리스의 점령에 저항할 수 있었을까? 물론 그런 생각을 하지 않은 것은 아니지만 이미 때가 늦었다.[195] 따라서 베네치아는 돌아가는 상황에 적응하고 술탄과 화해하기로 결정했다. 1454년 1월 15일에 도제는 술탄에게 베네치아 대사(orator)인 바르톨로메오 마르첼로를 보내 "……우리의 입장은 튀르키예의 지배자이신 황제와 평화 및 우호관계를 맺는 것입니다(dispositio nostra est habere bonam pacem et amicitiam cum domino imperatore turcorum)"라고 설명했다.[196] 평화는 사업의 전제조건이었다. 술탄으로서도 유럽과 교류하려면—튀르키예 제국에 반드시 필요한 일이었다—베네치아를 통과해야 하지 않는가? 이것이야말로 **상호 보완적인**

---

* 콘스탄티노폴리스는 오스만 튀르크의 메흐메드 2세의 지배를 받았을 때 '이스탄불'이라는 이름으로 알려졌다. 그후 비잔티움 세력이 이 도시를 탈환했다가 1453년에 오스만 제국에게 비잔티움 제국이 멸망당하자, 다시 이스탄불이라는 이름으로 오스만 제국의 수도가 되었다.

적대관계(ennemis complémentaires)의 고전적인 경우이다. 모든 것이 이들을 갈라놓는다고 하더라도 이해관계상 이들은 공존할 수밖에 없었고, 특히 오스만의 점령이 확대하면서 그 필요는 더욱 커졌다. 1475년에 튀르키예가 크림 반도의 카파(페오도시야)를 점령하자 제노바와 베네치아의 교역에서 흑해가 거의 폐쇄되었다. 1516년과 1517년에 튀르키예가 시리아와 이집트를 점령한 것은 전통적인 레반트 무역의 문호를 봉쇄해버릴 가능성을 의미했다. 그러나 튀르키예는 그렇게 하지 않았다. 튀르키예가 막대한 이윤을 얻을 수 있는 이 통과로를 굳이 막을 이유가 없었기 때문이다.

결국 두 세력은 공존하게 되었다. 그렇지만 이 공존은 무시무시한 격랑들을 거쳐야 했다. 튀르키예와 베네치아 간의 첫 번째 대전(1463-1479)은 대치하는 두 세력이 명백하게 불균형 상태에 있다는 것을 보여주었다.[197] 이 것은 훗날 영국과 러시아 사이에 대해서 이야기하는 고래와 곰의 싸움 같은 것이 아니었다. 튀르키예 제국은 확실히 곰이었지만 그 상대는 기껏해야 말벌이었다. 그러나 이 말벌은 지치지 않는 힘을 가지고 있었다. 베네치아는 유럽의 발전된 기술이라는 이점을 가지고 있는 데다가 자국의 부를 이용하여 유럽 전역으로부터 군대를 모집해서(1649-1669년의 칸디아* 전쟁 때에는 스코틀랜드에서까지 군대를 모집했다) 적에게 저항하고 그들을 괴롭혔다. 그러나 상대방이 숨을 헐떡이는 정도였다면 그 자신은 탈진해버렸다. 베네치아는 적을 매수함으로써 이스탄불에서도 활동을 계속할 수 있었다. 심지어 한창 전쟁이 벌어지던 때에도 라구사와 안코나를 통해서 일부 교역을 계속하기도 했다. 또한 오스만 튀르크라는 이 곰에 대해서 카를 5세의 제국, 펠리페 2세의 스페인, 신성 로마 제국, 표트르 대제와 예카테리나 여제의 러시

---

* Candia : 크레타 섬에서 가장 큰 주요 항구이다. 오늘날의 이름으로는 이라클리온(Iraklion)이며 칸디아는 역사상의 이름이다(1204년에 베네치아인들이 이 섬을 매입하면서 아랍식 이름인 '한 다크'를 와전시킨 것이다). 베네치아의 영토였던 이곳은 17세기에 20년 이상 튀르키예군에게 포위당한 끝에 1669년에 양도되었다.

아, 외젠 공의 오스트리아와 같은 다른 곰들을 조정하는 법도 알았다. 칸디아 전쟁 당시에는 일시적으로나마 루이 14세의 프랑스를 조정하기도 했다. 또한 오스만 제국을 배후에서 공격하기 위해서 시아파의 요람이었던 사파비 왕조*의 페르시아까지 조정했다(튀르키예는 시아파에 적대적인 수니파에 속했다). 이 당시에는 이슬람권 내에서도 종교전쟁이 한창이었던 것이다. 요컨대 파사로비츠 평화조약이 맺어져서 이런 노력이 끝나게 된 1718년—그러니까 콘스탄티노폴리스 평화조약으로부터 2세기 반이나 지난 시기—까지 베네치아가 튀르키예에 대항하여 투쟁한 것은 실로 경탄할 만하다.

우리는 베네치아의 긴장된 삶에 튀르키예 제국의 그림자가 얼마나 크게 드리워졌는지를 보았다. 베네치아는 점차 활력을 상실해갔다. 그러나 베네치아가 16세기 초부터 쇠퇴한 것은 도시와 영토국가 사이의 갈등이라는 평범한 이유 때문이 아니다. 우선 1500년 이후부터 세계의 중심적인 자리를 안트베르펜이라는 다른 도시가 차지했다. 도시경제의 오래된 지배적 구조들은 아직 깨지지 않았지만, 유럽에서 부와 자본주의적 성공의 중심지는 소리 없이 베네치아로부터 멀어져갔다. 이것을 설명하려면 해상의 대발견, 대서양 순환체제의 작동, 포르투갈의 예기하지 못한 성공 등을 거론해야 한다.

포르투갈의 예기하지 못한 성공 :
베네치아로부터 안트베르펜으로

역사가들은 포르투갈의 성공에 대해서 수없이 많은 연구를 했다. 소국에 불과한 포르투갈 왕국은 15세기 말에 유럽의 지리적 팽창이 전 세계에 불러일

---

* 시아파의 이란족 왕조(1502-1763). 시아파 7대 이맘의 자손인 이스마일이 서부 이란의 투르크멘족과 호라산의 우즈베크족을 쳐서 전 이란을 통일하고 타브리즈에 도읍하여 사파비 왕조를 개창했다. 그는 아라비아어풍의 술탄 칭호를 배척하고 페르시아식인 "샤"를 사용했으며 12이맘파를 국교로 정하는 등 이민족의 지배에서 벗어난 이란 민족주의를 강조했다. 오스만 튀르크는 수니파를 따랐기 때문에 양자 사이의 갈등과 대립이 심했다.

으킨 대폭발에서 중요한 역할을 담당했다. 포르투갈은 이 폭발의 뇌관이었다. 선두의 역할이 이 나라에게 맡겨진 것이다.

전통적인 설명[198]

오늘날까지도 전통적인 설명이 일반적으로 받아들여진다. 포르투갈은 유럽 대륙의 서쪽 끝에 위치해 있었기 때문에 출발하기에 유리했다. 이 나라는 1253년부터 이슬람 세력을 누르고 자국의 영토 회복을 완수했다. 그래서 외국에서 자유롭게 활동할 여력이 있었다. 1415년에 지브롤터 해협 남쪽에 있는 세우타를 점령함으로써 원거리 교역의 비결을 접했고 십자군이라는 공격적인 정신이 이 나라 안에 형성되었다. 그리하여 탐험여행의 문호가 열렸고 아프리카 해안을 따라가는 담대한 계획들이 추진되었다. 바로 이때 항해 왕자 엔리케(1394-1460)라는 영웅이 등장한다. 주앙 1세의 다섯 번째 아들이며 극히 부유한 그리스도 기사단*의 단장인 그는 포르투갈의 최남단인 상비센테 곶 근처의 사그레스에 자리를 잡고 학자, 지도 제작자, 항해사들을 초빙했다. 그리하여 세우타를 점령한 다음 해인 1416년부터 탐험여행을 열정적으로 고취했다.

역풍, 사하라 연안의 지극히 불리한 환경, 미지의 것에 대한 자연적인 공포심(사실은 포르투갈인들이 항해의 비밀을 감추기 위해서 일부러 퍼뜨리기도 했다), 재정적인 어려움, 이런 탐험들의 비인기성 등이 모두 검은 대륙의 끝없이 긴 연안에 대한 탐사를 지체시킨 원인이 되었다. 보자도르 곶 1416년, 베르데 곶 1445년, 적도 통과 1471년, 콩고 강 어귀의 발견 1482년 등과 같이 느린 속도로 탐사가 진행되었다. 그러나 해양항해에 대한 열정적인 옹호자로서 또 한 명의 새로운 항해왕이라고 할 수 있는 주앙 2세(1481-1495)가 등극함으로써 15세기 말에 탐사과정이 크게 촉진되었다. 바르톨로메우 디

---

* Real Ordem de Nosso Senhor Jesus Cristo : 포르투갈 국왕인 디니스 1세가 무어족과의 전쟁을 위해서 1318년에 세운 군사적, 종교적 기사단.

아스가 아프리카 최남단에 도착한 것은 1487년이었다. 그는 이곳을 "폭풍의 곳"이라고 명명했으나 국왕 자신이 "희망봉(喜望峰)"이라고 다시 명명했다. 이제 바스쿠 다 가마의 항해를 위한 준비는 다 갖추어진 셈이다. 그렇기 때문에 그로부터 단 10년 후에 그의 항해가 이루어질 수 있었다.

여기에서 이 항해의 도구인 카라벨선(caravelle)에 대해 이야기해야 이 전통적인 설명이 완성된다. 이 가벼운 탐험용 배에는 두 종류의 돛이 있었다. 라틴 돛은 방향을 잡는 데에 쓰이고 사각 돛은 순풍을 모으는 데에 쓰였다.*

오랫동안 포르투갈의 항해사들은 대서양의 바람과 해류에 대해서 놀라운 경험들을 축적해갔다. "포르투갈의 경험이 누적되다가 정점에서 가장 핵심적인 발견이 스페인 왕을 위해서 봉사한 제노바인에 의해서 이루어진 것은 거의 우연의 결과였다"고 랠프 데이비스는 썼다.[199] 물론 이것은 크리스토퍼 콜럼버스에 의한 아메리카 대륙의 발견을 의미한다. 그러나 당시에는 이 센세이셔널한 발견이 그로부터 수년 뒤에 있었던 바스쿠 다 가마의 세계 주항에 비해서 중요성이 훨씬 적은 것으로 비쳤다. 포르투갈인들은 희망봉을 넘어 인도양 순환로를 발견했고 그후 여러 곳을 여행하고 찾아가고 호령했다. 우선 그 어느 지역의 배, 그 어느 항구라도 포르투갈 선단의 대포를 당해내지 못했다. 아랍과 인도의 배들이 분쇄, 저지, 해산되었다. 신참자가 지배자—조만간 아무런 도전도 받지 않을 지배자—로서 명령을 내렸다. 이제 포르투갈의 발견은 (1501년에 알바레스 카브랄이 브라질을 발견한 것을 제외하면) 영웅시대의 최후를 장식했다. 그것은 리스본에 후추와 향신료가 도착하는 경이적인—혁명과 같은—성공으로 완수되었다.

새로운 설명들[200]

적어도 20여 년 전부터 포르투갈의 역사가들을 비롯해서 많은 역사가들이

---

* 이 책 제1권의 제6장을 참조하라.

이상의 설명들에 새로운 설명들을 덧붙였다. 물론 이전의 익숙한 설명 틀은 옛날 음악처럼 그대로 남아 있기는 하다. 그렇더라도 얼마나 큰 차이인가!

우선 포르투갈을 더는 무시할 만한 소국으로 간주하지 않았다. 개략적으로 이 나라는 베네치아와 테라 피르마를 합친 규모가 아닌가! 지나치게 작은 나라도 아니고 지나치게 가난하지도 않으며 자기 자신 속에 갇힌 것도 아닌 이 나라는 유럽 전체 속에서 보면 주도권을 장악할 수 있고(이 점에 대해서는 이 나라가 곧 스스로 증명하게 된다) 스스로 자유롭게 결정할 수 있는 독자적인 세력이었다. 특히 이 나라의 경제는 원시적이거나 초보적인 수준이 아니었다. 이 나라는 수 세기 동안 이슬람 국가들―1492년까지 독립을 유지하던 그라나다가 대표적이고 그 외에도 북부 아프리카의 국가들 및 도시들―과 접촉해왔다. 이런 선진국들과의 접촉은 곧 이 나라 안에 제법 발전된 화폐경제를 발달시켜서 아주 일찍부터 도시와 시골에서 임금노동이 자리를 잡았다. 이 나라의 농촌에서는 밀 농사 대신 포도, 올리브, 코르크나무 등을 재배했고 알가르브 지역에서는 사탕수수 플랜테이션 사업이 발전했다. 토스카나 같은 곳에 대해서는 이런 전문화를 경제적 진보의 표시로 해석한다면, 포르투갈에 대해 후퇴의 표시로 해석하는 것은 부당한 일이 아닐 수 없다. 14세기 중반부터 모로코산(産) 밀을 들여와서 소비해야만 했던 것도 약점으로 보아서는 안 된다. 사실 베네치아나 암스테르담에서 있었던 똑같은 상황에 대해서는 경제적 우월성과 이점의 당연한 결과로 해석하고 있지 않은가! 게다가 전통적으로 포르투갈에는 여러 도시와 마을들이 바다를 향해 개방되어 많은 어부와 선원들이 활동하고 있었다. 이들이 사용하는 바르카(barca)라는 배는 사각 돛이 달려 있고 많은 선원들이 승선하는 20-30톤 급의 소형 배인데, 이 배를 이용해서 아주 일찍부터 아프리카 해안과 카나리아 제도, 더 나아가서 아일랜드와 플랑드르까지 항해했다. 그러므로 해상 팽창에 필수적인 모터가 사전에 준비되어 있었던 것이다. 마지막으로 베네치아인들이 코르푸를 점령하고 2년 뒤인 1385년에 리스본에서 "부르주아” 혁명이 일어나서 아비스 왕조*가 들어섰다. 이 왕조는 부르주아 계급을 전면에 내세웠는데 이 부르주아들은 “수 세대 동안이나 존속하면서”201) 토지귀족을 반쯤 몰락시켰다. 귀족들은 이후로도 계속해서 농민층 위에 군림했으나 대신 해외에서 요새를 건설하고 그곳을 지휘하는 일이나 그곳의 토지를 경작시키는 일 등에 필요한 간부들을 제공했다. 이 나라 귀족은 봉사 귀족**이 되었다(이 때문에 포르투갈의 팽창은 순전히 상업적인 네덜란드의 식민화와 다른 성격을 띠었다). 요컨대 흑사병의 시련을 겪고 난(이 나라 역시 흑사병을 피하지는 못했다) 14세기 말 이후에 곧 포르투갈이 “근대”국가가 되었다고 말한다면 지나친 말이 되겠지만, 전체적으로 볼 때 이 나라는 적어도 반 이상은 근대국가라고 할 만하다.

그렇지만 포르투갈은 성공을 거두면서도 유럽 중심으로 성립된 세계-경제의 중심에 위치하지 못했다는 점에서 고통을 겪어야 했다. 여러 면에서 우월한 위치에 있었던 것은 사실이라고 해도 포르투갈의 경제는 세계-경제의 주변부에 속했다. 13세기 말 이후 지중해와 북해가 연결되면서 이탈리아 도시들과 영국, 브루게 그리고 간접적으로 발트 해까지 연결하는 자본주의적 원거리 해상 연결로가 만들어졌는데, 이 나라는 그 가운데 중간 기착지로 이용되었다.202) 그리고 갈수록 지중해의 포난트 지역이 레반트 교역과 잘 연결되지 않은 데다가 베네치아의 우월성이 독점으로 바뀌어가면서 이탈리아의 일부 기업들이 제노바와 피렌체의 영향 아래 점점 더 서쪽으로 방향을 바꾸어서 바르셀로나, 발렌시아, 모로코 해안, 세비야, 리스본 등지와 접촉했다. 이 과정에서 리스본은 국제적 중심지가 되었다. 외국인들의 거류지가 늘었고203) 유용한—그러나 결코 이해관계를 초월한 것은 아닌—도움을 많이 주었다. 어디에서든 재빠르게 뿌리를 내리는 제노바인들은 이곳에서 도매상

---

* 포르투갈의 두 번째 왕조로 1385-1580년에 이 나라를 지배했다. 이 이름은 이 왕조의 초대 국왕인 주앙 1세가 즉위할 때 아비스 교단의 단장이었던 데에서 유래한다.
** noblesse de service : 국가의 행정 및 군사 공직을 수행하는 귀족.

업뿐 아니라 원칙적으로 포르투갈의 자국민에게만 허용되던 소매상업까지 맡아서 했다.[204) 그러므로 리스본과 더 나아가서 포르투갈 전체는 외국인들의 통제 아래에 들어갔다.

외국인들은 포르투갈의 팽창과정에도 아주 중요한 역할을 했다. 물론 그것을 과장해서는 안 된다. 대개 외국인들은 자신이 성공을 준비했다기보다는 성공의 뒤를 좇다가 기회를 보아 남의 성공을 독차지했다는 것이 더 맞는 표현일 것이다. 그러므로 나는 남들이 어떻게 말하든지 간에 세우타 점령(1415)을 위한 원정을 외국 상인들이 주도했다고 확신할 수는 없다. 모로코의 여러 항구에 정착해 있던 제노바인들은 포르투갈인들의 정착에 노골적으로 반대하기까지 했다.[205)

대략 1443-1482년에 포르투갈이 블랑코 곶으로부터 콩고 강 어귀에 이르는 블랙 아프리카의 유용한 해안을 장악한 이후부터는 사정이 더 명확해진다. 그리고 마데이라 섬 점령(1420), 아조레스 제도의 재발견(1430), 카보-베르데 제도(1455), 페르난도 포 섬(비오코 섬)과 상 투메 섬의 발견(1471)과 함께 응집적인 경제공간이 형성되었다. 여기에서 핵심적인 활동은 상아, 말라게트(유사 후추), 사금 채취(연평균 1만3,000에서 1만4,000파운드에 달했다)와 노예무역(15세기 중반에는 연간 1,000명 정도 수준이었으나 곧 3,000명으로 늘어난다) 등이었다. 게다가 포르투갈은 1479년에 스페인과 체결한 알쿠바사(Alcobasa) 조약의 결과 블랙 아프리카와의 교역을 독점하게 되었다. 1481년에 요새를 건설함으로써—특기할 점은 이때 석재, 벽돌, 목재, 철 등 필요한 모든 자재들을 리스본으로부터 실어왔다는 점이다—이 독점을 확인하고 보장받았으며 이후 이 독점은 더욱 굳게 지켜졌다. 당시대인인 두아르테 파체쿠*가 쓴 『이즈마랄두 드 시투 오르비스(*Esmaraldo de Situ Orbis*)』라는

---

* Duarte Pacheco Pereira : 15세기 말과 16세기 초에 활동한 포르투갈의 선장, 탐험가. 카브랄이 브라질을 발견하기 2년 전인 1498년에 먼저 브라질에 도착했던 것 같다. 그 외에도 아프리카 해안을 탐험했고, 동양에서는 무역거점을 공격한 2만 명의 코지코드 군대를 200명으로 막아낸 전

책에 의하면206) 금 무역은 5 대 1의 수익을 가져다주었다고 한다. 한편 노예무역은 포르투갈 시장의 중개를 통해서 부유한 집에 필수불가결한 흑인 하인들을 공급했고, 재정복 운동(Reconquista) 이후 인구가 줄어든 알렘테주*의 황무지에 대영지의 건설을 가능하게 해주었으며, 마데이라에 사탕수수 플랜테이션을 발달시켜서 이곳에서 1460년 이후부터 사탕수수가 밀을 대체하도록 만들었다.

아프리카 대륙과 대서양 연안의 여러 섬들에 대한 정복은 주로 포르투갈의 작품이었다. 그렇지만 제노바인과 피렌체인(그리고 아조레스 제도의 경영에 관해서는 플랑드르인 역시)도 여기에 지대한 공헌을 했다. 특히 지중해 동부부터 시칠리아, 남부 스페인, 모로코, 포르투갈의 알가르브 지역 그리고 마데이라와 카보-베르데 제도 등지로 사탕수수 플랜테이션을 널리 퍼뜨린 것은 제노바인 덕분이었다. 더 훗날 카스티야인이 정복한 카나리아 제도에 사탕수수가 도입된 것도 이와 비슷한 일이다.

마찬가지로 포르투갈의 발견의 정점인 바스쿠 다 가마의 주항이 "제노바인들에게 하나도 빚진 것이 없다"는 렐프 데이비스의 말이207) 사실이라고 해도, 리스본에 정착해 있던, 혹은 그곳에 자주 들르던 이탈리아, 남부 독일, 네덜란드 등지의 상인들이 이 상업적 성공에 두루 연관되었던 것 역시 사실이다. 포르투갈인과 리스본에 주재하는 상업 지향적인 국왕의 힘만으로 그 길고 비용이 많이 드는 동인도 항로를 감당할 수 있었겠는가? 사실 포르투갈의 동인도 항로는 세비야와 서인도 사이에 카스티야인들이 개설한 서인도 항로(Carrera de Indias)보다도 훨씬 큰 규모였다.

마지막으로 주목해야 할 점은 포르투갈이 인도 방향으로 노력을 경주한

공을 쌓기도 했다. 고국에 귀환한 후 많은 명예를 얻었으나 말년에 공금 횡령 혐의로 빈곤 속에서 생을 마쳤다. 그의 탐험기록은 1892년과 1903년에 출판되었다.

* Alemtejo : 알렘테주(Alentejo). 포르투갈 남동쪽에 있는 옛 주로서 에보라(Evora)가 주도였다. 현재는 농사가 주업일 정도로 관개시설이 잘 갖추어져 있다.

결과 아메리카를 놓치는 대가를 치렀다는 점이다. 아메리카라는 이 보물은 거의 이들의 수중에 들어온 것이나 다름없었다. 크리스토퍼 콜럼버스가 포르투갈 국왕과 그의 보좌관들에게 제안한 여행이 그들에게는 몽상적으로 보였다. 그런데 이때는 바르톨로메우 디아스가 리스본에 귀항하여(1488) 대서양과 인도양 사이의 연결이 확실하다는 것을 보여준 때였다. 포르투갈인들은 몽상적인 것보다는 확실한 것(즉 "과학적인" 것)을 택했다. 포르투갈인들 자신이 1497년경에 어부와 고래잡이 작살꾼들을 뉴펀들랜드에까지 보내서 스스로 아메리카를 발견했고, 또 1501년에 브라질에 상륙했으나 이때에는 이미 몇 년 뒤처져 있었다. 그러나 1498년에 바스쿠 다 가마가 귀환하여 후추 전쟁에서 승리를 거두었고 그가 발견한 이 항로를 곧바로 이용할 수 있게 되어 유럽의 상업세력 전체가 리스본에 활동적인 대리인들을 급파하려고 하던 이때에 아메리카를 놓친 실수가 어느 만큼 컸는지를 누가 알 수 있었겠는가? 더구나 이때는 지난날의 여왕인 베네치아가 경제적으로 기력을 잃고 큰 타격을 받던 때가 아닌가? 1504년에 베네치아의 갤리선들은 이집트의 알렉산드리아에서 단 한 푸대의 후추도 발견하지 못했던 것이다.[208]

안트베르펜, 외부세력이 만든 세계의 수도

그러나 리스본이 아무리 중요해도 세계의 새로운 중심지가 되지는 못했다. 리스본은 수중에 모든 으뜸 패들을 다 쥐고 있는 것처럼 보였다. 그런데도 이런 리스본을 바람맞히고 승리를 챙긴 곳은 안트베르펜이었다. 베네치아가 승리를 놓친 것은 논리적으로 당연하다고 쳐도, 리스본이 승리하지 못한 것은 얼핏 보면 아주 놀라운 일로 보인다. 그러나 리스본이 성장하는 과정자체에서 하나의 세계-경제 속에 갇혀 아예 그 안에 파묻히고 또 고정된 자리를 받아들여야 했다는 사실을 생각하면 어느 정도 설명이 가능하다. 또한 북유럽이 계속 자신의 역할을 유지했으며 따라서 유럽 대륙의 균형이 당연히 북쪽으로 치우쳐갔다는 점과 후추와 향신료의 주요 소비자들이 십중팔구 유럽 대륙의 북쪽에 있다는 사실 등도 여기에서 함께 생각해볼 수 있다.

그렇지만 안트베르펜이 갑자기 부유해진 사실을 너무 단정적으로 단순화시켜서 설명하지는 말자. 스헬더 강변에 위치한 안트베르펜은 오래 전부터 북유럽의 상업과 교환의 중개점에 위치해 있다가 브루게를 대체했다고 사람들은 이야기해왔다. 그것은 한 도시가 쇠퇴하고 다른 한 도시가 성장했다는 흔해 빠진 설명이다. 훗날 1585년에 알레산드로 파르네세가 안트베르펜을 점령했을 때 이 도시가 암스테르담에게 자리를 내주었다는 설명도 마찬가지이다. 이런 것들은 사태를 너무 국부적인 시각에서 보는 것이다.

사실은 그보다는 더 복잡하다. 브루게만큼이나 혹은 그 이상으로 안트베르펜은 베네치아의 계승자이다. 사실상 **안트베르펜의 세기**라고 할 수 있는 **푸거의 세기**[209] 동안 안트베르펜은 **전 세계** 경제의 중심을 차지하고 있었는데 이것은 절정기의 브루게도 결코 이루지 못한 일이었다. 따라서 안트베르펜은 비록 외부의 힘에 의해서 만들어졌다고는 해도 단지 인접한 경쟁자의 후계자였던 것만은 아니다. 1277년에 즈빈 강변에 위치한 이 도시(브루게)에 도착한 제노바의 선박들은 이 도시를 실제 이상의 지위로 격상시켰다. 마찬가지로, 15세기 말에 있었던 세계 교역로의 이전과 대서양 경제의 개막이 안트베르펜의 운명을 결정했다. 이곳으로서는 1501년에 스헬더 강의 부두에 후추와 육두구를 실은 포르투갈 선박 한 척의 도착만으로도 모든 것이 바뀌는 시초가 되었다. 그후에 다른 모든 것들이 그 뒤를 이었다.[210]

따라서 이 도시의 위대함은 스스로 만든 것이 아니다. 그런데 어쨌든 이 도시는 그 위대함을 감당할 수단을 갖추고 있었을까? 앙리 피렌이 말했듯이[211] "브루게와 마찬가지로 안트베르펜도 상업선단을 보유한 적이 결코 없었다." 또다른 약점으로서는 1500년이든 그 이후로든 이 도시는 한 번도 상인들이 지배해본 적이 없었다. 시 행정관들(échevins, 영국인은 이들을 안트베르펜의 지배영주들[lords]이라고 불렀다)은[212] 소수 토지귀족층에 속한 사람들이었고 그 권력을 수 세기 동안 유지했다. 원칙적으로 이들은 사업계에 몸

담아서는 안 되었다. 참으로 이상한 이 금지사항은 여러 번 반복해서 천명되었는데, 아마도 이 사실 자체가 이 조치가 잘 지켜지지 않았다는 증거일 것이다. 마지막으로 안트베르펜에는 국제적 역량을 지닌 이곳 출신의 상인이 없었다. 이런 요건을 갖춘 사람들은 한자 상인, 영국인, 심지어 프랑스인, 특히 포르투갈인, 스페인인, 이탈리아인 같은 남유럽인들이었다.

그런데 사실 이런 말들은 뉘앙스를 두고 이야기해야 할 사항들이다. 안트베르펜도 선단을 전혀 보유하지 않은 것은 아니어서[213] 80-100톤급의 소형 선박들 100여 척이 있었다. 그러나 발헤런 섬*까지 가거나 혹은 그 이상으로 스헬더 강을 거슬러올라가는 홀란트, 제일란트, 포르투갈, 스페인, 이탈리아, 라구사, 카탈루냐, 영국, 브르타뉴 등지의 외지 상선들에 비할 때 그 정도의 선박들이 무슨 의미를 가지겠는가?[214] 안트베르펜의 "지배영주들"에 대해서 말하자면, 이 덕망 있는 사람들은 대개 어느 정도 드러내놓고 하는 대부업자였다.[215] 그러므로 이들은 나름대로 이 도시의 상업적 이해에 봉사한 셈이다. 그렇다고 하더라도 이 도시는 순진무구한 듯이 손을 떼고 있었던 반면, 다른 도시들이 이곳의 문을 두드리고 들어와서 이곳을 번영시켰다는 것은 여전히 사실이다. 안트베르펜이 세계를 탐욕스럽게 장악한 것이 아니라 그 반대였다. 대발견들로 인해서 중심축을 상실한 세계가 대서양 방면으로 균형이 기울다가, 더 나은 대안이 없어서 이곳을 차지해버렸다. 그러므로 이 도시는 확고하게 세계 정상을 차지하기 위해서 싸운 것이 아니다. 단지 어느 날 깨어보니 정상에 올라와 있었던 것이다.

그러나 안트베르펜이 곧바로 자신이 맡은 역할을 완벽하게 수행했다고는 말할 수 없다. 안트베르펜은 아직 자신의 과업을 제대로 익히지 못했고 심지어는 **독립적인** 도시도 되지 못했다. 이 도시는 1406년에 브라반트 공작령 속에 재병합되어[216] 공작의 지배하에 놓였다. 그렇더라도 자신의 문제에 대해

---

* Walcheren : 네덜란트 제일란트 주의 스헬더 강 어귀에 있던 섬. 현재는 대륙에 연결되었다.

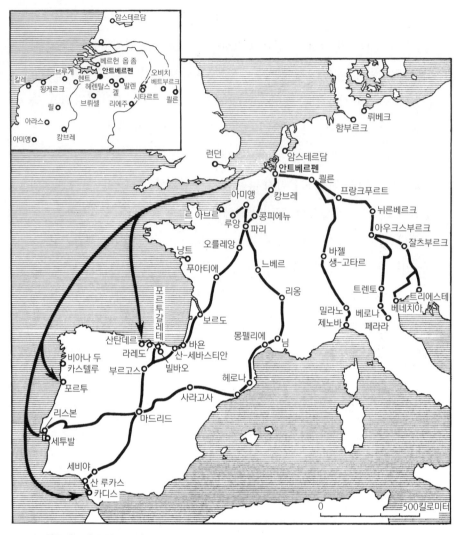

16. 안트베르펜의 핵심 교역로
안트베르펜의 교역로들은 이탈리아의 중계점, 그리고 리스본과 세비야의 중요 연결지들에서 중단된다. 그렇지만 브라질, 대서양의 여러 섬들, 아프리카 해안 방향으로는 교역로들이 연장된다(그러나 이 지도에는 표시되어 있지 않다). 지중해는 실제로 직접 연결되지는 않았다. (바스케스 데 프라다, 『안트베르펜의 상업서한들』, 제1권, 발행연도 불명, p.35)

서 내키지 않는 명령의 집행을 고의로 지체시키는 방식으로 꾀를 부릴 수도 있었을 것이다. 예컨대 종교 문제에 관해서는 성장에 필수적인 종교적 관용 정책을 이런 식으로 지켜냈다.[217] 훗날 이곳을 관찰했던 로도비코 구이차르디니는 독립을 향한 이와 같은 노력을 예리하게 지적했다(1567). "이곳은 거의 자유도시에 가까워서 스스로를 통치하고 지배한다."[218] 그러나 안트베르펜은 베네치아와도 다르고 제노바와도 다르다. 예컨대 이곳은 한창 절정기의 활동을 벌이고 있던 상황에서 1518년과 1539년에 브뤼셀 "정부"가 행한 화폐조치 때문에 고통을 겪었다.[219] 덧붙여 이야기해야 할 점은 이 도시는 비약적인 발전의 순간에도 구식 도시 또는 봉건적인 도시였다는 점이다.[220] 이 도시가 여전히 정기시의 특징을 가지고 있다는 데에서 그 점을 알 수 있다.[221] 이것은 외국인을 맞이하고 시간을 다투어 빨리 거래를 체결해야 하는 상업영역에서 각별한 이점을 안겨주었다. 그러나 해상사업이나 원거리 교역, 근대적인 상업조직 등에 관해서는 거의 또는 전혀 경험이 없었다. 그러니 어떻게 곧바로 자신의 새로운 역할을 완벽하게 수행할 수 있겠는가? 다만 어느 정도 빠르게 적응하고 즉흥적으로 대처해야 했다. 안트베르펜은 그야말로 즉흥성의 장소였다.

안트베르펜의 발전단계들

안트베르펜이 맡은 새로운 역할이 외부의 국제상황에 의존하고 있다는 것은 모든 점에서 명백하다. 베네치아는 장구한 투쟁을 거친 후에 한 세기 이상 의심의 여지 없는 우월성을 누렸고(1378-1498) 암스테르담도 이와 비슷하게 한 세기 이상 우월성을 유지했다. 그러나 이와 달리 안트베르펜은 1500년부터 1569년까지 대단히 변화무쌍한 시기를 보냈다. 그리하여 너무나도 많은 충돌, 도약, 재기를 경험했다. 이 도시에는 불명확한 여러 역선(力線)이 가로지르고 있었다. 이것들은 이 도시에 다양한 선물을 가져다주기도 하지만 동시에 당시 전 세계를 장악해가던 유럽의 제약적이면서도 모호한 의지를 이곳에 부과하는 바람에—어쩌면 그럼에도 불구하고—이 도시의 번영의 지반이 끊임없이 변동을 겪었다. 안트베르펜의 불명확성의 주요 원인(내가 헤르만 반 데르 베의 고전적인 책[222]을 재독[再讀]하고 난 후의 결론이다)은 16세기에도 유럽의 전체 경제가 여러 콩종크튀르와 갑작스러운 사태의 영향하에 있어서 아직도 정상적인 순항속도와 장기지속적인 균형을 찾지 못했다는 데에 있었다. 다른 곳에 비해서 약간 더 강한 충격만 가해도 안트베르펜의 번영은 기반이 바뀌게 되며 그 결과 쇠퇴해버리든지 혹은 그 반대로 눈에 띄게 개선되어 곧 번영을 누리고는 했다. 특히 이곳의 발전이 유럽의 콩종크튀르에 아주 규칙적으로 반응하기 때문에 더 그랬다.

안트베르펜은 너무나도 뚜렷한 차이를 보이는 발전단계를 거쳐서, 마치 유사하지만 서로 다른 세 개의 도시들을 차례로 보는 것 같다고 말해도 과언이 아니다. 그 세 도시는 각각의 상승기와 그에 뒤따른 어려운 시기를 겪어나갔다.

이 세 번의 연속적인 도약들(1501–1521, 1535–1557, 1559–1568) 중에 첫 번째는 포르투갈의 영향 아래에서 이루어졌다. 이때에는 후추가 관건이 되는 상품이었다. 그러나 반 데르 베가 지적하듯이[223] 포르투갈이 완전히 자기 역할을 다하게 된 것은 후추를 지배하는 리스본의 국왕과 은을 지배하는 남부 독일의 대상인들—벨저 가문, 회흐슈테터 가문 그리고 이들보다 더 거대하고 운이 좋았던 푸거 가문—이 조우하면서부터이다. 두 번째 도약은 스페인 및 아메리카산의 은 덕분이었다. 은은 1530년대에 아메리카를 지배하는 정치가들이 외부지향적인 경제를 주장하는 데에 결정적인 논거를 제공했다. 마지막 세 번째 도약은 카토-캉브레지 조약(1559) 이후 평온을 되찾고 안트베르펜과 네덜란드의 산업이 급격하게 발달한 덕분이었다. 그러나 이 세 번째 시기에 전개된 산업활동의 맹공(猛攻)은 차라리 마지막 수단이 아니었을까?

첫 번째 도약, 첫 번째 실망

1500년경에 안트베르펜은 아직 수련생에 불과했던 반면, 주변의 브라반트나 플랑드르와 같은 인구 밀집 지역은 행복한 발전 시기를 보내고 있었다.

한자 동맹 상인들이 축출된 시기도 이때쯤이었을 것이다.[224] 대서양의 여러 섬들에서 생산되는 설탕이 꿀을 대체했고 비단이라는 사치품이 모피라는 사치품을 대체했다. 그러나 아직 발트 지역에서는 홀란트와 제일란트의 배들이 한자 동맹 상인들의 배와 경쟁 중이었다. 영국인들은 베르헌 옵 좀과 안트베르펜의 정기시들을 직물 수출을 위한 거점으로 만들었다. 이곳에 가공되지 않은 상태의 직포를 수입해서 현지에서 염색을 한 후 전 유럽 지역—특히 중유럽 지역—으로 재수출했다.[225] 안트베르펜의 마지막 장점은 이곳에 많은 남부 독일 상인들이 정착해 있었다는 점이다. 최근 연구에 의하면[226] 이 상인들이 브루게보다 안트베르펜을 선택한 최초의 사람들이었다(이들에게는 안트베르펜이 더 접근하기에 편했다). 이 상인들은 안트베르펜에 라인 포도주, 구리, 은—아우크스부르크 상인과 은행업자들에게 부를 가져다준—을 가지고 들어왔다.

포르투갈의 해상항로가 개설된 이후 안트베르펜으로 직접 후추가 들어오는 뜻밖의 사태가 일어나자 안트베르펜의 교역여건은 단번에 전적으로 바뀌었다. 향신료를 실은 배가 처음 닻을 내린 것은 1501년이었다. 1508년에는 포르투갈의 국왕이 플랑드르 페이토리아(feitoria : 상관)를 세웠는데[227] 이것은 인도 상관(Casa da India)의 안트베르펜 지사에 해당한다. 그러면 도대체 왜 포르투갈 국왕이 안트베르펜을 선택했을까? 우리가 이미 지적한 것처럼 후추와 향신료의 고객들이 북유럽 및 중유럽에 있었기 때문이다. 이전까지는 이들에 대한 공급이 주로 베네치아의 독일 상관을 통해서 남쪽으로부터 이루어졌다. 또다른 이유로는 아마도 포르투갈이 플랑드르와 예전부터 해상을 통해서 연결되어 있었기 때문일 것이다. 그리고 마지막으로 지적할 사실은 포르투갈이 오랜 노력 끝에 아시아에 도달하기는 했지만 베네치아와는 달리 그로부터 생기는 부를 유지하고 관리하는 일, 즉 향신료 분배의 전 과정을 조직하는 데에 필요한 재원이나 크레딧이 없었다는 점이다. 이미 인도와 유럽 사이의 왕복을 위해서 거액을 투입했을 뿐 아니라, 인도양에서 해적의 공격을 받는 일이 발생한 후에는 후추와 향신료를 구입하기 위해서 은이나 구리와 같은 현찰로 지불해야만 했다. 재분배를 다른 사람의 수중에 넘긴다는 것은 훗날 동인도회사들이 그랬던 것처럼 재판매의 수고로움과 소매상들에게 크레딧을 제공하는(대금의 결제는 12-18개월 뒤에 이루어졌다) 비용을 남에게 떠넘긴다는 것을 뜻한다. 이 모든 이유 때문에 포르투갈은 안트베르펜의 사업계를 믿고 따른 것이다. 영국의 직물에 대해서 한 일을 포르투갈의 후추와 향신료에 대해서 하지 못할 이유가 어디 있겠는가? 포르투갈인들은 아시아에서의 지불에 꼭 필요한 독일산 구리와 은을 안트베르펜에서 발견했다.

안트베르펜을 통한 북유럽에서의 재분배는 효과적이었다. 수년 내에 베네치아의 독점은 분쇄되거나 적어도 위협을 당했다. 동시에 구리와 은이 베네치아로부터 리스본으로 이전되었다. 1502-1503년에는 푸거 가문이 수출하는 헝가리산 구리 중에서 24퍼센트만이 안트베르펜으로 갔다. 그런데 1508-1509년에는 안트베르펜으로 가는 비율이 49퍼센트인 반면, 베네치아로 가는 비율이 13퍼센트가 되었다.[228] 은의 경우 1508년 네덜란드 정부의 공식 기록에 의하면 6만 마르*가 안트베르펜을 통해서 리스본으로 갔다고 한다.[229] 서유럽은 자신의 은을 모두 포르투갈의 교역에 쏟아부은 셈이다. 결국 안트베르펜의 붐을 조성한 사람들은 독일 상인들이었다. 구리 산업 중심지인[230] 아헨의 셰츠 가문을 비롯해서, 아우크스부르크의 임호프 가문, 벨저 가문, 푸거 가문 등이 대표적인 상업가문들이다. 이 가문들이 누리는 이윤은 계속 누적되어갔다. 1488-1522년에 임호프 가문은 매년 8.75퍼센트씩 자본이 증가했고, 1502-1517년 동안 벨저 가문의 경우에는 9퍼센트, 1511-1527년 동안 푸거 가문의 경우에는 총 54.5퍼센트의 자본이 증가했다.[231] 이 급변하는 세계에서 이탈리아의 기업들은 심각한 곤경에 부딪혔

---

* marc : 금이나 은에 대한 옛 중량 단위. 1마르 = 8온스 = 244.75그램.

다. 프레스코발디 가문은 1518년에 파산했고 구알테로티 가문은 1523년에 사업을 정리했다.[232] 안트베르펜이 확실하게 번영을 누렸다고는 하지만 진정한 화폐시장으로 발전하지는 못했다. 그러한 시장은 유럽의 중요한 금융중심지들—그중에서도 특히 리옹, 제노바 그리고 카스티야의 정기시들—을 모두 연결하는 지불과 크레딧의 순환, 즉 환어음 순환에 연결될 때에만 가능했는데, 안트베르펜은 이런 연결이 아주 느리게 이루어졌다. 예를 들면 당시 주도적인 역할을 하던 리옹과의 연결은 1510-1515년에 가서야 가능했다.[233]

1523년 이후는 안트베르펜으로서는 음울한 시기였다. 1521년부터 1529년까지 계속되던 발루아 가문과 합스부르크 가문 사이의 전쟁이 국제상업을 마비시켰고 그 후속 결과로서 이제 막 걸음마 단계에 있던 안트베르펜의 화폐시장을 방해했다. 1530년대에 들어가자 후추와 향신료 시장도 쇠퇴했다. 무엇보다도 리스본이 재분배 역할을 스스로 맡아서 했다. 그리하여 플랑드르 페이토리아가 존재이유를 상실하여 1549년에 해체되기에 이르렀다.[234] 그 이유는 마갈량이스 고디뇨가 지적했듯이[235] 아마도 리스본이 지척에 있는 세비야에서 아메리카산 은을 얻을 수 있었던 반면, 독일 광산들은 쇠퇴를 계속하여 1535년 이후부터는 거의 채굴을 하지 않았기 때문이다.[236] 그러나 이보다 더 중요한 이유는 베네치아가 다시 활동을 재개했다는 점이다. 레반트를 통해서 수입하여 베네치아가 재판매하는 후추는 값은 비쌌으나 품질이 더 좋았다.[237] 그래서 1530년대 이후, 특히 1540년대에 들어와서는 중동지방에서의 후추 구입량이 증가했다. 리옹의 경우[238] 후추 교역에서 베네치아가 차지하는 비중이 85퍼센트에 달했다. 물론 리스본은 안트베르펜으로 계속해서 후추를 송출했으며 또 이렇게 들어온 포르투갈 후추는 안트베르펜의 시장을 활성화시켰다. 발헤런 섬 앞에는 1539년 11월부터 1540년 8월까지 328척의 포르투갈 선박이 닻을 내렸다.[239] 그러나 새로운 콩종크튀르에서 후추는 이제 더는 예전과 같은 최고의 모터 역할을 하지 못했다. 포르투갈은 더 이상 후추를 독점하지 못했다. 포르투갈과 베네치아는 거의 대등하게 후추 무역을 분할했고 이 분할은 점차 굳어져갔다. 16세기 중엽의 이러한 단기 불황이 안트베르펜이 곤경에 빠지는 데에 적지 않은 영향을 미쳤을 것이다.

안트베르펜의 두 번째 성공

안트베르펜을 다시 부흥시킨 요소는 세비야를 경유하여 수입되는 아메리카의 은이다. 1537년에 스페인에는 은이 과도하게 많아서 카를 5세 정부는 금의 가치를 절상할 수밖에 없었다. 금과 은 사이의 교환비율은 1 대 10.11에서 1 대 10.61이 되었다.[240] 이렇게 부가 크게 증가한 덕분에 스페인(더 정확히 말하자면 카스티야)은 정치적, 경제적 측면에서 새로운 차원으로 진입했다. 카를 5세라는 한 개인으로 구현된 형태의 합스부르크 가문은 스페인, 네덜란드, 신성 로마 제국 등지를 동시에 지배했고 1535년 이후부터는 여기에 더하여 이탈리아까지 확고하게 지배했다.[241] 전 유럽에 걸친 지불을 수행해야 했던 황제는 1519년부터 아우크스부르크의 대부상인들과 관계를 맺었는데 이때 안트베르펜은 마치 수도와 같은 역할을 했으며 푸거 가문과 벨저 가문이 여기에 필요한 거액을 동원하고 수송하는 역할을 했다. 이런 것이 없었다면 제국의 정책은 불가능했을 것이다. 이런 상황에서 안트베르펜의 화폐시장 서비스는 황제에게 필수불가결했다. 이 시장은 정확히 1521-1535년의 기간에 구성되었다. 이 기간은 상업이 활기를 잃은 힘든 시기로, 황제에게 20퍼센트 이상의 이자율로 빌려주는 것이 그나마 자본을 가장 유리하게 운용하는 길이었다.[242]

그러므로 포르투갈에서 일어났던 일이 이제 스페인에서 다시 일어났다. 대서양 너머에서 새로 맡게 된 과제, 즉 아메리카를 착취하고 처음부터 새로 건설하는 일을 스페인 혼자서 하기에는 힘에 부쳤으므로 유럽 전 지역으로부터 여러 다양한 도움을 받아 이 일을 수행했다. 발트 지역으로부터 목재,

통널, 타르, 선박, 밀, 호밀 등을 들여와야 했고 네덜란드, 독일, 영국, 프랑스로부터는 아메리카로 재수출할 직포, 가벼운 모직물, 철물 등의 공산품을 들여왔다. 때로 그것은 엄청난 양에 달해서 1553년에는[243] 5만 필의 직물이 안트베르펜으로부터 포르투갈과 스페인으로 갔다. 1530년 이후, 특히 1540년대에 들어와서부터 제일란트와 홀란트의 선박들이 플랑드르-스페인 사이의 항해를 도맡았다. 특히 비스카야 만 지역의 배들을 카레라 데 인디아스(Carrera de Indias : 인도 항로)로 돌려쓰고 있었기 때문에 그로 인하여 빌바오와 안트베르펜 사이를 연결하는 항해가 공백이 되었으므로 제일란트와 홀란트의 배들이 더욱 유용하게 쓰였다. 따라서 1535년에 튀니스에 대항해서, 그리고 1541년에 알제에 대항해서 카를 5세가 플랑드르의 우르크선 수십 척을 동원하여 사람, 말, 무기, 보급품을 실어나른 것은 이런 맥락에서 보면 전혀 이상한 일이 아니다. 더군다나 북유럽의 배를 동원하여 카레라 데 인디아스 선단을 증강시키기도 했다.[244] 북유럽과 이베리아 반도 사이의 연결이 이처럼 완수된 것이 스페인의 역사와 더 나아가서 세계사에 얼마나 중요한 현상이었는지는 말로 할 수 없을 정도이다(이 문제에 대해서는 나중에 다시 살펴볼 것이다).[245]

이에 대한 대가로 스페인은 안트베르펜으로 양모(이것은 아직은 브루게에 하역되었으나[246] 곧 안트베르펜으로 장소를 옮긴다), 소금, 명반, 포도주, 건과, 기름 그리고 여기에 더해서 아메리카산 코치닐과 염료용 목재, 카나리아 제도의 설탕과 같은 해외산물을 보냈다. 그러나 이것만으로는 충분하지 않았기 때문에 스페인은 화폐와 은괴를 보내 수지를 맞추었고 이것들은 흔히 안트베르펜의 조폐국에서 재주조되었다.[247] 아메리카산 은과 스페인 상품들이 안트베르펜의 경기를 다시 활성화시켰다. 독일과 포르투갈의 영향 아래 있던 16세기 초의 안트베르펜이라는 미성년자는 이제 "스페인적인" 도시로 탈바꿈했다. 1535년 이후 실업을 유발시켰던 사업의 쇠약증은 사라졌다. 계속 변신이 일어났고 각자는 이로부터 교훈을 끌어냈다. 산업도시 레이던

은 직물을 발트 지역에 팔기 위해서 1530년에 암스테르담에 중앙시장*을 개설했다가 이제 이곳을 포기하고 1552년에 안트베르펜에 새로 중앙시장을 개설했는데, 스페인, 신대륙, 지중해의 시장을 겨냥한 것이었다.[248]

1535-1557년은 의심의 여지 없이 안트베르펜의 전성기였다. 그 어떤 때에도 이 도시가 이처럼 번영했던 때는 없다. 이 도시는 끊임없이 성장했다. 부가 막 쌓이기 시작하던 1500년에는 겨우 4만4,000-4만9,000명이던 인구가 1568년 이전에 10만 명을 넘어섰고 가구 수도 6,800가구에서 1만3,000가구로 두 배가 되었다. 새로운 광장들과 거리들(그 길이를 모두 더하면 8킬로미터 이상이 되었다)이 들어서고 도시의 기반과 경제 중심지들이 형성되면서 이 도시에는 많은 건설 작업장들이 산재했다.[249] 사치, 자본, 산업활동, 문화 등이 모두 정상에 있었다. 물론 여기에는 그에 따른 반작용도 있었다. 물가와 임금이 상승하고, 부익부 빈익빈 현상으로 빈부격차가 심화되었으며, 비숙련 노동자나 짐꾼 또는 파발꾼 같은 프롤레타리아 층이 증가했다. 강력한 길드 안으로도 쇠퇴의 기운이 스며들어와서 자유로운 장인층 대신 임금 노동층이 증가했다. 재단사 길드를 보면 1540년에 1,000명 이상의 노동자들이 비숙련공과 반숙련공이었다. 1명의 마스터는 8명, 16명, 심지어 22명의 노동자들을 고용할 수 있게 되었다. 예전에 이퍼르 같은 곳에서 시행하던 엄격한 길드 규제와는 거리가 멀었다.[250] 매뉴팩처는 소금과 설탕의 정제, 비누 제조, 염색과 같은 새로운 분야에서부터 형성되었다. 이곳에서는 빈민들을 아주 싼 임금―기껏해야 숙련공 월급의 60퍼센트에 해당한다―을 주고 고용했다. 숙련공들의 무기였던 파업이 저지되었던 것도 이와 같이 비숙련 노동자들이 많은 수를 차지했기 때문이다. 그러나 파업이 없는 대신 어느 날엔가 소요와 격렬한 폭동이 일어날 것이다.

안트베르펜의 두 번째 번영은 1557년에 있었던 스페인 정부의 파산으로

---

* halle : 이 용어에 대해서는 이 책 제2권 36쪽의 역주를 참조하라.

결정적인 타격을 입었다. 이 파산은 황제 지배하의 모든 지역에 영향을 미쳤을 뿐 아니라 황제령으로 둘러싸여 있던 프랑스, 특히 1558년에 리옹과 앙리 2세의 왕실재정을 동시에 파산시켰다. 안트베르펜에서도 이곳을 지탱해주던 화폐순환이 깨져버렸다. 안트베르펜은 이 타격으로부터 결코 만족스러운 수준까지 회복하지는 못했다. 독일 은행가들은 이제 카스티야의 사업에서 떨어져나갔고 제노바인들이 대신 들어왔다. "푸거의 세기"가 막 끝난 것이다.

산업적인 도약

그렇지만 안트베르펜의 경제는 다시 살아났다. 그러나 이번에는 이전과는 완전히 다른 차원이었다. 이것이 세 번째의 도약이다. 발루아 가문과 합스부르크 가문 사이의 전쟁이라는 유령을 쫓아낸 카토-캉브레지 조약(1559) 직후에 스페인, 프랑스, 이탈리아, 발트 지역 방면에서 통상이 재개되었다. 발트 지역에서는 한자 동맹이 이상하리만큼 다시 흥기했다(안트베르펜에 웅대한 한자 동맹 건물이 건설된 것도 이때이다).[251] 프랑스와 영국 사이 그리고 덴마크, 스웨덴, 폴란드 사이에 전운이 감돌고, 또 영불해협, 북해, 발트 해에서 선박의 나포와 압류가 행해졌지만 안트베르펜의 교역은 다시 활기를 되찾았다. 그러나 위기 이전의 수준을 되찾지는 못했다.[252] 다른 한편 영국이 장벽을 치기 시작했다. 엘리자베스 여왕은 치세 초기에 파운드 스털링 화를 평가절상함으로써 영국 경제를 심각한 위기로 몰아넣었다. 영국이 한자 동맹과 네덜란드의 상인들에게 그토록 적대적인 태도를 보인 연유가 그 때문이다. 1567년 7월에 영국은 많은 주저 끝에 직물 수출의 거점항으로 함부르크를 선택했다. 이 도시는 독일 시장에 대한 공략의 측면에서 안트베르펜보다 더 유리한 접근로였다. 조만간 함부르크는 영국으로부터 가공하지 않은 직물을 들여와서 끝손질을 한 다음 재판매했다.[253] 이것은 안트베르펜에 대해서는 대단히 심각한 충격이었다. 게다가 안트베르펜 시장을 속속들이 잘 아는 토머스 그레셤은 1566년에 런던 교환소*의 초석을 마련했다. 이 방면에서도 영국은 안트베르펜에 대해서 독립적이려고 했다. 마치 아버지로부터 독립하려는 아들의 반항과 같은 것이었다.

이런 상황에서 해결책을 구하던 안트베르펜이 찾아낸 것이 바로 산업활동이었다.[254] 상업이나 공공대부에서 투자처를 발견하지 못하던 자본은 이제 작업장으로 눈을 돌렸다. 안트베르펜을 비롯해 네덜란드 전체에서 모직물, 아마포, 카펫 제조업이 극도로 발전했다. 누구든지 1564년에 이 도시를 보면 장래에 이곳이 어마어마한 부를 얻게 되리라고 확신했을 것이다. 그런데 실제로 이런 붐은 곧 소멸되었는데 그것은 경제 혼자만의 일이 아니라 네덜란드를 휩쓴 사회적, 정치적, 종교적 거대한 무질서의 결과였다.

정치가들은 이것이 불복종의 위기라고 진단했지만 사실은 경제적 위기 그리고 물가고에 시달리는 사회적 드라마가 밑에 깔려 있는 심층적인 종교혁명이었다.[255] 이 혁명에 대한 서술과 분석이 우리의 과제는 아니다. 그러나 우리가 보기에 중요한 것은 안트베르펜이 소요에 빠졌다는 사실이다. 1566년 8월 20일과 21일 양일간에 걸쳐 전반적으로 혼미한 분위기 속에서 성상(聖像) 파괴라는 유행병이 이 도시를 흔들어놓았다.[256] 섭정인 마르게리타 디 파르마가 양보와 타협을 하면 모든 것이 가라앉을 가능성이 아직도 있었으나[257] 펠리페 2세는 강경책을 선택해서, 안트베르펜의 소요가 일어난 지 거의 1년 후에 알바 공작이 이끄는 원정군이 브뤼셀에 도착했다.[258] 질서를 찾기는 했으나 이미 전운이 감돌기 시작했다(실제 전쟁은 1572년에 가서야 발발한다). 영국인들은 1568년에[259] 영불해협과 북해에서 비스카야 만 지역의 사브라**를 나포하여, 면화, 알바 공작에게 전달하려던 은, 그리고 수송업자들이 밀수하여 들여오던 은을 압수했다. 이제 네덜란드와 스페인 사이의

---

* London Exchange : 1566년에 그레셤이 건설했다. 부르스(Burse) 또는 익스체인지(Exchange)라고 불리다가 후일에 로열 익스체인지(Royal Exchange)라는 이름을 부여받았다.

** zabra : 돛대가 두 개 달린 옛날 화물선의 일종.

해상연결은 거의 끊어졌다.

물론 안트베르펜이 그 즉시 사라진 것은 아니다. 그후로도 오랫동안 안트베르펜은 중요한 중심지로서 각종 산업을 거느렸고 스페인 정치의 금융 중계지 역할을 했다. 그러나 이제 스페인의 군대에게 지불하는 돈과 환어음은 남쪽으로부터 제노바를 경유하여 들어왔다. 이렇게 펠리페 2세의 정치자금의 경로가 변동된 결과 유럽의 중심지는 제노바로 이전했다. 안트베르펜의 세계적인 몰락은 아주 먼 곳에 연원을 두고 있다. 그것은 정확히 지중해의 시계에 맞추어져 있었다. 이 점에 대해서는 곧 다시 설명할 것이다.

안트베르펜의 독창성

안트베르펜의 성공은 상대적으로 짧은 기간에 불과했지만, 아주 중요하고 또 부분적으로는 자본주의의 역사에 독창적인 고리를 이룬다.

안트베르펜이 외국 손님들로부터 많은 것을 배운 것은 사실이다. 우선 다른 지역들과 마찬가지로 이탈리아인들로부터 복식부기를 배웠다. 국제결제를 위해서는 다른 곳들처럼—그러나 더 신중하고 조심스럽게—환어음을 사용했는데 그 결과 여러 지역 간의 자본과 크레딧 순환에 이 도시가 참여하게 되었다. 그러면서도 이곳은 때때로 자기 자신만의 해결책들을 고안하고는 했다.

사실 1500년경에 안트베르펜은 일상에서 나날이 일어나는 갑작스러운 상황들, "극심한 긴장"을 일으키는 상황들에 대한 해결책을 찾아낼 필요가 있었다.[260] 브루게와 달리 안트베르펜은 이 당시에도 진정한 은행조직이라고 할 만한 것이 없었다. 아마도 그 이유는 반 데르 베가 지적하듯 부르고뉴 공작이 취한 금지조치들(1433, 1467, 1480, 1488, 1499)이 이 방면의 모든 시도를 문자 그대로 분쇄해버렸기 때문이다. 베네치아의 리알토에서처럼 상인들이 은행가의 장부에 채무와 채권을 "기입하여" 수입과 지출을 상쇄하는 일이 이곳에서는 불가능했다. 마찬가지로 다른 대부분의 환거래 중심지에서 그러하듯 예컨대 피렌체의 대리인에 대해서, 또는 안트베르펜이나 베르헌옵 좀 같은 정기시들에 대해서 환어음을 발행하여 파는 방식으로 크레딧을 얻는 것이 불가능했다. 그러면서도 모든 거래를 다 결제할 정도로 현찰이 충분하지 않기 때문에, 한편으로는 현찰이라는 탄탄한 기반 위에 있으면서 부분적으로 "종이"라고 부르던 인공화폐들에 의존하여 사업의 흐름을 원활히 할 필요가 있었다.

안트베르펜의 해결책은 브라반트 정기시들에서 행해지던 방식들을 응용 한261) 아주 단순한 것들이었다. 차변과 대변, 양방향으로의 지불 모두 **채무증서**(cédule obligatoire), 즉 약속 어음으로 해결했다. 이것은 한 상인이 서명을 함으로써 정해진 시기에 일정한 금액을 갚기로 하는 증서로, 나중에 이 증서를 지참한 사람에게 실제로 그 금액을 지불한다. 만일 내가 크레딧을 얻고자 한다면 어음을 작성하여 서명하고 이것을 인수하는 사람에게 판다. 또 만일 나에게 채무를 지고 있는 A라는 사람이 나에게 어음을 주었는데 내가 마침 B라는 사람에게 똑같은 금액의 채무를 지고 있다면 그에게 이 어음을 돌릴 수 있다. 이런 식으로 채무와 채권이 그 자리에서 이전되고 그렇게 하여 추가적인 유통을 만들어낸다. 이 유통은 서로 상쇄되어 나중에는 봄눈 녹듯이 사라진다는 장점이 있다. 채권과 채무가 이렇게 서로 상쇄되는 방식이 바로 청산(스콘트로[scontro], 클리어링[clearing], 콩팡사시옹[compensation], 혹은 네덜란드에서 말하는 레스콘트레[rescontre])의 비밀이다. 하나의 어음이 여러 사람들 손을 거치면서 유통되다가 마침내 이 어음을 처음에 발행했던 사람 자신이 다른 채권의 지불용으로 이것을 받게 될 때 드디어 이 어음은 사라진다.262) 이와 같은 배서(endossement) 기능을 보장하기 위해서 **소환**(assignation)이라는 **오래된** 관행이 일반화되었다. 이것은 "채권자들이 마지막 채무자에게까지" 책임을 물을 수 있다는 의미이다.* 이것은 작

---

* 어음이 부도났을 때 그 어음을 양도한 사람들을 역순으로 추적하여 처음으로 이 어음을 발행한 사람에게까지 책임을 물을 수 있다는 것을 뜻한다.

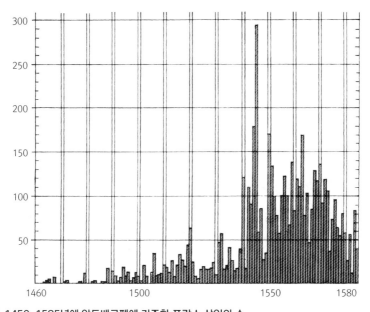

17. 1450-1585년에 안트베르펜에 거주한 프랑스 상인의 수

이 수는 개략적으로 안트베르펜의 교역 움직임과 같은 방향으로 변화한다. (코르네르, 『안트베르펜의 프랑스인들과 국제교역』, 제2권, 1961)

지만 중요한 일이었다. 그 결과 일반 상거래에서 "(채무) 증서"라는 말 대신 "소환"이라는 말이 굳어졌다. 그것은 다음과 같은 표현에서 알 수 있다. "우리의 상관행대로 '소환'에 따라서 지불한다."263)

필요하다면 법으로 이런 상관행을 보호하기는 했지만, 이것이 핵심은 아니다. 핵심은 이 제도가 가진 극도의 편의성과 효율성이다. 편의성은 환어음이 안트베르펜의 거래에 유입되었을 때 지참인어음으로 변형되어서 여러 사람의 손을 거쳐 통용될 수 있었다는 것을 말한다. 효율성은 제도화되지는 않았으나 동시에 교묘한 성격의 문제로서 교환의 출발에서부터 제기되는 문제를 해결해준다는 점을 두고 한 말이다. 그것은 할인(escompte), 즉 시간의 차이에 따른 대가를 말한다. 사실 18세기에 영국에서 이 할인제도가 확립되었을 때264) 그것은 옛 관행의 복구에 불과했다. 내가 어음을 사거나 판다고 할 때 거기에 적혀 있는 명목가격은 실제의 판매가격이나 구입가격과는 차이가 난다. 내가 현찰로 그 어음을 살 때에는 명목가격보다 낮은 금액을 지불한다. 만일 내가 다른 사람의 부채 대신 어음을 인수할 때에는 채무자에게 그 부채액수보다 높은 가격의 어음을 요구한다. 만기일에 가서 그 어음의 가치가 현찰가치와 일치하려면, 도착 당시보다 출발 당시에 가치가 더 낮아야만 한다. 요컨대 이것은 기존의 환어음이나 은행의 전통적 체제 바깥에서 스스로 형성되어 크게 발달한 유연한 체제이다. 이 새로운 체제가 루앙, 리스본, 런던에서도 통용되었다는 것은 주목할 만한데, 특히 런던의 경우는 이런 관점에서 보면 안트베르펜을 계승한 것이다. 이에 비해 암스테르담에서는 경제발전의 초기부터 전통적인 환어음체제에 연결되어 있었다.

초기 산업자본주의의 발달의 영예를 안트베르펜에 돌리고 싶은 욕구가 당연히 클 수밖에 없다. 안트베르펜이나 다른 네덜란드의 활기찬 도시들에서 산업자본주의적 발달이 뚜렷했다는 것은 사실이다. 특히 티보르 비트먼의 공감적이고 열정적인 책에서 그렇게 이야기한다.[265] 그러나 이 책은 주로 이론적인 면에 치중한 듯한 느낌을 지울 수 없다. 이전 여러 세기 동안 산업활동이 활발했던 강, 브루게, 이퍼르 그리고 특히 피렌체, 루카, 밀라노와 비교할 때 16세기에 많은 혁신이 있었다고 볼 수 있을까? 아무리 안트베르펜이 많은 건설작업을 하고, 다른 도시들에 비해 앞서서 그리고 높은 기술수준으로 도시계획을 발전시켰다고 하더라도, 또 위고 솔리가 연구한 길베르트 반 스혼베케와 같은 걸출한 사업가가 있다는 점을 인정한다고 하더라도 나는 여기에서 많은 혁신이 있었다고는 보지 않는다. 1550년경에 이 도시의 성벽을 축조할 임무를 맡은 반 스혼베케는 일종의 수직 트러스트를 조직해서, 10여 개의 벽돌 제조 공장, 하나의 거대한 토탄 채취장, 여러 곳의 석회 제조장, 삼림개발지 그리고 여러 채의 노동자 숙소 등을 갖춘 대규모 사업을 이끌었지만, 많은 하청업자들을 이용하지 않을 수 없었다. 그는 1542-1556년 사이에 있었던 안트베르펜의 엄청난 변화에서 가장 중요한 담당자이자 동시에 최대의 이윤을 얻은 사람이었다. 그렇다고 해서 이것을 보고 산업자본주의라고 이야기하고 안트베르펜의 왕관에 또 하나의 꽃을 달아줄 수는 없는 일이다.

제노바의 세기 : 그 정확한 규모와
중요성의 복구를 위하여

안트베르펜의 "세기"는 곧 **푸거**의 세기였다. 그다음 세기는 **제노바**의 세기가 될 것이다. 그러나 사실 그 기간은 100년이 아니라 70년이다(1557-1627). 제노바의 지배는 너무 신중하면서도 복잡해서 오랫동안 역사가들의 주목을 받지 못했다. 리하르트 에렌베르크는 오래 전에 나온 그의 책(1896)에서 이 점을 시사했는데 이것은 오래된 책임에도 불구하고 아직까지도 비교할 수 없는 가치를 지니고 있다. 펠리페 루이스 마르틴은 『제노바의 세기(*El Siglo de los Genoveses*)』라는 그의 책에서 제노바의 진정한 규모가 어느 정도인지를 보여주었다. 그러나 저자는 지나친 세밀함, 원사료의 끊임없는 추적 때문에 아직까지도 이 책의 출판을 미루고 있다. 다행히도 나는 이 탁월한 책의 원고를 볼 수 있었다.

4분의 3세기 동안 계속해서 제노바의 상인-은행가들은 자본과 크레딧의 조정을 통해 전 유럽의 지불과 결제의 중재자 역할을 했다. 이러한 제노바의 경험은 그 자체로서 연구할 가치가 있다. 분명히 이것은 유럽 세계-경제의 역사상 가장 흥미로운 중심화 및 집중화의 사례이다. 유럽 세계-경제는 이 시기에 거의 눈에 보이지도 않을 한 점을 중심으로 돌아가고 있었다. 왜냐하면 전체의 중심축은 제노바라기보다는 한 줌의 은행가-재정가들이었기 때문이다(이것은 오늘날의 다국적 기업과 비슷하다). 이것은 제노바라는 이상한 도시의 패러독스들 중의 하나에 불과하다. 이 도시는 그렇게 여건이 좋지 않았으면서도 "자신의" 세기 이전이든 이후이든 사업계의 정상으로 미끄러져 들어갔다. 이곳은 내가 보기에는 언제나 진정한 의미의 자본주의 도시였다.

"불모의 산지로 된 장막"

제노바와 그 양쪽(포난트와 레반트)의 연안지역은 아주 협소한 땅에 불과하다. 한 프랑스인의 견문기에 의하면 제노바에는 "모나코로부터 마사(Massa)에 이르기까지 해안을 따라 약 30리외 정도, 그리고 밀라네 쪽에 7-8리외의 평야가 있다. 그 나머지는 불모의 산지가 장막을 치듯이 둘러 있다."[266) 바다 쪽으로는 아주 작은 강줄기들의 어귀와 포구들에 항구나 마을, 혹은 소도시 등이 자리를 잡고 있고 약간의 포도원, 오렌지 숲, 꽃, 야자나무 숲이 있다. 이런 곳에서는 아주 품질이 좋은 포도주들이 나는가 하면(특히 타비아와 친퀘 테레*에서) 오넬리아, 마로, 디아노 그리고 벤티밀리아 지방에 있는 네 개의 계곡에서 고품질의 기름이 대량 생산된다.[267) 조반니 보테로는 "곡물이나 육류는 아주 소량만 생산되지만 품질은 1급"이라고 결론적으로 말한다(1592).[268) 풍경이나 향기로 치면 이곳이야말로 세계에서 가장 아름다운 곳 중의 하나로서 마치 천국과 같다. 겨울이 끝나갈 무렵에 북유럽으로부터 이곳에 도착하면 맑은 샘물과 만발한 꽃, 환희에 찬 자연을 접하게 된다.[269) 그러나 이 마법의 세계는 고작해야 일부 변두리 땅에 불과하다. 아펜니노 산맥이 니스 근처에서 알프스 산맥과 합류하는 곳에서는 숲도 없고 "풀도 없는" "불모의" 경사면이 끈질기게 앞을 가로막고, 신기하게도 고지에 높이 걸려 있는 듯한 마을들은 가난하고 후진적인 상태에 머물러 있다. 이런 마을들에는 제노바의 구귀족들(Nobili Vecchi)이 봉토를 가지고는, 품을 팔아 사는 농민을 거느린다.[270) 과일나무가 벽면을 따라서 심어진 것처럼 제노바라는 아주 조숙하게 근대적인 면모를 보이는 도시가 "봉건적인" 산지를 등지고 있는 것이다. 이것이 제노바의 많은 패러독스 중의 하나이다.

도시 내부에도 건물을 지을 공간이 부족해서 호화로운 저택들이 집요하고도 절망적으로 위를 향해 솟아오를 수밖에 없었다. 거리는 너무 좁아서

---

* Cinque Terre : 이탈리아의 리구리아에 있는 라 스페치아와 레반토 사이의 다섯 개 마을을 가리킨다. 이 마을들은 산 위에 있어서 바다를 굽어보며 언덕 사면에서는 포도를 재배한다.

마차는 단지 스트라다 노바(Strada Nova)와 비아 발비(Via Balbi)에서만 통행할 수 있었고[271] 다른 지역들에서는 걸어다니든지 가마를 타는 수밖에 없었다. 수많은 빌라들이 건축된 성벽 밖의 인근 계곡들도 공간이 부족하기는 마찬가지이다. 한 여행자의 말에 의하면[272] 캄포 마로네에서 뻗어 나오는 삼피에르다레나 외곽도로상에서 "두라초 가문*의 저택이 보이는데, 크고 성대한 이 건물은 50여 채의 다른 멋진 저택들 가운데에서 아주 훌륭한 모습을 뽐내고 있다." 50여 채의 저택들이 즐비하다는 것은 시골에서도 건물들의 문과 문이 맞붙어 있고 서로 어깨를 기대고 있다는 의미이다. 공간이 부족하기 때문에 이웃과 더불어 살아갈 수밖에 없는 것이다. 더구나 이 지역은 손바닥만 한 아주 작은 땅에서 살면서도 서로 잘 연결되어 있지 않아서 이 지역 바깥으로 나가는 것이 쉽지 않기 때문에 더욱 그런 현상이 심했다. 대위원회(Grand Conseil)에 귀족들을 소집해야 해서 각지의 빌라에 흩어져 사는 귀족들을 제노바로 불러 모으려면, 이 공화국의 갤리선을 보내는 수밖에 없었다![273] 더구나 제노바 만에 나쁜 날씨가 계속되는 때에는 더 심각한 일이 벌어진다. 비가 퍼붓고 파도가 거칠어지면 며칠 혹은 몇 주일 동안 지옥과 같은 상태가 계속된다.[274] 아무도 자기 고장에서 바깥으로 나가지 못하는 것이다.

결국 이곳은 결코 편리한 곳은 못 되고 오히려 천생적으로 약점을 가진 곳이었다. 어떻게 식량을 확보하는가? 어떻게 외국인들로부터 자신을 지키는가? 높은 지형은 겉보기에는 이 도시를 보호해주는 것 같지만 사실은 이곳을 무력화시키는 역할을 할 뿐이다. 북쪽으로부터 내려온 침입자들이 이 도시의 고지대에 포대를 설치해놓으면 난리가 일어난다는 것은 틀림없다. 제노바는 끊임없이 외국세력에게 항복해왔다. 힘에 밀려서든 자의에 의해서든 아니면 미리 신중을 기해서든……1396년에는 프랑스 국왕에게 항복했고[275]

---

* 제노바 공화국의 도제(Doge)를 많이 배출한 명문 가문.

1463년에는 밀라노 공작에게 항복했다.[276] 분명 이 도시는 너무나도 흔히 외국세력의 침략을 받았다. 이에 비해 자연스럽게 바다의 보호를 받고 있어서 정복하기가 대단히 어려운 베네치아는 1797년에 가서야 보나파르트 나폴레옹에게 처음으로 무릎을 꿇었다. 제노바는 1522년 5월 30일에[277] 스페인과 그들의 동조자인 구귀족에게 정복당해서 끔찍한 약탈을 당했는데 그것은 1527년의 로마의 약탈*과 거의 맞먹을 정도였다. 1746년 9월에 똑같은 일이 다시 발생했다.[278] 이번에는 사르데냐인과 오스트리아인이 아무런 저항도 받지 않고 점령해 들어와서 이 부자 도시에 과도한 징발과 배상을 요구했다. 이것은 약탈의 근대화에 해당한다. 지나친 행동을 하던 이 점령자들은 활기차고 언제나 행동이 앞서던 제노바 소시민들의 격렬한 봉기에 의해서 석 달 뒤에 쫓겨난 듯하다.[279] 그러나 이번에도 막심한 피해를 면하지 못했다. 자신을 스스로 지키지 못하면 아주 비싼 대가를 치른다. 해방된 이 도시는 지폐를 남발한 결과, 엄청난 인플레이션이 일어나 심각한 위기에 봉착했다. 그리하여 1750년에 할 수 없이 이전에 폐지했던 카사 디 산 조르조**를 부활시켰다. 결국 모든 문제가 제대로 해결되기는 했다. 공화국이 사태를 장악하여 곤경에서 벗어났다. 그런데 그 방식은 자본에 대한 세금―그 세율은 1퍼센트라는 극히 낮은 수준이었다―이 아니고, 제노바가 원래 애용하던 간접소비세를 상향 조정하는 방식이었다.[280] 그 결과 다시 한번 대다수의 가난한 사람들이 부담을 짊어졌다.

제노바는 바다 쪽으로도 취약했다. 이 항구는 넓은 바다로 열려 있었다. 아무도 이 바다를 지배하지 못했으므로 결국 이 바다가 모든 세력에 개방된 것이나 마찬가지였다.[281] 포난트 방면의 바다에서는 독립을 유지하려던 사보나가 오랫동안 적대적인 행동의 중심지였고 서쪽의 니스나 마르세유까지도 여기에 가담했다.[282] 16세기에는 바르바리의 해적들이 끝없이 준동하여

---

* 이 책 제1권 63쪽의 역주를 참조하라.

** 이 책 제2권의 제4장을 참조하라.

남풍을 이용해서 코르시카 주변과 제노바 만 연안에 출몰했다. 이 지역을 방어하는 일은 잘 조직되어 있지 않았다. 사실 그런 조직이 가능했겠는가? 제노바로서는 베네치아의 아드리아 해와 같은 "우리의 바다(Mare Nostrum)"가 없었고 접근을 막아주는 석호도 없었다. 1684년 5월에는 루이 14세가 뒤켄*의 함대를 시켜서 포격을 가했다. 담장에 기대고 있는 듯한 이 도시는 이상적인 표적이었다. 겁에 질린 "주민들은 물건들을 그냥 둔 채 집을 비우고 산으로 도망가서 그들의 재산을 약탈자들에게 그대로 맡겼다." 물론 도둑들은 이 기회를 놓치지 않았다.[283]

본국으로부터 먼 곳에서 활동하다

다시 이야기하지만 제노바의 취약점은 선천적이다. 이 도시와 부속지역들은 외부세계에 의존해서 살아갈 수밖에 없었다. 제노바는 어떤 곳으로부터는 생선, 밀, 소금, 포도주를 들여왔고 또 어떤 곳으로부터는 염장식품, 땔나무, 목탄, 설탕 등을 들여왔다. 지중해의 선박들(식량을 실은 라틴 선박들[bastimenti latini con viveri])이 들어오지 않고 생-말로, 영국, 네덜란드 등 북유럽의 선박들도 때맞추어 화물(사순절 음식[cibi quadragesimi], 즉 사순절 시기에 먹는 청어나 대구)을 가지고 오지 않으면 곤란한 사태가 일어난다. 예컨대 해적들이 발호하던 스페인 왕위 계승 전쟁 시기에 이 도시가 굶어 죽지 않으려면 정부의 개입이 필요했다. 한 영사의 편지는 그 사정을 다음과 같이 이야기한다. "제노바 공화국이 소형 선박들을 보호하기 위해서 무장을 갖추어준 두 척의 호송선이 항구에 귀항했습니다. 이 배들은 나폴리, 시칠리아, 사르데냐 방면으로부터 약 40척의 배들을 인도해서 들어왔는데 그중 17척은 나폴리의 포도주를, 10척은 로마냐의 밀을, 그리고 나머지 배들은 나폴

---

* Abraham Duquesne(1610-1688) : 프랑스의 해군 제독. 한때 스웨덴군으로 복무하기도 했다. 지중해에서 네덜란드 해군과 전투를 벌여 여러 번 승리를 거두었고 바르바리 해적도 여러 번 격파했다. 낭트 칙령 폐지로 피해를 입지 않은 소수의 신교도인이다.

리의 밤, 치즈, 마른 무화과 열매, 건포도, 소금 및 그와 비슷한 상품들을 싣고 있었습니다."[284]

대개 식량보급의 문제는 저절로 풀린다. 단지 제노바의 돈이 사태를 더 쉽게 풀어주었을 따름이다. 밀은 그대로 놓아도 이 도시에 들어오게 되어 있었다. 사람들은 흔히 마지스트라토 델라본단차(Magistrato dell'Abbondanza)를 비난했다. 이것은 밀 보급을 맡고 있는 기관으로서 다른 많은 이탈리아의 도시들에도 이와 비슷한 기관이 있었다. 그런데 제노바의 이 기관은 일전 한 푼도 가지고 있지 않아서 "보급업무를 수행할 때에는 시민들에게 돈을 빌려서 곡물을 산 다음 소매로 팔았다.……그런데 그 판매가격이 어찌나 비싼지 이 기관은 결코 손해를 보지 않았다.……만일 그렇지 않았다면 이 손해는 부자들에게로 돌아갔을 것이다.……결국 가난한 사람들이 모든 희생을 감수하는 반면, 부자들은 오히려 이익을 보았다."[285] 여기에서 다시 한번 제노바의 방식을 확인하게 된다. 그러나 마지스트라토 델라본단차가 비축분도, 또 예산도 확보하지 않았던 이유는 대개 상인들의 활동을 통해 이 도시에 곡물이 풍부하게 조달되었기 때문이다. 18세기에 제노바는 상품의 **재분배** 항구였으며—곡물에 대해서는 마르세유와, 소금에 대해서는 베네치아와 같은 수준이었다—지중해의 거의 모든 곳에서 상품을 확보했다.

곡예와 같은 게임

자체 인구가 6만 명에서 8만 명 사이였고 여러 속지(屬地)들의 인구 전체를 합치면 50만 명 수준이었던 제노바가 일상적인 보급을 안전하게 확보한다는 힘든 문제를 수 세기 동안 잘 해결했다는 것은—물론 짧은 기간 아주 힘든 시기를 보낸 때도 여러 번 있었으나—분명한 사실이지만 그렇게 하기 위해서는 곡예와도 같은 게임을 해야 했다.

무엇보다도 제노바 그 자체가 내부적으로 곡예와 같았다. 제노바는 남을 위해서 생산하고 남을 위해서 항해하며 남에게 투자했다. 18세기까지도 제노바의 자본 절반 정도만이 이 시 자체 내에 남았을 뿐이고[286] 나머지 자본은 현지에서 알맞은 투자처를 발견하지 못해 전 세계를 돌아다녔다. 제약적인 지리 조건 때문에 모험을 하지 않을 수 없었던 것이다. 그렇다면 다른 곳에 대한 투자의 안전성과 수익성을 어떻게 확보할 것인가? 이것은 제노바가 늘 직면한 문제였다. 제노바는 언제나 망을 보며 살아야 했다. 별수 없이 위험을 감수하면서 동시에 각별히 신중해야 했다. 그 때문에 경이로운 성공을 거두기도 하고 또 파국적인 실패를 겪기도 했다. 1789년 이후 제노바의 투자가 참담하게 실패한 것이 그 예이다(프랑스에 대한 투자에만 한정된 것이 아니었다). 스페인과 연루되어 겪은 1557, 1575, 1596, 1607, 1627, 1647년의 위기들은[287] 거의 지진에 가까운 심각한 타격이었다. 또 거슬러올라가면 이보다 훨씬 이전인 1256-1259년에 제노바의 은행들이 도산한 적도 있다.[288]

이런 위험의 반대편에는 극적인 자본주의의 핵심을 차지하는 제노바 사업가들의 유연성, 민활성, 유동성, **무중력 상태**—이와 같이 철저하게 관성으로부터 자유로운 상태에 대해서는 로페스가 찬탄한 바 있다[289]—등이 있다. 제노바는 언제든지 방향을 바꾸고 또 그때마다 필요한 변화를 수용했다. 외부세계를 독점적으로 확보하기 위해서 그곳을 조직했다가 그곳이 살아가기에 불편하거나 이용가치가 없어지면 가차 없이 버렸다. 상상하고 창안하는 것—예컨대 15세기 말에 동양을 버리는 대신 서양을 취하고 흑해를 버리는 대신 대서양을 취한 것,[290] 19세기에 이탈리아의 통일을 자신에게 유리한 방향으로 이용한 것[291]—이것이야말로 미약한 몸체의 제노바, 거대한 세계가 움직일 때마다 거기에 반응하여 움직이는 극도로 예민한 지진계인 제노바의 운명이다. 지적인 괴물, 때때로 잔혹성을 띠는 괴물인 제노바는 세계를 지배하든지 죽든지 양자택일을 해야만 했던 것이 아닐까?

이것이 제노바 역사의 원칙이다. 역사가들은 이 도시가 아주 일찍부터 이슬람 세계에 대항하여 해상사업을 벌이고 13세기에 피사와 베네치아에 대항하는 수많은 군사용 갤리선을 사용한 것에 대해서 놀라움을 표시하고는 했다.[292) 그러나 실상은 필요한 경우 제노바의 활동 가능한 모든 사람들이 이 비좁은 갤리선 군함에 탔기 때문에 그런 일이 가능했다. 즉 도시 전체가 동원되었던 것이다. 불타는 은 덩어리와도 같은 이 도시는 아주 일찍부터 후추, 향신료, 비단, 금, 은과 같은 귀중품들을 다 동원하여 원격지의 문호를 열고 그곳의 유통 속에 강제로 뚫고 들어가는 데에 사용했다. 제노바인들이 팔라이올로구스 왕조의 콘스탄티노폴리스에 당당하게 정착하여(1261) 흑해 연안에서 광적인 모험사업을 한 것에서 이 점을 볼 수 있다.[293) 베네치아가 그 뒤를 따랐지만 시기적으로 뒤처졌다. 20여 년 뒤에는 만종 학살 사건* 이후 시칠리아를 수중에 넣었다(1283).[294) 피렌체는 앙주 가문 편에 서고 제노바는 아라곤 편에 섰다가 아라곤이 승리하자 그와 함께 제노바도 승리를 거두었다. 시칠리아에 제노바인들이 정착한 방식이 얼마나 근대적이고 기민한 성격이었는지에 대해서는 카르멜로 트라셀리가 열띤 논조로 박식하게 이야기한 바 있다.[295) 이들이 루카나 피렌체 출신의 다른 "자본가들"을 내몬 것, 혹은 적어도 그들을 따돌린 것, 항구와 피아차 마리나에서[296) 그다지 멀리 떨어지지 않은 팔레르모에 정착한 것, 또 총독과 대영주들에게 돈을 빌려준 것 정도는 사실 평범한 일에 속한다. 이에 비해서 시칠리아의 밀 수출을 원천적으로 장악한 것은 결코 평범한 일이 아니다. 이 섬의 맞은편에 있는 아프리카 해안의 이슬람권 지역에서는 기근이 워낙 심했기 때문에 시칠리아의 밀이 필수불가결했다. 그런데 아프리카 내륙지역으로부터 입수되는 사금이 튀니지와 트리폴리와 같은 곳에서 팔리고 있었기 때문에 제노바인들은 이곳에 시칠리아의 밀을 공급하는 대가로 사금을 유리하게 확보했다. 따라서 도리아 가문이 시칠리아에서 사들인 영지들이 팔레르모와 아그리젠토를 잇

---

* Vespres : 1282년 3월 30일 저녁 기도 종소리에 맞추어 시칠리아인들이 일제히 이곳의 프랑스인 들을 살해하려고 한 사건. 이날 이후 거의 한 달간 봉기가 지속되었다. 아라곤의 페로 3세와 팔라이올로구스 왕조의 미하일 8세가 프랑스의 앙주 가문 출신인 나폴리-시칠리아의 국왕 카를루 1세의 세력을 꺾기 위해서 도발한 것이다.

는 핵심축상에 있는 밀밭이었던 것이 순전히 우연은 아니었다.[297] 카탈루냐 상인들이 제노바인들을 쫓아내려고 했을 때에는 이미 너무 늦었다. 시칠리아에서 설탕 생산업을 조직한 것도,[298] 또 메시나로부터 시칠리아와 칼라브리아의 비단 시장을 지배한 것도 역시 제노바인들이었다.[299] 18세기 초에도 제노바 출신 상인들과 상점주들은 여전히 이 섬에 남아 있었고 늘 곡물과 비단에 관심을 두었다.[300] 이들은 "이탈리아에서 사람들이 많이 찾는 고순도의 은화인 제노비네스 화로 거액을" 시칠리아에 보내는 데에도 동의했다(제노바 측이 적자를 보고 있었기 때문이다). 우스타리스가 이것을 보고 놀란 것은 잘못이다. 한편에서 잃는 대신 다른 한편에서 더 따는 것이 제노바가 언제나 고수한 원칙이었기 때문이다.

13세기와 14세기에 베네치아와의 경쟁에도 불구하고 혹은 때로는 그 때문에 제노바는 유럽 세계-경제의 전 영역에서 성장했다. 제노바는 여기에서 앞서갔고 다른 사람들을 밀쳐냈다. 14세기 이전에 제노바는 키오스 섬의 기지를 거점으로 하여 포카이아*의 명반을 개발했고 흑해에서 교역했다. 그리고 자신의 카라크선들을 브루게와 영국에까지 보냈다.[301] 그러나 15-16세기에는 조금씩 오리엔트를 상실했다. 튀르키예인들이 1475년에 카파를, 그리고 1566년에 키오스를 장악했기 때문이다. 그 대신 훨씬 앞선 시기인 15세기 초부터 제노바인들은 북아프리카,[302] 세비야,[303] 리스본,[304] 브루게에 정착했고 곧 안트베르펜에도 들어가게 되었다. 아메리카라는 복권에 당첨된 것도 카스티야가 아니라 [제노바 출신인/역주] 크리스토퍼 콜럼버스였다. 그리고 1568년까지 세비야에서 스페인과 아메리카 사이의 완만하기 짝이 없는 교역에 돈을 댄 것도 제노바인들이었다.[305] 더구나 1557년에 펠리페 2세 정부에게 자금을 빌려주는 거대한 사업이 이들에게 맡겨졌다.[306] 이들은

---

* Phocaea : 소아시아의 스미르나 만에 위치한 고대도시. 고대에는 대단히 중요한 교역항이었다. 제노바가 1300년경에 옛 도시의 북동쪽에 신(新)포카이아를 건설하면서부터 다시 상업적인 중요성을 띠게 되었다.

그 기회를 잡았다. 그러자 다시 그들의 역사에서 새로운 변화가 시작되었다. 제노바의 세기가 시작된 것이다.

유럽에 대한 제노바의 신중한 지배

키오자에서의 실패 이후 14-15세기 내내 제노바는 "2류"로 분류되었다. 그러다가 1550-1570년대에 "1류"가 되어 1620-1630년대까지 계속 그 지위를 유지했다.[307] 그런데 방금 언급한 이 연대의 시점은 불명확하다. 우선 시작시점은 안트베르펜의 우위가 지속되는—혹은 적어도 그렇게 보이는—시기이기 때문이고 종착시점은 암스테르담의 성장이 시작되는 시기(1585)이기 때문이다. 그러나 이보다 더 큰 이유는 제노바의 지배가 워낙 신중한 면모를 보이기 때문이다. 오늘날 이와 비슷한 것을 찾는다면(혹시 그 비교가 너무 지나친 것이 아닌지 모르겠으나) 바젤의 국제결제은행*이 그에 해당될 것이다.

제노바는 물론 상인, 산업, 선원, 선박 등을 갖추고 있고 또 원하면 삼피에르다레나의 조선소에서 아주 훌륭하게 선박들을 건조할 수 있는 데다가 실제로 배들을 팔거나 빌려주었지만, 그렇다고 해서 이 도시가 선박, 선원, 상인, 산업을 가지고 세계를 지배한 것은 아니다. 어쨌든 이 도시는 우아하고 탄탄한 갤리선들을 빌려주기도 했고 더 나아가서 이 도시의 지배자들은 기꺼이 용병대장 역할을 맡기도 해서 프랑스 국왕과 카를 5세도 이들을 고용했다. 1528년 이후에 안드레아 도리아가 프랑수아 1세를 저버리고 황제 편으로 가버린 "배신" 행위도 이런 맥락이다(원래 프랑수아 1세의 계획은 나폴리를 바다와 육지 양쪽에서 포위하려던 것으로서 육지 쪽은 로트레크 장군이

---

* Bank for International Settlement : 1930년에 스위스 바젤에 설립된 국제은행. 제1차 세계대전 후 독일의 배상문제를 처리하고 여러 나라의 중앙은행들 사이에서 조정 역할을 하기 위한 협력 기관으로 설립되었다. 그후 경제금융 조사와 자문을 맡는 중심기관의 기능을 수행하면서 특정 협의사항들을 집행하는 전문기관으로 발전했다. 1947년 마셜 플랜에 따라서 시작된 제1차 유럽 간 보상협정의 집행기관, 1950-1958년 유럽 경제협력기구의 결제 대행기관, 1973년 이후 유럽 경제공동체 회원국들이 설립한 유럽 금융협력기금 대행기관 등의 역할을 했다.

맡고 있었으나 도리아가 지휘하는 해군이 약속을 저버렸다).[308]

카를 5세는 푸거 가문을 비롯한 아우크스부르크의 상인-은행가들로부터 정치자금을 빌려받고 있어서 계속하여 그들에게 의존하고는 있었지만, 1528년이라는 이 해부터 제노바인들로부터 자금을 빌리기 시작했다.[309] 그러다가 1557년에 스페인 정부의 파산으로 남부 독일 은행가들의 지배가 끝나자 제노바인들은 자연히 그 빈 자리를 차지했다. 이 새로운 역할을 아주 활기차고 수월하게 수행할 수 있었던 이유는 1557년 이전에 이미 이들이 국제금융이라는 복잡한—그리고 바로 그들이 더욱 복잡하게 만든—놀음을 하고 있었기 때문이다.[310] 이들이 스페인 왕에게 제공한 서비스의 핵심은 조세수입과 아메리카산 은의 유입이라는 불규칙한 수입원을 가지고 왕에게 규칙적인 수입을 만들어준 것이다. 다른 모든 지배자들과 마찬가지로 스페인 왕도 나날이 지출을 해야 했고 유럽의 정치판 위의 여러 곳들 사이에 거액을 이전시켜야 했다. 즉, 수입원은 세비야에 있는데 안트베르펜과 밀라노에서 규칙적인 지출을 해야 했다. 오늘날 역사가들에게 잘 알려져 있는 이 도식에 대해서는 다시 중요성을 강조할 필요조차 없을 것이다.[311]

해가 가면서 제노바 상인들은 점차 더 막중한 과제에 직면했다. 스페인 국왕의 소득과 지출이 증가해갔고 그에 따라 제노바인들의 수익도 계속해서 커졌다. 아마도 이들이 국왕에게 대부해준 돈은 스페인과 이탈리아의 대부업자나 예금주들이 그들에게 맡긴 돈일 것이다.[312] 여하튼 그들이 동원할 수 있는 모든 자본은 이 기계 속으로 들어갔다. 그러나 모든 것을 다 할 수는 없으므로 1568년에[313] 이들은 세비야와 아메리카 사이의 상업거래에 대한 금융을 포기하고, 세고비아의 원모, 그라나다의 비단, 마사론의 명반을 예전만큼 많이 구매하지 못하게 되었다. 다시 말해 이들은 이제 완전히 상업으로부터 금융으로 이전해갔다. 그런데 그들 자신의 말에 따르면 그들은 이 거창한 사업을 하기는 하지만 이로부터 거의 생계를 유지하기도 힘들다는 것이었다. 국왕에 대한 대부는 대개 10퍼센트의 이자를 받지만 여기에는 많은 비용이 들고 뜻밖의 낭패를 보는 일도 많고 상환이 지체되는 일도 있다는 주장인데 이것은 부인할 수 없는 사실이다. 그렇지만 반대로 스페인 왕의 보좌관들의 말에 따르면 대부업자들은 30퍼센트에 이르는 이윤을 얻는다고 한다.[314] 아마 양쪽 모두 사실이 아닐 것이다. 그러나 분명 제노바인들의 사업의 수익은 매우 컸다. 이자, 이자에 대한 이자, 환어음과 상환어음을 발행하는 과정에서 가능한 속임수, 금화와 은화의 매매, 후로(juro)*에 대한 투기 그리고 단지 제노바에서 은을 판매하는 것만으로도 얻게 되는 10퍼센트의 가외의 이익,[315] 이 모든 것은 계산도 힘들고 또 변화무쌍했지만 분명히 고액이었다. 여하튼 이 상인들이 대부해주는 자금이 워낙 거액이었으므로(이 액수는 자신의 자본을 훨씬 상회했다) 비록 단위당 이윤율은 그다지 높지 않다고 하더라도 전체 수익은 대단히 컸을 것이다.

마지막으로 이야기할 점은 스페인의 정치자금의 흐름이 이것이 불러오는 혹은 유도하는 여러 다른 흐름들 중의 하나에 불과하다는 것이다. 레알 화나 은괴가 가득 든 상자들을 실은 갤리선들이 1570년대 이후 제노바에 수도 없이 도착했는데 이것은 의심의 여지 없는 지배의 도구였다. 이것을 통해서 제노바는 유럽 전체에 대한 부의 중재자가 되었다. 물론 제노바에서 모든 일이 다 성공한 것도 아니고 제노바가 모든 것을 다 얻은 것도 아니다. 그러나 이 특출한 사업가들에 대한 판단과 설명은 장기적인 관점에서 또 그들의 경험 전체를 가지고 해야 한다. 사실 16세기에 그들의 부는 금이나 은이 아니라 "크레딧을 동원할 수 있는 능력"이었으며 이 힘든 게임을 더욱 상위의 차원에서 운영할 수 있는 능력이었다. 이 점은 관련 문서들을 통해서 점점 더 잘 알 수 있게 되었다. 풍부한 자료들을 이용할 수 있게 되어 이를 통해 우리의 설명이 더 정교하고 세련되어졌기 때문이다.

---

* 이 책 제2권 722쪽 이하의 내용을 참조하라.

제노바의 성공의 원인들

제노바의 성공을 어떻게 설명할 것인가? 우선 하나의 가설로부터 시작하자. 개략적으로 1540년부터 1560년 사이에 유럽은 상당한 위기에 빠졌는데, 이것을 기준으로 16세기를 두 시대로 나누어볼 수 있다. 앙리 2세의 프랑스는 제법 양지발랐던 프랑수아 1세의 프랑스가 아니고, 엘리자베스 시대의 영국도 헨리 8세 시대의 영국과 달랐다……. 푸거의 세기를 끝낸 것이 이 위기였을까? 증명할 수는 없으나 맞다고 보고 싶다. 1557년과 1558년의 재정위기들도 이 경기침체의 영향이라고 보는 것이 자연스럽지 않을까?

어쨌든 이렇게 해서 예로부터의 화폐균형이 완전히 깨졌다는 것은 확실하다. 1550년경까지 상대적으로 희귀했던 은이 **상대적으로** 양이 풍부한 금에 비해서 가치가 높았으며, 따라서 은이 가치보존의 수단이 되고 그리하여 대사업의 도구가 되었다(은이 없었다면 푸거의 세기가 가능했겠는가?). 그런데 1550년 이전부터 금이 점차 상대적으로 희귀해지기 시작해서 가치가 높아져갔다. 이런 상황에서 프랭크 스푸너가 말했듯이[316] 1553-1554년경에 안트베르펜에서 제노바인들이 최초로 금에 대한 투자를 시작한 것이 중요한 일이었음을 누가 부인하겠는가? 그러다 보면 안트베르펜에서 스페인 왕에 대한 지불을 해야 했던 이들이 다른 누구보다도 금의 유통을 잘 통제할 수 있게 되지 않았겠느냐는 것이다(환어음의 지불을 위해서는 금이 요구되었기 때문이다).[317] 그런데 이상의 이야기는 과연 "합당한" 설명일까?

나는 약간 회의적인 편이다. 비록 나 역시 제노바인들의 지성과 육감을 높이 평가하는 사람들에게 동의하지만 말이다. 이런 종류의 성공은 원칙적으로 내일을 기약해주지 못한다. 다른 사람들보다 더 사려 깊은 상인들이라면 오랫동안 이런 식의 성공만을 바라고 있지는 않을 것이다.

사실 제노바가 벌이고 있는 게임은 복합적이었고 또 바로 그와 같은 복합성을 통해서 그들은 지배적일 수 있었다. 그 게임에는 은만이 아니라 금, 환어음이 함께 어우러졌다. 제노바인은 스페인 왕과 유리한 계약(asientos)

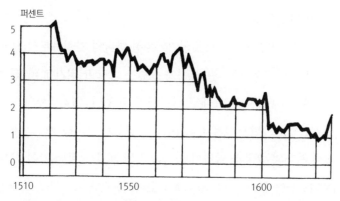

18. 1510-1625년 동안 제노바에 풍부했던 자본

카를로 치폴라가 계산한 루오기(카사 디 조르조가 발행한 변동 이자율의 영구채)의 실질 이자("Note sulla storia del saggio d'interesse……", *Economia Internazionale*, 1952). 17세기 초 이자율이 급락하여 1.2퍼센트가 되었다. 더 자세한 설명은 브로델, 『지중해』, 제2권, p.45 참조.

을 체결해서 "은의 유출(sacas de plata)"을 확보하든지,[318] 혹은 언제나 그렇듯이 세비야로부터 그들이 조직적으로 운영하는 밀수를 이용해[319] 은을 수중에 넣었다. 문제는 이렇게 은을 얻는 것만이 아니라 파는 일도 중요했다는 점이다. 이 은의 구매자는 둘이었다. 하나는 포르투갈인들이고, 또 하나는 레반트 사업을 하는 피렌체나 베네치아와 같은 이탈리아 도시들이다. 그중에서도 이 두 번째 구매자들이 더 중요했다. 특히 레반트 무역이 흥기해서 향신료와 후추가 알레포나 카이로에 가득 넘치고 레반트의 섬들에서 비단의 중개무역이 크게 흥하는 때에는 더욱 그러했다. 베네치아와 피렌체로서는 그들이 흑자를 보고 있는 북유럽 지역에 대해서 환어음을 발행하고서 은을 구입했다.[320] 그 결과 제노바는 안트베르펜 방면으로 자금을 이전시키게 되었다. 안트베르펜은 전성기를 지나기는 했지만 여전히 스페인군에 대한 지불이 이루어지는 곳이어서, 마치 인도차이나 전쟁 때에 피아스트르 화 부정거래*를 했던 사이공과 비슷하게 부패한 곳이었다. 마지막으로 1537년에

---

* 프랑스령 인도차이나에서 무역화폐(piastre de commerce)로 쓰던 화폐. 원래 1피아스트르는 5프랑이었으나, 1931년 이후 1프랑이 되었다. 이 화폐의 환율변동을 이용해 환차익을 노리는 부정거래가 많이 발생했다.

환어음을 반드시 금으로만 지불하라는 카를 5세의 명령이 내려진 이후[321] 제노바인들이 이탈리아 도시들에게 제공한 은은 네덜란드에서 지불이 가능한 금화로 바뀌었다. 1575년에 스페인 왕이 제노바인들의 서비스를 포기하고 오히려 그들을 탄압하자 그들은 역으로 금의 유통을 봉쇄하는 데에 성공했다. 지불을 받지 못한 스페인군이 봉기를 일으킨 것이 1576년 11월에 있었던 안트베르펜의 약탈이다.[322] 결국 스페인 국왕이 양보해야 했다.

이런 모든 사실들을 함께 살펴보면 하나의 결론이 도출된다. 제노바의 부는 스페인령 아메리카의 은에 기대는 것보다 더 큰 정도로 이탈리아 자체의 부에 근거하고 있었다는 점이다. 피아첸차 정기시라는 강력한 체제를 통해서[323] 이탈리아 도시들의 부는 제노바로 이끌려 들어갔다. 제노바인이든 타지인이든 수많은 소액 대출자가 아주 적은 보상만을 받고 그들이 저축한 돈을 은행업자에게 맡겼다. 이렇게 스페인의 재정과 이탈리아 반도의 경제는 항시적으로 연결되어 있었다. 그 때문에 마드리드 정부의 파산은 매번 큰 충격을 가져왔다. 1595년의 파산과 같이[324] 파장이 큰 경우 베네치아의 예금주와 대출인들은 큰 피해를 입었다.[325] 동시에 베네치아 내에서도 조폐국에 거액의 은을 제공했던[326] 제노바의 대상들이 환업무와 해상보험 업무에 대한 통제권을 장악했다.[327] 이탈리아의 다른 활기찬 도시들에 대해서 연구해보더라도 아마 이와 비슷한 결론을 얻게 될 것이다. 사실 제노바가 그런 게임을 할 수 있었던 것은 이탈리아의 다른 도시들이 제노바를 그런 수준으로 유지시켜주었기 때문이라고 나는 어느 정도 자신 있게 말할 수 있다. 원하든 원하지 않든 이탈리아 전체가 14-15세기에 베네치아를 받쳐주었듯이, 16세기에는 제노바를 받쳐주었던 것이다. 이탈리아가 약해지면 이제 축제는 끝나고 피아첸차 정기시도 거의 폐쇄되고 만다!

은행가들의 성공 뒷편에 제노바 시가 있었다는 사실을 잊어서는 안 된다. 제노바인들이 구축해놓은 그 놀라운 작동체제를 분석할 때 사람들은 흔히 마드리드에 정주한 대은행가들과 제노바를 혼동하고는 한다. 이 대은행가들은 궁정에 자주 출입하고 그곳에서 국왕의 보좌관 겸 조력자라는 중요한 역할을 하며, 서로 앙심과 억압된 갈등을 품은 채 살아가면서도 그들 간에 서로 혼인관계를 맺고, 또 스페인 국왕이 그들을 위협하거나 제노바에 남아 있는 동업자들이 사업상의 손해를 다 뒤집어쓰게 된 데에 대해서 그들에게 불만을 토로할 때마다 그들끼리 일치단결하여 스스로를 방어하고는 했다. 프랑코 보를란디와 제자들이 이 사업가들이 남긴, 아직 미간행 상태의 서신들을 연구하고 있는데, 아직도 불분명하게 남은 부분에 빛을 비출 것으로 기대한다. 그런데 마드리드의 이 사업가들—이곳에서는 이들을 '옴브레스 데 네고시오스(hombres de negocios)'라고 부른다—은 기껏해야 20명에서 30명 단위의 아주 소수에 불과했다. 이들 옆에 혹은 아래에 수백 명에서 수천 명의 다른 제노바 상인들이 있다는 것을 상상해보라. 이들은 점포의 단순한 고용원으로부터 상점주인, 중개인, 대리인 등에 이르기까지 다양한 지위에 있었다. 제노바인들은 자기 도시만이 아니라 이탈리아와 시칠리아의 모든 도시들에서 활동했다. 이 사람들은 또 세비야이든 그라나다이든 스페인 전역에서 각 층마다 깊이 뿌리를 내리고 있었다. 이들을 보고 국가 내의 국가를 이루고 있다고 하면 지나친 말이 될 것이다. 그러나 여하튼 15세기 이후 이식된 이 체제는 그후 오랫동안 지속되었다. 18세기 말에 카디스에서 활동하던 제노바인들은 영국, 네덜란드, 프랑스의 식민지 교역과 비교할 만한 정도의 교역량을 자랑했다.[328] 이것은 흔히 간과되는 진실이다.

이렇게 비교할 수 없을 정도로 강력한 어느 도시가—어쩌면 거의 자기 자신도 의식하지 못하는 새에—거대한 체제를 지배하려고 하는 경우 외국의 경제적 공간을 지배하는 것이 그와 같은 위대함을 달성하는 조건이 된다. 이것은 매번 반복되는 거의 진부한 현상이다. 비잔티움의 공간 속으로 뚫고 들어간 베네치아, 스페인 내부로 들어가는 데에 성공한 제노바, 프랑스 그리고 그 이전에는 영국으로 들어갔던 피렌체, 루이 14세의 프랑스에 진입한 네덜란드, 인도의 세계를 장악한 영국 등…….

제노바의 후퇴

외지로 나가서 사업을 구축하는 일에는 여러 위험이 있다. 일반적으로 그런 성공은 일시적인 것에 그치고 만다. 제노바가 스페인의 재정과 더 나아가서 유럽 전체의 재정을 장악했던 기간도 60년을 채 넘지 못했다.

그러나 1627년에 있었던 스페인 정부의 파산은 사람들이 믿고 있는 것과는 달리 제노바 은행가들의 재정적인 붕괴를 가져오지는 않았다. 오히려 그들 자신이 먼저 발을 빼려고 했다. 사실 새로운 파산들이 계속 터져나와서 그들의 수익뿐만이 아니라 자본까지 날릴지도 모른다는 생각 때문에 이들은 마드리드 정부에 계속해서 서비스를 제공하지는 않으려고 했다. 열악한 상황이 그나마 허용하는 대로 가능한 한 빨리 자본을 빼서 다른 재정사업에 투자한다는 것이 콩종크튀르에 부합되는 계획이었다. 아주 자세한 내용을 담은, 제노바 주재 베네치아 영사들의 서신자료를 이용하여 최근에 내가 쓴 논문도 이런 내용의 것이었다.[329]

그러나 흔히 그렇듯이 하나의 설명만으로는 충분하지 않다. 우선 스페인 내에서 제노바의 대출업자들이 직면해 있던 상황, 특히 당시 스페인 왕의 재정을 담당하던 그들의 경쟁자인 포르투갈인들과의 관계에서 그들의 상황이 어떠했는지를 더 잘 알아야 한다. 포르투갈인들은 올리바레스 공작 겸 백작의 결정에 따라 이 일에 들어오게 된 것일까? 아니면 이들은 대서양의 콩종크튀르에 따라서 그렇게 한 것일까? 사람들은 포르투갈인들이 네덜란드 자본가들의 꼭두각시에 불과할지 모른다고 의심했다. 이 의심은, 물론 증명이 필요하지만, 어느 정도 사실에 가까워 보인다. 어쨌든 찰스 1세의 영국 정부와 스페인이 1630년에 평화조약을 체결한 것은 아주 기묘한 결과를 가져왔다.[330] 이 평화조약의 협상대표였던 프랜시스 코팅턴 경은 다름 아니라 네덜란드로 가는 스페인의 은을 영국 선박으로 수송한다는 내용의 보조협약을 덧붙였다. 이 은 가운데 3분의 1 정도는 1630년에서 1643년 사이에 런던 탑의 주조소에서 화폐로 만들어졌다. 그러므로 수년 동안 스페인 은은 제노바인이 아니라 영국인의 중재에 의해서 북유럽으로 유입되었다.

제노바가 빠져나간 것이 이 때문일까? 이 조약이 체결된 해가 1630년이라는 늦은 시기였다는 점을 고려하면 반드시 그 때문만은 아니라고 할 수 있다. 증명된 것은 결코 아니지만 가능성이 높은 것은 제노바 경제의 고장이 이런 이상한 해결책을 가져왔다는 것이다. 스페인으로서는 자금을 이전시키는 **확실한** 체제가 절대적으로 필요했다는 것은 분명하다. 환어음을 통해서 자금을 이전하는 제노바의 방식은 분명히 우아하기는 하지만 이것은 국제지불체제의 완전한 장악을 전제로 해야 한다. 이제 이 방식을 대체한 것은 공해상에서 공격을 일삼고 전쟁과 해적질을 했던 사람들에게 수송업무를 맡긴다는 단순한 방식이었다. 1647-1648년부터는, 아이러니의 극치라고 할 만한 일로서, 남부 네덜란드의 유지와 보호에 필요한 은을 스페인으로부터 수송하는 업무를 영국 선박이 아닌 홀란트의 선박이 맡게 되었다. 이것은 네덜란드가 뮌스터에서 단독 강화조약(1648년 1월)*에 서명하기도 전에 일어났다.331) 경우에 따라서는 가톨릭교도와 프로테스탄트들이 합의에 이르기도 했다. 이 당시에도 이미 돈에는 귀천이 없었다.

제노바의 생존

제노바로 다시 돌아가보자. 제노바가 스페인으로부터 발을 뺐다는 것은 분명하다. 1627년 스페인 정부의 파산 외에도 스페인과 롬바르디아, 나폴리 등지에서 많은 곤경과 불안스러운 악조건을 겪었어야 했음에도 불구하고 아시엔티스타스(asientistas, 스페인 정부와의 계약[아시엔트]을 체결한 당사자)는 그들의 자본 중의 상당 부분을 지켜냈다. 이런 성공적인 후퇴는 제노바

---

* 17세기의 세계대전이라고 할 수 있는 30년전쟁(1618-1648)을 종결한 베스트팔렌 조약은 1644년부터 오스나브뤼크와 뮌스터에서 협상이 진행된 결과였다. 각국은 개별적으로 평화조약의 내용을 놓고 협상을 벌였는데 스페인과 네덜란드는 1648년 1월에 개별 강화조약을 맺었다. 여기에서 네덜란드는 독립을 정식으로 인정받고 전쟁 중에 점령한 일부 지역을 그대로 소유했다.

에 8레알 화폐들이 도착했기 때문에 가능했다고 나는 믿고 있다. 그 양에 대해서는 1년 단위로 재구성해볼 수 있는데[332] 1627년 이후에 상당히 증가했으며 때로는 아주 거액에 이르렀다. 한편 제노바는 계속해서 아메리카의 은 유입에 연결되어 있었다. 어떤 통로를 통해서 그렇게 되었을까? 세비야와의 교역, 그리고 그다음 시기에는 카디스와의 교역이 그 통로였다는 점에 대해서는 의심의 여지가 없다. 제노바의 상업망이 안달루시아에 그대로 남아 있었기 때문에 자연히 아메리카와의 연결도 그대로 유지되었던 것이다. 다른 한편 포르투갈의 마라노*라는 다른 대부업자들이 등장한 이후로 제노바의 파르티탄티**는 여러 번에 걸쳐서 다시 게임에 참여했다. 1630년과 1647년, 혹은 1660년이 그런 예이다.[333] 이들이 여기에 다시 달려들었다는 것은 세비야와 카디스에 도착하는 은의 양이 공식 수치보다 더 많았다는 의미가 아닐까?[334] 스페인에 대한 대부는 이 때문에 더 손쉽고 수익이 많아졌다. 그리고 이로 인해서 유럽에 은을 제공하던 대규모의 은 밀수에 참여할 가능성도 아울러 커졌다. 제노바인들은 그와 같은 기회를 놓칠 사람들이 아니었다.

제노바로서는 공산품 수출을 이용하여 스페인의 재원에 접근할 수도 있었다. 사실 제노바는 베네치아보다 더 뚜렷하게 17-18세기의 유럽의 산업발전에 동참하고 있었고 카디스와 리스본의 시장수요에 생산을 맞추려고 했다. 카디스에서는 은을 얻기 위해서이고, 리스본에서는 금을 얻기 위해서였다. 1786년에도 스페인은 아직 제노바에서 많은 직물을 수입하고 있었다. "그리고 스페인 사람들의 취향에 특별히 맞춘 생산물도 있었다. 예컨대 여기저기에 꽃무늬가 있고……한쪽 끝자락에는 반부조(半浮彫)로 커다란 꽃들을 수놓은……폭이 큰 비단이 그런 것인데……이런 직물들은 의식용 의상을 만드는 데에 쓰였다. 그중에는 대단히 훌륭하고 값비싼 직물들도 있다."[335] 또 제노바 근처의 볼트리에서 만드는 종이의 상당량을 "인도로 보내서 담배 제

---

* marrano : 개종한 유대인을 뜻하는 스페인어 및 포르투갈어.

** partitanti : 공동 사업자.

조에 사용했다."[336] 이처럼 제노바는 밀라노, 비첸차, 님, 마르세유, 카탈루냐 등과의 경쟁에 맞서서 조심스럽게 자신을 지켜갔다.

그러므로 제노바 상인들의 정책은 다변적이고 불연속적인 듯하지만 동시에 유연하고 적응력이 있었다. 모든 존중할 만한 자본주의적 정책에는 그런 면이 있는 법이다. 15세기에는 북아프리카와 시칠리아 사이의 금 교역로에 자리를 잡았고, 16세기에는 스페인을 통해 아메리카의 은광에서 나는 은의 일부를 장악했으며, 17세기에는 공산품 수출을 통해 다시 상업활동을 증대시켰다. 그리고 시대마다 상황에 맞추어서 은행업과 재정업을 수행했다.

1627년 후에도 사실 금융업이 완전히 중단되지는 않았다. 스페인 정부가 예전과 같은 금융업의 대상이 못 되었기 때문에 제노바의 자본은 새로운 고객을 찾아나섰고 실제로 여러 도시들, 지배자들, 그렇지 않으면 단순한 사업가들이나 개인 등을 새로운 고객으로 맞이했다. 이 점에 관해서는 주세페 펠로니의 최근 연구가[337] 명확히 보여준다. 1627년 이후에 제노바의 자본이 기존 사업을 해지하기 이전부터 벌써 "금융투자를 거대하고 극단적으로 재분배했다."[338] 1617년부터 제노바인들은 베네치아의 증권에 투자했다. 16세기 이후 제노바인들이 피렌체 은행업자들을 대체한 바 있었던 로마에서는 1656년에 몬테 오로*—이 기관의 초기 투자자들은 전부 제노바인들이었다—를 창립했을 때 제노바인들이 교황청에 대한 대부에 새로 참여했다.[339] 프랑스에서는 1664년부터 1673년 사이에 초기 투자가 이루어졌다.[340] 18세기에는 오스트리아, 바이에른, 스웨덴, 오스트리아령 롬바르디아, 리옹이나 토리노 또는 스당과 같은 여러 도시들로 투자 움직임이 확대되었다.[341] 제노바에서도 암스테르담이나 제네바에서처럼 중개업자와 고객 유치인을 동원하여 대부업이 일상생활의 일부가 되었다. 이것은 "소식지(nouvelles à la main)"나 「가제트」에서도 볼 수 있다. 1743년에 한 프랑스인

---

* Monte Oro : 몬테(monte)는 이탈리아의 여러 도시에서 공채의 발행에 관한 업무를 담당한 공공 기관을 가리키고, 오로(oro)는 금을 가리킨다. 이 책 제2권 718-722쪽의 내용을 참조하라.

대리인은 이렇게 이야기했다. "지난 금요일에 호송인이 딸린 사륜마차를 이용하여 밀라노[당시에는 오스트리아령이었다]로 45만 플로린의 돈을 보냈다. 이 돈은 이 도시의 여러 개인 전주(錢主)들이 이미 내가 언급한 보석류를 담보로 해서 헝가리 여왕[마리아 테레지아]에게 빌려준 것이다."[342]

외국에 투자한 자본액수는 점진적으로 증대해갔다. 그것은 마치 옛 기계가 18세기 자체의 속력을 이용하여 가속도를 붙여가는 것 같았다. 개략적으로 이야기해서 100만 리라 디 반코(lira di banco) 단위로 1725년에는 271, 1745년에는 306, 1765년에는 332, 1785년에는 342였고, 연간 소득은 1725년에 7.7에서 1785년에 11.5가 되었다. 제노바의 계정화폐인 리라 디 반코는 1675년에서 1793년 사이에 늘 0.328그램의 금 가치에 해당했다. 그러나 금 무게로 환산해보아야 무슨 소용이 있겠는가? 차라리 개략적으로 계산해서 1785년에 대출을 해준 사람들이 얻은 소득이 제노바의 전체 소득의 절반이 넘는다는 사실이 더 많은 것을 이야기해줄 것이다.[343]

그런데 제노바가 투자를 확대하면서도 지리적으로는 영예로운 과거의 틀에서 벗어나지 않았다니 얼마나 이상한 일인가! 네덜란드나 제네바의 자본과 달리 제노바의 자본은 영국으로 들어가지 않고 계속해서 프랑스에만 대규모로 투자되었다(프랑스 혁명 전야에는 그 액수가 500만 리브르 투르누아에 달했다). 북유럽에서는 가톨릭 종교를 가진 제노바가 개신교 은행망과 충돌하기 때문이었을까? 그보다는 차라리 옛날 관습이 제노바 사업가들의 생각과 상상의 틀을 제약했기 때문인 것 같다.[344]

어쨌든 이 선택은 앙시앵 레짐을 집어삼킨 수많은 파국들 속으로 제노바의 자본이 빠져들게 만들었다. 그러나 다음 세기에 제노바는 다시 한번 이탈리아 반도에서 가장 활기찬 모터 역할을 했다. 기선이 등장하던 시대와 리소르지멘토*의 시대에 이 도시는 산업을 창조하고 근대적인 강력한 해군을

---

* Risorgimento : 이탈리아의 국가통일 운동.

만들었다. 이탈리아 은행(Banco d'Italia)도 대체로 이 도시의 작품에 속한다. 한 이탈리아 역사가는 이렇게 말했다. "제노바는 이탈리아의 통일을 만들었다." 그리고 뒤에 이렇게 덧붙였다. "그 자신에게 유리하도록."345)

세계-경제에 대한 재론

그러나 제노바의 자본주의의 선회들이 있었다고 해도 이것이 제노바를 세계-경제의 중심지로 회복시켜주지는 못했다. 국제적인 차원에서 제노바의 "세기"는 1627년 이전에, 어쩌면 피아첸차 정기시들이 고장 난 1622년에 끝났다.346) 이 결정적인 해의 다음 시대를 추적해보면 베네치아인, 밀라노인, 피렌체인들이 제노바의 은행가들과의 연대를 끊어버린 것 같은 느낌을 받는다. 혹시 이들이 제노바와 계속 협력했다면 이들 역시 똑같은 위험에 빠지지 않았을까? 어쩌면 이탈리아는 더 이상 제노바의 우위의 대가를 지불해주지 못하게 된 것이 아닐까? 그러나 어쩌면 이와 동시에 화폐량이나 생산량과 비교할 때 불균형적으로 커진 인공화폐의 유통량을 유럽 경제 전체가 더 이상 지탱하지 못했기 때문이 아닐까? 앙시앵 레짐의 경제가 감당하기에는 지나치게 복잡하고 야심만만했던 제노바의 구조물은 17세기의 유럽의 위기와 함께 부분적으로는 저절로 무너졌다. 더구나 유럽의 균형이 점차 북쪽으로 기울고 또 그것이 수 세기 동안이나 계속되었기 때문에 더더욱 그러했다. 제노바가 유럽의 금융 중재자 역할을 중단하자 더 이상 세계-경제의 중심이 못 되었다는 점, 그 뒤를 이은 암스테르담의 부는 상품에 근거한 것이었다는 점—이것이 새로운 시대의 표시이다—등이 특징적인 일이었다. 암스테르담에도 금융의 시대가 도래하기는 하지만 그것은 훨씬 이후 시기의 일이다. 그런데 이상한 점은 이때에도 제노바가 겪었던 것과 똑같은 문제들이 다시 제기된다는 점이다.

제3장

도시가 지배하는 유럽의 옛 경제 : 암스테르담

Jacob van der Ulft(1621–1689), *The Dam in Amsterdam with the new Town Hall under Construction*, 1636–1676. oil on canvas, 81 × 100cm. Amsterdam Museum. public domain.

암스테르담의 등장과 함께[1] 제국주의적인 구조와 성향을 가진 도시들의 시대는 끝났다. "근대적인 통합국가의 지지 없이 진정한 상업 및 크레딧의 제국이 존재하는 것은 이것이 마지막이다"라고 바이얼릿 바버는 이야기했다.[2] 암스테르담의 역사적 경험은 경제적인 헤게모니의 두 국면, 즉 도시가 지배하는 국면과 근대국가 및 국민경제가 지배하는 국면의 중간에 위치한다는 흥미로운 점을 제공한다. 두 번째 국면의 시초는 영국의 지지를 받는 런던이 될 것이다. 유럽은 성공을 거듭함에 따라서 팽창해갔고 급기야는 18세기 말에 전 세계를 껴안게 되었다. 그런 유럽의 한가운데에서는 지배적인 지역 자체도 전체의 균형을 위해서 커질 수밖에 없었다. 주변 경제의 불충분한 원조를 받는 도시만 가지고는 더 이상 충분하지 못했다. 그리하여 영토국가가 그 뒤를 잇게 된다.

암스테르담의 등장은 과거 상황의 연장에 불과하며 따라서 당연히 과거의 법칙에 따른다. 즉, 하나의 도시가 다른 도시들―안트베르펜, 제노바―을 계승한다. 그러나 이것은 동시에 북유럽이 남유럽에 대해서 결정적으로 우위를 차지하는 계기이기도 했다. 너무나 흔히 이야기해왔던 것처럼 암스테르담이 안트베르펜만 계승한 것이 아니라 지중해 전체―제노바의 간주곡이 진행되는 동안 여전히 우위를 점하던—를 계승한 것이기도 하다.[3] 천혜의 조건과 여러 이점들을 누리던 가장 부유한 바다를 대신해서, 여태껏 잘 이용되지도 않았고 국제분업에서 가장 힘들고 보수가 적은 일만 담당해오던 프롤레타리아적인 대양(大洋)이 그 자리에 들어섰다. 제노바의 자본주의, 나아가서 사방에서 공격을 받던 이탈리아 자본주의의 쇠퇴는 북유럽의 선원과 상인들에게 승리의 길을 열어주었다.

이 승리는 하루아침에 이루어지지 않았다. 마찬가지로 지중해와 이탈리아의 쇠퇴 역시 하루아침에 이루어지지 않았으며 여러 단계들을 하나씩 거치는 느린 과정을 거쳤다. 1570년대에 영국 배들이 다시 지중해에 들어왔고 1590년대에는 네덜란드의 배들이 들어왔다. 그렇다고 해서 '사에타(saetta)', '마르실리아네(marciliane)', 혹은 '카라무살리(caramusali)' 같은 지중해 선박들이 사라지지는 않았다. 북유럽의 수송선들이 과실을 거두기 위해서는 북아프리카의 중개지점들, 리보르노와 안코나의 항구들, 레반트의 기항지들이 이들에게 개방되어 이용될 수 있어야 하고, 지중해의 부유한 도시들이 이 신진세력[북유럽/역주]을 용인하고 이들의 배를 기꺼이 빌려 써야만 한다. 그리고 영국인들이 1579년에, 그리고 네덜란드인들이 1612년에 그랬던 것처럼 대영주(Grand Seigneur)와 거류민 협정*을 맺는 것도 반드시 거쳐야 할 일이다. 게다가 모직, 마직 등 북유럽의 공산물이 지중해 시장에 뚫고 들어와서 기존의 전통적 상품들을 쫓아내야 한다.[4] 17세기 초만 해도 베네치아는 자신의 고급 모직물로 레반트의 시장을 지배하고 있었다. 그러므로 북유럽 상인들로서는 베네치아를 비롯한 여러 도시들을 극복해야만 했다. 그리고 무엇보다도 제노바가 장악한 크레딧의 헤게모니가 조금씩 쇠잔해가기를 기다려야만 했다. 암스테르담의 상승은 다소 빠르게 진행된 이와 같은 절

---

* capitulation : 외국인 거류민들에게 일종의 제한적인 치외법권과 같은 권리를 인정하는 협정을 말한다. 원래 오스만 제국에서 술탄이 자신의 치세 동안 개별 국가들에 대해서 일정한 조건의 특권을 인정하는 형식에서 비롯되었다.

차들을 거친 것이다. 그 결과 암스테르담이 주도권을 장악한 뒤에는 이전의 안트베르펜의 경우와는 달리 지중해에 다시 주도권을 되돌려주지는 않게 되었다.

네덜란드의 국내경제

동시대인들은 단지 화려한 결과만을 보았을 뿐이다. 대개 그렇듯이 이들도 오랫동안의 선행과정들에 주의하지 않고 단지 네덜란드가 눈부신 위대함을 드러냈을 때 갑자기 나타난 것으로만 생각했다. 일종의 신생국과 같은 그렇게 작은 나라가 갑자기 부유해지고 눈부신 성장을 하며 예기하지 못하게 강력해진 것에 대해서 누구도 이해하지 못했다. 사람들은 단지 "놀라운" 부, 네덜란드의 "비밀"과 "기적"에 대해서만 말할 따름이었다.

비좁은 국토, 부족한 자연자원

네덜란드는 작은 나라이다. 1724년에 한 스페인인은 이 나라가 갈리시아 왕국보다 크지 않다고 이야기했고[5] 튀르고 역시 영국인 터커의 말을 그대로 좇아서 네덜란드가 데번셔의 절반보다도 작다고 보았다.[6] 루이 14세의 대사 한 명은 이렇게 설명했다(1699). "이 작은 나라의 바닷가 쪽으로는 아무 데에도 소용이 없는 모래언덕이 있고, 안쪽으로는 많은 강과 운하들이 얽혀 있는데 양쪽에서 모두 빈번하게 범람이 일어난다. 이 나라는 오직 목축에만 적합하며 이것이 이 나라의 유일한 자원이다. 이 나라에서 생산되는 밀과 다른 곡식들로는 이곳 주민들의 100분의 1밖에 먹이지 못한다."[7] 디포는 빈정거리는 투로 이렇게까지 말했다. "[이 나라에서 생산되는 식량은/역주] 닭들을 먹이는 데에도 모자란다."[8] 1697년에 또다른 사람은 이렇게 말했다. "홀란트가 생산하는 것은 버터, 치즈 그리고 질그릇을 굽는 데에 적합한 흙뿐이다."[9] 스페인의 대단히 성실한 경제학자인 우스타리스는 또 이렇게 설명했다(1724). "이 나라의 절반은 물이고 나머지 절반은 아무것도 생산하지 못하는 땅이다. 그래서 전체 국토의 4분의 1 정도만 경작된다. 많은 작가들은 이 나라의 곡물 생산량이 전체 소비량의 4분의 1밖에 되지 않는다고 확신한다."[10] 1738년의 한 편지에는 한술 더 떠서 이렇게 쓰여 있다. "홀란트는 아주 지력이 약한 나라이다. 이 나라는 물 위에 둥둥 떠 있고 풀밭은 1년의 4분의 3 동안 물에 잠겨 있다. 이 나라의 토지는 너무 적고 한정되어 있어서 전체 주민의 5분의 1밖에 먹이지 못한다."[11] 이 주제에 정통한 아카리아스 드 세리오네는 1766년에 주저하지 않고 홀란트(네덜란드 일반을 가리킨다)가 "주민의 4분의 1만 먹이고 입힐 자원밖에 가지고 있지 못하다"고 말했다.[12] 간단히 말해서 이 나라는 가난한 나라이다. 밀은 부족할 뿐 아니라 품질도 보잘것없으며, 호밀, 귀리, 양도 부족하고, 포도는 시골 저택의 담장 밑이나 정원에서 볼 수 있을 뿐 거의 없는 것이나 마찬가지이고, 암스테르담의 운하 근처나 마을의 주변 외에는 나무도 없다. 이에 비해서 목초지는 사방에 널려 있다. "10월 말 혹은 간혹 11월 말에 바람이 일고 폭풍우가 몰아치면서 비가 계속되면 목초지가 물에 잠긴다.……그래서 많은 곳에서 제방, 종탑, 집들이 마치 거대한 바다 한가운데에 솟아오른 것처럼 보이기도 한다."[13] 겨울에 내린 빗물은 "봄에 풍차를 이용해서"[14] 길어낸다.

이런 것들은 지중해인에게는 이상하다 못해 터무니없어 보일 지경이었다. 1567년에 피렌체인인 로도비코 구이차르디니는 이렇게 설명했다. "이곳은 지대가 낮고 모든 큰 강과 운하들이 제방들로 둘러싸여 있어서 그 물이 지표면과 같은 높이에서 흐르지 않고, 대단히 놀랍게도 많은 곳에서 지표면보다 높은 곳에서 흐른다."[15] 2세기 뒤에 제네바 출신의 또다른 여행자가 보기에는(1760) "홀란트 주에서는 모든 것—심지어는 이 나라의 땅과 자연까지도—이 인공적이다."[16] 스페인 출신의 여행자인 안토니오 폰스는 이 나라가 "실제적이라기보다는 공상적이고 시적이다"라고까지 이야기했다(1787).[17]

농업상의 성과

그렇다고 네덜란드에 토지와 마을과 농장이 없지는 않다. 헬데를란트에는 가난한 귀족과 그들에게 봉사하는 농민이 있어서 진정한 봉건 유럽의 한 부분이라고 할 만했다. 흐로닝언에는 향신층 차지농(鄕紳層借地農, gentlemen farmer)이, 프리슬란트에는 차지농(tenant-farmer)이 존재한다.[18] 레이던 주변에서는 집약적인 채소 재배를 하고—암스테르담의 길거리에서 소리치며 파는 채소가 바로 이곳에서 난다—네덜란드의 최고급 버터를 생산한다.[19] 아우데 마스 강*에는 다리가 하나 있는데 이것을 "밀 다리라고 부른다. 장날에 농민들이 곡물을 가지고 이곳으로 모여들기 때문이다."[20] 이곳저곳에서 잘사는 시골 사람들을 보면, 검은 옷을 입고 외투도 걸치지 않았지만 "그들의 부인들은 은을 뒤집어썼고 손가락에는 금반지를 끼고 있다."[21] 매년 봄이 되면 "덴마크, 유틀란트, 홀슈타인 등지에서 대단히 많은 소와 송아지가 비쩍 마른 상태로 이곳에 도착한다. 이 소들은 곧바로 목장으로 보내는데 이곳에서 3주일을 지내고 나면 통통하게 살이 오른다."[22] "11월 중순쯤에 [부잣집에서는] 소를 한 마리, 혹은 가족규모에 따라서 반 마리를 사서 염장, 훈제한다. 여기에 버터를 발라서 샐러드와 함께 먹는다. 매주 일요일에 염장통에서 쇠고기 큰 조각 하나를 꺼내 조리하면 이것으로 여러 번의 식사를 할 수 있다. 그렇게 조리했다가 차가워진 쇠고기 조각은 삶은 쇠고기 몇 조각과 우유, 약간의 채소와 함께 다시 식탁에 오른다.……"[23]

가용공간이 워낙 협소하기 때문에 농업이나 목축업은 모두 생산성 향상을 목표로 할 수밖에 없다. 가축들은 다른 곳에서보다 더 잘 먹인다. 암소는 하루에 세 통의 우유까지 생산한다.[24] 농업은 텃밭 재배(jardinage)에 가까웠

---

* Oude Maas : 라인 강은 네덜란드로 들어오면 곧 네데레인(Nederrijn)과 발(Waal)이라는 두 개의 지류로 나뉜다. 네데레인은 다시 에이설(IJssel) 지류와 레크(Lek) 지류로 나뉘고, 발은 마스 강과 합쳐진 후에 다시 두 개의 지류로 나뉘는데 하나가 아우데 마스(구[舊]마스)이고 또 하나가 니우어 마스(신[新]마스)이다.

으며, 곡물의 교묘한 돌려짓기 방식이 개발되었고, 도시의 오물을 섞은 비료를 많이 쓴 덕분에 다른 어느 곳들보다 많은 수확을 얻었다. 1570년부터는 이러한 진보가 눈에 띄게 뚜렷해져서 이 나라의 초기 경제성장에 중요한 역할을 담당했다. 이런 점에 주목해서 얀 데 브리스는 네덜란드의 자본주의가 토지로부터 발전했다고 이야기했다.[25]

그러한 성공은 비록 소규모였으나 훗날 영국에까지 전해지는 농업혁명을 가져왔다. 영국의 농업혁명은 또다른 이야기이므로 여기에서 다루지는 않겠으나 중요한 사실은 농촌이 도시와 접촉하면서 곧 상업화되고 일종의 도시화가 이루어져서 마치 도시가 그런 것처럼 외부로부터의 유입을 가지고 살게 되었다는 점이다. 이 지역에서 소비하는 곡물 중에 적어도 반 정도—사실에 가까운 수치이다—는 수입해야 했다. 그 대신 네덜란드의 농업은 고소득 작물들을 재배하는 쪽으로 변화해갔다. 아마, 대마, 유채, 홉, 담배 그리고 파스텔(대청)과 꼭두서니—이 마지막 것은 플랑드르 출신의 피난민이 들여왔다—같은 염료작물 등이 그런 것들이다.[26] 염료작물의 도입은 아주 시의적절했다고 하지 않을 수 없다. 영국이 수출하는 모직물은 표백하지 않은 상태로—당시의 표현으로는 "하얀 상태로(en blanc)"—네덜란드에 들어와서 이곳에서 마무리 공정과 염색 공정을 거치기 때문이다. 그런데 축융과 염색, 두 가지 공정만으로도 가공하지 않은 모직물 생산비용(원재료비, 소모비, 방적비, 방직비)의 두세 배가 소요된다.[27] 그 때문에 영국의 제임스 1세는 "하얀 상태의" 모직물 수출 금지 조치를 취한 것이다.[28] 그러나 그 결과는 참담한 실패였다. 염색과 마무리 공정에 기술 수준이 앞서 있고 국내에 염료물질을 준비해두었던 네덜란드인들과 비교할 때 영국은 경쟁이 안 되었다.

농민들이 산업작물의 매력에 끌릴수록 이들은 식량, 땔나무, 이탄을 얻기 위해서 시장에 의존해야 했다. 이렇게 이들은 고립상태로부터 빠져나왔다. 큰 마을들은 시장이나 때로는 정기시를 갖춘, 상품의 집산지가 되었다. 상인들 편에서도 흔히 생산자들과 직접 접촉했다.[29]

농촌에서 상업화의 진척은 곧 농촌의 부의 증진을 의미한다. "이곳에서 10만 리브르 이상의 부를 소유한 농민을 발견하는 것은 놀라운 일이 아니다."[30] 농촌의 임금이 도시의 임금수준에 근접했다.[31] 피터르 드 라 쿠르가 한 다음과 같은 말(1662)을 음미해보라. "우리 농민은 일꾼과 하인에게 어찌나 많은 임금을 주어야 하는지, 이런 사람들이 농민의 이윤 중에 많은 부분을 가져가버려서 그들의 주인보다 더 유복하게 사는 형편이다. 이런 불쾌한 사태는 도시의 수공업 장인과 하인들에게서도 볼 수 있는데, 이들은 세계의 다른 어느 곳에서보다 더 참을 수 없는 정도로 불손하다."[32]

고전압 상태의 도시경제

유럽의 다른 지역들과 비교해보았을 때 이 작은 네덜란드는 과도하게 도시화, 조직화되어 있었다. 이사크 데 핀토가 말한 것처럼[33] 다른 무엇보다도 인구밀도가 "상대적으로 유럽에서 가장 높기" 때문이었다. 1627년에 브뤼셀로부터 암스테르담으로 여행하던 한 사람은 "스페인이 지배하는 [남부 네덜란드] 도시들이 텅텅 비어 있는 데에 비해 네덜란드의 도시들은 사람들로 가득 차 있는 것을 발견했다.……두세 시간 정도 걸리는 거리만큼 떨어져 있는 도시들 사이를 지나면서……너무나 많은 인파와 마주쳤다. 로마의 거리에 사륜 포장마차가 많은 만큼[로마에 사륜 포장마차가 얼마나 많은지는 하느님만이 아실 것이다] 이곳에는 여행객들로 가득 찬 이륜마차가 많이 돌아다니고 동시에 사방으로 뻗은 운하 위에는 수많은 배들이 돌아다닌다."[34] 이것은 놀라운 일이 아니다. 네덜란드의 인구 절반은 도시에서 살고 있기 때문이다.[35] 이것은 유럽에서 가장 높은 기록이다. 그 때문에 교환이 증가했고, 지역 간 연결이 정규화되었으며, 다른 유럽 지역에서처럼 농민의 수송이 활발하게 이루어지는 육로 이외에도 해로, 하천, 운하들을 최대한 이용할 수밖에 없었다.

네덜란드 연방은 홀란트, 제일란트, 위트레흐트, 헬데를란트, 오버레이설,

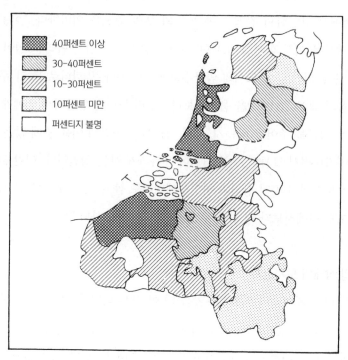

19. 부르고뉴령 네덜란드, 1500년
도시 인구의 비율은 1500년부터 신기록을 이루었다. 그 비율이 50퍼센트를 넘는 곳은 플랑드르와 홀란트이다. (얀 데 브리스, 『황금시대의 네덜란드 농촌경제, 1500-1700년』, p.83)

프리슬란트, 흐로닝언 등 일곱 개의 작은 주들로 구성되었다. 각 주는 독립적인 것으로 간주되고 또 그렇게 행동하는 것에 자부심을 가졌다. 이 각각의 주는 또 어느 정도 긴밀한 도시망을 이루었다. 홀란트를 보면 우선 주 신분의회에서 투표권을 가지는 유서 깊은 6대 도시가 있고, 여기에 더해 로테르담을 비롯한 12개의 도시가 있다. 이 각각의 도시들은 자치권을 가지고 조세를 걷으며 재판권을 행사하고 주변지역을 조심스럽게 감시하며 늘 자신의 특권, 독립성, 재정체제를 수호하려고 한다. 바로 이 때문에 그처럼 많은 세관이 만들어졌고[36]—이것은 곧 "막대한 통행세"를 의미한다[37]—도시 시장에 들어갈 때마다 곤욕을 치른다. 그렇지만 이와 같은 주의 분할과 믿지 못할 정도의 지방분권은 어느 정도 각 개인의 자유를 보장하는 결과를 가져왔다. 시를 지배하는 도시귀족 부르주아들은 사법권을 장악하고 있어서 누구든 원하는 자들을 마음대로 처벌하고 시 또는 주에서 영원히 추방시키기도 했다. 게다가 사실상 재심의 기회도 없었다. 그러나 반대로 이들은 시민들을 보호하고 상급 사법권력으로부터 지켜주기도 했다.[38]

네덜란드의 도시들은 함께 살기 위해서 공동행동을 취하지 않을 수 없었다. 피터르 드 라 쿠르가 말했다시피 "이들의 이해는 서로 얽혀 있었다."[39] 비록 이들 간에 서로 다투고 질투도 하지만, 한 통 속에 사는 벌들처럼 그곳의 법칙을 준수하고 협력하며 상업적이든 산업적이든 그들의 활동을 함께 수행해야만 했다. 그리하여 이 도시들은 하나의 세력집단을 형성했다.

암스테르담

이 도시들은 따라서 업무를 분담함으로써 서로가 서로에게 의지했고 연결망들을 구성했으며 피라미드 모양의 중첩된 여러 층들 중에서 하나를 차지하는 식으로 계서제를 이루었다. 이 말은 이 도시들의 중심에, 또는 정상에 다른 도시들과 연결되어 있되 동시에 그 도시들보다 비중이 크고 구속력을 가진 지배적인 도시가 있다는 것을 의미한다. 네덜란드 연방의 도시들에 대해서 암스테르담이 가지는 위치는 테라 피르마의 도시들에 대해서 베네치아가 가지는 위치와 비슷하다……. 우선 암스테르담은 베네치아와 생긴 모습부터 놀라울 정도로 유사하다. 이 도시에는 물이 가득해서 섬, 소도(小島), 운하로 나뉘어 있고 "소택지"로 둘러싸여 있으며,[40] 베네치아에서 브렌타 강의 소형 배들이 물을 공급하는 것처럼 바테르스헤펀*이라고 부르는 거룻배들이 맑은 물을 공급한다.[41] 마지막으로 두 도시 모두 해수로 포위되어 있다는 점도 똑같다.

피터르 드 라 쿠르의 설명에 의하면[42] 암스테르담의 위대한 역사가 시작

---

* vaterschepen : "물을 나르는 배들"의 뜻. 오늘날의 네덜란드어 철자로는 waterschepen이다.

된 것은 어느 날 해일이 들이닥쳐서 이 시의 외곽을 둘러막고 있던 사구(砂丘)가 "텍설 섬 부근에서 뚫리고" 그 결과 난데없이 자위더르 해*가 생기면서부터라고 한다(1282). 이때부터 "테이 만**으로 큰 배가 지나다닐 수 있게 되었으며" 그리하여 조그마한 마을에 불과하던 암스테르담이 발트 무역을 수행하는 선원들의 집합장소이자 상업 중심지가 되었다. 그러나 이렇게 자연력의 도움을 받고 나서도 이 도시는 여전히 접근이 힘들고 위험하거나 적어도 접근하기가 까다로운 곳이었다. 암스테르담으로 가려는 배들은 자위더르 해의 입구인 텍설 섬이나 플릴란트 섬에서 기다려야 했다. 자위더르 해의 모래는 늘 위험했기 때문이다. 또 암스테르담을 떠나는 배들도 같은 곳에서 순풍을 기다려야 했다. 그러므로 들어올 때나 나갈 때 모두 기다려야 했고 이것을 시당국이 세밀하게 통제했다. 되돌아보면 단지 재미있는 일에 불과할지 모르겠으나 당시에는 떠들썩했던 사건이 일어난 것도 다 이런 연유에서이다. 1670년 3월에 프리깃선인 프랑스 해군 함정 한 척이 사전 허가 없이 텍설에서 암스테르담까지 통과해왔던 것이다.[43] 그 외에도 어려움을 가중시킨 요인으로 대형 상선이 암스테르담의 북쪽에 펼쳐진 얕은 바다를 넘나들 수 없다는 점이 있다. 이곳은 팜퓌스(Pampus) 사주(砂洲)가 살짝 물에 잠김으로써 얕은 수심의 모래밭 바다가 되었다. 이런 상태는 1688년경에 교묘한 방법이 강구되어서야 비로소 해소되었다.[44] 그 방법이란 "낙타"라고 부르는 두 척의 거룻배가 배의 좌현과 우현에서 배의 바닥 밑으로 체인을 돌려서 들어올린 후 내항(內港)으로 몰고가는 것이다.

암스테르담 항구는 언제나 초만원이었다. 1738년에 한 여행자는 이렇게

---

* Zuiderzee : 단어의 뜻을 그대로 옮기면 "남해(南海)"라는 뜻이지만 암스테르담의 앞바다를 가리킨다. 북해나 동해(발트 해)와 대조적으로 붙인 이름이다. 북해에서 암스테르담 쪽으로 네덜란드 내부 깊숙이 들어와 있는 바다였으나, 20세기에 간척사업과 방조제 건설로 북해로부터 단절되었다.

** Tey : 자위더르 해 중에서 암스테르담 앞바다인 에이(Y, Ij 또는 옛날식으로는 Ey) 만을 가리킨다. Tey는 정관사 het의 축약형 't가 결합된 철자이다.

말했다. "이렇게 놀라운 광경은 생전 처음 본다. 항구 한 곳에 2,000척의 배가 들어와 있는 모습은 직접 보지 않고는 상상도 못할 것이다."[45] 1701년에 나온 한 안내서는 또 이렇게 묘사한다. 이곳에 있는 선박 8,000척의 "돛대와 밧줄은 마치 햇빛도 거의 들지 않을 정도로 우거진 숲을 이루는 것과 같다.……"[46] 누구는 2,000척이라고 하고 누구는 8,000척이라고 하는 불일치에 대해서 따지고 들 필요는 없다. 다만 확실한 사실은 엄청난 배들이 모여 있는 모습을 담(Dam) 광장에서 볼 수 있다는 사실이다. 그 안내서는 계속해서 이렇게 설명한다. "금색과 붉은색 문양을 한 새로운 배는 독일에서 왔고……은색 바탕에 날개를 편 흑색 독수리 문양을 한 배는 브란덴부르크에서 왔다." 금빛 태양 문양을 한 배는 슈트랄준트에서 왔다. 그 외에도 뤼베크, 베네치아, 스코틀랜드, 토스카나, 라구사(이곳의 배는 방패모양에 자유[Libertas]라고 쓰인 줄무늬가 있는 은빛 깃발을 달았다) 등지의 배들이 있다. 심지어 사부아에서 온 배도 있다. 더 멀리 보이는 큰 배들은 고래잡이배들이다. "당신들이 프랑스인들이기 때문에 저 흰색 배들이 어느 나라 것인지는 설명하지 않아도 될 것이다."[47] 「가제트 담스테르담(*Gazette d'Amsterdam*)」을 읽으면[48] 암스테르담으로 오는 배들이 100여 척이라는 것과 더불어 그 배들의 이름 및 항로를 알 수 있다. 1669년의 경우를 보면, 2월 8일에 보르도로부터 '황새 호', '아마포 수레 호', '떠오르는 태양 호', '빌바오의 여우 호', '낭트의 이중 쾌속선 호'가 들어왔고, 12일에는 '테르세라의 무화과나무 호', '얼룩고래 호'가 보르도로부터, 또 그보다 약간 뒤에 '건초 수레 호'가 빌바오로부터, 또 '그레이하운드 호'가 칼레로부터 들어왔으며, '얼룩양 호'가 갈리시아로부터 귀환했다. 한편 6월에는 '꽃단지 호'가 "모스크바(아마도 아르한겔스크를 말하는 것 같다)에서 겨울을 지내고 돌아왔다. 2월에는 '버터통 호'가 알리칸테에 갔다 온 것이 알려졌다." 이러한 유통 덕분에 암스테르담은 "세계의 종합창고요, 풍요의 고장이며, 부의 집합지이고, 하늘의 사랑을 입은 곳"이 되었다.[49]

그러나 네덜란드의 여러 주와 도시의 도움이 없었다면 그렇게 되지 못했을 것이다. 이는 암스테르담의 위대함에 필수불가결한 조건이었다. 얀 데 브리스가 보기에 암스테르담을 중심으로 한 세계-경제의 핵심은 흔히 이야기하듯 홀란트만이 아니라, 바다를 통한 교역이 닿는 네덜란드의 모든 곳—제일란트, 프리슬란트, 흐로닝언, 그리고 위트레흐트의 일부 지역—을 의미한다. 단지 헬데를란트, 제네랄리테*의 여러 주들 그리고 오버레이설이 여기에서 제외되는데, 이곳들은 가난하고 고풍스러운 곳이며 아직 "중세적인" 곳이다.

이런 "심장부"와 암스테르담 사이의 협력은 분업을 발달시켰다. 공업은 레이던, 하를럼, 델프트에서, 조선은 브릴과 로테르담에서, 라인 강 교역은 도르드레흐트에서, 북해 어업은 엥크하위전과 로테르담에서, 또 프랑스 및 영국과의 최고의 교역은 다시 로테르담—암스테르담을 제외하면 매우 강력한 도시이다—에서 발달했다. 한편 정치적 수도인 헤이그는 에나 지금이나 미국의 워싱턴에 해당된다. 그러므로 네덜란드 동인도회사가 여러 지사(支社)**로 나뉜 것이 우연이 아니다. 1609년에 암스테르담 은행이 창설된 외에도 그보다는 덜 활동적이지만 비슷한 기능을 가진 은행들이 미델뷔르흐(1616), 델프트(1621), 로테르담(1635)에 세워진 것도 마찬가지이다. 미국의

---

* Généralité : 16-17세기 이전의 네덜란드 지역이란 매우 모호하고 변천이 심한 한 단위의 지역들이었다. 봉건적인 방식에 의해서 지배 영주가 어떤 지방을 상속받거나 결혼을 통해서 얻는 일이 빈번했기 때문인데 네덜란드 지역은 이런 과정을 통해서 로렌, 부르고뉴, 프랑슈-콩테와 함께 부르고뉴 공작 가문의 소유가 되었다. 이 당시의 이른바 옛 네덜란드 영토를 다소 막연히 지칭하는 것으로 프랑스어에서 '제네랄리테'라는 말을 쓴다.

** 네덜란드 동인도회사의 조직은 매우 특이해서 여섯 개의 지역별 지사(Kamer, chamber)로 구성되었고, 여섯 개의 지사는 암스테르담, 미델뷔르흐, 로테르담, 델프트, 호른, 엥크하위전에 있었다. 그런데 각 지사의 힘과 능력은 서로 달랐다. 암스테르담이 전체의 2분의 1, 미델뷔르흐가 4분의 1, 나머지 지사들이 합해서 4분의 1의 비중을 차지했다. 각 지사에는 사실상 독자성이 있어서 각기 선박과 선원을 보유했고 아시아로 가는 배들에 서로 다른 명령을 내렸으며 각자의 계정으로 사업을 진행했고 독립적으로 부채를 얻었다. 회사 전체에 공통적인 것은 일부 상품을 따로 떼어서 공동으로 판매했던 것에 불과하다. 따라서 각 지사들 간의 연결은 대단히 미약하고 아주 느리게 발전했다. 그 결과 암스테르담 지사가 강한 지배력을 가졌다.

포드 회사의 유명한 구호*를 약간 변형해서 피에르 보데가 만든 "암스테르담에 좋은 일은 네덜란드 연방에 좋은 일이다"라는 말은 틀린 말이 아니지만, 암스테르담으로서는 조력자들을 고려해야 했고 다른 도시들의 질시와 적대감을 감내해야 했으며 더 이상의 방도가 없으므로 적응해야만 했다.

다양한 인구구성

도시는 노동력을 소진시키는 곳이다. 네덜란드 연방의 도시들 전체가 번성한 것도 오로지 인구가 증가했기 때문에 가능했다. 이곳의 인구는 1500년에 100만 명이었다가 1650년에 200만 명으로 늘었다(그중 100만 명이 도시에 거주했다). 그와 같은 인구증가는 자체 내의 인구만 가지고는 불가능했다. 네덜란드 경제의 발전은 외국인들을 요구했고 이들을 불러들였다. 이 나라의 발전은 부분적으로는 외국인들의 기여 덕분이다. 그러나 이들 모두가 이 나라에서 약속의 땅을 발견한 것은 아니다. 네덜란드의 번영의 한편에는 언제나 누옥에 기거하며 조악한 식량에 의존해서 살아가는 프롤레타리아가 존재했다. 11월에는 청어가 살이 빠져 있기 때문에 "홀란트에서 조례를 통하여 어획을 금지했으나, 실제로는 가난한 사람들의 식량공급을 위해서 허용했다."[50] 제노바에서 그랬던 것처럼 활발한 자선행위가 이 모든 것들을 가렸고 또 실제로 폭발 가능성이 있는 계급투쟁을 완화했다. 그렇지만 최근에 암스테르담 시청에서 열렸던 한 전시회에서는 17세기 네덜란드의 빈곤의 참상이 어느 정도였는지를 적나라하게 보여주었다. 이곳에서 부자는 다른 어느 곳보다 더 부유했고 가난한 사람들은 다른 곳보다 더 수가 많고 비참했다(다른 곳보다 더 비참한 이유는 다름 아니라 늘 문제가 되는 높은 생활비 때문이었다).

그러나 네덜란드의 유이민들 모두가 가능성이 희박한 큰 부를 얻기 위해

---

* "포드에 좋은 것은 미국에 좋은 것이다."

들어온 것만은 아니다. 이들 중에는 전쟁을 피해서, 또는 16-17세기의 대재앙이었던 종교적 처형을 피하기 위해서 온 사람도 많다. 1609년에 스페인과 휴전조약을 체결한 후 네덜란드는 종교적 갈등("항의파"와 "비항의파" 사이의 투쟁*)과 정치적 갈등(도시 과두귀족 대 스타트하우더**인 마우리츠 판 나사우 사이의 투쟁)으로 인한 폭력 때문에 국내적 화합이 깨지고 하나의 국가처럼 작용해왔던 것들이 붕괴될 정도가 되었다. 도르드레흐트 종교회의에서 정통 프로테스탄트가 승리하고(1619), 같은 해에 홀란트 주 대사법관***인 요한 판 올덴바르네벨트의 사형 이후 스타트하우더가 승리함으로써 폭력사태가 절정에 달했지만 오래가지는 않았다. 가톨릭교도들이 다수 존재하고 동쪽 지방에 루터 파 신도들이 존재하며 프로테스탄트 분파들이 활동하는 이 나라에서는 그러한 폭력사태가 지속될 수 없었다. 마침내 종교적인 관용이 자리를 잡고 또 갈수록 강화되었으며 동시에 정치권력의 분산에 따라서 개인적인 자유도 강화되었다. "이 나라를 제네바 모델****에 따른 프로테스탄트 국가로 만들려던 개신교 목사들의 시도는 아주 제한된 성공만을 거두었다."[51]

---

* 항의파(remontrant)는 아르미니우스파를, 비항의파(non-remontrant)는 고마루스파를 가리킨다. 이 책의 제1장 38쪽의 역주를 참조하라.

** stadhouder : 원래 네덜란드를 지배하는 합스부르크 가문을 대신하여 각 주를 통치하는 총독을 가리킨다. 그러나 북부 네덜란드의 7주가 독립을 선언한 1581년 이후부터는 네덜란드의 전국 신분의회가 스스로 임명했다. 이론적으로는 7주에 한 명씩 모두 일곱 명의 스타트하우더가 있어야 하지만 실제로는 한두 명만 있었다. 이 직위는 사실상 네덜란드 지역의 최고 귀족가문인 오라녜 가문이 독점했다. 번역어로는 다른 지역의 "총독"과는 성격이 다르다는 점을 고려하여 "스타트하우더"라는 말을 그대로 쓰기로 한다.

*** Raadpensionaris : 공화국 당시에는 각 주에 법률고문(Landsavocaat)이 있었는데, 특히 홀란트 주에서는 이 직책이 정치적으로 대단히 중요한 비중을 띠었다. 17세기 초에 홀란트 법률고문이었던 올덴바르네벨트는 말하자면 자유주의적인 중산층 중심 정책을 옹호하다가 전쟁을 주장하는 오라녜 지지세력(민중세력)에 의해서 처형되었다. 그후 이 직책의 이름이 대사법관이 되었다. 이 책 제2권 678쪽의 역주를 참조하라.

**** 칼뱅이 제네바에서 그의 신학적 견해를 현실에 그대로 옮기는, 일종의 신정정치(神政政治)를 실현한 것. 당시 제네바에서는 정치 및 모든 사회생활이 종교와 신학에 완전히 예속되어 도그마에 어긋나는 행위는 가차 없이 응징했다.

관용이란 인간을 그 자체로서 인정하는 것을 말한다. 노동자이든 상인이든 혹은 도망자이든 이들이 모두 공화국의 부의 증진에 기여하기 때문에 그것은 더욱 타당했다. 사실 관용적이지 않은 세계의 "중심"을 상상이나 할 수 있겠는가? 이런 곳은 관용적일 수밖에 없으며 이곳에서 필요로 하는 사람들이 몰려오는 것을 받아들이지 않을 수가 없다. 네덜란드 연방은 분명히 피난처이며 구명 뗏목이었다. 그 때문에 "마치 노르웨이 연안의 물고기들이 고래가 가까이 오는 것을 느끼면 이곳으로 도망쳐오듯이……전쟁을 피해서 이곳으로 수많은 사람들이 피신해왔다."[52] 이곳에서 신앙의 자유는 확고히 자리 잡아서 하나의 법칙처럼 되었다. "이곳에서는 누구도 신앙의 자유가 억압받고 있다고 불평할 수는 없을 것이다……"라고 한 영국인은 썼다.[53] 이후 시기에 한 네덜란드인은 또 이렇게 증언했다. "이곳에서 모든 사람들은 그들의 생각에 따라서 그리고 그들의 신앙에 따라서 신을 받든다. 이곳의 지배적인 종교는 개신교이지만 각자는 그가 선택한 믿음을 가지고 자유롭게 살아간다. 그래서 이곳에 로마 가톨릭 성당이 25개소나 있는데 그곳에서는 로마에서와 마찬가지로 자유롭게 예배를 볼 수 있다."[54] 인구문제를 연구하는 역사학자들은 특히 이러한 종교상의 다양성을 잘 알고 있을 것이다. 이들은 인구계산을 하는 자료로 (예컨대 로테르담을 연구하는 경우처럼)[55] 10여 종류의 상이한 교구 기록문서를 살피기 때문이다(네덜란드, 스코틀랜드, 왈롱 등지에서의 개신교, 장로교, 성공회, 루터파, 항의파, 메노파,* 가톨릭, 유대교 등). 주목할 사실은 가톨릭교도들은 흔히 기층 민중을 이루고 있었으며 특히 제네랄리테 지역에서 그런 현상이 두드러진다는 점이다.

---

* 네덜란드의 재세례파 종교지도자 메노 시몬스(1469-1561)의 사상을 추종하는 사람들. 메노 시몬스는 루터, 츠빙글리 등의 종교개혁자들의 영향을 받은 가운데 스스로 『성서』를 읽은 결과, 성찬식이나 유아세례 등의 의식이 아니라 신앙과 삶에 진심으로 회개하는 것이 중요하다는 결론을 내렸다. 따라서 스스로 책임을 질 수 있는 나이가 된 사람이 회심을 경험하고 세례를 받아 교회 공동체의 일원이 되어야 한다는 요지의 주장을 펼쳤다. 그러나 그는 일부 재세례파들이 극단적으로 폭력적인 방향으로 나아가는 데에는 비판적이어서 온건한 태도를 견지했다.

이민자들은 대개 최하급 직종의 일을 맡아서 했으나 1662년에 한 네덜란드인이 말하듯이 "네덜란드에서 일하는 사람은 굶어 죽지는 않는다.……일종의 쇠갈고리와 막대기에 매어놓은 그물을 가지고 운하 밑바닥의 오물을 치는 사람이더라도 그들이 **열심히 일하려고만 한다면** 하루에 반 에퀴를 벌 수 있다."[56] 강조한 부분은 내가 한 것이다. 사실 고임금은 가난한 사람들이더라도 생계만 보장된다면 쉬지 않고 일을 계속하지는 않으려는 일종의 사치를 부린다는 위험을 내포한다. 그러나 가로 청소부, 막일꾼, 짐꾼, 하역 일꾼, 짐배 운송인, 풀 베는 계절에 프리슬란트에서 낫으로 풀을 베는 일꾼, 겨울에 물이 넘치거나 얼기 전에 서둘러 곡괭이질을 해서 토탄을 캐는 인부들은 계속 필요하다. 마지막에 언급한 인부들은 거의 대부분 독일에서 들어온 빈민이었는데 이들은 1650년 이후에 수가 늘어났으며 통칭 '홀란트갱어(Hollandgänger : 폴더[매립지] 개간을 위해서 "홀란트로 가는 사람들")'라고 불렀다.[57] 근린의 독일 지역은 네덜란드의 육군, 해군, 해외 식민지, 밭—밭일을 하러 오는 사람을 '하네케마이어(Hannekemaaier)'라고 불렀다—그리고 도시—도시에 몰려드는 사람은 특히 '푸펀(poepen)', 또는 '모펀(moffen)'*이라고 불렀다—등에 인력을 공급하는 저장소 역할을 했다.

유이민들 중에도 장인층은 당연히 영예로운 자리를 차지했다. 레이던(서지, 카믈로, 모직물), 하를럼(견직, 직포의 표백), 암스테르담(모직, 견직, 금은사를 섞은 직물, 리본, 금빛 나는 가죽, 일반 피혁, 낙타 가죽, 설탕 정제, 다양한 화학공업 등 점차 거의 모든 산업들이 자리를 잡아갔다),[58] 잔담(암스테르담 근처에 위치한 이곳에는 "세계에서 가장 큰 조선소가 자리 잡고 있었다") 등지에서 이런 사람들을 많이 볼 수 있었다. 이 모든 산업활동에서 외국인 노동자들은 절대적으로 중요했다. 하를럼에서 직물업의 성장에 결정적인 영향을 미친 것은 이퍼르와 혼스호터 출신의 노동자들이었다. 마찬가지로 17세기 말

---

* '푸프(poep)'는 베스트팔렌인이나 프로이센인, '모프(mof)'는 일반 독일인에 대한 경멸조의 네덜란드어이다('푸펀', '모펀'은 복수형이다).

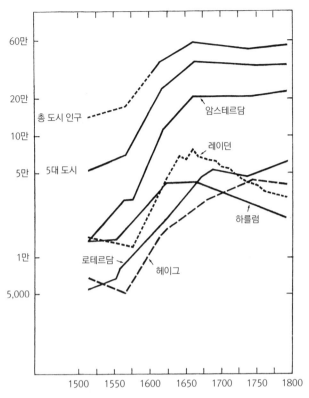

20. 도시 인구의 증가
특히 암스테르담에 크게 유리했던 이러한 인구증가는 네덜란드의 성장의 핵심과 연결된다.
(얀 데 브리스, 『황금시대의 네덜란드의 농촌경제, 1500-1700년』, p.89)

에 네덜란드의 산업은 낭트 칙령의 폐기(1685) 이후 프랑스의 개신교도 노동
자들이 대규모로 밀려오는 바람에 다시 한번 더 성장하고 확장했다.

프랑스의 개신교도이든, 안트베르펜인이든, 혹은 이베리아 반도의 유대인
이든 간에 피난민들 가운데에는 상인이 많았고 개중에는 막대한 자본을 가
지고 들어오는 사람들도 있었다. 특히 세파르딤계 유대인들*은 홀란트의 부
의 성장에 큰 공헌을 했다.[59] 베르너 좀바르트는 이들이 암스테르담에 다
름 아닌 자본주의를 도입했다고 주장했다.[60] 물론 이것은 지나친 말이다.

---

* 이 책 제2권 208-210쪽의 본문과 역주를 참조하라.

그러나 이들이 암스테르담의 교역과 특히 증권거래에 관한 영역에서 중요한 공헌을 했다는 데에는 의심의 여지가 없다. 이런 활동에 대해서 그들은 지배자 또는 창조자였던 것이다. 이들은 또한 네덜란드로부터 신대륙과 지중해 지역으로 뻗어간 사업망을 조직해주고 훌륭한 조언을 해주었다.[61] 17세기에 영국의 한 팸플릿 작가는 암스테르담의 상인들이 상업적 이해 때문에 이들을 꼬여들였고 그래서 "유대인과 또다른 외국인이 암스테르담의 세계교역을 만들어준"[62] 것은 아닌지 의심할 정도였다. 그러나 노련한 사업가인 유대인은 언제나 경제적인 성공이 보장되는 곳으로 모여든다고 말하는 것이 오히려 타당하지 않을까? 다시 말해서 이들이 어떤 곳으로 모여든다면, 그곳에서는 모든 것이 훌륭하게 또는 더 좋게 이루어지기 때문이다. 또 만일 이들이 후퇴한다면 그곳에서는 모든 것이 나쁘게 또는 그 정도는 아니라고 해도 이전보다 잘 돌아가지 않기 때문이다. 유대인들이 1653년경에 암스테르담을 떠나기 시작했나는 것이 사실일까?[63] 분명 그로부터 30년 뒤인 1688년에 그들은 오라녜 가문의 빌럼을 따라서 영국으로 가버렸다. 그렇다면 이 시대의 암스테르담은 겉보기와는 달리 이 세기 초반에 비해서 사정이 나빠졌는지 모른다.

유대인만이 암스테르담을 "만든" 것은 아니다. 이미 유럽의 중심지이거나 혹은 곧 그렇게 될 이 도시에 대해서 유럽의 모든 상업지역들이 그들의 몫을 제공했다. 그중에서도 첫 번째의 자리는 안트베르펜인들이 차지했다. 기록적인 포위전 끝에 1585년 8월 27일에 안트베르펜 시는 알레산드로 파르네세에게 점령당했다. 이 시는 항복하면서 특히 상인들에게 아주 유리한 조건을 얻어냈다. 상인들은 이곳에 머물러 있든지 아니면 자기 재산을 챙겨서 떠날 수 있었다.[64] 따라서 안트베르펜에서 네덜란드로 망명한 사람들은 빈손으로 오지 않았다. 이들은 자본과 능력과 상업관계를 그대로 안고 들어왔으며 분명히 이것이 암스테르담이 급성장한 중요한 요인이 되었다. 북부의 새로운 수도가 된 암스테르담에 정착한 안트베르펜 출신 상인인 자크 드 라

파유가 1591년 4월 23일에 다음과 같이 쓴 것은 결코 과장이 아니다. "이곳에서 안트베르펜은 암스테르담으로 변했다."[65] 1650년경에 암스테르담의 인구 3분의 1이 외국인 출신이거나 그 후손이 아니었던가? 1609년에 창설된 암스테르담 은행의 초기 예치금 중의 절반은 남부 네덜란드에서 온 돈이었다.

그 결과 암스테르담은 빠른 속도로 성장해갔고(1600년에 5만 명이던 인구는 1700년에 20만 명이 되었다) 플랑드르인, 왈롱인, 독일인, 포르투갈인, 유대인, 프랑스계 위그노 등 모든 사람들을 재빨리 섞어서 사실상의 "네덜란드인"을 만들었다. 이런 식으로 전국 차원에서 네덜란드 "국민"이 만들어진 것이 아니겠는가? 수공업 장인, 상인, 초보 선원, 막일꾼 등이 이 작은 나라를 변화시켜서 다른 나라로 만들었다. 그러나 동시에 네덜란드의 도약이 성공을 불러오고 성공의 조건들을 만든 것이기도 하다.

어업

네덜란드 연방은 "유럽의 이집트"이다. 이 나라는 라인 강과 마스 강(프랑스어로는 뫼즈 강)으로 만들어졌기 때문이다. 네덜란드가 강과 육지로 이루어졌다는 측면을 강조하여 디드로가 한 말이다.[66] 그러나 사실 이 나라는 무엇보다도 바다의 산물이다. 네덜란드 국민은 "항해에 너무나 친숙해서 이 나라에서는 땅보다도 물이 더 중요한 생활환경이다."[67] 이들은 사나운 바다인 북해에서 어업, 연안항해, 원거리 수송, 해전을 경험하며 수업을 받았다. 1625년에 한 영국인의 말에 의하면 북해는 "네덜란드 반란군의 선원과 수로 안내인을 키워내는 학원이다."[68] 따라서 "네덜란드 공화국은 바다에서 만들어졌고 바다로부터 힘을 이끌어낸다"고 말한 윌리엄 템플의 언급은[69] 전적으로 옳은 말이다.

홀란트와 제일란트의 어부들이 언제나 북해와 인근의 여러 바다를 누비고 다녔다. 어업은 이 나라의 국민산업이었다. 이것은 적어도 네 가지 "산업"

으로 이루어져 있다. "보통 어업"이라고 부르는 첫 번째의 것은 연안과 민물에서 행하는 어업으로서 "대단히 맛 좋은 어류들"을 다양하게 공급한다.[70] 두 번째 것은 "대(大)어업"이라고 부르는 거대한 청어잡이 산업이다.[71] 가치로 보면 "보통 어업"이 "대어업"의 절반 정도이다. 그 외에 상대적으로 변변찮은 수준으로서 아이슬란드 연안과 도거 뱅크에서의[72] 대구잡이*가 있고 또 고래 "사냥(chasse)"—이것을 이상하게도 "소(小)어업"이라고 부른다—이 있다.

1595년경,[73] 네덜란드인들은 스피츠베르겐 제도를 발견했고 바스크인들에게서 작살로 고래 잡는 법을 배웠다.[74] 1614년 1월에 "노바야 제믈랴** 해안으로부터 데이비스 해협까지 그리고 스피츠베르겐, 베어 아일랜드 등지를 포함하는 지역에서"[75] 이 어업을 독점적으로 수행할 권리가 북해 회사에 주어졌다. 이 회사는 1645년에 해체되었지만[76] 암스테르담은 이 사업을 단단히 통제하여 북극지방에서 엄청난 수의 고래를 삽아들임으로써 계속 이익을 누렸다.[77] 고래잡이는 고래 기름(비누 제조, 빈곤층의 점등용 기름, 직물의 가공 등에 쓰였다)과 고래 수염을 가져다주었다. 수확이 아주 좋았던 1697년의 경우에는[78] "네덜란드의 항구를 떠난 128척의 포경선들 가운데 7척을 얼음 속에서 잃고 121척이 돌아왔는데 이들이 잡아온 1,255마리의 고래에서 얻은 기름은 4만1,344통에 달했다. 기름 한 통이 30플로린에 팔렸으므로 판매액은 모두 124만 320플로린이었다. 또 고래 한 마리에서 보통 2,000리브르의 고래 수염을 얻고 고래 수염 1캥탈의 가격이 50플로린이므로 1,255마리의 고래로부터는 모두 122만5,000플로린의 수익을 얻을 수 있었다. 두 종류의 수익을 합하면 249만5,320플로린이 된다."[79] 이 계산에 따르면 포경선한 척이 평균적으로 10여 마리의 고래를 잡아오는 셈이지만, 1698년 7월에

---

* 우리말로는 모두 대구라고 하지만, '모뤼(morue)'와 '카비요(cabillaud, 또는 모뤼 프레슈[morue fraîche]라고도 한다)', 두 가지가 있다.

** Novaya Zemlya : 러시아의 북쪽 아르한겔스크에 가까운 제도.

어떤 포경선은 21마리를 잡아서 텍설에 돌아온 적도 있다.[80]

그러나 고래잡이로 얻는 부가 대단해 보여도 영국 해안에서 마주 보이는 도거 뱅크에서의 청어잡이에 비하면 아무것도 아니다. 청어잡이 계절은 성 요한 축일부터 성 야고보 축일까지와 성 십자가 현양 축일부터 성녀 가타리나 축일까지 두 시즌이 있다.[81] 17세기 전반의 기록은 정말로 대단하다. 이 어업에는 바위센(buyssen)이라고 부르는 1,500척의 어선이 동원되었는데 이 배는 크기도 클 뿐 아니라 내부공간이 넓어서 선상에서 생선을 다듬고 소금 치고 통에 담는 작업을 할 수 있었다. 이렇게 준비된 생선 통들은 소형 선박들이 어장에 와서 받아다가 홀란트나 제일란트로 가져갔다(심지어 영국에도 "홀란트" 청어가 들어갔는데, 영국 어부들이 잡은 청어보다도 값이 저렴했다).[82] 이 1,500척의 배에 승선한 어부들의 수는 1만2,000명에 달했으며 이렇게 잡아들인 생선은 30만 톤에 달했다. 염장이나 훈제한 청어는 유럽 전역으로 팔려나갔는데 이것은 그야말로 네덜란드의 "금광"에 해당했다.[83] 피터르 드 라 쿠르에 의하면 "생선과 그에 관련된 것들을 빼면 네덜란드의 교역은 절반으로 줄어들 것이다."[84] 조지 다우닝 경이 불만스럽게 지적하듯이(1661년 7월 8일) "네덜란드의 청어 무역은 소금 무역을 유발한다. 그리고 청어와 소금은 함께 발트 지역에서 네덜란드의 무역을 진작시킨다."[85] 여기에 우리는 이렇게 덧붙일 수 있을 것이다. 발트 무역은 네덜란드의 부의 진정한 근원이었다.

그렇다고 해도 네덜란드 경제에서 어업이 차지하는 비중을 과대평가한 것은 아닐까? 기적과도 같았던 청어 어업은 크롬웰의 항해조례와 제1차 영란 전쟁(1652-1654) 이후 3분의 2 이상 감소했으나,[86] 피터르 드 라 쿠르의 예견과는 달리 네덜란드 경제가 붕괴하는 일은 일어나지 않았다. 어업이 쇠퇴한 이유는 물가 및 임금상승의 결과 수익이 떨어진 것으로 설명할 수 있을 것이다. 선박에 연료나 식량 등을 보급하는 업자들만이 여전히 생계를 꾸려 갔다. 그러나 조만간 "초기 투자" 비용이 지나치게 부담스러워졌다. 프랑스,

노르웨이, 덴마크 등 외국 어업과의 극심한 경쟁이 그 나머지를 설명할 것이다. 같은 원인이 같은 결과를 가져오게 마련이어서 영국의 어업 역시 많은 지원에도 불구하고 크게 신장되지는 못했다. 이곳에서도 역시 문제가 된 것은 지나치게 높은 비용이었다.[87]

네덜란드의 선단

네덜란드의 위대함을 가능하게 한 진짜 도구는 선단이었다. 이 나라의 선단은 나머지 유럽 국가들 전체의 선단을 합친 것과 같은 규모였다.[88] 이에 대해서 1669년 5월에 프랑스에서 산정한 자료가 있다.[89] 퐁폰이 작성한 이 자료는 "하나의 마스트만을 가지며 원거리 항해는 하지 못하는 [대단히 많은 수를 차지하던] 회(heu)*와 소형 갤리오트선을 제외하고도"……"꽤 정확한 추산에 의하건대" 네덜란드 연방 전체의 선박 수는 "6,000척"이라고 했다. 배 한 척이 평균 100톤의 크기이고 8명의 선원을 태운다고 하면, 모두 합해서 최소한 60만 톤에 4만8,000명의 선원이 된다. 그 당시로서는 대단히 큰 수치인 이 결과는 과장이 아닌 것으로 보인다.

　네덜란드는 양만이 아니라 질로도 앞서갔다. 1570년부터 네덜란드의 조선소에서는 센세이셔널한 상선을 만들었다. 플리보트(Vlieboot) 또는 플라위트(fluyt)라고 부르는 이 배는 선체가 견고하고 배의 좌우가 볼록하여 용적량이 크면서도 적은 인원으로 항해가 가능했다. 이 배는 같은 규모의 다른 배에 비해 20퍼센트 적은 인원을 고용했다. 긴 항해기간 중에 임금, 식량 등 인건비가 가장 큰 지출항목이었다는 점을 고려하면 이것은 대단히 중요한 이점이었다. 여기에서는 특히 네덜란드의 절약정신이 충분히 발휘되었다. 대개 선상에서 먹는 음식은 매우 소박해서[90] "생선과 죽"이 보통이었다. 심지어 선장도 "치즈 한 조각과 2-3년 묵은 염장고기 조각으로……만족했다."[91]

---

* 북해의 연안항해선.

포도주는 아예 없고 도수가 약한 맥주가 있을 뿐이며 바다의 날씨가 거칠어졌을 때 가끔 증류주를 아주 소량씩 나누어줄 뿐이었다. 한 프랑스인은 이렇게 결론을 내렸다. "여러 나라 사람들 중에서 네덜란드인들이 가장 살림을 잘하고 절약한다. 이들은 사치와 불필요한 지출을 삼간다."[92]

1696년에 프랑스의 한 장문의 보고서는 네덜란드의 선단이 다른 경쟁자들보다 뛰어난 점들을 일말의 부러움과 함께 다음과 같이 이야기한다. "네덜란드인들이 상업교역을 위해서 항해를 할 때에는 거의 플라위트선만을 이용하는데, 전시에는 무장한 프리깃선으로 호위를 받으면서 다닌다. 이 배는 선창에 많은 짐을 실을 수 있는 대형 선박으로서 사실 품질이 떨어지는 범선이지만, 무겁고 중량이 많이 나가도록 건조되었으면서도 바다의 악조건에 잘 견디고 그 때문에 다른 배들만큼 많은 선원이 필요하지 않다. 20-30톤급의 배를 움직이는 데에 프랑스에서는 4-5명의 선원이 필요하지만, 네덜란드에서는 기껏해야 2-3명만이 필요하다. 150-200톤의 배에 대해서는 프랑스에서는 10-12명이 필요한 반면, 네덜란드에서는 7-8명이면 족하다. 또 250, 300, 400톤급의 배라면 프랑스에서는 18, 20, 25명이 필요하지만 네덜란드에서는 기껏해야 12, 16, 18명을 필요로 한다. 프랑스 선원들은 월급으로 12, 16, 18-20리브르를 받지만 네덜란드인들은 10-12리브르를 받으며, 고급 선원들도 대체로 이와 비슷한 비율로 지불받는다. 프랑스 선원들이 먹는 음식으로는 빵, 포도주, 순밀로 만든 새하얀 비스킷, 신선한 고기와 염장고기, 대구, 청어, 계란, 버터, 콩, 잠두 등이 있으며, 생선을 먹을 때에도 양념을 잘해야 하고 그나마 그것도 금육의 날*에만 먹으려고 한다. 이에 비해서 네덜란드인들은 맥주, 호밀로 만든 시커먼 빵과 비스킷(아주 맛이 좋다), 치즈, 계란, 버터, 소량의 염장고기, 콩, 죽에 만족하고, 또 금육의 날인지 여부를 가리지 않고 매일 많은 양의 마른 생선을 양념도 하지 않은

* jour maigre : 교회가 육류와 기름진 음식을 먹는 것을 금지한 날.

채 먹는데, 이것은 육류에 비해서 비용이 훨씬 저렴하다. 프랑스인들은 기질이 더 뜨겁고 활동적이기 때문에 하루에 네 번의 식사를 하는 데에 비해 네덜란드인들은 기질이 차갑기 때문에 많아야 두세 번의 식사를 한다. 프랑스의 배들은 참나무를 재료로 하고 또 쇠못을 사용해서 건조하기 때문에 조선비용이 많이 든다. 이에 비해서 대부분의 네덜란드의 배들—그중에서도 특히 프랑스 이남으로는 거의 항해하지 않는 배들—은 전나무만을 써서 나무못으로 건조하기 때문에 우리 나라[프랑스/역주] 배보다 2배나 큰 배도 건조비용은 반밖에 들지 않는다. 네덜란드인들은 또 선구(船具)도 더 싸게 얻으며, 우리보다 북유럽과 더 긴밀한 관계를 맺고 있기 때문에 그곳에서 철, 닻, 로프를 만드는 데에 쓰이는—이들은 배의 범포와 마찬가지로 로프도 스스로 만든다—대마 등을 유리하게 들여온다."93)

네덜란드의 조선비용이 도저히 상대가 되지 않을 정도로 싸다는 것, 프랑스의 한 서신에서 이야기한 대로 "다른 어느 곳에서보다 배를 싸게 선조하는 비밀"이야말로94) 네덜란드 해운업이 우월성을 누리는 요체이다. 아마도 선박건조용 목재, 피치, 타르, 로프 등 모든 해운 관련품(naval stores)이 발트 지역에서 싸게 들어오기 때문일 것이다. 특히 마스트용 목재의 경우 이것을 운반하는 특별한 선박까지 있었다.95) 그러나 또다른 이유는 기계 톱, 마스트를 세우는 장치, 호환성이 있는 부품들의 생산, 경험 있는 십장과 노동자들 등 대단히 근대적인 기술요소이다. 그래서 암스테르담 근처에 있는 잔담의 유명한 조선소들에서는 "두 달 전에만 이야기하면 곧바로 의장을 갖추어도 될 정도로 완성된 전함을 매주 한 척씩 만드는 일을 1년 내내 계속할 수 있다."96) 여기에 더해서 네덜란드에서는 어떤 분야의 활동이든지 간에 크레딧을 싼 비용에 쉽게 그리고 풍부하게 얻는다는 점을 고려해야 한다. 따라서 네덜란드의 선박들이 일찍부터 베네치아, 스페인 등 해외로 수출되었다는 것은 결코 놀라운 일이 아니다. 심지어 몰타에까지 수출해서97) 그곳의 기사단이 레반트 지역에서 해적질을 하는 데에 사용하기도 했다.

게다가 암스테르담은 유럽의 가장 중요한 중고 선박 시장이었다. 만일 당신의 선박이 네덜란드 연안에서 난파했다면 시간을 버릴 필요 없이 며칠 내로 배를 한 척 새로 사서 선원들을 다시 태우고 재출발할 수 있다. 심지어 중개인이 당신에게 항해비용까지 대줄 것이다. 반대로 당신이 육로로 네덜란드에 들어와서 선박을 구입하려고 한다면 선원들을 데리고 오는 것이 낫다. 이곳에서 수송 부문의 요소 중에 남아돌지 않는 것은 단지 인력뿐이기 때문이다.

그렇지만 네덜란드에서 선원을 뽑을 때 경험 많은 사람을 요구하지는 않는다. 단지 선상에서 책임이 따르는 자리만 훌륭한 선원에게 맡기는 것으로 족하다. 그 나머지는 어느 누가 하든지 상관이 없다. 단지 사람을 찾는 것이 문제일 뿐이다. 그런데 그런 사람을 찾는 일은 이 나라 내륙의 여러 마을 구석구석까지 부지런히 돌아다녀도 충분하지 못했다. 베네치아나 영국보다 이곳에서 인력 부족현상이 더 심했다. 그래서 외국인 선원을 고용해야 했다. 이들은 자진해서 오는 수도 있지만 그렇지 않다면 찾아내서 충원해야 했다. 곡괭이, 삽, 낫을 가지고 일하러 왔던 '홀란트갱어'가 배에 타는 일도 많았다. 1667년에는 잉글랜드와 스코틀랜드 출신의 사람들이 3,000명이나 네덜란드에서 일하고 있었다.[98] 또한 프랑스의 한 서신자료에 의하면 주로 홀란트에서 일하던 3만 명의 선원들이 콜베르가 추진한 군비확장 정책으로 인해서 프랑스로 귀환했을지 모른다고 한다.[99]

이 수치 자체는 확실하지 않으나 분명한 사실은 네덜란드가 필수불가결한 보충인력으로 유럽의 빈곤층들을 흡수할 수 있었기 때문에 세계적인 해상 강국이 되었다는 점이다. 사실 빈곤한 유럽 지역은 그런 명령에 기꺼이 따랐다. 1688년에 오라녜 가문의 빌럼이 제임스 2세를 축출하기 위해서 영국으로 가고자 했을 때, 그를 태우고 갈 배는 루이 14세 측 군함의 코앞을 지나야만 했다. 그런데도 이 배에 승선할 선원의 모집이 어렵지 않았다. 단지 봉급을 올리기만 하면 충분했다.[100] 간단히 말해서 네덜란드인들이 공화국을 처음 만들기 "시작한" 것은 나머지 유럽 지역의 "무관심"[101] 때문이 아니라 빈곤 때문이었다. 18세기에도 선원의 부족은 영국에서 아주 심각했으나 사실 그것은 네덜란드에서도 늘 심각한 문제였다. 예카테리나 2세 시대에 러시아의 배들이 암스테르담에 기항하면 선원들 일부가 자유를 찾아 도망가고는 했다. 그러면 네덜란드의 충원 담당자들이 이들을 그 자리에서 고용했는데 이들은 어느 날 앤틸리스 제도나 아시아 지방에서 불쌍한 모습으로 고국으로 보내달라고 애원하고는 했다.[102]

네덜란드 연방에는 "국가"라는 것이 존재하는가?

헤이그 정부는 취약하고 일관성이 없는 것으로 유명하다. 그래서 일부 학자들은 미약한 정치기구가 자본주의의 발달에 유리하거나 더 나아가서 그 조건이라는 결론을 도출하기도 했다. 다른 역사가들은 이런 정도는 아니라고 하더라도 네덜란드 연방에는 "국가라고 할 만한 것"이 거의 없다는 피터 클라인의 견해에[103] 기꺼이 동조한다. 이보다 덜 단정적이기는 하지만 피에르 자냉은 네덜란드의 번성은 "간섭할 여력이 거의 없던 국가"와는 거의 무관하게 이루어졌다고 이야기했다.[104] 당대인들의 생각도 그와 다르지 않았다. 1647년 봄에 포르투갈 대표로 헤이그에 와서 교섭을 벌이면서 가능한 대로 만나는 사람마다 매수하려고 했던 소자 코티뉴의 말에 따르면 이 정부는 "서로 다른 판단을 내리는 사람들로 구성되어서, 정부대표들 사이에서 어떤 것이 최선인지에 대한 의견의 일치를 보는 적이 거의 없다."[105] 1753-1754년경에 튀르고는 "네덜란드, 제노바, 베네치아는 각 개인들은 부유하지만 국가는 허약하다"고 이야기한 바 있다.[106] 베네치아의 경우 18세기에 대해서라면 이런 판단이 옳겠으나 지배적인 도시였던 15세기에 대해서라면 분명히 그렇지 않다. 그렇다면 네덜란드는 어떠했을까?

그 대답은 무엇보다도 정부나 국가를 어떤 것으로 보느냐에 따라서 달라질 것이다. 너무나도 흔히 그렇듯이 국가 전체와 또 그것을 밑받침하는 사회적 기반을 고려하지 않으면 그릇된 판단을 내리기 쉽다. 네덜란드 연방의 제도들이 낡아빠졌다는 이야기는 사실이다. 그것은 아주 낡은 유산을 근거로 하고 있었다. 7개 주들은 모두 자신들이 주권을 가진 것으로 간주하고 있었고 또 이 각각의 주들은 아주 작은 도시공화국들로 분할되어 있었다. 그리고 중앙 정부기관이랄 수 있는 국무위원회(Raad van Staat, 이것은 "사실 공화국의 모든 업무를 관장하는 총감[surintendant][107]으로서"[108] 일종의 집행 기구, 더 정확히 말하면 재무부와 같다)와 전국신분의회(Staaten General, 이것 역시 헤이그에 위치해 있었으며, 각 주의 대표들이 아니라 차라리 대사들이 파견되어 오는 것과 다를 바 없었다) 등이 실질적인 권한을 가지지 못했던 것도 사실이다. 모든 중요한 결정은 각 주의 신분의회로 보내서 모든 주들이 만장일치로 찬성해야만 했다. 주마다 이해가 서로 엇갈리고 특히 연안지역의 주들과 내륙지역의 주들 사이에 이해가 엇갈린다는 점을 볼 때 이러한 체제는 끊임없는 갈등의 원천이었다. 그리하여 1672년에 윌리엄 템플은 이 나라를 연방(聯邦, United-Provinces)이 아니라 각방(各邦, Disunited-Provinces)이라고 불렀다.[109]

중앙정부의 차원에서 보면 이러한 충돌과 갈등은 한편으로 재정적인 힘을 이용하여 리더십을 행사하려는 홀란트 주와, 다른 한편으로 7주 중에서 5주를 스타트하우더의 자격으로 "통치하고" 국무위원회의 의장 지위를 차지하며 공화국 육군 총사령관 및 해군 총제독의 자격으로 육군과 해군을 장악한 오라녜 가문 사이의 끊임없는 투쟁으로 나타났다. 주 국무위원회의 비서인 대사법관으로 대변되는 홀란트 주는 언제나 각 주의 주권과 자유를 주장했다. 중앙정부의 권위가 약할수록 홀란트 주가 원하는 바를 밀어붙일 수 있기 때문이다. 그렇게 될 수 있었던 이유는 홀란트 주가 엄청난 경제적 우위를 점하고 있고 무엇보다도 전체 공화국의 국고 수입 중에 절반 이상을 부담하고 있다는 단순한 사실 때문이다.[110] 이에 비해서 스타트하우더 측에서는 개인적인 권력을 강화하여 왕조적인 권위를 확보하려고 했으며 그런 방식으로 중앙정부의 권위를 강화하여 홀란트 주의 지배적인 위치를 상쇄시키려고 했다. 이런 목적으로 그는 홀란트와 암스테르담의 압박을 받으면서도 그곳을 질시하던 여러 주들과 도시들을 이용했다.

이 때문에 갈등과 위기가 터져나오고 경쟁자들 사이에 국가수반의 지위를 번갈아 차지하는 일이 일어났다. 1618년에 고마루스파와 아르미니우스파 사이의 격렬한 종교적 갈등이 있었을 때 마우리츠 판 나사우 공은 홀란트 주 대사법관인 요한 판 올덴바르네벨트를 체포했다. 올덴바르네벨트는 사형선고를 받고 다음 해에 처형되었다. 1650년 7월에 스타트하우더인 빌럼 2세가 헤이그에서 쿠데타를 성공시켰으나 암스테르담에 대항하는 데에는 비참할 정도로 실패하고 말았다. 그러던 중에 빌럼이 일찍 사망하여 "공화파"에게 자리를 내주었고 이들은 스타트하우더 직을 없앤 채 1672년까지 거의 사반세기를 통치했다.* 이 해에 프랑스의 침공을 받자 빌럼 3세는 스타트히우더 직을 부활시켰으며 이것은 공안위원회** 체제와 비슷한 양상을 띠었다. 대사법관인 요한 더 빗과 그의 형은 헤이그에서 살해되었다. 훨씬 이후 시기이지만 1747년에 프랑스가 스페인령 네덜란드에서 성공을 거두어 불안해진 상황에서 빌럼 4세가 권력을 되찾은 것도 이와 유사하다.[111] 끝으로 이에 대한 반동으로 1788년에 네덜란드의 "애국파"가 국내외로부터 지휘를 받아 혁명을 일으켜서 빌럼 5세에게 승리를 안겨주었고 "오라녜파"에 의한 처형 사태를 초래했다.***

---

* 빌럼 2세는 1647년에 20세의 나이로 스타트하우더 직에 올랐으나, 3년 뒤인 1650년에 사망했다. 그 결과 그와 정치투쟁을 벌이던 홀란트 주의 명사들이 득세했는데, 이들은 스타트하우더 직을 공석으로 남겨둠으로써 오라녜 가문 세력의 성장을 막았다.

** comité de salut public : 프랑스 혁명 중 공포정치 기간(1793년 9월–1794년 7월)의 독재적인 통치기구. 1793년 초반에 전쟁과 국내의 반혁명세력의 준동으로 위기에 처한 혁명세력은 혁명을 수호하기 위해서 이와 같은 일종의 비상 통치기구를 두었다. 특히 로베스피에르를 비롯한 과격파가 권력을 장악한 다음 전시경제체제, 대대적인 징병 그리고 반혁명세력에 대한 가혹한 탄압이 이루어졌다. 그러나 이 위원회 위원들 간의 내분으로 로베스피에르가 실각하면서 급격히 세력을 상실했다.

*** 18세기에 신흥귀족과 손을 잡고 오라녜 가문에 저항하려고 한 네덜란드의 중산층 부르주아들

크게 보아서 이러한 정권교체에는 대외 정책이 중요한 비중을 차지했다. 1618년에도 단지 종교적 열정만이 문제가 아니라 스페인과의 전쟁을 재개할 것인지 아닌지가 중요한 문제였다. 거의 언제나 평화를 주장하던 홀란트 주에 대해서 스타트하우더가 승리를 거둔 결과 2년 뒤에 12년간의 휴전이 깨어졌다.

이렇게 볼 때 유럽을 흔들어놓는 전쟁상황에 따라서 네덜란드 연방의 정치세력의 중심은 어떤 때에는 스타트하우더 쪽으로, 어떤 때에는 홀란트 및 강력한 암스테르담 쪽으로 쏠렸다. 이러한 변전은 여러 주와 도시들의 과두 지배귀족들에게는—수많은 역사적 경험들로부터 끌어낸 극단적인 이미지를 사용해서 이야기한다면—"숙청" 사태가 터질 수도 있고 "엽관제도"*가 될 수도 있었다. 어쨌든 이런 것은 사회의 엘리트 집단들에 대해서는 전략이 될 수도 있고, 또 손해나 이익의 기회가 될 수도 있다. 그러나 매번 궁지를 용케 벗어나오는 "바람개비"112)**나 신중한 사람들도 있게 마련이고, 아주 참을성이 커서 어느 위기 때에 밀려났다가 한 20년쯤 뒤의 다음번 위기 때에 복권되는 가문도 있는 법이다.

그러나 중요한 점은 그 어떤 경우에도 네덜란드 연방의 위신과 세력이 유지되었다는 점이다. 요한 판 올덴바르네벨트나 요한 더 빗 모두 국정 지도자로서는 마우리츠 판 나사우나 빌럼 3세와 마찬가지로 굳건한 인물들이었다. 이들 사이에 차이가 있다면 목적과 수단이었다. 홀란트 주는 상업이익을 수호하는 데에 모든 것을 바쳤다. 홀란트 주는 평화를 유지하려고 했고 공화국의 군사력에 대해서도 그들의 안전을 지켜주는 조건이었던 강력한 선

을 "애국파(patriotten)"라고 한다. 그러나 1780년대에 영국과의 전쟁에서 패배한 이후 국왕 빌럼 5세를 지지하는 프로이센군이 네덜란드에 들어옴으로써 국왕의 지위가 확고해졌고, 수만 명에 이르는 애국파 인사들은 프랑스로 피신했다. 이들의 봉기가 실패한 후 빌럼 5세의 지배는 더욱 확고해졌다. 이에 대해서는 이 책의 377쪽 이하를 참조하라.

* spoils system : 과거 미국에서 행한 제도로, 선거에서 패배한 정당이 차지하던 행정직들을 승리한 정당이 모두 빼앗는 것을 가리킨다.

** 바람의 방향이 바뀌는 대로 움직인다는 의미이다. 우리말의 "해바라기"와 비슷한 표현이다.

단을 만드는 방향으로 이끌어가려고 했다(1645년에 이 선단은 발트 지역에 개입해서 그동안 홀란트의 이익을 해치던 스웨덴과 덴마크 사이의 전쟁을 종식시키기도 했다). 반면 스타트하우더에 충성하던 주들로서는 언제나 위협적이었던 주변 국가들의 침공을 막아줄 육군에 더욱 주력했는데, 이것은 동시에 이곳 귀족들의 출세수단으로도 기능했다. 이런 주들은 유럽 대륙 내에서 끊임없이 벌어지던 투쟁에 개입하고 싶은 욕구에 기꺼이 몸을 맡겼다. 그러나 해군이든 육군이든, 전쟁이든 평화이든, 스타트하우더이든 대사법관이든, 어쨌든 네덜란드는 주변국으로부터 존중을 받도록 노력했다. 사실 세계-경제의 중심에서 어떻게 다르게 처신할 수 있었겠는가?

내부구조에는 거의 변화가 없다

내부적으로 권력의 향방이 어떻게 변화했는지는 매우 중요한 문제이다. 종종 시장, 시의회 의원들이 축출되고 다른 인물들이 들어섰다. 이렇게 해서 특권계급 내부에 어느 정도의 유동성이 생기고 정치권력 담지자들 사이에 일종의 교체현상이 일어났다. 그러나 지배계급 전체는 온존했다. 홀란트 주가 지배하든 오라녜 가문이 지배하든 상관없는 문제였다. 에른스트 코스만이 지적하듯이[113] "오라녜 가문의 사람들은 홀란트의 금권정치가들을 억압할 의도가 거의 없었고 그럴 능력은 더더구나 가지고 있지 못했다." 어쩌면 다른 역사가가 언급했듯이[114] "결국 그들 역시 귀족이고 기존 질서의 옹호자이기 때문이다." 그리고 아마도 이들이 홀란트 주에 대해서 일정한 한도 내에서만 반대하고 또 그들의 간섭주의적 대외 정책을 수행하기 위해서라도 국내질서와 사회적 기반을 건드리지 않는 것이 현명하다고 판단했기 때문일 것이다. "오라녜 공이 영국 국왕으로 추대되고 난 후 처음 헤이그에 돌아왔을 때 전국신분의회는 그에게 영국 국왕으로서 신분의회에 참석할 것인지 아니면 북부 네덜란드 연방의 총사령관 겸 총제독으로서 참석할 것인지를 물었다. 그는 대답하기를, 그와 전임자들이 수행했던 공화국 내의 직책을 늘 기쁜 마음으로 받아들였으므로 그런 자격으로서 그를 맞이했으면 좋겠다고 말했다. 그리하여 그는 전국신분의회에서 이전에 그가 앉았던 자리에 다시 앉았으나, 단지 이전에 의장이 앉던 안락의자보다는 약간 높고 영국 국왕의 문양이 수놓여진 좌석을 차지했다."[115] 의전에 관한 사소한 일에 불과할지 모르지만, 이것은 제도의 존중이 네덜란드의 과두제를 수호하는 방식임을 보여준다. 18세기에도 네덜란드의 과두제는 스타트하우더 직의 존재와 그 활동을 통해서 사회질서의 보증을 구했다.

요컨대 이 특권계급은 모든 정치제도의 한복판에 자리를 잡고 있었다. 그렇지만 그것을 정의하기란 쉬운 일이 아니다. 이 특권계급을 지탱해주고 또 이 특권계급이 거기에 활기를 불어넣던 제도들은 저 멀리 부르고뉴와 스페인의 지배하에 있던 시대의 시 행정관 출신 "부르주아지"로부터 유래한 것이다. 1572-1609년에 지속된 오랜 독립전쟁을 거치면서 부르주아지의 우위가 확보되었다. 그 전쟁은 거의 대부분의 주에서 귀족계급을 몰락시켰다. 또 1618-1619년의 종교적 위기에도 불구하고 개신교 교회들은 여전히 주와 도시의 권위에 복종했다. 결국 "혁명"은 과두지배집단* 세력을 신성화했다. 즉, 이 정치 엘리트집단은 각각의 도시와 주에서 중요한 공직을 차지하고 재정, 사법 그리고 지방적인 경제활동에 관해서 무제한적인 권력을 누렸다.

이 과두지배집단은 사업 활동을 하는 부르주아지의 위에 따로 독립한 집단으로서 부르주아지도 마음대로 이 층위로 뚫고 들어가지 못했다. 그러나 이들이 차지한 공직은 이들을 경제적으로 지탱해주지는 못했다. 급료가 워낙 형편없었기 때문이다. 바로 이런 사실 때문에 큰 재산이 없는 사람들은 이 자리를 차지할 수 없었다. 그래서 이런저런 방식을 통해서 과두지배 집단은 점증하는 네덜란드의 부에 참여할 수밖에 없었다. 그들은 사업계와 관련

---

* Régent : 네덜란드의 도시에서 고위 행정직을 독점적으로 차지하는 통치 엘리트 집단들. 17-18 세기에 네덜란드의 도시들에서는 거의 언제나 같은 가문이 시의 행정 요직들을 차지하는 관례가 생겨서, 이와 같은 집단들이 사실상 시를 지배했다.

을 가졌다. 사실 이들 일부는 사업계에서 곧바로 이 집단에 참여한 사람이기도 했다. 부를 쌓은 가문들은 결혼을 통하든가 정치적인 위기를 잘 이용하든가 해서 어느 날 이 폐쇄적인 과두제 안으로 들어온다. 이런 정치 엘리트는 도시귀족이라는 독특한 집단을 형성했다. 아마도 2,000명의 지배귀족이 있는 것으로 추정되는데 같은 가문 출신들이고 같은 사회적 배경(돈과 권력)을 가진 이들은 서로 호선(互選)을 하며, 도시, 주, 전국신분의회, 국무위원회, 동인도회사를 장악했고, 상업계급에 연결되어 있어서 흔히 상공업 활동에 참여했다. 베르나르트 플레커는 약 1만 명의 인원으로 구성된 "과두제"를 이야기하는데,[116] 모든 지배계급 가문의 사람들을 다 합한 것이 아니라면 이 수치는 다소 지나치게 부풀려서 계산한 것 같다.

그렇지만 분명한 것은 과두지배집단이 황금의 세기 동안 도시귀족의 교만함이나 사치에 탐닉하지는 않았다는 점이다. 오랫동안 이들은 일반대중을 향해서 검소한 가장(家長)의 이미지를 조작할 줄 알았다. 당대인들에 의하면 일반 대중은 습관적으로 오만하며 자유에 대해서 난폭할 정도로 강한 동경을 가졌다. 『홀란트의 즐거움(Délices de la Hollande)』(1662)이라는 책에 나온 내용을 보자. "배 틈막이 일꾼(gallefretier)이[117] 점잖은 부르주아와 대화를 나눌 때, '비록 당신이 나보다 부자이기는 하겠지만 나도 당신만큼이나 훌륭한 사람이오' 하는 식의……듣기 거북한 모욕적인 말을 하는 것쯤은 새롭지도 않다. 그러나 현명한 사람이라면 이런 만남을 점잖게(accortement)[118] 피해버리며 부자들은 일반 민중과 가능한 한 대화하지 않음으로써 오히려 존경을 받는다."[119]

이 문장이 그러한 짤막한 "대화"의 동기가 무엇이었는지 이야기했다면 우리에게 더욱 큰 도움을 주었을 것이다. 여하튼 이른바 무사안온한 17세기에도 확실히 사회적 긴장이 감돌고 있었다는 것은 명백하다. 각자 제자리의 질서로 되돌아가게 만드는 것은 돈의 힘이었다. 그러나 그 수단은 직접 드러내지 않고 숨기는 것이 현명하다. 그렇다면 암스테르담에서 부자들이 오랫

272

동안 아주 자연스럽게 자신이 소박한 사람인 것처럼 부와 풍족함을 숨겨온 것은 이들의 취향 때문이었을까, 본능적인 능란함 때문이었을까? 1701년에 나온 한 안내서에 따르면 "행정관은 어느 정도 절대적인 지위에 있지만 결코 사치를 부리지 않는다. 이들이 거리를 걸어갈 때면 수행원이나 종자들 없이 돌아다녀서 이들보다 낮은 지위의 다른 부르주아들과 전혀 구별이 안 되었다.[120] 윌리엄 템플[121] 역시 홀란트 대사법관인 요한 더 빗이라든지 해상에서 최고의 인물이었던 미힐 더 라위터르* 같은 사람도 "가장 평범한 부르주아"나 "평범한 선장"과 구분되지 않는다는 사실에 놀라움을 표했다(1672). 지위가 높은 사람들의 거주 구역인 헤렌흐라흐트(Herrengracht)의 집들도 전면에 거창한 위용을 드러내지 않았다. 그리고 황금의 세기라는 이 시대에도 실내에 값비싼 가구를 들여놓는 사치를 모르고 있었다.

그러나 이러한 검소함, 관용, 개방성은 1650년에 "공화파"가 권력의 정상에 오르면서 변화하기 시작했다. 사실 이때부터 과두제는 수많은 새로운 과제를 떠안았다. 이제 관료제가 형성되어 스스로 발전해갔으며 사업으로부터 반 이상 손을 떼었다. 그러자 엄청나게 부유해진 네덜란드의 상층사회는 사치에 현혹되기 시작했다. 1771년에 이사크 데 핀토는 이에 대해서 이렇게 이야기했다. "70년 전에는 [암스테르담의] 대상인들이라고 해도 오늘날 중개인들이 소유한 정도의 정원이나 시골 별장을 가지고 있지 않았다. 동화 속의 궁전, 아니 차라리 소용돌이 심연 같은 이런 것들을 짓고 유지하는 데에 엄청난 비용이 들지만 그 자체가 나쁘다기보다도 이런 사치가 불러일으키는 방심과 태만이 사업과 교역에 큰 해악을 끼친다는 것이 더 나쁜 일이다."[122] 사실 18세기에는 돈을 가진 특권층 사람들에게 상업이 점차 부차적인 일이

---

* Michiel Adriaenszoon de Ruyter(1607-1676): 네덜란드의 제독. 해전의 영웅이었다. 포르투갈과 스페인 사이의 해전에 포르투갈 측 원군으로 참전한 것을 비롯해서, 제1차부터 제3차까지의 영란전쟁에서 큰 공을 세웠다. 특히 제3차 영란전쟁 때에는 템스 강을 거슬러올라가 런던을 공격함으로써 브레다 평화조약을 이끌어내는 데에 중요한 공헌을 했다. 1676년에 스페인-네덜란드 연합군 대 프랑스-시칠리아 연합군의 전쟁에 참전했다가 지중해에서 전사했다.

되어버렸다. 넘쳐나던 자본은 이제 상업에서 빠져나와서 지대, 금융, 크레딧에 투자되었다. 지나치게 부유한 이 지대수취인 사회는 갈수록 폐쇄적으로 변했다. 결국 이 사회는 점점 일반대중으로부터 멀어져 갔다.

이와 같은 단절은 문화의 영역에서 두드러졌다. 엘리트 집단은 민족적인 전통을 버리고 프랑스의 영향력을 받아들이기 시작해서 이것이 모든 것을 삼켜버렸다. 네덜란드의 그림들은 렘브란트의 사망(1669) 이후 거의 단절되다시피 했다. "1672년의 프랑스의 침입은 군사적, 정치적으로는 실패했지만 문화적인 차원에서는 거의 전적으로 성공했다."[123] 다른 나라에서도 그랬던 것처럼 프랑스어가 널리 쓰이기 시작했으며 이것은 일반 민중과 거리를 두는 또 하나의 방식이 되었다. 1673년에 이미 피터르 더 흐로트는 아브라함 더 비크베포르트에게 이런 편지를 쓴 바 있다. "프랑스어는 지식인들의 언어이고, 플랑드르어는 무식한 사람들의 언어입니다."[124]

빈민들에 대한 세금

네덜란드 사회가 그런 식이었으므로 조세체제가 자본에 면세혜택을 주었다는 것은 자연스러운 일이다. 개인세 중에서 가장 중요한 것은 하인들에 대한 세금인 헤이러 헬트(Heere Geld)였다. 하인 한 명에 대해서는 5플로린 16수, 두 명에 대해서는 10플로린 6수였으나 세 명에 대해서는 고작 11플로린 12수, 네 명에 대해서는 12플로린 18수, 다섯 명에 대해서는 14플로린 14수였다. 실로 이상한 역진세였다. 소득세도 있기는 했으나 오늘날의 기준으로는 전혀 만족스럽지 못했다. 세율이 1퍼센트여서 1,500플로린에 대한 세금이 15플로린이고 1,200플로린에 대한 세금이 12플로린에 불과했던 것이다……. 그리고 300플로린 이하의 소득에 대해서는 세금을 물리지 않았다. 그리고 "고정된 소득이 없고 상업이나 다른 활동을 통해서 생계를 유지하는 사람들에 대해서는 이들이 영업을 통해서 얼마 정도의 소득을 올리는지에 대한 추산치에 따라서 세금을 물렸다."[125] 세금을 물릴 **추산치**에 대해서라면 빠져나갈 방도가 없지는 않았다. 또 프랑스에서 그런 것처럼[126) 이곳에서도 직계가족 간의 유산에 대해서는 세금을 물리지 않는 특권이 지켜졌다.

조세의 대부분은 간접세로 걷혔다. 이것은 전국신분의회만이 아니라 각각의 주와 도시들도 애용하는 무기였다. 소비자들은 늘 이 세금의 중압에 시달렸다. 모든 관찰자들은 공통적으로 17–18세기에 다른 어떤 나라에서보다 이곳의 조세부담이 크다는 사실을 지적한다. 18세기에 소비세(accise)는 "포도주, 도수가 높은 리쾨르 주, 식초, 맥주, 모든 종류의 곡물, 밀가루, 과일, 감자,[127) 버터, 재목과 땔나무, 토탄, 석탄, 소금, 비누, 생선, 담배, 파이프 담배, 납, 기와, 벽돌, 석재, 대리석"[128) 등에 부과되었다. 1748년에[129) 이 복잡한 구조물을 무너뜨리자는 안이 제기되었다. 그러나 그런 논의는 포기할 수밖에 없었다. 그렇게 많은 개별 조세들은 다 서서히 성립되었고 많은 담세자들이 그럭저럭 익숙한 형편인데 이제 와서 이것들을 다 흡수할 수 있는 하나의 일반 조세를 개발할 수 없었기 때문이다. 그리고 마치 많은 수의 병졸을 움직이는 것이 쉬운 것처럼, 많은 종류의 세금이 하나로 된 큰 단위의 세금보다 더 운용하기에 편했을 것이다. 앞서 언급했듯이 많은 병졸들과 같다는 것이 이 조세체제의 중요한 양태였다. 한 사람은 이렇게 재미있게 증언한다. "60프랑에 판매한 암소는 이미 약 70리브르의 세금을 지불한 것이다. 쇠고기 한 접시의 요리라도 약 스무 차례의 소비세를 내고서야 상에 오르게 된다."[130) 1689년에 나온 한 비망록은 이렇게 말한다. "소비세를 내지 않는 상품은 하나도 없다. 밀가루나 맥주에 대한 세금은 어찌나 무거운지 정상적인 상품값과 같을 정도이다. 이들은 심지어 평범한 술책을 써서 맥주를 더욱 비싸게 만드는 방법도 개발했다. 그들이 일반적으로 수행하는 방법에 따르면, 어떤 상품이 시장에 들어오는 것을 공개적으로 막을 수 없을 때 그 상품에 엄청난 소비세를 부과해버린다. 그러면 그 누구라도 그것을 소비하려고 하지 않고 또 상인들은 그 상품을 팔 수 없으리라는 두려움 때문에 취급을 회피한다."[131)

생활비를 비싸게 올려놓는 핵심 요인인 간접세는 특히 하층민에게 무거운 짐이 되었다. 부자들의 경우에는 이러한 타격을 피하든지 아니면 여유 있게 감당해냈다. 상인들은 세관이나 시장의 진입로에서 과세 대상 상품의 가격을 신고할 권리가 있었다. 이들은 가격을 자기 마음대로 정해버렸으나[132] 일단 그 지점만 넘어가면 그에 대한 확인을 받는 일은 전혀 없었다. 어느 사회, 혹은 어느 국가가 이보다 더 체계적으로 불공정할 수 있겠는가? 빌럼 4세가 스타트하우더였던 시기에 몇 차례의 폭동들—부분적으로는 빌럼 4세가 유발시킨 것이다—이 일어난 후에야 징세청부 체제가 끝나게 되었다.[133] 그러나 국가 직접징수체제(홀란트 주만 하더라도 여기에 5만 명의 인원이 고용되었다)를[134] 설립하는 것만으로는 이 체제의 기본적인 불평등을 전혀 변화시킬 수 없었다.

사실 이것은 논리적으로 아주 당연한 결과를 가져왔다. 부유한 담세자들은 대단히 잘 정비된 이 조세체제에 저항하고 있었지만 사실은 신분의회, 주, 도시들의 공채모집에 규칙적으로 참여하고 있었다. 1764년경에 네덜란드는 1억2,000만 플로린의 수입을 거두면서도, 싼 이자이기는 하지만 4억 플로린의 부채를 졌다. 이것을 공공사업이나 용병 혹은 함대를 준비하는 일 등에 필요한 돈이 떨어진 적이 없는 강한 국가의 증거로 볼 수 있다. 이 나라는 부채 관리 방법을 알고 있었다. 이사크 데 핀토의 설명에 의하면 "이자 지급을 못 하는 일은 결코 없으므로 자본을 회수하려고 생각하는 사람은 아무도 없다. 더구나 그들이 돈이 필요할 경우에는 **유리하게 협상을 할 수 있다.**"[135] 핀토의 마지막 말은 내가 강조한 것이다. 이 말은 1759년 1월의 『상업 일기(*Journal du Commerce*)』에 있는 다음의 구절을 설명해준다. "홀란트의 공채는……2와 2분의 1퍼센트에 발행되지만, 그 자리에서 4-5퍼센트까지 받는다."[136] 이 말은 100에 발행된 공채가격이 104-105가 된다는 것을 뜻한다. 만일 국가가 돈을 빌리려고 하면 응모자들이 서둘러서 모여들었다. 1744년 8월의 한 편지는 이렇게 설명한다. "네덜란드인들이 부유하며 이 나라에 자금이 풍부하다는 증거는 이자율이 6퍼센트인 종신연금공채*와 2와 2분의 1퍼센트인 상환채를 발행해서 300만 [플로린]을 모집하는 일이 단 10시간 만에 끝났다는 데에서 찾을 수 있다. 만일 기채액수가 1,500만 플로린이었다고 해도 다 모을 수 있었을 것이다. 그러나 국고란 일반인의 금고와 똑같지는 않다. 일반인의 금고는 가득 차 있으나 국고는 거의 텅 비어 있다. 그러나 필요한 경우에는 재정상으로 약간의 손질을 해서, 특히 가구당 조세를 통해서 큰 재원을 모을 수 있다."[137]

그런데 이 "필요한 경우"는 언제나 있었다. 전쟁은 끝없는 심연이었고 인공적인** 국가인 네덜란드는 매년 다시 만들어가야 했다. 사실 "제방과 대로들을 손질해야 하기 때문에 이 땅에 들어가는 돈이 이 땅으로부터의 [세금]수입보다 더 컸다."[138] "그렇지만 상업과 소비로부터의 조세수입은 엄청났다. 프랑스에 비해서 이곳의 인건비가 훨씬 높음에도 불구하고 이곳의 장인들은 궁핍 속에 사는데 그 궁핍한 정도는 프랑스 장인들의 검소한 생활을 능가할(faire paroli)[139] 정도이다." 우리는 다시 높은 생활비의 문제로 되돌아왔다. 높은 생활비는 세계-경제의 핵심지역에서는 당연한 일이며 심지어 그것이 이점이 되기도 한다. 그러나 모든 이점이라는 것이 다 그렇듯이 이것 역시 어느 날 뒤집어질 수 있다. 아마도 이 이점은 활발한 생산이 뒷받침될 때에만 적절한 효과를 내는 것 아닐까? 그런데 18세기에 들어가면 생산은 감소한 반면에 임금은 얀 데 브리스의 표현대로 높은 수준에서 "화석화되었다."[140] 조세가 분명히 여기에 응분의 책임이 있을 것이다. 그러나 국가의 필요를 공동체의 부담으로 충족시키는 것이 "약한 국가"의 표시라고 할 수는 없을 것이다.

---

* 매입자에게 죽을 때까지 연금을 주는 공채.
** 인공적(artificiel)이라는 것은 네덜란드의 지대가 낮아서 많은 땅이 해수면보다 아래에 있으므로 제방이나 댐 등으로 물을 막고 개간을 통해서 땅을 넓혔음을 말한다.

다른 국가들에 대항하여

네덜란드 연방이 강한 국가였다는 것은 이 공화국이 황금의 세기 동안 수행한 대외 정책에서 읽을 수 있다. 그것은 이 나라가 유럽에서 차지하는 중요성이 명백히 쇠퇴하는 1680년경까지 계속된다.

30년전쟁 시기인 1618-1648년에 대해서 역사가들은 합스부르크 왕조, 부르봉 왕조, 리슐리외, 올리바레스, 마자랭 등만 전면에 내세웠으나, 사실 네덜란드가 더 자주 지배적인 역할을 했던 것은 아니었을까? 외교의 얽힌 실타래는 헤이그에서 풀렸다가 이곳에서 다시 꼬이고는 했다. 덴마크(1626), 스웨덴(1629), 프랑스(1635)의 참전이 차례로 결정된 곳도 헤이그였다. 그러면서도 또다른 모든 존경받는 세계-경제의 중심지가 그러하듯이 네덜란드는 전쟁이 자국 국경선 밖에서 일어나도록 조치했다. 이 나라의 국경 위에 있는 많은 요새들은 그렇지 않아도 수많은 강들의 지류 때문에 공략하기 힘든 데에 더해 더욱 강고한 장애물이 되었다. 용병들은 아주 소수에 불과했지만 이들은 "선별된 정예들이었고 높은 보수를 받고 잘 먹었으며"[141] 가장 세련된 전쟁들을 통해서 훈련되어 있었다. 이들은 네덜란드가 하나의 안전한 섬으로 남도록 감시했다.

덴마크와 스웨덴이 전쟁을 지속해서 네덜란드의 이익을 해치자 1645년에 이 나라가 어떻게 해군을 발트 해에 파견했는지를 보라. 네덜란드가—오라녜 공의 노력에도 불구하고—스페인령 남부 네덜란드를 공격하는 정복정책을 펴지 않았던 것도 힘이 약해서가 아니었다. 스헬더 강의 입구를 마음대로 봉쇄하고 또 풀 수 있었던 암스테르담 상인들로서는 안트베르펜의 해방이 자신들의 이익에 부합하지 않았겠는가? 뮌스터에서 네덜란드 대표들이 프랑스 대표들에게 많은 요구를 하기도 하고 은폐공작을 하기도 하는 것을 보라.* "이 나라 대표들이 우리를 어떻게 취급하는지를 보면 참담한 생각이

---

* 30년전쟁의 종식을 위해서 베스트팔렌의 뮌스터에서 각국 대표들 간에 협상을 벌였다.

21. 스페인에 맞선 네덜란드

I. 요새화된 섬처럼 형성된 네덜란드

16세기 말에 네덜란드의 모든 도시들은 다른 유럽 지역에서와 마찬가지로 성채와 누대를 갖춘 "이탈리아식" 요새가 되었다. 이제는 중세 도시와 달리 대포로 이 요새를 공략할 수 없었다. 그래서 비용이 많이 드는 장기간의 포위전을 수행해야 했다. 1605-1610년 마우리츠 판 나사우는 이렇게 "근대화된" 방어시설에, 강을 따라서 작은 보루와 흙으로 다진 경사면을 연결한 방벽을 덧붙여서 방어선을 완성했다. 그 결과 네덜란드는 진짜 요새가 되었다. (제프리 파커, 『플랑드르 군대와 스페인의 도로, 1567-1659』, 1976, pp.48-49)

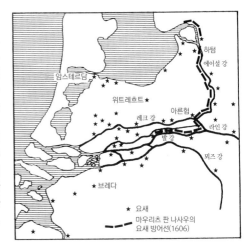

II. 네덜란드에서의 육로 교역의 중요성

스페인령 남부 네덜란드 및 독일과의 상업적 연결로인 수로가 끊기는 일이 네덜란드에 정말로 중대한 위험이다. 이 연결로의 중요성은 스페인의 통제 아래에 있는 세관들의 수입에서 짐작할 수 있다. 1623년의 관세수입이 30만 에퀴에 달했다(12년간의 휴전이 끝나서 전쟁이 재개되었지만 네덜란드 방향으로의 교역이 즉각 중단되지는 않았다). 지도상의 관세 지불액수는 1,000에퀴 단위이다. (호세 알칼라-사모라, 케이포 데 야노, 『스페인, 플랑드르, 그리고 북해, 1618-1639』, 1975, p.184)

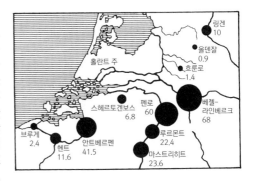

III. 1624-1627년의 봉쇄 시도

1624년에 스페인은 수로뿐 아니라 덴마크로부터 살아 있는 가축을 수입하는 통로를 봉쇄하려고 했다(가축 수입 통로는 두 줄로 표시). 그러나 스페인은 1627년 이후 비용이 많이 드는 이 전략을 계속할 수 없었다. 이해에 발생했던 경제위기와 스페인 정부의 파산 때문이었을까? (같은 책, p.185)

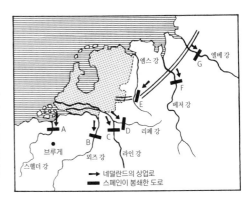

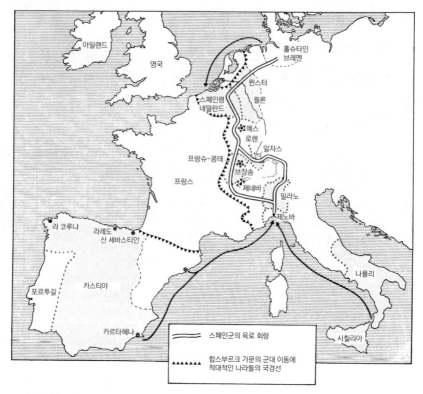

IV. 육지 대 바다

해상 수송이 어려워지자 스페인은 전쟁수행을 위해서 육지의 병참보급로에 의존했다. 시칠리아, 나폴리, 밀라노 공국, 프랑슈-콩테, 스페인령 네덜란드를 지나는 이 길은 독일 영토 내의 여러 지역의 협조와 중립을 필요로 했다. 이 길은 알프스 산맥을 넘어서 북해에까지 닿는 항구적인 소통로가 되었다. 지도상에는 이 길이 홀슈타인까지 연장된 것으로 표시되어 있는데, 홀슈타인은 네덜란드 부대의 병사를 충원하는 곳이었다. (제프리 파커, 앞의 책, p.90)

든다"고 아벨 세르비앵*은 말했다.[142] 또다른 지표로 루이 14세가 스페인령 네덜란드로 전진해와서 불안감을 주자 1668년에 네덜란드가 영국 및 스웨덴과 삼국동맹을 맺어서 그것을 저지한 과정을 보라. 바로 이즈음인 1669-1670년에 유럽 전체 역사에서 핵심적인 사건은 네덜란드의 전권을 수중에 쥐던 대사법관 요한 더 빗과 루이 14세의 대사인 아르노 드 퐁폰 제독 사이

---

* Abel Servien, marquis de Sablé(1593-1659) : 프랑스의 외교관으로서 베스트팔렌 조약을 체결하는 데에 참여했다.

에서 정중하게 한 걸음씩 진척되던 협상이었다. 이들의 토의내용을 주의 깊게 살펴보면 네덜란드 측이 태양왕 루이 14세의 대표에 대해서 열등 콤플렉스를 전혀 느끼지 않는다는 인상을 받는다. 그는 프랑스 대사에게 아주 차분하게 (그리고 우리가 보기에는 아주 명확하게) 왜 프랑스가 네덜란드를 마음대로 요리할 능력이 거의 없는지 설명하고 있다.

아니다. 네덜란드 정부는 거의 존재하지 않는 것과 같다는 말은 틀렸다. 비록 이 나라가 정부로서보다는 차라리 경제적 중량으로서 더 큰 의미를 가진 것이 사실이지만 말이다. 네이메헌 평화조약(1678), 레이스베이크 평화조약(1697), 위트레흐트 평화조약(1713) 등에서 네덜란드는 비중 있는 세력이었다. 영국과 프랑스가 느리기는 하지만 확실하게 성장해 올라가면서 네덜란드의 세력을 잠식했고 그럼으로써 점차 네덜란드의 부족한 면과 이들의 취약성을 폭로했으나, 그 과정이 완수되려면 오랜 시간이 걸렸다.

사업이 왕이다

유리하든 적대적이든 많은 사건들을 겪어나가는 가운데 네덜란드가 정책적으로 늘 지키고 수호하려고 했던 것은 총체적인 상업이익이었다. 이 이익이야말로 모든 것을 지배하고 포괄하는 요소이다. 이런 일은 종교적인 열정(1672년 이후에 그랬던 것처럼)으로도 또 민족적인 열정(1780년 이후에 그랬던 것처럼)으로도 할 수 없는 일이었다. 외국인 관찰자들은 흔히 이에 대해 분개했으나, 이들이 성실한 관찰자이든 아니든, 또 객관적인 관찰자이든 아니든 이들의 언급을 통해서 우리는 사태를 좀더 명확하게 알 수 있다.

자국의 동인도회사(VOC)[143] 때문에 안달하고 이 회사의 특권들을 질시하던 네덜란드 상인들이 경쟁국인 영국, 덴마크, 스웨덴, 프랑스 등지의 동인도회사에 자본을 제공하거나 더 나아가서 오스텐더 회사* 같은 것을 설립

---

* 18세기 초에 영국 동인도회사의 독점체제를 무시하고 이 회사의 활동영역에 불법으로 침투한 사람들(interlopers)이 여러 도시에서 회사를 결성했는데, 그중에서 가장 비중이 컸던 것이 오스

한 것을 보면 사실 놀랍지 않은가? 네덜란드 상인들이 자기 나라 배들을 공격하기도 하는 됭케르크 출신의 프랑스 해적들에게 돈을 투자하고,[144] 북해에서 활동하는 바르바리 해적들(사실 이들은 흔히 조국을 등진 네덜란드인인 경우가 많았다)과 내통하고 있다는 것은 어떠한가? 1629년에 아바나 근처에서 스페인의 갤리온선 한 척을 나포한 후 네덜란드 서인도회사의 주주들이 약탈물의 즉시 분배를 주장함으로써 이 회사의 최초의 약점을 만든 것은 또 어떠한가?[145] 1654년에 포르투갈인들은 네덜란드에서 산 무기를 가지고 헤시피에서 네덜란드인들을 축출했고 루이 14세 역시 네덜란드 무기를 사서 1672년에 네덜란드를 공격했다. 스페인 왕위 계승 전쟁 동안 이탈리아에서 전쟁을 수행하던 프랑스군의 군자금 지불은 암스테르담의 중계를 통해서 이루어졌는데, 이것은 네덜란드의 동맹국이면서 프랑스와 적대관계에 있던 영국의 분노를 자아냈다. 네덜란드가 그렇게 행동한 이유는 이 나라에서는 상인이야말로 왕이며, 상업이해가 국가이성이기 때문이다. "상업은 자유롭기를 바란다"고 피터르 드 라 쿠르는 이야기했다(1662).[146] 프랑스 대사였던 라 튀일리는 마자랭에게 보낸 한 편지(1648년 3월 31일)에서 "이익이야말로 이곳 사람들을 인도하는 유일한 나침반입니다"라고 썼다.[147] 거의 같은 시기인 1644년에 동인도회사의 이사들은 단호하게 다음과 같이 말했다. "동인도지역에서 17인 위원회(Heeren XVII)가[148] 정복한 지역과 요새들은 국가가 정복한 것이 아니라 상인들의 개인적인 소유물로 보아야 하며 따라서 이 상인들이 이것을 자유롭게 누구에게나—스페인 왕이든 아니면 다른 네덜란드의 적이든 상관없이—팔 권리를 가지고 있다."[149] 수많은 네덜란드의 적들은 그와 같은 비난을 얼마든지 더 할 수 있었다. 다른 사람의 결점은 곧 내 미덕이 될 수 있다. 한 프랑스인은 이렇게 이야기했다. "네덜란드에서는 상업에 관한 국가의 이해가 곧 개인의 상업이해가 되므로 두 가지가 동

텐더 회사였다. 이 회사는 황제인 카를 6세의 특허장을 받고 설립되었다.

행한다[이것은 국가와 상업회사가 똑같다는 이야기가 된다]. 상업은 절대적으로 자유롭다. 상인들을 규제할 수 있는 것은 어떤 것도 있을 수 없고 상인들로서는 단지 그들의 이해 이외에는 그 어떤 다른 법칙도 따르지 않는다. 이것은 국가 스스로도 핵심적인 것으로 간주하는 확고한 금언이다. 그래서 어느 개인이 자신의 상업을 위해서 국가에 해로운 일을 한다고 하더라도 국가는 그 일에 대해서 모르는 척 눈을 감고 그 일을 알아채지 못했다는 듯이 행동한다. 이것은 1693-1694년에 있었던 일로부터 쉽게 판단할 수 있다. 프랑스에서 곡물이 크게 부족해서 여러 지역에 기근이 발생했다. 이때가 전쟁의 분수령으로서 프랑스에게는 치명적이고 대불 동맹국들 측에는 대단히 유리한 때였다. 네덜란드와 그 동맹국들로서는 프랑스를 굴복시켜서 적어도 그들이 원하는 방식의 평화협정을 얻어내는 것보다 더 국가이성에 부합하는 일이 어디 있겠는가? 그러므로 프랑스에 식량을 제공하기는커녕 어떻게 해서든지 식량을 소진시키는 방법을 찾아야 하지 않겠는가? 네덜란드라고 이런 정치상황을 몰랐던 것은 아니다. 자국 상인과 선장들에게 절대로 프랑스에 가지 못하도록 하는 엄중한 금지령을 공포했던 데에서도 알 수 있다. 그렇지만 네덜란드 상인들은 프랑스 상인들과 접촉한 후 스웨덴 배나 덴마크 배를 이용해서, 혹은 자신의 배를 중립국 배로 위장해서, 심지어는 네덜란드 선박인 것을 숨기지도 않고 그대로 프랑스로 곡물을 보냈다.……"[150]

그러나 암스테르담에서는 이런 태도, 혹은 17세기 초부터 이사크 르 메르가 수행하던 불법투기와 착복행위에 대해 큰소리로 비판하는 목소리가 들리지 않았다.[151] 장사는 장사인 것이다. 외국인 도덕론자들에게는 "다른 나라와는 다른" 이 나라에서는 어떤 일이라도 일어날 수 있는 것으로 보였다. 제2차 영란전쟁(1665-1667) 동안 프랑스의 대사였던 에스트라드 백작은 심지어 "이 나라는 영국인들에게 복속될 위험이 있다. 이 나라에는 이것과 관련된 거대한 음모가 도사리고 있다"고[152] 생각할 정도였다.

유럽을 지배하면 세계를 지배한다

유럽이 네덜란드의 위대함의 첫 번째 조건이라면, 이제 세계가 그 두 번째 조건이 되었다. 그런데 사실 후자는 부분적으로 전자의 결과가 아닐까? 네덜란드가 유럽의 상업을 정복하자 거의 저절로 세계가 이들의 수중에 떨어진 것은 논리적으로 당연한 결과이다. 어쨌든 유럽에서나 전 세계에서나, 가까운 곳에서나 먼 곳에서나 네덜란드는 유사한 방식을 통해서 우월성을 확립하고 더 나아가서 상업적인 독점을 확립했다.

핵심적인 것은 1585년 이전에 이루어졌다

중세에 발트 해는 아주 가까운 곳에 위치한 일종의 아메리카와 같은 곳이었다. 15세기부터 네덜란드의 배들은 소금과 생선을 싣고 이곳으로 가서 한자 동맹의 배들과 경쟁했다. 1544년에 슈파이어에서 카를 5세는 덴마크 왕으로부터 플랑드르 배들의 외레순 해협 자유통행권을 얻어냈다.[153] 10년 뒤에 안트베르펜에 있는 제노바인들과 포르투갈인들은 자기 나라가 심각한 기근을 겪자 암스테르담에 곡물을 주문했다. 이때부터 암스테르담은 스헬더 강변의 도시[안트베르펜/역주]를 대신해서 가장 중요한 곡물의 재분배 항구도시가 되었고,[154] 사람들은 곧 이곳을 "유럽의 곳간"이라고 불렀다. 이는 실로 거대한 성공이었다. 1560년에 네덜란드인들은 발트 해상에서 수행되는 중량품 무역의 70퍼센트를 도맡았다……[155] 이때 [안트베르펜에 대한/역주] 암스테르담의 추월이 완성되었다. 곡물과 조선재료들—판자, 재목, 마스트, 피치, 타르—이 암스테르담에 넘쳐났다. 이 "어머니 무역(moeder commercie)"[발트 무역/역주]은[156] 네덜란드가 영광의 자리를 차지한 당시에 이 나라 유동자본의 60퍼센트를 차지했으며 이를 위해서 1년에 800척의 배가 동원되었다. 아스트리드 프리스가 보기에는 발트 지역에서 흘러나오는 원재료야말로 17세기의 경제적, 정치적 변화의 동력이었다.[157]

그러나 아무리 중요해도 이것은 네덜란드 활동의 일부분에 불과했다. 발트 지역과의 교역도 원격지인 이베리아 반도와의 교역이 없었다면 크게 번영하지 못했을 것이다. 이베리아 반도가 보유한 금속화폐는 갈수록 발트 무역의 열쇠가 되었다. 발트 해 연안지역에 교역을 강제로 개방하면 곧 구매액수가 판매액수보다 많아져서 어떻게든 그 차액을 결제해야 했기 때문이다.

네덜란드가 발트 지역산 곡물의 배분을 맡은 것은 이 나라의 배가 남쪽 방면으로 성공적으로 팽창하는 데에 중요한 공헌을 했다. 즉, 네덜란드는 발트 지역에서 승리를 거두고 얼마 후 라레도, 산탄데르, 빌바오, 리스본 그리고 더 이후 시기에는 세비야에서 승리를 거두었다. 1530년부터, 혹은 아무리 늦어도 1550년경 이후에는[158] 네덜란드의 화물선들(hourques)이 북유럽과 스페인 및 포르투갈 사이의 해상무역 대부분을 장악했다. 이 배들은 조만간 이베리아 반도와 북대서양 사이에 교환되는 상품의 6분의 5를 수송했다. 이를 통해서 밀, 호밀, 조선재료 그리고 북유럽의 공산품(이것은 세비야에서 다시 신대륙으로 재수출되었다)이 남쪽으로 내려가고 대신 소금, 청어, 양모, 포도주 그리고 무엇보다도 은이 북쪽으로 올라가게 되었다.

암스테르담에 거래소가 개장된 것도 이러한 교역노선을 장악한 시기와 일치한다. 그리고 이러한 일치는 그 외에 또 있다. 지중해 방향으로 곡물이 대량 수송되기 시작한(1590-1591) 직후에 암스테르담 거래소 건물이 새로 지어졌으며(1592)[159] 얼마 후 보험국이 설치되었다(1598).[160]

남북 간의 연결은 양쪽 모두에게 핵심적으로 중요한 일이어서 네덜란드 반란[네덜란드 독립전쟁/역주](1572-1609)도 그 연결을 끊지 못했다. 1962년의 프랑스와 알제리 관계*에 대해서 제르멘 틸리옹이 한 말을 다시 한번 인

---

* 프랑스의 식민지였던 알제리는 1956년 이후 독립전쟁을 전개했다. 1962년에는 유격대의 습격, 테러, 파업 등의 저항운동을 전개한 데다가 세계 각국이 독립을 지지하는 분위기였다. 그리하여 이 해에 에비앙에서 양국 간 휴전협정을 맺고 7월 1일에 국민투표를 실시했다. 그 결과 국민 대다수가 민족자결에 찬성함으로써 7월 3일에 독립을 선언했다.

용한다면, 반란군 편에 선 네덜란드의 주들과 스페인 및 포르투갈 진영 사이의 관계는 상호보완적인 적으로서,[161] 서로 떨어질 수도 없고 떨어지려고도 하지 않는 관계였다. 스페인에서는 역정을 내고 분노가 폭발하는 시기들도 있었고 실제로 억제조치를 목청 높이 선언하기도 했다. 1595년에 펠리페 2세는 이베리아 반도의 모든 항구들에서 400척의 네덜란드 선박들을 나포하게 했는데(이전에는 적국과의 무역이 오늘날처럼 금지조치에 부딪히지는 않았기 때문에 네덜란드의 배들이 스페인의 항구에 들어와 있었다) 이것은 그 당시 네덜란드가 보유하고 있었다고 **추측하는** 전체 배의 5분의 2에 해당한다.[162] 나포된 배들은 강제로 운송업무를 맡기도 했으나 결국은 석방되거나 스스로 도망쳐 나왔다. 1596년과 1598년에 스페인 항구에는 다시 금지조치가 내려졌으나 정말로 시행되지는 못했다. 그와 마찬가지로 반란세력[북부 네덜란드/역주]에 대해서 세투발과 카디스의 소금을 금수(禁輸)시킴으로써 이들을 굴복시키려는 거대한 계획들도 한때는 진지하게 고려되었으나 계획으로만 그쳤다.[163] 무엇보다도 브루아주나 부르뇌프와 같은 프랑스의 대서양 연안에도 염전들이 있어서 소금을 얻을 수 있었을 뿐 아니라 북유럽에서 수행하는 염장작업용으로는 오히려 이곳의 소금이 이베리아 지역의 소금보다 더 낫기까지 했던 것이다. 마지막으로 특히 중요한 점은 스페인이 예전에는 식량을 충분히 자급자족할 수 있었지만 1560년 이래 농업조직이 붕괴되는 위기에 빠졌다는 점이다.[164] 따라서 이 나라는 외국산 식량에 의존해야만 했는데 16세기 말에는 지중해에서 식량을 구하는 것이 거의 불가능했다. 1580년에 포르투갈이 [스페인에게/역주] 정복되었을 때 이 피점령국은 문자 그대로 굶어 죽을 판이었다. 따라서 북유럽에 도움을 요청했는데, 그에 대한 지불을 반드시 금으로 해야 했기 때문에 지중해 지역까지 포괄하는 스페인의 현찰 이송체제를 혼란에 빠뜨렸다.[165] 그리고 만일 반란군 편과의 교역을 중단하면 1년에 100만 두카트에 달하는 관세수입을 상실하게 된다는 펠리페 2세의 자문관들의 주장 역시 먹혀들었다.[166] 사실 스페인으로서는 선택의 여지가 없었다. 이 나라로서는 불쾌하지만 필수불가결한 이 교역을 받아들이는 수밖에 없었다. 이러한 사정은 네덜란드 역시 비슷했다.

1595년에 세비야에 대해서 행해진 스페인의 조사에 의하면,[167] 이 도시에서는 북유럽 상인의 주재원들이 거의 신분을 숨기지도 않은 채 활동하고 있었다. 이들의 서신을 압수한 결과 스페인의 고관들이 연루되었다는 사실도 알아냈으나 그 고관들의 직위가 하도 높아서 감히 언급도 하지 못했다. 이 시기에 네덜란드인들에 의한 세비야의 조용한 점령은 이미 완수된 상태였다.[168] 사실 1568년까지 제노바의 은행가들은 세비야의 아메리카 상업에 자금을 대고 있었다. 대서양을 건너는 그 한없이 긴 항해 때문에 겪어야만 했던 장시간의 기다림을 세비야의 상인들이 극복할 수 있었던 것도 그런 크레딧 덕분이었다. 그런데 1568년 이후 제노바인들은 이 사업을 중단하고 스페인 왕에게 자본을 투자하는 쪽으로 방향을 전환했다. 이렇게 해서 벌어진 틈새는 곧 북유럽 상인들이 메웠다. 이들은 아직 돈을 제공할 여력은 없었으나 대신 상품을 제공했으며 그 대금은 배가 귀환할 때 회수했다. 이렇게 해서 보충적인 관계가 맺어졌다. 북유럽이 스페인의 서인도무역망 속으로 뚫고 들어가게 된 것이다. 점점 더 외지의 힘에 조정되던 세비야에서 스페인 상인들은 커미션 상인이 되든지 이름을 빌려주는 역할을 맡았다. 왜냐하면 서인도 항로는 법적으로 스페인인에게만 참여가 허용되었기 때문이다. 1596년에 일어난 이상한 사건도 이런 맥락에서만 이해할 수 있다. 이 해에 영국인들은 카디스 항구를 약탈하여 서인도지역으로 수송할 상품을 적재하던 배 60척을 나포했다. 이 싸움에서 승리를 쟁취한 영국인들은 만일 곧바로 200만 두카트의 배상금을 문다면 이 배들—이것은 적게 잡아도 1,100만 두카트의 가치가 있었다—을 태워버리지 않겠다고 제의했다. 그런데 이 사건에서 손해를 볼 위험이 있는 사람들은 스페인인들이 아니었다. 상품 소유주는 네덜란드인들이었던 것이다. 네덜란드인들의 공모자라고 할 수는 없지만 여하튼 친구라고 할 수 있는 메디나 시도니아 공작이 이 매력적인 제의

를 거절한 것도 이 때문이 아니었을까? 결국 이 배들은 불에 타버렸다.[169)]

요컨대 네덜란드의 최초의 거창한 약진은 발트 해 및 플랑드르, 독일, 프랑스의 상업이라는 북쪽의 극점과 아메리카 대륙으로의 개방성을 갖춘 세비야라는 남쪽의 극점 양쪽을 선박과 상인들로 확고히 연결한 데에서 비롯되었다. 스페인은 원재료와 공산품을 받았다. 네덜란드는 공식적으로든 아니든 그에 대한 대가로 현찰을 입수했다. 그리고 이렇게 획득한 은은 상업을 원활하게 유지해가는 보장이 되었다. 발트 지역과의 교역에서 수입 초과를 기록하던 이 나라로서는 은이 시장을 강제로 개방시키고 경쟁자를 눌러 이기는 수단이 되었다. 1585-1587년 동안, 당시 공식적으로는 영국의 엘리자베스 여왕의 보호하에 있던 네덜란드에 여왕이 레스터 백작을 파견했다. 그는 네덜란드에게 스페인과의 상업관계를 완전히 단절하라고 진지하게 제의했다! 물론 그것은 웃음거리밖에 안 되었다.[170)]

네덜란드의 부는 발트 지역과 스페인으로부터 **동시에** 유래한 것이 분명하다. 한쪽만 보고 다른 쪽을 보지 않는다면 한쪽의 곡물과 다른 한쪽의 아메리카산 귀금속이 불가분의 관계로 엮인 과정을 이해하지 못한다. 세비야 (1650년 이후에는 카디스)에 도착한 귀금속 중에서 밀수 부분이 증가했다면, 이것은 미셸 모리노의 연구를 통해서 알 수 있듯이[171)] 귀금속의 유입이 파국적으로 감소하지는 않았기 때문이다. 분명히 위중한 상태에 있던 스페인이 1605년 이후부터 구리로 만든 악화를 대량으로 유출시키기로 작정했다면—또는 그럴 수밖에 없었다면[172)]—그것은 악화가 양화를 구축(驅逐)해버렸기 때문이며 또 스페인이 그런 대가를 치르면서 자신의 유럽 정책을 수행했기 때문이다. 한편 1627년에 올리바레스 공작 겸 백작은 제노바의 대금업자들과 관계를 끊은 후—어떻게 보면 그가 이들을 몰아낸 것이고 또 다르게 보면 이들이 그를 포기해버린 것이다—카스티야의 재정을 위해서 점점 더 포르투갈의 유대인들에게 의지했다. 그런데 이 새로운 대금업자들은 북유럽 상인들 및 자본에 연결되어 있었다.[173)] 이 점에 대해서는 이미 이야기한 바 있지만 여하튼 이것은 모호하고 이상한 상황이었다.

그리고 마지막으로 암스테르담에게 1급 지위를 마련해준 부수적인 요인으로 스페인이 전쟁의 여진(餘震)이 계속되던 남부 네덜란드를 파괴하고 1585년 8월 18일에 안트베르펜을 점령한 사건이었다. 이것은 암스테르담의 강력한 경쟁세력을 본의 아니게 몰락시켰고 신생 네덜란드 공화국이 프로테스탄트 유럽의 필수 응집점이 되도록 했으며 더구나 이곳에 아메리카의 은이 대량으로 들어오도록 했던 것이다.

나머지 유럽 지역과 지중해

우리가 네덜란드의 상업적 팽창을 표시한 연대기적인 지도들을 만들어본다면 이 제국이 유럽 교역의 핵심적인 선을 따라서 조금씩 팽창해간 사실을 확인하게 될 것이다. 그것은 라인 강을 따라서 알프스의 협로까지, 대단히 중요성이 큰 프랑크푸르트와 라이프치히 정기시, 폴란드, 스칸디나비아 지역과 러시아에까지 뻗어갔다. 1590년대에 지중해 지역에서 곡물 부족이 심각해졌을 때를 기점으로 네덜란드의 범선들이 지브롤터 해협을 넘어 지중해로 들어오게 되었다. 이들은 자신들보다 20여 년 먼저 들어왔던 영국인들이 수행했던 방식대로 지중해의 중심축들을 따라 항해하면서, 이탈리아 도시들이 수행하던, 이윤이 높은 연안항해에 참여했다. 사람들은 네덜란드인들이 지중해로 뚫고 들어오는 데에 유대인 상인들이 도움을 주었다고 주장했지만,[174] 사실 그보다는 콩종크튀르가 네덜란드인들의 팽창에 유리했기 때문이었다. 조만간 지중해의 모든 항구들이 이들을 받아들였으나 그중에서도 특히 이들을 환영한 곳들은 바르바리 지역의 항구들, 메디치 가문이 재건한 흥미로운 도시 리보르노,* 그리고 1612년에 조인된 거류민 협정(capitulation)

---

* Livorno : 이탈리아 중부 토스카나 지방의 도시. 작은 어촌으로 출발했으며 14세기에 피사인들이 요새화했고, 1399년에 비스콘티 가문에, 1407년에 제노바에, 그리고 1421년에 피렌체에 팔렸다. 메디치 가문이 지배하면서부터 이곳의 중요성이 커졌다. 1571년에 코시모 1세가 포르토 메

으로 문호가 활짝 열린 레반트 지역의 항구들 및 이스탄불이다. 네덜란드의 팽창을 총결산해볼 때 유럽이 핵심적인 몫을 차지했으며, 특히 지중해 지역이 아주 중요한 역할을 했다는 점을 간과해서는 안 된다. 사람들이 흔히 오해하듯이, 이들이 인도양 항해에서 성공을 거두었다고 해서 전통적인 지중해 교역에서 손을 뗀 것은 아니다. 랩은 심지어 최근의 한 논문에서 영국과 마찬가지로 네덜란드도 부유한 지중해 지역에서 "금광"을 발견했으며 대서양에서의 활동보다도 이 광산의 개발이 그들에게 **최초의** 팽창을 가져다준 요소라는 사실을 입증했다.

유럽 세계-경제의 중심지가 된 네덜란드로서는 그 어떤 지역이 되었든지 간에 주변부지역을 포기할 수 있었겠는가? 그리고 누가 되었든지 간에 그들의 영역 밖에서 장차 적수가 될 수도 있는 다른 경제제국이 조직되도록 내버려둘 수 있었겠는가?

네덜란드 대 포르투갈 : 상대방을 대체하기

만일 유럽이 거의 의식하지도 못하는 사이에 네덜란드의 지배적인 지위를 용인해야 했다면, 그것은 우선 이 지배가 초기에는 워낙 조심스러워서 알아채지 못할 정도였기 때문이고, 다음으로는 사람들이 완전히 인식하지 못하는 동안 유럽의 중심이 북쪽으로 이동했기 때문이다. 1600년부터 1650년 사이에 장기적인 경향이 역전되면서 유럽은 두 지역으로 분할되었는데 남쪽은 갈수록 빈곤해졌고 북쪽은 정상 수준 이상으로 살게 되었다.

장기적으로 유럽 세계-경제의 장악은 물론 원거리무역의 장악을 의미하므로, 이것은 곧 아메리카와 아시아를 장악한다는 의미이다. 아메리카는 이 작은 나라의 뒤늦은 공격을 피할 수 있었지만, 후추와 향신료, 약품, 진주, 비단의 왕국인 아시아에서는 네덜란드인이 무력을 행사하여 입성한 후 최대

디치오("메디치 항구")를 건설한 후 가톨릭, 유대인, 무어인 등 여러 도피자들을 가리지 않고 받아들여 상업 중심지화했다. 그후에 이탈리아 최대의 항구로 성장했다.

의 몫을 차지했다. 이들은 이곳에서 마침내 세계의 왕홀을 잡았다.

이런 모험에 앞서 답사여행들이 이루어졌다. 1582년의 판 린스호턴의 여행이라든지[175] 거의 스파이 소설에 가까운 1592년 하우트만의 여행이[176] 대표적이다. 하우트만이라는 이 가짜 여행자는 포르투갈 선박을 타고 동인도지역에 도착했으나 정체가 밝혀져서 감옥에 갇히게 되었다. 로테르담 상인들이 그의 몸값을 내주고 감옥에서 꺼내주자 고국에 돌아와서 곧 네 척의 배를 빌려 1595년 4월 2일에 로테르담 항구를 떠났다. 하우트만은 말레이 제도의 반탐*에 도착했다가 1597년 8월 14일에 암스테르담으로 귀환했다.[177] 사실 보잘것없는 귀환이었다. 100명이 되지 않는 선원이 세 척의 배를 타고 돌아왔고 배에 실은 약간의 상품은 근소한 이익만을 가져다주었다. 경제적인 관점에서 보면 이 여행은 결코 성공이라고 할 수 없으나 대신에 장래에 이익을 볼 수 있다는 확신을 주었다. 이렇게 보면 그는 거대한 첫발을 내디딘 셈이다. 이것을 기념하는 한 조악한 그림이 암스테르담 시립 박물관에 소장되어 있다.

그러나 초기에는 신중히 일을 벌이고, 호전적이기보다는 평화적으로 대처하려고 했기 때문에 이처럼 조금씩 전진하는 팽창에서는 크게 주목을 끌 만한 것이 하나도 없었다.[178] 곧 백세 노인이 되는 포르투갈 제국은 제대로 기동도 하지 못했으므로 이 신참자들의 길을 막지는 못했다. 네덜란드 상인들로서는 적들과 사전에 접촉해서, 자신들의 선박의 항해를 확실히 보장받으려고 했다. 예컨대 "적국(Estado rebeldes)"과의 거래를 위하여 영국에 나가 있는 노엘 카론이라는 한 대리인의 업무가 바로 그런 종류의 일이었다. 그는 동인도로 가는 배 한 척을 혼자 빌려서 여기에 그의 재산을 쏟아넣었는데 이사업을 하기 위해서 칼레에 나와 있는, 안면이 있는 한 스페인 대리인과 서신을 나누었다.[179]

---

* Bantam : 자바 섬 북단에 있었던 술탄국 및 그 도시의 이름. 그 근처에 오늘날의 반탐 시가 있다. 18세기 말에 퇴적물로 막히기 전까지는 자바와 유럽 사이의 가장 중요한 항구였다.

네덜란드인들이 이렇게 무사한 사업을 희망했던 것이 결과적으로 말레이 제도에 곧장 도착할 수 있었던 비결이 아닐까? 희망봉 근처에서부터 동인도로 가는 길은 여러 갈래가 있었다. 내부 항로는 모잠비크 해안에 바짝 붙어서 몬순 바람을 타고 북쪽으로 가서 인도에 도착하는 길이다. 외부 항로 또는 "원양" 항로는 마다가스카르의 동해안, 마스카렌 제도, 몰디브의 수많은 섬들 사이를 지나 계속해서 직선항로를 타고 가서 수마트라와 순다 해협에 이르고 최종적으로 자바의 대항구인 반탐에 도착하는 길이다. 이 두 번째의 항해에는 긴 여정 동안 몬순만 아니라 무역풍(trade winds, 영국 선원들이 부르던 이름이다)도 이용한다. 바로 이것이 코르넬리스 하우트만이 항해한 여정이다. 그는 장기간에 걸쳐서 난바다를 횡단하여 1596년 6월 22일에 반탐에 도착했다. 그는 포르투갈인들이 강고하게 자리 잡고 있는 인도를 피해가기 위해서 이 길을 선택했을까? 아니면 처음부터 상등품 향신료가 많이 나는 말레이 제도를 선호한 의도적인 선택—이것이 가능성이 더 크다—이었을까? 여기에서 지적할 사실은 수마트라로 가려는 아랍 상인들도 이미 이 항로를 택했으며 또 이 아랍 상인들 역시 포르투갈인들을 피하려고 했다는 점이다.

네덜란드 상인들이 처음에는 그들의 여행이 순전히 상업적인 성격으로 알려지기를 희망했다는 것은 확실하다. 1595년 6월에 코르넬리스 하우트만은 대서양의 적도상에서, 고아로 향하던 포르투갈의 거대한 카라크선 두 척과 조우했다. 이것은 정말로 조용한 만남이어서 "포르투갈 측의 잼"과 [네덜란드 측의] "치즈와 햄"을 교환하고 "양측이 예포를 쏘며 정중한 인사를 나누고" 헤어졌다.[180] 그런데 그가 네덜란드로 귀환했을 때 들여온 값비싸고 이윤이 높은(이윤율이 400퍼센트였다) 화물이 무력과 속임수를 써서 빼앗은 것이라는 소문이 포르투갈 출신 유대인들에 의해 암스테르담에 퍼졌고, 또 이 말을 들은 야코프 코르넬리스 판 넥은 진심인지 아닌지는 모르겠으나 여하튼 큰소리로 분개했다.[181] 그러나 하우트만은 이런 비난이 전적으로 잘못이라고 주장했다. 그는 상관의 지시에 따라서 "그 누구의 재산도 빼앗지 않고 모든 외국 국민과 법에 따라서 교역했다"는 것이다. 그러나 1599년부터 1601년까지 에티엔 판 덴 하겐의 여행 때에는 포르투갈이 지배하는 암본 요새를 정식으로 공격했다(그러나 완전한 실패로 끝났다).[182]

1602년 3월 20일 자로 동인도회사가 설립되었다.[183] 전국신분의회, 대사법관 바르네벨트 그리고 마우리츠 판 나사우의 주도로 이루어졌으며, 그전에 존재했던 선구 회사들(vorkompagnien)을 하나로 통합한 것이었다. 이제 이 회사는 국가 속의 국가(staat-builen-de-staat)로서 독립적인 세력이 되었다. 이 회사의 창설로 조만간 모든 것이 바뀐다. 무엇보다 예전과 같은 무질서한 여행이 종식되었다. 이 회사의 설립 이전인 1598년부터 1602년까지는 모두 65척의 선박이 선단을 이루어 14번 출항했다.[184] 그러나 이제 아시아의 사업에 대해서는 하나의 정책, 하나의 의지 그리고 하나의 지시만이 존재하게 되었다. 이 모든 것을 통솔하는 동인도회사는 진정한 제국을 이룬 채 끊임없는 팽창을 기도했다.

그러나 이에 대한 반대가 만만하지 않아서 1608년만 해도 처음부터 말레이 제도 여행에 참여했던 상인들은 폭력적인 조치에 계속 반대했고, 그들의 배는 정직한 사업을 하기 위해서 의장을 갖춘 것이지, 요새를 건설하고 배를 나포하기 위한 것이 아니라고 항의했다. 이 상인들은 이때까지도 아시아에서 산출되는 부의 일부를 조용히 차지할 수 있으리라는 환상을 가지고 있었다. 하물며 1609년 4월 9일에[185] 안트베르펜에서 12년 동안의 휴전이 성립되어 네덜란드 연방과 스페인 국왕 사이의 적대관계가 중단되었을 때에는 더더욱 그러했다. 더구나 그 휴전조약은 적도 이남의 지역에 관해서는 아무런 언급도 하지 않았기 때문에 더욱 그러했다. 결국 남대서양과 인도양은 자유로운 지역으로 남게 되었다. 1610년 2월에 말레이 제도로 가던 네덜란드의 배 한 척이 리스본에 기항하여, 아시아에 대해서도 휴전조약을 적용하는 스페인 국왕의 허락을 주선해달라고 포르투갈 총독에게 부탁했다. 여기에서, 아시아에서는 아직 전투가 계속되고 있었다는 사실을 알 수 있다. 이 총독은 마드리드에 지시를 요청했으나 원하는 시간 안에 지시가 내려오지 않았다. 원래 20일 동안만 기다리라는 명령을 받았던 이 배는 원하는 대답을 받지 못한 채 항구를 떠났다.[186] 아주 사소한 사건에 불과한 이 에피소드는 네덜란드인들이 평화를 바라고 있다는 증거일까, 아니면 단지 그들이 신중하다는 점만을 말해주는 것일까?

어쨌든 그들의 팽창은 곧 재빠른 폭발의 양태를 띠었다. 1600년에 그들의 배 한 척이 일본 열도의 남쪽에 있는 규슈에 도착했다.[187] 1601, 1604, 1607년에는 포르투갈이 장악하던 마카오를 우회하여 광저우와 직접 거래하려는 시도를 했다.[188] 1603년부터는 실론 섬에 도착했다.[189] 1604년에는 믈라카에 대한 공격을 시도했다가 실패했다.[190] 1605년에는 말루쿠 제도에 있는 포르투갈의 요새 중 하나인 암본을 점령했는데 이것은 동인도회사가 동인도지역에 건실하게 자리 잡은 첫 번째 장소가 되었다.[191] 1610년에는 스페인의 배들을 믈라카 해협에서 공격하고 트르나테 섬을 점령했다.[192]

이제부터는 휴전에도 불구하고 힘들더라도 계속 지배 정책을 추구하는 수밖에 없었다. 네덜란드 동인도회사는 이제부터 포르투갈인과 스페인인(스페인인은 마닐라에 자리를 잡고 말루쿠 제도에서 활발히 활동하면서 1663년까지 티도레 섬*에 간섭했다)[193]만이 아니라 영국인과도 싸워야 했다. 영국인들은 명확한 계획을 가지고 있지는 않았지만 여기저기에서 출몰했다. 여기에 더해서 튀르키예인, 아르메니아인, 자바인, 중국인, 벵골인, 아랍인, 페르시아인, 구자라트의 무슬림 등 거대한 아시아 상인세력들과도 싸워야 했다. 말레이 제도는 한편으로 인도, 또 한편으로 중국과 일본을 연결하는 복합적인 주요 교역의 관절이 되는 곳이므로, 이 요충지의 지배와 감시는 네덜란드

---

* Tidore : 말루쿠 제도에 있는 섬. 중요한 향신료 산지였다. 1521년에 포르투갈인이 이 섬을 정복했고 1571년에 요새를 건설했으나, 1606년에 스페인인에게 정복당했다. 그후 1654년에 네덜란드가 이곳을 정복했다.

인들이 스스로에게 부과한 어려운 과업이었다. 말레이 제도에 파견된 동인 도회사의 초기 총독(1617-1623, 1627-1629)인 얀 피터르스존 쿤은 이 상황을 놀라울 정도로 명확하게 판단하고 있었다.[194] 그는 효율적이고 지속적인 지배를 할 것, 적을 단호히 공격할 것, 요새를 건설할 것, 특히 **사람들을 정착시킬 것**, 즉 우리식으로 표현하면 **식민화할 것**을 권했다. 동인도회사는 이 광범위한 제안에 대해서 그에 따른 비용 때문에 후퇴했고 논의의 결과는 상상력이 풍부한 이 총독의 패배로 끝났다. 이것은 벌써 식민 지배자와 상인 사이에 벌어지게 마련인 영원한 갈등의 전조였다. 이런 싸움에서 뒤플렉스* 같은 사람은 언제나 잘못한 것으로 판단이 내려진다.

그러나 사태의 논리적 발전은 조금씩 불가피한 쪽으로 향할 수밖에 없었다. 1619년 바타비아의 건설은 말레이 제도에 있는 네덜란드 상업세력의 핵심을 특권적인 한 점에 집중시키는 결과를 가져왔다. 그리고 바로 이 안정적인 지점과 "향신료 제도[말루쿠 제도/역주]"로부터 출발해서 네덜란드는 교역과 교환의 거대한 거미줄을 짜기 시작했다. 이것이 결국 이들의 제국을 이루었다. 취약하면서도 유연한 이 제국은 포르투갈 제국과 마찬가지로 "페니키아식으로" 구성되었다. 네덜란드인들은 1616년경 벌써 일본과 건설적인 접촉을 했고 1624년에 타이완에 도착했다. 그러나 그보다 2년 전인 1622년에는 마카오를 공격하다가 실패하기도 했다. 1638년 일본은 포르투갈인들을 축출하고 중국의 정크선과 네덜란드 선박만을 받아들이기로 결정했다. 마침내 1642년에 네덜란드인들은 믈라카를 점령했으나 자신들의 이익을 위해서 이곳을 급속히 쇠퇴시켜버렸다. 1667년에는 수마트라 섬에 있는 아체 왕국,[195] 1669년에는 마카사르[196] 그리고 1682년에는 바타비아의 적수로서 오랫동안 번영을 누리던 반탐[197]을 복속했다.

그러나 말레이 제도로의 진출은 인도와의 연결이 없으면 전혀 불가능하

---

* 이 책 제1권 132쪽의 역주를 참조하라.

다. 인도는 희망봉으로부터 믈라카와 말루쿠 제도에 이르는 아시아 세계-경제 전역을 지배했기 때문이다. 원하든 원하지 않든 간에 네덜란드인들은 인도 항구들로 가야만 했다. 이들은 반드시 현찰로 구매를 해야 한다든지 코로만델산이나 구자라트산 직물을 다른 사람의 손을 거쳐서 간접적으로 구득해야 하는 사태는 어떻게 해서든 피하려고 했다. 수마트라 등지에서처럼 후추와 인도산 면직물을 교환할 수 있는 곳에서는 이것이 가능했다. 이들은 1605년부터 마실리파트남에, 그리고 1606년부터 수라트[198]에 모습을 나타냈다(그러나 인도에서 가장 큰 항구인 수라트에 완전히 정착하는 것은 1621년에야 완수되었다).[199] 1616년부터 1619년까지 바루치, 캄바트, 아마다바드, 아그라, 부란푸르 등지에 상관이 설립되었다.[200] 원시적이면서도 매우 기름진 벵골 지역으로 침투하는 것은 아주 느리게 이루어졌다(대략 1650년 이전에는 완수되지 않았다). 1638년에 네덜란드인들은 계피의 섬인 실론에 발을 들여놓았다. 17세기 초에 한 네덜란드인 선장은 이곳에 대해서 이렇게 묘사했다. "이 섬의 해안은 계피로 가득하며 그것도 동양지역 전체에서 가장 품질이 좋은 것들이다. 그래서 이 섬에서 바람이 불어올 때면 8리외 떨어진 바다에서도 그 냄새를 맡을 수 있다."[201] 그러나 그들이 이렇게 잔뜩 노리던 섬의 주인이 된 것은 정작 1658-1661년 이후의 일이다. 그후 이들은 그때까지 개방을 꺼리던 말라바르 해안의 시장들을 강제로 열기 시작했다. 그리고 1665년에는 코친 지역을 장악했다.[202]

네덜란드 제국이 진정한 규모에 도달한 것은 1650-1660년대쯤이었으므로 빠른 속도로 포르투갈인들을 축출했다고는 할 수 없다. 포르투갈 제국은 비록 취약했으나 규모가 크다는 사실 자체로 인해 보호를 받았다. 이 제국은 모잠비크로부터 마카오, 일본에 이르는 거대한 공간 속에 펼쳐져 있었다. 그리고 이것은 단단히 짜여진 구조가 아니기 때문에 한번 어깨를 밀치는 것만으로 전체가 넘어갈 성격의 것이 아니었다. 고아에서 푸거 가문과 벨저 가문의 대리인 역할을 하던 페르디난트 크론의 문서에서 볼 수 있듯이[203]

육로로 전달되는 소식이 인도양으로 항해하는 네덜란드 선박이나 영국 선박보다 언제나 더 빨리 도착했다. 그래서 포르투갈 측은 네덜란드가 그들을 공격하기 위해서 함대를 보냈다는 소식을 베네치아와 레반트를 통해 적절한 때에 들을 수 있었다. 마지막으로 언급할 사실은 네덜란드가 비록 공격에 성공하더라도, 그들보다 앞서 들어온 사람들[포르투갈인들/역주]이 정복한 모든 지역을 그들이 대신 지배할 정도로 재력이나 인력이 충분하지는 못했다는 점이다. 그러므로 그들이 성공할수록 오히려 힘이 분산되었다. 따라서 네덜란드의 공격이 16세기 말부터 시작되었지만 1632년에도 후추와 다른 향신료들이 직접 리스본으로 도착했다.204) 아시아에서 포르투갈 제국이 완전히 배제된 것은 1641년에 네덜란드가 믈라카를 정복한 이후이다.

크게 보면 네덜란드인들은 다른 사람들 자리에 대신 들어간 것이다. 1699년에 루이 14세의 대사였던 프랑수아 봉르포는 네덜란드인들이 "그들의 선임자 역할을 했던 다른 유대인들이 쇠퇴할 때에만 부를 쌓았으며, 따라서 다른 사람들이 인도인들을 길들이고 순화시키고 교역에 대한 취향을 고취시켜야만 했던 노력을 공짜로 이용했다"고 비난했다.205) 그러나 만일 네덜란드가 포르투갈 제국을 뒤흔들고 파멸시키지 않았다면 영국이 대신 그 일을 했을 것이다. 영국인들은 경험을 통해서 인도양과 말레이 제도를 잘 알고 있었다. 1578년에 드레이크가, 그리고 1592년에 랭커스터가 세계일주를 하지 않았던가?206) 영국인들은 네덜란드의 동인도회사보다 2년 먼저 같은 성격의 회사를 설립하지 않았던가? 그리고 이들은 많은 화물을 실은 포르투갈의 카라크선들을 여러 번 나포하지 않았던가?207) 이 거대한 카라크선은 그 당시 세계에서 가장 큰 배였으나 빨리 움직일 수 없었고 화기를 효과적으로 사용할 수 없었다. 다른 한편 이 배들은 한없이 긴 귀환여행으로 큰 괴로움을 겪었다. 이 여행은 기아, 질병, 괴혈병 등으로 가득했다.

만일 네덜란드인이 포르투갈 제국을 무너뜨리지 않았다면 영국인이 그 일을 잘 수행했을 것이다. 다른 한편 네덜란드인은 그 지위를 획득하자마자 강력한 적들로부터 그것을 지켜야만 했다. 일본과 말레이 제도에서 이 적들을 몰아낸다는 것은 쉬운 일이 아니었다. 그리고 이 적들이 인도로 가는 것을 금지시키고 대신 이들을 인도양 서쪽의 페르시아와 아라비아 방면으로 몰아내기란 아예 불가능했다. 1623년에는 적들을 암본으로부터 몰아내기 위해서 폭력을 사용해야 했다.[208] 그럼에도 불구하고 영국인은 그후에도 오랫동안 말레이 제도에 잔류해서 후추와 향신료를 구매하고, 반탐의 공개시장에서 어떻게 해서든 인도산 면직물류를 판매하려고 했다.

네덜란드 제국의 교역의 응집성

아시아에서 최대의 부를 얻는 길은 서로 멀리 떨어져 있고 경제적으로 상이한 지역들간의 교역을 수행하는 것이다. 이것을 프랑스에서는 인도로부터 인도로의 무역(commerce d'Inde en Inde), 영국에서는 현지무역(country trade) 그리고 네덜란드에서는 내지(內地)무역(inlandse handel)이라고 불렀다.* 장거리 연안무역이라고 할 수 있는 이 사업은 어느 한 지역의 산물이 다른 지역의 산물을 구매하는 열쇠가 되고 다시 이것이 그다음 것을 구매하는 열쇠가 되는 식이다. 여기에서 우리는 살아 있는 전체를 이루는 아시아의 세계-경제들 내부에 자리 잡게 된다. 유럽인들은 보통 이야기하는 것보다 훨씬 이전부터 그 내부로 뚫고 들어갔다. 이미 포르투갈인들이 그랬고 네덜란드인들이 그 뒤를 따랐다. 특히 네덜란드인들은 아마도 유럽 내에서 수행했던 경험 덕분인지 아시아의 교역이 상호 연결되는 방식을 더 잘 이용했다. "이들은 유럽의 연안무역을 장악했듯이 아시아의 연안무역을 장악했다"고 레날 신부는 이야기했다.[209] 그 이유는 이들이 이 "연안항해"를 하나의 응집적인 체제로 파악한 다음, 그중에서 열쇠가 되는 상품과 시장을 장악했기 때문이다. 포르투갈인들 역시 이것을 모르는 바는 아니었으나 그렇게 완성된 정도

---

* 이 책에서는 이 가운데 프랑스어 표현이 많이 나오는데 이것을 "인도 내의 무역"이라고 옮겼다.

로 나아가지는 못했다.

다른 곳에서와 마찬가지로 아시아에서도 상품, 귀금속, 크레딧 증서로 교환이 이루어졌다. 물물교환만으로 충분하지 않은 곳에서는 우선 귀금속이 개입한다. 한편 화폐량이 부족하든지 화폐의 유통속도가 느린 까닭에 상업의 차액을 현장에서 결제하지 못하는 곳에서는 크레딧이 개입한다. 그러나 아시아에서 유럽의 상인들은 자국에서의 관행대로 크레딧을 충분히 이용할 수는 없었다. 따라서 크레딧은 그들에게 동력(動力)이라기보다는 보조방편 또는 임시방편이었다. 물론 이들은 때에 따라서 일본의 대금업자나[210] 인도 (수라트)의 대금업자에게[211] 의존하기도 했으나, 이런 "은행업자들"은 서유럽의 상인과 대리인보다는 현지 중개인에게 더 많이 봉사했다. 결국 유럽인들은 귀금속, 그중에서도 특히 그들이 아메리카 대륙에서 가져온 은에 의존했다. 이것은 교환에 대해서 "열려라 참깨"라는 주문이었다.

그러나 유럽의 귀금속 수입만으로는 충분하지 않았다. 그래서 네덜란드인들은 아시아의 교역을 수행하면서 기회가 생기는 대로 각 지방의 귀금속을 이용했다. 그래서 그들이 타이완에 머무르는 동안에는(그들은 1622년에 타이완에 도착했으나 1661년에 코싱가*라는 해적이 타이완을 재정복했다) 중국의 금(이것은 특히 코로만델 해안에서 구매에 쓰였다)을 이용했고, 1638년부터 1668년(이 해에 은 수출이 금지되었다)까지는 일본산 은이 차액지불용으로 결정적인 역할을 했다. 그후에는 네덜란드인들이 일본의 금화인 고방 (小判)을 구매하게 되었다. 그러다가 일본 금화가 1670년대쯤부터 가치가 떨어지기 시작하면서도 일본 국내 거래에서는 예전의 높은 가치를 계속 유지

---

* Coxinga, 정성공(鄭成功, 1624-1662) : 만주족의 침입에 대항해서 명나라에 충성을 바쳐 싸웠고 서양 세력에도 맞서서 이들을 격퇴했으나, 동시에 가장 유명한 해적이었다. 명나라 말기에 당왕 (唐王)을 모셨으나 당왕이 사로잡히고 그의 아버지 지룽(芝龍)이 항복한 후에도 영명왕(永明王) 을 받들면서 해상에서 청나라에 대항했다. 한때 난징을 점령한 적도 있고, 일본, 루손 섬, 남양 군도 등 여러 지역과 무역활동도 했다. 1661년에 타이완에서 네덜란드 세력을 몰아내고 이곳을 근거지로 삼았으나 얼마 후 병사했다. 서양에서는 '코싱가'로 알려졌다.

하자, 동인도회사는 이 금화의 구입을 줄이고 대신 일본의 구리를 대량으로 수출하기에 이르렀다.[212] 게다가 이 회사는 수마트라와 믈라카에서 생산되는 금도 무시하지 않았고, 또 레반트 무역의 결과 아라비아(특히 모카),[213] 페르시아, 북서부 인도에 쏟아져 들어오는 금화와 은화 역시 기회가 있을 때마다 얻으려고 했으며, 더 나아가서 갤리온선이 아카풀코에서부터 마닐라로 정규적으로 가지고 들어오는 은도 이용했다.[214]

이런 맥락에서 보았을 때, 네덜란드인들이 이 세기 중반부터 페르시아의 비단 시장을 회피하게 된 장기적인 위기현상도 언뜻 드는 생각과는 다른 의미를 가진다. 1647년에 세기에가 파견한 한 주재원은 네덜란드 상인들이 "마르세유에 있는 주재원들에게 가능한 한 많은 양의 비단을 사서 자신들에게 보내라는 명령을 내린" 것으로 볼 때 "동인도지역에 직접 가서 비단을 사는 것이 이익이 되지 않는다"고 보는 것 같다는 보고를 했다.[215] 아닌 게 아니라 1648년에 동인도에서 떠난 네덜란드 선박들은 페르시아의 비단을 한 통도 싣고 있지 않았다.[216] 페르시아의 시장이 그 원천에서부터 아르메니아 상인들에 의해서 통제되었다는 사실을 놓고 볼 때, 나는 이 아르메니아 상인들이 스스로 마르세유까지 비단을 운반해가려고 했기 때문에 그와 같은 위기가 초래되었다고 생각했다. 그러나 이런 설명만으로는 충분하지 않은 점이 있다. 1643년부터 이란의 샤(shah)와 협상을 벌인 네덜란드인들은(이 협상이 합의에 도달한 것은 1653년이다) 너무 많은 양의 페르시아 비단을 사가려고 하지는 않았다(더구나 이 비단의 가격은 크게 오르고 있었다). 그 이유는 네덜란드인들이 이 나라와의 무역수지에서 어떻게 해서든 흑자를 유지해서 그들의 수출상품에 대한 지불을 금화와 은화로 받고 싶어했기 때문이다.[217] 대신 이 회사는 중국 비단이나 벵골 비단을[218] 얻을 수 있었다. 이 세기 중반 무렵에는 네덜란드 동인도회사가 유럽으로 보내는 상품 중에서 벵골 비단이 갈수록 더 큰 비중을 차지했다. 그러므로 동인도회사가 페르시아 비단의 위기를 겪었다기보다는 오히려 이 회사가 그 위기를 유발한 것으로 보아야 한다. 회사로서는 그렇게 해서 금속화폐의 수입원을 유지하려고 했던 것이다. 요컨대 네덜란드인들은 나날이 변화하는 콩종크튀르의 양태에 따라서 그들의 화폐정책을 끊임없이 재조정해야 했다. 특히 수많은 아시아 화폐들 사이의 변화하는 환율에 모든 것이 영향을 받는 상황에서는 더욱 그러했다.

이와 반대로 동인도회사가 만든 상업어음교환(compensation marchande)체제는 1690년대까지 거의 아무런 말썽 없이 잘 이루어지다가 이때 가서 어려운 시기를 맞이했다. 그 이전까지 아시아에서 네덜란드 무역의 순환로와 교역망은 유럽에서와 마찬가지로 해상연결, 크레딧, 본국으로부터의 대부 등의 효율적인 운영이라든지, 독점적인 지위를 추구하려는 체계적인 노력 등을 근간으로 하는 응집력 있는 체제 속에서 잘 운영되고 있었다. 이런 것은 다니엘 브람스의 길고 자세한 보고서에[219] 잘 묘사되어 있는데, 이 보고서는 아이러니컬하게도 이 기제가 무너져가고 있던 1687년에 쓰였다.

일본에 특권적으로 접근할 수 있다는 점 이외에 네덜란드인들이 누리던 효과적이고 지속적인 유일한 독점은 육두구(noix de muscade, nutmeg), 정향, 계피 같은 고급 향신료들에 관한 것이었다. 여기에서는 매번 똑같은 방식을 사용했다. 좁은 섬 지역으로 생산을 제한하여 그것을 단단히 유지하고 시장을 장악한 다음 다른 곳에서 같은 상품을 생산하지 못하도록 한다. 예컨대 암본은 정향만을 재배하는 섬이 되었고, 반다는 육두구, 실론은 계피의 생산지가 되었다. 이렇게 단일경작이 조직된 섬들은 정규적인 식량 및 직물의 수입에 철저히 종속되었다. 말루쿠 제도의 다른 섬들에서 자라는 정향나무는 모두 뽑아버렸으며 필요한 경우에는 지방 권력자에게 연금을 쥐어주면서 이 일을 수행했다. 술라웨시 섬에 있는 마카사르 해협은 만일 그대로 방치해두면 향신료의 자유무역 중개지가 될 우려가 있기 때문에 무력으로 정복해버렸다(1669). 인도의 코친 역시 마찬가지 이유로 정복했는데, "이곳을 유지하는 비용이 이곳으로부터 얻는 소득보다 더 컸지만"[220] 그렇게 해서라도 이곳을 점령하지 않으면, 비록 2등급이기는 하지만 값이 훨씬 저렴한 계피가 이곳에서 생산되는 것을 막을 수 없기 때문이다. 실론에서도 그 섬이 너무 커서 순찰대에 막대한 비용이 들었지만 계피의 공급량을 제한하기 위해서 한정된 지역에서만 계피 플랜테이션을 허락했다. 따라서 동인도회사는 폭력과 엄중한 감시를 통해서만 독점을 유지했으며, 그것은 아주 효율적으로 이루어졌다. 이 회사가 존립한 기간 내내 고급 향신료에서 얻는 수익이 계속 높았기 때문이다.[221] 1697년에 한 프랑스인은 "네덜란드인이 향신료 무역에 대해서 가지는 것보다 더 질투심 많은 연인관계도 없을 것이다"라고 이야기할 정도였다.[222]

그 외에 네덜란드가 우위를 지키게 된 요인으로는 오랫동안 모범적인 것으로 통했던 대리인들의 규율, 장기적인 계획의 수행 등도 꼽을 수 있다. 역사가들은 네덜란드인들이 벌인 수많은 잔혹행위들 앞에서 당혹감을 느끼면서도 구매, 선적, 판매, 교환 등이 놀라울 정도로, 어쩌면 기이한 느낌을 받을 정도로 잘 계산되어 있는 것을 보고 흥미를 느끼지 않을 수 없다. 고급 향신료는 네덜란드에서만 잘 팔리는 물품이 아니다. 인도는 유럽보다 두 배나 많은 양을 소비했으며[223] 그래서 이 향신료들은 아시아에서 최상의 교환화폐의 역할을 했고 그리하여 많은 시장들을 여는 열쇠가 되었다. 그것은 마치 유럽에서 발트 지역의 곡물과 마스트 목재가 하는 역할과 비슷했다. 그러나 특권적인 장소와 교역을 조심스럽게 살펴보면, 그 외에도 또다른 교환화폐들을 많이 보게 된다. 예컨대 네덜란드인들은 수라트, 코로만델 해안, 벵골 등지에서 온갖 종류의 인도 직물을 대량으로 구입했다. 그러고는 수마트라에서 이것을 후추, 금, 장뇌* 등과 교환했다(특히 후추와 관련해서는 유리한 정치적 상황도 함께 작용하여 특권적인 계약을 맺는 기회가 되었다). 다음에 시암에 가서는 코로만델산 직물의 판매가 큰 이윤을 남기지는

---

* 樟腦, Camphor : 녹나무에서 산출되는 방향성 유기화합물. 오랫동안 향의 성분과 의약품으로 많이 사용되었다. 오늘날에는 주로 방충제로 쓰인다.

못했으나(여기에 경쟁자가 너무 많았기 때문이다) 향신료, 후추, 산호 등을 함께 팔아서 주석―오직 그들만이 생산할 수 있는 특권을 누렸으며 유럽에까지 가서 팔렸다―을 구입했을 뿐 아니라 이와 함께 일본에서 높이 평가받는 사슴 가죽, 벵골에서 요구하는 코끼리, 그리고 많은 양의 금을 구입했다.[224] 티모르 섬의 계정은 적자였지만 이곳에서 구입하는 산탈* 나무는 중국이나 벵골에서 엄청나게 잘 팔렸다.[225] 뒤늦게 들어갔으나 활기찬 사업을 벌인 벵골의 경우를 보면 비단, 쌀과 함께 다량의 초석을 구득했다. 이 초석은 일본의 구리나 여러 생산 시장에서 얻는 설탕과 함께 유럽으로 귀환하는 선박의 훌륭한 바닥짐이 되었다.[226] 페구(Pegu) 왕국도 매력이 있었다. 이곳에서는 라카, 금, 은, 보석 등을 얻고 대신 향신료, 후추, 산탈 목재, 골콘다와 벵골의 직물 등을 팔았다.

유사한 사례들은 그 외에도 얼마든지 있다. 네덜란드인들은 이런 모든 기회를 다 이용했다. 남아프리카의 희망봉 지역에서 생산된 밀이 암스테르담에 도착하는 것이 놀랍지 않은가? 혹은 암스테르담이 실론과 벵골에서 채집된 카우리 조개**의 매매시장이 되는 것은 또 어떠한가(카우리 조개는 아프리카와의 교역, 특히 아메리카 대륙으로 보낼 노예를 구입하는 데에 사용되었기 때문에 영국인을 비롯해서 유럽에서도 찾는 사람이 많았다)? 혹은 중국, 벵골, 때때로 시암 그리고 더 이후 시기인 1637년 이후부터 자바에서 생산되던 설탕이 브라질이나 앤틸리스 제도의 설탕과 가격경쟁을 벌일 수 있는지의 여부에 따라 암스테르담 시장에서 수용되었다가 거부되었다가 하는 것은 어떠한가? 이 대(大)중심지의 시장이 닫히면 바타비아의 창고에 있는 설탕은 페르시아, 수라트 혹은 일본으로 팔려갔다.[227] 황금의 세기 동안 네덜란드

---

* santal, 紫檀 : 인도, 말레이시아, 호주 등지에서 나는 나무. 노란빛이 도는 목재는 재질이 단단하고 부식에 강해서 아주 귀중한 목재로 친다. 주로 가구, 보석함 등을 만드는 재료로 쓰이고 중국에서는 사원에서 태우는 향으로도 쓰였다.
** 이 책 제1권 538쪽의 역주를 참조하라.

가 전 세계의 차원에서 살아가고 있었고 또 항구적으로 세계를 중재하고 착취했다는 점에 대해서 이보다 더 잘 보여주는 사례는 없을 것이다.

아시아에서의 성공, 아메리카에서의 실패

네덜란드 동인도회사가 직면한 문제 중에서 가장 어려운 것은 아시아에서 이 회사가 펼치는 전체 활동 중에 유럽이 필요로 하는, 더 정확히 표현하면 유럽이 소비할 상품의 몫을 결정하는 것이었다. 이것이 문제 중의 문제인 까닭은 네덜란드 동인도회사는 암스테르담-바타비아, 바타비아-암스테르담이라는 2행정 모터와 같기 때문이다. 아시아라는 하나의 세계-경제로부터 유럽이라는 다른 세계-경제로의 상업적인 이전은 우리가 이론적으로나 경험적으로 알 수 있듯이 그 자체가 까다로운 문제이다. 게다가 이 두 개의 세계는 저울의 양쪽 접시 위에 무게가 다른 물건이 올라가 있는 것처럼 끊임없이 서로가 서로에게 작용을 미치고 있었다. 어느 한쪽에 약간의 무게만 더 얹어도 균형이 깨지고 만다. 예를 들면 발전을 거듭하던 유럽이 아시아로 침투하자 두 대륙 사이의 관계에서 결정적인 역할을 해왔던 후추와 향신료의 구매가격이 올랐다. 1610년에 피라르 드 라발은 "예전에 포르투갈인들에게는 1수만 들었던 것이 이제는 [네덜란드인들에게] 4-5수가 든다"고 기록하고 있다.[228] 이와 반대로 유럽에서는 이 이국 상품들이 대량으로 들어오면서 자연히 판매가격이 떨어졌다. 그러므로 반다에서 정향 "1바르(barre : 네덜란드 도량형으로 525리브르)당" 45레알을 지불하고 육두구는 6레알을 지불했던 1599년은 1610년에 비해 축복받은 해였다. 이런 가격은 앞으로 두 번 다시 보지 못하게 된다.[229]

투쟁과 성공의 시간

아시아에서 향신료를 독점하고 가격을 강제로 고정시키며 거래량을 통제할 수 있었던(만일 통제가 여의치 않으면 심지어 잉여상품을 폐기처분했다)[230] 네덜란드는 다른 유럽의 경쟁국가들에 비해서 유리한 위치를 점하고 있었다. 그러나 유럽에 경쟁회사들이 만들어지면서 경쟁이 격화되기 시작했다(그런데 놀랍게도 이 회사들 대부분은 네덜란드 동인도회사의 독점에 저항하는 네덜란드 내의 자본이 후원했다). 또 아시아가 아닌 다른 지역에서 생산된 유사한 상품들이 시장에 나온 것도 경쟁을 격화시킨 요인이 되었다(설탕, 후추, 인디고, 면화, 비단……). 따라서 네덜란드 동인도회사가 한 번에 모든 것을 쟁취한 것은 결코 아니었다. 1632년에 네덜란드의 한 여행자가 설명하는 것을 보라.[231] "우리는 잘못 생각해서는 안 된다. 포르투갈인들을 몰아내버린다면[포르투갈은 이때에도 고아, 믈라카, 마카오 같은 아주 중요한 관문들을 지배하고 있었다] 네덜란드 동인도회사의 자본만으로는 이 상업 전체의 6분의 1도 채 수행하지 못할 것이다. 또 이 상업을 수행하는 데에 필요한 자본을 모두 갖춘다고 해도 이 사업을 통해서 얻게 될 상품들을 모두 소비하지 못해서 일부를 폐기해야 하는 난감한 상태에 빠질 것이다."

또 한편으로는 강압과 감시의 독점 정책에 큰 비용이 들었다. 예컨대 실론에서 유난히 힘이 많이 들었다. 이 섬의 내륙 산악지역은 칸디*의 왕이 통치했는데 그는 "포르투갈인들도, 네덜란드인들도 결코 순화시키지 못한" 인물이었다. 그 결과 주둔군과 요새를 유지하는 데에 드는 비용은 이 섬에서 수확하는 "계피의 판매 수익을 거의 전부" 잡아먹었다.[232] 게다가 형편없는 저임금에 항의하는 농민들의 봉기까지 일어났다. 또 반다 섬에서는 네덜란드인이 폭력, 전쟁, 원주민들을 자바 섬에 노예로 보내버리는 조치 등을 통해서 독점을 얻었지만, 동인도회사는 초기에 거액의 적자를 면하지 못했다.[233] 사실 이곳의 생산량이 크게 줄어서 새로운 기반 위에 생산을 재조직해야 했다. 1636년의 경우를 보면 네덜란드인이 539명, 자유민이 834명인 반면, 원

---

* Kandy : 실론 섬의 중앙에 있는 도시.

주민은 560명밖에 없어서 벵골과 아라칸 왕국으로부터 1,912명의 노예들을 "수입해야" 했다.[234]

독점을 확립하고 또 견실히 유지하기 위해서 네덜란드 동인도회사는 장기 간의 사업을 벌여야 했는데, 이 사업은 마카사르의 정복(1669)과 반탐 대항 구의 복속, 그리고 이 항구의 폐쇄(1682)를 겪은 후에야 완수되었다. 이 회사 는 원주민의 항해와 교역을 금지시키기 위한 전쟁을 벌이고, 그들을 혹사하 고 강제 이주시키며, 경찰업무와 식민전쟁에 끊임없이 매진해야 했다. 자바 에서는 마타람이나 반탐 같은 지방국가들에 대한 비극적인 싸움이 늘 계속 되었다. 바타비아 주변에서는 시에서 가까운 시골 지역은 말할 것도 없고 시 외곽지역도 안전하지 못했다.[235] 그렇다고 해서 성공을 거두지 못한 것은 물론 아니지만 대신 갈수록 비용이 더 많이 들었다. 자바에서는 사탕수수 플랜테이션(17세기 초)과 커피나무 재배(1706-1711년 이후)가 성공했다.[236] 그렇지만 이것도 감시하에 재배를 해야 했고, 1740년에는 중국인들의 봉기 에 대한 진압이 설탕 생산에 치유할 수 없는 위기를 가져왔다. 이 섬의 경기 가 회복되는 데에는 10년이 걸렸고 그나마 완전히 회복되지도 못했다.[237]

동인도회사의 역사는 당연한 이야기이지만 영욕이 겹치는 역사였다. 대 개 17세기에는 사정이 좋았다. 그러다가 1696년—불명확하나마 동인도회 사의 장부를 토대로 계산을 해보았을 때 분기점이 되는 해이다—을 전후한 30-40년 동안에 사정이 지속적으로 악화되었다. 크리스토프 글라만에 의하 면[238] 이때 아시아의 교역과 유럽 시장에서 동시에 기존 질서를 크게 교란시 키는 진정한 혁명적인 변화가 발생했다.

유럽에서 후추의 우월성이 사라진 것이 결정적이었다. 이것은 1670년부터 잠재적으로 보이던 현상이다. 이외의 보상으로서 고급 향신료들이 중요한 지위를 계속 유지하거나 혹은 상대적으로 나아졌으며, 비단류나 면직류— 염색을 한 것이든 아니든—와 같은 인도의 직물이 갈수록 중요한 자리를 차지했고 또 차, 커피, 라카, 중국 도자기 등의 새로운 상품들이 등장했다.

이런 정도의 변화밖에 없었다면 다른 동인도회사들과 같은 방향으로 움직이던 네덜란드 동인도회사는 큰 희생 없이 잘 적응할 수 있었을 것이다. 그러나 앞에서 말한 것들 이외에도 과거의 유통로와 시장에서 고장이 일어났고, 이 회사가 많이 이용하던 순환로에 틈새가 벌어졌다. 이런 경우에 흔히 있는 일이지만 때로는 옛 체제가 계속 살아남는 것이 새로운 적응을 방해하고는 한다. 가장 중요한 혁신은 차 무역의 확대 그리고 각국 상인들에게 중국이 개방된 일일 것이다. 1698년부터 영국 동인도회사가 재빨리 직교역(즉, 현찰교역)에 뛰어든 반면,[239] 네덜란드 동인도회사는 기존의 방식을 고집했다. 즉, 후추와 약간의 계피 그리고 산탈 목재, 산호 등을 사러 바타비아에 오는 정크선들에서 중국 상품을 구매하는 데에 익숙했기 때문에 현찰에 의존하는 일 없이 상품을 통해서 거래하는 간접교역을 계속했다. 마지막으로 면화, 은 그리고 종국적으로는 아편을 주고 차를 구하는 벵골-중국 사이의 연결이 영국에 이익을 주었다. 게다가 그동안 이 회사의 성공에 큰 도움을 주던 코로만델 해안이 인도 내의 전쟁으로 인해서 황폐해진 것이 큰 타격을 가했다.

이런 경쟁들에 직면한 네덜란드 동인도회사는 이겨낼 무기를 가지고 있었던가? 통계수치를 보면 이 회사는 18세기, 그리고 이 회사가 존립한 마지막 순간인 1798년에 이르기까지[240] 아시아로 점차 더 많은 양의 은을 보냈다는 것을 알 수 있다. 은이야말로 격변을 겪던 아시아에서 모든 문제에 대한 열쇠로 남아 있었다. 그런데도 네덜란드 동인도회사는 18세기 동안 계속해서 쇠퇴해갔다. 왜 그렇게 쇠퇴했는지에 대해서는 설명하기가 힘들다.

네덜란드 동인도회사의 번영과 쇠망

언제부터 후퇴의 기운이 나타나기 시작했을까? 이 회사의 장부에 대한 연구는 1696년이 중요한 단절의 해라는 점을 이야기한다. 그러나 이렇게 이야기하면 너무 한 시점을 강조하는 것이 아닐까? 1700년을 전후한 40년이 문제의 기간이라고 이야기한 글라만의 지적이[241] 더 타당해 보인다.

그러나 당대인들이 심각한 쇠퇴를 느낀 것은 훨씬 이후 시기였다. 다음의 예를 보자. 1712년, 루이 14세가 평화조약을 체결하기 위해서 장차 영국에게 할양하게 될 됭케르크에서—당시 영국은 완전히 새로운 태양이 떠오르는 영광의 시대 전야에 있었으나 아직도 불안감을 가지고 있었다—두 사람이 이야기를 나누었다. 몸집이 아주 작은 한 사람은 데마레* 재무총감의 정보원이었고 또 한 사람은 밀로드 세인트-존이라는 사람이었다. 프랑스인은 이렇게 썼다. "네덜란드의 쇠퇴로 영국의 동인도무역이 다시 살아나면 영국의 고통을 완화시키는 치료제가 될 것이고 모든 것을 성취시켜줄 것이라고 대답하자, 영국은 그렇게 하기 위해서 속옷까지 벗어서 내다팔 것이라고 그가 말했다."[242] 그렇다면 이들의 생각에는 아직 그런 상태가 아니라는 것이다! 12년 뒤인 1724년에도, 뛰어난 판단력을 지닌 우스타리스는 주저하지 않고 이렇게 이야기했다. "네덜란드 동인도회사는 너무나 강력해서 이것과 비교하면 다른 나라의 동인도회사들은 아무것도 아니다."[243]

우리가 가지고 있는 수치들도 이 문제에 대해서 확답을 주지는 못한다. 다만 그 수치들은 이 사업의 크기를 알려줄 뿐이다. 창립 초기인 1602년에 이 회사의 자본금은 650만 플로린이었으며[244] 이 금액은 3,000플로린짜리 주식들로 이루어져 있었다. 이것은 이보다 2년 전에 만들어졌으나 자금부족으로 고생하던 영국 동인도회사보다 열 배나 많은 금액이었다.[245] 1699년의 계산에 따르면 환불되지도 않고 늘지도 않은 이 초기 자본은 64톤의 금에 해당한다.[246] 이처럼 네덜란드 동인도회사에 대해서 말하다 보면 엄청난 수치들을 접하게 된다.

따라서 기록적인 해였던 1657-1658년에 이 회사가 아시아에 금, 은, 지금(地金)으로 200만 플로린을 보냈다는 사실도 놀랍지 않다.[247] 그리고 1691

---

* 이 책 제2권 56쪽의 역주를 참조하라.

년에 이 회사가 보유한 선박은 적어도 100척이었고[248] 한 믿을 만한 프랑스 문서(1697)에 의하면 아마도 160척 이상이었다고도 하며 각각의 배마다 30-60문의 대포가 있었다는 사실도 과히 놀랍지 않다.[249] 배 한 척에 평균 50명의 선원이 승선했다면[250] 전체 선원 수만 해도 8,000명에 달한다. 여기에 수비대의 병사들을 더해야 한다. 더구나 이들은 "그 지방 사람들에게 무기를 잡게 했고 전쟁이 일어나면 이 사람들을 앞세웠다." 전시에는 40척의 큰 배를 더 이용할 수 있었다. "유럽의 왕관 쓴 머리들 중에서도 그와 똑같은 일을 하려면 애를 먹을 사람이 한둘이 아니다."[251] 리카르는 "암스테르담 지사"에서만 창고(magasin)에서 1,200명 이상의 사람들이 "조선업과 선박의 장업"에 전념한다는 것을 직접 확인하고 놀라움을 표했다(1732). 아주 작은 사실도 그에게는 놀라운 일이었다. "50명의 사람들이 1년 내내 향신료를 다 듬고 추려내는 일만 한다."[252] 우리로서는 전체적인 숫자에만 관심을 둘 것이다. 로의 옛 비서였던 장-프랑수아 믈롱은 "이 거대한 기관에 고작해야 8만 명의 인원밖에 없다"고 말했다(1735).[253] 그에게는 이 숫자가 엄청나 보이지 않는 모양이다. 그리고 이 숫자만 해도 실제보다 오히려 작은 것으로 보인다. 1788년경에 이 회사는 그야말로 엄청난 고용인원들에 깔려 죽을 판이었다. 암스테르담 주재 러시아 공사인 올드코프는 그 수를 15만 명으로 추산했다.[254] 한 광범위한 조사에 의하면[255] 17-18세기 중에 동인도회사의 배를 타고 유럽에서 아시아로 건너간 사람은 약 100만 명, 즉 1년에 5,000명에 달했다. 이 숫자로부터 아시아에 있는 네덜란드인의 총인구를 상상해보는 것은 쉬운 일이 아니지만, 포르투갈인들보다 많았다는 점은 분명하다. 16세기에 아시아에 상주하는 포르투갈인들은 1만 명 정도였을 것이다.[256] 물론 여기에는, 네덜란드인들의 경우에도 그렇듯이 원주민이 보조인력 및 하인으로 일했다는 점을 고려해야 한다.

20퍼센트에 이르는 이 회사의 거대한 배당도 자주 언급된다. 사바리는 1605-1720년 사이의 배당률을 22퍼센트로 계산했다.[257] 그러나 우리는 좀

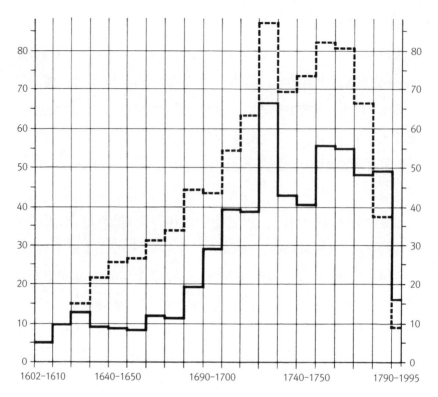

1602-1610		1640-1650		1690-1700		1740-1750	1790-1995

"인도 내 교역"에 종사하는 네덜란드 선박(페머 시몬 하스트라의 연구)　　　　(단위 : 년, 척)

1641	56
1651	60
1659	83
1670	107
1680	88
1700	66
1725	52
1750	43
1775	30
1794	?

22. 동인도회사의 활동에 대한 통계조사

브라윈, 스회퍼르, 하스트라 등 세 명의 네덜란드 역사가들이 17-18세기의 네덜란드 동인도 회사의 활동에 대해서 통계조사를 했다. 표에 의하면 동인도회사가 아시아에서 사용하는 배들이 1680-1690년경에 감소하기 시작한 것을 알 수 있는데, 이는 "인도 내 교역"의 쇠퇴의 표시이다. 그래프에서 실선은 본국에서 아시아로 보낸 귀금속 양을 나타내며, 점선은 발송지 가격으로 계산한 상품유입 액수(100만 길더 단위)를 나타낸다. 상업교역은 계속 팽창한 듯하다. 그러나 현재로서는 두 곡선 사이의 관계를 밝히는 것이 쉽지 않다. 여기에는 본국에서 송출한 상품과 "인도 내 교역"에서 유입된 금속화폐를 고려하지 않았기 때문이다.

더 자세히 살펴볼 필요가 있다. 1670년에 아시아에서 대단히 많은 상품이 들어온 데다가 마카사르 국왕에 대한 승리의 기쁨에 젖어서, "배당"이 40퍼센트에 이르게 되었다. 갑자기 동인도회사의 주식가격이―1602년 이 회사가 창립되었을 때의 액면가격이 100이라고 할 때―510이 되었다. "내가 이곳에 온 이래 그것이 460을 넘은 적이 없었다"고 풍폰이 지적하듯이 이것은 대단한 도약이었다. 그러나 풍폰이 하는 이야기를 계속해서 들어보면 "이런 엄청난 배당과 새로운 이익은 실제로 적용되지는 않았다. 지난 30년 동안의 주식의 판매가와 배당금 등의 연평균을 고려해보면 이 주식을 소유한 사람으로서는 그들의 돈에서 3-4퍼센트 정도의 이익만 얻었을 뿐이다."[258] 이 복잡하기 이를 데 없는 문장의 뜻을 명확히 이해하려면, "배당"이라는 것이 주식거래소에서의 주가에 따라 이루어지는 것이 아니라 액면가인 3,000플로린에 따라 이루어진다는 사실을 염두에 두어야 한다. 만일 내가 1670년에 1만5,300플로린의 주식을 가지고 있다고 하자. 이 해에는 "구(舊)자본"에 대해서 40퍼센트의 배당표(coupon)를 얻어서 1,200플로린을 받게 된다. 이것을 계산해보면 7.84퍼센트의 이윤율이 되는데 이것은 예외적으로 높은 이윤율에 해당된다.* 1720년에는 배당은 역시 40퍼센트였으나 주식가격은 3만6,000플로린이어서 이 해의 이윤율은 3.44퍼센트에 그쳤다.[259]

이것의 의미는 다음과 같다.

첫째, 동인도회사는 자본의 증가로 인한 이점을 누리지 못했다. 왜 그랬을까? 이에 대해서는 어떠한 대답도 가지고 있지 못하다. 혹시 주주들의 역할이 너무 커지지 못하도록 했기 때문일까? 아마 그럴 수도 있을 것이다. 사실이 회사는 언제나 주주들이 기업경영에서 배제되도록 조치해왔다.

둘째, 1670년경 거래소에서의 주식가격에 따르면 이 회사 주식자본의 총

---

* 40퍼센트의 배당표를 얻었다는 것은 원래의 자본금 3,000플로린의 40퍼센트인 1,200플로린을 받게 되었다는 것을 뜻한다. 이것을 주식의 현재 가격 1만5,300플로린과 비교한 실제의 이윤율은 1,200 ÷ 15,300 ≒ 7.84퍼센트가 된다.

액은 3,300만 플로린 수준이다. 암스테르담에서 영국의 유가증권에 대한 투자와 투기가 광범위하게 이루어진 것은 이처럼 동인도회사의 주식 총액이 적어서 네덜란드인의 엄청난 투기를 다 감당하지 못했기 때문 아니었을까?

셋째, 마지막으로 원래의 자본 650만 플로린에 대해서 1년에 평균적으로 20퍼센트의 수익을 가져왔다면 주주들은 매년 100만 플로린 이상을 받은 셈이 된다. 그렇지만 오늘날의 역사가들과 당시의 관찰자들은 이와 같은 배당이 (때로는 향신료 같은 상품으로 지불되기도 하고 국채로 지불되기도 했지만) 동인도회사에 큰 부담이 되지는 않았다는 데에 의견의 일치를 보인다. 그러나 어쨌든 일부 사람들이 이야기하듯이 이 회사의 수익이 그렇게 크지 않았다면 100만 플로린은 결코 무시할 만한 액수는 아니었을 것이다.

사실 문제는 여기에 있다. 동인도회사의 수익은 어느 정도인가? 이에 대한 답은 불가능해 보인다. 그것은 단지 연구가 아직 불충분하고 문서들이 사라져버렸기 때문만은 아니다. 또 보존된 장부가 오늘날의 대차대조표 방식과 일치하지 않고 차변이나 대변에서 중요한 항목들(건물이나 선박과 같은 고정자본, 해상운송 중인 상품과 현찰, 주주의 자본 등)[260]을 놓치고 있기 때문만도 아니다. 그보다는 장부 작성체제 자체가 전반적인 대차대조표의 작성을 막는 식이어서, 실질적인 이익계산이 불가능하다. 실제적인 이유(무엇보다도 거리가 멀고 화폐들 간의 환산이 어려운 점 등) 때문에 이 회사의 장부는 구조적인 양극성이라는 제약을 벗어나지 못했다. 한편으로 네덜란드 상관(factory Nederland)—글라만의 표현이다—이 있어서 이것이 매년 6개 지사의 장부를 포괄하는 대차대조표를 작성하고, 다른 한편으로 바타비아 정부가 따로 아시아의 모든 상관들로부터 장부들을 넘겨받아 계산서를 작성하는데, 이것이 해외활동의 연간 대차대조표가 된다. 서로 독립적인 두 회계를 이어주는 유일한 연계는 어느 한쪽의 부채를 다른 한쪽이 갚아줄 수도 있다는 점에 불과하며, 각자는 상대방의 내적인 기능이 어떻게 돌아가는지 전혀 몰라서 단지 결과적으로 흑자냐 적자냐만 알려진다.

17세기 말에 17인 위원회의 의장이었던 요하네스 휘더는 이런 문제를 잘 인식하고 있었고, 이 체제를 완전히 개혁하려고 했다.[261] 그러나 그 노력은 성과가 없었음에 틀림없다. 그렇게 된 데에는 많은 이유가 있었고 현실적인 어려움들도 작용했다. 그러나 동인도회사의 이사들이 대중에게 명확한 회계보고 자료를 알려주려고 하지 않은 것도 한 요인이었을 것이다. 사실 처음부터 17인 위원회와 주주들 사이에는 갈등이 있었다. 주주들로서는 배당이 불충분하다고 생각했고 그래서 회계를 밝히라고 요구했다. 그런데 영국 동인도회사의 경우 처음부터 이런 요구 때문에 (그리고 덧붙인다면 아시아에서의 군사적 행동에 돈을 대고 싶어하지 않던 주주들이 환불을 요구했기 때문에) 곤경을 겪었던 것과는 달리, 네덜란드 동인도회사는 언제나 회사 측의 의사를 끝내 관철시켰고 주주들로서는 거래소에서 다른 사람들에게 주식을 팔지 않으면 자기 자본을 회수할 수 없었다. 간단히 말해서 이 회사의 이사들이 작성한 계산서는 기업의 많은 면들을 숨기는 방식으로 작성되었다.

대차대조표들에 대한 연구결과에서 가장 놀라운 점은 거래에 어려움이 없었던 17세기에도 이익이 아주 근소하다는 점이다. 나는 상업기업의 역사에서 **원거리무역**이 언제나 최상위라는 점을 주장해왔다. 내가 틀린 것인가? 나는 또한 원거리무역이 몇몇 특권적인 사람들에게 상당한 축적을 실현시키는 기회가 되었다고 주장했다. 그런데 이익이 전혀 없거나 아주 근소하다면, 부의 명백한 증가라는 것이 가능했겠는가? 우리는 이 두 가지 질문에 곧 다시 직면하게 될 것이다.

왜 18세기에 실패를 겪었는가?

이 문제에 대한 최상의 자료는 1771년에 판 데르 아우데르뮐런이 오늘날에는 소실된 자료를 이용해서 수행한 몇 년간의 사례에서 찾을 수 있다.[262] 1612년부터 1654년까지 [자료를 얻을 수 있는/역주] 22년의 기간 동안 실현된 이익의 총액은 970만 플로린으로 추산되는데, 이것을 연평균으로 계산해

보면 1년에 고작 44만1,000플로린에 약간 못 미치는 아주 약소한 금액이 된다. 그렇다면 동인도회사는 주주들이 얻는 수익보다 세 배나 적은 이익만을 거두었다는 것인데 이것은 생각도 못할 일이 아닌가? 1654년부터 1674년까지 동안에는 이익 총액이 1,130만 플로린이며 연평균으로는 53만8,000플로린이다. 또 1674년부터 1696년까지는 이익의 총액이 1,900만 플로린이고 연평균으로는 82만6,000플로린이다. 그러다가 1696년 이후에는 쇠퇴가 시작되어서 1724년경에는 이 수치가 0에 가까워진다. 그리고 이 회사는 끊임없이 그리고 대담하다고 할 정도로 빚을 졌다. 심지어는 주주들에게 배당을 지불하기 위해서 빚을 졌는데 이것이야말로 다름 아닌 파산 직전에 있는 회사의 면모이다. 1788년 여름 동안에는 상황이 문자 그대로 파국적이었다. "동인도회사는 국가에 대해서 4~5년 후에 지불할 1,500만 플로린의 환어음을 발행했다. 이것으로 이 회사는 겨우 연명할 수 있었다. 그러나 사실 9,000만 플로린이었던 이 회사의 채무는 이로써 1억5,000만 플로린이 되었다."[263] 도대체 왜 동인도회사가 이와 같은 재정상의 파국에 이르게 되었을까?

가능한 유일한 설명—그러나 정말 단 한 가지 설명만이 가능할까—은 크리스토프 글라만이 제기한 것이다.[264] "인도 내 교역"이 감소했거나 혹은 적어도 이 유익했던 교역의 수익이 감소했기 때문이라는 것이다. 바타비아에서 끊임없이 채무를 졌고 그래서 한동안은 17인 위원회가 아직까지 높은 이익을 보던 네덜란드 상관(이것은 가격의 상승으로 인하여 부분적으로 유리한 상황에 있었다)의 수익으로 이 손해를 보전해주다가 결국에는 채무가 늘어나도록 그냥 방치했다는 것은 분명한 사실이다. 그러나 "인도 내 무역"의 쇠퇴는 어떻게 설명할 수 있겠는가? 18세기 후반에는 모든 것이 상승하고 있었으므로 그 쇠퇴를 콩종크튀르만으로 설명할 수는 없다. 글라만은 다른 회사들과의 경쟁, 그중에서도 특히 영국 동인도회사와의 경쟁이 심해졌다는 점 그리고 교역과 시장이 혁명적인 변화를 겪었으나 바타비아의 책임자들이 이것을 잘 이해하지 못했다는 점을 원인으로 든다.[265] 예를 들면 17인 위원회가 이들에게 말레이 제도의 중개를 거치지 않고 중국과 직교역을 하는 것이 낫다고 설득하려고 했으나 실패했다. 영국의 경쟁자들은 이런 점에서 훨씬 유리했을 것이다.[266]

그러나 네덜란드 동인도회사의 쇠퇴에는 이 회사의 대리인들 사이에 널리 퍼진 부정행위에도 책임이 있다. 영국 동인도회사와는 달리 네덜란드 동인도회사는 직원들 자신의 명의로 "인도 내 무역"을 할 수 있는 권한을 인정하지 않았다. 그리고 네덜란드령 동인도에서 흔히 있었던 부패 역시 계속되었다. 이 회사의 초기에는 예외적으로 훌륭한 직원들이 있었다는 점을 믿어야 할까? 레날 신부는 유명한 저서인 『동인도 및 서인도지역에서의 유럽의 회사와 교역에 대한 철학적, 정치적 역사(Histoire Philosophique et Politique des Établissements et du Commerce des Européens dans les Deux Indes)』(1770)에서[267] 1650년 이전에는 불법적 부패에 의한 축재가 그렇게 심하지 않았으며, 초기에 네덜란드인들은 누구와도 비교할 수 없을 정도로 검약하고 청렴했다고 주장했다. 과연 그럴까? 1640년 이후 타베르니에는 이 점을 의심하기 시작했다. 우리는 적어도 타이완의 질란디아 요새의 총독인 피터르 네이스의 경우를 알고 있다. 미련하면서도 돈에 욕심이 많던 그는 1624년에 자신이 아시아에 온 것은 풀만 뜯어 먹기 위해서가 아니라고 아주 분명하게 이야기했다.[268] 17세기 후반에 들어서면서 사치와 부패는 마음껏 자행되었다. 공식 문서(1653, 1664)도 이 점에 대해서 언급했다.[269] 다니엘 브람스는 1687년의 보고서에서 이 점에 대해서 조심스럽게 이야기했다. 그렇지만 그는 "그다지 정직하지 못한 직원들"이라든지, 혹은 더 신중한 표현을 써서 "다른 대상인들"과의 경쟁, 말레이 제도 해안에 많이 있는, 조건이 좋은 항구들 때문에 "특정 인물들이 부정을 저지르는 것을 막을 수 없다"거나 혹은 "막대한 이익이 사람들을 가능한 한 부정행위에 열성적이도록 만든다"는 식으로 우회적으로 언급했다.[270]

기원은 불명확하지만 어쨌든 경제적 변화가 일어났고 동시에 네덜란드로부터 수천 리외 떨어진 식민사회에도 변화가 일어난 것이다. 이 식민사회와 암스테르담의 과두체제 사이에 충돌이 일어났을 가능성이 높다. 한편에는 유력하고 존경받는 지위에 있는 조용한 지대 수취자들이 있고, 다른 한편에는 낮은 신분에서 출세한 대리인들로 이루어진 일종의 상호 이질적이면서 **코즈모폴리턴적인** 식민지 집단이 있다. 암스테르담과 바타비아는 네덜란드 연방 공화국이라는 제국 구조물의 경제적인 두 극점일 뿐 아니라 사회적인 두 극점이다. 주세페 파파뇨가 훌륭한 에세이에서 잘 지적했듯이 여기에는 단절과 대립이 있다.[271] 화려하기 그지없는 생활을 하고 있는 말레이 제도의 네덜란드 "식민지들"에서는 불복종, 밀수, 반(半)독립상태, 무질서가 판을 쳤다. 바타비아의 부자 구역에서는 17세기에 벌써 사치가 유행했고 또 시간이 갈수록 정도가 심해지고 화려해졌다. 돈, 알코올, 여인, 수많은 하인과 노예들…… 하는 식으로 바타비아는 고아(Goa)의 자극적이고 병적인 이상한 모험을 똑같이 재현했다.[272] 바타비아에서 동인도회사의 적자의 일부가 소리 없이 개인의 부로 변화했다는 데에는 의심의 여지가 없다.

그러나 다른 한쪽 끝, 황금의 세기의 네덜란드에서 유지되던 절제되고 엄격한 사회에서는 사정이 달랐을까? 가장 중요한 문제는 아시아에서 들어온 물품을 누가, 어떤 조건에서 구입했는지를 밝히는 것이다. 동인도회사는 계약에 의해서 판매하든가, 아니면 창고에서 경매방식으로—대개는 대상인들의 신디케이트에게—큰 단위로 판매했다.[273] 17인 위원회 자신은 구매자가 될 수 없었지만, 실상 이 구매자들은 그들과 같은 집단에 속했고 더 나아가서 가족관계였다. 그리고 주주들의 항의에도 불구하고 각 지사의 관리자인 이사들의 개입을 금지시킬 수 없었다. 이들은 해당 도시들의 과두지배집단과 긴밀히 연관되어 었었다. 이런 조건에서 계약서에 이 회사 상품의 판매를 1년 혹은 2년 동안 스스로 봉쇄하겠다는 약속이라든지(그렇게 되면 구입자들이 이 기간에 시장을 조용히 지배할 수 있다) 혹은 특정 상품에 대해서 일정한 양을 동인도에 주문하겠다는 약속을 병기하는 따위의 일이 그다지 놀랍지 않다. 동인도회사가 어떤 상품을 내놓았는데 어느 암스테르담 대상인이 똑같은 상품에 대해서 상당량의 재고를 가진 경우에는, 마치 우연히 그렇게 된 것처럼 어떤 사람도 사려고 나서지 않다가 결국 많은 재고를 가진 그 대상인이 나서서 자신이 제시하는 조건대로 그 상품을 사게 된다. 의미심장한 것은 이 회사와 거래를 하는 파트너들 중에 매번 같은 이름들이 나온다는 점이다. 주주들에게 아주 쉽사리 면박을 주던 17인 위원회는 대(大)자본가 상인들이었으며 이것은 이윤이 높은 거래들이 시작되었던 초기부터 그랬다. 바이얼릿 바버와 크리스토프 글라만은 그와 관련된 많은 예들을 제시했다. 이 상인들—예를 들면 극히 부유한 상인이자 동인도회사의 이사인 코르넬리스 비커르 같은 사람274)—은 17세기에 후추, 향신료, 면직류, 비단 등을 구별 없이 사들였으며, 특히 러시아, 스페인, 스웨덴, 레반트 등지에서 모두 상업활동을 했는데 이것은 이들이 전문화하지 않았다는 이야기가 된다. 그러다가 다음 세기에 가서 이들이 전문화했는데 이것은 상업이 근대화되어 간다는 증거이다. 이상은 우리의 문제와 관련해서 여전히 같은 사실을 말해준다. 네덜란드 동인도회사는 상업적 독점 이윤이 시작되는 곳에서 작동을 멈추는 기계이다.

이와 같이 최상층에서 일어나는 일종의 착복체제는 동시대인들도 파악하고 있었다. 1629년에 막 서명된 계약들에 반대하고 또 구매자 신디케이트에 이사들이 끼는 것에 반대하여 제일란트 지사는 미델뷔르흐에 보관되던 판매상품의 인도를 거부했으며, 제일란트의 대표들은 전국신분의회에 나가서 이런 정책으로는 주주들의 이익도, 회사의 이익도 보장되지 않는다는 점을 거침없이 이야기했다(그러나 그들의 주장이 받아들여지지는 못했다).275)

그러므로 결국 이것은 원거리 교역이 "자본주의적인" 힘을 가지고 있다는 나의 주장과 반대가 아니라 오히려 그것을 확인해준다. 이 대(大)구매자들의 이름들은 곧 네덜란드 경제의 진정한 지배자들, 지속적으로 살아남았고 계속 영향력을 행사하던 사람들을 가리킨다. 그런데 이런 경제의 지배자들은 곧 네덜란드 연방공화국이라는 국가의 진정한 지배자들이며[276] 이 국가의 의사결정과 효율적 운영을 담당한 사람들이 아닐까? 이것은 결과가 미리 알려져 있기는 하지만 한번 시도해볼 만한 연구조사일 것이다.

신세계에서의 실패 : 네덜란드의 성공의 한계

네덜란드가 신대륙에서 성공을 거두지 못한 것은 그것 나름대로 하나의 설명을 제공한다. 잠깐이기는 하지만 나는 예전에 신대륙이란 경영 이전에 우선 처음부터 모든 것을 건설해야만 하는 곳이기 때문에 당연히 인력과 식량 및 기타 물자가 풍부한 나라들, 즉 스페인, 프랑스, 영국과 같은 나라들에 유리한 영역이 아닌지 생각한 적이 있었다. 만일 이것이 사실이라면, 기생식물과 같은 네덜란드로서는 아메리카의 토양에서 뿌리를 내리고 살아나기가 힘들었을 것이다. 그렇지만 이 설은 선험적으로는 당연해 보이지만, 네덜란드가 아시아에 파견한 사람들이나 포르투갈이 브라질에서 거둔 성공을 보면 모순된다. 만일 네덜란드가 아메리카 식민지 건설을 진정으로 원했고 또 아시아 쪽으로의 인력 유출을 줄이면서 그 일을 했더라면 성공했을 것이다. 그러나 이것은 불가능한 조건이다. 이것은 브라질에서 실패를 겪은 경험이 네덜란드에게 준 교훈이다.

그것은 뒤늦은 경험이었다. 엘리자베스 여왕 시절의 영국인들과 마찬가지로 네덜란드인들도 텅 빈 지역, 혹은 적대적인 사람들과 직면하는 지역 내에 큰 부담을 지면서 안정적으로 자리 잡으려고 하기보다는 우선 약탈을 시도했다. 바이아 항구를 약탈한 1604년부터 이들은 브라질에서 악명을 떨쳤다.[277] 그보다 10년 전인 1595년에는 아메리카의 플랜테이션과 경제적으로 연결되어 있는 블랙 아프리카 해안들을 공격했다.[278] 자취를 잃어버린 다른 사례들은 차치하고 우리들이 잘 아는 예들만 보더라도 네덜란드인들이 이런 경험에 따라서 점차 거기에 입맛을 들이게 되었다는 것을 알 수 있다.

그러나 1621년에 가면 모든 것이 변화한다. 스페인과 1609년에 맺었던 12

년간의 휴전조약이 갱신되지 못한 결과 전쟁이 재개되었고 같은 해인 1621 년 6월 9일에 새로운 서인도회사가 설립허가를 받았다.[279] 이 신생회사가 당면한 문제는 무엇이었던가? 그것은 덩치 큰 스페인령 아메리카—1580년 이래 신대륙에 있는 포르투갈 영토까지 합쳐진—로 파고들어간다는 것이었다. 1621년의 시점에서 보았을 때 가장 취약한 곳은 포르투갈령 아메리카였다. 따라서 네덜란드의 공격이 이곳에 집중된 것도 당연한 일이다. 1624년에는 브라질의 수도였던 산살바도르를 탈취했다. 이곳은 토두스 우스 산투스 만(灣)*이라는 작은 바다에 면한 항구로서 구릉지대가 물결치고 설탕제조 작업장이 여기저기 널려 있는 레콘카보 평원을 등진 곳이다. 정복자들은 약탈을 하는 동안 몇 궤짝의 금화와 은화를 얻었다. 그러나 스페인은 1625년 3월 28일에 70척의 범선으로 구성된 함대를 이끌고 기습공격을 해왔고 그리하여 한 달 뒤에 이 도시를 수복했다.[280]

5년 뒤에, 설탕을 생산하는 노르데스치 지역에서 모든 것이 다시 시작되었다. 여기에서 네덜란드인들은 적대적이면서도 서로를 필요로 하는 인접한 두 도시를 점령했다. 한 도시는 저지대 해안지역에 있는 상업도시 헤시피이고, 또 한 도시는 고원지대에 위치한 "설탕제조 작업장 소유 영주들"의 도시인 올린다였다. 이 소식은 세계에 알려졌다. 제노바에서는 정복자들이 손쉽게 "금화 100만 개어치"의 노획물을 얻었다는 소문이 돌기도 했으나[281] 이것은 와전되었을 가능성이 크다. 왜냐하면 포르투갈인들은 "창고에 있는 모든 설탕과 염색용 목재"를 태워버렸기 때문이다.[282] 1635년에 네덜란드인들은 파라이바 북부지역을 점령함으로써 "가장 가치가 높고 유럽에서 가장 가까운 브라질 해안 60리외를"[283] 얻었으나 그렇게 점령한 땅은 극히 한정된 규모였다. 내부로는 포르투갈령 브라질이 그대로 남아 있었다. 그곳에서는

---

* Baia de Todos os Santos : 브라질 동쪽 바이아 주의 동해안에 있는 만. 살바도르 시 근처에 있다. "모든 성인의 만"이라는 뜻으로, 영어로는 All Saints Bay, 프랑스어로는 baie de Tous les Saints 으로 표기한다.

행동의 자유가 보존되었고 설탕제조 작업장 소유 영주들, 설탕제조용 물레방아, 흑인 노예들도 그대로 남아 있었으며, 남쪽으로는 1625년에 다시 자유로워진 바이아 지역의 도움을 받을 수 있었다. 최악은 브라질의 설탕이 아주 흔히 네덜란드의 통제를 벗어난다는 점이었다. 왜냐하면 네덜란드의 대형 선박들은 수심이 낮은 이곳 해안의 작은 만에 접근할 수 없는데, 포르투갈의 작은 배들은 마음대로 접근할 수 있었기 때문이다. 물론 이 배들이 먼바다나 유럽 해안 가까이에서 나포되는 일이 자주 일어나기는 했지만 말이다. 설탕 생산의 중심지역인 노르데스치를 네덜란드가 점령한 탓에, 통에 담겨져 암스테르담에 넘쳐나게 들어오던 브라질산 설탕이 더 이상 유입되지 않아서 가격이 오르는 우스운 결과가 일어났다.[284]

사실 우리가 이야기한 바 있는 전쟁[285] 때문에 네덜란드령 브라질은 항구적인 포위상태에 있었다. 1633년 7월(어쩌면 9월)에 영국으로 가던 두 명의 영국인 카푸친 수도사들이 리스본에서 길아탈 배를 기다리고 있었다. 이때 브라질에서 네덜란드군으로 복무하다가 막 제대한 스코틀랜드 출신의 군인 한 명을 우연히 만났다. "나는 8개월 동안 고기 비슷한 것도 못 보았고 더구나 네덜란드에서 가지고 온 물 외에는 맑은 물도 마시지 못했습니다"[286] 하고 그가 이야기했다. 이것은 어쩌면 과장이겠지만 그곳에서 네덜란드인들의 상황이 어려웠다는 것만은 분명하다. 생산에 대한 통제 없이, 혹은 오늘날의 의미에서의 식민화 없이 상업적인 상층구조를 건설하려고 했다는 것이 이들의 잘못이다.

1637년 1월 23일에 마우리츠 판 나사우가 네덜란드령 브라질의 총독으로서 이곳에 도착한 것은 극적인 사건이었다.[287] 그는 이곳에서 7년간 머물렀다. 분명히 그는 위대한 인물이었다. 이 나라와 이곳의 동식물에 정열을 바쳤고 생명력 있는 식민지를 건설하기 위해서 진력했다. 1482년에 포르투갈인들이 기니 해안에 건설한 상 조르제 다 미나 요새를 그동안 수차례 공격했으나 실패했다가 나사우가 통치한 첫해(1637)에 정복한 것은 우연이 아니다. 다음 해에는 앙골라 해안에 붙어 있는 포르투갈의 섬인 상 파울루 드 루안다, 그리고 설탕 생산지이며 신대륙으로 가는 노예무역의 중간 기착지로 쓰이는 기니 만의 상 투메 섬을 정복했다. 이 모든 것은 아주 자연스러운 일이다. 흑인 노예 없이는 네덜란드령 브라질의 존립이 불가능했기 때문이다. 이 시기 이후 흑인 노예들이 속속 도착했다. 그러나 이런 일이 벌어지는 사이 포르투갈이 봉기를 일으켜서(1640년 12월 1일) 스페인의 보호국 상태에서 벗어났다. 그리하여 [네덜란드의 적국인 스페인과 포르투갈 사이에/역주] 평화조약을 맺을 우려가 있었다. 1641년에는 포르투갈과 네덜란드 사이에 10년간의 평화조약이 조인되었다.[288]

이 휴전은 아시아에서는 지켜지지 않았다. 이와 달리 아메리카에서는 모든 것이 진정되어서 서인도회사는 많은 비용이 들던 전쟁이 종식되자 너무나도 기뻐했다. 이런 식의 일을 기대하지 않았던 마우리츠 판 나사우는 할 일이 없어진 군사력을 가지고 스페인을 공격하는 데에 사용했다. 그래서 그의 통제하에 있는 배 다섯 척을 태평양으로 보냈다. 이 배들은 칠레와 페루 해안을 마구잡이로 약탈했으나 원군의 도움을 받지 못했기 때문에 브라질로 되돌아올 수밖에 없었다. 이 배들은 마침 마우리츠 판 나사우가 막 이곳을 떠날 준비를 하던 때에 귀환했다. 그는 아마도 상인들로부터 귀환하라는 요구를 받고 떠난 것 같다.

이후 네덜란드인들은 브라질을 마음대로 착취할 수 있다고 생각했다. 나사우 공 이후의 후임자들은 "상업에 대해서는 찬탄할 만했으나 정치적으로는 자질이 떨어졌으며" 부를 쌓고 상업을 진작시킬 일만 생각해서 심지어는 포르투갈인에게 무기와 화약을 팔기도 했다. "단지 포르투갈인이 엄청난 가격을 제시했기 때문이다." 이런 조건에서 전쟁은 드러나지 않은 채로 계속되었고 덤불숲(sertão)에[289] 근거지를 둔 소모전이 이어졌다. 이것은 1654년에 이르면 네덜란드령 브라질로서는 과도한 부담이 되었다. 모든 것들이 서로 영향을 미치기 마련이어서 포르투갈인들은 조만간 아프리카 해안에서 그들이 상실했던 요새들의 대부분—상 투메와 상 파울루 드 루안다 등을 포함하여—을 회복했다. 1657년에 공식적으로 포르투갈에 선전포고를 한 네덜란드 서인도회사는 적에게 타격을 가하고 적선을 파괴하거나 약탈할 수 있었다. 그러나 결국 전쟁이 전쟁의 비용을 대는 따위의 일은 불가능했다. 1657년에 파리에 가 있었던 두 명의 네덜란드인들은 본국으로부터 막 도착한 편지를 통해서 이 당시의 상황을 아주 분명히 파악했다. "포르투갈로부터 획득한 노획물은 150만 리브르밖에 안 되어서 이것으로는 350만 리브르에 달하는 전쟁비용을 다 댈 수 없다."[290] 단적으로 이것은 출구가 없는 전쟁이었다. 평화는 아주 천천히 저절로 찾아왔다. 포르투갈의 인판테*와 막 결혼한 새로운 영국 국왕 찰스 2세의 중재로 1661년 8월 6일에 평화조약이 맺어졌다.** 포르투갈은 브라질을 계속 보유하되 그 대가로 네덜란드의 배들에 대해서 아메리카 식민지의 항구들을 개방하고 세투발의 소금 가격을 내렸으며[291] 또 아시아 식민지의 상실을 인정했다. 그리고 나서 포르투갈은 전쟁채무를 지불하기 위해 수년간 소금을 인도했다.[292]

네덜란드에서는 이 실패에 대한 책임을 서인도회사의 경영 탓으로 돌렸다. 두 개의 인도회사가 있는데 하나는 훌륭한 회사이고 하나는 그렇지 못한 회사라는 식이다. "신께서는 동인도회사[훌륭한 회사]가 너무 늦기 전에 이로부터 교훈을 얻기를 원하신다"고 피터르 드 라 쿠르는 말했다(1662).[293] 좌초당한 불행한 회사는 1667년에 국가가 다시 진수시켰지만 이 재난으로

---

* '인판테(Infante)'란 스페인과 포르투갈의 왕실에서 쓰는 공주에 대한 별칭이다. 여기에서는 영국의 찰스 2세와 결혼한 브라간사의 카타리나(1638-1705)를 가리킨다. 1662년에 결혼하면서 카타리나는 예물 형식으로 30만 파운드의 액수에 달하는 설탕, 현찰, 브라질산 마호가니를 가져왔고, 탕헤르와 뭄바이 그리고 신대륙에서의 상업복권을 영국에 선사했다. 그러나 자식이 없어서 이혼당할 위협을 받았고, 독실한 가톨릭 신도였기 때문에 교황과 함께 음모를 꾸민다는 혐의도 받았다. 거의 버림받은 생활을 하다가 1693년에 리스본으로 돌아가서 어린 동생 페드루 2세의 섭정을 했다.

** 이 부분에는 시기와 관련하여 약간의 의문점이 있다. 포르투갈과 네덜란드 간의 헤이그 평화조약이 체결된 것은 1661년이고 찰스 2세가 인판테와 결혼한 것은 1662년이므로 본문에서처럼 결혼 직후에 평화조약을 주선했다는 표현은 실수인 것 같다.

부터 회복하지는 못했다. 이 회사는 이제 기니 해안과 네덜란드 소유인 퀴라소와 수리남 사이의 교역에만 만족했다. 퀴라소는 1634년에 점령했고, 수리남은 1667년에 브레다 평화조약294)의 결과로 영국으로부터 받은 것으로서 니우 암스테르담(후일 뉴욕이 된다)을 넘겨준 대가로 받은 작은 보상물이었다. 퀴라소는 노예들을 재판매하는 중심지이면서 동시에 스페인령 아메리카와의 고수익 불법 무역의 중심지 역할도 했다. 그리고 수리남은 사탕수수 플랜테이션 덕분에 아주 큰 수익을 가져다주었지만 동시에 큰 근심거리이기도 했다. 이 두 군데 덕분에 서인도회사는 근근히 연명해나갔다. 한때 아조레스 제도의 점령을 꿈꾸었고295) 브라질의 일부분을 지배했던 이 회사는 밀수업자들에게 보상금을 받아먹고 자기 영역 내에서 활동할 수 있는 허가를 내주는 지경에 이르렀다.

결과적으로 이 회사의 경영에만 비난을 전가해야 할 것인가? 동인도회사 뒤에 홀란트 주가 있듯이 서인도회사 뒤에 있던 제일란트 주를 비난할 것인가? 혹은 너무 큰 야망을 가지고 있던 것이 너무 늦게 표현된 것인가? 암본, 반다, 자바와 같은 곳은 인구가 많고 또 원주민들을 마음대로 희생시켜가며 착취하는 것이 가능했지만 신대륙 역시 이와 똑같으리라고 생각한 것이 실수가 아니었겠는가? 말하자면 네덜란드는 유럽 전체의 반대에 부딪친 것이다. 영국은 포르투갈의 저항을 도와주었고, 스페인령 아메리카는 외관상 보기보다는 훨씬 더 탄탄하게 짜여 있었다. 이런 나라들과 충돌한 것이다. 1699년에 한 프랑스인은 약간 적의를 품은 어투로 이렇게 말했다. 네덜란드인들은 "스페인인들이 지금까지 알려져 있지 않았던 이런 나라들에서 그들의 상업과 권력을 확립시키기 위하여 얼마나 비상한 수고와 많은 돈을 들였는지를 깨달았다. 그래서 네덜란드인들은 그와 같은 사업을 최소한도로만 하기로 작정했다."296) 즉, 이제는 식민과 개발을 하기보다는 착취하는 지역을 찾기로 했다는 의미이다. 우리는 네덜란드와 같은 소국은 인도양, 브라질의 삼림, 아프리카의 유익한 일부 지역을 동시에 삼키기에는 충분히 크지 않았다고 생각해야 하지 않을까? (이렇게 되면 우리의 논의는 원래의 출발점으로 되돌아간다.)

패권과 자본주의

암스테르담의 경험은 제국주의적인 성향을 띤 도시 중심지가 패권을 장악하는 방식이 무엇인지를 잘 보여준다. 그 방식은 사실 단조로울 정도로 매번 똑같이 반복되는 것이다. 이 주제에 대해서는 다시 살펴볼 필요가 없을 것이다. 다만 우리는 그런 패권의 틀 속에서 자리 잡은 자본주의가 어떤 것인지를 하나의 구체적인 사례를 통해서 살펴보고자 한다. 우리는 추상적인 정의보다는 구체적인 역사적 경험의 관찰을 더 선호한다. 특히 암스테르담에서 관찰할 수 있는 자본주의가 그 전후 시대의 경험에 대해서도 증언해주므로 더욱 흥미롭다. 우리가 살펴보려는 것은 적어도 다음 두 개의 관찰영역이다. 암스테르담에서 어떠한 일이 일어났으며, 이곳에서 수행된 방법과 상업관행들은 어떤 것들인가?

이 세계의 중심은 가까이에서든 멀리에서든 자신이 지배하는 세계-경제의 여러 구역들과 어떻게 연결되는가?

첫 번째 질문은 단순하다. 암스테르담에서 볼 수 있는 광경은 그다지 놀랍지 않다. 그러나 암스테르담이 **최상층에서** 지배하는 전체 지역의 구조물을 재구성해본다는 두 번째 과제는 경우가 다르다. 이 구조물이 언제나 명백하게 보이지는 않으며, 그 자취는 수많은 개별 사례들 속에 숨어 있다.

암스테르담에서는 창고가 모든 것을 좌우한다

암스테르담에서는 모든 것이 집중과 축적의 양태를 띤다. 마치 통 속에 들어찬 청어처럼 항구에 **빽빽이** 모여 있는 선박들, 운하 위에서 떠다니는 거룻배들, 거래소의 상인들, 끊임없이 창고에 모여들었다가 다시 **빠져나가는** 상품들……. 17세기의 한 증인의 이야기를 들어보자. 선단이 하나 "연안에 들어오면 거래소에서 상인들이 처음 회합할 때 벌써 중개인들의 도움으로 모든 상품들이 팔려나가고, 4-5일 만에 하역을 마친 선박들은 새로운 항해 준비를 끝낸다."[297] 이 상품들이 그토록 빨리 다 팔렸다는 것은 사실이 아니다. 정확히 말하면 창고들이 준비되어 있어서 모든 것을 다 삼켜버렸다가 다시 토해내는 것이다. 시장에서는 막대한 양의 재화, 물자, 상품, 서비스 등을 그 즉시 이용할 수 있다. 명령만 한번 떨어지면 기계가 곧바로 작동한다. 암스테르담에 우월성을 가져다주는 것이 바로 이것이다. 언제나 풍부한 물자가 준비되어 있고 거액의 화폐가 항상 유통된다. 대개 같은 계급 출신인 네덜란드 상인과 정치가들은 수중의 힘이 얼마나 큰지 하루하루의 실무를 통해서 스스로 잘 인식하고 있다. 이 지배자들이 보유한 최고의 으뜸 패로는 합법적인 것이든 불법적인 것이든 모든 게임에서 다 이길 수 있었다.

당대의 한 사람은 이렇게 쓰고 있다(1699). "내가 암스테르담에 대해서 각별히 잘 알게 될수록 이곳이 마치 정기시와 같다고 느낀다. 상인이 팔릴 만한 상품들을 가지고 오는 정기시 말이다. 보통의 정기시에 모여드는 상인이 자기가 취급하는 상품들을 본인은 사용하지 않듯이, 네덜란드인들도 그들이 살아가는 데에 절대적으로 필요한 상품만 빼고 그 나머지 것들, 즉 그들에게는 불필요한 것들—이런 것일수록 값이 비싸다—을 다른 나라 사람들에게 판매한다."[298]

암스테르담을 흔히 정기시에 비유하지만, 어쨌든 여기에서 암스테르담이 맡은 핵심 역할을 잘 이야기하고 있다는 점이 중요하다. 즉, 온 세상의 상품들을 모으고 매매하고 전매한다는 것이다. 사실 그와 같은 일은 이미 베네치아가 시행했다. 또 로도비코 구이차르디니의 말에 의하면 1567년경의 안트베르펜 역시 일종의 "상설 정기시"였다.[299] 이렇게 막대한 상품저장 능력은 그 당시의 기준에서 보면 믿지 못할 정도로 거대하고 상식에 어긋나는 정도로 보였으며, 흡인력이 너무 크다 보니 때로는 정말로 비논리적인 상품유

1786년에도 네덜란드인은 유럽의 수송인이었다

출발지	선박 수	네덜란드 선박 수
프로이센	591	591
러시아	203	203
스웨덴	55	35
덴마크	23	15
북부 독일	17	13
노르웨이	80	80
이탈리아	23	23
포르투갈	30	30
스페인	74	72
레반트	14	14
바르바리	12	12
프랑스	273	273
아메리카 식민지(미합중국 제외)	109	109

암스테르담 주재 프랑스 영사가 이 해에 암스테르담에 도착한 1,504척의 배를 분석했다. 뒷시대에도 거의 모든 선박은 네덜란드 선박이었다. (브루그만스, 『암스테르담의 역사』, 제4권, pp. 260-261)

통을 유발시키는 것으로 보였다. 1721년에도[300] 찰스 킹은 그의 『영국의 상인(*The British Merchant*)』이라는 책에서[301] 영국 상품이 네덜란드 선박에 실려 암스테르담에 들어간 뒤에 뫼즈 강이나 라인 강을 통해서 프랑스로 간다는 데에 놀라움을 감추지 못했다. 이 상품들은 네덜란드에 들어갈 때와 나갈 때, 라인 강과 뫼즈 강 위의 세관을 통과할 때, 마지막으로 프랑스 국경의 세관을 통과할 때 세금을 물 수밖에 없다. 이 상품들을 "루앙에 하역해서 이 시의 입시세 하나만 낸다면 샹파뉴, 메스, 아니면 라인 강이나 뫼즈 강에 가까운 지역들에 더 싸게 공급할 수 있지 않겠는가?" 프랑스로 상품이 들어갈 때 한 번만 관세를 낸다고 믿었다면 영국 사정에만 익숙한 찰스 킹이 잘못 알고 있는 것이다.[302] 그러나 암스테르담을 경유하면 거리도 길어지고 상품 순환로가 복잡해지는 것도 분명하다. 그러므로 18세기에 암스테르담이 더 이상 흡인력과 우회의 이점을 가지지 못하게 되자 직교역이 더 우세해졌다.

그러나 1669년에 시몬 아르노 드 퐁폰, 대사법관 요한 더 빗 그리고 판 뵈닝언303)—그의 표현은 요한 더 빗보다 훨씬 솔직하다—사이에 교환된 의견들을 추적해본 바에 의하면 이때까지만 해도 그러한 직교역이 일반적인 규칙이 아니었다. 판 뵈닝언은 퐁폰에게 말했다. "만일 프랑스가 우리 나라에서 만든 공산품을 거부한다면, 우리는 프랑스의 상품을 계속 살 수가 없습니다." 이미 포도주가 맥주를 많이 대체한 상황에서 네덜란드 소비자들에게 포도주의 맛을 잊도록 만든다는 것은 결코 쉽지 않다. 다만 굳이 그렇게 하려면 소비세를 올리면 된다(이것은 극단적인 제한배급 방식이 될 것이다). 그러나 네덜란드인들이 프랑스의 값비싼 비단류의 사용을 금지하고 "그들 간에 사치를 억제하고 검약을 지킨다"고 하더라도, 이들은 "자기 나라에서는 추방하려고 하는 그 물건들을" 외국에 수출하는 일만은 계속할 것이다……. 그러므로 프랑스의 포도주, 증류주, 고급 직물 등은 재수출한다는 조건하에서 네덜란드 시장에 들어오게 된다. 즉 내부로 들어오는 수도꼭지는 잠가버리고 창고와 통과무역의 흐름은 자유롭게 내버려둔다는 것이다.

저장과 보관, 이것이 네덜란드의 핵심 전략이다. 이전에 여러 번 논의했다가 그만둔 것으로서 북유럽을 통해서 인도로 가는 항로를 발견하려는 안이 1665년에 다시 진지하게 논의되었다. 이에 대해서 동인도회사가 제동을 걸었다. 이유가 무엇이었을까? 여기에 이해관계를 가지고 있던 한 사람의 설명에 의하건대 만일 그런 항로가 발견되면 인도 항로의 시간이 6개월이나 짧아진다. 그렇게 되면 동인도회사는 매년 창고에 보관되는 1,000만 플로린에 달하는 상품들을 인도 항해 선박이 되돌아오기 전까지 미처 다 팔지 못한다.304) 그래서 시장에 상품과잉 상태가 되면 재고품의 가격이 내려갈 것이다. 결국 그 안건은 저절로 기각되었으나 앞에서 언급한 것과 같은 우려는 이 시대의 심성, 더 나아가서 경제의 성숙도가 어느 정도인지를 밝혀준다.

이 시대에 창고에 상품을 쌓아두는 이유는 사실 유통이 느리고 불규칙하기 때문이다. 거의 모든 문제는 상품의 도착과 출발이 단속적이며 정보와 명령의 전달이 느리고 불확실한 데에서 기인하며 그에 대한 해결책이 바로 상

품의 보관인 것이다. 상품을 보관할 수 있는 상인은 시장이 열리면—시장이
형성되자마자—거기에 맞추어 움직일 수 있게 된다. 모든 자료들이 이야기
하듯이 암스테르담이 유럽 물가의 지휘자라고 한다면, 그것은 판매를 마음
대로 통제할 수 있을 정도로 상품을 풍부하게 보유한 덕이다.

상품과 크레딧

창고체제는 독점으로 이어졌다. 그래서 만일 네덜란드인들이 "세계의 운송
인, 상업의 중매인, 유럽의 대리인이자 중개인"(1728년에 디포가 한 말이다)이
라면,[305] 그것은 르 포티에 드 라 에스트루아의 주장처럼[306] "모든 나라가
기꺼이 그것을 감내했기" 때문이 아니고 그것을 막지 못했기 때문이다. 네덜
란드의 체제는 상품의 유통과 재분배에서 거의 필연적으로 이용하게 되어
있는 일련의 채널들을 통한 상업적 상호의존 관계의 총체 위에 건설되었다.
이 체제를 유지하기 위해서는 늘 주의를 기울이고 다른 경쟁자들을 배제하
며 또 네덜란드 경제 전체를 이 한 가지 핵심적인 목표에 조율해야 하는 대
가를 치러야 한다. 1669-1670년에 네덜란드인들은 "유럽의 모든 교역을 네
덜란드인들에게만 의존하는 것을 피하고자 하는 각성이 여러 민족들에게서
일어나는 현상"에 대해[307] 풍폰과 토론한 적이 있다. 이때 네덜란드인들은
"[그들이 중간유통(Entrecours)이라고 부르는 교역을] 더 이상 하지 못하게 되
면 그들만이 전 세계 각지로 돌아다니며 상품의 수송과 교역을 도맡았던 데
에서 오는 그 커다란 이익을 잃게" 되겠지만, 그렇다고 다른 나라 사람들이
이 역할을 대신할 수도 없고 그 이익을 차지할 수도 없을 것이라고 주장했
는데[308] 틀린 말이 아니다.

이러한 보관과 재분배라는 비대해진 기능이 가능한 이유는 이것이 다른
상업기능들의 모델이 되고 방향을 잡아주며 심지어 변화시키기(혹은 달리
말하면 반죽하기) 때문이다. 장-프랑수아 플롱의 『정치론(*Essai Politique*)』
(1735)은 은행에 관련해서 이 점을 이야기한다. 서술은 그다지 명료하지 않

지만 그의 고찰은 아마도 상당히 깊이 진척되어 있는 것 같다. 그에 의하면 "좋은 은행은 지불을 하지 않는 은행", 다시 말해서 은행권을 발행하지 않는 은행이다.[309] 암스테르담 은행과 또 그것의 모델이었던 베네치아 은행은[310] 이런 이상에 일치한다. 여기에서는 "모든 것이 장부상의 기입으로 이루어진다." 예금주는 계좌이체로 지불을 하는데, 이것은 가상의 화폐, 즉 은행화폐를 통해서 이루어진다. 이 화폐는 실제 유통화폐와 비교해서 암스테르담에서는 5퍼센트, 베네치아에서는 20퍼센트의 아지오*를 누린다. 플롱은 다음과 같이 암스테르담과 런던을 비교한다. "암스테르담 은행은 장부상의 기입을 통해서 일을 처리해야 하는데, 암스테르담이 많이 받아들이고 적게 소비하는 곳이기 때문이다. 이곳은 바다를 통해서 많은 것을 들여오고 또 마찬가지로 많은 것을 내보낸다[이것이 창고가 존재하는 이유이다]. 이에 비해서 런던은 자신의 물자를 소비하기 때문에 이곳의 은행은 요구불(exigible) 지폐를 보유하고 있어야 한다."[311] 확실히 이 문장은 그다지 정확하지는 않지만, 창고무역 및 통과무역을 많이 하는 나라와, 국내 소비 및 생산이 훨씬 큰 비중을 차지해서 유통의 폭이 좁기 때문에 유통화폐가 끊임없이 필요한 나라를 비교하고 있다는 것은 분명하다."[312]

귀금속 보유량에 나날이 신경을 써야 하는 발권은행이 암스테르담에 없었던 이유는 사실 그런 것이 거의 필요하지 않았기 때문이다. 창고업에 필요한 것은 변화무쌍한 현찰에 의존하지 않은 채 당사자들 사이에서 수많은 지불의 흐름을 서로 상쇄하는 간편하고 빠른 결제수단이다. 결국 청산 (clearing) 방식에 의해서 상호 많은 지불들을 없애버린다. 암스테르담의 은행체제는 이런 점에서 보면 예전 유형의 정기시와 같은 성격이지만—그리고 극히 근대적인 제노바의 정기시도 마찬가지였다—**지속적**이라는 점에서 예전의 정기시보다는 훨씬 더 유연하고 빠르다. "이 은행의 장부 작성자"의

---

* 이 책 제2권 759쪽의 역주를 참조하라.

보고서에 따르면, 1772년의 위기 이전의 정상 시기에는 호프 상사와 같은 기업이 날마다 차변과 대변으로 "60-80개의 계정항목"을[313] 은행 장부에 기입했다. 1776년경 당시의 한 증인에 의하면 암스테르담 은행의 계좌이체 액수가 "하루에 1,000만에서 1,200만 플로린에까지 육박했다"고 한다.[314]

그러나 암스테르담 은행 자체가 여신(與信)의 도구는 되지 못했다. 자기 계정의 액수를 넘는 것은 벌금을 물리며 금지시켰기 때문이다.[315] 그런데 어느 곳에서든 필수불가결하던 크레딧은 암스테르담에서는 그야말로 핵심적으로 필요했다. 우선 비정상적으로 많은 양의 상품을 사들여서 보관했다가 수개월 뒤에 재수출했기 때문이고, 다음으로 외국인에 대해서 네덜란드 대상인들이 가지고 있는 무기는 더 유리한 매매를 위해서 다양하게 선불을 제공하는 것이기 때문이다. 사실 네덜란드인들은 유럽 전체에 대해 크레딧 상인이었으며 이것이 이들을 융성시킨 비밀 중의 비밀이었다. 암스테르담의 기업과 대상인들이 풍부히 제공하는 싼 크레딧은 아주 조심스러운 교역으로부터 무제한적인 투기에 이르기까지 아주 다양한 경로를 취하기 때문에 그 모든 가지들을 다 추적하기는 아주 힘들다. 그러나 당시에 위탁교역, 인수교역이라고 부르는 것에서 크레딧이 어떤 역할을 했는지는 분명하다. 이런 교역들은 암스테르담에서 특별히 발달된 양태를 띠고 있었다.

위탁교역

위탁교역(commerce de commission)은 "자기 소유의 교역"이라고 할 수 있는 각 개인의 교역과 반대되는 것으로, 다른 사람의 계정으로 상품을 거래하는 것을 말한다.

위탁(commission)이란 "상인이 다른 사람에게 교역을 하라는 지시를 내리는 것을 말한다. 지시를 내리는 사람을 위탁인(commettant), 지시를 받는 사람을 위탁상(commissionnaire)이라고 부른다. 그중에는 구매위탁 및 판매위탁이 있고, 인출, 예탁, 송금, 다른 사람의 계정과의 계좌이체 등을 맡는 은행위탁이 있다. 그리고 상인이 보낸 탁송품을 받아서 해당 목적지로 보내는 창고위탁이 있다." 그리고 "위탁을 받아서 선박을 팔고 사고 건조하고 수리하고 의장을 갖추거나 해제하고 보험에 가입하기도 한다."316) 모든 교역이 이 체제에 편입될 수 있어서 여기에서는 극히 다양한 상황들이 일어날 수 있다. 심지어는 위탁인과 위탁상이 함께 일하기도 한다. 예컨대 어느 대상인이 "생산자로부터 직접" 구매를 하러 매뉴팩처 도시에 온 경우(예를 들면 리옹이나 투르에 비단류를 사러 왔다고 가정해보자) 그는 위탁상을 대동하여 그의 안내를 받으면서 값을 흥정하여 상품을 구입할 것이다.

위탁이라는 이 오래된 관행이 네덜란드에서 만들어졌다고는 할 수 없겠지만 이곳에서 아주 일찍부터 발달했고 또 오랫동안 가장 중요한 상업활동이었다는 것은 분명하다.317) 선험적으로 위탁이라는 말로 가리킬 수 있는 모든 경우를 이곳에서 볼 수 있다. 동등한 계약과 비동등한 계약, 상호 의존적인 계약과 상호 독립적인 계약 등……. 한 상인이 다른 상인을 위한 위탁상이 될 수 있으나 또다른 경우에는 그 관계가 완전히 역전되기도 한다.

암스테르담에서는 비동등 계약이 주종을 이루어갔다. 이것은 다음 두 가지 중의 하나이다. 우선 네덜란드의 대상인이 외국(리보르노, 세비야, 낭트, 보르도 등지가 대개 그런 곳들이다)에 지정된 위탁 대리인을 두는 경우로서 대리인은 그의 명령을 집행하는 사람이거나 그에게 봉사하는 "권유인"* 역할을 한다. 다음은 암스테르담의 대상인 자신이 위탁상이 되는 경우로, 판매하는 경우이든 구매하는 경우이든 크레딧을 이용하여 그의 서비스에 의존하는 외국 상인들을 종속적인 위치에 둔다. 사실 네덜란드 상인들은 "그들에게 구매위탁을 해오는[그 대상물은 상품일 수도 있고 거래소에서 가격이 책정되는 유가증권일 수도 있다] 외국 상인들에게 매일같이 크레딧을 주는 셈이다. 외국 상인들은 자신들이 수령한 대상물에 대한 지불을 상품의 수송

---

* rabatteur : 원래의 뜻은 사냥꾼에게 사냥감을 몰아가는 "몰이꾼"이다.

후 2-3개월 후에야 하게 되는데 이것은 구매자인 그들이 4개월의 크레딧을 누리는 것과 같다."318) 상품의 판매와 관련해서는 지배관계가 더욱 뚜렷하다. 어느 상인이 네덜란드의 대(大)위탁상에게 상품을 보내면서 어느 가격으로 팔라는 지시를 하면, 이 위탁상은 그 상인에게 그 지정 가격의 4분의 1, 2분의 1, 심지어는 4분의 3까지 선불해준다(이것은 예전에 수확 전의 밀을 입도선매하든지 아직 깎지 않은 양털을 미리 선매하는 것과 유사하다).319) 이 선불에 대해서는 판매인이 일정한 비율의 부담금을 계상(計上)한다.

그 결과 암스테르담의 위탁상은 대리인의 교역에 자금을 대주는 셈이 된다. 1783년의 한 문서는320) 슐레지엔의 아마포와 관련하여 이런 관계가 있음을 명확히 보여준다(플라티유[platilles]라고 알려진 이 아마포는 이전에 숄레와 보베에서 제조되던 것을 슐레지엔에서 모방하여 만든 것으로, 값이 저렴하면서도 품질이 좋은 폴란드산 아마가 사용되었으므로 이후 다른 생산지는 도저히 적수가 안 되었다). 플라티유는 스페인, 포르투갈, 아메리카로 수출되었는데 그 중간 경유지는 특히 함부르크와 알토나였다. "이 아마포가 대량으로 암스테르담에도 들어왔다. 생산자들은 주변지역에서 이것들을 다 소화할 수 없으면 그들 스스로 암스테르담에 이 상품을 수송해왔다. 왜냐하면 이곳에서는 아주 낮은 이자로 상품가치의 4분의 3 이상을 빌릴 수 있기 때문이다. 그러면서 좋은 기회를 기다리면 된다. 이 좋은 기회라는 것은 자주 있는데, 퀴라소를 비롯한 네덜란드 식민지에서 이 상품을 많이 소비하기 때문이다."

이뿐만이 아니고 다른 많은 경우에 크레딧을 동반한 위탁은 암스테르담에 상당한 양의 상품이 모여들도록 만들었다. 이 상품들은 크레딧의 흐름에 순응하며 적응해야 한다. 18세기 후반에 암스테르담의 창고업이 쇠퇴하면서 위탁교역도 변화했다. 하나의 예를 만들어서 설명해보자. 보르도의 상품이 암스테르담을 거치지 않고 바로 상트 페테르부르크로 수송되되 암스테르담이 융자를 해주는 방식이 가능하다. 암스테르담의 금융지원이 없었다면 이 교역은 불가능하다고 할 수는 없더라도 모든 것이 곤란을 겪었을 것이다. 이런 변화는 네덜란드의 또다른 활동 "분야"인 이른바 인수교역을 크게 증가시켰다. 이것은 전적으로 금융에 의존하는 활동이다. 혹은 아카리아스 드 세리오네 시대의 흔한 표현대로 이야기하면 "은행"(여기에서는 일반적인 크레딧의 의미이다)에 전적으로 의존하는 활동이다.[321] 이 게임에서 암스테르담은 "금고"였고[322] 네덜란드인들은 "전 유럽의 은행가들"이었다.[323]

이런 것들은 말하자면 비정상적인 발전이었을까? 찰스 킨들버거는 그렇다고 강하게 주장했다.[324] "상업망의 고리로서 하나의 항구 혹은 하나의 중개지가 독점을 유지하기는 어렵다. 그와 같은 독점은 위험부담과 자본에만 근거한 것이 아니라, 상품을 어디에서 구할 수 있고 어디에 수요가 있는지에 관한 훌륭한 정보에 근거한다. 그러나 이 정보는 아주 빨리 전파되어버리기 때문에 중앙시장의 교역은 곧 생산자와 소비자 사이의 직교역으로 대체되어버린다. 예컨대 데번셔의 서지 직물이나 리즈의 평직포는 더 이상 암스테르담을 경유할 필요 없이 곧바로 포르투갈, 스페인, 독일 등지로 수송되었다. [네덜란드에서는] 자본은 여전히 풍부하지만 상업은 쇠퇴해갔다. 그리하여 상품교환과 관련된 재정적 측면이 은행업과 해외투자로 변화하는 경향이 있었다." 그래서 대(大)금융시장으로서 자금을 빌리거나 빌려주는 사람들에게 주는 이점이 상품거래 중심지로서 상품 매입자와 구매자들에게 주는 이점보다 더 오래 지속되었다. 상품에서 은행으로 변화해가는 이 현상은 15세기의 제노바에서 분명하게 드러나지 않았던가? 그리고 19-20세기의 런던에서도 그것을 볼 수 있지 않은가? 은행의 우위권이야말로 다른 무엇보다도 가장 오래가는 것이 아닐까? 암스테르담에서 인수교역이 크게 발전한 것을 보면 그렇게 보이기도 한다.

인수교역

사바리에 의하면 "환어음의 인수란 그 어음에 서명과 사인을 하고 거기에 적힌 금액에 대해서 자신이 주요 채무자가 되는 것을 인정하여 정해진 날짜에 그 금액을 갚기로 약속하는 것을 말한다."325) 만일 만기일을 발행인이 정해놓았다면 인수인('악셉퇴르[accpteur]', 때로는 '악셉타토르[acceptator]'라고도 한다)은 서명만 한다. 만일 만기일이 정해져 있지 않으면 인수인이 서명하고 동시에 날짜를 기입한다(그러면 그 날짜가 만기일이 된다).

여기에는 하나도 새로운 것이 없다. 인수교역(commerce d'acceptation)은 수많은 환어음과 관계를 맺는 것이다. 이 환어음은 오랫동안 유럽에서 크레딧을 실어나르는 도구 역할을 했는데 이제부터는 네덜란드 하늘의 구름 떼처럼 이 나라에 몰려들었다. 물론 우연이 아니다. 사실 환어음은 여전히 "가장 중요한 상업증서"였으며 이것과 비교해볼 때 지참인어음,* 약속어음, 상품어음 등은 국지적 차원에서 작은 역할밖에 하지 못했다. 유럽 전 지역에서 "환어음은 현찰 대신 상업에서 유통되었으며, 양도(transport)326)가 이루어질 때마다 혹은 배서(endossement)327)가 이루어질 때마다 할인(escompte)에 의해 이자가 붙는다는 점에서 언제나 현찰보다 유리했다." 양도, 배서, 할인, 환어음과 역환어음(retraite)328) 등으로 인해서 환어음은 한 곳에서 다른곳으로, 한 상인에서 다른 상인으로, 위탁인에게서 위탁상으로, 대상인에게서 그의 대리인이나 할인업자(프랑스어에서는 '에스콩퇴르[escompteur]' 대신 '디스콩퇴르[discompteur]'라는 단어를 쓰는데 이것은 프랑스어식으로 맞는 표현이며 사바리 데 브륄롱도 이 말을 썼다)에게로, 혹은 대상인에게서 어떤 출납계원(caissier)이나 그의 출납계원에게로 이전되었다. 이 문제를 잘 파악하기 위해서는 네덜란드 체제를 이해해보려고 했던 당시대 사람들의 찬탄 어린 놀라움과 함께 그 문제를 전체 속에서 살펴보는 것이 중요하다.

소비의 완만함—소비는 하루에 이루어지는 것이 아니다—과 생산의 완만함, 상품이나 더 나아가서 지시 혹은 환어음 등의 소통의 완만함, 소비자나 고객 대중이 (구매를 위해서) 그의 자산에서 현찰을 이끌어내는 과정의 완

---

* billet au porteur : 일람불(一覽拂)어음이라고도 한다. 다른 기술적 장치 없이, 단지 지급지에서 지급인에게 어음을 제시하는 것만으로 액면금액을 지급받는 어음을 말한다.

만함이라는 당시의 조건에서, 대상인들은 크레딧으로 매매할 능력이 있어야 했다. 따라서 어음을 발행하게 되는데 이 어음은 현찰, 상품, 혹은 다른 유가증권으로 결제가 이루어질 때까지 유통된다. 이것은 이탈리아 상인들이 이미 15세기에 배서와 상환어음(rechange)의 기법으로 시도한 해결책이며, 이들이 17세기에 리코르사 계약*의 틀 속에서 확대한 것으로서[329] 이에 대해서는 신학자들 사이에 격론이 벌어지기도 했다. 그러나 이 어음의 사용이 초기에 가속화된" 것과 18세기에 "대범람한" 것은 도저히 비교가 되지 않을 정도이다. 18세기에는 어음이 "실제" 화폐에 비해 4배, 5배, 10배 또는 15배나 되었다. 어음의 대범람은 때로는 상인들이 탄탄한 자산을 가지고 있다는 점, 어음이 일상적으로 시행되고 있다는 점을 보여주기도 하고 때로는 우리가 융통어음**이라고 부르는 것─네덜란드인들이 '비셀라위테레이(Wisselruiterij)'라고 부르는 것─을 보여주기도 한다.[330]

합법적이든 불법적이든 이 어음의 유통은 유럽 상업권 전체가 흘러가는 조류에 따라서 필연적으로 암스테르담에 모여들었다가 다시 빠져나가고 또 다시 돌아오는 일을 반복한다. 이 흐름에 끼어들어간 상인들에게는 이제 이것이 다른 어떤 것으로도 대신할 수 없는 편리한 도구가 되었다. 1766년경에 "이탈리아와 피에몬테"의 비단류를 사서 프랑스와 영국의 매뉴팩처에 팔던 대상인들로서는 네덜란드의 크레딧 없이 지내기는 힘들었다. 그들이 이탈리아에서 "생산자로부터 직접" 사는 비단류는 반드시 현찰을 주고서만 얻을 수 있었던 반면, 이들이 매뉴팩처 제조인들에게 이 상품을 넘길 때에는 "약 2년의 크레딧으로……넘기는 것이 일반적인 관행"이었다. 이 2년이

---

* '리코르사(ricorsa)'는 상환어음과 같은 말이다. 상환어음에 대해서는 이 책 제2권의 제5장을 참조하라.

** cavalerie : 상품의 매매로 인한 자금의 이동을 뒷받침하는 일반적인 어음을 상업어음 또는 상품어음이라고 하는데, 이와는 달리 어음의 발행이 그와 같은 상거래에 의하지 않고 다만 크레딧을 목적으로 발행된 것을 말한다. 다시 말해서 상인들 간에 가공의 거래를 꾸며서 은행으로부터 자금을 빌리는 행위, 즉 두 상인이 서로 상대방에게 환어음을 발행한 후 이것을 할인해서 자금을 얻어내는 방식을 가리킨다. 이런 의미에서 이것을 위장 환어음이라고도 한다.

라는 기간은 원재료로부터 완제품을 만들어서 판매하기까지 드는 시간이 었다.[331] 이렇게 기다리는 시간이 길고 규칙적이었기 때문에 환어음을 여러 차례 갱신하게 되었다. 따라서 이 도매상들은 "유통을 유발하는" 수많은 유럽 상인들의 일부가 되었다. 이 말은 이들이 "자신의 [네덜란드인] 대리인들에게 환어음을 발행한 후 인수를 받음으로써 [자신들이 활동하는] 현지에서 자금을 확보하고 그 환어음이 만기가 되면 새로운 환어음을 발행하든지 혹은 발행하게 만드는"[332] 것을 뜻한다. 이것은 어음이 바뀔 때마다 채무가 늘어나게 되므로 길게 보면 비용이 많이 드는 방식이지만, 특별히 이윤이 높은 "상업분야"라면 별 어려움 없이 운용할 수 있다.

따라서 네덜란드의 상업 및 크레딧 체제는 수많은 환어음들이 교차하는 복합적인 움직임을 통해서 이루어지지만 그렇다고 순전히 유가증권만으로 운영될 수는 없고 가끔은 현찰이 필요했다. 발트 무역 혹은 아시아 무역에 현찰을 공급해야 했고 네덜란드 내에서 상인이나 할인업자들―이들은 유가증권을 금속화폐로 혹은 그 반대로 교환해주는 일을 한다―의 금고에 돈을 채워야 했던 것이다. 네덜란드는 거의 언제나 무역흑자를 보았기 때문에 현찰이 부족하지는 않았다. 예컨대 1723년에 영국은 네덜란드에 금화와 은화로 566만6,000파운드 스털링을 보낸 것으로 보인다.[333] 가끔씩 일어나는 이와 같은 화폐의 도착은 대사건이었다. "독일이나 프랑스로부터 이 나라 [네덜란드]에 얼마나 많은 양의 화폐가 들어오는지 알면 놀랄 것이다. 독일로부터는 100만 개 이상의 소브린 금화(gold sovereign)가 들어오는데[334] 이 것을 모두 녹여서 네덜란드의 두카트 화를 만든다. 프랑스로부터는 암스테르담의 상사로 1만 개의 루이 금화가 들어온다"고 헤이그 주재 나폴리 영사가 1781년 3월 9일에 이야기했다.[335] 또 그는 정치경제학 교과서에서 금 현송점(金現送點)[336]*에 대한 과거의 예를 하나 보여주기라도 하려는 듯이 다

---

* Gold point standard : 정화(正貨) 현송점이라고도 한다. 금본위제도 나라들 간의 외환 시세는 양국 본위화폐의 금 함유량의 비가(比價), 즉 금 평가를 기준으로 해서 일정한 한도 내에서, 다시

음과 같은 말을 덧붙였다. "이렇게 화폐를 보내는 이유는 환율이 이 나라[네덜란드]에 대단히 유리하기 때문이다." 일반적으로 일상적인 관찰자의 눈에는 암스테르담의 현찰의 양이 유가증권의 양에 비해 크게 모자라는 것으로 비쳤다. 그러나 사고가 일어나서 사업의 흐름이 중단되려는 듯하면 지체없이 현찰이 다시 등장하는 것을 볼 수 있다. 예컨대 1774년 12월 말에는[337] 전년도인 1773년의 위기에서 빠져나오고는 있었지만 아직 그 여파가 느껴지는 정도인 데다가 한편으로 영국령 아메리카에서 혼란의 소식이 들려오던 터라 경기부진이 어찌나 심했는지 "현찰이 과거 어느 때보다도 흔해져……환어음을 어느 회사가 인수했을 때 이 환어음이 2퍼센트, 더 나아가서 1과 2분의 1퍼센트로 할인되었다. 이것은 상업이 그만큼 부진하다는 증거이다."

이렇게 자본이 누적되었기 때문에 융통어음과 같은 위험한 방식이 가능했다. 이런 것은 장래성 있는 사업의 경우 자동적으로 의존하게 되는 손쉬운 해결책으로서, 이 어음에 대해서는 네덜란드 경제가 가진 번영과 우위성 외에는 다른 보증이 하나도 없었다. 나는 18세기의 이 현상에 대해 최근에 바실리 레온티예프가 오늘날 미국이 달러와 유로달러*를 엄청나게 창출하는 현상에 대해서 이야기한 것을 적용해볼 수 있을 것으로 생각한다. "사실 자본주의 세계에서는 국가만이 아니라 때로는 대담한 기업가 및 은행가들도 화폐 주조의 특권을 이용―혹은 악용―해왔다. 특히 미국 정부는 오랫동안 다른 나라들에게 불태환 달러 화를 뿌렸다. 이 과정을 장악하기 위한 비

말해서 정화 현송 비용(운임비, 선적비, 보험료 등)을 가감한 한도 내에서 변동한다. 외환 시세가 이 한도를 넘어서 오르내리면 환에 의한 결제보다 정화의 수출입에 의한 결제 쪽이 유리해지기 때문이다. 이처럼 정화의 수출입이 일어나는 외환 시세의 한계점을 금 현송점이라고 한다.

* eurodollar : 미국 이외의 지역, 특히 영국을 중심으로 한 서유럽 여러 나라의 은행에 예치되어 그것을 재예탁함으로써 대출되게 된 달러를 말한다. 1950년대 이래 미국의 만성 수지적자로 거액의 달러 화가 외국에 유출되었는데, 이에 대해서 미국의 연방 준비제도 이사회의 결의로 이런 달러 화에 대해 예금금리 상한을 억제했다. 그 결과 미국 이외의 지역에서 더 높은 금리를 받게 된 이 달러 화는 미국 이외의 지역에 예치되었고 또 달러 화가 필요한 사람들도 이곳에서 더 낮은 금리로 조달받게 되었다.

밀은 충분히 많은 크레딧—이것이야말로 곧 힘이므로—을 가지고 있어야 한다는 것이다."[338] 아카리아스 드 세리오네가 말한 것도 대개 이와 상통한다. "은행업무[크레딧 업무를 말한다]를 위해서 암스테르담의 1급 대(大)상인 10-12명이 모이면 이들은 현찰보다 사람들이 더 선호하는 지폐로 2,000만 플로린을 금세 유럽 전역에 유통시킬 수 있다. 군주 중에서도 이런 일을 할 수 있는 사람은 없다.……이 크레딧은 다시 말하면 10-12명의 대상인들이 유럽 각국에서 모든 종류의 권위에 대해서 절대적인 독립성을 가지고 행하는 힘이다."[339] 이것은 오늘날 다국적 기업의 조상이라고 할 만하다.

대부의 유행 또는 자본의 쇠락

네덜란드의 번영은 잉여를 가져왔고 역설적이게도 이것이 이 나라의 번영을 방해했다. 이 잉여는 너무 커서 유럽의 상업계에 공급하는 크레딧 형태로는 다 소화할 수 없을 정도였으므로 할 수 없이 국가들에게 대부를 해주게 되었다. 그런데 이 국가들은 자본을 소진하는 데에는 남다른 재주가 있을지 몰라도 정해진 기간 내에 갚을 능력은 없었다. 18세기에 유럽 각국에서는 거의 쓰이지 못하거나 쓰이더라도 아주 불리한 조건을 감수해야 할 정도로 남아도는 돈이 많아서 군주들로서는 이 돈을 쓰려면 단지 요구만 하면 될 정도였다. 언제든지 신호만 한번 보내면 제노바, 제네바, 암스테르담의 거부들이 그들의 명령대로 따랐다. 제발 우리의 돈 좀 가져다 쓰십시오 하는 형편이었던 것이다! 심각한 불황의 위기가 지나간 1774년 봄에 암스테르담의 금고는 활짝 열렸다. "네덜란드인들이 그들의 돈을 외국에 어찌나 쉽게 내보내는지 독일의 몇몇 군주들이 이 좋은 기회를 아주 잘 이용했다. 메클렌부르크-슈트렐리츠 공은 이곳에 대리인을 보내서 50만 플로린을 5퍼센트에 얻어갔다."[340] 같은 때에 덴마크 궁정에서도 200만 플로린을 성공적으로 대부받아서 이제 그들의 부채 총액은 1,200만 플로린에 달하게 되었다.

　이와 같은 금융상의 발전은 도덕적인 역사가들이 이야기하는 것처럼 탈선이었을까? 아니면 정상적인 발전이었을까? 이와 비슷하게 자본이 풍부했던 시대인 16세기 후반에 제노바 역시 같은 길을 따라갔다. 스페인 왕이 정식으로 임명한 대출업자인 제노바의 구귀족(nobili vecchi)은 활동적이었던 상업활동을 아예 벗어던졌다.[341] 암스테르담 역시 이런 경험을 다시 반복해서 마치 입에 문 먹이를 내던지고 그림자를 좇아간 꼴이다. 그들은 최고의 "창고무역"을 내팽개치고 투기적인 지대수취인이 되었으며, 그럼으로써 그들이 가진 좋은 카드를 런던에 내주었을 뿐 아니라 심지어는 이 적수가 성장하는 데에 금융상의 도움을 주기까지 했던 것이다. 이는 분명 사실이지만 이들에게 과연 다른 선택이 있었을까? 16세기 말의 부유한 이탈리아는 대안이 있었을까? 북유럽의 성장을 저지할 가능성의 그림자 같은 것이라도 있었을까? 어쨌든 이런 변화는 금융상으로 만개하는 단계가 일종의 완숙기라는 인상을 준다. 그것은 달리 말해서 가을의 표시이다.

암스테르담과 마찬가지로 제노바에서도 이자율이 유별나게 낮았다는 것은 자본이 통상적인 방식으로는 현지에서 사용처를 찾을 수 없다는 뜻이다. 1600년경의 제노바에서 그랬듯이 암스테르담에서도 돈이 남아도는 나머지, 이자율이 3퍼센트, 혹은 2퍼센트까지 떨어졌다.[342] 이것은 또 면직물의 붐이 지나간 후인 19세기 초엽의 영국에서도 볼 수 있는 상황이었다. 돈이 너무 많았을 뿐 아니라 이제 면직물 공업에 투자한 자금도 그다지 큰 이윤을 가져다주지 못했다. 바로 이때 영국 자본은 야금업과 철도라는 막대한 투자처를 발견한 것이다.[343] 그러나 네덜란드 자본은 그러한 기회를 가지지 못했다. 이때부터 해당 지방의 이자율보다 다른 곳의 이자율이 약간이라도 높기만 하면 자본이 외부로, 어떤 경우에는 상당히 먼 곳으로 빠져나가는 치명적인 사태가 벌어졌다. 영국에서도 산업혁명이라는 환상적인 모험이 끝난 20세기 초에는 엄청난 돈을 가지고 있으면서도 정작 현지에서는 쓰일 곳이 거의 없는 현상이 다시 나타났지만, 이것이 암스테르담과 완전히 같은 상황은 아니었다. 20세기의 영국 역시 자본을 외국에 내보냈으나 이때의 대부는 흔히 영국의 공산품을 외국에 판 것으로서 이것은 국민경제의 성장과 생산을 제고(提高)시키는 방식으로 작용했다. 그러나 암스테르담에서는 이런 일이 일어나지 않았다. 왜냐하면 이 도시에는 상업자본주의 이외에는 특별히 발전한 산업이 없었기 때문이다.

그렇더라도 외국에 대한 대부는 상당히 좋은 사업이었다. 네덜란드는 이 것을 17세기부터 시행했다.[344] 18세기에, 특히 암스테르담에 영국의 대부 시장이 열리고 난 후(적어도 1710년 이후), 대부업 분야는 상당히 확대되었다. 1760년대부터 모든 국가는 네덜란드의 대출업자 창구에 모여들었다. 황제, 작센 선제후, 바이에른 선제후, 언제나 고집을 부리는 덴마크 국왕, 스웨덴 국왕, 예카테리나 2세의 러시아, 프랑스 국왕, 심지어 함부르크 시(암스테르담의 적수였던 이곳은 점차 승기를 잡아가고 있었다), 아메리카의 반란군들까지 포함되어 있었다.

외국에 대부를 하는 과정은 아주 잘 알려진 바처럼 언제나 똑같은 방식에 따라 행해진다. 자본시장에서 자금을 빌리려는 기업은 채권(obligation)을 발행하는 형식을 취하는데[345] 이 채권은 거래소에서 가격이 매겨진다. 여기에 응모하는 것은 원칙적으로는 일반 대중에게 공개된 것처럼 되어 있다. 원칙적으로만 그렇다는 점에 주목하라. 왜냐하면 아주 안전하게 보증된 채권은 공모되기 전에 거의 대부분 응모가 마감되기 때문이다. 이자율은 낮아서 일반적으로 상인들 사이에 유통되는 이자율보다 겨우 1-2퍼센트 정도 높은 수준이다. 5퍼센트 정도도 높은 축에 속한다. 그러나 거의 대부분 담보를 요구했다. 그래서 토지, 공공수입, 패물, 보석, 진주, 귀금속 등이 이용되었다. 1764년에[346] 작센 선제후는 암스테르담 은행에 "900만[플로린/역주]의 보석"을 맡겼고, 1769년에[347] 예카테리나 2세는 왕관의 다이아몬드를 맡겼다. 그 외에도 엄청난 양의 상품재고, 수은, 구리 등이 담보로 이용되었다. 또 그 외에도 이 업무를 담당하는 회사에 제공하는 프리미엄 같은 것이 있고 또 슬쩍 쥐어주는 돈도 있지 않겠는가? 1784년 3월에 "독립 아메리카"는

200만 플로린의 대부 협상을 체결했는데 이에 대한 담보는 어렵지 않게 구할 수 있었다. 이 정보를 "직접적으로" 다룬 한 증인이 이야기한 바에 따르면 "이제 남은 문제는 의회가 사전 동의 없이 체결한 이 협상안을 인정해주느냐 하는 것이다."[348]

대개 채권을 발행하는 개인회사인 "기채회사(起債會社, comptoir)"는 자본을 대출인에게 넘겨주고 반대 방향으로 채권의 이자를 분배하는 일을 맡아서 하며 이런 일을 하는 대가로 구전을 받는다. 다음으로 이 "기채회사"는 전문업자들과 재계약을 맺는데 이들은 각자 자신이 활동하는 영역에서 채권을 발행한다. 이렇게 해서 저축자금이 꽤 활발하게 동원된다. 마지막으로 이 증서들은 거래소에 들어와서 이곳에서 우리가 영국에 대해서 묘사한 바와 같은 과정을 거친다.[349] 이 증서들의 가격을 액면가 이상으로—100 이상으로—올리는 일 따위는 어린애 장난처럼 쉬운 일이다. 때로는 대부가 완료되었다는 거짓 정보를 흘리는 식의 간단한 작업만 잘 꾸며도 충분하다. 물론 크든 작든 이런 사업을 벌이는 사람들은 자신이 얻은 증서들이나 혹은 수중에 남아 있는 증서들의 가격 상승으로 이익을 본다. 마찬가지로 정치적인 위기나 전쟁 등의 요인 때문에 자산가치가 떨어질 것 같으면 이들이 가장 먼저 매각에 나선다.

이런 일들이 어찌나 흔한지 이와 관련한 특별한 말들이 만들어졌다. "기채회사" 사람들은 대상인 은행가(banquier négociant, banquier négociateur), 자금 중개인(courtier en fonds) 등으로 부른다. 권유인(rabatteur, démarcheur)은 "사업가(entrepreneur)"라고 부른다. 일반인들에게 "채권"을 배분하고 "흥정하는(marchander)" 것이 이런 사람들의 일이다. 이들은 그 외에도 "자금상(commerçant en fonds)"이라고도 한다. 이들을 배제해버린다는 것은 정말로 미친 짓이다. 왜냐하면 이들은 어떤 일이라도 틀어놓을 수 있기 때문이다. 나는 이 표현들을 암스테르담에 나와 있는 예카테리나의 영사인 올드코프에게서 배웠다. 그의 서신들을 통해서 우리는 매년 군주들의 자금 사정이 어느 정도로 나빴는지를 알 수 있고 또 이 군주들의 대리인들이 똑같은 과정의 일을 해서 어느 정도 성공을 거두었는지를 알 수 있다. 1770년 4월에 올드코프는 이렇게 썼다. "현재 호르네카-호거 상사[프랑스와의 사업 혹은 친(親)프랑스적인 사업을 전문으로 했다]와 스웨덴을 위한 협상이 벌어지고 있다. 이 사업은 500만을 목표로 하여 처음 100만을 모집하기로 하고 그중 반을 브라반트에서 기채하려고 하는데 사람들은 예수회의 돈이 여기에 들어가는 것 같다고 이야기한다."[350] 그러나 모든 사람들은 협상을 벌여서 얻어야 하는 나머지 액수가 "아주 어려울 것"으로 보고 있다. 그래서 올드코프 자신이 러시아 정부의 명령을 받고 호프 상사, 앙드레 펠스 부자(父子) 상사, 클리퍼드 부자 상사에게서 자금의 대부를 협상했는데 그는 "이 도시 최고의 대상인들"에 속한 이들과 "관계를 터놓고" 있었다.[351] 어려운 점은 "상트 페테르부르크가 서신을 통해서 자금을 송금할 수도 있고 회수할 수도 있는 환중심지가 아니라는 점이다." 그러므로 차라리 암스테르담에서 바로 지불을 하고 이에 대한 원리금 상환은 네덜란드로 구리를 수송하는 것이 나을 것이다. 1763년 3월에[352] 작센 선제후는 160만 플로린의 대출을 요구했으나 라이프치히 상인들의 주문에 따라서 "현재 가치가 아주 높게 올라가 있는 네덜란드 두카트 화로" 상환하도록 했다.

아마도 프랑스 정부는 암스테르담에 대부를 받으러 온 가장 마지막 국가일 것이다. 프랑스 정부는 1788년 8월 26일에 지불정지를 선언함으로써 프랑스 정부 자신에게나 네덜란드의 대출업자들에게 파국적인 사태를 야기시켰다. "수많은 가계들을 짓누를 위험이 있는……이 날벼락은……모든 외국 상인들에게 끔찍하고 무서운 충격을 주었다." 채권가격은 [액면가의/역주] 60퍼센트에서 20퍼센트로 떨어졌다.[353] 영국에 대한 대출사업에 깊이 간여하던 호프 가문의 대회사들은 프랑스에 대한 대출만은 언제나 피해야 한다는 생각을 하고 있었다. 이것은 우연일까, 사려 깊은 생각의 결과일까? 분명 이들로서는 후회할 일은 없게 되었다. 1789년에 이 회사의 총수는 암스테르담 거래소에서 "그가 도착하기 전에는 환율이 정해지는 일이 결코 없을 정도로 지배적인……제국"을[354] 건설했다. 그는 또 "바타비아 혁명" 때에 영국의 보조금*을 네덜란드로 보내는 데에 중재 역할을 맡게 될 것이다.[355] 심지어 1789년에 프랑스 정부의 발트 지역 곡물 구입을 방해하기도 했다.[356]

다른 조망 : 암스테르담으로부터 떨어진 곳

이제 이 거대한 교역망의 중심, 우뚝 솟아 있는 통제탑과 같은 암스테르담을 벗어나보자. 문제는 이 전체의 망, 즉 내가 상층구조라고 부르는 이것이 어떻게 하부의 경제들과 연결되는가 하는 점이다. 연속적인 이 연결, 접합, 혹은 고리가 우리의 관심사이다. 특히 이것은 지배적인 경제가 어떻게 해서 수익성이 가장 낮은 일과 생산을 회피하고 대신 흔히 시장의 하급 연쇄망을 직접 감시하면서 하층의 경제들을 착취하는지를 보여주기 때문에 더욱 흥미롭다.

지역에 따라, 그리고 중앙의 경제가 행사하는 지배의 성격과 효율성에 따라 그 해결책은 상이하다. 이 차이를 보여주는 데에는 다음의 네 가지 예로도 충분할 것이다. 발트 지역, 프랑스, 영국 그리고 말레이 제도가 그것이다.

발트 해 연안지역

발트 지역은 너무 다양해서 우리가 표본으로 선택한 예들만으로 모든 지역들을 다 포괄하지는 못한다. 산악지역, 삼림지역, 혹은 호수와 이탄 지대가 널려 있는 늪지대 등과 같은 내륙지역들은 우선 정상적인 소통의 외곽에 놓여 있다.

그와 같은 지역들이 반 이상 황폐한 채로 있게 된 첫 번째 요인으로는 인구가 극도로 적다는 점을 들 수 있다. 예컨대 달(Dal) 강 계곡에서 시작되는

---

* 이 책의 377쪽을 참조하라.

스웨덴의 노를란드는 서쪽의 노르웨이와의 국경에 있는 헐벗은 산과 동쪽의 발트 연안의 좁은 경작지 사이에 펼쳐져 있는 광대한 삼림지역이다. 서쪽에서 동쪽으로 이 지역을 가로지르며 흘러가는 빠르고 물살이 센 강들은 오늘날까지도 해빙 이후 엄청난 양의 통나무들을 나르는 데에 이용된다. 노를란드 하나가 스웨덴의 나머지 전역보다 넓지만[357] 중세 말에는 이곳의 인구가 고작해야 6만-7만 명을 넘지 못했다. 따라서 이 원시적인 지역은 대개 스톡홀름의 상인 길드가 이용할 수 있는 극히 좁은 한도 내에서만 이용될 뿐이었다. 그러므로 이곳은 정말이지 주변부지역이라는 말이 적합하다. 여하튼 달 강 계곡은 언제나 가장 중요한 벌채 지역으로 알려져 있었다. 스웨덴의 오래된 속담에 의하면 "참나무, 가재, 귀족[그리고 덧붙이자면 밀]은 강 북쪽에서는 볼 수 없다."[358]

노를란드가 이런 종류의 유일한 예는 아니다. 숲과 호수가 널려 있는 핀란드의 여러 지역, 리투아니아나 폴란드 내부의 헐벗은 지역을 생각해보라. 그렇지만 또 어디에서든지 이 정도의 초보적인 수준 이상으로 여러 경제들이 발달해 있었다. 잉여를 창출하는 농업분야가 모든 활동을 대변하는 내부지역경제, 때때로 연안항해 선원들이 모여 있는 제법 번창한 마을들도 없지 않은 활기찬 연안경제, 합의보다는 힘을 통해서 주변지역에 자신의 의지를 강요하는 도시경제, 당시 형성 중이고 이미 활동을 시작한 영토국가경제—덴마크, 스웨덴, 모스크바 대공국, 폴란드, 또 대(大)선제후의 등장(1640) 이후 심대하고 끈질긴 변화를 겪는 브란덴부르크-프로이센 공국—등이 그런 것들이다. 그중에서도 대규모 차원에서 활동하는 국민경제들이 점차 정치적으로 가장 중요한 역할을 맡으며 발트 지역의 공간을 차지하려고 다투었다.

또한 우리는 이 공간에서 17-18세기에 가능한 경제의 모든 영역들—가내경제(Hauswirtschaft)로부터 도시경제(Stadtwirtschaft), 그리고 영토경제(Territorialwirtschaft)에 이르기까지—을 관찰할 수 있다.[359] 마지막으로 해상연결의 **공모관계** 덕분에 세계-경제가 이 전체의 최상층에 자리 잡는다. 하층의 경제들 위에 덧붙여진 이 세계-경제는 그 하층의 경제들을 포괄하고 구속하며 규율을 부과하고 또 이끌어간다. 지배하는 자와 지배당하는 자 사이의 기본적인 불평등은 상호 서비스 공여가 없이는 지탱되지 못하기 때문이다. 나는 너를 착취하지만 가끔 너를 돕기도 한다……

요컨대 우리의 관점을 정립해본다면, 바이킹의 항해, 한자 동맹 도시들, 또 네덜란드나 영국 등이 발트 지역에서 차례로 지배적인 경제들을 창출한 것은 사실이지만 이들이 경제적인 기반을 이루어낸 것은 아니다. 이런 경제적 기반들이 없다면 상층에서의 착취도 단지 빈 껍질만 움켜쥐게 될 뿐이다. 이전에 베네치아가 아드리아 해의 경제를 단지 장악했을 뿐이지, 만든 것은 아니라고 이야기한 것도[360] 이런 의미이다.

우리가 살펴보려는 핵심적인 사례인 스웨덴은 당시 형성 중이던 영토경제 중에서 조숙하면서 동시에 지체해 있는 사례에 속한다. 조숙하다는 것은 스웨덴의 정치적 공간이 아주 일찍이 11세기에 웁살라와 멜라렌 호* 연안으로부터 형성된 후에 고틀란드 서부 및 동부지역 등 남쪽으로 중심이 이동한 것을 말한다. 그러나 경제적으로 지체해 있다는 것은 13세기 초부터 뤼베크 상인들이 스톡홀름에 자리를 잡고서 멜라렌 호(이 호수는 레만 호**보다 약 두 배 정도 넓다)에서 발트 해로 나가는 어귀를 통제했으며 15세기 말까지 이런 식의 활동을 활발하게 펼쳤다는 것을 말한다.[361] 스톡홀름 시가 완전히 부를 차지하고 그것이 의심의 여지 없이 굳어진 것은 바사 왕조***가 등장한 1523년에 가서의 일이다. 스웨덴을 비롯해서 **다른 국민경제들에서도** 경제공간은 이미 형성된 정치공간 속에서 서서히 조직되었다. 그러나 스웨덴에서

---

* Mälaren : 스웨덴의 거대한 호수. 스톡홀름과 연결된다. 길이 120킬로미터, 면적 1,140제곱킬로미터에 이른다.

** Leman : 제네바 호수라고도 한다. 스위스와 프랑스 사이에 걸친 이 큰 호수는 길이가 72킬로미터, 면적이 582제곱킬로미터이다.

*** 바사(스웨덴어로 "곡식의 볏단"을 뜻하는 '바세[vase]'에서 유래한 말) 가문은 스웨덴의 귀족명문이며, 1523년 구스타프 1세 바사의 등극 이래 1654년까지 스웨덴의 왕실이었다.

이렇게 느리게 진행된 데에는 아주 명백한 원인이 있었다.

　무엇보다도 소통이 힘든 정도가 아니라 아예 존재하지 않는다고 해도 과언이 아닐 정도였기 때문이다(스웨덴의 그 멋진 길들은 18세기에 만들어졌다).[362] 40만 제곱킬로미터 이상이나 되는 이 영토는 게다가 오랜 전쟁들을 거치면서 더욱 넓어져서 거의 제국의 수준이 되었다(핀란드, 리보니아, 포메라니아, 메클렌부르크, 브레멘 주교령 및 베르덴 주교령 등이 스웨덴 영토가 되었다). 1660년에 이 제국은 스웨덴 본토를 포함해서 90만 제곱킬로미터가 되었다. 덴마크와 스톡홀름 평화조약(1720)*을, 러시아와 뉘스타드 평화조약(1721)**을 체결한 이후부터 이 영토의 일부를 상실했지만, 거대한 식민지 영토인 핀란드는[363] 1809년에 러시아의 알렉산드르 1세에 의해서 병합될 때까지 스웨덴의 영토로 남아 있었다. 여기에 스웨덴이 자기 영토로 에워싸려고 했던 발트 해의 면적(약 40만 제곱킬로미터)을 더하면, 전체 영토는 100만 제곱킬로미터를 상회하게 된다.

　스웨덴이 안고 있는 또다른 취약점은 인구 부족이다. 스웨덴인 120만 명, 핀란드인 50만 명 그리고 다른 신민들 약 100만 명 정도가 발트 해 연안지역과 북해 연안지역에 퍼져 있었다.[364] 루이 14세 시대 프랑스의 인구가 대략 2,000만 명이었고 스웨덴 지역의 인구가 겨우 300만 명 정도였다는 점을 대조한 클로드 노르드망의 지적은[365] 타당해 보인다. 이렇게 보면 스웨덴의 "위대함"은[366] 오직 끊임없는 노력을 들여서 달성한 성과이다. 아주 일찍부터 시작된 관료제적 중앙집중화는 우선 이 자체가 부담스러운 비용을 필요로 했고 여기에 더해서 적정 수준 이상으로 조세부담을 가중시켰지만, 바로 이것을 통해서만 구스타프 2세 아돌프와 계승자들의 제국주의적인 정책이

---

* 북방전쟁을 마무리하면서 북유럽 국가들 간에 영토를 조정한 조약. 특히 덴마크는 스웨덴에게 빼앗긴 모든 땅을 수복했으며, 여기에 더해서 60만 릭스달러의 배상금을 받았다.

** 북방전쟁을 종식한 평화조약. 스웨덴이 러시아에게 리보니아, 에스토니아, 잉그리아, 서(西)카렐리야, 비보르크 시, 사레마 섬, 키우마 섬을 양도했다.

가능했던 것이다.

마지막으로 지적할 가장 심각한 취약점은 수송의 핵심적인 공간이었던 발트 해를 스웨덴이 지배하지 못했다는 점이다. 아우크스부르크 동맹전쟁 (1689-1697)까지 스웨덴의 상업선단은 보잘것없었다. 배의 수는 많았으나 그 배는 대개 마을 주민이 연안항해를 하는 데에 이용하는, 갑판도 없는 소형 선박에 불과했다. 17세기에 창설된 해군은 1679년경에 카를스 크로나 (Karls Krona)라는 견고한 해군기지가 건설된 후에도[367] 덴마크의 해군과 경쟁이 되지 못했고 러시아 해군에도 미치지 못했다. 사실 해상 유통은 우선 한자 동맹 도시들이, 그리고 16세기부터는 네덜란드가 독점했다. 1597년에 발트 해로 들어온 네덜란드의 선박들은 거의 2,000척에 달했으며[368] 네덜란드는 이 선박들을 이용해서 그들의 조밀한 교역망 전체를 지배했다. 스웨덴은 정복을 통해 이익을 보았고 또 북부 독일의 강들 및 이 지역에서의 교역을 통제해서 관세소득을 차지하는 이점을 누렸지만 그 자신은 암스테르담 자본주의의 실에 묶여 있었다. 15세기에 국제무역의 중심지였던 스톡홀름에서는 모든 것이 한자 동맹 도시들로, 그중에서도 특히 뤼베크로 향해 갔으나[369] 그후에는 모든 것이 암스테르담으로 향했다. 멍에가 씌워진 것이다. 스웨덴인들도 만일 콩종크튀르를 잘 이용해서 네덜란드인들을 배제해 버린다면 오히려 지금껏 그들에게 이익을 가져다주던 발트 무역이 중단되어 버리고 그리하여 자기 나라가 정면으로 타격을 입으리라는 점을 잘 알고 있었다. 그리하여 이 까다로운 지배자에 대해서 적대적이기는 했어도 프랑스인이나 영국인들의 도움을 받아 이들을 몰아내려고 하지는 않았다. 1659년에 영국인들은 스웨덴 당국으로부터,[370] 만일 영국인이 네덜란드인을 대신할 수 없다면 그들을 발트 해에서 내쫓아서는 안 된다는 경고를 들었다.

발트 지역 내에 영국인들의 진출이 명확해지는 시기인 1670년대 무렵까지 네덜란드인들은 모든 경쟁자를 물리쳤다. 이곳 상인들은 암스테르담으로부터 그들의 사업을 지휘하는 것으로 만족하지 않았다. 이들 중에 많은 사람들이 스웨덴에 자리를 잡고 간혹 귀화하거나 혹은 귀족작위 증서를 받아서 완전한 행동의 자유를 누렸다. 이들 중에는 상당한 거물급의 상인들도 포함되어 있었다. 데 예르(de Geer), 트리프, 크론스트룀, 블롬마에르트, 카빌리아우, 베베스테르, 우셀링크, 스피에링크 등이 대표적인 가문들이다.371)

네덜란드의 활동은 생산과 값싼 농민 노동력의 사용에 이르기까지 스웨덴 경제 깊숙이 뚫고 들어갔다. 암스테르담은 북부 스웨덴 지역 삼림의 임산물(목재, 재목, 판재, 마스트, 타르, 역청, 송진 등)과 동시에 베리슬라겐*—수도로부터 가깝고 또 멜라렌 호 연안지역으로부터도 멀지 않다—의 광산지역의 활동을 모두 통제했다. 금, 은, 납, 아연, 구리, 철 등이 묻힌 면적 1만 5,000제곱킬로미터의 구역을 생각해보라. 그중에서도 특히 마지막에 언급한 두 광물인 구리와 철이 스웨덴의 핵심적인 생산물이다. 1670년경까지는 구리가 중요한 수출품이었으나 이 시기에 팔룬**의 광산들이 바닥나자 철이 중요한 수출품이 되었다. 철은 주철괴 혹은 철판 형태로 점차 영국으로 많이 수출되었다. 그리고 베리슬라겐 변경지역에 용광로와 제철소 그리고 대포 및 포탄의 제조소들이 들어섰다.372) 이렇게 발달한 야금업이 스웨덴에게 정치적 강대함을 가져다준 것은 사실이지만, 경제적 독립을 가져다주지는 못했다. 왜냐하면 17세기에 이 나라의 광공업은 암스테르담에 의존하고 있었기 때문이다. 이것은 그전 세기에 뤼베크에 의존하던 것과 비슷하다. 데 예르 가문과 트리프 가문의 기업들은 일반적으로 사람들이 이야기하는 만큼 그렇게 새로운 것이 아니었다. 리에주 지방("철의 왕"이라는 루이 데 예르가 바로 이곳 출신이었다)의 왈롱인 노동자들이 베리슬라겐에 벽돌로 둘러싼 용광로를 도입했다. 그러나 그보다 훨씬 전에 이미 독일의 노동자들이 이곳

---

* Bergslagen : 스웨덴 중부의 삼림 및 광산지역. 철이 가장 중요한 광물이지만 그 외에도 금, 은, 구리, 납, 아연 등도 매장되어 있다. 18세기까지 세계 철 생산의 3분의 1을 차지했으나 그후 영국과의 경쟁에서 뒤처졌다.

** Falun : 스톡홀름 북동쪽에 있는 도시. 예전에 구리 광산이 있었다. 오늘날의 공업 중심지이다.

에 목재와 흙으로 아주 높이 지은 용광로를 도입했다.[373)*]

1720-1721년에 스웨덴이 원래의 스웨덴-핀란드 블록으로 축소되자, 이 나라는 발트 지역에서 당한 피해를 서쪽에서 보상받으려고 했다. 1618년에 카테가트 해협을 면한 곳에 세워진, 서유럽을 향한 스웨덴의 창인 예테보리(Göteborg)는 이 시기에 크게 번성했다. 이때 스웨덴 상선대도 팽창했다. 선박의 수가 늘고 톤수가 커졌다(1723년에 228척이었는데 3년 뒤인 1726년에는 480척이 되었다). 또 이 상선대는 발트 해를 벗어나서 팽창했다. 1732년에 핀란드 배가 처음으로 오보(투르쿠)를 떠나 스페인에 도착했다.[374)] 그전 해인 1731년 6월 14일에[375)] 스웨덴 인도회사가 국왕의 설립허가증을 받았다. 예테보리에 기지를 둔 이 회사는 아주 오랫동안 번영을 누리게 될 것이다(이익 배당은 40퍼센트, 심지어는 100퍼센트에까지 달했다). 사실 스웨덴은 서유럽이 분쟁에 휩싸였을 때 중립을 표방하면서 기회를 이용하여 이익을 챙겼다. 흔히 스웨덴 선박은 주문한 사람을 위해서 "위장" 선박의[376)] 역할을 하고는 했다.

이와 같이 스웨덴 해상세력의 강화는 상대적인 해방을 의미했다. 이것은 중개인을 뿌리치고 서유럽의 소금, 포도주, 직물, 식민지 상품 등에 직접 접근할 수 있다는 것을 의미했다. 이 나라에서는 제국은행(Riksbank, 1657년 건립, 1668년 재건립)[377)]이 발행한 지폐 때문에 무질서해진 화폐의 유통을 건전하게 유지하기 위해서 "현찰" 화폐를 필요로 했기 때문에 상업수지의 적자를 여러 수출품과 서비스로 메워야만 했다. 스웨덴은 조심스러운 **중상주의** 정책을 통해서 공업을 일으켜 세우려고 했는데 이것은 어느 정도 성공했다고 할 수 있다. 특히 조선업에서는 아주 큰 성공을 거두었으나 반대로 비단이나 고급 직물 분야에서는 그렇게 큰 성공은 거두지 못했다. 마지막으로 스웨덴은 계속해서 암스테르담의 재정 유통망에 의존했고 번영을 구가하던

---

* 이 책 제1권 제5장의 내용을 참조하라.

인도회사는 외국의 참여, 그중에서도 특히 영국의 참여를 받아들여서, 이 나라의 자본, 혹은 선원이나 화물관리인 등의 도움을 받았다.[378] 여기에서 우리는 외국경제의 지배적인 지위에서 벗어난다는 것이 대단히 어렵다는 교훈을 얻는다. 그 지배적인 외국경제는 자원이나 교만한 술책이 떨어지는 적이 없기 때문이다.

최근 스벤 에리크 아스트룀은 핀란드를 여행한 이야기를 전해주었다.[379] 그는 남쪽으로 핀란드 만 연안에 위치한 작은 요새도시 비보르크나 랍스트란드(라펜란타) 등지의 시장에서 보이는 최하 수준의 교환까지도 우리에게 소개해줄 수 있었다. 우리는 여기에서 군나르 미크비츠, 빌호 니테마, 아르놀드 솜이 쇠베레이(söbberei, 에스토니아와 리보니아에서 "친구"를 의미하는 말 '조베르[sober]'에서 유래했다)라고 불렀고 핀란드 역사가들이 마이미세리(majmiseri, 핀란드어로 "손님"을 의미하는 '마야니에스[majanies]'에서 유래했다)라고 불렀던 농민들의 교역을 보게 된다. 이 말들을 보면 이것이 일반적인 관행들과 동떨어진 양식이었음을 알게 되며, 칼 폴라니와 제자들이 제기한―아직도 완전한 해결을 보지 못한―문제들에 다시 직면하게 된다.[380]

서유럽 국가에서 볼 때 핀란드는 노르웨이나 스웨덴보다 더 멀리 떨어져 있어서 접근이 한층 더 어렵다. 이 나라는 외국에 임산물들을 제공했는데 그중에서도 특히 타르가 가장 중요했다. 비보르크에서 타르는 삼각체제 속에 있었다. 우선 농민이라는 생산자가 있고, 농민들로부터 조세를 현금으로 받아내려는 국가가 있으며, 유일하게 농민들에게 현금을 제공할 수 있으나 곧 소금과 타르 사이의 물물교환 형태를 주재하는 과정에서 돈을 다시 회수하는 상인들이 있다. 이 게임에는 상인, 농민, 국가라는 세 파트너가 참여하고 국가 대리인(일종의 지사)이 위탁인 겸 중재인으로서 여기에 일조한다.

비보르크에서 소도시의 "부르주아" 상인들은 모두 독일인들이다. 이곳의 관례에 따르면 상인들에 대한 공급인 겸 고객인 농민이 도시에 오면 상인들이 이들을 자기 집에 모시고 가서 숙식과 거래계정 등을 모두 돌보아준다.

그 결과는 쉽게 예상할 수 있다. 농민들이 규칙적으로 상인들에게 빚을 지게 되는 것이다. 이 채무는 비보르크의 독일 상인들의 장부에 정확하게 기록된다.[381] 그러나 이 상인들 또한 대리인에 불과해서 이들은 스톡홀름으로부터 구매명령과 선불대금을 받는다. 그런데 스톡홀름 상인들은 또 암스테르담으로부터 명령과 크레딧을 받아 이를 집행하는 것이다. 타르 사업이 대단히 큰 규모의 사업이고(1년에 100만-150만 그루의 나무를 베어낸다),[382] 목재를 증류하는 농민들은 시장에 자주 들르기도 하고 이웃 항구들에서 소금 가격―이 사업에서 핵심적인 요소 중의 하나인―에 대한 정보를 얻을 수 있었으며, 또 이들이 신분이 자유로운 농민들이었다는 점 등이 함께 작용해서, 이들은 점차 마이미세리의 연결로부터 벗어나게 되었다. 그러나 이들은 이보다 더 상위의 차원으로부터는 자유로워질 수 없었으니, 1648년에 스톡홀름에 설립된 타르 회사가 소금과 타르의 가격을 감시하고 사실상 그 가격을 결정해버렸다. 마지막으로 농민들은 콩종크튀르의 제약을 감내해야 한다. 그래서 예컨대 18세기 말에 호밀 가격이 타르 가격보다 더 빨리 오르자 농민들은 숲의 개간과 경지화를 시작했다. 그러므로 핀란드 농민은 하층에서는 활동의 자유를 누리고 있었지만 그런 활동의 지배자는 아니었다.

그렇다면 왜 이렇게 상대적인 자유를 얻게 되었을까? 이 문제에 당연히 우리보다 더 정통할 수밖에 없는 아스트룀은 농민들이 자유를 보장받게 된 것이 스톡홀름의 제국의회(Rijksdag)를 본따서 이곳의 농민들도 대공국의 신분의회에 네 번째 신분으로 참가했기 때문이었다고 본다. 정치와 법이 이 머나먼 변경지역 농민들의 자유를 지켜주었을 것이다. 이것은 결코 농노신분으로 떨어진 적이 없는 스웨덴 농민들의 경우와 똑같았다. 더구나 이 문제에서는 귀족의 경쟁자인 왕정국가가 결정적인 발언권을 가지는 만큼 더욱 그렇다. 간단히 말해서 스웨덴 농민들은 자기 재산―이를 '헴만(hemman)'이라고 한다[383]―의 주인으로서, 농장의 하인 무리들이나 유랑하는 극빈 무리들인 '토르파레(torpare)'에 비하면[384] 특권적인 지위에 있다. 스웨덴과 핀란드는 엄청나게 큰 개척지역들로 나뉘어 있었다. 농민의 자유를 만들고 그 것을 보존하는 것이야말로 이와 같은 개척지역의 특징이 아닐까?

그러나 이것이 우리의 문제는 아니다. 핀란드의 예에서 우리가 관심을 가지고 수행하려고 했던 것은 농민의 "상업적인" 사정을 좀더 가까이에서 보는 것 그리고 생산자로부터 상품을 수집하는 하층 상인과 상층의 대상인이 어느 수준에서 만나는지, 다시 말해서 대상인들이 어느 수준에까지 그들의 활동을 펼치는지를 알아보고자 하는 것이다. 상층의 연쇄망과 하층의 연쇄망 사이의 접점이 어느 정도의 높이에 있는가 하는 것은 지수 또는 거의 측정기 역할을 한다. 원칙적으로 비보르크에는 네덜란드인이 한 명도 없었다. 이들은 스톡홀름에만 존재했다.

마지막 예로 그단스크를 보자. 이곳은 여러 면에서 이상한 도시이다. 부유하고 인구가 많고 아주 좋은 위치에 자리 잡고 있으며 다른 어느 한자 동맹 도시들에 비해 **교역독점지(étape)**의 권리를 잘 보존하고 있었다. 이 도시의 소수 귀족은 극히 부유했다.[385] 이 시의 "부르주아는 폴란드에서 이 시로 들어오는 곡물의 독점구매 권리를 가지고 있었던 반면, 외국인들은 폴란드 지역과 교역을 한다든지 그들의 상품을 이 시를 통해서 폴란드로 보낼 권리가 없었다. 외국인들은 상품을 구매하든 판매하든 이 시의 부르주아들과만 해야 했다." 여기에서 다시 한번 더 사바리 데 브륄롱의 간단명료함에[386] 찬탄을 금할 수 없다. 그는 그단스크의 독점을 단 몇 마디로 규정했다. 거대한 바깥 세계와 폴란드 사이에서 이 도시는 상품의 출입에 관한 한 유일한 도시[387]라고는 할 수 없어도 적어도 다른 도시들이 따라올 수 없을 정도로 가장 중요한 관문이었다. 그렇지만 이 특권은 암스테르담에 대한 아주 긴밀한 종속으로 이어졌다. 그단스크의 물가와 네덜란드의 물가 사이에는 강한 상관관계가 존재한다.[388] 사실은 더 정확히 이야기하면, 네덜란드의 물가가 그단스크의 물가를 좌우하는 것이다. 네덜란드가 비스와 강 연안의 이 도시의 자유를 지키려고 노력하는 이유는 이 도시를 지킴으로써 자신의 이익을 보호하기 때문이다. 이것은 그단스크가 핵심적인 문제에서 양보했다는 것을 뜻한다. 16-17세기에 네덜란드는 그단스크가 서유럽 방향으로의 해상활동을 하지 못하도록 만들고 대신 이에 대한 보상으로 산업상의 약소한 진보를 이루게 해주었다.[389]

따라서 그단스크와 암스테르담 사이의 관계는 본질적으로 스톡홀름과 암스테르담 사이의 관계와 다르지 않다. 다만 다른 것은 그단스크 시 배후에서 착취를 당하는 폴란드의 상황이다. 이것은 리가와 그 배후지역 간의 관계와 유사하다. 리가는 또다른 지배적인 도시로서[390] 배후지역의 농민들을 예농상태로 만들었다. 이것은 서유럽의 착취관계가 살아남지 못하는 극지대인 핀란드, 농민들이 자유로운 상태로 남아 있는 스웨덴과는 반대되는 사례이다. 스웨덴은 중세에 봉건체제를 알지 못했던 것이 사실이다. 그리고 밀이 대규모 수출무역의 대상이 되었던 곳에서는 어디든지 이 밀이 "봉건화" 또는 "재봉건화"를 만든 장본인인 것 역시 사실이다. 이에 반해서 광업이나 삼림업 활동은 처음부터 어느 정도 자유를 보장해줄 가능성이 있다.

어떻든지 간에 폴란드 농민은 예농제의 망 속에 붙잡히게 되었다. 그렇지만 그단스크가 자신의 교역을 위해서 대영주들보다는 차라리 이 도시 가까이에 있는, 아직 자유를 잃지 않은 자유농이나 소영주들을 선호했다는 것은 이상한 일이다. 이들에 비해서 대영주들은 분명 다루기 더 힘들었겠지만, 어쨌든 종국적으로는 대영주들 역시 선금을 받고 밀이나 호밀을 공급했으며 또 이런 상품에 대한 대가로 서유럽의 사치품들을 제공받음으로써 그단스크 시의 손아귀에 사로잡혔다. 이렇게 해서 상인은 영주에 대한 교역조건 (terms of trade)을[391] 지배하게 되었다.

이와 같은 내부교역에 대해서 더 잘 알면 흥미로울 것이다. 즉, 곡물을 팔 사람이 자기 고향에 그대로 있고 상인이 팔아달라고 부탁을 하는 입장인지 아니면 곡물 공급인들이 그단스크로 와야 하는지, 또 도시가 자신과 상품 공급인 사이의 중개를 위해서 두고 있는 중개인의 역할이 정확히 무엇인지,

비스와 강에서의 조운(漕運)의 진짜 주인이 누구인지 또는 적어도 이 상업을 주도하는 사람은 누구인지, 곡물을 말리고 저장하는 토룬의 중개창고와 그단스크의 여러 층으로 된 곡물보관소(silo)를 가진 사람이 누구인지 그리고 그단스크에서 큰 배로부터 상품을 하역하는 데에 쓰이기도 하고 또 비스와 강과 그단스크 시를 연결하는 운하를 거슬러올라가기도 하는 (배수량이 작은) 거룻배를 운영하는 사람이 누구인지 등의 문제들이 남아 있다. 1752년의 경우를 보면 (폴란드 및 프로이센의) 소형 선박 1,288척이 비스와 강 하류에 도착했고 해양항해 선박 1,000척 이상이 항구에 도착했다. 이 모든 것은 날마다 융커호프(Junckerhoff)—활기가 넘치는 이곳은 그단스크의 거래소에 해당한다—에 모이는 200명의 부르주아 상인들이 바쁘게 처리해야 하는 일이다.[392]

우리는 그단스크가 자신의 이기주의와 복리에만 신경을 쓰면서 어떻게 거대한 폴란드를 이용하고 배반하는지 그리고 어떻게 이곳에 자신의 모델을 부과하는 데에 성공했는지를 잘 볼 수 있다.

프랑스 대 네덜란드 : 불평등한 싸움

17세기에 프랑스는 북유럽의 이 작은 공화국에 문자 그대로 복속되어 있었다. 플랑드르로부터 바욘에 이르는 대서양 연안에 위치한 항구치고 네덜란드 배들이 몰려오지 않은 곳이 없었다. 대개 7-8명의 적은 선원들이 타고 있는 작은 배들은 포도주, 증류주, 소금, 과일, 혹은 그 외의 다른 상하기 쉬운 상품들이나[393] 직포, 심지어 밀까지 싣고 왔다. 보르도나 낭트를 비롯한 여러 항구에는 네덜란드 상인이나 대리인이 자리 잡고 있었다. 이들은 그야말로 소상인에 불과해서 사람들은 이들에게 그렇게 적대적이지는 않았던 것 같다(물론 지방상인은 다르겠지만). 그렇지만 이들은 큰돈을 벌고 많은 자본을 모으고 나면 어느 날엔가 자기 고향으로 돌아갔다. 수년 동안 이들은 광장, 항구, 이웃시장 등의 일상 경제생활에 섞여 들어갔다. 나는 이런 사람들에 대해서, 낭트 근처에서 루아르 지방의 포도주를 선대해서 구매하는 예를 제시한 바 있다.[394] 지방상인들은 아무리 시기심이 나고 안달을 하더라도 이들과의 경쟁에서 이길 수 없었고 이들을 몰아낼 수도 없었다. 영불해협과 대서양 연안의 프랑스 쪽 항구에서 제공하는 상품들은 대부분 상하기 쉬운 물품이었으므로, 빈번하게 배를 운항할 수 있는 능력이야말로 네덜란드인들의 중요한 장점이었다. 그래서 만일 프랑스 선박이 포도주나 다른 산물을 싣고 암스테르담으로 직접 가려고 하면 체계적인 저항에 봉착했다.[395]

프랑스는 자잘한 보복수단들을 가지고 있었지만 네덜란드 역시 이것에 대한 반격수단들을 가지고 있었다. 무엇보다도 프랑스 산물들을 사지 않고 다른 공급자들에게 가면 그만이다. 이 때문에 포르투갈이나 스페인, 혹은 아조레스, 마데이라의 포도주들이나 카탈루냐의 증류주가 큰 성공을 거두었다. 1669년만 해도 라인 포도주는 암스테르담에서 귀하고 비싼 것이었으나 18세기에는 풍부하게 들어와 있었다. 네덜란드의 어업에서 염장용으로 쓰는 소금으로는 세투발이나 카디스의 소금이 너무 강하기 때문에 부르뇌프나 브루아주의 소금을 선호했으나, 네덜란드인들은 이베리아 지역의 소금을 자기 나라의 바닷물에 녹여서 부드럽게 만드는 법을 개발했다.[396] 프랑스에서 제조한 사치품은 외국에서 엄청난 인기를 누린 것은 분명하나 대체 불가능한 정도는 아니어서 네덜란드에서 거의 비슷한 품질로 모조했다. 헤이그에 주재하던 루이 14세의 대사인 퐁폰이 대사법관인 요한 더 빗과 면담을 한 적이 있는데, 그는 대사법관이 쓴 비버 모피로 된 모자가 네덜란드에서 만든 것임을 알고 분개했다. 수년 전만 해도 이런 모자는 모두 프랑스에서 들어왔던 것이다.[397]

현명한 프랑스인들이라도 이것이 불평등한 대화라는 점을 항상 감지하지는 못했다. 네덜란드는 자신들의 상업망과 크레딧 수단을 가지고 프랑스에 대해서 마음대로 정책을 변화시킬 수 있었다. 바로 이 때문에 프랑스는 많은 자원을 갖추고 노력을 기울이고 때로는 분노하면서도 네덜란드의 중재

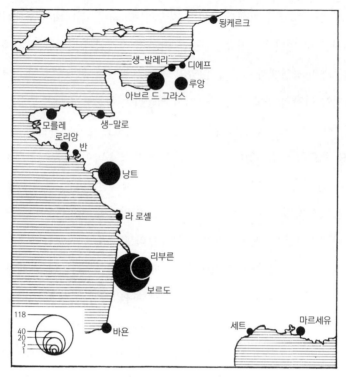

미르세유

23. 프랑스의 항구를 출발하여 암스테르담의 외항인 텍설에 도착한 선박의 수
이 배들은 거의 대부분 네덜란드 선박이었다. 이 배들은 북해, 영불해협, 대서양의 프랑스 연안에서 활발한 활동을 펼쳤지만, 지중해 연안의 프랑스 항구에서는 활동이 위축되어 있었다. (A. N., A. E., BI-165, f° 2, 1775년 1월 12일)

를 벗어던지는 데에 스웨덴만큼도 성공하지 못했던 것이다. 루이 14세도, 콜베르도, 또 콜베르의 후계자들도 이 구속에서 벗어나지 못했다. 네이메헌 조약(1678)과 레이스베이크 조약(1697)에서 네덜란드인들은 이전에 그들의 무역에 가해졌던 제약들을 차례로 제거해갔다. 보르가르 백작은 이렇게 이야기했다(1711년 2월 15일). "레이스베이크에서 우리의 전권대사들은 콜베르 씨의 교훈의 중요성을 망각하고 1톤당 50수씩 매기던 관세를 없애는 데에 무신경하게 동의해버렸다."[398] 이 얼마나 큰 실수인가! 그런데 위트레흐트 조약(1713)에서 또다시 이런 실수를 저지르고 말았다. 그리고 이미 오랫동안 지속된 스페인 왕위 계승 전쟁 동안 네덜란드는 프랑스 정부가 남발한 여권과 중립국들의 "위장" 선박, 많은 프랑스인들의 공모 그리고 프랑스의 국경을 따라서 강화되어가던—여기에는 밀무역도 가세했다—육로무역 덕분에 프랑스 상품들을 만족스럽고 풍부하게 얻을 수 있었다.

레이스베이크 평화조약 이후에 나온 프랑스의 한 장문의 보고서는 다시 한번 네덜란드인이 사용하는 방식, 속임수가 빤히 들여다보이는 얕은 수들, 그리고 프랑스인의 수많은 대응조치를 거론하고 있다. 이 대응조치들이란 루이 14세 정부가 맺은 조약의 구절들을 한편으로는 존중하면서도 한편으로는 피해가려는 의도에서 나왔으나 어쨌든 프랑스인들은 이 잡아내기 힘든 적들을 정말로 잡아내지 못했다. "어떤 의미에서는 투박함 속에 미묘한 천재성이 있는 네덜란드인은 그들 자신의 이익 이외에는 거의 동요하지 않는다."399) 이렇게 "자신의 이익"을 추구한 결과 네덜란드에서 제조한 또는 이곳에서 재분배하는 상품들이 프랑스를 덮어버렸던 것이다. 이런 질곡을 벗어던지기 위해서는 오직 힘을 사용하는 수밖에 없었지만 그렇다고 실제로 그렇게 할 수도 없었다. 프랑스의 항구들을 전부 막거나 국경을 폐쇄하고, 네덜란드의 어업을 막고, 암스테르담 상인들의 "사개인 상업(commerce privé)"—이것은 아메리카, 아프리카, 인도 등지에서 행하는 대회사들의 공공상업과 대비해서 부르는 것이다—을 저지하는 것 같은 허황한 계획들은 문서상에서나 가능하지, 실천하기는 어려웠다. 프랑스는 대상인들을 가지고 있지 않았고 "우리가 보기에 대상인으로 생각되는 사람들은 대개 외국인들의 대리인들이었다."400) 다시 말해서 이들 뒤에는 네덜란드의 대상인들이 있었다. 프랑스의 루이 금화나 은은 모두 네덜란드로 가버리는 것 같았다.401) 마지막으로 이야기할 것은 프랑스가 선박을 충분히 가지고 있지 않았다는 것이다. "지난번 전쟁에서 프랑스의 해적들이 탈취한 배들은 원거리무역을 수행하기에 충분한 수가 되었지만, 여기에 의장을 갖추어줄 상인과 선원들이 부족했기 때문에 우리는 전쟁이 끝난 후 이것을 되사러 온 영국인들과 네덜란드인들에게 매각해버렸다."402)

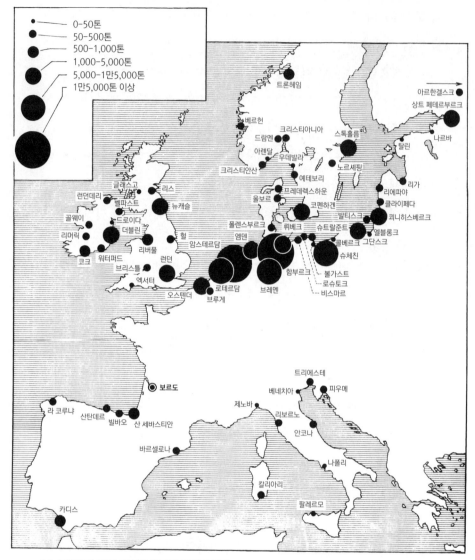

24. 보르도와 다른 유럽의 항구들 사이의 관계

1780–1791년에 보르도에서 떠난 배의 연평균 톤수. 북유럽이 절대 다수를 차지하고 있음을 알 수 있는데, 대부분은 네덜란드 배이다(프랑스 영사인 드 리롱쿠르의 보고에 의하면 1786 년에 프랑스를 떠나 암스테르담으로 간 273척의 배는 모두 네덜란드 배였다). 수출 화물 중 에는 포도주, 설탕, 커피, 인디고가 중요했으며, 수입 화물은 목재와 곡물이었다. (폴 뷔텔, "보르도의 유럽 및 식민지 상업지역들")

콜베르 시대로 거슬러올라가보아도 마찬가지의 무능력함을 보게 된다. 프랑스 북부 회사의 창설 당시(1669) "재무총감과 피에르 프로몽 및 니콜라 프로몽 형제의 노력에도 불구하고 루앙 사람들은 이 회사에 참여하기를 거부했다.……보르도 사람들은 강요에 못 이겨서 겨우 여기에 참여했다." "그들이 네덜란드에 비해서 선박과 자본 면에서 충분하지 못하다고 느꼈기"[403] 때문일까? 혹은 이들이 이미 암스테르담의 상업망 속에 연락원으로 들어가 있기 때문일까? 1700년경에 장문의 보고서를 쓴 르 포티에 드 라 에스트루아의 말에 따르면[404] 이 시대에 프랑스 상인들은 네덜란드 대상인들의 중개인으로 봉사하고 있었다. 그러나 이것은 1646년에 마티아스 드 생-장 신부가 묘사한 상황에 비하면 그래도 진보한 편이다.[405] 과거에는 네덜란드인들 스스로 프랑스 현지에서 중개인 역할까지 다 차지했으나, 이제 적어도 부분적으로는 이 역할을 지방상인들에게 맡겨버린 것이다. 그러나 우리가 이미 말한 바와 같이[406] 프랑스에서 국제경제 수준에 동참하는 대상인 카테고리가 등장하면서 프랑스의 상업자본주의가 외국의 보호를 벗어던지게 되는 것은 1720년대나 가서의 일이다. 더구나 이 시기에도 아직 그렇게 일이 빠르게 진척되지는 않았다. 한 증인에 의하면 18세기 말에 눈부시게 상업이 발전해가던 보르도에서도 "교역의 3분의 1 이상은 네덜란드의 지배하에 있었다는 것이 널리 알려진 기분 나쁜 사실이다."

영국과 네덜란드

영국은 네덜란드의 잠식에 아주 일찍부터 대응했다. 1651년에 크롬웰은 항해조례를 시행했고, 1660년에 찰스 2세가 이것을 재확인했다. 영국은 네 번씩이나 네덜란드 연방공화국과 치열한 전쟁을 치렀다(1652-1654, 1665-1667, 1672-1674, 1782-1783). 매번 네덜란드는 타격을 받았다. 동시에 영국에서는 엄중한 보호주의하에서 국민생산이 갈수록 향상되고 발전을 거듭했다. 이것은 아마도 영국의 경제가 프랑스에 비해서는 더 균형 잡혀 있고 외국세력으로부터 덜 영향을 입으며, 또 영국의 생산이 네덜란드에 매우 긴요했다는 증거일 것이다. 사실 네덜란드인은 영국인의 비위를 건드리지 않으려고 조심했다. 영국의 항구들은 네덜란드 선박들에게는 악천후 때에 최상의 피난처로 이용되었기 때문이다.

그렇다고 해서 영국이 네덜란드의 지배를 벗어났다고 믿어서는 안 된다. 찰스 윌슨은 조심스러운 네덜란드인들이 아주 다양한 방식으로 항해조례에 적응했다는 점을 주목해야 한다고 지적했다.[407] 사실 브레다 평화조약(1667)은 항해조례의 작용을 완화시켰다. 항해조례는 외국 선박이 그 배의 소유 국가에서 생산되지 않은 상품을 수송해 들여오는 것을 금지시켰지만 1667년에 가면 라인 강을 통해서 들어온 상품, 혹은 라이프치히와 프랑크푸르트에서 구매한 다음 암스테르담의 창고에 보관되었던 상품들—독일에서 생산한 다음 하를럼에서 표백한 아마포도 포함된다—은 "네덜란드제"로 간주되었다. 게다가 네덜란드의 대회사들은 런던에 지사를 두고 있었다. 판 넥, 판 노턴, 뇌프빌, 클리퍼드, 베어링, 호프, 판 레넙 등이 그런 예들이다.[408] 그 때문에 우호적인 연결과 서로 환심을 사려는 관계들이 맺어졌고, 바다로 오가는 여행이 양쪽에서 빈번하게 이루어졌다. 양측은 튤립 구근이나 히아신스 구근, 라인 포도주, 햄, 네덜란드의 진 등을 선물했다……. 영국 회사들은 심지어 네덜란드어로 편지를 쓰기도 했다.

이런 경로, 출구, 연결을 통해서 네덜란드의 중개상업은 영국의 수출입에 중요한 역할을 맡았다. 이것은 적어도 1700년, 아마도 1730년경까지 지속되었다. 영국으로 들어가는 상품으로는 모피, 가죽, 타르, 목재, 러시아산 및 발트 지역산 호박(琥珀), 독일에서 생산하고 네덜란드에서 표백한 고운 아마포—아주 고급 상품으로서 18세기에 런던의 멋쟁이 젊은이들은 상의 전체를 이것으로 만들어 입는 반면 아버지뻘 되는 사람들은 투박한 영국산 직포로 만든 옷 가운데 단지 목과 소매 주위의 장식으로만 이것을 썼다—등이 있었다.[409] 영국에서 나가는 상품 중에는 상당한 양의 식민지 산물이 있었다. 네덜란드인들은 영국 동인도회사의 경매장에서 대량으로 구매를 했다. 그 외에도 이들은 담배, 설탕, 경우에 따라 밀과 주석 그리고 "믿지 못할 정도로 많은" 양의 모직물을 사들였다. 대니얼 디포에 의하면[410] 1728년에는 200만 파운드 스털링 이상의 모직물이 팔려나갔는데 이것은 로테르담과 암스테르담의 창고에 보관되었다가 독일을 비롯한 각지로 재수출되었다.[411] 영국은 이렇게 오랫동안 네덜란드의 창고무역 체계 속에 끼어들어가 있었다. 영국의 한 팸플릿은 심지어 이렇게까지 썼다(1689). "우리 나라 상인들은 전부 네덜란드의 대리인으로 변모하는 중이다."[412]

자세한 연구를 해보면 영국에서 네덜란드 체제들이 번영을 누리고 또 장기간 완전히 개화하도록 만들어준 효율적인 연결망들—특히 크레딧과 선구매체제를 생각해볼 수 있다—이 드러날 것이다. 그래서 영국인은 (프랑스인이 그랬던 것처럼) 자신들의 생산품이 영국보다 암스테르담에서 더 싼 가격에 팔리는 것을 보고 망연자실하는 경우가 많았다.

네덜란드의 상업체제는 1680년부터 1730년까지 약 50년 동안 유럽에서 부흥기를 맞은 다음 1730년부터 쇠퇴하기 시작했다.[413] 그리고 이 세기 후반에 들어가면 네덜란드 상인들이 "실질적인 교환거래에 더 이상 참여하지 못하고 단지 해상 수송 및 발송의 대리인 역할만 할 따름인 것"에 대해[414] 탄식하는 소리가 들리기 시작했다. 게임의 상황이 반전된 것을 이 이상 잘 보여주는 것도 없을 것이다. 이제부터 영국은 외국의 보호를 벗어던지고 세계의 왕홀을 차지할 준비를 마쳤다.

더구나 네덜란드의 상업이 후퇴하자 영국이 17세기 중에 통탄해 마지않던 결점을 보완하면서 이런 준비는 더 잘 완수되었다. 그것은 다름 아니라 국가가 거액을 빌릴 수 있는 가능성을 말한다. 네덜란드인들은 이때까지 영국이라는 국가에 대한 자본대부를 거부해왔다. 이들은 자신에게 제공된 담보가 미덥지 못하다고 보았다. 그런데 이 세기의 마지막 10년 동안에 런던의 의회는 국가의 대부에 대해서 보증을 서고 특별세를 통해서 이자 지불에 필요한 재원을 마련한다는 원칙을 확립했다. 이때부터 네덜란드인들은 거래소의 문을 열기 시작했고 해가 갈수록 이런 경향은 더욱 강화되었다. 영국의 "국채(funds)"는 이들에게 편리한 투자처이며 네덜란드의 다른 화폐투자보다 더 높은 이자를 제공했고 또 암스테르담 거래소에서 높이 평가받는 투자 대상이 되었다. 중요한 것은 이런 것이 프랑스에는 없었다는 점이다.

따라서 영국은 네덜란드 대상인들의 잉여자본이 쏟아져 들어가는 곳이 되었다. 이들은 18세기 내내 영국의 국채에 거액을 투자했고 이와 동시에 영국의 다른 유가증권, 예컨대 동인도회사, 남해회사, 영국은행 등의 주식들에도 투자했다. 런던에서는 네덜란드의 거류지들이 다른 어느 때보다 부유하고 수가 많아졌다. 마치 팔레르모에서 제노바인들이 산 조르조 성당 근처에 모이는 것처럼 이곳 사람들은 오스틴 프라이어즈의 네덜란드 교회에 모여들었다. 기독교 상인들—그중에는 원래 암스테르담으로 피신해갔던 많은 위그노들도 있었다—외에 이들보다는 덜 부유하지만 어쨌든 따로 강력한 거류지를 구성하던 유대인 상인들을 더해서 생각해보면 네덜란드가 이곳을 침투, 또는 정복했다는 인상을 받게 된다.[415)

여하튼 영국인들은 모두 이런 느낌을 받았으며 찰스 윌슨은 심지어 영국인들이 국채에 대해서 가진 "공포심"을 이것으로 설명하기도 한다.[416) 영국인들의 눈에 영국의 국채를 외국인들이 지배하는 것으로 보였기 때문이다. 그렇지만 사실 이렇게 유입된 네덜란드의 자금은 영국의 크레딧에 숨을 불어넣어 주었다. 핀토가 이야기했듯이 프랑스보다 덜 부유하지만 대신 더 "뛰어난" 크레딧을 가진 영국은 언제든지 원하는 때에 원하는 금액의 돈을 충분히 구할 수 있었다. 이 얼마나 큰 이점인가!

그러다가 1782-1783년에 영국 세력이 강압적으로 네덜란드인들을 따돌리고 내팽개친 것은 네덜란드에게 놀라운 충격이었다. 그렇지만 이런 에필로그는 미리 예상했던 일이다. 18세기의 네덜란드는 사실 영국의 전국시장에 의해서 그리고 런던의 사회에 의해서 정복당했다. 대상인들은 런던에서 더 친밀함을 느끼고 이곳에서 더 많은 돈을 벌었고 심지어는 엄격한 분위기의 암스테르담에서는 찾을 수 없는 오락거리를 이곳에서 즐기기도 했다. 네덜란드의 다양한 카드 게임에서 영국이라는 카드는 참으로 이상하게도 처음에는 돈을 따다가 어느 순간 갑자기 돈을 잃게 만들었다.

비유럽 : 말레이 제도

말레이 제도에 대한 네덜란드의 초기 여행들에서는 완전히 다른 것들을 관찰할 수 있지 않을까? 즉, 무(無)로부터 시작하여 지배과정이 만들어지고 그것이 급속히 육중한 체제로 굳어지는 것 말이다.

네덜란드(그리고 아마도 모든 유럽)의 초기 아시아 침투는 뚜렷하게 구분되는 세 단계로 나누어볼 수 있다. 이것은 이미 오래 전에 윌리엄 해리슨 모어랜드가 제시한 구분이다.[417] 첫 단계는 상선의 등장으로, 이것은 이동하는 바자(bazar), 혹은 짐을 많이 보유한 행상과 같은 존재이다. 다음 단계는 상관(factorerie, 商館)의 설치로, 이것은 한 국가나 혹은 한 상업도시 내부에 토지이용권을 부여받은 "거류지"를 말한다. 마지막 단계는 영토의 점령이다. 마카오는 상관에 가까운 곳이지만 바타비아는 벌써 자바 섬의 식민화가 시작되었다는 표시이다. 이동하는 바자에 대해서라면 17세기 초엽에 얼마든지 예를 고를 수 있을 정도이다.

예를 들면 1599년부터 1601년에 걸쳐[418] "선구회사"[419] 중 하나인 신(新)브라반트 회사는 파울 판 카르던이 이끄는 네 척의 배를 동인도에 파견했다. 그러나 이 배 중에서 두 척만이 귀환했다. 이 배들은 1600년 8월 6일에 첫 번째 기항지인 반탐에 도착했다. 그런데 이곳에는 이미 너무 많은 네덜란드 배들이 정박해 있었으므로—다시 말해서 구매자들이 지나치게 많았으므로—이 배 중에 두 척이 항로를 바꾸어 후추가 많다고 소문난 파사만스 항구로 갔다. 그러나 이곳의 판매인들은 협잡꾼들이었고 항해 여건도 위험했다. 그래서 주저하던 끝에 수마트라의 서쪽 끝에 위치한 아체로 가기로 결정했다. 1600년 11월 21일에 두 척의 배가 이곳에 도착했다. 그동안 얼마나 많은 시간을 낭비했는가! 이들이 텍설에서 반탐까지 오는 데에 7개월 15일이 소요되었고 다시 이상적이라고 생각했던 이 항구에 오는 데에 3개월 15일이 더 걸렸다. 그러나 사실 이 여행자들은 늑대의 입속으로 들어간 셈이다. 음흉하고 노회한 아체의 왕은 1,000레알의 은화를 빼앗은 후 마음껏 시간을 늘여 뺐다. 이를 만회하기 위해서 네덜란드인들은 자기 배로 돌아간 다음 이 항구에 있는 상선 아홉 척을 나포했다. 그중 세 척의 배에 마침 후추가 있었는데 신중한 이 네덜란드인들은 이 상품을 "잘 보호했다." 그래서 다시 협상이 벌어졌는데 네덜란드인들은 본보기로 그들이 사로잡은 배 두 척을 불태운 다음 1601년 1월 21일과 22일 사이의 밤에 대접이 신통하지 않았던 이 섬을 떠나기로 했다. 이들은 열대 바다의 벌레들이 선박의 나무를 갉아먹는 위험한 바다에서 다시 2개월을 보냈다. 결국 다시 반탐으로 돌아가는 수밖에는 다른 도리가 없었다. 그래서 7주일 동안의 항해 끝에 3월 15일에 이곳에 다시 도착했다. 이제 이곳에서는 어려움이 없었다. 반탐은 말레이제도의 베네치아와 같은 곳이었다. 같은 때에 네덜란드의 배들이 도착한 까닭에 상품의 가격이 올랐지만, 어쨌든 상품을 구해서 배에 실을 수는 있어서 4월 22일에 이 배 두 척은 드디어 유럽으로 되돌아갔다.[420]

이 경험에서 우리는 아직 잘 알려져 있지 않고 복잡하며 유럽과 완전히 다른 이 세계의 교역망 속으로 침투한다는 것, 더 나아가서 지배한다는 것이 얼마나 어려운 일인지를 알 수 있다. 반탐과 같은 상업 대중심지에서는 곧 중개인들이 모습을 드러내고 그들이 당신을 기다리지만, 그 대신 바로 이런 사람들이 신참자들을 지배한다. 상황이 역전되기 시작하는 것은 네덜란드인들이 말루쿠 제도의 향신료 무역을 지배하면서부터이다. 독점의 수립은 모든 지점들을 하나씩 재조립하고, 또 이곳에 특권적인 그리고 이제부터는 필수불가결한 파트너로서 참여하는 데에 필요한 초기 조건이다. 그러나 어쩌면 동양에서 모든 것을 다 손에 넣으려고 한 시도, 즉 생산을 제약하고 현지 무역을 황폐화시키며 또 사람들을 가난에 빠뜨리고 인구를 감소하도록 만든 것이야말로 네덜란드의 동양 식민사업의 최대 잘못이었다. 다시 말해서 이것은 황금알을 낳는 거위를 죽인 꼴이다.

일반화가 가능한가?

우리가 살펴본 예들은 표본조사의 가치를 가진다. 이것들을 통해서 단지 전체적인 상황을 그려보는 것, 즉 중심지의 고전압 상태와 그 나머지 다른 지역의 취약성, [중심부에 대한/역주] 영합성 등을 통해서 하나의 세계-경제가 어떻게 작동하는지를 보여주고자 했다. 이 체제가 성공적으로 작동하기 위해서는 지배적인 경제가 복종적인 하급경제에 어떻게든 규칙적으로 접근할 수 있어야만 한다.

부차적인 세력권이라고 할 수 있는 유럽*과의 연결은 지나친 폭력 없이도 저절로 이루어졌다. 유인, 교환체제, 자본과 크레딧의 작용만으로도 이 연결을 유지하는 데에 충분했다. 어쨌든 네덜란드의 전체 교역 중에서 유럽이 5분의 4 이상을 차지하고 있었다. 이에 비해서 해외 부문[비유럽 부문/역주]은 아무리 대단해 보여도 잔돈에 불과했다. 이렇게 상대적으로 열등하지만 상당한 수준으로 발달해 있고 경쟁관계로 발전할 수도 있는 이웃 지역[유럽/역주]의 존재가 중심지의 열기와 효율성을 유지시켜준다는 점은 이미 말한 바 있다. 중국이 폭발력 있는 세계-경제가 되지 못했다면 이것은 중국이 집중화를 잘하지 못했기 때문이 아닐까? 혹은 같은 말이 되겠지만 전체의 중심을 부양시켜줄 충분히 강력한 반(半)주변부가 없었기 때문이 아닐까?

극단적인 변두리에 위치한 "진정한" 주변부는 힘, 폭력, 또는 강압적인 복종으로만 유지될 수 있다. 이것은 다름 아닌 식민주의라고 할 수 있을 것이다. 사실 식민주의는 아주 오래 전부터 경험한 사실이다. 네덜란드는 실론과

---

* 최정점에 위치한 네덜란드와 비교할 때 여타 유럽 지역들은 부차적인 지위에 있다는 뜻이다.

자바에서 식민주의를 수행했다. 스페인은 아메리카 대륙에서 이것을 실행했다. 그리고 영국은 인도에서 실천했다……. 그러나 사실은 이미 13세기에 베네치아와 제노바는 착취 가능한 변두리지역에 대해서 식민세력이었다. 제노바의 경우에는 카파와 키오스, 베네치아의 경우에는 키프로스, 칸디아, 코르푸 등지가 그런 지역이었다. 분명히 이것은 당대에 실현할 수 있는 최고의 완벽한 지배였을 터이다.

암스테르담의 쇠퇴

우리는 네덜란드의 우위에 관한 여러 기록들을 살펴보았다. 이 찬란한 역사는 18세기 말과 함께 끝나버렸다. 이렇게 빛이 쇠하는 것은 후퇴이며 내리막일 따름이지, 역사가들이 흔히 사용하고 또 오용하는 의미로서의 데카당스(décadence)는 아니다. 암스테르담이 런던에 자리를 내준 것은 베네치아가 안트베르펜에 그리고 런던이 나중에 뉴욕에 자리를 내준 것과 비슷하다. 그렇지만 암스테르담은 여전히 많은 이윤을 누리며 살아갔고 오늘날까지도 세계 자본주의의 발달된 중심지이다.

18세기에 암스테르담은 일부 상업상의 이점들을 함부르크나 런던, 더 나아가서는 파리에게까지 넘겨주었지만, 그래도 다른 이점들을 여전히 간직하고 있었고 교역의 일부를 계속 유지했으며 또 거래소 활동은 오히려 정점에 달했다. "인수" 활동의 증가로 인해서 이 도시의 은행업 역할도 증대했다. 이것은 특히 유럽의 경제성장과 궤를 같이했다. 암스테르담은 여러 방식으로 유럽의 경제성장에 자금을 댔으며 특히 전쟁 동안에 이런 점이 더욱 두드러졌다(장기 상업신용, 해상보험, 재보험 등). 그 결과 18세기 말에 보르도에서는 이 도시의 상업의 3분의 1이 네덜란드로부터의 자금대부에 의존하고 있다는 것이 "일반인들도 알고 있는 오욕"이었다.[421] 마지막으로 암스테르담은 유럽 각국 정부에 대부를 해주면서 큰 이익을 누렸다. 리처드 랩이 17세

1782년의 네덜란드의 자본

해외 대부	3억3,500만	영국	2억8,000만
		프랑스	2,500만
		기타	3,000만
식민지 대부	1억4,000만		
국내 대부(주[州], 회사, 해군성)	4억2,500만		
환거래	5,000만		
금, 은, 보석	5,000만		

대사법관인 반 데르 스피겔의 추산에 따르면 네덜란드의 자본은 10억 플로린에까지 이르렀는데 이와 같이 투자되었다. (얀 데 브리스, 『네덜란드의 부』, 1927)

기에 쇠퇴를 겪는 베네치아에 대해서 이야기한 사실,[422] 즉 새로운 적응과 전환, 새로운 개발 등의 방식을 통해서 베네치아가 이전 세기만큼이나 높은 국민총생산을 누렸다는 점은 암스테르담의 쇠퇴의 부정적 측면을 언급할 때에도 역시 조심해야 한다는 사실을 말해준다. 암스테르담에서 "은행"이 증가한다는 것은 자본이 변질되고 타락한다는 표시라는 것, 이 도시의 과두 지배집단이 폐쇄적이게 되고 또 베네치아나 제노바에서처럼 적극적인 상업 활동을 포기하고 그 결과 스타트하우더의 보호를 비롯한 안전한 특권을 찾아서 지대수취적인 대출업자의 사회로 전환해간다는 것, 이것은 모두 맞는 말이다. 그러나 이 한 줌의 특권인사들에 대해서 그들이 맡은 역할(그러나 이 것을 늘 자발적으로 선택한 것은 아니다)을 비난할 수는 있겠지만 이들이 수행한 계산까지 비난할 수는 없을 것이다. 왜냐하면 이들은 혁명과 제국의 시련을 무사히 넘겼으며 네덜란드의 일부 저자들에 의하면 1848년 당시에도 건재했기 때문이다.[423] 기초적이고, 말하자면 건전한 경제적 과업으로부터 더 정교한 돈놀이로 이전해간 것은 사실이다. 그러나 분명히 암스테르담은 그 자신의 책임을 넘어서는 운명에 사로잡혀 있었다. 성공 그 자체가 결과적으로 재정활동—활동이라기보다 차라리 재주 넘기라고 표현하는 것이 나을 정도인—에 몰두하도록 만들고 그러다 보면 전체 경제가 이것을 좇아가는 것이 힘들어지다 못해 때에 따라서는 아예 불가능해지는 것이 모든 지배적인 자본주의의 운명이다. 이것은 이미 수 세기 전에 샹파뉴 정기시에서부터 있었던 일이다. 암스테르담의 쇠퇴의 원인이나 모티브를 찾고자 할 때 분석의 마지막 차원에 이르면 17세기 초의 제노바, 18세기의 암스테르담 그리고 오늘날의 미국―미국 역시 위험한 수준으로까지 지폐와 크레딧을 조종하고 있다―에까지 타당한 일반적인 진실에 이르게 될 것이다. 이것은 적어도 18세기 후반에 암스테르담이 연속적으로 맞이했던 위기들을 살펴보면서 얻게 된 결론이다.

위기들 : 1763, 1772-1773, 1780-1783년

네덜란드의 광대한 체제는 1760년대 이후 여러 차례의 심각한―경제를 마비시킬 정도의―위기를 맞이했다. 이 위기들은 모두 크레딧의 위기이거나 혹은 그것과 연결된 것들이다. 상업증권들의 총량, "인공화폐"의 액수 등은 경제 일반에 대해서 어느 정도 자율성을 가진 것으로 보이지만, 분명히 어떤 수준 이상 넘지 못하는 한계가 있다. 한창 심각한 위기에 처해 있던 때(1773년 1월 18일) 암스테르담 주재 프랑스 영사로서 예민한 관찰력의 소유자인 마예 뒤 클레롱은 아마도 이 한계를 의식했던 것 같다. 그는 암스테르담 금융시장만큼이나 런던 금융시장도 "빡빡하며" 이것은 "그것을 넘어서면 반드시 후퇴하게 되는 어떤 한계가 있다는 증거"라고 설명했다.[424]

이런 사건들은 모두 하나의 단순한, 어쩌면 너무 단순한 과정에 따르는 것이 아닐까? 유가증권이 일정한 양에 이르면 유럽 경제의 가능성의 한계를 넘어서게 되어 유럽 경제는 주기적으로 자기가 지던 짐의 일부를 던져버리는 것이 아닐까? 어쩌면 1763, 1772-1773, 1780-1783년처럼 10년 주기의 규칙성을 가지고 불균형이 나타나는 것 같기도 하다. 위에서 언급한 위기 중에 첫 번째와 세 번째는 분명히 전쟁과 관련이 있을 것이다. 전쟁은 본래 인플레이션을 유발하고 생산을 저해하며, 그러다가 종전이 되면 그동안에 일어난 불균형을 해소하기 위해서 계산을 치르게 만든다. 그러나 1772-1773

년의 위기는 전쟁과 무관했다. 이것은 이른바 앙시앵 레짐의 위기였을까? 앙시앵 레짐의 위기란 전적으로 농업생산의 후퇴 때문에 발생했다가 그 영향이 모든 경제활동 전체에 미치는 위기를 말한다. 그렇다면 결국 이것은 평범한 위기였다는 말일까? 사실 유럽은 1771-1772년 동안 파국적인 흉작을 겪었다. 헤이그로부터 전해진 한 소식(1772년 4월 24일)에 의하면 기근이 든 노르웨이에서는 "사정이 어찌나 극심하게 어려운지 호밀 가루 대신 나무껍질 가루를 먹고 있다"고 하며 독일 지역들에서도 이와 비슷하게 심한 지경에 이르렀다고 했다.[425] 바로 같은 해인 1771-1772년에 파국적인 기근이 인도를 휩쓴 결과 동인도회사가 갑자기 어려움에 빠져들었던 것처럼 이런 농업상의 흉작이 심각한 위기를 더 악화시킨 원인이었을까? 그러나 이 모든 것이 물론 중요하지만 진정한 모터는 이번에도 역시 주기적으로 찾아오는 크레딧의 위기가 아닐까? 어쨌든 매번 위기의 심층에서는 원인인지 결과인지는 알 수 없으나 현찰화폐가 부족해지고 할인율이 감당할 수 없을 정도로 높은 수준인 10-15퍼센트까지 급등한다.

당대인들은 이 위기들의 원인으로서 가장 처음에 일어난 거대한 파산을 지목하고는 했다. 1763년 8월에 있었던 뇌프빌의 파산,[426] 1772년 12월에 있었던 클리퍼드의 파산,[427] 1780년 10월에 있었던 판 파렐링크의 파산[428] 등이 그런 예들이다. 이런 식으로 사태를 보는 것은 아무리 자연스러워 보인다고 해도 거의 타당성이 없다는 점은 분명하다. 클리퍼드 회사의 500만 플로린 규모의 파산이라든지 뇌프빌 회사의 600만 플로린 규모의 파산은 분명히 영향이 컸고 암스테르담 거래소에서 뇌관의 역할을 했으며 또 신용을 심각하게 무너뜨렸다. 그러나 뇌프빌이 독일에서 파국적인 사업을 벌이지 않았더라면, 혹은 클리퍼드가 영국 동인도회사의 주식에 대한 미친 듯한 투자를 하지 않았더라면, 또는 파렐링크 시장(市長)이 발트 지역에서 그렇게 부진한 사업을 벌이지 않았더라면 위기의 기제가 폭발하지도 않았을 것이고 일반화되지 못했을 것이라고 믿어야 할까? 매번 파산의 최초의 충격은 이미 위태로운 지경에 있던 시스템을 붕괴시켜버린다. 따라서 시간적으로나 공간적으로 관찰을 확대하고, 특히 앞에서 언급한 바 있는 위기들을 서로 비교하는 것이 바람직하다. 왜냐하면 이 위기들은 서로 중첩되어 있고, 네덜란드가 명백하게 쇠퇴하는 시기에 발생했으며, 마지막으로 그 위기들 사이에 유사점과 상이점들이 있어서 서로 비교할 때 제대로 설명되기 때문이다.

우선 이것들 간에 서로 유사한 점은 이 위기들은 모두 농업경제 및 산업경제의 리듬과 과정 속에 뿌리내리고 있는, 이른바 앙시앵 레짐의 위기와는[429] **절대적으로** 다른, 크레딧에 관계된 근대적인 위기라는 점이다. 그러나 동시에 이것들은 또 얼마나 상이한가! 찰스 윌슨은 1772–1773년의 위기가 1763년의 위기보다 더 심각하고 심층적이라고 보았지만[430]—이 점은 그의 말이 맞다—1780–1783년의 위기는 1763년의 위기보다 더 한층 심층적이지 않은가? 그러므로 1763년부터 1783년까지 네덜란드의 혼란은 갈수록 더 심각해지고 심화되었다. 10년 단위로 계속되는 이 크레센도는 다름 아닌 심층의 경제적 틀의 변환이 아닐까?

1763년의 첫 번째 위기는 7년전쟁(1756–1763)에 뒤이어 나온 것이었다. 이 전쟁 때에 중립을 지켰던 네덜란드는 어마어마한 상업상의 번영을 구가했다. 전쟁 동안 "네덜란드는 프랑스의 교역을 거의 도맡아서 했다. 특히 아메리카와 아프리카로 가는 교역이 그런 경우인데 이것은 엄청나게 큰 규모인 데다가 이윤율도 100퍼센트, 심지어는 200퍼센트에 이를 정도로 갈수록 커져갔다.……네덜란드의 배들이 영국에 많이 나포당했고 그 액수가 1억 플로린에 달했지만 일부 네덜란드 대상인들은 큰 부를 쌓았다."[431] 그러나 이렇게 다시 상업활동을 재개하고 좋았던 옛날로 되돌아가자 네덜란드는 엄청난 크레딧 활동을 하게 되었다. 무질서한 인수활동, 다른 회사에 대해서 발행한 다른 환어음을 가지고 만기가 된 환어음을 지불해주는 활동, 혹은 연쇄적인 융통어음과 같은 활동들이 행해졌다.[432] "조심성 없는 사람만이 대규모 투자를 한다"고 한 증인은 이야기했다.[433] 그러나 과연 그럴까?

현명한 사람이라고 하더라도 어떻게 "유통"의 톱니바퀴 속에 끌려 들어가지 않을 수 있겠는가? 자연적인 크레딧, 강요된 크레딧, "가공의" 크레딧 등이 뒤섞여 엄청난 유가증권들을 만들었는데 "그 액수는 정확한 계산에 따르자면 네덜란드의 현찰화폐 액수의 15배에 달할 정도로 팽창했다."[434] 우리는 이 이야기를 해준 증인인 레이던 출신의 한 네덜란드인만큼 이 숫자에 대해서 확신을 가질 수는 없으나, 네덜란드의 대상인들이 아주 극적인 상황에 직면하게 되었다는 점은 분명하다. 왜냐하면 할인업자들이 갑자기 유가 증권의 할인을 거부했기 때문이다. 사실 거부했다기보다는 할인을 할 수 없었다는 것이 정확한 말이다. 현찰이 부족했기 때문에 파산이 연이어 터져 나왔고 위기가 가속화되었다. 이 위기는 암스테르담만이 아니라 베를린, 함부르크, 알토나, 브레멘, 라이프치히,[435] 스톡홀름[436] 그리고 무엇보다도 네덜란드 사업계로부터 많은 출자를 받는 런던을 덮쳤다. 런던에 거주하는 한 베네치아인이 보낸 1763년 9월 13일 자의 서한에 의하면[437] 그전 주에 막판에 몰린 암스테르담의 "상인집단을 구원하기 위해서" 50만 파운드 스털링에 달하는 "아주 막대한" 금액이 네덜란드로 갔다는 소문이 돌고 있다고 한다.

그러나 이것은 네덜란드가 영국 국채에 투자했던 자금을 회수한 것이 분명한데 이것을 보고 과연 구호자금이라고 할 수 있을까?[438] 요제프 아론의 파산(부도액수 120만 플로린)과 뇌프빌 형제의 파산(부채액수 600만 플로린)이 있었던 8월 2일에 위기가 시작되었으므로 영국의 자금이 도착하는 데에는 한 달이 소요되었다. 이것은 비탄과 절망, 애원의 한 달이었다. 이즈음에는 정말이지 대단한 광경이 연출되었다. 예컨대 함부르크에서 많은 유대인 상인들이 파산했고[439] 코펜하겐에서는 4건, 알토나에서 6건,[440] 암스테르담에서 35건[441]의 파산이 일어났으며 "결코 일어나본 적이 없는 충격적인 일이 일어났는데 그것은 이번 주 초에 은행권이 현찰보다 1.5퍼센트 이하로 떨어진 것이다."[442] 8월 19일에 파산의 수는 42건으로 늘었고[443] "사람들은 다음번에 누가 희생될 것인지 미리 알고 있었다." 러시아 영사인 올드코프는 이 파국을 보고는 주저 없이 "일부 대상인이 전쟁 동안 주식을 가지고 지나치게 큰 욕심을 부렸기 때문"이라고 이야기했다.[444] "위험한 일은 결국 탈이 나고 만다. 오랫동안 예견했고 걱정했던 일이 일어난 것이다" 하고 8월 2일에 그는 썼다.

암스테르담의 거래소는 곧 마비되었다. "거래소에서는 할 일이 하나도 없다.……할인[445]도 하지 않고 외환업무도 하지 않고 환율이라는 것도 없다. 사람들은 모든 것을 의심하고 있다."[446] 유일한 해결책은 일을 지연시키는 것이다.[447] 이것은 정기시의 용어를 가지고 이야기한다면 연장(prolongation)을 얻는 것이다. 어떤 사람의 연구안에 의하면 이 문제에 대한 해결책은 "유예기간"[448] 또는 정지기간을 두는 것인데, 이것은 유통 채널이 다시 제자리를 잡을 때까지 국가가 어느 정도의 시간을 허락해주자는 계획이다. 유럽의 모든 통치자, 모든 국가가 이것을 승인해야 이런 일이 가능한데도 그는 단지 네덜란드 한 국가의 결정만으로 충분할 것이라고 잘못 생각했다.

그러나 가장 좋은 해결책은 암스테르담에 현찰화폐나 지금(地金)*이 도착하는 것이 아니겠는가? 뇌프빌 회사(그러나 이런 일은 그들만이 한 것이 아니다)는 하를럼 근처에 위치한 그들의 시골 저택에 작업장을 설치해서 "독일에서 그들에게 보낸 수백만 통 속에 담긴 프로이센 악화(惡貨)를 정화하고 정련했다." 7년전쟁 동안 프리드리히 2세가 발행한 이 악화 동전들을 독일에서 수집하는 일은 이 지역 유대인 상인들이 맡아서 하고 있었으며 이들은 암스테르담의 유대인 상인들과 연결되어 있었다.[449] 암스테르담의 유대인 상인들은 거의 전적으로 환전업무만을 하다가 이번 위기에 큰 타격을 입었는데 이렇게 들어오는 구세주와 같은 현찰에 대해서 환어음을 발행했다. "프로이센 국왕의 화폐사업을 담당하는 유대 상인인 에프라임과 이지크는 그저께(1763년 8월 16일) 호송대가 딸린 우편마차 편으로 300만 에퀴를 함부르

---

* 다듬어서 상품화하지 않은 황금.

크로 보냈다. 그런데 나는 다른 상인들도 그들의 크레딧을 유지하기 위해서 네덜란드에 상당한 금액을 보내고 있다는 것을 알게 되었다"고 헤이그 주재 나폴리 영사는 썼다.[450]

현찰 유입은 올바른 처방이었다. 다른 한편 암스테르담 은행은 8월 4일부터 관례적 규칙과 달리 "금괴와 은괴를 예치해서 받기로"[451] 했는데, 이는 가공하지 않은 귀금속을 곧바로 화폐유통에 투입시키는 방식을 의미했다.

이 정리청산(liquidation)의 위기를 더 자세히 살펴볼 필요는 없을 것이다. 이 격렬하고 철저한 위기는 취약한 기업만을 골라서 몰락시키고 날치기와 같은 투기꾼들을 일소해버린, 결국 어떤 점에서 보면 건전하고 유용한 위기였다. 그러나 어디까지나 이 재정적 지진의 진앙지에서 그렇다는 것이다. 예컨대 함부르크와 같은 곳에서는 사정이 달라서 청천벽력과 같은 뇌프빌의 파산이 있기 전인 8월 초에 이곳의 항구에서는 상품을 적재하지 못한 채 기다리다가 동쪽의 다른 항구들을 찾아가려는 배들로 북적대고 있었다.[452] 로테르담도 마찬가지여서 4월부터[453] "하층민"이 봉기를 일으켜서 이곳의 "부르주아지들은 무기를 들고 반란자들을 해산시켜야 했다." 그러나 암스테르담은 이런 종류의 말썽이나 곤경은 몰랐던 것 같으며 일단 폭풍우가 지나가자 큰 어려움 없이 부활했다. "이곳의 은행가 상인들은 불사조처럼 재 속에서 부활해서 결국 파산당한 상업 중심지들의 채권자가 되었다."[454]

1773년, 클리퍼드의 파산(1772년 12월 28일)을 계기로 위기가 다시 시작되는데 그 위기는 자신의 흐름을 따라서 흘러갔다. 다시 똑같은 과정과 분규가 재연되었다. 올드코프는 10년 전에 그가 썼던 편지들을 복사해서 보낼 수도 있었을 정도였다. 거래소가 마비되었다. 러시아 영사는 이렇게 썼다. "클리퍼드 회사에 뒤이어 여러 회사들이 파산했다. 프랑스 및 스웨덴과 다양한 교역을 했던 호르네카-호거 상사는 두세 번에 걸쳐 부도의 위기에 몰렸다. 첫 번째에는 다음날까지 갚아야 할 30만 플로린을 하룻밤 새에 모았다." 두 번째에는 천만다행으로 마침 파리에서 "금화를 실은 마차가 도착했다……. 상트 페테르부르크의 프레더릭 회사의 주재원이었던 리예, 리히, 윌키슨스 씨는 영국에서 은이 들어오도록 조정했다. (프랑스에서 들어온 금은 100만 플로린, 영국에서 들어온 은은 200만 플로린의 가치를 가지고 있었다.) 스웨덴과 대규모 거래를 하던 그릴 회사는 "그들의 환어음을 다른 환어음과 교환하여 할인할 수 없었기 때문에" 지불을 중단해야 했다. 빈 궁전을 위해서 다양한 거래를 해오던 유서 깊은 사르디 상사는 "격류를 따라가야 했다."[455] 일하기보다는 놀기를 좋아했던 이 이탈리아인들은 이미 신용이 떨어져 있었다.[456] 이 당시의 위기는 이들에게 단지 최후의 일격이었을 따름이다. 그러나 파산을 당한 다른 회사들 중에는 사실 아주 건실한 기업들도 있었다. 이들은 단지 일반적인 붕괴의 희생자였던 것이다. 그리고 다른 기업들도 주의하지 않으면 파산을 면하지 못했다.[457] 다시 한번 시당국은 이 시의 1급 상인들의 보증을 받고 자금을 필요로 하는 사람들에게 암스테르담 은행을 이용해서 200만 플로린의 현찰을 공급하고, 상품이든 유가증권이든 어떤 형태로든 담보를 제공하기로 했다. "그렇지만 사람들은 인수된 환어음을 받지 않으려고 했다. 더욱이 이것이 1급 회사들에 의해서 인수된 것인데도 말이다. 왜냐하면 이 200만 플로린"으로는 아무것도 할 수 없었기 때문이다.[458] 150년 동안 존속했던 유명기업인 클리퍼드 회사가 장렬하게 그리고 최종적으로 파산하자 이것이 전반적인 불신을 낳았고 이용 가능한 현찰 액수를 훨씬 넘는 환불 요구가 뒤따랐다.

이것은 1763년에 들었던 것과 완전히 같은 멜로디라고 생각할지 모르겠다. 당대인들도 그렇게 생각했다. 1월 말부터 단기간의 위기가 시작되어 빨리 끝나버렸지만 그 영향은 아주 극적이었다. 그러나 이것이 이전 것보다 더 심각한 위기였다는 것이 문제이다. 이에 대해서 찰스 윌슨이 핵심적인 대답을 했다.[459] 사실 결정적인 사실은 최초의 충격이 암스테르담이 아니라 런던에서 비롯되었다는 점이다. 클리퍼드 회사를 비롯한 여러 기업들을 휩쓸어가버린 이 파국은 당시 인도에서, 그중에서도 특히 벵골 지역에서 곤란을 겪던 영국 동인도회사의 주식가격이 폭락했기 때문에 발생했다. 게다가 주식가격의 하락은 하락세를 이용하려던 영국인들에게는 너무 늦게 일어났고, 상승세를 이용하려던 네덜란드인들에게는 너무 일찍 일어났다. 더군다나 양쪽 모두 투자자들은 통상 주식가격의 20퍼센트만을 현찰로 이용하고 나머지는 크레딧을 이용했기 때문에 더욱 폭락을 면할 수 없었다. 따라서 이들의 손실은 엄청났다.

런던에서 시작된 위기는 영국은행의 개입을 불러왔다. 이 은행은 의심스러운 어음의 할인을 거부하더니 곧 모든 어음의 할인을 거부했다. 영국은행이 이렇게 해서 현찰 시장이자 크레딧 시장인 암스테르담에 타격을 가한 이 전략이 잘못인지 아닌지를 따진다면 끝이 없는 논쟁이 될 것이다. 어쨌든 이 위기에서 불을 피해 무사히 살아남은 불사조가 있다면 그것은 런던이다. 런던은 위험이 지나가자 네덜란드에서 다시 살아난 "잉여"의 투자를 자기 편으로 끌어들였다.

암스테르담에서는 사정이 그다지 좋지 않았다. 위험한 시기가 지난 지 3개월 후인 1773년 4월에도 거리는 아직 불안한 분위기였다. "보름 전부터 사람들은 밤에 벌어지는 도둑질 이야기만 하고 있다. 그래서 일반 경비를 두 배로 늘리고 여러 구역에 부르주아의 순찰대를 배치했다. 그러나 악의 원인을 없애지 않고 정부가 그에 대한 해결책을 가지고 있지 않다면 이렇게 주의한다고 해서 무슨 소용이 있겠는가?"460) 위기가 지난 후 1년째인 1774년 3월에도 상인계급들 사이에는 맥이 빠진 분위기였다. 마예 뒤 클레롱 영사는 이렇게 썼다. "이곳의 크레딧에 마지막 일격을 가한 것은 바로 얼마 전에 이 도시에서 가장 중요하고 부유한 5-6개의 사업가문들이 상업을 포기했다는 점이다. 그중에는 회사의 주요 소재지인 암스테르담의 사업계보다 외국의 사업계에서 더 잘 알려져 있던 앙드레 펠스 회사도 포함되어 있다. 만일 부유한 회사들이 거래소를 떠난다면 대사업은 조만간 사라질 것이다. 거래소가 큰 손실을 지탱하지 못한다면 더 이상 큰 이윤을 바라고 과감한 사업을 벌이지 못할 것이다. 그러나 비율로 따진다면 아직까지도 다른 어떤 나라보다 네덜란드가 더 많은 돈을 가지고 있는 것이 사실이다."[461]

그러나 역사가가 보기에 여기에서 정말로 문제가 되는 것은 세계-경제 내에서의 주도권이다.

다시 1773년 2월에 이 영사는 제노바에서 150만 피아스트라에 달하는 엄청난 규모의 파산이 일어났다는 소식을 듣고 이 사건(그리고 여기에 덧붙여서 유럽을 뒤흔들어놓은 모든 사건들)을 암스테르담과 연관지어 생각했다. 이 도시는 "거의 모든 사건들이 동력을 얻어 움직임이 발생하는 중심지"라는 것이다.[462] 그러나 내 생각에는 이 시기에 오면 암스테르담은 더 이상 "중심지"나 진앙지가 아니다. 중심지는 이미 런던으로 넘어갔다. 그렇다면 하나의 편리한 규칙이라고 할 만한 것, 즉 세계-경제의 중앙에는 하나의 도시가 자리를 잡고 있어서 이것이 규칙적으로 이 체제의 지진을 불러일으키고 또 그로부터 가장 먼저 회복된다는 규칙이 작용하는 것 아닐까? 그렇다면 우리는 1929년 월 스트리트의 검은 목요일에 대해서도[463] 다른 시각으로 보게 된다. 이 사건은 뉴욕이 주도권을 잡게 되었다는 표시인 것이다.

그러므로 세 번째 위기인 1780년대의 위기가 터졌을 때 (적어도 역사가가 보기에는) 암스테르담의 주도권은 이미 작동하지 않았다. 이 위기는 앞의 것들에 비해서 기간이 길다는 점(적어도 1780-1783년 동안 일어났다), 유별나게 네덜란드에 해로운 결과를 가져왔다는 점, 그리고 이 위기의 움직임이 제4차 영란전쟁과 결부되어 있다는 점뿐만이 아니라 이 위기가 더 광범한 위기이자 다른 유형에 속하는 경제적 위기인 인터사이클(intercycle)에[464] 포함되어 있다는 점이 다르다. 이것은 바로 라브루스가 1778년부터 1791년까지 프랑스에서 일어났다고 본 위기이다.[465] 영국이 실론을 점령하고 말루쿠 제도에 자유롭게 접근할 수 있게 된 영란전쟁(1781-1784)의 에피소드 역시 이 10여 년간 계속되는 사이클 속에 놓고 보아야 한다. 유럽의 다른 나라들과 마찬가지로 네덜란드는 크레딧만이 아니라 경제 전반을 건드리는 장기적 위기 속에서 싸워야만 했다. 이 위기는 루이 16세의 프랑스—아메리카 독립전쟁에서 비록 승리를 거두기는 했지만 완전히 탈진하고 재정적으로 고장 난 상태로 빠져나오게 된—가 싸워야 했던 위기와 비슷하다.[466] "프랑스는 아메리카를 자유롭게 하는 데에 성공했으나 자신은 완전히 탈진해서, 영국의 콧대를 꺾어놓은 승리 속에서 자신은 파산하고, 재정도 고갈되었으며, 크레딧이 소진되고, 각료들은 반목하고, 왕국 전체가 파당으로 나뉘었다." 이것이 1788년 6월 23일에 올드코프가 프랑스에 대해서 내린 판단이다.[467] 그런데 네덜란드와 프랑스의 쇠락은 (너무나도 흔히 이야기하듯) 단지 전쟁만으로 설명할 수 있는 것이 아니다.

장기적이고 일반적인 위기는 흔히 지도를 깨끗하게 정리하는 결과를 가져온다. 이것은 일시에 강한 자를 강하게 만들고 약한 자를 더 약하게 만들어 각자 제자리를 찾아가게 만든다. 베르사유 조약(1783년 9월 3일)을 문자 그대로 믿는다면 영국은 정치적으로 정복당한 셈이지만, 경제적으로는 승리했다. 왜냐하면 이제부터 세계의 중심은 영국 안에 자리 잡게 되고 또 그로 인해서 여러 결과들이 발생하고 비대칭이 만들어졌기 때문이다.

이 진실의 순간에 네덜란드의 취약성들이 일거에 적나라하게 드러났다. 그중 일부는 이미 몇십 년 전부터 드러나 있었다. 예전에 효율성을 가지고 있다고 우리가 이야기했던 이 나라의 정부는 이제 무기력하고 내부적으로 분열되어 있었다. 긴급 무장계획은 사문서가 되었다. 병기창은 근대화가 불가능했다.[468] 이 나라는 구제가 불가능할 정도로 서로 적대적인 당파로 분열되어 있다는 느낌을 준다. 이 상황에 대처하기 위해서 마련한 새로운 조세들은 전반적인 불만을 야기했다. 거래소 자체도 "침울해졌다."[469]

바타비아 혁명[470]

급기야 네덜란드는 국내에서 갑자기 정치적, 사회적 혁명에 사로잡히게 되었다. 이것은 프랑스를 지지하고 "자유"를 주장하는 "애국파"의 혁명이었다.

이 혁명을 파악하고 설명하기 위해서 이 혁명의 시기를 제4차 영란전쟁이 일어난 해인 1780년으로 잡을 수 있을 것이다. 또는 "애국파"의 창시자인 판 데르 카펠런이 "네덜란드 민중들에 대한 호소(Aan het Volk van Nederlande)"를 발표한 해인 1781년을 들 수도 있다. 혹은 5월 20일에 파리에서 영국이 네덜란드와 평화협정을 조인한471)—네덜란드의 위대함에 조종(弔鐘)을 울린 것이다—1784년을 들 수도 있다.

전체적으로 보면 이 혁명은 복잡하고 난폭한 사건들의 연속, 논쟁과 설전(舌戰), 심한 증오, 무장충돌의 연속이었다. 올드코프는 천성적으로 이 봉기 가담자들을 거부했다. 그는 이들을 잘 이해하지는 못했지만 본능적으로 싫어했다. 처음부터 그는 이들의 요구에 비난을 퍼부었고 이들이 자유(Vrijheid)라는 말을 사용하는 것에 대해서도 비난했다. 네덜란드는 자유롭지 않다는 말인가? "그중에서도 가장 웃기는 일은 재단사, 구두 수선공, 헌신 장수, 빵 장수, 주막 주인 같은 사람들이 민병대로 변신한 후의 그 잘난 체하는 태도이다."472) 괜찮은 병사 몇 명만 있으면 이 집단에게 말귀를 잘 알아듣도록 만들어줄 것이다. 임시 군인들로 구성된 민중봉기 민병대 또는 "무장집단"이 일부 도시들—모든 도시에서 그랬던 것은 아니다—에서 민주적인 시 자치체를 방어하기 위해 결성되었다. 이 "애국파"의 테러 행위에 대응하여 조만간 전국에 걸쳐 스타트하우더 편인 "오라녜파의" 폭력행위가 등장했기 때문이다. 소문, 봉기 그리고 그 뒤의 진압이 이어졌다. 그러고는 무질서가 만연했다. 위트레흐트가 봉기했고 약탈행위들이 일어났다.473) 인도로 가던 배 한 척이 약탈당했는데 심지어는 승무원들에게 주는 급료용 동전까지 모두 빼앗겨버렸다.474) 민중—올드코프가 "부유한 자들"이라고 표현한—은 귀족들을 공격했다. 이것은 "부르주아 혁명"이면서 동시에 계급투쟁이었다.475) 애국파는 무엇보다도 소(小)부르주아지였다. 그러나 프랑스의 급송 편지에서는 이들을 단지 "부르주아지"라고 표현하고 있고 "공화주의자", 혹은 "공화주의체제" 등을 언급했다. 스타트하우더의 적인 일부 "과두지배집단"이 가세함으로써 이들의 지위는 더욱 드높아졌다. 이들은 애국파 운동에 힘입어 애처로운 지배자이며 불쌍한 인간인 빌럼 5세를 제거해버리기를 희망했다. 그러나 이 운동은 결코 일반 민중에게 기댈 수가 없었다. 민중은 오라녜 신화에 빠져 있었고 언제나 감동하기 쉬웠으며 그리하여 언제든지 공격하고 약탈하고 불 지를 태세가 되어 있었다.

우리는 이 혁명을 과소평가하려는 생각은 전혀 없다(이것은 오히려 네덜란드의 성공을 드러내는 반대증거이다). 이것이 유럽 대륙 최초의 혁명이며 프랑스 혁명의 선구로서, "부르주아의 가족들 간에도 믿지 못할 정도로 신랄하게 아버지와 아들, 남편과 아내를 갈라놓은"476) 대단히 심층적인 위기였음에 틀림없다. 게다가 혁명적이든 반혁명적이든 매우 전투적인 용어가 등장했는데 이것은 극단적인 반향을 불러일으켰고 이상할 정도로 시대에 앞서 있었다. 1786년 11월 이후, 수많은 논쟁에 짜증이 난 정부 각료들은 자유를 이렇게 정의하려고 했다(이것은 긴 연설문의 앞부분이다). "현명한 사람과 불편부당한 사람은 지금처럼 격앙된 이런 시대에는 이 말을 이해하지 못합니다. 그들은 오히려 이 구호[자유 만세!]가 일반적인 반란과 곧 닥치게 될 무정부 상태의 신호로 판단합니다.……자유는 무엇을 의미합니까?……그것은 자연의 혜택을 평화롭게 누리는 것, 국법의 보호를 받는 것, 그리하여 경작, 과학, 상업, 예술, 직업활동을 안전하게 수행하는 것을 말합니다.……이른바 애국파들의 처신보다 이것에 반대되는 것은 없을 것입니다."477)

그렇지만 혁명적인 소요가 아무리 강력했다고 해도 사실 이 나라를 서로 적대적인 두 편으로 갈라놓은 결과밖에 가져오지 못했다. 헨리 호프가 썼듯이478) "이 모든 것은 결국 완전한 압제로 끝날 것이다. 지배자의479) 압제이든 민중의 압제이든." (그러나 여기에서 민중과 애국파를 이렇게 혼동하는 것은 잘못이다.) 그래서 이 나라가 이편이든 다른 편이든 어느 한쪽의 해결책을 취하도록 만드는 데에는 한 번의 충격만으로도 충분할 것이다. 그러나 이 나라가 당시 처한 취약한 상황에서는 스스로의 힘으로 결정을 내릴 수는 없었다. 네덜란드 연방공화국은 영국과 프랑스라는 두 나라 사이에 끼여 있어서 두 강대국의 힘겨루기 대회의 상품(賞品)과 같은 것이 되었다. 처음에는 프랑스가 이기는 것처럼 보였다. 프랑스와 네덜란드는 1785년 11월 10일에 퐁텐블로에서 동맹조약을 맺었다.[480] 그러나 이것은 애국파에게든 베르사유 정부에게든 헛된 승리에 불과했다. 영국은 현지에 나가 있는 탁월한 능력의 대사인 제임스 해리스를 통해 스타트하우더와 그 추종자들을 이용하는 카드를 썼다. 그리고 의도적으로 보조금을 배분해주었다. 예컨대 프리슬란트에서는 호프 상사를 이용해 보조금을 나누어주었다. 결국 프로이센이 개입해왔는데, 그 이전에 지베*에 군대를 파견했던[481] 프랑스는 여기에 대응하지 못했다. 프로이센의 군대는 거의 총 한 번 쏘지 않은 채 암스테르담의 레이던 성문 앞에 도착했으며 곧 이 성문을 점령했다. 암스테르담은 방어를 할 수도 있었으나 1787년 10월 10일에 항복해버렸다.[482]

일단 스타트하우더 세력이 복귀하자 폭력적이고 체계적인 반동이 그 뒤를 이어서 일어났다. 오늘날의 입장에서 보며 이것은 파시스트적인 반동이라고 할 수 있다. 누구든지 길거리에서는 오렌지색 옷을 입어야 했다. 수천 명의 애국파들이 도주했다. 이들 중 일부 망명객들(이를 마타도르**라고 한다)이 커다란 소요를 일으켰으나 그것은 먼 곳에서 일어난 일에 불과했다. 국내적으로 폭력적인 반발이 멈추지 않았다. 어떤 사람들은 아주 작은 오렌지색 휘장(cocarde)을 달고 다녔고 다른 사람들은 그것을 V 자('브레이헤이드 [Vrijheid]' = 자유) 모양으로 만들어 달고 다녔지만 또 어떤 사람들은 아예 이것을 달지 않았다.[483] 10월 12일에 호프 상사의 직원들이 오렌지색 옷을 입은 채 거래소에 들어갔다가 쫓겨나서 집까지 호위병들의 보호를 받으며 돌아가야 했다.[484] 다음번에는 거래소에서 싸움이 일어났다. 한 기독교 상인이 휘장을 달지 않고 이곳에 오자[485] 스타트하우더 편의 유대인 상인들이

---

* Givet : 오늘날 프랑스와 벨기에의 국경 근처에 있는, 아르덴 데파르트망의 한 지역.
** matador : 투우에서 마지막으로 등장하여 소의 숨통을 끊는 사람.

시비를 건 것이다.486) 그러나 이런 것들은 오라녜파 민중이 벌인 처형과 폭력에 비하면 아무것도 아니다. "도시 행정부" 내에서 시장들과 시 의원들이 대체되었고 진정한 엽관체제라고 할 만한 것이 시작되었다. 명망 있는 가문의 대표들이 쫓겨나고 전날까지 이름도 없던 보잘것없는 사람들이 대신 들어섰다. 그래서 많은 부르주아들과 애국파 인사들이 브라반트와 프랑스로 가버렸다. 이들의 수는 모두 4만 명에 달했던 것으로 보인다.487) 엎친 데 덮친 격으로 프로이센 군대가 정복지로 진주해왔다. "프로이센 국왕의 군대가 [홀란트 주] 영토에 들어온 순간부터 이들의 급료 지불이 정지된다.……이들은 약탈해서 스스로의 급료를 구하게 되어 있다. 이것이 전시의 프로이센 군대의 체제라고 한다. 이 군대가 그런 규칙에 맞게 행동했다는 것은 확실하다. 그 결과 네덜란드는 완전히 피폐해졌다. 정확히 이야기하면 이들이 이 도시[로테르담]에서 약탈을 한 것은 아니다. 이들은 단지 가게 안으로 들어가서 돈을 내지 않고 물건을 가져갔을 뿐이다.……그리고 이 도시로 들어오는 상품에 대한 입시세를 걷어간 것도 프로이센 군인들이었다."488) 프로이센 군대는 1788년 5월에 떠났다. 그러나 이때쯤이면 스타트하우더의 반동은 완전히 제자리를 잡아서 자기 길을 계속 가고 있었다.

그러나 혁명은 이웃 지역인 브라반트에서 계속 타올랐다. 브라반트라면 곧 브뤼셀이 있는 곳이다. 이곳은 암스테르담의 모습을 본떠서 활발한 화폐시장이 되었으며 오스트리아 정부의 끝없는 필요와 욕심에 시달리고 있었다. 점점 더 확신을 가지게 된 올드코프는 1787년 2월 26일에 다음과 같은 예언적인 말을 남겼다. "유럽이 오랫동안 네덜란드의 광기를 즐겼으므로 이제는 시선을 프랑스로 돌릴 것이 분명하다."489)

제4장

전국시장

Pieter Brueghel de Jonge(1564–1638), *The Village Lawyer's office,* 1626. tempera on panel, 75 × 124.5cm. Grohmann Museum. public domain.

전국시장(marché national, national market)이라는 고전적인 개념만큼 자명한 것은 없을 것이다(물론 역사가들에게 그렇다는 뜻이다. 왜냐하면 이것은 오늘날의 경제학 사전에는 나오지 않는 말이기 때문이다).[1] 이 말은 주어진 한 정치적 공간 속에서 획득된 경제적 응집성을 가리킨다. 그리고 이 공간이란 어느 정도 넓은 범위, 무엇보다도 영토국가(État territorial, territorial state) 또는 지난날에 흔히 민족국가(État national, national state)라고 불렀던 틀을 가리킨다. 이 틀 내에서 정치적인 성숙이 경제적인 성숙보다 앞서 있었으므로 우리가 알고 싶은 문제는 언제, 어떻게 그리고 어떤 이유로 이 국가가 경제적으로 내적 응집성을 확보했으며, 또 나머지 세계에 대응하여 하나의 단일한 총체로서 행동하는 능력을 얻게 되었는가 하는 점이다. 다시 말해서 도시가 주도권을 쥐던 경제적인 총체들이 뒷전으로 밀려남으로써 유럽사의 흐름을 바꾸어놓은 현상의 기원을 파악하고자 하는 노력을 뜻한다.

전국시장의 등장은 당연히 유통의 가속화, 농업 및 비농업 생산의 증대 그리고 총수요의 확대에 조응한다. 추상적으로 생각해보면 이런 것들은 자본주의의 개입 없이 단지 시장경제의 규칙적인 확대만으로도 획득할 수 있는 조건이라고 상상하기 쉽다. 그러나 실제로는 시장경제가 지역적인 수준에 머무르기 쉽고, 단지 서로 상이하고 상호 보충적인 생산을 교환한다는 한계 속에서 조직되기 쉽다. 아주 짧은 반경을 가지며 거의 독립적이고 흔히는 아주 개별화된 여러 경제들 전체를 봉합시키면서, 지방시장을 넘어 전국시장으로 확대해가는 것은 결코 저절로 되지 않는다. 전국시장은 정치적 의지─이 역시 언제나 효율적이지는 않다─와 동시에 상업, 특히 원거리 국제무역이라는 자본주의적인 압력에 의해서 강요된 응집성이다. 대개는 외부교역이 어느 정도 꽃피는 것이 전국시장의 힘겨운 통합에 선행하여 일어난다.

이런 점들 때문에 우리는 전국시장이 다른 어느 곳에서보다 세계-경제의 중심지 또는 중심지와 가까운 곳에서 그리고 자본주의의 그물망 속에서 발전하기 쉽다고 생각할 수밖에 없다. 그리고 전국시장의 발달과 지리적인 차별화─점진적인 국제분업에 따른─사이에 상관관계가 있다고 생각하게 된다. 반대로 전국시장의 무게는 세계 지배의 후보자로 나선 여러 세력들 사이의 끊임없는 투쟁에서 그 자신의 역할을 수행한다. 18세기에는 이 투쟁이 암스테르담이라는 한 도시와 영국이라는 "영토국가" 사이의 결투로 나타났다. 내부요소와 외부요소들의 압력 아래에서 산업혁명의 출발로 이행하는 핵심적인 전환이 이루어진 것도 바로 이런 전국시장이라는 틀 속에서였다. 나는 산업혁명이라는 그 핵심적인 전환은 복합적인 내부수요가 성장하여 다양한 분야의 생산을 가속화시킴으로써 진보의 길을 열어놓은 것이라고 생각한다.

전국시장에 대한 연구가 유익하다는 데에는 의심의 여지가 없으나, 이 연구에 걸맞은 방법과 도구들이 개발되어 있지 않다는 것이 큰 어려움이다. 경제학자들은 지난 30-40년 동안 "국민소득계정(comptabilité nationale, national accounts)"*의 필요상 이러한 도구와 방법들을 만들었으나, 물론 역사가들이 직면한 특정한 문제들을 고려하여 만든 것은 아니다. 역사가들은

---

* 경제순환의 거시적인 관련성을 주요 경제주체 상호 간의 재화 및 용역의 흐름에 따른 판매와 구입의 관계로 표현한 것이다.

그런 거시경제학의 도움을 받을 수 있을까? 오늘날 국민경제의 계량에 사용되는 인상적으로 많은 자료들은 과거에 대해서 역사가들이 가진 그 빈약한 자료와는 완전히 다르다. 그리고 이런 어려움은 직접 관찰이 가능한 현재로부터 과거로 멀리 거슬러올라갈수록 더 커진다. 오늘날의 이런 문제의식을 과거에 대한 연구에 진정으로 적용해본 예가 없다는 점이 문제를 더욱 어렵게 만든다.[2] 이 영역에서 역사가들을 대신한 경제학자들이 극소수 있기는 하지만 장 마르체브스키, 로버트 윌리엄 포겔[3] 등과 같은 뛰어난 연구자들도 각각 18세기와 19세기 이전으로 거슬러올라가서 연구한 적은 없다. 이들이 다룬 시기는 상대적으로 수치자료들이 풍부한 시기에 한정된다. 그러나 이렇게 반쯤 조명을 받은 시기를 벗어나면 거의 아무것도―그들의 축복의 말조차― 없다. 내가 이미 인용했던 것처럼[4] 오직 사이먼 쿠즈네츠만이 이 방면에서 우리에게 도움을 줄 뿐이다.

이것이 우리가 직면한 문제이다. 우리는 쿠즈네츠나 레온티예프와 같은 방식으로 국민경제에 대한 "총괄적인 무게를 잴(pesée globale)"[5] 필요가 있다. 이것은 그들의 연구를 문자 그대로 따른다기보다 그들의 정신을 따른다는 의미이다. 그것은 과거에 역사가들이 가격과 임금에 관한 과거소급적인 콩종크튀르를 파악하기 위해서 장 레스퀴르, 알베르 아프탈리옹, 에른스트 바게만 그리고 프랑수아 시미앙의 개척적인 사고를 본받는다는 것과 마찬가지이다. 이 영역에서 역사가들은 놀라운 성공을 거둔 바 있다. 그러나 이번에는 더 큰 위험이 도사리고 있다. 국민생산이 전통적인 경제적 콩종크튀르의 리듬을 그대로 따르는 일이 거의 없기 때문에[6] 이 콩종크튀르가 우리에게 도움을 주지 못할 뿐 아니라 우리가 알고 있는―혹은 우리가 알고 있다고 믿는―것들을 뒤집지 않는 한 우리는 한 걸음도 내디딜 수 없을 것이다. 우리가 가진 유일한 이점―그리고 분명히 무시할 수 없는 이점―은 우리에게 거의 익숙하지 않은 방법들과 개념들을 사용하다 보면 새로운 시각으로 사태를 바라볼 수밖에 없다는 점이다.

기초단위, 상층단위*

광대한 면적을 차지하는 전국시장은 그 자체가 다시 작은 단위로 세분된다. 다시 말해서 전국시장은 서로 닮았으나 뭉쳐지지는 않는 소공간들의 집합이라고 할 수 있다. 전국시장은 이 소공간들을 포괄하고 그것들에 일정한 관계를 강요한다. 상이한 리듬에 따라서 살지만 그러면서도 끊임없이 서로가 서로에게 작용하는 이 소공간들 가운데 과연 어느 것이 가장 중요하며 어느 것이 전체의 건설에 결정적인 역할을 하는지를 사전에 알 수는 없다. 한 나라 안에서 여러 시장들 간에 느리고 복합적인 연결이 이루어지는 과정 중에, 국제시장과 활기에 넘치는 국지시장들은 융성하는 데에 비해서 그 중간단위인 전국시장이나 지방시장의 발전은 뒤처지는 일이 흔하다.[7] 그러나 이런 법칙은 간혹 뒤집어지기도 한다. 특히 "주(州)" 경제가 아주 오래 전부터 확고하고 다양하게 발전한 가운데 국제시장은 단지 그 상층에 얹혀 있기만 한 역사가 전개된 곳에서는 그런 일이 일어나기 쉽다.[8]

전국시장의 형성은 따라서 이와 같은 다양한 요소들 속에서 연구해야만 한다. 이런 요소들이 뭉친 각각의 집합은 또 그 나름대로 특별한 경우가 된다. 다른 경우와 마찬가지로 이 경우에도 일반화란 쉽지 않은 일이다.

여러 종류의 공간들

이런 공간들 가운데 가장 기초적이고 가장 뿌리 깊은 것은 인구학자들이 말하는 **고립집단**(isolat), 즉 농촌 인구의 최소 단위이다. 어떤 인구집단이라도

---

* 이 절에서는 프랑스어의 '프로뱅스(province)'와 '페이(pays)'라는 말이 한정된 뜻을 가진 개념어로 쓰인다. 이 절에서 설명하듯이 프로뱅스는 1만5,000-2만5,000제곱킬로미터 정도의 면적이고 페이는 1,500-2,500제곱킬로미터 정도의 면적이다. 이것을 우리나라의 행정단위와 비교하면 (예컨대 경기도 1만679제곱킬로미터, 여주군 610제곱킬로미터, 안동군 1,434제곱킬로미터) 완전히 일치하지는 않지만, 프로뱅스는 대개 우리의 도 정도이고 페이는 큰 군 하나 혹은 작은 군 두 개 정도에 해당한다. 이 두 단어가 이와 같은 개념어로 쓰이는 경우에 한정해서 프로뱅스를 "주"로, 페이를 "지방"으로 옮겼다.

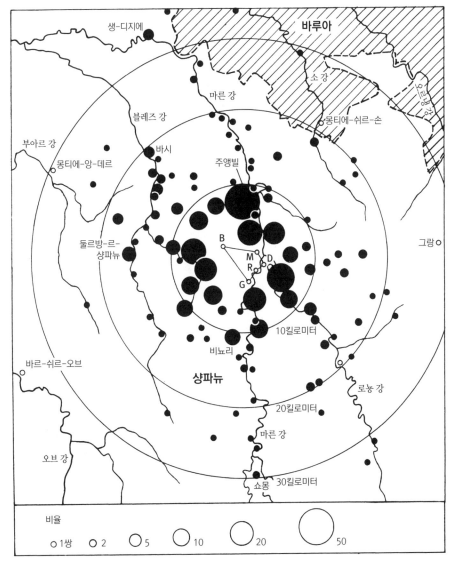

바루아

생-디지에

소 강

마른 강

블레즈 강

몽티에-쉬르-손

부아르 강

몽티에-앙-데르

바시

주앵빌

둘르방-르-
샹파뉴

B

M D
R

G

그랑

10킬로미터

비뇨리

바르-쉬르-오브

샹파뉴

로뇽 강

20킬로미터

마른 강

오브 강

쇼몽 30킬로미터

비율

○1쌍 ○ 2 ○ 5 ○ 10 ○ 20 ○ 50

25. 샹파뉴의 다섯 개 마을에서의 결혼, 1681-1790년

포도를 많이 재배하는 다섯 개 마을―블레쿠르(B), 동죄(D), 우드몽(O), 뮈세(M), 루브루아
(R)―의 면적을 모두 합하면 1,500핵타르 정도이므로, 앙시앵 레짐 시기의 전형적인 "고립집
단(isolat)"이라고 할 수는 없다. 그렇지만 약 100년 정도의 기간에 기록된 1,505건의 결혼 중
에서 56.3퍼센트는 각 교구 내에서 만난 쌍이고 12.4퍼센트는 다섯 개 교구들 사이에서 만난
쌍이다. 나머지 31.3퍼센트는 "타지인" 간의 쌍이라고 할 수 있을 텐데, 이 경우들을 지도에
표시했다(전체는 471쌍이다). 이들 태반은 10킬로미터 반경 이내의 사람들끼리 만난 것이다.
(기 아르볼로, 『발라주의 다섯 개 교구 마을(17-18세기). 역사인구학적 연구』, 1973)

최소한 400-500명이 되지 않으면 살아가기 힘들고 더욱이 인구학적 재생산이 불가능하다.[9] 앙시앵 레짐 시기의 유럽에서는 이것이 하나 또는 여러 개의 서로 연결된 마을들에 해당한다. 이것은 하나의 사회적인 단위이자 경작, 개간, 도로 및 주거의 단위이다. 피에르 드 생-자코브는 이에 대해서 "문화적 임간지(文化的林間地, clairière culturale)"라는 말을 했는데[10] 이 표현은 (흔히 오트-부르고뉴에서 그랬던 것처럼) 숲 한편이 벗겨져서 맨땅이 드러난 공간일 때 완전히 들어맞는다. 그렇게 되면 이 전체는 한 권의 펼쳐진 책처럼 이해되고 읽힌다.

수없이 많은 이 소규모 단위들[11] 속에서 역사는 느린 과정으로 흘러가고 그 가운데 사람들의 삶은 언제나 비슷한 모양으로 한 세대에서 다음 세대로 이어지며 계속된다. 이곳의 풍경은 끈질기게 거의 똑같은 모양을 유지하려고 한다. 경지, 목초지, 텃밭, 과수원, 삼밭이 있는가 하면 낯익은 숲, 가축 재배에 적합한 개간지 등이 펼쳐진다. 그리고 언제나 똑같은 도구가 사용된다. 삽, 곡괭이, 쟁기, 물레방아, 대장간, 수레 만드는 목수의 작업장 등……

이 좁은 생활권들[12]의 위로 (이 최소 단위들이 지나치게 자체충족적인 상태로 살려고 하지만 않는다면) 이것들을 서로 연결해주는 최소 규모의 경제적 단위가 만들어진다. 이 전체가 하나의 읍(bourg)이 되는데, 여기에는 하나의 시장이 있고 때로는 하나의 정기시가 있을 수도 있으며 주변에 여기에 종속된 마을이 몇 개 있다. 각각의 마을은 이 읍까지 하루 안에 왕래할 수 있을 정도의 거리만큼 떨어져 있다. 이 전체의 크기는 교통수단, 인구밀도 그리고 해당 공간의 비옥도에 따라서 달라진다. 인구밀도가 낮고 땅이 척박할수록 이 거리가 벌어진다. 알프스 지방의 샤모니 북쪽에 위치한 발로르신 계곡은 벽지 중의 벽지였다. 18세기에 이곳에서 살던 사람들은 길고 험한 계곡 길을 내려와서 발레 지방의 마르티니라는 읍에 와서 "쌀, 설탕, 때로는 약간의 후추를 사고, 또 고기를 구입하기도 했다. 왜냐하면 발로르신 계곡에는 [1743년까지도] 정육점이 하나도 없었기 때문이다."[13] 이것과 성격이 반대되는 것으로 대도시에 붙어서 번영을 누리는 마을들이 있다. 톨레도 근처에 있는 푸에블로스 데 로스 몬테스(pueblos de los montes : 산지의 마을들)가 그런 예이다.[14) 이 마을들은 16세기 이전부터도 양모, 직물, 가죽과 같은 자신의 생산물들을 소코도베르 시장에 가져오고는 했다. 일종의 시 변두리처럼 되어버린 이 마을들은 이렇게 도시에 가까이 있다는 사실 자체로 인해서 농사일을 면제받은 것처럼 보인다. 이상의 두 가지는 극단적인 예이고 대부분의 인접 마을들 간의 관계는 이 양자 사이의 어딘가에 있는 한 지점이 될 것이다.

이처럼 초보적인 경제의 성격을 띠는 이 세계의 무게, 면적 혹은 용적은 어느 정도였을까? 빌헬름 아벨은 인구 3,000명의 소도시가 순전히 자기 자신의 지배영역만을 가지고 살아가려면 면적 합계가 85제곱킬로미터에 달하는 여러 마을들이 필요하다고 계산했다.[15) 그러나 전(前)산업화 시기에 3,000명의 인구란 일반적인 읍의 크기로는 큰 반면, 85제곱킬로미터의 면적은 그것이 전부 경작지를 가리키는 것이 아닌 한 불충분해 보인다. 어떻든 이 마지막 숫자는 더 크게 잡아야 한다. 경작지에 더해서 숲, 목초지, 개간지를 포함한다면 아마도 그 두 배 이상이 되어야 할 것이다.[16) 그러면 약 170제곱킬로미터 정도가 된다. 『코뮌 사전(Dictionnaire des Communes)』에 의하면 1969년에 프랑스에는 3,321개의 **캉통***이 있다. 옛날식 행정구분으로서 경우에 따라서는 그보다 더 먼 과거의 구분을 근간으로 만들어진 이 캉통이 **개략적으로** 기본적인 경제적 집단이라고 할 때, 프랑스의 전체 면적인 55만 제곱킬로미터를 캉통의 숫자로 나누면 캉통 하나의 평균 면적은 160-170제곱킬로미터 정도가 되고 오늘날 같으면 평균 1만5,000-1만6,000명의 인구를 가지게 될 것이다.

---

* 오늘날 프랑스에서 캉통(canton)은 몇 개의 코뮌(commune)을 묶은 행정단위이다. 한편 스위스에서는 스위스 연방을 구성하는 각각의 주를 가리킨다. 코뮌은 과거에는 봉건적 예속에서 벗어나서 주민의 행정자치가 이루어지는 마을이나 시를 의미했다. 그러나 오늘날에는 한 명의 시장(maire)을 두는 행정의 기초단위를 가리킨다.

캉통들은 그보다 면적이 넓은 더 큰 단위의 지역과 잘 부합될까? 오래 전부터 프랑스의 지리학자들은 그렇다고 주장해왔다.[17] 이들은 "지방(pays)"이라는 개념을 중시하여 이것이 가장 핵심적이라고 보았다. 400-500개에 달하는 프랑스의 이 "지방들"은 역사적으로 크기가 계속 변화해왔으며, 경계가 완전히 정해지지 않은 채 토지나 기후 혹은 정치적, 경제적 연결에 따라 변경되었던 것이 분명하다. 면적은 지역에 따라 특이하게 달라지기도 하지만 대략 1,000에서[18] 1,500 혹은 1,700제곱킬로미터 정도가 된다. 그러고 보면 이것은 상대적으로 꽤 묵직한 단위이다. 이것이 의미하는 바를 잘 이해하려면 보베지, 브레, 오주, 로렌의 부아브르, 오트, 발루아,[19] 툴루아(1,505 제곱킬로미터),[20] 타랑테즈(약 1,700제곱킬로미터),[21] 포시니(1,661제곱킬로미터)[22] 등이 이런 정도의 면적이었다는 것을 참고하면 될 것이다. 그렇지만 거대한 산맥과 산지목장을 가진 발레 다오스타는 현재 우리가 가진 훌륭한 역사 안내서에 따르면[23] 이 기준을 크게 넘는 반면(3,298제곱킬로미터), 레르그 강의 분지에 자리 잡고 있는 로데부아는 798제곱킬로미터밖에 안 된다. 그러나 사실 로데부아 지방은 대단히 독특한 곳으로서 랑그도크에서 가장 작은 교구이기 때문에 그렇고, 베지에(1,673제곱킬로미터), 몽펠리에(1,484제곱킬로미터), 알레스(1,791제곱킬로미터) 같은 나머지 교구들은 앞에서 말한 기준에 잘 들어맞는다.[24]

이렇게 크기를 재고 기준을 잡고 특성을 살펴보는 작업을 프랑스 및 유럽 전체에 걸쳐 시행해볼 수 있을 것이다. 그러면 우리의 문제가 풀릴까? 아마도 핵심적인 것은 폴란드로부터 스페인까지, 이탈리아로부터 영국까지, 유럽 전체에서 다소 높은 지위를 차지하고 지배를 행사하는 중심도시와 거기에 종속된 "지방들"을 찾아내는 일일 것이다. 우리가 정확한 내용을 아는 예를 고른다면 툴 시가 권위적인 중심지 역할을 하는 툴루즈 지방,[25] 또는 곤자가 가문이 지배하는 만토바 시에 완전히 복종하는, 면적 2,000-2,400제곱킬로미터의 만토바 지방이 될 것이다.[26] 그렇게 중심이 잡힌 모든 "지방

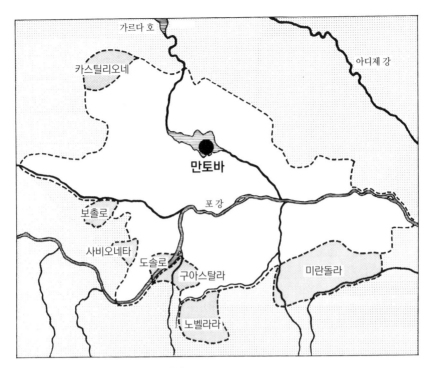

26. 1802년의 지도로 본 만토바 공작령

이 공작령(2,000-2,500제곱킬로미터)의 주변에는 이보다 더 협소한 영지들이 존재한다. 미란돌라 공작령, 카스틸리오네 공국, 보촐로, 사비오네타, 도솔로, 구아스탈라, 노벨라라 백작령 등. 더 멀리로는 베네치아, 롬바르디아, 파르마, 모데나 등이 있다. 만토바 시 자체는 민초 강이 형성한 호수로 둘러싸여 있다. 기나긴 과거를 가진 이 만토바 공작령이 프랑스의 "지방(pays)"에 상응할까?

들"은 경제적인 단일체라고 볼 수 있을 것이다. 그러나 그전에 "지방"은—아마도 이것이 가장 중요한 사항일 테지만—문화적인 실체이며, 서유럽 세계—특히 "다양성이라는 이름의" 프랑스가 정확한 예이다[27]—를 구성하는 모자이크에 다양성과 조화를 제공하는 한 조각이다. 민속, 의상, 언어, 지방마다 다른 속담, 풍습(이것은 10-20킬로미터 이상 떨어지면 벌써 달라진다), 가옥의 형태와 재료, 지붕, 실내 구성, 가구, 요리관습 등 지방마다 달라지는 이 모든 것들은 생활방식, 적응방식, 필요와 자원을 조화시키는 방식, 다른 곳과는 다른 기쁨의 향유방식 등을 의미한다. 그리고 이러한 "지방" 차원에서는 행정기능들에도 차이가 난다. 특히 프랑스의 경우를 보면 400개의 바야주(baillage) 및 세네쇼세(sénéchaussée)의 자의적인 경계와 400-500개의 "지방들"이라는 지리적인 실체 사이에는 상당한 불일치가 존재한다.[28]

그보다 더 상위의 층에 있는 "주(province)"는[29] 거인과 같은 존재이다. 물론 그 규모는 역사적으로 변화를 겪을 수밖에 없었다. 왜냐하면 이 지역들을 형성시켜준 역사가 모두 같은 방식으로 진행되지는 않았기 때문이다. 비달 드 라 블라슈는 『유럽의 국가와 민족(États et Nations d'Europe)』(1889)―불행하게도 이 책은 에세이 수준에 그친다―에서 "주(그는 '레지옹[région]'이라는 단어를 썼으나 사실 이것은 '프로뱅스[province]'를 가리킨다)"가 서유럽 세계를 구성하는 기본요소라고 표현한다. 그러나 그의 훌륭한 저서이자 에르네스트 라비스*가 『프랑스사(Histoire)』를 쓰는 데에 첫걸음이 된 『프랑스의 지리적인 묘사(Tableau Géographique de la France)』(1911)에서는 "주(région naturelle 혹은 province)"보다는 "지방(pays)"에 훨씬 더 큰 중요성을 부여한다. 모든 점을 고려할 때 쥘 미슐레의 『근대사의 연대기적인 묘사(Tableau Chronologique de l'Histoire Moderne)』에서 "주"의 다양성에 대한 가장 활기찬 이미지를 찾을 수 있는데, 그는 이것을 "프랑스를 드러내 보이는 계시"라고 말했다.[30] "지역들"이라는 혼합체가 형성됨으로써―원해서라기보다는 강제력에 의해서―근대 프랑스가 그 안에서 조금씩 커나가는 행정적인 틀이 조숙하게 만들어져간다고 하더라도, 다양성이 완전히 지워지지는 않았다. 마키아벨리는 프랑스 왕권의 확립을 부러운 마음으로 찬탄한 바 있다.[31] 이것은 원래 토스카나, 시칠리아, 밀라노처럼 독립적이었던 영토들을 수 세기에 걸쳐서 끈기 있게 정복해간 결과였다. 그리고 그 단위는 때에 따

---

* Ernest Lavisse(1842-1922): 프랑스의 역사학자, 고등사범학교 교장, 소르본 대학교 교수, 아카데미 프랑세즈 회원. 역사가로서 프로이센의 흥기와 "영광의 프랑스", 그리고 두 국가 간의 적대관계를 연구했으며 애국적인 민족사관을 강조했다. 그런 점에서 역사 교육자로서 더 중요한 평가를 받으며 여러 종류의 역사 교과서를 편찬했다. 『4세기부터 오늘날까지의 일반사』 전 12권, 『프랑스사 : 기원부터 혁명까지』 전 18권, 『프랑스 현대사』 전 10권 등이 대표작이다.

27. 하나의 "주"와 "지방들" : 18세기의 사부아
하나의 "주" 전체는 다소 견고한 여러 단위로 구성된다. 그 대부분은 오늘날까지 유지된다. (폴 기쇼네, 『사부아의 역사』, 1973, p.313)

라서 대단히 컸다. 프랑스에서 "지방"은 "캉통"보다 10배 정도 크고 또 "주"는 "지방"보다 10배 정도 더 커서 약 1만5,000에서 2만5,000제곱킬로미터 정도가 되는데, 이것은 과거의 기준으로 보면 엄청난 규모이다. 그 당시 수송속도로 계산해보면 루이 11세 시절의 부르고뉴는 그 자체만으로도 오늘날 프랑스의 수백 배 공간에 해당한다.

이런 상황에서 "주"는 다른 무엇보다도 조국이 아니었겠는가? 돈트는 플랑드르에 대해서 다음과 같이 말했다. "중세[그리고 중세 이후까지도] 사회의 살아 있는 틀은 왕국 단위도 아니고 영지 단위도 아닌―전자는 너무 큰 규모이고 후자는 너무 작은 규모이다―'주' 단위의 공작령이었다. 그것은 조직되어 있든 아니든 마찬가지였다."[32] 간단히 말해서 "주"는 오랫동안 "적절한 크기의 정치적인 사업"이었으며, 오늘날의 유럽에서도 예전의 이 유대는 전혀 분쇄되지 않았다. 무엇보다도 이탈리아와 독일은 19세기에 통일을 이룰 때까지 오랫동안 "주"의 연합체 또는 "영방국가(領邦國家, Staat)"의 연합체로 남아 있었다. 그리고 프랑스를 보더라도 일찍이 하나의 "국가(nation)"

를 구성했다고는 하지만, 때로는 쉽게 독자적인 "주" 세계들로 분할되었다. 예컨대 종교전쟁(1562-1598)과 같은 장기적이고 심층적인 위기가 발생했을 때가 그런 시기였다. 이런 것이 앞에서 말한 사정을 잘 밝혀주고 있다.

"주" 공간 및 시장들

어느 정도 동질성을 유지하면서 꽤 넓은 면적을 차지하는 이런 "주" 단위들은 사실 자신의 전국시장을 형성해서 가지고 있거나 그렇게 하려고 시도한 예전의 소규모 국가라고 할 수 있다. 우리는 구분을 위해서 이런 소규모의 전국시장을 **지방시장**(marché régional)이라고 부르도록 하자.

더 나아가서 이런 지역적 공간의 운명 속에서 국가적인, 또는 국제적인 운명의 전조나 복사판을 볼 수도 있을 것 같다. 여기에서도 똑같은 규칙성과 과정이 반복된다. 전국시장은 세계-경제와 마찬가지로 상층구조이며 포락선이다. "주" 시장(marché provincial)이라는 것도 지역적인 영역 내에서는 이와 똑같다. 다시 말해서 한 "주"는 예전에는 하나의 국민경제였고 세계-경제의 축소판이었던 것이다. 이 책의 앞부분에서 이야기했던 모든 이론적 논의는 규모의 차이는 있지만 "주"에 대해서 문자 그대로 반복할 수 있다. 한 "주" 안에는 지배적인 지역 및 도시들이 있고, 주변부적인 "지방들"과 생활권들이 있으며, 어느 정도 발전된 구역들이 있는가 하면 거의 자급자족적인 곳들도 있다……. 바로 이런 **상호 보충적인** 다양성, 폭넓은 범위 등으로부터 이 광대한 지역이 응집성을 이끌어낸다.

그러므로 중심에는 언제나 자기의 우위를 부과하는 하나의 도시 혹은 여러 개의 도시들이 자리를 잡는다. 부르고뉴에는 디종, 도피네에는 그르노블, 아키텐에는 보르도, 포르투갈에는 리스본, 베네치아["주"/역주]에는 베네치아[시/역주], 토스카나에는 피렌체, 피에몬테에는 토리노가 있다. 그러나 [이상의 "주들"처럼 하나의 중심도시만 있는 곳과는 달리/역주] 노르망디에는 루앙과 캉, 샹파뉴에는 랭스와 트루아, 바이에른에는 레겐스부르크(결정적으로 중요한 위치에 놓인 다리[橋]를 통해서 도나우 강을 지배하는 자유도시*)와 뮌헨(13세기에 비텔스바흐 가문이 만든 수도), 랑그도크에는 툴루즈와 몽펠리에, 프로방스에는 마르세유와 엑스, 로렌에는 낭시와 메스, 사부아에는 샹베리와 (이후 시기에는) 안시 그리고 특히 제네바, 카스티야에는 바야돌리드와 톨레도와 마드리드 등이 있다. 마지막으로 의미 있는 예를 든다면 시칠리아에는 밀의 도시인 팔레르모와 비단의 수도인 메시나가 있다. 오랫동안 이 지역을 지배했던 스페인 정권은 이 양자 사이의 선택을 일부러 피하려고 노력했다. 그렇게 함으로써 분할하여 지배하려고 했기 때문이다.

물론 우위성을 나누어 가지면 곧바로 갈등이 일어난다. 그래서 여러 도시들 중에 하나가 완전히 승리하거나 우위를 차지해야만 한다. 오랫동안 우열이 가려지지 않은 채 대립이 계속된다는 것은 지역적인 발전이 제대로 이루어지지 않고 있다는 표시에 불과하다. 두 개의 순이 자라는 전나무는 크게 뻗어가지 못하는 법이다. 그와 같은 대결은 "주" 공간이 두 방향으로 나뉘거나 두 개의 이질적인 조직으로 구성되어 있다는 사실을 가리킨다. 하나의 랑그도크가 아니라 두 개의 랑그도크, 하나의 노르망디가 아니라 두 개의 노르망디가 있는 셈이다. 그런 경우에는 "주" 시장의 통합성이 부족해 여러 공간들을 하나로 봉합하지 못한다. 그런 상황에서 이 하부공간들은 자기 스스로 충족적인 삶을 살려고 하든지 다른 외부의 유통망에 자신을 개방하려고 한다. 사실 모든 지방시장들은 전국시장과 국제시장의 양쪽과 관계하고 있다. 그 결과 균열과 단절, 차등화가 일어날 수 있으며 한쪽은 앞으로, 다른 한쪽은 뒤로 가려고 한다. 그 외에도 "주" 시장의 통합을 방해하는 다른 원인들로서 중상주의 시대의 국가나 지배자의 간섭적인 정책, 혹은 강력하고 유능한 이웃 국가들의 정책 등도 작용했다. 1697년에 레이스베이크 평화조약이 체결될 당시 로렌에는 프랑스 화폐가 밀려들어왔다. 이것도 일종의

---

* 영주에게 복속한 것이 아니라 봉신(封臣, vassal)의 자격을 가진 시.

지배방식으로서, 여기에 대해서 새로운 공작은 도저히 저항할 수 없었다.[33] 1768년에는 오스트리아령 남부 네덜란드가 유발한 관세전쟁 때문에 네덜란드* 역시 피해를 입은 것으로 보인다. "코벤츨 백작은[34] 네덜란드로 교역을 유치하기 위해서 온갖 노력을 다하고 있다. 이곳에서는 곡물과 다른 상품의 수송을 원활히 하기 위해서 사방에서 도로와 제방을 만들었다"고 사람들은 헤이그에서 불평을 토로했다.[35]

　"주" 시장이 **자립적**이라는 것은 경제가 정체해 있다는 의미가 아닐까? "주" 시장은 자의에 의해서든 타의에 의해서든 외부시장—전국시장 혹은 국제시장—에 개방하지 않을 수 없다. 자기 자신의 화폐를 주조하지 못하는 데다가 밀수가 하나의 번창하는 산업으로 자리 잡고 있는 18세기의 로렌에서는 외국의 화폐들이 활력소 역할을 했다. 외부에 제공할 것도 거의 없고 외부에서 사들여올 것도 거의 없는 가난한 "주들"이라고 하더라도 수출할 자원으로서 최소한 노동력은 가지고 있었다. 사부아, 오베르뉴, 리무쟁 등이 그런 곳들이다. 18세기에는 갈수록 외부에 대한 개방과 수지의 변동이 중요성을 더해가고 지수로서의 가치를 띠게 되었다. 게다가 이 시기부터 국가가 강력해지고 경제 및 원거리 교류가 비약적으로 발전하면서 이제 "주"가 우위를 차지하는 시기는 지나가버렸다. 아무리 저항하고 싫은 기색을 보이더라도, 장기적으로 이곳들의 운명은 민족국가 단위에 통합되는 것이었다. 1768년에 코르시카는 프랑스의 영토가 되었다. 그 당시의 상황이 어떠했는지는 우리가 익히 아는 바이다.** 그러나 코르시카는 결코 다시 독립을 되찾

---

*　오스트리아령 남부 네덜란드는 대략 오늘날의 벨기에에 해당되며, 수식어 없이 그냥 네덜란드라고 할 때에는 오늘날의 네덜란드 왕국에 해당된다. 이 구분에 대해서는 이 책 제2권 757쪽의 역주를 참조하라.

**　코르시카는 중세 이래 제노바의 영토였으나 빈번한 봉기와 외세의 간섭이 있었다. 18세기에 들어와서 오스트리아가 간섭한 결과, 프랑스는 코르시카의 영유권을 주장하며 제노바와 대립했고 내부적으로는 파스콸레 파올리(1725-1807)가 주도한 코르시카 독립운동이 격화되었다. 결국 이 독립운동 세력에 눌려서 제노바가 섬의 해안지역만 겨우 장악하는 정도가 되자, 1768년에 이 섬을 프랑스에 팔아버렸다.

지는 못했다. 그렇다고 해서 "주"의 자치주의가 사멸한 것은 아니다. 그것은 코르시카에서든 다른 곳에서든 오늘날에도 여전히 살아남아서 많은 영향을 미치며 과거로 회귀하려는 경향을 강화시키고 있다.

민족국가는 그렇다고 하더라도 전국시장은?

전국시장은 불규칙한 그물코를 가지고 있는 망이며 흔히는 온갖 제약조건들을 이기고 끝내 건설되었다. 그 제약조건들로는 자기 자신의 정책을 수행하려는 지나치게 강력한 도시, 중앙집중화를 거부하는 "주", 단절과 틈새를 가져오는 외국의 간섭 등이 있고, 더군다나 생산 및 교환에서의 다양한 이해의 상충은 말할 것도 없다. 프랑스의 경우에 대서양 연안의 항구들과 지중해 연안의 항구들 사이, 내륙지역과 해안지역들 사이의 갈등을 생각해보라. 그리고 그 누구도 간섭할 수 없는 자체 충족적인 고립된 지역들 역시 제약조건으로 작용했다.

당연한 일이지만 전국시장의 기원에는 재정적이든 행정적이든, 혹은 군사적이든 중상주의적이든 간에 중앙집중화 정책을 추구하려는 의지가 있을 수밖에 없다. 라이오닐 로스크러그는 중상주의란 경제활동의 지도권을 코뮌으로부터 국가로 이전하는 것이라고 규정했다.[36] 그보다는 차라리 도시와 "주"로부터 국가로 이전하는 것이라고 하는 편이 더 나은 대답일 것이다. 유럽 전역에서는 아주 일찍부터 특권적인 지역들이 오만한 중심부를 이루어서 이곳들로부터 영토국가 발전의 단초가 되는 완만한 정치적 건설작업이 시작되었다. 예컨대 프랑스에서는 카페 왕조의 기적이 일어난 일-드-프랑스가 그런 곳이다. "다시 한번 솜 강과 루아르 강 사이에서 모든 일이 일어났다."[37] 영국에서는 런던 분지, 스코틀랜드에서는 로랜즈 저지대, 스페인에서는 카스티야 지방 고원의 나대지(裸坐地), 러시아에서는 모스크바라는 광대한 임간지(林間地) 등이 그런 곳들이다. 더 이후 시기에는 이탈리아의 피에몬테, 독일의 브란덴부르크, 혹은 라인 강으로부터 쾨니히스베르크 사이에 분산되어 있는 프로이센, 스웨덴에서는 멜라렌 호수지역 등을 들 수 있다.

모든 것—또는 거의 모든 것—은 핵심적인 도로들로부터 건설되었다. 나는 에트빈 레츨로프가 쓴 『제국의 도로(Des Reiches Straße)』(1943)가 나온 당시 이 책을 즐겨 읽었다. 이 책은 독일 통일의 도구 또는 뇌관으로서 프랑크푸르트-암-마인으로부터 베를린에 이르는 도로의 중요성을 강조했다. 영토국가의 탄생에서 지리적 결정주의는 모든 것을 설명할 수는 없지만 분명히 나름대로 중요한 역할을 하고 있었다.

경제 역시 중요한 작용을 한다. 서유럽에서 튜더 왕조의 헨리 7세, [프랑스의/역주] 루이 11세, 스페인 국왕들에 의해서 근대국가가 새로 재정립되고, 동유럽에서 헝가리, 폴란드, 스칸디나비아 국가들이 성공을 거두기 위해서는 15세기 중반 이후 경제가 다시 호흡을 가다듬고 새출발을 할 수 있어야 했다. 양자 사이의 상관관계는 분명하다. 그러나 이 시기에 영국, 프랑스, 스페인, 동유럽의 국가들이 유럽 대륙에서 가장 발달한 국가들이 아니었다는 사실 역시 분명하다. 이 당시 경제적으로 지배적인 곳은 이탈리아 북부에서부터 독일의 도나우 강과 라인 강 연안을 거쳐 네덜란드에 이르는 긴 띠 모양의 지역이었는데 앞에서 언급한 나라들은 모두 이 지역의 바깥에 놓여 있지 않은가? 지금 말한 이 경제적으로 지배적인 지역들은 오래된 **도시적** 민족주의의 지역이었다. 영토국가라는 혁명적인 정치체는 이곳에 자리 잡지 못했다. 이탈리아의 도시들은 마키아벨리가 꿈꾸었고 어쩌면 스포르차 가문에 의해서 달성되었을 수도 있던 이탈리아 반도의 통일을 거부했다.[38] 베네치아는 아예 그런 생각을 한 적도 없었고, 신성 로마 제국 내의 영방국가들은 무일푼인 오스트리아 황제 막시밀리안이 제기한 개혁안을 거들떠보지도 않았으며,[39] 네덜란드는 펠리페 2세의 스페인 제국에 흡수될 생각이 전혀 없었다. 스페인에 대한 네덜란드의 저항은 종교반란의 형태를 띠었는데 그 이유는 16세기에 종교가 다의적인 언어였으며 특히 지금 탄생 중이거나 굳건히 자리를 잡아가고 있던 정치적 민족주의의 언어였기 때문이다. 그 결과 권력의 기하학적 장소로 성장한 민족국가들과 부의 기하학적 장소였던 도시권역들 사이에 분열이 일어났다. 정치적인 괴물을 묶는 데에 금실[경제력/역주]로 충분했을까? 16세기의 전쟁들은 이미 이 문제에 대해서 그럴 수도 있고 아닐 수도 있다는 대답을 했다. 17세기에는 암스테르담—일종의 마지막 도시국가였다—이 프랑스와 영국의 번영을 지체시켰던 것이 분명하다. 이런 방해의 빗장이 풀리고 경제가 국가와 전국시장의 통제 아래로 들어가며 그후 이 묵중한 권력체들[국가와 전국시장/역주]이 모든 것을 마음대로 할 수 있게 되기 위해서는 18세기에 경제가 다시 한번 더 팽창해야만 했다. 그러므로 조숙한 정치적 성공인 영토국가들이 경제적 성공마저 거머쥐는 일은 뒤늦게 일어났다. 그것이 바로 전국시장이었으며 이것이야말로 영토국가의 물질적인 성공을 약속해주었다.

이런 이행이 사전에 준비되어 있었던 것은 분명하지만 그것이 어떻게 일어났으며 또 언제 그리고 왜 일어났는지는 아직 해결해야 할 문제이다. 그러나 이 문제를 풀기 위한 지표와 기준이 없다는 것이 큰 어려움이다. 우리는 흔히 정치적인 공간에 활기 넘치는 시장 활동이 불어닥쳐서, 이것이 교역의 전부까지는 아니라고 해도 적어도 대부분을 장악하고 또 거기에 활기를 불어넣을 때에 경제적 통합이 이루어지리라고 선험적으로 생각한다. 그리고 교환과정을 거치는 생산과 현지에서 바로 소비되는 생산 사이에 어떤 비율이 있을 것이라고 생각한다. 더 나아가서 전반적인 부와 관련하여, 넘어야 할 일정한 수준이 있으리라고 상정한다. 그러나 그것은 어떤 수준을 가리키는가? 그리고 언제 넘게 되는가?

국내세관

전통적인 견해는 정치적 공간을 세분화하고 유통을 방해하던 국내세관과 통행료 징수소를 없애버린 권위적인 조치들을 지나치게 강조했다. 따라서 이 설명에 따르면, 이 장애물들만 치우면 곧 전국시장이 효율성을 얻는 것으로 되어 있다. 이것은 지나치게 단순한 설명이 아닐까?

사람들은 언제나 영국의 예를 들고는 한다. 사실 영국은 아주 일찍이 국내의 장애물들을 제거했다.[40] 아주 이른 시기부터 중앙집권화된 강력한 권한을 확보한 영국 국왕은 1290년부터 통행료 징수권자들에게 그들이 통제하는 도로들을 잘 관리하도록 명령했고 그들의 특권을 단지 몇 년간만 인정했다. 이 제도에 따라서 유통에 대한 장애는 완전히는 아니라고 해도 대폭 줄어들다가 결국에는 거의 남지 않게 되었다. 소롤드 로저스가 쓴 영국 가격사에 관한 두꺼운 연구서에서도, 중세의 마지막 몇 세기 동안 통행세에 대해서는 거의 중요성이 없는 몇몇 숫자들만 산발적으로 제시될 뿐이다.[41] 엘리 헥셔는 이에 대해서 영국 국왕이 일찍이 강력한 권력을 가지게 되었다는 점 이외에도 영국의 국토가 상대적으로 좁다는 점, 그리고 "바다를 통한 [자유로운] 소통이 지배적이게 되어서" 이것이 육로상의 소통과 경쟁하고 그 중요성을 감소시켰다는 점으로 설명했다.[42] 원인이야 어떻든 간에 영국을 여행해본 사람들의 반응은 대개 비슷했다. 프랑스인인 쿠아예 신부는 그의 친구에게 이런 편지를 썼다(1749). "자네에게 이 나라의 도로를 묘사하면서 빠뜨린 점이 하나 있는데 그것은 관청이나 행정원들을 찾아볼 수 없다는 점일세. 자네가 이 섬나라에 온다면 도버에서 아주 꼼꼼한 조사를 받는데, 그것만 거치고 나면 이 나라 어디로든지 아무런 조사를 받지 않고 다닐 수 있네. 외국인을 그렇게 대하는 정도이니 자국 시민들에 대해서는 말할 필요도 없지 않은가. 세관은 이 나라의 변경지역에만 설치되어 있어서 이곳에서 단 한 번만 조사를 받고 만다네."[43] 1775년의 프랑스의 한 보고서도 같은 내용을 되풀이하고 있다. "영국에 도착하면 짐 하나하나마다 조사를 받는데 이 첫 번째 조사가 이 나라에서 유일한 조사이다."[44] 1783년에 한 스페인인은 이렇게 이야기했다.[45] "영국을 여행하는 사람들은 배에서 내릴 때에 한 번 조사를 받은 후 이 나라 어디에서든지 두 번 다시 세관검사를 받지 않는데, 이것은 아주 편리한 일이다. 나 자신이 겪은 바로는 도버를 통해서 입국할 때나

하리치를 통해서 출국할 때 모두, 사람들이 이야기했던 것처럼 그렇게 엄격한 검사를 받지는 않았다. 그러나 세관원들은 화폐를 밀반출하려는 사람들이나 호기심에 이끌려서 이곳에서 돈을 지출하려는 사람들을 알아내는 육감을 가지고 있다." 그러나 모든 여행자들이 다 그런 좋은 경험이나 유쾌한 기분을 느낀 것만은 아니다. 장래 프랑스 혁명기에 파리 시장이 될 페티옹 드 빌뇌브*는 1791년 10월 28일에 도버에서 세관을 통과할 때 받았던 검사가 "불쾌하고 사람을 피곤하게 만든다"고 생각했다. "거의 모든 물품에 관세를 물렸다. 책은 특히 장정이 되어 있는 경우에 관세를 물렸고 금은 제품들, 가죽, 파우더, 악기, 판화 등에도 관세를 물렸다. 그러나 이런 첫 번째의 검사를 받고 나면 영국 내에서는 다른 검사를 받지 않는 것이 사실이다."46)

이때에는 프랑스에서도 이미 제헌의회가 국내세관을 철폐한 지 1년이 지난 때였다. 이것은 대륙의 여러 국가들이 국경지역으로 세관들을 밀어내고 보호경계선을 쳐서 군대로 지키게 하는 일반적인 경향을 프랑스가 따른 것이었다.47) 그러나 이것은 뒤늦은 조치들이었고(오스트리아 1775년, 프랑스 1790년, 베네치아 1794년)48) 또 항상 즉시 시행된 것도 아니었다. 스페인에서는 이런 조치들이 1717년에 결정되었지만 곧 철회되었고 특히 바스크 지역에서는 그런 경향이 더욱 뚜렷했다.49) 프랑스에서는 1726년에서 프랑스 혁명까지의 기간에 4,000개소의 세관을 폐지했다고 하지만 1790년 12월 1일부터 제헌의회가 다시 무수히 많은 국내세관을 차례로 없앤 것을 보면 그 이전의 조치들이 상대적으로 미약한 성과밖에 거두지 못했던 것 같다.50)

만일 전국시장이 이런 질서의 재편성에서 탄생한 것이라면 유럽 대륙에서는 18세기 말이나 19세기 초까지는 전국시장이 하나도 없었을 것이다. 이것

---

* Jérome Pétion de Villeneuve(1756-1794) : 프랑스의 정치가. 샤르트르의 변호사 출신으로서 삼부회에서 제3신분의 대표로 선출되어 프랑스 혁명에 참여했다. 그는 흑인우애협회와 자코뱅 클럽 회원, 파리 코뮌의 시장(1791년 11월-1792년 11월), 국민공회 초대 의장, 공안위원회 의원을 지냈으나 그후에 지롱드파에 합류했다. 산악파가 지롱드파를 숙청할 때 노르망디에서 이에 반대하는 봉기를 일으키려다가 실패하여 자살했다.

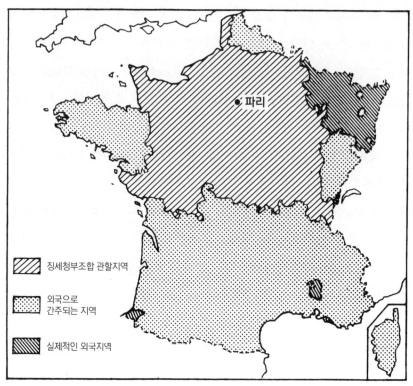

28. 징세청부조합
(윌리엄 셰퍼드, "역사 지도", 리처드슨, 『프랑스 소사[小史]』, 1974, p.64)

은 정말로 지나친 말이다. 우선 세관을 없애는 것만으로 교역을 활성화하는
데에 충분할까? 1664년에 콜베르가 징세청부조합(Cinq Grosses Fermes)이라
는 관세구―그 전체 면적은 영국의 전체 면적과 거의 같았다(지도 28을 보
라)―를 만들었을 때에도 경제가 곧바로 활기를 띠지는 않았다. 아마도 이
당시의 콩종크튀르가 유리하지 않았기 때문일 것이다. 만일 콩종크튀르가
유리했다면 경제는 모든 것에 적응하고 그 어떤 장애물도 극복했을 것이다.
샤를 카리에르는 마르세유의 대교역에 관한 그의 연구서에서 론 강의 관세
를 계산한 바 있다. 리옹 및 발랑스 세관까지 포함하는 이 관세에 대해서 역
사가들은 그 당시 사람들의 탄원들에 근거하여 이것이 끔찍스러운 방해물
이라고 보는 경향이 있었다. 그런데 실제로 그 액수는 35만 리브르에 불과

해서 전체 교역액수인 1억 리브르에 비하면 0.35퍼센트밖에 되지 않았다.[51] 루아르 강에 대한 조사 역시 비슷한 결과를 보여준다. 물론 나는 19세기까지 80개소나 남아 있었던 이 세관들이 장애가 아니었다고 말하려는 것은 아니다. 배들이 물길을 벗어나서 다리에서 조사를 받아야 하고 가혹한 징세와 그것의 남용, 불법적인 지불 등에 시달리는 일이 그렇지 않아도 느리고 힘든 운행을 더욱 지체시킨 것은 사실이다. 그러나 우리가 론 강에서의 교역액수를 루아르 강에 그대로 적용한다고 해도(대개는 루아르 강의 교역이 론 강의 교역보다 더 큰 것으로 보고 있다) 여기에서 낸 관세액수인 18만7,150리브르는 총 교역액 1억 리브르의 0.187퍼센트에 불과하다.[52]

다른 한편 프랑스를 통과하는 상품의 경우 **무관세 통과 허가장***을 이용해 자유롭게 유통될 수 있었다. 우리는 아주 이른 시기에 대해서부터 이에 대한 예들을 많이 알고 있다.[53] 1673년 12월 영국 상인들은 지중해로부터 칼레까지 상품을 수송해왔는데, 칼레 항구에서 1리브르당 1수를 지불해야 했다는 탄원을 했다.[54] 이들의 요구는 완전한 면세임에 틀림없다. 1719년에 보스크 경과 에옹 경의 계정으로 1,000필의 카믈로 직물이 마르세유로부터 생-말로로 보내졌다. 이 상품들은 마르세유에서 출발할 때 완전히 밀봉해서 "생-말로에 도착했을 때 보세창고에 보관했다가 관세를 물지 않고 외국으로 보내도록 했다."[55] 그러나 이런 정도는 곡물, 밀가루, 채소류의 자유로운 유통에 비하면 아무것도 아니다. 이런 상품들은 "1763년 5월 25일의 왕령에 의해서[56] 관세를 비롯한 모든 세금을 면제받았다(그러나 이 왕령은 1770년 12월 23일에 다시 폐기되었다). 또 (1785년 10월 28일 자) 국가참사회의 결정을 보라.[57] "프랑스 왕국 전역에서 석탄에 대하여 명문으로 규정된 세율 이외의 여하한 관세도 징수를 금한다"고 되어 있다. 이런 것들은 많은 장애물이 난립하던 이 나라에서도 자유로운 유통이 이루어지고 있었음을 보여주는

---

* acquit-à-caution : 세무 관련 허가서로, 간접세 부과 대상 상품에 대한 자유로운 면세 수송을 허락한다. 이것으로 한 보세창고로부터 다른 보세창고로 상품을 이동시킬 수 있다.

예들이다. 예컨대 보방과 같은 인사들은 "지역 간 경계에서 세관들을 없애든지 대폭 축소시킬 것"을 희망했다(1707).[58] 콜베르는 이런 생각을 실천하려고 했으나 1664년에 만일 이 거대한 프랑스 왕국에서 곡물의 자유로운 유통을 허용한다면 기근이 유발될지도 모른다고 생각한—기우(杞憂)만은 아니었다—지사들이 여기에 저항했기 때문에 이 목표에 도달하지 못했다.[59] 1776년에 있었던 튀르고의 실험은 밀가루 전쟁*이라는 재난을 가져왔다. 10년 뒤인 1786년에 프랑스 정부가 의도와는 달리 국내세관들을 완전히 없애버리지 못한 까닭은 "계산해본 결과" 이 일을 하려면 세관 소유주들에게 보상금으로 800만-1,000만 리브르를 지불해야 하는데 "현재의 재정상태로는 도저히 감당할 수 없기 때문이다."[60] 그러나 사실 이 액수는 프랑스의 재정 규모와 비교해보면 얼마 되지 않는 금액에 불과하며, 만일 이 액수가 정확하다면 이 역시 세관의 부담이 그다지 크지 않다는 증거이기도 하다.

이 모든 사례들을 고려해보면 모자이크 상태의 세관들은 그 자체로는 결정적인 문제가 아니며, 단지 이 당시의 모든 문제들에 연관된 하나의 어려움에 불과하다는 생각을 하게 된다. 반대 증거로서 우리는 영국의 턴파이크**를 상기할 수 있을 것이다. 이것은 오늘날 프랑스의 고속도로 통행료 징수와 비슷한 것으로서 1663년 이래 영국에서는 도로의 건설을 유도하기 위해 이것을 허용했다. [「가제트 드 프랑스」에 난] 한 기사에 의하면(1762년 12월 24일 자) "통과세를 징수하는 세관들이 어찌나 많은지 1년에 300만 파운드 스털링을 징수한다."[61] 이것은 루아르 강이나 론 강에서의 징세액수보다는 훨씬 많은 것이다.

결국 우리는 전국시장의 확대와 공고화에 결정적인 요소는 오직 경제성

---

* 이 책 제1권 165쪽의 역주를 참조하라.

** turnpike : 통과세를 걷어서 그 돈으로 유지하는 간선도로. 원래 이 단어는 말을 탄 사람의 급습을 막기 위해 도로나 길목에 장치해놓은, 못이 박힌 가로대를 가리킨다. 그후 이런 장치를 설치해놓고 통과세를 받는 도로를 '턴파이크 로드(turnpike road)'라고 했고 이를 간략히 '턴파이크'라고 부르게 되었다.

장이라는 인상을 지울 수 없다. 그런데 이와 달리 오토 힌체는 암암리에 모든 것이 정치로부터 파생된다고 보고 있다. 잉글랜드가 스코틀랜드(1707) 및 아일랜드(1801)와 합병함으로써 그레이트 브리튼 섬 전체를 포괄하는 시장을 형성했고 이것이 전체의 경제적 위대함을 강화시켜주었다는 것이다. 사실 모든 일이 그렇게 단순하지는 않을 것이다. 정치적인 요소가 중요하다는 것은 물론 사실이지만 1771년에 이사크 데 핀토는 스코틀랜드가 영국에 합병되면서 정말로 부를 증대시켜주었는지에 의문을 제기했다. 프랑스의 경우를 보더라도 사부아를 합병하면서 더 부유해졌는가?[62] 스코틀랜드와 사부아를 비교하는 것이 적절하지 않으므로 그의 주장이 완전히 타당한 것은 아니다. 그러나 우리가 이번 장에서 살펴보게 되듯이 18세기에 상승하던 콩종크튀르가 영국 전체를 상승시키고 자극했기 때문에 스코틀랜드와의 합병이 두 지역 모두에게 좋은 사업이 되도록 만들어주었던 것이 아닐까? 다만 아일랜드에 대해서도 마찬가지로 말하지 못하는 이유는 이 지역은 동맹의 파트너라기보다는 식민지의 지위였기 때문이다.

선험적인 정의에 대한 반대

우리는 선험적으로 규정한 정의를 피해야 한다. 예컨대 전국시장의 필수불가결한 조건으로서 거의 완벽한 응집성—예를 들면 주어진 정치적 공간 내에서 모든 가격변동이 일치하는 것—이 있어야 한다는 주장이 그런 단적인 예이다. 만일 이런 기준을 준수한다면 우리는 프랑스에 대해서는 전국시장과 관련하여 더 이상 아무런 말도 하지 못할 것이다. 예컨대 곡물 시장은 다른 모든 유럽 국가에서 그런 것처럼 프랑스에서도 세 구역으로 나뉜다. 가격이 낮고 또 그 가격이 톱니 모양으로 크게 변동하는 북동 지역, 가격은 높고 그 변동이 심하지 않은 지중해 지역 그리고 양자의 중간적인 성격을 가지는 대서양 연안 지역(다소 내륙 쪽으로 들어간 곳도 포함한다)이다.[63] 그렇다면 이 이상으로는 아무 말도 할 수 없다. 트라얀 스토야노비치가 말한 바와 같이 "'국가' 전체가 전국시장과 일치하는 유일한 지역은 아마도 영국일 것이며, 혹시 네덜란드도 여기에 넣을 수 있을지 모른다." 그러나 네덜란드는 규모가 너무 작아서 고작해야 "주" 시장 정도에 불과하다. 그리고 영국 역시 곡물에 관한 한 단일한 리듬을 따르지는 않았다. 왜냐하면 때로는 잉글랜드에서, 때로는 스코틀랜드나 아일랜드에서 기근이 들기 때문이다.

이 점에서 미셸 모리노는 나름대로 더 엄격한 제약을 염두에 둔다. "어느 한 국가가 외부에 대해서 폐쇄되어 있지 않고 내부적으로 통합된 시장을 이루고 있지 않다면 어떻게 계산[즉, 국민소득계정으로의 계산]을 시도해볼 수 있겠는가? 오늘날 유럽의 상태에 대해서 우리들이 느끼는 바와 같은 지역적인 차이는 16, 17, 18세기에 이미 존재했다. 그리하여 우리는 이 먼 과거의 시기에 대해서 독일 혹은 이탈리아의 국민총생산이라는 것을 말하는 데에 주저하게 된다. 이 지역들은 정치적으로 분열되어 있고 경제적으로도 공허한 단위였기 때문이다. 예컨대 작센 지역은 라인 주교구와는 다른 양식으로 살아가며 나폴리, 교황령, 토스카나, 베네치아 공화국 역시 각각 다른 양식으로 살아가고 있었다."[64]

이 주장에 대해서 일일이 대답할 필요는 없을 것이다(잉글랜드, 콘월, 웨일스, 스코틀랜드, 아일랜드 사이에 지역적인 차이가 있지 않았던가? 다른 관점에서 보면 그레이트 브리튼 섬 전역에 걸쳐 하일랜즈와 로랜즈 사이만 해도 차이가 있지 않았던가? 그리고 오늘날에도 역시 전 세계적으로 지역 간의 차이가 있지 않은가?). 그러나 빌헬름 아벨은 16세기 독일의 국민총생산을 계산하려고 했으며,[65] 세관의 역사에 대한 전문가 오토 슈톨츠는 18세기 말쯤에는 독일제국 전역에 걸쳐서 대교역로들이 "어느 정도의 통합성을 이루었다"고 보았다.[66] 이오리오 타디치는 16세기 이래 튀르키예 지배하의 발칸 반도에 전국시장이 존재했으며 도나우 강 가까운 지역에 위치한 스트루미차* 근처

---

* Strumica : 마케도니아 지역에 있는 소도시.

의 돌랴니 정기시와 같은 활기차고 수많은 인파가 몰리는 다수의 정기시들이 발전했다는 점을 누차 이야기했다.[67] 또한 피에르 빌라르는 "18세기 후반에 스페인에서 진정한 전국시장이 만들어졌으며 이것이 카탈루냐에 유리하게 작용했다"고 보았다.[68] 그렇다면 카를로스 4세 당시의 스페인의 국민총생산을 계산하려는 시도가 터무니없는 일은 아닐 것이다. 그러나 "외부적으로 폐쇄되어 있는" 시장이라는 개념에 대해서 이야기하자면, 밀수가 일반화되다 못해 번영을 누리는 독립된 사업이었던 이 시기에 그런 것은 생각할 수도 없는 일이다. 18세기의 영국만 하더라도 표면적으로는 완벽해 보이지만 사실 국경이 튼튼히 둘러쳐져 있지는 않았다. 1785년까지도 차 밀수는 얼마나 수월하게 국경을 넘나들었던가. 그러니 그보다 한 세기 전에는 "사방에 구멍이 뚫려 있어서 밀수가 횡행했고 더구나 일단 국내로 들어오기만 하면 안전하기 때문에 더욱 쉽게 이루어졌다"고 사람들이 이야기하는 형편이었다.[69] 견직류, 비로드(벨벳), 증류주, 특히 프랑스에서 들어오는 모든 종류의 상품들은 수비가 허술한 바닷가 한 곳에서 내려진 후에 나중에 다시 조사를 받지 않을까 염려할 필요도 없이 조용히 시장과 소매상인들에게로 팔려갔다.

우리는 "완벽한" 전국시장을 찾고 있는 것은 아니다. 그런 것은 심지어 오늘날에도 찾아볼 수 없다. 우리가 찾고 있는 것은 내부적인 체제 및 광대한 외부세계와의 연관에 관한 유형이다. 이것은 카를 뷔허가 말하는 "영토경제"와[70] 같은 것으로, 앞의 여러 장들에서 우리가 길게 살펴본 바 있는 "도시경제"와는 대조적인 것이다. 결국 그것은 흔히 이야기하는 "영토화된" 넓은 공간을 차지하며 또 그 공간이 충분히 응집성을 가져서 정부가 유형화하고 조작할 수 있는 경제를 말한다. 중상주의란 이렇게 한 나라의 경제 전체의 조작 가능성을 의식한 것으로서 간단히 말해서 이미 전국시장을 추구하는 것이었다.

영토경제와 도시경제

우리는 전국시장이 제기하는 문제들과 관련해서만 **영토경제**(Territorialwirtschaft)와 **도시경제**(Stadtwirtschaft) 간의 심층적 차이를 이해할 수 있다.

심층적으로 차이가 난다고 한 점에 주목할 필요가 있다. 왜냐하면 표면적으로 곧 눈에 띄는 차이들, 예컨대 부피와 넓이의 차이 등은 겉으로 보기보다는 덜 중요하기 때문이다. "영토"는 면이고 도시국가는 점이라고 말하면 그렇게 큰 과장이 아닐 것이다. 그러나 지배적인 영토이든 지배적인 도시이든 외부지역들을 장악하여 자신에게 덧붙일 수 있다. 이렇게 획득한 공간은 베네치아나 암스테르담, 혹은 대영제국과 같은 경우에는 분명히 하나의 세계-경제를 이루었다. 그리고 승리를 거둔 이 두 가지 경제형태 모두 자체 공간을 초월하는―그것도 서로 비슷한 방식으로 초월하는―경향이 있기 때문에 이 자체 공간의 규모는 준별기준으로서 중요성을 상실한다. 말레이 제도에서 네덜란드가, 인도에서 영국이 식민세력이듯이 레반트에서 베네치아 역시 식민세력이다. **도시**와 **영토**는 모두 같은 방식으로 국제경제에 연결된다. 국제경제는 양자를 모두 도와주고 동시에 강화시켜준다. 어느 편이든지 지배와 '순양감시(croisière)'의 일상적인 수단은 같다. 선단, 군대, 폭력 그리고 필요한 경우에는 꾀와 배신행위까지도 서슴지 않는다. 베네치아의 10인 위원회(Conseil des Dix)*나 영국의 정보기관(Intelligence Service) 같은 것을 생각해보라. 베네치아(1585), 암스테르담(1609), 영국(1694)에 "중앙"은행들이[71] 등장했다. 이 중앙은행들은 킨들버거의 관점에서는[72] "마지막 의지처"이지만 내가 보기에는 차라리 국제적인 힘과 지배의 기구이다. 즉, 내가 너를 돕고 구해 주지만 그 대신 너를 복종시키는 것이다. 제국주의와 식민주의는 이 세상만큼이나 오래되었으며 모든 강화된 지배는 자본주의를 낳는

---

* 원래 반(反)국가적인 음모를 적발하기 위해 만든 기구이지만, 점차 권한이 증대하여 비밀리에 신속하게 결정을 내려야 하는 중대사를 논하는 기관이 되었다. 이름과는 달리 17명의 위원으로 구성되었다.

다. 이것은 내가 독자들과 나 자신을 스스로 설득시키기 위해서 누차 반복해서 이야기한 내용이다.

그러므로 만일 세계-경제라는 시각에서 출발하면 베네치아로부터 암스테르담으로, 또 암스테르담에서 영국으로 이전해가는 것은 모두 같은 움직임이다. 국가체제와 도시체제를 구분하고 더 나아가서 상반되게 만드는 것은 두 체제의 구조적인 조직이다. 도시국가는 이른바 1차 산업의 육중함을 회피해버린다. 베네치아, 제노바, 암스테르담은 해외무역으로 확보한 밀, 기름, 소금, 육류 등을 소비했고, 심지어는 목재, 원재료, 수공업 제품까지 모두 외부에서 들여왔다. 이들이 볼 때에는 이것들이 어디에서 생산되었든 혹은 어떤 방식으로 생산되었든—근대적인 방식이든 구태의연한 방식이든—중요하지 않다. 이들에게 중요한 것은 단지 그들의 대리인이나 현지 상인이 의도대로 상품들을 잘 수집하느냐, 그리하여 유통의 최종단계에서 이 상품들을 확실하게 확보할 수 있느냐이다. 이들이 생존을 위해서나 혹은 사치를 위해서 필요로 하는 1차 산업 분야의—전부는 아니라고 해도—핵심적인 부분은 외부에서 수행되므로, 이들은 그 상품들을 생산하는 경제적, 사회적 어려움을 피하면서도 사용할 수 있다. 아마도 이들은 자신들의 방식이 유리하다는 점을 의식하지 못할 뿐 아니라 어쩌면 그 반대로 생각했을 것이다. 모든 지배적인 대도시는 자신들의 삶을 외부에 의존한다는 걱정에 싸여서 (사실 이들이 가진 돈의 힘이 그런 의존상태를 거의 아무런 문제가 없도록 만듦에도 불구하고) 자기 영토를 늘리고 농업과 공업을 확장하기 위해서 노력을 아끼지 않는 것을 볼 수 있다. 그러나 이것은 어떤 농업과 공업을 가리키는가? 그것은 가장 생산성과 수익성이 좋은 종류이다. 피렌체의 경우를 보면 어쨌든 수입을 해야 하는 이상 시칠리아의 밀을 수입하고, 토스카나[피렌체가 있는 지역/역주]에서는 포도나무와 올리브나무를 재배하는 식이다! 그러므로 도시국가들은 우선 첫째, 그들의 시골 주민과 도시 주민 사이에 대단히 "근대적인" 관계를 유지하고 있고 둘째, 농업이 존재하는 곳에서는 수익성이 높은 재배가 우선적이며 따라서 자본주의적인 투자를 필요로 하게 된다. 홀란트 주가 아주 일찍부터 대단히 "선진적인" 농업 분야를 발달시킨 것은 우연이거나 토지의 지력이 좋아서가 아니다. 그리고 마지막으로 셋째, 대개 번영하는 사치품 산업들을 가지고 있다.

효율적인 발전을 이루기 전에 우선 극복해야 하는 단계라고 대니얼 소녀가 정의내린 "농업경제"로부터 도시경제는 벗어나 있다. 이와 반대로 경제적으로나 정치적으로 완만한 건설과정 중에 있는 영토국가들은 오랫동안 농업경제에 붙잡혀 있었다. 이 분야는 오늘날 많은 저개발국가들에서 보는 바와 같이 발전이 아주 힘든 분야이다. 광대한 국가를 정치적으로 건설한다는 것은—특히 일반적으로 그런 것처럼 전쟁에 의해서 실현하는 경우—많은 예산이 필요하며 따라서 조세수입을 늘려야 한다는 것을 의미하고, 그것은 또 행정의 비대화를 요구하는데 그 비대화는 또다시 많은 돈과 조세수입을 요구한다……. 그러나 인구의 90퍼센트가 농민인 상황에서 조세수입의 확대를 이루려면 국가가 효율적으로 농민에게 접근해갈 수 있어야 하고, 또 농민으로서는 자급자족 상태를 벗어나서 잉여를 생산하여 시장에서 판매함으로써 도시를 먹여 살려야 한다. 이것은 첫 단계에 불과하다. 다음 단계에서는 농민들이—비록 아주 먼 훗날의 일이지만—공산품에 대한 수요를 늘려주어서 수공업을 진작시킬 수 있을 정도로 충분히 부유해져야 한다. 형성 중인 영토국가는 세계의 대시장들을 즉각적으로 장악하려고 나서기에는 너무나도 할 일이 많은 것이다. 이들로서는 살아남고 또 예산을 맞추기 위해서 농업 및 수공업 생산을 상업화할 필요가 있으며 육중한 행정체를 조직할 필요가 있다. 그들은 이런 일에 전력을 다했다. 나는 샤를 7세와 루이 11세 치하의 프랑스사를 이런 관점에서 소개하고 싶다. 다만 이것은 너무나도 잘 알려진 사례라서 이제 소개의 효력이 떨어진 듯하다. 그래서 우리가 곧 살펴보게 되듯이 모스크바 대공국이나 혹은 (대무굴 제국에 앞선 왕국인) 델리 술탄국가와 같은 훌륭한 예를 보는 것이 나을 것이다. 델리 술탄국의 경우 14

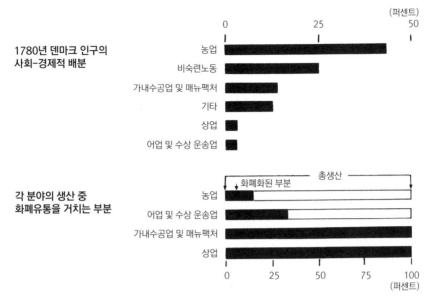

29. 화폐경제를 촉진시키는 상공업

도시의 활동 중에서 상공업이 월등히 우위를 차지한다는 것이 영토국가에 비해서 도시국가가 오랫동안 우위를 누린 원인을 설명해준다. (크리스토프 글라만의 자료로 작성)

세기 전반부터 직접 지배력이 미치는 영역에서 화폐경제를 유지하고 있었는데 이것은 곧 시장의 존재를 전제로 하거나 그것을 암시해주며 또 시장을 통해서 시골 마을의 경제를 착취하고 동시에 자극한다는 것을 말해준다. 이 나라의 국가수입이 농업의 성공에 어찌나 긴밀히 연관되어 있는지 술탄인 무하마드 투글루크(1325-1351)는 우물을 파고 농민에게 자금과 종자를 제공했으며 행정망을 통해서 농민에게 사탕수수와 같은 생산성이 높은 작물을 권장할 정도였다.[73]

　이런 조건에서 자본주의의 최초의 성공을 거둔 자, 그리고 세계-경제의 초기의 빛나는 지배자가 대도시들이었다는 것은 전혀 놀라운 일이 아니다. 그리고 일국의 수도인 런던이 이곳보다 더 민첩하고 자유로운 행동을 하는 암스테르담을 뒤쫓아가는 데에 많은 시간이 걸렸다는 것도 마찬가지이다. 전국시장이 완수되려면 농업, 상업, 수송업, 공업 사이에, 또 수요와 공급 사이에 균형을 이루어야 하는데 이는 쉬운 일이 아니다. 그런데 영국이 마침내 이런 균형에 도달하자 네덜란드로서는 도저히 감당할 수 없을 정도의 경쟁자가 되었다. 이때쯤이면 네덜란드는 더 이상 세계를 지배한다고 할 수 없게 되었다. 찰스 킨들버거는 네덜란드를 크게 흥기시켰던 상업혁명이 왜 산업혁명으로 이어지지 않았을까 자문했다.[74] 그 이유는 여러 가지이겠지만 아마도 진정한 전국시장이 없었기 때문일 것이다. 식민지 무역은 가속적으로 발달하고 있었지만 산업혁명은 이루지 못한(카탈루냐는 예외지만) 18세기의 스페인에 대한 안토니오 가르시아-바케로 곤살레스의 의문에 대해서도 마찬가지의 대답이 가능할 것이다.[75] 스페인의 전국시장은 아직 불완전하고 각 부분들이 잘 연결되어 있지 않았으며 타성이 지배하고 있었던 것이다.

세어보기와 재보기

우리에게 필요한 것은 형성된 혹은 형성 중인 국민경제들을 **총량적으로** 재보는 일이다. 여러 시점에서 국민경제들의 무게를 재서 무게가 늘고 있는지 줄고 있는지를 확인하는 일, 또 주어진 한 시대에서 그들의 수준을 비교하는 일이다. 그러려면 라부아지에의 고전적인 계산(1791)보다 훨씬 이전에 수행되었던 많은 계산작업들을 다시 받아들여서 활용해야 한다. 이미 윌리엄 페티(1623-1687)는 네덜란드와 프랑스를 비교해서 인구는 1 대 13이고 경작지는 1 대 81인데, 부(富)는 1 대 3이라고 한 바 있다.[76] 그레고리 킹(1648-1712) 역시 당시에 지배적이던 3개국인 네덜란드, 영국, 프랑스를 비교했다.[77] 이와 같이 우리가 이용할 수 있는 계산의 예들은 그 외에도 보방부터 이사크 데 핀토, 튀르고에 이르기까지 많이 있다. 예컨대 피에르 르 프장 부아길베르(1648-1714)의 다음 문장은 비관적이기는 하지만(1696년의 프랑스는 사실 즐겁고 사람을 안심시키는 양상을 띠지는 않았다) 그것이 가진 현대적인 특색은 우리를 놀라게 만들 정도이다. "……장래에 어떻게 될 것인지에 대해서만이 아니라 지금까지의 상태에 대해서 보더라도, 사람들은 오늘날의 [프랑스의 국민] 생산을 40년 전과 비교해볼 때 농업에서든 산업에서든 1년에 5억-6억 리브르 정도 줄어들었다고 말한다. 날마다 병이 깊어졌다. 즉, 생산이 감소했다. 똑같은 원인들이 계속 존속하고 나아가서 더 증가했기 때문이다. 그렇다고 국왕수입 때문에 그렇다고 할 수는 없다. 1660년 이래로 국왕수입의 증가율이 역대 최저였기 때문이다. 국왕수입은 200년 전부터 30년마다 두 배로 증가했으나 이 시기에는 고작 3분의 1의 증가에 그쳤다."[78] 이것은 주목할 만한 문장이다. 이사크 데 핀토[79]가 영국의 국민총생산을 11개의 항목—토지로부터 광산까지—으로 나눈 것도 마찬가지이다. 이것은 오늘날 국민소득계정의 항목과 크게 다르지 않다.

국민의 "부"에 관한 이와 같은 옛날의 연구와 산발적인 숫자들을 이용하여, 1924년 이래 자리 잡힌 국민소득계정의 체계 덕분에 우리에게 익숙해진 "총량적인 시각"으로[80] 과거를 본다는 것이 가능할까?[81] 그런 계산에 많은 약점이 있다는 것은 두말할 나위도 없는 일이지만 폴 바이로크가 옳게 이야기한 것처럼[82] 이것이 현재의 경제를 통해서—그리고 나라면 과거의 경제를 통해서라는 말도 추가할 것이다—**성장**이라는 핵심적인 문제를 파악하는 유일한 방법이다.

더 나아가서 나는 장 마르체브스키의 다음과 같은 말에도[83] 공감한다. 국민소득계정이란 단지 기술이 아니라 그 자체로서 과학이며, 정치경제학과 합쳐지면서 그 정치경제학을 실험과학으로 만들었다.

그러나 독자들은 나의 의도를 곡해하지 말기 바란다. 나는 새로운 혁명적인 경제사의 단초를 만들고자 하는 것은 아니다. 단지 역사가에게 유용하도록 국민소득계정에 관한 몇몇 개념을 명확히 한 후에 현재 우리가 얻을 수 있는 자료의 한도와 또 이 책의 수준 정도를 고려해서 기본적인 계산을 하고자 할 따름이다. 그것은 "크기의 규모" 정도에 도달하는 것, 있음직한(확실한 것은 아니라고 해도) 관계나 계수 또는 **승수**(乘數)를 밝히는 것, 거대한 연구를 시작할 수 있는 진입로—아직까지는 열리지 않았고 앞으로도 조만간 열릴 것 같지는 않다—를 추적해보는 것이다. 우리가 언급한 그런 가능성 있는 크기의 규모를 알면 소급적인 계산을 해볼 수 있을 것이다.

세 가지 변수와 세 가지 크기

첫째로 국부(國富, patrimoine)는 느리게 변동하는 스톡의 개념이고, 둘째로 국민소득(revenu national)은 플로(flow)*의 개념이며, 셋째로 1인당(pro capite, 또는 per capita) 국민소득은 비례의 개념이다.

국부는 총체적인 부, 주어진 한 국민경제에 누적된 부의 총량, 생산과정에 도입되거나 도입될 수 있는 자본의 전체를 가리킨다. 이 개념은 과거의 "산술학자들"을[84] 매료시켰지만 오늘날에는 유감스럽게도 가장 쓰이지 않는 개념이다. 한 경제학자는 내가 제기한 질문들에 대하여 답하면서 아직까지 "국부계정(comptabilité nationale patrimoniale)"과 같은 것은 없으며 "이런 유형의 계산은 허술하고 불완전할 것"이라고 덧붙였다.[85] 누적된 자본이 성장에 어떤 역할을 했는지 재보고자 하는 역사가들에게 이런 공백은 유감스러운 일이다. 역사가들은 자본이 때로는 매우 효율적으로 사용되기도 했지만, 어떤 때는 투자처를 찾지 못해서 그 자체만으로는 경제를 진보시키지 못하기도 했고, 또 어떤 때는 훌륭한 미래가 보장된 활동이 있다고 해도 타성과 일상적인 반복의 분위기 때문에 제때에 자본이 동원되지 못했다는 사실을 확인하게 된다. 영국의 산업혁명을 보더라도 대부분 대자본이 배제된 채 런던의 밖에서 일어났다.

나는 이미 국민소득과 자본 스톡 간의 비율이 중요하다는 점을 말한 바 있다.[86] 사이먼 쿠즈네츠는 이 비율이 1 대 7에서 1 대 3의 중간쯤이라고 이야기했다.[87] 다시 말하면 과거의 경제는 생산과정을 확고히 유지하기 위해

---

* 일정 기간에 산출된 경제수량. 거시경제학에서는 국민소득이나 국민총생산을, 미시경제학에서는 매상고나 임금 등을 가리킨다.

서 통상적으로 7년 동안의 노동생산물까지를 고정시켜둔다. 수년 분의 노동을 고정시켜두는 이 수치는 현재에 가까울수록 줄어든다. 그러므로 자본의 효율성이 증가한다는 것은 확실하다. 단 여기에서는 경제적인 효율성만을 고려하는 것이다.*

국민소득은 얼핏 보면 아주 단순한 개념이다. 국민소득계정은 "한 국가경제를 거대한 하나의 기업의 경영과 동일시하는 것이 아닌가?"[88] 그러나 이런 단순성은 지난날 전문가들 사이에 수많은 "스콜라적인" 논쟁들과 "설전들"을 일으켰다.[89] 시간이 지나면서 이들은 진정되었고 오늘날의 정의는 어느 것이나 서로 비슷하게 되었다(이 정의들은 실제 내용은 그렇지 않지만 표면적으로는 매우 명확하다). 예컨대 사이먼 쿠즈네츠는 "한 '국민'이 1년에 생산하는 모든 경제재의 순가치"라고 했고(1941)[90] 이브 베르나르와 장-클로드 콜리는 약간 더 복잡하게 "한 주어진 시기 동안에 창출된 국민자원(재화와 용역)의 흐름을 나타내는 총량"이라고 했다.[91] 핵심적인 것은 클로드 비몽이 이야기한 것처럼[92] 세 가지 "관점"으로 국민소득을 볼 수 있다는 것이다. 생산의 관점, 개인과 국가가 직접 처분할 수 있는 소득의 관점, **지출**의 관점이 그것이다. 하나의 총계가 아니라 적어도 세 개의 총계가 있는 셈이다. 그리고 조세액을 뺄지 말지에 따라서, 생산과정에 투입된 자본의 규칙적인 마모분을 뺄지 말지에 따라서, 또 생산의 초기 가격(즉, **요소비용**)으로 계산할지 시장가격(조세액도 포함된다)으로 계산할지에 따라서, 그 외에도 여러 가지 경우에 따라서 여러 상이한 총계가 가능하다는 점을 쉽게 알 수 있다. 이 복잡한 미로 속으로 들어오는 역사가들에게 나는 폴 바이로크의 논문을[93] 권한다. 그는 아주 쉬운 설명을 통해 하나의 총계에서 다른 총계로 갈 때 2퍼

---

* 국민소득과 자본 스톡 간의 비율이 1 : 7이라면 1년 동안에 700의 자본을 가지고 100을 생산하는 셈이다. 바꾸어 말하면 7년 동안 사람들이 일한 결과물이 자본으로 묶여 있다는 것을 뜻한다. 이 비율이 1 : 3이 되었다면 300의 자본(3년 동안의 노동의 결과물)을 가지고 100을 생산하는 것이므로, 그만큼 자본의 효율성이 증가했다는 것을 가리킨다.

센트, 5퍼센트, 10퍼센트 하는 식으로 가감하는 법을 가르쳐준다.

여기에서 세 가지 핵심적인 등치관계를 보자. 첫째, 국민총생산(GNP) = 국민순생산(NNP) + 조세 + 생산자본의 마모분. 둘째, 국민순생산 = 국민순소득(NI). 셋째, 국민순소득 = 소비 + 저축.*

이 분야를 연구하는 역사가들에게는 적어도 세 가지 길이 있다. 소비에서 출발하거나, 소득에서 출발하거나, 혹은 생산에서 출발하는 것이다. 그러나 여기에서 한번 합리적으로 생각해보자. 우리가 별다른 양심의 가책 없이 다루는 이런 총계들은 오늘날의 경제와 관련되더라도 10-20퍼센트의 오차가 있으며 과거의 경제와 관련된 때에는 적어도 30퍼센트 정도의 오차를 가진다. 그러므로 모든 종류의 세밀한 작업은 금지된다. 우리는 단지 단순한 변동과 합계만 이용할 수 있다. 우선 역사가들은—좋은 버릇인지 나쁜 버릇인지는 모르겠지만—순생산인지 아닌지를 구분하지 않은 채 국민총생산이라는 말을 쓴다. 국민소득과 국민생산은 (순 개념이든지 조 개념이든지) 우리 역사가들의 관점에서는 뒤섞인다. 역사가들이 어느 한 주어진 시기에 주어진 경제를 연구할 때에는 부에 관한 오직 하나의 측량치만 얻는다. 이 개략적인 수치는 다른 경제들과 대조할 때에만 흥미를 끈다.

마지막으로 1인당 국민소득은 하나의 비례(분수)이다. 분자는 국민총생산이고 분모는 인구이다. 국민총생산이 인구보다 더 빨리 증가하면 1인당 국민소득은 증가하고 그 반대 경우이면 감소할 것이다. 혹은 변화하지 않고 정체할 수도 있다. 성장을 계산해보려는 사람들에게 이것은 일반 국민들의 평균 생활수준 및 그 수준의 변화를 알려주는 결정적인 계수이다. 역사가들은 아주 오래 전부터 물가와 실질임금으로부터, 혹은 "주부들의 장바구니"의 변화로부터 이에 관한 이미지를 얻으려고 노력했다. 이런 시도들은 장 푸라스티에, 르네 그랑다미, 빌헬름 아벨의 도표들(이 책 제1권 177-178쪽

---

* GNP : Gross National Product, NNP : Net National Product, NI : Net National Income.

을 보라)이나 펠프스 브라운과 실라 홉킨스의 도표(이 책의 그림 58을 보라)에 잘 요약되어 있다. 이것들은 1인당 소득에 대한 정확한 수준까지는 아니라도 그 변화의 방향에 대해서는 밝혀주고 있다. [이런 연구의 대상으로서/역주] "대표" 역할을 하는 하급 석공들(이들에 대해서는 꽤 많은 자료가 남아 있다)에 대해서는 매우 자세한 역사학 연구가 누적되었는데, 오랫동안 가장 임금수준이 낮은 이들의 급료가 개략적으로 평균 생활수준의 변동을 잘 반영한다고 믿어왔다. 최근에 폴 바이로크가 이것을 예시해주는 논문을 한 편 쓴 바 있는데[94] 이것은 정말이지 혁명적으로 중요하다. 오늘날의 최저임금*에 해당하는, 단순노동자가 받는 바닥 임금에 관한 단편적인 자료(다시 말해서 이것은 하루 혹은 며칠 분의 급료액수를 말하는데, 알려져 있는 자료의 99퍼센트는 이런 종류이다)가 알려져 있는데, 폴 바이로크에 의하면 그가 **통계적으로** 연구한 19세기에 대해서는 이 일당에 196을 곱하면 1인당 국민소득을 얻게 된다. 구조주의적인 시각에서 보면 이것은 대단히 강력한 설명력을 가지는 상관계수의 발견이다. 이 예기지 않은 상관계수는 처음에는 신빙성이 없어 보이겠지만, 사실 이것은 지난 세기의 수많은 자료들을 통해서—이론적으로가 아니라 실제적으로—얻어낸 것이다.

이 상관계수는 19세기 유럽에 대해서는 꽤 잘 들어맞는다. 폴 바이로크는 또 1688년과 1770-1778년의 영국에 대해서도 가외의 연구를 했다.[95] 이번에는 약간 성급한지 모르겠으나 그레고리 킹의 시대인 1668년에 대해서는 그 계수가 160 근처이며 1770-1778년에 대해서는 260 근처라는 결론을 이끌어냈다. 그리고 다시 이로부터 약간 더 성급하게도 "이 모든 자료의 계산 결과, 16-18세기의 유럽 사회의 틀 내에서 약 200 정도를 대략 받아들일 수 있는 평균적인 계수로 볼 수 있다"는 결론을 내렸다. 나는 수치들의 정확성에 대해서는 바이로크만큼 확신할 수는 없지만, 그 대신 그 비율이 시간이

---

* SMIG, salaire minimum interprofessionnel garanti : 1970년 이후 연동식 최저임금(SMIC : salaire minimum interprofessionnel de criossance)으로 바뀌었다.

갈수록 증가한다는 점이 중요하다고 본다. 즉, 다른 조건이 같을 때 1인당 소득이 상대적으로 증가한다는 뜻이다.

베네치아의 경우를 보자. 1534년에 조선소의 노동자는 하루에 평균 22솔디(여름에는 24솔디, 겨울에는 20솔디)를 받았으므로[96] 앞에서 말한 계수 200을 곱하면 1인당 소득은 4,400솔디, 즉 35두카트가 된다. 이것은 아르테 델라 라나(모직물 제조 길드)의 장인이 받는 148두카트의 소득에 비하면 4분의 1의 수준에 불과하다. 아마 이 모직물 제조 작업장의 장인이 베네치아에서 특권적인 지위에 있는지 모르겠으나 그보다는 우리가 계산한 35두카트가 너무 적은 금액으로 보인다. 우리가 이 수치를 받아들인다면 베네치아의 국민총생산은 (이곳의 인구가 20만 명이라고 할 때)[97] 700만 두카트가 된다. 다른 방법으로 내가 수행한 계산의 결과는 740만 두카트로 나왔으며 이에 대해서 베네치아 역사 전문가들은 이 액수가 너무 낮다고 비판한 바 있다.[98] 그러나 어쨌든 상이한 두 방법의 계산결과가 그토록 비슷하다는 것은 실로 고무적인 일이다.

다른 예를 들어보자. 1525년경, 오를레앙에서 막노동자의 일당은 2수 9드니에였다.[99] 만일 이번에도 200이라는 계수를 똑같이 적용한다면 (인구를 1,500만 명이라고 할 때) 이때 얻은 국민소득은 프랭크 스푸너가 수행한 연구에서의 **최대치**를 훨씬 상회한다. 따라서 200이라는 계수는 같은 시대에도 베네치아에 대해서는 약간 낮은 수치일 테지만 오를레앙에 대해서는 지나치게 높은 수치로 보인다.

마지막 예를 보자. 1707년에 보방은 『국왕십일조 부과안(*Project d'une Dixme Royale*)』*에서 "노동자"의 평균 임금으로서 직조공의 임금을 선택했

---

* 보방은 저술들 일부를 『여가(*Oisiveté*)』라는 제목의 필사본으로 묶어서 냈는데, 이 책은 1707년에 『국왕십일조 부과안』이라는 제목으로 익명 출판되었다. 프랑스의 당시 세제를 모두 폐지하고, 그 대신 모든 토지와 상거래에서 한 사람도 빠짐없이 10퍼센트의 세금을 부과하자는 내용이었다. 보방은 그의 논지 전개를 위해 유례없이 방대한 통계자료를 이용했는데, 이것은 통계를 경제학에 사용한 첫 시도로 꼽힌다. 그러나 프랑스 정부는 징세청부제도에 깊이 빠져 있었고 특

다. 이들은 하루에 대개 12수를 받고 1년에 180일을 일했기 때문에 1년에 108리브르를 벌었다.[100] 이것을 기반으로 1인당 국민생산을 계산하면 (12수 × 200 =) 2,400수, 즉 120리브르가 된다. 이 경우에 직조공의 생활수준은 이미 예상한 바처럼 평균보다 약간 낮은 수준이 된다(108리브르 대 120리브르). 프랑스의 총인구를 1,900만 명이라고 할 때 국민총생산은 22억8,000만 리브르가 된다. 그런데 이 결과는 보방의 산업분야별 추산을 가지고 샤를 뒤토가 계산한 것과 완전히 일치한다.[101] 따라서 1707년의 경우에는 200이라는 계수가 타당해 보인다.

물론 확실성 혹은 준확실성을 얻기 위해서는 유사한 종류의 확인작업을 수백 번 더 해봐야만 한다. 우선, 그런 작업을 쉽게 할 수 있다는 점을 이야기할 수 있다. 우리는 그에 필요한 자료를 수없이 많이 가지고 있다. 예컨대 우리가 방금 전에 언급한 샤를 뒤토는 프랑스 왕정의 **실질** 예산이 증가했는지 아닌지를 알아보고자 했다.[102] 그런데 그는 예산을 시가(prix courants)로, 즉 통용되는 리브르 화로 계산했다. 따라서 시대마다의 물가 차이를 비교해야만 했다. 물가의 계산을 위해서 그가 선택한 물품들은—의미 있는 선택인지는 일단 차치하고—흥미롭기 짝이 없다. 새끼 염소, 암탉, 새끼 거위, 송아지, 새끼 돼지, 토끼……. 그리고 그가 특징적이라고 생각한 이 가격들 중에 그는 막노동자의 일당을 포함시켰다. 1508년에 오베르뉴에서는 6드니에였고 같은 시기에 샹파뉴에서는 1수였다……. 그리고 이 가격들과 루이 15세 시대인 1735년의 가격들을 연결해보려고 했다(이 이후 시기에 막노동자의 일당은 여름에는 12수, 겨울에는 6수였다). 여기에서 200이라는 계수는 어떤 결과를 가져올까? 아주 발전된 지역이 아니라면 이 계수는 16세기에는 타당하지 않아 보인다.

분명 폴 바이로크가 수행한 방식은 이때까지 방치되었던 수많은 분산된

권계급이 면세특권을 빼앗기는 것에 반대했으므로 그의 책은 금서가 되었다. 이 책 제2권 358쪽의 역주도 참조하라.

임금자료들에 새로운 가치를 부여했고, 또 그로 인해서 비교가 가능해졌다. (만일 내가 틀린 것이 아니라면) 이것은 또 앙시앵 레짐 시기 동안 일하는 날과 일하지 않는 날이 각각 어느 정도 되는지에 대한, 그때까지 결코 만족스럽게 해결되지 못했던 문제에 새로운 빛을 비추었다. 그리하여 별 성과를 거두지 못하던 임금의 역사라는 숲속으로 다시 들어가 보도록 만들었다. 도대체 18세기에 임금이라는 것이 무엇이었는가? 무엇보다도 임금을 한 개인의 생활이 아니라 한 가정의 가계와 비교해야만 하는 것 아닐까? 이 모든 것은 이제부터 실천해야 할 과제로 남아 있다.

세 가지 모호한 개념들

우리는 이제까지 방법과 도구들을 정의했다. 이제는 개념들을 정의해야만 한다. 이 논쟁에는 적어도 세 가지의 용어들이 쓰인다. 성장(croissance), 발전(développement), 진보(progrès)가 그것이다. 처음의 두 단어는 영어의 '그로스(growth)'와 '디벨럽먼트(development)', 독일어의 '박스툼(Wachstum)'과 '엔트비클룽(Entwicklung)'과 마찬가지로 서로 혼용된다. 슘페터가 사용한 바 있는[103] 마지막 단어는 사라져가고 있다. 이탈리아어로는 '스빌루포(sviluppo)'라는 한 단어만 쓰인다. 스페인어에서는 '크레시미엔토(crecimiento)'와 '데사로요(desarollo)'라는 두 단어가 있지만 거의 똑같이 사용되며 단지 라틴 아메리카의 경제학자들만이 구분하여 쓴다. 존 데니스 굴드에 의하면 '데사로요'는 구조가 문제가 되는 발전일 때 쓰는 말이고 '크레시미엔토'는 무엇보다도 1인당 소득이 증가할 때에 쓰는 말이다.[104] 사실 위험부담이 지나치게 크지 않으면서도 빠른 경제성장을 계획하려면 국민총생산에 관련된 것과 1인당 소득에 관련된 두 가지 사항—이 두 가지가 언제나 함께 이루어지지는 않는다—을 구분해서 관찰하는 것이 필수불가결하다. **개략적으로** 나는 국민총생산이라는 총량에 주목할 때에는 "발전", 1인당 국민소득에 관찰점을 고정시킬 때에는 "성장"이라는 말을 쓰겠다.

오늘날에는 서유럽을 비롯한 여러 경제에서 이 두 가지가 일치하고 그래서 점차 하나의 단어만 쓰는 경향이 있다. 그러나 다른 곳에서는 이 양자가 구별되는 정도가 아니라 대립되기조차 한다. 역사가들은 이보다 더 복잡한 상황에 직면하기도 한다. 성장만이 아니라 **역성장**(décroissance)이 있을 수 있고, 발전만이 아니라(13, 16, 18세기) **정체**(stagnation)와 **후퇴**(régression)도 있을 수 있기 때문이다(14, 17세기). 14세기에 유럽에서는 과거의 도시구조 및 사회구조로의 역행현상을 경험했고 전(前)자본주의적 구조의 발전이 일시적으로 중단되었다. 그러면서 이상하게도 1인당 소득이 성장했다. 서유럽인들은 15세기 때만큼 빵과 육류를 많이 소비해본 적이 없다.[105)

이런 대조만으로도 아직 충분하지 않다. 경쟁이 치열했던 18세기의 유럽에서 포르투갈은 동시대의 프랑스보다 1인당 소득 면에서 더 우월했을 것이다. 이때 포르투갈에서 새로운 구조의 발전은 없었으나 브라질에 대한 착취가 증가했기 때문이다. 이 나라의 국왕은 아마도 유럽에서 가장 부유한 국왕이었을 것이다. 이런 상태의 포르투갈에 대해서는 성장이라는 말도, 후퇴라는 말도 할 수 없다. 이것은 오늘날 세계에서 1인당 소득이 가장 높은 쿠웨이트와 유사하다고 할 수 있다.

이 논쟁에서 **진보**라는 말을 전적으로 배제하는 것은 안타까운 일이다. 이 말은 발전과 거의 같은 의미를 가지고 있으며 역사가들은 편의를 위해서 **중립적인 진보**(다시 말해서 기존 구조를 깨뜨리지 않는 진보)와 **비중립적인 진보**(즉, 팽창하면서 그 틀을 깨뜨리는 성격의 진보)를 구분한다.[106) 여하튼 말뜻을 가지고 오랫동안 싸울 필요 없이 발전이란 **비중립적인 진보**라고 하면 어떨까? 그리고 **중립적인 진보**란 쿠웨이트가 원유를 수출해서 부를 얻는 것처럼, 혹은 폼발* 시대의 포르투갈이 브라질의 금을 통해서 부를 얻는 것처럼 부가 늘어나는 것이라고 하면 어떨까?

---

* 이 책 제2권 287쪽의 역주를 참조하라.

크기의 규모와 상관관계

1976년 프라토 역사학 회의에서 그랬던 것처럼,[107] 많은 역사가들은 과거소급적인 국민소득계정의 계산에 적대적이지는 않더라도 적어도 회의적이다. 우리는 결점투성이고 분산된 자료들만을 가지고 있을 따름이다. 오늘날의 통계학자라면 더 좋은 다른 자료들을 가지고 있으므로 이런 조악한 자료들을 옆으로 밀쳐놓을 것이다. 그러나 불행하게도 역사가들은 그렇지 못하다. 그럼에도 불구하고 시계열적인 성격이 아닌 과거의 자료들이 다량으로 존재한다면 수많은 상관관계들을 추적해보고 그 하나하나의 가치를 재보며 그럼으로써 하나씩 총량을 재구성하고 다시 이것들로부터 다른 총량을 구해가는 식의 작업이 가능하다. 이것은 에른스트 바게만이 『탐정으로서의 숫자(Das Ziffer als Detective)』라는 소책자에서 수행한 방식이다.[108] 이 책은 대단히 흥미로운 책이지만 그렇게 많이 읽히지는 않았다. 당연한 말이지만 숫자가 아니라 그것을 다루는 사람이 탐정이어야 할 것이다.

우리가 가진 것은 오직 크기의 규모들이므로 결국 우리의 목표는 이것들을 서로 대조해서 서로가 서로를 정당화해주고 증명해주도록 하는 것이다. 그런데 거의 논의의 여지가 없이 명백한 비율들이 있지 않을까? 예컨대 19세기 이전의 인구에 관한 수치들로부터 도시 인구와 농촌 인구 사이의 비율을 이끌어내는 것이 가능하다. 네덜란드는 도시 인구와 농촌 인구가 각각 50퍼센트씩을 차지한 반면[109] 같은 시대에 영국에서는 도시 인구가 30퍼센트 정도이고[110] 프랑스에서는 도시 인구가 15-17퍼센트이다.[111] 이런 퍼센티지들만 해도 벌써 전체의 윤곽을 드러내는 표시들이다.

인구밀도는 이제껏 거의 주목하지 않은 주제이지만 여기에 주의를 기울이면 흥미로운 결과를 얻을 것이다. 1939년에 대해서 에른스트 바게만이 계산하여 작성한 도표는[112] 저자의 생각과는 달리 모든 시대에 다 들어맞지는 않는다. 그럼에도 내가 이것을 다시 인용하는 까닭은 이 도표가 가능성 있는 진실을 포함하기 때문이다. 즉, 행복한 시기와 불행한 시기의 분기점이

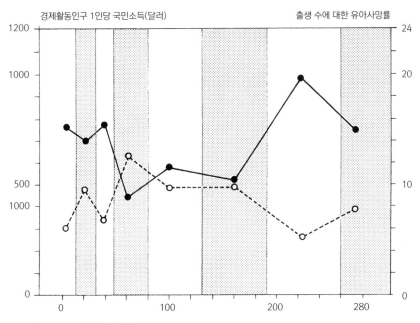

30. 에른스트 바게만의 "문턱"

이 그래프는 바게만의 『세계경제』, 제1권, 1952, pp.59, 62에 나오는 자료를 이용하여 브로델이 작성해서 「아날」(1960, p.501)에 발표한 것이다. 이 그래프는 인구밀도가 유리하게 작용하는 영역(흰색 부분)과 불리하게 작용하는 영역(검은 부분)을 구분한다. 이 그래프를 만드는데에 쓰인 자료는 1939년 당시의 30여 개국을 대상으로 했다. 여기에는 인구밀도, 활동인구 1인당 국민소득(검은 점), 유아사망률(흰 점)의 세 가지 수치가 쓰였다. 공간으로부터 시간으로 확대하여 바게만은 다소 성급하게, 인구는 증가하면서 문턱들을 넘을 때마다 유리한 시기와 불리한 시기를 교대로 맞이한다는 결론을 내렸다.

되는 **인구밀도의 문턱**이 있다는 사실을 가르쳐주기 때문이다. 마치 오늘날 저개발국이 그런 것처럼 인구밀도는 유리하게든 불리하게든 전(前)산업화 시대의 사회와 경제에 자신의 무게가 느껴지도록 만들었다. 전국시장의 성숙이나 혹은 해체가 부분적으로는 그러한 인구압력의 결과였다. 인구 증가는 사람들이 너무나도 흔히 생각하는 것처럼 언제나 진보적이고 건설적으로 작용하지는 않는다. 혹은 달리 이야기하면 그런 영향은 일시적인 것에 불과하고 어떤 문턱을 넘어선 이후에는 반대 방향의 영향을 미친다. 문제는 이 문턱이라는 것 자체가 바뀐다는 것이다. 내 생각에 그것은 시장에서의 기술과 생산기술들, 교환의 성격과 양에 따라서 바뀐다.

또한 인구가 경제의 다양한 분야들 간에 어떻게 배분되어 있는지를 보는 것도 유용할 것이다.[113] 이런 배분은 1662년경의 네덜란드에 대해서 알려져 있는 것을 비롯해서[114] 1688년경의 영국,[115] 1758년경의 프랑스,[116] 1783년의 덴마크[117] 등에 대해서도 알려져 있다. 1688년에 그레고리 킹은 영국의 국민생산이 4,300만 파운드 스털링이라고 추산한 바 있는데 그중 농업이 2,000만, 공업이 1,000만이 약간 못 되는 정도이고 상업은 500만이 약간 못된다. 이 비율들은 프랑수아 케네의 모델에서 나오는 비율과는[118] 다르다 (케네의 모델에서는 농업이 50억 리브르 투르누아이고 상공업이 20억 리브르 투르누아를 차지한다). 루이 15세 치하의 프랑스는 영국보다도 더 농업활동에 치중해 있었다. 한편 빌헬름 아벨이 케네의 모델을 좇아서 개략적인 계산을 해본 바에 의하면[119] 30년전쟁의 폐해를 입기 전인 16세기의 독일은 18세기의 프랑스보다 농업 활동이 더 큰 비중을 차지했다.

농업생산 대 공업생산 간의 비율(A / I)은 어디에서나 공업 생산이 더 큰 비중을 차지하는 방향으로 변화해갔으나 그것은 아주 느린 과정이었다. 영국에서 공업이 농업을 능가하게 된 것은 1811-1821년 이후의 일이다.[120] 프랑스에서는 1885년에 가서의 일이지만 독일(1865)[121]과 미국(1869)[122]에서는 이보다 약간 시기적으로 앞선다. 확실하지는 않지만 16세기의 지중해 전역에 대해서 내가 시도해본[123] 계산의 결과는 농업생산이 산업생산의 다섯 배였다. 이 비율은 아마도 이 시기의 유럽 전체에 타당할 것으로 보인다. 만일 이것이 맞다면 유럽이 어떤 길을 가게 될 것인지 알 수 있다.

또다른 상관관계로서 국부와 국민생산 간의 비율이 있다. 케인스는 그의 시대에 자본 스톡이 국민소득의 서너 배라고 보았다. 그런데 3 대 1 또는 4 대 1이라는 이 비율은 19세기의 미국에 대해서 타당하다는 것이 로버트 골먼과 레이먼드 골드스미스에 의해 밝혀졌다.[124] 오늘날의 개발도상국들에서는 이 비율이 5 대 1로부터 3 대 1에 이른다. 사이먼 쿠즈네츠에 의하면[125] 과거 경제에서 이 비율은 3 대 1에서 7 대 1까지의 영역 내에 있었다. 이와 관련해서 그레고리 킹의 추산을 이용할 수 있겠으나 결코 쉬운 일이 아니다. 그가 보기에 1688년에 영국의 국부는 6억5,000만 파운드 스털링이었는데 그중 토지가 2억3,400만 파운드 스털링, 노동이 3억3,000만 파운드 스털링이고 그 나머지 8,600만 파운드 스털링은 가축(2,500만 파운드 스털링), 귀금속(2,800만 파운드 스털링), 기타(3,300만 파운드 스털링)로 구성된다. 그중 노동 부분을 빼면 3억2,000만 파운드 스털링이 되는데 이것을 전체 국민생산 4,340만 파운드 스털링과 비교해보면 그 비율이 대략 7 대 1이다.

앨리스 핸슨 존스는 국부를 계산하기 위한 연구조사를 마친 후 앞에서 언급한 가능성 있는 계수들을 이용해서 1774년의 몇몇 아메리카 "식민지들"의 1인당 소득을 추산했다.[126] 그녀의 계산 결과는 1인당 소득이 200달러 (계수를 1 대 5로 잡았을 때)에서 335달러 (계수를 1 대 3으로 잡았을 때) 사이에 있다는 것이다. 그리하여 그녀는 독립 전야의 미국은 유럽보다 더 높은 생활수준을 누리고 있었다고 주장했다. 만일 이 결론이 옳다면 그것은 정말로 중요한 사실이다.

공채*와 국민총생산

수치자료들이 많이 남아 있는 공공재정의 영역에서는 여러 상관관계들을 찾아낼 수 있다. 이것들은 국민소득계정을 재구성하는 데에 도움이 될 초보적인 여러 틀을 제공한다.

공채—우리는 이것이 18세기에 영국에서 어떤 역할을 했는지를 알고 있다—와 국민총생산 사이의 관계가 한 예이다.[127] 공채가 국민총생산의 두 배가 될 때까지는 큰 위험이 없다. 이런 점에서 보면 영국의 재정이 얼마

---

* 원서에는 "국채(dette nationale)"와 "공채(dette publique)"라는 두 용어가 번갈아 쓰인다. 엄격히 이야기하면 공채는 정부의 채무라는 뜻으로, 중앙정부가 기채(起債)한 국채와 지방정부가 기채한 지방채 등으로 나뉘지만, 여기에서는 그런 구분보다는 프랑스어 문장에서 같은 단어의 반복을 피하려는 관습 때문에 두 용어를 쓴 것으로 보이므로 모두 "공채"로 옮겼다.

나 건강한 상태에 있었는지는 증명이 되고도 남는다. 왜냐하면 1783년이나 1801년처럼 가장 위험했던 콩종크튀르 때에도 공채는 결코 국민총생산의 두 배에 달하지는 않았기 때문이다. 말하자면 천장을 뚫고 나간 적은 결코 없었다.

이 법칙이 황금률이라고 가정하면 1561년 1월 13일에 전반적으로 불안한 분위기 속에서 대법관인 미셸 드 로피탈이 공채가 4,300만 리브르라고 선언할[128] 당시의 프랑스 역시 위험한 상황에 있었다고 할 수는 없다. 이 부채액수는 국가예산의 네 배나 되지만, 가능성 있는 여러 비율들을 고려하여 계산해보면 당시의 국민총생산은 적어도 2억 리브르일 것이기 때문이다. 마리아 테레지아가 재위하던 당시의 오스트리아도 이와 비슷한 경우이다. 오스트리아 왕위 계승 전쟁 이후(1748) 국가수입도 4,000만 플로린으로 크게 늘었으나 부채는 더 큰 규모인 2억8,000만 플로린에 이르렀다. 그러나 당시 국민총생산은 5억-6억 플로린 수준이었음에 틀림없다. 부채가 2억 플로린 정도에 불과하다면 **이론적으로는** 이것은 충분히 감당할 수 있는 수준이었다. 물론 7년전쟁이 일어나서 다시 지출이 눈덩이처럼 불어난 결과 마리아 테레지아는 모든 호전적인 정책을 포기해야 했고, 심지어는 부채의 이자율을 4퍼센트로 줄여서 재정상태를 개선하기도 했다.[129]

사실 공채로 인한 어려움은 재정을 어떻게 관리하느냐와 일반 대중이 어느 정도의 신뢰를 보내느냐 등에도 크게 관련된 문제이다. 프랑스의 경우를 보면 1789년에 부채가 이 나라의 상환능력을 넘어버린 것은 아니었다(부채액수는 30억 리브르이고 국민총생산은 20억 리브르였다). 그러므로 모든 것이 다시 질서 잡힌 상태로 되었어야만 한다. 그러나 프랑스의 재정 정책은 통일성도 결여되어 있고 효율적이지도 못했다. 프랑스는 이 영역에서 영국과 같은 능력을 갖추고 있지 못했다. 그리고 이 나라의 위기는 정치적인 성격이 더해진 금융위기였지, 단순한 빈곤의 위기가 아니었다.

다른 비율들

우리는 화폐량, 국부, 국민소득, 국가예산 사이의 비율을 살펴보고자 한다.

그레고리 킹은 영국에서 유통되는 귀금속의 액수를 2,800만 파운드 스털링으로 계산했고 따라서 3억2,000만 파운드 스털링의 국부에 대한 귀금속의 비율이 11.42퍼센트라고 보았다.[130] 그러므로 양자 사이의 비율이 **개략적으로 10 대 1**이라고 하면 루이 16세 시대의 프랑스의 화폐 스톡이 10억에서 12억 리브르 투르누아인 점으로 보아—이 수치는 내가 보기에 너무 낮게 잡힌 듯하지만—이 나라의 국부는 100억에서 120억 리브르 정도가 될 것이다. 우리는 1688년의 영국의 화폐량과 국민총생산—반드시 국부만이 아니고—을 비교할 수도 있을 테지만, 화폐유통과 비교하면 그다지 많은 성과를 가져다주지는 않을 것이다. 화폐 유통량은 당시대인들에 의해서 단지 간헐적으로만 추산되고 계측되었을 뿐이다. 기껏해야 한 세기에 한 번꼴로 숫자가 있는 정도이고 그나마 세기마다 있는 것도 아니다.

이와 반대로 예산은 통상 매년 알려져 있다. 즉, 우리에게 격려가 되는 **시계열 자료**를 다시 얻게 되는 것이다. 1976년 프라토 역사학 회의에서 "공공재정과 국민총생산"이라는 주제를 선택한 것도 그 때문이다. 이 심포지엄은 아무런 결론도 내리지는 못했지만 지반을 다진 것은 사실이다. **전(前)산업화 시대의 경제**에서 예산 대 국민총생산 사이의 계수는 10에서 20 사이로 추측한다. 계수가 20이라면 조세가 국민총생산의 5퍼센트밖에 되지 않는다는 의미로서—납세자들에게는 좋겠지만—너무 낮은 값이며, 계수 10(즉, 조세가 국민총생산의 10퍼센트)은 최대치로서 단순한 불평 이상의 사태를 유발시킬 가능성이 있다. 근대적인 조세의 개념을 가지고 있던 보방은 『국왕 십일조 부과안』에서 기존의 모든 직간접세와 지방 관세들을 폐기하고 그 대신 "아무도 빠져나갈 수 없는, 소득원에 근거한" 세금을 만들어서 각자 "자신의 소득에 따라서" 납세하도록 만들 것을 주장했다.[131] 그러나 그는 10퍼센트의 비율이 결코 달성되지는 않을 것으로 보았다. 그는 프랑스인들의 국민소득을 영역별로 추산하고, 해당하는 사회계층의 재력에 맞추어 그가 제안한 조세가 어느 정도의 금액을 가져올 것인지 계산함으로써 이것을 정리했다. 그는 총소득의 10퍼센트를 세금으로 걷을 경우 지금까지 프랑스 정부가 전시 예산으로서 거두었던 금액 중 최고치인 1억6,000만 리브르를 넘을 것이라고 결론지었다.

그러나 18세기에 들어가면 사정이 달라진다. 피터 마시어스와 패트릭 오브라이언은 그들의 고무적인 논문에서[132] 1715년 이래 프랑스와 영국에서 조세가 미친 영향을 계산하여 발표했다. 그러나 불행하게도 이들이 제시한 수치를 보방의 수치와 비교하는 것은 불가능하다. 왜냐하면 이들의 수치는 실물(농업 및 "공업") 생산만 다루는 데에 비해 보방의 수치에는 시민들의 부동산 소득, 물레방아의 소득, 공공이든 사개인의 것이든 서비스(하인, 국왕 소속 행정직, 자유직, 수송, 상업……)까지 더해져 있기 때문이다. 영국과 프랑스의 경우에 조세부담을 실물 생산과 비교하는 것 역시 흥미롭다. 프랑스에서는 1715년부터 1800년까지 그 비율이 대개 10퍼센트를 상회했다(1715년 11퍼센트, 1735년 17퍼센트, 이에 비해서 1770년과 1775년에는 각각 9퍼센트와 10퍼센트 그리고 1803년에 10퍼센트). 영국에서는 조세부담이 예외적으로 높았다. 1715년 17퍼센트, 1750년 18퍼센트, 그리고 나폴레옹 전쟁 시기인 1800년에는 24퍼센트까지 달했다. 그러나 1850년에 이 비율은 다시 10퍼센트가 되었다.

조세의 압력은 분명히 의미 있는 지수이다. 이것은 국가에 따라서, 또 시대에 따라서—비록 전쟁의 영향 때문이기는 하지만—다르게 변한다. 우리는 이 문제에 대한 대강의 해석을 위해서 이 비율이 통상적인 오차의 범위인 10-5퍼센트 사이에 있다는 가설을 받아들이기로 하자. 베네치아 시정부의 수입이 1588년의 경우 113만1,542두카트라고 하면[133] 국민생산은 1,100만-2,200만 두카트 사이가 된다. 또한 1779년경에 차르의 수입이 2,500만-3,000만 루블 사이였다면(이 당시 러시아 경제는 아직 초보적인 상태였다)[134] 국민생산은 1억2,500만-3억 루블 사이가 된다.

"오차의 범위"가 엄청난 것은 사실이다. 그러나 일단 오차의 범위가 결정되면 상호비교의 방법을 통해서 문제가 되는 조세부담을 가늠해볼 수 있다. 16세기 말의 베네치아를 비롯한 도시경제의 조세부담이 영토국가의 통상적인 조세부담보다 훨씬 컸다. 영토국가의 경우 이 부담률은 5퍼센트라는 낮은 수준에 머물러 있었던 데에 비해서 베네치아의 경우에는 10퍼센트라는 천장을 뚫고 넘어갔다. 그런데 사실 아르테 델라 라나의 장인들과 조선소 노동자들의 임금자료를 가지고 내가 계산한 베네치아의 국민총생산은 여기에서 기준이 된 1,100만 두카트에 훨씬 못미치는 700만-770만 두카트로 나왔다.[135] 만일 이 계산이 맞다면 조세부담률은 이 당시로서는 엄청난 수준인 14-16퍼센트에 달하는 것이다.

베네치아만이 아니라 도시경제 일반이 극도의 조세압력에 시달렸다는 뤼시앵 페브르의 주장을 검증하는 것은 아주 중요한 문제이다. 페브르는 프랑스에 병합되던 해(1552)의 메스(Metz)에 대해—명확한 증거가 있지는 않지만—그렇게 추측했다.[136] 16세기에 도시국가들은 앙시앵 레짐 경제가 자멸할 우려가 있는 조세부담의 위험선에까지 근접했을까? 혹시 도시의 지배를 받는 경제—18세기의 암스테르담 경제까지 포함하여—가 쇠퇴하는 원인의 하나가 여기에 있지 않을까?

오늘날의 경제는 국가의 수취가 엄청나게 증가하더라도 그것을 감당해낼 수 있게 되었다. 사실 1974년을 기준으로 볼 때 국가의 조세수취와 국민총생산 간의 비율은 프랑스와 서독 38퍼센트, 영국 36퍼센트, 미국(1975년) 33퍼센트, 이탈리아 32퍼센트, 일본 22퍼센트였다.[137] 최근의 일이기는 하지만, 국가가 전능의 존재가 된 데다가 특히 소비를 줄이려는 반(反)인플레이션 정책의 일환으로 조세수입을 늘리려는 정책을 쓰면서 조세의 증가는 더욱 가속화되었다. 인플레이션이 갈수록 심각해지자 몇몇 비주류 경제학자들은 지나친 조세부담이 현재의 위기와 인플레이션을 유발한 책임이 있다는 주장을 폈다.[138] 그 주장은 구체적으로는 조세가 과도해지면 과발전된 경제를 위험에 빠뜨린다는 것이다. 오늘날에는 그 경계가 과거와는 비교할 수도 없는 수준이기는 하지만 여기에서의 문제는 수 세기 전에 서유럽에서 가장 발달한 경제가 안고 있던 문제와 똑같은 것이 아닐까?

예산과 국민생산 사이에 상관관계를 인정한다는 것은 예산에 대하여 지수로서의 가치를 인정한다는 의미이다. 그리고 그 당시 사람들이나 많은 역사가들이 흔히 이야기하는 내용, 즉 무소불위의 국가가 국고를 채우기 위해서 조세를 수취하려는 경우 국민들을 한 번 더 짜내기만 하면 된다든지 혹은 모든 체제들—특히 권위주의적인 체제들—이 애용하던 자원인 간접세를 부과해버리면 그만이라고 말하는 것은 너무 속 편한 생각에 불과하다는 점을 깨닫게 한다. 1635년에 프랑스가 "공개"* 전쟁에 돌입한 이후 리슐리외는 재정상의 필요 때문에 조세수입을 엄청나게 올렸다고 한다. 1635년부터 1642년까지 프랑스의 조세수입은 두세 배로 증가하지 않았는가? 그러나 실제로는 국민생산이 동시에 증가하지 않는 한 정말로 조세가 증대하고 예산이 지속적으로 상승할 수는 없다. 아마도 17세기 전반의 프랑스의 상황이 그랬던 것 같다. 따라서 르네 베렐이 주장하는 것처럼 리슐리외 세기의 경제적인 활력에 대한 관습적인 판단을 재고해야 할 것 같다.

소비로부터 국민총생산으로

국민총생산을 산출하기 위해서는 생산으로부터 출발할 수도 있고 소비로부터 출발할 수도 있다. 조앤 로빈슨에 따르면 국민총생산이란 "1년 동안 한 국가를 구성하는 모든 가정에서 수행한 소비의 총계(그리고 여기에 더해서 순투자지출과 무역흑자 혹은 적자)"이다.[139] 이런 조건에서 만일 우리가 주어진 경제에서 "경제주체들"의 평균적인 소비를 알게 된다면 그것을 통해서

---

* 30년전쟁이 벌어지자 프랑스는 비밀리에 동맹국을 후원하다가 1635년부터는 공개적으로 참전했다.

총소비를 알 수 있고 그 결과에다가 생산 중에서 절약한 부분(대개는 저축에 해당된다)과 무역수지를 더하면 대강의 국민총생산을 알게 된다.

처음으로 이런 방식을 구사한 사람 중의 한 명이 스웨덴 경제사를 연구한 (1954) 엘리 헥셔이다.[140] 또 1500-1750년 사이의 프랑스의 국민총생산 곡선을 작성한 프랭크 스푸너의 연구(그림 31)나 16세기 폴란드의 국민소득을 연구한 안제이 비찬스키의 연구도 이런 방식이었다.[141] 비찬스키는 이렇게 썼다. "[과거의 국민소득계정에 대한] 수치들이 비록 정확한 것은 아니라고 해도 [지금까지 역사가들이 주로 해왔던 것처럼] 막연하게 말로 풀어가는 기술보다는 더 구체적이고 현실에 가까울 것이다." 그의 설명에 의하면 "우리들의 가정은 아주 단순하다. 한 나라의 국민들 모두가 살기 위해서는 먹어야만 하므로 식량비용은 국민소득의 많은 부분에 해당한다. 더 정확하게 말하자면 농업생산에 가공, 수송 등과 관련된 비용을 더한 것이 된다. 국민소득의 또다른 부분은 자기가 소비하는 것을 생산하지 않는 인구계층에 속하는 사람들의 노동가치로 구성된다." 따라서 세 가지의 핵심적인 요소들을 생각할 수 있다. 농업인구의 식량소비를 C^1이라 하고 비농업인구의 식량소비를 C^2, 비농업인구의 노동을 T라고 하자. 무역수지를 무시한다면 국민총생산 = $C^1 + C^2 + T$라는 등식을 얻게 된다. 여기에서 C^2는 대개 T와 일치하므로 계산이 훨씬 간단해지는 이점까지 있다. 사실 임금을 받는 인구층(대개 도시 인구층)은 생존하고 재생산[후손을 낳아 대를 이어가는 것/역주]에 필요한 정도만 겨우 벌 따름이다.

마지막으로 비찬스키는 도시의 소득과 시골의 소득이라는 두 종류의 국민소득을 구분했다. 도시공간과 시골공간 사이의 정확한 구분에 대해서는 여기에서 너무 많은 질문을 던지지는 말고 일단 해결된 문제라고 가정하자. 두 종류의 소득 중에서 도시소득의 진보 가능성이 더 크며 만일 이것이 진보하면 전체가 그 뒤를 따른다. 그러므로 도시들의 인구발전을 추적하면 그것만으로도 국민총생산의 진보에 대해서 밝혀주는 바가 크다. 예컨대 조르주

뒤쀄가 수행했던 것처럼[142] 1811-1911년 프랑스의 도시 인구 증가(연평균 1.2퍼센트의 리듬으로 진행되었다)에 대한 거의 끊임없이 연속적인 계열자료를 가지고 있다면 이 그래프는 프랑스의 국민총생산도 이와 비슷한 리듬으로 상승했음에 틀림없다는 점을 보여줄 것이다.

여기에는 놀라운 것이 하나도 없다. 모든 역사가들이 동의하듯이 도시란 축적의 핵심 도구요 성장의 모터이며 모든 진보적인 분업의 책임원인이다. 유럽 전체의 상층구조로서 도시들은 다른 구조들과 마찬가지로 부분적으로 기생적이면서[143] 동시에 성장의 일반 과정에 필수불가결하다. 15세기 이후 원(原)산업(proto-industrie)이라는 거대한 움직임을 결정한 것도 도시들이다. 이것은 도시의 직종들이 시골로 이전하고 시골에 의존하는 것, 다시 말해서 일부 시골 지역에서 반쯤 무위도식하고 있는 노동력을 이용하고 징발하는 것을 가리킨다. 상업자본주의는 도시 길드의 제약적인 방해물들을 피하여 시골에서 새로운 산업 공산을 형성했지만, 그러면서도 여전히 도시에 종속적인 상태였다. 모든 것이 도시에서 유래하고 또 그곳에서 출발한다. 영국의 산업혁명은 버밍엄, 셰필드, 리즈, 맨체스터, 리버풀과 같은 선구적인 도시들의 작품이었다.

프랭크 스푸너의 계산

프랭크 스푸너는 『세계경제와 프랑스의 화폐주조, 1493-1680년(*L'Économie Mondiale et les Frappes Monétaires en France, 1493-1680*)』(1956)이라는 책의 영어판—원래는 프랑스어로 쓰였다—에서 프랑스사에 관한 정말로 흥미로운 새로운 그래프를 제시했다.[144] 여기에는 국민총생산, 왕실예산, 유통 화폐량 등이 표시되어 있다. 그중에서 공식 수치자료들이 풍부히 존재하는 예산만이 실선으로 그려져 있고, 국민총생산과 화폐량은 각각 최고치와 최저치의 두 개의 선으로 그려져 있어서 불확실성이 있음을 나타냈다.

국민총생산은 빵값으로 나타난 평균 소비를 가지고 계산했다(마치 열량의

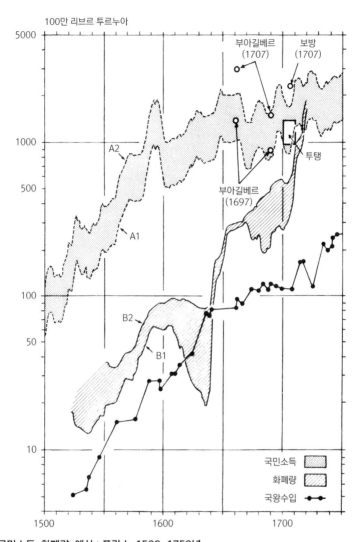

31. 국민소득, 화폐량, 예산 : 프랑스, 1500-1750년
이에 대한 설명은 본문을 참조하라. (프랭크 스푸너, 『국제경제와 프랑스의 화폐변동, 1493-1725년』, 1972, p.306)

섭취를 모두 빵에 의존한 것처럼). 빵값과 인구는 변동을 겪지만 국민총생산 만은 지속적으로 상승했다. 이것이야말로 핵심적이고 특징적인 면모가 아 닐 수 없다.

나는 이 그래프가 대단히 신빙성이 크다고 믿는데, 만일 이것이 사실이라면 예산과 국민총생산 사이에는 1 대 20이라는 비율이 성립된다. 이것은 조세가 그다지 과도한 것이 아니어서 감당할 수 없는 긴장은 없었다는 증거이다. 화폐량과 예산은 1600년까지는 계속 상승하지만 1600년부터 1640년 동안 예산은 여전히 상승하는 반면 화폐량은 정체, 또는 심지어 감소하고 있다. 그러다가 1640년 이후가 되면 화폐량의 그래프는 나머지 두 그래프와는 갈라져 나와서 다른 움직임을 보여준다. 이 그래프는 거의 수직방향으로 가파르게 상승하는데, 마치 유럽 중서부에 있는 프랑스로 화폐와 귀금속이 몰려들어오는 듯한 인상을 받는다. 1680년 이후 아메리카 대륙의 광산들이 다시 활발히 개발되었기 때문일까? (그러나 프랑스의 화폐량의 급성장은 이미 1640년부터 시작되었다는 점을 염두에 두어야 한다.) 혹은 프랑스의 해상활동이 재개되었기 때문일까? 생-말로의 선박들이 태평양 지역에서 벌인 모험들이 여기에서 어느 정도의 역할을 했을 것이다. 이로 인해서 프랑스에 1,000만 리브르 이상의 은화가 유입되었다고 하지 않는가! (그러나 사실 그것은 이후에 있었던 일이다.) 어쨌든 프랑스는 오랫동안 귀금속의 수집처가 되었지만 그렇다고 예산과 국민총생산이 이로부터 영향을 받지는 않았다. 이것은 참으로 이상한 현상이다. 특히 프랑스가 스페인과의 무역수지에서 흑자를 이룬 결과 화폐가 유입되었다고는 하지만 다른 쪽으로는, 특히 레반트 무역에서는 적자를 메꾸어야만 했으며, 또 루이 14세가 벌인 여러 전쟁들과 프랑스 국외 지역들에서 유지해야 했던 많은 군대 때문에 사뮈엘 베르나르,* 앙투안 크로자, 제네부아 가문 등을 통해서 유럽 전역으로 화폐를 계속 내보내야만 했던 점들을 고려하면 더더욱 이상한 일이다. 그럼에도 프랑스는 화폐를 축적하고 퇴장(退藏)시켰다. 1697년에 부아길베르가 한 다음의 말, 즉

---

* Samuel Bernard(1651–1739) : 프랑스의 재정가. 17세기 말에서 18세기 초에 각종 은행업 및 상업활동을 수행했다. 루이 14세는 재정문제에 대해서 그에게 자주 의존했다(그는 루이 14세에게 1697년에 1,100만 리브르, 1708년에 1,900만 리브르를 대부해주었다). 표면적으로만 가톨릭으로 개종했을 뿐이지 실제로는 개신교도라는 것을 누구나 알고 있었지만, 국왕은 여기에 개의치 않았으며 오히려 그에게 귀족 작위를 수여했다.

"프랑스는 과거 그 어느 때보다도 많은 돈으로 가득 차 있다"는 말은[145] 우리에게 여러 가지를 생각하게 한다. 혹은 루이 14세 치세의 말기에 유통되던 8,000만 리브르의 지폐(빠르게 평가절하되고 있었다)는 조심스럽게 유통되거나 은닉되어 있던 엄청난 양의 은과 비교해볼 때 상대적으로 큰 가치가 없는 것이라고 한 상인들의 말을 들어보라. 그럴진대 화폐 스톡의 증가는 로 체제를 통해서 설명되는 것이 아니라 오히려 그런 증가가 로 체제를 설명해주며 그것을 가능하게 했다고 말하고 싶다. 이런 과정이 18세기에 진행되면서 프랑스 경제의 기묘한 구조로 굳어져갔다. 결국 질문에 대한 진정한 답은 구하지 못한 셈이다.

명백한 연속성

총량적인 지표들의 관찰 결과, 우리는 유럽사를 관통하는 몇 가지 명백한 연속성을 확인할 수 있다.

첫째, 어떤 난관에도 불구하고 국민총생산이 규칙적으로 성장한다는 점이다. 18-19세기 영국의 국민총생산 그래프를 보라. 그리고 프랭크 스푸너의 말이 옳다면 프랑스의 국민총생산도 루이 12세[재위 1461-1483년/역주] 이래―어쩌면 그보다도 더 일찍부터―1750년까지 명백히 계속 상승했고 이것은 다시 루이 15세 이후 오늘날까지 이어지고 있다. 오르내리는 변동이 있다고 해도 그것은 단기적인 것에 불과해서 장기적인 상승세와 비교해보면 겨우 표시가 날까 말까 하는 잔물결에 불과하다. 요컨대 이런 장기적인 상승은 장기추세를 비롯해서 우리에게 익숙한 콩종크튀르와는 다른 것이다. 심지어 두 차례의 세계대전에 기인한 단절도 그것이 아무리 극적으로 보인다고 해도 그야말로 일시적인 중단에 불과하다. 그러니 그 이전의 전쟁 피해란 더더욱 회복이 쉬운 종류였다. 모든 사회는 자신의 잘못으로 황폐화된다고 하더라도 놀라운 복구력을 보여준다. 프랑스를 보면 역사적으로 끊임없이 재구성되고는 했는데 이것은 프랑스 역사만의 예외가 아니다.

또다른 연속성은 국가의 성장이다. 이것은 국민소득 중에서 국가가 수취하는 몫의 증가로 측정할 수 있다. 예산의 증가는 곧 국가의 성장을 가리킨다. 국가는 모든 것을 집어삼킨다. 국민소득계정에 관한 연구를 통해서 이것을 확인하는 것은 중요한 일이다(물론 그것은 전통적인 주장으로 되돌아가는 것, 즉 독일어권 및 독일문화권의 역사가들이 흔히 표명하던 원칙의 선언으로 되돌아가는 것을 의미한다). 베르너 네프는 주저 없이 이렇게 썼다.146) "무엇보다도 우선 국가에 대해서 언급해야 한다(Vom Staat soll an erster Stelle die Rede sein)." 국가란 베르너 좀바르트에 의하면147) "거대한 기업과 같아서 그것을 지휘하는 사람들에게는 가능한 한 많은 금과 은을 확보하는 것이 주요 목표이다." 그러므로 국가에 대해서 정당한 평가를 내려야 한다. 경제 전반의 관점에서 볼 때 우리는 국가에게 그에 걸맞은 거대한 지위를 찾아주어야 한다. 장 부비에의 말대로 "국가는 결코 가벼운 것이 아니다."148)

내가 보기에 국가는 15세기 중반 이후, 즉 경제의 호황기가 다시 도래한 이후 결코 가볍지 않았다. 장기적으로 볼 때 국가가 성장해왔다는 것, 그것은 어떤 면에서 유럽 역사의 모든 것이 아닐까? 국가는 5세기에 로마 제국이 무너지면서 사라졌다가 11-13세기의 산업혁명[중세의 산업혁명/역주]과 함께 재구성되고 다시 흑사병의 재난 및 14세기 중반의 어마어마한 경제적 후퇴와 함께 해체되었다. 유럽 역사에서 가장 극적인 것으로 기록되는 이 시기의 몰락과 해체는 나를 매혹시키고 공포에 잠기게 만들었다는 점을 말해야 할 것 같다. 물론 아시아에서 몽골이 침입한 것, 백인의 등장 이후 아메리카 대륙의 원주민 대부분이 몰살된 것 등 광대한 이 세계의 역사에서 그보다 더 참혹한 비극도 많았다. 그러나 비슷한 규모의 재난을 겪은 후 다시 그와 같은 복구를 이룬 곳은 없다. 유럽은 15세기 중반 이후 끊임없는 진보를 이룩하여 산업혁명을 이루고 드디어는 근대국가의 경제에 이르게 된 것이다.

프랑스 : 자신의 거대성의 희생자

정치적으로 이야기하면 프랑스는 분명히 최초의 근대국가—유럽에서 등장했고, 1789년의 혁명이라는 대사건을 통해서 완성된—이다.[149] 그렇지만 경제적 하부구조의 면에서 볼 때 이 나라는 이 뒤늦은 시기에도 완벽한 전국시장과는 거리가 멀었다. 물론 예를 들면 루이 11세를 두고 왕국의 경제 전체에 대해서 신경을 쓴, 콜베르 이전의 "콜베르주의자"인[150] 중상주의자라고 할 수도 있다. 그러나 그의 정치적인 의도만으로는 그 시대의 프랑스 경제의 분열성과 구태의연함에 대하여 무엇을 할 수 있었겠는가? 그런 구태의연함은 오래 지속되었다.

잘게 구획되어 있고 지방화된 있는 프랑스 경제는 결국 자체폐쇄적인 소규모 개별경제들의 집합이었다. 이 전체를 통과하는(그보다는 차라리 그 위를 겉돌며 날아가는) 큰 흐름들은 연결점, 출발점 및 도착점으로 사용되는 일부 도시와 지역들에게만 이익을 안겨주었다. 유럽의 다른 "국가들"과 마찬가지로 루이 14세와 루이 15세의 프랑스 역시 농업이 핵심적인 나라였다. 공업, 상업, 금융업은 이 나라를 하룻밤 새에 변화시킬 힘을 가지지는 못했다. 이 나라에서 진보는 단지 약간의 흔적만 보일 뿐이어서 18세기 후반에 비약적인 발전이 이루어질 때까지는 거의 눈에 띄질 않았다. 에르네스트 라브루스의 말을 빌리면 "거대한 외부세계[와 연결되는] 극소수의 프랑스는 시골의 태반과 읍의 거의 대부분 그리고 심지어 도시까지도 포괄하는 자급자족적인 대다수의 프랑스와는 전혀 다른 곳이다."[151]

전국시장의 출현은 도처에 편재하는 타성에 저항하는 움직임이며 장기적으로 교환과 연결을 만드는 움직임이다. 그러나 프랑스의 경우 타성의 원천은 국가의 크기가 엄청나게 크다는 사실 자체가 아닐까? 네덜란드와 영국은 영토가 작아서 상대적으로 더 민활하고 쉽게 통일될 수 있었다. 이런 곳에서 거리의 문제는 중대한 방해요소는 아니었다.

다양성과 통일성

프랑스는 작은 지방들의 모자이크 국가이다. 각 조각을 이루는 지방은 협소한 공간 내에서 자급자족적인 방식으로 각기 제 빛깔대로 살아간다. 외부의 경제생활로부터 거의 영향을 받지 않는 이 지방들은 같은 경제적 언어를 사용한다. 따라서 한 지방에서 통용되는 것은 가깝든 멀든 다른 지방에서도 타당하다. 한곳을 알면 다른 곳에 대해서도 짐작할 수 있다.

사부아가 아직 프랑스 영토에 편입되지 않았던 시기에 포시니 지방의 주도(州都)였던 본빌에 라자로회 수도원이 하나 있었다. 검소하다 못해 옹색한 삶을 살던 이 수도회가 지출명세서를 작성해둔 것이 있는데[152] 이것을 보면 나름대로 앞에서 말한 사정을 알 수 있다. 18세기에 이 고립된 수도회는 주로 자가생산한 것만을 가지고 살되 일부 품목만 가까운 시장에서 사들였다. 그중에서도 특히 차지농들이 시장에 내오는 포도주와 밀이 포함되어 있다. 이 수도원은 빵 가세에 밀을 미리 주고 나날이 빵을 받았다. 이와 달리 육류는 정육점에서 현찰을 주고 구입했다. 마을의 수공업 장인과 노동자들에 대해서는 일당을 주는 식으로 고용해서 널빤지, 땔나무, 거름 등을 옮기게 했다. 수도사들이 먹여 키운 돼지를 잡는 일은 시골 아낙네가 한 명 와서 했다. 수도사들과 단 한 명뿐인 하인에게 구두를 공급하는 구두 제조공도 한 명 있었다. 클뤼즈에는 잘 알고 있는 대장장이가 있어서 말에 편자를 박았다. 석공, 목공, 소목공들도 일당을 받고 이곳에 와서 일하고는 했다. 이 모든 일들이 좁은 공간 내에서 이루어졌다. 그 공간의 경계는 타냉주, 살랑슈, 로슈-쉬르-포롱에 국한되었다. 그렇지만 그야말로 완벽한 자급자족은 불가능하므로, 본빌 라자로회의 생활영역도 비좁은 한계를 넘는 지점이 한두 곳 없을 수는 없었다. 가끔 특별한 파발꾼이 (공작령 소속의 파발꾼이라면 그렇게 하지 못하지만) 안시에서, 혹은 더 자주 있는 일이지만, 제네바에서 의약품, 향신료, 설탕 등과 같은 특별한 물품을 사오고는 했다. 그러나 설탕의 경우에는 18세기에 가면 본빌의 식료품상에서도 살 수 있게 되었는데 이것은 일종의 작은 혁명이었다.

이것은 그야말로 단순한 언어로 짜인 이야기이다. 다른 많은 지역에서도 주의 깊게 접근하면 똑같은 이야기를 들을 수 있을 것이다. 예컨대 넓은 농지와 풀밭이 있던 오수아 지방의 경우에도 그 중심도시인 스뮈르가 "교통의 요지가 아니고……운항이 가능한 강에서 멀리 떨어져" 있기 때문에 자체 내에 한정되어 살 수밖에 없었다.[153] 그러나 이곳은 그래도 오세르나 아발롱과 같은 이웃 지역과 약간의 연결은 유지하는 편이었다.[154] 이에 비해서 브르타뉴 내부나 마시프 상트랄 같은 지역들은 거의 자급자족 상태에 머물러 있었다. 또 샹파뉴와 로렌 지역과 관계를 맺었고 심지어는 뫼즈 강을 통해서 포도주를 네덜란드로 수출하기까지 했던 바루아 지역도 사실 크게 다를 바 없었다.

그러나 교통의 요지에 자리 잡고 있는 지역이나 도시에서는 모습이 달라진다. 이런 곳에서는 수송로가 사방으로 퍼져나간다. 부르고뉴의 작은 도시인 베르됭-쉬르-르-두가 그런 곳이다. 이 도시는 두(Doubs) 강변에 위치해 있는 데다가 손 강에서 그다지 멀리 떨어져 있지 않으며 이 두 개의 강은 이곳의 남쪽에서 합류한다. 1698년의 한 보고서를 보자. "이곳은 위치가 좋아서 상업이 크게 융성해 있다.……이곳에서는 곡물, 포도주, 건초 교역이 크게 발달해 있다. 매년 10월 28일이 되면 자유로운 정기시가 개최된다. 실제로 이 정기시는 성 시몬 및 성 유다 축일* 1주일 전에 시작되었다가 그 축일 1주일 후까지 계속된다. 예전에는 이곳에서 아주 많은 말들을 거래했다."[155] 베르됭 주변지역으로는 알자스, 프랑슈-콩테, 리오네 지역 및 그 "아래의 지역"이 있다. 이와 같은 여러 흐름들의 교차로에 위치해 있는 이 소도시는 애초에 이미 교역에 개방되어 있는 것과 마찬가지이고 변화를 약속받은 것과 같다. 이곳에서는 사업을 해볼 욕심이 생기게 마련이다. 이곳에서 사람들은

---

* 두 성인의 축일은 모두 10월 28일이다.

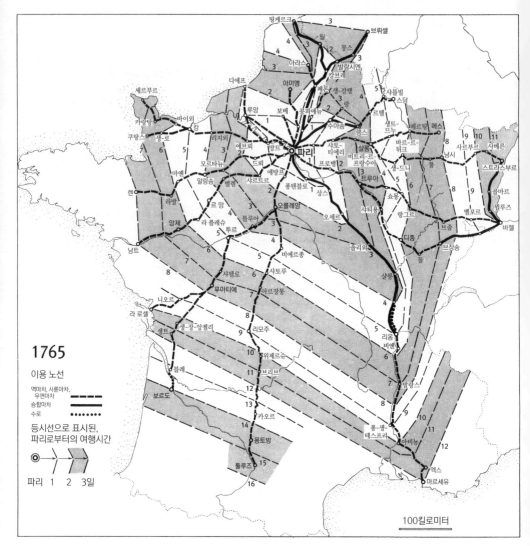

됭케르크 3 브뤼셀
릴 몽스
4 3 2
아라스 발랑시엔
3 강브레
디에프 아미앵 베룅 생-캉탱 5 샤를빌
콩피에뉴 3 스당
루앙 3 랑 르텔 생트-
보베 수아송 므누 베르됭 메스
세르부르 1 랭스 9 10 11
바이외 킹 샤토- 살롱 바르-르- 사르부르 사베른
카랑탕 리지외 에브뢰 망트 파리 티에리 뒤크 낭시 스트라스부르
쿠탕스 생-로 드뢰 프로뱅 비트리-르- 툴 8 9
마옌 모르타뉴 에탕프 프랑수아 생-드니 3 콜마르
알랑송 샤르트르 3 트루아 쇼몽 6 벨포르 뮐루즈
렌 벨렘 퐁텐블로 상스 사티용 랑그르 8 바젤
라발 르망 오를레앙 3 디종 브장송
앙제 라 플레슈 블루아 오세르 졸리외 3 돌
낭트 투르 4 비에르종 3 살롱
5 6 비엔 브르송
7 샤텔로 6 샤토루 5
8 푸아티에 아르장통
니오르 8 리옹 4
라 로셀 9 리모주 비엔 5
생트 생-장-앙젤리 10 위제르슈 6
블레 11 브리브 7 발랑스
12 8
보르도 13 카오르 9 퐁-생- 10
14 테스프리 11
몽토방 15 아비뇽 12
툴루즈 엑스
16 마르세유

1765

이용 노선

역마차, 사륜마차,
우편마차
승합마차
수로

등시선으로 표시된,
파리로부터의 여행시간

◉➤▰▰

파리 1   2   3일

100킬로미터

32. 프랑스의 거대성 : 전국시장 형성상의 난제

기 아르벨로가 그린 이 두 지도(「아날」, 1973, p.790)는 "고속마차"가 달릴 수 있는 신작로 정
비, "승합마차"의 사용과 역참의 증대로 "도로의 거대한 혁신"이 있었다는 것을 보여준다. 이
로 인해 1765년에서 1780년 사이에 프랑스 횡단 여행 시간을 절반까지 줄였다. 1765년에는
릴에서 피레네까지, 혹은 스트라스부르에서 브르타뉴까지 가는 데에 적어도 석 달이 걸렸다.
1780년까지도 프랑스는 여전히 느린 속도로 거쳐야 하는 빡빡한 공간이었다. 그러나 프랑스

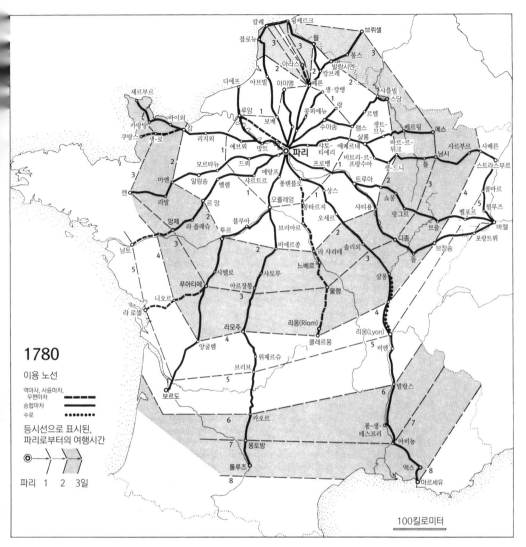

1780

이용 노선

역마차, 사륜마차,
우편마차

승합마차

수로

등시선으로 표시된,
파리로부터의 여행시간

파리 1 2 3일

100킬로미터

왕국 전체에 도로상의 진보가 이루어졌다. 첫 번째 지도에서는 사실 몇 개의 특권적인 축을
구분할 수 있다. 파리-루앙 또는 파리-페론(5일 거리이므로 이것은 파리-샤를빌, 파리-캉,
파리-비트리-르-프랑수아와 같은 시간이 든다)이 그런 것들이다. 두 번째 지도에서는 거리
와 여행시간은 거의 일치한다(그래서 파리를 중심으로 거의 완전한 원들이 그려져 있다). 리
옹이나 루앙과 같이 이전에 특권적인 곳까지의 시간은 변함이 없다. 이 변화의 핵심적인 요인
은 1775년에 튀르고가 "승합마차 및 왕립 우편공사"를 설치한 것이다.

여러 길들 중 하나를 선택할 수 있을 것이다.

　마코네 지방에서도 똑같은 팽창이 있었으나 이곳 사람들은 진취적인 기상이 결여되어 있었다. 그러나 이곳의 포도주는 거의 저절로 사방으로 팔려 나갔다. 밀 재배, 소 사육, 직포, 가죽 무두질 같은 일은 부차적인 것에 불과하다. 포도주의 판매만으로도 이미 충분한 터에 포도주 통의 제조까지 여기에 더해졌다. "각재(角材)는 거의 대부분 손 강을 통해서 부르고뉴에서 들여오며 통 제조공들은 1년 내내 이 일에 매달려 있다. 마코네 지역에서는 포도주를 통에 담아 판매하므로 많은 통이 필요하기 때문에 이 일은 아주 중요하다." 프로방스 사람들이 "이 통을 많이 사다 썼기 때문에 가격이 더 올랐다. 그들은 더 손쉽고 싼 가격에 포도주를 파리로 수송하기 위해서 자기네의 통을 더 무겁고 굵은 나무로 만들어 쓰고 그 외의 용도에는 이 지방의 통을 들여와 썼던 것이다."156)

　이처럼 프랑스에는 난거리, 중거리, 원거리 교역들이 교차하고 있었다. 앙리 세가 말했듯이157) 디종이나 렌과 같은 도시들은 "거의 전적으로 지방교역용 시장"이다. 그러나 "거의"라는 말만 보아도 이곳이 비록 약소한 정도나마 원거리 교역들과도 연결되어 있다는 것을 알 수 있다. 그리고 이 교역들은 장차 성장을 거듭하게 될 것이다.

　대단히 빈번한 단거리 교역보다는 차라리 원거리 간의 교환연결이 역사가들의 눈에 더욱 잘 띄게 마련이다. 이 교역은 무엇보다도 생활필수품들을 대상으로 하는데, 성질상 이것은 상품의 이동로가 저절로 정해지는 경향이 있다. 소금, 특히 곡물이 대표적인 물품으로서 이런 물품들은 필요한 대가를 받고―때로는 이 대가가 그야말로 엄청날 수도 있다―한 지방에서 다른 지방으로 이전된다. 가치로 보나 무게로 보나 밀은 "왕국에서 가장 중요한 교역품"이다. 16세기 중반에 리옹 시에 대한 곡물 공급만 해도 제노바가 전 유럽 시장에 판매하는 벨벳보다 1.5배가 넘는 가치를 가지고 있었다. 벨벳은 "비단류 중에서 가장 널리 보급된" 직물인데도 말이다.158) 마치 날개를 단 것처럼 북쪽으로 끈기 있게 팔려가던 포도주에 대해서는 더 말할 나위도 없다. 계절적인 리듬과는 거의 무관하게 항시 프랑스 전역에 유통되는 흐름들을 이루던 다양한 재료의 다양한 직물들 그리고 향신료, 후추, 게다가 조만간 여기에 더해서 커피, 설탕, 담배―이런 물품들의 인기가 폭발해서 정부와 동인도회사의 수익을 크게 올려주었다―등도 그런 상품에 속했다. 강위의 배들, 사방에서 운행하던 마차들 이외에도 왕국 정부가 자신의 명령과 집행관들을 신속히 내려보내기 위해서 만든 역참제도도 교역을 원활히 하는 데에 기여했다. 상품보다는 사람들이 더 쉽게 이동하는 형편이었다. 높은 분들은 역참제도를 이용하고 비천한 사람들은 도보로 프랑스 일주를 하고는 했다.

그 결과 "예외, 특권, 제약들로가득 찬"[159] 프랑스의 이질성에 대해서 끊임없는 공격이 가해졌다. 18세기에는 교환이 증가하면서 지역들 간의 장벽이 급격히 해체되기에 이르렀다.[160] 부아길베르가 말한 바와 같은 서로 독립적인 지역들로 구성된 프랑스는 사라져갔다. 거의 모든 지역들이 교역의 증가로부터 영향을 받았기 때문에 각 지역들은 서로 자신에게 유리해 보이는 활동들로 특화해갔는데, 이것은 전국시장이 분업의 조직화라는 자신의 역할을 수행하기 시작했다는 증거이다.

자연적인 연결, 인공적인 연결

그런데 이렇게 프랑스의 유통망이 발달하고 그것이 장기적으로 통합 기능을 맡게 된 데에는 프랑스의 땅 자체, 다시 말해 그 지리가 유리하게 작용했기 때문이 아닐까? 큰 장애물이 되는 마시프 상트랄을 제외하면 프랑스는 도로와 교역에 확실히 유리한 점들을 갖추고 있었다. 해안지역에서는 연안 항해가 이루어졌다. 연안항해가 충분하게 발달하지는 않았다고 해도 어쨌든 그것이 존재한다는 것이 중요하며, 덧붙여 말하자면 네덜란드인을 비롯한 외국인들의 도움으로[161] 빈틈이 많이 보충되었다. 강이나 운하와 같은 수로는 영국이나 네덜란드 같은 정도라고는 못해도 대단한 편의를 제공했다. 론 강과 손 강이 "프랑스 지협"의 축을 따라서 흐르는데, 남북 간의 직통로로 이용되었다. 1681년에 한 여행자가 론 강에 대해서 설명하는 것을 들어보자. 이 강은 "마르세유를 통해서 이탈리아로 가려는 여행자들에게 대단히 편리하다. 나는 바로 이 길을 택했다. 리옹에서 배를 타서 사흘 만에 아비뇽에 도착했다.……다음날 아를에 갔다."[162] 이 이상 어떻게 더욱 잘 여행할 수 있겠는가?

프랑스의 모든 강들은 찬탄받을 만하다. 모든 가능한 방식을 동원하여 강물의 흐름을 이용했으므로 적어도 뗏목 형태로든지 목재 띄워 보내기 방식으로나마 강을 이용했다. 물론 다른 어느 곳에서나 마찬가지로 프랑스에도 물레방아가 있고 거기에 물을 대는 도랑이 있어서 이런 것들이 교통을 방해했다. 그러나 필요한 경우에는 이 도랑을 열어서 그때 방류된 물의 힘으로 배들이 하류로 내려갈 수 있었다. 수심이 그다지 깊지 않은 뫼즈 강이 그런 예이다. 생-미이엘과 베르됭 사이에 세 개의 물레방아가 있지만 몇 푼 안 되는 돈을 주면 문제없이 통과할 수 있다.[163] 이런 작은 사실로도 우리는 17세기 말까지 뫼즈 강이 상류로든 하류의 네덜란드 방향으로든 대단히 활발하게 이용되고 있었다는 점을 알 수 있다. 샤를빌과 메지에르가 오랫동안 북부로부터 운송되는 석탄, 구리, 명반, 철 등의 집산지 역할을 한 것도 이런 교역 덕분이다.[164]

이런 것들은 론 강, 손 강, 가론 강, 도르도뉴 강, 센 강(그 지류들을 포함해서), 루아르 강의 집약적인 조운업과 비교하면 아무것도 아니다. 루아르 강은 빈번히 범람하고 모래톱과 세관들이 곳곳에 있었음에도 불구하고 프랑스의 강들 중에서 가장 중요한 역할을 맡고 있었다. 그렇게 된 것은 이곳의 조운업자들의 능란한 솜씨와 상선단을 이루어 운항하는 배들 덕분이다. 이 배들은 상류로 거슬러올라갈 때 큰 사각 돛들을 이용하지만 바람이 없을 때에는 예선(曳船, halage)을 사용한다. 이 강은 프랑스 왕국의 동쪽과 서쪽, 남쪽과 북쪽을 연결해준다. 이 강은 또 로안과 리옹 사이의 포르타주*를 통해서 론 강과 연결되며, 오를레앙 운하와 브리아르 운하를 통해서는 센 강 및 파리와 소통할 수 있다. 그 당시 사람들에게는 이 강을 통한 교역은 상류방향이든 하류방향이든 대단한 것으로 보였다.[165] 그렇지만 분명히 프랑스의 중앙에 위치한 오를레앙은 재분배 역할을 하고 산업도 발달해 있었으면서도 부차적인 도시밖에 못 되었다. 가까이에 있는 파리와의 경쟁 때문이었을 것이다. 파리는 센 강을 비롯해서 그 지류들인 욘 강, 마른 강, 우아즈 강이 제공하는 조운의 이점과 보급의 편리함을 누렸다.

프랑스는 또 18세기에 중앙정부가 만든 거창한 도로망을 보유하게 되었다. 그런데 새로운 도로들이 옛날 도로들과는 다른 곳에 만들어지는 경우가 있었기 때문에 이 도로들이 새로 뚫린 지역의 경제적 기반을 바꾸어놓는 일이 많았다. 이 모든 도로들이 전부 활기찬 모습을 띠지는 않았다. 아서 영은 파리-오를레앙 사이의 멋진 도로를 보고 이렇게 기술했다. "런던 근처의 도로들에 비하면 이곳은 사막과 같다. 10마일을 가는 동안 마차 한 대를 보지 못했다. 우리가 본 것이라고는 고작 두 대의 왕립 우편수송 마차와 얼마 안 되는 역마차였다. 런던을 떠나서 같은 시간 동안 여행했다면 그보다 열 배는 더 많이 보았을 것이다."[166] 사실 런던은 파리가 하는 모든 기능에다가 왕국 전체에 대한 재분배지 그리고 대단히 큰 항구의 역할이 더해져 있다는 사실을 고려해야 한다. 다른 한편 런던 분지는 파리 분지에 비해서 넓지 않으면서도 인구는 더 밀집해 있었다. 후일 영국에 대한 고전적인 책을 쓴 뒤팽 남작**도 이런 점을 계속 강조했다. 그러나 다른 증인들은 이 박학한 아서 영보다는 덜 비판적이다. 아서 영보다 4년 먼저인 1783년에 프랑스를 여행했던 스페인인 안토니오 폰스는 파리로부터 오를레앙, 보르도를 잇는 도로의

---

* portage : 배가 더 이상 운항하기 힘든 곳에서부터 연결되는 육로.

** Charles Dupin(1784-1873) : 프랑스의 수학자, 정치가. 수학자로서는 가스파르 몽주의 제자로 기하학에 탁월한 업적을 남겼고, 그 결과를 도로의 건설과 선박의 안전성 연구에 응용했다.

순환을 보고 감탄했다. "상품을 수송하는 차량들은 놀라운 기계들이다. 아주 길고 그에 따라 폭도 넓으며 거액을 들여서 각별히 탄탄하게 만든 이 차량들은 무게에 따라 여섯 마리, 여덟 마리, 열 마리 혹은 그 이상의 말들이 끈다. 이 나라의 산업과 다른 활동들이 아무리 발달했더라도 도로들이 지금과 같지 않다면 교역이 어떻게 되었을지 모를 일이다." 물론 아서 영과는 달리 폰스가 비교를 위해서 염두에 두고 있는 대상은 영국이 아니라 스페인이며 따라서 아서 영에 비해서 이러한 도로에서의 새로운 발전을 더 잘 이해할 수 있었을 것이다.[167] "프랑스는 물과 늪지가 많기 때문에 다른 나라들보다 더 많은 도로들이 필요하다"고 그는 말하고 있다. 아마도 그는 '프랑스는 산도 많고 영토가 광대하기 때문에'라는 말을 덧붙였어야 옳았을 것이다.

프랑스의 영토에는 점점 더 큰 도로망이 건설되어갔다. 앙시앵 레짐 말기에는 4만 킬로미터의 육로와 8,000킬로미터의 수로 그리고 1,000개의 운하들이 형성되었다.[168] 이런 빌달은 여러 지역들을 차례로 "장악해" 들어갔고 영토를 계서화했으며 수송로들을 다양화시켰다. 그래서 센 강이 여전히 파리의 가장 중요한 수송로이기는 하지만 루아르 강을 통해서 브르타뉴로부터 파리로 물품이 들어올 수도 있고 론 강, 로안 시, 루아르 강, 브리아르 운하를 통해서 마르세유로부터 물품이 들어올 수도 있었다.[169] 기업가들과 보급업자들의 요청으로 1709년 12월에는 오를레앙에서 도피네 지역으로 밀이 유입되기도 했다.[170] 현찰 수송은 물론 어느 시대에서나 특별한 지위를 누리는 일이었지만 수송체제의 재조직으로 더욱 유리한 지위를 차지하게 되었다. 이 점은 1783년 국가참사회(Conseil d'État)의 한 보고서에서 읽을 수 있다. 파리를 비롯한 왕국 내 주요 도시들의 여러 은행가와 상인들이 "프랑스 전역에 도로망이 건설되고 왕립 우편수송, 승합마차, 짐수레 수송*체제의

---

* roulage : 등짐 방식으로 상품을 수송하던 것으로부터 점차 짐수레 방식의 수송으로 발전해간 것도 근대사에 중요한 양태이다. 짐수레의 적재량도 400-600킬로그램을 넘지 못하던 것이 18세기에 들어가면 2톤 정도가 되었고 곧 3-4톤에 이르렀다. 이에 대해 정부가 처음으로 행정적 통

확립이 상업을 크게 진작시키는 점을 이용해서……금화와 은화의 교역을 그들의 중요한 투기사업 영역으로 만들었다. 그리하여 그들 마음대로 환율을 조작하고 수도와 지방에서 화폐의 과다와 부족을 조작했다."[171]

프랑스의 영토가 광대하다는 점을 고려할 때 수송의 발달이 통합의 충분조건은 아니라고 해도 결정적인 중요성을 가진다는 것은 분명하다. 이 점은 현대에 가까운 시대를 연구한 역사가들이 지적한 내용이다. 역사가 장 부비에는 프랑스에 철도망이 완성된 다음에야 전국시장이 형성되었다고 주장했고, 경제학자 피에르 위리는 한 걸음 더 나아가서 오늘날의 프랑스가 하나의 경제적 단위로 통합된 것은 전화체계가 "미국식으로" 완성된 때에 가서야 이루어졌다고 주장했다. 맞는 말일 것이다. 그러나 18세기에 건설부의 유능한 토목기사들*이 도로를 확충해감에 따라서 프랑스의 전국시장이 발전해갔다는 것은 분명한 사실이다.

우선은 정치적인 현상이었다

그러나 전국시장은 특히 처음 형성되던 당시에는 단지 경제현상만은 아니었다. 그것은 이전의 정치적인 공간으로부터 만들어진 것이다. 그리고 나서 17-18세기에 **정치적 구조들**과 **경제적 구조들** 사이에 아주 서서히 연관이 이루어져갔다.[172]

이보다 더 논리적인 일은 없을 것이다. 우리가 이미 누누이 강조한 바이지만 경제적 공간은 정치적 공간을 훨씬 크게 상회한다. 그래서 "국가", 전국시장 등은 자신보다 더 넓은 경제적인 전체 내에서, 더 정확히 이야기하면 그 전체에 대항해서 형성된다. 광범위한 국제경제는 오래 전부터 존재해왔으며,

---

제를 가한 것은 1724년 11월 14일의 칙령으로서, 짐수레를 끄는 말의 숫자를 10월 1일부터 4월 1일까지는 네 마리, 그 나머지 기간에는 세 마리로 한다는 내용이었다.

* ingénieurs des Ponts et Chaussées : 국가가 관장하는 토목공사에 직접 투입되는 토목기사들. 주로 도로, 수로, 항구, 도시 등의 건설사업에 참여했다. 연원은 콜베르 시대로까지 거슬러올라가지만 직접적으로는 국립 교량도로 학교(École des Ponts et Chaussées)의 창설과 관련이 있다.

바로 이 넓은 국제경제의 공간 속에서 전국시장이 자리를 잡고 형성된 것이다. 그것은 어느 정도 통찰력 있고 또 대단히 집요한 정책에 의해서 만들어졌다. 중상주의 이전 시기부터 지배자들은 경제영역에 간섭해서 규제를 가하고, 방향을 지시하고, 금지와 장려를 반복하고, 빈틈을 메우기도 하며 새 틈을 열어주기도 했다. 그는 자신의 존망과 야망의 성취에 힘을 더해줄 수 있는 규칙을 발전시키려고 했으나 일반적인 경제여건이 맞아떨어질 때에만 이 사업에서 성공을 거두었다. 프랑스라는 기업이 바로 그런 경우가 아니겠는가?

프랑스라는 국가가 일찍이 형성되었다는 것 또는 적어도 일찍부터 기초가 잡혔다는 것은 부인할 수 없는 분명한 사실이다. 프랑스가 다른 모든 영토 국가들보다 앞서서 등장한 것은 아니라고 해도 곧 다른 나라들을 추월했다. 주변부를 희생시켜가며 확대해가려고 하는 중심부의 건설적인 반작용은 이런 팽창과정 속에서 보아야 한다. 초기에 프랑스는 모든 방면—때로는 남쪽, 때로는 동쪽, 때로는 북쪽, 또는 서쪽—으로 뻗어가야 했다. 13세기에 이 나라는 유럽 대륙에서 가장 큰 정치적 기업이 되었다. 그래서 피에르 쇼뉘가 적절히 표현한 것처럼[173] "거의 국가(presque un État)"가 된 것이다. 여기에는 카리스마적인 후광, 사법 및 행정제도들과 특히 금융제도들—이것이 없었다면 정치적 공간은 완전히 무기력해졌을 것이다—과 같은, 오래된 것이든 새로운 것이든 국가의 특징들을 나타내는 요소들이 더해졌다. 필리프 오귀스트와 성왕 루이 시대에 정치적 성공이 경제적인 성공으로 전환되었다면, 그것은 고도로 발달한 유럽의 비약적인 성공이 프랑스라는 틀 속에 활력을 불어넣었기 때문이다. 어쩌면 역사가들은 샹파뉴 및 브리 정기시의 중요성을 충분히 인식하지 못하는 것 같다. 성왕 루이가 튀니지 근처에서 죽을 무렵인 1270년경, 정기시가 한창 전성기를 맞이하고 있었던 이 당시 유럽의 경제를 감싸던 틀이 그대로 굳어졌다고 상상해보자. 만일 그랬다면 지배적인 성격을 띠는 프랑스의 영토가 만들어져서 손쉽게 통합성을 얻고 다른 국가들을 희생시켜가며 영토를 팽창시켰을 것이다.

우리들은 사태가 그렇게 돌아가지 않았다는 것을 잘 알고 있다. 14세기 초에 시작된 대규모의 경기후퇴는 연쇄적인 붕괴로 이어졌다. 이제 유럽의 경제균형은 기반을 달리하게 되었다. 백년전쟁의 무대가 되었던 프랑스 영토가 그후 샤를 7세(1422-1461)와 루이 11세(1461-1483)의 치세기에 정치적 응집성을 되찾고 더 나아가서 이미 경제적인 응집성까지도 되찾게 되었을 때, 이 나라 주변의 세계는 크게 변화했다.

그렇지만 16세기 초에[174] 프랑스는 "모든 나라들보다 훨씬 앞선 1등 국가"로 복귀했다. 30만 제곱킬로미터의 영토에, 재정자원은 80-100톤의 금에 달하고, 국민총생산은 아마도 1,600톤의 금에 상당할 것이다. 부이든 권력이든 모든 것에 등급을 매기고는 했던 이탈리아에서 문서에 단지 "왕(il Re)"이라고 했을 때에는 기독교 왕, 즉 프랑스 국왕을 가리켰다. 이 초강대 세력은 주변 국가들과 경쟁국가들에 불안을 안겨주었다. 주변 국가들 역시 유럽의 경제적 상승에 힘입어 성상한 결과 야망을 가지게 되었지만, 동시에 불안감을 떨쳐버릴 수 없었다. 그 때문에 스페인을 지배하는 가톨릭 왕들[스페인 국왕을 가리키는 별칭/역주]이 일련의 결혼 정책을 통해서 이 위협적인 프랑스를 포위하려고 한 것이다. 프랑수아 1세가 마리냐노 전투(1515)*에서 승리를 거두자 오히려 유럽의 세력균형이 그에게 적대적인 방향으로 돌아선 것도 그런 연유이다(유럽의 세력균형이란 이미 13세기부터 나타나는 현상이었다). 1521년에 발루아 왕조와 합스부르크 왕조 사이에 전쟁이 발발했을 때 이 균형장치가 프랑스 국왕에게 불리하고 스페인 국왕에게 유리하게 작용했으며, 거의 지체없이 스페인의 지배적인 우위를 가져왔다. 그리고 여기에는 조만간 아메리카 대륙의 은이 나름대로의 역할을 하게 되었다.

---

* 1515년 9월 13-14일에 프랑스군(약 3만2,500명)과 스위스군(약 2만2,200명) 간에 벌어진 전투. 베네치아의 원군이 도착함으로써 스위스군이 패퇴하여 약 6,000명의 인력을 잃었다. 그 결과 프랑스는 밀라노 공작령을 회복했다.

프랑스의 정치적 실패를 이 나라가 더 이상 유럽 세계-경제의 중심에 있지 않다는 것 또는 그런 위치에 있을 수 없다는 것으로 설명할 수 있지 않을까? 이것이 가장 중요한 원인이 아닐까? 부의 중심은 베네치아, 안트베르펜, 제노바, 암스테르담에 차례로 돌아갔는데 이것은 하나같이 프랑스 영역 바깥에 있는 곳들이다. 단 한 순간, 아주 짧은 동안 프랑스가 새롭게 1등의 위치를 차지한 적이 있었다. 스페인 왕위 계승 전쟁 당시에 스페인령 아메리카가 생-말로인들에게 개방되었을 때였다. 그러나 그 기회는 곧바로 사라져갔다. 결국 역사는 프랑스 전국시장의 형성에 그다지 유리하게 전개되지는 않았다. 세계의 분할은 프랑스를 배제하고, 심지어는 프랑스의 희생 아래에서 이루어졌다.

프랑스는 이 점을 막연하게나마 인식하고 있었을 것이다. 이 나라는 1494년 이후에 이탈리아에 침투하려고 했으나 실패에 그쳤다. 한편 이탈리아의 마법의 권역은 1494-1559년 사이에 유럽 세계-경제의 시도력을 상실했다. 한 세기 뒤에 네덜란드 쪽에서도 유사한 시도를 했으나 역시 실패했다. 그러나 설혹 1672년에 네덜란드와의 전쟁이 프랑스의 승리로 끝났다고 하더라도―그렇게 되었을 가능성은 아주 컸다―세계-경제의 중심지는 암스테르담으로부터 파리로 이전되는 것이 아니라 런던으로 이전되었을 것이다. 프랑스 군대가 1795년에 네덜란드 연방을 점령했을 때, 아닌 게 아니라 그 중심지가 런던에 닻을 내리고 있었던 것이다.

공간의 과잉

이런 실패의 원인들 중 하나는 프랑스의 영토가 상대적으로 지나치게 크기 때문이 아니었을까? 윌리엄 페티의 날카로운 관찰에 따르면, 17세기 말에 이 나라의 영토는 네덜란드의 13배이고 영국의 3배였다. 그리고 인구로는 네덜란드의 10배이고 영국의 5배였다. 윌리엄 페티의 주장은 더 나아가서 이렇게 이어진다. 프랑스는 네덜란드보다 경작 가능한 땅이 80배나 많지만 "부"는 3배 많은 정도에 불과하다.175) 만일 오늘날의 작은 프랑스(55만 제곱킬로미터)[해외 영토를 배제한 본토 프랑스/역주]를 기준단위로 해서 이보다 13배 큰 영토(715만 제곱킬로미터)를 가진 나라를 찾는다면 미국이 될 것이다. 아서 영은 파리와 오를레앙 간의 도로에 대해서 비웃은 적이 있지만, 만일 파리에 집중된 18세기 프랑스의 도로망을 런던에 그대로 옮겨놓는다면 그 도로들은 사방에서 바닷속에 잠길 것이다. 같은 양의 교역이라고 해도 더 넓은 공간에서는 희석되어버린다.

갈리아니 신부는 1770년의 프랑스에 대해서 "이 나라는 더 이상 콜베르나 쉴리 시대의 프랑스가 아니다"라고 이야기했다.176) 그는 프랑스가 팽창의 한계에 이르렀다고 본 것이다. 2,000만 명의 인구를 가지고 공산품 생산량을 증대시키다가는 전 세계의 경제가 이 나라에 부과한 한계를 넘지 않을 수 없다는 것이다. 마찬가지로 이 나라가 네덜란드에서와 같은 비율로 선박을 보유하려고 해서 자국의 선단을 3배, 10배 혹은 13배로 늘린다면 국제경제가 그것을 다 수용하지 못할 것이다.177) 그 당시에 가장 명석한 인재였던 갈리아니가 아주 정확히 문제를 짚은 것이다. 프랑스는 무엇보다도 그 자신의 희생자, 즉 자신의 두께, 자신의 양, 자신의 거대성의 희생자이다. 물론 크다는 것은 그 나름대로 이점을 가지고 있다. 프랑스가 외침을 겪을 때마다 잘 견뎌낸 것은 우선 나라가 크기 때문이었다. 외적들이 이 나라를 관통해서 심장부를 공격할 수가 없었던 것이다. 그러나 자기 자신을 위한 연결들, 정부의 명령전달, 내부의 운동과 맥동, 기술의 진보 역시 그 넓은 땅을 가로지르는 것이 힘들다는 똑같은 어려움을 겪을 수밖에 없었다. 심지어는 전염성이 강한 혁명적 운동이었던 종교전쟁도 한 번에 이 공간을 장악하지는 못했다. 프랑스 혁명사가인 알퐁스 올라르에 의하면 국민공회도 "그들의 의지를 프랑스 전역에" 알리는 데에 대단히 큰 어려움을 겪었다.178)

게다가 프랑스의 주요 정치가들도 왕국의 팽창이 곧바로 국력을 강화시키는 것은 아니라는 사실을 느끼고 있었다. 슈브뢰즈 공작이 페늘롱에게 보

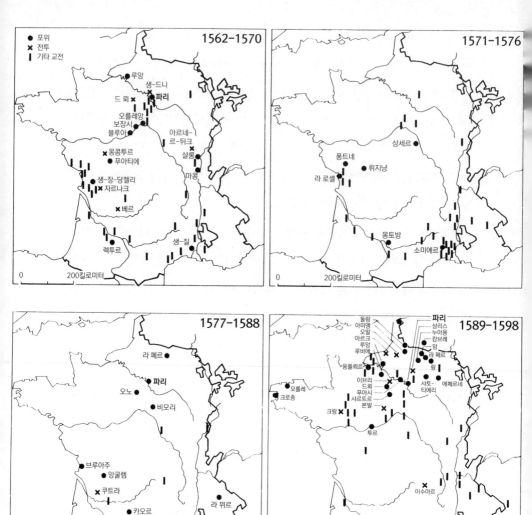

33. 앙리 4세의 등극 이후에도 종교전쟁은 거대한 프랑스 왕국 전체를 지배하지는 못했다

라비스의 『프랑스사』에 나오는 앙리 마리에졸의 책을 근거로 한 지도에는 중요한 전투만 표시되어 있기 때문에 당연히 단순화의 가능성이 크다. 그러나 이 사건들이 동시에 일어나지 않았다는 것은 분명하다. 드넓은 공간 그 자체가 확산을 방해하는 요소였다. 앙리 4세가 왕위에 오른 마지막 단계에서는 북부지역에 중요 사건들이 편중되어 있다.

낸 한 편지도 그 자체로는 아주 이상해 보이지만 이런 맥락에서 보면 이해할 수 있다. "프랑스를 **충족적인 경계** 내에 유지시켜야 합니다.……"[179] 튀르고의 다음 말은 반드시 프랑스만 두고 하는 말이 아니라 일반적으로 이야기하는 것인데 이것은 마치 영국인이나 네덜란드인이 이야기하는 것처럼 들릴 지경이다. "가지치기를 해야 나무가 튼튼해지는 것처럼 국가도 일부 주를 쳐내야 한다는 격언이 있지만, 이것은 군주들에게 실제로 조언하는 경우는 없고 단지 책에서만 볼 수 있는 내용이다."[180] 프랑스가 실제로 그랬던 것만큼 그렇게 빨리 팽창하지 않았다면 어떻게 되었을까 하는 것은 상상에 맡길 수밖에 없다. 영토의 팽창은 왕조국가에 대해서, 그리고 아마도 프랑스 문화에 대해서, 또 먼 미래에 대해서는 여러모로 이로웠을 테지만 경제 발전에는 해악을 끼쳤다. 여러 주들이 그들 간에 소통하는 것이 힘들었던 이유는 바로 그들 간의 거리가 멀기 때문이었다. 밀에 대해서조차 전체적인 시장이 잘 기능하지 못했다. 프랑스는 거대한 농업생산국이지만 자기 자신의 거리의 희생자여서 생산물을 현지에서 소비하고는 했다. 역설적인 이야기이지만 곡물 보급의 실패 또는 기근이 18세기에 들어와서도 일어날 수 있었다.

이 현상은 철도가 벽지에까지 두루 연결되는 때까지 지속되었다. 1843년만 해도 경제학자인 아돌프 블랑키의 설명에 의하면 (바스-잘프에 있는) 카스텔란 구역의 코뮌들은 "차라리 마르키즈 제도*보다 프랑스의 영향력을 덜 받고 있었다.……이곳에서의 소통은 크거나 작은 것이 문제가 아니라 아예 존재하지 않았다."[181]

파리와 리옹
프랑스의 공간이 대단히 넓은 데다가 효과적인 연결이 어렵다고 할 때 이 나

---

* Îles Marquises : 남태평양에 있는 프랑스령 폴리네시아의 10개 섬으로 된 제도. 1595년에 포르투갈의 알바로 멘다냐가 처음 발견했다가 1774년에 쿡 선장이 재발견했다. 1842년에 프랑스령이 되었지만 이곳에 대한 이주 정책은 19세기 후반까지도 완수되지 못했다.

라가 하나의 완벽한 중심을 가지지 못한다는 것은 조금도 놀라운 일이 못된다. 그리하여 파리와 리옹이라는 두 도시가 프랑스 경제의 주도권을 놓고 싸우게 되었다. 그리고 이것이 아마도 프랑스 체제의 잘 알려지지 않은 약점 중 하나이다.

실망스럽게도 파리에 관한 일반사는 프랑스사 전반의 운명과 관련지어서 서술되는 적이 거의 없다. 또 이 도시의 경제활동과 경제적 권위에 대해서도 큰 주의를 기울이지 않는다. 리옹의 역사 역시 이런 점에서 우리를 실망시킨다. 대개 리옹을 통해서 리옹을 설명할 뿐이다. 흔히 이런 연구는 15세기 말에 리옹이 프랑스 경제의 정상에 서도록 만들어준 이곳의 정기시들과 이 도시가 어떤 연관을 가지는가에 주목했다. 그러나 다음과 같은 한계가 있다.

첫째, 이런 연구들은 리옹의 성장에 대한 공을 너무나도 흔히 루이 11세에게 돌린다.

둘째, 리샤르 가스콩의 연구가 말해주듯이 리옹 정기시들은 이탈리아 상인들의 작품이며 (이탈리아 상인들은 자신들 손이 닿는 곳인 프랑스 변경에 이 정기시들을 두었다), 이것은 곧 프랑스 경제가 국제경제에 종속적이라는 표시이다. 그래서 조금 과장해서 이야기한다면 16세기에 이탈리아 상인들에게 리옹이 가지는 의미는 18세기에 중국을 착취하는 유럽인들에게 광저우가 가지는 의미와 비슷했다.

셋째, 리옹을 연구하는 역사가들은 프랑스의 발전에서 지속적인 구조 중의 하나인 리옹-파리의 양극성이라는 현상에 충분히 공감하지 않는다.

리옹이 이탈리아 상인들의 창조물인 까닭에 이탈리아인들이 유럽을 지배하는 한 리옹은 번영을 누렸다. 그러나 1557년 이후부터 사정이 악화하기 시작했다. 1575년의 위기와 1585-1595년의 10년간의 "해빙기",[182] 화폐가치의 상승 및 경기침체의 기간(1597-1598)은[183] 후퇴를 가속시켰다. 론 강변에 위치한 이 도시가 맡던 주요 기능들은 이제 제노바로 이전되었다. 그런데 제노바는 프랑스의 외부, 곧 스페인 제국이라는 거대한 틀 속에서 살아가는 곳이었다. 이 도시는 제국의 힘과 효율성으로부터 자신의 힘을 이끌어 냈다(그런데 또 이 제국의 힘이란 사실 멀리 떨어져 있는 신대륙의 광산활동에서 나왔다). 이 힘과 효율성이 서로 상승작용을 하면서 1620-1630년경까지 지속되는 한, 제노바는 유럽의 금융과 은행을 사실상 지배했다.

이후 리옹은 2급의 지위로 물러앉았다. 돈은 부족하기는커녕 때로는 남아 돌 정도였지만 문제는 이 돈을 예전처럼 유리하게 사용할 곳을 발견하지 못했다는 것이다. 리옹은 여전히 상업적으로 유럽에 개방되어 있지만, 갈수록 프랑스에만 한정된 사업 중심지가 되어갔다는 젠틸 다 실바의 지적이[184] 타당하다. "데포(dépôts)", 즉 한 정기시에서 다른 정기시로의 크레딧 연장을 통해서 규칙적인 이자수익을 얻는 것이 가장 안전한 투자였기 때문에 프랑스 왕국의 자본들이 이를 노리고 리옹으로 유입되었다. 리옹이 "유럽의 다른 중심지들을 지배하던" 시대, "런던으로부터 뉘른베르크, 메시나, 팔레르모까지, 또 알제로부터 리스본까지, 리스본으로부터 낭트와 루앙까지 연결하는―그리고 여기에 메디나 델 캄포라는 핵심적인 중개지를 가진―일종의 다각형"에 대해서 리옹의 상업 및 금융활동이 활력을 불어넣던 시대는 지나가버렸다.[185] 1715년이 되면 리옹은 아주 소박하게도 "우리의 상업 중심지는 일반적으로 [프랑스의/역주] 모든 지역들을 지배한다"는 주장을[186] 펴는 것에 만족해야 했다.

이러한 리옹의 후퇴가 파리를 흥기시켰을까? 16세기 마지막 3분기 중에 루카인들에게 자리를 내준 리옹의 피렌체인들은 "갈수록 공공재정으로 사업방향을 돌렸고, 유리한 권력의 그늘을 이용하여 파리에서 강력한 위치를 차지했다.[187] 카포니 가문을 비롯해서 많은 이탈리아 기업들이 파리로 이전한 것에 주목한 프랭크 스푸너는 이것이 역사적으로 대단히 중요한 현상이었던, 안트베르펜으로부터 암스테르담으로의 중심 이전과 유사하다고 보았다.[188] 분명 그러한 중심 이전이 있었던 것은 사실이다. 그러나 같은 자료를 분석한 드니 리셰는 파리가 기회를 얻었다고는 해도 그것으로 대단한 성과를 거두지는 못했다고 보았다. "리옹의 쇠퇴를 불러온 콩종크튀르가 파리의 성장의 씨앗을 여물게 한 것은 사실이다. 그렇다고 그것이 기능의 역전까지 가져오지는 않았다. 1598년에도 여전히 파리는 대규모 국제상업에 필요한 하부구조를 갖추지 못했다. 리옹과 피아첸차의 정기시에 견줄 만한 것도, 탄탄히 조직된 외환시장도, 또 검증된 기술자본도 없었다."[189] 그렇다고 해서 파리가 이 왕국의 경제와 자본의 분배에 아무런 중요성도 없었다는 뜻은 아니다. 파리는 정치적인 수도로서 국왕의 조세가 집중되는 곳이며 이 나라 소득의 상당한 부분을 낭비해버리는 소비시장이었기 때문이다. 예컨대 파리의 자본은 1563년부터 마르세유에까지 뻗어 있었다.[190] 또 6대 특권상인 길드 가운데 잡화상들은 아주 일찍부터 수익성 좋은 원거리 교역에 참여했다. 그러나 전반적으로 파리의 부는 어느 하나의 상품에 대해서도 완전히 생산을 지배하지는 못하고 있었다.

그렇다면 이 시기에 파리는 근대성의 획득에 실패했을까? 그리고 그와 함께 프랑스도 마찬가지로 실패했을까? 가능한 이야기이다. 그리고 이에 대해서 지나치게 공직과 토지에만 집착한 파리의 소유계급에게 책임을 돌리는 것은 흔히 하는 비난이다. 공직과 토지는 "사회적으로 부를 가져다주고, 개인적으로 수익성이 좋으며, 경제적으로 기생적이다."[191] 18세기에도 튀르고는 보방의 말을 원용하여 이렇게 이야기하고 있다.[192] "파리는 국가의 모든 부를 빨아들이는 곳이자 매뉴팩처와 쓰잘 데 없는 사업이 상업―이 상업은 지방과 더 나아가서 외국에 대해서까지 파멸적인 영향을 미쳤다―을 통해서 프랑스 전국의 돈을 끌어들이는 곳이다. 조세수입의 대부분은 이곳에서 그냥 소진되어버린다." 파리와 지방 간의 관계는 사실 불균등 교환을 보여주는 최상의 예이다. "지방의 여러 주들은 수도에 대해서 언제나 엄청난 금액을 빚지고 있는 것이 분명하다"고 리처드 캉티용은 썼다.[193] 이런 상황 속에서 파리는 끊임없이 팽창하고 미화되고 인구가 늘어나고 방문객들을 매료시켰지만 그것은 다른 사람들을 희생시켜가며 한 일이다.

파리의 권력, 파리의 위신은 이곳이 프랑스 정치의 절대적인 심장부라는 점에서도 기인한다. 파리를 지배하면 프랑스를 지배한다. 종교전쟁 초기부터 프로테스탄트들은 파리를 공격목표로 삼았으나 실패하고 말았다. 1568년에 가톨릭교도들은 이들로부터 파리의 관문인 오를레앙을 다시 탈취하여 기쁨에 휩싸였다. "우리는 그들에게서 오를레앙을 수복했다. 우리는 그들이 그렇게 가까운 곳에서 우리의 훌륭한 도시인 파리에게 치근거리는 것을 원하지 않기 때문이다."[194] 후일에 파리는 차례로 신성동맹 가담자들,* 앙리 4세, 프롱드 반란자들에게 점령되었다. 프롱드 반란자들은 파리를 어떻게 해야 좋을지 몰라서 그냥 파괴해버리려고 했다. 이것은 파리의 그늘 속에서 사는 것과 다름없던 랭스의 대상인들을 극도로 분개시켰다. 만일 파리의 정상적인 생활이 방해받는다면 "프랑스이든 외국이든 다른 모든 도시들—콘스탄티노폴리스에 이르기까지—의 사업이 중단될 것"이라고 그들은 생각했다.[195] 지방의 부르주아들이 볼 때에는 파리는 세계의 중심이었다.

리옹에는 파리가 가진 위신이나 비교할 수 없는 위대함 같은 것이 그만큼 없었다. 그렇지만 리옹도 "괴물"처럼 큰 것은 아니라고 해도 이 당시의 기준으로 보면 대도시에 속했다. 스트라스부르 출신의 한 여행자의 말에 의하면 "이곳은 변두리지역에 사격장, 묘지, 포도원, 밭, 초원 및 기타 여러 대지들"이 있어서 더욱 커졌다. 이 여행자는 계속해서 이렇게 이야기했다. "분명히 리옹은 파리가 1주일 동안 수행하는 것보다 더 많은 사업을 하루 동안에 한다. 그 이유는 이곳에 도매상이 많기 때문이다. 이에 비해서 파리에서는 소매거래를 더 많이 한다."[196] 한 명민한 영국인은 또 이렇게 이야기했

---

* ligueurs : 신성동맹(Sainte-Union, Sainte Ligue) 혹은 가톨릭 동맹은 16세기 말에 프랑스 종교전쟁이 벌어지던 당시 가톨릭 신자들의 단체이다. 당시 국왕 앙리 3세가 개신교도(위그노)를 용인하는 조치를 취하려고 하자, 이에 반대하여 기즈 공작이 주도하여 1576년에 조직했다. 여기에는 가톨릭을 수호하고 동시에 국왕의 권위를 제한하려는 정치적인 의도가 있었다. 특히 신교도인 나바라의 앙리(후일의 앙리 4세)가 왕위 계승자로 결정되자 동맹이 스페인 세력을 업고 강하게 저항했다. 그러나 지도자인 기즈 공작이 암살되는 한편, 왕위에 오른 앙리 4세가 종교적 화합을 위해서 1593년에 가톨릭으로 개종하자 이 동맹의 세력이 약화되었다.

다. "파리는 프랑스 왕국에서 가장 큰 도시가 아니다. 만일 파리가 최대 도시라고 이야기하는 사람이 있다면 그 사람은 상인(tradesman)과 가게 주인(shopkeeper)을 혼동한 것이다. 리옹을 우월하게 만든 것은 대상인, 정기시, 환거래 중심지, 다양한 산업들이다."[197]

지사 사무실에서 작성된 한 보고서는 1698년의 리옹에 대해서 안도감을 주는 건강증명서를 제시했다.[198] 여기에는 리옹을 이웃 지역 및 외국과 연결해주는 수로들이 이 도시에 제공하는 많은 자연적인 이점들이 언급되어 있다. 200년 이상 된 정기시들이 여전히 번영하고 있었다. 이것들은 예전의 규칙들에 따라서 1년에 네 번 열렸다. 집회는 아침 10시부터 정오까지 환거래 광장(Place du Change)의 외랑(外廊, loge)에서 열렸는데 여기에서는 "200만 에퀴 규모의 사업들이 결제되지만, 현찰은 10만 에퀴 이상 유통되지는 않았다."[199] 한 정기시에서 다른 정기시로 크레딧을 연장해줌으로써 크레딧의 모터 역할을 하는 "데포"도 잘 운용되고 있었다. 왜냐하면 "자기 돈을 이 시장에 투자하려는 사람들의 자금까지 동원되었기 때문이다."[200] 이곳에 "상업 중심지를 형성했던" 피렌체인들을 비롯해서 많은 이탈리아인들이 이 도시를 떠났음에도 불구하고 기계는 계속 돌아갔다. 그 공백은 제노바인들, 피에몬테인들 그리고 스위스 캉통 출신 사람들로 메워졌다. 게다가 이 도시와 주변지역에서 여러 산업들이 활기차게 발전했다(이와 같은 산업활동의 상승이 상업 및 금융활동의 부진을 보충해주었으리라고 생각할 수 있다). 견직물이 여기에서 극히 중요한 위치를 차지했다. 특히 검은색 타프타 직물과 대단히 유명해진 금은사 직물이 **도매상업**을 발전시켰다. 이미 16세기에 리옹은 생-테티엔, 생-샤몽, 비리외, 뇌프빌 등지로 이루어진 산업지역의 중심지가 되었다.

이런 활동에 대한 1698년의 정산서를 보면 수출이 약 2,000만 리브르이고 수입이 1,200만 리브르 정도여서 약 800만 리브르의 흑자를 보았다. 더 나은 수치자료가 없기 때문에 보방의 수치를 그대로 받아들인다면 프랑스 무역이 거둔 4,000만 리브르의 흑자 중에서 리옹이 차지하는 비율은 겨우 5분의 1에 불과하다. 이것은 영국의 교역에서 런던이 차지하는 비율에 비하면 현저히 뒤떨어진다.

리옹의 교역에서 가장 중요한 자리를 차지한 것은 이탈리아였다(이 나라에 대한 수출이 1,000만 리브르이고 수입이 600만 리브르였다). 이것은 이탈리아가 흔히 이야기하는 것보다 실제로 더 큰 중요성을 가지고 있었다는 증거가 아닐까? 어쨌든 제노바는 리옹과 스페인 사이의 교역에서 중개역을 맡아서 해주었다. 성 조르조의 도시[제노바/역주]는 스페인 내에 놀라운 상업망을 보유하고 있었다. 이와 달리 리옹은 네덜란드와는 거의 연결이 없었고 영국과의 연결도 크게 나을 것이 없었다. 이 도시는 여전히 과거의 유산을 간직한 채 지중해 지역과만 열심히 일하고 있었다.

파리가 승리하다

따라서 리옹은 여전히 활력을 가지고 있었다고는 해도 가장 발달한 유럽의 힘 그리고 당시에 성장해가던 국제경제의 힘을 이용할 수는 없었다. 그러므로 수도인 파리에 대항하여 리옹이 프랑스의 경제활동의 중심지가 되려면, 외부로부터 강력한 힘이 주입되어야만 했다. 이 두 도시 사이의 투쟁이 이후에 어떻게 진행되었는지는 분명히 확인하기가 쉽지 않으나 최종적인 승자는 파리였다.

그러나 파리의 우세는 아주 천천히 확립되었을 뿐 아니라 아주 독특한 형태로 실현되었다. 사실 파리가 리옹에 대해서 상업적으로 승리한 것은 아니었다. 네케르의 시대(1781년경)에만 하더라도 리옹은 프랑스 교역의 가장 중요한 중심점이었다. 수출 1억4,280만 리브르, 수입 6,890만 리브르, 무역 총액 2억1,170만 리브르, 흑자 7,390만 리브르였다. 리브르 투르누아 화의 가치 변동을 고려하지 않는다면, 이 수치들은 1698년에 비해서 아홉 배로 늘어난 것이다. 그런데 같은 시대에 파리는 수출입 총액이 2,490만 리브르에

불과해서 리옹의 10분의 1을 겨우 상회하는 정도였다.[201]

파리의 우세는 사람들이 생각하는 것보다 더 일찍이 "금융자본주의"가 발흥한 데에서 비롯되었다. 그렇게 되기 위해서는 리옹이 과거에 자신이 하던 활동의 대부분은 아니라고 해도 적어도 일부를 상실해야만 했다.

이런 점에서 볼 때 리옹의 정기시 체제가 처음으로 심각한 충격을 받은 것은 1709년의 위기―1701년에 스페인 왕위 계승 전쟁이 발발하면서 전쟁에 휩쓸려 들어갔던 프랑스의 금융위기―때였다고 할 수 있지 않을까? 루이 14세의 총애를 받던 정부 자금조달원 사뮈엘 베르나르는 국왕의 채무지불이 1709년 4월로 연기되자 사실상 파산했다. 많은 논쟁의 대상인 이 드라마에 대해서는 많은 문서와 증언들이 남아 있다.[202] 그러나 아직 해결해야 할 문제는 제네바의 은행가들―베르나르 자신이 수년 전부터 그들에 대해서 대리인이면서 동시에 조력자이자 때로는 단호한 적대자였다―이 대단히 큰 관심을 두었던 그 복잡한 게임의 이면이 어떠했는지 하는 것이다. 독일, 이탈리아, 더구나 루이 14세의 군대가 전쟁을 수행하던 스페인과 같은 프랑스 바깥의 지역에서 자금을 얻기 위해서 베르나르는 제네바인들에게 상환의 보증으로 1701년부터 프랑스 정부가 발행하던 지폐를 제공했다. 실제 상환은 리옹의 정기시가 폐장된 후 환어음으로 했는데, 이 환어음은 베르나르가 리옹의 현지 대리인인 베르트랑 카스탕에 대해서 발행한 것이다. 또 이 대리인에 대한 지불을 위해서는 "정기시 **이후**에 지불하는 어음을 보냈다." 전체적으로 보면 아랫목의 돌을 빼서 윗목을 괴는 식의 임시방편들의 연속이었다. 어쨌든 모든 것이 계속 진행되기만 한다면 아무도 잃는 사람은 없게 되어 있었다. 제네바인들이든 다른 대부인이든 현찰이나 어음―어음에 대해서는 사람들이 "손실"을 고려하여 가치를 평가절하했다―으로 지불받을 수 있었다. 다만 사뮈엘 베르나르 자신이 매번 1년씩 지불받는 것을 미루는 것이 이 게임을 지속시키는 규칙이었다. 이 사업의 요체는 시간을 벌고 또 벌어서 마침내 국왕 자신으로부터 최종적으로 지불을 받는 것이었는데, 이것은 결코 만만하지 않은 일이었다.

쉽고 확실한 해결책들을 다 써본 재무총감으로서는 다른 방안을 강구해야 했다. 사람들이 1709년에 사립이든 국립이든 은행을 설치하자고 강력히 요구한 것도 이런 맥락에서이다. 이 은행이 하는 일은 우선 국왕에게 돈을 빌려주고 국왕은 곧 이 돈을 사업가들에게 제공하는 것이었다. 이 은행이 발행하는 이자가 붙는 은행권은 국왕지폐와 교환이 가능한 종류이다. 국왕지폐와 교환이 가능하다는 사실 때문에 곧 이 은행권의 가치가 올랐다. 리옹에서는 이 소식을 얼마나 기쁘게 받아들였겠는가!

만일 이 계획이 실행되었다면 모든 대부업자들은 사뮈엘 베르나르의 통제를 받게 되고 그에게 유리한 방향으로 "집중"이 이루어졌을 것이다. 그렇게 된다면 베르나르가 은행을 지휘하고 은행권의 가치를 지키며 거액의 이체를 담당했을 것이다. 그러나 재무총감인 데마레는 이 안을 흔쾌히 받아들일 수 없었다. 그리고 프랑스의 다른 주요 항구와 상업도시들에서도 이 안에 대한 반대가 거셌는데, 거의 "민족주의적인" 저항이라고 말할 수 있을 정도였다. 정체가 불명한, 아마도 허수아비 인물로 보이는 한 사람은 이렇게 이야기했다. "사람들 말에 의하면 베르나르, 니콜라 및 다른 이방인 출신의 유대인들이 이 은행의 설립을 맡겠다고 나섰다는데……로마 가톨릭 신자이고 국왕에게 충성을 다하는 프랑스인이 은행을 맡는 것이 더 정당한 일이다."203) 사실이 은행 설립안은 1694년 영국은행의 설립과 유사한 일종의 포커 놀음판과 같은 것이었다. 프랑스에서는 이 안이 실패했고 곧 사정이 악화되었다. 모든 사람들이 겁을 먹기 시작해서 이 체제는 카드로 세운 성처럼 허물어지기 시작했다. 특히 1709년 4월의 첫 주일 동안 베르트랑 카스탕이 사뮈엘 베르나르의 재정상태에 의심을 품고서—그럴 만한 이유는 있었다—자신에 대해서 발행된 어음을 환거래소(Loge des Changes)에서 인수하지 않으려고 하고 그의 계정에 대해서 대차차액을 청산하지 않겠다고 선언하자 더욱 사정이 나빠졌다. 이제 "걷잡을 수 없는 광기"가 터져나왔다. 베르나르로서는 국왕에 대한 봉사를 하면 할수록 더욱 복잡한 사태 속으로 말려 들어갔으나 온갖 노고와 미묘한 흥정 끝에 9월 22일에 가서야 드디어 데마레 총감에게서 그의 부채지불을 "3년간 유예하라는 명령"을 얻어냈다.[204] 이렇게 해서 파산은 겨우 막았다. 게다가 1709년 3월 27일에 남해로부터 귀항한 생-말로와 낭트의 선박들이 포르-루이에 "레알 화, 금괴, 은기류" 등으로 된 귀금속 "745만1,178리브르"를 하역함으로써 국왕의 신용이 회복되었다.[205]

그러나 우리가 관심을 가지고 살펴보려는 것은 이 복잡하고 혼란스러운 금융의 드라마가 아니라 리옹의 상태이다. 지불이 혼란에 빠진 이 1709년에 리옹의 상태는 탄탄했는가? 리옹인들이 워낙 불평을 심하게 토로하고 자신들의 입장을 어둡게 이야기하는 경향이 강하기 때문에 과연 그런지 아닌지를 말하기는 쉽지 않다. 그러나 어쨌든 이 시장이 15년 정도 심각한 어려움에 빠졌던 것은 사실이다. "1695년부터 독일인과 스위스인들이 이 정기시들을 떠났다."[206] 1697년의 한 비망록에는 아주 이상한 관행이 기록되어 있다 (역시 아주 활기에 넘쳤으나 전통적인 방식에 집착했던 볼차노 정기시에서도 똑같은 관행이 존재했다). "각자 자기 장부에 기입한 기록"을 통해[207] 한 정기시에서 다른 정기시로의 이월을 수행하는 것이다. 결국 이것은 엄격한 의미의 장부이체 방식이다. 여기에서 채권과 채무는 "지참인어음 혹은 약속어음" 방식으로 유통되는 것이 아니다. 이곳은 안트베르펜과는 달랐다. 소수 "자본가" 집단이 정기시들 간의 "대부금(dette active)" 이체에 의한 수익을 독점했다. 한마디로 이것은 폐쇄적인 유통체제이다. 너무 속단해서 이야기하는 감이 있기는 하지만 사람들의 설명에 따르면 만일 이 "증서들(nottes)"이 연속적인 배서 방식을 통해서 유통되었다면 "중소상인들"은 "더 큰 사업을 벌일 수 있었을 것이고" "부유한 대상인들과 신용을 얻은 업자들이 그런 중소상인들을 배제시켜버리려고 하는" 일에 끼어들어갈 수 있었을 것이다. 리옹에서의 그와 같은 관행은 "유럽의 모든 상업 중심지에서" 일반적인 규칙처럼 된 관행과는 반대되는 것이었지만, 리옹 정기시에서는 끝까지 유지되었다.208) 이것은 리옹이 상업 중심지를 활성화시키고 국제경쟁에 대항해서 스스로를 지키는 데에 크게 일조하지는 못했을 것이다.

국제경쟁은 분명히 존재했다. 리옹은 바욘을 통해서 스페인의 피아스트라화를 얻었으나, 반대로 은화나 심지어 금화까지 마르세유, 레반트 지역, 혹은 스트라스부르의 조폐청으로 유출했을 뿐 아니라 비밀리에 제네바로 대량 유출했다. 이렇게 제네바로 현찰이 나가는 대신 암스테르담에서 파리에 대하여 발행한, 수익이 상당히 높은 환어음을 받았다. 이것이 벌써 리옹이 열등한 지위에 있다는 증거가 아니겠는가? 리옹 지사인 트뤼덴이 재무총감에게 올린 편지들에는 과장이든 아니든 간에 현지 상인들의 탄원이 그대로 실려 있다.209) 이들에 의하면 리옹은 제네바와의 경쟁 때문에 정기시들이 사라지고 크레딧 사업들을 빼앗길 우려가 있다는 것이다. 트뤼덴이 데마레에게 보낸 1707년 11월 15일 자의 편지에는 이렇게 적혀 있다. "염려스러운 일은 사람들이 리옹 상업 중심지의 교역을 끊임없이 제네바로 이전시키는 것입니다. 이미 오래 전부터 제네바인들은 환거래 중심지를 건립해서 리옹, 노비(Novi), 라이프치히에서와 같은 정기시와 지불체제를 만들려고 하고 있습니다."210) 이것이 사실일까, 아니면 정부의 결정에 영향을 미치려는 위협이었을까? 어쨌든 2년 뒤인 1709년에는 사정이 심각해졌다. "베르나르의 사업은 리옹의 상업 중심지를 결코 회복되지 못할 정도로 붕괴시켰습니다. 이곳의 사정은 나날이 나빠져만 갑니다"라고 트뤼덴은 한 편지에서 쓰고 있다.211) 기술적으로 말해서 상인들은 이곳의 상업 중심지의 작동을 차단시킨 것과 다름없었다. 통상 리옹에서의 지불은 "거의 대부분 유가증권이나 이체 방식을 통해서 이루어지므로 3,000만 리브르의 지불을 해야 할 때 아주 흔히는 50만 리브르 정도의 현찰만으로 충분했다. 이런 장부이체 방식을 없앤다면 평상시의 100배 정도로 현찰이 있다고 하더라도 지불이 불가능하다." 금융의 파업상태는 또 크레딧으로 활동을 영위하던 리옹의 매뉴팩처 생산도 지체시켰다. 그 결과 "매뉴팩처들이 부분적으로 사업을 중단했고, 일자리가 없으면 생계유지가 힘든 1만–1만2,000명의 사람들이 구걸에 나섰다. 이런 사람들의 수는 날로 늘어나고 있으며 만일 신속한 구호가 없다면 더 이상 제조업도 상업도 남아나지 못할 것이다.……"212) 이것은 과장된 이야기이지만 전혀 근거가 없지는 않다. 어쨌든 리옹의 위기는 프랑스 전역의 금융시장과 정기시로 파급되었다. 1709년 8월 2일 자의 한 편지에 의하면 보케르 정기시는 거대한 "가뭄"으로 인해서 "사막처럼 변했다."213) 결론적으로 말하자면 1709년에 리옹이 겪었던 최악의 위기는 완전한 평가와 정확한 계산은 불가능하지만 대단히 심각한 것이었음에는 틀림없다.

이와는 달리 의심의 여지 없이 명백한 것은 이미 도전받는 상태였던 리옹의 부가 로 체제의 급작스러운 위기를 이겨내지 못했다는 점이다. 국왕은 행을 이곳에 설립하려는 계획을 거부한 것이 잘못이었을까? 리옹에 이 은행이 설립되었다면 전통적인 정기시와 경쟁관계에 들어가서 거기에 손해를 끼치거나 혹은 아예 붕괴시켜버렸으리라는 점은 분명하지만214) 동시에 파리의 흥기를 막을 수는 있었을 것이다. 당시 열병에 걸려 있던 프랑스 전체가 수도로만 달려가고 있었기 때문이다. 진정한 거래소(Bourse)가 설립되었던 캥캉푸아 거리로 사람들이 몰려들자, 이곳은 런던의 교환소 거리(Change Alley)만큼이나 소란스러웠다. 로 체제가 실패함으로써 결국 파리만이 아니라 프랑스 전역에서 1716년에 로가 설립한 국왕은행이 자취를 감추었지만, 대신 프랑스 정부는 조만간(1724) 파리에 새로운 거래소를 세워서 수도 파리가 이제부터 수행하게 될 금융 역할을 맡겼다.

그후 파리의 성공은 갈수록 분명해졌다. 그러나 계속된 이 진보 가운데 의심할 바 없이 결정적인 전환점이 되는 때는 상당히 이후 시기로서 동맹관계의 역전*과 7년전쟁 종전의 중간인 1760년경으로 보아야 할 것이다. "우월한 지위를 차지하는 정도가 아니라 서유럽을 포괄하는 대륙의 중심지에 위

---

* 이른바 외교혁명을 가리킨다. 7년전쟁 중에 부르봉 왕조의 프랑스가 전통적으로 적대관계에 있던 합스부르크 가문의 제국과 화해하고 동맹관계를 맺은 것을 가리킨다.

치한 파리는 경제망의 중심점이 되었다. 이 경제망의 팽창은 이전과는 달리더는 적대적인 장벽에 부딪치지 않았다. 2세기 전부터 프랑스를 포위하던 합스부르크 가문 소유지의 장벽은 이미 깨졌다.……부르봉 왕족이 스페인과 이탈리아에 들어서서 동맹을 붕괴시킨 것으로부터 우리는 스페인, 이탈리아, 남부 및 서부 독일, 네덜란드 등 프랑스를 둘러싼 지역의 분위기가 개방적으로 발전해간 것을 볼 수 있다. 이제 파리로부터 카디스로, 파리로부터 제노바로(그리고 이곳을 경유해 나폴리까지), 파리로부터 오스텐더와 브뤼셀(빈으로 가는 중개지점)로, 파리로부터 암스테르담으로 가는 도로들이 자유로워졌고 이 도로들은 30년 동안(1763-1792) 전쟁 때문에 끊어지는 일이 없었다. 이제 파리는 정치적으로뿐 아니라 금융상으로도 서유럽 대륙의 교차로가 되었다. 그 때문에 사업이 발전하고 자본 유입이 증가했다."[215]

파리가 이렇게 흡인력이 강해진 것은 국내외적으로 감지할 수 있었다. 그러나 영토 한복판에 자리 잡은 이 수도가 온갖 유흥거리와 장엄한 광경들로 가득 차 있기는 해도 진정으로 거대한 경제 중심지가 될 수 있었을까? 또 격렬한 국제경쟁에 직면한 전국시장의 이상적인 중심지가 될 수 있었을까? 상업참사회의 낭트 대표인 데 카조 뒤 알레는 1700년에 작성한 장문의 의견서에서 이미 아니라고 대답한 바 있다.[216] 대상인들에 대한 프랑스 사회의 관심부족에 대해 개탄하면서 그는 다음과 같이 그 이유를 설명한다. "외국인들[물론 그는 네덜란드인과 영국인을 염두에 두었을 것이다]은 상업의 위대함과 고귀함에 대해서 프랑스인보다 더 뚜렷하고 분명한 이미지와 관념을 가지고 있다. 이들 나라의 궁정은 모두 항구도시에 위치해 있기 때문에 많은 배들이 세계 각지에서 싣고 오는 부를 직접 목도함으로써 상업이 얼마나 추천할 만한 것인지를 자연스럽게 알게 되기 때문이다. 만일 프랑스의 교역도 이와 같은 행운을 누렸다면, 프랑스 전역이 상업에 나서도록 만드는 데에 다른 유인물이 필요 없었을 것이다." 그러나 파리는 해안가에 위치해 있지 않았다. 그의 모험을 시작하려던 시기인 1715년에 존 로는 "파리가 바다에서 멀리 떨어져 있고 강은 운항이 불가능하기 때문에[해상 선박이 직접 파리에까지 올 수 없다는 점을 말하는 것 같다] 이곳을 경제적 수도로 만들려는 야망에는 한계가 있으며, 그래서 대외교역의 수도는 되지 못하고 대신 외환에서만 세계의 1등 중심지가 될 수 있다"고 보았다.[217] 파리는 루이 16세 시대에만 해도 세계 1등의 금융 중심지까지는 못 되었고 단지 프랑스 국내에서만 1등의 자리를 누렸다. 그렇지만 존 로가 암묵적으로 예견했듯이 이곳의 우위는 완벽하지 않았다. 프랑스의 양극중심성은 저절로 계속되었다.

역사 공간의 구분선

파리와 리옹 사이의 갈등이라는 말만으로 프랑스 공간에서의 긴장과 대립이 결코 모두 요약되지는 않는다. 그렇지만 어쨌든 이런 차이들과 긴장들이 전체를 설명하는 의미를 가지는 것이 아닐까? 일부 역사가들은 여기에 동의한다.

프랭크 스푸너는 16세기의 프랑스가 대체로 파리를 통과하는 경도선을 경계로 둘로 나뉜다고 보았다.[218] 이 선의 동쪽에는 거의 대부분 대륙적인 지방들, 즉 피카르디, 샹파뉴, 로렌(이 시기에는 아직 프랑스 영토가 아니었다),* 부르고뉴, 프랑슈-콩테(당시에는 스페인 영토였다),** 사부아(아직 토리노에 속해 있었지만 1536-1559년에 프랑스인들이 점령한다),*** 도피네, 프로방스, 론 계곡, 마시프 상트랄 중 상당히 넓은 부분 그리고 마지막으로 랑그도크 또는 랑그도크의 일부분이 속해 있고, 이 선의 서쪽에는 대서양 및 영불해협

---

* 로렌 공작령은 16세기 이후 조금씩 프랑스에게 영토를 빼앗겼으며 가끔은 프랑스 국왕의 지배 아래에 들어갔지만 완전히 프랑스령이 된 것은 1766년 이후이다.

** 프랑슈-콩테는 12세기 이후 합스부르크의 영토였으나 부르고뉴 공작령, 스페인 합스부르크령 등으로 귀속상태가 바뀌다가 루이 14세에 의해서 점령되었다(1667, 1674). 스페인이 이 땅을 프랑스 영토로 인정한 것은 1678년이다.

*** 사부아는 프랑스, 스페인, 이탈리아의 가운데에서 세력관계에 따라 귀속 여부와 동맹관계가 복잡한 변전을 겪었다. 최종적으로 19세기에 사부아 공작 가문은 이탈리아 왕국의 구성에 동참했지만, 사부아 영토 자체는 프랑스에게 넘어갔다.

에 면한 지역들이 속해 있다. 스푸너는 두 지역 사이의 구분이 화폐 주조량에 따른 것이라고 하는데, 이것은 한편으로 타당한 기준이지만 분명히 논의의 여지가 없지는 않다. 무엇보다 "후진"지역 안에 마르세유와 리옹이 포함되어 있기 때문이다. 그렇다고는 해도 두 지역 간의 대조가 명백하다는 것은 예컨대 구리 화폐를 사용하는 부르고뉴와[219] 스페인의 레알 화가 수입되어 통용되는 브르타뉴 및 푸아투를 비교해보면 알 수 있다. 16세기에 대서양 경제의 성장으로 인해서 활력을 얻게 된 프랑스 서부지역에서 모터 역할을 한 중심지들은 디에프, 루앙, 르 아브르, 옹플뢰르, 생-말로, 낭트, 렌, 라 로셸, 보르도, 바욘이다. 다시 말해서 이 중심지들은 렌만 제외하면 연속된 항구들이다.

그러나 아직도 풀리지 않는 의문은 프랑스 서부의 발전이 언제 그리고 왜 지체되기 시작했다가 종내에는 사라졌는가 하는 점이다(프랑스의 선원과 해적들이 발흥하기는 했지만 그것은 다른 문제이다). 앨프리드 라우즈를 비롯한 여러 역사가들이 이 문제를 제기했으나[220] 아직까지 이렇다 할 뚜렷한 대답을 하지는 못하는 형편이다. 1557년에 있었던 심각한 금융위기―그리고 이것은 1540-1570년간의 인터사이클의 후퇴국면과 겹쳤기 때문에 더욱 악화된 듯하다―를 그 원인으로 친다면, 이것은 상업자본주의의 고장 때문이라고 본다는 의미이다.[221] 우리는 상업자본주의의 고장이라는 점에 대해서는 거의 확신하지만, 대서양 경제가 이렇게 이른 시기에 쇠퇴했다고는 보지 않는다. 게다가 피에르 레옹이 보기에[222] 프랑스 서부는 "대양의 영향을 광범위하게 받고 있어서 (17세기에도 계속해서) 부유한 지역이었으며······면직과 마직을 위주로 하는 플랑드르로부터 브르타뉴와 멘에 이르는 지역이 광산과 야금업을 위주로 하는 프랑스 내륙지역보다 우세했다." 그러므로 프랑스의 동서 간의 대조는 아마도 루이 14세의 친정(親政)* 때까지―여기에서 시

---

* 1661년까지 루이 14세를 보좌하던 마자랭이 사망하자 국왕이 이제 자신이 직접 통치하겠다고 선언했다고 알려져 있다.

기상의 구분이 그렇게 뚜렷하지는 않지만—계속되었을 것이다.

아마도 이 무렵에 낭트와 리옹을 잇는 새로운 구분선이 만들어진 것 같다.[223] 이 구분선은 경도선보다는 위도선에 가깝다. 프랑스 북부지역은 산업이 발달해 있는 극히 활기찬 지역으로서 개방경지와 말이 끄는 쟁기가 특징인 반면, 남부에서는 일부 예외적인 곳을 빼면 계속 지체되어 있었다. 피에르 구베르가 보기에는[224] 심지어 두 개의 완전히 다른 콩종크튀르가 작용하고 있었다. 북부의 콩종크튀르는 상대적으로 건강한 성격인 반면, 남부의 콩종크튀르는 일찍이 시작된 강한 후퇴의 경향을 띠었다. 장 들뤼모는 한 걸음 더 나아가서 "……적어도 부분적으로는 17세기의 프랑스에서 남부의 콩종크튀르를 따로 떼어내야 하며 프랑스 왕국을 하나의 단일체로 보아서는 안 된다"고 이야기한다.[225] 이런 언급이 맞다면 세계경제라는 외부조건이 유럽의 중심을 북쪽으로 기울게 만들고 또 고분고분하고 취약한 프랑스를 영불해협, 네덜란드, 북해 쪽으로 향하게 만든 데에 프랑스가 적응한 것이라고 볼 수 있다.

그후 남북 간의 이 구분선은 19세기 초까지 거의 변화하지 않았다. 아돌프 당주빌의 생각에는(1819) 이 구분선이 여전히 루앙부터 에브뢰까지 그리고 계속해서 제네바까지 그어져 있었다. 그 남쪽에는 "농촌의 삶이 더 탈도시화하고 있고" 분산된 양태를 띠며 농민의 집들이 "여기저기 흩어져 있는 황량한 프랑스가 시작되었다." 이것은 지나친 말이기는 하지만 어쨌든 대조는 명백하다.[226]

이상의 구분선은 조금씩 변화해서 파리를 통과하는 경도선이 다시 중요한 구분선이 되었다. 그러나 이 구분선의 의미는 완전히 바뀌어서 서쪽은 이른바 "프랑스의 사막"이라고 불리는 저개발지역이고, 동쪽은 독일 경제의 지배적이고 침략적인 힘과 결부된 선진지역이 되었다.

그러므로 두 개의 프랑스로 구분하는 것은 시간이 가면서 변화를 겪었다. 이제는 프랑스 영토를 단번에 분할하는 하나의 구분선이 있는 것이 아니라 여러 개의 연속적인 구분선들이 있는 것으로 보고 있다. 적어도 세 개 또는 그 이상의 구분선들이 존재한다. 혹은 하나의 구분선이 존재하되 시계 바늘처럼 돌아가는 식이다. 이 의미는 다음과 같다.

첫째, 한 주어진 공간에서 진보와 지체의 구분은 끊임없이 변화하며, 개발과 저개발은 지역적으로 한 번 결정되면 영구히 지속되는 것이 아니다. 플러스와 마이너스는 연속적으로 나타난다. 전체적인 대립은 지방의 잠재적 다양성 위에 부과되지만 그래도 이 다양성을 없애버리지 못해서 여전히 그 다양성이 투명하게 드러나 보인다.

둘째, 경제적 공간으로서 프랑스는 유럽 전체의 맥락 속에서 볼 때에만 설명이 가능하다. 17-19세기 동안에 낭트-리옹을 연결하는 구분선 이북의 지역들이 명백히 상승한 것은 삼포제의 우세, 말을 이용한 경작, 인구의 급격한 증가와 같은 내생적 요소만으로 설명할 수는 없고, 외생적 요소들을 함께 고려해야만 한다. 프랑스는 북유럽의 지배적인 콩종크튀르와 접촉하면서 변화해갔는데 이것은 15세기에 이탈리아의 성장에 의해서, 그리고 16세기에는 대서양의 성장에 의해서 프랑스가 이끌려갔던 것과 비슷하다.

루앙-제네바 구분선 : 찬성과 반대

15-18세기 프랑스 공간의 양분에 관한 이상의 논의는 프랑스 공간의 역사적 다양성에 대한 끊임없는 논쟁을 소개한 정도이지 그것을 해결한 것은 아니다. 사실 프랑스라는 **전체집합**이 확실하게 구분되는 **부분집합**들로 구획될 수 있지는 않다. 그 부분집합들은 계속해서 변형되고 적응하고 재조직되며 전압을 바꾼다.

이와 관련해서 앙드레 레몽이 작성한 다음의 지도들을 보자(그는 이것들을 아마도 완성했을 텐데 아쉽게도 발표하지 않았으며 그래서 이 지도들은 18세기 프랑스 지도첩에 들어가지 못했다). 이 지도들은 네케르 시대의 인구변동률에 따라서, 프랑스를 둘이 아니라 셋으로 나눈다. 여기에서 가장 특기

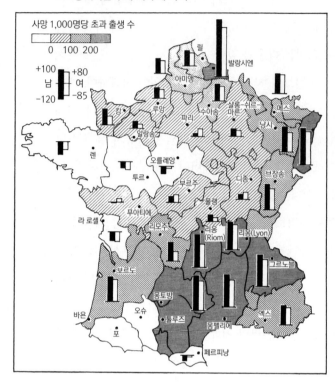

사망 1,000명당 초과 출생 수

0 100 200

+100 ┬ +80
남 ─┼─ 여
−120 ┴ −85

릴
발랑시엔
아미앵
살롱-쉬르-마른
캉
루앙
수아송
메스
파리
낭시
알랑송
렌
오를레앙
투르
부르주
디종
브장송
물랭
푸아티에
리모주
리옹(Riom)
리옹(Lyon)
라 로셸
그르노블
보르도
몽토방
엑스
바욘
오슈
툴루즈
몽펠리에
포
페르피냥

I. 1787년경 프랑스의 출생과 사망

앙드레 레몽이 작성한 지도들 중에 출판된 지 얼마 되지 않은 것이다. 인구학적 후퇴를 보이는 지역(렌, 투르, 오를레앙, 라 로셸, 페르피냥 납세구)과 보잘것없는 평균치에서 벗어나 뚜렷한 증가를 보이는 지역(발랑시엔, 스트라스부르, 브장송, 그르노블, 리옹[Lyon], 몽펠리에, 리옹[Riom], 몽토방, 툴루즈, 보르도)을 구분하고 있다. 생물학적으로 이렇게 특출한 곳들은 옥수수, 감자 등 신작물 보급의 영향을 받았을 것이다.

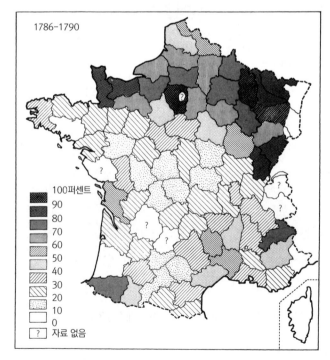

1786-1790

100퍼센트
90
80
70
60
50
40
30
20
10
0
? 자료 없음

II. 프랑스 혁명 직전의 탈문맹화

결혼문서에 남편이 서명한 수치를 나타낸 지도를 보면, 북부지방이 월등히 앞서 있음을 알 수 있다. (프랑수아 퓌레, 자크 오주프, 『읽기와 쓰기』, 1978)

III. 조세를 통한 축정

1704년경 정부는 도시의 상업회사에 과세하기로 결정했다. 그 액수를 보면 리옹과 루앙은 15만 리브르, 보르도, 툴루즈, 몽펠리에는 4만 리브르, 마르세유는 2만 리브르였다……. 이 수치들을 통해서 개략적인 모습을 그려볼 수 있다. 파리는 이 목록에 없다. 과세수준으로 프랑스를 나누어보는 것은 쉽지 않다. 눈에 띄는 사실은 라 로셸(과세액 6,000리브르)을 기준으로 북쪽에는 소도시가 많은 반면 남쪽에는 대도시가 많다는 점이 아닐까? (A. N. G7 1688)

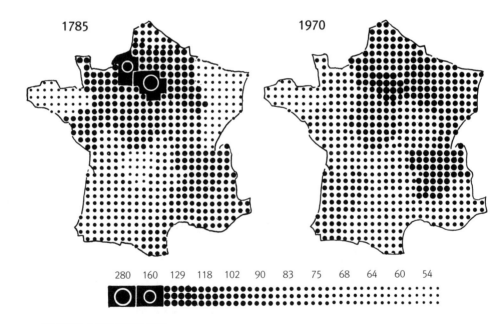

IV. 1인당 소득의 지리적 분포

전국의 국민소득(실물생산 기준)을 100이라고 했을 때 각 지역의 백분율을 나타낸 지도. 1785년 파리 280, 오트-노르망디 160, 루아르-론 100 등이었다. 이 지도에서 북부지방이 우세하다는 결론을 내릴 수 있을까? 그렇다고 할 수 있다. 그러나 앞으로도 복잡한 계산들을 더 수행해서 보충해야 한다. 1970년의 지도는 비교를 위한 것이다. 1인당 소득의 지리적 분포가 바뀌었다는 것은 분명하다. (장-클로드 투탱, "프랑스의 소득 성장의 지리적 불균등, 1840-1970년", 국제 경제사 학회, 1978, 에딘버러, p.368)

할 만한 현상은 브르타뉴로부터 쥐라 지역에 이르기까지 프랑스 내부로 만(灣)과 같이 움푹 들어간 지역들이 존재한다는 것이다. 이곳은 인구의 감소나 정체, 혹은 아주 미약한 증가를 보이는 지역들이다. 이 만의 양쪽에 생물학적으로 건강한 두 지역이 있다. 북쪽으로는 캉, 알랑송, 파리, 루앙, 샬롱-쉬르-마른, 수아송, 아미앵, 릴, (이 방면에서 최고 기록을 보이는) 발랑시엔 납세구, 트루아-에베셰,* 로렌, 알자스 등이 있다. 남쪽에는 아키텐으로부터 알프스 지역까지 펼쳐져 있는, 대단히 활력에 넘치는 지역들이 있다. 이곳에서 인구가 밀집한 도시와 부유한 평원지역들은 마시프 상트랄, 알프스, 쥐라 지역들로부터 인력을 공급받았는데, 이와 같은 임시 인구유입이 없었다면 인구 밀집 지역들은 생존 자체가 불가능했을 것이다.

이 점에서 루앙(혹은 생-말로 또는 낭트)과 제네바를 잇는 구분선은 프랑스의 모든 대립관계를 설명해줄 결정적인 단절선은 아니다. 물론 앙드레 레몽의 지도는 국부(國富), 경제성장이나 경제후퇴 등을 가리키는 지도가 아니라 인구변동을 가리키는 지도이다. 그러나 인구가 많은 곳에서는 인구의 유입, 산업활동 등이 항시적인 규칙이어서 그 두 현상 중의 하나 혹은 두 가지 모두가 일어난다.

미셸 모리노는 지나치게 단순한 설명에 대해서는 늘 유보적인 태도를 취한다. 그러므로 파리를 중심으로 프랑스를 구분하는 도식이 그의 구미에 맞을 리가 없다. 예를 들면 생-말로와 제네바를 잇는 선은 당주빌이 제시했고 르 루아 라뒤리가 다시 받아들였지만, 미셸 모리노는 이에 회의적이다.[227] 그는 두 지역의 상업수지 관련 수치를 가지고 그 도식을 비판했다. 이 비판으로 그 구분선이 사라졌다기보다는 방향이 정반대가 되었다. 이제 남쪽이 잉여지역이 되었고 북쪽이 부족지역이 되었다. 1750년에는 의심할 바 없이 "남쪽에 위치한 지역이 북쪽에 비해서 월등히 앞섰다. 수출의 원산지역의 3

---

* Trois-Évêchés : 프랑스의 앙시앵 레짐 시대에 로렌의 메스, 툴, 베르됭으로 구성된 납세구 또는 통치 단위를 가리킨다(1648–1789년까지 적용되었다).

분의 2 이상이 이곳에 위치해 있다. 이렇게 우위를 차지하게 된 원인은 부분적으로 포도주의 공급에 있고 또 부분적으로는 보르도, 낭트, 라 로셸, 바욘, 로리앙, 마르세유 등의 항구를 통해서 식민지 산물이 재분배되었기 때문이다. 그러나 그뿐만 아니라 브르타뉴에서는 1,250만 리브르 투르누아에 달한 아마포 판매, 리옹에서는 1,700만 리브르 투르누아에 달한 견직포 및 견직 리본의 판매, 그리고 랑그도크에서는 1,800만 리브르 투르누아에 달한 나사류의 판매 등이 중요한 원인이었다."[228]

이 점에 대해서 나는 회의적이다. 나는 이렇게 대외무역 수지에 따라 여러 다양한 프랑스의 "무게"를 재는 방식에 확신을 가질 수 없다. 수출산업의 비중은 그 자체로는 결정적이지 않아서, 이전 시대에는 빈한한 지역이나 생활고에 시달리는 지역에서 수출산업이 일종의 보상 역할을 했던 것이 분명하다. 브르타뉴에서 1,200만 리브르의 아마포를 판매했다고 해서 이 지역이 프랑스 경제의 선진지역은 아니다. 진정한 분류는 국민총생산에 따른 분류가 되어야 할 것이다. 이와 비슷한 시도가 1978년의 에딘버러 학술회의에서 장-클로드 투탱이 보고한 1785년 기준 1인당 **실물생산**에 따른 프랑스 여러 지역의 (전국 평균과의) 비교이다.[229] 이에 따르면 파리는 280퍼센트로 선두를 차지하고, 중부지역, 루아르, 론은 100퍼센트로 평균에 가깝고, 부르고뉴, 랑그도크, 프로방스, 아키텐, 미디 피레네앵, 푸아투, 오베르뉴, 로렌, 알자스, 리무쟁, 프랑슈-콩테 등이 평균 이하였으며 브르타뉴는 최하위를 차지했다. 이상의 것들을 표시한 그림 34의 지도 IV에 루앙-제네바의 구분선이 뚜렷하게 보이지는 않지만 남쪽이 빈곤한 지역이라는 점은 분명하다.

해상 및 대륙에서의 변경구역

어떤 문제에서나 마찬가지이지만 사실 이런 지리적인 차별성의 문제에서도 시간지속에 따라서 상이한 전망을 얻게 된다. 대단히 느린 콩종크튀르상의 변화들은 그 아래의 더욱 긴 장기지속과 대립하고 있어서, 하나의 프랑스—

또는 다른 어떤 "국가"도 마찬가지이다—라고 부르는 것도 사실 상이한 여러 현실들의 중첩이다. 그중에서도 가장 심층적인 것(적어도 내가 보기에는 가장 심층적으로 보이는 것)은 정의상—그리고 관찰해본 결과 실제로—가장 느리게 소진되고 가장 오래도록 남아 있는 것이다. 여기에서 필수불가결한 조명기구인 지리는 수많은 구조들과 **항구적인** 차이들을 밝혀준다. 산악과 평원, 북불과 남불, 대륙적인 동부와 대양의 해무(海霧)에 싸인 서부……. 이런 대조들은 사람들 위에서 돌아가는 콩종크튀르들에 대해서만큼이나 사람들 자신에 대해서도 무겁게 내리눌러서 어떤 지역들은 개선시키고 어떤 지역들은 불리하게 만든다.

그러나 모든 점들을 고려했을 때 특히 구조적인 대립은 비좁은 **변경구역**(zone marginale)과 광대한 **중앙지역**(région centrale) 사이에서 이루어진다. "변경"구역들은 프랑스를 경계 짓는, 즉 프랑스를 프랑스가 아닌 지역들과 구분하는 선을 따라가면서 존재한다. 나는 이런 뜻을 가리키는 말로서 주변부(périphérie)라는 말을 사용하지는 않을 것이다. 이 말이 더 자연스럽게 들릴 테지만 나를 포함한 여러 저자들이 이 말을 지체된 지역, 세계-경제의 중심과 떨어져 있는 지역을 가리키는 말로 사용했기 때문에 우리의 논의에 혼란을 초래할 위험이 있다. 어쨌든 변경구역들은 강과 같은 자연적인 경계나 국경과 같은 흔히 인공적으로 그어진 선을 따라가며 존재한다. 그런데 그 자체로만 보면 이상한 일이지만 프랑스의 변경구역들은 일부 예외만 빼고는 대개 부유한 곳들이고 이 나라의 내부지역들이 상대적으로 가난하다는 것이 통례이다. 다르장송은 이것을 아주 자연스럽게 구분한 바 있다. 그는 1747년의 『일기(Journal)』에 이렇게 썼다. "우리 왕국의 교역과 내부지역에 대해 살펴보면 현재 사정이 1709년[이 해는 아주 나쁜 기억을 떠오르게 하는 해였음에도]보다 훨씬 안 좋다. 그런데 퐁샤르트랭*의 군비 확충 덕분에

---

* Jérôme Phélypeaux, comte de Pontchartrain(1643–1727) : 파리 고등법원 의원, 렌 고등법원 초대 의장, 재무총감 등을 역임했다. 아우크스부르크 동맹전쟁이 발발하자 차입, 관직 매매, 귀족

우리는 적선을 나포하여 적들을 괴롭히고[230] 남해 상업에서 이익을 보고 있다. 생-말로는 1억 이상을 왕국으로 벌어들이고 있다. 1709년에 왕국의 내부지역은 오늘날보다 두 배는 더 기름졌다."[231] 그다음 해인 1748년 8월 19일에 그는 다시 이렇게 쓰고 있다. "우리 왕국에서 루아르 강 이남의 지역들은 심각한 빈곤에 빠져 있다. 작년에도 이곳의 수확이 아주 안 좋았는데 올해는 그보다 반 이상 감소했다. 밀 가격이 상승했고 사방에서 걸인들이 우리를 둘러싸고 있다."[232] 갈리아니 신부는 『곡물에 관한 대화(Dialogue sur les Blés)』에서 이보다도 더 분명하고 단정적으로 말한다. "현재 프랑스는 상업, 항해, 산업을 영위하는 왕국이라는 점에 주의해야 한다. 이곳의 부는 모두 국경 쪽으로 이전해갔다. 모든 부유한 대도시들은 변경에 몰려 있는 반면, 내부지역은 끔찍이도 메말라 있다."[233] 점진적으로 나아지는 18세기의 번영도 이 대조를 완화시키기는커녕 오히려 심화시켰다. 1788년 9월 5일의 공식 보고는 "연안 항구들의 재원은 무한히 뻗어가는 데에 비해 내부지역 도시들의 재원은 자기 자신과 이웃 지역의 소비를 위한 정도밖에 안 되며 사람들을 먹여 살리는 수단으로서는 매뉴팩처밖에 없게 되었다."[234] 산업화는 일반적으로 후진지역의 경제적 설욕인 셈이다.

몇몇 역사가들은 이처럼 끈질기게 계속되는 대립을 예민하게 관찰했다. 미셸 모리노는 루이 14세의 통치 말기에 부의 축적과 경제활동이 연안의 변경지역으로 이전해갔다고 보았다.[235] 이것이 맞다고 하자. 그러면 이것이 최근에 일어난 일일까? 혹시 훨씬 이전에 시작된 것이 아닐까? 더군다나 그것이 오래 지속된 현상이 아닐까?

에드워드 폭스의 『또다른 프랑스(L'Autre France)』—관심을 끄는 제목이

작위 매매 등의 편법을 동원하고 인두세를 신설하여 그 돈으로 전쟁을 치렀다. 그리고 루이 14세를 설득하여 스페인의 카를로스 2세의 유언 내용(이 책 제2권 284쪽의 역주를 참조하라)을 받아들여 스페인에 부르봉 왕조가 들어서도록 했다. 그 외에도 갈리카니즘을 옹호하고 출판체제를 정비하는 등의 일을 했다.

다—는 구조적인 대립이라는 주제를 집요하게 물고 늘어진다는 장점이 있다. 그에 따르면 언제나 두 개의 프랑스가 있다. 하나의 프랑스는 바다 쪽으로 열려 있어서 언제나 원거리 교역과 원거리 모험의 자유를 동경하는 곳이고, 또 하나의 프랑스는 유연성 없는 제약에 사로잡힌 경직된 내륙지역이다. 프랑스사는 이 두 프랑스 사이의 벙어리 대화로서 장소도 바뀌지 않고 방향도 바뀌지 않는다. 각각은 고집스럽게도 모든 것을 자기 편으로부터 끌어내려고만 하고 다른 편에 대해서는 아무것도 이해하려고 하지 않는다.

18세기에 근대적인 프랑스, 즉 **또다른** 프랑스는 부와 때 이른 자본주의가 자리 잡은 대항구들의 프랑스였다. 이것은 축소판 영국으로서 1688년의 "명예"혁명을 모델로 하는 조용한 혁명을 꿈꾸고 있었다. 이 반쪽의 프랑스 혼자 게임을 하고 혼자 이기는 것이 가능할까? 그렇지 않다. 너무나도 잘 알려져 있는 지롱드파(1792-1793)*의 예 하나만 보더라도 이 점을 잘 알 수 있다. 앙시앵 레짐 시기와 마찬가지로 혁명시대와 제국시대에도, 그리고 그 이후 시기까지도, 다시 토지가 승리를 구가했다. 한편으로는 상업이 있어서 이것은 자유를 허락받으면 더 번영할 수도 있었을 것이다. 다른 한편으로는 농민 소유지의 분할 때문에 끊임없이 고통받는 농업, 그리고 재력과 주도권의 부족으로 고전을 면하지 못할 산업이 있다. 이것이 에드워드 폭스가 말하는 두 개의 프랑스이다.236)

그러나 아무리 그 저자에게 뛰어난 능력이 있다고 하더라도 프랑스 역사의 모든 것을 이상에서 말한 반복적이고 연장된 대화 속에 몰아넣을 수는

---

* 프랑스 혁명기의 상대적으로 온건한 공화파로, 이들의 많은 수가 지롱드 주 출신이어서 이렇게 불리며 브리소파라고도 한다. 1791년 10월부터 1792년 9월까지 입법의회를 장악했다. 이상주의적인 법률가 출신으로 곧 사업가, 상인, 금융가 등의 지지를 얻었다. 1792년 봄이 절정기였으나 혁명이 더욱 진행되었을 때 군주제에 대한 입장을 명확히 하지 못한 상태에서 국민공회가 열렸고 여기에서 급진 산악파가 정국을 좌우하자 이들과 대립했다. 파리의 수공업자들과 노동자계급을 기반으로 하는 산악파는 이들을 연방주의자(지방의 경제 및 사회의 이해를 옹호하고 자유주의적인 견해를 지지한다는 뜻), 왕당파라고 공격했으며 그리하여 공포정치 때에 지롱드파의 다수가 처형당했다.

없다. 그 이유는 우선 **변경**의 프랑스가 하나만이 아니라는 점만 보아도 분명하다. 사실 프랑스의 변경으로는 바다를 끼고 있는 서쪽—이것이 폭스가 말하는 **또다른** 프랑스이다—도 있지만, 동시에 알프스 너머의 이탈리아 북부, 스위스 캉통들, 독일, 남부 네덜란드(1714년에 오스트리아령이 되었다), 네덜란드 공화국 등과 접하는, 대륙에 직면한 동쪽도 있다. 이 동쪽 변경의 프랑스가 해안지역의 프랑스와 똑같이 중요하고 매혹적이지는 않겠으나 어쨌든 이런 부분이 존재하며 또 만일 "주변성"이 어떤 의미를 가진다면 그것은 필연적으로 동쪽 변경지역에 대해서도 독창성을 부여할 것이다. 요컨대 이렇게 정리할 수 있을 것이다. 프랑스는 해안지역을 따라서 해상 연결점인 "종착점들"을 가지고 있다. 됭케르크, 루앙, 르 아브르, 캉, 낭트, 라 로셸, 보르도, 바욘, 나르본, 세트(콜베르가 건설한 곳),* 마르세유 그리고 그 외에도 프로방스 지역에 연이어 있는 항구들이 그것이다. 이것을 제1의 프랑스라고 하자. 제2의 프랑스는 광대하고 다양한 내부 프랑스이다. 이곳에 대해서는 곧 자세히 다룰 것이다. 제3의 프랑스는 긴 도시연쇄망으로 되어 있다. 이것은 그르노블, 리옹, 디종, 랑그르, 샬롱-쉬르-마른, 스트라스부르, 낭시, 메스, 스당, 메지에르, 샤를빌, 생-캉탱, 릴, 아미앵 등과 같은 10여 개의 대도시들이 있고 그 사이사이에 부차적인 도시들이 끼여 있는 형태로서 지중해와 알프스로부터 북해에 이르기까지 연쇄망을 이룬다. 여기에서의 어려움은 이 카테고리의 도시들—그중에서는 리옹이 수장 역할을 한다—은 해안도시들만큼 쉽게 파악되지 않으며 그만큼 동질적이지도 않고 잘 드러나지 않는다는 점이다.

경제단위로서 프랑스가 확장해나가려면 필연적으로 제노바, 밀라노, 아우크스부르크, 뉘른베르크, 쾰른 그리고 저 멀리 안트베르펜과 암스테르담 방

---

* Sète : 랑그도크에 있는 항구도시. 원래는 숲으로 덮여 있고 해적의 근거지 정도로만 쓰였다. 그러다가 1666년에 콜베르가 미디(Midi) 운하의 연결점으로 이곳에 항구를 건설하기로 결정했고 보방과 리케가 사업을 맡았다. 그 결과 1667년부터 선박의 접안이 가능해졌다.

향으로 뻗어나가야만 했다(이것은 내가 귀납적으로 정리한 것이며 결코 회고적인 제국주의의 심정에서 말하는 것은 아님을 독자들은 이해해줄 것이다). 그리하여 남쪽으로는 롬바르디아 평원이라는 교역중심지로 뻗어가고 고타르 고개를 통해서 알프스 지역으로 보충적인 문호를 유지하며 "라인 회랑"이라고 부르는, 강을 따라 이어진 여러 도시들의 축을 통제했어야 했다. 이탈리아나 네덜란드를 장악하지 못한 것과 똑같은 이유에서, 프랑스는—알자스라는 예외는 있지만—그 어느 곳에서도 라인 강을 이용할 수 있는 활기찬 변경지역을 가지지 못했다. 라인 강을 변경지역으로 삼았다면 해로와 거의 대등하게 중요한 한 다발의 소통로들을 보유하게 되었을 것이다. 이탈리아, 라인 강, 네덜란드는 오랫동안 유럽 자본주의의 "척추" 역할을 해왔다. 여기에는 아무나 원한다고 다 뚫고 들어가지는 못한다.

다른 한편 동쪽으로는 힘겹고 느리게 확장해갈 수 있었을 뿐이다. 이곳의 주들은 프랑스 영내로 흡수한다고 해도 이 지역들 자체의 자유와 특권을 일부 유지시켜주어야 했다. 예컨대 아르투아, 플랑드르, 리오네, 도피네, 프로방스는 징세청부조합 지역의 밖에 놓였고, 알자스, 로렌, 프랑슈-콩테와 같이 **사실상의 외국**이라고 불러도 좋을 주들은 프랑스 관세지역 외부에 속했다. 이런 주들을 지도 위에 표시해보면 이것이 곧 제3의 프랑스가 된다. 로렌, 프랑슈-콩테, 알자스 지역들은 외국에 대해서 완벽한 자유를 누리고 외국상품에 개방되어 있으며 게다가 밀수까지 여기에 더해져서 이 상품들을 프랑스 국내로 들여올 수 있었다.

내가 틀린 것이 아니라면 어느 정도의 자유라는 것이 이러한 변경지역의 특징이다. 이 변경의 주들이 프랑스 왕국과 외국 사이에서 어떻게 운신했는지를 더 정확히 아는 것이 매우 중요하다. 이 지역들은 프랑스 편으로 기울었을까, 외국 편으로 기울었을까? 예를 들면 스위스 캉통의 상인들은 프랑슈-콩테, 알자스, 로렌 같은 곳에서 마치 자기 나라에 있는 것처럼 꽤 자유롭게 행동했는데, 이들이 이곳에서 맡은 비중과 역할이 무엇이었을까? 또 예컨대 1793-1794년의 혁명기의 위기 동안 도피네로부터 플랑드르에 이르는 지역에서 외국인에게 똑같은 태도―반드시 애정 어린 태도는 아니라고 해도―를 견지했을까? 그리고 프랑스 왕국 내부에서보다 더 큰 자유를 누리던 이 공간에서 낭시, 스트라스부르, 메스, 릴과 같은 도시가 맡은 역할은 무엇이었을까? 그중에서도 특히 릴은 네덜란드와 매우 가까이에 있고 영국과도 꽤 가까운 곳에 위치해 있어서 이런 주변지역들을 통해 다시 전 세계와 접할 수 있는 매우 특이한 예이다.

릴은 제3의 프랑스가 가진 모든 문제들을 보여준다. 그 당시의 기준으로 보면 릴은 상당히 큰 도시였다. 네덜란드의 점령이 끝난 후(1713) 이 도시와 그 주변의 지방은 곧 회복했다. 1727-1728년의 총괄징세청부인들(fermiers généraux)의 시찰보고서에 따르면 "이곳의 세력이 어찌나 큰지 매뉴팩처와 대상업을 통해서 이 시와 주변의 플랑드르 및 에노 지역 주민들 10만 명을 먹여 살리고 있다."[237] 시내와 시 주변지역에 있는 온갖 종류의 직물업 작업장, 용광로, 철공소, 주조소 등이 활발하게 가동되어서 고급 직물로부터 아궁이 철판, 솥과 단지, 금은 장식 줄, 가정용 철물 등을 생산했으며 버터, 가축, 곡물 등을 비롯해서 모든 물품이 시골과 주변지역으로부터 이곳으로 풍부하게 들어왔다. 이 도시는 도로, 강, 운하 등을 최대한 이용했고, 이퍼르, 투르네, 몽스와 같은 곳 대신에 서쪽과 북쪽의 됭케르크나 칼레 방향으로 교역을 우회시키려는 정부의 조치에 어렵지 않게 적응했다.

특히 릴은 교역 중심지였다. 이곳은 네덜란드, 이탈리아, 스페인, 프랑스, 영국, 스페인령 네덜란드, 발트 지역 등 모든 곳으로부터 모든 것을 받아들였으며 한곳에서 받은 상품을 다른 곳에 되팔았다. 예컨대 프랑스산 포도주와 증류주를 북유럽에 보냈다. 그러나 그중에서 스페인 및 아메리카와의 교역이 첫 번째 자리를 차지했다. 릴에서 생산되는 직포와 면직물을 비롯한 400만-500만 리브르의 상품들이 매년 그곳으로 송출되었는데 이것은 이 도시 상인들이 직접 위험을 부담하는 형식이든지, "모험사업(grosse aventure)"* 방식, 혹은 위탁 방식으로 이루어졌다. 반대 방향으로는 상품보다 현찰이 많이 들어왔다. 1698년의 추산에 의하면 매년 300만-400만 리브르의 현찰이 들어왔다.[238] 그렇지만 이 돈은 직접 릴로 들어가지는 않았다. 이 돈은 프랑스에서보다 더 쉽고 싸게 거래되는—그 이유는 바로 화폐의 순도 분석**이 다른 방식으로 이루어졌기 때문인 것에 불과하지만—네덜란드나 영국으로 들어갔다. 간단히 말해서 릴은 다른 도시들처럼 프랑스 경제에 간여하면서도 몸을 반 이상 빼고 있었다.

이런 설명들을 고려하면 트루아, 디종, 랑그르, 샬롱-쉬르-마른, 랭스와 같이 국경에서 상당히 떨어진 곳에 도시들이 열을 이루고 있는 현상을 더 잘 이해할 수 있을 것이다. 이 도시들은 변방에 있던 옛 도시들이 프랑스 내부 지역으로 편입된 것으로서 뿌리 깊은 과거가 여전히 살아남아 있다. 이것은 북쪽과 동쪽을 향한 제3의 프랑스가 마치 나무의 외피가 자라듯이 연속적으로 팽창해간 결과이다.

"또다른 프랑스"의 도시들

다시 이야기하지만 바다에 면한 "또다른 프랑스"의 도시들에서는 사정이 명확하다. 이곳에서도 역시 성공은 행동의 자유 및 영업의 자유와 연관되어 있다. 활기 넘치는 이 도시들의 교역이 때로 프랑스 왕국의 내부 깊숙이 관계하며 거기에서 자양분을 얻기도 하지만, 이들의 이해는 대개 대양을 선택한다. 1680년경에 낭트는 무엇을 바라고 있었던가?[239] 당시 영국인들이 소형 쾌속선 덕분에 다른 사람들보다 빨리 뉴펀들랜드의 대구를 가져옴으로써 "첫 거래(première)"***를 성공시켰다. 낭트로서는 이 영국인들의 접근을 막

---

* 이 책 제2권 499쪽을 참조하라.

** essayage : 화폐주조용 금과 은의 순도를 검증하는 작업.

*** 남들보다 먼저 도착하면 뒤에 오는 경우보다 대구의 판매가격이 월등히 높았다. 이에 대해서는 이 책 제1권 287쪽을 참조하라.

482

는 것이 급선무였는데 관세를 올림으로써 적어도 부분적으로 이들을 막아낼 수 있었을 것이다. 마찬가지로 이곳 사람들은 당시 시장을 석권하고 있던 영국산 담배를 산토 도밍고산 담배로 대체하기를 바랐다. 또 낭트 사람들이 하던 고래잡이를 차례로 잠식한 네덜란드인들과 함부르크인들로부터 이 사업을 도로 찾아오기를 바랐다. 그 외에도 비슷한 일들이 많이 있었다. 이런 것들은 하나같이 프랑스 바깥에서 벌어지는 일이 아닌가!

에드워드 폭스가 보르도에 대해서 "이곳은 대서양에 속하는가, 프랑스에 속하는가?" 하고 질문을 던진 것도 마찬가지의 생각을 나타낸다.[240] 폴 뷔텔은 서슴없이 보르도가 "대서양의 수도"라고 이야기했다.[241] 어쨌든 1698년의 한 보고서에 따르면 "브르타뉴 일부만 제외하면 우리 왕국의 다른 주들에서는 기옌*의 상품들을 전혀 소비하지 않는다"는 것이다.[242] 보르도와 그 주변지역의 포도주는 북유럽인들의 갈증을 풀어주고 그들의 훌륭한 취향을 만족시켰을 뿐이다. 이와 마찬가지로 바욘은 이웃한 스페인으로 향하는 도로, 항구 및 그곳의 은에 대한 연결점이었다. 이곳의 외곽지역인 생-테스프리의 유대인 상인들도 예외가 아니어서 1708년의 재판기록을 보면 이들은 "랑그도크 등지에서 구입한 최악의 직물"을 스페인으로 보냈다는 혐의를 받았다(사실일 가능성이 매우 높다).[243] 프랑스 왕국 연안의 양극단에 있는 두 항구를 살펴보자. 됭케르크는 영국의 금지조치를 우회하면서 대구잡이, 앤틸리스와의 교역으로부터 노예무역에 이르기까지 온갖 사업을 추진했다.[244] 한편 다른 쪽 끝에 있는 마르세유는 연안도시들 가운데 가장 특이하고 개성 있는 곳이다. 앙드레 레몽의 짐짓 악의적인 표현에 따르면 "이 항구는 전형적으로 프랑스적이라기보다는 바르바리적 또는 레반트적이다."[245]

이런 점을 더 자세히 관찰하기 위해서 하나의 도시를 집중적으로 살펴보

---

* Guyenne : 프랑스 남서부에 있던 옛 지방명. 리무쟁, 페리고르, 케르시, 아즈누아 그리고 생통주와 가스코뉴의 일부를 포함한다. 이 지역은 중세에 프랑스 내에 있는 영국 영토였다가, 1453년 이후 완전한 프랑스 영토가 되었다. 보르도가 이곳의 중심도시이다.

자. 아마도 가장 의미 깊은 곳으로 생-말로를 예로 들 수 있을 것이다. 그러나 이 도시는 사실 "튀일리 정원만 한 면적을" 가진 미니 도시에 불과했다.[246] 그리고 이곳이 절정기를 맞이하던 1685년에서 1715년 사이에도 생-말로인들 스스로 이곳을 실제보다 더 작게 그려내려고 했다. 1701년에 그들은 자신들의 도시가 "[주민들의] 산업 이외에는 다른 어떤 소유물도 없는 메마른 바윗덩어리에 불과하며 이 때문에 자신들이 말하자면 프랑스의 짐수레꾼처럼 되었다"고 이야기했다. 그러나 이 자칭 짐수레꾼들은 세계 7대양으로 150여 척의 배를 보내고 있었다.[247] 그들의 말을 믿는다면—사실 심층적으로 보면 이들의 허풍은 거의 사실에 가깝다—"최초로 대구잡이를 개발했고 아메리고 베스푸치나 페드루 알바레스 카브랄보다 먼저 브라질과 신대륙을 발견했다"고 한다. 이들은 브르타뉴 공작이 허가한 특권들(1230, 1384, 1433, 1473)과 프랑스 국왕이 허가한 특권들(1587, 1594, 1610, 1644)을 예로 들어서 이야기한다. 이 모든 특권은 이곳을 브르타뉴의 여타 항구들과 구별시켜주었으나 1688년 이후 "총괄징세청부인들"이 칙령과 번잡한 행정절차들을 통해서 이 특권들을 제약시키는 데에 성공했다. 그리고 생-말로는 마르세유, 바욘, 됭케르크 그리고 "아주 최근에 스당이 그렇게 된 것처럼" 이곳도 자유항*으로 만들어달라고 요구했다(그러나 받아들여지지 않았다).

물론 생-말로인들이 브르타뉴에서 완전히 벗어나 있지는 않았다. 예를 들면 생-말로는 브르타뉴의 직포를 수출했다. 더 나아가서 이들이 프랑스에서 완전히 벗어나 있는 것도 아니었다. 생-말로는 리옹 및 투르산 사틴 직물, 금은을 넣어 짠 직물, 비버처럼 값비싸고 잘 팔리는 상품을 정규적으로 카디스로 항해하는 프리깃선에 실어서 수출했다. 그리고 그들 자신이 수입했거나 혹은 다른 사람이 들여온 외국상품을 재판매하는 일도 했다. 그러나 생-말로의 교역 전체에 대해서는 영국이 중심축 역할을 했다. 생-말로인

---

* port franc : 외국의 상품이 행정절차에 구애받지 않고 관세도 내지 않은 채 자유롭게 드나들 수 있는, 국경 근처의 항구 또는 그런 지역. 보세창고 기능을 크게 확대한 것이라고 할 수 있다.

들은 영국에 가서 여러 상품들을 구입하고 런던에 대해서 발행한 환어음으로 대금의 잔액을 결제했다. 한편 네덜란드인들은 배들을 이용해서 생-말로에 전나무 판자, 마스트, 로프, 대마, 타르 등을 가져왔다. 생-말로인들은 뉴펀들랜드에서 대구잡이를 해서 스페인과 지중해 지역에 재판매했다. 이들은 앤틸리스 제도에도 자주 갔는데 산토 도밍고는 한때 **이들의** 식민지였다. 또 1650년 이후부터 사실상 스페인에서 아메리카로 가는 관문이었던 카디스에서 큰 돈을 벌었다. 그들은 1672년 이전부터[248] 이곳에서 활발한 활동을 벌였는데, 처음에 은을 거래하다가 다음에는 이곳에서 강력하고 활동적인 회사를 결성하여 현지에 남았다. 1698년 이후부터 생-말로인들에게 중요한 문제는 정해진 시간 없이 아무 때나 카디스에서 서인도 제도의 카르타헤나로 떠나는 갤리온선을 놓치지 않고 타는 일이었다. 또 누에바 에스파냐로 가는 "선단(flota)"을 타는 일도 놓쳐서는 안 될 일이었다. 이 선단은 "반드시 7월 10일 혹은 15일에" 도착하게 되어 있었다. "아메리카"로부터 생-말로로 귀환하는 것은 대개 "출발시점으로부터 쳐서 18개월-2년 이후"의 일이다. 이 배들은 평균적으로 700만 리브르의 현찰을 실었지만 이보다 훨씬 소득이 좋은 해에는 1,100만 리브르까지 실었다. 그래서 지중해로부터 돌아오다가 카디스에 기착한 생-말로의 배들은 "어떤 배는 10만 개, 어떤 배는 20만 개의 피아스트라 화를 가지고 왔다." 스페인 왕위 계승 전쟁 이전부터도 이미 "1698년 9월의 허가장을 통해서 남해회사 혹은 태평양회사라고 부르는 회사를 설립했다."[249] 이 때문에 아메리카의 은 밀수와 직접채굴이 엄청나게 증가했다. 이것은 생-말로 출신의 선원이나 프랑스 선원들이 1701년부터 1720년대까지 세계사적인 차원에서 행한 가장 특이한, 나아가서 가장 센세이셔널한 모험들 중 하나이다.

이렇게 대단한 부를 획득함으로써 생-말로라는 바다의 오아시스는 프랑스 왕국과는 별개의 단위가 되었다. 현찰이 워낙 풍부해지자 이곳은 굳이 다른 곳들과 연결된 외환거래 중심지가 되지 않아도 되었다.[250] 우선 이 도시는 브르타뉴, 노르망디, 파리 등지와 도로를 통한 연결이 좋지 못했다. 1714년에 "[생-말로로부터] 이곳에서 겨우 9리외 떨어진 퐁토르송까지 정규 우편로"가[251] 없었다(퐁토르송은 연안을 따라 흐르는 쿠에농이라는 작은 강 위에 있는데, 생-말로의 동쪽에 있는 이 작은 강이 브르타뉴와 노르망디의 경계 선이다). 이 때문에 우편수송이 지체되었다. "캉으로부터 오는 우편은 화요 일과 토요일, 렌으로부터 오는 우편은 목요일에 있다. 그래서 한번 편지 부 치는 일을 잊어버리면 여러 날 지체될 수밖에 없다."[252] 생-말로인들은 이에 대해서 불평은 했겠지만 이것을 고치려고 서두르지는 않았다. 그럴 필요가 없었던 것이다.

내부

그러므로 한편에는 변방 또는 원의 둘레가 있고, 다른 편에는 국내 또는 방 대한 내부공간이 있다. 한편에는 비좁음, 조숙, **상대적인 부유함**, 폭발적인 도시들(투르니* 시절의 보르도는 베르사유와 안트베르펜을 더한 것과 같았다) 이 있고,[253] 다른 편에는 두터움, 빈번한 곤궁, 괴물 같은 성공사례인 파리 라는 예외를 제외하면 회색빛 현실 속에서 살아가는 많은 도시들(이 도시들 이 분명히 대단히 아름답기는 하나 그것은 흔히 과거의 유산이자 전통의 발산에 불과하다)이 있다.

그 이상의 이야기를 전개하기 전에 우선 관찰영역이 엄청나다는 점을 밝 히지 않을 수 없다. 우리는 무수히 많은 문서와 수많은 연구성과들을 가지 고 있지만, 그 대부분은 각각 하나의 지역에만 한정된다. 그런데 전국시장 에서 중요한 것은 각 지역들 간에 이루어지는 게임이다. 1664년부터 프랑스 왕국 전체의 "납세구(généralité)"에서[254] "전국적인 조사를 하는 관행"이 시

---

* Louis-Urbain Aubert, marquis de Tourny(1695-1760) : 중앙정부의 여러 요직을 거친 후 리모주 지사(1730)와 보르도 지사(1743-1757)를 역임했다. 탁월한 행정가로서 보르도 등지의 도시계획 을 훌륭하게 수행했다.

작되었다. 그중 가장 유명한 것은 1697년에 시작되고 1703년에 어렵게 끝을 본 부르고뉴 지사들의 조사 또는 공작의 조사라고 부르는 것과, 오리* 재무총감을 위해서 1745년에 떠들썩하게 시작되었다가 바로 그가 실각하던 해에 완성되어 곧 폐기처분된 조사를 들 수 있다. 두 번째 조사의 경우 곧 폐기처분되었던 까닭에 프랑수아 드 댕빌이 1952년에 조사내용 전체에 대한 요약문서를 우연히 발견했으나 누가 그것을 썼는지는 불명확하고 단지 어느 아카데미 프랑세즈 회원이 썼다는 정도가 알려져 있을 뿐이다.[255]

그러나 이 공시적(共時的) 관점이 가진 약점들은 아주 명백하다. 우리가 원하는 것은 대차대조표를 만들어보고 수치화하거나, 그렇지 않으면 한눈에 파악하기 힘든 서술내용을 보기 쉽게 지도에 표시하는 것이지만, 실제 자료는 서술적인 성격이다. 나는 지사들의 조사내용들을 개략적으로나마 지도에 표시해보았다. 여러 납세구들 간의 상업적인 연결을 표시하기 위해서 외국과의 교역은 빨간색으로, 납세구들 간의 교역은 파란색으로, 납세구 내부의 단거리 교역은 검은색으로 표시했다. 여기에서 나는 17세기 말 프랑스에서 전국시장이라고 불러도 좋을 만큼 꽤 긴밀한 연쇄망이 구성되기 시작했다고 확신했다. 그러나 이 지도는 아직 스케치에 불과하다. 더 유효한 성과를 얻기 위해서는 공동작업이 필요하며 더구나 교환되는 상품을 구분해서 화살표를 표시하려고 한다면 더욱 그렇다. 그리고 다른 종류의 문서들을 이용해서 이 결과에 가중치를 넣는다면, 국내교역과 국외교역을 비교할 수도 있다. 이것은 결정적으로 중요한 문제이다. 현재 우리는 국내교역이 국외교역에 비해서 훨씬 더 큰—아마 적어도 2-3배 더 큰—비중을 가진다는 선험적인 주장만 하는 형편이다.

---

* Philibert Orry, comte de Vignory(1689-1747) : 파리 고등법원 의원 등 여러 요직을 역임한 후 1730년에 재무총감이 되었다. 이 직책을 아주 훌륭하게 수행하여 재정 수입을 증대시켜서 예산의 균형을 이루었다. 콜베르주의의 신봉자로서 매뉴팩처 활동을 진작시키고 노동자를 억압했으며, 그 결과 1744년에 리옹에서 대규모 파업과 봉기를 야기시켰다. 1745년에 퐁파두르 부인의 총애를 잃어서 실각했다.

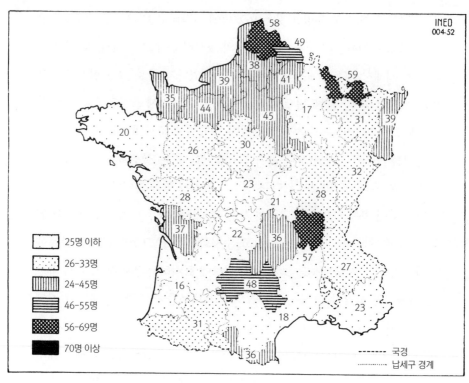

35. 1745년의 인구밀도
프랑수아 드 댕빌이 작성한 지도. 주 255번을 참조하라.

"공시적" 관점이 가지는 또다른 불편한 점이 있다. 1697년부터 1745년 혹은 1780년까지 1세기도 채 되지 않아 상대적으로 짧은 기간 내에 관찰자료들이 몰려 있기 때문에 이 자료들이 서로 비슷하고 또 지나치게 반복적이라는 것이다. 여기에서는 지속적인 구조적 현실과 상황에 따른 변화 사이의 구분이 불가능하다. 우리는 여러 주들 사이의 게임을 통해서 있음직한 심층적인 규칙성의 체제를 파악하고자 한다. 그러나 이런 체제가 존재한다고 해도 그것을 쉽게 파악할 수는 없다.

그러나 오리 재무총감의 조사는 몇몇 유용한 열쇠를 제공한다. 이것은 그 지역에 사는 "사람들의 상태"에 따라 지역을 구분했다는 점이다. 여기에는 다섯 단계가 있다. 유복, 생계유지, 일부 생계유지 일부 빈곤, 빈곤, 그리고 극

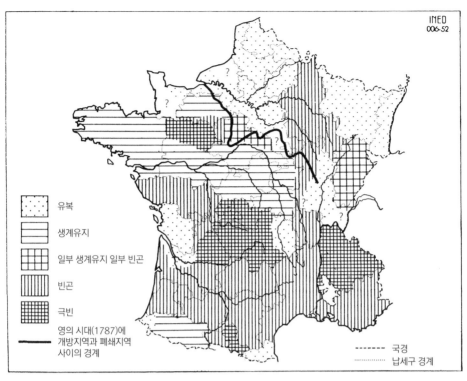

유복

생계유지

일부 생계유지 일부 빈곤

빈곤

극빈

영의 시대(1787)에
개방지역과 폐쇄지역
사이의 경계

----- 국경
·············· 납세구 경계

36. 18세기의 "사람들의 상태"
앞과 연계되는 자료. 이에 대한 설명은 본문을 보라. (『인구』, 제1권, 1952, pp.58-59)

빈이다. 세 번째 단계와 네 번째 단계 사이의 구분선이 상대적으로 빈한한
지역과 상대적으로 부유한 지역 사이의 경계선이라고 볼 수 있다. 개략적으
로 이 경계선이 특권적인 북부와 뒤처진 남부를 나누는 구분선이지만, 부분
적으로는 남부에서나 북부에서나 규칙에서 벗어나는 예외들이 존재한다.
북부에서는 인구가 희박한(제곱킬로미터당 17명) 샹파뉴 지역이 빈곤한 곳이
고 알랑송 납세구가 극빈한 지역이다. 남부에서는 라 로셸 납세구와 보르도
지역 그리고 루시용이 "유복한" 곳이다. 다른 한편 북부와 남부 사이의 지리
적인 경계는 일반적으로 예상하는 바와는 달리 부와 빈곤 사이의 중간등급
인 세 번째 단계와 일치하지 않는다. 이 변경지역은 서쪽에서부터 동쪽으로
볼 때 우선 대서양 연안의 "빈곤한" 푸아투, "극빈한" 리모주와 리옹(Riom)

납세구(마지막에 언급한 리옹 지역 중에는 바스-오베르뉴와 같이 잘사는 예외적인 지역이 없지 않다) 그리고 역시 빈곤하고 극빈한 리오네와 도피네, 마지막으로―아직 프랑스령은 아니지만―사부아로 이어지는 띠 모양을 이루고 있다. 프랑스 내의 가장 조밀한 핵심부에 위치한 이 지역들은 프랑스 영토 중에서도 가장 저개발지역이며, 리무쟁, 오베르뉴, 도피네, 사부아 등에서 볼 수 있듯이 이민으로 인한 인구 유출 지역이다. 그렇지만 이 이민은 흔히 자금의 유입을 가져옴으로써 해당 지방의 상태를 개선시켰다(오트-오베르뉴는 "극빈한" 곳이었지만 "유복한" 리마뉴보다 더 헐벗지는 않았다).

프랑스 내부에서 또다른 가난의 축은 남북 방향으로, 가난한 랑그도크로부터 가난한 샹파뉴로 이어졌다. 대륙적인 프랑스와 해양적인 프랑스를 구분하는 단절점 역할을 하는 남북 간의 축이 (나는 그렇지 않을 것이라고 생각하는 바이지만) 16세기에도 남아 있었을까? 여하튼 오리의 조사는 프랑스 영토의 차별적인 상황이 예견보다 훨씬 더 복잡하다는 것을 보여준다.

이 점은 앙드레 레몽이 작성한 지도 역시 반복해서 보여주는 사실이다.[256] 이 지도는 1780년대에 대해서 곡물 수확, 밀 가격, 재정압박의 세 가지 지수들을 제공한다. 어느 정도 타당성이 있는 인구학적 자료들을 여기에 첨가할 수도 있을 것이다. 이 지도들은 대단히 힘든 작업 끝에 얻은 성과이지만, 불행하게도 지수들을 서로 연결해서 해석하는 것이 힘들게 되어 있다. 예컨대 브르타뉴는 재정압박이 지나치게 크지는 않았기 때문에(이것은 삼부회 지역 [pay d'État]*의 특권 때문이었다) 아주 소박하나마 균형을 유지할 수 있었다. 그리고 곡물 가격이 오른 것은 무엇보다도 곡물의 수출 때문이었는데 이것은 1709년처럼 사정이 유리하게 돌아갈 때에는 흔히 수익을 가져오는 기회가 되었다.[257] 부르고뉴는 곡물의 수확량이 많은 데다가 완화된 재정압박,

---

* 타유세를 징수할 때 프랑스의 몇몇 지역에서 중앙정부가 지방 삼부회와 총액을 협상했는데, 이런 지역을 삼부회 지역이라고 한다. 이와 달리 징세관이 총액을 부과하는 곳은 징세구 지역(pays d'élection)이라고 한다. 일반적으로 삼부회 지역의 조세부담이 징세구 지역보다 가벼웠다.

손 강과 론 강을 통한 곡물의 빈번한 수출이라는 이점을 누렸다. 여기에는 곡가상승이 유리할 수 있었다. 이와 반대로, 푸아투, 리무쟁, 도피네에서는 적은 수확량과 높은 곡가가 곧 극빈으로 이어졌다.

인구수 및 인구밀도를 가지고 이것들과 대조한다고 해도 그 이상의 것을 알 수는 없다. 에른스트 바게만이 이야기한 바와 같이 인구밀도는 단지 일반적인 경제활동 상태에 대해서 증언한다. 우리는 제곱킬로미터당 30명이라는 문턱점으로서의 수치—선험적으로 볼 때 그 이하이면 불리하고 그 이상이면 유리하다는—가 타당한지 한번 시험해볼 수도 있다. 남부 프랑스에서는 거의 모든 곳이 이 기준과 맞아떨어지지만 인구밀도가 48명이었던 1745년의 몽토방은 이것과 반대된다.

다른 길이 있을까? 있다. 그러나 복잡하다. 앙드레 레몽이 작성한 지도를 통해 연평균 곡물수확과 곡물가격을 납세구별로 재구성할 수 있다. 토지소득세인 **20분의 1세**(vingtième)를 통해[258] 토지소득을 계산하든지 적어도 그에 관한 크기의 규모 정도는 얻을 수 있을 것이다(실제로 세금과 소득 사이에 1 대 20이라는 비율은 거의 지켜지지 않기 때문이다). 다음에는 이렇게 얻은 토지소득의 총계를 구해서 프랑스의 국민소득과 비교할 수 있다. 이렇게 얻은 계수를 한 납세구당 적용할 경우 조(粗)생산 액수와 1인당 소득을 얻게 되는데, 이 마지막 것이 여기에서 가장 의미 있는 자료가 될 것이다. 이렇게 해서 우리는 일련의 지방별 1인당 소득에 관한 자료들을 확보하게 되는데, 이것을 통해 프랑스의 차등적인 부에 대하여 제법 사정을 알고 계산할 수 있게 된다. 적절한 조심성과 과단성을 동시에 가지고 이런 종류의 과제를 수행할 수 있는 사람은 앙드레 레몽밖에 없었을 것이다. 그러나 불행히도 그는 이 작업을 수행하지 않았든지 아니면 그 결과를 발표하지 않았다.

그러므로 앙시앵 레짐 시기의 프랑스를 내적인 현실과 내적인 관계 속에서 파악하는 일은 아직 미완의 과제이다. 장-클로드 페로의 최근 저서인 『프랑스 지방통계의 황금기(*L'Âge d'Or de la Statistique Régionale Française*)』

에서는 혁명력 4년부터 12년까지(1796-1804) 출판된 사료들에 관한 인상적인 목록을 작성했다(이때에는 납세구별로가 아니라 데파르트망별로 구분된다).[259] 이것은 다시 한번 시도해볼 수 있는 연구로서, 진정으로 해볼 만한 가치가 있다고 생각한다. 그러나 여기에서 18세기의 수의 마법에서 벗어나, 가능한 한 더 이전 세기로 거슬러올라갈 필요가 있다. 또 19세기 쪽으로 내려오면 프랑스의 상호관계체제가 진화하면서 여전히 똑같은 구조적인 불균형을 남겨놓지 않았는지를 확인하는 것이 최우선 과제가 될 것이다.

변방에 의해서 정복된 내부

대개 내부지역들이 프랑스의 경제에서 부차적인 카테고리에 속한다는 사실은—이에 대한 예외가 있으나 그것은 법칙을 확인해줄 뿐이다—거의 저항력이 없는 "중립적인(neutre)" 공간을 변방의 도시들이 정복한 데에서 명백히 알 수 있다. 변방의 도시들은 [내부지역에 대한/역주] 출입을 통제한다. 이 도시들은 대단히 순응적인 프랑스를 지배하고 안으로부터 잡아먹었다. 예컨대 보르도는 페리고르를 병합했다.[260] 그 외에도 좋은 예들이 많이 있다.

최근의 저서에서 조르주 프레슈는 그러한 문제를 제기했다.[261] 18세기에 툴루즈에 중심을 두던 미디-피레네 지역은 비록 가론 강이라든지, 미디 지방에서 중요한 역할을 하는 운하, 그리고 그 외의 이용 가능한 많은 도로들이 있음에도 불구하고 "대지의 포로" 상태로 있는 프랑스 내부의 커다란 한 조각이었다. 이곳에 대해서는 대륙성 이외에도 리옹, 보르도, 마르세유로부터 삼중의 인력(引力)이 작용했다. 툴루즈 주변 지역과 툴루즈 자체는 "위성화되었다(satellisé)." 이런 관점에서 곡물 무역에 대한 지도는 별다른 논평이 필요 없다. 여기에 견직류에 대한 리옹의 인력을 더한다면 툴루즈의 운명의 틀인 삼각형이 그려진다. 밀이나 견직물—그리고 16세기에는 대청(pastel)도 함께—로도, 원래 역사적으로 툴루즈를 규정했던 부차적인 지위를 벗어던지지 못했다. 조르주 프레슈는 "종속적 상업"이라든지 "보호받는 상업망"

등에 대해서 아주 특징적으로 이야기했다. 심지어는 곡물무역도 이 지방 상인들의 수중에서 벗어나서 보르도나 마르세유의 대상인들 휘하의 위탁상인들에게 돌아갔다.[262]

그리하여 프랑스의 연안지역 항구들이나 내륙의 변방지역에 있는 핵심 도시들은 여러 구역들, 혹은 방추체 모양의 회랑지대, 일부 영역들을 종속적인 상태로 포섭해갔고, 이런 곳들은 도시의 중개를 통해서 자기 자신의 리듬에 따라 살아가는 유럽 경제에 연결되었다. 그리고 상업적인 프랑스와 대륙적인 프랑스 사이의 대화 역시 이런 관점에서 볼 때에만 정확히 파악할 수 있다. 상업적인 사회가 이와 같은 이점을 가지고 있음에도 불구하고 대륙적인 사회에 대해서 승리를 거두지 못했다면, 그 이유는 우선 전체 프랑스 중에서 대륙적인 사회가 엄청난 두께였으며 그것을 심층으로부터 동원하는 것이 힘들었기 때문이다. 그러나 동시에 프랑스가 국제적으로 암스테르담이나 런던과 같은 위치를 차지하지 못했고 지방경제—이것은 무슨 수를 써서라도 팽창하려고 하는 일은 없었다—를 활성화시키고 인도하는 데 필요한 1급 지위로서의 활력이 모자랐기 때문이기도 하다.

영국의 상업적 우위

영국이 어떻게 응집성 있는 **전국시장**이 되었는가 하는 중요한 물음은 곧 다음의 물음으로 이어진다. 유럽의 확대된 경제 속에서 어떻게 영국의 전국시장이 자기 자신의 무게와 주변 상황을 이용하여 우위를 차지했는가?

서서히 형성된 이 우위는 위트레흐트 조약(1713) 때부터 명백하게 천명되었다. 영국의 우위는 7년전쟁이 끝나는 1763년에 분명해졌고 베르사유 조약(1783) 직후에 더 이상 논의의 여지 없이 확고히 굳어졌다. 베르사유 조약 당시 영국은 패배한 세력으로 보였으나(이 이상 틀린 말은 없을 것이다) 네덜란드가 제거된 이때 영국은 분명히 세계경제의 중심에 놓여 있었다.

이 첫 번째 승리는 산업혁명이라는 다음번의 승리를 불러왔다. 그러나 그 성공은 영국의 역사 깊숙이에 근거를 두는 것이니만큼 상업적인 우위와 그 다음번의 산업적인 우위를 구분해서 보는 것이 논리적이라고 생각한다. 산업적인 우위에 대해서는 다음 장에서 살펴볼 것이다.

영국은 어떻게 해서 섬나라가 되었는가?

백년전쟁이 끝난 해인 1453년부터 프랑수아 드 기즈가 칼레*를 재탈환한 1558년 사이에 영국은 명백히 의식하지도 못하는 사이에 섬나라가 되었다(나의 이 표현을 용서하라). 다시 말해서 대륙과는 별개의 독자적인 공간이 된 것이다. 이 결정적인 시기까지는 비록 영불해협, 북해, 파 드 칼레**가 있다고 해도 영국은 프랑스, 네덜란드, 나아가서 유럽과 물리적으로 연결되어 있었다. 필리프 드 브리스가 올바로 지적했듯이 백년전쟁(사실 이것은 두 번째 백년전쟁이라고 할 수 있으며 첫 번째 것은 플랜테저넷 왕조와 카페 왕조 사이의 전쟁이었다) 동안 프랑스와의 긴 투쟁은 "어느 정도 지역적인 차원에서 전개되었다."[263] 이것은 영국이 마치 영불 공간의 한 주(또는 몇 개의 주들)처럼 행동했다는 의미이다. 그리고 그 끝없이 긴 싸움의 목표도 바로 그 영불 공간을 차지하는 것이었다. 한 세기 이상의 오랜 기간에 영국은 프랑스라는 활동영역에 섞여들어가고 녹아들어갔다. 그러다가 프랑스가 점차로 영국을 배제시켜버린 것이다.

이 게임에서 영국은 자신의 정체성을 찾는 데에 지체했다. 이 나라는 거대 국가를 지향하는 실수 또는 위험에 빠져든 것이다. 그러다가 마침내 프랑스

---

* Calais : 영불해협에 면한 프랑스의 도시. 백년전쟁 중에 영국의 에드워드 3세가 탈취하여 그후 약 2세기 동안 영국의 영토였다. 프랑스가 이 도시를 수복한 것은 앙리 2세 시대로, 프랑수아 드 기즈가 6일 동안의 포위 끝에 점령했다(1558).

** Pas de Calais : 영국에서는 이를 도버 해협(Straits of Dover)이라고 한다. 길이 185킬로미터의 가장 빈번하게 이용되는, 양국을 연결하는 소통로이다. 한편, 같은 이름의 파-드-칼레(Pas-de-Calais)는 칼레 시를 중심으로 하는 지방 이름이다.

바깥으로 축출되면서 자기 공간으로 돌아가게 되었다. 다음에 헨리 8세가 다시 영국을 유럽의 공간 속에 편입시키려고 시도했으나 결국 실패한 것은 영국으로서는 또 한 번의 행운이었다. 국외에서 전쟁을 수행하면 엄청난 비용이 든다는 추밀원 고문관 토머스 크롬웰의 경고와 1523년에 하원에서 그가 행했다는 연설은[264] 여러모로 의미가 깊다. 전쟁을 하면 이 나라에서 통용되는 모든 화폐만큼의 자금이 필요할 것이라고 그는 이야기했다. "언젠가 그런 적이 있듯이 전쟁은 구리로 화폐를 주조하도록 만듭니다. 저 같으면 그런 데에 만족할 수도 있습니다. 그러나, 그런 일이 제발 일어나지 않기를 바라지만, 만일 전하께서 몸소 전쟁에 나가셨다가 적의 수중에라도 떨어지신다면 그 신속금은 어떻게 갚는다는 말입니까? 프랑스인들이 포도주를 판매하고 대금을 금으로만 요구하는 마당에⋯⋯우리의 군주를 풀어주는 대신 구리 화폐를 받으려고 하겠습니까?" 헨리 8세는 그래도 모험을 감행했지만 실패했다. 그러나 이후 시기에 메리 튜더가 칼레를 프랑스에게 빼앗겼고, 프랑스인들이 카토-캉브레지 조약(1559) 때 이곳을 영국에 돌려주겠다고 거짓으로만 약속하자, 엘리자베스 여왕이 이곳을 다시 찾겠다고 별렀으나 말로만 그치고 말았다. 아주 짧은 기간 동안 엘리자베스 여왕이 르 아브르를 점령한 적이 있지만 이곳 역시 1562년에 다시 프랑스에게 빼앗겼다.

이때 게임은 끝났다. 영불해협, 파 드 칼레, 북해는 단절선이 되었고, 보호 역할을 하는 "물에 떠 있는 도로"가 되었다. 1740년경에 한 박식한 프랑스인은 영국에 대해서 이렇게 이야기했다. "이 섬은 상업을 위해서 만들어진 것 같다. 이곳 주민들은 대륙으로 지배를 넓히려고 하기보다는 자신을 지키려고 한다. 대륙에 점령지를 가지고 있다고 하더라도 거리가 떨어져 있고 바다의 사정이 극심하게 변화하므로 그것을 지키려면 큰 어려움을 겪게 될 것이다."[265] 그러나 이 규칙은 영국에 대한 대륙 내의 사람들에 대해서도 똑같이 적용된다. 1787년에 파 드 칼레를 넘어 귀국하던 아서 영은 이 해협이 "영국에 대해서는 아주 다행스럽게도 영국과 나머지 세계를 갈라놓고 있다"는 데에[266] 감사해 마지않았다. 이것은 분명한 이점이었으나 오랫동안 사람들은 그렇게 생각하지 않았다.

근대 초에 영국인들이 여하튼 자기 나라 안에 갇혀 있어야만 했던 것은 자신의 대지, 숲, 황무지, 늪지를 개간하는 기회가 되었다. 이때부터 영국은 스코틀랜드와의 위험한 변경, 지나치게 가까이 있어서 두려움을 주는 아일랜드, 오언 글렌다우어*의 봉기가 일어난 15세기 초에 일시적으로 독립을 획득했고 그 봉기가 진압된 이후에도 "흡수되지 않은" 상태로 남아 있던 웨일스가 불러일으킨 걱정거리에 더 주의를 기울였다.[267] 결국 영국은 자신의 소규모 영토 내에 머물러 있어야 했으므로 표면적으로는 패배를 겪었으나 이것은 다음 시기에 전국시장이 급속도로 형성되는 데에 유리하게 작용했다.

대륙과의 단절에 1529–1533년에 있었던 로마와의 단절이 더해진 이중의 단절은** 영국이라는 공간의 "소외화"를 더욱 가중시켰다. 루이스 네이미어가 지적한 것처럼 종교개혁은 민족주의의 언어를 사용하고 있었다. 영국은 그것을 급작스럽게 사용했고 여러 다양한 결과를 가져오는 모험 속으로 뛰어들어갔다(혹은 떠밀려서 들어가게 되었는지도 모른다). 영국의 국왕이 영국 국교회의 수장이 되어 국가 내에서는 교황과 같은 위치를 차지했다. 교회 토지의 몰수와 판매는 영국의 경제를 재도약시켰다. 더욱이나 영국 경제를 도약시킨 다른 요인으로, 이제까지 이 나라가 유럽의 맨 끝자락으로서 세계의 끝과 같은 위치에 불과했으나 지리상의 발견 이후 오히려 신대륙으로 가는 출발점이 되었다는 점이 있다. 영국이 새로운 세계에 더 잘 개방하기 위해서 의도적으로 구대륙과의 연결을 끊은 것은 분명히 아니지만, 결과적으로는 바로 그렇게 되었다. 게다가 분리와 독립에 대한 가외의 보장이 되었던

---

* Owen Glendower(1359–1416) : 웨일스어로는 Owain ab Gruffydd. 웨일스의 봉기 주도자. 볼링브룩의 헨리가 헨리 4세로서 영국 국왕에 등극하자 이에 반대하여 봉기했다. 스스로 웨일스 공이라고 선언하고 1415년까지 전투를 벌이다가 패배했으나 곧 사면받았다.

** 영국의 국왕 헨리 8세가 로마 교황청으로부터 독립하여 스스로 영국 국민의 종교적 수장임을 선언한 것. 이에 대해서는 이 책 제2권 31쪽의 역주를 참조하라.

것은 지난 과거의 기억이었다. 인근 유럽 지역에 대한 적개심은 이 나라 사람들의 마음에서 지워질 수가 없었다. 1603년에 앙리 4세의 특별대사 자격으로 런던에 왔던 쉴리는 이렇게 썼다. "영국인들이 우리[프랑스인]를 증오하는 것은 분명하며 그것도 어찌나 증오심이 큰지 이것을 이 나라 민족이 가지고 있는 자연스러운 성향으로 꼽을 수 있을 정도이다."[268]

그러나 아무런 근거 없이 그런 감정이 만들어지는 것은 아니며 잘못이 있다면 언제나 양측 모두에게 있는 법이다. 영국은 아직 "영광의" 고립상태에까지 이르지는 않았다. 영국이 포위되었다고 느꼈다고 하면 지나친 말이 되겠지만 적어도 비우호적인 유럽—정치적으로 위협적인 프랑스, 조만간 지나치게 유리해질 스페인, 안트베르펜과 그곳의 지배적인 상인들, 더 이후 시기에 승리를 거머쥠으로써 부러움과 증오를 동시에 받을 암스테르담—의 위협을 받고 있다고 느꼈던 것은 사실이다. 영국이라는 이 섬나라가 열등감을 가졌다고 하면 지나친 말일까? 15세기 말과 16세기에 원모 수출로부터 모직물 제조로 이행한 직물업의 "산업화"로 인하여 이 나라가 과거 어느 때보다도 더더욱 유럽의 상업망에 포섭되어갔다는 점을 보면 그렇게 이야기할 수도 있을 것이다. 그리하여 영국의 상업범위가 확대되었고 영국의 항해는 세계를 향해 펼쳐졌으며 세계는 영국으로 모여들었다. 이 세계 속에서 영국은 위험과 위협과 심지어는 "음모"를 보았다. 예컨대 그레셤과 동시대의 사람들이 보기에 이탈리아 상인과 안트베르펜 상인들은 자기들 마음대로 파운드 스털링 화의 가치를 하락시키고 영국 직조공들의 노력을 싼값에 후려치려는 자들이었다. 이런 것들 모두가 꾸며낸 것은 아니지만 크게 부풀려져 있었던 것은 사실이다. 어쨌든 이런 위협들에 대해서 영국은 힘껏 대응했다. 16세기에 이탈리아의 은행가 상인들을 축출하고, 1556년에는 한자 동맹 상인들의 특권을 박탈했으며 1595년에 슈탈호프를 폐쇄해버렸다. 1566-1568년에 그레셤이 나중에 왕립 교환소가 될 기구를 만든 것도 안트베르펜에 대항하기 위한 것이고, 주식회사들(Stocks Companies)을 만든 것은 스페인과 포르투갈에 대항하려는 의도에서였으며, 더 나아가서 네덜란드에 대항해서 1651년에 항해조례를 반포했고, 프랑스에 대항해서는 18세기에 끈질긴 식민지 경쟁을 치렀다……. 그러므로 영국은 늘 긴장해 있고 주위를 살피는 공격적인 나라로서 힘이 강해짐에 따라서 국내에서만이 아니라 국외에서까지 지배하고 통제하려고 했다. 1749년에 한 프랑스인은 약간 악의적으로 이렇게 비꼬아 이야기했다. "영국인들은 그들의 주장은 권리라고 보고 이웃 국가들의 권리는 권리 침해라고 본다."[269]

파운드 스털링 화

영국의 파운드 스털링 화(pound sterling)의 독특한 역사를 통해 우리는 흔히 이야기하는 대로 영국에서는 모든 일이 다른 곳에서와는 전혀 다르게 일어났다는 사실을 알 수 있다. 사실 파운드 스털링 화는 그 외의 다른 많은 **명목화폐**와 다를 것이 하나도 없었나. 그런네 다른 나라의 명목화폐들이 끊임없이 변화하고 국가에 의해 증대되며 불리한 콩종크튀르에 의해 큰 변화를 겪는 것과는 달리, 이것은 1560-1561년에 엘리자베스 여왕에 의해서 가치가 안정된 이후 더 이상 변화하지 않았으며 1920년까지, 더 나아가서 1931년까지 내재가치를 유지했다.[270] 여기에는 얼핏 보면 설명할 길이 없는 거의 기적적인 요소가 있다. 4온스의 순은, 혹은 달리 말하면 반 마르크의 은과 같은 가치를 가진[271] 이 화폐는 유럽의 여러 화폐 중에서 유일하게 3세기 이상의 기간 동안 경이로운 일직선을 그리며 달려왔다. 천국에서 지복을 누리는 사람들처럼 역사의 바깥에서 살아가거나 아예 역사 없이 살아간 것일까? 물론 아니다. 왜냐하면 이 일은 어렵고 혼란스러운 상황 속에 있었던 엘리자베스 시대에 시작되었으며 그후에도 이 일의 방향을 바꿔놓을 만큼 심각한 여러 차례의 위기들—1621, 1695, 1774, 1797년—속에서 진행되었기 때문이다. 이 유명한 에피소드들은 자세히 연구되었고 명료하게 설명되었다. 그러나 정말로 이해하기 힘든 진짜 문제는 그 전체에 대한 것이다. 각 사건과 성공사례들의 총체가 무엇이냐는 것이다. 이 역사는 중단 없이 자신의 길을 갔으나 우리는 그 중간중간의 것은 알지라도 그것들을 연결해주는 것에 대해서는 잘 모른다. 이것은 짜증 나는 문제이며 부조리극과 같은 이야기이다. 왜냐하면 장마다 분명히 하나의 비밀과 그것을 풀어주는 설명이 있을 텐데 그 비밀이 명확히 드러나지 않기 때문이다.

이 문제가 얼마나 중요한지는 다시 설명할 필요도 없다. 파운드 화의 가치가 고정된 것은 영국의 위대함의 핵심 요소였다. 만일 화폐단위가 고정되어 있지 않았다면 용이한 크레딧도, 군주에 대한 자금대부의 안전도, 사람들이 신임할 수 있는 계약 같은 것도 불가능했다. 그리고 크레딧이 없다면 위대함도, 금융상의 우위도 불가능했다. 리옹이나 브장송-피아첸차 정기시는 그들의 거래를 보호하기 위해서 안정성 있는 가공의 화폐인 에퀴 오 솔레유(écu au soleil)나 에퀴 드 마르(écu de marc)를 만들었다.* 또 1585년에 창설된 리알토 은행과 1609년에 창설된 암스테르담 은행은 유통화폐—가치 변동이 극심했다—보다 높은 가치를 가진 은행화폐를 강요했다. 유통화폐의 가치와 은행화폐의 가치 사이의 차이를 말하는 아지오(agio)**는 안전을 보장해주는 요소였다. 그런데 1694년에 세워진 영국은행은 그런 안전장치가 불필요했다. 이 은행의 통상적인 명목화폐인 파운드 스털링 화가 이미 고정된 가치를 가져서 이 자체가 안전을 확보해주었기 때문이다. 이 모든 것은 논의의 여지 없이 확실하지만 그 결과를 분명히 밝히는 것이 중요하다. 은행가 출신의 역사가 장-가브리엘 토마는 최근의 저서(1977)에서[272] 영국의 현명한 방식을 염두에 두고서, 로 체제의 실패에는 흔히 이야기하지 않고 넘어가지만 아주 중요한 원인이 있는데 그것은 명목화폐인 리브르 투르누아 화의

---

* 원래의 에퀴 화(écu)는 성왕 루이가 처음으로 주조한 금화로 방패 모양의 문양을 하고 있다(에퀴는 원래 방패라는 뜻이다). 그후 이를 모방한 여러 종류의 에퀴 금화들이 나왔는데 문양에 따라 이름이 상이했다(예컨대 태양이 그려진 에퀴 오 솔레유 화는 프랑스의 루이 11세가 것이다).

** 이 책 제2권 759쪽을 참조하라.

가치를 시기에 맞지 않게 평가절하했던 것이라고 주장했다. 그것이 크레딧의 정상적인 운용을 방해했고 신뢰감을 망쳐놓았으며 그 결과 황금알을 낳는 거위를 죽였다는 것이다.

파운드 스털링 화 이야기로 되돌아가자. 우리는 하나의 설명이 아니고 일련의 설명들이 있다고 생각해야 하며, 하나의 명백한 정책을 인도해줄 일반 이론이 있는 것이 아니라 단기적으로 하나의 문제에 대해서 해결책으로 쓰일 수 있는 실용적인 해결방안이 여럿 있으며 이것들이 여러 번에 걸쳐서 정규적으로 사용되다 보면 장기적으로 가장 지혜로운 해결책이 된다고 보아야 한다.

1560-1561년에 엘리자베스와 여왕을 보필하는 그레셤을 비롯한 추밀원 고문관들은 "화폐가치의 대하락(Great Debasement)"[273]—1543-1551년에 있었던 극심한 인플레이션 현상—으로 야기된 극심한 혼란에 대한 치료책을 제기했다. 이 어려운 시기에 유통되는 은화(실링과 페니)의 순분(純分, titre)은 엄청나게 줄었다. 원래 12온스당 11온스 2페니웨이트(즉 40분의 37의 순은)였던 것이[274] 1543년에는 10온스가 되었고 계속해서 가치가 떨어진 결과 1551년에는 고작 3온스가 되었다.* 따라서 4분의 1만이 순수한 귀금속이고 4분의 3은 합금이었다. 엘리자베스의 개혁으로 12온스당 11온스 2페니웨이트라는 "옛날의 올바른 순분(ancient right standard)"으로 되돌아가는 것이 필요했다. 이 개혁은 아주 시급히 필요했다. 극심한 무질서가 판을 쳐서 당시 유통되던 화폐들의 귀금속 함유량을 줄였기 때문에 무게, 순분 등이 각각 다르면서도 같은 가치를 가지는 것으로 되어 있었다. 이 화폐들은 결국 완전한 신용화폐, 말하자면 금속으로 된 아시냐 화폐처럼 되었다. 물가

---

* 1온스(ounce)는 31.103그램이며 이것의 20분의 1(1.555그램)이 1페니웨이트(pennyweight)이다. 페니웨이트는 라틴어 denarius weight의 약자인 dwt로 표시한다. 12온스당 11온스 2페니웨이트라는 것은 12온스(373.236그램) 은화가 최소한 11온스 2페니웨이트(345.2433그램)의 은을 함유해야 한다는 것을 말한다. 그런데 화폐가치가 크게 하락해서 이 은화의 은 함유량이 3온스가 되ㅣ다면 고작 93.309그램에 불과했다는 것을 뜻한다.

가 수년 새에 두 배, 세 배로 뛰었고 안트베르펜에서 영국 화폐의 환율이 떨어졌다. 이 두 가지 재난은 중첩되어 나타났다. 직물을 많이 수출하던 영국은 유럽에 닻을 내린 상선과 같았다. 이 나라의 경제는 스헬더 강의 대도시(안트베르펜)에서의 선박 기항과 이곳에 대한 환율에 전적으로 의존했다. 파운드 화의 환율은 영국과 외국과의 관계에 대한 모터 또는 조절기와 같았다. 그런데 그레셤과 같이 명민한 관찰자도 런던이나 안트베르펜에 있는 이탈리아 환전상들이 자신들에게 유리하도록 환율을 조작하고 있으며 이런 조작을 통해서 영국인의 노고를 이용해먹고 있다고 확신하고 있었다. 외환과 무역수지 사이의 관계를 보지 못하는 이런 시각에는 일부 진리도 있고 동시에 일부 착각도 있다. 외환이란, 두 장소(여기에서는 런던과 안트베르펜) 사이의 대화가 아니라 유럽의 모든 지역 간의 콘서트이다. 이것은 일종의 순환적인 현상으로서 이탈리아에서는 실무를 통해서 아주 오래 전부터 알고 있던 일이다. 이런 조건에서 외환업자는 외환 관련 사항을 완전히 파악하고 있는 것이 아니라, 단지 환율의 변동에서 이익을 취하고 투기를 할 뿐이다. 물론 그것은 그럴 만한 재력이 있고 환업무 처리법을 알고 있는 사람만 가능하다. 이탈리아인들은 이 두 가지 조건을 놀라울 정도로 잘 구비하고 있었다. 그런 점에서 보면 그레셤이 이들을 두려워한 것도 틀린 일은 아니다.

파운드 화의 내재가치를 분명하게 고정하고 모든 유통은화를 재주조함으로써 런던 정부는 두 가지 결과를 기대했다. 첫째, 안트베르펜에 대한 환율이 개선될 것, 둘째, 국내물가가 하락할 것. 그중에 첫 번째 것만이 실망스럽지 않은 결과를 가져왔다.[275] 영국 국민들은 이 일을 위해서 비용을 지불한 셈이지만(정부는 재주조를 위해서 유통 중인 화폐를 구매할 때 시중 가치보다 훨씬 싸게 사들였다) 물가하락이라는 보상을 받지는 못했다.[276]

따라서 엘리자베스의 개혁은 처음에는 보상을 가져다주지 못했다. 오히려 이것이 속박의 요인이 되기까지 했다. 악화를 가지고 재주조한 양화의 양이 정상적인 유통에 충분하지 못했던 것이다. 아마 이런 상황은 이후 시기에 아메리카 대륙으로부터 들어온 은이 1560년대 이후부터 유럽 전역으로 퍼지게 되었을 때에야 완화되었을 것이다.[277] 1577년에 프랑스의 명목화폐로서 금과 가치가 연계되어 있던 리브르 투르누아 화가 안정된 것 역시 신대륙의 귀금속 유입으로 설명될 수 있다. 이때 금화 1에퀴는 3리브르로 결정되었으며 그때부터 상인도 에퀴 화 단위로 장부를 기재했다. 사실 앙리 3세에게 화폐의 안정화를 주장한 것은 리옹의 상인들―내국인이든 외국인이든―이었다. 그렇게 하는 것이 그들의 사업에 유리했기 때문이다. 따라서 앙리 3세에게 너무 큰 공을 돌려서는 안 될 것이다. 프랑스의 경우에나 영국의 경우에나 이 모든 것들이 지탱될 수 있었던 것은 누에바 에스파냐와 페루의 광산 덕분이었다. 그러나 하나의 콩종크튀르가 가져다준 것은 다른 콩종크튀르가 앗아가기도 한다. 1601년에 프랑스 화폐의 안정세가 무너지고 리브르 투르누아 화와 금과의 연계도 끊어졌다. 이와 달리 영국에서는 엘리자베스의 체제가 그대로 유지되었다. 영국의 상입직 팽창, 그리고 북유럽에만 유리한 콩종크튀르 때문에 그렇게 될 수 있었을까? 그렇게 이야기한다면 지나친 주장이 될 것이다. 영국은 자신이 원한 대로, 세계에 연결되어 있으면서도 동시에 섬나라라는 입지와 철저한 수비로 인하여 고립되어 있지 않았던가? 이와 반대로 유럽 전역에 개방된 프랑스는 이웃 국가들의 활동이 영향을 미치는 곳이며 모든 화폐유통의 중심점이었다. 이 나라는 "시장"에서의 귀금속 가격에 종속적이었는데 이 가격의 변동은 조폐청의 문 바로 바깥에서부터 화폐가치를 뒤흔들어놓았다.

1621년에[278] 파운드 화는 다시 위기를 맞을 뻔했으나 큰 동요 없이 그 시기를 넘겼다. 판매부진에 고전하던 직물업자들이 파운드 화의 평가절하를 요구했다. 그렇게 되면 생산비를 줄이고 외국에서의 경쟁력을 강화시킬 수 있기 때문이다. 이때 화폐가치의 안정성을 수호한 것이 토머스 먼의 공로였을까? 그는 "화폐가치의 대하락"의 시련을 기억하는 영국의 여론에서 고정관념이 되어버렸다. 토머스 먼이 똑똑한 인물이라는 점에 대해서는 의심의 여지가 없다. 그는 영국에서 최초로 외환과 무역수지 사이의 관계를 분명히 인식한 인물이며 초창기의 동인도회사 이사로서 폭넓은 상업적 경험을 쌓았다. 그러나 아무리 통찰력 있고 현명한 사람이라고 할지라도 영국 경제 전체 및 유럽의 콩종크튀르와 관련이 있는 통화과정에 대해서 그 혼자만이 책임이 있다고 할 수는 없다. 영국과 스페인을 연결해주고(당시 스페인은 1621년 이후 다시 네덜란드와의 전쟁에 돌입해 있었다) 스페인령 남부 네덜란드에 대한 재정지불용 은의 수송을 영국 배에 맡기기로 한 1630년의 협약이 없었다면 토머스 먼의 주장은 먹히지 못했을 것이다. 이것은 정말로 이상한 동맹이며 이에 대해서 대부분의 역사가들은 주의를 기울이지 않았다(예외가 없는 것은 아니지만 그것은 법칙을 확인해줄 따름이다).[279] 영국에 도착한 은은 런던 탑에서 주조되어 (전부는 아니지만) 네덜란드로 보내졌다. 이것은 뜻밖의 행운이었다. 그러나 이 행운의 흐름은—적어도 이와 똑같은 형태로서는—1642년 혹은 1648년경에 가서 끊어졌다. 그런데 원인을 알 수는 없지만 여러 가지 이유로, 내전의 격심한 혼란에도 불구하고 파운드 스털링 화는 가치를 계속 유지했다. 그것도 꽤나 이상해 보이는 조건들 속에서 그랬다.

사실 고난으로 가득했던 17세기 후반 영국에서는 오랫동안 사용해서 닳아버렸고 원래 무게의 50퍼센트까지 무게를 상실한 아주 가벼운 옛날 은화만으로 유통이 이루어지고 있었다. 가끔 팸플릿 저자들의 빈정거리는 글이 있기는 했으나 그 외에는 어느 누구도 이 문제에 대해서 심각하게 고려하지 않았다. 그 결과 양화라고 할지라도 아주 근소한 아지오만을 누렸다. 예를 들면 기니 금화는 공식 교환비율이 20실링이고 유통비율이 22실링이었다. 그러므로 모든 일이 나쁘게 돌아간 것만은 아니다! 사실 금 세공업자들의 어음—비록 사적인 것이지만 지폐 역할을 했다—이 널리 보급되고 특히 명목화폐의 가치가 고정된 것이 안정성을 확보해준 덕분에 이 가벼운 은화들은 마치 다른 유럽 지역의 구리 화폐처럼 진짜 신용화폐가 되었다. 그리고 모든 사람들이 이런 일에 익숙해졌다.

그러다가 1694년에 갑작스럽게 격심한 신용위기가 닥쳐서 지금까지의 안정성과 놀라울 정도의 관용이 단번에 무너졌다.[280] 영국은 몇 차례 연속적인 흉작을 맞았다. 농업상의 위기가 "산업" 분야에까지 충격을 주는 전형적인 앙시앵 레짐의 위기가 들이닥쳤다. 게다가 1689년 이래 프랑스와 전쟁 중이었기 때문에 영국 정부는 막대한 액수의 대외지불을 해야 했고 따라서 현찰이 국외로 빠져나갔다. 그중에서도 특히 최상의 금화와 은화들이 유출되었다. 이 위기는 화폐의 부족으로 인해서 (지방에서보다 런던에서 더 심한 정도로) 악화가 양화를 구축해버리고 화폐의 퇴장현상이 심화되는 풍토를 낳았다. 기니 금화는 계속해서 최고기록을 경신해갔다.[281] 22실링이었던 이 금화의 가치는 1695년 6월에는 30실링이 되었다(그러므로 공식 교환비율인 20실링에 비하면 50퍼센트나 높아졌다). 이와 동시에 금과 은 가격이 상승하고 암스테르담에서 파운드 화 가치가 폭락한 것은 당시의 상황을 잘 요약해서 보여준다. 이때 수많은 팸플릿이 쓰였고 여론이 극단적으로 격분했다. 화폐와 지폐(금 세공업자의 지폐만이 아니라 1694년에 설립된 영국은행의 지폐도 있다)는 심대한 가치하락을 겪었고 현찰을 얻기 위해서는 12퍼센트, 19퍼센트, 심지어는 40퍼센트에 이르는 프리미엄을 주어야만 했다. 대부를 받더라도 고리대금이라고 부를 만한 이자율로 이루어졌다. 환어음은 유통이 잘 되지 않거나 전혀 유통되지 않았다. 모든 분야가 위기에 몰렸다. 한 사람은 이렇게 이야기했다. "롱 레인이라는 런던의 한 거리에만도 세를 놓은 집이 26채였다.……그리고 치프사이드 구역에는 현재 문을 닫고 세를 내놓은 집과 점포가 13채이다. 이것은 정말로 대단한 일이다. 사람들이 기억하는 바로는 치프사이드 구역에서 앞에서 말한 13채의 4분의 1만큼도 비어본 적이 없기 때문이다."[282] 1696년에는 "현찰 부족으로 인한 무질서가 어찌나 심한지 많은 지체 높은 사람들이 런던을 떠났다. 이 사람들은 6,000-7,000파운드의 지대를 받던 부자들이지만 시골에서 돈을 받아낼 수가 없었기 때문에 더 이상 살 수 없게 된 것이다."[283]

팸플릿 작가들이 마음 놓고 실력을 발휘하려고 나섰다. 이들은 상황이 이렇게 된 진정한 원인이 무엇이며 해결책은 무엇인지 등에 대해서 끊임없이 논증했다. 이 논객들은 적어도 한 가지 점에 대해서는 의견의 일치를 보았다. 화폐의 유통을 개선하고 화폐를 재주조해야 한다는 것이다. 그런데 그렇게 재주조를 할 경우에 새로운 화폐는 엘리자베스 시대의 화폐와 같은 무게로 주조해야 할 것인가? 아니면 미리 가치를 절하할 것인가? 또다른 골치아픈 문제는 그 거대한 비용을 누가 부담하느냐는 것이었다. 엘리자베스 시대와 같은 무게로 할 경우에는 가치를 절하할 경우보다 비용이 훨씬 더 들것이다. 재무경(Lord Treasurer)인 윌리엄 라운즈가 20퍼센트의 가치절하를 주장한[284] 이유는 무엇보다도 국가재정을 지키기 위해서였다. 그에 대한 가장 유명한 반대론자는 존 로크였다. 의사이자 철학자이며 경제학자인 로크는 모든 비난을 감수하면서도 파운드 화의 가치를 일정하게 유지해야 한다고 주장했다. 파운드 화는 "불변의 기본단위"로[285] 남아 있어야 한다는 것이다. 로크가 이런 주장을 한 것은 단지 건실한 정책을 옹호한 것만이 아니라 아마도 재산권, 계약의 유효성, 국가에 대부한 자본의 불가침성, 다시 말해서 소수 지배집단의 이해를 옹호한 것이기도 하다. 그러나 왜 재무경의 견해보다 존 로크의 견해가 우세해졌는가?

빌럼 오라녜─네덜란드 출신으로서 영국의 국왕이 된 인물─정부가 중대한 재정위기에 직면해서 차관과 장기 국채발행 정책을 취했다는 것을 생각해야 한다. 이것은 이 나라에서 아주 별난 정책으로 받아들여졌으며 대부분의 영국민의 의심과 비난을 불러왔다. 더구나 국왕이 네덜란드인이고 국가에 대부한 채권자들 중에 영국의 주식과 국채에 투자하기 시작한 암스테르담의 대부업자들이 있었기 때문에 더욱 그랬다. 아직 인기가 없는 대규모 차관 정책을 수행하는 동시에, 가까스로 모아놓은 자본을 국가에 대출했던 신설 은행을 위험에 빠뜨리지 않으려면 논의의 여지가 없는 신용이 필요했다. 많은 어려움에도 불구하고 정부가 평가절하 방식 대신 존 로크가 권한,

비용이 많이 드는 방식을 채택하기로 한 것은 아마도 그 때문이었을 것이다. 이 안은 곧 하원에서 동의를 얻었고 1696년 1월에는 상원에서도 동의를 얻었다. 재주조를 하는 데에 드는 700만 파운드의 거대한 비용은 이미 전쟁 때문에 큰 부담을 안고 있던 정부가 떠맡았다. 그러나 어쨌든 원래의 목표는 달성했다. 신용을 회복하자 암스테르담에서 파운드 화의 가치가 올랐고 영국 국내 물가가 하락했으며 런던과 암스테르담에서 영국의 공채가 대량으로 거래되었다.

이 문제가 해결되자마자 새로운 갈등이 일어났다. 이것은 장래의 금본위제 도입을 예고하는 것이었다. 금본위제의 채택은 공식적으로는 아주 느리게 진행되었으며 의식적인 심사숙고에 의해서가 아니라 사태에 따라서 어쩔 수 없이 강요된 것이다.[286] 사실 오랫동안 은이 옹호되었다. 여기에는 존 로크와 같은 옹호자들이 있었다. 그는 은본위제야말로 의심의 여지 없이 가장 편리하고 교환에 적합한 제도라고 보았다. "다른 상품들과 마찬가지로 자신의 교환비율을 찾도록 금을 내버려두라."[287] 그러나 실제의 일이 꼭 이렇게 되지는 않았다. 왜냐하면 기니 화의 가치(순전히 국왕의 자의적인 결정에 달려 있었다)는 강압적으로 22실링 은화로 결정되었고 이것이 그대로 시장에서의 "자유" 가격이 되었다. 그러나 그것은 위기 이전에 있었던 일이다. 이때 양화로서 22실링 은화라고 하면 금과 은 사이의 교환비율이 1 대 15.9가 되어 금이 과대평가된 결과가 된다. 이에 비해서 네덜란드에서는 이 비율이 1 대 15에 불과했다. 그 결과 금이 저평가되는 네덜란드로부터 금이 고평가되는 영국으로 금화가 유입되고 새로 주조한 은화는 반대 방향으로 유출되었다. 다시 존 로크가 개입하여 1698년에 기니 화의 가치를 21실링 6펜스로 낮추었지만 이것만으로는 양방향의 귀금속 이전을 막기에 불충분했다. 1717년에 이번에는 아이작 뉴턴—이 당시에 뉴턴은 주조청장이었다—의 개입으로 21실링으로 가치를 낮추어서 금과 은 사이의 교환비율이 1 대 15.21이 되었다. 그러나 이것 역시 금을 과대평가하는 것이어서 영국은 계속해서 은을 수출하고 금이 유입되는 곳이었다.

이 체제는 18세기 내내 지속되어 사실상 금본위제로 연결되었다. 금본위제가 명백하게 천명된 것은 1816년의 공식적인 선포 이후이다. 이제 파운드 스털링 화는 소브린 금화(gold sovereign, 순도 12분의 11, 무게 7.998그램의 실제 금화)가 되었다. 그러나 1774년부터 이미 금은 은에 뒤이어 확실한 화폐 조정자 역할을 하고 있었다. 오래 사용된 금화는 회수해서 정확한 무게대로 재주조했지만, 은화에 대해서는 이와 같은 비싼 처리과정을 적용하지 않았으며 25파운드 이상의 금액에 대한 채무변제(discharge payment)로는 은화를 받지 않았다. 파운드 스털링 화는 법률상으로는 그렇지 않다고 하더라도 실제로는 금에 연계되었고 그리하여 갑자기 새로운 안정화 기능을 담당했다.

이 모든 사실들 자체는 잘 알려져 있지만 그 원인은 과연 무엇이었을까? 이 현상의 기본을 이루는, 금에 대한 항상적인 고평가는 정부의 결정에(오직 그것에만) 직접적으로 연결되어 있다. 그렇다면 이러한 고평가는 어떤 정책 그리고 어떤 경제상의 필요에 따른 것일까? 사실 금의 고평가는 은의 저평가를 뜻한다. 과거의 화폐체제에서 과대평가된 화폐는 악화가 되어 다른 양화를 구축한다는 것이 나의 생각이다. 이렇게 확대 적용된 이른바 그레셤의 법칙이 설명을 단순화시켜준다. 영국이 금을 끌어들이면 동시에 네덜란드, 발트 지역, 러시아, 지중해, 인도양, 중국과 같이 은이 교역의 필수조건이 되는 곳으로 은이 빠져나갔다. 베네치아가 교역의 융성에 필수불가결한 요인이었던 레반트 지역으로 은 유출을 용이하게 하는 조치를 취한 것도 완전히 이와 똑같은 맥락이다. 다른 한편 영국이 이 방향으로 나갈 수밖에 없었던 것은 메수엔 조약(1703)의 결과 포르투갈에 대해서 우위를 차지하게 되어 브라질의 금을 얻을 수 있었기 때문이기도 하다. 그러므로 영국은 의식하지도 못하는 사이에 은 대신 금을 선택했으며 이런 일을 거침없이 진행시켜갔다.

한편 포르투갈과의 무역수지가 역전되어서 브라질 금의 유입이 중단 또는 감소하게 된 때에 영국이 필연적인 다음 단계로서 지폐체제로 이행한 것 또

한 우연이 아니다. 영국이 점차 세계의 중심으로 자리를 잡아감에 따라서 과거 전성기 당시의 네덜란드가 그랬던 것처럼 귀금속에 대한 수요가 줄어들었다. 거의 자동적이라고 할 수 있는 손쉬운 크레딧이 지불수단을 늘려주었던 것이다. 그래서 "아메리카" 전쟁이 발발하기 직전인 1774년에 영국은 금화와 은화가 외국으로 유출되는 것을 그대로 방치했다. 이 현상은 얼핏 보면 비정상으로 보이겠지만 영국을 혼란에 빠뜨리지는 않았다. 이 나라에서 고차원의 화폐유통은 이미 영국은행과 사은행에서 발행한 지폐가 맡고 있었다. 약간 과장한다면 금과 은은 부차적인 화폐가 되었다. "종이"—이 말이 간단하기 때문에 프랑스인들이 오래 전부터 써왔지만 이사크 데 핀토는 이에 대해서 불만이었다[288]—가 이처럼 결정적인 위치를 차지하게 된 것은 영국이 암스테르담을 왕좌에서 밀어내고 세계교역의 중심점이 되었기 때문이며, 말하자면 세계가 영국에서 회계정산을 하게 되었기 때문이다. 예전에 교역의 흐름이 집중되는 징소였던 정기시에서도 이와 유사한 집중이 일어났다. 이곳에서도 현찰보다 상위의 차원에서 크레딧이 자리를 잡았다. 영국은 이와 같은 과거의 해결방안에 새로운 차원을 열어준 셈이었다. 이곳에는 브장송 정기시보다 더 많은—그리고 암스테르담과 같은 수준의—"종이들"이 넘쳐났다.

이 과정에서 새로 한 단계 더 나아가야만 했다. 1797년에 화폐상의 곤란이 계속 가중되었다. 프랑스와 전쟁을 치르면서 사태를 돈으로 막는 형편이라 대륙으로 현찰을 계속 보내야만 했던 것이다. 평소에는 늘 자신감이 있던 윌리엄 피트 총리도 자신의 행동이 초래한 결과에 겁을 먹어서인지 비관적인 상태에 빠져서 의회로 하여금 영국은행권의 단기적인 태환불능*을 승인하도록 했다.[289] 그런데 여기에서 마지막 기적이 일어났다. 지폐의 통용을 강제로 규정한 은행규제법(Bank Restriction Act)은 단지 6주일의 기간만을

---

* non-convertibilité, inconvertibility : 지폐를 정화(正貨)와 바꾸는 일을 태환(兌換)이라고 한다. 따라서 태환불능이란 태환의 요구에 응할 정화가 필요한 만큼 준비되어 있지 못하다는 뜻이다.

위한 것이었다. 그런데 이 법안이 별다른 붕괴사태를 일으키지 않은 채 24년 동안 유효했다. 원칙적으로 가치를 보장해주는 것이 아무것도 없는 지폐가 금속화폐에 비해서 가치저락을 겪지 않으면서도 계속 유통되는 현상이 적어도 1809–1810년까지 계속되었다. 1821년에 이르는 사반세기 동안 영국은 시대에 앞서가며 오늘날 우리가 알고 있는 화폐체제 속에서 살아간 것이다. 나폴레옹 전쟁 동안 영국에서 체류했던 한 프랑스인이 그가 이곳에 머무는 동안 기니 금화를 단 한 번도 본 적이 없다고 이야기할 정도였다.[290] 그 자체로 보면 극도로 심각했을 수도 있는 위기가 이렇게 해서 아무런 피해를 입히지 않은 채 넘어갔다.

그런 성공이 가능했던 이유는 영국 대중의 태도, 그들의 시민정신 그리고 늘 안정을 추구하는 화폐체제에 대해서 오랫동안 시민이 신임을 보낸 점 등에서 찾을 수 있다. 그러나 그러한 신임은 동시에 부유함에서 유래한 확신과 믿음에 근거한 것이기도 하다. 지폐의 가치를 보장해준 것은 금이나 은이 아니라 열심히 노동하는 영국의 거대한 생산 그 자체였다. 이 섬나라가 유럽의 동맹국들에게 막대한 지원금을 주어서 프랑스를 격파하도록 만들고, 당시로서는 거대한 규모라고 할 수 있는 해군을 유지하고, 또 스페인과 포르투갈에서 나폴레옹과의 전쟁 상황을 역전시킬 수 있었던 것은 모두 영국의 산업생산과 재분배상업 덕분이다. 이 시대에 그런 일을 똑같이 할 수 있는 나라는 하나도 없었다. 1811년에 한 증인이 명석하게 이야기한 것처럼 그 당시 세계에는 영국과 같은 수준의 경험을 두 번 할 만큼 자리가 넓지 않았던 것이다.[291] 이것은 정말로 정확한 지적이다.

그러나 여기에서 짚고 넘어가야 할 사실이 있다. 파운드 스털링 화의 전체 역사를 회고해보건대 각각의 에피소드는 명백하고 설명이 가능하지만, 그것들 전체가 일직선을 유지한 것은 놀라운 일이 아닐 수 없다는 점이다. 실용적인 영국인들이 1560년 이래 미래의 바른길을 알고 그렇게 나아갔다고 할 수야 없지 않은가. 그렇다면 이것은 섬나라의 특징—섬나라로서 자신을 지키려는 특징—그리고 대륙으로 뚫고 들어가야만 한다는 점, 안트베르펜, 암스테르담, 파리 등 명백한 적들이 있다는 점 등으로 인해서 이 나라가 늘 압박상태에 있기 때문에 공격적인 긴장이 계속 반복된 결과라고 보아야 할 까? 파운드 화의 안정성, 그것은 곧 전쟁의 무기였던 것이다.

런던이 창조한 전국시장, 전국시장이 창조한 런던

위대한 대영제국에서 런던이 맡지 않은 역할이 무엇이 있겠는가! 런던은 처음부터 끝까지 영국의 모든 것을 건설하고 방향을 결정했다. 런던의 무게와 대규모성은 다른 도시들을 기껏해야 지방 대도시에 불과하도록 만들었다. 모든 도시들이 런던에 봉사했다(아마도 브리스틀만이 예외에 속한다). 아널드 토인비*는 이렇게 썼다. "한 도시가 다른 모든 도시들을 그토록 철저히 압도하는 것은 서유럽의 다른 나라에서는 없는 일이다. 영국의 인구가 프랑스나독일에 비해서 보잘것없었고 스페인과 비교해서도 더 적었던 17세기 말에 런던은 분명히 유럽의 최대 도시였다."292) 1700년경 런던의 인구는 55만 명으로서 영국 전체 인구의 10퍼센트를 차지하고 있었다. 페스트를 비롯한 여러 질병이 자주 창궐했지만, 인구증가는 꾸준히 높은 수준을 유지했다. 프랑스의 경우 나라가 지나치게 크다 보니 파리와 리옹의 두 중심지를 향해 분열되어 있었던 데에 비해 영국은 단 하나의 거대한 머리를 가지게 되었다.

런던은 서너 개의 도시에 맞먹는다.** 시티(City)는 경제적인 수도이고, 웨

---

* Arnold Toynbee(1852-1883) : 영국의 '경제학자, 사회개혁가로서 노동계급을 위한 공익사업 활동을 열정적으로 펼친 인물이다. 옥스퍼드의 베일리얼 칼리지에서 산업혁명기의 경제사에 대한 강의로 커다란 반향을 불러일으켰다. 『역사의 연구』의 저자인 아널드 조지프 토인비는 그의 조카이다.

** 런던은 1965년의 행정 개혁으로 시티(City)와 32개의 자치구(borough)를 포함하는 그레이터 런던(Greater London)이 되었다. 시티는 '시티 오브 런던(City of London)', 혹은 이를 줄여 '더 시티(The City)'라고 하며, 과거에 런디니엄(Londinium)이라고 불리던 원래의 런던 시를 말하는데 오늘날 이곳은 금융 중심지가 되었다. 자치구는 다시 12개의 이너 런던(Inner London) 자치구와 20개의 아우터 런던(Outer London) 자치구로 되어 있다.

스트민스터는 국왕과 의회, 부자들이 모인 곳이다. 강변지역은 하류 쪽이 항구로 쓰이고 일반 서민들이 거주한다. 마지막으로 템스 강 좌안의 사우스워크('서더크'로도 발음된다) 외곽지역에는 비좁은 거리들이 있고 특히 "스완", "로즈", "글로브", "호프", "레드 불" 같은 극장들이 들어서 있었다(1629년에 이곳의 극장이 17개소였던 데에 비해 당시 파리에는 한 곳만이 있었다).293)

영국의 전체 경제공간은 런던이라는 최정점에 복종한다. 정치적인 중앙집권, 영국 국왕의 권력, 상업활동의 집중 같은 요인들이 어우러져서 수도 런던의 위대함을 만들었다. 반대로 이 위대함이 이번에는 자기가 지배하는 공간을 조직하는 힘이 되며 이곳에 행정망과 시장망의 다양한 연결을 창출한다. 그라스는 보급영역의 조직화라는 점에서 런던이 파리보다 한 세기 이상 앞서 있다고 주장했다.294) 런던에 우위를 가져온 요인 중에는 런던의 항구 활동이 대단히 활발하다는 점(런던의 항구는 적게 잡아도 영국 전체 교역의 5분의 4 이상을 차지했다)도 작용했고 여기에 덧붙인다면 사치와 낭비─곧 문화적 창조와도 연결된다─의 거대한 기생적 기구로서 파리에 결코 뒤지지 않았다는 점도 작용했다. 마지막으로 특히 중요한 것은 런던이 아주 일찍부터 수출입을 거의 독점한 결과 영국 전체의 생산 및 재분배망을 통제하게 되었다는 점이다. 영국의 다양한 지역들에 대해서 런던이라는 수도는 일종의 조차장(操車場)이었다. 모든 것이 이곳으로 모여들었다가─국내로든지 국외로든지─다시 배분되어 나갔다.

런던이 전국시장을 준비하고 창출하는 과정에 어느 정도의 비중을 차지했는지 헤아려보고자 한다면 대니얼 디포의 『완벽한 영국상인(*The Complete English Tradesman*)』을 읽는 것 이상으로 좋은 것이 없다. 그의 관찰이 어찌나 정확하고 자세한지 비록 전국시장이라는 단어를 직접 말한 적은 없더라도 그 시장의 구체적 실태, 통합성, 교환의 중첩, 넓은 공간 위에서 펼쳐지는 분업의 확대 등이 명백하게 나타나 있다. 정말로 도움이 되는 읽을거리라고 하지 않을 수 없다.

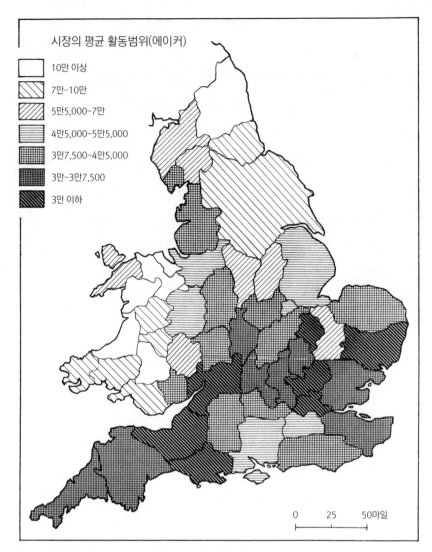

시장의 평균 활동범위(에이커)

- ☐ 10만 이상
- ▨ 7만-10만
- ▨ 5만5,000-7만
- ▨ 4만5,000-5만5,000
- ▨ 3만7,500-4만5,000
- ▨ 3만-3만7,500
- ▨ 3만 이하

0 25 50마일

37. 조밀한 시장망을 가진 지역은 런던 근처에 집중되어 있다

런던이 그 주변에 얼마나 조밀하고 회전속도가 빠른 교환구역을 창출했는지 알 수 있다. 영국의 전국시장은 런던을 비롯한 남부지역으로부터 근대화되었다. (조엔 서스크, 『영국 농업사』, 제4권, 1967, p.496)

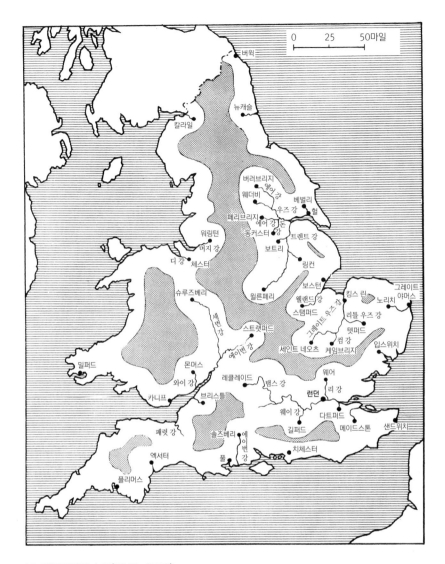

38. 전국시장과 수로(1660-1700)

"운하의 광기"와 수로의 대정비가 있기 이전의 시대를 나타낸다. 지도상에는 여러 강에 대하
여 운항이 가능한 부분만 표시했고 다음에 수로를 통한 수송에서 약 25킬로미터 이상 떨어
진 곳을 검게 표시했다. 이 지도를 앞의 지도와 비교하면 이것이 앞의 지도의 네거티브 사진
같다는 인상을 받는다. 수도인 런던의 흡인력, 연안항해와 함께 수로들의 전국시장을 성립시
킨 것이다. 교통이 발달하면서 18세기 말에 가면 수송로에서 배제된 검게 칠한 구역이 거의
사라진다. (토머스 스튜어트 윌란, 『영국의 강상[江上] 조운―1600-1750년』, 1964)

뉴캐슬의 석탄과 그 외에 중량이 많이 나가는 상품들을 수송하는 대규모 연안항해가 있기는 하지만, 운하시대가 개시되기 이전에 영국의 수상 운송은 강어귀에서만 이루어졌기 때문에 대부분의 수송업무는 주로 육로를 이용했다. 이것은 수레, 짐말, 심지어는 무수한 등짐장수들을 이용해서 이루어졌다.[295] 이 모든 움직임은 런던을 향해 모여들었다가 다시 이곳에서 퍼져나갔다. "맨체스터 상인들은 부자라는 점만 빼면 등짐장수와 다를 바 없다. 이들은 스스로 상품을 전국 각지에 수송해서 [중간상인을 거치지 않고] 가게 주인들에게 넘겨준다. 이런 일은 요즘 요크셔와 코번트리의 매뉴팩처 업자들도 하고 있다."[296] 그러나 디포가 묘사하는 시대(1720년경)에는 생산자와 지방의 소매상들 간의 직접연결이 아직 새로운 현상이었으며, 이것이 이제부터 통상적인 유통로들을 교란시키고 복잡하게 만들 것이다. 아직까지 일반적으로는 런던에서 떨어져 있는 한 지방에서 매뉴팩처 방식으로 생산된 상품이 런던의 위탁도매상(factor 혹은 warehouse keeper)에게 보내진다. 그러면 이 사람들은 이것을 소매를 하는 런던의 가게 주인이나 수출업을 하는 상인(merchant) 혹은 일반 도매상에게 넘긴다. 이 도매상은 다시 영국 각지에 상품을 넘겨서 도매로 팔리게 한다. 예컨대 양모를 파는 목양업자나 직포를 파는 직물업자들은 "전체 과정 중에서 양극단의 소매상인(tradesman)이다. 그 가운데 상품의 제조, 수송, 판매 등의 과정에서 더 많은 사람들의 손을 거쳐갈수록 국가의 공공스톡(public stock of the nation)에 도움이 된다. 왜냐하면 사람들의 고용이야말로 국가의 중요한 이익이기 때문이다."[297] 그리고 그의 책을 읽는 사람들이 노동력, 곧 고용을 배분하는 시장경제의 이익에 대해 충분히 이해하지 못할까 봐 대니얼 디포는 월트셔의 워민스터에서 제조한 광포(broad cloth)를 예로 들어서 이 점을 자세히 설명한다. 제조업자(clothier)는 수송업자(carrier)의 도움을 받아서 이 광포를 런던의 블랙웰 홀의 대리인인 A 씨에게 보내 판매를 부탁한다. 그러면 이 사람은 재판매를 담당하는 모직물 도매상(woolendraper)인 B 씨에게 이것을 넘기고, 그는 다시 이것을 노샘프턴의 상점주인 C 씨에게 넘긴다. 이 사람은 적당한 길이로 직물을 끊어서 시골 귀족들에게 판다. 결국 런던으로 향하는 수송과 런던에서 나오는 수송이 만드는 핵심적인 사각형이 영국 시장을 이룬다. 왜냐하면 수입품을 비롯한 모든 상품들은 바로 이 도로들을 통해서 유통되기 때문이다. 디포에 의하면 영국의 도로들은 유럽의 다른 어느 지역보다도 더 활기에 차 있다. 소도시에서든 혹은 작은 마을에서든 어디에서나 "사람들은 지방의 매뉴팩처에 만족해하지 않고 각지에서 오는 상품들—영국의 다른 주들의 직물, 혹은 인도에서 들어오는 직물, 차, 설탕 등—을 원하고 있다."[298] 영국의 시장이 18세기 초라는 아주 이른 시기부터 활기 넘치는 단일체였다는 것은 분명하다. 이 세기 초엽에 막대한(물론 이것은 상대적인 이야기이기는 하지만) 투자가 이루어져서 운항이 가능한 강이 1,160마일이나 되었으며 그 결과 이 나라의 어떤 지역도 수상 운송이 가능한 지점으로부터 15마일 이상 떨어지지 않게 되었다.[299] 육로들도 같은 과정을 따라갔으리라는 것은 충분히 짐작할 수 있다. 1720년에 디포는 과거에는 겨울에 도로를 이용할 수 없었다고 말했다.[300] 이 말은 마차에만 한정된 이야기였을 것이다. 17세기에만 해도 끌짐승들은 사시사철 다녔기 때문이다. 그 외에도 상품을 저장하고 판매, 재판매하는 시장들이 마치 모든 공식적인 규제들을 비웃는 듯이 빠르게 조직되었으며 중개인들은 자기가 취급하는 상품들을 보지도 않고 거래했다. 이것은 조직이 거의 완벽했다는 증거이다. 이 세기 중엽에 런던의 밀 시장은 10여 명의 대리인들이 지배했는데 이들은 암스테르담 창고에서의 보관이 런던에서보다 싸기 때문에(이 가격은 이자율에 따라 변동했다) 암스테르담에 곡물을 보관하려고 했을 정도였다. 다른 이점으로, 외국으로 나가는 곡물에 대해서 영국 정부가 수출보조금을 지급했다는 사실을 들 수 있다. 만일 영국 내에 곡물부족 사태가 일어나서 곡물이 다시 국내로 들어올 경우에는 세금을 전혀 내지 않았다.[301] 이 모든 것은 18세기 중에 국내시장이 갈수록 정교화되었다는 것을 보여준다.

다음 세기 초엽인 1815년에 런던에 오랫동안 머물렀던 한 전쟁포로의 다음과 같은 언급은 사정을 잘 말해준다. "영국의 모든 이해가 런던에 집중되었다는 것이 맞는 말이라면—오늘날 런던은 모든 사업의 중심지가 되었으므로—동시에 런던이 영국 전역에 퍼져 있다고 하는 것도 맞는 말이다."[302] 이 말은 런던에서와 마찬가지로 각 지방의 시장과 도시에서도 영국 및 세계 전역에서 상품들이 들어와 팔린다는 의미이다. 의복의 통일성, 그중에서도 특히 여성의 의상이 똑같으며 유행이 어디에나 퍼져 있다는 것은 영국의 경제공간이 통일성을 가지게 되었다는 사실을 말해준다. 그러나 이외에도 그 사실을 말해주는 다른 근거들이 있다. 영국 전역에 은행이 퍼져간다는 것이 그 예이다. 최초의 토지은행*이 등장한 것은 1695년이었는데[303] 이 해에 이 은행의 은행권 총액이 5만5,000파운드 스털링에 불과했다는 점으로 볼 때 아직 소박한 수준에 머물렀다는 것이 사실이다. 그러나 이것은 의미심장한 출발이다. 크레딧은 일반적으로 마지막 단계에 등장한다. 다시 말해서 사전에 경제적 발전이 이루어져서 그 결과 크레딧이 가능하면서도 필요해야만 등장하는 법이다. 특히 점차 수가 늘어가는 토지은행들은 런던의 은행들, 1694년에 설립된 영국은행과 연결되어갔다. 크레딧의 차원에서 지방경제들의 통합화, 위성화가 일어났다.

런던이 응집력 있는 전국시장을 처음으로 발달시켰지만, 그다음에는 전국시장이 스스로 발전하고 성장했다고 보아야 하지 않을까? 이전 세기와 달리 18세기에는 지방의 매뉴팩처 중심지들 그리고 노예무역과 식민지 산물 교역을 수행하던 리버풀, 브리스틀, 글래스고 같은 항구들이 빠르게 성장했다.[304] 이것이 전반적인 번영을 더욱 촉진시켰다. 영국 제도 전체 중에서 잉글랜드는 긴밀한 조직을 갖춘 전국시장이 되었다. 유럽에서 이와 유사한 예를 다시 찾기 어려운 정도이다. 얼마 후에 잉글랜드가 가진 이 예외적

---

* landbank : 부동산을 기초로 하는 발권은행.

인 무게가 그레이트 브리튼 섬 전체를 내리눌렀고, 나머지 다른 지역들의 경제는 잉글랜드와의 관계 속에서 변형되어갔다.

잉글랜드가 어떻게 영국이 되었는가?*

잉글랜드 북부와 동부는 접근이 어려운 고지와 접경하고 있다. 그곳은 주로 목축업을 하는 빈한한 지역으로서 소수의 켈트족이 거주했던 곳이며 대개 잉글랜드 문화에 저항했다. 그와 같은 이웃을 두고 있다는 것이야말로 영국 제도의 가장 중요한 역사적 흐름 중의 하나였다. 이에 대한 대응으로는 최악의 방법인 무력에 의한 해결책이 쓰였다. 당연히 이곳에서는 경제보다는 정치가 우선했으며 경제적인 성공은 아주 한정된, 기껏해야 몇몇 점에 불과한 성공밖에 거두지 못했다. 예컨대 콘월 지방의 주석은 아주 일찍부터 런던 대상인들의 사업 대상이 되었다.305) 웨일스 지방은 1536년에 점령되었으나 이곳의 기축을 런던에 대량 수출하는 것은 1750년 이후에 가서야 뚜렷해졌으며306) 이곳의 경제가 완전히 변모한 것은 19세기에 잉글랜드인들이 중공업을 도입한 이후의 일이다. 그러나 쉽게 예상할 수 있듯이 가장 중요한 내부지역으로는 스코틀랜드―이곳의 사태는 예상하지 못했던 방향으로 나아갔다―와 아일랜드―잉글랜드가 언제나 근처에 두고 착취하는 식민지가 되었다―를 들 수 있다.

원칙적으로 스코틀랜드는 독자적인 위치를 유지하며 초보적인 정도로라도 결코 "변경화(marginalisation)"되지는 않았다. 이곳은 거의 잉글랜드의 절반 정도 되는 큰 규모의 가난한 산지로서, 통과가 힘든 경계지역이 이곳을 이웃과 구분하고 있었다. 강렬한 저항의 역사를 통해서 이 지역은 거부와 저

---

* 영국은 국명(國名)으로서, 잉글랜드, 스코틀랜드, 웨일스, 북아일랜드로 이루어진 나라를 가리킨다. 그중 잉글랜드, 스코틀랜드, 웨일스로 구성된 큰 섬이 그레이트 브리튼(Great Britain)이며, 그 동쪽의 섬(남쪽의 에이레 공화국과 북쪽의 북아일랜드로 이루어져 있다)이 아일랜드이다. 이 두 개의 큰 섬과 부속 도서들을 합쳐서 영국 제도라고 한다.

항의 태도를 견지했다. 심지어 1603년에 스코틀랜드의 제임스 4세가 엘리자베스의 사망 이후 제임스 1세로서 잉글랜드의 왕위를 이어받음으로써 잉글랜드와 스코틀랜드의 왕위가 한 사람의 군주에게 통합된 이후에도, 스코틀랜드는 정부와 의회를 따로 유지했다. 그 정부와 의회가 비록 상대적으로 약했다고는 해도 어쨌든 계속 존재했다는 점이 중요하다.[307] 마찬가지로 두 지역 사이에 변경과 세관이 계속 존재해서 스코틀랜드는 이것을 통해 자신에게 불리한 수입을 막을 수 있었고, 또 잉글랜드는 이를 이용해서 스코틀랜드의 가축과 아마포의 수입을 금지하는가 하면 에든버러, 글래스고, 던디 등지의 선원들이 잉글랜드의 식민지에 접근하는 것을 막을 수 있었다…….

17세기에 스코틀랜드는 가난한 나라였다. 어느 한 순간이라도 이 지역을 잉글랜드와 비교한다는 것이 우스꽝스러울 정도이다. 이 지역의 경제는 구태의연했고 농업은 전통적이어서 흉작 뒤에 살인적인 기근이 닥치는 일이 너무나도 흔했다(1695, 1696, 1698, 1699년이 그런 예들이다). "[이 당시에] 얼마나 많은 사람들이 죽었는지 모를 정도이다. 당대인들은 인구의 5분의 1, 4분의 1 혹은 지역에 따라서 3분의 1 이상이 죽었다고 이야기했다. 그런 지역에서는 주민들이 죽거나 도망을 쳤다."[308]

그렇지만 외국과의 무역을 통해서 많은 항구들이 활기를 띤 것도 사실이다. 에든버러의 외항인 리스를 비롯해서 애버딘, 던디, 글래스고 그리고 그외에도 수많은 소항구들이 있어서 이곳에서 소형 배들이 노르웨이, 스웨덴, 그단스크, 로테르담, 페이러, 루앙, 라 로셸, 보르도, 때로는 포르투갈과 스페인에 이르는 다양한 지역들로 항해했다. 과감한 항해를 하는 경우에는 외레순 해협을 넘어 발트 해로 들어갔다가 겨울에 바다가 얼기 전에 서쪽으로 이 해협을 다시 넘어오기도 했다. 스코틀랜드의 선원과 상인들은 때로 항해를 중단하고 외국에 정착하기도 했다. 이 사람들은 '스코타르(skottar)'라고 부르던 초라한 행색의 등짐장수가 되기도 하고 때로는 스톡홀름, 바르샤바, 레겐스부르크 등지에서 번영을 누리는 부르주아로서 큰돈을 벌기도 했다.309) 로랜즈의 해안도시들이 상업활동으로 활기를 띠었는데 이 소규모 해상활동은 끊임없이 증가했다. 에든버러와 글래스고 상인들은 그들의 자본이 영세함에도 불구하고 사업을 벌이고 있었다(이곳 상인들이 모두 [외지인 상인들이 아니라/역주] 그 지방 출신이었다는 것은 상업활동이 건전하다는 표시로 받아들일 수 있을 것이다). 1694년에 스코틀랜드-아프리카 회사를 창립하려고 했던 것도 이렇게 설명이 가능하다. 그러나 이 회사는 런던, 함부르크, 암스테르담에서 자본을 모으려고 했으나 뜻을 이루지 못해 결국 실패하고 말았다.310) 1699년에 다리엔 해협* 연안에 스코틀랜드 식민지를 이식하려고 한 시도 역시 실패로 끝났다. 잉글랜드는 이런 일들을 도와주기는커녕 흐뭇한 마음으로 그 실패를 지켜보았다.311) 스코틀랜드에서는 이 실패가 전국가적인 애도를 불러왔다.

1707년에 에든버러 의회에서 3-5표 정도의 차이로 스코틀랜드가 영국과의 합병을 의결한 데에는 아마도 잉글랜드와 아메리카의 시장을 개방시키려는 희망도 함께 작용했을 것이다. 이 계산은—실제로 그런 계산을 했다면—틀린 것이 아니었다. 크리스토퍼 스머트가 잘 보여준 것처럼, 스코틀랜드의 정치적인 종속성이 증가한다고 해서 이것이 곧 경제적인 예속이나 "변방화"를 가져온 것은 아니었다. 우선 영국의 한 주처럼 됨으로써 영국이 해외에서 누리던 상업적 특권들을 함께 누릴 수 있었고 이것을 스코틀랜드 상인들이 기회로 삼아 이용했다. 다른 한편 스코틀랜드가 소유하던 것들 중에 잉글랜드에 빼앗길 만한 것은 하나도 없었다. 그렇지만 기대했던 번영과 경제적 도약이 곧 일어나지는 않았다. 북부 아메리카, 앤틸리스 제도, 인도—이곳에 수많은 스코틀랜드인들이 몰려와서 큰 부를 획득함으로써 잉글랜드인들을 화나게 만들었다—등지로 구성된 "제국"에서 상업적인 가능성을 이용할 수 있기까지는 시간이 필요했다. 수출과 산업활동이 본격적으로 발달

---

* Darien : 카리브 해에 있는, 파나마와 콜롬비아 사이의 해협.

한 것은 18세기와 19세기 전반에 약진이 이루어진 때의 일이다. 그러나 일단 성공하자 그것은 아주 명백해졌다. 우선 가축 상업이 크게 발달했다. 잉글랜드 해군에 대한 보급 때문에 1740년부터 1790년까지 동안 생산가격이 300퍼센트나 상승했다. 그리고 양모의 수출도 증가했는데 이 역시 가격상승의 이익을 보았다. 이에 따른 당연한 변화로 노동보다 토지의 가치가 상승했고 농경과 경작지의 감소를 가져올 정도로 목축이 팽창했다. 그 결과가 반드시 이롭지만은 않았다. 마침내 1760년 이후 스코틀랜드는 독창적이면서도 활기찬 방식으로 잉글랜드의 산업변화에 연결되었다. 아마포 매뉴팩처, 이후 시기에는 면직물 매뉴팩처가 발달하고—여기에는 스코틀랜드의 발달한 은행체제가 중요한 공헌을 했는데 잉글랜드 사람들은 이것이 자신들의 은행체제보다 더 낫다고 생각했다—도시가 팽창한 것은 마침내 농업에 대해서도 충분히 큰 수요를 불러일으켜서 비록 늦기는 했지만 효율적인 변화가 일어났다. 계몽의 세기 동안 인기 있는 단어였던 "진보(Progress)"라는 말이 스코틀랜드의 슬로건이 되었다. "이 사회의 모든 계급들은 더 부유한 사회로 상승하도록 만들어줄 그 활기찬 힘을 의식하고 있었다."312)

　　스코틀랜드의 이륙(take-off)은 의심의 여지가 없었다. 1800년경에 한 작가는 썼다. "만일 스코틀랜드가 번영하지 않았다면 글래스고는 실제로 그랬던 것만큼 그렇게 크게 성장하지는 못했을 것이고, 에든버러의 크기가 30년만에 두 배로 커지는 일도 없었을 것이며, 지금 외국노동자만 1만 명 가까이 고용해서 완전히 새로운 도시를 건설하는 일도 없었을 것이다."313) 이런 발전은 우리가 곧 보게 될 아일랜드의 경우와는 달리 순전히 상황들이 맞아떨어졌기 때문일까? 상인의 주도와 그들의 경험 때문일까? 혹은 스머트가 강조한 것처럼 적어도 로랜즈에서만이라도 인구증가가 그다지 크지 않아서 오늘날 많은 저개발국가들에서 볼 수 있는 바와 같이 인구증가가 경제성장의 수익을 모두 앗아가는 일이 일어나지 않았기 때문일까? 아마도 이 모든 일이 어느 정도 동시에 일어난 결과라고 보아야 할 것이다. 그러나 스코틀랜드는 아일랜드와는 달리, 마음속 깊은 곳에서부터 잉글랜드에 적대적이지는 않았다는 것이 중요하지 않을까? 스코틀랜드 전체가 켈트족은 아니라는 점, 가장 부유한 지역인 글래스고로부터 에든버러 사이의 로랜즈에서는 정확한 이유는 모르지만 오래 전부터 영어를 사용했다는 점도 고려해야 한다. 잉글랜드인이 이곳에 오면 그다지 낯설지는 않았을 것이다. 이와 달리 하일랜즈에서는 웨일스어를 사용했다(심지어 최북단의 일부 지역에는 노르웨이어 사투리가 남아 있는 곳까지 있다). 그러므로 스코틀랜드의 경제성장은 저지대와 고지대 사이의 차이를 더욱 심화시켰음에 틀림없다. 따라서 갈수록 부유해지는 잉글랜드와 상대적으로 빈곤해지는 스코틀랜드 사이를 나누던 17세기의 경계선은 이제 로랜즈와 하일랜즈 사이의 경계선으로 이동했다.

아일랜드의 사정은 사뭇 다르다. 12세기에 잉글랜드인들이 페일*에 정착한 것은[314) 훗날 아메리카 식민지에 정착한 것과 비슷한 일이다. 잉글랜드인들에게 아일랜드 원주민은 그들의 적으로서 경멸과 동시에 공포의 대상이었다. 이로부터 몰이해, 적개심, 공포심 등이 발생했다. 그것이 어떤 결과를 가져왔는지에 대해서는 영국인 역사가들이 솔직하고 명백하게 기술했으므로 우리가 더 이상 손볼 필요도 없을 정도이다.[315) 그 역사가들 중의 한 명이 말한 바와 같이 "아일랜드인들은 노예로 팔려간 흑인들과 마찬가지로, 영국에게 세계의 패권을 잡게 해준 체제의 가장 큰 피해자였다."[316)

그러나 여기에서 우리가 관심을 두려는 것은 얼스터의 식민화라든지 더블린에 세워진 이른바 "코메디" 같은 아일랜드 정부(이 허구적인 장치는 1801년에 아일랜드 의회와 잉글랜드 의회가 연합함으로써 해체되었다) 같은 것이 아니라, 아일랜드가 잉글랜드의 시장에 종속된 사실이다. 이것이야말로 완전한 종속으로서 아일랜드와의 교역이 "18세기 내내 영국의 해외교역 중 가장 중요한 부문"이 되도록 만들었다.[317) 조직적인 착취는 프로테스탄트 종

---

* Pale : 중세 이후 영국의 통치하에 들어간 아일랜드 동부지방.

교를 가진 잉글랜드령 아일랜드 지역으로부터 시작되었다. 이곳에서 아일랜드 토지의 4분의 3이 잉글랜드인들의 수중에 들어갔다. 매년 아일랜드의 농촌에서 벌어들이는 400만 파운드의 소득 중에서 80만 파운드가 부재 지주에게로 돌아갔다. 18세기가 끝나기 이전에 이 수치는 100만 파운드로 상승했다. 이런 조건 속에서 아일랜드의 농촌은 빈곤 속에 빠질 수밖에 없었으며 더군다나 인구증가 때문에 상황이 더욱 악화되었다.

아일랜드는 "주변부" 국가로 전락했다. 이 나라에서는 루시우 데 아제베두가 브라질 경제에 대해서 이야기한 의미로서의[318] "사이클들(cycles)"이 시작되었다. 아일랜드 전체가 숲으로 덮여 있던 1600년경에 이 나라는 잉글랜드에 대한 목재 공급지가 되었고 동시에 이 삼림자원을 이용해서 제철업이 발달했으나 이것 역시 지배국인 잉글랜드에게만 유리했다. 이것은 100년 뒤에 숲이 완전히 바닥났을 때 고사하고 말았다. 그러자 잉글랜드 도시들의 증가하는 수요에 맞추어 아일랜드는 목축업에 전문화하여 염장 쇠고기와 돼지고기, 통에 담은 버터 등을 수출했다. 지금까지 잉글랜드는 웨일스와 스코틀랜드로부터 식량을 조달받았으나 이곳들로부터의 수입이 막혔기 때문이다. 이 거대한 규모의 수출을 주로 담당한 항구는 아일랜드 남부에 있는 코크였다. 이곳은 잉글랜드 거주민들만이 아니라 잉글랜드의 선박들, 동인도 제도의 사탕수수 재배 섬들 그리고 프랑스를 비롯한 서유럽 국가들의 선박들에 대해서도 동시에 식량보급을 담당했다. 1783년의 경우 코크에서는 "10, 11, 12월 동안 지속되는" 시기에 거의 5만 마리의 소들을 도륙했고 여기에 더해서 거의 같은 수의 "돼지들을 봄에 도륙했다." 그 외에도 다른 도축장들에서 나오는 육류가 따로 있었다.[319] 유럽의 상인들은 이 시즌이 끝날 무렵에 염장육류 한 통의 가격과 베이컨, 라드, 버터, 치즈 등의 캥탈당 가격이 얼마가 될지에 대해서 신경을 곤두세웠다. 클로인*의 한 주교는 매년 아

---

* Cloyne : 코크 남동쪽에 있는 작은 마을. 옛날에는 주교 관할구였다.

일랜드에서 얼마나 많은 양의 쇠고기, 돼지고기, 버터, 치즈가 수출되는지를 열거한 다음 "먹을 것이 그렇게 풍부한 나라의 주민들 중에 절반이 굶어 죽는다는 것을 외국인이 어떻게 납득할 수 있겠는가"라고 자문하고 있다.[320] 사실 이 식량은 결코 국내의 주민이 소비하지 않았다. 이것은 폴란드의 농민이 자신들이 생산한 밀을 먹지 못하는 것과 같은 일이다.

이 세기 말에 아일랜드의 염장육류 수출은 아르한겔스크를 통한 러시아의 수출, 더 나아가서 아메리카 식민지의 수출과 경쟁하게 되었다. 그렇게 되자 밀 "사이클"이 시작되었다. 1789년 11월 24일에 프랑스의 영사는 더블린에서 이런 편지를 썼다. "내가 면담할 수 있었던 사람들 중에 가장 총명한 이들은……육류의 수출이 아일랜드에 손해라고 보고 있었으나 이들은 이에 낙담하지 않았다. 오히려 대지주들이 자신들의 이해관계에 따라 지금까지 주로 행해오던 토지 이용 방식을 바꿀 수밖에 없을 것이며, 그리하여 지력이 좋은 거대한 땅을 가축을 치는 데에만 사용하던 것을 포기하고 곡물경작으로 돌리게 되면, 디 많은 사람들에게 일자리와 양식을 제공하리라고 기쁘게 생각한다. 이 혁명은 이미 시작되었고 **믿기지 않을 정도로 빠르게 진행되고 있다.** 이전에는 잉글랜드로부터 밀을 수입해서 이것을 더블린─**이곳만이 이 나라에서 유일하게 밀을 소비하는 지역이었다**─에서만 소비했던 아일랜드는 수년 전부터 상당한 양의 밀을 잉글랜드로 수출하고 있다."[321] 예전에는 곡물 수출국이었던 잉글랜드가 인구증가와 산업혁명의 시작과 함께 곡물 수입국이 되었다는 것은 주지의 사실이다. 아일랜드에서 밀 사이클은 1846년에 곡물법(Com Laws)이 폐지될 때까지 계속되었다. 그러나 초기의 곡물 수출은 17세기의 폴란드 상황을 상기시키는 일종의 묘기와 같았다. 앞에서 언급한 프랑스 영사는 계속해서 이렇게 설명한다. "아일랜드인들이 [1789년에 밀을] 수출할 수 있었던 것은 이 나라 국민 거의 대부분이 밀을 먹지 않기 때문에 가능했다. 이 나라에서 수출되는 것은 잉여가 아니라 다른 나라 같으면 필수품이라고 부를 것이다. 이 섬 주민들 4분의 3은 감자에 만족하고 북부지방에서는 귀리죽으로 만족한다. 이곳 사람들은 귀리로 갈레트 빵을 만들거나 죽을 만든다. 따라서 결핍에 익숙한 한 가난한 민족이 그보다 훨씬 자연조건이 유리한 다른 민족[잉글랜드]을 먹여 살리고 있는 것이다."322) 연어잡이, 수익성 좋은 고래잡이, 이 세기 중반에 매뉴팩처 방식이 시작되었던 아마포의 수출 등도 함께 고려하여 이 나라의 무역통계를 살펴보면, 1787년의 경우 아일랜드가 100만 파운드의 흑자를 낸 것을 알 수 있다. 그런데 이 흑자액수는 앵글로-색슨계 지주에게 지불하는 연평균 지대와 같은 액수이다.

스코틀랜드나 아일랜드에 아메리카 독립전쟁은 좋은 기회를 제공했다. 런던 정부는 많은 약속을 남발하고 1779년 12월과 1780년 2월에 그동안 아일랜드의 상업을 억압해왔던 상당수의 제약과 금지들을 없앴다. 그리하여 영국 국왕에게 충성하는 아일랜드인들은 북아메리카, 동인도, 아프리카와 직접 관계를 맺을 수 있게 되었고 레반트 회사에 입사할 수도 있게 되었다.323) 이 소식이 파리에 전해지자 사람들은 "아일랜드에 혁명이 일어났다"고 소리쳤다. 영국 국왕은 "지금보다도 훨씬 더 강력해질 것이며……프랑스가 만일 그 엄청난 세력의 집결을 빨리 막지 못한다면 [이런 것들의] 희생자가 될 것이 분명하다. 이것을 막는 데에는 한 가지 길이 있다. 아일랜드에 새로운 국왕을 추대하는 것이다."324)

아일랜드는 이러한 특권을 이용해서 이익을 보았다. 인구의 4분의 1 정도가 참여했던 것으로 보이는 아마포 산업은 더욱더 발달했다. 1783년 11월 26일에 「가제트 드 프랑스」 신문은 벨파스트로부터 아메리카와 인도 지역으로 수출한 직포가 1만1,649필이며 그 길이를 합치면 31만672베르주(verge)에 달한다고 주장했고, 물론 과장이지만 "곧 아일랜드의 코크와 워터퍼드가 리버풀이나 브리스틀보다 더 큰 교역을 하게 될 것"이라고 보도했다. 1785년에325) 소(小) 피트는 현명하게도 아일랜드를 경제적으로 완전히 해방시키자는 제안까지 했으나 하원의 반대가 드셌고 그러자 관례대로 총리는 자기의 주장을 고집하지 않았다.

이때 기회를 상실한 셈이다. 왜냐하면 바로 얼마 있지 않아서 프랑스 혁명이 일어났고 이와 함께 아일랜드 섬에서 군사행동이 전개되자 이곳에서 새로운 드라마가 펼쳐졌기 때문이다. 모든 것이 새로 시작되었다. 비달 드 라블라슈의 말처럼,326) 잉글랜드에서 벗어나기에는 너무 가깝고 완전히 동화되기에는 너무 컸던 아일랜드는 지정학적인 희생물이었다. 1824년에 더블린과 리버풀 사이에 최초로 증기선 노선이 개설되었고 조만간 42척의 배가 여기에 투입되었다. 이에 대해서 1834년에 한 사람은 이렇게 이야기했다. "옛날에 리버풀에서 더블린으로 가는 데에는 평균 1주일이 걸렸으나 오늘날에는 몇 시간이면 충분하다."327) 이 때문에 아일랜드는 그 어느 때보다도 잉글랜드에 가까워졌고 결국 지배당하게 되었다.

결론적으로 우리의 논쟁으로 되돌아오면 영국 제도의 시장은 잉글랜드 시장에서 유래했고 아주 오래 전부터 만들어져왔으나 이것이 분명하고 명확하게 완성된 것은 아메리카 독립전쟁 이후부터이다. 이런 관점에서 보면 아메리카 독립전쟁은 분명히 가속화의 계기이며 전환점이다. 이것은 우리가 이전에 내렸던 결론과 일치한다. 즉, 영국은 1780-1785년경에 유럽 세계-경제의 확실한 맹주가 된 것이다. 잉글랜드 시장은 이제 동시에 세 가지를 완수했다. 자기 자신에 대한 지배, 영국 제도의 시장에 대한 지배 그리고 세계시장에 대한 지배가 그것이다.

영국의 위대함과 공채

1750년 이후부터 유럽은 원기왕성한 시대에 돌입했다. 영국도 예외는 아니다. 영국이 성장하고 있다는 분명한 표시들이 많은데 그중에서 어느 것이 중요할까? 상업의 계서화일까? 예외적으로 높은 물가수준(물가가 올랐다는 것은 나쁜 면들도 있으나 "외국의 생산물"을 영국으로 끌어들이고 국내수요를 끊임없이 증대시키는 장점도 있었다)일까? 주민들의 1인당 소득수준(이 나라의 1인당 소득은 부유한 소국인 네덜란드에만 뒤처졌다)일까? 아니면 교역량일까? 물론 이 모든 것들이 다 중요한 요소들이다. 그러나 당시에 누구도 예견하지 못했던 가운데 영국이 산업혁명을 성취하게 된 힘은 단지 이처럼 팽창하는 영국 시장의 상승 또는 조직화에만 있었던 것도 아니고 또 물질적 풍성함에 있었던 것도 아니다(사실 활기 넘치던 18세기에는 영국만이 아니라 유럽 전역이 풍성함을 누렸다). 그것은 영국이 스스로 인식하지도 못한 채 근대적인 해결책들을 취하도록 만든 일련의 기회들이었다고 보아야 한다. 파운드 스털링 화라는 근대적인 화폐, 근대적인 방향으로 형성되고 변형되던 은행제도, 그리고 장기채 또는 영구채라는 안정성 속에 닻을 내린 공채―경험적으로 만들어진 가장 효율적인 걸작품―등이 그런 예들이다. 이 마지막 것은 되돌아보건대 영국의 경제가 건강하다는 최고의 표시였다. 이른바 영국의 재정혁명으로부터 탄생한 이 솜씨 좋은 체제는 영구히 지불되는 공채이자를 규칙적으로 지불했다. 이자지불을 한 번도 거르지 않았다는 것은 파운드 스털링 화의 가치를 계속 유지한 것만큼이나 특출한 묘기에 속한다.

더구나 영국인들 거의 대부분이 이 제도에 적대적일 만큼 여론이 아주 나빴다는 점을 볼 때 이 묘기는 더욱 기특한 것이다. 물론 영국정부는 1688년 이전에도 국채를 발행했다. 그러나 이때는 단기간의 것으로서 아주 높은 이자를 불규칙적으로 지불해야 했다. 또한 그 상환은 더더욱 불규칙적으로 이루어졌으며 그것도 대개는 다른 부채를 얻어와서 이전 부채를 갚는 방식이었다. 간단히 말해서 이전의 국채는 그렇게 훌륭한 것이 아니었다. 특히 1672년 이후가 그랬으며 찰스 2세는 지불유예를 선언해서 은행가들에게서 빌린 돈을 제때에 갚지 않은 것은 물론이고 심지어는 이자도 지불하지 않았다(이 모든 것은 소송으로 이어졌다). 명예혁명이 일어나고 오라녜 가문의 윌리엄 3세가 왕위에 오른 이후 영국 정부가 다시 거액의 대부를 받지 않을 수 없게 되었을 때 대부자들을 안심시키기 위해서 장기 대부(심지어는 **영구[perpetual] 대부**라는 말도 사용했다) 방식을 취했고, 이 이자의 지급만을 위한 조세수입원을 명시했다. 이 결정은 현재의 시점에서 과거를 회상해볼 때에는 놀라울 정도로 공정하고 적확한 재정 정책의 시작으로 보이지만, 실제로는 온갖 파란과 논쟁의 소용돌이 한가운데에서 그리고 당시에 일어난 여러 사건들의 압박을 받는 가운데에서 급조된 것이다. 여기에서는 모든 해결책들을 차례로 시도해보았다. 톤티식 연금(tontine),* 종신연금(life annuity), 복권식 공채(lottery), 심지어는 1694년에 영국 은행을 설립한 후 자본을 전액 정부에 대출하는 방식도 시도했다.

그러나 영국의 대중이 보기에는 유감스럽게도 이 모든 신안들은 사기 행위(jobbing), 주식투기, 더 나아가서 오라녜 가문의 윌리엄이 네덜란드에서 영국으로 가지고 들어온 외국 관행들로 비쳤다. 조너선 스위프트가 1713년에 쓴 바에 의하면, 사람들은 "자신의 출신 국가에서 정책을 가지고 들어온 국왕이 지나치게 애용하는, 정부 내의 새로운 견해들"에 경계를 멈추지 않았다. "빚을 지는 것은 공공의 이익이 된다"는 네덜란드의 개념은 네덜란드에는 맞는 이야기일지 모르지만 사회와 정책이 달랐던 영국에는 맞지 않았다.328) 다른 비판들은 한 걸음 더 나갔다. 정부는 이런 대부행위로 여기에 참여한 사람들의 지지를 얻고자 한 것이 아닌가? 아니면 이 대부의 성공을 보장해줄 회사들의 지지를 확보하고자 한 것이 아닌가? 그리고 합법적인 이자율보다 더 높은 이자를 보장함으로써 쉽게 투자를 이끌어낼 수는 있겠지만, 그것은 확대일로에 있는 상업활동을 비롯하여 영국 경제 일반에 활력을 불어넣었던 자연스러운 크레딧과 심각한 경쟁을 하지는 않겠는가? 1720년부터 디포 자신도 "거품, 주식투기……복표, 공채, 연금, 해군 증권이나 기타 공채의 매매, 재무성 증권의 유통 같은 것이 없던" 그 시절—왕국 내의 모든

---

* 17세기에 이탈리아의 은행가 로렌초 톤티가 창안한 특수연금. 대중의 소구좌 출자로 거액을 형성하는 방식이다. 출자자들은 연금별로 몇 개의 집단으로 나뉘어 매년 집단별로 일정한 금액을 지불하고 이는 생존자들이 나누어 가진다. 같은 집단 내에 죽는 사람이 많을수록 생존자가 가지는 액수가 커지며, 특히 마지막 생존자는 모든 연금을 다 차지한다. 최후의 생존자가 사망하면 연금 지급이 정지된다. 프랑스의 경우 마자랭이 이 방식을 지지하여 국왕의 재가까지 얻었으나 최종적으로 무산되었다. 그후 재정난에 허덕이던 루이 14세가 1689년에 제1회 국영 톤티식 연금을 실시했고 그후 약 1세기 동안 정부, 개인, 교회 등지에서 이 방식을 남용했다.

돈이 거대한 상업의 강으로 흘러들어갈 뿐, 옆길로 새지 않던 시절—을 그리워했다.329) 국민들에게 너무 과중한 세 부담을 지우지 않기 위해서 국가가 돈을 빌려 쓴다는 주장은 얼마나 웃기는 이야기인가! 새로운 대부는 이 자지불을 위한 소득원으로서 새로운 조세를 만들게 하기 때문이다.

마침내 많은 영국인들은 엄청나게 불어난 대부액수에 경악을 금하지 못했다. 영국민을 실망시키고 자존심을 상하게 만든 아헨 조약이 맺어진 직후인 1748년에 이성적인 한 영국인은 국가의 부채가 8,000만 파운드에 달한 것을 보고 개탄해 마지않았다.330) 그의 설명에 의하면 이 수준은 "마지막 최고점이며 만일 여기에서 한 걸음만 더 나간다면 전국적인 파산이 일어날 것이다." 그것은 "낭떠러지로 가는 길이고 멸망으로 가는 길이다." 또 1750년경에 데이비드 흄은 이렇게 말한 바 있다. "다음에 무슨 일이 일어날 것인지 알기 위해서 마법사가 될 필요도 없다. 그것은 아마도 다음 두 가지 재난 중 한 가지가 될 것이다. 국가가 공공신용을 파괴하든지, 혹은 공공신용이 국가를 파괴하든지……."331) 7년전쟁 직후 노섬벌랜드 경은 컴벌랜드 공작에게 영국은 "하루하루 연명해가는 반면 프랑스는 재정을 회복하고 부채를 갚아나가며 함대를 재건해가는 상황"에 대해서 깊은 우려를 표시했다. 만일 "프랑스가 우리를 공격할 생각만 있다면" 무슨 일이 일어날지 모를 지경이라는 것이다.332)

한 외국인 역시 그가 보기에는 믿어지지 않을 정도로 많은 영국의 국채액수에 놀라움을 감추지 못했다. 그 역시 영국 내의 비판에 동조하여 같은 주장을 되풀이했다. 그리고 때로는 그가 잘 이해하지 못한 이 과정이 영국의 약점을 분명히 드러낸다고 조롱했으며 이 안이한 맹목적 정책이 이 나라를 파탄에 이르게 하리라고 보았다. 세비야에 오래 머물렀던 프랑스인인 기사 뒤부셰는 플뢰리 추기경에게 보낸 장문의 비망록(1739)에서 영국은 6,000만 파운드의 빚더미에 앉아 있다고 보고했다. "우리는 이 나라의 재원이 어느 정도인지 또 부채가 어느 정도인지 알고 있는데 이 나라는 결코 그 부채를 갚을 능력이 없다."[333] 이런 조건에서 전쟁이 일어난다면 이 나라에는 치명타가 될 것이다. 이상의 것들이 이른바 정치 전문가들의 붓끝에서 끊임없이 흘러나오는 오해들이다. 네덜란드 출신인 아카리아스 드 세리오네가 1771년에 빈에서 출판한 『영국의 부(*La Richesse de l'Angleterre*)』라는 책에서 이 나라의 부는 높은 물가, 조세의 증가, 엄청난 액수의 부채, 게다가 인구감소 등으로 위협받고 있다고 보는 식의 비관주의도 같은 내용이다. 또 1778년 6월 30일 자의 「제네바 신문(*Journal de Genève*)」에 나오는 조롱조의 언급을 보라. "영국의 국채를 갚으려면 1분에 1기니씩 갚는다고 해도 272년 9개월 1주일 1일 15분이 걸린다는 계산이 나온다. 영국의 국채는 1억4,140만5,855 기니일 것으로 추산된다." 그렇지만 전쟁이 일어나자 마치 관찰자들과 전문가들을 비웃기라도 하듯이 부채액수가 더욱 커졌다. 1824년에 뒤프렌 드 생 레옹은 "유럽의 공채 액수를 모두 합하면 원금이……380억-400억 프랑에 달하는데, 그중 영국이 4분의 3 이상을 차지한다"고 계산했다.[334] 영국의 국채발행 정책에 대해서 다른 사람들과 마찬가지로 대단히 비판적이었던 장-바티스트 세는 거의 비슷한 시기(1829)에 프랑스의 부채액수가 "지나치게 높다"고 하지만 그래도 그 액수는 "겨우 40억 정도였다"고 말했다.[335] 성공은 실패보다 더 큰 비용이 드는 것일까?

그러나 이 합리적인 관찰자들이 결국은 틀렸다. 공채는 영국이 승리한 중요한 요인이었다. 이것은 영국에게 가장 필요한 순간에 거액의 자금을 확보해주었다. 이사크 데 핀토는 이 점을 명백하게 이야기했다(1771). "[국채] 이자를 꼼꼼히 그리고 거르지 않고 정확히 지불한다는 것, 또 의회가 보증을 선다는 것이 영국의 크레딧을 만들었고, 결국은 유럽을 경악시킨 국채발행 정책을 수행하도록 했다."[336] 그가 보기에 영국이 7년전쟁(1756-1763)에서 승리를 거둔 것도 이 때문이다. 이에 비해서 프랑스의 약점은 크레딧이 제대로 조직되지 않았다는 것이다. 토머스 모티머 역시 영국의 공공크레딧이 "이 나라 정치의 항구적인 기적이며 유럽 국가들의 경악과 우려를 불러일으킨 것"으로 보고 있다(1769).337) 이보다 30여 년 전에 조지 버클리는 이것이 "영국이 프랑스에 대해서 누리는 중요한 우위"라고 했다.338) 이처럼 극소수의 사람들만이 사태를 명확히 보고 있었으며 표면적으로는 위험해 보이는 이 게임이 영국의 활력을 효율적으로 동원하는 가공스러운 무기라는 점을 이해하고 있었다.

모든 사람이 이것을 명백한 것으로 받아들인 것은 18세기 말의 20-30년간이다. 이때 소(小) 피트는 하원에서 "우리 나라의 활력과 더 나아가서 독립까지도 국채에 근거한다"고 확언했다.339) 1774년에 작성된 한 각서에는 "상업, 공업 그리고 단지 종이 위에서만 존재하는 크레딧이 없었다면 그 자체로서는 약한 나라인 영국이 거의 모든 유럽지역에 대해 지배권을 행사하는 일은 없었을 것"이라고 쓰여 있다.340) 이것은 "인공적인 부"의 승리이다. 그러나 이 인공물이야말로 인간이 만든 걸작이다. 1782년 4월에 아주 어려운 처지에 놓인 영국 정부가―프랑스와 그의 동맹국 그리고 다른 유럽 국가들은 영국이 거의 해결책이 없는 난제에 봉착했다고 보았다―300만 파운드의 공채를 요구하자 500만 파운드가 모였다! 영국 재계의 네댓 개 대기업에 말만 한마디하면 되었던 것이다.341) 파리 주재 베네치아 대사인 안드레아 돌핀은 당시 영국이 벌이던 전쟁에 대해서 그의 친구인 안드레아 트론에게 언제나 그렇듯이 매우 명백한 어조로 이렇게 이야기했다. "이것은 새로운 트로이의 포위로 시작되었지만 지브롤터 포위로 끝날 것이다. 많은 지역에서 많은 적들과 대치하고 있는 영국이 불굴의 저항을 하는 것은 찬탄할 만한 일이다. 이제는 이 나라를 쓰러뜨리는 계획이 무망하다는 것을 인정하고 차라리 약간의 희생을 감수하고서라도 평화를 구하는 편이 낫다는 것을 인식해야 할 때이다."342) 영국의 힘과 불굴성에 대해서 이 이상의 찬사가 또 있겠는가!

베르사유 조약(1783)부터 이든 조약(1786)까지

1783년의 사태만큼 영국의 국력을 잘 보여주는 것은 없다. 베르사유 조약

(1783년 9월 3일)의 치욕에도 불구하고, 그리고 프랑스의 만족과 허장성세에도 불구하고 더 강한 힘을 보여준 것은 결국 영국이다. 더 나아가서 영국이 더 현명한 정책과 경제적 우월성을 보여주었다. 미셸 베니에가 말한 것처럼 영국은 전쟁에서 졌지만 평화에서 승리했다. 사실 모든 좋은 카드를 수중에 쥔 영국이 이길 수밖에 없었다.

세계 지배를 놓고 다투는 결투가 프랑스와 영국 사이에서만 벌어졌던 것이 아니라, 영국과 네덜란드 사이에서도 벌어졌기 때문이다. 그런데 네덜란드는 제4차 영란전쟁 때문에 문자 그대로 알맹이를 다 빼앗겼던 것이다.

또다른 이유는 세계 지배의 후보자였던 프랑스가 1783년 이후로 탈락했기 때문이다. 이 점은 그로부터 3년 후에 맺어진 이든 조약에서 찾아볼 수 있다.

이 조약은 1786년 9월 26일에 프랑스와 영국 사이에 체결된 통상조약으로서 영국 측 대표(윌리엄 이든)의 이름을 따서 명명되었다. 문제는 이 조약에 관련된 내용이 불명확하다는 점이다. 영국의 내각보다도 프랑스 정부가 이 조약의 체결을 더욱 서두른 듯하다. 베르사유 조약의 제18조는 통상조약의 체결을 위해서 대표를 즉각 임명할 것을 규정하고 있었다. 그러나 영국 정부는 고의로 이 조항을 사문화시키려고 했다.[343] 프랑스 정부가 이것을 다시 끄집어낸 이유는 아마도 평화를 굳히기 위해서이기도 하고, 거기에 더해서 양국 간에 심각했던 밀수를 단속하기 위해서이기도 했을 것이다(거액에 이른 양국 간의 밀수는 밀수꾼들만 부자로 만들었을 뿐 물가를 내리지는 못했다). 양국의 세관은 거액의 관세수입을 놓친 셈인데, 이것은 아메리카 독립전쟁에 관계되어 거액의 자금을 쏟아부었던 두 나라로서는 아주 긴요한 금액이었다. 여기에서 프랑스가 선수를 친 것이다. 런던에 주재하는 러시아 예카테리나 여제의 대사인 이반 시몰린은 1785년 1월에 다음과 같이 썼다. 영국은 "그들에게 강요된 조건들을 받아들이지는 않을 것"이며 프랑스 대표로 런던에 파견된 조제프 렌발같이 "자기 눈으로 직접 보기 전에" 믿어버리는 사람들은 "실수할 것이다." 일단 조약이 체결되자 피트는 쓸데없는 허풍을 떨며 "1786년의 이 통상조약은 베르사유 조약에 대한 보복이라고 의회에서 공개적으로 말했다."[344] 불행히도 역사가들은 이것이 옳은지 아닌지 판단을 내리지 못하는 형편이다. 1786년의 조약은 영국과 프랑스 양국 경제의 비교를 위한 좋은 테스트는 아니다. 더구나 이 조약은 1787년 여름 이전까지는[345] 적용되지 않았으며 또 원래 12년간 계속 발효할 것으로 예정되어 있던 이 조약이 1793년에 국민공회에 의해서 파기되었기 때문에 더욱 그러하다. 그러므로 이 실험은 어떤 결론을 이끌어내기에는 너무 짧은 기간에만 지속되었던 것이다.

프랑스인 증인들—판사이면서 동시에 소송 당사자나 마찬가지였다—은 영국인들이 온갖 계략을 다 쓰고 있다고 주장한다. 영국인들은 프랑스 항구에 입항할 때면 그들이 가지고 들어오는 상품의 가격을 낮게 신고하고 프랑스 세관의 무경험, 혼란 그리고 부정을 이용해먹었다. 이런 일을 어찌나 잘했던지 프랑스 선박을 이용해서 영국산 석탄이 프랑스에 들어온 적은 한 번도 없는 것처럼 되어 있다.[346] 또 영국 상품이 프랑스 선박을 이용해서 나갈 경우 고액의 세금을 물렸다. 그 결과 "[런던의] 강에 들어와 있는, 프랑스에서 온 2-3척의 소형 브리크선*은 바닥짐만으로 되돌아가지 않기 위해서 애쓰다가 필요한 상품을 6주일 만에야 겨우 구했다."[347] 사실 이것은 영국의 오래된 관행이 아니었던가? 1765년에 사바리의 『사전』은 "다른 나라 사람들이 자국에 와서 호혜적인 상업관계를 트는 것을 방해하는 것"이 "영국 국민들의 특기"라고 말한 바 있다. "거액의 수출세와 수입세를 강제로 내야 되는 등 외국인이 영국에서 겪는 일들 그리고 흔히 입는 모욕 같은 것들이 이곳에서 연락망을 만들지 못하게 만든다."[348] 이든 조약이 체결된 이후 "피트 총리가 자신의 정치적 행동이 비도덕적이라고 스스로 생각하면서도 그 조

---

* brick : 두 대의 마스트를 가진 소형 범선.

약의 정신에 위배되게, 우리[프랑스] 포도주에 대한 수입관세 인하율과 같은 비율로 포르투갈 포도주에 대한 관세를 내린 것"*에 크게 놀랄 필요도 없었다. "우리가 우리 포도주를 마시게 된 것이 잘된 일일세!" 하고 한 프랑스인은 이것을 회고하며 이야기했다.349) 다른 한편, 프랑스의 투기업자들에 의해서 영국으로 저급 포도주들이 대량으로 수출되었는데350) 프랑스인들은 영국 고객들의 포도주 감식 능력을 너무 과소평가했던 것 같다.

어쨌든 1787년 5월 31일부터 조약의 내용이 적용됨으로써 프랑스의 항구들이 영국 선박에 대해서 개방되자 영국의 선박과 상품들—모직물, 면직물, 철제품, 심지어는 질그릇까지 대량으로—이 어마어마하게 밀려왔다는 것은 분명하다. 그 때문에 프랑스에서는 강한 저항이 일어났다. 특히 직물업이 발달한 노르망디와 피카르디 지역에서 저항이 심했는데 이곳에서는 1789년에 "통상조약의 개정"을 요구하는 청원서들이 많이 제기되었다. 가장 강한 항의는 유명한 『프랑스와 영국 사이의 조약에 관한 노르망디 상공회의소의 의견(*Observation de la Chambre de Commerce de Normandie Sur le Traité entre la France et l'Angleterre*)』(1788, 루앙)에서 볼 수 있다. 사실 조약의 발효 시기는 프랑스 산업이 위기에 빠진 때와 일치한다. 프랑스 산업은 루앙과 같은 일부 지역처럼 한창 근대화가 이루어지는 곳에서 발전하기도 했으나 전체적으로는 아직도 낡은 구조 속에 갇혀 있었다. 프랑스의 일부 인사들은 영국과의 경쟁이 필요한 변화를 가속화시킬 것이며 다르네탈이나 아르파종 같은 곳의 면방적처럼 이미 영국의 산업을 들여와 완성시켜가고 있던 움직임을 도와줄 것이라는 희망을 품기도 했다. 1787년 6월 26일에 런던에서 다라공은 이렇게 썼다. "나는 온갖 종류의 영국 노동자들이 프랑스에 정착하

---

* 1786년의 통상조약의 주요 내용으로, 영국은 프랑스산 포도주의 수입을 늘리기 위해서 이에 대한 수입관세를 내리기로 했다. 조약의 체결 후에 영국은 실제로 관세를 내리기는 했지만, 포르투갈과의 우호관계를 유지하기 위해서 포르투갈산 포도주에 대한 수입관세도 내렸기 때문에 프랑스 포도주의 수입 증가 효과는 전혀 없었다.

려고 하는 것을 즐거운 마음으로 지켜보고 있습니다. 이들을 격려하면 이들의 친구들 역시 따라올 것이 분명합니다. 그중 많은 사람들은 능력과 재주를 가지고 있을 것입니다."[351)]

그러나 프랑스 혁명 초기부터 새로운 어려움이 나타났다. 런던의 환율이 "발작적인 움직임"을 보인 것이다. 프랑스 자본의 유출 때문에 1789년 5월에 이미 8퍼센트나 환율이 떨어졌고 12월에는 이 비율이 13퍼센트에 이르렀으며[352)] 그다음 시기에도 사태는 호전되지 않았다. 이런 사태가 일시적으로는 영국에 대한 프랑스의 수출을 개선시킬 수도 있었으나 분명히 상업유통을 방해했다. 정확한 판단을 위해서는 여기에 통계수치가 필요하겠으나 그런 것은 없고 대신 회고록이나 탄원서 등을 이용할 수 있다. 그중에서 『1786년 영국과의 통상조약에 대한 회고록(*Mémoire sur le Traité de Commerce avec l'Angleterre en 1786*)』이 대표적인 것으로서[353)] 이것은 조약이 체결되고 나서 한참 지난 후인 1798년 이후에, 아마도 뒤퐁 드 느무르가 쓴 듯하다. 이 글은 그 통상조약이 성공적으로 될 수도 있었다고 이야기하고 있다(실제로는 조약이 성공적이지 못했다는 점을 은연중에 인정하는 셈이다). 수입상품에 대해서 10-12퍼센트의 관세를 물림으로써 "우리 제품들"을 효과적으로 보호했으며 더욱이 그들의 상품을 들여오기 위해서는 "영국인들은 최소 6퍼센트의 특별비용을 지불해야 했기 때문에 모두 18퍼센트에 달하는 선불비용이 든다.……" 이 18퍼센트의 차이는 영국의 수입품으로부터 프랑스의 산업을 보호할 충분한 장벽이 되었다. 한편 "고급" 직물에 대해서는 "스당, 아브빌, 엘뵈프 등지의 매뉴팩처로부터 최소한의 항의도 일어나지 않았다. 오히려 이 매뉴팩처들이 계속 번영한 것이 분명하다."[354)] 또 "베리 또는 카르카손에서와 같은 통상적인 모직물 제조업체"로부터도 역시 아무런 항의가 나오지 않았다. 다시 말해서 모직물 업계는 큰 손해 없이 경쟁을 잘 버텨나간 것이다. 그러나 면직물 업계는 사정이 달랐다. 그것을 이겨내기 위해서는 방적업의 기계화가 필요했다. 이것은 영국 출신으로서 당시 프랑스 매뉴팩처 총감독관이었던 "호커 시니어"의 의견이었다. "[영국인들처럼] 방적기계들을 만든다면 결국 우리도 그들만큼 실을 잘 만들 것이다." 간단히 말해서 영국과의 경쟁은 이미 진행 중이던 프랑스의 근대화에 필요한 자극을 줄 수도 있었다. 그러나 다시 강조하거니와 그렇게 되려면 경험이 계속 누적되어야 했다. 특히 영국인들이 최종적이고 가장 중요한 카드를 손에 쥐어서는 안 되었다. 다시 말해서 혁명과 나폴레옹 제국 기간에 영국이 전 세계 시장에 대한 독점권을 획득하는 일이 일어나서는 안 되었다.

이런 관점에서 보면 19세기 초반부터 프랑스의 경제가 뒤처진 데에는 프랑스 혁명과 나폴레옹 전쟁에 책임이 있다는 주장도 어느 정도 일리가 있다. 그러나 이든 조약 외에도 다른 많은 증거들은 1786년 이전에 벌써 게임이 끝나서 영국이 그때부터 이미 세계 식민제국을 소유했음을 입증한다. 이에 대한 판단은 런던 정부 측이 러시아, 스페인, 포르투갈, 미국에 어떤 통상조건들을 강요했는지를 살펴보는 것으로 충분하다. 그리고 베르사유 조약 이후 영국이 유럽의 적수들을 물리치고 신대륙의 옛 식민지들을 손쉽게 재정복함으로써 아메리카의 동맹국들에게 커다란 놀라움과 불만을 안겨준 과정이라든가, 1783년 이후 불리한 콩종크튀르의 거친 바다를 영국이 헤쳐나간 방식, 피트가 재정을 질서 있고 분별 있게 운영한 방식,355) 1785년에 차 밀수를 근절한 사실 그리고 그전 해에 동인도법(East India Bill)*을 통해서 영국령 동인도에서 더 정직한 정부가 탄생하도록 한 사실356) 등을 보라. 그리고 1789년 말에 필립스 제독이 지휘하는 소함대가 "영국 정부가 송출해버리기로 결정한 첫 죄수들을 보터니 만에 수송한" 때의 영국령 오스트레일리아의 초기 역사는 말할 것도 없다.357) 영국은 "아메리카로부터 군사적으로 폭리를 취할 수 있는 승리를 얻지는 못한 패배자이지만, 대신 시장을 확보하고

---

* 1784년 피트 총리 당시 반포한 인도 법을 가리키는 것 같다. 동인도회사가 인도 국내의 사태에 개입하지 못하고, 공격을 당한 것이 아닌 한 선전포고를 하지 못하며, 또 동인도회사의 이사들은 국왕이 파견한 감사에 대해서 책임을 지도록 한다는 내용이었다.

확장시켰다"는 로베르 베니에의 명제는 아주 정확하다. 영국은 복수의 욕구를 누르고 "도약과 경제적인 우월성"을 지켰다.[358]

이에 비해서 프랑스는 카리브디스와 스킬라*에게 걸리고 말았다. 콜베르와 루이 14세 시대에 이 나라는 네덜란드의 그물에서 헤어나지 못했다. 그런데 이제는 영국의 그물에 걸려든 것이다. 예전에 암스테르담을 통해서 그랬던 것처럼, 이제는 런던을 통해서만 드넓은 세계를 호흡할 수 있게 되었다. 물론 여기에는 이점과 편리함도 없지 않았다. 프랑스의 인도 교역은 이 식민지가 프랑스의 수중에서 영구히 떨어져나갔을 때 오히려 그 어느 때보다 수익성이 좋았다. 그러나 이런 이점은 단기적인 것에 불과했다.

통계는 문제를 잘 보여주지만 해결하지는 못한다

18-19세기 세계사의 핵심 문제인 영불 간의 경쟁에 대해서는 통계수치를 이용하면—또는 통계수치를 비교한다면—잘 조명해볼 수 있고 나아가서 그 문제를 해결할 수 있지 않을까? 여태까지 한 번도 이 방법을 진지하게 시도해본 적이 없었다가 드디어 1976년 프라토 역사학 대회에서 피터 마시어스와 패트릭 오브라이언이라는 두 영국인 역사가들이 이 방법을 시도한 결과를 발표했다.[359] 우리는 진실의 검증을 눈앞에 두고 있다. 그 결과는 우선 우리를 혼란스럽게 만들고 그러면서도 동시에 빛을 던져주지만, 어쨌든 분명히 불완전한 것이었다. 혼란스럽다는 것은 이 연구의 내용이 일관적으로 프랑스의 우위를 명백히 주장하고 있기 때문이다. 프라토에서 이 센세이셔널한 발표가 끝나고 난 후 있었던 토론에서 한 프랑스 역사가가 지적했듯이, 만일 이것이 사실이라면 세계경쟁에서 프랑스가 승리했어야만 하고 산업혁명도 프랑스에서 일어났어야만 하지 않겠는가! 그런데 사실은 전혀 그렇지 않다는 것은 누구나 알고 있다. 그러므로 왜 영국이 승리했는가 하는

---

* 그리스 신화에 나오는 불가항력적 괴물들. 통과하기 힘든 난관을 상징한다.

문제는 다른 각도에서 새로 제기된 셈이다. 그러나 그에 대한 답은 아직 구하지 못한 상태이다.

두 역사가가 제시한 1715-1810년의 영국과 프랑스 양국의 성장—그러나 이때의 성장은 **실물생산의 총량**에만 한정된 것이다—에 관한 그래프는 18세기에 프랑스의 경제성장이 영국의 경제성장보다 더 빨랐으며 프랑스의 생산액이 영국의 생산액보다 크다는 것을 분명히 보여주었다. 그야말로 지금까지의 정설을 뒤집은 것이다. 프랑스의 생산액은 1715년의 것을 100으로 할 때 1790-1791년에 210, 1803-1804년에 247, 1810년에 260으로 성장해갔다. 이에 비해서 영국의 경우에는 1715년에 100이었던 것이 1800년에 182로 성장한 것에 그쳤다. 그 차이는 상당히 크다고 하지 않을 수 없다. 물론 여기에서 영국의 수치는 두 가지 점에서 과소평가되었다는 점을 고려해야 한다. 첫째, **실물생산**에만 한정한 결과 용역(서비스) 부문을 제쳐놓았는데, 영국은 분명히 이 부문에서 프랑스보다 크게 앞서 있었을 것이다. 둘째, 프랑스는 뒤늦게 출발했기 때문에 성장률이 영국보다 더 높았을 가능성이 크다.

그러나 생산 총량을 리브르 투르누아 화나 핵토리터 등의 단위로 환산해보면 양국 간의 차이가 크다는 것을 다시 확인하게 된다. 생산 면에서 프랑스는 거인이었다. 이 거인이 승리를 하지는 못했지만(바로 이 점이 설명을 요하는 바이다) 어쨌든 거인은 거인이다. 18세기에 프랑스의 직물업이 세계 최대의 규모였다고 거듭 주장한360) 티호미르 마르코비치가 프랑스에 유리하도록 편향적으로 이야기한 것은 아니다.

또다른 방법으로 예산을 비교하는 작업이 가능하다. 1783년 4월 7일 자 「가제트 드 프랑스」 신문의 한 짤막한 기사는 유럽 여러 나라의 예산액을 제시하고 있다. 한 "정치계산 전문가"(우리는 그가 누구인지 조만간 밝힐 수는 없을 것 같다)는 용이한 비교를 위해서 수치를 모두 파운드 스털링 화로 표시했다. 여기에서 프랑스는 1,600만 파운드로 수위를 차지했고 영국은 1,500만 파운드로 바짝 뒤쫓아 2위를 차지했다. 만일 양국 간에 예산(즉, 조세 총액)과 국민총생산 사이에 유사한 상관관계가 존재한다면 국민총생산도 양국이 비슷한 수준이 될 것이다. 그러나 바로 이 조세압박의 정도가 양국에서 달랐다는 것이 앞에서 언급한 두 영국 역사가들의 주장이다. 이 당시에 국민총생산 중에 조세가 차지하는 비율은 영국이 22퍼센트였던 데에 비해 프랑스는 10센트였다. 만일 이 계산이 정확하다면—그리고 여러 면에서 이것이 정확할 가능성이 크다—영국의 조세수취의 정도는 프랑스에 비해 두 배나 된다. 그렇다면 이것은 역사가들이 일반적으로 제시했던 주장들, 즉 프랑스는 절대군주의 조세수취에 짓눌려 있는 나라였다는 주장과 정면으로 배치되는 내용이다. 그리고 이것을 보면 스페인 왕위 계승 전쟁이 한창 진행 중이던 이 세기 초(1708)에 프랑스의 한 보고서에서 드러난 내용이 사실과 부합된다는 것을 확인하게 된다. "영국에서 국민이 지불해야 하는 엄청난 액수의 보조금을 보면, 프랑스에서 살고 있는 것이 행운이라는 것을 알게 된다."[361] 이것은 너무 경솔한, 더구나 특권층의 입에서 나온 말이기는 하다. 사실 영국과 달리 프랑스의 납세자들은 영주와 교회가 자행하는 무거운 "사회적" 수취에 시달리고 있었다. 그리고 이 사회적인 조세가 국가재정으로부터의 탐욕을 사전에 억제한 요인이다.[362]

그렇다고 해도 프랑스의 국민총생산이 영국보다 두 배 이상 크다는 점은 여전히 남아 있는 문제이다(프랑스는 1억6,000만 파운드이고 영국은 6,800만 파운드이다). 아무리 이 계산이 대충 한 것이라고는 해도 차이가 워낙 크기 때문에, 영국의 수치에 아일랜드와 스코틀랜드의 국민총생산 액수를 더한다고 해도 그 차이를 메울 수가 없다. 이 비교에서 프랑스가 우위를 차지한 것은 프랑스의 규모가 크고 인구가 많다는 점이 작용했다. 정말로 대단한 점은 영국이 자기보다 훨씬 더 큰 나라와 비슷한 수준의 예산을 운영할 수 있었다는 사실이다. 우화의 교훈과는 달리 개구리가 황소만큼이나 커질 수 있었던 것이다.

영국의 이러한 업적은 1인당 소득과 조세구조를 살펴볼 때에만 이해할 수 있다. 프랑스의 조세 중에서 가장 큰 몫을 차지하는 **직접세**는 정치적으로나 행정적으로 언제나 환영받지 못했고 증액도 어려웠다. 이에 비해서 영국에서는 (대중 소비재를 비롯한) 대단히 다양한 소비상품에 대한 **간접세**가 조세의 가장 큰 몫을 차지했다(1750-1780년 사이에 70퍼센트였다). 그런데 이 간접세는 눈에 덜 띄고 가격 내에 세금을 숨기는 것이 용이하며 더구나 영국의 전국시장이 프랑스보다 더 넓게 개방되어 있고 소비가 더 일반적으로 시장을 통해서 이루어지는 만큼 더욱 큰 액수를 모아왔다. 마지막으로 고려할 사항으로서, 앞에서 언급한 국민총생산의 차이를 인정한다고 하더라도(1억 6,000만 파운드 대 6,800만 파운드) 프랑스의 인구가 영국 인구의 세 배라는 점을 고려하면 1인당 소득의 관점에서는 영국이 우위를 차지하게 된다. 프랑스의 1인당 소득은 6파운드이고 영국은 7.31파운드이다. 이것을 보면, 영국인은 키 크고 뚱뚱한 존 불(John Bull)로, 그리고 프랑스인은 비쩍 마른 인물로 그리고는 했던 풍자화가들의 작품에 나오는 이미지만큼은 아니지만, 어쨌든 소득의 차이가 상당히 컸던 것은 사실이다. 이렇게 된 데에는 사람들이 마침내 이 이미지에 완전히 익숙해져버렸기 때문일까, 혹은 민족주의적인 반동 때문일까? 나중에 미국으로 귀화한 프랑스인 루이 시몽이 말하는 바에 의하면[363] 그가 1810-1812년에 런던에 체류했을 때 길거리에서 마주치는 사람들의 키가 너무 작아서 놀랐다고 한다. 브리스틀에서 모집된 신병들의 키는 아주 작았으며 단지 장교들만이 그와 비슷한 정도였다는 것이다!

결론을 어떻게 내려야 할 것인가? 18세기 중의 프랑스의 경제성장을 이제껏 과소평가했다는 것, 이 시점에서 프랑스가 그동안의 지체를 일부 따라잡았다는 것 그리고 그러는 가운데 가속화된 성장이 일반적으로 가져오는 구조변화상의 많은 불편한 점들을 겪었다는 것 등이 우선 떠오르는 내용들이다. 동시에 프랑스의 그 거대한 부로도—아카리아스 드 세리오네가 말한 바 있는—영국의 인공적인 부에 대해서 승리를 거두지는 못했다는 점도 동시에 이야기해야 한다. 다시 한번 **인공적인** 것에 찬사를 보내도록 하자. 내가 틀리지 않았다면, 영국은 오랫동안 프랑스보다 더 큰 긴장 속에서 살아가게 될 것이다. 그러나 이 긴장이야말로 앨비언*에게 천재성을 부여해준 요인이다. 그러나 동시에 이 장기적인 결투에서는 상황적인 요소도 작용했다는 점 역시 고려해야 한다. 만일 보수적이고 반동적인 유럽이 영국에 봉사하고 영국을 위해서 일하지 않았다면, 혁명 및 제국의 프랑스에 대한 영국의 승리는 뒤로 미루어졌을 것이다. 만일 나폴레옹 전쟁으로 프랑스가 세계의 교환에서 멀어지는 일이 없었더라면 영국이 세계에 채찍질을 해대는 일이 그렇게 쉽게 이루어지지는 않았을 것이다.

---

* Albion : 잉글랜드의 옛 이름.

제5장

세계와 유럽 : 지배와 저항

Jean Baptiste Vanmour(1671–1737), *Eine Prozession des Sultans in Istanbul,* 1737. oil on panel, 62 × 91cm. dorotheum.com. public domain.

이제 유럽 세계-경제의 강대국들인 앨비언, 베르젠* 시대의 프랑스 및 그 아래 졸개들—선진국이든 적국이든—간의 투쟁을 접어두고, 전 세계로 우리의 눈을 돌려보자. 그것은 다음의 다섯 지역으로 구분된다.

• 드넓은 동유럽 변경지역 : 표트르 대제 시대까지 오랫동안 모스크바 대공국 혹은 근대 러시아가 그 자체만으로 하나의 세계-경제를 구성한 곳.

• 블랙 아프리카 : 사람들이 다소 성급하게 원시적이라고 부르는 곳.

• 아메리카 : 느리지만 확실하게 유럽화되어간 곳.

• 이슬람 : 위대한 과거가 스러져가는 곳.

• 그리고 마지막으로, 거대한 아시아.[1]

이상의 비유럽 지역들에 대해서[2] 사람들은 그 자체로서 보려고 할 테지만 그러려고 하더라도 18세기 이전부터 서유럽 세력이 이 지역들에 드리운 그림자를 고려하지 않고서는 이곳을 이해할 수 없을 것이다. 이미 세계의 모든

---

* Charles Gravier, comte de Vergennes(1717-1787) : 프랑스의 정치가, 외교관. 튀르키예 대사 (1755-1768), 스웨덴 대사(1771-1774)를 지냈고 루이 16세 아래에서 외무성 장관(1774-1787)을 역임했다. 그의 정책의 주조는 영국에 대한 대항이었다. 아메리카의 영국 식민지로부터의 독립을 지원하고 그후 독립된 미국과 동맹을 맺었으며 파리 조약(1783)의 체결에 참여했다.

문제들은 유럽 중심주의의 관점에서 제기되게 되었다. 이것이 협소하고 부당한 관점이기는 하지만 사람들은 아메리카를 거의 완전한 유럽의 성공으로 묘사하기도 한다. 마찬가지로 블랙 아프리카는 언뜻 생각하기보다는 훨씬 뚜렷한 유럽의 성공사례이다. 서로 모순되면서도 유사한 러시아와 튀르키예 제국의 경우 역시 아주 느리기는 하지만 필연적으로 유럽이 성공을 거두어간다. 그러나 홍해, 아비시니아(에티오피아), 남아프리카부터 말레이 제도, 중국과 일본에 이르는 아시아지역은 실제보다는 겉보기에 더 찬란한, 훨씬 더 논의의 여지가 있는 성공의 경우이다. 아시아지역에서도 유럽의 존재가 뚜렷이 부각되는 것 같지만 사실 그 이유는 유럽이라는 부당할 정도로 특권적인 관점에서만 보기 때문에 그렇다. 만일 그 조그마한 유럽 대륙을 떼어내어 아시아의 대지와 대양 속에 표류하도록 내버려둔다면, 유럽은 그곳에서 완전히 침몰해버릴 것이다. 18세기에 유럽은 일순간에 이런 큰 차이를 무화(無化)시킬 수 있는 거대한 산업적인 초능력을 아직 가지지 못했다.

유럽은 자신에게 필요한 자양분과 힘의 많은 부분을 전 세계로부터 끌어왔다. 유럽이 진보해가는 도상에서 부딪친 여러 과제들 앞에서 자신의 원래 능력보다 더 상승할 수 있던 것도 이와 같은 가외의 소득 때문이었다. 이 항구적인 도움이 없었더라면 18세기 말 이후 유럽의 운명의 열쇠가 되었던 산업혁명이 가능했겠는가? 이것이 우리가 당면한 문제 중의 하나이다. 그러나 이에 대해서 역사가들의 대답은 각양각색이다.

또다른 문제제기는 과연 유럽이 전 세계의 나머지 지역과는 다른 인간적, **역사적** 성격을 가졌는가 하는 점이다. 이번 장에서 우리가 유럽과 나머지 지역 사이의 대조와 대립을 강조하면서 양자를 서로 비교한다면, 유럽을 더 잘 이해할 수 있을까? 다시 말해서 왜 유럽이 성공을 거두었는지 알 수 있을까? 사실 이 여행의 결론들이 단 하나의 방향으로만 나 있지는 않다. 왜냐하면 세계의 경제적 경험은 아주 흔히 유럽의 경험과 유사하기 때문이다. 때때로 양자 간의 차이는 정말로 대단히 미미하다. 그렇더라도 어쨌든 차이가 존재하는 것은 사실이다. 그 차이의 핵심 원인은 유럽의 응집력과 효율성인데, 이것도 사실은 유럽이 상대적으로 규모가 작기 때문에 생긴 것으로 보인다. 예컨대 프랑스만 해도 크기 때문에 시간이 갈수록 영국에 비해서 불리해졌다는 점을 보면, 아시아, 러시아, 혹은 이제 막 탄생하던 아메리카, 인구가 부족한 아프리카와 작지만 고전압 상태에 있던 유럽 사이의 차이가 어떠했겠는지를 짐작할 수 있다. 우리가 이미 본 것처럼, 유럽의 다른 장점은 더 광대한 자본주의적 축적을 장려하는 특별한 사회구조들이다. 더구나 자본의 축적이 국가에 의해서 보호받음으로써―국가와 갈등을 일으키는 경우보다는 이런 경우가 더 흔했다―내일을 기약할 수 있었다. 여하튼 분명한 것은 상대적으로 경미한 우위를 지배―이 말이 가진 여러 다양한 뜻으로서―로 전환하지 않더라면, 유럽의 전진은 실제로 그랬던 것과 같은 폭발적 팽창, 빠른 발전속도, 실제의 결과들을 가져오지는 못했으리라는 점이다.

아메리카 : 최대의 경품

아메리카는 유럽의 "주변부" 또는 "외피"였는가? 두 가지 표현 모두 1492년 이후에 신대륙의 전신(全身)이, 그리고 이곳의 과거, 현재, 미래가 모두 유럽의 행동과 사고의 영역 속으로 점차 빨려들어가게 되고[3] 그리하여 유럽에 완전히 포섭된 결과 새로운 환상적 의미를 부여받았다는 사실을 말해준다. 월러스틴이 주저 없이 16세기의 유럽 세계-경제 속에 포함시켰던 아메리카는 결국 기본적으로 유럽이란 어떠한 곳이었는지를 설명하는 것 아닐까? 유럽은 아메리카를 발견, 더 나아가서 "발명하지"[4] 않았는가? 그리고 콜럼버스의 항해를 "천지창조 이래" 최대의 사건이라고 경하하지 않았던가?[5]

프리드리히 뤼트게와 하인리히 베히텔[6]이 신대륙 발견의 초기 효과들에 최소한의 의미만 부여했던 것은 아마도 타당한 일이며 특히 독일사의 관점에서 보면 더욱 그러하다. 그러나 일단 유럽사에 포함된 이후 아메리카는 유럽사의 심층적인 여건을 조금씩 변화시키고 그 활동 방향을 새롭게 전향시켰다. 이냐스 메예르송은 한 개인은 곧 그가 행하는 것 자체이고 따라서 각 개인은 그의 행위를 통해서 스스로를 정의하고 또 자신을 드러낸다고 보았으며 그리하여 "존재와 행동"은 하나라고 주장했다.[7] 나는 이렇게 주장하리라. 아메리카는 유럽의 행동이며 그것을 통해서 유럽이 자신의 존재를 가장 잘 드러낸 작품이다. 그러나 그 작품은 너무나 느리게 완성, 완수되어서 전체 시간지속 속에서 그리고 전체적인 관점에서 볼 때에만 의미를 파악할 수 있다.

아메리카의 광대함 : 불리하면서도 유리한 조건

아메리카의 발견이 즉각적으로는 유럽에게 주는 것이 거의 없었던 이유는 백인들이 이 대륙의 일부분만을 알고, 또 차지하고 있었기 때문이다. 그래서 아메리카가 유럽의 욕구에 응답하도록 하려면 우선 유럽의 이미지에 맞추어 아메리카를 끈기 있게 재구성해야만 했다. 재구성은 물론 하루아침에 이루어지지는 않는다. 그래서 그것이 얼마나 엄청난 일인지 제대로 파악하지 못한 채 직면한 초인간적인 과제들 앞에서, 유럽은 초기에 일종의 무의미함과 무력감을 느꼈다. 아닌 게 아니라 유럽이 대서양 너머의 아메리카에서 자신을 재구성하기 위해서는 수 세기의 시간이 필요했고 게다가 거대한 변형과 일탈을 감수해야 했으며 그것을 위해서 일련의 난제들을 차례로 극복해야만 했다.

그중에서도 가장 먼저 닥친 문제는 "물어뜯고, 숨을 막고, 모래로 덮고, 중독시키고, 쇠약하게 만드는"[8] 거친 자연, 비인간적으로 엄청나게 넓은 공간의 문제였다. 한 프랑스인이 1717년에 탄식했듯이 "스페인인들은 [아메리카에서] 유럽 전체보다도 넓은 왕국을 차지하고 있었다."[9] 이것은 분명 사실이지만, 이런 광대함이 오히려 그들의 정복을 방해했다. 아메리카 인디오 문명들을 정복하는 데에는 30년으로 충분했다. 그러나 이 정복이 스페인인들에게 안겨준 것은 지배하기 어려운 300만 제곱킬로미터의 공간에 불과했다. 150년 뒤인 1680년경에 스페인인과 다른 유럽인의 팽창이 한창 절정에 달했을 때에도 아메리카 대륙 전체인 1,400만-1,500만 제곱킬로미터 중에 절반인 700만 제곱킬로미터만 장악했을 뿐이다.[10) 아메리카 인디오 문명의 대부분을 정복한 이후 늘 문제가 되었던 것은 텅 빈 공간 그리고 석기시대의 수준에 머물러 있던 사람들과의 투쟁이 아니었던가? 그 어떤 정복자더라도 이런 공간 및 이런 사람들에게 의지할 수는 없다. 16세기부터 금은보석과 노예들을 찾아서 남아메리카의 거대한 공간을 관통했던 그 유명한 파울리스타(Paulista)의 행로를 보더라도 그것은 정복도 아니고 식민화도 아니었다. 그것은 바다 위에 배가 지나간 자취 이상의 것을 남기지 못했다. 또 16세기 중엽에 칠레 남부에 도착했던 스페인인들은 무엇을 발견했던가? 거의 절대적으로 빈 공간이었다. "황량한 바닷가 가까이에 있는 아타카마* 쪽으로는 새 한 마리, 짐승 한 마리, 나무 한 그루, 나뭇잎 하나 볼 수 없는 무인지대밖에 없다"고 알론소 데 에르시야**는 노래했다![11) 페루의 동부이든 칠레의 남부이든, 베네수엘라의 야노스이든 캐나다의 광대한 영토이든, 또 미국의 서부나 19세기의 거대한 아르헨티나, 또는 20세기 브라질의 상파울루 서부의 심층부 내륙지역이든[12) 아메리카 역사의 지평에 늘 존재하는 문제는 인간의 등장과 함께 복종시켜야만 하는 빈 공간, 즉 "변경(frontière)"이라는 주제이다. 그 공간은 기진맥진하게 만드는 수송, 그리고 사람을 탈진시키는 끊임없이 긴 여정을 의미한다. 누에바 에스파냐(멕시코) 내륙에서 사람들은 마치 바다에서처럼 나침반과 천체관측의를 손에 들고 여행했다.[13) 브라질에

---

* Atacama : 칠레 북부에 있는 주. 동쪽으로 아르헨티나와 국경을 이루고 서쪽으로는 태평양에 면해 있다. 아타카마 사막이 대부분을 차지하며 주 전역에 사막 기후가 나타난다. 18세기 이후부터는 금, 은, 구리, 철 등의 채광이 중요해졌다.

** Alonso de Ercilla y Zúñiga(1533-1596?) : 스페인의 서사시인, 군인. 1554년 칠레로 건너가 아라우칸족의 저항운동의 진압군에 참여했으나 아라우칸족의 영웅적인 투쟁을 보고 서사시 『라 아라우카나(La Araucana)』(1569-1590)를 썼다.

서는 부에노 다 실바 부자에 의해서 1682년에 머나먼 고이아스*에서 금이 발견되었다. 10년 뒤인 "1692년에 다 실바는 몇 명의 동료들과 함께 고이아스로 다시 떠났다. 그후 광산지점에 도착하기까지 3년이 걸렸다."[14]

영국의 식민지는 인구가 더 적었고 서로 2,000킬로미터나 떨어져 있는— "파리와 모로코 사이의 거리"에 해당한다—메인 주와 조지아 주 사이에 흩어져 있었다. 이곳의 도로는 많지 않은 정도가 아니라 거의 없는 편이었다. 교량과 나루터도 거의 없었다. 그래서 1776년에 "독립선언의 소식이 필라델피아에서 찰스턴까지 전달되는 데에, 필라델피아에서 파리까지 전달되는 것과 마찬가지로 29일이 걸렸다."[15]

모든 자연조건이 다 그렇듯이 아메리카 대륙의 광대함도 여러 방식으로 발현되었고 여러 언어로 표현되었다. 그것은 제동장치이기도 하고 가속 페달이기도 했으며, 또 제약조건이기도 하고 해방이기도 했다. 대지가 넓을수록 땅값은 내려가고 사람의 가치는 올라간다. 텅 빈 아메리카는 사람들이 그곳에서 탄탄히 뿌리를 내리고 일에 매달리지 않으면 존재하지 않는 것과 같다. 지난 시대의 쇠사슬인 농노제와 노예제는 공간이 지나치게 넓은 까닭에 이곳에서 저절로 재생했다. 그것은 필요한 일이자 저주였다. 그러나 넓은 대지는 동시에 해방이며 유혹이기도 했다. 백인 주인에게서 도망간 인디오들은 가없는 은신처를 확보한다. 흑인들이 작업장, 광산, 플랜테이션에서 도망가려면 산악지역이나 숲과 같이, 뚫고 들어가기가 거의 불가능한 지역으로 들어가기만 하면 된다. 이들을 추적하여 브라질 숲속으로 들어가는 징벌대(entradas)가 얼마나 큰 고통을 겪는지 상상해보라. 길도 없는 광대한 이 삼림에서 "군인들은 등에 무기와 화약, 총알……밀가루, 물, 생선, 육류 등을 지고 가야 한다."[16] 도주한 흑인 노예들의 공화국인, 팔마레스의 킬롬보(quilombo)가[17] 대단히 오랫동안 존속했다는 사실을 지적한 바 있는데 바이

---

* Goiás, Goyaz : 브라질 내륙의 주. 다이아몬드, 크롬, 니켈 등의 산지로, 17세기 초에 포르투갈인들이 처음 탐사했다.

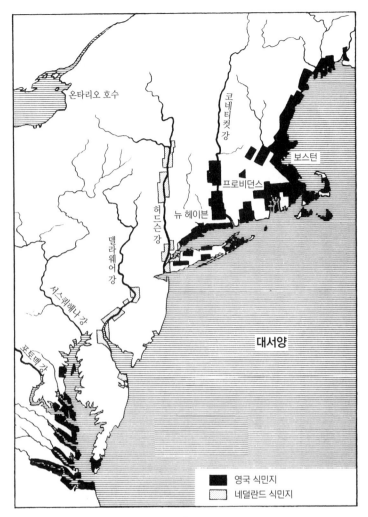

39. 1660년 북아메리카의 영국인과 네덜란드인
1660년만 해도 해안지역에 분산된 한정된 식민지들이 정복 대상지의 일부만 차지했다. 네덜란드의 식민지인 니우 암스테르담과 허드슨 강 유역은 1667년 브레다 평화조약 때 포기되었다. (라인, 『유럽의 확대』, 도판 17)

아의 내지에 존재한 이 공화국의 면적은 포르투갈 전체와 맞먹을 정도였다.

백인 노동자들은 어느 정도 자발적으로 이민 온 사람들이며 계약을 통해서 고용되었지만, 결코 우호적이지 않은 주인 아래에서 일해야 했다. 그러나 일단 계약기간이 끝나면 개척지역에 거대한 새 땅을 얻을 수 있었다. 식민지 아메리카는 두려움을 자아내는 "세상의 끝"이며 "땅끝 지역"으로 가득했지만 이곳들은 경작하기 좋은 땅으로서 시베리아의 타이가 남부와 비슷한 역할을 했다. 즉, 타이가와 마찬가지로 자유를 약속해주는 희망의 땅이었다. 이것이 구대륙과의 큰 차이이다. 구대륙은 빈 땅과 미개척지가 없는, 피에르 쇼뉘가 말하듯 "꽉 찬 세계"로서 필요할 경우에는 기근과 이민을 통해서 식량 / 인구 사이의 균형을 다시 맞추어야 하는 곳이었다.[18]

지방시장과 전국시장

사람들은 점점 더 넓은 공간을 장악해갔다. 이제 막 터를 잡은 도시는 비록 아무리 작더라도 획득된 지점이다. 도시는 아주 작은 승리를 거두었지만 어쨌든 승리한 것은 분명하다. 그와 마찬가지로 길들이 열렸다는 것(대부분은 인디오의 경험에 의존한 것이고 또 인디오로부터 식량을 공급받으면서 이룩해낸 것이다)은 진보를 의미하며 이것은 또다른 진보들의 소선이 되었다. 특히 도시에 대한 식량 공급을 원활히 하고 도처에서 등장하던 정기시들을 활성화시켰다. 이 정기시들이란 놈브레 데 디오스, 포르토벨로, 파나마, 베라 크루스, 혹은 멕시코로 가는 도상의 할라파*와 같이 국제 경제의 이정표가 되는 곳들만이 아니라 빈터 한가운데에서 형성되던 지방적인 정기시들과 소박한 시장들까지 포함하여 말하는 것이다. 예컨대 뉴욕 배후의 올버니에 있는 모피 정기시라든지, 멕시코 북부에서 큰 성공을 거두었던 산 후안 데 로스 라고스 및 살티요의 정기시들을 들 수 있다.[19]

17세기 말부터 새로운 활기가 아메리카 전체를 흔들어놓았을 때 경제적 공간의 조직화가 완수되었다. 광대한 스페인령 아메리카에 꽤 일찍이 형성되었으나 반쯤 비어 있던 행정구획 내에 점차 사람, 도로, 수송용 가축 등이 들어차면서 **지방시장들**(그중에는 이미 전국시장 단계에 들어선 것도 있다)

---

* Jalapa : 완전한 이름은 할라파-엔리케스(Jalapa-Enríquez). 멕시코의 베라 크루스 주의 도시. 커피와 담배의 생산지이며 오늘날 산악 휴양지가 되었다.

이 모양을 갖추어갔다. 페루의 총독령—오늘날의 페루와 일치하지는 않는 다—이나 키토의 아우디엔시아*—오늘날 에콰도르—또는 차르카스의 아 우디엔시아—오늘날 볼리비아—등이 그러한 경우이다. 장-피에르 베르트 는 1548년에 만들어진, 멕시코의 누에바-갈리시아의 아우디엔시아 구획 내 에 있는 과달라하라 시와 그 주변지역 근처에서 지방시장이 형성된 기원에 대해서 연구한 바 있다.[20] 한편 18세기의 칠레에 대한 마르첼로 카르마냐니 의 연구가 있는데[21] 이것은 지방시장 혹은 "전국"시장의 형성에 관한 최상 의 연구일 것이다. 특히 이것은 일반이론을 지향하고 있기 때문에 더욱 결정 적인 중요성을 가진다.

공간의 구획화는 느리게 진행되어 18세기 말에도—그리고 오늘날에도 여 전히—길에서 멀리 벗어나 있는 빈 땅들이 남아 있었다. 이런 공간은 아메 리카 대륙 전체에 산재했다. 그 결과 오늘날까지도 많은 방랑자들이 존재하 여 하나의 별개 카테고리를 이룰 정도이다. 이들은 지역마다 다른 이름을 가 지고 있다. 브라질의 바지우(vadio : 부랑자), 칠레의 로토(roto : 누더기를 걸친 사람), 멕시코의 바고(vago : 건달) 등이 그런 사람들이다. 광대한 아메리카에 서는 사람들이 결코 뿌리를 내리고 정착하지 않는다. 브라질의 내륙 배후지 (sertão)에서 금과 다이아몬드를 찾아 헤매던 가림페이루(garimpeiro)는 19세 기 중엽에 바이아의 남쪽에 있는 일례우스**의 대서양 연안지역으로 돌아와 서 카카오 플랜테이션을 만들었는데 이것은 오늘날까지도 남아 있다.[22] 그 러나 농업 역시 사람들을 정착시키지는 못했다. 농장 주인과 일꾼, 가축 등

---

* audiencia : 스페인의 식민지 행정기구인 자문위원회. 중세적인 성격이 강하게 남아 있던 기구 로, 식민지의 행정 및 사법기능을 다 맡았다. 식민지에서 최고재판소의 역할을 하는 동시에 총 독(viceroy)이나 총사령관(capitan general) 등을 대신하여 행정을 총괄하는 때가 많다(특히 총 독이나 총사령관이 교체될 때 식민지와 본국 사이의 여행 기간이 워낙 길기 때문에 행정 공백이 생기기 쉬웠기 때문이다). 총독이 주재하는 곳에서는 총독이 이 위원회의 의장을 맡지만, 그렇 지 않은 곳에서는 따로 의장(presidente)을 뽑든지 중미지역 같은 곳에서는 총사령관이 의장을 겸임하기도 한다.
** Ilhéus : 브라질 동부 바이아에 있는 해안도시. 오늘날 브라질에서 가장 중요한 카카오 수출항.

이 모두 이전해가는 일이 자주 일어났다. 그래서 마치 신대륙에서는 유럽에서와 같은 정착농민들을 만들고 유지시키는 것이 힘든 일이 아닌가 하는 인상을 받는다. 지난날이든 오늘날이든 브라질 내부의 전형적인 농민인 카보클루(caboclo : 백인과 원주민의 혼혈인)는 근대의 공장노동자만큼이나 이동성이 크다. 아르헨티나의 페온(peón)은 이전 세기의 가우초(gaucho)만큼이라고는 할 수 없겠으나 역시 돌아다니는 성향이 강하다.

결국 사람들은 부분적으로만 공간을 장악했을 뿐이다. 따라서 18세기까지도 야생동물들이 마음껏 뛰놀 수 있었다. 특히 넓고 대륙적인 북아메리카 지역이 대표적이다. 이곳에는 들소, 갈색곰, 여러 종류의 모피동물들과 회색 다람쥐—동유럽에서 볼 수 있는 것과 똑같은 종류이다—같은 동물들이 대량 서식해서 강과 호수에서 엄청난 무리를 이루며 이동했다.[23] 유럽에서 건너와 야생상태로 되돌아간 소와 말들은 믿을 수 없을 정도로 수가 불어나서 농사를 망쳐놓을 위험까지 있었다. 이것이야말로 유럽이 지배하게 된 신대륙의 초기 역사 중 가장 특이한 식민화일 수도 있다. 누에바 에스파냐의 광대한 지역에서 원주민의 수가 격감하면서 빈 땅이 늘어가자 곧 야생동물이 사람을 대체해버린 것이다.[24]

연속적인 여러 종류의 예속

지나치게 광대한 이 땅에서 사람의 부족은 항구적인 문제였다. 막 형성 중인 아메리카로서는 새로운 경제를 발달시키기 위해서 아주 싸거나 아예 공짜인 말 잘 듣는 인력을 많이 얻을 수만 있다면 이상적일 것이다. 에릭 윌리엄스의 선구적인 연구서는[25] 아메리카 대륙에서 노예제, 준(準)노예제, 농노제, 준농노제, 임금제, 준임금제의 발달과 구대륙 유럽에서의 자본주의적 성장 사이에 확실한 인과관계가 있음을 보여주었다. "중상주의의 핵심은 노예제이다"라고 그는 단적으로 이야기했다.[26] 마르크스는 "아마도 타의 추종을 불허하는 역사적 응집성을 보이는 명료한 문장으로" 그 사실을 이렇게 표현했다. "임금제로 위장된 유럽의 노예제는 신대륙의 아무런 수식어 없는 적나라한 노예제 없이는 성립될 수 없다."27)

아메리카에서 모든 피부색의 사람들이 고통을 당하고 있었다는 것은 조금도 놀라운 일이 아니다. 그들의 고통은 가까이에 있는 플랜테이션 주인이라든지 광산 경영주, 멕시코 시티의 콘술라도* 등지의 대부상인, 스페인 왕실의 가혹한 공무원, 설탕이나 담배 판매인, 노예상인, "모리배"인 상선 선장만으로는 설명이 되지 않는다. 이들이 모두 어느 정도의 역할을 했겠지만 그래도 그들은 일종의 대표 혹은 중개인에 불과하다. 이에 비해서 라스 카사스**는 이들만이 인디오들이 겪는 "지옥과 같은 예속"에 책임이 있다고 보았다. 이 사람들은 인디오들에게 성사(聖事)를 금지하고 교회를 멀리하도록 만들었다는 것이다. 그렇지만 라스 카사스는 스페인의 지배의 정당성에 대해서는 결코 부인하지 않았다. "전도의 수장(Apostol Mayor)"으로서 전도에 책임이 있는 카스티야의 국왕은 "많은 왕들 위에 군림하는 제왕(Imperador sobre muchos reyers)"이기도 하므로 원주민에 대한 통치자가 될 권리를 가지고 있다는 주장이다.28) 사실 이 모든 악의 진짜 뿌리는 대서양 건너편의 마드리드, 세비야, 카디스, 리스본, 보르도, 낭트, 심지어는 제노바, 브리스틀 그리고 다음 시기에는 리버풀, 런던, 암스테르담 등지에 있었다. 그것은 한 대륙을 **주변부** 상황으로 환원해버린 현상에 내재해 있었다. 그 현상은 인간의 희생에는 상관하지 않고 거의 기계적인 세계-경제의 논리에 따라서 먼 곳으로부터 부과된 힘의 결과이다. 인디오와 아프리카의 흑인들에 대해서는 인종절멸이라는 말이 심한 말이 아니지만, 여기에서 주목해야 할 점은 백인도 결코 무사히 넘어가지는 못했다는 점이다. 백인은 그런 피해를 가까스

---

* Consulado : 원래는 중세 스페인에서 해안도시의 상인 길드를 가리키던 말로서, 이 기구에는 상업, 특히 해외무역에 관한 사법권이 있었다. 그러다가 스페인의 행정이 중앙집권화되는 15세기 말경에 이 기구의 관리를 국왕이 직접 임명했다. 이 방식이 그대로 유지된 채 아메리카 식민지에 이식되었다.
** 이 책 제1권 38쪽을 참조하라.

로 벗어났을 뿐이다.

　사실 신대륙에서는 여러 종류의 예속이 이어지면서 차례로 사람들을 짓밟았다. 우선 현지의 인디오들은 이 엄청난 시련에 저항하지 못했다. 다음으로 백인 유럽인들(프랑스의 '앙가제',* 영국의 '서번트'** 등)이 중간매개 역할을 했는데 특히 앤틸리스 제도와 대륙 내부의 영국 식민지에서 주로 이들이 고용되었다. 마지막으로 아프리카 흑인들의 차례였는데 이들은 어느 곳에서든 그리고 그 어떤 것에도 대항하여 뿌리를 내리고 수를 늘리는 힘을 가지고 있었다. 마지막으로 여기에 덧붙여야 할 것은 19-20세기에 유럽 전역으로부터 들어온 이민으로서 이들은 우연인지는 모르겠으나 아프리카로부터의 인력 공급이 감소하는, 또는 곧 감소할 것이 분명한 시점에 가속적으로 유입되었다. 1935년에 한 프랑스 선장이 나에게 한 말에 의하면 4등칸에 탄 이민들만큼 수송하기 편한 상품은 없다고 한다. 이들은 스스로 타고 내리기 때문이다.

　예속적인 인디오들이 그나마 유지되었던 곳은 인구밀도가 높고 사회의 응집성이 높아서―이 응집성이 복종과 순종을 초래했다―고용을 장기간 보장받는 곳이었다. 다시 말해서 이전의 아즈텍 제국과 잉카 제국이 있던 곳에서만 가능했다. 다른 곳에서는 시련이 닥치자마자 그들 스스로가 뿔뿔이 흩어졌다. 광대한 브라질에서는 해안지역의 인디오들이 내륙지역으로 도망갔고 미국 지역(초기의 13개 식민주)도 마찬가지였다. "1790년에는 펜실베이니아 주에 300명, 뉴욕 주에 1,500명, 매사추세츠 주에 1,500명, 캐롤라이나 주에 1만 명 등의 인디언들이 남아 있었다."[29] 스페인인, 네덜란드인, 프랑스인, 영국인 등의 침입을 받은 앤틸리스 제도에서도 원주민들은 우선 백인

---

* 　engagé : 이 말 자체는 하인(domestique), 고용원 (employé)의 뜻이지만 다음에 나오는 영어의 '서번트'와 거의 같은 의미이다.
** 　servant : 임금이나 급여를 받고 봉사하며 명령에 따르는 사람이라는 뜻으로서 결국 "고용원"을 가리킨다. 다만, 특히 17-18세기의 북아메리카에서는 거의 한시적인 노예(slave)와 같은 뜻이었다.

들이 들여온 질병의 희생자가 되었고 또 새로 들어온 백인들에게 이용될 수 없다는 이유로 말살당했다.[30]

이와 반대로 원래 스페인이 정복 대상으로 삼았던 인구 밀집 지역에서는 인디오들을 쉽게 장악했다. 이들은 정복과 식민지적인 착취의 시련들—대량 살상, 잔인한 전쟁, 사회적 관계의 단절, "노동력"의 강제적인 사용, 배를 들어서 운반하는 노역(portage)과 광산노동 과정에서의 대량 사망 그리고 마지막으로 백인들이 유럽과 아프리카로부터 가지고 들어온 여러 질병들—을 겪었는데, 여기에서 살아남는다는 것은 기적과 같은 일이었다. 그 결과 중부 멕시코에서는 2,500만 명으로부터 단 100만 명으로 인구가 감소한 것으로 추정된다. 이와 비슷하게 "심연으로 추락하는" 괴멸은 이스파니올라 섬(아이티 섬), 유카탄 반도, 중부 아메리카 그리고 약간 이후 시기에 콜롬비아 등지에서도 일어났다.[31] 이런 것을 보여주는 인상적인 사실이 하나 있다. 멕시코에서 정복 초기에는 프란체스코회 성직자들이 교회의 앞뜰에까지 운집한 수많은 사람들을 놓고 미사를 집전했으나 16세기 말부터는 교회 안에서, 더 나아가서는 부속성당에서만 미사를 드렸다는 점이다.[32] 이것은 14세기에 유럽을 난타한 흑사병의 재난과도 비교할 수 없을 가공할 인구감소였다. 그러나 원주민들이 완전히 사라진 것은 아니고 17세기 중반부터는 다시 증가하기 시작했다(이것은 물론 스페인인 지배자들에게 이익이 되었다). 인디오들에 대한 착취는 준(準)예속체제인 엔코미엔다(encomienda), 도시의 가내하인, 광산에서의 강제노역—이것은 일반적인 이름으로는 레파르티미엔토(repartimiento)이지만 멕시코에서는 콰테키틀(cuatequitl)로 알려져 있고 에콰도르, 페루, 볼리비아, 콜롬비아 등지에서는 미타(mita)로 알려져 있다[33]—방식으로 이루어졌다.

그러나 16세기부터 누에바 에스파냐에서는 임금제 "자유" 노동이 등장하기 시작했다. 이것은 복잡한 성격의 위기 때문에 발생했다. 무엇보다도 원주민 인구의 감소 때문에 유럽에서 14–15세기에 있었던 것과 유사한 황폐화(Wüstungen) 지역들이 생겼다. 인디오 마을의 토지는 쫄아들 듯이 축소되었고 이렇게 자연발생적으로 생긴 황무지와 부당한 몰수를 통해서 생긴 땅에 아시엔다(hacienda)라는 대농장들이 확산했다. 마을이나 국가가 노동력을 확보하기 위하여 부과한 노역을 피하기 위해서 인디오들은 아시엔다(사실상의 농노제가 생겼고 이후 시기에는 임금노동제도 생겼다)나 도시(하인이 되거나 수공업 작업장에서 일하게 된다), 혹은 마지막 방법으로는 광산(강제노동이 계속되는 멕시코 시티 근처의 광산이 아니라, 더 북쪽의 사막지역—과나후아토로부터 산 루이스 포토시에 이르는 곳—에 있는 광산들)으로 가는 것이 가능했다. 이곳에는 대개 아주 소규모 광산들이 3,000개소 정도 여기저기 흩어져 있었는데 이곳에서 일하는 광부들이 16세기에는 대개 1만–1만 1,000명 정도였다가 18세기에는 7만 명 정도가 되었다. 이곳의 노동자들은 각지로부터 들어온 인디오, 혼혈인, 백인 등이 섞여 있었다. 1554–1556년에 아말감 법이 도입되면서[34] 광석 함유도가 낮은 광산도 채굴하게 되었고 전반적으로 비용이 하락했으며 생산성과 생산이 증대했다.

유럽에서처럼 이곳의 광산지대도 딴 세상이었다. 경영주나 노동자들이나 모두 낭비가 심하고 걱정이 없으며 노름꾼들이었다. 광부들은 채굴량에 따른 일종의 보너스를 받았다. 모든 것이 상대적이기는 하지만 어쨌든 광부의 임금은 아주 높았던 반면에 그들의 작업조건은 극히 열악했다(18세기 이전에는 화약을 사용하지 않았기 때문이다). 이 사람들은 동요가 심하고 폭력적이며 사정이 나쁘면 잔인해졌다. 그리고 술 마시고 주연을 베풀기를 좋아했다. 이곳은 어느 역사가가 재미있게 표현한 대로 "인공 천국"[35] 정도가 아니라 부조리한 잔치였으며 과시에 대한 집요한 욕구를 보여주었다. 18세기에는 마치 번영 그 자체가 나쁜 쪽으로 조언을 하는 것처럼 사태가 더욱 악화되었다. 노동자들은 한 주일의 노동 끝에 300페소를 받는 수도 있었으나[36] 그 돈을 곧 써버렸다. 어떤 광부는 정장 한 벌과 홀란트 직물로 짠 캐미솔을 샀다. 또 어떤 광부는 2,000명을 초대하여 향연을 베푸느라고 4만 페소를 지출했는데 이것은 작은 광산 하나의 가치에 해당하는 금액이었다. 이 세계는 이렇게 시끌벅적하게 돌아갔다.

그러나 16세기에 아메리카에서 가장 중요한 광산지대였던 페루에서는 그만큼 연극적이고 즐겁지는 않았다. 이곳에는 아말감법이 1572년에 뒤늦게 도입되었지만 해방의 역할을 수행하지는 못했다. 강제노역체제 미타가 지속되었고 포토시는 여전히 지옥이었다. 이 체제는 바로 그 성공 때문에 계속 유지된 것 아닐까? 가능한 이야기이다. 이 세기 말에 가서야 포토시는 왕자의 지위를 상실했으며 다음 세기에 활동이 다시 증가하기는 했지만 이전의 지위는 되찾지 못했다.

결국 인디오들은 스페인 국왕을 위해서 신대륙에서 벌어진 광대한 초기 착취를 자기 어깨로 감당해낸 것이다. 광산, 농업생산—아메리카의 생존의 열쇠였던 옥수수 경작을 생각해보라—또 노새나 라마를 이용한 카라반 수송 등이 그것이다. 특히 마지막에 언급한 카라반 활동이 없었더라면 은이나 기타 모든 제품의 수송업무—공식적으로는 포토시로부터 아리카까지이지만 은밀히는 고지 페루로부터 코르도바를 거쳐 리오 데 라 플라타까지 연결하는—가 마비되었을 것이다.[37]

이와 반대로 원주민 사회가 단지 여기저기 흩어진 종족단위로만 존재하던 곳에서는 백인들 자신의 힘으로 식민화 사업을 추진해야만 했다. 사탕수수 플랜테이션이 본격화되기 이전의 브라질이나 "대륙"과 앤틸리스 제도에 존재하는 프랑스 및 영국 식민지들이 그런 곳들이다. 대략 1670-1680년대까지 영국인과 프랑스인들은 프랑스어로는 "앙가제(engagé)", 영어로는 "인덴처드 서번트(indentured servant : 정식으로 등록된 계약에 따른 고용인)"*라

---

* '인덴처(indenture)'란 톱니 꼴의 절취선이 있는 날인증서를 말한다. 대개 종이 한 장에 두 부 이상의 문서를 작성한 다음, 톱니 꼴 절취선을 따라 자른 후 당사자들이 각각 한 부씩 보유하는 데에서 나왔다. '인덴처드 서번트'는 고용 연한이 정해진 계약고용인을 말하지만, 특히 17-18세기에 미국으로 건너가 운임과 생활비 등을 받고 그 대신 3-7년 정도의 기간에 거의 노예에 가까운 상태로 노동을 하는 열악한 환경의 노동자를 가리킨다.

고 부르는 사람들에게 크게 의존했다. 이 두 가지 말로 불리던 사람들은 거의 노예에 가까웠다.[38] 이들의 운명은 이제 막 도착하기 시작했던 흑인 노예들과 다를 바 없었다. 흑인들과 마찬가지로 이들 역시 자리가 모자라는 좁은 배의 밑창에 실려 형편없는 음식을 먹으면서 대양을 넘어왔다. 더구나 이 사람들이 아메리카에 도착한 것은 회사가 비용을 댄 것이었으므로 회사는 이 비용을 청구할 수 있었다. 따라서 "앙가제들"은 다름 아닌 노예처럼 팔려 나갔고, 이들을 구입하는 사람들은 말을 구입할 때처럼 청진과 촉진을 하고 사 갔다.[39] 물론 앙가제나 서번트들은 종신노예도 아니고 그들의 자손이 노예도 아니었다. 그러나 바로 그 때문에 주인들은 그들을 더욱 가혹하게 취급했다. 주인들로서는 계약기간(프랑스령 앤틸리스 제도에서는 36개월, 영국령 앤틸리스 제도에서는 4-7년)이 끝나면 이들을 잡아둘 수 없다는 사실을 잘 알고 있기 때문이다.

영국이나 프랑스에서는 필요한 이주민을 모집하기 위해서 온갖 수단을 다 동원했다. 1635-1715년의 기간에 대해서 라 로셸의 고문서 보관소에는 6,000건이 넘는 앙가제 계약문서들이 남아 있다. 응모자들 중에 절반 정도가 생통주, 푸아투, 오니 지방 출신이었다. 이 지방들은 부유한 곳으로 알려져 있었으나 사실 그렇지만도 않았던 것이다. 더욱 많은 사람을 보내기 위해서는 허위광고뿐 아니라 폭력까지도 사용했다. 파리의 일부 지역에서는 인신매매까지 행해졌다.[40] 브리스틀에서는 문자 그대로 남녀노소를 불문하고 사람을 납치했고, 교수형을 면하려면 신대륙으로 갈 수밖에 없는 "지원자"를 많이 모집할 수 있었다. 간단히 말해서 갤리선 노역수형을 받듯이 신대륙형을 언도받았던 것이다! 크롬웰이 지배하던 시기에는 스코틀랜드 및 아일랜드의 죄수들을 대량으로 송출했다. 1717-1779년에 영국은 식민지로 5만 명의 유형수들을 보냈고[41] 인도주의적인 전도사 제임스 오글소프*는 빚 때

---

* James Edward Oglethorpe(1696-1785) : 영국의 군인, 박애주의자. 의회에 진출했고 1729년에 교도행정 개혁을 위한 위원회의 의장이 되었다. 여기에서 가난하고 버림받은 사람, 박해받는 프

문에 죄수가 된 무수히 많은 사람들을 수용하기 위해 1732년에 조지아에 새로운 식민지를 건설했다.[42)

다시 말하지만 대규모적이고 장기적인 백인의 "예속상태"가 존재했다. 에릭 윌리엄스가 이 점을 강조한 것은 그가 보기에 아메리카에서의 예속은 서로 대체되고 서로가 서로를 불러들인 성격이 있기 때문이다. 즉, 하나가 중단되면 다른 하나가 대신 들어선 것이다. 이와 같은 연결이 자동적으로 이루어진 것은 아니지만 크게 보면 이 법칙은 명확하다. 백인의 예속은 인디오가 부족해지기 시작했기 때문이고, 또 아프리카로부터 아메리카로 흑인이 대규모로 유입된 것은 인디오와 유럽으로부터의 이주민이 부족해졌기 때문이다. 뉴욕 북쪽에서 밀을 경작하는 경우처럼 흑인을 사용하지 않는 곳에서는 서번트가 18세기까지도 계속 남아 있었다. 이렇게 식민지의 요구가 변화를 불러오고 어떤 결과를 초래한 것은 인종적인 요인보다는 경제적인 요인 때문이었다. 즉, 그것은 "피부 색깔과는 아무런 관계도 없었다."[43) 백인 "노예들"이 자리를 양보한 것은 그들이 일정한 시간제로만 노예였기 때문이다. 그리고 아마도 이들의 유지비용이 너무 많이 들었기 때문이기도 했을 것이다. 그 이유는 다른 무엇보다도 너무 높은 식대 때문이다.

앙가제와 서번트는 일단 해방되면 소규모 토지를 개간하여 담배, 인디고, 커피, 면화 등의 농사를 지었다. 그러나 곧 이들은 대(大)플랜테이션에 이 땅을 빼앗기고는 했다. 대개 사탕수수 재배로 인해서 형성된 이런 플랜테이션은 자금이 많이 드는, 따라서 자본주의적인 사업이었으며 또 고정자본은 말할 것도 없고 많은 노동력과 원재료를 필요로 했다. 고정자본 중에는 흑인 노예도 들어 있다. 사탕수수를 재배하는 대토지는 소토지를 몰아냈다. 그러나 사실 소규모 개간인들이 덤불을 제거하고 경작에 알맞게 이런 땅들을 준

로테스탄트들이 피신할 곳으로 북아메리카에 새 식민지를 건설할 착상을 했다. 1732년에 이를 위한 특허장을 얻고 1733년부터 사업을 시작했으며 이곳을 공격하는 스페인군의 공격을 막아냈다. 이 식민지는 나중에 조지아 주가 되었다.

비한 것이 플랜테이션을 가능하게 한 요인이었다. 그다지 멀지 않은 과거인 1930년대만 해도 브라질의 상파울루 주의 개척지역들에서 이와 똑같은 과정을 여전히 볼 수 있었다. 즉, 임시적인 소토지 농장들이 결국은 광대한 커피 농장(fazendas)이 들어서게 만들고 그 결과 소농장들 자신은 사라진다.

16-17세기에 대토지(물론 크다는 것은 상대적인 이야기이지만) 농장들이 형성되면서 이곳에 필수불가결한 요소인 흑인 노예들이 증가했다. 인디오 인구가 극적으로 줄어든 이후 아메리카를 아프리카인들에게 개방한 과정은 저절로 진척되었다. "이 음모를 획책한 것은 좋은 것이든 나쁜 것이든 어떤 열정이 아니고 돈이다."[44] 인디오보다 더 강한 데다가(흑인 한 명은 인디오 네 명에 해당한다고 흔히들 이야기한다) 자신의 출신지로부터 단절되어서인지 더 유순하고 의존적인 아프리카 출신 노예는 상품처럼 매매되고 심지어는 주문되었다. 노예매매 때문에 그 당시로서는 어마어마한 규모였던 플랜테이션의 성립이 가능했다. 사탕수수는 거두어들인 후 그냥 놔두면 상하기 때문에 곧바로 제조소로 가져가서 갈아야 했다. 따라서 플랜테이션의 크기는 차량으로 사탕수수를 수송할 수 있는 한계 내에서 최대한 확장되었다.[45] 이 거대한 기업에는 서너 명의 기술자 및 숙련공 외에도 규칙적이고 세분된 그리고 단조로운 단순노동을 수행할 인력이 필요했다.

흑인은 유순하고 쉼 없고 힘이 좋기 때문에 그들의 노동은 가장 싸고 효율적이며 곧 사람들이 흔히 찾는 도구가 되었다. 버지니아와 메릴랜드에서 백인 소농들이 담당하던 담배 재배가 1663-1699년에 활기차게 발전한 것은[46]—이 시기에 수출이 여섯 배로 늘었다—백인 노동으로부터 흑인 노동으로 바뀌었기 때문이다. 당연한 일이지만 동시에 화려하고 세련된 반(半)봉건적인 착취귀족들이 나타났다. 담배는 시칠리아나 폴란드의 밀, 브라질의 노르데스치 지방이나 앤틸리스 제도의 사탕수수와 같이 대부분 수출용이었다. 그리하여 그런 지역들과 비슷한 사회질서가 만들어졌다. 똑같은 원인이 유사한 결과를 불러온 것이다.

흑인들은 그 외의 다른 일에도 많이 이용되었다. 17세기 말에 시작된 브라질의 사금채취는 미나스 제라이스, 고이아스, 바이아의 배후지 같은 곳에 수천 명의 흑인 노예들이 도입되었기 때문에 가능했다. 안데스 산지나 누에바에스파냐의 북부지역에서 흑인들이 사용되지 않은 이유는 사람들이 흔히 이야기하는 것처럼 고산지대의 추위로 흑인들이 광산에서 고된 노동을 할 수 없었기 때문이라기보다는(그것도 물론 한 요인이지만) 내륙지역으로 가려면 아주 먼 여행을 해야 했으므로 수송비가 많이 들어서 대서양 연안지역에서보다 값이 훨씬 비싸졌기 때문이다.

아메리카에 존재했던 여러 종류의 예속노동은 사람들이 이야기한 것보다는 더 대체 가능했다. 인디오들 역시 키토 근처에서 그랬던 것처럼 사금채취업을 할 수 있었다. 백인들은 열대지방에서는 노동을 하며 살 수 없다는 속설(애덤 스미스도 다른 많은 사람들처럼 그렇게 생각했다)[47]은 전혀 근거 없는 이야기이다. 앙가제들과 서번트들은 17세기에 그런 열대지역에서도 아주 너끈히 일했다. 100년 전에 독일인들은 자메이카의 시퍼드에 들어왔는데 오늘날까지도 여전히 그곳에서 일을 하며 잘살고 있다. 파나마 운하를 건설한 것은 이탈리아의 토목인부들이다. 오스트레일리아 북부의 열대지역에서 사탕수수를 재배한 일꾼들도 모두 백인이었다. 마찬가지로 미국 남부지역에서도 백인이 아주 큰 몫을 차지한 반면, 흑인들은 시카고, 디트로이트, 뉴욕과 같은 북부의 추운 지역으로 이주해서도 잘 적응해서 살았다. 다시 반복하거니와 날씨가 어느 정도의 역할을 한 것은 사실이지만 그렇다고 그것이 신대륙 전체에 걸쳐서 사람이 어떻게 배분되고 자리 잡는지를 모두 결정한 것은 아니다. 날씨보다는 분명히 역사에 책임이 있다. 그 역사는 복잡하기 그지없는 유럽의 착취의 역사이지만, 그 이전에 아메리카 인디오들의 찬란한 역사이기도 하다. 잉카와 아즈텍의 성공을 통해서 아메리카 인디오들은 그 땅 위에 지울 수 없는 발자취를 각인해놓았다. 마지막으로 역사는 오늘날에 이르기까지 인디오의 아메리카, 아프리카인의 아메리카, 백인의 아메리카가 살아남도록 했다. 역사는 이것들을 섞었지만 이 각각의 것이 오늘날까지도 서로 구분되면서 남아 있는 것을 보면 불완전하게 섞은 것이 틀림없다.

유럽에 봉사하는 아메리카

아메리카는 유럽을 복제해야만 했다는 점을 얼마나 자주 이야기해왔던가? 이 말은 부분적으로만 사실이지만 그래도 충분히 사실성이 있어서, 모든 아메리카의 현상에 대한 유럽적 해석을 거부했던 알베르토 플로레스 갈린도의 말을[48] 문자 그대로 따를 수는 없다. 크게 보아서 아메리카는 유럽사의 긴 단계들을 가능한 대로, 그러나 자신의 상황에 맞게 재현했다. 물론 그렇다고 해서 유럽과 똑같은 모델을 똑같은 순서대로 준수했다는 의미는 아니다. 고대, 중세, 르네상스, 종교개혁[49] 등 유럽의 경험은 이곳에서 혼용된 채로 재발견된다. 나는 오늘날 아메리카의 개척지역의 모습을 직접 본 적이 있는데, 이것은 그 어떤 박식한 묘사보다도 13세기 유럽의 숲 개간 장면을 잘 보여준다. 또 신대륙에 건설된 초기의 유럽식 도시들과 그곳의 족장제적인 가족들의 모습은 고대를 연상하게 했다. 비록 반쯤 맞고 반쯤 틀린 개략적인 것에 불과하지만 어쨌든 잊을 수 없는 장면임에 틀림없다. 또 하나 나를 매료시켰던 것은 주변 시골보다 먼저, 또는 적어도 동시에 건설된 아메리카 도시들의 역사이다. 이것은 11–12세기에 유럽에서 있었던 대규모적이고 결정적으로 중요한 도시의 팽창을 다른 시각에서 보도록 한다. 사실 대부분의 중세사가들은 이 현상을 상업과 도시의 관점에서 보기보다는 느린 농업팽창의 결실로만 보는 경향이 있다. 과연 그럴까?

유럽이 대서양 너머의 발전을 통제하고 규칙을 부과하는 이 현상에 대해서 단지 유럽의 반영에 불과한 것으로 본다면 타당한 해석일까? 각각의 모국 도시들이 아메리카의 일부 지역에 대해서 독점적인 지배를 하고 "식민지 조약(pactes coloniaux)"의 준수와 "식민지 독점체제(exclusif)"의 존중을 강요하는 한, 아메리카의 각 사회들은 대서양 저편으로부터 강요된 보호와 그 집요한 모델을 벗어던질 수 없었다. 모국 도시들은 마치 자기 자식들을 가까이에서 감시하는 일종의 게네트릭스*와 같았다. 유럽이 주의를 기울이지 않았던 때는 아직 모든 것이 불명확하고 지지부진했던 식민지 개발의 초창기뿐이었다. 영국과 스페인은 초기 아메리카 식민지들이 원하는 대로, 또 할 수 있는 한 마음대로 성장하도록 내버려두었다. 그러다가 이 식민지들이 성장하고 번영을 누리게 되자 모국이 다시 수중에 장악해서 모든 것을 제자리에 배치시키고 자신의 여러 기관들에 이익이 되도록 이른바 "중앙집중화"를 꾀한 것이다.

다른 유럽 세력들의 공격에 대해서 신생 식민지들이 방어하는 데에는 중앙집중화가 필수불가결했으므로 자연스럽게 그 방향으로 진행되었다. 신대륙을 분할하여 지배하던 국가들 간에 경쟁이 여전히 치열했기 때문이다. 이들 국가 간에는 식민지의 내륙 경계뿐 아니라 끝없이 긴 아메리카의 해안선을 놓고도 한없는 투쟁이 계속되었다.

또 중앙집중의 가속화는 식민지 내부에서 소수 백인의 지배를 보장해주기 때문이기도 했다. 백인들은 이미 "구"대륙이 된 유럽의 신앙, 사고방식, 언어, 생활양식 등에 집착하고 있었다. 대단히 소수이지만 효율적이고 활동적이며 지배적인 칠레 중앙부 계곡의 토지귀족들은 18세기에 "약 200가구"에 불과했다.[50] 1692년의 기록에서 볼 때 포토시의 대부호들은 그야말로 한줌에 불과한 소수였는데 이들은 "다른 옷들은 자신의 지위에 맞지 않기 때문에 금은을 섞은 옷감으로 짠 옷을 입었다."[51] 주택에 대한 이들의 사치는 말할 수도 없을 정도였다. 또 1774년 혁명 직전에 보스턴의 대상인들은 얼마나 소수였던가? 그럼에도 불구하고 이들이 살아남을 수 있었던 것은 무엇보다도 노동자들의 소극성에 원인이 있지만 동시에 모든 것을 포괄한 사회

---

* Genetrix : 아이네아스의 어머니인 아프로디테를 가리키며 이로부터 더 일반적으로 "어머니"와 연관된 비유―예컨대 모국(母國), 모시(母市)―로 쓰인다.

질서의 공모가 작용했고 또 동시에 유럽으로서는 어떤 비용을 들여서라도 이들을 유지하려고 했다는 점도 작용했다.

식민지 사회들이 모국에 어느 정도 유순한 태도를 취했고 또 의존적이었다는 것은 사실이다. 그러나 설사 불복종을 감행했더라도 기존의 체제, 질서, 기능에 아무런 변화도 주지 못했을 것이다. 이런 것들은 지난날과 현재 유럽 사회의 뼈대를 이루는 질서 및 기능과 불가분의 것이다. 가장 불복종적이고 지배의 손아귀에서 멀리 벗어나 있는 사회들은 대륙 간 경제의 큰 흐름 밖에 놓여 있는 사회들이다. 다시 말해서 "핵심적인 생산물에 의해 이끌리는 일이 없는……뒤처진 사회들",[52] 즉 대서양 너머로부터 원격조정을 받지 않는 사회들이다.[53] 이런 사회 및 경제들은 유럽 대상인들의 흥미를 거의 끌지 않았고 그래서 거의 투자를 못 받았기 때문에 가난한 채로 남아 있었지만, 반면에 자유로웠고 곧 자급자족 상태에 갇혀버렸다. 아마존 지역의 울창한 삼림 위에 있는 안데스 산맥 사면에 위치하여 목축업을 하는 페루, 엔코미엔데로스들이 카라카스 정부 당국으로부터 거세당하지 않은 채 남아 있는 베네수엘라의 영주제적인 야노스 지역들, 반(半)야생상태의 "가축들이 강을 이루고 있는" 브라질 내부의 상 프란시스쿠 계곡(이곳에서 가르시아 드 헤젠드와 같은 봉건영주는 루이 14세 시대의 프랑스와 같은 면적의 광대하고도 황량한 토지를 소유하고 있었다고 한다) 등이 그런 예이다. 그러나 이런 곳들만이 아니라 도시들 중에서도 아메리카의 공간 내에 홀로 고립되어 있어서 아무리 그러고 싶은 마음이 없더라도 어쩔 수 없이 자치(自治)를 해야만 하는 곳들은 모두 이런 상태에 있었다. 이전에 반데이란테스*의 수도 역할을 했던[54] 상파울루도 17세기 말과 18세기까지 이와 같은 강제적인 독립상태를 유지했던 좋은 예이다. 1766년에 아카리아스 드 세리오네는 이렇게 썼다. "포르투갈인들은 브라질 내부에 거의 아무것도 세우지 않았다. 상파울루는 그들

---

* bandeirantes : '파울리스타'와 동의어이다. 이 책 제1권의 그림 7과 79쪽의 역주를 참조하라.

이 가장 중요한 곳으로 여기는 곳이다.……그런데 이곳도 내륙으로 12시간 이상의 거리만큼 들어가야 했다.……"[55] 코레알에 의하면 "이곳은 애초에 믿음도 법도 없는 잡다한 사람들이 만든 일종의 공화국이다."[56] "파울리스타"는 자신들을 자유로운 사람으로 여겼다. 사실 이곳은 말벌집과 같았다. 이들은 내륙로를 따라 페루와 아마존 지역에까지 들어갔는데, 때로는 광부들의 캠프에 식량을 공급하는 일도 했지만 예수회가 세운, 파라나 강변의 인디오 보호 마을들을 약탈하기도 했다(1659).[57]

그렇지만 그보다는 복종적이고 잘 길들여진 경제들이 훨씬 많았다. 사실 담배를 재배하는 버지니아나 사탕수수를 재배하는 자메이카로서는 영국의 구매와 런던의 크레딧에 의존하는 상황인데 어떻게 반란에 뛰어들 수 있었겠는가? 아메리카가 독립하기 위해서는 일련의 사전조건들이 충족되어야 하는데 사실 그 조건들이 한데 모아지는 것은 쉬운 일이 아니었다. 반(反)유럽적인 최초의 대혁명인 1774년의 영국 식민지의 혁명운동이 보여주듯이 모든 상황이 마침 적당해야만 가능한 일이다.

게다가 식민지의 질서가 유지되고 모국의 도움 없이도 스스로 발전할 정도로 충분한 자립적인 힘이 있어야만 가능하다. 그런데 사실 이 질서는 언제나 항구적인 위험에 처해 있는 것이 아닐까? 자메이카의 플랜테이션 소유주들은 노예반란의 위협 속에서 살아갔다. 브라질 내부에는 도주노예들 (esclaves marrons)의 "공화국들"이 존재했다. "브라보(bravo)"[58] 인디오들은 파나마 지협이라는 핵심 노선을 위협했다. 칠레 남부의 아라우칸 인디오들은 19세기까지도 위협적인 존재였다. 1709년에 루이지애나에서 있었던 인디언들의 봉기는 프랑스에서 소규모 파견대를 보내야 할 정도였다……[59]

유럽에 대항하는 아메리카

그러나 심각한 불균형 속에서 "식민지 조약"이 영구화할 수 있었을까? 식민지는 본국의 부, 명예, 힘에 봉사하는 한에서만 의미를 가진다. 식민지의 교역과 삶 전체는 감시 아래 있었다. 장래 미국 대통령이 될 토머스 제퍼슨은 버지니아의 플랜테이션들이 "런던의 일부 상인들 저택의 부속 자산"에 불과하다고 노골적으로 이야기했다.[60] 영국이 식민지로부터 항상 듣는 또다른 불만사항은 식민지에 화폐가 태부족이라는 점이었다. 이 병은 결코 낫지 않았다. 본국은 식민지에 대해서 흑자를 기록했으므로 현찰을 받을 따름이지 공급한 적이 없었다.[61] 이 열악한 지역의 인내력이 아무리 크더라도 현실적으로 그와 같은 규제와 규칙이 문자 그대로 준수되었다면, 또 두 지역 사이의 거리가 멀다는 상황—이것은 사실 대서양 항해의 시간이 길다는 것에 다름 아니었다—이 일정한 자유를 창조하지 못했다면, 또 세계 어느 곳에서나 존재하기 마련이고 사실 규제가 불가능한 밀수가 이 기계장치에 기름을 치는 역할을 하지 않았다면, 이 체제는 오래가지 못했을 것이다.

그 결과 어느 정도의 온건주의, 즉 되는 대로 내버려두자는 자유방임의 경향이 생겼다. 그러자 기존 제제에 대한 어느 징도의 왜곡과 재균형화가 별 소란 없이 저절로 진행되었다. 이 현상들은 대개 슬그머니 만들어졌지만 곧 그 누구도 이것을 억제할 수 없게 되었다. 그리하여 세관들이 효율성을 상실했고, 행정기관도 모국의 명령을 문자 그대로 수행하기보다는 현지의 사적인 이해에 양보하게 되었다. 더욱이 교환의 증가로 말미암아 아메리카의 경제가 화폐화되고, 또 아메리카산 귀금속의 일부가 밀수에 의해서든 시장법칙의 논리에 의해서든 유럽으로 가는 대신 현지에 그대로 남았다. "1785년 이전에는 멕시코에서 교회가 농민으로부터 십일조를 화폐로 받는 것을 자주 볼 수 있었다."[62] 이 사실 자체가 대단히 의미심장한 현상이다. 브라질 내부의 외떨어진 지역에서조차 발달된 경제의 표시인 크레딧이 등장했다는 것도 마찬가지이다. 여기에서는 금이 모든 것을 바꾸어놓았다. 1751년 5월 7일에 빌라 리카의 위원회(Conselho)는 국왕에게 이런 보고서를 올렸다. 많은 광부들이 "그들이 거느리는 노예들의 몸값에 해당하는 금액을 빚지고 있는 것이 분명합니다. 그래서 겉으로 보기에는 부자인 사람이 실제로는 가난하고, 가난하게 보이는 사람이 부자인 경우가 많습니다."[63] 사금채취소의 주인은 상인들이 노예 구입용으로 빌려준 자금으로 일하기 때문이다. 은 산지에서도 비슷한 일이 일어났다. 18세기에 아메리카만이 아니라 전 세계에서 가장 큰 광산도시였던 과나후아토를 중심으로 누에바 에스파냐를 열정적으로 연구한 데이비드 브레이딩의 저서를 읽어보면, 크레딧이 온갖 종류의 형태를 띠면서 발전할 뿐 아니라 서로 중첩되고 연결되어서 기존의 구도가 허물어지고 새로운 구도가 만들어지고 있다는 느낌을 받는다.

여기에서 우리는 지방 상인들 사이에 무시하지 못할 규모의 축적이 진행되고 있다는 점을 분명히 볼 수 있다. 심지어 스페인령 아메리카에서는 크레올 상인들이 어찌나 부자인지 18세기 말에 이르면 스페인이 자기 식민지의 식민지라고 말할 정도였다! 이것은 단지 말장난에 불과할까? 혹은 자신의 지위에 얌전히 머물러 있지 않으려는 사람들에 대해서 스페인 본국에서 느끼던 감정을 표현한 말일까? 어쨌든 식민지 독립의 위기가 닥쳤을 때 신대륙 상인들과 본국 자본가들 사이에는 갈등과 심한 적개심이 개재되어 있었다는 것을 주목해야 한다. 보스턴이 그런 경우이다. 또 부에노스 아이레스에서도 1810년에 이곳 상인들이 카디스의 대상인들과 관계를 끊으려고 했다. 브라질의 도시들에서도 사정이 비슷해서 포르투갈 상인들에 대한 반감이 증오로 바뀌었다. 강도와 살인이 다반사로 일어나던 리우 데 자네이루에서는 손가락마다 반지를 끼고 은식기들을 자랑하던 포르투갈 상인들이 증오의 대상이 되었다. 사람들은 기회만 있으면 이들을 공격했고, 다른 복수가 불가능한 경우에는 이들을 무자비하게 놀려대서, 미련하고 밉살스러운 사람이나 바람맞은 남편과 같은 코미디 주인공으로 만들었다. 아메리카의 식민지에 막 도착한 스페인 출신 신참자로서 경험은 없으나 야망을 품고 있고 흔히는 이전에 번 재산을 가지고 온 사람들을 차페톤(chapeton)이나 가추핀(gachupín)이라고 부르는 현상은 아주 흥미로운 사회심리학의 주제가 될 것이다. 이 사람들은 앞서 도착하여 상업의 요지에 자리 잡고 있던 소그룹에 합류한다. 이렇게 해서 바스크 지방이나 산탄데르 배후의 산악지역 출신 상인들이 멕시코 전역을 지배하기에 이르렀다. 이 상업가문들은 스페인의 고향에 남아 있는 사촌이나 조카, 이웃 사람들을 불러들이고 조력자, 승계인, 사위가 될 사람들을 모집했다. 신참자들은 별 어려움 없이 "결혼 경쟁"에서 승리를 거둔다. 1810년에 멕시코의 혁명분자인 이달고(hidalgo : 하급귀족)는 다른 사람들과 마찬가지로 가추피나(gachupina) 유이민을 막으려고 하면서 이렇게 비난했다. 이들은 "인간답지 못한 사람들이다.……그들의 모든 행동의 동기는 더러운 욕심뿐이다.……그들은 단지 정략적으로만 가톨릭이고 실제로 그들의 신은 돈이다(Su Dios es il dinero)."[64]

산업상의 투쟁

상업적 측면만이 아니라 산업적 측면에서도 식민지와 모국 사이에는 오래전부터 갈등이 쌓여왔다. 16세기 말부터 스페인령 아메리카와 어쩌면 아메리카 전역에서 지속적인 위기가 계속되었다.[65] 이때 유럽의 자본주의는 곤경에 빠져 있었다. 따라서 17세기에는 대서양 너머 아메리카에서도 스스로 어려움을 헤쳐나가야 했다. 당시 형성 중이던 지방시장들은 교환을 증대시켰다. 브라질은 끈질기게 안데스 산악지역으로 뻗어나갔다. 칠레는 페루에 식량을 공급했다. 보스턴의 배들은 앤틸리스 제도에 밀가루, 목재, 뉴펀들랜드의 생선 등을 가져왔다……. 그리고 여러 산업들이 성장했다. 1692년 키토에는 "서지 직물, 면직물……등 의복제조용 거친 직물을 제조하는 매뉴팩처들이 존재했다. 이런 상품들은 페루, 칠레, 티에라 피르메, 파나마 등지에서 팔렸는데 수출항구인 과야킬은 [태평양 쪽의] 키토와 같은 역할을 했다. 또 육로를 통해서 포파얀*에도 상품을 수송했다."[66] 소코로의[67] 누에바 그라나다, 페루의 쿠스코 지방, 멕시코 남부 푸에블라의 인디오 지역[68] 등에서도

---

* Popayan : 콜롬비아 남서쪽에 있는 카우카 주의 주도. 1537년에 건설되었으며 식민지 시대에 광업 중심지이자 행정 및 종교 중심지 역할을 했다.

이와 비슷하게 직물업이 성장했다. 리사라가 주교에 의하면 이후에 아르헨티나가 될 지역 내부에서, 특히 "멘도사에서는 우리들과 함께 자라난 인디오들이 실을 제조했는데 이것은 비스카야 지역에서 만든 가장 섬세한 실만큼 품질이 좋았다."[69] 농산물과 축산물 가공 산업들 역시 아주 다양하게 발달했다. 어디에서나 비누와 수지 양초를 제조했다. 또한 도처에서 가죽 산업이 발달했다.[70]

대규모 아시엔다들이 성장함으로써 아메리카 대륙의 상당 부분이 "봉건화"되던 17세기의 그 어려운 시기에 이와 같은 초보적인 산업들이 발달했던 만큼, 콩종크튀르가 좋아지는 때가 되면 이 산업들이 기름 번지듯이 퍼져나갈 수 있었을까? 그렇게 되려면 유럽이 매뉴팩처의 독점을 포기해야만 했지만 유럽으로서는 그럴 의사가 전혀 없었다. "만일 아메리카가 양말이나 말편자 같은 것을 만들려고 한다면, 그들에게 영국의 힘이 어느 정도인지 보여주고 말 테다"라고 채텀 경*이 말했다고 한다.[71] 실제로 이런 말을 했다면 이것은 영국의 의도가 무엇인지 잘 말해주지만, 동시에 영국이 대서양 너머의 현실에 얼마나 무지한지도 잘 말해주는 증거이다. 신대륙으로서는 그들이 필요로 하는 상품의 제조업을 포기하려고 하지는 않았던 것이다.

결국 아메리카 전체는 성숙해가면서 균형을 찾고 도망갈 궁리를 마련했다. 아메리카의 다른 어느 곳보다도 스페인령 아메리카는 밀수망을 이용해서 추가로 자유와 이윤을 획득했다. 누구나 다 알고 있듯이, 마닐라 갤리온선은 스페인과 유럽을 희생시켜가며 멕시코의 콘술라도의 자본가들과 머나먼 중국에 이익을 안겨준 은의 유출을 감행했다. 18세기 말까지 은화와 은괴의 태반은 가톨릭 왕—그는 이제 천덕꾸러기가 되었다—에게 가는 것이 아니라 사개인 상인들에게로 갔다. 그리고 신대륙의 상인들도 여기에서 한몫을 차지했다.

---

* Lord Chatham : 영국의 정치가인 윌리엄 대(大) 피트를 가리킨다.

영국의 식민지들이 자유를 찾다

신대륙에서 전반적인 항의는 영국 식민지에서부터 일어났다. 1774년 12월 16일에 인디언으로 위장한 사람들이 보스턴 항에 정박해 있던 영국 동인도회사 선박 세 척에 침입해서 적재되어 있던 차를 바다에 던져버린 이른바 보스턴 차 사건에 대해서 "봉기"라고 하면 지나치게 강한 표현일 것이다. 그러나 그 자체로는 그다지 중요성이 크지 않은 이 사건을 계기로 해서 장래 미국이 될 식민지들과 영국 사이가 분열되었다.

이 갈등은 영국 식민지와 기타 아메리카 식민지들의 번영을 가져온 18세기의 경제성장에 기인했다. 더구나 이 식민지들이 국내적으로나 국제적으로 활기찬 교역을 하고 있었기 때문에 더욱 번영했다.

이러한 상승을 보여주는 첫 번째 표시는 잉글랜드의 노동자, 아일랜드의 농민 그리고 스코틀랜드인들의 이민이 계속되었다는 점이다. 특히 마지막에 언급한 스코틀랜드인들 중에는 얼스터 출신이 많았고 대개 벨파스트에서 배를 탔다. 1774년 이전의 5년 동안 아일랜드의 배 152척이 "4만4,000명"을 실어날랐다.[72] 여기에 독일의 강력한 식민지 개척운동이 더해진다. 1720년에서 1730년 사이에 독일의 이런 노력은 "펜실베이니아를 거의 게르만화할 정도였다."[73] 이곳에서는 독일인만이 아니라 아일랜드계 가톨릭교도들이 워낙 많아서 퀘이커들이 오히려 소수에 불과했다. 독일계 사람들의 이주는 독립 이후 더욱 증가했는데, 영국 측에 봉사했던 독일 용병들이 전쟁이 끝난 후 아메리카에 그대로 남았기 때문이다.

이러한 이민은 진짜 "사람 장사"였다.[74] 1781년에 "한 대상인은 전쟁이 전에 혼자서 4만 명의 유럽인을 수입했다고 자랑했다. 그중에는 팔라티나트인, 슈바벤인 그리고 알자스인들이 일부 있었다. 이민은 네덜란드를 통해서 이루어졌다."[75] 사실 이 "사람 장사"의 주요 대상은 아일랜드인들이었다. 이 교역은 흑인 노예무역과 가장 비슷한 사례로서 독립을 획득한 이후에도 감소하기는커녕 반대로 확대되었다. 1783년의 한 보고서는 이렇게 이야기한다. "아일랜드로부터의 수입교역은 전쟁 동안 잠시 중단되었다가 이제 다시 재개되어서 이 일을 하는 사람들에게 엄청난 수익을 안겨주었다. [배 한 척마다] 350명의 남자, 여자, 어린아이들이 이곳에 도착한 후 모두 곧바로 고용되었다. [그 방법은 매우 단순하다.] 선장이 더블린이나 여타 아일랜드의 항구에서 이주 희망자들에게 조건을 제시한다. 일반적으로 80-100리브르 투르누아였던 항해비용을 스스로 댈 수 있는 사람은 자유로운 상태로 아메리카에 도착해서 자신에게 맞는 일거리를 택한다. 항해비용을 댈 수 없는 사람은 선박 의장업자의 비용으로 대서양을 건너며, 이 업자는 그 비용을 보상받기 위해서 배가 도착했을 때 그가 장인, 일용노동자, 하인 등을 수입했다는 사실을 공표하고 그의 계정으로[76] 이 사람들의 일거리를 계약한다. 그 계약기간은 남녀 어른들은 3-5년이고 아이들은 6-7년이다. 가장 최근에 수입된 사람들은 선장에게 넘겨져 성별, 나이, 근력에 따라 150-300의 금액으로[77] 고용되었다. 고용주들은 이 사람들을 먹여주고 재워주고 입혀주는 일만 하면 된다. 계약기간이 끝나면 이 사람들은 옷 한 벌과 삽 한 자루를 받고 완전히 자유로운 상태가 된다. 올겨울에 1만5,000-1만6,000명이 들어오기로 되어 있는데 대다수는 아일랜드인들이다. 더블린의 행정관들은 이와 같은 이민을 막을 수 없는 상태이다. 현재 업자들은 독일로도 눈길을 돌리고 있다."[78]

결과적으로 "[대서양] 연안지역으로부터 산악지역과 서부로의 이주가 시작되었다.……[각 가구가] 자기 집을 짓기까지 모든 사람들이 한 집에 기거했다." 신참자들은 어느 정도 경제적으로 안정을 찾게 되면 "필라델피아로 와서 자신에게 배분되었던 땅값을 지불한다." 이 땅은 대개 식민지정부[이후에는 그것을 계승한 주정부]에 의해서 판매되었다. 이주농들은 "흔히……그들이 새로 얻은 토지를 팔고 다른 곳에서 미경작지를 새로 얻어서 개간한 다음 다시 판매한다. 이처럼 개간을 계속하는 일을 여섯 번까지 한 농부들이 여럿 있다."[79] 18세기 말의 문서에 나타난 이런 현상은 "변경"에서 이미 오래 전부터 있었던 일이다. 변경지대는 계약기간이 끝난 이주민 중에 큰돈을 벌려는 사람들을 유인했다. 특히 스코틀랜드인들 중에 삼림지역에 과감하게 뚫고 들어가서 그곳에서 인디언처럼 살며 끊임없이 개간하고 전진하는 사람들이 많았다. 이 사람들 뒤로는 모험심이 덜 강한 이주민들—대개는 독일계 사람들—이 이미 개간된 땅을 차지해서 경작했다.[80]

　서부의 대지와 삼림으로 사람들이 몰려드는 이 현상은 전반적인 경제성장과 병행했고 동시에 그것을 촉진했다. 당시의 관찰자들은 생물학적인 팽창을 목도하고 깊은 인상을 받았다. 아메리카인들은 "그들이 할 수 있는 한 최대로 많은 아이들을 낳는다. 아이들이 많은 과부는 분명히 재혼을 하게 된다."[81] 이처럼 높은 출산율은 인구의 이동을 크게 부풀려놓았다. 그리하여 필라델피아 북부지역에서는 거의 영국계 사람들만 살았으나 점차 그런 현상이 약화되어갔다. 그리고 스코틀랜드인, 아일랜드인, 독일인, 네덜란드인들은 영국에 대해서 무관심하거나 차라리 적대적이었기 때문에 이렇게 아주 일찍부터 시작되고 점차 가속화된 인종 혼합이 분명히 모국과의 관계단절에도 일조했다. 1810년 10월에 뉴욕에 막 도착한 프랑스 영사는 파리에서 명령받은 대로[82] "이 지역 사람들이 현재 가지고 있는 심성과……프랑스에 대한 진짜 태도"를 조사했다. 그의 대답은 이러했다. "그 문제는 현재 제가 주재하고 있는 이 인구과밀의 도시를 통해서 판단할 일이 아닙니다[당시 뉴욕의 인구는 8만 명이었다]. 이곳 사람들 대부분은 온갖 국가 출신의 외국인들이어서 말하자면 미국인만 빠진 상태와 같은데, 일반적으로 사업 생각만 합니다. 뉴욕은 인구의 3분의 2가 끊임없이 바뀌는 일종의 상설 정기시와 같습니다. 이곳에서는 거의 가상의 자본을 가지고 거대한 사업이 이루어지고 놀라울 정도로 사치가 퍼져 있습니다. 또 상업은 대개 기반이 약합니다. 파산이 자주 일어나고 또 흔히 그 규모가 상당히 큰데도 불구하고 사람들은 그것들이 거의 아무런 일도 아닌 것처럼 여깁니다. 게다가 파산한 사람이 채권자들로부터 관용을 얻지 못하는 일은 거의 일어나지 않는데 이것은 마치 모든 사람들이 서로에게 같은 것을 기대하고 있는 것 같습니다. 그러므로 뉴욕 주의 미국인들을 찾으려면 시골이나 내륙도시들로 가야 합니다." 인종의 용광로(melting pot) 현상에 따른 인성의 변화에 대해서 말하자면, 미국의 대중 일반—미국의 인구는 1774년경에 아직 300만 정도에 불과했다—은 이것이 외국인들의 침입과 같은 것이라고 민감하게 느끼지 않았을까? 사실 이 현상은 비율로 따지면 19세기 말의 이민 물결과 비슷하게 큰 규모였다.

그런 현상은 영국의 남부 식민지(버지니아, 메릴랜드, 사우스캐롤라이나 및 노스캐롤라이나, 조지아)보다 북부 식민지(뉴잉글랜드, 매사추세츠, 코네티컷, 로드 아일랜드, 뉴햄프셔, 뉴욕, 뉴저지, 델라웨어, 펜실베이니아)와 더 관련이 깊다. 남부는 완전히 다른 곳으로서 플랜테이션과 흑인 노예들의 고장이었다. 오늘날 버지니아의 몬티셀로에 있는 토머스 제퍼슨(1745-1826)의 멋진 저택을 방문하는 사람들은 이곳이 브라질의 카사 그란데(Casa Grande)나 자메이카의 그레이트 하우스(Great House)와 비슷하다고 생각할 것이다. 다만 다른 점이 있다면 제퍼슨의 저택에는 거대한 본관의 지하실에 노예들의 방들이 있어서 이 건물의 거대한 무게가 노예들을 짓누르는 듯한 인상을 준다는 점이다. 또 영국령 "남부" 아메리카, 이른바 '디프 사우스*도 지우베르투 프레이리가 브라질의 노르데스치 지역의 플랜테이션과 도시들에 대해서 묘사한 것들과 비슷한 면모를 보인다. 그러나 상황이 아무리 비슷하다고 하더라도 두 곳의 경험은 인간적으로 서로 큰 차이를 보인다. 두 지역 사이에는 문화, 심성, 종교, 성적 태도 등에서 영국과 포르투갈 사이의 거리만큼 떨어져 있다. 지우베르투 프레이리가 말한 제당공장 소유주들과 하녀와의 사랑은 완전히 드러내놓고 하는 일이었다. 이에 비해서 제퍼슨이 젊은 여자 노예 한 명과 나눈 사랑은 완전히 비밀 속에 감추어져 있었다.[83]

북부와 남부 사이의 대립은 미국사의 초기부터 대단히 두드러진 구조적

---

* deep south : 미국의 최남부 지방을 가리킨다. 조지아, 앨라배마, 미시시피, 루이지애나 주가 포함되며 일반적으로 보수적인 성향이 강하다고 한다.

양태였다. 1781년의 뉴햄프셔에 대한 한 기록을 보자. "이곳에서는 남부와는 달리 1,000명의 노예와 8,000-1만 에이커의 땅을 소유한 사람이 자신보다 부유하지 못한 이웃을 모멸하는 따위의 일은 없다."[84] 그다음 해에도 이와 비슷한 기록이 있다. "남부에서는 소수의 사람들에게 많은 부가 집중된 반면, 북부에서는 대중의 번영, 더 많은 각 개인의 행복, 행복한 소박함, 더 많은 인구……등이 특징이다."[85] 그러나 이것은 지나친 단순화일 것이다. 그래서 프랭클린 제임슨은 좀더 뉘앙스를 두어서 설명했다.[86] 귀족적인 계층이 워낙 소수인 데다가 그나마 그것이 대개 도시적인 현상이었던 뉴잉글랜드에도 대토지들이 존재했다. 뉴욕 주에는 "장원들(manoirs)"이 모두 250만 에이커나 되었고, 허드슨 강에서 수백 마일 떨어져 있는 반 렌슬리어의 영지는 가로, 세로가 각각 24마일과 28마일이어서 비교해보자면 로드 아일랜드 전체 면적의 3분의 2에 해당하지만 그래도 이것은 작은 규모에 속했다. 남부로 내려가면 영지의 크기는 더욱 커졌다. 펜실베이니아만 해도 그렇지만 메릴랜드와 버지니아로 가면 이 경향이 더욱 뚜렷해져서 버지니아에 있는 페어팩스 가문의 토지는 600만 에이커에 달했다. 사우스캐롤라이나의 그랜빌 경의 토지는 이 식민지 주의 3분의 1을 차지하고 있었다. 남부지역과 북부의 일부 지역에서는 때로는 교묘한 방식으로, 때로는 백일하에 드러내놓은 방식으로 귀족체제의 면모를 띠고 있었는데 이것은 과거 영국의 사회체제를 "이식한" 것이다. 여기에는 장자상속권이 핵심 요소였다. 그렇지만 어디에서나 소토지들이 대영지들 사이사이에 파고들어가 있었다. 북부에서는 땅의 굴곡이 심해서 대토지 형성에 불리했고 서부에서는 경작지를 얻기 위해서는 숲을 파괴해야 했기 때문이다. 그러므로 농업이 지배적인 이 경제에서 토지 분배가 불균등하면서도 사회적으로 제법 탄탄한 균형이 이루어졌고 그러면서도 부자들에게 유리한 상태가 만들어져 있었다. 적어도 혁명까지는 그랬다. 혁명은 영국 편에 서 있던 수많은 대지주 가문들을 멸망시켰고 그다음에는 토지의 수용과 판매 그리고 "앵글로-색슨적인 침착하고 조용한 방식의"[87] 발전이 이어졌다.

그러므로 실제의 농업체제는 일반적인 도식에 따라 남부와 북부를 대조하는 것보다는 더 복잡하다. 13개 식민지 주에 있는 50만 명의 흑인 노예들 가운데 20만 명이 버지니아에, 10만 명이 사우스캐롤라이나에, 아마도 2만 5,000명 정도가 뉴욕 주에, 1만 명이 뉴저지에, 6,000명이 코네티컷에, 6,000명이 펜실베이니아에, 4,000명이 로드 아일랜드에, 5,000명이 매사추세츠에 있었다.[88] 1770년에 보스턴에는 "500대 이상의 마차들이 있었는데 흑인 마부를 두는 것이 아주 위엄 있는 일이었다."[89] 이상하게도 노예들을 가장 많이 소유한 버지니아 주의 귀족들이 휘그, 즉 혁명에 가장 동조적이었다. 아마도 이것이 혁명의 성공에 중요한 요인이었을 것이다.

백인들이 영국에 대해서는 자유를 요구하면서도 흑인들의 예속에 대해서는 그다지 큰 마음의 고통을 느끼지 않는다는 것은 분명히 모순이었다. 1763년에 버지니아에서 한 영국인 목사는 신도들에게 이렇게 확언했다. "세계에서 이곳[영국 식민지]만큼 노예들이 잘 대섭받는 곳은 없다는 사실을 분명히 밝힙니다."[90] 누구도 이 말을 전도사의 말이라고 생각하지는 않을 것이다. 그런데 아메리카의 식민지에서는 지역마다—심지어는 남부의 플랜테이션에서도—노예들의 실제 상황이 극도로 다양했다. 그래서 아메리카의 스페인이나 포르투갈 식민지 사회에 잘 통합된 흑인들이 그곳에서 더 행복했는지 혹은 불행했는지는 알 수 없는 일이다.[91]

상업상의 도전과 경쟁

13개 식민지 전체는 아직 본질적으로 농업사회였다. 1789년에 "미국 전체 노동자들 가운데 적어도 열 명 중에 아홉은 농업에 고용되어 있었고 농업에 투자된 자본의 가치는 다른 모든 산업의 자본을 다 합한 것보다 몇 배나 더 컸다."[92] 그러나 땅과 개간, 경작이 가장 중요했다고는 해도 무엇보다도 뉴잉글랜드를 필두로 한 북부지역의 점증하는 항해와 교역활동 때문에 식민지들이 봉기에 이끌리게 된 것이 사실이다. 이곳 역시 상업활동이 지배적이라고 할 수는 없으나 그래도 결정적인 요소였다. 애덤 스미스―코밑에서 벌어지던 영국의 산업혁명보다 멀리 떨어져 있던 아메리카 식민지들을 더 잘 이해하고 있었다―는 미국 혁명의 원인에 대해서 핵심을 파악하고 있었으며 그 혁명의 반향과 전개과정을 꿰뚫어 알고 있었다. 그의 『국부론(*The Wealth of Nations*)』은 보스턴 차 사건이 있고 난 지 2년 뒤인 1776년에 나왔다. 애덤 스미스의 설명은 짧은 한 문장에 나타나 있다. 다른 식민 모국들에 비해서 영국 정부가 자신의 식민지에 대단히 관용적이라는 점을 찬양하면서 스미스는 "영국의 이주민들은 완전한 자유를 누리고 있다"는 점을 강조했다. 그러나 말미에 그는 다음과 같은 예외를 달았다. "모든 점에서 자유를 누리지만, 단 국제무역만은 제외하고."[93] 얼마나 큰 예외인가! 이것은 직접적으로든 간접적으로든 식민지의 경제생활 전체를 방해했고 반드시 런던의 중재를 거쳐야만 하도록 만들었다. 식민지는 런던의 크레딧에 연결될 수밖에 없었고 특히 영국 "제국"의 상업적인 틀 안에 있어야만 했다. 그런데 일찍이 해외무역에 눈을 떴고 보스턴과 플리머스라는 중요한 항구들을 가진 식민지로서는 이것을 받아들일 수 없었으므로 마지못해 동의는 했으나 속임수를 쓰고 장애물을 우회했다. "미국"의 상업활동은 너무나도 활력이 넘치고 적극적이어서 자유가 주어지지 않았더라도 그것을 획득해야만 했다. 그러나 결국 반밖에 성공하지 못했다.

뉴잉글랜드는 스튜어트 왕조에 의해서 쫓겨난 이주민들이 1620-1640년에 재건설한 곳이다.[94] 이 사람들의 첫 번째 야심은 이 세상의 죄와 불의와 불평등을 멀리한 폐쇄적인 세계의 건설이었다. 그러므로 이 세계는 자연히 가난할 수밖에 없었지만 문제는 바다가 서비스를 제공했다는 점이다. 일찍부터 이곳에 대단히 활기찬 상인들의 소세계가 자리를 잡았다. 영국 식민지 북부는 모국과 가까이에 위치하고 있어서 접근이 편리했기 때문일까? 혹은 가까운 거리에 있는 아카디아 해안, 세인트 로렌스 강 하구, 뉴펀들랜드 뱅크가 해양의 만나(manna)를 제공했기 때문일지도 모른다. 이곳의 어업을 통해서 뉴잉글랜드의 주민들은 "가장 많은 돈을 벌었다. 대지의 내장을 헤집는 일들은 스페인인이나 포르투갈인들이 하도록 내버려두고 이 사람들은 단지 그들에게 생선을 가져다줌으로써 [돈을] 벌었다."[95] 그 험한 직종을 통해서 성장한 선원들과 선박의 건조 역시 여기에 더해야 한다. 1782년에 뉴잉글랜드에서 어업은 600척의 선박과 5,000명의 인원을 고용하고 있었다.

그러나 뉴잉글랜드의 식민지 주민들은 이렇게 손에 바로 잡히는 일거리에만 만족하지는 않았다. "사람들은 이들을 보고 아메리카의 네덜란드인들이라고 불렀다[이 별명만으로도 이들이 어떤 사람들인지 알 수 있다].……아메리카인은 네덜란드인보다도 더 경제적으로 항해한다. 이런 성격과 아울러 그들의 식량가격이 싸다는 점 때문에 이들이 선박 사용료 측면에서 우월해졌다." 사실 이들은 식민지의 중부와 남부의 연안항해를 도맡아 하면서 밀, 담배, 쌀, 인디고 등의 생산물들을 원거리로 재분배했다……. 이들은 영국, 프랑스, 네덜란드, 덴마크령 앤틸리스 제도에 대한 식량 보급을 도맡았다. 이들이 가져다주는 상품 중에는 생선, 염장 고등어, 대구, 고래 기름, 말, 염장 육류 외에 목재, 통널, 판자, 심지어는 거의 조립되어 있는 집―"이미 다 만들어져 있는 상태인데 목수 한 명이 따라가서 건축을 완성한다"[96]―까지 있었다. 그리고는 설탕, 당밀, 타피아[럼주/역주]를 가지고 귀환했다. 이와 동시에 이들이 앤틸리스 제도나 가까운 대륙의 항구들을 통해서 스페인령 아메리카의 은 유통권에 들어갔기 때문에 은화를 가지고 돌아오기도 했다. 이렇게 상업활동이 남부에까지 성공적으로 팽창해간 결과 북부 식민지에서는 상업세력이 팽창하고 또 조선업, 나사 및 거친 직포 직조업, 철물업, 럼주 양조업, 철괴나 선철 또는 주철 제조업 등의 산업들이 발달했다.

게다가 뉴욕이나 필라델피아와 같은 북부 항구의 상인들은 그들의 항해를 북대서양 전체로, 즉 마데이라와 같은 여러 섬들, 북아프리카, 바르바리, 포르투갈, 스페인, 프랑스 등지의 연안 그리고 영국에까지 확대했다. 심지어

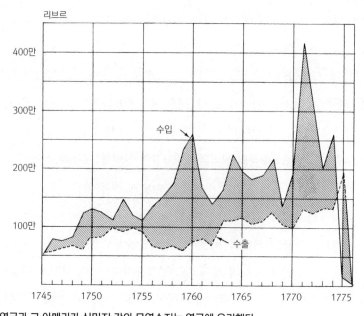

40. 영국과 그 아메리카 식민지 간의 무역수지는 영국에 유리했다
식민지로서는 적자를 보고 있었으므로 수지균형을 이루기 위해서는 아프리카(노예무역), 앤틸리스 제도, 지중해를 포함한 유럽 등에 기항하는 "삼각무역"을 수행해야 했다. (헤럴드 언더우드 포크너, 『미국 경제사』, 1943, p.123)

는 건어물, 밀, 밀가루를 지중해에 수출하기도 했다. 전 세계를 향한 이와 같은 상업적 팽창은 삼각무역의 성격을 띠게 되었는데 여기에는 영국도 포함되어 있었다. 아메리카의 배가 암스테르담으로 직접 간다고 해도 런던은 언제나 삼각형의 한 꼭짓점을 형성했다. 또 유럽의 여러 지역들과 거래한 교역의 결제를 런던에서 했고 더 나아가서 세 곳에서 크레딧을 얻었다. 영국과 식민지 사이의 수지에서 영국이 흑자였기 때문에 이상과 같은 상업활동에서 얻은 잉여의 상당 부분은 런던에 남겨졌다. 식민지가 봉기하기 전인 1770년에 한 관찰자는 이렇게 보고했다. "구매와 커미션을 통해 식민지의 모든 화폐는 영국으로 넘어갔고 이곳에 남은 부는 모두 종이돈뿐이었다."[97] 그럼에도 아주 일찍이 아메리카가 경쟁자로 성장해갔고, 식민지의 번영이 영국의 번영을 갉아먹으며 런던의 상업적인 부를 불안하게 만든 것이 사실이다. 그 때문에 영국 측이 보복조치를 취했지만 단지 성가신 자극을 줄 뿐 효과는 없었다. 1766년에 한 관찰자는 이렇게 말했다. "오늘날 영국은 식민지 주민들의 산업을 방해하고 제약하느라고 쓸데없는 법을 만들고 있다. 이것은 병을 완화시킬 수는 있을지언정 고치지는 못한다.……영국은 상업, 경제와 재수출, 관세, 창고 및 위탁의 비용 그리고 항구에서의 노동의 일부를 상실하고 있다. 그리고 오늘날 배들이 식민지로 직접 귀환하는 것은 아주 일반적인 관례가 되었는데 이 경우 1,500척 이상의 선박을 보유한 보스턴과 필라델피아를 비롯한 여러 지역의 항해사들은 외국 항구들에서 선적한 유럽 상품들을 비단 이곳 식민지에 들여올 뿐 아니라 다른 모든 영국의 식민지에도 공급하지 않겠는가? 그렇게 되면 영국의 상업과 금융은 엄청난 피해를 입게 될 것이다."[98]

물론 식민지들과 모국 사이에는 다른 갈등도 일어났다. 그리고 아마도 1762년에 영국이 프랑스령 캐나다를 점령하고 다음 해에 파리 조약으로 승인받음으로써 영국 식민지들이 북쪽 국경에서 안전을 확보한 것이 사태의 진행을 가속화시켰을지 모른다. 이들은 이제 더 이상 보호받을 필요를 느끼지 않았던 것이다. 1763년에 승리한 영국과 패배한 프랑스는, **적어도 우리가 보기에는,** 예기하지 못했던 태도를 보였다. 영국은 (프랑스로부터 얻은) 캐나다와 (스페인으로부터 양도받은) 플로리다보다 산토 도밍고의 소유를 더 선호했던 것 같다. 그러나 자메이카의 플랜테이션 경영주들은 이것을 거부했다. 그들로서는 자신들이 독점하고 있는 영국의 설탕 시장을 다른 세력과 나누어 가지는 것을 거부했다. 이들의 고집과 동시에 산토 도밍고―사탕수수 제도의 여왕이라고 일컬어지던―를 계속 보유하려는 프랑스의 고집의 결과 "몇 평의 눈덩어리*"에 불과한 캐나다는 영국에게로 돌아갔다. 그러나 여하튼 영국이 산토 도밍고 섬을 탐내고 있었다는 사실에 대해서는 부인할 수 없는 증거가 있다. 1793년에 전쟁이 재발했을 때 영국은 이 섬을 탈취

---

* 볼테르가 소설 『캉디드(*Candide*)』에서 캐나다를 눈 덮인 불모지로 묘사하며 쓴 표현이다.

하기 위해서 비용만 많이 들면서 소득이 없는 원정군을 파견하느라고 6년을 허비했다.[99] "전쟁 초기의 6년 동안(1793-1799) 영국이 무기력했던 비밀은 다름 아니라 산토 도밍고라는 그 파멸적인 말에 담겨 있다."

파리 조약(1763) 직후부터 식민지와 영국 사이에는 갈등이 일어났다. 영국은 식민지를 복종시켜서 당시 막 끝났던 전쟁의 엄청난 비용의 일부를 부담시키려고 했다. 식민지는 1765년에 영국 상품 불매운동을 조직하기까지 했는데, 이것은 대역죄에 해당하는 일이었다.[100] 이 사태는 너무나 명확해서 네덜란드의 은행가들은 1768년 10월에 "만일 영국과 그 식민지 사이의 관계가 악화되면 파산사태가 벌어지고 그러면 분명히 우리 나라[네덜란드]에도 영향을 미칠 것"이라고 예견했다.[101] 아카리아스 드 세리오네는 1766년부터 "아메리카" 제국이 떠올랐다고 보았다. "뉴잉글랜드는 스페인령 식민지의 상실과 관련해서 잉글랜드보다 더 두려운 존재이다.……" 그로부터 몇 년 뒤 (1771)에 그는 "유럽으로부터 독립한"[102] 이 제국은 "아주 가까운 장래에 영국, 스페인, 프랑스, 포르투갈, 네덜란드 등지의 번영을 위협할 것이다"라고 이야기했다.[103] 다시 말해서 미국이 유럽 세계-경제를 지배하게 될 첫 징조들이 보이기 시작한 것이다. 조지타운에 파견된 전권대사가 그로부터 30년 뒤인 혁명력 10년 브뤼메르 27일(1801년 10월 18일)에 분명한 어조로 쓴 편지가 우리를 놀라게 한다. "나는 영국과 미국과의 관계는 17세기 말에 있었던 세계 최강의 세력[영국]과 네덜란드와의 관계와 완전히 같다고 본다. 그 당시 네덜란드는 지출과 채무로 인해서 완전히 기력을 소진하여 이 나라의 상업적 영향력이 경쟁자의 수중으로 넘어가는 것을 쳐다볼 수밖에 없었는데, 이 현상은 말하자면 교역에서부터 비롯되었다."[104]

스페인과 포르투갈의 식민지 경영

또다른 아메리카인 라틴 아메리카에서는 완전히 다른 현실, 완전히 다른 역사가 진행되었다. 유사성이 전혀 없지는 않으나 여하튼 북쪽에서 일어난 일이 똑같이 남쪽에서 일어나지는 않았다. 북유럽과 남유럽은 대서양 너머에서 다시 차별성과 대립성을 재현했다. 또다른 중요한 차이점은 영국 식민지들은 1783년에 해방되었으나 이베리아 식민지들은 1822-1824년에 가서야 해방되었다는 점이다. 그러나 이때도 남아메리카의 해방은 허구에 불과했다. 왜냐하면 예전의 지배 대신 영국의 후견체제가 들어서서 대략 1940년까지 지속되었기 때문이다. 그리고 그다음에는 미국이 들어섰다. 간단히 말해서 북쪽은 활력, 힘, 독립, 개인적인 약진을 맛보았던 데에 비해 남쪽은 무기력, 예속, 본국으로부터의 엄중한 간섭 등 일반적으로 "주변부" 지역에 내재적인 일련의 제약들에 묶여 있었다.

이런 차이는 분명히 상이한 구조, 상이한 과거와 유산의 산물이다. 이 명확한 상황에 대해 지난날 교과서에서 흔히 하던 구분—거주 식민지(colonie de peuplement)와 착취 식민지(colonie d'exploitation)—을 가지고는 제대로 잘 표현할 수 없다. 착취 없는 거주 식민지가 어떻게 있을 수 있으며 거주민 없는 착취 식민지가 어떻게 있을 수 있겠는가? 착취라는 용어보다는 차라리 세계-경제의 틀 안에서의 **변경화**(marginalisation)라는 용어를 쓰도록 하자. 이것은 다른 편에게 봉사해야만 한다는 것, 거역할 수 없는 국제분업의 명령에 의해서 자신에게 맡겨진 직분을 강요당한다는 뜻이다. (북아메리카와 달리) 이베리아 아메리카의 공간에 주어진 역할이 바로 이것이다. 이것은 정치적 독립 이전이나 이후나 큰 차이가 없었다.

스페인령 아메리카에 대한 재고

스페인령 아메리카는 느지막이 그리고 느린 속도로 해방되었다. 해방은 1810년에 부에노스 아이레스로부터 시작되었다. 그러나 스페인에 대한 종속이 사라지자 곧 영국 자본에 대한 종속이 뒤이어 나타났다. 스페인에 대한 종속이 사라지는 것은 런던 사업계가 대규모 투자를 시작한 1824-1825년 쯤부터[105) 구체화되었다.

브라질은 지나치게 강한 반대에 직면하지 않고 독립을 얻었다. 1822년 9월 7일에 페드루 1세는 상파울루의 이피랑가*에서 포르투갈로부터의 독립을 선언했고 같은 해 12월에 브라질 황제라는 지위를 차지했다. 이와 같은 분리—리스본은 이 황제의 아버지인 주앙 6세가 통치하고 있었다—는 구석구석 다 살핀다면 유럽과 아메리카의 정치적 변동에 연결된 아주 복잡한 일이 된다.[106] 그러나 우리는 여기에서 사후의 차분한 결과에만 주목해보고자 한다.

이와 반대로 스페인령 아메리카의 독립은 긴 드라마였다. 그러나 더 흥미로운 것은 분리가 이루어진 방식이다. 이것은 국제적인 결과 면에서 브라질이 모국으로부터 분리된 것보다 더 중요한 일이다. 스페인령 아메리카는 처음부터 세계사에 중요한 요소일 수밖에 없었으나 이에 비해서 브라질은 19세기에 중요한 금 생산지로서의 지위를 잃게 되자 유럽에 대한 중요성이 훨씬 떨어졌다.

처음부터 스페인은 신대륙의 "거대한"[107] 시장을 혼자 힘으로 개척할 능력이 없었다. 스페인은 인력을 비롯해서 안달루시아의 포도주와 기름, 산업도시들의 직물 등 모든 가용자원을 다 동원했으나 아직 구태를 벗어나지 못한 이 나라로서는 큰 비중을 차지할 수 없었다. 사실 18세기에는 모든 것이 팽창하던 때라 유럽의 그 어떤 "국가(nation)"도 혼자 힘만으로는 충분하지 못했을 것이다. 르 포티에 드 라 에스트루아는 1700년경에 이렇게 설명했다. "서인도지역이 어쩔 수 없이 유럽에서 수입하여 소비하는 상품들은 어찌나 규모가 큰지 약간의 매뉴팩처만 가지고 있는 우리[프랑스를 말한다]의 힘으로는 도저히 감당할 수 없다."[108] 이런 상황에서 스페인은 유럽 전체에 의존할 수밖에 없었다. 더욱이나 스페인의 산업이 16세기 말 이전에 쇠퇴했고 유럽은 서둘러서 이 기회를 잡으려고 했던 만큼 그런 경향이 더욱 강화되었

---

* Ipiranga : 브라질의 상파울루에 있는 공원. 이곳에서 포르투갈로부터의 독립을 선언한 것을 기념하기 위해서 조성되었다.

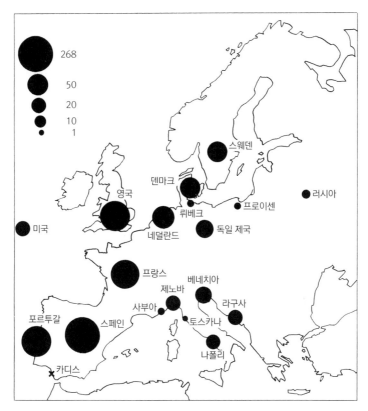

41. 스페인령 아메리카를 착취하는 유럽 세계
1784년에 카디스 만에 들어온 배의 국적과 수. (프랑스 국립 고문서 보관소, A. E. BIII, 349)

다. 그러므로 스페인의 식민지 개발에 스페인보다도 나머지 유럽 전체가 더 열심히 참여했다. 이에 대해서 에른스트 루트비히 카를은 1725년의 스페인이 "거의 외국인을 위한 창고 역할을 하는 것에 불과하다"고 이야기했다.[109] 그보다는 중개인 역할을 했다고 하는 것이 더 옳은 말이리라. 아메리카의 부의 원천인 은의 "수송"을 규제하는 스페인의 법들은 물론 엄중하기는 했지만, 영국의 찰스 2세가 1676년 11월에 한 말에 의하면 "이 마르멜루 열매[스페인 화폐]는 유럽 어디에서나 볼 수 있다."[110]

그보다 20년 전에 포르투갈 출신의 예수회 신부인 안토니우 비에이라는 브라질의 벨렘에서 설교 중에 이렇게 말했다. "광산에서 은을 캐내고 수송하는 것은 스페인인들이지만 이익을 보는 사람들은 외국인들입니다." 그런데 이 은은 어디에 쓰일까? 결코 가난한 사람들을 구제하는 데에 쓰이지 않고 "단지 민중 위에서 지배하는 사람들을 부자로 만들고 더 배불리 먹도록 하는 데에만 쓰일 뿐입니다."[111]

스페인의 엄격한 법률이 무용지물이 된 이유는 다름 아닌 밀수 때문이다. 밀수, 부패, 속임수, 약삭빠른 행위 등이 아메리카의 상업과 경제에만 특출난 것은 아니지만 어쨌든 이 거대한 무대에서 더욱 크게 횡행했다. 그 활동영역은 대서양 전체와 남해[태평양/역주]를 포괄한다. 펠리페 2세 자신이 1583년에 "[카나리아] 제도에 포도주를 수송하러 간다고 하고서는 실제로는 서인도로 가서 아주 큰 부를 획득한", 자칭 정직한 사업을 한다는 배들에 대해서 언급하고 있다.[112] 어떤 배는 세비야에서 "담당 공무원에게 알리지도 않은 채"[113] 배 한 척 전체에 서인도로 가는 상품을 적재한 경우도 있었다! 곧 공식적으로 서인도로 가는 선단에 네덜란드, 프랑스, 영국 그리고 제노바를 필두로 해서 이탈리아 각지의 사람들이 불법적으로 그리고 큰 어려움 없이 상품을 적재했다. 1704년에 "세비야 콘술라도의 관리의 말에 의하면 스페인 선단과 갤리온선의 적재화물 중에 스페인 상인들의 사업물품은 6분의 1 정도에 불과하다고 고백했다."[114] (원칙적으로는 스페인인들만이 화물을 싣도록 되어 있었다.)[115]

대서양 반대편의 "카스티야의 인도"에서도 밀수는 불굴의 활동을 벌이고 있었다. 1692년경, 한 스페인 여행자의 말에 의하면 "리마에서 떠나는 국왕의 부는 [매년] 8레알 은화 2,400만 개에 달하지만[116] 리마로부터 파나마, 포르토벨로, 아바나……등에 도착할 때마다 코레히도르,* 간접세 담당관, 세

---

* Corregidor : 스페인 식민지의 관리. 관할구역(즉, 코레히미엔토[Corregimiento])에서 사법과 행정의 권한을 가진다. 인디오 지역에 대한 행정관, 세리 등의 역할을 하고 경찰권을 쥐며 공공노역에 인디오 노동을 고용하는 일을 감시한다. 1678년까지 총독에 의해서 임명되었으나 그후 인도참사회(Consejo de Indias)에 의해서 임명되었으며 1789년 부르봉 개혁 때에 폐직되었다. 관할지역 내에서 거의 무제한적인 권한을 행사한 것으로 유명하다.

관원 등 탐욕스럽기 이를 데 없는 사람들이 각자 이 부의 일부를 갉아먹었다.……"117) 전함이자 동시에 상선인 갤리온선 자체가 규칙적인 내부 밀수의 기회를 제공했다. 한편 외부 밀수는 17–18세기 동안에 크게 증가했다. 기존의 식민체제와 함께 민활하고 효과적인 반(反)체제가 형성되어갔다. 예컨대 남태평양 연안을 따라 항해하는 생-말로의 선박들이 증가했는데 이 현상은 스페인 왕위 계승 전쟁 이전부터 시작되었다가 이 전쟁이 끝난 1713년 이후까지 지속되었다. 원칙적으로는 스페인 함대가 1718년에 이 배들을 축출한 것으로 되어 있으나118) 1720년에 다시 출몰했고119) 1722년에도 마찬가지였다.120) 또 아메리카의 비스페인령 항구들로부터 대륙의 연안—이곳은 너무 넓고 경비가 충분하지 못했다—방향으로 항해하는 현상도 비슷한 경우이다. 이 교역은 "창(槍) 하나 거리의" 교역*이라고 불렀다. 이를 위해서 네덜란드인들은 생-퇴스타슈와 퀴라소(이 두 지역은 1635년 이후 네덜란드령이 되었다)로부터, 영국인들은 자메이카로부터 그리고 프랑스인들은 산토 도밍고를 비롯한 기타 앤틸리스 세도 소유지로부터 항해를 했다. 그리고 스코틀랜드 출신의 모험적인 집단들도 1699년에 다리엔 지협의 연안에 무력을 통해서—그리하여 소란스러운 충돌 끝에—상륙했는데 이들이 노린 것은 "대륙의 연안에 직접 들어가 정착함으로써" 근거지가 멀리 떨어져 있는 영국과 네덜란드의 기반을 허물겠다는 것이었다.121) 북아메리카 선원들도 뒷전에 있지는 않았다. 1780년대에 북아메리카의 고래잡이 선원들은 페루 해안의 먼 바다에 닻을 내린다는 구실을 대고 파렴치하게도 이곳에 밀수품을 들여왔는데 현지 상인들이 이 상품들을 기꺼이 받아들인 것은 당연하다. 이 상품을 아주 싼 가격에 사서 "공식" 가격으로 비싸게 되팔 수 있기 때문이다.122)

그러나 이런 것들보다 규모가 큰 밀수는 아마도 포토시에 있는 스페인 은광으로부터 채굴한 은을 포르투갈령 아메리카—즉, 브라질—로 빼돌리는

---

* "서로 불신하여 창을 겨누고 거리를 둔 상태"에서 수행하는 거래를 말한다.

사업이었다. 1580년 이후 리오 데 라 플라타가 중요한 접근로가 되었다.[123] 1640년에 두 나라 국왕위가 다시 분리되었을 때* 포르투갈인들은 오늘날 우루과이에 속하는 콜로니아 델 사크라멘토라는 작은 포령(包領)**을 이상적인 전진기지로서 계속 보유하고자 했다(이곳은 1680년에 점령되었다). 스페인인들은 이곳을 포위, 공격해야 했고 1762년에 무력으로 정복했다.[124]

그러나 밀수는 해당 지역 상인들 및 감시권력과의 공모가 없이는 성공하지 못하는 법이다. 밀수가 대규모로 발달했다면 아카리아스 드 세리오네가 말했듯이 "이 무역으로 인한 이익이 커다란 위험과 부패의 비용을 다 대고도 남을 만큼 크기 때문이다."[125] 또 1685년에 판매의 대상이 된 아메리카 총독직에 대해서 한 무명인사는 대뜸 "이 직책은 외국상품의 유입을 허락하는 은밀한 면허증"이라고 이야기했다.[126] 사실 1629-1630년에 밀수재판관에 임명된, 대단히 명예로운 아우디엔시아의 판관(判官)***은 그의 집에 금지된 상품들을 쌓아두고 있다가 현행범으로 체포되었음에도 불구하고 여전히 명예로운 판관의 경력을 이어갔다.[127]

한편 밀수가 전적으로 공공의 선을 위한 것이라며 밀수를 옹호하는 사람들도 있었다. 1699년에 한 프랑스인은 이렇게 설명했다. "아메리카의 스페인인들은 자국 선박이 그들에게 필요한 상품을 반 정도밖에 가지고 오지 않지만 다른 나라 사람들[이 시기에는 주로 프랑스인들이었다]이 상품을 가져다주기 때문에 유복하게 살 수 있다."[128] 이들은 "모든 편의"를 이용해서 이 불법교역을 도왔다. 그리하여 이 밀무역은 아주 엄격한 벌칙으로 규제되고 있었지만 유럽 전체와 스페인이 지켜보는 가운데 "200척 이상의 선박들이 이 무역을 수행했다.……" 1707의 프랑스의 한 보고서에 의하면 심지어 "트리옹팡 호, 가스파르 호, 뒤크 드 라 포르스 호 등 [프랑스] 선박들에 실린

---

* 1580-1640년에는 스페인 왕위와 포르투갈 왕위가 합쳐져 있었다.

** enclave : 다른 나라 영토로 둘러싸인 곳.

*** Oidor de la Audiencia : 판관(oidor)은 아우디엔시아의 관리로, 재판 및 행정을 맡는다.

화물들은 출항하기도 전에 베라 크루스의 대상인들에게 판매되었다!"[129] 이 당시 루이 16세의 프랑스와, 장래에 대해서 거의 확신하지 못하던 펠리페 5세의 스페인이 서로 협조하고 있었다는 것은 분명하다.

밀수는 어느 시대에나 존재하지만 그 중요성은 시대에 따라 변화한다. 가능성 있는 계산을 따라가다 보면, 1619년 이후 그리고 어쩌면 그 이전에라도 밀수는 액수로 볼 때 공식 교역보다 더 컸으리라는 인상을 받게 된다. 이 상황은 대략 1760년대까지도 계속되었을 터이므로 약 한 세기 이상이나 지속된 셈이다.[130] 그러나 이것은 검증을 거쳐야 하는 가설에 불과하다. 이번 경우에는 스페인의 고문서 보관소만이 아니라 유럽 전체의 고문서 보관소를 뒤져야만 최종적인 해답을 얻을 것이다.

스페인 제국의 대응

마침내 스페인 정부는 이러한 무질서에 대한 대응책을 강구했다. 질서의 회복은 처음에는 느리고 힘들게 이루어졌으나 18세기 말에는 정력적이고 "혁명적으로" 이루어졌다. 우선 이 점을 이야기해야 한다. 사람들은 식민 모국이 취한 행정적인 조치가 그와 같은 혁명적인 성격을 가지고 있다는 점을 제대로 이해하지 못하고 있다. 예컨대 지사(intendant)는 단지 프랑스 제도를 아메리카에 이식한 문화적 전파의 사례만은 아니다. 그것은 지배권을 행사하는 구래의 크레올 귀족들을 분쇄하려는 마드리드 정부의 의도였다. 예수회에 대한 억압(1767) 역시 권위와 힘을 갖춘 군사적 체제가 일종의 도덕질서를 대체해가는 과정의 시작으로 볼 수 있다. 그리고 불행한 일이지만 다음에 독립을 얻게 된 국가들 역시 이 군사적 체제를 유산으로 물려받았다. 여기에서도 역시 문제가 되는 것은 하나의 전환 또는 혁명이다. 프랑스로부터 중앙집권화된 왕정의 원칙들과 중상주의 정책들을 전해 받은 부르봉 왕조[스페인 부르봉 왕조/역주]에 모든 책임을 돌려야 할 것인가? 아니면 스페인을 만들어간 것은—계몽주의 시대에 전 유럽을 만들어간 것과 같은—변화에 대한 강한 욕구였을까? 클라우디오 산체스 알보르노스는 심지어 부르봉 왕조가 스페인의 변화의 원천이 아니라 변화에 대한 스페인의 욕구가 이베리아 반도에 부르봉 왕조를 이끌어 들인 것이라고 말했다.[131]*

1713년부터 개혁론자들은 자연히 가장 큰 판돈이자 마지막 기회인 신대륙으로 주의를 돌렸다. 스페인은 대서양 너머에 스스로 창출했던 것을 지킬 수 있겠는가? 전쟁 동안 아메리카 해안에 마음 놓고 선박들을 보내고는 했던 프랑스로서는 태평양 연안에 대해서이든 누에바 에스파냐의 변경지역에 대해서이든 간에 야망을 포기하려고 하지 않았다. 존 로의 시기에 프랑스 정부는 루이지애나를 비롯해서 스페인령에 가까운 곳을 차지하려고 하지 않았던가? 1720년 11월에 우울한 생각에 빠져 있던 한 스페인인이 생각한 것도 이런 식이다. "만일 신께서 어떤 치료책을 제시해주시지 않는다면 누에바 에스파냐가 분할되어서 프랑스의 지배하에 넘어가는 불행을 보게 될 것이다."[132] 영국 측으로부터의 위험은 덜 명확해 보였지만 사실은 더욱 심각했다. 그것은 1713년에 위트레흐트에서 스페인이 아시엔토의 양도와 항해의 허가라는 이중의 양보를 한 결과였다. 이것은 영국의 남해회사에 합법적인 밀수와 불법적인 밀수의 이점들을 다 누릴 수단을 주었다.[133]

그러나 치유 불가능한 정도로 모든 것을 완전히 상실한 것은 아니다. 스페인 정부는 활동을 개시하여 1714년에는 프랑스의 모델을 좇아 "해군 및 인도 담당성"을 만들었다. 같은 해에 온두라스회사가 만들어지고 1728년에는 밝은 장래가 약속되어 있는 카라카스회사 그리고 더 뒤에 가면 1740년에 아바나회사가 만들어졌다.[134] 1717-1718년에는 세비야가 독점하던 기관인 서인도무역관(Casa de la contractacion)과 여기에 덧붙여서 서인도이사회(Consejo de Indias)**가 카디스로 이전했다. 이것은 곧 오랫동안 세비야와 경

---

* 스페인 국왕 카를로스 2세가 계승자 없이 사망하자(1707) 혈연관계에 있던 루이 14세가 손자인 앙주 공을 펠리페 5세로 스페인 왕위에 앉힘으로써 스페인의 부르봉 왕조가 열렸다.
** 아메리카 식민지 사업을 총괄하는 기구로서 1524년에 카스티야 정부가 세웠다. 그 이전의 서인

쟁하던 카디스가 마침내 서인도사업에 관한 유일한 도시가 되었음을 뜻한다. 그러나 사실 이런 특권회사들이 성공작은 아니었다. 1756년에는 이 회사들의 독점을 무효화시켜야만 했다.[135] 그러나 이 실패는 자유로운 무역이 발달하는 데에 도움을 주었을 것이다. 그리고 이 발달은 "신대륙 경제를 규칙적인 방식으로 활성화시킬 수 있는 능력이 없는 둔중한 선단체제"[136] 바깥에서 이루어졌다. 적재화물 등록제를 만든 1735년의 개혁은[137] 그 즉시 효과적이지는 않았다. 왜냐하면 등록된 선박들(registros)은 여러 척의 배들이 함께 항해하는 오랜 관습을 쉽게 떨쳐버릴 수 없었기 때문이다. 그러나 "1764년경에……스페인과 신대륙 사이의 연결은 규칙적이게 되었다."[138] 카디스, 아바나, 푸에르토리코 사이에 매달 한 번씩 그리고 리오 데 라 플라타와는 두 달에 한 번씩 운행하는 파크보선 항로가 개설되었다. 마침내 1778년 10월 12일의 칙령은 스페인의 13개(곧 14개로 늘었다) 항구와 아메리카 사이의 자유교역을 선언했다.[139] 곧이어 스페인과 신대륙 사이에 교역이 크게 증대되었고 스페인의 해외 소유지역에 대한 통제력이 크게 늘었다.

또다른 중요한 조치로는 1776년의 부에노스 아이레스 총독령 창설을 들 수 있다. 이로써 리오 데 라 플라타를 통한 밀수가 크게 줄었다. 스페인령 아메리카 전체로 보면 밀수의 절대적인 수치가 계속 증가한 듯하지만 전반적인 교역이 급증한 것을 고려하면 **상대적으로는** 감소했다(1790년대에는 밀수가 공식 교역의 3분의 1 정도로 축소되었다). 적극적인 감시체제가 도입되어서 때로는 볼 만한 사건들, 더 나아가서는 코믹한 사건들이 벌어지고는 했다. 예컨대 1777년 마라카이보 해안에서 오르나 섬을 네덜란드인들이 비밀리에 점령한 뒤 이곳에 세운 정부가 "스페인이나 다른 나라 출신의 모든 우범자, 범죄인, 밀수꾼들을 불러모으는" 보호처가 되는 것을 보라.[140]

도위원회(Junta de Indias)를 대체한 것으로서, 아우디엔시아와 서인도무역관으로부터 사건을 송부받아 최종 심판을 내린다. 그러나 대개 결정을 내리기까지 수년간 지체하는 비효율성을 드러내고는 했다.

그렇지만 스페인 제국의 건강한 경제를 좀먹어들어가는 밀수의 해악은 이전 세기에 비하면 그래도 덜 심각했다. 갱신된 신체제는 두 차례의 심각한 도전을 이겨냈다. 1780년에 페루에서 있었던 투팍 아마루 2세*의 봉기와[141] 1781년에 베네수엘라에서 있었던 코무니다데스(Comunidades) 봉기가 그것이다. 두 번의 대중봉기 모두 부분적으로 "부르봉 근대화"에 의해서 일어났다. 페루 사회를 그토록 뒤흔들어놓았던 투팍 아마루 봉기는 인디오, 혼혈인 그리고 크레올 자신들까지 건드리는 복잡한 흐름들이 모두 연루되었다. 그러나 심층상태를 보여주는 놀라운 "지수" 역할을 하던 이 광대한 흐름도 단지 5개월밖에 계속되지 못했다. 교회, 수공업 작업장, 아시엔다의 파괴는 한시적인 현상이었고, 스페인인들이 훈련시키고 무장시킨 인디오 보충부대에 의해서 봉기는 끝내 분쇄되었다.

모든 진보가 다 그렇듯이 아메리카의 진보 역시 옛 질서의 파괴를 가져왔다. 부르봉 왕조는 오래 전부터 있던 특권들을 의도적으로 무시했다. 멕시코 시와 리마의 두 오래된 콘술라도[142] 외에 다른 콘술라도들을 만들어서 이웃의 전임자들과 경쟁하도록 만들었다. 예컨대 베라 크루스의 콘술라도는 전통적으로 강대한 세력인 멕시코 시의 콘술라도에 대항했다. 동시에 유럽(특히 영국과 스페인)으로부터 대량 유입된 공산품들이 지방시장들을 잠식해갔는데, 값이 싸면서도 품질이 우수한 이 상품들은 지방산업들을 점차로 파괴했다. 마지막으로 상업순환들의 변화는 지방교역에 대해서 때로는 유리하게, 때로는 불리하게 작용했다. 예컨대 페루는 광산지역인 고지 페루(안데스 지역)를 상실했는데(1776년에 부에노스 아이레스 총독령에 합병되었다)[143] 이것은 식량과 직물상품들에 대한 수요를 통해서 이 나라의 경제균형에 도움을 주었던 부속지역마저 상실한 결과를 가져왔다. 또다른 예로 들

---

* Túpac Amaru II(1742-1782) : 페루의 혁명가. 잉카의 마지막 지배자 투팍 아마루의 직계후손으로서 "마지막 잉카"로 알려졌다. 1780년에 스페인 정부에 대항하는 인디오 봉기를 주도했으나 그다음 해인 1781년에 실패하여 고문 끝에 처형당했다.

수 있는 것은 누에바 에스파냐이다. 1785년과 1786년의 가공할 기근을 겪은[144] 이 지역은 평온을 되찾기 위해서—비록 그것이 상대적인 것에 불과한 가짜 평온이라고 하더라도—크레올과 가추피나 등의 지배계급들이 난잡한 방식으로 서로 치열하게 대립하던 일을 중단해야 했다…….

최고의 보물

스페인-포르투갈령 아메리카 전체—나중에 이것을 라틴 아메리카라고 부르게 된다—의 운명이 그보다 더 큰 전체인 유럽 세계-경제에 의존한다는 것은 분명한 사실이다. 이 전체에 비해서 라틴 아메리카는 단지 철저한 규제를 받는 주변부에 불과하다. 이 주변부지역으로서는 그 종속성을 깰 가능성이 있었을까? 그렇기도 하고 아니기도 하다. 그러나 아닐 가능성이 더 컸다. 거기에는 여러 가지 이유가 있겠으나 가장 중요한 이유는 브라질과 스페인령 아메리카가 선박과 선원을 보유하고는 있었지만 결코 해양세력으로 발돋움하지 못했다는 데에 있다(미국은 완전히 달라서 이곳의 선원들은 "건국의 아버지"였다). 또다른 이유로서 라틴 아메리카는 18세기라는 결정적인 시기 동안 혹은 그 이전부터도—이베리아의 식민 모국(포르투갈과 스페인)에 대한 종속과 유럽(특히 영국)에 대한 종속이라는 이중의 종속 아래에 있었기 때문이다. 영국의 식민지들은 하나의 쇠사슬—즉 그들을 영국에 묶어두는 쇠사슬—만 깨면 모든 것이 해결되었다. 이에 비해서 또다른 아메리카는 그들의 식민 모국에 대한 예종의 길을 끊는다고 해도 유럽으로부터 해방되지 못했다. 이들은 오랫동안 자신을 감시하고 착취했던 두 지배자 가운데 하나로부터만 풀려나는 것이다. 유럽으로서야 어떻게 아메리카의 금과 은을 포기할 수 있었겠는가? 독립혁명이 일어나기 전부터도 유럽 각국은 서둘러 행동을 취해서 곧 계승자가 필요할 것으로 보이는 이 지역으로 달려갔다. 영국은 1807년에 부에노스 아이레스를 점령했으나 이 도시를 지킬 수는 없었다. 프랑스는 1807년에 포르투갈령을 침공했고 1808년에 스페인령을 침공함으로써 스페인 식민지의 해방을 가속화시켰으나 자신은 이익을 얻지 못했다.

이러한 조급함과 탐욕이 정당화될 수 있을까? 이것은 이성적인 것일까, 허상에 불과한 것일까? 19세기 초에 아메리카는 니콜 부스케가 생각한 것처럼 최고의 보물이었을까? 이 문제를 명쾌히 풀기 위해서는 수치들이 필요하다. 스페인령 아메리카와 브라질의 국민총생산을 추산하고 다음에 이곳이 유럽에게 제공한 잉여를 계산해야 한다. 바로 이 잉여가 사람들이 그토록 탐냈던 보물이기 때문이다.

유일하게 신용할 수 있는 추산은 베라 크루스 콘술라도의 비서인 호세 마리아 키로스가 1810년에 누에바 에스파냐에 대해서 시도한 계산이지만[145] 그나마 누에바 에스파냐의 실물생산에 관한 것만 있다. 즉 (100만 페소 단위의 개략적인 수치로) 농업 138.8, 제조업 61, 광업 28, 합계 227.8이다(퍼센티지로 보면 광업이 놀랍게도 전체의 12.29퍼센트에 불과하다). 그러나 실물생산으로부터 어떻게 국민총생산을 추산할 수 있을까? 우선 여기에 엄청난 액수에 달하는 밀수 액수를 더하고, 또 거액에 이르렀을 서비스 액수를 더해야 한다. 사실 멕시코는 배를 운항할 강이 부족해서 노새 카라반이 중요한 수송수단이었는데, 이것은 힘들고 또 비용이 대단히 많이 들었다. 여하튼 국민총생산은 4억 페소를 넘지 못했을 것이다. 그런데 일반적으로 누에바 에스파냐의 **광업**생산은 나머지 스페인령 아메리카의 생산과 같다고 보므로 우리는 여기에서 연역하여 스페인령 아메리카 전체(인구 1,600만 명)의 국민총생산이 멕시코의 두 배인 8억 페소라고 할 수 있지 않을까? 그리고 존 코츠워스가 1800년의 브라질에 대해서 수행한 계산결과를[146] 받아들인다면 브라질의 국민총생산은 멕시코의 절반에 약간 못 미치는 1억8,000만 페소이다. 따라서 "라틴" 아메리카 전체의 국민총생산은 10억 페소에 약간 모자라는 정도일 것이다.

이 계산은 물론 불확실하지만 적어도 1인당 소득이 미약했다는 결론을 이끌어낼 수는 있을 것이다. 600만 명의 멕시코인들은 1인당 66.6페소, 1,600

만 명의 스페인령 아메리카인들은 1인당 50페소, 300만 명이 약간 넘는 브라질인들은 1인당 60페소 이하가 된다. 그런데 1800년에 대한 코츠워스의 계산에 따르자면[147] 멕시코의 1인당 소득은 미국의 1인당 소득의 44퍼센트에 불과했다. 이 시기에 미국의 1인당 소득은 나의 계산에 의하면(코츠워스는 1950년 기준 달러 화로 계산했다) 151페소 또는 151달러였다(이때 두 화폐는 같은 가치를 가졌다). 이 수치를 앨리스 핸슨 존스가 아메리카에서 가장 발달한 세 지역만을 골라서 연구한 결과 ─ 200달러에서 336달러 사이[148] ─ 와 비교해보아도 그렇게 터무니없는 것은 아니다. 북아메리카의 발전된 식민지와 비교할 때 남아메리카에서 가장 발전된 멕시코의 1인당 소득은 약 33퍼센트에 불과하다. 그후 격차는 계속 벌어져서 이 퍼센티지는 1860년에 4퍼센트로까지 떨어졌다.

여기에서 라틴 아메리카 사람들의 생활수준을 계산해보는 것만이 우리의 문제가 아니다. 우리가 보고자 하는 것은 라틴 아메리카가 유럽에 얼마의 잉여를 송출했는지이다. 1785년에 공식적인 수치에 의하면[149] 스페인에 대해서 4,388만 페소의 귀금속과 1,941만 페소의 상품을 수출해서 전체 6,330만 페소를 수출한 것으로 되어 있다(퍼센티지로 보면 귀금속이 69.33퍼센트이고 상품은 크게 증가해서 27.6퍼센트가 되었다). 이에 비해서 스페인에서 아메리카 방향으로의 수출은 3,830만 페소였으므로 무역수지 적자는 2,500만 페소였다. 이 수치는 불확실한 면이 다분히 있지만 일단 받아들이기로 하자. 여기에 브라질의 몫(전체의 25퍼센트, 즉 625만 페소)을 더하면 총액이 3,000만─3,100만 페소가 되어서 전체 스페인령 아메리카의 국민총생산 중 3퍼센트를 차지한다. 그러나 이 수치는 공식 수치로부터 추산한 것이어서 거액에 달했을 밀수를 고려하지 못했으므로, 우리는 이것을 하한치로 잡아야 한다. 이 3,000만 페소를 파운드 스털링으로 환산하면 (5페소 = 1파운드 스털링) 유럽이 아메리카로부터 이끌어낸 "보물"은 최소한 600만 파운드 이상이다. 1785년경에 영국을 포함해서 유럽이 인도에서 이끌어낸 액수가 평균 130만 파운드였다는 것과 비교하면[150] 이것은 분명히 엄청난 금액이다.

스페인령 아메리카(인구 약 1,900만 명)는 따라서 해마다 인도(인구 약 1억 명)의 4-5배에 달하는 잉여를 제공한 셈이다. 이것은 분명히 세계 제일의 보물임에 틀림없는 데다가 민중의 상상력 속에서 막대한 수준으로 더더욱 부풀려졌다. 혁명전쟁과 나폴레옹 전쟁 동안에는 귀금속을 바다로 운송하는 것이 매우 위험했으므로 현지에 귀금속이 쌓여갔다. 그리하여 1806년에 프랑스의 한 대리인은 이렇게 썼다. "만일 내가 들은 것이 틀리지 않다면, 페루, 산타 페[보고타], 멕시코의 3개 총독의 주조소에는 1억 피아스트라 이상이 금괴와 은괴 형태로 쌓여 있고 여기에 더해서 광산 소유주들 사이에 분할 소지되어 있는 엄청난 자본이 쌓여 있다.……자본가 상인들은 전쟁 때문에 운송을 유보하고 있다." 다만 불법교역이 이루어져서 "이 자금의 유통 중에서 [오직] 일부만 송출할 뿐이다."[151]

영국의 정치는 그러한 먹이를 놓고 갈등을 벌였다. 브라질에는 1808년에 리스본의 국왕이 망명을 갔고, 스페인은 아서 웰링턴이 지휘하는 영국군이 힘들고도 느리게 해방시켰으므로 이 두 나라를 존중해야 하는 영국으로서는 망설이지 않을 수 없었다. 따라서 스페인 제국의 해체는 느리게 진행되었다. 그러나 그 결과는 피할 수 없었다. 스페인이 산업화를 이루어서 자신의 식민지를 다시 수중에 넣게 되는 날에는 단지 아메리카와 유럽 사이의 중개 기능에만 만족하지는 않을 것이다. "제국의 쇠락이 가까웠다. 왜냐하면 다른 어떤 나라도 이곳이 스페인령으로 남는 것을 바라지 않기 때문이다." 특히 다른 모든 나라 위에 군림해 있는 나라, 오랫동안 교묘한 계략을 썼으나 이제 프랑스가 나가떨어지고 아메리카의 혁명들이 완수된 이상, 조심스럽게 행동해야 할 필요가 없게 된 영국으로서는 말할 나위도 없었다. 1825년에 영국의 수많은 자본가들은 옛날에 스페인령과 포르투갈령이었던 아메리카 신생국가들의 시장과 광업에 투자를 증대했다.

이 모든 것은 일견 당연하다. 유럽 각국은 영국을 뒤좇아 산업화해갔고 또

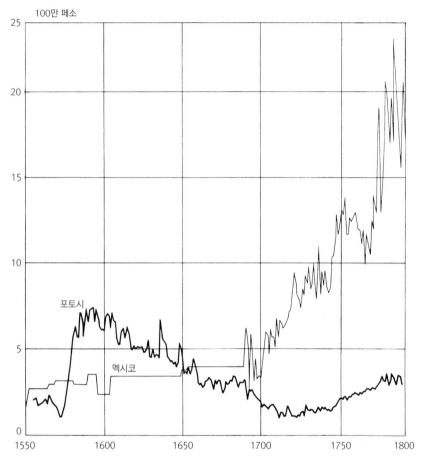

100만 페소

포토시

멕시코

42. 아메리카 은의 두 사이클

아메리카 은의 초기 도약을 결정지은 것은 포토시의 은광이다. 한편 18세기 말에 멕시코 은 광의 발전은 그때까지 결코 도달하지 못했던 높은 수준에 이르렀다. (포토시 관련 자료 : 마누엘 모레이라 파스-솔단, 「이스토리아」, 제9권, 1945 ; 멕시코 시의 화폐주조 관련 자료 : 월터 하우, 『누에바 에스파냐의 광업 길드, 1770-1821년』, p.453 이하)

영국을 모델로 삼아 보호관세를 통해서 자신들을 지키려고 했다. 그리하여 유럽의 교역은 공기가 모자라 숨이 막힐 지경이 되었다.[152] 이 때문에 해외 시장으로 눈을 돌리지 않을 수 없었다. 그와 같은 경쟁에서는 영국이 가장 유리했다. 특히 이 나라는 가장 짧고 확실한 길, 즉 금융이라는 길을 이용했기 때문이다. 그때부터 런던에 연결되어 있는 라틴아메리카는 유럽 세계-경

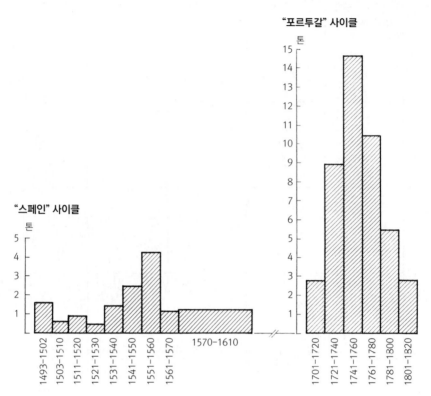

43. 아메리카 금의 두 사이클

"스페인" 사이클(앤틸리스 제도, 누에바 에스파냐, 누에바 그라나다, 페루 등지의 금)은 "포르투갈" 사이클(브라질의 금)에 자리를 내주었다. 전자는 120년 동안 170톤의 금을 유럽에 송출했다. 후자는 거의 같은 기간 동안 442톤의 금을 송출하여 전자에 비해 거의 세 배에 이른다. 연평균과 톤 단위로 계산한 이 수치들이 절대적으로 확실하지는 않다. 다만 브라질 사이클이 압도적인 우위를 차지했다는 점은 분명하게 이야기할 수 있다. (스페인 관련 수치 : 피에르 쇼뉘, 『대륙의 정복과 개발』, 1969, p.310 이하 ; 포르투갈 관련 수치 : 프레데릭 모로, 『포르투갈 팽창의 경제적 연구』, 1970, p.177)

제의 주변부로 포섭되었다. 1787년에 형성된 미합중국은 일찍부터 여러 이점들을 가지고 있었음에도 불구하고 이 체제에서 완전히 벗어나기가 힘들었다. 아메리카의 새로운 운명들의 등락은 런던의 증권거래소에서, 그리고 다음으로는 파리의 증권거래소에서 기록되는 그들의 공채가격의 등락과 같은 방향으로 변화하는 것이나 마찬가지였다.[153)]

최고의 보물 문제로 되돌아가보자. 이 보물은 여전히 제자리에 남아 있었지만 19세기에는 확실히 줄어들었다. "남아메리카"의 모든 공채가 액면가 이하를 기록하고 있었다는 점이 이미 그것을 말해주고 있다. 유럽 경제의 쇠퇴(1817–1851)가 아주 이른 시기인 1810년부터 남아메리카에서 시작되었다는 점, 이 주변부의 위기는 마땅히 해체의 성격을 띠고 있었다는 점, 멕시코의 국민총생산이 1810년부터 1860년대까지 감소했다는 점 등은 19세기 전반 동안 라틴 아메리카의 역사가 매우 음울했다는 것을 가리키는 또다른 표시들이었다. 아메리카의 "보물들"은 감소했고 또 오랜 기간의 독립전쟁의 파괴적인 영향 때문에 낭비되었다. 하나의 예만 살펴본다면, 멕시코의 광업지역 사람들은 문자 그대로 갈갈이 찢겨져나가서 혁명기간의 활동가, 살인자 그리고 동시에 그 희생자들이 되어야만 했다. 버려진 광산들은 펌프 작업을 중단하자 물이 들어찼는데 많은 채굴량으로 아주 유명했던 1급 광산들부터 그렇게 되었다. 채굴이 완전히 중단되지 않았더라도 광석을 빻는 작업이 정체했다. 더구나 아말감법에 쓰이는 수은이 아예 도착하지 않거나 아주 비싼 가격에 들어왔다. 이에 비해서 스페인 체제에서는 수은을 당국으로부터 공식적으로 공급받았기 때문에 비교적 싸게 얻을 수 있었다. 독립 직후 계속해서 활동 중이던 광산들은 흔히는 펌프 작업 없이 단지 배수 갱도를 이용하는 소규모 사업들이었다.

마지막으로 볼 사항은 "선진국"이 자신의 발전된 기술을 "개발도상" 지역에 도입하는 것이 유리하다고 생각한 것은 판단착오였다는 점이다. 멕시코 시 주재 프랑스 영사가 영국이 주도하는 사업에 관해서 쓴 보고서를 보자(1826년 6월 20일). "자기 나라에서 증기기관이 가져다준 엄청난 성과에 고무된 영국인들은 이곳에서도 같은 일을 할 수 있으리라고 생각한 모양이다. 그래서 영국으로부터 증기기관을 들여왔고 그와 함께 그것을 수송하는 데에 사용할 차량을 비롯해서 모든 것을 빠뜨리지 않고 들여왔다. 다만 생각하지 않은 것이 있다면 이 차량이 통과할 도로였다. 멕시코에서 가장 많이 쓰이는 최상의 중심도로는 베라 크루스와 수도를 잇는 도로이다. 네 명이

탄 마차를 끄는 데에 열 마리의 노새가 필요하고 이것이 하루에 10~12리외를 간다는 사실을 보면, 전하께서는 이 도로의 상태가 어떤지 짐작하실 것이다. 바로 이 길을 통해서 영국의 차량이 안데스 산맥을 기어올라가야 했다. 이 차량 한 대마다 적어도 스무 마리의 노새를 사용했다. 각각의 노새는 하루에 6리외를 갔는데 그 비용이 10프랑이었다. 이 도로의 상태가 아무리 나쁘다고는 하지만 그나마 이것은 도로이다. 광산으로 가기 위해서 이 도로를 벗어나면 정말로 오솔길밖에 없다. 이런 장애에 부딪힌 일부 기업가들은 그들의 기계를 임시로 산타 페, 엔세로, 할라파, 페로티 등지에 보관하도록 했다. 그러나 더 끈질긴 사람들은 이 기계들을 광산 입구까지 끌어오기 위해서 큰 비용을 들여가며 길을 닦았다. 그러나 그곳에 도착하자 이번에는 기계를 돌리는 데에 필요한 석탄이 없었다. 나무가 있는 곳에서는 나무를 대신 썼다. 그러나 그런 곳은 멕시코 고원지대에서는 흔하지 않았다. 광산이 가장 많았던 과나후아토 같은 곳은 숲까지 30시간 거리만큼 떨어져 있었다. 영국인 광산 경영자들은 지금으로부터 20년 전에 훔볼트* 씨가 이미 지적한 바 있는 이런 장애물들을 직접 겪고 나서 아주 놀랐다.……"154)

사업의 결과와 런던 거래소에서의 시세가 나빠진 원인이 이런 것들이다. 그렇지만 투기에는 언제든지 기회가 있게 마련이어서 멕시코 광산의 주식은 일반 여론의 열광을 이용하여 일부 자본가에게 엄청난 이익을 안겨준 다음 쇠퇴했다. 영국 정부 역시 웰링턴이 워털루 전투에서 사용하던 전쟁물자를 멕시코 정부에 파는 데에 성공했다. 조그마한 보상은 받은 셈이다!

봉건제도 아니고 자본주의도 아닌가?

결론에 즈음하여 아메리카 대륙의 사회와 경제에 관하여 활기차면서도 다소 추상적인 논쟁을 재론해보지 않을 수 없다. 이 사회와 경제는 구대륙 모

---

* Alexander von Humboldt(1769-1859) : 독일의 박물학자, 여행가. 철학자인 카를 빌헬름 폰 훔볼트(Karl Wilhelm von Humboldt)의 동생이다.

델의 재생이며 동시에 변형이었다. 그러므로 사람들은 우선 유럽에 익숙한 개념에 따라서 정의를 내리려고 했고 또 이것들 모두를 한 단위로 귀결시킬 모델을 찾으려고 했다. 이것은 약간 허황된 기도였다. 어떤 사람들은 봉건 제를 이야기했고 또 어떤 사람들은 자본주의를 이야기했다. 일부 현명한 사 람들은 과도기라는 식으로 파악하여 봉건제 및 그 변형 그리고 자본주의의 전제와 선행표지를 모두 받아들임으로써 양측의 논쟁 당사자들을 다 만족 시키려고 했다. 슬리허르 판 밧과 같이 진정으로 현명한 사람들은 두 개념 모두를 채택하지 않고 백지상태에서 재출발하려고 했다.[155)

그런데 아메리카 전체에 대해서 단 하나의 사회 모델이 있다고 할 수 있을 까? 그와 같은 것을 하나 제시한다고 해도 곧 일부 사회들은 거기에 들어맞 지 않을 것이다. 사회체제들이 나라마다 다를 뿐 아니라, 서로 공존하여 하 나의 꼬리표를 붙이는 것이 불가능한 여러 요소들이 섞여 있기도 하다. 아메 리카는 본질적으로 주변부적인 지역이지만, 단 1787년에 하나의 정치체를 구성한 미국이라는 예외가 있다(그러나 이것도 18세기 말까지는 아직 분명하 지 않다). 이 주변부라는 것도 수백 개의 작은 조각들이 모여서 된 모자이크 이다. 근대적인 것, 구식인 것, 원시적인 것들이 있고 게다가 그것들 간에 얼 마나 큰 잡종들이 발생했는가!

나는 뉴잉글랜드[156)와 다른 영국 식민지들에 대해서 많이 언급했기 때문 에 이곳들에 대해서는 두세 마디의 말을 덧붙이면 충분할 것이다. 이곳은 자 본주의 사회인가? 그렇게 말하면 너무 지나친 말이 될 것이다. 1789년에도 일부 예외적인 곳들을 빼면 대개 농업이 지배적이었다. 그리고 남쪽의 체서 피크 만의 연안지역에서는 분명히 노예제 사회가 존재했다. 1783년에 평화 가 찾아왔을 때 사업의 맹렬한 열기가 젊은 미국을 뒤흔들고 압도했다는 것 은 분명하다. 가내산업, 수공업, 매뉴팩처, 그뿐 아니라 영국에서 들여온 새 로운 기계를 사용하는 면직물 공장, 은행, 다양한 상업 등 모든 것들이 한 번에 성장했다. 은행이 있다고는 하지만 실제로 유통되는 화폐 중에는 현찰보다는 국가가 발행한, 거의 가치를 상실한 지폐와 가장자리가 떨어져 나간 외국 화폐들이 더 많았다. 다른 한편 전쟁이 끝나자 독립과 위대함을 가져다준 도구였던 선단을 재건해야 했다. 1774년경에 연안 항해와 원거리 항해에 각각 절반 정도씩 배들이 사용되고 있었다. 연안 항해에는 5,200척의 선박이 사용되고 총 톤수는 25만 톤, 원거리 항해에는 1,400척의 선박이 사용되고 총 톤수는 21만 톤이었다. 즉, 거의 비슷한 용적량을 기록했다. 그러나 연안 항해가 "아메리카"의 것이었다면 원거리 항해는 영국의 것이었으므로 무엇보다도 이 두 번째 것을 전반적으로 재건해야 했다. 필라델피아의 조선소는 얼마나 중요한 임무를 맡았는가! 더군다나 1783년부터 영국은 아메리카 항해에서 다시 지배적인 지위를 차지했다. 그러므로 진짜 자본주의는 아직도 세계의 중심이었던 런던의 것이었으며 미국의 자본주의는 부차적이었다. 물론 미국의 자본주의 역시 활기에 넘치고 특히 영국이 혁명 및 나폴레옹 제국 시대의 프랑스와 전쟁을 하는 동안(1793-1815) 살이 쪘지만 이런 괄목할 만한 성장도 아직은 충분하지 못했다.

아메리카의 다른 지역에서는 자본주의는 아직 일부 개인이나 일부 자본에만 한정된 점조직 형태였는데 이것들은 지방 조직망을 이루기보다는 유럽 자본주의에 융합되어 있었다. 브라질은 스페인령 아메리카보다도 자본주의의 성격이 더 강했으나 그것은 헤시피, 바이아, 리우 데 자네이루와 같은 몇몇 도시들에만 한정되었다. 이 도시들은 광대한 내륙지역에 자신들의 "식민지"를 거느리고 있었다. 또 19세기의 부에노스 아이레스 역시 그런 예이다. 이 도시는 안데스 산지에까지 펼쳐져 있는 드넓은 팜파(pampa)를 마주하는 탐욕스러운 도시로서 그 나름대로 자본주의적이며 또 지배적이고 조직적이었다. 이곳을 향해서 내지의 차량 호송대와 전 세계의 선박들이 모여들었다.

이렇게 대단히 한정된 상업자본주의의 옆자리 여기저기에 "봉건적인" 형태들이 산재해 있다는 것은 별다른 상상력을 동원하지 않더라도 쉽게 생각할 수 있다. 헤르만 아르시니에가스는 17세기 동안 라틴 아메리카 전역에 걸쳐서 유럽이 반쯤 포기한 여러 지역에서 "재봉건화"가 일어났다고 주장했다.[157] 나 역시 베네수엘라의 야노스라든지 브라질 내부의 어떤 지역들에 대해서는 영주제라고 본다. 그러면 이것은 정말로 봉건제인가? 아니다. 군더 프랑크가 주장하는 "미약한 정도로만 외부세계와 관계를 맺고 있는 폐쇄된 체제(a closed system weakly linked with the world beyond)"처럼[158] 단순히 자급자족적인─혹은 그렇게 되어가는─체제를 지칭하는 것이라면 모를까, 그렇지 않다면 봉건제라고 말하기는 힘들다.

토지소유의 문제로부터 출발한다고 해도 역시 분명한 결론에 이르기는 쉽지 않다. 스페인령 아메리카에서는 세 종류의 토지소유 방식이 있었다. 플랜테이션, 아시엔다, 엔코미엔다이다. 플랜테이션에 대해서는 이미 말한 바 있다.[159] 이것은 어떤 방식으로는 자본주의적이라고 할 수 있지만, 플랜테이션 소유주나 또는 그에게 도움을 주는 상인들에게 그렇다는 말이다. 아시엔다는 특히 17세기에 신대륙이 "재봉건화할" 때 형성된 대토지이다. 재봉건화는 지주인 아시엔다도(haciendado)에게만이 아니라 교회에도 유리하게 작용했다.[160] 이 대토지는 자체 내에서 자급자족하며 살아가면서도 또 한편으로는 외부세계와 연결되었다. 중앙아메리카와 같은 일부 지역에서는 자급자족적인 성격이 강한 대토지가 많았다. 그러나 예수회가 소유했던, 흔히 아주 거대한 규모의 대토지─여기에서 주목할 것은 이 경우 그들이 많은 문서들을 남겨놓아서 훨씬 사정이 잘 알려져 있다는 점이다─에서는 자급자족적 생존경제와 화폐경제적 특징을 가지는 외부 경제의 두 면모를 다 가지고 있었다. 이 아시엔다의 장부가 화폐단위로 계산되어 있다고 하지만 사실 이렇게 기록되어 있는 임금지불은 단지 연말에 가서야 계산되었을 것이다. 그리고 그 경우에 현물로 미리 지불받은 것이 그가 받을 액수보다 더 많다든지 거의 비슷할 가능성이 있으므로 농민들은 실제로 현금을 만지지 못했을 수도 있다.[161] 이와 비슷한 상황은 유럽에서도 알려져 있다.

엔코미엔다는 "봉건제"와 더 가까운 방식이다. 비록 인디오 마을들을 스페인인에게 양도하는 것이 **봉토**(fief)가 아니라 **은대지**(bénéfice)라는 명목으로 이루어지기는 했지만 그것은 상관없다. 원칙적으로 이것은 임시적인 소유권으로서, 토지에 대한 문자 그대로의 소유권이나 노동력을 마음대로 처분할 수 있는 권리가 아니라 인디오들로부터 부과조 수취 권리를 얻는 방식이다. 그러나 이것은 이론에 불과한 이야기이고 지주인 엔코미엔데로(encomiendero)는 흔히 이런 제약을 쉽게 깨뜨렸다. 한 보고서(1553)는 그런 제약에 개의치 않고 "농장(estancia) 혹은 약간의 가축을 판다는 핑계를 대고" 인디오들을 팔아치우는 지배자들과 그런 일들을 눈감아주는, "직무에 불충실하든가 독직을 일삼는 판관들"을 비난한다.[162] 당국이 가까이에 있다면 그러한 월권행위는 제약을 받을 테지만, 수도로부터 멀어질수록[163] 통제가 거의 불가능해졌다. 식민체제에 협조하는 엔코미엔데로는 국왕의 관리들과 마찬가지로 스페인 당국에 봉사하게 되어 있지만 그것은 원칙적으로 그렇다는 것에 불과했다. 실제로는 갈수록 이런 제약으로부터 멀어져가서 1544년부터는 페루에서 피사로 형제의 봉기 이후 엔코미엔다의 위기가 닥쳤다. 엔코미엔데로와 국왕 관리 사이에 갈등이 항존했던 까닭에 이 사태가 오랫동안 계속된 것은 어찌 보면 당연한 일이다. 코레히도레스, 아우디엔시아—스페인의 아우디엔시아를 모델로 하는 일종의 식민지 의회였다—의 판관들과 같은 국왕 관리들은 거의 대부분의 시간 동안 지주들에게 대항할 수밖에 없었다. 왜냐하면 이 지주들은 그대로 내버려둘 경우 봉건적인 체제를 만들거나 재창출할 것이기 때문이다. 게오르크 프리데리치가 주장한 것처럼[164] 스페인령 아메리카는 활동의 전부는 아니라고 해도 거의 대부분이 공무원 사회 혹은 관료제인 모델 국가처럼 되어버렸다. 그러므로 이 사회가 정말로 **봉건제**의 고전적인 도식에 맞다고 보기는 힘들다. 그것은 마치 바이아의 제당공장 소유 영주와 그의 노예들이 아무런 말썽 없이 순전한 자본주의의 모델에 맞아떨어지기가 힘든 것과도 같다.

그렇다면 이것은 봉건제도, 자본주의도 아니라고 결론을 내려야 할까? 아메리카 전체는 다양한 사회와 경제의 병존 또는 누적이라고 할 수 있다. 하층에는 어떻게 부르든 간에 상관은 없지만 반쯤 폐쇄적인 경제가 있고 그 위에 반쯤 열려 있는 경제가 존재하며 마지막으로 상층에는 광산, 플랜테이션 그리고 아마도 목축업을 하는 일부 조직(이것 모두가 그렇다는 것은 아니다)과 상업조직이 존재한다. 자본주의는 기껏해야 가장 상위의 상업층에만 해당한다. 광부들에 대한 융자인들(aviador), 콘술라도의 특권상인들, 언제나 멕시코 시의 상인들과 갈등관계에 있는 베라 크루스의 상인들, 식민 모국에서 만들어진 특권회사의 마스크 뒤에서 거드름을 피우는 상인들, 리마의 상인들, "영주제적인" 올린다와 맞서는 헤시퍼의 상인들, 혹은 바이아 시의 고지에 맞서고 있는 저지 등……. 그러나 사실 이 모든 사업가들은 아메리카 전체에 마치 위로부터 그물을 덮어씌운 것처럼 지배하고 있는 유럽 세계-경제의 연결층에 속해 있다. 이들은 민족자본주의 내에 있는 것이 아니라 유럽의 중심부로부터 조종되는 세계 체제의 틀 속에 존재한다.

에릭 윌리엄스의 견해에 따르면[165] 유럽의 우월성(여기에서 그가 주장하는 것은 곧 산업혁명을 맞이한다는 점에서의 우월성이지만, 나는 이와 동시에 영국의 세계적인 패권과 더욱 강고해진 상업자본주의의 출현 등도 고려해야 한다고 본다)은 바로 신대륙에 대한 착취, 그중에서도 특히 플랜테이션의 항구적인 수익이 유럽 생활에 가져온 가속화로부터 유래했다. 대표적인 것으로 그가 드는 것은 사탕수수밭과 흑인 농민들이다. 이와 똑같은 단순화된 주장을 한 사람으로는 루이지 보렐리가 있는데[166] 그는 대서양과 유럽의 근대성을 설탕에서, 즉 자본주의와 노예제가 함께 관계를 맺는 아메리카에서 찾고 있다. 그러나 여기에 더해서 광업을 경영하는 아메리카까지 포함하더라도 아메리카만이 유럽의 거대함을 만들어준 유일한 요소라는 말인가? 그렇지는 않을 것이다. 그것은 영국의 산업혁명이 인도의 착취를 통해서 이루어진 것이라고 인도의 역사가들이 주장할 수는 있겠지만 그렇다고 해서 인도 혼자서 유럽의 우월성을 만들어준 것이라고 할 수는 없는 것과 같은 이치이다.

블랙 아프리카 : 외부로부터 지배당한 것만은 아니다

여기에서 나는 블랙 아프리카만을 다루려고 한다. 이슬람권에 속하는 화이트 아프리카, 즉 북부 아프리카와 (앞의 것보다는 이유가 그다지 분명하지는 않지만) 홍해 및 아비시니아 연안으로부터 대륙의 최남단에 이르는 동부 아프리카 지역은 제외할 것이다.

아프리카 최남단은 18세기에도 아직 반 정도 무인상태였다. 1657년에 네덜란드인이 건설한 케이프 식민지는 비록 1만5,000명의 인구를 가진, 아프리카 대륙 최대의 유럽 식민지였지만 동인도로 가는 해로상의 휴식지점에 불과했다. 이곳은 오직 네덜란드 동인도회사만 이용하는 곳으로서[167] 이 회사는 이 전략적 요충지를 지키는 데에 대단한 주의를 기울였다. 한편 인도양을 마주한 끝없이 긴 아프리카 해안은 인도에 중심을 둔 세계-경제에 속하는 곳으로서 이 세계-경제에 대한 중요한 수송로이면서 동시에—1498년에 포르투갈인들이 도착하기 이전부터[168]—**주변부**지역이었다. 물론 장기간에 걸친 포르투갈의 중개는 많은 변화를 가져왔다. 바스쿠 다 가마가 희망봉을 돌아서 인도로 가기 위하여 북쪽으로 항해할 때에도 이 연안을 따라 항해했다. 그는 모잠비크, 몸바사, 말린디* 등에 기항했는데 이 마지막 지점에서 구자라트 출신의 이븐 마지드라는 항해 안내인이 몬순을 이용해서 쉽게 그를 코지코드까지 인도했다[오늘날에는 이것이 사실이 아니라고 밝혀졌다/역주]. 따라서 아프리카 동부 해안은 인도로 오갈 때 중요한 교통로 역할을 했다. 이 기항지는 선원들이 신선한 음식을 얻고, 선박을 수리하거나, 또는 항해 시기를 놓쳐서 희망봉을 돌아 항해하는 것이 위험할 경우 다음 시기를 기다리는 데에 도움을 주는 곳이었다.

---

* Malindi, Melinde : 동부 아프리카의 케냐 남동쪽에 위치한 항구도시. 과거에는 포르투갈령 동아프리카의 수도였다. 1498년에 바스쿠 다 가마가 이곳에 도착했다(당시에 세운 기념비가 오늘날까지 남아 있다).

이 점 외에도 콘트라 코스타는 오랫동안 다른 보충적인 이유 때문에 중요했다.[169] 거대한 모노모타파 국가 내부에서 사금채취업이 이루어졌고[170] 잠베지 강의 삼각주 남쪽 소팔라의 항구를 통해서 금 수출이 이루어졌던 것이다. 훨씬 북쪽에 위치한 킬와 시의 지배를 오랫동안 받던 이 도시는 포르투갈 사업의 중심지였다. 1505년에는 무력이 사용되었고 1513년에는 모든 것이 질서를 찾았다. 그러나 금을 얻기 위해서는 말린디의 곡물이나 인도의 면직물과 같은 상품이 반드시 필요했다. 포르투갈인들은 이 목적을 위해서 구자라트의 직물을 이용해야 했고 또 그 방법을 알고 있었다. 그러나 이 수익성 좋은 사업은 그다지 오래 계속되지 못했다. 모노모타파는 끊임없는 전쟁으로 분열되었다. 금이 귀해지고 그 결과 포르투갈의 보호도 미약해졌다. 아랍 상인들이 잔지바르와 킬와를 다시 통제하게 되었고 이곳에서 노예를 구하여 아라비아, 페르시아, 인도에서 판매했다.[171] 그러나 포르투갈인들은 모잠비크를 유지하면서 이곳에서 그럭저럭 살아갔다. 18세기 말에 포르투갈인들은 이곳에서 매년 수천 명의 노예를 구득했으며 심지어는 프랑스인들도 이곳에서 노동력을 구해서 프랑스 섬과 부르봉 섬에 공급했다.[172]

개략적으로 이야기해서 이 긴 연안지역에 대해서는 러시아 정부에 제출한 보고서(1774년 10월 18일 자)에서 볼 수 있는 바와 같은 비관적인 판단에 동의하게 된다. "아주 오래 전부터 소팔라 강과 그 지류들에서는 더 이상 금가루가 섞여 흐르지 않는다." 모잠비크 남쪽에 있는 말린디와 몸바사 같은 곳들은 말하자면 황폐한 곳이었고 이곳에 거주하는 몇몇 포르투갈 가구들은 "세련되었다기보다는 야만적이었다." 이들의 상업은 "유럽에 몇몇 흑인들을 보내는 일이 고작이었는데 이 흑인들은 쇠약해 있고 태반은 아무 데에도 소용이 없었다."[173] 말하자면 국제적인 진출로를 찾고 있던 러시아 정부가 보기에 이곳은 아무리 노크해보아야 소용이 없는 문이라는 사실을 경고하는 내용이다. 따라서 우리는 남부 아프리카의 "인도" 쪽 사면에 대해서는 안심하고 무시해도 된다. 이곳의 전성기는 이미 지나가버렸기 때문이다.

서부 아프리카

모로코로부터 포르투갈령 앙골라에 이르는 대서양 연안은 사정이 다르다. 유럽은 이곳에 대해서 15세기부터 암초가 많은 연안지역을 탐사하고 이곳 주민들과 대화를 시도했다. 그런데 사람들이 흔히 이야기하듯이 유럽인들의 호기심이 너무 제한적이어서 이 대륙의 내부를 무시했다는 말이 타당할까? 사실 이곳에서 유럽인들은 아즈텍 제국이나 잉카 제국과 같은 아메리카 인디오 문명들로부터 얻었던 편익을 누리지 못했다.[174] 복속시킨 많은 아메리카 인디오들에게 유럽인들은 해방자로 비쳤으며[175] 또 인디오 사회는 규율이 잘 잡혀 있어서 이 때문에 오히려 착취가 용이했다.

이와 달리 포르투갈인과 다른 유럽인이 아프리카의 해안 가까운 지역에서 발견한 것은 소수 부족들과 아주 미약한 국가들이어서 이들을 근거로는 그 어떤 일도 도모할 수 없었다. 콩고,[176] 모노모타파와 같이 그보다는 약간 더 강한 조직을 갖춘 국가들은 대륙의 안쪽에 위치해 있었다. 그래서 이 국가들은 대륙의 넓이 그 자체에 의해서, 그리고 동시에 정치적 조직이 미약하거나 거의 결여된 연안의 여러 사회들에 의해서 보호를 받은 셈이다. 해안지역에서 유럽인들이 처음으로 겪은 열대병들 역시 하나의 장벽에 속했다. 그러나 유럽인들이 아메리카 열대지역에서도 그와 비슷한 문제에 봉착했으나 이겨낸 것을 보면, 이것이 결정적인 장벽이었는지에 대해서는 의심이 든다. 그보다는 아프리카 내륙지역에서는 상대적으로 인구가 많고 사회의 활력이 컸다는 점이 더 타당한 이유일 것이다. 이들은 아메리카 인디오들과는 달리 발전된 야금업 기술을 보유하고 있었고 흔히 호전적인 성격이었다.

다른 한편 유럽인들로서는 접근이 용이한 해안지역에서 상아, 밀랍, 세네갈 고무, 말라게트,* 사금 그리고 그지없이 훌륭한 상품이었던 흑인 노예들을 얻을 수 있었으므로 굳이 내륙지역으로 탐험해 들어갈 이유가 없었다. 게

---

* malaguette : 후추의 대용물로 쓰이던 향신료의 일종. 기니 지역에서 생산되었다. 이 책 제1권 293쪽을 보라.

다가 적어도 초기에는 이런 물품을 아주 손쉽게 얻을 수 있었다. 유럽인들은 싸구려 장신구, 유리구슬, 강렬한 색깔의 직물, 약간의 포도주, 한 병의 럼주, 장총(소위 "무역용" 장총) 그리고 "마닐라"라고 부르는 구리 팔찌—아프리카인이 "발목 윗부분과……팔꿈치 아랫부분에 차는……꽤나 이상한 장식물"[177]—등을 주고 교환했다. 1582년에 콩고의 흑인들은 포르투갈인들로부터 "고철, 못과 같은 것을 받았는데 이들은 이런 것들을 금화보다 더 높이 쳤다."[178] 한마디로 이들은 속이기 쉽고 어린애 같은 데다가 때때로 아주 게을러서 "하루하루 살아가는 것에 만족해하는" 고객 겸 상품 공급인이었다. 그러나 "일반적으로 이 사람들의 곡물 수확은 아주 형편없어서 유럽의 항해인들이 이곳에 사람을 사러 갈 경우에는 유럽이나 아메리카에서 식료품을 가지고 가야 했다. 그들의 배의 화물이기도 한 노예들을 먹여야만 했기 때문이다."[179] 간단히 말해서 유럽인들은 도처에서 원시적인 경제와 마주쳤다. 앙드레 테베는 이들에 대해서 아주 간단한 말로 이렇게 표현했다(1575).[180] 이곳에서는 "돈이 쓰이지 않는다." 그렇다면 알 만하지 않은가?

그러나 대체 돈이 무엇인가? 아프리카 경제는 그들 **자신**의 화폐, 즉 "교환수단이며 통용되는 가치기준"을 가지고 있었다. 그것은 직물조각일 수도 있고 혹은 소금, 가축 그리고 18세기에는 수입된 쇠막대 등일 수도 있다.[181] 이 화폐가 원시적이라고 해서 곧 아프리카 경제가 활력이 없다든지, 19세기에 유럽의 산업혁명 및 상업혁명의 충격을 받기 전까지는 이 경제가 깨어나지 못했다고 결론을 내릴 수는 없다. 아마도 18세기 중반에 이른바 이 후진 지역들로부터 매년 5만 명 이상의 흑인들이 노예무역 항구를 통해서 유출되었던 것 같다. 이에 비해서 16세기에 스페인의 세비야에서는 1년에 1,000명 정도밖에 인력을 소집하지 못했으며,[182] 1630-1640년에[183] 뉴잉글랜드로 간 이민의 수는 매년 2,000명 정도에 불과했다. 더군다나 아프리카의 이 인간 사냥이 이곳의 일상생활을 깨뜨린 것도 아니다. 왜냐하면 목둘레에 가죽띠를 둘러서 서로 묶은 이 수천 명의 노예들을 수많은 경호원들을 동원해서

대서양 쪽으로 송출했으나 그런 일이 벌어진 때는 농업이 정지된 건기였던 것이다.[184]

매년 이와 같은 노예 유출이 새롭게 벌어졌다는 것 자체가 어느 정도의 활력을 가진 경제를 상정하게 한다. 이것은 최근의 아프리카학 연구자들이 어느 정도 강하게 반복해서 주장하는 내용이다. 그런데 노예무역선이 오고 갔다는 것만으로는 노예무역을 충분히 설명할 수 없다. 노예무역 역시 아프리카적인 용어로 설명해야 한다. 필립 커틴은 이에 대해서 이렇게 말했다. "노예무역은 대서양 경제의 한 하위체제이지만 동시에 서부 아프리카 사회, 이곳의 태도, 종교, 직업적인 표준, 정체성 그리고 그 외의 많은 것을 포괄하는 더 큰 모델의 하위체제이기도 하다."[185] 우리는 아프리카에 대해서 권리와 책임을 되돌려주어야 한다.

고립된, 그러나 접근 가능한 대륙

블랙 아프리카는 북쪽의 사하라 사막, 동쪽의 인도양, 서쪽의 대서양이라는 거대한 세 개의 공간 사이에 있는 거대한 삼각형이다. 이미 이야기한 것처럼 우리는 동부 연안지역은 다루지 않을 것이다. 사하라의 변경지역과 대서양 연안지역은 끝없는 공격 전선으로서 이곳을 통해서 외국세력이(그들이 누구이든, 어느 시대이든 그리고 상황이 어떻든 간에 상관없이) 블랙 아프리카로 들어오는 관문 역할을 했다. 외국인들은 규칙적으로 관문을 찾아내고는 했다. 이것은 논리적으로 당연한 결과인지도 모른다. 검은 대륙에는 바다에 대해서 그리고 동시에 사하라 사막에 대해서—사실 "사하라 사막은 여러 면에서 볼 때 바다와 유사했다"—등을 돌린 농민 종족들이 살고 있었기 때문이다.[186] 이상한 것은 흑인들 자신은 진짜 바다이든 사막이라는 바다이든 간에 그곳을 항해서 관문을 나가본 적이 없었다는 점이다. 대서양 방면으로 콩고 강 어귀의 큰 물을 넘은 경우밖에는 없다. 즉, 강의 한쪽 기슭에서 다른 쪽 기슭으로 간 것에 불과하다.[187] 대양과 사막은 이들에게는 단지 하나의

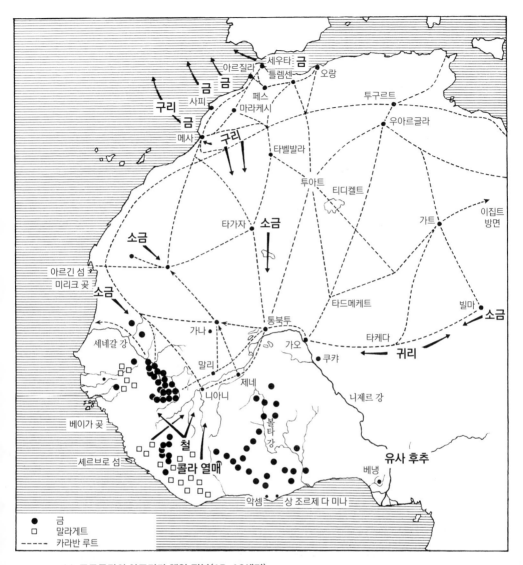

44. 포르투갈의 아프리카 해안 정복(15-16세기)

16세기에 해로는 이전의 사하라 통과로들을 압도할 만큼 중요했다. 지중해 지역으로 향한 금은 대양으로 우회했다. 포르투갈인이 착취하는 부에는 물론 흑인 노예를 포함시켜야 한다. (마갈량이스 고디뇨, 『15-16세기의 포르투갈 제국의 경제』, 1969, 부록)

변경 정도가 아니라 완전히 단절적인 칸막이였다.

서부 아프리카 사람들에게 백인은 무르델레(murdele), 즉 바다에서 나온 사람들이다.[188] 흑인들의 전승은 오늘날까지도 백인들을 처음 보았을 때의 그 놀라운 상황에 대해서 이렇게 이야기한다. "우리의 조상들은 대양 위로 거대한 배 한 척이 떠오르는 것을 보았다. 이 배는 새하얀 날개를 가지고 있었는데 그것은 칼처럼 빛나고 있었다. 백인들이 물에서 나와서 말을 걸었는데 그 말을 누구도 알아듣지 못했다. 우리의 조상들은 겁을 먹었다. 그리고 이 백인들이 죽은 사람들의 영혼인 붐비(Vumbi)라고 생각했다. 그래서 활을 쏘며 이들을 바다로 다시 내몰려고 했다. 그러자 붐비들은 천둥소리를 내면서 불을 내뿜었다.……"189) 흑인들은 이렇게 백인들을 처음 접했을 때 그들이 배 밖에서 산다는 것을 상상조차 하지 못했다.

대서양 연안에서 유럽인들의 배는 아무런 저항이나 감시를 받지 않았다. 오히려 완벽한 자유를 누리면서 원하는 곳 어디로든 가서 마음 놓고 교역할 수 있었으며 얼마 전에 다른 곳에서 실패했던 사업을 다시 시도해서 성공을 거두었다. 더 나아가서 비록 규모는 작지만 동양의 "인도 내 무역"을 모델로 한 "아프리카 내 무역"을 만들었다. 해안에 건설한 요새들은 아주 튼튼한 거점이 되었고 가까운 여러 섬들은 흔히 망을 보는 지점으로 활용되었다. 마데이라 섬이나 카나리아 제도가 그런 예이지만 특히 대단히 흥미로운 사례로는 상 투메 섬을 들 수 있다. 기니 만에 있는 이 섬은 사탕수수를 재배하고 노예들을 공급하는 역할을 하면서 16세기부터 크게 발전했는데, 아마도 서풍과 남부 무역풍이 이 섬으로 부는 데다가 이 섬으로 보면 서쪽의 아메리카와 동쪽의 아프리카로 모두 길이 열려 있기 때문일 것이다.

내가 실수한 것이 아니라면 똑같은 과정이 사하라 사막의 변두리지역에서도 일어났다. 낙타 대상을 보유한 이슬람권은 선박을 보유한 유럽과 마찬가지로 자유롭게 출입로를 선택할 수 있었다. 가나, 말리 그리고 가오* 제국은

---

* Gao : 서아프리카 말리 동부에 있는 가오 주의 주도. 역사적 지명은 카우카우(Kawkaw)이다. 7세기에 어부들이 세웠으며 서아프리카의 오래된 무역 중심지이다. 11세기 초에 송가이 제국의 수도가 되어 금, 구리, 노예, 소금을 거래하는 사하라 횡단무역의 중심지 역할을 했으나 1591년에 모로코에게 지배당하면서 이런 역할을 중단했다.

모두 상아, 사금, 노예 등의 개발과 연결된 통로였다. 그런데 기니 만에 포르투갈인들이 도착하여 이와 같은 사업을 독차지하면서부터 예전에 과도하게 부풀어 있던 정치조직들이 붕괴해갔다. 예컨대 1591년에 통북투는 모로코 원정대에 의해서 점령당했다.[190]

다시 한번 더 이슬람 제국주의와 서유럽 제국주의가 심층적으로 동질성을 가지고 있다는 것이 분명히 드러난다. 이 두 개의 공격적이고 노예주의적인 문명에 대해서 감시를 게을리하고 취약성을 드러낸 블랙 아프리카는 비싼 대가를 치러야 했다. 물론 블랙 아프리카의 변두리지역에 모습을 드러낸 침략자들은 아주 매력적인 상품들을 가지고 왔다. 이것은 사람들의 욕심을 자극했다. 콩고의 왕의 말에 의하면 밤에 "도둑들과 아무런 생각 없는 사람들이 포르투갈인들이 가지고 온 물건과 상품에 탐이 나서 [우리의 귀족들과 봉신들의 자제를] 유괴해갔다."[191] 가르시아 드 헤젠드는 이렇게 이야기했다(1554). "그들은 서로가 서로를 팔았다. 그리고 여기에 전문화한 상인들이 많이 있어서 이들이 사람들을 속여 노예상인들에게 넘겨버렸다."[192] 1654-1667년에 아프리카에 머물렀던 이탈리아인인 조반니 안토니오 카바치는 "콩고인들은 산호 목걸이나 약간의 포도주를 얻기 위해서 자기 부모, 자식, 형제, 자매를 팔아 치웠는데 구매자들에게는 이들이 자기 집 하인들이라고 강변했다"고 적었다.[193] 분명히 욕심이 여기에서 중요한 역할을 했다는 것은 부인할 수 없는 일이며 또 유럽인들이 이것을 의도적으로 더욱 부채질한 것도 사실이다. 의복을 사회적 신분의 표시로 여기는 취향이 있던 포르투갈인들은 자신들에게 종속적인 위치에 있는 흑인들에게도 이와 똑같은, "잘 차려입는(vestir)" 취향을 불어넣었다. 여기에는 뒷생각이 없지 않았을 것이다. 1667년에 소팔라에서 한 포르투갈인은 부끄러움도 모르고 벌거벗은 채 돌아다니는 평범한 흑인들에게 파뉴*를 걸치도록 **강요해야 한**다고 제안

---

* pagne : 허리에 두르는 간단한 옷.

했다. 그렇게 되면 "인도에서 생산되는 모든 직물을 가지고도 흑인들이 필요로 하는 양의 절반도 채우지 못할 것"이기[194] 때문이다. 강제로 교환에 응하게 하기 위해서는 모든 수단을 가리지 않았으며 그러기 위해서 선대(先貸) 관행도 동원했다. 만일 빚을 갚지 못하는 경우에는 채무자의 재산이나 더나아가서 그 인신까지 압류할 수 있었다. 이때 공공연하게 무력까지 사용했다. 매번 마음놓고 사업을 벌일 때마다 수익률의 신기록이 세워졌다. 1643년에 한 증인은 "이 왕국[노예사냥이 절정에 달했던 앙골라]에서 어떤 사람들은 분명 동인도에서보다 더 많은 부를 얻었다"고 말했다.[195]

유럽이 아프리카의 인신매매 교역을 원하고 또 강요한 것은 분명하다. 그러나 동시에 유럽인들이 도착하기 훨씬 이전부터 이슬람권, 지중해, 인도양 지역 등으로 노예무역을 수행하던 나쁜 관행이 사전에 존재했기 때문이기도 하다. 이곳에서 노예제는 풍토병이며 일상의 구조였다. 그러나 우리는 그것이 놓여 있는 사회적 틀에 대해서는 잘 모른다. 불완전한 문서자료를 읽어내는 데에 익숙한 역사가들이나 비교라는 용감한 방법을 쓰는 학자, 심지어 마리안 마워비스트처럼 재능을 가진 사람도[196] 이것을 재구성하는 데에는 역부족이다. 아직 너무나 많은 문제들이 해결되지 않고 있다. 군집해 있는 여러 마을들과 도시와의 관계, 수공업과 원거리 교역의 지위, 국가의 역할 등……. 그리고 어디나 똑같은 하나의 사회가 아니다. 노예제는 본질은 똑같다고 하더라도 사회마다 다른 형태를 띠게 마련이다. 궁정노예, 지배자의 군대에 편입되어 있는 노예, 가내노예, 농업이나 산업 분야의 노예, 중개인이나 대리인 또는 심지어는 상인 역할을 하는 노예까지 있다. 노예를 충원하는 길은 내부적, 지방적일 수도 있고(서유럽에서 범죄를 범하면 갤리선의 노역수가 되는 데에 비해서 이곳에서는 사형을 당하거나 노예가 되었다) 외부적일 수도 있다(마치 로마 시대에 그러했듯이 먼 지역의 사람들에 대한 전쟁이나 인신매매의 결과 노예가 만들어졌다). 장기적으로는 이 전쟁과 약탈이 일종의 산업이 되었다. 이런 상황 속에서 전쟁을 통해서 발생하는 노예들의 수가 너무 많아져서 이들을 유지하고 먹이는 것이 힘에 부칠 정도가 되어 일종의 비고용 상태였던 것이 아닐까? 그렇다면 이들을 외부시장에 내다 팖으로써 아프리카는 여분의 인력을 처분한 것인지도 모른다.

아메리카의 수요로 인해 엄청나게 발달한 노예무역은 검은 대륙 전체를 뒤흔들어놓았다. 노예무역은 내륙과 연안 사이에 이중의 역할을 했다. 한편으로는 모노모타파나 콩고 같은 대국을 약화, 쇠퇴시켰지만 이와 달리 연안 가까이에서는 유럽 상인에게 흑인과 상품을 공급해주는 일종의 **중개국가** 역할을 하는 소국들을 발전시켰다. 마찬가지로 이슬람권에서 볼 때 나이저 강을 따라 연이어 세워진 여러 국가들은 북부 아프리카와 지중해 지역에 사금과 노예들을 공급해주는 중개국가가 아니었을까? 유럽에서도 10세기경에는 이와 비슷하게 엘베 강을 따라 중간지역이 존재해서 이곳에서 **슬라브족** 노예들을 구하여 이슬람권의 국가에게 넘기는 역할을 했다. 크림 반도의 타타르족은 16세기 이후 이스탄불의 수요에 맞추어서 러시아인 노예들을 공급해주는 보급상들이 아니었을까?[197]

연안으로부터 내륙으로

이런 과정을 거쳐서 블랙 아프리카는 이전에 역사가들이 생각했던 것보다 더 심층적으로 예속되었다. 유럽은 연안의 근거지들, 연락 역할을 하는 섬들, 썩어서 무너질 때까지 정박해 있는 배들, 혹은 노예무역을 하는 지점들이나 요새들(첫 번째 요새로서 가장 유명한 것은 1454년에 기니 해안에 포르투갈인들이 건설한 상 조르제 다 미나이다) 등을 넘어 내륙 깊숙한 지역으로 뿌리를 뻗어 들어갔다. 포르투갈, 네덜란드, 영국, 프랑스 등이 거액의 비용을 들여가며 유지한 이 요새들은 흑인이나 유럽 경쟁세력들의 공격을 막아주었다. 같은 종류의 상업활동을 하던 백인들은 많은 경우에 상호 대립하며 서로 상대방의 요새를 빼앗으려고 했고 대규모 충돌 이외에도 치열한—그러면서도 큰 소득을 얻지도 못하는—전쟁을 벌였다. 단지 공동의 적이 있을 때에만 이들 간의 화해가 가능했다. 예를 들면 영국의 왕립 아프리카회사와 프랑스의 세네갈회사(이 회사는 1718년에 프랑스 인도회사에 병합되었다)는 자신들의 활동영역의 틀 밖에서 거래하는 모든 무허가 불법 상인들(privateers, interlopers, 영국인일 수도 있고 아닐 수도 있다)에게 공동으로 대처하기 위해서 흔히 서로 협력했다. 그런데 네덜란드 서인도회사까지도 포함해서 이런 공인회사들은 사정이 좋지 않아서 정부의 보조를 받지 않으면 요새나 주둔군의 초소를 유지하기가 힘들었다. 그 결과 이 회사들은 많은 전진기지들을 방기해버리고는 했다.

연안지역으로부터 강을 거슬러올라가 상류의 기착지나 정기시에서 교역을 하는 데에는 노를 사용하는 작은 배를 이용했다. 이런 곳에서 유럽인들의 상업은 카라반 대상과 만났다. 이 교역에는 현지에서 태어난 중간상인들이 이용되었는데 그중에서도 특히 포르투갈인의 자손들이 아주 오랫동안이 일을 맡아서 했다. 백인과 흑인의 혼혈인 이 사람들은 "대지의 아들"이 되었으며 모든 사람들이 이들의 서비스를 얻으려고 했다. 그러다가 영국인들과 프랑스인들이 스스로 강을 거슬러올라가서 내륙지역에 정착하려고 했다. 라바 신부는 이렇게 썼다. "에이지스 선장[영국인이다]은 이때 빈탐에 있지 않았다. 영국인들은 그를 고용해서 상류지역과 교역을 하려고 했다. 그는 사업능력이 뛰어난 사람으로서 카이누라의 생-테티엔 요새에서 하루 거리만큼 떨어져 있는 팔레메 강에까지 가 있었다."[198] 18세기 후반에 영국의 왕립회사가 그들의 활동을 대부분 포기하고 감비아 강의 하구를 방기했을 때 유럽의 상업은 다시 이전에 하던 대로 현지인들을 이용했다. 영국인 노수(櫓手)보다 비용이 적게 드는 흑인 노수들이 유럽의 상품을 상류지역으로 운송했다. 이들이 하류로 내려올 때에는 에보니 목재를 싣고 오는 경우가 많았는데 이 목재는 흔히 무허가 불법 상인들의 배로 갔다. 그러므로 흑인들은 이 교역에서 부지배인의 역할을 했다.

이런 발전은 이상하게도 예전에 포르투갈인이 아프리카나 아시아에서 처음 교역을 시작하던 당시의 발전을 재현했다. 최초의 모험가들(lançados)은 포르투갈인들이었다.[199] 이와 마찬가지로 기니 만부터 앙골라까지 이르는 지역에서 아주 일찍부터 "아프리카 내 무역"을 수행했던 것은 상 투메 섬의 상인들이었는데 이들은 하루는 상인, 다음날에는 해적이 되었다. 16세기 말에 콩고의 수도인 산살바도르에서는 포르투갈 상인들이 100여 명 있었던 데에 비해서 포르투갈인 모험가들은 1,000명이 넘었다. 그러다가 사정이 잘 풀리면 자잘한 일들은 아프리카 출신의 중개인이나 대리인들이 맡았다. 특히 '메르카도르(mercador : 상인)'라고까지 불리게 된 만딩고족,* 또 '폼베이루(pombeiro)'라고 불린, 혼혈인이나 흑인인 조력자 또는 보조인들이 중요한 역할을 했다. 특히 마지막에 언급한 이 폼베이루는 자신을 고용한 주인이 누구이든 상관없이 백인들보다 더 잔인하게 같은 피부색의 동료들을 착취했다.[200]

삼각무역과 교역조건

우리는 노예무역의 귀결이 어떤지 아주 잘 알고 있다. 대서양을 건너는 중간 항해(Middle Passage)는 좁은 공간에서 꼼짝하지 못하는 상태로 바다를 건너는 노예들에게 언제나 끔찍한 비극이었다. 그러나 이 항해는 삼각무역체제의 한 요소에 불과했다. 아프리카 해안에서 닻을 올려 삼각무역을 하는 배는 포르투갈, 네덜란드, 영국, 프랑스 등 어느 국적이든 간에 똑같았다. 영국 선박이라면 자메이카에서 노예를 팔고 설탕, 커피, 인디고, 면화를 싣고 영국으로 귀환한 다음 다시 아프리카로 향할 것이다. 이 도식은 모든 노예무역 선박에 다 해당된다. **삼각형의 모든 꼭짓점에서 이윤이 실현되며 이 유통**

---

* Mandingos : 만데족(Mandes)이라고도 한다. 서아프리카에서 살며 니제르콩고어족에 속하는 만데어를 쓴다. 기원전 4000-기원전 3000년에 농경을 시작한, 서아프리카에서 가장 오래되고 복잡한 문명을 이룬 종족이다. 쟁기를 이용한 농경을 주로 하지만 주변 아랍 지역과의 교역에도 활발히 참여했다.

의 전체 결산은 각각의 꼭짓점에서의 결산의 합이 된다.

리버풀이나 낭트에서 떠날 때 싣는 상품은 변함이 없다. 언제나 무수히 많은 종류의 직물이 적재되는데, 인도의 면직물, 줄무늬 타프타 천이 대표적이다. 그 외에 구리로 만든 주방용구들, 주석 접시와 그릇들, 철괴, 칼과 칼집, 모자, 유리세공품, 유사 크리스탈 제품들, 화약, 피스톨, "무역용" 장총 그리고 무엇보다도 증류주들……등이 포함되어 있다. 이상의 상품목록은 1704년에 프랑스의 노예무역 중심항구인 낭트에서 한 은행가가 자신이 소유한 르 프랑스 드 콩티 호(300톤급)에 선적한 상품목록과 완전히 일치한다.[201] 이 뒤늦은 시기에도 상품목록은 리버풀이나 암스테르담에서 출발하던 때와 거의 다를 바가 없었다. 다만 포르투갈인은 아프리카에 총기류와 증류주를 결코 반입시키려고 하지 않았지만, 이들의 계승자들은 더 이상 그와 같은 조심성이나 용의주도함을 보이지 않았다는 점이 다를 뿐이다.

마지막으로 이 교역이 유럽의 수요 증대에 조응하기 위해서는 아프리카의 시장 또한 유럽 상품의 공급 증가를 소화할 수 있을 정도로 어느 정도의 탄력성을 보여야만 했다. 이것은 세네감비아*의 경우에서 볼 수 있다. 사막과 대양 한가운데에 있는 이 이상한 지역에 대해서는 최근에 필립 커틴이 대단히 참신한 책을 쓴 바 있다.[202] 이 책은 우선 아프리카 경제 그 자체를 높이 평가했다. 즉, 수송의 어려움에도 불구하고 활발히 전개되는 교역, 많은 사람들이 모여드는 시장과 정기시, 잉여에 대한 요구가 아주 강한 여러 활력 넘치는 도시들 그리고 원시적이면서도 훌륭하게 교환의 도구 역할을 하는 화폐 등을 높이 평가했다.

시간이 흐르면서 유럽 상품의 수용도 선택적으로 이루어졌다. 흑인 구매자들도 무턱대고 아무것이나 사들인 것이 아니다. 세네감비아가 철괴와 심지어는 철 부스러기까지 구매한 이유는 아프리카의 다른 지역들과 달리 이

---

* Senegambia : 아프리카 서부 세네갈 강과 감비아 강 유역의 총칭. 때에 따라서는 식민지 이름으로도 쓰인다.

I. 세네감비아의 "교역조건"

1680	100(지수)	교역조건은 수출과 수입 사이의 지수로부터 얻어진다.

(정확히 이야기하면 $\frac{수출}{수입} \times 100$)

1730	149
1780	475
1830	1031

아프리카의 수출의 이익은 약 10배로 증가했다. 오차의 한계가 대단히 크다는 점을 고려하더라도 진보가 있었다는 것은 명백하다.

II. 세네감비아의 수출의 변화
(수출 전체 중에서 차지하는 상품별 퍼센트)

	1680	1730	1780	1830
금	5.0	7.8	0.2	3.0
고무	8.1	9.4	12.0	71.8
가죽	8.5	–	–	8.1
상아	12.4	4.0	0.2	2.8
노예	55.3	64.3	86.5	1.9
밀랍	10.8	14.5	1.1	9.9
땅콩	–	–	–	2.6
전체	100	100	100	100

(필립 커틴, 『전(前)식민지 시대 아프리카의 경제적 변화』, 1975, pp.336, 327)

곳에서는 야금업이 발달해 있지 않았기 때문이다. 만일 어느 지역(또는 그 하위지역)에서 계속 직물을 구입했다면 그곳의 지방적인 직조업이 충분하지 못하기 때문이다. 이런 식이다. 그리하여—어쩌면 놀라운 일이 될지 모르겠지만—유럽의 탐욕스러운 수요에 직면해서 아프리카는 결국 고전적인 경제 규칙에 맞추어 행동했다. 가격을 올린 것이다.

필립 커틴은 가격과 **교역조건**(terms of trade)에 대한 연구를 통해서 그의 명제를 증명했다.[203] "화폐"의 성격이 원시적이라고는 해도 그것으로도 가격이나 교역조건 등의 문제를 훌륭히 소화해냈다. 사실 세네감비아의 **명목화폐**인 철괴에 대해서 영국 상인이 30파운드 스털링으로 산정한 것은 가격이 아니라 하나의 가공화폐인 파운드 스털링 화와 또다른 가공화폐인 철괴 사이의 환율을 나타낸다. 철괴로 나타낸 (그리고 결과적으로 파운드 스털링 화로 나타낸) 상품 가격은 본문의 표가 보여주듯이 계속 변동했다. 우리는 세네감비아에 대해서 가능성 있는 수입 총액 및 수출 총액을 계산해볼 수 있으며 "한 경제가 외부와의 교역에서 어느 정도의 이익을 이끌어낼 수 있는지 추산할 수 있게 해주는 지표"인[204] 교역조건을 개략적으로 계산할 수 있다. 커틴은 수출과 수입, 이 나라에 들어갈 때의 가격과 나갈 때의 가격을 비교함으로써 세네감비아는 외부와의 교역에서 갈수록 유리해졌다고 결론을 내렸다. 더 많은 금과 노예, 상아를 얻기 위해서 유럽인들은 그들의 상품 공급을 늘리고 가격을 낮추어야만 했다. 세네감비아에 대해서 확인한 이 사실은 아마도 블랙 아프리카 전체에 대해서도 타당할 것이다. 블랙 아프리카는 신대륙의 플랜테이션, 사금채취장, 도시들의 요구에 응해서 점차 더 많은 노예들을 공급했다. 그렇게 공급된 노예의 수는 16세기에 90만 명이었으나 17세기에는 375만 명, 18세기에는 700만-800만 명이었다. 그리고 1815년에 노예제가 폐지되었음에도 불구하고 19세기에만 400만 명의 노예가 공급되었다.[205] 사용된 방법과 교통수단이 보잘것없었다는 점을 고려한다면 노예무역은 수송의 최고 신기록이 될 것이다.

유럽의 수요에 따라서 세네감비아는 상업적으로 전문화하기에 이르렀다. 즉, 매번 한 가지 상품이 주도적인 지위를 차지하는 것이다. 17세기 초에는 가죽, 19세기까지는 노예, 더 이후 시기에는 고무 그리고 그보다도 더 후에는 땅콩이 주도적인 상품이었다. 이것은 염료용 식물, 설탕, 금, 커피 등으로 주도적 상품이 변화해간 식민지 시대 브라질의 "사이클"과 유사하다.

노예제의 종식

1815년 빈 회의에서 영국의 제안에 의해 노예무역이 공식적으로 폐기되었으나 하루아침에 갑자기 중단되지는 않았다. 일단 교역의 힘이 생기면 지속적으로 작용하기 때문이다. 한 영국인 여행자에 의하면 1817년에[206] 리우 데

자네이루, 바이아 그리고 특히 쿠바는 "사람 장사"의 종착역이었다. 이 교역은 여전히 아주 활발하게 이루어지고 있었다. 아바나는 가장 활기찬 도착점이었다. 이곳에는 한 번에 노예무역선 일곱 척이 들어왔다. 그중에서 프랑스 선박이 네 척이었다. 그러나 여전히 계속되던 노예무역 중에서 최대치를 차지하고, 또 영국의 노예무역의 후퇴 때문에 아프리카 내 구매수준과 가격 하락으로부터 이익을 취한 것은 포르투갈과 스페인이었다(아프리카에서 노예 구입가격은 2-5파운드인 데에 비해서 아바나에서는 100파운드였고 밀수가 워낙 힘들었던 플로리다와 뉴올리언스에서는 200파운드에 달했다). 이러한 하락은 일시적이었으나 앞에서 언급한 영국인 여행자는 자기 나라가 스스로 노예무역을 포기함으로써 스페인과 포르투갈만이 이익을 누리게 된 데에 시기심을 가지지 않을 수 없었다. 이 두 나라 사람들은 노예 가격의 하락으로 "설탕과 커피만이 아니라 그 외의 모든 열대상품들을 우리보다 더 유리하게 외국 시장에서 팔 수 있는 수단을" 가지게 되지 않았는가? "노예무역이 인간의 권리에 위반된 것이라는 영국의 교묘한 선언에 대해서 대륙의 강대국들이 단호히 부정하는 것이 이익이며 동시에 의무"라고 어느 포르투갈인이 분개하는 심정을 토로했는데[207] 여기에 대해서는 당시의 많은 영국인도 동감했을 것이다!

마지막으로 확인해야 할 것은 이와 같은 인구의 유출이 기니 만에 면해 있는 앙골라나 콩고 등의 흑인 사회의 균형을 깨뜨렸는가 하는 문제이다. 여기에 대답하기 위해서는 유럽과 처음 접촉했을 당시의 인구에 대한 수치를 알고 있어야 한다. 그러나 내 생각에 이러한[인구 유출에 관한/역주] 신기록은 검은 대륙의 생물학적 우수성으로서만 설명 가능하다. 노예무역에도 불구하고 인구가 증가했다면—실제로 그랬을 가능성이 크다—이 문제에 관한 모든 점을 재고해야만 할 것이다.

이상의 논구는 아프리카인에 대한 유럽인의 잘못이나 책임을 완화시키려는 의도는 아니다. 만일 내 의도가 그런 것이었다면 애초에 나는, 원하든 원하지 않든, 유럽이 아프리카에 가지고 온 선물들을 강조했을 것이다. 즉 옥수수, 카사바, 아메리카 제비콩, 고구마, 파인애플, 석류, 야자나무, 감귤류, 담배, 포도 등과 같은 식물과 고양이, 사향오리, 칠면조, 거위, 비둘기와 같은 가축들이 그런 것들이다. 물론 기독교의 전파 역시 언급했어야만 했다. 흑인은 흔히 기독교를 백인이 믿는 신의 힘을 얻는 수단으로 받아들였다. 그리고 오늘날 흑인의 아메리카가 존재한다는 것 역시 강조해 마지않았을 것이다. 이것 역시 결코 하찮은 일은 아니다.

러시아 : 하나의 독립된 세계-경제

유럽 세계-경제라고 하지만[208] 그것은 사실 유럽 대륙 전체로 확대되지는 않았다. 폴란드 너머의 지역에서는 오랫동안 모스크바 대공국이 주변적인 위치를 차지하고 있었다.[209] 러시아—적어도 표트르 대제가 스스로 통치하기 시작한 시기(1689)* 이전까지는—를 서유럽의 영역 바깥에, 즉 "유럽적인 유럽" 너머에 위치시킨 윌러스틴의 의견에 대해서는 동의한다.[210] 수 세기 동안 기독교 유럽이 튀르키예에 복속당한 발칸 지역도 사정이 마찬가지이고, 또 아시아와 아프리카에 독립적인 영역이 광대하게 펼쳐져 있던 오스만 제국의 나머지 지역도 마찬가지이다.

러시아와 튀르키예 제국에 대해서 유럽은 화폐상의 우월성, 기술 및 상품의 매력과 유혹 그리고 무력으로 대응했다. 모스크바 대공국의 경우 유럽의 영향력이 거의 저절로 증대해갔고 특히 이 나라가 조금씩 조금씩 서유럽을 지향해간 반면, 튀르키예는 서유럽의 파괴적인 침투에 대해서 고집스럽게도

---

* 표트르는 초기에 이복동생 이반과 공동으로 제위에 올랐다. 그러나 이반은 병약하고 표트르는 너무 어렸기 때문에, 이반의 누이인 25세의 소피아가 섭정이 되었다. 권력에서 배제되던 표트르는 17세가 되던 1689년에 결혼을 하고—이 자체가 그의 집정의 개시를 알리는 상징이었다—소피아를 제거했다. 정식으로 단독 재위 시대가 된 것은 이반이 죽은 1696년부터이다.

거부하는 자세를 견지하면서 저항을 계속했다. 오직 무력과 쇠락 그리고 시간의 흐름이 뿌리 깊은 적대성을 허물어뜨렸다.

신속하게 반(半)독립성으로 되돌아간 러시아 경제

모스크바 대공국이 유럽 세계-경제에 완전히 폐쇄적이었던 적은 결코 없었다.[211] 발트 해상에 있는 에스토니아의 작은 항구 나르바를 러시아인들이 정복한 해인 1555년, 혹은 영국인들이 아르한겔스크에 처음 정착한 1553년 이전에도 역시 마찬가지였다. 그러나 "바닷물이 같은 무게만큼의 금과 같은 가치를 가졌다"고까지 하던[212] 발트 해에 창을 연 것, 그리고 영국의 머스커비 회사가 아르한겔스크의 문호를 열어젖힌 것(그러나 이 문호는 매년 겨울 결빙 때문에 도로 닫아야만 했다)은 유럽을 직접 받아들였다는 의미이다. 곧 네덜란드인들이 지배하게 된 나르바에는 전 유럽의 선박들이 몰려들었다가 다시 유럽의 여러 지역으로 흩어져갔다.

그렇지만 이른바 리보니아 전쟁*은 러시아에 큰 재앙을 불러와서 러시아인들로서는 나르바에 들어온 스웨덴인과 1583년 8월 5일에 휴전조약을 맺게 된 것만으로도 다행으로 여길 지경이었다.[213] 그리하여 발트 해에 소유하던 유일한 항구를 상실해서 이제는 백해(白海)에 위치한 불편하기 짝이 없는 아르한겔스크만 남게 되었다. 이러한 충격은 유럽에 대한 문호의 확대를 중단시켰다. 그러나 나르바의 새로운 지배자들은 러시아인의 수출입 상품의 통과를 막지 않았다.[214] 그래서 나르바, 탈린, 혹은 리가의 중재를 통해서[215] 유럽과의 교역이 계속되었고 여기에서 러시아가 흑자를 보았으므로

---

* 차르 이반 4세가 발트 해로의 진출을 목적으로 일으킨 전쟁(1558-1583). 모스크바 대공국으로서는 서유럽과의 연결을 위해 발트 해 연안지역을 얻어야 했으므로, 이를 위해서 독일 기사단이 지배하는 대(大)리보니아(에스토니아, 리보니아, 쿠를란드, 사레마 섬)를 확보해야 했다. 그러나 폴란드, 리투아니아, 스웨덴과의 싸움에서 아무런 결실을 거두지 못했다. 전쟁이 끝난 1583년에 러시아는 그동안 점령했던 리투아니아를 반환하고 리보니아, 에스토니아, 핀란드 만 지역들에 대한 권리를 모두 상실했다.

금이나 은으로 결제를 받았다. 러시아의 곡물과 대마를 구입하는 상인, 특히 네덜란드인은 수지균형을 맞추기 위해 400에서 1,000릭스달러의[216] 현찰화폐가 들어 있는 푸대를 가지고 왔다. 예컨대 리가에서 1650년에 2,755푸대, 1651년에 2,145푸대, 1652년에 2,012푸대가 들어왔다. 1683년에 리가의 무역을 보면 러시아가 82만3,928릭스달러의 흑자를 기록했다.

이런 조건에서 러시아가 반 정도 폐쇄적인 채 남아 있었던 이유는 압도적으로 광대한 영토, 아직 부족한 인구, 서유럽에 대한 미약한 이해관계, 내부적인 균형의 정립이 힘든 사정 등이 동시에 작용한 탓이지, 러시아가 유럽과 단절되어 있기 때문이라든지 혹은 교역에 적대적이었기 때문은 아니다. 러시아의 경험은 어느 정도 일본의 경험과 유사하다. 그러나 두 나라 사이에는 큰 차이점이 있다. 일본의 경우 1638년 이후 정치적인 결정에 의해서 자기 스스로 쇄국을 단행했다는 점이다. 이에 비해서 러시아는 의도적으로 자신이 선택한 태도의 희생자도, 또 외부로부터의 단호한 배제의 희생사도 아니다. 오히려 러시아는 유럽의 주변지역에서 자기 자신의 연결망을 가진 독자적인 세계-경제로서 스스로를 조직하려는 경향이 있었다. 페히너의 말이 맞는다면 16세기에 러시아의 교역과 경제의 총량은 북쪽과 서쪽(즉, 유럽)보다는 남쪽과 동쪽에서 균형을 취하고 있었다.[217]

이 세기 초 러시아에 가장 중요한 외부시장은 튀르키예였다. 외부와의 연결은 돈 강 계곡과 아조프 해를 통해서 이루어졌으나 경계를 넘는 일은 전적으로 오스만 제국의 선박이 담당했다. 이 당시 흑해는 튀르키예의 호수—그것도 아주 잘 감시되는—였다. 교역이 규칙적이면서도 대규모였다는 증거로 크림 반도와 모스크바를 잇는, 말을 이용한 파발꾼을 들 수 있다. 이 세기 중엽 볼가 강 하류 연안지역(1552년에 카잔, 1556년에 아스트라한)의 점령은 비록 볼가 강 유역에 아직 평화가 정착되지 못해서 육로가 그다지 이용할 만하지 못하고 수로 역시 위험하기는 했어도(강 연안으로 배를 댈 때마다 매번 어떤 위험에 직면할지 몰랐다) 어쨌든 남쪽으로 넓은 통로를 열어주었다. 러시아 상인들은 자기들끼리 강상(江上) 카라반을 조직하여 여행하는 방식으로 보호책을 강구했다.

이제부터 볼가 강 하류의 스텝 지역, 특히 중앙 아시아, 중국 그리고 무엇보다도 이란 지역과의 교역 중심지는 카잔 그리고 뒤이어 아스트라한이었다. 카즈빈, 시라즈, 호르무즈 섬(모스크바로부터 석 달이 걸리는 곳이었다) 등지를 향한 사업여행이 조직되었다. 16세기 후반에 아스트라한에서 창설된 러시아의 함대는 카스피 해에서 활발히 활동했다. 그 외에도 타슈켄트, 사마르칸트, 부하라 그리고 당시 동부 시베리아와의 접경지역이었던 토볼스크에까지 교역이 닿았다.

이렇게 남쪽과 동쪽과의 교역은 유럽과의 교역보다 양적으로 더 컸다(비록 구체적인 수치는 가지고 있지 않지만). 러시아인들은 가공하지 않은 가죽, 모피, 철제품, 거친 직물, 정련한 철, 무기, 밀납, 꿀, 식품 등을 수출했고 여기에 더해서 플랑드르산 및 영국산 직물, 종이, 유리, 금속 등 서유럽에서 들여온 상품을 재수출했다. 반대 방향으로는 향신료(그중에서도 특히 후추), 중국산 및 인도산 비단 등이 이란을 통해서 들어왔고, 페르시아의 비로드와 수놓은 비단, 튀르키예의 설탕, 건과, 진주, 금은 세공품, 중앙 아시아산 일반용 면직물 등이 들어왔다. 이 모든 상업활동들은 국가의 통제와 보호를 받고 때로는 국가 주도로 발전했다.

만일 현재 알려져 있는 일부 수치들을 이용한다면(이것은 모두 국가 독점에 관한 것이므로 교역의 일부에만 한정된 것이지 전체 교역과 관련된 것은 아니다) 동양에서의 무역수지는 러시아의 흑자였다. 그리고 이것은 전반적으로 경제를 활성화시켰다. 서유럽은 러시아에 대해서 원재료만 요구하고 또 사치품과 화폐만 공급한 데에 비해서(물론 이것들은 나름대로 중요성을 가진다) 동양은 러시아에서 공산품을 구입하고, 또 러시아의 산업에 유용한 염료를 공급했으며, 사치품만이 아니라 일반인들이 사용하는 값싼 견직물 및 면직물들을 공급했다.

강한 국가

원하든 원하지 않든 러시아는 서쪽이 아니라 동쪽을 선택했다. 러시아의 성장이 지체되었기 때문일까? 어쨌든 러시아로서는 유럽 자본주의와 조우가 늦어진 까닭에 이웃 폴란드가 겪은 바람직하지 않은 운명을 피할 수 있었다. 폴란드는 서유럽의 수요에 따라 모든 구조들이 재조정되었으며 "폴란드의 눈"인 그단스크가 놀라운 부를 얻고 영주와 대호족들이 엄청난 권력을 장악한 대신, 국가의 권위가 무너지고 도시의 발전이 저해되지 않았는가!

폴란드와는 달리 러시아에서는 국가가 바다 한가운데의 바위처럼 탄탄했다. 모든 것이 국가의 전권 강화, 강력한 경찰력, 전제정치로 이어졌다. 국가는 도시(서유럽과 달리 "이곳의 도시는 자유롭게 만들지 않는다"),[218] 보수적인 정교회, 농민들(영주에 속하기 이전에 차르에 속해 있었다), 보야르(boyard) 등에 우선하여 전제적인 지위를 지녔다. 보야르를 보면, 이들은 세습귀족이든 포메스티(pomestye, 차르가 포상으로서 하사하는 일종의 은대지로서 독자들은 스페인령 아메리카의 엔코미엔다나 아니면 차라리 튀르키예의 시파이니크를 연상하게 될 것이다)를 소유한 귀족이든 간에 다 국가에게 복종했다. 더구나 국가는 핵심 교역에 대한 통제권을 유지했다. 국가는 소금, 포타슘,* 증류주, 맥주, 꿀물, 모피, 담배 그리고 이후 시기에는 커피 등을 독점했다. 밀 시장은 국내에서는 잘 작동했으나 곡물의 수출은 차르의 동의를 얻어야만 했는데 이것은 차르에게 영토확장의 논거로 사용되고는 했다.[219] 그리고 1653년 이후에 차르가 국영 카라반을 조직했는데, 이것은 원칙적으로 3년마다 베이징으로 가서 값비싼 모피를 제공하고 돌아올 때에는 금, 비단, 다마스 직물, 도자기 그리고 훗날에는 차를 들여왔다. 국가독점의 대상인 증류주와 맥주를 팔기 위해서 만들어진 카바레는 "러시아어로 '코바크(kobak)'라고 하며 차르가 다른 모든 사람들을 제쳐놓고 이곳의 운영을 독차지했다.……단지 카

---

* 나무를 태운 재를 솥에 넣고 끓여 정제하는 가공작업으로 얻는 결정체. 당시 여러 공업활동에 원재료로 많이 쓰인 값비싼 물품이었다.

자흐인들이 사는 우크라이나에서만은 예외였다." 차르는 이 방식으로 아마도 매년 100만 루블에 달하는 막대한 소득을 올렸다. "러시아인들은 독주(毒酒)를 마시는 데에 익숙하고, 또 급여의 반은 빵과 밀가루로 받고 나머지 반은 현찰로 받는 군인과 노동자들이 이 현찰을 카바레에서 소비해버렸기 때문에, 결국 러시아 내에서 유통되는 현찰은 모두 차르의 돈궤로 들어간 셈이다."[220]

국가 관련 사업에서는 모든 사람들이 대강대강 편하게 하는 것이 사실이다. 부정거래는 "한이 없고" "보야르 및 여타 사람들은 담배를 대량으로 재배하는 시르카시아*와 우크라이나에서 담배 밀매를 많이 했다." 그러니 사회의 모든 층에서 행해지던 보드카의 부정거래는 어떤 정도였겠는가? 그러나 어쩔 수 없이 용인했던 가장 심한 밀매는 시베리아의 모피 밀매였다. 이웃 중국 방향으로의 모피 밀매가 어찌나 대규모였는지 베이징으로 가는 공식 카라반은 곧 사업을 중단해야 했다. 1720년에 "전임 시베리아 총독이었던 가가린 공의 목을 베었다.……그는 엄청난 거액의 재산을 착복했다. 처형 후 중국과 시베리아에 있는 그의 가구와 상품만 매각했는데 그러고도 아직 여러 채의 집에 팔리지 않은 상품들이 가득 차 있었고 대략 300만 루블에 달하는 보석과 금은이 남아 있었다."[221]

그러나 밀매, 밀수, 위법은 오직 러시아에만 있는 일은 아니다. 그리고 그것이 아무리 큰 무게를 가진다고 해도 이것이 차르의 중재를 결정적으로 제약하지는 않았다. 이 점에서 서유럽의 정치풍토와는 사뭇 달랐다. 그에 대한 증거로 제시할 수 있는 것이 고스티(gosti)라는 대상인 조직이다.[222] 이것은 다른 나라에서 그런 것처럼 원거리무역을 통해서 부를 쌓았지만, 국가의 지배 아래 들어가 있었다. 차르에게 봉사하는 이 사람들은 20-30명 정도이며 엄청난 특권과 동시에 엄청난 책임을 가지고 있었다. 이들은 차례로 조세

---

* Circassia : 캅카스 북쪽 지방의 옛날식 이름.

수취, 아스트라한과 아르한겔스크의 세관관리, 국가재정에 속하는 모피 등의 상품 판매, 국가의 대외무역, 공공독점에 속한 상품의 판매 그리고 마지막으로 조폐청과 시베리아의 "행정" 부서의 관리 등을 맡아서 했다. 이 모든 과업에 대해서 그들은 목숨과 재산을 담보로 하고 있었다.[223] 그 대신 이들의 부는 때때로 엄청나게 컸다. 보리스 고두노프의 시대(1598-1605)에 노동자의 1년 평균 급여는 5루블 정도로 추산된다. 그런데 스트로가노프 가문은 두 차례의 폴란드 전쟁(1632-1634, 1654-1656)[224] 당시에 원금을 떼일 작정을 한 채 41만2,056루블을 차르에게 빌려주었다. 이 가문은 러시아 상인들 중에서 제왕과 같은 존재로서 고리대금업, 소금 무역, 광산, 공산품 생산, 시베리아의 정복, 모피 교역 등을 했고 16세기 이후 볼가 강 동쪽의 페름* 지역에서 시작된 식민지화로부터 엄청난 영지를 획득했다. 이 가문은 이미 미하일 로마노프의 치세 초에 그에게 밀, 소금, 보석, 화폐—대부 형식을 띠든 특별조세 형식을 띠든—등으로 거액을 제공했다.[225] 토지, 농노, 임금노동자, 가내노예 등을 소유한 고스티들은 이렇게 해서 사회 최상층으로 성장해갔다. 이들은 특별한 "길드"를 형성했다.[226] 다른 두 개의 "길드"는 두 번째와 세 번째 등급의 상인들을 규합했는데 이들 역시 특권층이었다. 그러나 이러한 고스티의 기능은 표트르 대제 때부터 사라졌다.

요컨대 폴란드에서 벌어진 것과는 반대로, 자신을 굳게 지키려고 했고 선견지명이 있던 차르 당국은 전국에 걸친 독자적인 상업을 지켜냈으며 이렇게 해서 전국의 경제발전에 공헌했다. 서유럽에서와 마찬가지로 이 상인들 그 누구도 전문화로 나아가지 않았다. 고스티 중에 가장 부유한 사람에 속했던 그리고리 니키트니코프는 소금, 생선, 직물, 비단을 동시에 판매했다. 그는 모스크바에서 사업을 했으나 볼가 강 교역에도 참여했고 니즈니 노브

---

* Perm : 러시아 우랄 산맥의 서쪽 지역. 작은 마을에 불과했으나 1568년 이후 러시아 상인들이 몰려들면서 확대되었다. 1781년에 페름이라는 이름을 부여받았으며 1940-1958년에는 공식적으로 몰로토프(Molotov) 시라고 불리기도 했다.

고로드에서 선박을 소유했으며 아르한겔스크 방향으로의 수출도 담당했다. 그는 한때 이반 스트로가노프와 9만 루블이라는 엄청난 가격으로 세습 영지(votschina) 구매 협상을 벌였다. 보로닌이라는 사람은 모스크바의 라지(radj)에[227] 30개 이상의 상점들을 가지고 있었다. 또 쇼린이라는 사람은 아르한겔스크로부터 모스크바로, 또 모스크바로부터 니즈니 노브고로드와 볼가 하류지역 방향으로 상품을 수송했다. 다른 동업자와 함께 그는 한 번에 10만 푸드(poud)의 소금을 사들였다.[228] 게다가 이런 대상인들은 모스크바에서 소매업까지 벌였다. 이들은 지방으로부터 모스크바로 잉여와 부를 체계적으로 들여왔다.[229]

러시아에서 예속이 심화되다

러시아에서는 다른 나라와 마찬가지로 국가와 사회가 하나의 실체였다. 강한 국가는 완전히 장악되어 있는 사회에 조응한다. 이 사회는 국가와 지배계급이 먹고살아갈 잉여를 생산해야만 한다. 지배계급이 없으면, 차르 혼자 힘만으로는 소득의 핵심 원천인 광대한 농민층을 다스릴 수 없다.

　농민의 역사에는 늘 4-5명의 등장인물이 있다. 농민, 영주, 국왕, 장인, 상인 등이 그들이다. 그런데 러시아에서는 이 마지막 두 인물들은 흔히 농민이 겸했다. 이들은 단지 직종만 바꾸었을 뿐이지, 사회적으로나 법률적으로 여전히 농민이어서 언제나 영주제의 관계에 붙잡혀 있었다. 바로 이 체제가 계속해서 무게를 더해간 것이다. 15세기 이후 엘베 강과 볼가 강 사이 지역에서 농민의 상황은 끊임없이 악화되었다.

　러시아의 발전은 정상적인 규준을 따르지 않았다. 폴란드, 헝가리, 보헤미아의 경우를 보면 영주와 대귀족에게 유리한 "재판농노제(second servage)"가 형성되었다. 영주와 귀족들은 이제 농민과 시장 사이에 개입했으며 또 자신의 소유가 아닌 도시에 대한 식량의 공급까지 지배했다. 이에 비해서 러시아에서는 주요 인물이 국가였다. 모든 것이 국가의 필요와 국가의 과제에 종속되어 있고 또 과거사의 무거운 무게에 종속되어 있었다. 3세기에 걸친 킵차크 칸국(Kipchak Khanate, 金帳汗國)의 타타르족과의 투쟁은, 프랑스에서 백년전쟁이 샤를 7세와 루이 11세와 같은 독재적인 왕정을 만드는 데에 일조한 것보다 더 큰 영향을 미쳤다. 근대적인 모스크바 대공국의 기초를 놓고 모델을 만든 이반 뇌제(1544-1584)는 구귀족을 멀리하든지 여의치 못하면 그들을 없애버리는 길 이외에는 다른 방법이 없다고 생각했다. 그리고 그의 명령에 따르는 군대와 행정기관을 만들기 위해서 포메쉬이크(pomeshchik)라는 새로운 봉사귀족을 만들고 이들에게 그들의 당대에 한해서 이익을 누리는 땅을 수여했다. 이 땅은 구귀족에게서 압류한 땅, 혹은 구귀족들이 버리고 간 땅이거나 그렇지 않으면 이 신"귀족"이 남부의 스텝 지역에서 몇 명의 농민이나 노예들을 데리고 개간한 땅이었다. 러시아의 농민층에는 일반적으로 생각하는 것보다 훨씬 오래까지 노예제가 남아 있었다. 아메리카 식민지 초기에서처럼 이곳에서도 중요한 문제는 얼마든지 남아도는 땅이 아니라 부족한 인력을 조달하는 법이었다.

농노제가 부과되고 또 그것이 강화된 원인이 여기에 있었다. 차르는 귀족을 복종시켰다. 그러나 귀족도 살아야 하지 않겠는가? 만일 농민이 새로 획득한 땅에 대한 식민사업을 위해서 귀족을 남겨두고 떠난다면 귀족은 어떻게 살아가겠는가?

자유보유농체제에 근거하던 영주토지는[230] 15세기에 **직영지**(domaine)가 등장하면서 변화했다. 서유럽에서처럼 영주 자신이 직접 경영하는 이 직영지가 늘어난 결과 농민 보유지가 줄어들었다. 이 움직임은 먼저 세속영주령에서 시작되었다가 곧 수도원령과 국가령으로 확대되었다. 직영지는 노예노동을 쓰든지 혹은 채무변제를 위해서 스스로 예속상태에 들어간 농민의 노동을 사용했다. 이 체제는 갈수록 자유농민에게 더 많은 노동지대를 요구했고 따라서 16세기에 들어가면 부역이 증가했다. 그러나 농민들로서는 시베리아(16세기 말부터) 혹은 그보다 더 나은 경우 남부의 흑토지대로 도망갈 가능성이 있었다. 농민이 끊임없이 이주하려는 경향은 풍토병적인 현상이었다. 농민은 주인을 바꾸든지, "변경"지역의 공지로 가든지, 혹은 장인, 등짐장수, 소상인 같은 일에 한번 운을 걸어보려는 경향이 강했다.

이 모든 것은 다 합법적인 일이었다. 1497년의 법률을 통해서 농민은 주요 임무들을 다 끝내고 또 빚을 다 갚은 경우라면, 성 게오르기우스의 주간(11월 25일이 속한 주) 동안 주인을 떠날 권리를 가졌다. 사순절, 참회의 화요일, 부활절, 성탄절, 성 베드로 축일과 같은 다른 축일들도 자유의 문호를 여는 날이었다. 영주들은 도주를 막기 위해 체벌과 벌금의 강화 등을 포함해서 가능한 모든 수단을 다 동원했다. 그러나 농민이 일단 도주하면 그들을 어떻게 돌아올 수 있게 하겠는가?

원래 국가 정책은 영주사회를 강화시켜서 자신에게 봉사하는 도구로 만들려는 것이었던 데에 비해서 농민의 이런 움직임은 영주사회의 기반을 허물었다. 국가는 모든 사람이 지배자에 대한 의무를 지는 질서를 세우고 모든 백성이 이 질서 속에서 자신의 자리를 지키기를 원했다. 그러므로 지배자들은 농민의 탈주를 막아야 했다. 우선 성 게오르기우스 축일만이 농민들이 떠날 수 있는 유일한 날이 되도록 만들었다. 그리고 1580년에는 이반 4세의 칙령을 통해서 새로운 명령이 있을 때까지 "임시로" 모든 이주의 자유를 금지했다. 그러나 이 임시조치라는 것이 오래 지속되었다. 특히 새로운 칙령들(1597년 11월 24일, 1601년 11월 28일)에도 불구하고 농민의 도주가 계속되었기 때문에 더욱 그러했다. 그 결과는 1649년의 법령으로 귀결되었는데, 이 법령은 적어도 이론적으로는 더 이상 돌이킬 수 없는 전환점이 되어버렸다. 이 법령은 영주의 동의 없는 농민의 이주를 전부 불법으로 선언했고, 농민이 도주한 다음 일정한 기간이 지나면─원래는 그 기간이 5년이었는데 나중에 15년이 되었다─원래 주인에게 되돌아가지 않아도 되는 권리를 인정해주던 옛날 법령을 무효화했다. 그와 같은 연한을 아예 없애버린 것이다. 아무리 오랫동안 도망가 있었더라도 도주농민은 아내와 자식과 그동안 얻은 재산을 가지고 이전 주인에게로 돌아가야만 했다.

이런 변화는 차르가 완전히 귀족 편일 때에만 가능한 일이다. 선단, 군대, 행정을 발달시키려는 야심이 있던 표트르 대제는 영주이든 농민이든 모든 러시아 사회가 그에게 복종할 것을 요구했다. 폴란드 농민과는 달리 러시아 농민의 경우, 이론적으로 완전히 예속상태에 들어간 이후에도(1649) 부역(barchina)보다는[231] 현찰 또는 현물부담(obrok)—국가와 영주에게 내도록 되어 있는—이 더 중요했다는 점도 이렇게 국가의 필요가 우선적이었다는 사실로 설명할 수 있다. 부역은 있다고 해도, 심지어 예속상태가 최악에 이르렀던 18세기에도, 1주일에 3일을 넘지 않았다. 농민 부담의 현금납부는 농민들이 언제든지 접근할 수 있는 시장의 존재를 의미한다. 한편 영주가 직영지를 직접 경영하는 경향이 강해지고(영주는 생산물을 판매하고자 했다) 또 조세수입과 연결되어 국가가 발달하는 것도 모두 시장의 발달로 설명할 수 있다. 우리가 이야기한 이른바 전망의 상호성이라는 것에 따라서, 러시아에 시장경제가 일찍이 등장한 것이 농민경제의 개방에 따른 결과라고 할 수도 있고 그것을 가져온 원인이라고 할 수도 있다. 그와 같은 과정에 러시아의 대유럽 교역이 중요한 역할을 했다(어떤 사람들은 거대한 국내시장에 비해서 러시아의 대외시장이 상대적으로 중요도가 떨어진다고도 하지만 말이다). 왜냐하면 러시아가 대외무역에서 흑자를 보았기 때문에 유럽의 은이나 중국의 금처럼 최소한의 화폐유통에 필요한 귀금속이 들어왔으며, 만일 이것이 없었더라면 시장활동은 거의 불가능했거나 적어도 실제로 그랬던 것만큼 높은 수준에 이르지는 못했을 것이기 때문이다.

시장과 농촌

시장에 갈 수 있는 자유라는 기본적인 자유는 많은 모순을 설명한다. 한편으로 농민의 지위가 악화된 것이 분명하다. 표트르 대제와 예카테리나 2세 시대에 농노는 사실상 노예가 되었다. 농민들은 "물건"—알렉산드르 1세가 그렇게 말했다―이나 동산(動産)이 되어서 주인이 마음대로 팔아치울 수 있었다. 또 농민들은 영주법정에서 완전히 무력해서 추방과 감금을 당했다. 게다가 군대복무를 해야 했고 전함이나 상선에 선원으로 등록되기도 하고 매뉴팩처 노동자로 보내지기도 했다……. 이 때문에 수많은 농민봉기가 일어났다가 피와 고문 속에 진압당하고는 했다. 푸가초프의 반란(1774-1775)은 이렇게 결코 가라앉지 않는 수많은 봉기들 중에서 가장 극적인 에피소드 중의 하나에 불과하다. 그러나 다른 한편, 나중에 르 플레*가 말한 것처럼[232] 러시아 농노의 생활수준은 서유럽 농민의 생활수준과 비슷했다. 적어도 일부 농노에 대해서는 그렇게 이야기할 수 있다. 왜냐하면 한 영지 내에서도 거의 유복한 수준에 있는 사람들과 가진 것이 하나도 없는 사람들이 공존했기 때문이다. 또 마지막으로 언급할 사실은 영주재판도 어디에서나 다 억압적이지는 않았다는 점이다.

그리고 도망갈 구멍이 있다는 것도 분명하다. 예종은 낯선 여러 자유들과 어울려 있었다. 흔히 러시아의 농노는 그 자신의 계정으로 전업이든 부업이든 장인 일을 해서 생산물을 팔 수 있었다. 1796년에 다슈코바 공녀**가 파벨 1세에 의해서 노브고로드 북쪽에 있는 한 마을로 추방당했을 때 그녀는 아들에게 이 마을이 어디에 있고 누구의 소유인지를 알아보라고 했다. 그러나 아들은 알아내지를 못했다. "그러다가 마침내 모스크바에서 이 마을 출신의 농민을 한 명 찾아냈는데 그 사람은 자기가 만든 못을 [팔기 위해서] 이곳에 와 있었다."[233] 또 흔히 농민은 마을에서 멀리 떨어진 곳에서 장인 일이

---

* Pierre Guillaume Frédéric Le Play(1806-1882) : 프랑스의 엔지니어, 경제학자. 프랑스 사회경제학의 창시자로 알려져 있다.

** Yekaterina Romanovna Dashkova(1743-1810) : 18세기 러시아 문예계의 이름난 후원자. 예카테리나 2세의 친구이다. 세도가인 보론초프 가문에서 태어나 다슈코프 공과 결혼했다. 예카테리나의 남편 표트르 3세를 왕위에서 몰아내는 음모에 가담했고 그후 예카테리나를 정치적으로 지도했다. 오랜 해외생활 끝에 1782년에 상트 페테르부르크에 돌아왔을 때 과학예술 아카데미의 책임자가 되었으며, 러시아 아카데미의 설립을 주도하고 초대 회장이 되었다. 1796년 예카테리나의 후계자인 파벨 1세에 의해 직위를 박탈당하고 상트 페테르부르크에서 추방되었다.

나 장사 일을 할 수 있도록 주인으로부터 허가증을 받았다. 그러나 이 모든 일을 하면서도 계속 농노의 신분이었기 때문에 큰돈을 번 후에도 자신이 번 돈 중에서 일정 비율을 계속 부담금으로 지불해야 했다.

주인을 잘 만나서 특별히 허락을 받은 농노는 등짐장수나 행상이 되기도 하고, 시외에서 또 이후에는 시내에서 점포주인이 되기도 하며, 수송업자가 되기도 한다. 매년 겨울에 수백만 명의 농민들이 사정이 좋았던 때에 비축해 둔 식량을 썰매를 이용해서 도시로 운송했다. 그 결과 1789–1790년처럼 눈이 많이 내리지 않아서 썰매 수송이 불가능해진 경우에는 도시의 시장이 텅 비고 기근이 닥칠 정도였다.[234] 여름에는 수많은 배들이 강을 누빈다. 이렇게 수송업을 하다가 곧 상업으로 전환하는 것은 손바닥을 뒤집듯이 쉬운 일이다. 러시아 전역에 걸쳐 조사를 수행하던 박물학자 겸 인류학자인 페테르 시몬 팔라스는 1768년에 트베리* 가까이에 있는 비시니 볼로초크라는 곳에 가게 되었다. "이 큰 마을은 작은 도시와도 비슷했다. 이 지역의 성장은 트베르자 강과 므스타 강을 연결하는 운하 덕분이다. 이렇게 볼가 강과 라도가 호수를 연결하는 교통 때문에 이 지방의 거의 모든 농민들이 상업에 종사하게 되었다. 그 결과 농업을 거의 포기하는 상태에 이르렀다." 그래서 이 마을이 하나의 도시처럼 된 것이다. 이곳은 "이 마을과 같은 이름을 가진 이 지역의 중심지가 되었다."[235]

다른 한편 예로부터 시장에 내다 팔기 위해서 일하는 시골 장인의 전통이 강했는데 이것은 1750–1850년에 대단히 크게 발달했다(쿠스타리[kustari]라고 부르는 이 사람들은 16세기부터는 거의 농사일을 중단했다). 이렇게 농촌에서 생산하는 양이 워낙 막대해서 매뉴팩처 방식으로 조직된 농촌 가내공업의 생산량을 훨씬 능가했다.[236] 농노들은 또 표트르 대제 이래 국가가 장려한 매뉴팩처의 급증에도 한몫을 차지했다. 1725년에 러시아에는 233개의

---

* Tver : 러시아의 모스크바로부터 북서쪽으로 160킬로미터 정도 떨어져 있는 도시. 구소련 시기 (1931–1990)에는 칼리닌(Kalinin)이라고 불렸다.

매뉴팩처가 있었으나 예카테리나 2세가 사망한 1796년에는 광산업과 야금업 분야를 제외하고도 3,360개가 있었다.[237] 물론 이 수치에는 아주 큰 매뉴팩처만이 아니라 작은 것들도 포함되어 있다. 그렇지만 여하튼 분명한 사실은 매뉴팩처가 크게 발달하고 있다는 점이다. 이와 같이 광업 이외의 산업활동이 증가한 핵심지역은 모스크바 주변지역이었다. 예컨대 모스크바의 북동쪽에 있는 이바노보(셰레메티예프 가문의 소유) 마을의 농민들은 예전에 늘 직조공으로 일했으나 결국 날염직물 매뉴팩처 경영자가 되었다(처음에는 마직으로 시작했으나 곧 면직까지 취급했다). 이곳의 매뉴팩처는 1803년에 49개소였다. 이곳의 수익은 환상적으로 커서 이바노보는 러시아 직물업의 대(大)중심지가 되었다.[238]

일부 농노들이 상업 부문에서 큰 성공을 거둔 것 역시 그에 못지 않은 장관이다. 러시아에서 특이한 일 중의 하나는 상업 방면에서 부르주아의 활동이 미진하다는 점이다.[239] 따라서 농민들이 이 분야로 진출해서 그게 성공했는데 때로는 불법적이기도 했고 때로는 영주들의 보호를 받기도 했다. 18세기 중반에 뮈니히 백작*이 러시아 정부의 이름으로 단언한 바에 의하면, 한 세기 전부터 농민들이 "모든 금지조치에도 불구하고 늘 상업행위를 했고 막대한 금액을 투자했으며" 그 결과 상업의 성장과 "현재의 번영"은 "이 농민들의 능력, 노고 그리고 그들의 투자 덕분"이라는 것이다.[240]

이 졸부들은 법률적으로는 여전히 농노였으므로 이들이 자유를 돈으로 사려고 하면 하나의 드라마(또는 차라리 코미디)가 벌어졌다. 이들의 주인들은 대개 말을 들으려고 하지 않았는데, 이들을 계속해서 농노상태로 묶어

---

* Burkhard Christoph, Graf von Münnich(1683-1767) : 독일 태생의 러시아 장군, 정치가. 폴란드 왕위 계승 전쟁, 러시아-튀르키예 전쟁 등에 참전했고 러시아 총사령관을 역임했다. 전후(1739) 상트 페테르부르크에 돌아와 정치적 영향력을 행사했다. 안나 여제의 사후 그의 지지세력인 독일인들의 세력 상실을 우려하여, 섭정이었던 에른스트 요한 비론을 체포하고 어린 황제 이반 6세의 어머니인 안나 레오폴도브나를 섭정으로 추대했다. 그러나 1년 후 엘리자베타 페트로브나에 의해서 시베리아 유형에 처해졌다. 그후 1762년에 복권되어 발트 함대 총사령관이 되었다.

두고 고액의 부담금을 받아내는 것이 그들에게 더 유리하기 때문이기도 하고, 백만장자를 자신의 휘하에 농노로 둔다는 허영심을 즐기기 위해서이기도 하며, 그렇지 않으면 해방을 위한 몸값을 거액으로 올리려고 했기 때문이기도 했다. 농노들의 입장에서는 값을 깎아서 해방되려고 했기 때문에 그들의 부를 교묘하게 숨겼고 대개는 이들이 이 게임에서 이기고는 했다. 1795년에 이바노보에 있던 대(大)매뉴팩처의 주인인 그라체프를 해방시키는 대가로 셰레메티예프 백작은 13만5,000루블과 공장 하나, 그라체프 소유의 토지와 농노들을 요구했다. 이것은 거의 전 재산을 요구하는 것과 마찬가지였다. 그러나 그라체프는 자신에게 봉사하는 다른 상인들의 이름으로 많은 자본을 이미 숨겨놓았다. 그렇게 비싼 대가를 치르고 해방된 뒤에도 그는 여전히 직물업계에서 가장 중요한 인물이었다.[241]

물론 이렇게 큰 성공을 거둔 사람들은 소수에 불과하지만, 중소 상업에 많은 농민이 달려든다는 것은 분명 러시아 농노제의 대단히 큰 특징이다. 다행인지 불행인지 모르겠지만 러시아의 농노계급은 자급자족적인 마을에 갇혀 있지 않았다. 농노들은 이 나라 전체 경제와 계속 접촉했고, 거기에서 살아가고 경영하는 가능성을 발견했다. 한편 1721-1790년 사이에 인구가 두 배로 증가했다. 이것은 활력의 표시이다. 더군다나 국가농민*의 수가 크게 늘어서 농촌 인구의 절반을 차지할 정도가 되었다. 그런데 이 농민들은 상대적으로 자유로웠으며 흔히 이론적으로만 권력에 종속적이었다.

마지막으로, 단지 서유럽의 은만이 거대한 러시아의 몸체 속으로 뚫고 들어온 것이 아니라 자본주의도 함께 들어왔다. 이 자본주의가 가지고 들어온 혁신들이 반드시 진보는 아니었으나, 어쨌든 그 영향 아래에서 앙시앵 레짐이 약화되었다. 아주 일찍부터 등장했던 임금제는 도시에서 더욱 발달했고 수송업, 심지어는 급히 풀 베기나 수확을 해야 하는 농촌에서도 발달했다.

---

* 영주의 지배를 받지 않고 직접 국가에 귀속되어서, 국가에 세금 등의 부담을 지불하는 러시아 농민.

자신의 노동력을 파는 노동자는 흔히 몰락한 농민이었다. 이들은 일거리를 찾아 무작정 인부나 막노동자가 되었다. 혹은 장인들 중에 파산한 사람은 노동자 지구인 포사드(posad)에서 형편이 나은 이웃 사람의 계정으로 일을 계속했다. 또 빈민은 선원, 선상 노동자, 선박예인 노동자(볼가 강에만 40만 명의 막노동자[burlaki]가 있었다)[242] 등으로 일했다. 그리하여 노동시장이 형성되었다. 예컨대 니즈니 노브고로드의 노동시장을 보면 거대한 집중지점이 된 이 도시가 장래에 큰 성공을 거두리라고 점칠 수 있었다. 광산이나 매뉴 팩처에서는 농노노동자들 외에도 임금노동자들이 있었다. 이들은 미리 선금을 받고 일을 했는데, 돈만 받고 아무 소리도 없이 슬쩍 사라져버릴 위험이 없지 않았다.

이런 상황을 너무 밝게 그려서도 안 되고 또 너무 어둡게 그려서도 안 될 것이다. 여하튼 이 사람들은 가진 것 없이 살아가는데, 즉 어려운 조건에서 생존하는 데에 익숙했다. 이런 점을 가장 잘 보여주는 이미지는 러시아의 군인들이다. 이들을 "먹이는 일은 정말이지 쉬운 일이다." "이들은 양철로 만든 작은 통을 들고 다닌다. 또 식초를 넣은 작은 유리병도 가지고 다니다가 마실 물에 몇 방울을 떨어뜨린다. 마늘을 약간 얻으면 그것과 함께 물에 갠 밀가루를 먹는다. 이 사람들은 누구보다도 배고픔을 잘 참아내며 고기를 나누어주면 그것을 축복이라고 생각한다."[243] 군대의 보급이 바닥나면 황제가 금식일을 선포하면 그만이었다.

읍 수준의 도시

러시아에서는 전국시장이 일찍 형성되었다. 이것은 영주 및 교회 직영지의 교환활동과 농산물의 잉여 덕분에 기저에서부터 규모가 커졌다. 이와 같은 거대한 농촌활동의 이면에는 도시의 영세성이 함께 작용했다. 도시라기보다는 차라리 읍(bourg)이라고 하는 것이 타당할 정도인데 그렇게 이야기하는 이유는 꼭 규모가 작다는 점 이외에도 도시에 적합한 기능들이 발달하지 못했기 때문이기도 하다. "러시아는 하나의 거대한 마을이다."[244] 이것이 유럽의 여행자들이 받는 인상이었다. 이들은 시장경제가 도처에 보이기는 하지만 아주 초보적인 것을 보고 놀라워했다. 이 시장들은 마을 수준에서 성장해나온 다음 읍을 포괄하게 되었는데 사실 이 읍은 주변 농촌과 뚜렷하게 구분되지도 않았다. 농민들은 시외지역에서 가장 유리한 장인활동을 장악하고 있었고 시내에서도 장인 겸 상인활동을 하는 소규모 점포들을 수도 없이 많이 가지고 있었다. 독일인 요한 필리프 킬부르거가 보기에는(1674) "모스크바에는 암스테르담이나 독일의 한 영방국가에서보다 더 많은 가게들이 있다." 대신 규모가 아주 작았다. 이곳의 점포 12개 정도가 네덜란드의 점포 하나에 다 들어갈 정도였다. 그리고 흔히는 두서너 명이 하나의 점포를 함께 소유해서 "장사꾼은 점포 안에 있는 상품들 사이에서 몸을 돌리기도 힘들 정도이다."[245]

전문영역별로 모여 있는 이 점포들은 라지(radj)—열(列)이라는 뜻—를 따라 두 줄을 이룬다. 이 라지라는 말은 차라리 수크라고 번역하는 것이 나을지 모르겠다. 이곳은 중세 서양의 전문화된 거리보다는 가게들이 바짝 붙어 있는 이슬람 도시의 상점구역을 연상시키기 때문이다. 프스코프에는 이콘(성상) 제작자 107명이 이코니 리아드(riad)*를 따라 자신의 가게를 가지고 있었다.[246] 모스크바에는 오늘날 붉은 광장이 된 지역과 "그 주변의 거리들이 모두 점포로 가득 차 있었다. 각각의 업종마다 자신의 점포와 구역이 있어서 견직물 상인이 마직물 상인과 한 점포로 합쳐진다든지 금세공업자가 마구(馬具) 상인, 구두 제조업자, 재단사, 펠트 천 가공인 및 기타 장인들과 섞이는 따위의 일이 결코 없다.……심지어 자신의 수호성인의 그림만을 파는 거리도 있다."[247] 그러나 한 걸음만 더 가면 암바리(ambary)라고 부르는 대형 점포를 만나게 된다. 사실 이것은 도매 창고와 비슷했지만 소매업도 겸했다.

---

* 주 227번을 참조하라.

모스크바에는 시장도 많았다. 그중에는 전문화된 시장들이라든가, 헌 옷이 진열된 가운데 이발사가 영업을 하는 벼룩시장이라든가, 육류나 생선을 파는 시장도 있었다. 마지막에 언급한 생선 시장은 한 독일인에 의하면 "이곳을 보기 전에 냄새부터 맡을 수 있다.……이곳의 냄새는 어찌나 심한지 모든 외국인들은 코를 막아야만 했다."[248] 그의 주장에 의하면 러시아인들만이 이 냄새를 못 맡는 것 같다.

이 초소형 시장활동 너머로 넓은 범위의 시장활동이 존재한다. 전국적인 차원에서 보면 이 활동은 러시아의 여러 지역의 다양성 때문에 이루어진다. 어떤 지역은 밀과 목재가 모자라고 어떤 지역은 소금이 모자라는 식이다. 그리고 수입상품들과 모피 생산물들은 이 나라의 한쪽 끝에서 다른 쪽 끝까지 통과한다. 고스티와 기타 대상인들에게 큰돈을 벌 기회를 준 이 교역에서는 도시보다 정기시들이 진정한 모터 역할을 했다. 18세기에는 정기시가 아마 3,000-4,000개소 있었을 것이다.[249] 즉, 도시보다 10-12배나 많은 숫자이다(1720년에 도시의 수는 273개였다고 한다). 일부 정기시들은 플랑드르와 이탈리아와 같은 원격지들을 연결시키던 프랑스의 샹파뉴 정기시를 연상시킨다. 이러한 최대 규모의 정기시로는[250] 우선 가장 북쪽에 아르한겔스크가 있다. 그리고 그 남쪽으로 "제국에서 가장 큰 것 중의 하나"인 솔비 체고트스카야가 있고,[251] 그 외에 토볼스크로부터 시베리아로 가는 도로를 통제하는 이르비트, 19세기에 만개하게 되는 니즈니 노브고로드와 같은 거대한 정기시의 선구라고 할 수 있을 마카례프, 모스크바와 키예프 사이의 브랸스크, 라도가 호수 가까이에서 발트 해와 스웨덴 방향으로 가는 도상에 있는 티흐빈 등이 있다. 이것들을 보고 구식 상업도구라고 할 수는 없다. 18세기까지 서유럽도 정기시의 시대였기 때문이다. 그러나 러시아에서 문제가 되는 것은 정기시에 비해 도시가 상대적으로 취약하다는 점이다.

도시가 성숙해 있지 않다는 또다른 표시로 근대적인 크레딧의 부재를 들 수 있다. 그 결과 시골에서든 도시에서든 상상도 할 수 없이 가혹한 조건의 고리대금업이 계속 활개를 쳤다. 아무리 사소한 조건 위반에 대해서도 인신의 자유이든 살가죽이든 모든 것을 앗아간다. 왜냐하면 "돈, 식량, 의복, 원재료, 종자 등……모든 것을 빌려주되" 작업장, 점포, 구멍가게, 목제 주택, 장원, 밭 혹은 밭의 일부, 심지어는 염갱(鹽坑)의 파이프에 이르기까지 모든 것을 담보로 잡기 때문이다. 이자율은 도저히 상상할 수 없을 정도로 높다. 1690년에 스톡홀름에서 한 러시아 상인이 다른 러시아 상인에게 돈을 빌렸는데, 이때의 이자율은 아홉 달 동안에 120퍼센트, 즉 한 달에 13퍼센트였다.[252] 16세기에 많이 행해지던 대로 유대인이나 이슬람 고리대금업자가 기독교도 대부인에게 돈을 빌려줄 때에도 이자율은 한 달에 5퍼센트였다. 이얼마나 싼 이자인가! 모스크바 공국에서 고리대금업은 특출한 자본축적 수단이었다. 그리고 이 계약은 단순한 이자수익보다는 토지, 작업장, 물레방아와 같은 담보를 떼어먹는 것을 노렸다. 이자율이 그렇게 높고 상환기간의 준수를 그렇게 까다롭게 요구하는 또다른 이유도 그것이다. 이 모든 것은 이 계약을 지키기 힘들게 만들어서 결국 먹이를 봐주지 않고 잡아먹기 위함이다.

어떤 성격의 세계-경제인가?

이 거대한 러시아는 비록 구태의연한 형식이지만 분명히 하나의 세계-경제이다. 그 중심지인 모스크바에 가보면 활력 정도가 아니라 상당한 수준의 지배력을 느낄 수 있다. 남북을 연결하는 볼가 강이 결정적인 구분선이다. 이것은 16세기에 유럽에서 베네치아와 브루게를 잇는 선이 자본주의의 "척추" 역할을 한 것과 유사하다. 만일 프랑스를 러시아의 크기로 확대하여 상상해보면 아르한겔스크는 됭케르크, 상트 페테르부르크는 루앙, 모스크바는 파리, 니즈니 노브고로드는 리옹, 아스트라한은 마르세유와 상응한다고 볼 수 있다. 그리고 후대의 1794년에 형성된 오데사가 남쪽의 종착점이다.

거의 비어 있는 주변부지역을 지배하며 팽창해가는 세계-경제인 모스크바 대공국은 우선 규모가 거대했고 이 거대한 규모 때문에 가장 큰 경제적 괴물이 되었다. 외국인 관찰자들이 이 놀랍도록 큰 규모를 불려서 이야기했다고 해도 그것이 전적으로 틀린 것은 아니다. 어떤 사람은 이렇게 설명한다. 러시아는 어찌나 광대한지 여름에 "러시아 제국의 한쪽 끝에서는 한낮이 16시간인데 다른 쪽 끝에서는 23시간이다."[253] 또다른 사람의 말에 의하면 러시아는 50만 제곱리외의 면적이나 되는[254] 드넓은 땅이기 때문에 "전 세계 사람들이 모두 이곳에서 편안하게 거주할 수 있을 정도이다."[255] 그러나 그는 "이곳에서 먹을 것을 충분히 발견하지는 못할 것"이라고 덧붙였다.

이런 곳에서 여행이나 이주는 끝없이 길고 비인간적으로 힘들 수밖에 없다. 거리 자체가 모든 것을 지체시키고 복잡하게 만든다. 교환이 하나의 고리를 완성시키는 데에 수년이 걸리는 수도 있다. 모스크바에서 베이징까지 가는 공식 카라반은 왕복에 3년이 걸렸다. 이 끝없이 긴 여행에는 적게 잡아도 4,000베르스타(약 4,000킬로미터)인 고비 사막의 횡단이 포함되어 있다.[256] 이 여행을 여러 번 했던 한 상인은 여행이 어떠한지를 물어보는 두 명의 예수회 수도사를 안심시키기 위해서 이 여행은 페르시아에서 튀르키예로 가는 여행보다 더 힘들지는 않다고 말했다(1692).[257] 마치 페르시아와 튀르키예 사이의 여행이 그다지 어렵지 않다는 투이다! 1576년에 한 이탈리아인은 샤 아바스의 나라[페르시아/역주]에 대해서[258] "이곳을 통과하는 데에는 4개월이 걸린다(che si camina quatro mesi continui nel suo stato)"고 했다. 아마도 모스크바-베이징 사이의 여행은 더 느릴 것이다. 바이칼 호까지는 썰매를 이용하고 그다음에는 말을 타든지 낙타 대상을 이용했다. 그리고 "노천에서 겨울을 나야 하는" 일까지 포함해서 어쩔 수 없이 머물러야 하는 경우도 고려해야 한다.

백해와 카스피 해 사이의 남북 간 연결도 비슷한 어려움에 처해 있었다. 1555년에 아르한겔스크를 떠난 영국인들이 이란 시장에 도착한 적이 있다. 그러나 "러시아 지협"을 남에서 북으로 종단하여 인도양의 후추 무역을 반대 방향으로 추진한다는 계획은 여러 번 입안되었지만, 실제로 직면하게 될 어려움을 전혀 모르고 하는 생각이었다. 그렇지만 1703년에 러시아인들이 나르바를 다시 장악했다는, 다소 시기상조의 소식이 전해지자[259] 런던에서는 다시 상상력에 불을 지피기 시작했다. 이 항구를 통해서 러시아를 관통하여 인도양에 도착하는 것만큼 쉬운 일이 어디 있는가! 그렇게만 되면 네덜란드 선박과 충분히 경쟁할 수 있을 것이다! 그러나 영국인들은 여러 번 이 모험을 시도하여 모두 실패를 맛보았다. 1740년경에 영국인들은 카스피 해 연안에 진을 치기까지 했다. 그러나 무엇보다도 이 사업에 필수적이었던 차르의 허락은 1732년에 내려졌다가 1746년에 취소되었다.[260]

러시아 세계-경제의 현실을 지탱하고 더 나아가서 그것을 구현하는 이 공간은 한편으로 다른 나라의 침입에 대해서 보호 역할을 하는 장점이 있다. 그리고 생산물의 다양화, 그리고 지역 간에 어느 정도 계서화된 분업을 가능하게 한다. 그리고 러시아의 세계-경제는 광대한 주변부지역들의 존재를 통해서 그 현실을 증명한다. 남쪽으로는 흑해 방면 지역이,[261] 그리고 아시아 쪽으로는 시베리아라는 환상적인 토양이 그런 곳들이다. 우리를 매료시키는 시베리아는 우리에게 훌륭한 예를 제공한다.

시베리아를 발명하다

유럽이 아메리카를 "발명했다면" 러시아는 시베리아를 "발명해야" 했다. 그 어느 쪽이든 실로 엄청난 과업이었다. 그러나 16세기 초에 유럽은 힘의 절정에 도달했고 아메리카는 대서양이라는 특출한 길로 연결되어 있었다. 이에 비해서 16세기에 러시아는 아직 인력과 자원이 모자랐고 시베리아와 러시아 사이의 해로는 이전에 노브고로드 대공국이 사용한 적이 있으나 그렇게 편리한 길은 아니었다. 오비 강의 광대한 하구에 이르는 길은 극지방에 가까웠기 때문에 수개월 동안 결빙되어 있었다. 차르 정부는 마침내 시베리아의 모피 밀매꾼들이 너무 유리하게 쓰지 않을까 하는 걱정에 이곳을 폐쇄해버렸다.262) 따라서 시베리아와 러시아의 "육각형"을 연결하는 통로는 오직 육로밖에 없었다. 이 길 중간에는 우랄 산맥이 놓여 있었으나 다행히 큰 방해가 되지는 않았다.

이 연결로는 오래 전에 뚫렸으나, 1583년에 스트로가노프 형제를 위해서 카자흐인인 예르마크가 수행한 모험을 통해서 확인되었다. 상인이자 매뉴팩처 경영인인 스트로가노프 형제는 이반 4세로부터 우랄 산맥 너머의 대규모 땅을 양도받고 "이곳에 대포와 화승총(arquebuse)을 배치할 권리"를 받았다.263) 이것이 계기가 되어 아주 빠른 정복이 시작되었다(1년에 10만 제곱킬로미터씩 정복해들어갔다).264) 모피를 찾아 한 단계씩 차례로 진출한 러시아인들은 한 세기 만에 오비 강, 예니세이 강, 레나 강 어귀까지 도착했고 급기야 아무르 강 연안에서 중국 측 초소와 조우했다(1689). 캄차카 반도는 1695년에서 1700년 사이에 점유했고, 1740년대부터는 1728년에 이미 발견했던 베링 해협을 넘어 알래스카에 최초의 러시아인 정착지들이 형성되었다.265) 18세기 말경의 한 보고서에 의하면 아메리카의 땅 위에서 200명 정도의 카자흐인들이 누비고 다니며 "아메리카의 원주민들에게 조공을 바치도록" 만들려고 했다. 이 조공은 시베리아에서 그랬던 것과 마찬가지로 담비 가죽과 여우 가죽이었다. 그리고 이 보고서에는 이런 내용도 들어 있다. "카자흐인들이 캄차카 지역에서 저질렀던 만행과 잔인한 일들이 조만간 아메리카에서도 똑같이 일어날 것이다."266)

러시아인들이 다른 곳보다 더 선호한 진출지역은 시베리아 숲 너머 남쪽의 스텝 지역으로, 1730년경에 오비 강의 지류인 이르티시 강 연안지역들로부터 알타이 산맥의 지맥들이 펼쳐져 있는 곳까지 변경이 형성되었다. 이것은 진짜 리메스(limes)여서, 나무로 만든 작은 요새들(ostrugi)이 여기저기 세워져 있는 일반적인 시베리아의 점령지들과는 달리 카자흐인들이 항시적으로 지키는 변경이었다. 대략 1750년경에 그어진 이 핵심적인 변경선은 니콜라이 1세 통치기(1825-1855)까지 지속되었다.267)

전체적으로 엄청난 공간의 정복을 완수했다. 처음에는 정부의 공식적인 의지나 계획과는 무관하게 개인적인 모험사업에 의한 자발적인 움직임으로 시작되었다. 공식적인 의지와 계획은 나중에야 개입했다. 일반적으로 초기의 이 정복사업을 주도한, 성격이 모호한 일꾼들을 일반적으로 총칭하는 프로미슬레니키(promyslenniki)라는 말은 사냥꾼, 고기잡이, 목축업자, 덫을 쓰는 사냥꾼, 장인, 농부의 일을 동시에 하는 사람으로서 "도끼를 손에 들고 종자 푸대를 어깨에 지고 있는"[268] 모습으로 그려졌다. 이외에도 문자 그대로의 모험꾼들이 따로 있었는데 사람들은 이들을 두려워하고 잘 받아주지 않았다. 이 사람들은 종교적으로 다른 파벌의 사람들이거나 장사꾼들─반드시 러시아인은 아니었다─그리고 17세기 말부터는 추방당한 사람들도 있었다. 전체적으로 볼 때 1년에 평균 2,000명에 불과한 이 사람들은 그 넓은 시베리아에 비해서 보면 아주 소수의 이주민들에 불과했다. 이들이 숲 남쪽의 변경지역(북쪽의 시커먼 침엽수림과는 달리 백색의 자작나무 숲이었다) 이곳저곳에서 농민층을 형성했다. 이들은 이곳에서는 거의 전적으로 자유롭다는 더할 나위 없는 이점을 누렸다. 이곳의 땅은 경작하기에 아주 좋은 토질이었기 때문에 개암나무나 너도밤나무로 날을 댄 쟁기로도 약간의 호밀밭을 경작하는 데에 충분했다.[269]

러시아인들은 물론 지력이 좋은 땅, 물고기들이 많은 강 연안을 선호했고 이곳의 원주민들─남쪽에는 카스피 해 연안 가까이에서 사는 키르기스인부터 몽골족까지(예컨대 이르쿠츠크 지역에는 놀라울 정도로 호전적인 종족인 부랴트족이 있어서 1662년에 이들에 대항하기 위해 요새를 건설했다) 그리고 북쪽에는 사모예드족, 퉁구스족, 야쿠트족─을 사막과 비슷한 남쪽의 스텝지역이나 북쪽의 울창한 숲으로 내쫓았다.[270] 러시아인들은 남쪽에서는 펠트 천으로 만든 텐트 생활을 하며 스텝을 가로지르면서 넓은 지역을 무대로 목축을 하거나 카라반 상업을 했고, 북쪽에서는 울창한 숲에서 나무 움막을 지어 살며 모피 동물들을 사냥했는데 때로 사냥꾼들은 숲속에서 방향을 찾기 위하여 나침반을 사용하기도 했다.[271] 유럽에서 온 관찰자들 중에 일부는 자연스럽게 인종학자의 역할을 맡았는데 이들은 점점 더 나쁜 자연환경으로 쫓겨나는 불행한 여러 종족들에 대한 기록을 많이 남겼다. 삼촌 그멜린*의 말을 들어보자. "오나 계곡의 퉁구스족은 거의 모두 러시아어를 말하고 러시아옷을 입는다. 그러나 그들의 키와 용모를 통해서 그들을 쉽게 구분해낼 수 있다. 그들은 아주 단순한 옷을 입으며 결코 목욕을 하지 않는다. 그들이 술집에 갈 때에는 자기 잔을 가지고 가야 한다. 사람들이 그들에게 잔을 내주려고 하지 않기 때문이다. 그 외에도 냄새로 이들과 러시아인들을 아주 쉽게 구분할 수 있다."[272]

18세기 말 무렵에 시베리아에는 원주민들까지 다 포함해도 약 60만 명 이하의 사람들이 있을 뿐이었다. 원주민들은 헐벗었고 수도 적었기 때문에 쉽게 지배할 수 있었으며 심지어는 요새를 지키는 소부대에 편입시킬 수도 있었다. 또 예선작업, 수송업, 광업과 같은 힘든 일을 시키기도 했다. 어쨌든 이들은 전진초소에 모피, 사냥물 그리고 남쪽에서 올라온 상품들을 공급했다. 몽골인들이나 타타르인들에게서 얻은 몇몇 노예들―대개 아스트라한 시장에서 판매되었다[273]―그리고 토볼스크나 톰스크 등지의 시베리아 시장에서 판매되는 노예들의 수는 아주 미미해서 노예제적인 아메리카나 러시아의 다른 지역들과는 전혀 달랐다.

수송 문제는 반드시 해결해야 하는 대단히 어려운 문제였다. 남쪽에서 북쪽으로 흐르는 강들은 수개월 동안 결빙해 있었고 봄의 해빙기에는 아주 큰 어려움이 발생했다. 아주 조건이 좋은 관문지역에서는 여름에 밑바닥이 둥근 배들(스트루기[stmgi])을 들어올려 한쪽 유역에서 다른 유역으로 옮길 수

---

* Johann Georg Gmelin(1709-1755) : 독일의 박물학자, 여행가. 러시아의 탐험가인 비투스 베링과 함께 시베리아의 레나 강까지 탐사했으며 튀빙엔 대학에서 식물학 및 화학 교수를 역임했다. 본문에서 "삼촌"이라고 한 것은 그와 동명(同名)인 조카―의학 및 화학 교수를 역임했다―와 구분하기 위해서이다.

있었다. 이런 방식이 가능했던 곳에서는 도시들이 생기기도 했는데, 마치 유럽인들이 아메리카 내지에 처음 만든 도시들처럼 처음에는 아주 보잘것없는 수준이었다. 추위가 극심하기는 해도 차라리 겨울에는 썰매를 이용할 수 있어서 상대적으로 수송에 유리했다. 상트 페테르부르크로부터 소식을 전하던 1772년 4월 4일 자 「가제트 드 프랑스」의 기사를 보자. "최근에 썰매를 이용해서 시베리아[아마도 네르친스크 지역을 가리키는 것 같다]와 알타이 산지의 광산에서 나는 금은이 대량으로 들어왔다."[274)

이렇게 시베리아의 발전이 서서히 진행되었기 때문에 러시아 당국은 차차 조심스럽게 준비하고 통제를 가하며 카자흐 분견대와 관리들—독직을 일삼기는 했지만 활동적이었다—을 배치할 여유를 가지게 되었다. 시베리아에 대한 지배는 1637년에 모스크바에 시베리아 관련 업무를 담당하는 프리카스*를 만들면서 확고해졌다. 이 부서는 동쪽의 식민사업 전반을 자기 권한으로 가지고 있어서 세비야의 서인도이사회나 서인도무역관과 비슷했다. 그 역할은 시베리아 행정의 조직과 동시에 국가의 독점 교역상품들의 수합이었다. 광업 사이클이 시작되기 전이었으므로 아직 귀금속을 다루지는 않았다. 금이 함유된 은광이 네르친스크에서 발견된 것은 1691년의 일이다. 그리스인 경영인들이 채광을 한 결과 1704년에야 처음으로 은을 얻었고 금을 얻은 것은 1752년에나 가서의 일이다.[275) 그러므로 오랫동안 시베리아가 가져다준 것은 엄청난 양의 모피밖에 없었다. 이 "부드러운 금"에 대해서 국가는 엄격한 감시를 했다. 덫을 이용한 사냥꾼—러시아인도 있고 원주민들도 있었다—과 상인들은 공물이나 조세를 모피로 바쳐야 했는데 이것들은 모두 프리카스가 조심스럽게 수거하여 중국이나 유럽에서 판매했다. 그러나 러시아 정부도 자신의 대리인들에게 같은 화폐[모피/역주]로 지불했을 뿐

---

* prikaz : 표트르 대제의 행정 개혁 이전의 러시아 중앙정부의 행정 담당 관청. 이 당시에는 중앙부서들이 어떤 계통 아래에 질서 있게 조직되지 못하고, 거의 독자적으로 개별 업무를 담당하는 80여 개의 프리카스들이 난립했다.

아니라(대신 정부는 가장 양질의 모피를 골라서 가졌다) 사냥꾼들이 취급하는 모피를 모두 통제할 수도 없었다. 밀수되는 시베리아산 모피는 모스크바에서보다 그단스크나 베네치아에서 더 싼값에 판매되었다. 중국 방면으로의 밀수는 더 쉬워서 이곳을 향해 바다표범, 검은담비 등의 가죽이 대량으로 넘어갔다. 그래서 1689년부터 1727년까지 베이징 방면으로 러시아 상품을 실은 카라반이 50차례 갔는데 그중 10여 번만이 공식 카라반이었다.[276)

그렇게 된 이유는 시베리아에 대한 장악력이 완전하지 못했기 때문이다. 어느 당대인(포로로 잡힌 폴란드 군인 베뇨프스키를 말하는데 그는 나중에 모험을 찾아 마다가스카르까지 갔던 인물이다)의 증언에 의하면 1770년까지도 "러시아 정부는 정치적인 고려로 이러한 밀수를 눈감아주려고 생각했다. 시베리아인들이 봉기하면 너무 위험하기 때문이다. 아주 작은 문제로도 이곳 사람들은 무기를 들려고 한다. 만일 그렇게 되면 러시아는 시베리아를 완전히 상실하게 될 것이다."[277) 베뇨프스키의 이 말은 과장이다. 시베리아는 러시아의 지배로부터 벗어날 수는 없었다. 시베리아의 신생도시들의 생활비가 싸다든지, 이곳의 여러 지역들이 반(半)자급자족 상태에 있고, 원거리무역이 인공적인 성격을 가지고 있는 것—바로 이런 것들이 연쇄적인 의무관계들을 만드는 요소이다—등에서 볼 수 있는 바와 같이, 이곳의 발전단계가 아직 원시상태에 있다는 것 자체가 시베리아로서는 빠져나올 수 없는 일종의 감옥상태였다.

사실 교역의 거리가 아무리 길고 속도가 느리다고 해도, 이것들은 서로 연결되어 있고 서로를 필요로 하고 있었다. 토볼스크, 옴스크, 톰스크, 크라스노야르스크, 예니세이스크, 이르쿠츠크, 캬흐타 등 시베리아의 대(大)정기시들은 서로 연락이 닿았다. 모스크바를 떠나 시베리아로 가는 러시아 상인들은 마카레크, 이르비트 그리고 이후에 시베리아의 모든 중간지점들에서 멈추어 섰는데 이 지점들 사이에는 각각 왕래가 있었다(예컨대 이르쿠츠크와 캬흐타처럼). 전체적으로 이 여행은 중간의 긴 휴식기간들까지 합치면 4년반이 걸렸다. 토볼스크에서는 "칼미크인들과 부르카스키인들의 카라반이 겨울을 났다."[278] 그 결과 이곳에 사람들, 끌짐승, 썰매 등이 많이 몰려들었다. 썰매는 개와 순록이 함께 끌었다. 그러다가 바람이 세게 불면 돛을 달아서 이용하는데 이렇게 되면 썰매는 저절로 움직이고 짐승들은 이 "배"를 쫓아간다. 점포들이 있는 중간지점인 이 도시들은 합류지점이자 쾌락의 지점이었다. "토볼스크의 시장에서는 손님들이 어찌나 빽빽이 들어차 있는지 뚫고 들어갈 수가 없을 정도이다."[279] 이르쿠츠크에서는 많은 카바레들이 있어서 사람들은 밤새 열심히 마셔댔다.

시베리아의 도시와 정기시들은 이중의 상업망 때문에 활기를 띠었다. 하나는 대교역의 상업망으로서 이것에 의해서 러시아와 유럽의 상품들이 중국 및 인도, 페르시아 등지의 상품들과 교환되었다. 두 번째는 지방 생산물(무엇보다도 모피)과 식량을 맞바꾸는 교역망이다. 광대한 시베리아에 흩어져 있는 도시들은 육류, 생선, 밀가루 등이 필요했지만 그중에서도 득히 빼놓을 수 없는 것이 보드카였다. 보드카는 빠른 속도로 북아시아 지역에 보급되었다(이것 없이 어떻게 망명생활을 견딜 수 있다는 말인가?). 당연한 이야기이지만 동쪽과 북쪽으로 멀리 갈수록 가격의 폭이 커진다. 이르쿠츠크에서 훨씬 더 멀리 떨어진 일림스크—똑같이 일림스크라고 불리는, 시베리아의 한 주의 주도—에서는 모피와 서쪽의 산물을 교환하는 정기시가 열린다. 1770년에 이 상품들의 교환을 중개하는 상인들은 200퍼센트의 이익을 보았으며 이 모피를 중국에서 팔 때 다시 그의 두 배의 이익을 보았다. 이곳에서는 1파운드의 화약이 3루블, 1파운드의 담배가 1루블 반, 10파운드의 버터가 6루블, 18파인트의 증류주가 들어 있는 통 하나가 50루블, 40파운드의 밀가루가 5루블이었다. 이에 비해서 검은담비 가죽 1장은 겨우 1루블, 흑여우 가죽은 3루블, 곰 가죽은 반 루블, 북쪽의 작은 회색다람쥐 가죽 50장에 1루블, 흰 토끼 가죽 100장에 1루블, 흰 담비 가죽 24장에 1루블 그리고 그 외의 것은 각각 그에 걸맞은 가격이 매겨졌다. 이런 가격 조건에서 어떻게 큰돈을 벌지 않을 수 있겠는가?[280] 이에 비해서 중국 국경에서 비버 가죽 한 장은 "80-100루블에 교환되었다."[281]

사실 이런 돈의 유혹이라도 없다면 어느 장사꾼이 이 지옥 같은 곳까지 들어오려고 하겠는가? 이곳은 야생 짐승과 도둑의 위험을 걱정해야 하고, 말이 힘에 겨워 쓰러지고, 마지막 추위가 6월까지도 남아 있다가 8월에 새로운 추위가 시작되며,[282] 썰매가 쉽게 부서지고, 갑자기 폭설이 내리면 죽음의 눈사태에서 빠져나오지 못하는 곳이다. 자주 다녀서 단단하게 굳은 썰매 길에서 벗어나면 말의 목 높이까지 부드러운 눈에 파묻혔다. 그리고 1730년대부터 북아메리카의 모피가 도입되면서 시베리아의 "부드러운 금"과 경쟁을 벌이게 되었다는 점이 이 모든 사태를 더 복잡하게 만들었다. 그리하여 이제 한 "사이클"이 끝났거나 적어도 쇠퇴했다. 그리고 이제부터 귀금속 사이클이 시작되어서 댐, 물레방아 바퀴, 망치, 철공소, 용광로 등을 만들어야 했다. 그러나 북아시아라는 이 불완전한 아메리카에는 흑인도, 인디언도 이용할 수 없었다. 이 문제를 해결하기 위해서는 러시아인이나 시베리아인을 이용해야 했는데 이것은 자발적이기보다는 강제적인 성격이었다. 19세기 전반 50년 동안에 금을 찾아나선 이상하고 환상에 들뜬 무리가 조직되었다. 여기에서는 언제나 똑같이 반복되는 이미지를 볼 수 있다. 사람들이 강을 거슬러 올라가며 금이 함유된 퇴적층을 찾아 헤매고, 한없이 긴 늪지 타이가를 정처 없이 헤매며, 추방당한 사람이나 농민 중에서 여름 4개월 동안 일할 노동자를 모집하는 장면 등이 그런 것들이다. 이 노동자들은 한곳에 유폐되고 감시당하며 사는 데에서 해방되자마자 술을 마시느라고 그동안 번 돈을 다 썼다. 그러면 겨울을 힘들게 난 후 노동자 모집인에게로 가서 광산으로 돌아가는 긴 여행에 필요한 식량과 선급금을 요구하는 도리밖에 없었다.[283]

취약성과 약점

러시아의 팽창에서 모든 것이 탄탄하고 영구적인 것은 아니었다. 경이로운 성과를 거두기도 했지만 취약점도 많았다. 러시아의 세계-경제가 북쪽과 서쪽, 즉 서유럽과 비교할 때 취약성을 보인다는 것은 자명했지만 남쪽의 발칸 지역 그리고 흑해로부터 태평양에 이르는 지역에서도 이슬람 세계와 중국 세계에 비해서 취약점을 보였다.

만주족의 지배하에 있는 중국은 정치적으로 강력하고 공격적이며 정복적이었다. 사실 네르친스크 조약(1689)은 아무르 분지에서 러시아인들의 팽창을 저지한다는 것을 의미한다. 그후 러시아와 중국의 관계는 급격히 악화되어서 1722년 1월에는 베이징에서 러시아 상인들이 축출되었다. 양국 관계는 캬흐타의 이중 조약(1727년 8월 20일과 10월 21일)으로 다시 정상화되었는데 이때 몽골-시베리아 간의 국경을 결정하고 그 국경 위에 있는 이르쿠츠크 남쪽에서 중국-러시아 간의 정기시를 설립했다. 당분간은 베이징으로 가는 공식 카라반이 유지되었지만[284] 곧 양국 간의 핵심적인 교역은 이 정기시가 맡아서 했다. 이런 변화는 중국에 유리했다. 중국은 이렇게 해서 러시아 상인들을 자국 수도로부터 멀리 몽골 바깥으로 쫓아내버렸고 러시아 상인들에 대한 요구사항도 늘렸다. 박판이나 지금(地金) 형태의 중국 금은 은과 교환해서만 겨우 얻을 수 있었다. 1755년에는 러시아의 카라반 상인들이 체포되어 베이징에서 교수형을 당했다.[285] 캬흐타 정기시는 앞으로도 좋은 날들을 맞이하겠지만 러시아가 중국 영역 내로 뚫고 들어가는 것은 이제 중단되었다.

이슬람권에 대해서는 사정이 달랐다. 이슬람권은 튀르키예 제국, 페르시아, 무굴 제국 등 정치적으로 분열되어 약화되었다. 도나우 강과 투르키스탄 사이에는 연속된 정치적 국경이 없었다. 이와 반대로 상업망은 아주 오래되었고 탄탄해서 차단하거나 제거할 수는 없었다. 러시아의 취약성을 보여주는 표시는 인도, 이란, 발칸 지역의 상인들이 러시아의 공간 속으로 침투해왔다(더 적합한 다른 말이 없다)는 것이다. 인도 상인들은 아스트라한과 모스크바에 들어왔고, 아르메니아인들은 모스크바와 아르한겔스크에 들어왔다. 아르메니아인들이 1710년부터 차르의 특권을 획득하고 또 영국인들이 1732년에 차르로부터 카잔을 통해서 페르시아와 무역을 수행해도 좋다는 허락을 받은 것은 러시아가 카스피 해에서 연속해서 실패를 겪었기 때문이다.286) 이 방면에서는 중개도시들―물론 핵심적인 기능을 맡고 있었다―과 같은 지방 공동체들을 이용해야만 유효한 연결을 이룰 수 있었다. 아스트라한이 대표적인 곳으로서 이곳에는 타타르 외곽지역, 아르메니아인 구역, 인도 상인들의 거주지, "외국"이라고 부르는 카라반세라이*―이곳에는 예컨대 1752년에 중국을 여행하려는 예수회 신부 두 명이 거주했다―등이 있었다. 마찬가지로 흑해와 이스탄불을 비롯한 발칸 지역의 튀르키예 시장들과의 연결에서는 몇몇 라구사 출신 상인들 이외에는 튀르키예 상인들(흔히 그리스 출신들이었다)이 주도권을 잡고 있었다.

1703년에 표트르 대제는 라구사인인 사바 루키치 블라디슬라비치 라구진스키―보스니아에서 태어나 베네치아에서 자라면서 교육을 받고 1703년에 러시아에 들어왔다―에게 발칸 지역과의 관계를 개선하라는 임무와 또 시베리아와의 원거리 교역을 조직하라는 임무를 맡겼다.287) 또한 시베리아에는 모피를 구입하고 알타이 지역 광산을 경영하는 그리스인들이 있지 않은가? 1734년 1월 20일에 이르비트 정기시가 열렸을 때 진입로들은 "말, 사람, 썰매로 뒤덮였다. 나는 여기에서 여러 종류의 그리스인, 부하르인, 타타르인들을 보았다.……특히 그리스인들은 아르한겔스크에서 구입한 프랑스산 포도주나 증류주 같은 외국상품들을 가지고 있었다."288)

외국인이 우위를 차지하는 이 현상이 유럽 방면에서는 더욱 뚜렷했다. 한자 동맹, 스웨덴, 폴란드, 영국, 네덜란드 등지의 상인들이 그들이다. 18세기에는 네덜란드인들이 점차 쇠퇴의 기미를 보였고 지방대리인들의 도움을 받는 것도 뜸해지더니 급기야는 차례로 파산했다. 그러자 영국인들이 우위를

---

* caravansérail : 페르시아어로 '세라이(serâi)'는 궁전이라는 뜻으로, '카라반세라이'는 곧 카라반들의 숙소를 의미한다. 각국의 사람들이 많이 모여드는 장소였다.

차지했다. 이 세기 말에 거래를 할 때에는 영국인들이 최종 승리자가 되었다. 모스크바에서 그리고 얼마 뒤부터는 상트 페테르부르크에서 러시아 상인들은 외국 상인들에 비해서 그다지 중요한 비중을 차지하지 못했다. 1730년대에 시베리아에서 가장 부유한 상인으로서 모스크바 카라반의 대표 자격으로 베이징을 자주 왕래하며 나중에는 이르쿠츠크 총독이 된 로렌츠 랑게라는 인물이 덴마크인으로 추정된다는 사실은 흥미롭지 않은가?[289] 마찬가지로 1784년 이후 흑해 방향으로 러시아의 직교역이 시작되었을 때 이것 역시 베네치아, 라구사, 마르세유 등 외국 상인들이 주도했다. 그리고 표트르 대제 이전부터도 모험가들, 이른바 "교활한 사람들", "신의 없는 사람들"이 러시아의 사업에서 중요한 역할을 했다. 1785년 4월에 피사에서 세몬 보론초프는 그의 형인 알렉산드르에게 이런 편지를 썼다. "……이탈리아의 모든 악당들은 무슨 일을 하면 좋을지 모를 때에는 러시아로 가서 큰돈을 벌어오겠다고 공공연히 말하죠."[290]

결론은 분명하다. 러시아라는 거인은 변경지역까지 확고하게 지배하지는 못했다. 베이징, 이스탄불, 에스파한, 라이프치히, 르비우, 뤼베크, 암스테르담, 런던 등지에서 러시아의 교역은 다른 사람들에 의해서 조정되었다. 러시아 상인들이 기를 펴고 활동한 것은 러시아 내부의 시장들, 러시아 영토 내의 여러 곳에 퍼져 있는 정기시들에서만 가능한 일이었다. 이들은 상트 페테르부르크나 아르한겔스크에서 외국 상품을 수입한 다음 이것을 가지고 멀리 이르쿠츠크 너머에서까지 교환화폐처럼 사용함으로써 [이전에 당한 패배에 대해서/역주] 복수를 한 것이다.

유럽의 침투의 대가

표트르 대제의 군사적 승리와 급격한 개혁은 "러시아를 지금까지 겪던 고립으로부터 벗어나도록 만들었다"고 사람들은 말했다.[291] 이 표현은 전적으로 틀린 것도 아니고 전적으로 맞는 것도 아니다. 표트르 대제 이전에도 거대한 모스크바 대공국은 유럽을 지향하지 않았던가? 그리고 특히 상트 페테르부르크의 건설이 러시아 경제의 중심을 다시 잡고 발트 해와 유럽을 향한 창이나 문을 연 것은 사실이지만, 이 문을 통해 러시아인들만이 그전보다 더 용이하게 바깥으로 출입한 것이 아니다. 반대로 유럽이 이 문을 통해 러시아의 집으로 더 용이하게 침투했다. 그림으로써 교환의 몫을 늘리면서 유럽이 러시아 시장을 정복하고 자신에게 유리하도록 조정했으며 필요한 경우 방향을 바꾸도록 만들었다.

다시 한번 유럽은 자신의 진보를 위해서 가능한 모든 수단을 동원했다. 그중에서도 크레딧의 유연성—사전에 구매를 하는 것—과 현찰화폐의 주조를 이용하는 것이 특히 중요했다. 헬싱외르*에 주재하는 프랑스 영사는 덴마크 해협에 대해서 이렇게 썼다(1748년 9월 9일). "이곳을 지나서 상트 페테르부르크로 가는 거의 모든 영국 선박들이 상당한 금액의 스페인 8레알 은화를 그곳으로 가져간다."[292] 그 이유는 상트 페테르부르크, 리가, 혹은 후에 세워진 오데사(1794년에 건설) 등지에서 계산한 무역수지는—러시아 정부가 거대한 사업을 벌이거나 곧 그런 사업을 벌이려고 하는 예외적인 때만 제외하면—러시아가 흑자였기 때문이다. 발전이 지체된 지역에서 교역을 촉진시키기 위한 최선의 방법은 그곳으로 귀금속을 들여가는 것이다. 유럽 상인들은 레반트 지역의 항구들이나 인도에서처럼 러시아에서도 "화폐의 출혈"을 기꺼이 감내했다. 그리고 그것은 똑같은 결과를 가져왔다. 점진적으로는 러시아 시장을 지배하게 되지만, 진정한 수익을 얻는 것은 이곳 상품을 서유럽에 가져가서 재판매하거나 사용할 때이다. 그리고 암스테르담과 나중에는 런던에서[293] 교환의 놀음을 하는 과정에서 러시아는 때로 속임수를 당하기 일쑤였다.

러시아는 이렇게 해서 유럽의 공산품과 사치품에 익숙해졌다. 무도회장에

---

* Helsingør : 덴마크의 외레순 해협(북해와 발트 해를 연결하는 중요한 해로)에 있는 도시. 크론보르 성이 있으며 『햄릿』의 무대로 설정된 곳이다. 영어식으로는 엘시노어(Elsinore)라고 한다.

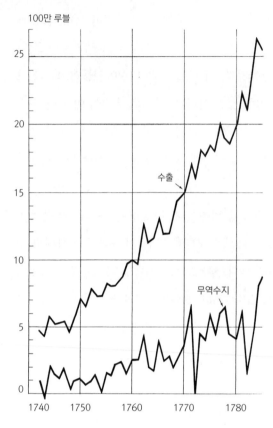

100만 루블

뒤늦게 들어온 이상 빨리 나갈 수는 없는 일이다. 러시아의 지배자들은 눈 앞에서 벌어지는 일이 자신들의 업적이라고 생각했으며 그래서 그런 경향을 강화시키고 더 나아가서 이것이 하나의 새로운 구조로 정착되도록 만들었다. 그들은 이것이 자신에게 유리할 뿐 아니라 러시아가 "계몽주의"에 귀의함으로써 러시아에도 유리하다고 보았다. 그렇지만 그러기 위해서는 큰 대가를 치러야만 했다. 이 점을 보여주는 비망록이 하나 있는데, 아마도 러시아의 한 의사가 쓴 듯하다(1765년 12월 19일). 이 문서는 그 나름대로 혁명적이거나 적어도 당시 사조와는 반대되는 내용이다. 이 글은 러시아가 외국의 침입에 대해서 문을 닫든지 적어도 반은 닫아야 한다고 주장한다. 가장 좋은 길은 인도와 중국의 태도를 모방하는 것이다(그는 인도와 중국에 대해서 자기 나름대로 상상하고 있었다). "이 나라들은 포르투갈, 프랑스, 영국 등과 막대한 액수의 교역을 하지만 유럽 국가들은 이곳에서 공산품과 원재료들을 구매한다. 그러나 인도인과 중국인은 시계, 철제품, 무기 같은 것을 제외하면 그 나라들로부터 아무것도 사지 않는다." 그리고 유럽인들은 반드시 은을 가지고 상품을 사야만 하는데 이것은 "유사 이래 계속되어온 방식이다."294) 이 비망록 작가의 생각에 러시아는 표트르 대제 시대의 소박함으로 되돌아가야 한다. 그때부터 불행히도 러시아의 귀족들이 사치를 알게 되어 이것이 "40년 동안 계속되었고" 또 갈수록 악화되었다. 그중에서도 가장 두려운 것은 프랑스의 선박들이다. 이 배들은 수는 적지만 "모두 사치품들을 싣고 있기 때문에" 상품가치를 총체적으로 따져보면 이 배 한 척이 다른 나라 배 10~15척에 해당한다. 만일 이런 사치가 계속된다면 이것이야말로 "우리 제국의 농업의 피폐, 공장과 매뉴팩처의 지체"의 원인이 될 것이다.

그런데 알렉산드르 보론초프에게 보고되어 결국 차르에게까지 소개된 이 "민족주의적인" 비망록이 프랑스어로 쓰였다는 것이 실로 아이러니이다. 이것은 유럽의 침투의 다른 측면인 문화이식(acculturation)을 증명한다. 이것은 귀족만이 아니라 일부 부르주아지, 그리고 역시 새로운 러시아를 건설하려는 주체였던 인텔리겐치아의 생활양식과 사고방식을 변화시켰다. 유럽에 도도히 흐르고 있던 계몽주의 철학은 러시아에서도 지도적인 계층과 지식인들에게 깊은 영향을 미쳤다. 파리에서 호감을 얻고 있던 다슈코바 공녀는 자신이 농민들에게 전제적인 태도를 보였다는 비난에 변명해야 할 필요를 느꼈다. 1780년경에 그녀는 "노예제"를 언급한 디드로에게 농노에게 위협이 되는 것은 "지방 정부와 그 담당자들"의 탐욕 때문이라고 설명했다. 이와 달리 지주는 농민이 부유해지는 것을 바라는데, "농민의 번영은 곧 지주의 번영을 가져오고 지주의 수입을 늘리기 때문이다."295) 10여 년 뒤에 그녀는 트로이츠코예(오렐 근처에 있다)에 있는 자기 영지의 경영실적을 자축했다. 140년 동안에 인구는 거의 두 배로 늘었고, 이곳 여자들 중에는 "내 소유지 바깥의 남자들과 결혼하려는 사람은 한 명도 없다."[296]

그러나 유럽의 영향은 사상만이 아니라 유행을 유포시켰고, 앞에서 언급한 의사가 헐뜯은 바 있는 모든 사치가 러시아로 침투한 것이 분명하다. 부유하고 한가한 러시아인들은 유럽식 생활, 파리와 런던의 세련미와 쾌락에 흠뻑 취했다. 이것은 마치 서유럽 사람들이 수 세기 동안 이탈리아 도시들의 문명과 흥미로운 광경에 흠뻑 취한 것과 유사하다. 세묜 보론초프는 비록 영국식 생활의 매력을 맛보고 그에 대해서 자랑도 했지만 1803년 4월 8일에는 런던에서 역정을 내며 이렇게 썼다. "우리 나라의 신사들께서 파리에서 과도한 지출을 한다는 소식을 들었습니다. 바보 같은 드미도프는 접시 하나마다 16루이 금화가 드는, 자기 세트에 요리가 제공되는 식사를 주문했다고 합니다."[297]

그러나 모든 점들을 다 고려할 때 러시아의 상황은 예컨대 폴란드의 종속과는 사정이 달랐다. 경제적으로 앞선 유럽이 러시아를 공략했을 때 러시아는 이미 자국의 국내시장을 보호하고, 수공업 활동과 17세기부터 이미 자리 잡은 매뉴팩처들과[298] 상업을 발달시키는 방향으로 나아가고 있었다. 심지어 러시아는 전(前)산업혁명, 즉 18세기의 일반적인 생산증대에 적응해가고 있었다. 국가의 명령과 지원을 통해서 모스크바에서 우랄 산맥까지 광산, 제철소, 병기창, 비로드와 견직물을 생산하는 새로운 매뉴팩처, 유리 공장 등이 만들어졌다.[299] 그리고 기층에서는 거대한 규모의 수공업과 가내공업이 여전히 운영되고 있었다. 그러나 이와 반대로 19세기에 진짜 산업혁명이 닥쳤을 때 러시아는 제자리걸음을 하다가 점차 뒷걸음을 치기 시작했다. 18세기에는 전혀 그렇지 않았다. 제롬 블룸에 따르면 18세기에는 러시아의 산업 발달이 나머지 유럽 지역과 비슷하거나 오히려 앞서 있었다는 것이다.[300]

이 모든 것에도 불구하고 러시아는 계속해서 원재료—아마, 대마, 타르, 마스트 목재—와 식량—밀, 염장 어류—의 공급지 역할을 했다. 폴란드가 그랬던 것처럼 심지어 잉여가 없을 때에도 수출을 했다. 예컨대 "1775년에 일부 지역이 기근으로 황폐화되고 있는데도 러시아는 곡물 수출을 허락했다."301) 1780년에 쓰여진 이 비망록에 의하면 "현찰이 부족하기 때문에 농민은 세금을 내기 위해서 자신의 필수품을 팔았다"(세금은 현찰로 내도록 되어 있었다). 현찰부족 사태는 지주들에게도 영향을 미쳐서 이들은 "일반적으로 상품을 구매할 때에는 1년 기간의 크레딧으로 사고 곡물을 판매할 때에는 수확하기 6개월 전 혹은 1년 전에 현찰을 받고 팔았기 때문에⋯⋯빌린 돈의 이자를 갚기 위해서 곡물을 싼 가격에 팔아야 했다." 폴란드와 마찬가지로 이곳에서도 입도선매 방식이 교역조건을 악화시켰다.

특히 지주들—적어도 대지주 귀족들—은 유럽 상인들의 수중에 잡혀 있었다. 대지주들은 강제로 상트 페테르부르크로 옮겨가야 했는데 이에 대해서 1720년에 한 보고서는 이렇게 썼다. "그들은 이곳에서의 거주를 아주 혐오했다. 왜냐하면 강제 이주는 토지로부터 멀리 떨어지게 해서 그들을 파멸시키고 다른 무엇보다도 그들이 좋아하는 생활방식을 누리지 못하도록 만들기 때문이다. 그러므로 차르께서 승하하기 전에 그렇게 훌륭히 시작하신 사업을 계속할 후계자를 정하지 않으신다면 사람들은 옛날의 야만성을 향해 마치 급류처럼 흘러가버릴 것이다."302) 이 예언은 맞지 않았다. 왜냐하면 차르는 1725년에 갑자기 서거했지만 러시아는 계속해서 서유럽에 대해서 개방적이었고 점차 더 많은 양의 원재료를 공급했기 때문이다. 1819년 1월 28일에 파리에서 로스토프친은 계속 런던에 머물고 있는 그의 친구 보론초프에게 이렇게 썼다. "러시아는 쇠고기와 같네. 사람들은 이 고기를 먹고 또한 다른 나라를 위해서 부용 고형체*를 만들고 있네."303) 여기에서 잠깐 지적할 사실이 있다. 쇠고기 부용을 증발시켜서 건식 고형체를 만드는 방법은 유스투스 폰 리비히(1803-1873)가 개발해서 자신의 이름을 붙이기 이전에

---

* bouillon tablette : 원래 '부용'은 고기류를 소금물에 넣고 오래 달인 수프를 말한다. 이 부용 수프의 구성물을 진공건조시키고 그것을 갈아서 육각형 모양의 고체로 압축시킨 것이 부용 고형체인데, 이것에 끓는 물을 부으면 다시 수프가 된다.

이미 사람들이 알고 있었다는 점을 이 글에서 확인하게 된다.

로스토프친이 제시하는 이미지는 과도하기는 하지만 완전히 틀린 것은 아니다. 그러나 이렇게 원재료를 유럽에 팔면 국제수지의 흑자를 통해서 항시적으로 화폐가 유입된다는 점을 놓쳐서는 안 될 것이다. 그리고 화폐의 유입은 농민경제에 시장을 도입하여 러시아를 근대화하고 또 외국의 침입에 저항하게 한 핵심적인 요소였다.

튀르키예 제국

튀르키예 제국은 비록 아주 큰 차이를 보이기는 하지만 러시아를 연상하게 한다. 아주 일찍이 형성된 활력 넘치는 이 제국은 15세기에 반(反)유럽, 반(反)기독교권이 되었다. 튀르키예의 침입은 5세기의 게르만족의 침입과는 아주 달라서 "일종의 아시아 혁명이며 반(反)유럽 혁명"이라는 페르낭 그르나르의 말[304]이 타당해 보인다. 그리고 이 제국은 이전의 이슬람권과 비잔티움의 연결망들을 계승한 분명한 세계-경제였으며 또 그것은 국가의 효율적인 힘에 의해 탄탄히 유지되었다. 프랑스 대사인 드 라 에는 이렇게 설명했다(1669). "술탄 폐하*는 법을 초월해 있다. 그는 아무런 절차도 없이 그리고 흔히는 아무런 법률상의 근거도 없이 신민을 죽일 수도 있고 재산을 모두 빼앗아 마음대로 처분할 수도 있다.……"[305] 그러나 이 전제적인 권력은 그에 대한 보상으로 아주 오랫동안 튀르키예의 평화(pax turcica)를 제공했다. 로마식의 이 평화는 서유럽의 감탄을 자아냈다. 그리고 유럽의 필수불가결한 파트너들을 일정한 한계 내에 묶어두는 것 또한 탁월한 능력이었다. 베네치아 역시 이스탄불 세력에 대해 우회하든지 화해해야만 했다. 베네치아는 튀르키예 제국이 허용하는 한도까지만 뚫고 들어갈 수 있었다. 오스만의 세

---

* 이 책에서 "술탄 폐하"로 옮긴 '그랑 세뇌르(Grand Seigneur)'란 서양에서 튀르키예의 술탄에 대한 존칭으로 사용하는 말로서 "위대한 주군(主君)"이라는 뜻이다.

계-경제가 해체의 조짐을 보인 것은 술탄 폐하의 권위가 쇠퇴할 때에 가서의 일이다. 그러나 그동안의 역사서들이 자주 언급했던 이 "데카당스"도 "사람들이 일반적으로 상상하던 것보다는 훨씬 느리고 덜 심층적이었다."[306)

세계-경제의 기초

튀르키예가 독자성을 확보한 첫 번째 조건은 충분히 넓은 공간을 확보하고 있다는 점이다. 오스만 제국은 전 지구적인 규모의 공간을 차지하고 있었다. 서유럽인들 중에 이 엄청난 면적에 대해서 찬양하고 놀라고 불안해하지 않은 사람이 없다. 조반니 보테로*는 이 제국의 해안선이 3,000마일이며, 타우루스 산맥부터 부다까지 3,200마일, 데르벤트부터 아덴 만까지 3,200마일, 바스라부터 틀렘센까지 4,000마일이 약간 못 미치는 길이라고 보았다(1591).[307) 술탄은 30개의 왕국 위에 군림하고, 흑해, 백해(서유럽에서 에게해라고 부르는 바다), 홍해 그리고 페르시아 만을 지배한다. 합스부르크 제국은 전성기 때에 이보다 더 넓은 땅을 가지고 있었으나 그것은 전 세계에 걸쳐 분산되어 있고 광대한 해상공간들로 나뉘어 있었다. 이에 비해서 오스만 제국은 하나의 땅덩어리인 것이다. 이곳은 여러 대지들이 긴밀하게 붙어 있고 그 안에 끼어든 바다가 포로처럼 갇혀 있다.

대규모 국제교역이 이루어지는 여러 연결선들 가운데에 위치한 이 대지는 곧 영구적인 연결과 제약의 다발이었으며, 성벽이자 동시에 부의 근원이었다. 분명 튀르키예 제국의 대지는 '근동(近東)'이라는 요지를 창출했는데 이 것은 이 제국의 권력의 생생한 원천이 되었다. 특히 1516년에 시리아, 1517년에 이집트를 정복함으로써 위대한 제국의 건설이 완수된 이후 이 점이 더욱 분명해졌다. 그러나 이 시기에 이르면 근동은 이전의 비잔티움 시대나 이슬람이 승리를 거두던 초기 시대와 같은 세계 유수의 요지는 더는 아니었다.

---

* 이 책 제1권 458쪽의 역주를 참조하라.

아메리카의 발견(1492)과 희망봉 항로의 발견(1498) 이후 유럽이 유리한 위치에 섰다. 그래서 서쪽의 일에 몰두하게 된 서유럽은 오스만 제국에 전력을 다해서 맞서지 않았다. 또 그럴 수 있었던 이유는 오스만 제국이 알제리 보호령을 넘어 모로코와 지브롤터를 장악하고 더 나아가서 대서양으로 진출하고자 했으나 여기에 여러 결정적인 장애물들이 제기되었기 때문이다. 결국 오스만 제국은 지중해 전체를 지배하지 못했다. 또 동쪽으로도 페르시아 지배에 실패해서 이것이 넘을 수 없는 장벽이 되어버렸다. 결과적으로 인도와 인도양에 맞서는 핵심 지점들을 빼앗긴 셈이다. 찰스 복서는 오스만의 지중해 지배를 종식시킨 레판토 해전(1571년 10월 7일)—오스만이 지중해를 지배했던 것은 30여 년 전인 1538년의 프레베자 전쟁*에서 튀르키예가 승리했기 때문이었다—과 샤 아바스 시대에 페르시아가 강력한 호전적 세력으로 성장한 것이 튀르키예의 전진을 막은 핵심 요소라는 의견을 제시했다.[308] 물론 그것도 맞는 말이지만 포르투갈이 인도양에 나타나 이슬람 세력을 약화시켰다는 점도 과소평가해서는 안 된다. 왜냐하면 이러한 유럽의 해상 기술의 승리 덕분에 튀르키예라는 괴물 같은 세력이 페르시아 만과 홍해 바깥으로 진출하는 것을 효과적으로 저지했기 때문이다.

그리하여 근동의 요지는 가치를 상실했지만 그렇다고 완전히 제로가 되지는 않았다. 오랫동안 최고의 지위를 누렸던 레반트 무역은 튀르키예가 시리아를 정복하고(1516) 이집트를 정복한 때(1517)에도 완전히 멈추지는 않았으며 지중해의 인근 통로들이 완전히 버려진 것도 아니었다. 홍해와 흑해는 계속 이용했다(이스탄불에게 흑해가 차지하는 중요성은 스페인에게 "서인도"가 차지하는 중요성과 비슷한 정도이다). 1630년 이후 유럽으로 들어오는 향

---

* 신성동맹(교황, 카를 5세, 베네치아 간의 동맹)과 튀르키예 간의 전쟁. 1538년에 신성동맹 측이 그리스의 프레베자(Preveza) 앞에서의 해전에서 패배했다. 그리하여 베네치아는 튀르키예 측과 1540년에 강화를 벌여 배상금을 지불하고, 또 모레아 반도(펠로폰네소스 반도)에서의 마지막 거점이었던 나우플리온 만을 상실했다.

신료와 후추가 [지중해 무역로를 이용하지 않고/역주] 대서양을 통해서 우회해서 수입된 것이 결정적인 요소로 보이지만, 비단 그리고 조만간 커피, 약품, 마지막으로 원면과 면직물—날염을 한 것이든 아니든—등은 계속 지중해 무역로를 통해서 들어왔다.

게다가 지방적인 소비량이 크지 않기 때문에 제국의 크기가 엄청나다는 것 자체가 결국 풍부한 잉여생산물을 확보해주었다. 도살용 가축, 밀, 가죽, 말 그리고 직물 등……. 다른 한편 뤼르키예 제국은 집중과 창조의 특성을 가진 이슬람의 대도시들을 계승했다. 수많은 길드들을 가지고 있는 상업도시들이 여러 곳에 산재해 있었다. 한편 오리엔트의 거의 모든 도시들에서 서유럽인 방문객들은 활기찬 도시의 면모와 운집한 사람들을 보고는 놀라움을 감추지 못했다. 카이로는 일종의 수도 역할을 하는 곳으로서 기생적인 성격의 대(大)중심지이지만 동시에 모터 역할도 했다. 알레포는 기름진 땅의 한가운데라는 최선의 입지를 자랑하며 거의 파도바 정도의 크기이면서도 공지(空地)나 인구과밀 지역이 없다(ma senza nessun vacuo e populatissima).[309] 로제타 같은 곳만 해도 "인구가 많고, 또 길 표면보다 2투아즈(toise = 약 2미터) 정도 높이 쌓은 대지 위에 벽돌로 멋지게 지은 집들이 들어선 대도시이다."[310] 바그다드의 활기찬 중심지에는 "6-7개 거리에…… 상점들과 여러 다양한 직종의 길드 작업장들이 모여 있는데 이 거리들은 밤에는 출입구를 닫든지 쇠사슬로 봉쇄했다."[311] 페르시아의 국경에 위치해 있는 타브리즈는 "거대한 규모, 교역, 수많은 인파, 풍성하게 많은 생활필수품들을 갖춘 찬탄할 만한"[312] 도시이다. 영국 왕립 학회(Royal Society) 회원인 에드워드 브라운은 1669년에 베오그라드를 방문해서 이곳을 "넓고 튼튼하고 인구가 많은 대규모 상업도시"라고 표현했다.[313] 그 외에도 아프리카, 아시아, 발칸 지역의 모든 뤼르키예 도시들에 대해서 거의 비슷하게 말할 수 있을 것이다(이곳은 백색의 도시와 침침한 마을이 대조를 이루는 세계이다).[314]

그렇다면 뤼르키예 자체는 쇠퇴일로에 있었음에도 불구하고 그 안에서는 오래된 도시이든 새로 단장한 도시이든, 또 새로운 도시이든 아니면 심층적으로 유럽의 모델에 가까운 도시이든 모든 도시들이 번영한 이유는 무엇일까? 다른 곳에서는 발전의 표시로 간주될 수 있는 것들이 왜 이곳에서는 쇠퇴의 표시가 되었을까?

사실 튀르키예 제국의 경제사를 오직 정치사의 연대기에만 비견해서 보는 것은 중대한 실수이다. 정치사는 튀르키예 역사 연구가들도 단정적으로 이야기하지 못하는 것을 보면 가장 불확실한 것들 중의 하나이다. 튀르키예 역사 연구가 한 명은 튀르키예 제국이 정치적으로 볼 때 술레이만 대제 통치기(1521-1565)의 마지막 시기인 1550년대부터가 절정기였다고 보았다.[315] 역시 믿을 만한 다른 역사가는 1648년 이후(그러니까 앞의 경우보다 한 세기 이후) 쇠퇴가 시작되었으나, 베스트팔렌 조약이 체결되고 술탄이었던 이브라힘 1세가 암살당한 바로 이 해는 튀르키예보다는 유럽의 의미가 더 강하다고 보았다.[316] 정말로 하나의 연대를 꼭 시적하라고 한다면 나는 차라리 1683년을 선택할 것이다. 이 해에 빈에 대한 극적인 포위(1683년 7월 14일-11월 12일)가 끝난 후 술탄은 베오그라드에서 이 과업을 담당한 불행한 주인공인 대(大)와지르* 카라 무스타파 파샤를 참수시켰다.[317] 그러나 내가 보기에 그 어떤 정치적 기준점도 절대적으로 타당해 보이지는 않는다. 다시 강조하거니와 정치가 경제와 전혀 무관하지는 않지만, 오스만의 "권력"이 쇠퇴했다고 하더라도 그것이 꼭 경제적 쇠퇴를 가져오는 것은 아니다. 16-17세기 동안 튀르키예 제국의 인구는 눈에 띄게 증가하여 거의 두 배가 되지 않았던가? 이오리오 타디치에 의하면[318] 발칸 지역에서 "튀르키예의 평화"와 이스탄불의 수요로 인해서 진정한 **전국시장**이 형성되었거나 그렇지 않더라도 적어도 교환의 가속이 일어났다는 것이다. 그리고 18세기에 들어

---

* Grand Wazir : '와지르'는 튀르키예 제국이나 페르시아 등지의 이슬람 국가에서 고관 또는 장관을 가리킨다. '대(大)와지르'는 그중 최고위직으로 튀르키예 제국에서 모든 행정을 총괄하는, 총리와 비슷한 직위였다.

가면 회복의 기미가 뚜렷했다.

사실 "오스만 제국이 한편으로 이슬람권 지중해의 모든 항구들(모로코의 항구들은 제외하고)을 지배하고 다른 한편으로 홍해와 페르시아 만 방면의 상품 판로 역할을 맡은 항구들을 지배하는 것",[319] 게다가 대(對) 러시아 교역과 합류하는 흑해상의 항구들을 지배하는 것이 아무런 문제 없이 이루어지지는 않았다. 튀르키예 제국을 관통하는 거대한 상업 축들은 그것만으로도 분명한 응집성을 보여준다. 이 축들은 간혹 이동하기는 했어도 어쨌든 계속 유지되었다. 15세기에는 당시 재건축을 해야 했던 활기 없는 수도인 이스탄불보다는 상업과 중개, 활동적인 수공업 활동의 도시인 부르사가 교역의 중심지였을 것이다. 튀르키예가 시리아와 이집트 방면으로 팽창해가자 중심지는 알레포와 이집트의 알렉산드리아로 이전되었고 그럼으로써 16세기에 이스탄불을 우회해가는 결과를 가져왔으며 오스만 공간의 중심도 남쪽으로 내려갔다. 17세기에 다시 스미르나로 중심이 바뀐 것은 잘 알려져 있지만 사실 그 이유를 정확히 설명하지는 못한다. 18세기에는 내가 보기에는 이스탄불이 다시 중심지가 되었던 것 같다. 이렇게 잘 알려지지 않은 여러 내부적인 에피소드들을 보면, 세계-경제를 이룬 오스만의 공간에서는 해가 바뀌어감에 따라서 그리고 콩종크튀르의 변화에 따라서 중심지가 계속해서 이동했다고 생각할 수 있지 않을까?

1750년경 혹은 그보다 약간 앞서서 이스탄불은 경제적 우위를 다시 확보했다. 1747년에 모스크바에 통고할 목적으로 작성된 관세율 기록문서가 하나 있다. 이 문서만 가지고는 교역이 어느 정도 수준이었는지 알 수 없지만, "옛날 관세율"에 따라서 기록된 상품과 1738년 및 그 이후에 첨가된 상품을 구분할 수 있다는 특이한 장점이 있다. 수입품 목록은 대단히 길다. 무수히 많은 직물들, 창유리, 거울, 종이, 주석, 설탕, 브라질 목재, 캄페체 나무, 영국산 맥주, 수은, 여러 종류의 약품과 향신료, 인도의 인디고, 커피 등……. **새로 첨가된** 상품들로는 프랑스, 영국, 네덜란드로부터 들어오는 이전과 다른 종류의 직물들, 나사, 견직물, 마직물 외에 강철, 납, 모피, 인도 날염직물, 산토 도밍고의 인디고, "기독교권 커피" 등이 있는데 모두 종류와 품질이 매우 다양했다. 수출품은 대개 이스탄불의 전통적인 제품인 물소 가죽, "검은 소" 가죽, 모로코 가죽, 오톨도톨하게 무두질한 가죽, 염소 털, 낙타 털, 밀랍 등으로서 목록이 짧았다. 여기에 덧붙여진 것은 섬세한 카믈로 직물, 비단 혹은 "가발용으로 가공한 염소 털" 등 소수의 제품밖에 없다. 따라서 수입품은 갈수록 많아지고 다양해지며 유럽 등 먼 지역에서 들어오는 데에 비해서 유럽은 이스탄불로 사치품과 신대륙 상품까지 실어 보냈다. 수출품은 거의 변화가 없었다.[320] 프랑스의 한 장문의 보고서는 이런 인상을 확인시켜준다. "프랑스의 선박들은 레반트의 다른 어느 곳보다 이스탄불에 더 많은 상품들을 수송해온다. 그 상품 중에는 직물류, 향신료, 설탕제품, 염료 등이 있다. 이 상품들의 판매대금은 이스탄불에서 바로 사용되지 않는데 그 이유는 프랑스 상인들이 이곳에서 살 수 있는 물품이라고는 조잡한 가죽, 서지 직물, 교직 우단, 털이 붙은 가죽, 염색한 마직, 약간의 밀랍, 목재, 오돌토돌한 가죽 같은 것들밖에 없기 때문이다. 그래서 이들이 환어음을 통해서 여유 자금을 레반트의 다른 곳으로 보내면, 스미르나, 알레포, 시돈 등지의 프랑스 상인들이 이 자금을 파샤에게 제공한다. 파샤들은 술탄 폐하에게 이 자금을 융통해준다."[321] 그러므로 이스탄불은 환전의 장소이며, 아주 높은 이익을 보면서 화폐를 교환하는 곳이자, 소비의 대(大)중심지였다. 이에 비해서 수출은 대개 레반트의 다른 지역에서 더 활발히 이루어졌다.

유럽의 지위

그러나 여기에서 제기해야 할 문제는 튀르키예의 교역량 전체 중에서 유럽의 교역이 차지하는 상대적인 비중에 관한 것이다. 사실 유럽의 교역은 흔히 오스만 경제의 표면만을 스쳐가든지 그냥 통과했다. 튀르키예의 공간 내에서 기본적이면서도 활력이 넘치는 진정한 경제는 단지 최하층에 자리 잡고

있었다. 트라얀 스토야노비치는 이에 대해서 **바자 경제**(économie de bazar)라
는 멋진 이름을 붙였다. 달리 말하자면 도시와 지방 정기시들을 중심으로
한 시장경제이다. 스토야노비치에 따르면, 여기에서 전통적인 법칙에 충실
한 교환은 상호 신뢰와 투명성을 띠고 이루어진다. 이곳에서는 18세기에도
아직 크레딧이 발전하지 않아서 시골 지역에 이르기까지 어느 곳에서나 기
승을 부리는 고리대금업만이 있을 뿐이다. 물론 블롱 뒤 망이 다음과 같이
말했던 1550년경과 완전히 같지는 않을 것이다. "튀르키예에서는 모든 것
을 현찰로 거래한다. 그래서 장부도 많이 필요하지 않고 차변/대변을 나누
는 일계장(brouillart)[322]도 없고 원장도 없다. 그리고 이웃 간의 거래도 마치
저 먼 독일인들과 거래하듯 크레딧 없이 거래한다."[323] 그런데 이와 같은 옛
상황이 부분적으로 살아남아 있었다. 비록 서유럽 상인들이 소매상인에게
선대해주기도 하고, 또 우리가 보았듯이 서유럽 상인들이 상품을 팔고 얻
은 잉여자본을 이스탄불에 대해 발행한 환어음을 통해서 스미르나와 알레
포 등지에 송금하는 따위의 일이 없었던 것은 아니지만 말이다. 여하튼 교환
은 전체적으로 구태의연한 성격을 유지했다. 서유럽에 비해서 가격이 턱없
이 싸다는 점도 이를 보여준다. 타브리즈에서는(1648) "1수를 주면 한 사람
이 1주일 동안 먹을 수 있는 양의 빵을 살 수 있다."[324] 신문[「가제트 담스테
르담」](1672년 12월 13일 자)에 의하면 튀르키예의 지배하에 들어간 카미니에
크에서는 "4릭스달러에 말 한 마리, 2릭스달러에 소 한 마리를 산다."[325] 소
아시아의 토카트 근처의 가르다네에서는 1807년에 "주민들이 『구약 성서』
에 나오는 족장처럼 옷을 입으며 또 그 사람들처럼 친절하다. 이 사람들은
손님들에게 집과 음식을 서로 제공하려고 하며 그 손님이 값을 지불할 때에
는 깜짝 놀라고는 했다."[326]

그 이유는 서유럽 상업의 신경인 화폐가 튀르키예의 공간에서는 대개 그
냥 스쳐가버리기 때문이다. 화폐 일부는 탐욕스러운 술탄의 재무성에 들어
가고 또 일부는 상층 상인의 교환을 활성화시켜주지만, 그 나머지는 인도양

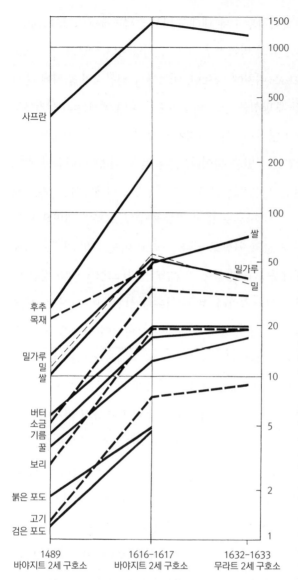

1500
1000

500

사프란

200

100

쌀

밀가루
밀

후추
목재

50

밀가루
밀
쌀

20

버터
소금
기름
꿀
보리

10

5

붉은 포도

2

고기
검은 포도

1

| 1489
바야지트 2세 구호소 | 1616-1617
바야지트 2세 구호소 | 1632-1633
무라트 2세 구호소 |

46. 튀르키예의 물가상승이 콩종크튀르를 따라갔는지에 관한 하나의 테스트

이 수치들은 외메르 루트피 바르칸의 연구에서 따온 것이다. 이것은 16세기의 물가상승이 튀르키예까지 미쳤다는 것을 증명한다. 구호소(imaret)는 빈민과 학생에게 음식을 제공하는 종교기관이다. 이 수치들은 아스프르 화로 표시한 명목가격으로서 아스프르 화의 평가절하는 고려하지 않은 것이다.

을 향해 달려가버린다. 서유럽은 레반트 시장에서 그들의 화폐의 우월성을 아주 편리하게 이용했다. 심지어는 콩종크튀르에 따라 화폐 그 자체에 대해서 투기를 벌이기도 했다. 즉, 금과 은 사이의 교환비율의 변화를 이용하거나, 스페인의 레알 화나 베네치아의 제키노 화—레반트 지역에서 언제나 고

평가되었다—와 같이 사람들이 선호하는 화폐를 이용하여 투기를 벌이는 것이다. 1671년경 베네치아 조폐국장의 설명에 따르면[327] 만일 베네치아에서 제키노 금화를 17리라에 사거나 옹가로 화(ongharo)를[328] 16리라에 샀다가 이스탄불에서 판매하면 첫 번째 화폐에 대해서는 17.5퍼센트 그리고 두 번째 화폐에 대해서는 12퍼센트의 이익을 얻는다. 몇년 뒤에는 제키노 화에 대한 이익이 20퍼센트까지 올라갔다.[329] 16세기 말에는 튀르키예의 금을 페르시아로 보내는 밀수가 수익성 높은 사업이었다.[330] 그리고 17-18세기에 베네치아의 상업교역이 감소했을 때에도 베네치아는 계속해서 제키노 화를 주조하여 레반트에 쏟아부었는데 이것은 높은 수익을 얻으며 수입상품을 확보하는 방법이었다.

마찬가지로 18세기 말에 마르세유는 근동지방에 상품을 거의 수출하지 않았지만 대신 밀라노에서 주조한 마리아 테레지아의 탈러 화(thaler)를 비롯한 여러 은화들을 수출했다.[331] 이것이야말로 이 도시가 레반트 시장에서 자신의 지위를 유지하는 최선의 방법이었다.

튀르키예 경제가 가진 이러한 고풍스러운 성격은 곧 경제의 쇠퇴를 불러왔을까? 그렇지 않다. 국내시장이 계속 활기를 띠고, 군수산업, 조선업, 활기찬 수공업, 키오스 혹은 부르사의 중요한 직물업 그리고 지방적인 차원에서 이루어지는 아주 작은 규모의 직조업—이렇게 규모가 작기 때문에 역사적인 관찰에서 벗어나기 쉽다—등이 있는 한 경제가 크게 쇠퇴하지는 않는다. 18세기 말에 샤를 손니가 수행한 놀라운 여행의 기록에는[332] 지방 직물업의 생산물에 대한 대단히 긴 목록을 볼 수 있다. 이스탄불 주재 대사였던 샤를 드 베르젠의 편지(1759년 5월 8일)에 따르면[333] 서유럽에서 들어온 직물 전부를 가지고도 고작 80만 명의 사람들에게만 옷을 입힐 수 있는 정도였다. 그런데 이때 제국의 인구는 2,000만-2,500만 명에 달했다. 그러므로 제국의 길드들이 활동할 공간은 대단히 넓었다. 이것을 교란시키는 데에 성공했던 것은 18세기 말에 오스트리아와 독일로부터 직물을 수입해와서 판매했을 때뿐이다. 그리고 외메르 뤼트피 바르칸의 설명에 의하면[334] 튀르키예의 직물업의 운명을 거의 끝낸 것은 19세기에 산업혁명을 거친 직후 영국의 직물이 폭발적으로 밀려들어온 때이다.

그러므로 이미 오래 전부터 오스만 제국 경제의 문호가 강제로 열렸다고는 하지만 18세기까지도 이 경제는 아직 정복되지도, 완전히 주변화되지도 않았다. 튀르키예는 자신의 생산으로 자국 도시들의 소비를 충당했다. 러시아와 마찬가지로 곡물 수출은 정치적인 규제하에 있었다. 다만 그리스 선원들이 에게 해의 섬들에서 곡물을 대량 밀수출했다. 그리고 여기에 시플리크 (ciflik)라는 대지주들도 일부 참여했으나 사실 이들은 **비교적** 최근에 이스탄불에 식량을 공급하면서 성장한 것이지, 반드시 수출과 연관된 것은 아니었다. 예컨대 쌀을 재배하는 루멜리아의 시플리크가 그런 경우이다.[335] 전체적으로 튀르키예의 시장은 여전히 효율성 있는 과거의 수송조직에 근거하여 기능을 수행하고 있었다.

카라반의 세계

오스만 세계는 도처에 낙타 대상이 존재하는 것이 특징이다. 말 호송대가 계속 사용되던 발칸 지역 같은 곳에서도 16세기 말에는 반도 전역에 낙타 수송이 더 우월해진 것으로 보인다. 그리하여 "레반트 지역의 항구들(Échelles de Levant)"은 달마치아의 스플리트까지 연장된 것과 마찬가지였으며 베네치아의 갈레레 다 메르카토는 시리아로 가는 대신 아드리아 해를 넘기만 하면 되었다.[336] 이 카라반에 대한 추억은 1937년에만 해도 두브로브니크의 사람들의 기억 속에 남아 과거의 낭만을 떠올리게 했다.

세계지도상에서 카라반—여기에는 단봉낙타와 쌍봉낙타가 모두 포함된다—의 활동을 추적해보면 지브롤터로부터 인도를 거쳐 중국 북부까지, 그리고 아라비아와 소아시아로부터 아스트라한과 카잔까지 펼쳐져 있다. 오스만 경제의 공간-운동(espace-mouvement)은 이 카라반 세계 속에서 뚜렷이 드러나며 또 그것을 중심으로 삼는다.

　서유럽 출신의 여행자 일부는 이처럼 다수의 여행객들이 모여서 함께 긴 여행을 하는 이 수송방식을 묘사한 기록을 남겼다. "이곳에서는 영국에서처럼 매일 저녁마다 숙박할 읍과 여관을 찾을 수가 없다." 때로는 노천에서 잘 수밖에 없어서 "계절에 따라 텐트 속에서 잠을 자든지" 칸(khan)이나 카라반세라이를 이용한다. 이것들은 "지나가는 모든 여행객들이 다 이용할 수 있도록 자비심에서 세운" 거대한 건물로, 편리하고 싸다는 이점이 있다. "그러나 대개 이곳은 네 벽만 있을 따름이다. 그래서 여행자들은 음식, 음료수, 철제 침대, 건초 등을 스스로 챙겨야 한다."[337] 이 카라반세라이들은 어떤 곳은 폐허가 된 채, 또 어떤 곳은 잘 유지된 채 아직도 많이 남아 있다. 알베르 가브리엘이 시도한 것처럼[338] 이 카라반세라이들을 지도상에 표시해보는 것은 과거의 도로망을 재구성해보는 좋은 방법이다.

　그러나 유럽인들은 상품의 수송을 위해서나 혹은 자신의 여행을 위해서는 이 교통방식을 이용할 수 있었지만 그들 스스로 이것을 조직할 수는 없었다. 이것은 이슬람의 독점물이기 때문이다. 서유럽 상인들이 알레포, 다마스쿠스, 카이로, 스미르나 등지를 넘어가지 않는 중요한 이유는 카라반의 세계가 그들의 수중에서 벗어나 있기 때문이다. 오스만 경제만이 이 수송을 지배하는데, 이것이 그들에게 핵심적으로 중요하기 때문에 그만큼 더 엄격히 조직하고 감시한다. 카라반의 여행은 빈번하고 규칙적이다(해상 연결보다 더욱 규칙적이다). 이것이야말로 명백한 효율성의 원천이며 독립을 유지하는 비밀이다. 페르시아의 비단이 지중해 루트를 쉽게 벗어나지 못하며 특히 영국과 네덜란드가 비단 교역을 차지하지 못하는 반면, 네덜란드인들이 후추와 향신료 상업을 지배할 수 있었던 이유도 여기에 있다. 비단은 출발점부터 카라반 수송의 주요 품목이었던 반면, 후추와 향신료는 처음부터 배를 이용한 "해상" 수송 품목이었기 때문이다. 오스만 경제가 유연성과 활력을 얻게 된 것은 우선 모든 곳으로부터 이스탄불—더 정확하게 이야기하면 이 도시의 맞은편에 있는 보스포루스 해협의 아시아 쪽 연안에 위치한 스쿠타리—로 끝없이 호송대들이 도착했기 때문이다. 이 카라반 루트들은 에스파한 근처에서 서로 연결되어 페르시아의 전체 공간 속으로 뚫고 들어가고, 라호르에 이르는 긴 도로들을 통해서 인도와 연결되며, 또 카이로로부터 아비시니아 고원까지 갔다가 귀중한 사금을 가지고 돌아오는 행로들도 포함하고 있다.

오랫동안 지켜온 해상 공간

튀르키예의 해상 공간 역시 아주 잘 지켜져 내려왔다. 해상 수송의 가장 큰 몫은 레반트 해역과 흑해상의 연안무역이 차지했는데 이것은 일종의 아시아 내 무역, 즉 "튀르키예에서 튀르키예로의 무역"이었다.

아주 일찍이 레반트 동쪽 연안은 포난트 서쪽의 기독교도 해적의 위협을 받았다. 결국 연안무역이 서유럽의 수중으로 들어갔고 특히 50-60척의 프랑스 선박이 이 교역을 주도했다. 그러나 18세기 말에는 포난트 해적의 발호가 완화되었고 연안무역도 서유럽 선박의 지배로부터 해방된 듯하다. 이렇게 된 것은 아마도 오스만의 선박이 이전의 범선으로부터 갤리선으로 바뀌고(이미 오래 전의 일이다) 또 이 선단이 에게 해를 항해하는 순양함대로 조직되었기 때문이다.[339] 1787년 12월에 캅탄 파샤는 심하게 손상된 배들을 이끌고 이스탄불에 들어왔는데, 이 선단은 이집트에서 실은 2,500만 피아스트라를 하역했다.[340] 그런데 과거에는 안전 문제 때문에 이집트의 조공은 보통 육로로 운송했다. 그렇다면 이것이 진정한 변화 아닐까? 프랑스의 한 증인에 의하면 1784년부터 1788년 사이—즉 체스메 전쟁*으로부터 10여 년이 지난 시기—에 튀르키예의 선단은 "대포 60문 이상을 가진" 25척의 선박들을 보유하고 있었는데(그중에 한 척은 74문의 대포를 가지고 있었다) 이 배

---

* 이 책의 677쪽을 참조하라.

들은 "프랑스의 엔지니어들이 건조한 것이다."³⁴¹⁾ 이 배에 탄 600명 이상의 사람들 중에서 "선원은 8명에 불과했고 나머지는 바다를 처음 보는 사람들이었지만" 이 선단은 어쨌든 움직였고 과업을 거의 완수했다.

흑해의 경우 이스탄불에 봉사하는 선박들이 자주 왕래하지는 않지만 그래도 오랫동안 "라틴" 선박들[기독교권 선박들/역주]이 들어오지 못하도록 금지했다(이것이 핵심적인 사실이다). 1609년에 영국이 트라브존까지 밀고 들어온 이후 이 금지조치가 다시 되풀이되었다. 튀르키예 정부가 나태하고 태만했다고 비난하는 역사가들은 이스탄불에 대한 식량 조달과 튀르키예 선단에 대한 의장(艤裝)에 핵심적인 역할을 했던 흑해가 18세기 말까지 아주 엄격히 규제된 튀르키예의 독점구역이었다는 사실을 기억해야 할 것이다. 1765년 3월에 헨리 그렌빌은 영국 정부에 보내는 보고서에 이렇게 썼다. "튀르키예는 그 어떤 나라도 흑해를 항해하지 못하도록 하므로 모든 외국인들은 이곳에서 축출되었습니다.……흑해는 문자 그대로 이스탄불에 대해서 모유를 먹이는 어머니와 같아서 모든 필수품들과 밀, 치즈, 보리, 조, 소금, 쇠고기, 살아 있는 양, 새끼 양, 닭, 계란, 사과를 비롯한 여러 과일들, 버터 및 기타 여러 음식물들을 공급합니다. 이곳의 버터는 커다란 물소 가죽 푸대에 담겨서 들어오는데 시큼한 냄새가 나고 양 기름이 섞여 있어서 우리가 보기에는 아주 안 좋지만……튀르키예 사람들은 영국이나 네덜란드의 최상의 버터보다도 이것을 더 좋아합니다. 그 외에도 지방, 아주 값이 싼 양초, 원모, 소가죽, 암소 가죽, 물소 가죽―이런 가죽들로는 말린 것도 있고 소금으로 처리한 것도 있습니다―……밀랍과 꿀(튀르키예인들은……설탕 대신 이것을 사용합니다)……많은 포타슘, 맷돌……대마, 철, 강철, 구리, 재목, 땔나무, 석탄……캐비어, 말린 생선, 염장 생선 등이 있습니다." 여기에 특히 타타르인들이 공급하는 노예들을 추가해야 한다. 반대 방향으로는 이스탄불에서 창고에 보관했던 상품들이 공급되었다. 원면, 향, 포도주, 오렌지, 레몬, 에게해 지방의 말린 과일, 튀르키예에서 생산한 직물과 기독교권에서 수입한 직물 등이 러시아, 페르시아, 캅카스, 혹은 다뉴브 지역으로 수송되었다. 그렇지만 커피와 쌀은 "이스탄불에 충분한 양이 남아 있도록" 하기 위해서 수출을 금지시켰다.[342]

이 거대한 시장은 아주 초보적인 도구를 가지고 운영되었다. 육지에서는 "철이 하나도 없는" 나무 마차, 즉 바퀴에 철테를 두르지 않은 차량이 사용되었는데 이것은 부서지기 쉬워서 무거운 짐을 실을 수 없었으며, 또 끌짐승으로 사용하는 물소는 소보다는 분명히 힘이 좋았지만 절망적일 정도로 느렸다. 해상에는 수천 척의 배들이 있기는 하나 그 배들은 모두 세모꼴 돛(전문가들은 이 돛을 '토끼 귀'라고 한다)을 단 소형 배들이거나 그 외에 사이크(saïque)라고 부르는 작은 선박들(이것은 거칠고 폭풍우가 자주 이는 이 바다에서 자주 침몰했다)이었다. 밀이나 목재를 싣는 배들에만 세 개의 마스트가 있고 많은 선원이 탔다. 선원이 많이 필요한 이유가 있다. 자주 배를 예인해야 하기도 하고, 목재를 실을 때에는 선원들이 육지에 내려서 나무를 패든지 목탄으로 만들어야 했기 때문이다.[343] 사람들은 흔히 흑해 항해에서 배 세 척 중에 한 척만 귀환해도 상인은 이익을 본다고 했다. 그리고 순전히 나무로 지은 도시인 이스탄불이 매년 완전히 타버린다고 해도 그때마다 이 도시를 재건축할 수 있을 정도의 목재를 흑해를 통해서 공급받을 수 있다고 한다. "이것이 과장이 아니라는 것은 말할 필요도 없습니다"라고 그렌빌은 말한다.[344]

이런 조건에서 흑해에 러시아인이 접근한 것, 1774년에[345] 그리고 특히 1784년 이후에[346] "해협"이 개방되고 베네치아, 프랑스, 영국의 배가 도착한 것은 오스만의 위대함에 대한 심각한 타격이자 거대한 이스탄불의 균형에 대한 심각한 타격이었다. 그러나 이 새로운 수송이 중대한 의미를 띠게 된 것은 19세기 초반에 러시아의 밀이 대량 수출될 때였다. 이것은 비록 잘 알려지지는 않았지만, 사실 유럽 역사에서 매우 중요한 사건이다.[347]

홍해—튀르키예 제국이 거의 완벽하게 둘러싼 또다른 "지중해"—의 사정은 흑해에 비해 더 나쁘기도 하고 더 낫기도 했다. 튀르키예는 아덴을 장악하고 있던 1538-1546년에 이곳을 확실하게 통제했다. 그보다 더 일찍부터 홍해의 상업적, 군사적, 정치적, 종교적 중요성을 인식하던 튀르키예는 메카와 다른 이슬람 성지들을 점령했다. 기독교도들에게 접근이 금지된 이슬람의 성스러운 바다 홍해는 오랫동안 카이로, 알렉산드리아, 지중해로 가는 후추와 향신료의 핵심 수송로 역할을 했다. 그러나 1630년경에 이르면 네덜란드인들은 유럽으로 가는 아시아의 후추와 향신료 거의 전부를 희망봉을 우회하여 수송할 수 있게 되었다. 이 해상 통로가 국제적인 중요성을 가지면서 오스만의 부는 흑해보다 훨씬 더 일찍 타격을 받았다.

그러나 향신료 수송의 우회로가 생겼다고 해서 홍해가 폐쇄되지는 않았다. 바브-엘-만데브 해협*—사실 이 해협의 통과는 쉽지 않았다—을 매년 100여 척의 배와 긴 소형선(germe)이 지나갔다. 이 배들은 남쪽으로 쌀, 이집트 콩, 창고에 보관하던 유럽 상품들—꽤나 여유 있는 카이로 상인들이 수에즈에 보유하던 것들—을 실어날랐다. 그리고 매년 7-8척의 호송대(그중에는 "황실" 선박도 포함되어 있다)가 아마도 술탄의 계정으로 항해를 하면서 40만 피아스트라와 5만 제키노의 금화를 날랐는데, 대개 모카와 아덴이 목적지였다. 한편 육로로는 알레포를 출발하여 메카를 지나 수에즈로 가는 카라반이 거의 같은 금액의 돈을 가지고 왔는데, 다만 이때에는 금화가 더 큰 몫을 차지한다는 점이 달랐다. 오늘날의 한 역사가에 의하면 "홍해를 통한 연결로는 신대륙의 귀금속이 인도로, 그리고 그 너머의 동쪽으로 가는 흐름에서 핵심적인 통로였다."[348] 그리고 이것이 16세기 이후에도 계속 그랬다는 점이 중요하다. 그러므로 베네치아의 제키노 화와 스페인의 피아스트라 화의 가치가 가장 고평가되는 지점은 메카로 가는 카라반 루트였다.[349] 여기에 더해서 이 카라반은 직물이나 산호와 같은 유럽 및 지중해 상품들도

---

* Bab-el-Mandeb : 아라비아 반도 남서쪽과 아프리카 해안 사이의 해협. 홍해와 아덴 만(인도양)을 연결한다.

함께 운송했다. 심지어 1770년대에도 홍해 교역은 특히 인도 상인들의 손을 빌려 수라트에 상당한 액수의 금과 은을 공급하는 결정적으로 중요한 역할을 했다. 우리는 이에 대해서 많은 증거들을 가지고 있다. 1778-1779년에 인도의 배 한 척은 모카로부터 30만 루피의 금, 40만 루피의 은 그리고 10만 루피의 진주를 가지고 왔고 다른 배 한 척은 50만 루피의 금과 은을 가지고 왔다. 지중해를 연구하는 역사가인 나는 18세기 말에도 16세기의 상황이 재연되는 것을 보고 놀랐다는 점을 이야기해야 할 것이다. 다른 어느 것보다도 특권적인 상품인 금화와 은화는 계속해서 가장 짧은 길을 통해서 인도양에 도착하고 있었던 것이다.350) 어쩌면 또한 가장 안전한 길이 아니었을까?

반대 방향으로는 남부 아라비아의 커피가 갈수록 중요한 모터 역할을 했다. 모카가 그 중심지가 되었으며 홍해상에서 지다[또는 제다라고도 한다/역주]와 함께 가장 큰 항구가 되었다. 아시아의 온갖 지역 출신의 상인과 상품을 실은 선박이 인도양으로부터 이곳에 들어왔다. 물론 여기에는 향신료도 포함된다. 1770년 5월의 보고서에 의하면 "약품과 향신료"는 "1630년대쯤에는 홍해를 통한 유입이 완전히 멈추었다."351) 그렇지만 여전히 1년에 10척 정도의 배가 인도양의 코지코드, 수라트, 마실리파트남 등지에서 모카로 왔고, 여기에 더해 고아를 떠난 포르투갈의 배들이 후추, 육두구, 정향 등을 싣고 모카에 도착했다. 이 향신료들은 점점 더 많은 양을 차지하게 된 커피와 함께 지다 또는 수에즈로 갔다.

이 상품들이 그 이상으로 나아간 것은 아닐까? 카이로는 프랑스인들이 알렉산드리아나 로제타 같은 다른 곳보다 더 선호하는 곳이어서 이곳에서 30여 명의 프랑스 대상인이 활동했는데 그중 한 명의 말에 따르면 "이곳에는 커피, 향, 고무, 알로에, 센나, 타마린드, 사프란, 몰약, 타조 깃털, 면과 여러 실을 섞어서 짠 교직, 직물, 도자기 등을 거래하는 인도 상인이 수없이 많이 있다."352) 이 상품목록에 향신료가 빠져 있다는 것에 주목해야 한다. 그러나 "제왕적" 상품이 된 커피와 함께 홍해는 새로운 번영을 누리게 되었다.

커피 수송이 알렉산드리아나 로제타를 경유하자 동인도회사의 선박을 이용하던 때보다 더 빨리 튀르키예와 유럽의 고객들에게 커피가 전해졌다. 그러자 동인도회사의 선박들도 귀항 길에는 일부러 모카를 들르기 위해 돌아가는 길을 택했다. 레반트 무역의 재생의 중심지이며 사실상 자유도시인 커피 무역중심지 모카는 인도양을 항해하는 많은 배들이 기항하는 곳이었다. 오늘날의 역사가들이 무엇이라고 말하든, 또 과거의 기록이 어떤 내용들이든 간에 후추와 향신료는 지다 같은 곳을 통해서 여전히 지중해로 들어갔다고 보아야 한다.

수에즈, 이집트 그리고 홍해는 유럽인들의 탐욕을 새로 자극했다. 그리고 이스탄불과 카이로 등지에서는 프랑스인과 영국인 사이에 경쟁이 치열해졌다.[353] 프랑스 내외에 수에즈 운하 건설을 생각하지 않는 사람이 없을 정도였다. 날짜가 기록되지 않은 한 문서는 이미 모든 점들을 예상하여 이렇게 기록하고 있다. "운하를 파는 노동자들은 저녁이면 안전을 위해서 바리케이드를 친 바라크에 수용해야 할 것이다. 그리고 어떤 경우든지 이 노동자들을 식별할 수 있도록 남녀노소 할 것 없이 모든 사람들에게 유니폼을 입히는 것이 신중한 조치이다. 빨간 조끼, 흰색 터번을 입히고 머리를 짧게 깎도록 해야 한다."[354] 프랑스 대사인 드 라 에는 술탄 폐하에게 홍해상의 자유항행을 요구했고 "이곳에 정주할 수 있도록 요구하기까지 했다."[355] 그러나 그것은 헛수고였다. 그런데도 신중하고 집요한 영국 동인도회사는 혹시 예전의 레반트 교역로가 다시 열리지나 않을까 조바심했다. 이 회사는 1786년에 카이로에 대리인을 한 명 임명했다.[356] 같은 해에 프랑스는 에두아르 디용 대령을 이곳에 파견해서 혹시 이집트의 "총독들(beys)"의 호의로 "홍해와 수에즈 지협을 통과하여 인도와 소통할 가능성"이 있는지 알아보도록 했다.[357] 예카테리나의 파리 주재 대사인 시몰린은 이에 대해서 여제에게 이렇게 보고를 올렸다. "제가 아는 한 그 파견대사는 시각과 지식이 매우 편협한 인물입니다." 그렇다면 괜히 소리만 요란하고 실제 소득이 없었던 것일까?

여하튼 수에즈 운하가 개통되고 인도로 가는 지중해 통로가 다시 열리는 일이 실현되려면 아직도 한 세기를 더 기다려야 한다(1869).

튀르키예에 봉사하는 상인들

튀르키예 제국을 지탱하는 제국 경제는 서유럽인의 침투를 제한하고 막아내는 한 무리의 상인이 수호하는 것이나 마찬가지였다. 레반트에서 마르세유가 주축이 된 프랑스 세력은 아마도 40개소의 "상관들(comptoirs)"을 가지고 있으며 150-200명의 인원을 보유하고 있었다. 다른 나라들도 비슷했을 것이다. 일상적인 거래를 담당하는 사람들은 아랍 상인, 아르메니아인, 유대인, 인도인, 그리스인(진짜 그리스인도 있지만 동시에 마케도니아-루마니아인, 불가리아인, 세르비아인 등 "유사" 그리스인도 포함한다), 게다가 튀르키예인(사실 튀르키예인은 상인으로서의 성공에 그다지 큰 매력을 느끼지는 않았다)도 있었다. 어디에서든지 유랑상인, 소매상인, 점포 주인들이 조그마한 가게에 우글거리고, 지리적, 인종적 그리고 사회적으로 온갖 잡다한 배경 출신의 대리인들이 득실거렸다. 징세청부인, 상인 그리고 정부에 돈을 빌려줄 수 있는 대상인들도 없지 않았다. 수백만 피아스트라의 사업이 벌어지는 거대한 집합소인 정기시들이 사람, 상품, 끌짐승 등의 끊임없는 흐름을 조직했다.

사람들이 북적대는 이 활동적인 국내시장에서 서유럽 상인들은 운신의 폭이 크지 않았다. 이들은 모동, 볼로스, 테살로니카, 이스탄불, 스미르나, 알레포, 알렉산드리아, 카이로 등 출입할 수 있는 거래 **중심지**를 가지고 있기는 했다. 그러나 옛날식 레반트 모델에 따라서 이곳에서는 베네치아, 네덜란드, 프랑스, 영국 등지의 상인과 현지 소매상인 간의 접촉을 금지했다. 따라서 서유럽 상인들은 유대인이나 아르메니아인들의 중개를 통해야 했는데 이 중개인들은 "조심해야 할 사람들"이었다.

더군다나 동양 상인들은 서유럽으로의 수출을 완전히 서양 상인들에게만 맡기지 않았다. 이들은 16세기 이래 아드리아 해 연안의 이탈리아 도시들에 정착했다. 1514년에 안코나는 블로러, 암브라키코스 아르타 만 그리고 이오안니나*의 그리스인들에게 특권을 부여했다. 이들의 회관**은 "튀르키예 상인과 기타 무슬림 상인들의 상관(Fondaco dei mercanti turchi et altri musulmani)"이 되었다. 이들과 동시에 유대인들도 정착했다. 이 세기 말에는 베네치아, 페라라, 안코나, 심지어 페사로,358) 또 나폴리 및 메초조르노(이탈리아 남부 지방)의 정기시들에 동양 상인들이 침투해왔다. 이들 중 아마도 가장 호기심을 끄는 사람들은 그리스 출신의 상인 겸 선원들이었다. 이들은 뒷거래도 하고 정직한 거래도 하지만 경우에 따라서는 노골적인 해적질까지 했다. 원래 이들은 경작지가 하나도 없는 섬 출신들이어서 집단으로 이주해야만 하는 처지에 있던 사람들이었다. 2세기 뒤에 메시나에 있는 러시아 영사는 1787년 10월에 "매년 60척 이상의 [그리스] 배들이 해협을 지나 나폴리, 리보르노, 마르세유 및 기타 지중해 항구들로 간다고 기록했다."359) 프랑스 혁명과 나폴레옹 제국 당시의 장기 위기(1793-1815) 때문에 프랑스가 레반트 상업에서 완전히 손을 놓자 그 빈 자리를 그리스의 상인과 선원들이 대신 차지했다. 이 성공이 다음에 그리스의 독립에도 어느 정도 공헌했다.

볼거리는 덜할지 모르지만 마찬가지로 흥미로운 것으로는 18세기에 합스부르크에 양도된 땅—1739년의 베오그라드 평화조약으로 오스트리아-헝가리의 국경은 사바 강***과 도나우 강까지 확대되었다—을 향한 "그리스 정교도(orthodoxe)" 상인들의 이산(離散, diaspora)을 꼽을 수 있다. 빈(Wien) 정부는 새로 획득한 땅을 식민화하기로 했다. 시골에 다시 사람들이 늘고 아직 약소하기는 하지만 도시들이 성장했으며 그리스 상인들이 새로운 지

---

* Ioannina : 그리스 북서쪽 알바니아와의 경계에 있는 도시.
** palatio della farina : 상인들이 숙박과 식사를 하며 쉬는 장소. 이런 점에서 동양의 회관(會館)—동향인이나 동업자의 상호 부조, 친목, 협의, 제사를 위한 기관으로서 건물은 사무소, 회의장, 숙박소 등으로 쓰인다—과 유사해 보인다.
*** Sava : 사베(Save) 강 또는 독일식으로는 자우(Sau) 강. 이탈리아와 유고 사이의 국경 지대에서 발원하여 동쪽으로 흘러가며 베오그라드 부근에서 도나우 강으로 합류한다.

역을 정복했다. 이렇게 팽창해나가면서 이들은 경계를 넘어 유럽 전역으로 퍼져갔다. 라이프치히 정기시에서도 이들이 암스테르담에서 제공한 크레딧을 이용하여 활동하는 것을 볼 수 있었고 그 외에도 우리가 본 것처럼 러시아, 심지어 시베리아에서도 이들이 활약했다.[360]

경제적 데카당스와 정치적 데카당스

여기에서 하나의 질문이 제기된다. 이 상인들은 튀르키예 제국 내에서 이방인이었는가? 이들은 튀르키예 제국 경제의 생존을 가능하게 한 장본인이었는가—나는 그렇게 생각한다—아니면 배가 침몰하려고 하면 언제든지 뛰어내릴 준비가 되어 있는 생쥐들이었는가? 이 문제는 튀르키예의 쇠퇴라는 곤란한 문제로 우리를 인도하지만 사실 이것은 해결책이 없는 문제이다.

내 생각에는 튀르키예 제국의 완전한 쇠퇴는 19세기 초에나 가서의 일이다. 더 구체적인 연대를 말하라고 한다면, 우선 이 제국에서 가장 발달해 있고 가장 많은 군사와 세금을 제공하지만 동시에 가장 먼저 위협을 받았던 발칸 지역에 대해서는 1800년이 될 것이다. 이집트와 레반트 지역은 19세기 4분의 1분기일 것이고, 아나톨리아는 1830년경이 될 것이다. 이것은 헨리 이슬라몰루와 찰라르 케이데르의 훌륭한, 그러나 비판의 여지가 많은 논문이 제시한 결론이다.[361] 만일 이 연대들이 확실한 근거를 가진다면 유럽 세계-경제의 진전(파괴적이며 동시에 건설적이다)은 가장 발달한 지역—발칸—으로부터 부차적으로 발달한 지역—이집트와 레반트—으로, 그리고 마지막으로 가장 뒤처져서 이런 과정에 가장 덜 영향을 받는 지역—아나톨리아—으로 점진적으로 발전해갔다고 할 수 있다.

해결해야 할 문제는 19세기 첫 3분의 1에 해당하는 이 시기가 정치적 측면에서도 오스만의 쇠퇴과정이 진척된 시기였는지를 확인하는 일이다. 오스만 연구자들이 너무나도 흔히 입에 올리는 데카당스(décadence)라는 이 위험한 말은 모든 것을 설명한다고 하면서 실제로는 모든 것을 어지럽게 만드는 많은 요소들을 포괄한다. 아마도 오스트리아, 러시아, 페르시아 그리고 일시적으로 베네치아까지 연합하여 행동한 것이 완전히 효력을 발휘했다면 마치 폴란드 분할처럼 튀르키예의 분할이 일어났을 것이다. 그러나 튀르키예는 폴란드보다는 훨씬 더 강한 실체였다. 그리고 혁명전쟁과 나폴레옹 전쟁이라는 휴지기도 작용했다(비록 중간에 나폴레옹의 이집트 원정군이 위협을 가한 위기가 있었지만).

튀르키예를 몰락하게 한 약점은 유럽의 전쟁기술에 적응하지 못한 무능력이라고 사람들은 말한다. 사실 이런 종류의 무능력이라는 것은 사후적으로 앞 시대를 회고해볼 때에야 뚜렷이 드러난다. 베르사유에 주재하던 예카테리나의 대사 시몰린이 1785년 3월에 프랑스가 계속해서 튀르키예에 장교들을 파견하는 데에 대해서 항의하자[362] 베르젠은 그 정도의 군사력은 경계를 할 필요도 없을 정도로 "너무 미미한 세력"이라고 대답했다. 물론 이것은 외교적 응답일 뿐이다. 러시아 정부가 걱정한 이유는, 역사가들이 말하는 것처럼, 러시아가 튀르키예에 대해서 우위를 확신할 수 없었기 때문이다. 1770년 7월 5일에 오를로프의 함대는 키오스 섬 앞의 체스메에서 튀르키예의 프리깃 함대 전체를 불살라버렸다. 튀르키예 함대는 수면 위에 너무 높이 드러나 있어서 포탄과 화선(火船) 공격의 이상적인 목표물이었던 것이다.[363] 그러나 러시아 함대는 영국 장교들이 지휘를 맡고 있었기 때문에 이런 승리를 거두었고, 그후에 상륙작전을 할 능력은 전혀 없었다. 튀르키예의 화력에 아직 부족한 점이 많았다는 것은 분명한 일이지만 세묜 보론초프의 의견이 그렇듯이 러시아 측의 생각 있는 사람들은 러시아의 화력 역시 나을 것이 없다는 사실을 절감했다. 튀르키예를 괴롭히는 해악들은 모든 면에서 동시에 터져나왔다. 국가에 대해서는 누구도 복종하지 않았다. 생활비는 상승했는데 국가를 위해서 일하는 사람들은 옛날 임금을 그대로 받았고 따라서 "횡령을 통해 보상을 받았다." 아마도 화폐량이 모자라거나 적어도 경제가 화폐의 여력을 잘 동원하지 못했다. 그러므로 육군과 해군을 개혁하고 지키며 쇄신하는 데에는 오랜 기간이 필요했고 국가의 덩치가 큰 만큼 엄청난 비용이 소모되었을 것이다.

1783년 2월 신임 대(大) 와지르는 사정을 제대로 파악했다. 그의 첫 번째 결정은 "술탄 무스타파의 통치 당시였던 지난번 전쟁 때 양도했던 술탄 폐하의 영지들을 다시 제국의 품으로 되돌리라는 것이었다. 이렇게 함으로써 정부는 5,000만 피아스트라를 얻게 될 것이다. 그러나 양도된 이 영지들은 현재 제국에서 가장 힘 있고 부유한 사람들의 수중에 있는데 이들은 모든 영향력을 다 동원해서 이 계획을 막으려고 했다. 그래서 술탄은 아무런 확고한 태도를 취하지 못하고 있다."364) 이스탄불에서 흘러나와 나폴리 주재 헤이그 영사를 통해서 전해진 이 정보는 튀르키예 제국의 징세 기반이 아주 취약하다는 미셸 모리노의 최근 연구결과와 일치한다. "……어려운 시절이 닥쳐오자 오스만 제국의 재정 요구가 커져서 주민들에 대한 조세압력이 증대했다. 그런데 주민들은 세금납부에 필요한 재원이라고는 외국에 상품을 파는 수밖에 없었기 때문에 상품을 서둘러 팔아치웠다. 이것은 20세기에 중국의 무역수지가 보여주는 왜곡과 크게 다를 바 없다."365)

이 곤경에 처한 세계에 산업화되고 적극적이며 욕심이 한이 없는 유럽이 성공적으로 들이닥치자 자신도 모르는 새에 조종(弔鐘)이 울린 셈이 되었다. 그렇다고 하더라도 이미 제기된 연대들은 모두 재고해보아야 하고 또 당대인들의 말을 문자 그대로 믿어서도 안 된다. 왜냐하면 유럽인들은 18세기부터 이미 쉽게 자만에 빠져 있었기 때문이다. 1731년에 굳이 소개할 필요까지는 없는 한 작가는 이런 말을 했다. "전쟁에서 규율도 없고 규칙도 따르지 않는 이 민족[오스만 제국]을 마치 양 떼처럼 [유럽에서] 몰아내는 데에는 한순간이면 족할 것이다."366) 그로부터 25년 뒤에 기사 구다르는 그 "한순간"도 필요하지 않다고 보았다. "튀르키예의 잔해의 처리에 대해서 합의만 보면 이 제국은 이제 아무런 문제도 되지 않는다."367) 이 얼마나 황당한 주장인가! 이 제국을 최종적으로 눌러 이기기 위해서는 산업혁명을 거쳐야만 했다.

오스만 제국은 그만큼 강한 힘을 가지고 있기는 했지만 구태의연한 체제와 무거운 과거의 유산으로부터 빠져나올 정도로 강하지는 못했던 것이다.

아시아 : 가장 범위가 큰 세계-경제

아시아[368] 전체는 세 개의 거대한 세계-경제로 이루어져 있다. 첫 번째, 이슬람권은 한편으로 홍해와 페르시아 만을 통해 인도양으로 뻗어 있고 다른 한편으로 아라비아로부터 중국에 이르는 아시아 대륙의 전체 두께를 관통하는 광대한 여러 사막들을 거느리고 있다. 두 번째, 인도는 코모린 곶의 서쪽과 동쪽 모두에서 인도양 전체에 영향력을 행사하고 있다. 세 번째, 중국은 아시아의 핵심부에 굳건히 자리 잡은 육상의 중국과 동시에 태평양 변두리의 여러 바다들 및 그 연안지역들로 되어 있는 해상의 중국을 포함하고 있다. 아시아는 언제나 이렇게 구성되어 있었다.

그러나 15-18세기에는 이 셋을 모두 포괄하는 하나의 유일한 세계-경제를 이야기할 수 있지 않을까? 아시아는 몬순과 무역풍이라는 규칙적인 동력이 제공하는 편리함을 장점으로 가지고 있어서, 넓은 범위에 걸친 지역 간 연결이 잘 유지되고 교역과 가격들이 서로 얽힌—다만 지배적인 중심지는 차례로 변동하는—하나의 응집적인 세계를 구성했던 것이 아닐까? 우리가 살펴보려고 하는 진짜 주제는 거대하지만 취약하고 간헐적인 성격을 띠는 이와 같은 조합에 관한 것이다.

간헐적이라고 한 이유는 이 거대한 공간들의 조합이 중앙의 인도를 중심으로 양쪽으로 왔다 갔다 하는 시소와도 같은 움직임에 의해서 이루어지기 때문이다. 이 시소의 움직임은 때로는 동쪽에, 때로는 서쪽에 유리하게 작용하면서 여러 과업의 분배, 우월성, 정치적 및 경제적 상승 등을 재조정한다. 그렇지만 이 변동과정을 거치면서도 인도는 확고한 위치를 지키고 있다. 구자라트, 말라바르 해안, 코로만델 해안 등지의 인도 상인들은 수 세기 동안 경쟁자 집단—홍해의 아랍 상인들, 이란 해안과 페르시아 만의 페르시아 상인들, 그리고 말레이 제도의 바다에 익숙해서 그들의 정크선을 이곳에 적응시켰던 중국상인들—에 대해서 우위를 지켰다. 그러나 때로는 이런 시소 움직임이 작동하지 않거나 고장 나는 수가 있다. 그렇게 되면 환(環)아시아 지역들은 보통 때보다도 더 분할되어 독립적인 공간을 이루는 경향이 있다.

이 단순화된 틀에서 핵심은 때로는 서쪽의 이슬람권에, 때로는 동쪽의 중국에 유리하게 작용하는 이중의 움직임이다. 인도의 양쪽에 있는 두 경제 중에 어느 편이 극도로 큰 규모의 성장을 이룩하면, 큰 파장을 불러일으키고 때로는 수 세기에 걸쳐서 그 영향력이 지속되기도 한다. 만일 서쪽의 비중이 커지면 홍해 그리고/혹은 페르시아 만의 선원들이 인도양으로 들어오는데 급기야는 인도양을 관통해서, 8세기에 그랬던 것처럼 광저우(아랍의 지리학자들이 '한푸'라고 부르던 곳)에 나타나기도 한다.[369] 반대로 늘 주저하던 중국이 자국의 경계를 벗어나서 해외로 나가는 경우, 중국 남부 해안의 선원들은 말레이 제도—이곳은 결코 시야에서 벗어난 적이 없다—와 코모린 곶의 동쪽에 있는 이른바 "제2의" 인도에 도착하게 된다……. 그리고 그보다 더 멀리 진출하는 것도 불가능하지 않았을 것이다.

15세기 이전 1,000년 동안의 역사는 단조로운 반복에 불과했다. 홍해 연안에서 하나의 항구가 활기를 띠고 흥기했다가 다른 항구가 등장하여 이전 항구를 대체해서 똑같은 역할을 하고는 한다. 마찬가지로 페르시아 만 연안 지역들과 인도의 해안에서도 여러 항구들 사이에 똑같은 일이 일어났다. 또 말레이 제도의 섬과 반도들에서도 그렇다. 또 항구의 차원이 아니라 해상지역들 차원에서도 마찬가지이다. 그렇지만 그러한 변화들 가운데에서도 역사는 심층적으로 언제나 똑같았다.

중국에서는 이 책이 다루는 시기의 출발점인 15세기에 두 가지 사건이 있었다. 하나는 1368년 이후 명나라가 몽골인들로부터 중국을 해방시킨 것이다. 또 하나는 놀라울 정도로 거대한 규모의 해상 팽창으로서, 그 움직임이 갑자기 시작된 점이나 1435년경에 갑자기 멈춘 점 모두 우리의 눈에는 여전히 신비롭다.[370] 실론, 호르무즈, 심지어 아프리카의 젠지(Zendj)[371] 해안에까지 도달한 중국 정크선의 팽창은 이슬람의 교역을 축출했거나 적어도 교란시켰다. 이후에는 아시아의 중부나 서부보다는 동부의 목소리가 더 컸다. 그리고 바로 이때가 이 거대한 초(超)세계-경제의 극점이 말레이 제도에 안정적으로 자리 잡은 시기이다. 이곳에서는 반탐, 아체, 믈라카 그리고 훨씬 이후 시기이기는 하지만 바타비아와 마닐라 같은 도시들이 활기를 띠며 발달했다.

분명히 거대도시라고는 할 수 없는 말레이 제도의 도시들에 대해서 그런 역할을 상정하는 것은 무모해 보일지 모른다. 그러나 샹파뉴 정기시를 구성하는 트루아, 프로뱅, 바르-쉬르-오브, 라니 같은 도시들 역시 소도시에 불과하지 않았던가. 그럼에도 이탈리아와 플랑드르 사이의 특권적인 합류지점에 위치해서 반드시 이런 곳들을 통과해야 했으므로 이 도시들은 대단히 광대한 상업공간의 중심을 차지했던 것이다. 말레이 제도의 도시들 역시 오랫동안 이 지역의 요지로서 상업 정기시들—몬순의 방향이 바뀌어 상인들이 원래의 출발지로 되돌아가기까지 몇 달 동안이나 계속되었다—이 자리잡던 곳이었다. 아마도 이 도시들은 중세 유럽의 도시들과 마찬가지로 지나치게 강력한 정치체에 엄격하게 통합되어 있지 않았다는 점이 유리하게 작용했을 것이다. 국왕이나 "술탄들"이 이곳들을 통치하고 질서를 부여했음에도 불구하고 이 도시들은 반(半)독자적이었다. 외부에 개방적인 이 도시들은 상업의 흐름에 맞추어 방향을 잡았다. 그래서 코르넬리스 하우트만이 1595년에 우연히든 아니면 사전에 계산을 한 것이든 반탐에 도착했을 때 그는 무엇보다도 아시아의 복합체 중심에 들어서게 되었다. 그야말로 급소 자리에 찾아들어온 것이다.

이상의 모든 것들을 고려할 때 아직 불충분하게 연구된 이 역사적 조각들을 내가 하나의 전체 속에 모아넣은 것이 현명한 일이었을까? 이곳에 대해서는 분명히 연구가 미진하지만, 그래도 예전에 비하면 훨씬 나아졌다. 야코프 판 뢰르가 한때 아시아 상인들에 대해서 만든 이미지—작은 짐 가방에 향신료, 후추, 진주, 향수, 약품, 다이아몬드 등과 같이 부피는 작으나 큰 가치를 가진 물품들을 넣고 다니는 등짐장수—도 대개 사라졌다.[372] 현실은 그와는 아주 다르다. 우리는 이집트에서부터 일본에 이르기까지 자본가, 상업자금 융자인, 대상인, 대리인, 중개인, 외환 거래업자, 은행가와 같은 실무 집행인들을 보게 된다. 그리고 교환의 도구, 기능성, 혹은 안전성 등의 관점에서 보더라도 이 상인들 집단 누구도 서유럽 상인들에게 뒤지지 않는다. 인도 내외에서 타밀 나두,[373] 벵골, 구자라트 등지의 상인들은 긴밀한 결사를 이루고 있었고 이들의 사업과 계약은 마치 유럽에서 피렌체인으로부터 루카인, 제노바인, 남부 독일인, 영국인 등에게로 전달되듯이 한 집단에서 다른 집단으로 전해졌다. 심지어 중세 전기에는 카이로, 아덴 그리고 페르시아 만의 여러 항구들에 상업상의 제왕들이 등장했다.[374]

그리하여 "유럽의 지중해, 북해, 대서양에서 볼 수 있는 다양성과 큰 규모의 해상교역의 망"이 등장했고 갈수록 더 명확해졌다.[375] 비단, 향신료, 후추, 금, 은, 보석, 진주, 아편, 커피, 쌀, 인디고, 면, 초석, 티크 목재(조선용으로 쓰인다), 페르시아의 말, 실론의 코끼리, 철, 강철, 구리, 주석, 높은 분들을 위한 호화로운 직물들, 향신료를 생산하는 섬의 농민이나 모노모타파 왕국의 흑인을 위한 거친 직물 등 사치품이든 통상적인 상품들이든 모든 것이 이곳에 섞여 들어가고 또 혼합되었다.[376] "인도 내 무역"은 유럽인들이 도착하기 오래 전에 이미 자리 잡고 있었다. 왜냐하면 상호 보충적인 상품들이 서로 유인하고 균형을 이루기 때문이다. 이것들은 아시아의 바다에서도 유럽의 바다와 유사한 상품순환의 끝없는 움직임을 활성화시켰다.

네 번째 세계-경제

세 개의 세계-경제만 해도 이미 적은 것이 아니다. 그런데 유럽의 침투와 함게 여기에 네 번째 것이 섞여 들어왔다. 이것은 포르투갈인, 네덜란드인, 영국인, 프랑스인 및 그 밖의 몇몇 나라 사람들이 이룬 성과이다. 1498년 5월 27일에 바스쿠 다 가마가 코지코드에 도착함으로써 문호가 열렸다. 그러나 유럽인들이 곧바로 이 알려지지 않은 세계 속으로 뚫고 들어갈 수는 없었다. 그들 이전에 다녀갔던 다른 유명한 서유럽의 여행자들이 센세이셔널한 이야기를 한 적은 있지만 그것만으로는 물론 불충분하므로 그들이 이 세계를 다시 발견해야만 했다. 아시아는 그들에게 혼란스럽고 완전히 별개의 혹성과 같은 곳이었다. 이곳에는 다른 식물, 다른 동물,[377] 다른 사람, 다른 문명, 다른 종교, 다른 사회 형태, 다른 소유체제가[378] 있었다. 그야말로 모든 것이 다른 면모를 띠고 있었다. 심지어 강물의 흐름도 달랐다. 서유럽에서는 공간적으로 단지 크다는 정도였다면 이곳에서는 실로 어마어마한 규모였다. 도시는 엄청난 인구의 집중을 보였다. 얼마나 이상한 문명, 이상한 사회, 이상한 도시들인가!

이 먼 나라들은 수개월이나 걸리는 힘든 항해 끝에 도달하는 곳이었다. 네 번째 세계-경제는 흔히 합리적 수준을 넘는 모험의 대상이었다. 이슬람 국가들과 상인들은 근동지방에 있는 기지들(이 기지들을 기독교권이 이전에 십자군 시대에 장악하려고 한 적이 있었다)을 통해서 인도양으로 수월하게 그리고 강력하게 밀고 들어올 수 있었다. 반면 유럽의 선박은 아시아의 다대하고 광활한 사회와 영토와 비교할 때 가소로울 정도로 극소수의 사람들만을 실어 왔다. 본국으로부터 멀리 떨어진 이곳에서 유럽은 비록 대단히 훌륭한 성공을 거두던 때라고 하더라도 결코 많은 수의 사람들을 운용하지는 못했다. 호르무즈로부터 마카오 그리고 나가사키에 이르는 전 지역에 포르투갈인은 많아봐야 1만 명 정도였다.[379] 영국인들은 아주 때 이르게 큰 성공을 거두었음에도 불구하고 소수에 불과했다. 1700년경에 첸나이(마드라스)에는 영국의 "민간인들(civils)"이 114명이었고 뭄바이에 700-800명, 콜카타에 1,200명이 있었다.[380] 1777년 9월에 마에에는 유럽인이 114명, 세포이가

216명 정도에 불과했다.381) 비록 이곳이 부차적인 프랑스령 지점이라고 해도 이것은 너무 소수였다. 1805년경에는 "인도 전역에 3만1,000명의 영국인들만 존재했다." 그들은 이 소수집단만으로 그 거대한 나라를 지배한 것이다.382) 18세기 말에 본국과 아시아 사이에 네덜란드 동인도회사는 기껏해야 15만 명의 대리인을 두고 있었다.383) 이들 중 실제로 외국에서 근무하는 사람은 그중에 반도 안 되지만 그것만으로도 이 방면에서 신기록이었다. 덧붙여 이야기할 점은 뒤플렉스와 로버트 클라이브의 시대에도 순전히 유럽인으로 구성된 군대는 극소수였다는 점이다.

표면적인 수단과 실제로 유럽인들이 정복한 결과 사이의 차이는 엄청나다. 1812년에 프랑스 출신의 한 미국인은 이렇게 썼다. "우연한 사건 하나, 여론의 변화만으로도……인도에 나가 있는 영국 세력이 사라져버릴 수도 있을 것이다."384) 20년 후인 1832년에 빅토르 자크몽은 같은 말을 반복해서 강조했다. "인도 내에서 이루어진 이 독특한 영국 세력의 형성에 모든 것이 인위적이고 비정상적이고 예외적이다."385) 이때 인위적이라는 함은 경멸적인 말이 아니다. 인위라는 말은 지혜와 성공을 뜻한다. 한 줌밖에 되지 않는 유럽인들이 인도만이 아니라 아시아 전체에서 굳게 자리를 잡았다. 그들은 도저히 성공할 수 없는 여건에서 실제로는 성공을 거두었던 것이다.

스스로에게 정복당한 인도

우선 유럽인들은 결코 혼자가 아니었다. 수천 명의 노예, 하인, 조수, 동업자, 협력자들이 그들 주위에서 분주히 일을 거들었는데 이들은 현지의 유럽인들에 비해서 100배, 1,000배는 많은 수였다. 예컨대 포르투갈인들 시대에도 벌써 "인도 내 무역"에 종사하는 유럽선박에는 여러 인종의 선원들이 탔는데 여기에는 원주민 선원이 다수였다. 심지어 필리핀 배에도 "스페인인은 많지 않고 말레이인, 힌두인, 필리핀 혼혈인들이 많았다."386) 1625년에 라스 코르테스 신부를 태우고 마닐라에서 마카오로 가던 배가 목적지에 닿지 못하고 광저우 앞바다에서 파선했는데 이 기록에서도 선원들 중에 자그마치 37명의 라스카르(인도인 수부)가 타고 있었다.[387] 뒤켄의 조카가 지휘하는 프랑스 선박 한 척이 1690년에 실론 앞바다에서 몽포르 드 바타비아 호라는 네덜란드 플라위트선을 나포했을 때 전리품 중에는 두 명의 "라스카르, 즉 흑인 노예가 끔찍스러운 상태로 있었다. 이 불쌍한 사람들은 기독교인들이 손댄—즉 조리한—것을 먹느니 차라리 굶어 죽으려고 했다."[388]

동인도회사들이 마침내 군대를 보유하게 되었을 때 이 군대 역시 대부분 현지인들로 구성되었다. 1763년경에 바타비아에서는 "온갖 국적의" 유럽 군인들 1,000-1,200명당 9,000-1만 명의 말레이 보조원들과 2,000명의 중국 군인들이 있었다.[389] 인도에서 유럽인들이 수행하던 방식인 세포이를 고용하는 것, 다시 말해서 인도인들과 함께 혹은 그들을 시켜서 인도를 점령한다는 멋지고도 단순한 이 방법을 발명해낸 것이 과연 누구였을까(그러나 과연 이 방법을 "발명"했다고 할 수 있을까)? 프랑수아 마르탱일까,[390] 아니면 뒤플렉스일까? 그것도 아니면 당시의 한 사람(그가 한 다음의 말로 볼 때 그는 프랑스인이다)이 말했듯이 영국인들이 "뒤플렉스 씨를 흉내 내어 세포이들을 징집했다"는 것으로[391] 미루어보아 영국인들이 그랬을까?

마찬가지로 상업의 핵심 분야에도 현지인들이 다수를 차지했다. 수천 명의 현지 중개인이 유럽인에게 달려들어 서비스를 해주겠다고 제의했다. 이들 중에는 이집트의 무어인도 있고, 세계 어디에서나 활동하고 있던 아르메니아인, 바니아인, 모카의 유대인, 광저우와 샤먼 및 반탐 등지에서 활동하는 중국인, 그 외에도 구자라트인, 코로만델 해안의 상인, 또 자바인—이들은 향료 제도에 포르투갈인들이 처음 나타났을 때 문자 그대로 그들을 포위한, 야심에 찬 보조원이었다—등이 있었다. 그러나 이것은 논리적으로 당연한 일이었다. 1641년에 만리케가 그의 여행벽 때문에 칸다하르*에 들렀

---

* Kandahar : 아프가니스탄의 카불에서 남서쪽으로 약 480킬로미터 떨어진 상업도시.

을 때 그를 포르투갈 사람으로 잘못 본 한 힌두 상인은 그에게 자기가 서비스를 하겠다고 제의하면서 이렇게 말했다. "당신네 나라 사람들은 이 지방 말을 못하기 때문에 안내인이 없으면 당신은 틀림없이 곤경에 빠질 것입니다……"[392] 조력, 협조, 공모, 공존, 공생, 이 모든 것들은 시간이 흘러감에 따라서 불가피해졌다. 그리하여 솜씨 좋고 대단히 검소한—긴 항해 동안에도 약간의 쌀만 있으면 충분한—현지 상인들은 잡초처럼 뿌리 뽑을 수 없는 존재였다. 수라트에서는 영국 동인도회사의 고용원들이 처음부터 현지의 모험 대부업자들과 사업관계를 맺었다. 또 첸나이이든 포트 윌리엄이든 여러 영국령 지점들에서 런던에 있는 이사들의 허락을 받아 인도 상인들에게서 돈을 차입한 적이 얼마나 많았던가! 남해의 거품 사건 때문에 영국에서 유동성의 위기[현찰화폐 또는 그에 준하는 교환화폐의 부족 사태/역주]가 한창 심각했던 때인 1720년에[393] 동인도회사는 현찰을 얻기 위해서 인도에서 자금을 빌렸는데 이 덕분에 곤경이 재빨리 닥쳐왔던 만큼이나 재빨리 사라져갔다. 1726년에 프랑스의 회사가 한숨 돌리게 되었을 때에는 이 회사가 400만 루피라는 엄청난 거액을 바니아인들에게 빚지고 있던 수라트에서 다시 그와 똑같은 사업관계에 빠져들어가지 않도록 조심해야 했다.[394]

이러한 필수 조력자들이 현지에 자리 잡으면서 부를 창출하는 한 이들로부터 벗어난다는 것은 불가능했다. 1733년의 한 보고서는 "스스로 상업을 경영할 수 있는 정도의 대상인을 끌어들일 방도를 찾지 못한다면"[395] 퐁디셰리가 번영하는 중심지가 되지 못할 것이라고 밝혔다. 물론 이때의 상인은 어느 곳 출신이라도 상관없지만 특히 인도 상인들을 말한다. 파르시인*이나 바니아인이 없었다면 뭄바이를 건설할 수 있었을까? 아르메니아인들이 없었다면 첸나이는 어떻게 되었을까? 벵골을 비롯해 인도 전역에서 영국인들은 늘 지방의 상인들 및 은행가들을 이용했다. 벵골에서 영국의 지배가 완전

---

* Parsi : 인도에 거주하는 이란계 조로아스터교도. 8세기경 신흥 무슬림에게 쫓겨 인도로 이주한 후, 현재 인도 경제계에 큰 세력을 유지하고 있다.

해졌을 때에 콜카타의 현지 자본가들은 가장 수익이 좋은 활동들(은행업, 무역업)에서 쫓겨나고, 도피자산들(토지, 고리대금업, 조세수취, 심지어 1793년에는 "영국 동인도회사의 채권의 대부분")을 선택할 수밖에 없게 되었다.[396] 그러나 같은 시기에도 뭄바이에서처럼 모든 것을 다시 재건설해야 할 때에는 영국인들은 파르시인, 구자라트인, 이슬람 상인 등을 잃지 않도록 조심했다. 이런 상인들은 현지에서 무역을 통해서든 혹은 이 항구 소속 상선단의 소유주로서든 큰 부를 쌓고 있었는데 이런 일은 증기선이 등장한 1850년경까지 계속되었다.[397] 그리고 마지막으로 영국은행은 인도 세라프*의 환어음인 훈디(hundi)를 완전히 없애버릴 수 없었다. 이것은 그들이 활동의 자유와 탄탄한 은행조직을 갖추고 있다는 표시인데 영국인들은 이것을 없애버리기 전까지 오랫동안 이것을 이용했다.

금과 은 : 강함의 표시인가, 약함의 표시인가?

흔히 유럽, 아메리카, 아프리카, 아시아는 상호보완적이라고 말한다. 혹은 세계교역이 그 자체의 필요 때문에 이곳들이 서로 보완적이도록 만들려고 했고 실제로 성공했다고 말할 수 있을 것이다. 대개 서유럽인들이 후추나 향신료, 비단 같은 상품들을 열정적으로 그리고 탐욕적으로 원했던 데에 비해서 아시아 사람들은 유럽 상품을 그처럼 환영하지는 않았다. 상업수지가 맞기 위해서는 한쪽의 열정이 다른 쪽의 열정과 맞아떨어져야 하는 법이다. 그런데 아시아는 로마 시대 이래로 귀금속만 받아들이면서 이 교역을 수행했다. 즉, 금(코로만델 해안에서 선호했다)과 더 흔히는 은을 받고서야 교역에 응한 것이다. 이미 자주 이야기했지만 중국과 인도는 세계에서 유통되던 귀금속의 묘지가 되어버렸다. 귀금속은 이곳에 들어갔다가는 다시 나오지 못했다. 이 이상한 상수(常數) 요인은 서유럽에서부터 동양으로의 출혈을 유발

---

* seraf : 동양의 환전상 또는 은행업자. 사라프(sarraf) 혹은 슈로프(shroff)라고도 한다.

했다. 이에 대해서 어떤 사람들은 이것이 아시아에 대한 유럽의 약점이었다고 한다. 그러나 내가 보기에는 이것은 유럽이 아시아에서, 혹은 유럽 내에서도 대단히 수익성이 좋은 시장을 개방시키는 수단이었다. 16세기에 아메리카의 발견과 신대륙 광산의 개발 덕분에 이 수단은 이전에 볼 수 없었던 정도로 크게 강화되었다.

아메리카의 은이 아시아에 도달하는 경로는 세 가지였다. 첫 번째는 레반트와 페르시아 만을 통한 경로로서, 인도의 역사가들은 17-18세기에도 은이 자기 나라로 들어오는 데에 이 경로가 가장 중요했다고 이야기한다. 두 번째는 희망봉 항로이고, 세 번째는 마닐라 갤리온선의 경로였다. 일본이라는 아주 독특한 경우를 예외로 하면(일본에 있는 은광들은 외부와의 교역에 때로 중요한 역할을 했다) 아시아에서 유통되는 거의 모든 은은 유럽에서 들어온 것, 다시 말해서 아메리카에서 들어온 것이었다. 그래서 유럽인이 인도의 환전상이나 은행업자에게서 루피 화를 빌렸다면, 이것은 이전에 빌려주었던 것을 도로 받은 것이나 마찬가지이다. 이것은 유럽의 상업에 의해서 꽤 오래 전에 수입된 은이었던 것이다.

우리가 다시 살펴보겠지만 이러한 은의 유입은 인도―그리고 아마도 중국 역시―의 활기찬 움직임에 필수불가결했다. 수라트에서 모카로 가는 인도의 배가 불행히도 금과 은을 싣고 오는 홍해의 배를 만나지 못하면, 오랫동안 인도 경제에서 중심지 역할을 한 수라트가 위기에 빠진다. 이런 상황에서, 아시아와의 교역에서 단지 사치품만 거래하려는 유럽으로서는 은을 보유한다는 것이 아시아 경제를 통제할 수 있는 요소, 다시 말해 강력한 위치를 차지하게 된 요소였다. 그렇다면 유럽인은 이러한 우위를 분명히 인식하고 의도적으로 이용했을까? 그렇지는 않았을 것이다. 유럽 상인들은 아시아에서 유리한 교역을 계속 수행하려고 했지만 그들 자신이 아메리카로부터 카디스에 들어오는 은의 유입에 종속되어 있었다. 이 은의 유입은 언제나 불규칙했고 때로는 불충분했다. 아시아와의 교역에 필요한 경화를 어떤 대가를 치르고서라도 구해야 했다는 것은 일종의 예속으로 느껴졌을 것이다. 1680년부터 1720년까지의 기간에는[398] 특히 은이 부족해져서 조폐청에서 제공하는 가격보다 시장가격이 더 높아졌다. 그 결과 파운드 스털링 화나 플로린 화 같은 중요 화폐의 가치가 사실상 하락했고, 영국과 네덜란드의 아시아 무역의 교역조건이 악화했다.[399] 은이 서유럽에게 특권을 주었다고 하지만 동시에 일상적으로 어려움과 불확실성을 안겨주기도 한 것이다.

무력 진입

유럽인들에게는 처음부터 또다른 이점이 있었는데 이에 대해서는 그들도 분명히 의식하고 있었다. 그리고 만일 이것이 없었더라면 아무것도 시작될 수 없었을 것이다. 거의 모든 것을 결정해준―또는 적어도 그것을 허락해준―그 장점이란 조종이 쉽고, 맞바람에도 전진할 수 있고, 많은 돛을 달고 있으며, 대포를 장착한(이것은 현창[舷窓, 뱃전에 댄 창/역주]이 일반화된 이래로 더욱 효율적이게 되었다) 서유럽의 전함이었다. 1498년 9월에 바스쿠 다 가마의 선단이 코지코드를 떠났을 때 곧 8척의 큰 배들이 추격해왔다. 그러나 곧 이 배들은 공격을 당해서 도망갔는데 그중 한 척은 나포되고 나머지 7척은 수심이 너무 얕아서 포르투갈의 배들이 근접할 수 없는 해안에 좌초했다.[400] 더구나 인도 해양의 풍습은 늘 평화적이었다. 이 비전투적인 전통에 대한 거의 유일한 예외는 13세기에 코로만델에 있었던 촐라 왕국*인데 이 왕국은 거대한 함대를 만들어서 여러 차례에 걸쳐 실론, 몰디브 제도 및 래카다이브 제도**를 장악하고 인도양을 자기 마음대로 양분했다. 그러나 16

---

* Chola : 남(南)인도에 군림한 타밀족의 왕조. 코베리 강 유역에 세워진 초기 왕조는 최소한 기원후 200년 이전부터 존재했다. 촐라국(코로만델)은 남쪽의 바이가이 강부터 톤다이만달람 남부에 걸쳐 있었으며, 수도는 북쪽의 칸치(칸치푸람)였다. 강력한 통치자였던 라자라자 1세(재위 985-1014) 이후 세력이 크게 확대되어 래카다이브 제도와 몰디브 제도를 획득하고 실론을 정복했으며, 한때는 데칸 고원, 말레이 제도 일부까지 점령했다. 13세기 후반에 호이살라 왕조로부터의 공격과 내분으로 쇠락하다가 1279년에 멸망했다.

** Laccadive : 아라비아 해의 섬과 산호초로 이루어진 제도. 인도의 타밀 나두 주에 속한다.

세기에 들어오면 이러한 과거는 잊혀졌다. 일부 해안에서 해적들이 발호했으나 쉽게 피할 수 있는 상대였고 그래서 상선들이 결코 호송단을 이루어 항해하지는 않았다.

그 때문에 포르투갈과 그 후계자들의 업무수행이 편해졌다. 아시아의 두터운 내륙지역을 장악할 능력은 없는 대신 손쉽게 바다를 장악했다. 바다는 곧 연결과 수송이 이루어지는 표면이었다. 이것을 내준 것은 결국 핵심을 내준 것이 아니겠는가? 프란시스쿠 드 알메이다*는 리스본의 국왕에게 이렇게 편지를 썼다. "만일 해상에서 강력해질 수 있다면 인도 교역은 전하의 것이 될 것입니다. 그러나 이 영역에서 전하께서 강하지 못하시다면 땅에서의 그 어떤 요새도 전하께 별 도움이 되지 않을 것입니다."401) 알폰수 드 알부케르크**에게는 "만일 포르투갈이 바다에서 패배한다면 인도에서의 우리 소유는 현지의 세력들이 허락하는 이상으로는 단 하루도 소유하지 못하게 될 것이오"라고 썼다.402) 다음 세기에 일본의 히라도***에 있던 네덜란드 기지의 대표 역시 비슷한 말을 했다(1623). "만일 함대의 보호를 받지 못한다면 우리는 육지에 발을 올려놓기에 충분한 힘을 가지지 못할 것이다."403) 그리고 마카오에 있는 한 중국인은 이렇게 애석해했다. "포르투갈인들이 나쁜 의도를 품는 즉시 우리는 그들의 목을 조일 수 있다. 그러나 이들이 먼바다에 있다면 어떻게 그들을 벌주고 통제하고 또 우리를 그들로부터 지켜낸다는 말인가?"404) 이것은 또한 무굴 제국의 궁정에 주재하던 인도회사 대표인 토머스 로가 1616년에 생각한 내용과 같다. "만일 당신이 이윤을 원한다면 이 원칙

---

*   Francisco de Almeida(1450?~1510) : 포르투갈의 군인, 탐험가. 포르투갈령 인도의 초대 총독을 지냈다.

**   Afonso de Albuquerque(1453~1515) : 포르투갈의 군인. 알메이다에 이어서 인도 총독을 지냈다. 인도의 고아(1510)와 말레이 반도의 믈라카(1511)를 정복했다. 동양의 모든 주요 해상교역로를 장악하고 항구적인 정착민 요새를 건설하겠다는 그의 구상은 포르투갈이 동양에서 패권을 장악하는 토대가 되었다.

*** 平戸 : 규슈 북서쪽 히라도 섬에 위치한 나가사키 현의 한 도시. 1550년에 개항하여 최초로 포르투갈, 네덜란드, 영국과 무역을 하는 곳이었다. 1636년에 나가사키가 그 역할을 대신했다.

을 고수하라. 이윤은 바다에서 그리고 평화로운 교역에서 구하라. 인도의 내륙에서 주둔군을 유지하고 전쟁을 한다는 것은 명백한 실수이다."405)

격언과 같은 가치를 가진 이런 생각들은 평화에 대한 의지라기보다는, 영토정복의 시도가 대단히 위험부담이 크다는 사실을 이들이 오랫동안 명확히 인식하고 있었다는 증거로 해석해야 한다. 유럽의 침투는 처음부터 기회가 있을 때마다 공격적이고 잔인했다. 약탈과 전투적인 행동 및 계획 등이 없지 않았다. 무적함대의 패배 사건이 있기 전인 1586년에 스페인의 필리핀 총독인 프란시스코 사르도는 중국을 정복하는 데에 필요한 인력 5,000명을 제공하겠다고 제안했다. 더 이후 시기에 대륙보다 지배하기 쉬웠던 말레이 제도에서 쿤(Jan Pieterszoon Coen)의 건설적인 계획은 무력의 사용, 식민화, 공격 등의 성격을 띠고 있었다.406) 훗날이기는 하지만 마침내 뒤플렉스, 뷔시, 클라이브 등과 함께 영토정복의 시기가 도래할 것이다…….

이러한 식민주의적 팽창이 있기 이전부터도 유럽인들은 바다에서 그리고 바다로부터 압도적인 우월성을 누렸다. 그 덕분에 지방의 해적이 발호하던 이 당시에 안전을 갈구하던 비유럽 상인들이 유럽의 배들을 빌려 쓰게 되었고, 말을 듣지 않는 항구에 직접 포격을 가하거나 그런 위협을 했고, 원주민들의 배들에 통행허가증(passeport)의 값을407) 걷었고(포르투갈, 네덜란드, 영국이 모두 이런 방식으로 돈을 우려냈다), 심지어는 지방의 영토세력과 갈등을 빚을 경우 봉쇄라는 효과적인 무기를 사용했다. 영국 동인도회사의 대표이사이던 조사이아 차일드의 사주로 1688년에 아우랑제브와 전쟁이 벌어졌을 때 차일드의 설명에 의하면 "대(大)무굴 제국의 신민들이 12달 내내 영국과 맞서 싸우면 쌀을 살 수 있게 해줄 일거리를 잃게 되어 수천 명씩 굶어 죽는다. 우리와 교역이 중단되었기 때문만이 아니라 우리의 전쟁이 동양 각국과의 교역을 막아버리기 때문이다. 이 교역은 우리의 교역 자체와 다른 유럽 민족들의 교역 전체를 합친 것보다 10배 이상이나 큰 규모이다."408)

이 문장은 무굴 지배하의 인도가 상업적으로 대단한 힘 또는 초강력의 힘을 지니고 있었다는 점뿐만 아니라, 동인도회사의 직원 하나가 주장한 것처럼 영국인은 그들의 모든 장점들을 다 동원할 것이며, 결국 "손에 칼을 쥐고서 교역하겠다는"[409] 결의를 가지고 있었다는 점을 대단히 잘 나타낸다.

상관, 지사, 출장소, 선화관리인*

동인도회사들은 이미 "다국적 회사"였다. 동인도회사들은 단지 "식민지" 문제들만이 아니라 이 회사들을 만들고 지지하는 국가와의 문제도 안고 있다. 이 회사들은 국가 속의 국가, 또는 국가 밖의 국가이다. 이 회사들은 주주들과 싸우면서 통상적인 상업관행과는 현격히 다른 자본주의를 만들었다. 이 회사들로서는 주주들(이들은 배당을 요구했다)의 자본, 단기 채권(bond) 소지자들의 자본, 순환자본(따라서 유동자본)만이 아니라 특히 선박, 항구, 요새 등과 같은 고정자본의 유지 등을 관리해야 한다. 이들로서는 원격지의 외국 시장들을 감시하고 이것과 자국 내 시장의 가능성과 이점들—즉 런던, 암스테르담 등지에서 경매방식의 판매—을 연결해야 한다.

모든 어려움 중에서도 원격지라는 것이 가장 극복하기 어렵다. 그래서 편지, 대리인, 중요한 명령, 금과 은의 송출 등에 레반트의 옛 루트가 사용되었다. 1780년경에 한 영국인은 몬순을 이용해서 속도의 신기록을 수립했다. 런던—마르세유—알렉산드리아—콜카타 사이를 72일 만에 여행했던 것이다.[410] 대서양 항로는 가는 방향이든 오는 방향이든 각각 평균 8개월이 소요되었으며, 따라서 항구에서 겨울을 나야 하는 일이 일어나지 않고 희망봉을 지나면서 사고가 없는 등 모든 일이 순조롭게 잘 이루어지더라도 최소한 왕복 18개월이 소요되었다. 이렇게 선박과 상품의 회전이 느린 까닭에 런던과 암스테르담의 동인도회사 이사들은 모든 것을 통제할 수가 없었다. 이들은 각지의 직원들에게 권력을 양도 또는 배분해야 했다. 그래서 각 지점(예

---

* 상선에 편승하는 화주 대표. 선화(船貨)를 감독한다. 스페인어의 '소브레카르고(sobrecargo)'에서 유래했으며 영어의 '수퍼카고(supercargo)'에 해당한다.

컨대 첸나이나 수라트)에서는 스스로 긴급한 결정을 내리고 회사의 의사를 현장에서 해석하여 적용하고 "상품인도 계약서"를 체결하고[411] 정해진 때에 맞춰(6개월, 혹은 1년 전) 주문을 하며 지불준비를 하고 상품을 수집했다.

중앙에서 떨어져나온 이 단위들은 상관(comptoir), 지사(factorerie), 출장소 (loge) 등으로 불린다. 그중 앞의 두 단어는 일상에서는 혼용되어 쓰이지만 여기에서는 중요성이 큰 순서대로 단어를 나열한 것이다. 수라트에 있는 영국의 "지사"가 고가, 바루치, 바도다, 파테푸르 시크리, 라호르, 타타, 라하리 반다르, 자스크, 에스파한, 모카 등지에 "출장소"를 세우는 식이다.[412] 찬다나가르에 있는 프랑스 회사의 "기구들(établissements)"은 "세 개의 등급으로 나뉜다." 찬다나가르에 본부가 있고, 그 주위로 "발라소르, 파트나, 코심바자르, 다카, 주그디아, 샤티간에 여섯 개의 상관이 있다. 단순한 상업지점 (maison de commerce)은 수포즈, 케르포이, 카리칼, 몽고르포즈, 세람포즈 등이다." 그중 마지막 두 곳은 "영역은 없고 단지 대리인만이 살고 있다."[413]

여기에서 상관이나 "본부(chef-lieu)"의 "영역(territoire)"이란 지방당국으로부터 양여를 받아 설정되는 것인데 이것은 얻기도 힘들고 공짜로 주어지는 법도 없다. 전체적으로 이 체제는 일종의 순수 상업 식민지이다. 유럽 인들은 생산지와 시장 가까이에 있는, 교통로들이 교차하는 곳에 자리를 잡았다. 그렇게 함으로써 그들은 "사회간접자본(infrastructure)"을 스스로 만들 필요 없이 기존의 시설을 이용했다. 예컨대 수출항구까지의 수송, 생산과 초보적 생산에 대한 조직과 금융의 부담을 그 지방에 맡기는 것이다.

영국의 정복 이전에 유럽의 지배는 다른 몸체에 붙어사는 기생충처럼 **점과 같은** 지배였다(말레이 제도에 대한 네덜란드의 지배는 예외였다). 지배지역은 극소의 공간에 불과했다. 광저우 앞의 마카오는 마을 정도의 크기였다. 가로와 세로가 각각 3리외와 2리외인 뭄바이는 항구, 조선소, 합숙소, 주택들을 겨우 수용했으며, 가까이에 있는 살세트 섬으로부터 보급을 받지 않았다면 부자들도 매일같이 고기를 먹지는 못했을 것이다.[414] 나가사키에 있는

데시마 섬은 베네치아의 게토 누오비시모보다도 좁았다. 많은 "상관들"은 기껏해야 요새화된 저택과 창고들을 합친 것에 불과했고 이곳에서 유럽인들은 가장 패쇄적인 카스트의 인도인들보다도 더 감금된 상태에서 살았다.

물론 고아 주(州)의 고아 시, 바타비아, 프랑스 섬, 부르봉 섬과 같은 예외들도 있다. 이와 반대로 중국에서는 유럽인의 지위가 더욱 불안정했다. 광저우에서는 유럽인들이 상설본부를 얻지 못했고 (인도에서와 달리) 자유시장에 항시적으로 접근하는 길이 막혀 있었다. 동인도회사를 대변하는 일은 각각의 배에 승선해 있는 상인들이 맡아서 했다. 말하자면 이것은 이동하는 상관이며 선화관리인이었다. 이들이 서로 다투고 그들에게 선택해준 대표에게 복종하기를 거부하면 곤경과 실망이 뒤따른다.[415]

그렇다면 영국의 지배와 정복이 이루어질 때까지 유럽의 활동은 아시아를 단지 스쳐갈 뿐이거나 상관에 한정되었으며, 그 결과 거대한 전체에 대해서는 거의 영향을 미치지 못했다든지, 혹은 이런 점령은 피상적 또는 표피적이고 대수롭지 않아서 문명이나 사회를 변화시키지 못했다든지, 또 경제적으로 이야기해서 이 활동은 생산의 일부분에 불과한 수출에만 관계된 것이었다고 결론을 내려야 할까? 여기에서 미묘하게 다시 떠오르는 문제는 국내시장이냐 해외시장이냐 하는 논쟁이다. 사실 아시아에 있는 유럽의 "상관"은 한자 동맹이나 발트 해에서 활동한 네덜란드인, 혹은 비잔티움 제국 내에 퍼져 있던 베네치아나 제노바 등의 상관보다 결코 못하지 않았다. 유럽은 아시아에 아주 소수의 사람들만 심어놓은 것이 사실이지만, 이것은 서양의 가장 발달한 자본주의에 연결되어 있었다. 그리고 이 소수는 비록 "내적으로 취약한 상층구조"를 이루는 데에 그치지만[416] 그래도 대중과 조우할 뿐 아니라 아시아의 교역과 교환을 지배하는 상업 엘리트들과도 조우한다. 자의반, 타의반으로 인도에서 유럽의 침투에 길을 터준 것도 이런 지방 엘리트들이었다. 이들은 포르투갈인들로부터 시작해서 네덜란드인 그리고 마지막으로 영국인(그리고 그 외에도 프랑스인, 덴마크인, 스웨덴인) 등에게 "인도 내

무역"이라는 미로를 가르쳐주었다. 18세기 말 이전부터 영국이 인도무역의 85-90퍼센트의 독점을 누리게 된 과정이 이렇게 시작되었다.[417] 그러나 그렇게 된 이유는 아시아의 접근 가능한 시장들이 응집성 있는 일련의 경제들을 이루고 있었고 이것이 효과적인 세계-경제에 의해서 연결되어 있었기 때문이며, 유럽의 상업자본주의가 거기에 포위 공격을 가하고 또 자신의 활력을 이용해서 이익에 맞게 조정했기 때문이다.

아시아의 심층의 역사를 어떻게 파악할 것인가?

우리가 아시아의 기저의 역사에 관심을 두더라도 이것을 파악하는 것은 쉽지 않다. 런던, 암스테르담, 파리에는 아주 훌륭한 고문서 보관소들이 있지만, 인도와 말레이 제도에 대해서는 늘 동인도회사들의 역사를 통해서밖에 파악하지 못했다……. 유럽과 전 세계에는 찬탄할 만한 동양학 학자들이 많이 있다. 그러나 이슬람의 연구에 정통한 사람이 중국, 인도, 말레이 제도, 일본 연구에 정통하지는 않다. 게다가 동양학 학자들은 사회와 경제를 연구하는 역사가라기보다는 흔히 언어학자거나 문화 전문가들이다.

오늘날에는 풍토가 바뀌었다. 중국학, 일본학, 인도학, 이슬람학 학자 등은 예전보다 사회와 경제 및 정치 구조에 더 큰 관심을 둔다. 심지어 사회학자들도 역사가처럼 사고한다.[418] 그리고 유럽으로부터 해방된 나라들이 정체성을 찾기 위해서, 20-30년 전부터 점점 더 많은 현지 역사가들이 사료조사 작업을 하고 있다. 그들의 다양한 연구성과들은 뤼시앵 페브르가 이야기한 "문제사(histoire-problème)"의 좋은 예가 되고 있다. 이 역사가들은 신(新)역사학의 창조자들이며 그 결과는 그들의 연구서나 훌륭한 학술지에 연이어 등장한다. 이제 우리는 모든 것을 재구성해야 할 시점에 이르렀다.

차례로 모든 것을 다 살펴본다는 것은 생각도 못할 일이다. 원사료가 어찌나 풍부한지(물론 아직 많은 문제들을 미해결 상태로 남겨놓았지만) 아직 전체적인 시각을 얻을 수는 없는 형편이다. 그렇지만 나는 위험을 무릅쓰고 하나의 예를 통해서, 새로 떠오르는 문제들이 얼마나 거대한 규모이며 얼마나 새로운지를 보이려고 한다. 내가 선택한 예는 인도이다. 이 주제에 대해서 우리는 영국에서 나온 기본적인 연구서들을 여럿 가지고 있고 걸출한 인도인 역사가 연구진이 내놓은 책들도 가지고 있다(이들은 다행히도 우리가 직접 접근할 수 있는 언어인 영어로 글을 썼다). 이것들은 이른바 **중세** 인도의 화려함과 비참함을 조망하는 데에 훌륭한 안내서로 쓰일 수 있다. 중세라고 한 것은 이 역사가들 사이에, 인도가 영국의 지배하에 들어가게 된 시기까지를 중세라고 부르는 것이 이미 굳어진 관례이기 때문이다. 이 점이 이들의 시각에 대해서 논박할 유일한 사항이다. 이것은 우선 선험적 가정을 전제하기 때문이고(즉 유럽에 비해서 인도가 수 세기 정도 뒤처져 있다는 주장이다), 또 이른바 "봉건제"의 문제들을 논쟁 속에 끌어들였기 때문이다(이들의 주장에 의하면 "봉건제"는 15-18세기 동안 살아남기는 했으나 점차 쇠퇴해갔다). 그러나 이런 비판은 지엽적인 것에 불과하다.

내가 인도를 선택한 것은 이상에서 말한 이유들 때문만은 아니다. 또 인도사가 다른 지역의 역사보다 쉽기 때문도 아니다. 그와 반대로 일반역사의 규준에 비해보면 인도사는 미묘하게 어긋나 있고 정치적, 사회적, 문화적, 경제적으로 복잡해 보인다. 그 대신 인도는 중심적인 위치를 차지하는 세계-경제로서 여기에 모든 것이 근거해 있다. 그 모든 것들이 인도의 포용성에 의해서이든 혹은 인도의 취약점을 이용해서이든 이곳에 뿌리를 내렸다. 포르투갈, 영국, 프랑스는 인도를 통해서 식민지 사업을 시작했다. 단지 말레이 제도의 핵심부에 닻을 내린 네덜란드만이 예외였다. 네덜란드는 다른 나라들에 비해서 더 빨리 독점경쟁에서 승리했다. 그러나 그 결과 네덜란드는 인도에 너무 늦게 들어오게 되었다. 종국적으로 인도는 서쪽으로부터 들어오는 침입자들—처음에는 이슬람 그리고 그후에는 유럽인들—이 누리게 되는 모든 지속적인 위대함의 근간이 되었는데 네덜란드는 그런 인도에 너무 늦게 들어온 것이다.

인도의 마을들

인도는 곧 마을이다. 이곳에는 그야말로 무수히 많은 마을들이 존재한다. 그런데 여기에서 단수로서의 "마을"보다는 복수로서의 "마을들"이라고 하는 것이 나을 것이다.[419] 단수로서 마을이라고 이야기하면 그릇된 이미지를 전해줄 우려가 있기 때문이다. 굴절이 심한 인도사를 거치면서도 집단생활 속에 갇힌 채 언제나 비슷한 면모를 유지하고 자급자족적인 방식을 유지하면서 고립되어 살아온 전형적인 인도 마을이 존재한다든가, 인도의 각 지역이 독창성을 가지고 있음에도 불구하고(예컨대 "남부지방"인 데칸 지방의 그 뚜렷한 독자성을 보라) 인도 대륙 전체에 똑같은 모습을 보이는 하나의 마을 같은 것이 존재한다는 식의 왜곡이 우려된다. 먹고 입고 살아가는 데에 그 자체로서 충분한 한 단위의 마을은 고립되어 지체된 일부 지역에서는 오늘날에도 볼 수 있다. 그러나 그것은 예외에 속한다.

그보다는 외부에 개방되어 있는 마을이 일반적인 법칙이다. 대개의 마을들은 여러 권력 당국과 시장들에 둘러싸여 있는데 그것들은 마을을 감시하고 잉여를 빼가며 화폐경제—편익과 위험을 동시에 가지는—를 부과한다. 기저에서부터 발원하는 이와 같은 생명력이 거대한 사회적 및 정치적 몸체를 덥히고 먹이고 있다는 사실이 인도사 전체의 비밀이다. 완전히 다른 맥락이기는 하지만 같은 시대의 러시아의 경제 역시 같은 도식을 따른다.

최근의 연구들을 보면 이 기구가 어떻게 작동하는지, 즉 수확과 수취, 국가조세 등에 따라서 어떻게 움직이는지를 잘 볼 수 있다. 편재하는 화폐경제는 아주 훌륭한 트랜스미션 벨트이다. 이것은 여러 교역들—강제적인 교역까지 포함된다—을 용이하게 하고 증가시킨다. 이와 같은 유통망의 형성은 부분적으로 무굴 제국 정부 덕분이다. 사실 인도는 수 세기 전부터 화폐경제에 사로잡혀 있었다. 그렇게 된 이유는 부분적으로 지중해 세계—고대로부터 화폐가 통용되던 곳으로서 화폐를 발명하고 멀리 수출한 곳—와의 연결때문이다. 락슈미 자인에 따르면[420] 인도에는 페리클레스 시대보다 한 세기 이전인 기원전 6세기에 벌써 은행가들이 존재했다. 그리고 델리의 술탄 체제가 등장하기 수 세기 전에 화폐경제는 인도의 교역에 침투해 있었다.

14세기에 델리의 술탄 체제가 제공한 가장 핵심적인 공헌은 강제적인 행정 조직이었다. 이것은 주와 군으로부터 가장 말단 마을에 이르기까지 단계마다 조직을 형성하고 통제했다. 1526년에 대무굴 제국은 이 국가의 무게와 메커니즘을 그대로 승계하여 이것을 통해서 농촌의 잉여를 생성시키고 수취했으며 또 이 잉여를 유지하고 강화시킬 수 있도록 도와주었다. 무굴 제국의 이슬람 전제정치에는 일말의 "계몽전제정"의 요소가 있어서 황금알을 낳는 거위를 죽이지 않고 농민들의 "재생산"을 도와주는, 즉 경작지를 확대하고 이윤이 더 높은 작물을 보급하며 개간되지 않은 땅에 이주민을 보내고 우물과 저수조를 통해서 관개의 가능성을 높이고자 하는 노력을 경주했다. 여기에 덧붙여서 떠돌이 상인들, 가까운 읍의 시장들, 혹은 큰 마을 내부나 마을들 사이의 빈 공터에서 식량을 물물교환하기 위해 세운 시장들, 꽤 멀리 떨어진 도시의 탐욕스러운 시장들, 그리고 마지막으로 종교적 축제와 연결된 정기시들이 마을을 둘러싸고 마을 내부로 뚫고 들어온다는 점도 함께 고려해야 한다.

이 마을들은 통제당하고 있는가? 여기에는 주와 군 단위의 당국, 원칙적으로 모든 토지의 유일한 소유주인 무굴 황제로부터 영지('자지르[jagir]', 즉 일종의 "은대지")에 대한 부과조 수취권을 인도받은 영주들, 꼼꼼한 조세수취인('자민다르[zamindar]',[421] 이들 역시 토지에 대한 세습적인 권리를 가지고 있었다), 고리대금업과 환전상 역할을 겸하는 상인들(수확한 곡물의 구입, 수송, 판매를 하는 동시에 조세와 지대를 현찰로 전환하여 그 돈이 쉽게 순환하도록 만들었다)이 개재해 있었다. 사실 영주들은 델리의 궁정에 거주하면서 지위를 유지했으며 대개 3년 정도의 아주 짧은 기간 동안 자지르를 양도받았다. 그들은 부지런히 돌아다니면서 파렴치하게 자지르를 경영했다. 그리고 국가와 마찬가지로 이들 역시 현물이 아니라 현찰로 수취하고자 했다.[422]

따라서 수확을 현찰로 바꾸는 것이 이 체제의 열쇠가 된다. 금과 은은 단지 부의 축장수단 정도가 아니라 농촌의 기반으로부터 사회의 상층 및 사업계에 이르기까지 이 경제기계가 운용되는 데에 필수불가결한 도구이다.[423]

인도의 마을은 특히 그 자체의 계서제와 카스트(장인층과 불가촉천민*)에 의해 내부로부터 붙잡혀 있다. 또 이 마을에는 한 명의 꼼꼼한 수장이 있고, 소수의 "귀족", 즉 쿠드-카슈타(khud-kashta) 층이 있다. 이들은 상대적으로 부유한 또는 유복한 소수 농민들로서 최상의 토지, 4-5대의 쟁기, 4-5쌍의 소나 물소를 소유하고 있는 데다가 세율 면에서도 이익을 본다. 이들은 사람들이 그토록 많이 이야기하던 그 유명한 농촌 "공동체"를 대변한다. 이들은 특권을 누리고 또 경작지를 **개인적으로** 소유하면서 가족 노동으로 경작하여 이익을 보는 대신, 국가에 대해서 이 마을 전체의 조세 지불을 **집단적으로** 책임진다. 이 과정에서 그렇게 모은 돈의 일부에 이들이 손을 댄다. 마찬가지로 이들은 경작되지 않은 땅의 식민화와 새로운 마을의 건설에 관해서도 이점을 누린다. 그러나 권력기구는 이들을 세심하게 감시하는데 이들이 일종의 차지관계나 반분소작제, 혹은 농업노동자(존재하기는 했지만 아주 근소한 정도에 불과했다)를 발달시키지 않을까 두려워했기 때문이다. 이런 것들은 모두 정상적인 규범 바깥의 소유제를 의미하며, 이런 부문이 커지면 결국 조세액이 감소하기 때문이다.[424] 다른 농민들은 외부로부터 들어온 사람으로서 토지를 소유하지 못하는데, 기회가 닿으면 가축과 쟁기를 가지고 다른 마을로 가버리기도 하여 이들에 대해서는 조세를 더 무겁게 부과했다.

마을에는 자체의 장인이 있었다. 이들은 카스트 제도에 의해서 자신의 일

---

* untouchables : 전통적 인도 사회 내에서 최하층 카스트에 속하거나 혹은 카스트체제에도 속하지 못하는 집단으로, 직업과 생활이 더러운 일과 관련되어 있어―어부, 백정, 가죽 무두질쟁이, 똥통쟁이 등이 대표적이다―이들을 만지거나 심지어는 보기만 해도 부정을 탄다고 여겨지는 사람들. 당연히 사회적으로 심한 차별을 받았다. 오늘날 인도와 파키스탄 정부는 이들에 대한 차별을 적어도 법적으로는 금지한다. 간디는 이 사람들의 해방을 위해서 명칭 자체를 하리잔 (harijan : 비슈누 신들의 자녀)으로 고쳐 부르게 했다.

을 세습했다. 이 사람들은 일을 해주는 대신에 공동 수확의 일부를 받고, 여기에 더해서 약간의 경작지를 받았다(그러나 일부 카스트는 임금을 받았다).[425] 정말로 복잡한 체제라고 말할지 모르겠으나 사실 이 세상에 복잡하지 않은 체제가 어디 있겠는가? "농민들은 노예가 아니고 농노도 아니지만 이들의 지위는 분명히 예속적이었다."[426] 국가, 자지르 영주 및 기타 패거리들이 농민의 전체 소득에서 수취하는 부분은 3분의 1에서 2분의 1에 이르며 생산성이 좋은 지역에서는 그보다도 더 큰 비율이 되기도 한다.[427] 도대체 어떻게 그런 체제가 가능할까? 농민경제는 어떻게 그것을 지탱하고 더 나아가서 팽창의 여력을 가질 수 있을까(17세기에 인도에서는 인구가 증가하고 있었으나 식량 공급이 충분했을 뿐 아니라, 여기에 더해서 지주들 사이에 과일 소비가 늘고 새로운 유행이 퍼지는 데에 대한 대응으로서 산업작물들과 수많은 과수원이 증가했는데, 이것을 보면 인도의 경제는 분명히 팽창했다)?[428]

이것은 농민들의 생활수준이 낮다는 것과 농업생산성이 높다는 두 가지 사실에 기인한다.

사실 1700년경에 인도의 농촌은 토지의 일부만 경작했다. 예컨대 이 당시 갠지스 강 유역에서 경작하던 땅은 믿을 만한 통계에 따르면 1900년경에 경작하던 땅의 절반밖에 되지 않았다. 중부 인도에서는 그 비율이 3분의 2에서 5분의 4 사이이다. 남부 인도에서는—상상에 불과하지만—그 비율이 더 높아 보인다. 그러므로 한 가지 사실만은 의심의 여지가 없다. 15세기부터 18세기까지 거의 어느 곳에서나 인도의 농업은 최상의 땅만 이용했다는 점이다. 그런데 인도에서는 농업혁명을 겪지 않았고 도구라든지 **핵심적인 농업방식**과 작물 등이 1900년까지 변화하지 않았기 때문에 농민 1인당 생산을 보면 1900년보다 1700년에 더 높았을 **가능성**이 크다.[429] 그리고 새로운 마을들이 들어서는 비경작지는 농민이 쉽게 목축에 이용할 수 있는 빈 공간을 제공했기 때문에 더욱 그런 가능성을 높여준다. 이것은 더 많은 끌짐승, 쟁기를 끌 더 많은 소와 물소, 더 많은 유제품, 더 많은 기(ghee)—인도 음식에 쓰는 녹은 버터―를 의미한다. 이르판 하비브는 인도에서는 이모작(二毛作)이 가능하기 때문에 19세기까지 인도의 곡물수확이 유럽보다 더 높았다고 주장했다.[430] 그런데 설사 곡물수확량이 같다고 하더라도 인도가 더 유리한 입장에 있다. 열대성 기후에서는 온대 유럽에서보다 노동자들에게 필요한 음식의 양이 적기 때문이다. 생존을 위해서 수확량 중에 그들이 먹어야 하는 양이 적다는 것은 곧 더 많은 잉여를 교환에 돌릴 수 있다는 뜻이다.

1년에 두 번 수확할 수 있다는 점(쌀이나 밀 다음에 콩, 이집트 콩 혹은 유채류를 수확했다) 이외에도 인디고 나무, 면화, 사탕수수, 양귀비, 담배(17세기 초에 인도에 들어왔다), 후추나무(이 덩굴 식물은 심은 지 3년에서 9년 사이에 후추 열매를 얻는데 일반적으로 사람들이 믿는 것과는 달리 잘 돌보지 않으면 자라지 않는다)[431]와 같은 수출용 "다산성" 작물이 중요한 위치를 차지한다는 점이 인도 농업의 또다른 장점이다. 이 작물들은 조, 호밀, 쌀, 밀보다도 수확량이 더 많다. 인디고 나무를 보면 "인도인들은 1년에 세 번 잎을 베어 수확하는 것이 일반적인 관례였다."[432] 게다가 이것은 복잡한 산업적 처리과정을 필요로 했다. 사탕수수와 마찬가지로, 그리고 그와 똑같은 이유에서, 이 작물의 경작은 거액의 투자를 필요로 하는 **자본주의적인** 사업으로서, 수많은 징세청부인들, 상인, 유럽의 특권회사 대표들 그리고 무굴 제국 정부(이 정부는 독점적인 임차사업을 통해서 독점이익을 확보하려고 시도했다) 덕분에 인도 전역으로 퍼졌다. 유럽인들이 선호하는 인디고는 아그라 지방의 산물이며 그중에서도 특히 처음 수확한 것을 높이 쳤는데, 이런 잎은 "훨씬 짙은 보라색"을 냈다. 이곳의 지방적 수요 외에도 유럽의 수요가 워낙 컸기 때문에 인디고의 값은 계속 상승했다.[433] 1633년에는 인디고를 생산하는 데칸 지역이 전쟁에 휩쓸려들어갔기 때문에 페르시아와 인도의 구매자들은 보통 때보다도 더더욱 아그라산(産) 인디고에 만족해야 했으며 따라서 가격이 갑자기 몬드(maund)당 50루피라는 신기록을 경신했다.[434] 그러자 영국과 네덜란드 회사들은 구매를 중단했는데, 이에 대응해서 아그라의 농민들은―내 생각에 아마도 이 사업을 하던 상인들과 "차지농들"로부터 소식을 전해듣고서—인디고 나무들을 뽑아버리고 임시로 다른 작물을 경작했다.[435] 이와 같은 유연한 적응능력이야말로 자본주의적인 효율성, 농민과 시장 사이의 직접연결을 말해주는 것이 아닐까?

그럼에도 농민 대중은 분명히 아주 가난했다. 이 체제의 일반적인 조건들을 보면 그 점을 분명히 알 수 있다. 게다가 델리 정부는 원칙적으로 일단 수확한 양 중에서 일정한 비율을 떼어가게 되어 있었지만 실제로는 많은 지역들에서 행정관들이 자신의 편의를 위해서 토지의 평균적인 수확을 사전에 추산하고 이것을 기준으로 고정세를 거두어갔다. 현물로 낼 수도 있고 현찰로 낼 수도 있는 이 세금은 경작지의 면적과 경작물의 종류에 비례했다(보리보다는 밀, 밀보다는 인디고, 인디고보다는 사탕수수와 양귀비에 더 많은 세금을 물렸다).[436] 이런 조건에서 수확이 기대에 못 미치거나 물이 모자라거나 혹은 수송 카라반의 소 떼나 델리에서 나온 코끼리들이 경작지를 헤집고 다니며 작물을 먹어치우거나 계절에 맞지 않게 곡물가격이 변동하면, 그로 인한 피해는 생산자들에게 돌아갔다. 마지막으로 농민들의 채무가[437] 부담을 가중시켰다. 토지 보유, 소유, 재정 등의 체제가 주에 따라서, 지배자의 납세구에 따라서, 또 전쟁시기인지 평화시기인지에 따라서 달라졌지만 대개는 갈수록 상황이 더욱 악화해갔다. 그렇지만 대략적으로 보아서 무굴 제국이 강한 국가였기 때문에 이 나라가 번영하는 데에 필요한 최소한도 이상으로는 농민의 삶을 보호하려고 한 것이 사실이다. 단지 18세기에 들어가서 국가, 국가에 대한 복종, 행정관리들의 충실성, 수송의 안전성 등 모든 것이 악화되었다.[438] 그러자 농민들의 봉기가 연이어서 일어났다.

장인들과 산업

인도에서 고통을 겪는 또다른 사람들로는 수많은 장인이 있다. 이들은 도시, 읍, 마을 등 어느 곳에나 존재했다. 일부 마을은 완전히 장인활동에만 전문화한 곳으로 변하기도 했다. 17세기에 도시 인구가 급증하여 어떤 역사가의 추산대로 전체 인구의 20퍼센트에까지 달했다면—이것은 인도의 도시 인구가 17세기 프랑스의 전체 인구와 거의 맞먹는 2,000만 명이었다는 이야기가 된다—이렇게 노동자들이 우글대는 것은 당연한 일이다. 이 수치가 어느 정도 과장이라고 하더라도 비숙련 노동자들 때문에 더욱 증가한 인도의 장인층이 수백만 명에 달했다는 것은 사실이다. 이들은 국내수요와 동시에 해외수요를 겨냥해 일하고 있었다.

인도의 역사가들 중에는 영국의 지배 직전에 인도의 상태가 어떠했는지 대차대조표를 작성해보고 특히 이 시기에 인도의 산업이 유럽의 산업과 비슷한 수준이었으며, 만일 이것이 그대로 발전했다면 또다른 산업혁명이 인도에서 일어날 수도 있었다고 추론하는 사람들이 많다. 그들은 장인들의 역사 외에도 과거의 산업의 성격에 대해서도 관심을 둔다.

이곳의 산업—또는 전산업—은 많은 장애물에 부딪쳤다. 그러나 이 장애물 중에 일부는 오직 역사가들의 머릿속에서만 존재하는 상상의 산물에 불과하다. 특히 장인층의 세계마저 포함해서 사회 전체에 그물처럼 쳐져 있는 카스트 제도가 장애를 일으켰다는 설명이 대표적이다. 막스 베버의 사고에 따른다면, 카스트 제도는 기술의 진보를 방해했고 장인들의 이니셔티브를 말살했으며 한 집단의 사람들을 영구히 불변의 업무에 못 박음으로써 수 세대가 지나도록 그 어떤 새로운 전문화나 사회적 유동성이 발전해 나오는 것을 막았다. 이르판 하비브는 이에 대해서 이렇게 썼다. "이 이론에 대해서 의심할 이유들이 충분히 있다.……우선 비숙련 노동자 대중이 존재해서 필요할 경우 새로운 일자리를 위한 인력을 예비한다. 예컨대 카르나티크의 다이아몬드 채굴지에서 필요한 노동력은 농민들이 제공했다. 그런데 몇몇 광산들이 문을 닫자 광부들은 '다시 농사일로 되돌아갔다.' 더욱이 장기적으로는 상황에 따라서 한 주어진 카스트의 수공업전문화가 굴절되기도 하고 변형되기도 한다. 그와 같은 예는 마하라슈트라의 재단사 카스트에서 볼 수 있는데[439] 그중 일부는 염색업으로 전환했고 또다른 일파는 인디고를 기반으로 하는 염색업으로 전환했다."[440] 어느 정도 노동의 유연성이 있었다는 것은 분명하다. 이전의 카스트 제도는 분명히 분업과 함께 진화했다. 왜냐하면 17세기 초에 아그라에는 100가지 이상의 상이한 직종이 있었기 때문이다.[441] 게다가 유럽에서처럼 이곳의 노동자들도 급여가 좋은 노동을 찾아 이동했다. 아마다바드의 파괴는 18세기의 4분의 2분기 동안 수라트에서 직물업 활동을 크게 강화시켰다. 그리고 유럽의 회사들은 주변에 여러 지역 출신의 직조공들을 모을 수 있었는데 이들은 특별한 규칙에 매여 있지 않는 한(예컨대 특정 카스트의 사람들에게는 바다를 통한 여행이 금지되었다) 수요를 찾아온 사람들이었다.

그러나 이보다 훨씬 심각한 장애들도 있었다. 유럽인은 인도의 장인들이 사용하는 도구가 수도 적고 아주 초보적인 것을 보고 놀라고는 한다. 피에르 소느라가 도판을 동원하여 설명하는 바에 의하면, 목재를 켜는 사람의 경우 "유럽에서는 한 시간 만에 판자를 켜는 데에 비해서 이곳에서는 사흘이 걸릴" 정도로 "도구의 부족"이 심각하다. "우리가 그토록 찾는 그 아름다운 모슬린 천이 땅에 말뚝 네 개를 박은 방직기를 가지고 만든 것"[442]임을 알면 누구인들 놀라지 않겠는가? 인도의 장인들이 생산하는 걸작품은 극도의 전문화로 인해 더욱 섬세하게 발전한 놀라운 손재주 덕분에 만들어진 것이다. "네덜란드에서는 한 사람이 맡는 일도 이곳에서는 네 명의 손을 거친다"고 네덜란드인인 프랑수아 펠사르트는 말한다.[443] 유럽에서는 산업혁명 이전에도 도구에 상당히 많은 철이 들어간 데에 비해서 인도에서는 거의 전적으로 나무만 가지고 만들어서 도구가 아주 단순했다. 그 때문에 더욱 고색창연한 모습을 띤다. 19세기 말까지 인도는 예컨대 관개와 펌프 작업을 하는 데에 목제 톱니바퀴 장치, 톱니 모양의 나무 바퀴, 가죽 푸대, 물 항아리, 축력과 인력 등 전통적인 방식들에 의존했다. 그러나 하비브의 주장에 따르면[444] 이 모든 것은 기술적인 원인 때문이 아니고(이 기계류들이나 방적 및 방직도구들을 보면, 흔히는 아주 정교하고 솜씨 좋은 것들이었다) 비용 때문이었다. 유럽식의 금속 모델들은 가격이 너무 비싸기 때문에 그것으로 인력을 절약한다고 해도 워낙 인력이 풍부하고 저렴했기 때문에 비용절감의 효과가 없었다. 차이점을 감안하고 볼 때, 이것은 오늘날 많은 자본을 필요로 하되 인력은 별로 필요로 하지 않는 첨단기술을 제3세계가 받아들이기 힘들고, 또 받아들여도 만족스럽지 못한 결과를 얻게 되는 것과 유사하다.

마찬가지로 인도인들은 비록 광업기술에 정통하지는 못해서 지표면의 광산개발만 하는 정도였지만, 우리가 제1권에서 보았듯이 도가니를 이용하여 지극히 발전한 고품질의 강철을 제조해서는 고가로 페르시아 등지에 팔았다. 이 점에서 그들은 유럽인들보다 앞서 있었다. 그들은 제대로 금속을 다룰 줄 알았다. 이들은 닻, 훌륭한 무기, 여러 형태의 검과 단도, 훌륭한 소총, 쓸 만한 대포(비록 이 대포는 주조하여 만든 것이 아니고 쇠막대들을 용접한 것이기는 하지만) 등을 제조했다.[445] 1615년에 한 영국인이 말한 바에 의하면 (수라트에서 델리로 가는 도상의) 바터포어에 있는 무굴 제국의 무기제조소에서는 "너무 짧고 얇다는 단점이 있기는 하지만 다양한 구경의"[446] 주조 대포들을 만들었다. 그러나 이 말은 군함의 긴 대포들에 익숙한 선원이 했다는 것을 고려해야 한다. 또 그후에 이 대포들이 개량되지 않았다고도 할 수 없다. 어쨌든 아우랑제브는 1664년경에 엄청난 예인 가축을 동원한 중포대(이동속도가 너무 느리기 때문에 미리 출발시켰다)와 언제나 황제의 대열과 함께 이동했던 경포대(포 1문마다 말 두 마리가 끌었다)를 보유하고 있었다.[447] 이 시점에서 유럽의 포병대는 인도인 포병대로 바뀌었다. 이들이 외국인에 비해서 덜 숙련되었다고 하더라도 기술적 발전이 있었던 것은 분명하다.[448] 한편 소총과 대포는 인도 전역에 보급되었다. 마이소르*의 마지막 태수(nabab)였던 티푸 사히브가 1783년에 프랑스로부터 배신을 당하고 자

---

* Mysore : 인도 데칸 지역 남부에 있던 한 지방의 옛 이름. 1799-1831년에는 마이소르 주의 주도이기도 했으나, 오늘날에는 카르나타카 주 마이소르 행정구의 행정 중심도시이다.

신의 산악지대로 후퇴할 때, 그의 중포병대는 고츠 산맥을 넘어 길이라고 할 수도 없는 곳을 이동해야 했다. 망갈로르 지역에서는 대포 1문마다 40-50마리의 소를 동원했다. 그리고 뒤에서 밀던 코끼리가 발이라도 헛디디면 한 떼의 사람들이 절벽 아래로 굴러떨어졌다.449) 이런 점을 보면 대포 제조가 절대적으로 뒤처져 있었다고 할 수는 없을 것이다. 그리고 다른 예를 든다면 화폐주조소는 유럽과 거의 비슷한 수준이었다. 1660년에 수라트에서는 영국 동인도회사만을 위해서 매일 30만 루피씩 주조했다.450)

그러나 경이 중의 경이는 조선업이었다. 프랑스의 한 보고서에 의하면 1700년경 수라트에서 건조한 배들은 "아주 훌륭하고 대단히 유용하다. [프랑스 동인도회사로서는] 비록 프랑스에서 건조할 때와 같은 비용이 든다고 하더라도 이곳에서 배 몇 척을 건조하는 것이 훨씬 유리하다." 왜냐하면 프랑스에서 건조할 경우 "10년, 12년, 기껏해야 14년을 쓰는 데에 비해서" 인도에서 만든 배는 티크 목재를 쓰기 때문에 40년 동안 항해할 수 있기 때문이다.451) 19세기 전반에 뭄바이의 파르시인들은 조선업에 많이 투자해서 이곳과 코친 등 여러 곳에서 선박들을 건조했다.452) 1760년 이래 콜카타를 비롯해서453) 벵골 여러 지역에 조선소들이 들어섰다. "지난번 전쟁[1778-1783] 이래 영국인들은 벵골에서만 여러 종류의 배들을 400-500척씩 자신의 계정으로 건조하고 의장을 갖추었다."454) 때로 이 배들은 아주 큰 톤수를 자랑했다. 수라트 캐슬 호(1791-1792)는 1,000톤의 크기에 12문의 대포와 150명의 선원을 거느렸다. 로지 패밀리 호는 800톤에 125명의 라스카르를 거느렸고, 이 선단에서 국왕과 같은 존재인 샴핀더 호(1802)는 1,300톤에 달했다.455) 한편 최상의 인도 항해 선박(Indiaman)은 인도에서 건조되었다. 당시로서는 희귀할 정도로 거대한 선박이었던 이 배들은 [이름과 달리/역주] 중국 항해용이었다. 실제로 아시아의 바다에서 19세기 중엽에 증기선이 승리를 거둘 때까지 영국은 인도 선박만을 이용했다. 그러나 이 배는 결코 유럽 항해에 쓰이지는 않았다. 영국의 항구들에서는 이 배들의 입항이 금지되었다. 1794년에 전쟁으로 인하여 긴급한 필요 때문에 수개월간 이 금지를 해제한 적이 있었다. 그러나 인도 선박과 인도인 선원들이 모습을 드러내자 런던에서 이에 대한 반대가 하도 격심해서 영국 상인들은 곧 이 배의 이용을 포기했다.[456]

인도의 거대한 직물 생산에 대해서는 잘 알려져 있기 때문에 이에 대해서는 길게 이야기할 필요는 없을 것이다. 이 산업은 어떠한 수요의 증가에도 대응 능력을 가지고 있어서 영국의 직물 산업과 비교하여 찬탄을 받았다. 이 산업은 우선 마을에서 이루어졌으나 곧 도시의 직조공 점포의 수를 늘렸으며 수라트에서 갠지스 강에 이르기까지 은하수 모양으로 많은 수공업 작업장들을 배치시켰다(이곳에서는 자신의 계정으로 일할 수도 있고 수출업을 하는 대상인의 계정으로 일할 수도 있다). 또 이 산업은 카슈미르에 탄탄히 뿌리 내리고 있었으며, 말라바르 해안에는 겨우 발을 들여놓은 정도이지만 코로만델 해안에서는 많은 인력을 고용하고 있었다. 유럽 회사들은 푸팅-아웃 시스템(putting-out system, 선대제)을 비롯한 서유럽식 모델에 따라 직조공의 활동을 조직하려고 했으나 허사였다. 가장 분명한 시도는 뭄바이에서 있었는데[457] 이곳에는 수라트와 다른 곳의 노동자들이 뒤늦게 이주해와서 사업을 처음부터 재조직할 수 있었다. 그러나 선대(先貸)와 계약이라는 전통적인 인도 체제는 적어도 18세기 말에 벵골의 장인들을 지배하고 직접 보호하에 둘 때까지 지속되었다.

사실 직물업 활동은 유럽에서처럼 하나의 조직망 속에서 이루어지지 않았기 때문에 파악하기가 쉽지 않다. 원재료의 생산과 상업, 면사 제조(특히 모슬린 사처럼 섬세하면서도 질긴 실을 만드는 경우에는 아주 오랜 과정을 거쳤다), 직조, 직물의 표백과 마무리, 날염 등이 모두 상이한 영역과 유통에 따라 시행되었다. (이미 13세기에 피렌체에서 그랬던 것과 같이) 유럽에서는 수직적으로 연결되었던 것이 이곳에서는 분산된 영역별로 조직되었다. 동인도 회사의 구매자들은 때로 직조공이 상품을 파는 시장에 직접 들르기도 했지

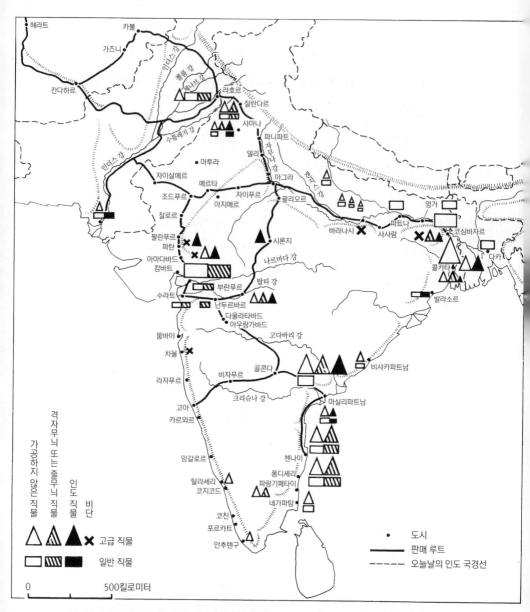

47. 18세기 중엽 인도의 직물 생산지와 판매 루트

후추가 많이 나는 말라바르 해안지역을 제외하면 직물업은 인도의 모든 중요지역에서 발달
했다. 지도에 여러 다양한 표시방식을 사용함으로써 생산의 다양성과 생산량에 대한 개략적
인 이미지를 얻을 수 있다. (키르티 초두리, 『아시아의 교역세계와 영국 동인도 회사』, 1978)

만 더 흔히는—특히 주문량이 많은 때에는(사실 주문량은 끊임없이 증대했다)[458]—인도 상인들과 계약을 맺는 것이 더 나았다. 인도 상인들은 생산지를 다 들를 수 있는 고용원들을 부리며 또 그들 자신이 장인들과 계약을 맺는다. 어떤 상관의 **고용원**(servant)에 대해서 중개상인은 정해진 종류의 직물을 정해진 날에 정해진 양만큼 완전히 고정된 가격에 넘겨야만 했다. 관례에 따라 직조공에게는 선금을 지불하는데, 이 돈은 일종의 구매계약 역할을 하면서 동시에 노동자에게 원료인 실을 살 수 있도록 하고 또 일을 마무리할 때까지 먹고살아갈 수 있게 해준다. 직물이 완성되면 사전에 지급한 액수를 공제한 후 시장가격대로 지불받는다. 따라서 가격은 주문 시에 결정하는 것이 아니라 자유롭게 변하며, 특히 실 가격과 쌀 가격에 따라서 변동한다.

따라서 상인은 위험을 감수해야 하는데 이 위험은 수익률에 영향을 미친다. 그러나 직조공에게 자유를 허용하는 것은 분명하다. 그는 화폐로 선급금을 받는다(유럽에서처럼 원재료로 받지 않는 것이 특징이다). 그에게는 시장에 직접 판매할 수 있는 길이 열려 있는 반면, 유럽의 경우에는 선대제 아래의 노동자에게 이 권리가 없었다. 다른 한편 그로서는 이 직업을 포기하든지, 작업장을 바꾸든지, 심지어는 파업을 벌이든지, 이 직종의 일을 포기하고 농업으로 되돌아가든지, 군대에 복무할 수 있었다. 이런 조건에서 키르티 초두리는 왜 직조공들이 가난한지 설명할 길이 없다고 이야기했다(직조공들이 가난하다는 것은 모든 점에서 확실하다). 농민과 장인에게 최저의 보상만을 강요하는 옛 사회구조 때문이 아닐까? 17-18세기의 수요와 생산의 증가가 장인들의 선택의 자유는 강화했으나, 전반적인 저임금을 깨뜨리지는 못했다. 비록 생산이 직접적인 화폐경제의 영향을 크게 받는데도 말이다.

이 체제는 일반적으로 매뉴팩처를 무용하게 만들었다. 그러나 메뉴팩처가 전혀 없는 것은 아니었으며 아주 넓은 작업장에 인력이 집중된 형태로 분명히 존재했다. 이것을 카르칸(karkhan)이라고 부르는데, 귀족이나 황제와 같은 소유주를 위해서만 일했다. 그렇지만 이 주인들은 경우에 따라서는 이 대

(大)사치품들의 수출도 마다하지 않았다. 요한 알브레히트 만델슬로는 금박 꽃장식을 한 아주 값비싸고 멋진 견직물과 면직물에 대해서 언급했다(1638). 만델슬로는 이런 상품들이 그가 아마다바드에 들렀을 당시 바로 그 얼마 전부터 제조하기 시작했다는 것을 알게 되었다. 이 상품들은 "황제만이 사용하는 것이었으나 외국인들이 이 나라 밖으로 내가는 것도 허용되었다."459)

인도 전체에서 견직물과 면직물을 제조했고 일반 제품부터 사치품에 이르기까지 놀라울 정도로 많은 양의 직물을 수출했으며 수출지역은 전 세계를 망라했다. 이것은 유럽인의 중개를 거쳐 아메리카도 많은 양을 공급받았다는 점을 보면 알 수 있다. 이 상품들이 얼마나 다양한지는 여행자들의 묘사와 동인도회사들이 작성한 상품목록 등을 보면 상상할 수 있다. 한 예로 어느 프랑스인의 비망록에서 여러 지방에서 생산하는 직물상품들을 나열하는 것을 보자(주석을 달지 않고 원문 그대로를 옮기도록 하겠다). "살렘의 염색하지 않은 푸른색 직포, 마두베의 푸른색 기니, 쿠달로르의 바진, 아르니의 페르칼, 퐁디셰리의 식탁보, 베티유, 샤보니, 타르나탄, 우르간디, 해안지역에서 생산하는 스팅케르크, 캄바트, 니카니아, 바주타포, 파폴리, 코로트, 브랑르, 뵐랑, 리마나, 침대보, 시트, 카데, 흰색 둘리, 마실리파트남의 손수건 직포, 사나, 모슬린, 테랭댕, 도레아(줄무늬가 있는 모슬린 천), 스팅케르크 손수건, 금사와 은사로 수를 놓고 끝을 묶은 말몰, 파트나의 평직[10만 필에 이르는 막대한 양이 수출되어 "계약을 맺지 않고서도" 얻을 수 있을 정도였다],460) 시르사카(비단과 면직의 혼방), 바프타, 하만, 카스, 네 가지 실로 짠 직물, 보통의 바쟁 직물, 가자, 페르마코디의 직물, 야남의 기니, 콘주……."461) 이 비망록 작가는 몇몇 직물들은 품질이 아주 다양하다는 것을 첨언했다. 다카는 "모슬린 직물 중에서 아주 독특하면서도 아름다운 제품의 판매 시장이 되었는데 무늬 없는 모슬린 중에는 16온*당 200프랑짜리부터 8온당 2,500프랑

---

* aune : 1온 = 1.118미터.

짜리까지 있다."[462] 이렇게 나열하는 것이 대단해 보일지 몰라도 초두리가 그의 책의 부록으로 작성한 91종류의 상품목록과 비교하면 보잘것없다.

생산물의 질이나 양으로 볼 때, 또 수출량으로 볼 때 영국의 기계혁명이 일어날 때까지 인도의 면직물 산업이 세계 제일의 지위를 차지하고 있었던 것은 의심의 여지가 없다.

전국시장

인도에서는 모든 것이 유통되었다. 수출용 원재료나 공산품만이 아니라 농산물의 잉여 역시 마찬가지이다. 마을 시장에서 수합된 곡물은 지방상인들, 고리대금업자, 대출업자 등의 중개를 통해서 읍이나 소도시(qasbahs)에 도착했고, 더 나아가서 소금과 곡물과 같이 중량과 부피가 큰 상품의 수송에 전문화한 대상인들의 중개를 통해서 대도시에도 도착했다.[463] 이 유통이 완벽하지는 않아서 갑작스러운 기근이 발생하면 방해를 받았다. 기근은 거대한 거리 때문에 아주 흔히 대재난으로 변하고는 했다. 그러나 예컨대 식민지 아메리카에서는 사정이 달랐을까? 혹은 구대륙 유럽은 달랐을까? 유통은 온갖 다양한 형태로 나타났다. 유통은 장애물을 뚫고 나가고 구조와 수준이 상이한 먼 지역들을 서로 연결했다. 일반 상품으로부터 귀중품에 이르기까지 모든 상품의 유통이 비교적 낮은 비용으로 보험의 보장을 받는 가운데 유통되었다.[464]

육상 수송은 반자라족* 상인들의 강력한 카필라** 카라반이 수행했고 호송 수비대의 보호를 받았다. 이 카라반은 지역에 따라서 소가 끄는 수레나 물소, 당나귀, 단봉낙타, 말, 노새, 염소 그리고 경우에 따라서는 사람(짐꾼)

---

* banjaras : 인도의 유목민족. 람바다족(Lambadas) 또는 수갈리족(Sugalis)이라고도 한다. 현재 인도에 약 40만 명 정도가 있는 것으로 추정된다. 주로 소를 치며 살지만, 수송과 행상을 맡기도 하고 더 나아가 춤과 음악 공연까지 한다. 힌두교를 믿으며 사회적으로 하나의 독자적인 카스트를 이룬다.

** kafila : 아라비아, 페르시아, 인도 등지의 여행단 또는 카라반.

을 차별 없이 사용했다. 육상 수송은 우기에 중단되었는데 이때에는 강이나 운하와 같은 수상 수송에 첫 번째 자리를 내주었다. 수상 수송은 훨씬 값이 저렴하고 흔히는 속도도 더 빠른데 이상하게도 보험료는 훨씬 높았다. 어느 곳에서나 사람들은 카라반을 즐거이 맞이했고 마을들은 이들을 기꺼이 유숙시켰다.[465]

어쩌면 과도한 말인지는 모르겠으나, 여기에서 **전국시장**이라는 용어가 제기된다. 이 광대한 대륙은 일정한 응집성을 띠게 되었으며 이때 화폐경제가 중요하고 핵심적인 요소였다. 이 응집성은 발전의 극점(極點)들을 만들었는데 이것은 다름 아니라 활기찬 유통에 필수불가결한 "차등의 조직자" 역할을 했다.

사실 상업, 공업, 수출 등 물질생활의 모든 영역에 특권을 누리는 수라트와 그 주변지역이 지배적인 역할을 한다는 사실을 모르는 사람이 누가 있겠는가? 이 항구도시는 거대한 수출항이자 수입항으로, 원거리무역을 통해 홍해의 귀금속 유출과 연결되었고 동시에 유럽과 말레이 제도의 원격지 항구들과도 연결되었다. 또다른 극점은 점차 성장하던 벵골이었다. 벵골은 인도의 신비이며 또 하나의 거대한 이집트였다. 1739년에 600톤급의 배를 이끌고 곤경을 이겨내며 갠지스 강을 거슬러올라간 한 프랑스 선장이 이 강에 대해서 다음과 같이 말한 것은 당연하다. "이곳은 인도 상업의 원천이며 중심이다. 이곳에서는 코로만델 해안에서와 같은 불편한 점들을 겪지 않아도 된다.……[466] 이곳의 지력이 아주 좋고 인구가 많으므로 상업이 아주 쉽게 행해진다. 이곳에서 제조하는 상품들의 품질이 대단히 우수하다는 점 이외에도 밀, 쌀 및 그 밖의 모든 생활필수품을 제공한다는 점이 이곳의 장점이다. 이런 풍성함이 수많은 대상인들을 흡인하고 또 앞으로도 계속해서 흡인할 것이다. 이 대상인들은 홍해로부터 중국에 이르기까지 모든 곳에 배들을 파견한다. 여기에서 우리는 재능과 관습이 그렇게도 상이한 유럽과 아시아의 여러 민족들이 완벽하게 조화를 이루었다가도 또 이해관계만을 유일한 안

내자로 삼아 서로 갈라서는 것을 보게 된다."467) 물론 인도의 상업적 지리의
긴밀한 관계망들을 재구성해보려면 다른 서술들이 더 필요할 것이다. 특히
아시아 전체에서 가장 강력한 구자라트 "산업 블록"에 대해서, 코지코드, 실
론, 첸나이 등지에 대해서, 그리고 언제든지 상품과 돈을 모험대차 방식으로
용선(傭船)―이것은 네덜란드만 빼고 모든 유럽 선박들이 다투는 대상이어
서 끊임없이 제공되었다―에 투자할 의사가 있는 외국 상인과 인도 상인들
에 대해서 서술이 필요하다. 그리고 수로와 육로로 이루어지는 상호 보충적
인 국내교역에 대해서도 설명이 필요하다. 국내교역은 화려해 보이지는 않
는다고 해도 아마도 인도의 경제 전반에 대해서는 국제교역보다 더 중요할
것이다. 이것은 무굴 제국의 구조에 관해서는 결정적이었다.

무굴 제국의 무게

1526년에 델리 술탄국을 대체하며 들어선 대(大)무굴 제국은 이미 검증된 조
직을 그대로 인수했고, 이 유산에 덧붙여서 역동적인 힘을 회복함에 따라서
오랫동안 아주 묵직한, 그러면서도 효율적인 기계로 변모했다.

이 제국의 첫 번째 위업은 힌두교와 이슬람교라는 두 종교가 큰 마찰 없이
공존하도록 만든 것이다(이것은 악바르 황제[1556-1605]의 선구적인 업적이
었다). 그러나 이슬람교가 지배계급의 종교로서 모든 영예를 독차지하게 되
어 인도의 북부와 중부에 수많은 이슬람 사원들이 건립된 것을 본 유럽인들
은 오랫동안 이슬람교가 인도의 가장 중요한 보편종교이고 상인과 농민들
의 종교인 힌두교는 사라져가는 일종의 우상숭배, 즉 유럽에서라면 기독교
에 대한 이교와 같은 것으로 생각했을 정도였다. 유럽의 지성계가 힌두교를
발견한 것은 18세기 말에서 19세기 초라는 아주 이후 시기의 일이다.

두 번째 성공은 이웃 페르시아로부터 예술, 문학, 감성 등 한 문명을 그대
로 차용하여 적응시킨 다음 인도의 거의 전 영역에 보급한 것이다. 결국 여
러 문화들이 융합하게 되었고 마침내 이슬람이라는 소수 문화는 인도의 대

중에 광범위하게 흡수되었다. 그러면서도 인도의 대중 자신은 수많은 문화적 차용을 받아들였다.[468] 페르시아어는 지배자, 특권층, 상층계급들의 언어로 남았다. 바라나시에서 곤경에 빠진 한 프랑스인은 찬다나가르 총독에게 "제가 라자*께 페르시아어로 편지를 올리겠습니다" 하는 보고를 했다.[469] 행정에는 힌두스탄어를 사용했으나 조직은 이슬람 모델을 따랐다.

그러므로 주(sarkar)와 군(pargana)에 분지화(分枝化)된 행정이 자리를 잡게 한 것은 델리 술탄국과 무굴 제국의 공적이었다. 이 행정조직은 조세와 부과금 수취를 담당한 동시에 농업의 장려—농업은 세금의 원천이기 때문이다—와 관개시설 정비 그리고 수출용 고수익 작물들의 보급 등을 과제로 삼았다.[470] 국가로부터 보조금과 정보를 제공받는 이런 활동은 흔히 효율적이었다.

제국의 핵심부에 집중된 이 체제의 중앙에는 군대가 있어서 이 군대가 제국을 살리고 또 제국에 의해서 살아가고 있었다. 황제 주위에 모인 귀족들인 만삽다르(mansabdar)나 오메라(omerah)가 이 군대의 장교층을 형성했는데 이들의 수는 1647년에 약 8,000명이었다. 계급에 따라서 이들은 수십 명, 수백 명, 혹은 수천 명의 용병을 모집했다.[471] 델리에서 "전투준비 태세를 유지하는" 군대의 병사 수는 유럽의 차원에서는 거의 생각도 할 수 없을 정도로 크다. 20만 명의 기병, 40만 명 이상의 소총수와 포병이 있었던 것이다. 또다른 수도인 아그라에서처럼 군대가 출정하고 나면 도시는 바니아족만 남은 채로 텅 비었다.[472] 제국 전체에 흩어져 있으며 변경지역에서 보강되는 주둔군의 전체 수를 계산해보면 100만 명에 달할 것이다.[473] "작은 촌락 중에서 2명의 기병과 4명의 보병을 두지 않은 곳은 없다."[474] 이들은 질서유지만이 아니라 관찰과 염탐의 기능도 맡았다.

군대는 그 자체로서 정부나 마찬가지였다. 왜냐하면 이 체제의 고위공직

---

* raja : 인도의 왕, 군주.

들은 우선 군인에게 돌아갔기 때문이다. 군대는 또 외국의 사치품, 특히 유럽산 나사의 중요한 고객이었다. 그런데 유럽의 나사는 이 더운 나라에서 의복을 만들기 위해서 수입된 것이 아니라 "말, 코끼리, 낙타 등의 안낭(鞍囊)이나[475] 안장—대귀족들은 여기에 금실이나 은실로 돈을새김의 수를 놓아 장식했다—또 가마 덮개 그리고 보병들의 총기에 습기가 차는 것을 막고 사열할 때의 장식용으로 쓰이는 총집을 만드는 데에 쓰였다."[476] 이 시대 (1724)에 나사의 수입액은 1년에 5만 에퀴에 달했다. 페르시아나 아라비아에서 수입하는 말 또한 사치품이었다(기병 한 명이 아마도 여러 마리의 말을 가지고 있었을 것이다). 말 가격은 엄청나게 높아서 영국의 일반 가격의 네 배였다. "귀족과 평민들에게" 베푸는 궁전의 대연회가 시작되기 전에 황제는 "마구간에서 가장 훌륭한 말 몇 마리와……코끼리 몇 마리를 자기 눈앞에 줄지어 행진시키는 것"을 즐거움으로 삼았다. "이 코끼리들의 몸은 깨끗이 씻기고……두 줄의 붉은 선을 긋는 것 외에는 모두 검게 칠했으며" 수놓은 천과 은종으로 장식했다.[477]

오메라 층이 누리는 사치는 황제 자신의 사치만큼이나 호화로웠다. 황제처럼 그들도 자신의 카르카나(karkhanna : 수공업 작업장)와 매뉴팩처들을 가지고 있어서 이곳에서 생산되는 세련된 물품을 그들만이 독점했다.[478] 또 황제와 마찬가지로 그들도 건축에 대한 열정이 대단했다. 하인과 노예들로 수행원을 만들어 뒤따르도록 하기도 하고 또 어떤 사람들은 금과 귀금속을 엄청나게 모았다.[479] 제국의 재무청에서 직접 돈을 받거나, "그들의 지위를 유지하도록 하기 위해서" 황제가 자지르로서 양여한 토지의 농민들로부터 받는 부과조로 살아가는 이 귀족들이 인도 경제에 얼마나 큰 짐이 되었겠는지는 쉽게 상상할 수 있다.

무굴 제국 쇠퇴의 정치적 및 비정치적 원인들

제국의 거대한 기계장치는 18세기에 헐떡이고 마모되는 징조를 보였다. 이른바 무굴 제국의 쇠퇴라고 부르는 현상의 시초를 가리키는 시점은 얼마든지 고를 수 있다. 페르시아인들에 의한 델리의 점령과 철저한 약탈의 해인 1739년, 영국이 플라시 전투에서 승리한 1757년, 제2차 파니파트 전투가 있었던 1761년(이때 마라타인들이 대무굴 제국을 재건하려고 했으나 중세적인 무구로 무장한 아프간인들이 근대적인 무장을 갖춘 마라타인들을 눌러 이겼다). 오랫동안 역사가들은 아우랑제브가 사망한 1707년을 무굴 제국의 영광이 끝난 해로 아무런 주저 없이 받아들였다. 만일 이들의 견해를 따른다면, 무굴 제국은 페르시아인, 아프간인, 영국인 등 외국인들에게 죽임을 당한 것이 아니라 자신의 수명을 다하고 자연사한 것이 된다.

이것은 정말로 이상한 제국이었다. 이 제국은 인도 내외에서 모집된, 오메라 혹은 만삽다르라고 하는 수천 명의 봉건귀족들 위에 건설되었다. 샤 자한의 통치(1628-1658) 말기에 이미 페르시아나 중앙 아시아의 도합 17개 지역으로부터 이런 지배자들이 들어왔다. 이 사람들이 들어와 정착한 지역에서 이들은 이방인이었다. 후일 키플링의 시대에 옥스퍼드와 케임브리지 출신 인사들이 이 나라에서 이방인이었던 것과 마찬가지이다.

오메라는 하루에 두 번 황제를 알현했다. 황제에 대한 아첨은 베르사유 궁전에서처럼 필수적이었다. "황제가 한마디만 하면 사람들이 찬탄을 했고 고위층 오메라들이 카라마트(karamat), 즉 '놀라우십니다' 하고 외쳤다."480) 그러나 무엇보다도 이 방문을 통해서 이들은 아직 황제가 살아 있음을 확인하고 그 덕분에 제국이 아직 무너지지 않았다는 것을 확인했다. 황제의 부재, 와병 또는 그가 죽었다는 헛소문 등은 단번에 격렬한 황위 계승 전쟁의 돌풍을 불러왔다. 이 때문에 아우랑제브는 그의 긴 생애 말년에 사경에 들었을 때도 반드시 그의 임재(臨在)를 보여주려고 했고 백성에게 그가 여전히 건재하며 제국도 건재하다는 것을 증명하려고 노력했다. 전제적인 이 제국은 사실 황위 계승에 관한 최종적인 방식을 확정하지 못했다는 약점이 있었다. 물론 황위 계승의 때가 되면 어김없이 일어나는 투쟁이 반드시 심각한 것은 아니었다. 1658년에 황위 계승 전쟁이 끝나고 아우랑제브의 통치가 시작되었을 때 그것은 유혈사태로 시작되었다. 그는 자신의 아버지와 형인 다라 시코를 살해했다.* 그렇지만 패배자들의 비탄은 그다지 오래가지 않았다. "거의 모든 오메라들이 아우랑제브의 궁정에 문안을 드리러 와야 했다.……놀라운 일은 그 누구도 그들의 왕[아우랑제브에게 패한 다라 시코/역주]을 위해서 아무런 일도 하지 않았다는 점이다. 사실 이 국왕이 그들을 먼지와 같은 미천한 상태로부터, 심지어는 노예신분으로부터 현재의 상태로 이끌어준 사람이고, 흔히 그렇듯이 부와 영광을 안겨준 사람이었음에도 불구하고 말이다."481) 콜베르와 동시대인이자 의사인 프랑수아 베르니에는 델리에 아주 오래 머물렀지만 그가 느끼고 판단하는 [서구적인/역주] 양식을 그대로 간직하고 있었던 모양이다. 그는 델리의 귀족들은 그와는 또다른 도덕을 따르며 또다른 세계의 교훈을 좇는다고 보았다. 그러면 그들은 도대체 어떤 사람들인가? 이들은 15세기 이탈리아의 용병대장(condottieri), 즉 자신의 군 복무에 대해서 돈을 받는 보병 및 기병을 모집하는 사람들과 같다. 이들은 군인을 충원하고 각자 자신의 방식대로 무장을 갖추어주었다(그래서 무굴 제국의 군대는 아주 잡다한 무장을 하고 있었던 것이다).482) 용병대장으로서 이들은 위험을 무릅쓸 이유가 전혀 없었으므로 단지 그들의 이익만 추구할 뿐 열정적으로 전쟁을 수행하지 않았다. 마키아벨리 시대의 전쟁 지휘자와 마찬가지로 이들은 결정적인 전투를 벌이지 않은 채 적대상태만 계속 연장시키기 일쑤였다. 너무 명백한 승리를 거두면 불편한 점이 많았다. 지나친 전과를 올린 지휘관은 질시의 대상이 되었다. 전쟁을 오래 끌고 군인의 수를 늘리며 그에 따라 황제로부터 받는 지불과 보수가 늘어나면 좋은 일이

---

* 아우랑제브의 아버지 샤 자한이 1657년에 위독해지자 아우랑제브와 그의 형 다라 시코 사이에 황위 계승을 놓고 긴장이 고조되었다. 샤 자한이 병에서 회복되었으나 이들 사이의 투쟁은 계속되어 1658년 사무가르에서 아우랑제브가 결정적인 승리를 거두었다. 그후 아우랑제브는 아그라 궁에 아버지를 유폐하고 다라 시코 외에도 다른 두 형제와 아들과 조카 한 명씩을 살해했다.

아니겠는가? 더군다나 전쟁은 그다지 위험하지도 않아서 대개는 이미 굶주림에 허덕이고 있는 요새를 포위하는 정도였다. 그러기 위해서 1,000개 이상의 텐트를 쳤는데, 이것은 거의 한 도시만큼이나 컸고 수백 개의 상점과 각종 편의시설 그리고 어느 정도의 사치까지 부릴 정도였다. 프랑수아 베르니에는 1664년에 아우랑제브가 카슈미르 지역에 수천 명의 인원을 끌고 여행하면서 이 놀라운 천막 도시를 세웠다가 헐었다가 하는 광경을 아주 생생히 묘사하고 있다. 텐트들은 매번 똑같은 질서에 따라서 배치되었다. 오메라들은 궁중에 있을 때와 마찬가지로 황제에게 문안을 올렸다. "컴컴한 밤중에 모든 오메라들이 황제가 머무는 구역으로 왔다가 다시 돌아가기 위해서 횃불을 켜들고 긴 대열을 이루는 것만큼 장대한 광경도 없을 것이다.……"483)

이 놀라운 기계장치는 단단하면서도 취약했다. 이것이 돌아가려면 정력적이고 유능한 황제가 있어야만 한다. 아들인 악바르의 반란을 분쇄한 1680년까지를 통치 전반기로 잡는 아우랑제브가 그런 황제였다.484) 그러나 동시에 이 나라가 자신을 둘러싼 사회, 정치, 경제, 종교 질서를 교란시키지 말아야 한다. 그런데 이 모순에 찬 사회는 끊임없이 요동쳤다. 황제는 비관용적이고 의심이 많고 우유부단하고 그 어느 때보다도 고집스러워졌지만 바뀐 것은 황제만이 아니었다. 그와 함께 이 나라 전체와 군대까지 변화했다. 군대는 사치와 환락에 탐닉하게 되었고 자연히 상무적인 덕을 잃었다. 특히 이 군대는 군대 내의 직위를 늘리고 초과 고용을 했는데 자지르 토지는 그만큼 빨리 늘어나지 않았고 더구나 그들이 새로 양여받은 땅들은 흔히 황폐하거나 메마른 땅이었다. 따라서 자지르 토지를 가진 사람들은 일반적으로 모든 이익의 기회를 놓치지 않고 잡으려고 했다. 공익을 무시하는 이와 같은 풍조 속에서 **종신연금 수령** 귀족들 일부는 법적으로는 죽을 때 황제에게 귀속시키게 되어 있는 부를 **빼돌리려고** 했다. 당시에 튀르키에 제국에서 그랬던 것처럼 일부 인사들은 일대(一代)에 한정된 재산을 세습재산으로 만들었다. 17세기 중반부터 이미 시작되었던 또다른 부패는 남녀 혈족귀족들, 하렘의 여인들, 영주들이 사업에 투신했다는 것이다. 이 사업은 때로는 자신들이 직접 경영하기도 하고 때로는 명의를 빌려주는 상인들의 중개를 통하기도 했다. 아우랑제브 자신도 홍해와 아프리카의 여러 항구들 사이의 무역선단을 보유하고 있었다.

이제 무굴 제국에서는 부(富)가 더 이상 국가에 대한 봉사의 대가가 아니었다. 수바*나 나바브** 같은 지방 지배자들은 더 이상 복종적이지 않았다. 아우랑제브가 데칸의 두 이슬람 국가들—비자푸르 왕국(1686)과 골콘다 왕국(1687)—을 공격하여 복속시켰을 때에도 광범위하고 급작스러운 불복종의 위기가 닥쳤다. 서(西)고츠 산맥의 가난한 소수 산지인들이었던 마라타족도 이미 적개심을 분명히 드러냈다. 황제는 이 탁월한 마라타 기병들—거기에다가 모험가와 불만분자들의 무리가 가세했다—의 기습공격과 약탈을 저지하지 못했다. 황제는 무력으로도, 지략으로도, 또 매수를 통해서도 촌놈이며 "산골의 쥐새끼"인 그들의 수장 시바지를 잡지 못했다. 이 때문에 황제의 권위는 큰 타격을 받았다. 특히 1664년 1월에는 무굴 제국에서 가장 부유한 항구도시이며 모든 교역의 출발점이자 메카로 가는 순례여행의 출발점으로서, 무굴 제국의 지배와 힘의 상징이었던 수라트를 마라타족이 점령하고 약탈하기도 했다.

이런 모든 동기로 인해서 마이클 피어슨은 아우랑제브의 오랜 치세가 무굴 제국의 쇠퇴과정의 한 부분이라고까지 보았는데[485] 어느 정도 타당성이 있어 보인다. 그의 주장에 따르면 전례 없는 끈질긴 내전에 맞닥뜨려서 무굴 제국은 자신의 사명과 존재이유에 충실하지 못하게 되었다는 것이다. 가능한 이야기이다. 그러나 오늘날에도 계속 그런 식으로 이야기하듯[486] 이 전쟁의 비극이 피비린내 나는 의심과 종교적 불관용의 특징을 보이게 된 1680

---

* subah : 무굴 제국 당시의 지방 총독. 수바다르(subadar)라고도 한다.
** nabab : 무굴 제국 시대 무슬림의 지방 장관. 또는 18–19세기에 인도에서 큰 부자가 되어 귀국한 유럽인을 가리키기도 한다.

년 이후의 아우랑제브의 정치의 결과라고만 할 수 있을까? 이것은 "인도의 루이 11세"에게[487] 너무 많은 책임을 돌리는 것은 아닐까? 힌두교도들의 반발은 심층에서 나온 물결이었다. 그것을 나타내주는 표시로서 마라타족의 전쟁, 이단의 승리, 시크교도들의 끈질긴 투쟁과 같은 여러 사건들을 들 수는 있지만[488] 그 기원들은 아직 불분명하다. 이 기원들을 알게 된다면 무굴의 지배가 왜 쇠퇴했는지, 또 이슬람과 힌두라는 두 개의 종교 또는 두 개의 문명을 공존시키려고 했던 시도가 왜 심층으로부터 가차 없는 실패를 겪었는지 설명할 수 있을 것이다. 자신의 제도, 특징적인 도시화, 심지어 데칸 지역에서도 모방하려고 한 기념건조물들을 가진 이슬람 문명은 보기 드문 성공의 모습을 보여준다. 그러나 이런 성공이 이제 인도에서는 끝났고 결국 인도는 둘로 갈라졌다. 영국의 지배를 불러들인 것도 이러한 분열 때문이다. 오랫동안 벵골에서 네덜란드 동인도회사 대표를 지냈던 이사크 티칭은 이점에 대해서 아주 명확히 이야기했다(1788년 3월 25일). 이슬람과 마라타족의 지배자가 연합한다면 이것은 영국인들에게 넘을 수 없는 장애물이 되었을 것이다. "오늘날 영국의 정책은 그런 연합을 저지하려는 데에 주안점이 주어져 있다."[489]

그러나 무굴 제국이 지배하는 인도의 분열은 느리게 이루어졌다. 플라시 전투(1757)는 사실 아우랑제브의 사망(1707) 이후 50년이 지나서야 일어났다. 분명히 곤경의 시대였던 이 반세기는 이미 경제적 쇠퇴가 시작된 시기였던가? 그리고 쇠퇴라면 그것은 누구의 쇠퇴라는 말인가? 왜냐하면 18세기는 유럽인들의 사업에 대해서는 훌륭한 상승기였기 때문이다. 도대체 그 의미는 무엇인가?

사실 18세기 인도의 경제적 상황이 진정 어떠했는지 판단하는 것은 쉽지 않다. 어떤 지역들은 분명히 쇠퇴했지만 어떤 곳들은 현상을 유지했고 어떤 지역들은 진보했다. 이 나라를 황폐하게 만든 전쟁은 30년전쟁(1618-1648)으로 독일이 입은 피해와[490] 비견된다. 더 비교를 한다면 프랑스의 종교전쟁(1562-1598)이 유용한 참고가 될 것이다. 왜냐하면 프랑스를 분열시켜놓은 이 전쟁이 일어나는 동안 이 나라의 경제적 상황이 비교적 양호했기 때문이다.[491] 전쟁을 유지하고 연장시킨 것 자체가 이와 같은 양호한 경제 상태 때문이었다. 이것이 개신교도들과 가톨릭교도들이 끊임없이 고용한 외국 용병들에게 지불을 가능하게 해주었던 것이다. 인도의 전쟁들 역시 그러한 경제적 호경기와 맞아떨어졌던 것이 아닐까? 가능한 이야기이다. 마라타족은 그들의 대의에 동의하여 장정(長征)에 필요한 식량과 보급품을 모아주는 사업가들의 도움을 받아야만 공격을 조직할 수 있었다. 전쟁은 전쟁의 비용을 댈 수 있어야만 한다.

문제는 이미 제기되었다. 다만 그것을 풀기 위해서는 조사, 가격 그래프, 통계 등이 필요하다. 나는 18세기 후반의 인도 경제가 광저우에서 홍해에 이르는 전 지역의 상승 콩종크튀르에 합류하고 있었다고 보고 싶다. 유럽의 여러 동인도회사들과 독립상인들, "인도 내 무역"에 참여하고 있는 "고용원들"의 사업이 잘 이루어져서 여기에 사용하는 배의 수와 톤수가 늘어나고 있다는 것은 어떤 점에서 손해나 구조 재편성을 의미할 수도 있지만, 어쨌든 그렇게 되려면 아시아의 생산, 그중에서도 특히 언제나 중심적인 지위를 차지하는 인도의 생산 역시 그러한 팽창의 움직임을 따라야만 한다. 홀든 퍼버가 붓 가는 대로 가볍게 쓴 것이기는 하지만 어쨌든 그의 글에 따르면 "유럽에 수출하기 위해서 만드는 천이 1필이라면 국내 소비를 위해서 만드는 것은 100필이다."[492] 인도양에 면해 있는 아프리카 지역들도 구자라트 상인들의 자극을 받아 다시 활성화되고 있었다.[493] 그렇다면 18세기에 관한 인도 역사가들의 비관주의는 단지 선험적인 생각에 불과한 것이 아닐까?

인도가 경제의 상승 및 하락에 문호를 열게 되었다는 것은 곧 인도가 외국의 정복에 저항하지 못하고 무너지는 것을 의미했다. 영국인만이 아니라 프랑스인, 아프간인, 페르시아인들도 기꺼이 이 대열에 합류했다.

쇠퇴를 겪은 것은 정치, 경제의 최상층의 기능일까, 혹은 읍과 마을 수준의 탄탄히 조직된 생활일까? 기본적인 하부 차원에서는 모든 것이 유지된 것은 아니라고 하더라도 많은 것들이 계속해서 남아 있었다. 분명 영국은 아무런 자원도 가지지 못한 나라를 지배한 것은 아니다. 수라트는 이미 권위를 잃었다고는 해도 1783년 이후에도 영국, 네덜란드, 포르투갈, 프랑스 상인들이 상당한 액수의 교역을 했다.[494] 1787년에 마에는[495] 영국인들이 운영하는 지점보다 더 높은 가격을 제시함으로써 후추 무역을 유치했다. 프랑스인들이 운영하는 지점들 그리고 부르봉 섬과 프랑스 섬에서 수행되는 프랑스인들의 "인도 내 무역"은 번영을 누렸고 적어도 현상유지는 했다. 인도에 너무 늦게 들어와서 부를 추구했던 프랑스인들은 모두 반(反)영국적인 해결책과 상업계획들을 추진했다. 이런 점을 보면 인도는 여전히 탐나는 먹이이며 정복 대상이 아니었을까?

19세기의 인도의 쇠퇴

19세기에 인도가 쇠퇴한 것은 분명하다. 그것은 절대적인 쇠퇴이며 동시에 상대적인 후퇴였다. 인도는 영국의 예를 따르는 유럽식 산업혁명을 이루지 못했다. 그렇게 된 데에는 인도의 대단히 특이한 자본주의에 책임이 있을까? 지나치게 임금이 낮은 사회적, 경제적 구조 때문일까? 영국인을 필두로 유럽인들이 갈수록 더 깊숙이 잠식해오는 현상이 18세기의 전쟁과 같은 힘든 정치적 콩종크튀르와 맞물린 때문일까? 혹은 불충분한 기술발전 때문일까? 그렇지 않으면 러시아가 그랬던 것처럼 뒤늦게 유럽의 기계혁명이 결정적인 영향을 미친 것일까?

인도의 자본주의가 결함을 가지고 있었던 것은 분명하다. 그렇지만 그 역시 인도의 체제—비록 인도는 프랑스보다 열 배 이상 크고 영국보다 스무 배나 큰 불균형적인 몸집을 가지기는 했지만—의 일부분인데, 이 체제가 꼭 잘못 작동했다고 단정할 수는 없다. 그 자체가 지리적으로 여러 단위로 나누어야 할 만큼 큰 인도의 몸체 또는 전국시장은 살기 위해서(몸체) 그리고 작동하기 위해서(시장) 일정한 양의 귀금속이 필요했다. 그런데 이 경제-사회-정치체제는 아무리 무디고 더 나아가서 일탈적이었다고 하더라도 우리가 이미 본 바와 같이 반드시 유동성을 보유하고 있어야 하고 효율적인 화폐경제를 가지고 있어야 한다. 인도는 귀금속을 자체 보유하고 있지는 않았지만 그 대신 충분한 양을 수입해서 14세기부터 중앙지역에서는 농민의 부과조를 현찰화폐로 걷을 정도가 되었다. 유럽을 포함해서 그 당시 세계에서 이 이상이었던 곳이 어디 있겠는가? 그리고 화폐경제는 상당한 액수의 화폐를 비축해두었다가 수문을 열듯이 다량의 화폐를 방출하고 그런 과정에서 수확이나 지불 이전에 이미 화폐 역할을 하는 **인공화폐**를 만들고 그리하여 시장 거래와 크레딧 거래의 조직이 가능한 조건 아래에서만 작동한다. 그리고 상인, 대상인, 의장업자, 보험업자, 브로커, 중개인, 점포주, 행상인 등이 없으면 광범한 화폐경제가 불가능하다. 인도에서는 이런 상업위계가 이미 존재하고 확실히 작동했다.

이런 점에서 일정한 자본주의가 무굴 제국 체제의 일부를 이루었다. 중요한 상업 요지에서 대상인과 은행가들은 축적 및 자본 재출자의 핵심 부서들을 차지했다. 서유럽에서 볼 수 있는 것처럼 대를 이어 내려오는 토지 소유 대가문이 있어서 부와 동시에 영향력 있고 강력한 자본을 축적하는 현상은 이슬람권에서와 마찬가지로 인도에도 없었지만 그 대신 인도에서는 카스트 제도가 상업 및 은행업을 대대로 수행하도록 함으로써 축적과정을 촉진시키고 동시에 안정시키는 역할을 했다. 일부 가문들은 푸거 가문이나 메디치 가문과 비견할 만한 예외적인 큰 부를 축적했다. 수라트에는 선단 전체를 소유한 가문도 있었다. 우리는 심지어 바니아 카스트에 속한 중요한 상인들이 수백 명씩 존재한다는 것도 알고 있다. 여기에 더해서 꽤 유복한 또는 극히 부유한 이슬람 상인들도 존재한다. 18세기에 은행가들은 부의 정점에 도달했던 것 같다. 이것은 경제가 발달하다 보면 결국 은행업이라는 최고층이 만들어지는 논리적 귀결이었을까? (나는 그렇게 생각하는 바이지만 어쩌면 유럽사를 보고 그 영향하에서 그렇게 생각하게 된 것인지 모른다.) 그렇지 않으면 타판 라이초두리의 주장처럼 이 사업가들은 유럽인과의 경쟁 때문에 점점 더 해상활동과 원거리무역으로부터 밀려나서 그 결과, 재정 방면의 활동(즉, 조세수취, 은행업, 고리대금업 등)을 할 수밖에 없게 된 것일까?[496] 어쨌든 이 두 종류의 움직임이 서로 맞물려서 자가체트(Jagatseth) 가문이 큰 부를 얻게 되었다. "세계의 은행가"라는 뜻을 가진 이 가문의 이름은 원래는 명예로운 호칭이었는데 1715년에 아예 본래 이름 대신 쓰이게 되었다.

우리는 마르와리(Marwari) 카스트의 한 지파에 속해 있고 자이푸르 주 출신인 이 가문에 대해서 꽤 상세히 알고 있다. 이들은 벵골에 정착한 이래 엄청난 부를 향유했으며 이곳에서 무굴 황제를 위한 조세 징수, 고리대금업, 은행 대부 등을 했고 무르시다바드의 주조소를 맡아서 운영했다. 당대인의 말에 따르면 이들은 옛날 화폐에 대하여 루피 화의 교환비율을 정하는 것만으로도 큰돈을 벌었다는 것이다. 환전상으로서 이들은 무굴 황제에게 이익이 되도록 환어음을 통해서 거액을 델리로 돌리는 일을 했다. 마라타족의 기병대에 의해서 무르시다바드가 점령되었을 때 이들은 단번에 2,000만 루피를 잃었으나 마치 아무 일도 없었다는 듯이 그들의 사업을 계속했……. 우리는 자가체트 가문만이 예외가 아님을 잘 안다. 다른 사업가들 역시 그와 비슷한 수준이었다.[497] 벵골의 이 자본가들은 18세기 말부터 차례로 몰락했지만 그렇게 된 까닭은 영국의 의도 때문이었지, 그들의 무능력 때문은 아니었다.[498] 이와 반대로 인도 서해안에 있는 뭄바이에서는 아주 부유한 파르시인과 구자라트인 집단—이들 중에는 무슬림들도 있고 힌두교도들도 있다—이 온갖 종류의 상업활동과 은행업, 조선업, 용선업(傭船業), 중국과의 무역 그리고 심지어는 일부 공업까지 활발하게 수행했다. 그들 중에 가장 부유한 사람들 축에 속한 지지보이라는 파르시인은 이 도시의 영국계 은행에 3,000만 루피를 예탁하고 있었다.[499] 뭄바이에서는 현지인 사업망의 협동과 조직이 영국인들에게 필수불가결했으며 이것은 인도의 자본주의가 상당한 적응능력을 가지고 있었음을 보여준다.

그렇다면 인도는 언제나 유리한 입장에 있었다는 뜻인가? 분명히 아니다. 왜냐하면 상인과 은행가들만 있는 것이 아니기 때문이다. 이들 위로는 영국이 지배자가 되어 압박을 가하기 전부터 인도의 전제적인 국가가 자리 잡고 있었다. 그것은 반드시 무굴 제국만을 의미하지는 않는다. 대(大)상인 가문들의 부는 늘 강탈과 고문의 위협 아래 영위되었다.[500] 인도의 상업자본주의와 경제의 핵심이라고 할 수 있는 화폐의 흐름이 아무리 활발하다고 해도 바니아인들의 세계에는 자유와 안전이 없고, 게다가 서유럽에서는 자본주의의 흥기를 도왔던, 국가와의 공모가 없었다. 그러나 사람들이 흔히 그러는 것처럼 이런 점으로부터 곧바로 인도의 자본주의는 무능했다고 낙인찍을 수는 없다. 자본주의 그 자체, 즉 축적이 국가에 의해서 의도적으로 방해를 받았던 중국과는 사정이 달랐다. 인도에서는 비록 강탈의 위협에 노출되어 있었다고는 하지만 대단히 부유한 상인의 수가 많았고 또 계속 유지되었다. 카스트의 공고함이 그 집단의 부를 감싸주고 보장해주었으며 말레이 제도로부터 모스크바까지 상인들 간의 협조를 확보해주었다.

그러므로 나는 인도의 자본주의가 뒤처져 있었다는 비난을 가하지는 않겠다. 그것이 뒤처지게 된 것은 언제나 그렇듯이 내부적인 요인과 외부적인 요인에 따른 것이다.

내부적인 요소들 중에는 무엇보다도 중요한 요인으로 저임금을 주목해야 한다. 인도의 임금수준이 유럽에 비해서 뒤처져 있었던 것은 분명하다. 1736년에 영국 동인도회사의 이사들은 프랑스 노동자들의 임금이 인도 노동자들의 임금보다 6배 정도 높다는 것을 알게 되었다(프랑스의 임금은 영국의 임금에 비해서 훨씬 낮다).[501] 인도의 노동자들이 대단히 기술수준이 높고 또 사회적으로 볼 때 자유를 누리며 충분한 자기방어 수단을 가지고 있었음에도 임금수준이 대단히 낮다는 사실에 대해서 약간 신기한 일이라고 초두리는 지적했다. 낮은 임금수준은 인도의 전반적인 경제체제에 언제나 아로 새겨져 있던 구조적인 특징이 아닐까? 그리고 내 생각에는 이것이 귀금속이 인도로 몰려오게 된 필수불가결한 조건이다(사실 이 귀금속의 흐름은 로마 시대부터 시작된 아주 오랜 흐름이다). 서쪽에서 동쪽으로 귀금속이 흘러들어오게 만드는, 회오리바람과 같은 이 흡인력은 황제나 특권층의 과도한 귀금속 축장 성향으로는 설명이 되지 않는다. 인도에서는 노동력이 아주 싸고 또 그것이 차례로 식량과 (상대적으로 볼 때) 향신료까지 싸게 만들기 때문에 이곳에 들어온 금화와 은화는 그만큼 자동적으로 높은 화폐가치를 가지게 된다. 그 때문에 반대 충격으로 인도의 원재료, 면직물과 견직물의 수출이 강력한 힘으로 서유럽 시장에 침투하게 된 것이다. 이 상품들이 영국, 프랑스, 네덜란드 등의 생산물과 비교해볼 때 그 품질, 아름다움만이 아니라 낮은 가격 때문에 유리해졌는데 이것은 오늘날 홍콩이나 한국의 직물이 세계 시장에 진출하는 것과 유사한 일이다.

"해외 프롤레타리아", 유럽이 인도와 교역할 때의 기초가 바로 이것이다. 귀금속 수출의 원칙을 옹호하던 토머스 먼은 1684년에 아주 단정적인 주장을 했다. 동인도회사가 84만 파운드에 구입한 인도 상품들은 유럽 전역에서 400만 파운드에 팔렸고 이것은 결국 영국에 화폐가 유입되는 결과를 불러온다.[502] 17세기 중반부터 직물의 수입은 가장 중요한 자리를 차지했고 더구나 빠른 속도로 중요성이 더 커지고 있었다. 1785-1786년 사이의 1년 동안 동인도회사는 코펜하겐이라는 한 도시에서만 90만 필의 인도 직물을 판매했다.[503] 이 사실로부터 초두리는 장인이 100만 명 단위로 존재하고 그 결과로 생긴 생산물을 온 세계로 파는 나라에서는 노동생산성 증대를 위한 기술개발 유인이 없다는 결론을 이끌어냈다. 모든 것이 잘 이루어져간다면 모든 것이 그 상태 그대로 남아 있게 된다. 오히려 그런 유인은 위협받는 유럽의 산업 쪽에서 발생했다. 우선 영국은 18세기 거의 내내 인도 직물에 대해서 자국 국경을 닫고 대신 그 상품을 아메리카와 유럽에 재수출했다. 그후 자신이 이 부유한 시장을 장악하려고 했다. 그것은 노동력을 극단적으로 경제화할 수 있을 때에만 가능했다. 기계혁명이 면직물업에서 시작된 것은 우연이 아니다.

우리는 여기에서 인도가 뒤처지게 된 데에 대한 두 번째 설명인 외부적 요인을 보게 된다. 그것은 한마디로 영국이라고 할 수 있다. 그러나 영국인이 인도와 그 자원을 빼앗아갔다고 말하는 것만으로는 충분하지 않다. 영국인에게 인도는 그보다 더 넓은 공간, 아시아라는 초(超)세계-경제를 장악하는 도구였다. 그리고 아주 일찍부터 인도의 내부적인 구조와 균형이 낯선 목적에 응답하기 위해서 어떻게 왜곡되고 변질되어갔는가 하는 것도 바로 이렇게 확장된 공간 속에서 보아야만 이해될 수 있다. 마찬가지로 이 과정에서 인도가 19세기에 "탈산업화되고" 거대한 원재료 공급지가 되는 것도 이 틀속에서만 제대로 볼 수 있다.

분명 18세기의 인도에서는 혁명적인 산업자본주의가 탄생하지 못했다. 인도는 자기 자신의 경계 안에서는 안도하며 잘 살았고 자연스럽고 힘 있고 성공적으로 움직였다. 인도의 농업은 전통적이기는 하지만 조밀하고 생산성이 높았으며, 산업은 옛날 유형이기는 하지만 극도로 활력 있고 효율적이었다(1810년까지 인도의 강철은 스웨덴제보다는 못하지만 영국제보다는 높은 품질을 자랑했다).[504] 이 나라에는 아주 오래 전부터 화폐경제가 작동하고 있었다. 그리고 많은 효율적인 상인집단이 존재했다. 마지막으로 이 나라의 상공업의 힘은 활기찬 원거리 교역에 근거하고 있었다. 그것은 자기 자신보다 훨씬 넓은 경제 공간을 무대로 했다.

그러나 문제는 인도가 이 공간을 지배하지는 못했다는 것이다. 오히려 인도를 둘러싸고 있고 인도의 가장 활기찬 교역이 의존하고 있는 그 세계에 수동적이었다고 말할 수 있으리라. 위험은 외부로부터 시작되었다. 아시아의 "인도 내 무역"의 교역로를 상실하면서 인도는 점점 더 가난에 빠지고 왕좌를 잃게 된 것이다. 유럽의 개입은 처음에는 인도의 수출에 대한 격려의 채찍질 정도로 시작되었으나 결국은 인도에 악영향을 미쳤다. 더욱 아이러니컬한 것은 인도의 거대한 힘이 자신을 파괴하는 데에 쓰이고 1760년부터는 면화와 아편으로 중국의 문호를 강제로 열어서 영국의 이익을 보장해주는 데에 쓰였다는 점이다. 그리고 또 이렇게 영국의 힘이 증대하자 그 반대의 충격이 인도에 떨어지게 되었다.

초세계-경제 속에 사로잡힌 인도와 중국

이상의 설명들 끝에 우리는 다시 원래의 문제로 돌아왔다. 1400년부터 아시아의 경제 전체가 대단히 광대하고 웅대해졌지만 취약한 초세계-경제에 사로잡혔다는 것이다. 이 취약성은 분명 세계사의 대단히 중요한 요소이다. 왜냐하면 아시아는 상대적으로 편하게 침투할 수 있을 만큼은 조직되어 있으나 자신을 지켜낼 만큼은 충분히 잘 조직되지 못해서 외부 침입자들을 불러들였기 때문이다. 그렇다면 유럽의 침투는 순전히 유럽만의 책임은 아니다. 그것은 또 이슬람의 침투와 같은 이전의 침투의 뒤를 이은 것이기도 했다.

약속장소이며 합류점인 이 초세계-경제의 중심은 말레이 제도가 되지 않을 수 없다. 지리적으로 이곳은 아시아의 변두리에 위치해 있다. 이곳은 한편에는 중국과 일본이 있고 다른 한편에는 인도 및 인도양 지역들이 있는 중간지점이다. 그렇지만 지리가 열어주는 가능성을 받아들이느냐 아니냐는 역사가 결정한다. 그리고 거부와 수용 속에는 아시아의 두 거인인 인도와 중국의 태도에 따라서 수많은 뉘앙스들이 생기게 마련이다. 이 양쪽 지역이 모두 번성하고 내부적인 통제가 순조롭고 동시에 외부로 행동을 펼치는 시기에 아시아의 무게중심은 꽤 장기적으로 믈라카 반도, 수마트라 및 자바섬 근처에 있을 수밖에 없다. 그러나 이 두 거인들은 늦게 깨어났고 또 항상 느리게 움직였다.

인도가 말레이 제도 지역을 알게 되고 그곳에 생기를 불어넣은 것은 기원후 1세기경, 그러니까 상당히 늦은 시기의 일이다. 인도의 선원, 상인, 전도사들은 이 군도를 개발하고 세상물정을 가르쳐주고 전도했으며 정치적, 종교적, 경제적으로 우월한 형태들을 성공적으로 전수했다. 그 결과 말레이 제도는 "힌두화되었다."

이곳에 중국이라는 괴물이 들이닥친 것은 그로부터 훨씬 뒤인 5세기경이다. 그래서 이미 힌두화된 국가의 도시들에 대해서 자기 문명의 흔적을 남길 수는 없었다. 이곳이 힌두화되지 않았더라면 일본, 한국, 베트남에서처럼 중국 문명이 승리를 거두었을 것이다. 중국의 존재는 경제와 정치 영역에만 한정되었다. 여러 번에 걸쳐 중국은 말레이 제도의 지방 국가들에게 보호와 후견을 강요했고 조공을 요구했지만, 핵심적인 측면인 생활양식에서 이 국가들은 오랫동안 자기 자신과 앞 시대의 지배자들에게 충실했다. 그들에게는 중국보다 인도가 더 큰 영향을 미쳤던 것이다.

힌두 문명과 중국 문명의 팽창은 아마도 경제적 팽창에 의해서 유발되고 그 지지를 받아서 이루어졌을 것이다. 따라서 경제적 팽창의 연대를 잘 숙지하고 그 기원과 활력을 찾아낼 필요가 있다. 워낙 이 영역이 비전문 역사가들로서는 알기 힘든 데다가 나 역시 이 분야를 잘 알지 못하지만, 인도가 동쪽으로 팽창할 당시 지중해라는 먼 서쪽으로부터 전해진 충격을 다시 다른 곳에 투사했을 것이라고 생각한다. 아주 오래된 문명이자 모든 면에서 대단히 창조적인 유럽과 인도의 자매결연은 고대세계사 구조의 아주 중요한 한 측면이 아닐까? 중국으로서는 말레이 제도를 거의 그 이상 넘어가지 않으려는 한계처럼 생각했으므로 완전히 다른 문제가 제기된다. 말레이 제도의 문호 또는 방벽을 넘는 데에는 서쪽으로부터 동쪽과 북쪽으로 넘어가는 것이 그 반대 방향으로 넘어가는 것보다 쉬웠다.

인도와 중국이 차례로 팽창함에 따라서 말레이 제도는 지배적인 극점은 아니라고 해도 적어도 활기찬 교차로 역할을 맡게 되었다. 이 교차로상에서 여러 세력이 흥기했다. 첫 번째는 스리비자야 왕국(7-13세기)으로서 수마트라 남동쪽과 팔렘방 시에 중심을 두고 있었다. 다음으로는 마자파힛 왕국(13-15세기)으로서 쌀이 풍부한 자바 섬에 중심을 두었다. 두 정치세력 모두 해상 유통의 중심축으로서 믈라카 해협이라는 극히 중요한 길목을 장악했다. 이렇게 구성된 두 왕국은 모두 상당 기간―첫 번째 왕국은 5-6세기 동안 그리고 두 번째 왕국은 3-4세기 동안―강력한 제해권을 확보하려고 시도했다. 이들에 대해서 비록 아시아의 초세계-경제라고는 못하더라도 이미 말레이 제도 경제권이라고는 할 수 있을 것이다.

아마도 말레이 제도를 중심으로 한 초세계-경제는 믈라카가 처음으로 위대한 시기를 맞이하던 때, 즉 이 도시가 건설된 1403년이나 이곳이 두각을 드러내기 시작한 1409년으로부터 아폰수 드 알부케르크가 이곳을 점령한 1511년 8월 10일까지일 것이다.[505] 이렇게 갑작스럽게 성공하고 또 오랫동안 성공을 유지하게 된 이 현상에 대해서 좀더 자세히 살펴볼 필요가 있다.

믈라카의 영광

믈라카에는 지리가 중요한 역할을 했다.[506] 믈라카 해협에 위치한 믈라카 시는 아주 유리한 입지를 자랑했다. 이 해상 "운하"는 인도양과 태평양 주변 바다들을 서로 소통시켰다. 좁은 말레이 반도는 오늘날에는 도로가 아주 잘 정비되어 자전거로도 빠른 시간 내에 통과할 수 있지만, 예전에는 크라 지협 근방을 지나는 육로들만 있었다. 그러나 이 길들도 중간에는 숲으로 덮여 있고 야생 짐승들이 출몰했다. 일단 이 반도의 주항로(周航路)가 완성되자 믈라카 해협의 가치가 커졌다.[507]

"물컹물컹한 진흙 성분의" 토양 위로 약간 융기한 대지 위에 지어진 데다가(그리하여 "삽질을 한 번만 해도 물이 나온다")[508] 시 가운데로 맑은 물의 강이 지나가서 배들이 접안할 수 있는 믈라카 시는 진정한 항구라기보다는 정박지나 피난처에 가까웠다. 큰 정크선들은 이 시 앞의 두 섬―포르투갈인들이 돌섬(Ilha da Pedra)과 돛단배섬(Ilha das Naos, "암스테르담의 광장보다도 작은 곳으로서 여기에 시청이 있다")[509]이라고 명명했다―사이에 닻을 내릴 수 있었다. 그렇지만 다른 여행자들의 말에 의하면 "믈라카는 1년 내내 접근

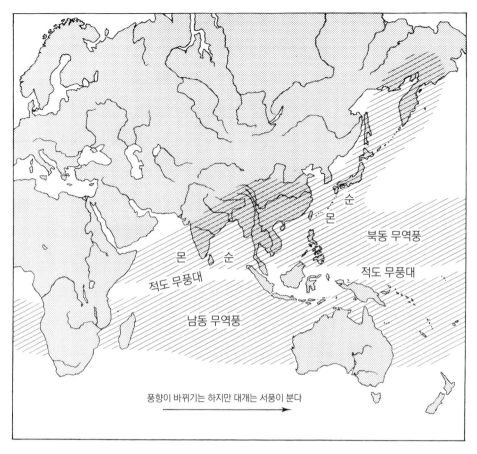

순

몬

북동 무역풍

몬   순

적도 무풍대

적도 무풍대

남동 무역풍

풍향이 바뀌기는 하지만 대개는 서풍이 분다

48. 믈라카의 유리한 조건

적도 무풍대는 태양의 움직임에 따라 남북으로 이동한다. 따라서 믈라카는 몬순, 남동 무역풍과 북동 무역풍 사이의 연결지대 또는 회랑이 된다. (비달 드 라 블라슈, 『아틀라스』, p.56)

할 수 있는데 이것은 고아, 코친, 혹은 수라트에는 없는 이점이다.……"510) 유일한 단점은 해협을 넘어오는 밀물이다. 이 밀물은 대개 "동쪽에서 올라와 서쪽으로 내려간다."511) 이외에도 믈라카는 (그림 48을 참조하라) 두 대양을 연결할 뿐만 아니라 두 개의 기류가 만나는 지점에 위치해 있다는 큰 장점이 있었다. 서쪽에는 인도양의 몬순이 불고 남쪽과 동쪽에는 무역풍이 분다. 이외에도 또다른 행운이 있으니 그것은 적도 무풍대가 태양의 움직임에 따라서 때로는 북쪽으로 때로는 남쪽으로 서서히 이동하여 선박들이 믈라카(북위 2도 30분) 근처로부터 무역풍이나 몬순 지역으로 자유롭게 통과할 수 있다는 점이다. "이곳은 자연으로부터 가장 축복받은 곳 중 하나이다. 이곳에는 언제나 봄이 계속된다"고 소느라는 감탄했다.[512]

말레이 제도의 여러 곳에는 그 외에도 특출한 지역들이 많이 있다. 순다 해협이 대표적인 곳이다. 스리비자야 왕국과 마자파힛 왕국이 이전에 성공했던 예는[513] 수마트라의 동해안으로부터, 혹은 더 동쪽의 자바로부터 똑같은 통제가 행해질 수 있다는 것을 분명히 보여준다. 1522년 1월에 마젤란 탐험대의 배들이 필리핀에서 마젤란이 사망한 후 귀환 길에 티모르 섬 근처의 위도에서 순다 제도를 통과해 남쪽의 남동 무역풍대에 도착했다는 사실이 이를 보여주는 한 사례이다. 1580년에 드레이크 선장 역시 세계일주 도중에 비슷한 길을 통과하여 말레이 제도의 남쪽 지역에 도착했다.

믈라카의 중요성이 커진 데에는 이와 같은 지리적인 요인들이 중요했지만 여기에는 지방적인 차원에서든 아시아 경제의 일반적인 차원에서든 역사가 많은 것들을 덧붙였다. 신도시 믈라카는 이전부터 연안항해업자, 어부 또는 해적질을 하던 주변 해안지역의 말레이 선원들을 끌어들여 이들에게 일종의 후견 역할을 했다. 이 도시는 이렇게 해서 소형 화물범선, 일꾼, 선원 그리고 여기에 필요한 전함까지 확보한 다음 이 해협으로부터 해적들을 몰아냈다. 원거리무역에 필수불가결한 정크선들은 자바와 페구에서 구할 수 있었다. 예를 들면 이런 곳에서 믈라카의 술탄(그는 이 도시의 무역에 아주 깊은 관심을 가지고 있었고 실제로 이곳의 무역의 많은 부분을 차지했다)은 많은 배들을 사들여 그의 계정으로 메카를 향해 조직했다.

그러나 믈라카 시의 빠른 발전 자체가 하나의 문제를 만들었다. 어떻게 먹고살아갈 것인가? 산지와 삼림으로 가득하고 주석 매장량이 풍부한 광산은 많지만 식량 농업은 충분하지 않은 반도를 등진 믈라카로서는 연안지역의 어업 이외에는 이렇다 할 식량공급원이 없었다. 그러므로 쌀을 생산하고 판매하는 시암과 자바에 의존하지 않을 수 없었다. 그런데 시암은 공격적이고 위험한 국가였고, 자바는 마자파힛이라는 낡은 제국주의 세력을 아직 떨쳐 버리지 못하여 그 지배하에 있었다. 지방정치의 에피소드로 우연히 탄생한 도시에 불과한 믈라카가 만일 1409년에 중국의 조공국이 되지 않았더라면, 이 두 국가 중의 한 나라가 믈라카를 한입에 삼켜버렸을 것이다. 중국의 보호는 1430년대까지 유용하게 작용했고 그러는 동안 마자파힛은 저절로 붕괴되어서 믈라카에게 생존의 기회를 주었다.

이 도시가 예외적으로 큰 부를 쌓게 된 것은 또한 결정적인 콩종크튀르가 작용한 결과이기도 하다. 중국과 인도가 조우한 것이다. 중국은 약 30여 년 동안 말레이 제도와 인도양 방향으로 놀라운 해상 팽창을 했다. 인도의 역할은 그보다도 더 크고 시기적으로 더 일렀다. 사실 14세기 말경에는 델리 술탄국이 지배하는 이슬람 인도의 영향 아래 주로 벵골, 코로만델, 구자라트 출신의 인도 상인과 수송인들이 크게 발전했는데, 이것은 아주 활기찬 종교적 개종을 동반하며 일어났다. 8세기에 아랍 항해인들이 성공하지 못했고 아마 시도해보지도 않았던 일이 수 세기 뒤에 인도와의 교역에 힘입어 완수된 것이다.[514] 바다에 면해 있는 도시들은 하나씩 이슬람교로 개종해갔다. 믈라카는 1414년에 개종했고, 이는 아주 귀중한 기회를 제공했다. 사업과 종교는 함께 이루어졌다. 더구나 마자파힛이 점차 해체되고 더 이상 위험으로 느껴지지 않게 된 것은 해안 도시들이 이슬람교로 개종한 반면 자바의 내부와 다른 섬들은 여전히 힌두교에 충실했기 때문이다. 사실 이슬람 질서의 팽창은 이 지역 전 인구의 3분의 1 혹은 4분의 1만 건드렸다. 많은 섬들이 이슬람교를 외면했다. 오늘날에도 힌두교의 경이로운 박물관으로 남아 있는 발리 섬이 대표적인 예이다. 그리고 멀리 떨어져 있는 말루쿠 제도의 섬들에서는 개종이 제대로 이루어지지 않았다. 포르투갈인들은 이곳에서 놀랍게도 표면적으로는 무슬림이라고 하지만 기독교에 결코 적대적이지 않은 사람들을 만나게 되었다.

믈라카의 위대함은 분명히 인도 교역의 증대로부터 직접 유래했다. 한 예로 인도 상인은 수마트라와 자바에 후추나무를 들여왔는데, 실로 중요한 선물이었다. 믈라카의 교역이 닿는 곳이면 어디나 이전에 단지 자급자족적인 원시경제에 머물러 있던 경제가 화폐경제로 바뀌었다. 말루쿠 제도 주민의 과거에 대해서 한 포르투갈 연대기 작가는 이렇게 기록하고 있다. "이 사람들은 씨를 뿌리거나 작물을 심는 일에 거의 신경을 쓰지 않는다. 이들은 마치 인류 최초의 시대에 사는 것과 같다. 아침이 되면 바다나 숲에서 그날 하루종일 먹을 것을 끌어낼 뿐이다. 이렇게 [자연으로부터의/역주] 약탈을 통해서 살아가기 때문에 이 사람들은 정향(丁香)을 이용해서 아무런 이익도 얻으려고 하지 않고 그것을 사려는 사람도 없다."[515] 말루쿠 제도가 상업망 속에 편입되자 플랜테이션들이 만들어지고 믈라카와 향신료 제도[말루쿠 제도/역주] 사이에 정규적인 관계가 형성되었다. 켈링(keling) 상인(코로만델의 힌두교도 상인)인 니나 수리아 데바는 매년 8척의 정크선을 말루쿠 제도와 반다 섬에 보냈다(말루쿠 제도에는 정향을 얻기 위해서 그리고 반다에는 육두구를 얻기 위해서이다). 이 섬들이 단일경작(monoculture) 체제로 들어가자, 이제 자바 섬에서 정크선으로 수송해오는 쌀이 있어야만 살아갈 수 있게 되었다. 한편 자바의 정크선들은 태평양 한복판의 마리아나 제도에까지 진출했다.

이렇게 이슬람의 팽창은 조직화의 힘을 가지고 있었다. 믈라카에서 그런 것처럼 티도레, 트르나테 그리고 나중에는 마카사르 등지에 "술탄국(sultanat)"이 형성되었다. 가장 흥미로운 현상은 무역에 필요한 링구아 프랑카*가 만들어졌다는 점이다. 이것은 믈라카의 상업 중심지에서 많이 통용되던 말레이어로부터 만들어졌다. 한 포르투갈인 연대기 작가에 의하면 말레이 제도와 그곳의 여러 "지중해"에는 "언어가 어찌나 많은지 이웃들 간에도 서로 대화가 불가능할 정도이다. 이 사람들은 오늘날 말레이어를 이용한다.

---

* lingua franca : 원래는 이탈리아어, 프랑스어, 그리스어, 스페인어, 아라비아어의 혼합어로서 레반트 지방에서 상인들이 사용하는 공용어를 가리킨다. 여기에서는 그와 같은 역할을 하는 말레이 제도의 신종 공용어를 지칭한다.

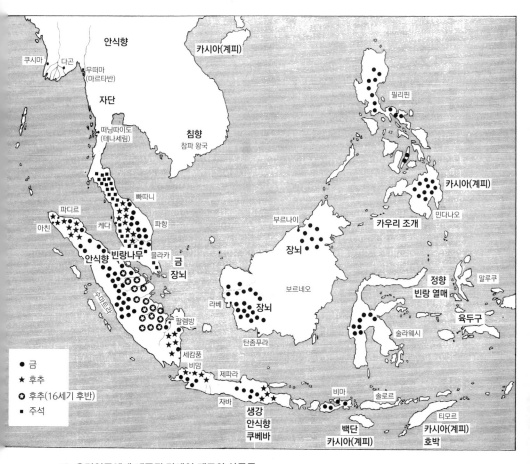

49. 유럽인들에게 제공된 말레이 제도의 산물들
믈라카를 중심지로 선택한 포르투갈인은 곧 이 제도의 부유한 산물들을 조사했다. 무엇보다
도 후추와 고급 향신료와 금을 찾아냈다. 유럽의 이 초기 충격은 대단히 강렬해서 1550년 이
후에는 후추를 필두로 새로운 작물을 경작하고 시장을 개척했다. 인도의 말라바르 해안에서
도 비슷한 현상이 일어났다. (마갈량이스 고디뇨의 책에 있는 지도)

모든 섬에서 대부분의 사람들이 이 언어로 말하는데 이것은 마치 유럽의 라

틴어와 유사하다.” 마젤란 탐험대가 유럽에 소개한 말루쿠 제도의 어휘 450

개가 말레이어 단어라는 것은 놀라운 일이 아니다.[516]

 “링구아 프랑카”의 팽창은 믈라카의 팽창력의 테스트였다. 이 팽창력은

마치 16세기에 안트베르펜이 부를 축적하던 방식처럼 외부의 힘에 의한 결

과이다. 이 도시는 집, 광장, 창고 외에 보호 역할을 하는 여러 제도들과 아

주 귀중한 해상법전 등을 제공한 반면, 이곳에서의 교역에 활기를 불어넣어준 선박, 상품, 상인은 외국에서 온 것이기 때문이다. 외국인들 가운데 최대 다수는 구자라트와 코지코드 출신의 이슬람 상인들이었다(토메 피레스에 의하면 1,000여 명의 구자라트인과 "4,000-5,000명의 선원이 왕래했다"). 또 다른 중요한 집단으로서 코로만델의 힌두 상인들인 켈링이 있는데 이들은 자신들만의 구역인 캄폰 켈링(Campon Queling)을 따로 가지고 있을 정도였다.[517] 구자라트인들이 플라카와 마찬가지로 수마트라와 자바에서도 탄탄히 자리를 잡고 후추와 향신료를 지중해 방향으로 수출했다는 사실은 이들의 우월성을 보여준다. 캄바트(구자라트의 다른 이름)는 한 팔을 아덴으로, 다른 한 팔을 플라카로 뻗치지 않고는 살 수 없다고 사람들은 말한다.[518] 여기에서 다시 한번 분명히 인도의 잠재적인 우월성이 드러난다. 인도는 중국에 비해 외부와의 관계에 훨씬 더 개방적이어서 이슬람 상인 및 지중해 연안의 근동 상인의 상업망에 연결되어 있었다. 더군다나 역사가들이 아무리 상상력을 동원하여 생각해보려고 해도 아직까지 그 이유를 명확히 알 수는 없지만, 1430년 이후 중국이 원거리 탐험을 완전히 포기했기 때문에 더욱 인도의 잠재적 우월성이 드러나 보인다. 더구나 중국은 향신료를 많이 쓰지 않는 편이어서—그나마 플라카의 중계를 거치지 않는 경우가 많다—반탐에서 얻는 후추를 제외하고는 향신료에 그다지 큰 관심을 두지 않았다.

알부케르크의 소규모 포르투갈 선단(이 선단에는 모두 1,400명이 타고 있었는데 그중 600명이 말라바르인이었다)[519]의 플라카 점령은 이곳의 번영과 명성에 의해서 원격조정된 것이나 다름없다. 당시 이 도시는 "인도에서 가장 유명한 시장이었기 때문이다."[520] 이것은 아주 난폭한 점령이었다. 강 위의 다리가 일단 점령당하자마자 기습공격을 받아 이 도시는 9일 동안 약탈을 당했다. 그러나 플라카의 위대함은 1511년 8월 10일이라는 이 운명의 날 하루 때문에 갑자기 사라지지는 않았다. 알부케르크는 이 도시를 점령한 이후 1512년까지 머물면서 이 도시를 조직했다. 그는 이곳에 위풍당당한 요새를 건설했으며, 시암으로부터 "향신료 제도"의 여러 섬들에 이르는 지역에서 이슬람의 적으로 비치게 되었지만 그 대신 이방인들의 친구 행세를 했는데 사실 이 말은 상인들의 친구가 되었다는 의미이다. 이 점령 이후 포르투갈의 정책은 관용적이고 우호적으로 변했다. 심지어 펠리페 2세도 1580년 이후 포르투갈의 국왕이자 동인도 식민지의 지배자로서 아시아에서 조심스러운 종교적 관용정책을 권고했다. "아니다, 힘으로 개종을 시켜서는 안 된다(Não e este o modo que se deve ter urna conversão)."[521] 포르투갈령이 된 믈라카에는 중국 바자만이 아니라 이슬람 사원도 설립되었다. 물론 요새를 굽어보는 중요한 건물은 여전히 예수회의 상 파울 성당이었다. 이 성당의 앞뜰에서는 바다의 수평선이 보였다. 루이스 필리프 토마스가 올바르게 지적했듯이 "1511년 8월에 믈라카를 점령함으로써 포르투갈은 말레이 제도와 아시아의 바다에 대한 문호를 열게 되었다. 이 도시를 얻은 것은 단지 한 부유한 도시를 얻은 정도가 아니라, 여러 통상로들의 복합체를 지배하게 된 것이다. 이 통상로들은 믈라카에서 교차하기 때문에 이 도시는 이 복합체의 열쇠이다."[522] 전체적으로 보면, 몇몇 단절에도 불구하고 포르투갈인들은 이 연결로들을 잘 유지했다. 여기에 약간의 통상로들이 추가되었다. 1555년에 포르투갈인들이 16세기 중반의 힘겨운 콩종크튀르를 보상받기 위해서 광저우 앞의 마카오에 자리를 잡고 더 나아가서 일본에까지 진입한 것이 그 예이다. 포르투갈인들의 수중에 있는 마카오는 태평양, 인도, 유럽을 잇는 연계망의 중심지점이 되었는데 이것은 나중에 네덜란드인들의 수중에 있는 바타비아와 비슷했다.

나중에 네덜란드인이 들어와 포르투갈인이 지배하던 아시아를 곤경에 빠뜨리기 전까지는 포르투갈인은 조용히 번영을 누렸다. 이것은 리스본의 국왕을 비롯해서 포르투갈 전체와 유럽의 후추 소매상들에게 이익을 안겨주었던 것은 물론이고 동양에서 탐험을 하던 포르투갈인들에게도 이익을 주었다. 이들은 언제나 그런 것은 아니라고 해도 흔히는 아메리카를 점령한 스페인인과도 같은 반(半)봉건적인 심성을 가지고 있었다. 물론 튀르키예의 공격이 있었으나 그것은 단속적이었고 거의 효과적이지 못했다. 그러나 그 결과 "이곳의 여러 바다에서 아무런 방해물 없이 항해하면서 이들은 방어에 필요한 각종 주의조치를 무시하게 되었다."[523] 그리하여 1592년에 랭커스터 출신의 영국 선박 두 척이 이전에 바스쿠 다 가마가 항해했던 항로를 따라가다가 포르투갈의 배들을 만나자 그다지 어렵지 않게 나포해버렸다. 곧 모든 것이 바뀌게 된다. 인도지역에 유럽의 전쟁과 적대성이 이식되었고 포르투갈의 도시인 믈라카는 오랫동안 지켜왔던 우월성을 상실했다. 1641년에 네덜란드인들이 이 도시를 탈취한 후 곧 이곳은 부수적인 역할만을 맡게 되었다.

아시아의 중심지 이동

바타비아는 믈라카가 점령되기 이전부터 아시아의 교역 중심지였다. 이 도시는 교역을 지배하고 조직했다. 1619년에 건설된 바타비아는 1638년에 일본이 포르투갈인들에게는 문호를 폐쇄하고 네덜란드 동인도회사의 선박에 대해서는 계속 개방하는 정책을 취한 이후 폭발적으로 발전했다. "인도 내 무역" 교역망의 핵심적인 지배자이며 동시에 상업의 왕도(王都) 역할을 맡는 곳은 네덜란드 동인도회사가 능숙하고 조심스러우며 권위적인 우월성을 유지하는 한 계속해서 말레이 제도에 소재할 수밖에 없었다. 그것은 다시 말해서 많은 우여곡절을 겪으면서도 한 세기 이상 이 현상이 지속되었다는 것을 뜻한다. 1662년 초에 네덜란드인들은 타이완에서 축출당했다. 중국 본토를 바라보고 있고 일본과의 연결에서 중개지점이기도 한 이 섬에 네덜란드인들은 1634년에 카스텔 질란디아(Castel Zelandia)를 건설하면서 정착해 들어갔다.[524] 그러므로 우리가 이미 말한 바 있는, 바타비아의 장기적인 주도권 장악은 대략 1650-1750년으로 잡는 17세기의 장기 위기―이것은 신대륙을 포함하여 유럽 세계-경제에 깊은 영향을 미쳤다―와 어느 정도 일치한다.

그러나 17세기의 위기가 아시아에는 영향을 미치지 않은 것이 틀림없다. 왜냐하면 이 시기에 인도 전체는 인구가 증가하고 경제가 상승하는, 한 세기 이상의 번영기를 맞았기 때문이다. 다른 어떤 요인들보다도 여기에서 중요한 점은 네덜란드 경제가 유럽의 위기에서 유별나게 보호받던 경제로서 우리가 지적한 것처럼 아직 남아 있는 최상의 상업이 모두 이 경제를 향해 모여들었다는 점이다.

신도시 바타비아는 분명 네덜란드의 우월성의 빛나는 표시였다. 1652년에는 시의 중심에 3층 건물의 시청이 세워졌다. 이 시는 운하가 가로지르고, 바둑판처럼 길이 나 있으며, 22개의 보루가 구축된 성벽이 둘러싸고 있고, 네 개의 성문이 있었다. 이곳에는 아시아, 유럽, 인도양 등 각지의 사람들이 모여들었다. 성벽 밖에는 자바인과 암본인의 구역이 있었다. 시골 지역에는 빌라와 논, 사탕수수밭, 운하 등이 있고, 또 잘 정비된 강을 따라서는 "밀 도정, 제재, 제지, 화약 제조" 혹은 설탕 제조용 물레방아와 기와 제조소, 벽돌 제조소 등이 있었다……. 도시 내부의 모든 것이 질서 있고 깨끗하며 청결했다. 이곳에는 시장, 창고, 보세창고, 정육점, 어물전, 수비대, 스핀하위스(spinhuis : 타락한 여자들을 잡아와 강제로 직조 노동을 시키는 곳) 등이 있었다……. 네덜란드의 식민지 사회가 얼마나 부유하고 관능적이며 게으른 곳인지는 재론할 필요도 없다. 1595년의 고아, 그리고 외과의사인 니콜라스 더 흐라프가 1668년에 도착하여 글을 남기기 이전부터 이미 똑같은 모습이었던 바타비아, 또 이와 완전히 같은 면모를 보이던 콜카타 등지에서 모두 관찰되는 부유하고 관능적인 양태는 빛나는 성공의 확실한 증거이다.[525]

그러나 18세기 초부터 네덜란드의 거대한 기구는 고장 나기 시작했다. 사람들은 흔히 네덜란드 동인도회사 직원들의 부정행위와 부정직성이 점점 더 심해졌기 때문이라고 생각했다. 그러나 영국 동인도회사의 직원들은 이 점에서 오히려 더했지만 그래도 이 회사는 대략 1760년대에 1등의 지위를 차지하지 않았는가? 흔히 그렇게 생각하는 것처럼 18세기 중엽에 경향이 역전된 것이 도처에서 더 큰 활동을 불러일으키고 교역량을 증대시키며 교환, 단절, 혁명을 촉진시켰기 때문일까? 유럽에서는 국제적인 기회의 재분배가 있었고 아주 빠른 속도로 영국이 주도권을 잡았다. 아시아에서는 인도가 아시아의 무게중심이 되어갔지만 이렇게 최고의 자리를 차지한 것은 영국의 엄격한 감독과 주도하에 이루어졌다. 이 과정은 이미 오래 전에 나온 홀든 퍼버의 책에 감탄할 정도로 자세히 묘사되어 있다.[526] 영국의 존(John) 회사(영국 동인도회사)는 그 "사촌" 격인 얀(Jan) 회사, 즉 네덜란드 동인도회사에 대해서 승리했다. 네덜란드 회사는 1770년대에 벵골과 인도에서의 승부에서 졌고, 그전인 18세기 중엽에 중국이 매일같이 조금씩 개방을 확대했을 때에도 광저우에서 최고의 지위를 차지하지 못했다. 광저우에서 존이 얀보다 더 머리가 좋고 솜씨 있고 약았기 때문이라고 말할 수는 없다. 사람들은 흔히 그런 식으로 이야기했고 또 그것이 어느 정도 맞는 것도 사실이다. 그러나 프랑스 동인도회사를 준열히 비판하던 한 프랑스인의 말에 의하면, 1752년경에 광저우에서 가장 상황을 잘 이용할 줄 알던 회사는 오히려 가장 약하고 성공을 위한 준비가 가장 취약했던 덴마크와 스웨덴의 회사들이었다.[527] 영국이 승리했다면 그것은 자신의 힘에 인도의 무게를 얹었기 때문이다. 플라시 전투(1757)는 인도의 정치적 정복을 마감하는 마지막 봉인일 뿐 아니라 상업적인 여러 "해안지역"의 지배를 뜻한다. 이 해안지역들은 인도 대륙의 연안지역들을 연결하면서, 한편으로는 홍해와 페르시아 만까지, 다른 한편으로는 말레이 제도와 조만간 광저우까지 펼쳐지게 된다. 인도의 조선소에서 그토록 많은 선박들, 특히 인도 항해 선박들을 건조한 것은 "인도 내 무역", 그중에서도 특히 중국 항해를 위한 것이 아니었던가? 퍼버에 의하면,[528] "인도 내 무역"을 수행하던 영국 국적 선박의 총 톤수는 1780년에 4,000톤이었다가 1790년에는 2만5,000톤에 이르렀다! 사실 이 도약은 보기보다 그렇게 극적인 것은 아니다. 왜냐하면 1780년은 프랑스와 영국 사이에 거의 마지막 대결이 이루어지던 때라 많은 영국 배들이 포르투갈, 덴마크,

스웨덴 등의 국적으로 위장해서 항해했으나, 평화가 찾아오자 가면을 벗어던졌기 때문이다.

이와 동시에 바타비아로부터 콜카타로 빠르고 급격한 이전이 있었다. 갠지스 강변에 위치한 도시[콜카타/역주]의 활기찬 성공은 한편으로 네덜란드 동인도회사가 반(半)수면상태에 들어간 사실을 설명해준다. 콜카타는 최악의 무질서 속에서 아무렇게나 팽창해나갔다. 프랑스의 여행가 겸 모험가인 모다브 백작은 워런 헤이스팅스* 정부가 막 출범한 1773년에 이곳에 도착했다.[529] 그는 이 도시가 크게 팽창하면서 동시에 완전히 무질서 속에 빠져드는 상황을 기록했다. 콜카타는 운하와 반듯한 도로들을 가지고 있는 바타비아와는 달랐다. 갠지스 강 위에는 심지어 부두시설도 없었다. "강변의 여기저기에 집들이 세워져 있고 몇몇 집들의 벽은 수면에 닿아 있었다." 성벽도 없었다. 대나무로 만들고 초가지붕을 얹은 집들이 수도 없이 들어서 있는 한가운데에 아마도 영국인들이 최대 500채의 집들을 지은 것 같다. 길은 숲속의 오솔길처럼 진흙투성이고 때로는 상당히 폭이 넓기도 했지만, 길 양끝이 통나무 바리케이드로 막혀 있었다. 어디든 무질서가 만연했다. "이것이 이른바 영국식 자유의 결과이다. 이 자유는 질서와 균형과는 완전히 담을 쌓은 것처럼 보인다."[530] 그는 또 이렇게 이야기하기도 했다. "외국인들이 콜카타 시를 보고 있노라면 놀라움에 약간의 분노가 섞이게 마련이다. 규칙적인 계획을 세워서 실천하기만 한다면 어렵지 않게 이곳을 세계에서 가장 아름다운 도시로 만들 수 있었을 텐데 영국인들은 그토록 훌륭한 입지조건들을 다 무시하고 각각의 사람들이 아주 이상한 취향에 따라, 또 기상천외한 주문에 따라 건축하도록 내버려두었다." 1689년에 단순한 주거터에 불과

---

* Warren Hastings(1732-1818): 영국의 식민지 행정가. 1750년에 영국 동인도회사에 입사하여 1772년에 벵골 지사, 그리고 1773-1785년에는 인도 전체를 관장하는 지사가 되었다. 인도의 재정을 건전하게 개혁하고 인도의 언어와 문화를 보호하려고 노력했다. 그러나 영국 내에서는 혹독한 비판을 면하지 못하여 1784년에 사임하고 귀국해서는 독직 혐의로 재판에 회부되었다. 여기에서 무죄판정을 받기는 했으나 파산했다.

했던 콜카타는 1702년에 요새(포트 윌리엄)를 갖추게 되었지만, 1750년경에도 아직은 중요하지 않은 도시였다. 이 해에 프레보 신부가 편찬한 여행기 모음집에는 이 도시가 언급도 되어 있지 않다. 모다브 백작이 1773년에 이곳을 보았을 때 이 도시는 이제 가능한 대로 모든 상인들을 다 그곳으로 모으는 중이었다. 한창 팽창을 거듭하는 콜카타는 건축의 광기에 싸였다. 목재는 갠지스 강을 통해서 뗏목으로 들어오든지 해상 운송을 통해서 페구로부터 들어왔다. 벽돌은 주변 시골 지역에서 만들었다. 집세는 신기록을 작성했다. 이 당시 이미 인구가 30만 명에 달했으나 세기말이 되면 그 두 배 이상이 되었다. 이 도시는 자신의 성장이나 부에 책임을 지지 못하면서 성장해갔다. 그러나 영국인들은 어떠한 방해도 받지 않았다. 이들은 방해가 되는 사람들은 누구든지 구박하고 내쫓았다. 인도의 반대편에 있는 뭄바이는 이와 대조적으로 자유의 극점이었다. 이것을 보면 마치 이곳에서 놀라운 성공의 기회를 발견한 인도의 자본주의가 복수를 하든가 보상을 받기라도 하는 것 같았다.

결론이 가능한가?

당연한 이야기이지만 이 장에서 길게 살펴본 비유럽의 그림은 불완전하다.

우선 중국, 특히 푸젠 성의 외부 지향적인 팽창에 대해 더 자세히 살펴보았어야 했다. 푸젠 성의 팽창과정은 1662년에 네덜란드인들이 타이완을 포기했을 때, 또는 1683년에 만주족이 이 섬을 정복했을 때 중단되었으나 18세기에 광저우가 유럽의 다면적인 교역에 개방되었을 때 재개되었다.

또 일본이라는 특별한 사례도 살펴보았어야 했다. 일본은 레오나르트 블뤼세의 탁월한 묘사에 의하면[531] 1638년 이후 자신의 규모(한국, 류큐, 1683년까지의 타이완, 허락을 받고 입항하는 중국의 정크선 그리고 네덜란드인들의 특권적인 "조공" 무역)에 걸맞은 세계-경제를 구축하고 그것을 이용했다.

인도에 대해서도 더 자세히 보고 얀 헤이스테르만의 새로운 견해[532]—그는 무굴 제국 쇠퇴의 중요한 원인으로 도시경제의 발달을 들었는데 이것이 18세기에 통합성을 깨뜨렸다고 본다—를 소개했어야 했다.

마지막으로 사파비 왕조의 페르시아에 대해서, 이곳의 **지시경제**(command economy)에 대해서 그리고 이곳이 인도, 중앙아시아, 적대적이고 미움을 받고 있던 튀르키예, 모스크바 대공국, 아주 멀리 떨어져 있는 유럽 등지에 대해 중개 역할을 맡을 수밖에 없게 된 점에 대해서 설명했어야 했다.

그러나 이 조망을 정말로 완전히 전체적으로 다루어서 이것 하나만으로 진짜 책 한 권의 규모가 되었다면, 지금쯤 우리의 노력과 연구를 끝마칠 수 있었겠는가? 분명히 그렇지 못할 것이다. 유럽과 비유럽에 대해서, 즉 전 세계에 대해서 결론을 내리기 위해서는 거기에 합당한 계산과 수치를 가지고 있어야 한다. 우리는 핵심적인 것들에 대해서는 묘사하고 문제를 제기하고 약간의 심층적인 그리고 아마도 타당성 있는 설명들을 선보였다. 그러나 그렇다고 해서 유럽과 비유럽 사이의 수수께끼와도 같은 문제들을 해결한 것은 아니다. 왜냐하면 19세기 이전에—적어도 유럽에서 경제적인 앙시앵 레짐이 계속되는 한—인구로 보나 부로 보나 비유럽 세계가 유럽에 비해서 우세했다는 것이 거의 의심의 여지가 없다면, 또 적어도 영국의 승리의 여명기인 나폴레옹의 파멸 직후까지도 유럽이 자신이 착취하는 세계보다 부유하지 못했다는 것이 거의 의심의 여지가 없다면, 우리가 해결해야 할 문제는 어떻게 유럽의 우위가 확립되었는가 하는 점이고, 더군다나 그다음에 어떻게 그 우위가 유지되었는가 하는 점이다. 실제로 유럽의 우위는 계속 유지되지 않았는가.

폴 바이로크가 다시 한번 더 역사가들에게 편의를 제공한 것은 바로 이 문제를 통계적으로 제기했다는 데에 있다. 이것을 수행하면서 그는 나의 입장에 동조한 정도가 아니라 한 단계 더 발전시켰다. 그의 주장이 옳은 것일까? 우리의 주장은 옳은 것일까?

여기에서 나는 자세한 설명은 하지 않겠다. 그리고 제네바에서 활동하는 나의 동료[폴 바이로크/역주]가 사용한 방법의 타당성에 대해서도 자세히 논하지는 않겠다. 단지 설명을 간소화하기 위해 그의 연구방법은 과학적으로 충분히 타당성을 가지므로 그가 제시하는 아주 개략적인 성과들이 진지하게 고려할 만하다고 가정하기로 하겠다(한편 이런 성과들이 아주 개략적이라는 점을 지적하고 그것에 대해서 조심할 것을 이야기한 사람도 그가 처음이다).

그가 선택한 지수는 1인당 소득, 즉 "1인당 국민총생산"이다. 그리고 여러 나라들 간의 비교를 편하게 수행하기 위해서 모든 수치는 1960년의 미국의 달러와 물가를 기준으로, 즉 같은 기준단위로 계산했다. 그 결과는 다음과 같다. 영국(1700) 150-190, 장차 미합중국이 될 아메리카의 영국 식민지(1710) 250-290, 프랑스(1781-1790) 170-200, 인도(1800) 160-210(그러나 이 나라는 1900년에도 140-180이었다)이다. 내가 이 책에서 제시한 증거들을 수정하려는 때에야 보게 된 이 수치들은 이전 세대가 했던 주장들과 가설들을 확인시켜주었다. 일본이 1750년에 160의 수준이었다는 것도 그다지 놀라운 일이 아니다. 유일하게 우리를 놀라게 하는 것은 1800년에 중국이 228의 수준이었다는 점이다. 비록 이와 같은 고수준은 다음에 하락하지만—1950년에 170으로—말이다.

다음에 우리가 가장 큰 관심을 두는 문제로서 미국을 포함한 유럽과 비유럽 사이의 공시적인 비교의 문제를 보자. 1800년에 서유럽이 213의 수준에 이르렀다는 것은 놀라운 일은 아니다(이때 북아메리카는 266이었다). 그런데 이것은 이 시대의 "제3세계"의 수준인 200을 겨우 넘는 수준이다. 이것은 우리를 약간 놀라게 한다. 사실 이 후진지역의 평균이 크게 올라 있는 것은 중국이 높은 수준에 있었기 때문이다(중국은 1800년에 228, 1860년에 204였다). 그런데 오늘날(1976) 서유럽은 2,325에 달하는 반면 지금 막 경사면을 기어오르고 있는 중국은 369, 그리고 제3세계 전체는 355로서 부국들에 비해서 크게 뒤처져 있다.

폴 바이로크의 계산결과는 유럽이 도처에서 놀라운 방식으로 승리를 거두고 있으나 쿡, 라 페루즈, 부갱빌 등이 거대한 태평양을 탐험하던 1800년경에 유럽은 오늘날과는 달리, 세계의 다른 나라들의 기록들을 무색하게 만들 정도는 결코 아니었다는 점을 말해준다. 오늘날 선진지역들(서유럽, 소련, 북아메리카, 일본)의 1750년도 국민총생산을 모두 합치면 1960년 달러화로 350억 달러인 데에 비해서 그 나머지 세계는 1,200억 달러이다. 1860년에 이르면 이 수치들은 1,150억 달러 대 1,650억 달러가 된다. 오늘날의 선진국들 그룹의 수치가 앞서가게 되는 때는 1880년에서 1900년 사이의 일이다. 즉, 1880년에는 1,760억 달러 대 1,690억 달러이고, 1900년에는 2,900억 달러 대 1,880억 달러가 된다. 1976년의 경우에는 개략적으로 3조 달러 대 1조 달러이다.

이런 관점에서 보면 유럽(그리고 이와 동시에 특권적인 지위를 누리는 나라들을 더하여)과 나머지 세계의 상대적인 위치에 대해서 1800년 이전과 산업혁명 이후로 나누어보는 것에 대해서 지금까지와는 다르게 평가할 수밖에 없다. 여기에서는 산업혁명의 역할이 정말로 대단히 중요한 것으로 드러난다. (아마도 기술진보보다는 사회적, 경제적 구조의 요인 때문에) 선두의 영국을 필두로 한 유럽만이 홀로 기계혁명을 주도할 수 있었다는 점은 거의 의심의 여지가 없다. 그러나 이 혁명은 발전 그 자체만을 위한 도구 정도가 아니었다. 이것은 지배의 도구이며 국제적 경쟁을 파괴하는 도구였다. 유럽의 산업은 기계화되면서 다른 나라들의 전통적인 산업을 축출할 수 있었다. 이때 벌어진 간격은 갈수록 더 벌어졌다. 1400-1450년부터 1850-1950년까지의 세계사의 큰 그림은 초기의 균등성이 15세기 말 이후 수 세기간 계속되는 왜곡의 영향을 받아 점차 깨져간다는 것이다. 이 중요한 줄거리에 비하면 그 나머지 모든 것은 부수적인 것들에 불과하다.

제6장

산업혁명과 성장

John Atkinson Grimshaw(1836–1893), *Reflections on the Thames, Westminster, London,* 1880. oil on canvas, 76.2 × 127cm. Leeds Art Gallery, Leeds Museums and Galleries, gift from John Kirk, 1900. public domain.

1750-1760년대에 영국에서 시작된, 또는 처음 드러나 보이기 시작한 산업혁명은 극히 복잡한 과정으로 보인다. 산업혁명이란 수 세기 전에 시작된 "산업화(industrialisation)"의 마지막 과정이 아닐까? 산업혁명은 끊임없이 경신되어 오늘날에도 지속되는 것은 아닐까? 새로운 시대의 시작으로 정의된 산업혁명은 장구한 미래를 함축하는 것으로 여겨졌다. 그러나 산업혁명이 아무리 거대하고 모든 것에 영향을 미치고 또 혁신적인 것이라고 하더라도 이것만이 근대세계사의 전부일 수는 없다.

이것이 다음에서 내가 이야기하고자 하는 내용이다. 그 목적은 다름 아니라 산업혁명을 정의하고, 가능하다면 걸맞은 위치를 잡아보는 것이다.

유용한 비교

우선 이 주제에 익숙해지기 위해서 약간의 정의작업들과 사전(事前) 비교작업들이 필요하다. 산업혁명은 영국에서 초기부터 일련의 다른 혁명들을 유발시켰고 이것들은 현재에도 미완성의 상태로 남아 미래를 향해 달려가고 있다. 이 후속 혁명들을 통해서 우리는 과거 영국의 도약을 회고적으로 살펴볼 수 있다. 다른 한편 영국의 산업혁명 이전에도 언제나 인간사회에는 산업화 과정이 전개되어왔으며, 그중에는 상당히 진척된 것도 있고 미래를 예고해주는 것도 있다. 이것을 통해서 우리는 과거의 경험들을 관찰할 수 있는 기회를 얻게 된다. 과거의 경험들은 하나같이 실패라고 할지 모르겠다. 어쩌면 그럴 수도 있다. 그러나 어쨌든 실패사례들을 분석하는 것이 성공을 잘 이해할 수 있게 해줄 것이다.

혁명 : 복잡하고 모호한 용어

천문학에서 차용한[1] 혁명(révolution)이라는 용어가 기성 사회의 전복과 파괴라는 뜻으로 처음 사용된 것은 1688년 영국에서일 것이다.[2] 통상적인 표현으로 흔히 쓰이는 산업혁명(révolution industrielle, Industrial Revolution)이라는 말도 이런 의미이지만 동시에 재구조화라는 정반대의 뜻으로도 쓰인다는 것을 염두에 두어야 한다. 산업혁명이라는 이 말은 1845년에 프리드리히 엥겔스가 처음 만든 것이 아니라[3] 1837년에 프랑스의 경제학자인 아돌프 블랑키(그보다 더 유명한 혁명가 오귀스트 블랑키의 형이다)가 만들었다.[4] 이 말은 1820년대에 이미 다른 프랑스 작가들의 논의에 등장했다고도 한다.[5] 그러나 이 용어가 역사가들 사이에서 고전적인 용어로 정착하게 된 것은 아널드 토인비가 1880-1881년에 옥스퍼드 대학에서 강의한 내용을 정리해서 그의 사후인 1884년에 제자들이 출판한 『산업혁명 강의(*Lectures on the Industrial Revolution*)』라는 책 덕분이다.

사람들은 흔히 역사가들이 혁명이라는 말을 남용한다고 비난한다. 이 말은 첫 번째 어의(語義)대로라면 격렬하고 급격한 현상에 대해서만 쓸 수 있다. 그러나 사회현상에서 빠른 움직임과 느린 움직임은 불가분의 관계에 있다. 사실 어느 사회에서나 그 사회를 유지하려는 힘들과 의식하든 못하든 그 사회를 허물어버리려는 힘들 사이에는 늘 갈등이 있게 마련이며, 혁명적 폭발이란 이 잠재적이고 장기적인 갈등이 짧고 격렬한 방식으로 화산 폭발한 것에 불과하다. 혁명적인 과정을 이해하려고 접근할 때 문제가 되는 것은 늘 장기와 단기 사이의 비교, 즉 장기와 단기 사이의 관계를 찾아내고 그 불가분의 상호 종속성을 알아내는 것이다. 18세기 말에 영국에서 일어난 산업혁명 역시 이 법칙을 벗어나지 않는다. 산업혁명 역시 일련의 활기찬 사건들이면서 동시에 대단히 장기적인 과정이다. 다시 말해서 이것은 하나의 현상이면서도 차변과 대변의 두 측면에서 기록되고 있다.

따라서 장기와 단기의 변증법을 이야기해야 한다. 예컨대 월트 로스토의 설명에 의하면6) 영국 경제는 투자의 문턱점을 넘어섬으로써 1783–1802년 사이에 "이륙했다(take off)." 이 설명에 대해서 사이먼 쿠즈네츠는 수치자료를 가지고 공박했으나7) 어쨌든 활주로를 달려 이륙하는 비행기의 이미지는 여전히 남아 있다. 그것은 단기간의 구체적 사건을 가리킨다. 그러나 비행기가 이륙하기 위해서는 영국 경제라는 비행기가 우선 만들어져야 하고, 그것이 이륙하기 위한 조건들이 사전에 만족되어야 한다. 그런 것들이 단번에 이루어지지는 않았다. 예컨대 아서 루이스가 말했듯이8) 저축률이 높아졌다고 해서 어느 한 사회가 "태도, 제도, 기술 같은 것들을" 곧바로 변형시킬 수는 없다. 언제나 사전단계들과 적응단계들을 거쳐야만 한다. 필리스 딘이 정확하게 지적했듯이 18세기 말 영국에서 있었던 모든 혁신과 불연속 역시 과거, 현재 그리고 그다음 시기라는 "역사적 **연속**(continuum historique)" 안에 위치해 있었다. 이 **연속** 안에서는 불연속과 단절이 그동안 이야기했던 것과 같은 유일무이하고 결정적이라는 성격을 상실한다.9) 데이비드 랜디스는 산업혁명을 혁명적 폭발에 이르는 임계량*의 형성으로 보았다.10) 이 이미지는 훌륭하지만 우리는 이 총량이 여러 다양하고 필요한 요소들로 구성되어야 하며 또 느린 축적을 통해서 이루어질 수밖에 없다는 점을 분명히 인식해야 한다.

---

* critical mass : 원자력 용어로서 원자로에서 연쇄반응을 지속하거나 원자폭탄이 폭발을 일으키는 데에 필요한 최소한의 핵분열 물질의 질량을 가리킨다. 비유적으로는 효과적으로 바람직한 결과를 얻기 위한 충분한 양을 말한다.

매번 우리의 추론에서 장기적인 시간은 자신의 합당한 몫을 주장한다.

그러므로 산업혁명은 적어도 두 측면에 걸친 것이다. 짧은 시간의 연쇄 속에서 이루어지는 명백한 격변이라는 일반적인 의미로서의 산업혁명이 하나이고, 장기지속적이고 누진적이며 신중하고 조용한, 그리하여 흔히는 거의 알아볼 수도 없는—로스토와 반대되는 입장에서 연속성이라는 관점을 견지한 클로드 폴렌의 말에 의하면[11] "가능한 한 가장 덜 혁명적인"—과정이 또다른 것이다.

그렇다면 상대적으로 폭발적인 양태를 보인 시기(예컨대 1760년 이후의 시기)에도 이 핵심적인 현상에 유명인사들이 아무런 인상을 받지 못했다고 해도 놀라운 일은 아니다. 스코틀랜드의 작은 핀 공장 사례를 거론한 애덤 스미스도 현재의 시점에서 되돌아볼 때 하찮은 증인에 불과하다. 그가 1790년이라는 상당히 이후 시기까지 생존했던 인물인데도 말이다. 데이비드 리카도(1772–1823)는 그보다 후대의 인물이므로 더 변명의 여지가 적지만, 그 역시 자신의 이론 틀 속에 기계에 대한 고려를 거의 하지 않았다.[12] 장-바티스트 세는 영국의 "증기 수레"를 묘사한 다음 이렇게 덧붙여서 우리를 즐겁게 한다. "군중이 몰려 있고 혼잡이 극심한 대도시의 한복판에서 사람과 상품을 수송하는 데에는 기계가 가장 허약한 말보다도 더 못할 것이다."[13] 장-바티스트 세를 비롯해 아무리 위대한 인물이라고 해도, 미래를 조망한다는 위험한 일에서 반드시 탁월한 성과를 보여줄 수는 없는 법이다. 그리고 마르크스이든 베버이든 혹은 좀바르트이든 그들이 장기적인 산업화 과정을 잘못 이해했다고—다시 말해서 우리와 다르게 이해했다고—비판을 가하는 것만큼 안이한 판단은 없을 것이다. 토머스 애슈턴은 대개 공정한 서술을 하는 학자이지만 크뢰브너의 말을 근거로 그들을 성급하게 비판한 것은 공정하지 못한 것 같다.[14]

한편 오늘날 산업혁명을 연구하는 수많은 역사가는 과연 더 정확한 판단을 내리고 있을까? 어떤 사람들은 산업혁명의 과정이 17세기 초부터 시작되었다고 본다. 또 어떤 사람들은 1688년의 명예혁명이 결정적인 전기라고 주장한다. 또다른 사람들은 영국의 급격한 변화의 시기가 18세기 후반의 대대적인 경제회복과 일치한다고 본다……. 각각의 사람들은 농업, 인구, 무역, 산업기술, 크레딧 등 어느 것을 강조하느냐에 따라 나름대로 옳은 점이 있다. 그렇다면 산업혁명을 일련의 분야별 근대화 과정으로 볼 것인가, 아니면 여러 발전단계들로 볼 것인가, 그것도 아니면—"성장"이라는 말에 가능한 모든 의미를 부여한 것으로—총체적인 성장이라는 각도에서 볼 것인가? 18세기 말에 영국의 성장이 불가역적이 되었을 때—로스토의 말에 의하면[15] 성장이 영국의 "정상 상태"가 되었을 때—이것은 분명히 어떤 개별 분야의 진보(저축률이나 투자율의 증가 등을 포함해서) 때문이라기보다는 불가분의 전체, 즉 개별 분야가 지력(智力)에 의해서든 우연에 의해서든 각각 다른 시기에 발전해온 결과 다른 분야들에 도움을 주게 되면서 형성한 상호 의존과 상호 해방의 전체 때문이었다. "진정한" 성장(다른 사람은 진정한 발전이 더 맞는 말이라고 할지 모르겠지만 그것은 상관없는 일이다)은 여러 진보들을 불가역적인 방식으로 연결하고 그것들이 상호 도움을 주면서 전체적으로 상승하도록 추진하는 것이 아니겠는가?

하류 쪽으로의 관찰 : 오늘날의 저개발국들

영국의 산업혁명은 직계후손이라고 할 수 있을 이후의 여러 혁명에 길을 터주었다. 그중 어떤 것은 성공하고 어떤 것은 실패로 끝났다. 한편 영국의 산업혁명 이전에도 비슷한 규모의 혁명들이 여러 차례 있었다. 그중 어떤 것들은 시작단계에 불과했고 어떤 것들은 상당히 진척되기도 했으나 길게 보면 이 모든 것들은 다 좌절하고 말았다. 이처럼 과거에 대한 조망과 현재에 대한 조망이라는 두 가지 길이 열려 있다. 이 두 가지의 여행은 어느 것이나 비교사라는 중요한 수단을 사용하는 접근법이다.

하류 쪽으로의 관찰에서는 영국의 산업혁명 모델을 거의 그대로 따라 했던, 유럽과 미국의 산업혁명들을 살펴보지는 않겠다. 그 대신 우리는 현재 산업화가 진행 중인 제3세계를 보고자 하는데, 이것은 직접 볼 수 있고 들을 수 있고 만질 수 있는 정말로 소중한 기회를 역사가에게 제공한다. 물론 이 것은 대단한 성공의 면모를 보여주지는 못한다. 대략 지난 30-50년 동안 제 3세계는 지속적인 진보를 거의 이루지 못했다. 이 나라들의 노력과 기대는 너무나도 흔히 참담한 실망으로 끝났다. 혹시 이 실험의 (반[半])실패의 원인 들을 반대로 해석함으로써 영국의 예외적인 성공의 조건들을 설명할 수 있 지 않을까?

아마도 경제학자들과 특히 역사학자들은 과거를 더욱 잘 이해하기 위해 서 이렇게 현재로부터 출발하는 유추법에 반대할 것이다. "산업화된 국가들 이 예전에 갔던 길을 그대로 답습하라고 권고하는 모방 모델은 이미 옛날 일"이라는 이들의 지적은[16] 틀린 말이 아니리라. 맥락이 완전히 바뀌었으므 로 제3세계 국가들이 산업화의 진행을 옛날 일본의 전제주의 방식이나 조지 3세 시대의 영국의 자연발생 방임주의 방식대로 좋아할 수는 없는 일이다. 이것은 당연한 말이다. 그러나 이냐시 작스가 말한 것처럼[17] "발전의 위기 는 동시에 발전이론의 위기"이므로 어느 이론이 어디가 잘못되었는지, 1960 년대에 선풍을 일으켰던 계획론자들이 자신들이 하려는 일의 어려움을 왜 과소평가했는지 등을 묻는다면 18세기 영국의 경우를 포함해서 발전 그 자 체의 과정을 더 잘 이해할 수 있지 않겠는가?

그 이유는 성공한 산업혁명이란 전반적인 성장, 즉 "경제적, 사회적, 정치 적 그리고 문화적 구조와 제도들의 변화과정에 다름 아닌"[18] 종합적인 발 전을 의미하기 때문이다. 한 사회와 경제의 두께 전체가 여기에 연관되며 이 전체가 변화에 동반하고 그 변화를 지탱하며 더 나아가서 감내할 수 있어야 한다. 사실 그 과정 중에서 어느 한 곳에서만 요즘 말로 "병목" 현상이 일어 나면, 기계가 덜컹거리고 움직임이 멈추거나 심지어 거꾸로 돌아간다. 오늘 날 후진상태를 극복하기 위해서 노력하는 국가의 지도자들은 시련을 겪은 후에야 이 사실을 깨달았으며 따라서 발전전략은 복잡한 만큼이나 동시에 조심스러운 것이 되었다.

그렇다고 할 때 작스처럼 노련한 경제학자들은 이 경우에 어떤 충고를 해주겠는가? 그 어떤 계획도 사전에 맞아떨어지는 일이 없다는 것이 핵심이다. 개별 경제들은 상호 비슷한 구조인 듯 보이지만 단지 개략적으로만 비슷할 뿐이다. 한 주어진 사회에 대해 계획입안자는 하나의 가설에서 출발해서 목표 성장률(예컨대 10퍼센트)을 정하고 그다음에는 "이 가설의 결과들"을 하나씩 연구할 것이다. 국민소득 중에 어느 만큼을 투자할 것인가, 국내시장과 국제시장에 맞추어 어떤 유형의 산업들이 가능할 것인가, 어떤 종류의 노동자(숙련공이든 미숙련공이든)가 어느 만큼 필요할 것인가, 고용된 노동력에 대한 식량 공급을 위해서 어느 만큼의 식량을 시장에 공급할 것인가, 어떤 기술들이 사용 가능한가(특히 자본, 필요한 노동자의 유형과 인원 등을 고려해서), 앞으로 필요한 원재료나 기계-도구들을 어느 정도 늘려서 수입할 것인가, 새로운 생산이 국제수지와 무역에 어떤 영향을 미칠 것인가 등을 차례로 살피게 된다. 처음에 가정한 성장률이란 그것을 "그대로 목표로 삼아 밀어붙일 경우 자연히 병목현상이 일어날 수밖에 없을 만큼 높게"[19] 책정되기 때문에 이상의 검증작업들을 거치면 해결하지 못하게 될 장애물들이 어느 분야에서 일어나는지 밝혀진다. 그러면 두 번째 단계에서 "모든 수준에서의 차이"를 고려하면서 이것들을 다시 손보고 이런 과정들을 거치면서 종국적으로 제한적이지만 실현 가능해 보이는 계획을 얻게 된다.[20]

작스의 책에 제시된 사례들을 보면 오늘날 제3세계가 겪는 병목현상들이 무엇인지 알 수 있다. 경제발전의 효과를 상쇄해버리는 인구증가, 숙련노동력의 부족, 국내적으로는 일반 공산품에 대한 수요가 적기 때문에 사치품이나 혹은 수출용품의 생산 분야에서만 산업화가 이루어지는 경향 그리고 무엇보다도 가장 중요한 장애요인으로서 "농업의 장벽"을 들 수 있다. 농업 분야는 구태의연하고 대개 자급자족적인 성격을 띠어서 식량 공급이 부족하고 비탄력적이다. 그리하여 임금노동자층이 증가하면 자연히 나타나게 마련인 식량소비의 증가분을 완전히 충족시키지 못할 뿐 아니라 심지어는 농촌 내의 잉여 인구에 대한 식량 공급도 해결하지 못하는 경우가 많아서 도시로 실업자 프롤레타리아를 방출하고, 게다가 워낙 가난하기 때문에 초보적인 공산품에 대한 수요를 증가시키지도 못한다. 이 중차대한 어려움에 비하면 자본의 필요성, 저축 수준, 크레딧의 조직과 그 비용 등은 거의 부차적으로 보일 정도이다. 그런데 이 모든 곤경의 목록을 보면 18세기의 영국, 어쩌면 17세기의 영국은 이미 이런 것들로부터 자유로워진 것이 아닐까 하고 생각하게 된다.

따라서 성장을 위해 요구되는 것은 분야 간의 조화(accord intersectoriel)이다. 모터가 되는 한 분야가 발전한다고 해도 다른 하나가 정체되면 전체가 막혀버린다. 그러므로 우리는 **전국시장**에 대해서 예견했던 내용을 다시 상기할 필요가 있다. 전국시장은 응집성, 일반화된 유통, 일정한 정도 이상의 1인당 소득 수준을 요구한다. 이륙하는 데에 너무나 느렸던 프랑스(철도망이 완성되고 나서야 응집성을 얻었다)에서는 오늘날 일부 후진국에서 볼 수 있는 것과 유사한 이중성이 오랫동안 지속되었다. 대단히 근대적이고 부유하고 발전된 분야 옆에는 몇 개의 지체된 구역들이 존재한다. 이에 대해서 아베롱 강*의 작은 지류인 베르 강을 운항할 수 있게 만들어서 이런 지체된 지역 중의 한 곳이었던 숲을 교역에 개방시키려고 시도했던 한 "기업가"는 이런 곳을 "암흑지역"이라고 표현했다(1752).[21]

그러나 전국시장에서는 성장의 내적 조건들만이 문제가 아니다. 현재 후진국 경제의 발전을 저해하는 것으로는 국제경제—권위적으로 업무를 분할하고 배분하는 오늘날의 국제경제—도 있지 않은가? 이것은 이 책에서 이미 여러 번 강조했던 진실이다. 영국은 세계의 중심에 위치함으로써, 더

---

* Aveyron : 남부 프랑스의 몽토방 근처를 흘러 타른 강으로 합류하는 작은 강.

나아가서 영국이 바로 세계의 중심이 됨으로써 혁명에 성공했다. 제3세계는 자신들 나름의 혁명을 원하고 바랄 테지만 주변부에 속하기 때문에 모든 것이 그들에게 불리하게 돌아간다. 라이선스를 받아서 사용해야 하지만 그렇다고 그들의 필요에 반드시 들어맞지도 않는 신기술, 외부로부터 빌려와야만 하는 자본, 이들의 통제 밖에 있는 해상 수송, 원재료가 남아도는 지경이어서 오히려 그 원재료의 구매자가 마음대로 조정하게 되는 상황 등이 그런 어려움들이다. 바로 이런 것들 때문에 오늘날의 가혹한 광경이 연출된다. 그리고 이 때문에 이미 진보된 곳에서만 더 큰 진보를 이루고 저개발국을 비롯한 다른 나라들과의 사이에 심연이 갈수록 깊어진다. 그렇지만 현재 이상과 같은 세력관계에 변화가 오고 있는 것은 아닐까? 석유 등의 원재료를 보유한 국가들 그리고 저임금으로 아주 싼 가격에 공산품을 생산하는 가난한 국가들이 1974년 이래 고도 산업국들에 대한 복수를 하고 있는 것이 아닐까? 그것은 얼마 더 지난 후에야 밝혀질 일이다. 제3세계가 발전하기 위해서는 어떻게 해서든 현존질서를 부수어야만 한다.

상류 쪽으로의 관찰 : 실패한 혁명들

현재의 실패사례들은 우리에게 참고할 만한 경고를 해준다. 모든 산업혁명은 여러 움직임들의 합류이자 "집합"이며 하나의 군(群)이고 다시 말하면 "세트"이다. 우리가 곧 살펴보려고 하는 영국의 성공 이전의 선(先)혁명들(prérévolutions) 역시 [이렇게 여러 요소들을 다 구비한/역주] 완전성과 비교해 보아야 의미를 가진다. 이 움직임들에는 언제나 기본요소들 중에 한두 가지 혹은 여러 가지 모자라는 부분이 있었기 때문에 모두 다 실패의 유형에 속하는 것이다. 어떤 경우에는 멋진 발명이 이루어졌으나 소용에 닿지 않아서 순전히 머릿속의 기획으로 끝나고 만다. 이 경우에는 "이륙"이 전혀 일어나지 않는다. 어떤 경우에는 이륙이 실제로 일어나기도 한다. 에너지 혁명이 일어나고 농업 생산이나 수공업 생산이 급증하고 인구가 늘어난다. 그리하여 활기찬 진보가 달성되고 모터가 최대로 돌아가는 듯이 보인다. 그러다가 갑자기 모든 것이 정지되어버리는 것이다. 제각기 원인이 다른 이런 일련의 실패들을 다 모아서 하나의 시각으로 정리할 수는 없을까? 이 움직임들은 어쨌든 급격한 성장 뒤에 고장이 난다는 점에서만은 서로 닮았다. 이것은 불완전한 반복이지만 어쨌든 반복은 반복이다. 그러므로 이것들을 비교하는 것은 분명히 가능하다.

그 결론에 대해서는 누구도―특히 경제학자들은 전혀―놀라지 않을 것이다. 산업혁명이나 혹은 더 넓게 이야기해서 생산과 교환의 급증은 엄격한 의미에서 결코 단순한 경제적 현상일 수가 없다. 경제는 결코 장벽을 둘러친 고립된 분야가 아니어서 삶의 여러 영역에 동시에 닿아 있다. 많은 영역들은 경제에 의존하고 경제는 많은 다른 영역들에 의존한다.

알렉산드리아의 이집트

첫 번째 예는 프톨레마이오스 왕조의 이집트이다. 상당히 곤혹스러운 이 예는 어쩌면 지나치게 먼 시대의 것인지도 모르겠다. 잠깐 역사 교과서에 나오는 이야기를 따라가보자. 기원전 100-기원전 50년에 알렉산드리아에서는 증기를 이용하고 있었다.[22] 이것은 드니 파팽*보다 18세기나 앞선 것이다. "엔지니어" 헤론**이 일종의 증기 터빈이라고 할 수 있는 통풍관(éolipile)을 발명했는데 장난감 수준이기는 하지만 그래도 이것으로 먼 곳에 있는 신전의 문을 여닫는 장치를 작동시킬 수 있었다. 이것이 하찮은 일일까? 이전에도 많은 발명품들이 있었다. 흡입 펌프와 압착 펌프, 온도계와 경위의(經緯儀)의 전신 정도 되는 도구들, 또 공기의 압축과 방출 혹은 거대한 용수철 등

---

* Denis Papain(1642-1712?) : 프랑스의 자연과학자. 크리스티안 하위헌스의 제자, 로버트 보일의 실험조수였으며 주로 영국에서 거주하며 활동했다. 펌프나 밸브를 연구했고, 증기력을 이용하여 피스톤을 움직이는 원리를 최초로 적용한 것으로 알려져 있다(1690).
** Heron : "알렉산드리아의 헤론"이라고 통칭되는 3세기의 인물. 수학, 물리학, 공학 등을 연구했고 사이펀, 수력기구, 초보적인 증기기관에 대해서 언급했다.

을 이용하는—실전보다는 이론에 가깝기는 하지만—전쟁도구 등이 그런 것들이다. 고대 알렉산드리아는 발명에 대한 정열 면에서 다른 어느 곳보다 뛰어났다. 한두 세기 전부터 이곳에서는 문화적, 상업적 그리고 과학적 혁명들이 일어났다(유클리드, 천문학자 프톨레마이오스, 에라토스테네스 등). 기원전 3세기 초에 이 도시에 살았던 듯한 디카이아르코스*는 "지도에 처음으로 위도를 그린" 지리학자였다. 그가 그은 위도는 "지브롤터 해협으로부터 시작해서 타우루스 산맥,** 히말라야를 지나 태평양에까지 이어졌다."[23)]

알렉산드로스 대왕의 정복으로 비롯되어, 이전의 그리스 도시국가와는 달리 이집트나 시리아 같은 영토국가가 새로운 모델이 되었던 이 헬레니즘 세계는 흥미롭기는 하지만 자세히 다루기에는 우리의 주제에서 너무 멀리 벗어나 있다. 그럼에도 이곳에서의 변화는 근대 유럽을 향한 초기의 발걸음들을 연상시킨다. 여기에서도 마찬가지이고 또 앞으로도 계속 반복적으로 우리가 확인하게 되는 사실은 여러 발명들이 집단적으로, 무리를 이루어, 혹은 연쇄적으로 일어난다는 점이다. 마치 여러 발명들이 서로가 서로에게 의존하여 일어나는 것처럼, 혹은 마치 주어진 한 사회가 이것들 전체를 동시에 추진하는 것처럼 보인다.

그러나 알렉산드리아 시대가 아무리 지적으로 찬란해 보여도 이 시대는 여러 발명들이 산업 분야의 혁명으로 이어지지 않은 채 끝나버렸다(이 시대의 발명은 **기술적인** 응용으로까지 이어져서 심지어 3세기에는 알렉산드리아에 엔지니어 학교가 세워질 정도였다는 특징이 있었음에도 불구하고). 그 이유로 아마도 필요한 노동력을 손쉽게 이용할 수 있게 해준 노예제를 들 수 있을 것이다. 오리엔트 지역에서는 수평식 물레방아가 있기는 했지만 중요한 일상적 작업인 곡물의 도정에만 사용하는 초보적인 형태였고, 증기는 일종의

---

* Dikaiarchos : 기원전 4세기경 소요학파에 속하는 철학자, 역사가, 지리학자. 아리스토텔레스의 제자이다. 여러 저작을 썼으나 제목과 일부 내용만이 남아 있다.
** Taurus : 튀르키예 남부에 지중해를 따라가는 방향으로 펼쳐진 산맥.

재치 있는 장난감에만 쓰였다. 한 기술사가의 말대로 "당시까지 알려져 있던 정도 이상으로 강한 힘의 필요를 느끼지 않았기 때문이다."[24] 그러므로 헬레니즘 시대의 사회는 "엔지니어들"의 업적에 무관심했다.

그러나 이런 발명 직후에 있었던 로마의 정복에도 일련의 책임이 있어 보인다. 헬레니즘 사회는 이미 수 세기 전부터 개방적이었던 반면, 로마 사회는 지중해라는 틀 내에 갇혀 있었다. 로마는 카르타고를 쳐부수고 그리스, 이집트, 오리엔트를 정복함으로써 더 넓은 세계로 통하는 길을 막아버렸다. 혹시 안토니우스와 클레오파트라 연합군이 악티움 해전(기원전 31)에서 승리했다면 모든 것이 달라졌을까? 다른 말로 표현해보면 산업혁명은 개방적인 세계-경제 내에서만 가능한 것일까?

유럽 최초의 산업혁명 : 11-13세기의 말과 물레방아 및 풍차

나는 이 책의 제1권에서 말, 어깨에 거는 목사리(horse collar, 동유럽에서부터 전해진 이 장치는 말의 견인력을 증대시켰다), 귀리밭(에드워드 폭스의 견해로는[25] 샤를마뉴 및 중갑기병대의 시대에 활기찬 중유럽의 중심이 습기 차고 곡물재배를 많이 하는 북유럽의 대평원으로 이동하도록 만든 것도 귀리가 주요인이었다), 그 자체가 곧 농업혁명을 의미했던 삼포제 등에 대해서 길게 설명한 바 있다. 그리고 물레방아(재등장한 것)와 풍차(새로 등장한 것)에 대해서도 이야기했다. 따라서 여기에서는 길게 설명하지 않아도 될 것이다. 모든 것은 쉽게 이해할 수 있는 내용이다. 더구나 이 "최초의" 산업혁명에 대해서는 장 짐펠의 흥미롭고 지적인 연구서[26]와 기 부아의 논쟁적이면서도 활력이 넘치는 연구서[27] 그리고 엘리노러 캐러스-윌슨의 고전적인 논문(1941)을[28] 비롯한 많은 연구결과들이 있다. 영국에 많은 축융용 물레방아(12-13세기에 약 150개소가 있었다), 제재용 물레방아, 그 외에 제지용 및 곡물 도정용 물레방아들이 광범위하게 사용된 현상에 대해서 **최초의 산업혁명**이라는 용어를 다시 발굴해 사용한 것도 캐러스-윌슨이었다.[29]

캐러스-윌슨에 의하면 "축융의 기계화는 18세기의 방적 및 직조의 기계화만큼이나 결정적인 사건이었다."[30] 당대에 가장 널리 보급된 산업 중 하나인 직물업에서 이전에는 사람의 발을 이용해 작업하던 것을 이제 물레방아의 힘으로 움직이는 큰 나무 방망이를 이용하게 되었다는 것은 결국 기존 체제를 교란시키고 더 나아가서 혁명적인 결과를 초래했다. 대개 도시들이 평야에 자리 잡아서 그 근처에서는 강물의 흐름이 강하지 못하고 언덕이나 산에서 떨어지는 물의 수력을 이용하지도 못하므로 축융용 물레방아 자체가 시골의 외딴 지역으로 들어가게 되었으며 따라서 고객인 상인들이 이곳으로 몰려왔다. 이렇게 해서 아주 조심스럽게 지켜져오던 도시의 길드 특권들을 우회하게 되었다. 도시 내부에서 일하는 직공들이 직물을 시외로 가지고 나가 축융을 하지 못하도록, 길드들이 엄중히 막으려고 한 것은 물론이다. 1346년에 브리스틀 시당국은 "그 누구라고 하더라도 시외로 레이클로스(raicloth)라고 부르는 직물을 가지고 나가 축융하는 것을 금지하며, 이것을 어긴 자에게는 한 필당 15드니에의 벌금을 부과한다"는 칙령을 내렸다.[31] 이런 조치들이 있었다고 해서 "물레방아의 혁명"을 막지는 못했다. 영국만 그런 것이 아니라 유럽 대륙 전체에서 마찬가지였다(대륙의 여러 지역도 이 방면에서 영국에 비해 뒤처져 있지는 않았다).

이 혁명이 여러 다른 혁명들과 동시에 일어났다는 것이 중요하다. 농민이 밀집한 집단을 이루어 숲, 늪지, 해안, 강변 등의 장애지역에 도전하고 삼포제가 크게 발달하는 강력한 농업혁명이 일어났으며, 동시에 인구의 증가로 도시혁명이 일어났다(이 당시만큼 여러 도시들이 서로 밀집해서 발전해온 적이 없었다). 그리고 도시와 시골 사이에 엄격한 구분, 때로는 폭력적이라고까지 할 수 있는 "분업"이 이루어졌다. 산업활동을 독차지한 도시가 벌써 축적과 성장의 모터 역할을 맡았고 화폐도 등장했다. 그리고 시장과 교역이 늘었다. 샹파뉴 정기시와 함께 서유럽의 경제질서가 만들어졌고 갈수록 구체화되었다. 또 지중해에서는 이탈리아 도시들이 동양으로 가는 해로를 점차 재정복했다. 그리하여 경제공간의 확대가 이루어졌다. 이것이 없었다면 성장은 불가능했을 것이다.

프레더릭 레인은 총체적인 발전이라는 의미로서 **성장**(croissance, growth)이라는 말을 사용했다.[32] 그가 보기에 12-13세기에 피렌체나 베네치아 같은 곳이 지속 성장을 하고 있었다는 것은 더 이상 논의의 여지 없이 분명했다. 이탈리아가 세계-경제의 중심에 있던 이 당시에 어떻게 다르게 일이 전개되었겠는가? 빌헬름 아벨은 심지어 10-14세기에 서유럽 전체가 전반적인 발전 도상에 있었다고 주장한다. 그 증거는 곡물가격보다 임금이 더 빨리 상승했다는 점이다. "13세기와 14세기 초에 유럽에서는 최초의 산업화가 진행되었다. 이때 도시 자체와 도시 내의 상공업 활동이 크게 발전했는데 그 원인은 당시의 기술적인 진보에만 있다기보다는(물론 이 시기에 기술의 진보가 상당히 두드러졌음은 분명하지만) 분업의 일반화에 있었다.……이 덕분에 노동단위당 수확이 증가했고 이러한 생산성의 증대가 이번에는 증가하던 인구층에 필수불가결한 식량을 공급해야 하는 난제를 해결했을 뿐 아니라 나아가서 이전보다 사람들이 더 잘 먹을 수 있게 해주었다. 이와 비슷한 상황을 다시 보게 되는 것은 '두 번째 산업혁명'의 시대인 19세기에 가서의 일이다. 물론 이 두 번째의 산업혁명이 완전히 다른 차원에서 일어난 것임은 말할 나위도 없다."[33]

다시 말하면—수준의 차이는 고려해야 하겠지만—11세기에 근대적인 "지속 성장"이 시작되었는데 이것은 영국의 산업혁명에 가서야 다시 보게 되는 현상이다. 이에 대한 "총체적인" 설명이 필요하다. 사실 시장이 확대됨에 따라서 농업, 공업, 상업 등에서 생산과 생산성 양면의 진보들이 서로 연관을 가지면서 일어났다. 이와 같이 초기의 각성단계에 있던 유럽에서의 광범위한 발전을 보여주는 또다른 징표는 변호사, 공증인, 의사, 대학인 등의 수가 급증하는 이른바 "3차" 산업의 급격한 발전이다.[34] 공증인의 증가는 구체적인 수치로 확인할 수 있다. 인구가 약 6만 명이던 1288년의 밀라노에 공증인이 1,500명이었고, 인구 5만 명이던 볼로냐에 1,059명, 1268년에 인구 4만 명이던 베로나에는 495명, 1338년에 인구 9만 명이던 피렌체에는 500명이었다(그러나 피렌체의 경우에는 사업조직이 워낙 잘 발달해 있어서 흔히 장부책 자체가 공증인의 도움을 대체하고 있었기 때문에 예외적으로 공증인의 수가 적었을 것이다). 그렇지만 쉽게 예상할 수 있듯이 14세기의 경기침체와 함께 공증인의 수가 상대적으로 감소했다. 18세기에 가면 그 숫자가 다시 증가하지만 그래도 13세기와 같이 상대적으로 높은 비율은 아니었다. 중세에 공증인이 그렇게 크게 흥했던 이유로는 경제활동이 증가했다는 점 이외에도 이 때에는 글을 깨우치지 못한 인구가 워낙 많아서 서기의 힘을 빌려야만 하는 일이 더 많았기 때문이기도 할 것이다.

이와 같은 유럽의 거대한 발전은 14-15세기(대략 1350-1450년)의 가공할 불황으로 붕괴되었다. 여기에 흑사병이 동반되었는데 이 병은 원인이면서 동시에 결과였다. 1315-1317년의 식량위기와 기근[35] 이후 경제의 악화가 질병에 앞서 나타났고 또 그 질병이 확산되는 데에 일조했다. 그러므로 흑사병만이 이전의 경제발전을 땅에 묻어버린 유일한 요인은 아니다. 경기는 흑사병 이전에 이미 둔화되었고 이 질병이 발발했을 때에는 이미 고장 나 있었던 것이다.

그렇다면 18세기의 영국의 발전 이전에 유럽에 나타났던 최고의 발전과 그에 뒤이은 최악의 실패를 어떻게 설명해야 하는가? 가장 가능성 있는 것은 농업생산이 도저히 따라갈 수 없을 정도의 빠른 리듬으로 인구가 엄청나게 증가했다는 설명이다. 지력의 급격한 악화를 예방할 수 있는 방법이나 그런 기술을 갖추지 못한 농업이 생산 가능성의 한계 이상으로 팽창했을 때 수확의 감소는 피할 수 없는 일이다. 동부 노르망디 지역을 연구한 기 부아의 연구서는 이 현상의 사회적 양태를 잘 분석한다. 봉건제 내에 잠재한 위기가 영주/소농 사이의 이원관계를 깼다는 것이다. 탈구조화된, 즉 "코드가 파괴된(décodé)" 사회는 곤경에 부딪치고 무질서한 전쟁에 휘말리면서 새로운 균형과 새로운 코드를 찾게 된다. 그것은 영토국가의 성립을 통해서만 가능하며 이것만이 영주제를 구하게 된다.

다른 설명들도 제시되었다. 그중에서도 특히 주목할 만한 것은 물레방아라는 에너지 혁명이 일어나서 취약한 지역—센 강으로부터 자위더르 해까지, 그리고 네덜란드로부터 런던까지의 북유럽 지역들—을 뒤흔들어놓았다는 설명이다. 프랑스나 영국과 같은 영토국가들은 정치적으로 강력한 하나의 단위를 이루기는 했지만, 경제적으로는 아직 제대로 조정되는 단위가 아니었다. 이런 곳에서 위기는 전폭적으로 맹위를 떨친다. 특히 이 세기 초에 샹파뉴 정기시가 붕괴되었을 때 한때 유럽의 중심이었던 프랑스는 수익성 좋은 국제관계와 조숙한 자본주의에서 빗겨났다. 이제 지중해의 도시들이 북유럽의 신생국가들에 대해서 승리를 거두었다. 1260년경에 로저 베이컨은 기계에 대해서 다음과 같이 놀라운 찬사를 한 바 있는데, 여기에서 읽을 수 있는 바와 같은 지나친 확신의 시대는 일시적으로 끝나게 된다. "한 사람이 조종하면서도 수많은 사람들이 노를 젓는 것보다 더 빠르게 나아갈 수 있는 기계를 사용하는 배를 만들 수 있다. 가축의 힘을 빌리지 않고도 믿지 못할 정도의 속도를 내는 차량을 만들 수 있다. 새처럼 날개를 펴고 하늘을 나는 기계를 만들 수도 있다.……기계를 사용하면 바다나 강 밑바닥으로도 내려갈 수 있다."[36]

아그리콜라와 레오나르도 다 빈치 시대의 산업혁명

장기적이고 고통스러웠던 위기가 지나고 유럽은 다시 활력을 되찾았다. 네덜란드에서부터 시작하여 독일을 지나 이탈리아에 이르는 축을 따라 비약적으로 교환이 증가하고, 빠르고 혁명적인 성장이 이루어졌다. 그런데 산업이 가장 크게 발달한 곳은 상업적으로 2류 지역에 속하던 독일이었다. 아마도 북쪽과 남쪽의 지배적인 두 세계 사이에 끼여 있는 독일로서는 이것만이 국제교역에 참여할 수 있는 유일한 방법이었기 때문일 것이다. 특히 광업의 발달이 무엇보다도 중요하다. 광업은 1470년대부터 독일 경제가 조숙하게 부흥하여 다른 유럽 지역에 대해서 우위를 차지하도록 만들어주었다. 그러나 그것이 전부가 아니었다. 금, 은, 구리, 주석, 코발트, 철 등의 채굴은 일련의 혁신들을 불러일으켰고(혁신이래야 동광에 섞여 있는 은을 납을 이용해서 분리하는 수준에 불과하지만) 당시로서는 거대한 사업이었던 설비공사들―갱 내에 고인 물의 배수나 광석의 인양 등을 위한―을 수반했다. 이 당시에 발전했던 지적인 기술들에 대해서는 아그리콜라의 책에 실려 있는 멋진 그림에서 확인할 수 있다.

곧 영국이 모방하게 되는 이러한 성취에서 산업혁명의 진정한 서막을 찾으려는 생각이 들지 않는가?[37] 광업의 발달은 우선 푸스티안, 모직, 피혁, 잡다한 종류의 철물, 함석, 철사, 제지, 신무기 등 독일 경제의 모든 분야들을 활성화시켰다. 상업은 규모가 큰 크레딧 망들을 조직했고 마그나 소시에타스(Magna Societas)와 같은 대회사들이[38] 설립되었다. 그리고 도시 길드들이 번영을 누렸다. 쾰른에는 1496년에 42개의 길드가 존재했고, 뤼베크에는 50개, 프랑크푸르트-암-마인에는 28개가 있었다.[39] 수송업도 발달해서 근대화되었고 마차업에 전문화한 탄탄한 회사들도 생겼다. 레반트 무역을 지배하던 베네치아는 은을 필요로 했으므로 고지 독일[남부 독일/역주]과 특권적인 상업관계를 맺었다. 독일의 도시들이 어떤 분야에서든지 간에 50년 넘게 급격한 경제적 진보의 양상을 보인 것은 부인할 수 없는 사실이다.

그런데 이런 것들이 1535년경에 멈추어버렸다(적어도 멈추기 시작했다). 존 네프가 말했듯이 이때는 아메리카의 은이 마침내 독일 광산의 은과 경쟁을 벌이게 된 때이며, 동시에 안트베르펜의 우위가 둔화되는 시기(1550년경)와 가깝다. 독일 경제의 약점은 당시 실질적으로 유럽경제의 중심지였던 베네치아와 안트베르펜에 종속적이었다는 점, 이 두 곳과의 관계 속에서 독일 경제가 형성되었다는 점이 아닐까? 모든 것을 고려할 때 푸거 가문의 세기는 다름 아닌 안트베르펜의 세기였다.

이탈리아에서는 이보다 더 놀라운 성공을 거두었다. 그 시기는 대략 프란체스코 스포르차가 밀라노의 권력을 장악했을 당시이다(1450). 더 놀라운 발전이라고 한 이유는 그 이전에 여러 모범적인 혁명들이 선행했기 때문이다. 첫 번째는 인구혁명으로서, 이때의 인구증가는 16세기 중반까지 지속되었다. 두 번째 혁명은 15세기 초에 시작된 것으로서 규모는 작지만 벌써 근대적인 성격을 가진 영토국가의 탄생이다. 한순간이나마 이탈리아의 통일이 거론될 정도였다. 마지막으로 운하가 어지러이 가로지르는 롬바르디아 평원에서 자본주의적 형태를 띤 농업혁명이 일어났다. 이 모든 것은 과학 및 기술상의 발명이 이루어지던 일반적 풍토 속에서 일어났다. 이 당시는 100여 명의 이탈리아인이 레오나르도 다 빈치가 그랬던 것처럼 희한한 기계류를 만들 계획을 수첩에 빼곡하게 적던 시기였다.

이 당시 밀라노에서는 독특한 역사가 시작되었다. 14-15세기의 끔찍한 위기를 벗어난 후(레나토 찬게리의 생각으로는 농업의 발전이 위기를 벗어나게 해주었다) 밀라노는 괄목할 만한 매뉴팩처의 발전을 이루었다. 모직, 금사와 은사를 섞은 직물, 무기 등의 제조가 그 이전인 14세기 초에 가장 중요한 활동영역이었던 푸스티안 제조를 대신했다. 이제 밀라노는 제네바 정기시와 샬롱-쉬르-손 정기시, 디종과 같은 도시들, 파리 그리고 네덜란드를 잇는 상업망 속에 들어갔다.[40] 그와 함께 밀라노는 시골을 자본주의적으로 완전히 장악했다. 농토를 대단위로 재편성하고 관개초지와 목축업의 발달, 관개와 수송에 동시에 사용할 수 있는 운하의 건설, 혁신적인 신작물이었던 벼의 재배 등의 성과를 얻었고, 곡물의 재배와 초지의 운영을 교대로 시도함으로써 휴한지를 없앴다. 사실 이 집약농업(high farming)을 처음 시도한 것은 롬바르디아였으며 이후 시기에 가서야 네덜란드가 이것을 시작했고 다시 더 뒤에 영국으로 전해져서 우리가 잘 아는 바와 같은 결과가 나왔다.[41]

여기에서 우리의 안내인인 레나토 찬게리는 이렇게 질문을 던진다. 밀라노와 롬바르디아의 시골이 그처럼 크게 변화하고 산업활동이 발달했다면,

왜 이런 것들이 산업혁명으로 이어지지 못하고 갑자기 중단되었는가? 당시의 기술수준이라든지 에너지원의 부족 등으로는 충분한 설명이 될 수 없다. "영국의 산업혁명이 근거하는 과학적 및 기술적 진보 중에서 16세기에 이미 이용되지 않았던 것은 없다."[42] 카를로 포니는 이탈리아에서 견사를 실꾸리에 감고 잣고 꼬는 작업을 하는 데에 사용되는 수력기계의 정교함을 보고 놀라움을 감추지 못했다. 여기에는 여러 단계의 기계가 작동되었고 여러 개의 실패를 동시에 사용했는데, 이때 사용하는 동력은 모두 하나의 물레방아에서 나왔다.[43] 린 화이트에 따르면 레오나르도 다 빈치 이전에 이미 유럽에서는 다음 4세기 동안 필요에 따라 사용할 모든 기계체제들―심지어는 전기까지도―이 발명되어 있었다.[44] "새로운 발명은 문을 여는 것에 불과하다. 그러나 사람들을 떠밀어서 강제로 그 문을 지나가게 할 수는 없다."[45] 그렇다고 해도 여전히 남는 문제는 왜 밀라노에 그와 같은 예외적인 조건들이 집중되었으면서도 그에 대한 요구 또는 필요를 창출하지 못했을까 하는 점이다. 왜 밀라노의 비약은 더 강화되지 못하고 도중에 꺾였는가?

지금까지의 역사적 자료로는 확실한 증거를 가지고 여기에 답할 형편이 못 된다. 우리는 단지 추측만 할 수 있을 뿐이다. 우선 밀라노에는 이용 가능한 대규모의 전국시장이 없었다. 또한, 초기 투자가 이루어진 이후 토지로부터의 수익이 감소했다. 지노 바르비에리[46]와 젬마 미아니에 의하면 산업경영인들의 번영은 일종의 중산층에 속하는 소자본가들의 번영이었다. 그러나 이 논변이 맞는 것일까? [영국 산업혁명 당시에/역주] 면직업의 혁명을 가져온 사람들 역시 거의 태반이 소기업가들이었다. 그렇다면 밀라노의 불행은 베네치아에 너무 가까이 있으면서도 베네치아의 지배적인 지위를 나누기에는 너무 멀었기 때문이 아닐까? 그리고 바다와 수출에 대해서 널리 개방되어 자신의 움직임과 위험을 자유롭게 처리할 수 있는 항구가 아니었기 때문이 아닐까? 밀라노의 실패는, 산업혁명은 총체적인 현상으로서 내부적으로 경제의 여러 다양한 분야들이 조화롭게 발전해야만 가능하며 동시에 외부 시장들의 지배라는 필수불가결한 조건들이 갖추어져야만 한다는 사실을 보여주는 증거로 삼을 수 있을 것이다. 우리가 보았듯이 15세기에 결정적인 자리를 차지한 것은 베네치아였으며 그 외에 보충적으로는 스페인 방향으로 지배적인 자리를 차지한 제노바가 있었다.

존 네프와 영국 최초의 산업혁명, 1560-1640년

1540-1640년 사이에 있었던 영국의 산업발전은 그 이전에 독일과 이탈리아에서 있었던 산업발전보다 훨씬 더 분명하고 집약적이었다. 16세기 중반까지 영국은 산업 면에서 보자면 이탈리아, 스페인, 네덜란드, 독일, 프랑스보다 훨씬 더 뒤처져 있었다. 그러나 한 세기 뒤에는 상황이 기적적이라고 할 만큼 대폭 바뀌었다. 변화의 리듬이 어찌나 빠른지 그와 비슷한 변화는 산업혁명이 한창 진행 중이던 18세기 말에서 19세기 초에나 다시 찾아볼 수 있었다. 내전이 일어나기 직전(1642) 영국은 유럽 제일의 산업국이 되었으며 그 이후로도 계속 그런 면모를 유지했다. 존 네프는 1934년에 센세이셔널한 한 논문을 통해서[47] 이러한 영국의 "최초의 산업혁명"을 밝혀냈으며 그것은 아직도 설명력을 가지고 있다.

그런데 당대의 위대한 혁신들─용광로라든지 심광 채굴에 필요한 여러 시설들, 즉 갱도, 환기시설, 침수를 뽑아 올리는 펌프, 권양기 등─은 모두 영국 이외의 다른 곳에서 차용한 것이며 주로 독일의 광부들로부터 배운 것이다. 그리고 영국에는 완전히 새로웠던 산업들을 정착시키는 데에 필요한 기술과 재능들은 독일, 네덜란드 혹은 이탈리아(예컨대 유리 산업), 프랑스(모직업과 견직업)와 같은 선진국들의 장인과 노동자가 가져다주었다. 제지용 물레방아, 화약 제조용 물레방아, 거울과 유리 제조 공장, 대포 주조, 명반 가공, 설탕 정제, 초석 제조 등이 그런 것들이다. 그런데 이 모든 것들에도 불구하고 왜 영국이 앞서가게 되었는가?

여기에서 놀라운 점은 이런 것들이 영국에 도입되면서 이제까지 볼 수 없던 정도로 규모가 커졌다는 점이다. 확대된 기업, 거대한 건물, 수십 혹은 수백 명에까지 이르는 노동자들, 임금은 1년에 5파운드 수준인 데에 비해서 투자액수는 수천 파운드에 달할 정도로 거대한 투자 규모(물론 이것은 상대적인 것이지만) 등 이 모든 것들이 진정으로 새로운 것이었으며 영국의 산업을 가동시킨 도약이 엄청나게 크다는 것을 가리켜준다.

다른 한편 이 혁명의 결정적인 특징으로서, 그중에서도 특히 순전히 국내적인 요인으로 석탄 사용이 점차 증가했다는 것이다. 이것이야말로 영국 경제의 중요한 양태가 되었다. 그런데 이것은 일부러 그렇게 선택한 것이라기보다는 잠재적인 취약성을 메우다 보니 그렇게 된 것이다. 영국에서는 목재가 갈수록 귀해져서 16세기 중반에는 가격이 급등했다. 이렇게 목재가 귀하고 비싸진 것이 석탄에 대한 의존을 부채질했다. 마찬가지로 물레방아에 물을 대기 위해서 긴 수로를 이용해서 끌어온 강물의 흐름이 너무 느려서 유럽 대륙에서보다 수력자원의 비용이 높을 수밖에 없었으며 그렇기 때문에 증기력을 이용하게 되었다는 것이다. 적어도 존 네프의 주장에 따르면 그렇다.

따라서 영국은 (네덜란드나 프랑스와는 달리) 석탄을 아주 대규모로 채굴하기 시작했다. 뉴캐슬을 비롯한 여러 지방의 광산에서 채굴이 이루어졌다. 그때까지 농민들이 부업으로, 그나마 지표면과 가까운 곳에서만 석탄을 캤으나 이제부터는 항시적으로 작업을 하고 광산도 40-100미터까지 내려갔다. 1560년에 3만5,000톤이었던 생산량은 17세기 초에는 20만 톤이 되었다.[48] 레일 위를 오가는 차량이 광산의 석탄을 적재소까지 날랐다. 이 세기 말에 이르면 석탄 운반에 전문화된 선박이 등장하고 갈수록 그 수도 늘어서 영국 각지로, 더 나아가서는 유럽의 먼 지역으로까지 석탄을 운송했다. 석탄은 이미 국가의 중요한 부가 되었다. "영국은 완벽한 세계인 데다가 인도도 가지고 있다네 / 지도를 고쳐라, 뉴캐슬이 페루가 되었으니" 하고 한 시인은 1650년에 말했다.[49] 목재 대신 석탄을 사용하는 것은 단지 가정의 난방을 변화시키고 런던의 하늘을 흉악한 연기로 가득 채우기만 한 것이 아니다. 산업에도 석탄이 쓰였고 반대로 여러 산업들이 이 새로운 연료에 적응해야 했다. 특히 유황을 품은 연기가 나오지 않도록 하는 완전히 새로운 조치가 필요했다. 그럭저럭 해서 석탄은 유리 제조, 양조, 벽돌 제조, 명반 처리, 설탕 정제 그리고 바닷물을 끓여 소금을 만드는 산업 등에 쓰였다. 매번 인력과 자본의 집중이 일어났다. 거대한 작업장과 밤낮없이 계속되는 미칠 듯한 소음, 거대한 노동자 집단(아직 수공업에 익숙하던 이 세계에 그렇게 많은 수의 노동자들이 집중해 있고 더구나 그들이 미숙련 노동자라는 사실은 놀라움을 주기에 족했다) 등을 가진 매뉴팩처가 탄생했다. 제임스 1세 시대에 요크셔 해안지역에 세워진 "명반(明礬) 회사"—이 회사들은 대개 60여 명의 노동자들을 고용했다—의 경영자들 중에 한 명이 1619년에 한 말에 의하면 명반의 처리작업은 "미치광이들의 작업"으로서 이 일은 "한두 사람이나 몇 명 정도의 인력으로 되는 것이 아니라 한 무리의 하층민들에 의한 작업이다. 이 사람들은 자신들이 하는 일에 주의를 기울이지도 않고 애착심도 없다."[50]

그러므로 기술적으로 이야기해서 영국은 기업의 규모를 크게 하고 석탄을 더욱 많이 사용함으로써 산업영역에서 혁신을 거두었다. 그러나 산업을 발전시키고 아마도 혁신을 불러일으킨 것은 국내시장의 확대이다. 여기에는 두 가지 이유가 있다. 우선 인구가 크게 증가했기 때문이다. 16세기 중에 인구가 아마도 60퍼센트 정도 증가했을 것으로 추정된다.[51] 다음으로 농업소득이 상당히 증대됨으로써 많은 농민이 공산품의 소비자가 되었다는 점을 들 수 있다. 인구의 증가, 특히 눈에 띄게 커져가는 도시의 인구증가에 맞추어 농업 생산은 여러 방식으로 증가했다. 개간지의 경작, 공유지와 초지를 희생시키는 대신 인클로저의 확대, 농업의 전문화 등이 그런 방식이었지만, 그렇다고 지력과 농업생산성을 혁명적으로 증대시키는 방법들을 개발하지는 못했다. 그런 혁명적인 방법들은 1640년 이후에야 시작되었으며 그나마 1690년까지는 아주 느리게 진행되었다.[52] 이런 점에서 보면 농업의 성장은 인구의 성장에 비해서 뒤처져 있었다. 이것은 농산물 가격이 전체적으로 공산품 가격보다 훨씬 크게 오른 것을 보면 알 수 있다.[53] 그 때문에 농촌의 복지상태가 개선된 것은 분명하다. 이 시기는 대건축(Great Building)의 시대이다. 시골 주택들을 다시 짓거나 확장, 개조함으로써 꼭대기 층의 곡물 창고를 없애고 새로 몇 층을 올렸으며 창문에는 유리를 끼웠고 석탄을 사용할 수 있도록 개조했다. 당시의 사후 재산 목록 문서를 보면 가구, 내의류, 벽포, 주석 그릇 등이 새로 크게 늘었다는 것을 확인할 수 있다. 이렇게 내부적 수요의 급증은 산업과 상업 그리고 수입을 자극했음에 틀림없다.

그렇지만 아무리 장래에 대해서 낙관적인 것처럼 보이더라도 이런 움직임이 모든 분야를 다 이끌어간 것은 아니다. 중요한 분야 중에도 뒤처져 있는 것들이 있다.

예를 들면 야금업에서는 송풍로*—독일식의 근대적 용광로로서 연료를 대량 소비한다—가 사용된다고 해서 구식 모델인 연철로(bloomery)가 완전히 없어진 것은 아니어서, 1650년경까지도 이것이 계속 사용되었을 뿐 아니라 계속해서 목탄이 연료로 사용되었다. 1709년에 가서야 코크스를 사용하는 첫 번째 용광로가 등장했는데 이것은 40여 년 동안 이런 종류의 것으로서는 유일한 것이었다. 이 비정상적인 상태에 대해서 애슈턴을 비롯한 몇몇 연구자들이 여러 설명을 제시했지만, 내가 보기에는 최근에 나온 책에서 찰스 하이드가 했던 설명이 가장 타당해 보인다.[54] 1750년이 될 때까지 석탄이 목탄을 대신하지 못한 이유는 이때까지 연료생산비 면에서 볼 때 목탄이 더 쌌기 때문이다.[55] 아직도 영국의 제철 생산은 심지어 코크스를 사용하고 나서도 양으로 보나 질로 보나 러시아, 스웨덴, 프랑스보다 열등했다.[56] 영국에서 16세기 후반 이후 칼, 못, 도구 등을 만드는 소소한 철물업이 계속 발달하기는 했지만 그것은 스웨덴에서 수입한 철로 작업한 것이었다.

또다른 지체 분야는 모직물 분야였다. 해외수요가 장기적인 위기에 빠짐

---

* blast furnace : 철의 용해과정에서 기계를 이용해 고압축된 공기를 노(爐) 안으로 불어넣는 용광로를 말한다.

으로써 이 산업은 힘겨운 변화를 겪을 수밖에 없었고 1560년부터 17세기 말까지 생산이 정체되었다.[57] 대개 농촌공업적이고 매뉴팩처의 비중이 작았던 이 분야는 갈수록 선대제 방식의 지배에 들어갔다. 모직업은 16세기에 영국의 수출의 90퍼센트를 차지했고 1660년경에도 아직 75퍼센트를 차지했으나 17세기 말에는 50퍼센트로 떨어졌다.[58]

그러나 이런 곤경만으로는 1640년대 이후 영국이 처하게 된 경제적 침체를 설명할 수 없다. 영국 경제는 후퇴한 것은 아니지만 전진하지도 못했다. 인구증가가 멈추었고, 농업은 양적으로나 질적으로 생산이 나아졌으며 말하자면 미래에 대해서 투자를 했지만 농산물 가격이 내리고 농업소득도 감소했다. 산업도 여전히 돌아갔으나 적어도 1680년경까지는 더 이상 혁신이 일어나지 않았다.[59] 만일 영국만을 문제로 삼고 이야기한다면 1642년에 시작되어 상당한 혼란사태를 야기시킨 내전의 중요성을 강조해야 할 것이다. 그리고 아직 전국시장이 충분히 크지 않다는 점과 또 유럽 세계-경제 내에서 네덜란드의 우위가 확고한 반면 영국의 사정은 나쁘거나 적어도 상대적으로 나쁘다는 점을 부각시키게 될 것이다. 그러나 영국만이 문제가 아니라 북유럽의 여러 국가들이 함께 문제가 되고 있었다. 이 나라들은 영국과 함께 성장했다가 영국과 함께 후퇴했다. 다소 때 이르게 "17세기 위기"가 도처에서 영향을 미쳤다.

그렇지만 존 네프의 진단에 의하건대, 영국 문제로 되돌아오면 이 나라에서 1642년 이후 산업 발전이 지체된 것은 사실이지만 그 발전이 완전히 사라진 것도 아니고 후퇴한 것도 아니다.[60] 나중에 다시 자세히 살펴보겠지만, 에릭 존스의 충격적인 분석에 따르면 사실 "17세기의 위기"는 다른 모든 인구감소기와 마찬가지로 1인당 소득이 증가하는 시기이며 농업의 변화에 유리한 시기이다(그리고 농업의 변화는 산업에 대해서도 물론 영향을 미칠 수밖에 없다). 네프의 생각을 우리가 확대하여 이야기하자면 18세기에 확고해진 영국의 산업혁명은 16세기에 이미 시작되었고 단계별로 발전한 것이다. 우리는 이 설명으로부터 교훈을 끌어낼 수 있을 것이다.

그러나 유럽 일반에 대해서도 똑같이 말할 수 있지 않을까? 이곳에서는 11세기 이래 여러 실험들이 연이었고 그것들 사이에 연관이 맺어졌으며 나아가서 누적되었다. 각 지역들은 차례로 전산업적인 발전을 경험했고 거기에 부가되는 부수효과들, 특히 농업 차원에서의 부수효과를 누렸다. 그래서 산업화는 유럽 대륙 내에 늘 존재하는 풍토병과 같은 현상이었다. 비록 영국이 아무리 빛나고 결정적인 역할을 한 것처럼 보일지라도 이 나라만이 산업혁명에 유일하게 책임이 있고 그것을 만든 것은 아니다. 그렇기 때문에 산업혁명이 완전히 자리 잡고 결정적인 성공을 거두기도 전에 유럽 대륙의 이웃 나라에 쉽게 퍼져갔고 비교적 빠른 성공을 거두게 된 것이다. 산업혁명은 오늘날 저개발국가들이 겪는 것과 같은 장애물에 부딪치지는 않았다.

영국의 산업혁명 : 분야별 분석

1750년 이후의 영국의 성공이야말로 나머지 모든 것들이 그곳으로 합류하는 빛나는 지점이다. 그렇다고 너무 큰 환상을 가지지는 말자. 이곳은 아롱거리는 불빛의 장난 속에서 속기 쉬운, 가장 큰 어려움이 도사리는 지점이기도 하다. 로널드 하트웰은 자신의 저서 『산업혁명과 경제성장(*The Industrial Revolution and Economic Growth*)』(1971)에서 이 점에 대해 아주 열성적으로 설명하고 있다. 이 책은 대단히 다양하고 서로 반대되는 그림들이 조심스럽게 걸려 있는 박물관으로 우리를 인도하면서, 다른 모든 책들에 대해서 이야기해주는 책이며 다른 사람들의 생각을 통해서 저자 자신의 생각을 제시하는 연단(演壇)이다. 그러고는 우리 보고 선택하라는 것이다! 온갖 종류의 찬성과 반대를 다 듣고 나면 누구인들 방향을 잃지 않겠는가?

1960년 4월에 학술지 「과거와 현재(*Past and Present*)」가 전반적인 토론을 위해서 이 문제의 전문 역사가들을 모아 토론을 벌였을 때에도[61] 의견의 일치를 보지는 못했다(이런 것을 보면 우리도 안심이 된다). 1970년에 있었던 리옹 역사학 회의에서도 마찬가지였다.[62] 여기에서 피에르 빌라르는 18-19세기 동안 카탈루냐를 대단히 빠르게 변화시킨 산업혁명을 연구했으나 아직도 마음에 흡족한 모델을 만들지 못했다고 이야기했는데[63] 이것이야말로 핵심을 이야기한 것 같다. 그리고 이 회의에서 산업혁명(révolution industrielle)이라는 표현 대신 산업화(industrialisation)라는 중립적인 표현―결국 복잡하기는 마찬가지이다―을 썼지만 그래도 문제가 단순화되지는 않았다. 자크 베르탱은 이렇게 말했다. "나는 사실 **산업화**라는 말이 어떤 의미인지 아직도 명확히 이해하지 못하겠다. 이것은 철도, 면직물, 석탄, 야금업, 조명 가스, 흰 빵과 같은 것인가?"[64] 이에 대해서 나는 기꺼이 이렇게 대답하겠다. 그가 언급한 목록은 너무 짧다. 산업화는 산업혁명이라는 말과 마찬가지로 사회, 경제, 정치구조, 여론 그리고 그 외의 나머지 모든 것을 다 포괄한다. 아무리 제국주의적인 역사*라고 하더라도 이것을 다 파악해내지는 못할 것이다. 특히 단순하고 완벽하며 단정적인 정의는 불가능하다. 다른 말로 표현하면 영국과 전 세계를 교란시킬 산업혁명은 그것이 진행되는 그 어떤 순간에도 명확히 한정된 문제가 아니었다. 그것은 주어진 한 시공간 내의 한 덩어리의 문제들일 따름이다.

그렇기 때문에 나는, 비록 어쩔 수 없어서 나 역시 그렇게 하기는 하지만, 산업혁명을 분야별로 나누어 설명하는 방법에 반대한다. 사실 역사가들은 많은 어려움이 서로 중첩되어 나타나는 경우 나누어서 이해한다는 데카르트적 방법을 쓰게 된다. 역사가들은 농업, 인구, 기술, 상업, 수송 등 일련의 개별적인 분야를 구분하여 연구한다. 이것들 각각의 변화는 물론 중요하지만 이때 이것들 하나하나가 마치 차례대로 도달해야 하는 분리된 단계이며 성장의 개별적 단계들로 비칠지 모른다는 위험이 있다. 이 여러 조각으로 된

---

* histoire impérialiste : 역사학의 성격이 종합적이고 모든 측면을 다 포괄하기 때문에 이웃 영역까지 흡수하려는 성향이 있는 것에 대해, 브로델은 "제국주의적"이라고 표현한 바 있다.

모델은 대단히 전통적인 정치경제학으로부터 유래했다. 회고적인 경제학*의 주창자들이 역사연구를 좀더 효과적으로 수행하도록 인도해주는 다른 모델을 만들지 않았다는 것은 유감스러운 일이다. 그 어떤 기준, 지수 혹은 비율 같은 것이 있어서 이것들을 통해 상이한 영역들이 동시에 어떻게 상호작용하는지, 어떻게 동행하며 또는 반대로 어떻게 상호 제동을 걸고 병목현상을 일으키는지를 알 수 있다면 좋았으련만 불행히도 그와 같은 것들이 만들어지지는 않았다. 만일 우리가 상당한 시간간격을 두고 여러 차례의 공시적인 단층절단(斷層切斷)을 수행할 수 있다면 산업의 성장과정이 어떻게 진화해가는지를 볼 수 있을 것이다. 그러나 우선 역사가들 사이에 상이한 여러 시간과 장소에 대해서 적용할 수 있을 것으로 합의된 관찰 모델을 규정해야 할 것이다.

그렇게 되기까지 현재로서는 일일이 셀 수 없을 정도로 많은 연구서들을 통해서 이미 검증을 받은 분류를 이용할 수 있을 뿐이다. 이것은 전체 산업혁명에서 다시 일련의 개별적인 혁명들, 즉 농업, 인구, 국내 수송, 기술, 상업, 공업 등의 분야에서의 혁명을 추출하는 것을 뜻한다. 우리는 우선 모든 분야를 망라하여 이런 격변들을 추적할 것이다. 이것이 통상적인 설명 방식이다. 이것을 수행하는 것은 수고스럽기는 하나 꼭 필요한 일이다.

가장 중요한 요소 : 영국의 농업

제일 먼저 농업을 거론하는 것은 당연한 일이지만, 살펴보아야 할 여러 문제들 중에서도 가장 어려운 문제이다. 사실 우리는 아주 긴 그리고 중단 없는 과정으로서, 하나의 혁명이 아니라 연속적인 혁명들, 여러 개의 변화, 진화, 단절, 연쇄적인 균형회복 등을 마주하게 된다. 이런 것들을 처음부터 끝까지 이야기하려다 보면 토지에 석회수와 이회토 뿌리기를 시작하고 밀과 귀리의

---

* économie rétrospective : 오늘날의 경제학 방법론을 과거의 역사에 적용하는 경제사를 가리키는 듯하다.

여러 품종을 실험하고 또 가장 적합한 윤작을 시도한 13세기에까지 거슬러 올라가게 된다. 그러나 우리의 문제의식은 강의 기원이나 분지점을 찾으려는 것이 아니라, 이 강이 어떻게 바다로 들어가는지를 보려는 것이다. 즉 영국 농업사의 모든 곁가지들을 다 보자는 것이 아니라 이것이 산업혁명이라는 대양에 어떻게 합류하는지를 보고자 한다. 농업은 과연 그 거대한 성취[산업혁명/역주]에 핵심적이었는가?

이 문제에 대해서는 수많은 모순된 대답들을 듣게 된다. 역사가들 중에는 그렇다고 하는 사람도 있고 아니라고 하는 사람도 있고 또 그 중간에서 주저하는 사람들도 있다. 월터 플린은 "농업발전 그 자체가 산업혁명에 어떤 자극을 주는 데에 충분한 역할을 했는지는 극히 의심스럽다"고 보았다.[65] 존 허배컥은 더 일반적으로 이야기해서 "농업생산의 증가를 성장의 전제조건으로 보아서는 안 되며 농업생산의 증가가 성장에 동행할 뿐이지, 선행하지 않는 것도 바로 이 때문"이라고 이야기했다.[66] 이와 반대로 폴 바이로크는 영국 산업혁명의 전략요소들을 추출하고 계서화하려는 시도를 하는 가운데 농업의 발전이 산업혁명의 "지배적인 추동요소"라고 주장했다.[67] 존스는 이 점에서 더 단정적이다. 산업화에 성공한 여러 나라들을 비교한 결과에 근거해서 그는 "인구보다 더 빠른 농업생산의 증가"가 성공의 1차 조건이라고 주장했다.[68] 그의 견해로는 영국의 경우 1650–1750년이 "결정적인 시기"이다.

이것은 농업혁명의 핵심을 기계화로 보고 따라서 면직물혁명 혹은 철도혁명 이후—그 이전이 아니고—에나 농업혁명이 일어났다고 보는 견해와는 정반대이다. 산업기술과 기계는 19세기 이전에는 농업에서 아주 미미한 역할밖에 하지 못했던 것이 사실이다. 1733년에 지스로 툴이 이야기한[69] 파종기는 진보적인 이스트 노퍽에서도 아주 예외적으로만 사용되었다(예컨대 타운이나 코크 같은 곳). 그 나머지 지역에서는 19세기에 가서나 이 기계가 선을 보였다.[70] 1780년경에 스코틀랜드에서 개발된 말로 끄는 타작기는 후에 뒤늦게 증기기관을 이용할 정도가 되기는 했으나 빠르게 보급되지는 않았다. 마찬가지로 로더럼(Rotherham)이라고 부르는[71] 삼각형 쟁기가 개발되어 (이것으로는 2마리의 말과 한 사람의 인부로 충분히 일을 할 수 있었던 데에 비해서 예전의 사각형 쟁기로는 6-8마리의 소와 한 사람의 조종자, 그리고 또 한 사람의 농부를 필요로 했다) 1731년에 특허를 받았지만 1870년 이전에는 거의 사용되지 않았다.[72] 심지어는 신비의 작물이라는 순무(turnip)가 17세기에 텃밭 재배로부터 경작지 재배로 확대되었다고 하지만 이것이 개발된 곳으로부터 퍼져가는 속도는 1년에 1마일이 채 못 되었다! 결국 1830년까지도 영국 농부의 일상도구들은 도리깨, 낫, 반달낫 등이었다.[73] 그러므로 산업혁명 이전의 영국의 농업발전은 비록 발전한 것은 틀림없으나[74] 그 원인은 기계 혹은 기적적인 작물보다는 새로운 형태의 토지 이용, 여러 번에 이르는 밭 갈기, 윤작(이것은 휴한지를 없애면서 동시에 목축을 발달시키는 것을 목적으로 하며, 또 비료를 만드는 유용한 원천이 되어서 지력의 고갈을 막아주었다), 식물의 종자와 소나 양 품종의 신중한 선택, 수확을 증대시키는 전문화된 농업 등에 있었다. 그 결과는 지역마다 다르게 나타났다. 자연조건들이 다르고 또 교역의 조건들이 결코 같을 수 없기 때문이다. 이 모든 것은 19세기에 집약농업(high farming)이라고 부르게 될 체제로 이어졌다. 이에 대해서 이후 시기의 한 관찰자는 이렇게 썼다. "이것은 아주 장기적인 관찰에 근거한 극히 어려운 기술이다. 큰 단위로 통합하고 잘 구획한 땅은 쟁기질을 많이 하고, 양질의 비료를 듬뿍 받았으며, 지력을 고갈시키는 작물과 지력을 회복시키는 작물이 교대로 심어져 휴한지가 없어졌다.……뿌리를 깊게 내리고 지력을 크게 떨어뜨리며 심층토로부터 자양분을 흡수하고 토지에는 아무것도 되돌려주지 않는 작물 대신, 뿌리가 옆으로 뻗고 지력의 회복을 도와주며 표피토로부터 자양분을 흡수하는 초본식물로 대체되었다."[75]

핵심적으로 중요한 이런 변화는 1650년 이후, 인구증가가 멈추거나 거의 늘지 않아서(아마도 의도적으로 결혼연령을 높인 결정 때문인 것 같다) 인구압

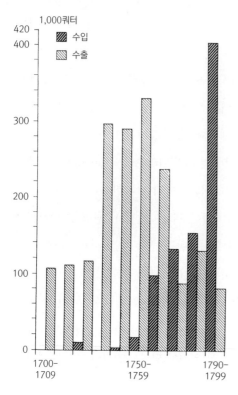

50. 영국의 밀과 밀가루의 수출입

영국은 1760년경까지는 대략 자신이 생산한 밀을 가지고 자급자족했으며 1730년부터 1765년까지는 당시로서는 상당한 양을 수출하기도 했다(1750년경을 예로 들면 총생산 1,500만 쿼터[1쿼터 = 2.9헥토리터] 중에서 약 2퍼센트인 33만 쿼터를 수출했다). 그러나 1760년부터는 생산이 늘었는데도 수입이 계속 증가했다. 생산량은 1800년에 1,900만 쿼터였다가 1820년에는 2,500만 쿼터가 되었다. (피터 마시어스, 『최초의 산업국가』, 1969, p.70)

력이 중단된 시점에서 시작되었다. 이유야 어쨌든지 간에 인구압력은 완화되었다. 그렇다면 곡물의 수요가 제한되고 곡물가격이 하락하는 시점에서 생산과 생산성이 증가하며 혁신이 전파되었다는 것은 모순이 아닐까? 그러나 존스의 설명에 따르면 이 역설은 잘 설명된다.[76] 곡물에 대한 수요는 거의 똑같았지만 도시들이 성장하고 특히 런던이 거대하게 팽창하면서 육류에 대한 수요가 급증했다. 곡물 재배보다는 목축의 수익이 높아지고 따라서 목축이 증가하게 된 것이다. 그 때문에 토끼풀, 잠두(sainfoin), 순무와 같은 지금까지 알려져 있던 사료작물의 재배와 새로운 윤작방법이 확대되었다. 가축에 대한 수요가 늘고 실제로 가축이 급증하자 비료생산이 늘어났고 이로써 윤작체계 속에 포함되었던 밀과 보리와 같은 곡물의 수확이 증가했다는 점은 역설적이다. 존스가 말하는 "선순환(virtuous circle)"이 형성된 것이다. 즉, 저렴한 곡가는 농부들로 하여금 목축에 힘쓰게 만들고 목축은 사료작물의 성공을 가져왔으며 이것은 다시(양을 비롯한) 가축 수를 크게 늘리고 그 결과 곡물의 수확을 증가시킨다. 영국의 곡물증산은 자동적으로, 거의 저절로 이루어져서 곧 국가 전체의 수요를 상회하게 되었다. 이 때문에 곡가가 하락하고 1760년경까지 수출이 증가했다. 토니 리글리는 1650년부터 1750년까지 농업생산성의 증가가 적어도 13퍼센트였다고 계산했다.[77]

그러나 집약농업은 다른 결과도 가져왔다. 사료작물의 재배는 사질(砂質)의 흐슬부슬한 땅에 적합했는데 이런 땅이 영국에서는 양질의 땅으로 여겨지게 되었다. 심지어는 지금까지 목양에만 사용하던 메마른 땅도 경작에 이용하게 되었다. 이와 반대로 지금까지 곡물의 재배에 가장 좋은 땅으로 쳤던 진흙 성분의 끈적끈적한 땅은 사료작물 재배에 적합하지 않았기 때문에 경쟁관계에 있던 사질의 토지에서 곡물의 수확이 증가함에 따라 야기된 가격하락의 피해를 입었다. 따라서 이런 땅에서는 농사를 포기할 수밖에 없었다. 당연히 불만이 제기되었다. 미들랜즈에서는 1680년경에 영국 남부에서 시작된 농업개량을 문자 그대로 금지시키라는 법령을 요구했다! 버킹엄셔에서는 에일즈베리 계곡에 진흙 성분의 땅을 소유하던 사람들이 토끼풀 재배를 금지시키라는 요구를 했다.[78]

이웃 지역의 승리로 여건이 불리해진 여러 지역에서는 가축 사육에 전념했다. 특히 짐 끄는 가축을 치든지 아니면 런던과 가까운 곳 같으면 낙농 가축을 사육했다. 그러나 더 흔히는 수공업적 산업의 방향으로 나아감으로써 균형을 회복했다. 그래서 존 네프의 설명에 의하면 16세기 중반부터 융성했던 대규모 매뉴팩처 산업의 발전속도가 떨어지기 시작한 시점인 1650년 이후에 농촌공업이 선대제—구식체제이기는 하지만 여전히 활기를 띠던—의 틀 속에서 발달한 것을 확인할 수 있다. 17세기 말에서 18세기 초에 동부 데번에서 레이스 산업이 발달했고 베드퍼드, 버킹엄, 노샘프턴 등지에서 특히 발달이 두드러졌다. 밀짚모자의 제조는 하트퍼드 백작령에서 베드퍼드 백작령으로 이전했다. 버밍엄의 시골 지역에서는 못 제조업이 발달했다. 멘딥 구릉지대에서는 제지업이 발달해서 1712년에는 200개소 이상이 영업을 했는데 흔히 이전의 물레방아를 이용했다. 레스터, 더비, 노팅엄 등지에서는 모자 제조업이 발달했다.[79)]

따라서 "17세기의 위기"는 영국에서는 시골 지역의 성숙과 맞물렸다. 꽤 느리고 불균등하게 일어난 이런 시골에서의 변화는 장래의 산업혁명에 이중으로 유익했다. 우선 고수확의 농업을 정착시킴으로써 곡물을 수출하지만 않는다면 1750년대 이후 나타난 급격한 인구증가를 지탱해줄 수 있었다. 또 빈한한 지역에 소기업가와 함께, 수공업 작업에 어느 정도 익숙한 프롤레타리아들, 즉 "고분고분하고 잘 훈련된" 노동자를 증가시켜서 18세기 말에 도시에서 대산업들이 발달해나왔을 때 필요한 인력을 미리 준비했다. 후에 산업혁명이 길어간 인력층은 바로 이런 성격의 노동자이지, 순전히 농업적인 성격의 노동자가 아니다. 사실 농업노동자들은 최근까지도 마르크스의 주장을 따르는 사람들이 믿는 바와는 달리 그 수를 그대로 유지했다.

유럽 대륙에서 사태가 전혀 다르게 진행된 이유는 영국 농촌에서와 같은 대단히 독창적인 발전이 충분히 큰 규모의 소유지(200아르팡, 즉 80헥타르 정도의 대토지)를 가진 틀 속에서만 가능했기 때문일 것이다. 그리고 이런 유형의 토지소유가 만들어지기 위해서는 강고한 영주체제가 붕괴되고 정비되어야 하며 끈질기게 남아 있는 농민과 영주 사이의 구식 관계가 변화해야 한다. 영국에서는 산업혁명이 일어나기 오래 전에 이미 이런 일들이 일어났다. 대지주들은 지대수취인(rentier)이 되어 있었다.[80)] 이들은 자기 영지를 사회적 위신의 도구로 보았지만 동시에 능률적인 차지인들에게 맡겨서 유리하게 수익을 올리는 생산도구로도 보고 있었다(전통적으로 흉년에는 지주가 차지인들의 손해를 일부 보전해주기도 했다). 또 유리한 가격에 임대해준 번영하는 영지는 지주가 다른 투자를 하려고 할 때 크레딧을 쉽게 얻게 해주는 보증이 되었다. 사실 지주들은 흔히 산업 분야나 광업 분야의 경영인이기도 했던 것이다. 한편 차지농들은 비록 법률에 의한 것은 아니라고 하더라도 관습적으로 그의 토지보유권을 가지고 있었다. 그래서 이들은 아무런 걱정 없이 투자하고[81] 또 시장법칙과 자본주의적인 관리법칙에 따라 농업을 경영했다. 이 신질서의 뚜렷한 특징은 차지농들이 진정한 경영인으로서 부상했다는 점이다. 한 프랑스인은 영국의 차지농이야말로 "진정으로 필요한 사람들"이라고 보았다. "비록 쟁기를 만지기는 하지만 이들은 자신이 경영하는 논밭과 자기 집에서는 도시의 부르주아와 같은 지위를 누리고 있다."[82] 이것은 1819년의 이야기이다. 그러나 그보다 75년 전인 1745년에도 한 프랑스인은 차지농에 대해서 "생활에 필요한 모든 편의품을 풍족하게 누리는" 농민으로 묘사했다. 심지어 그의 하인도 "쟁기질하기 전에 차를 마신다." "이촌사람은 겨울에 프록코트를 입고" 그의 부인과 딸은 어찌나 잘 차려입었는지 "소설 속에 등장하는 목동의 연인으로 착각할 정도"였다.[83] 계란 바구니를 옆에 끼고 말을 탄 채 시장에 가는 "농민 부인"을 묘사한 멋진 소판화에서 받는 인상이 바로 그렇다. 이 그림 속의 부인은 부르주아의 신발과 모자를 착용하고 있다.

모리스 뤼비숑이라는 한 프랑스인은 영국 농촌과 프랑스 농촌 사이의 현격한 대조에 깊은 인상을 받고 영국의 농업조직에 대해서 장문의 묘사를 했다. 토지귀족들—영국 전체에 약 1만 개 정도 존재하는 교구마다 대략 2-3가구씩 있다고 그는 추산했다[84]—은 피나주*의 3분의 1을 소유하는데 이것을 몇 개의 커다란 단위로 구획하여 차지인에게 임대한다. 요먼(yeoman)이라는 독립적인 소지주(그러나 때로는 대지주일 수도 있다)가 피나주 중에서 또다른 3분의 1을 차지한다. 농민들은 작은 땅뙈기를 가지며 그 외에 공유지에 대한 권리를 가진다(이것이 경작지의 나머지 3분의 1을 차지한다). 뤼비숑의 이러한 추산은 그저 개략적인 것일 가능성이 크다. 그러나 분명한 것은

---

* finage : 부르고뉴, 프랑슈-콩테 등지에서 한 마을의 농업 활동이 이루어지는 토지 전체를 가리키는 말.

18세기 이전부터도 모든 조건들이 토지의 집중에 유리했다는 점이다. 소지주들은 자기 소유를 늘리면서 살아남든지, 아니면 언젠가는 자기 땅을 잃어버리고 임금노동자가 되든지의 갈림길에 놓이고는 했다. 이와 같은 길을 통해서, 혹은 공유지를 없애고 농토의 통합을 촉진시키는 인클로저 체제를 통해서, 토지귀족, 대(大)요먼, 차지농 등에게 유리하게 토지가 병합되어갔다. 대토지만이 더 적응이 쉽고 수익이 좋았기 때문이다. 프랑스의 경우에는 이와 반대의 방향으로 전개되었다. 자본주의적인 토지집적이 이제 막 시작되던 무렵인 1789년 8월 4일 밤에 "봉건적인" 체제는 갑자기 붕괴되었다. 그리하여 이제 토지는 농민과 부르주아 사이에 더 이상 역전시킬 수 없을 정도로 분할되었다. 영국의 농업질서에 대한 찬탄자였던 뤼비숑은 이런 상태에 있던 프랑스를 통렬히 비난했다. "혁명 이전에 이미 2,500만 필지로 분할되어 있던 프랑스는 오늘날에는 1억1,500만 필지로 분할되기에 이르렀다."[85] 이것은 순전히 나폴레옹 법전의 잘못일까? 영국이 이런 미세분할을 피할 수 있었던 것은 순전히 귀족 토지의 장자상속 원칙이나 아니면 자본주의적인 농업의 성립 때문이었을까?

농업이 산업혁명에 어떤 역할을 했는지를 살펴볼 때 잊지 말아야 할 것이 있다. 영국 농촌이 아주 일찍부터 그레이트 브리튼 섬 전체를 단위로 하는 전국시장으로 통합되었다는 점이다. 전국시장의 망 속에 포섭된 농촌지역들은—물론 극소수의 예외들이 있기는 하지만—도시와 산업지역들을 먹여살렸다. 이 농촌지역들은 또 도약하기 시작하던 당시 영국 산업에 대해서 자연스럽게 첫 번째의 판매시장이 되었다. 발전을 거듭하던 농업은 특히 철공업의 고객이었다. 편자, 쟁기날, 큰 낫, 반달낫, 탈곡기, 땅 다지는 쇠스랑, 흙덩이를 부수는 롤러 등은 철에 대한 커다란 수요를 창출했다. 1780년에 영국의 철 수요는 1년에 20만-30만 톤 정도였다.[86] 이 수치는 우리가 관찰하려는 핵심 기간인 19세기 전반에 대해서 의심의 여지 없이 확실하지는 않지만, 스웨덴이나 러시아로부터 철의 수입이 끊임없이 증가했다는 것은 곧 영국의 야금업만으로는 충분하지 못했으며 상승하는 수요가 대개 농촌에서 발생한 것임을 말해준다. 그렇다면 농업은 산업화에 앞서 전진해간 것이 아닐까?

인구증가

18세기에는 전 유럽 및 전 세계에서 그랬던 것처럼 영국의 인구도 증가했다. 1700년에 영국의 인구는 583만5,000명이었다가 1730년에 600만 명을 약간 상회했고 1760년에 666만5,000명이 되었다. 그리고 나서는 인구증가의 속도가 빨라졌다. 1790년에 821만6,000명, 1820년에 1,200만 명 그리고 1850년에는 거의 1,800만 명이 되었다.[87] 사망률은 33.37퍼밀(‰)로부터 1800년에 27.1퍼밀 그리고 1811−1821년 기간에 21퍼밀로 떨어졌다. 이에 비해서 출생률은 기록적으로 37퍼밀에 도달했으며 심지어는 이마저도 상회했다. 이 수치들은 약간씩 차이가 나는 추산에 불과하지만 그래도 아주 큰 오차는 없다.[88]

이러한 생물학적 팽창은 시골의 사정이 나아지고 도시가 성장했으며 산업 중심지들이 기록적인 속도로 팽창했기 때문이다. 인구사가들은 영국의 여러 지방들을 1701년에 서로 비슷한 인구를 가지도록 세 개의 기준집단으로 나누었다.[89] 1831년에 이 집단들은 절대치로 보면 모두 인구증가를 기록했지만, 그중 산업지역의 경우 1701년에 3분의 1이었던 인구가 45퍼센트로 증가한 반면, 농업지역은 26퍼센트로 하락했다. 일부 지방들은 정말로 괄목할 만한 속도로 인구가 증가했다. 노섬벌랜드와 더럼은 두 배, 랭커셔, 스태퍼드셔, 워릭셔 등은 세 배로 증가했다.[90] 이 결과에 대한 해석은 아주 분명하다. 산업화는 영국의 인구증가에 가장 중요한 역할을 한 것이다. 모든 구체적인 연구들은 이 인상을 확인해준다. 17−30세의 인구집단을 살펴보면 1800년에 산업지역인 랭커셔에서는 40퍼센트의 인구가 결혼했는 데에 비해 농촌지역에서는 19퍼센트만이 결혼했다. 그러므로 산업 분야에서의 고용은 조혼을 촉진시켰다. 이것이야말로 인구증가의 가속요인이었다.

공장도시와 노동자 주택이 들어선 흑색 영국이 늘어났다. 물론 이것은 그다지 즐거운 영국은 아니다. 다른 많은 사람들과 마찬가지로 토크빌은 그의 여행일지에 이것을 기록해두었다. 1835년 7월,[91] 그는 버밍엄에 들렀다가 맨체스터로 갔다. 이 두 곳은 아무런 사전계획 없이 빠르게 그리고 잘못 건설되고 있는 불완전한 대도시였으나 대신 활기가 넘쳐흐르는 곳이었다. 리즈, 셰필드, 버밍엄, 맨체스터, 리버풀과 같은 조밀하고 소란스러운 대도시들이 염주알처럼 모여 있는 이 지역은 영국의 발전의 핵심 지역이었다. 버밍엄이 그래도 아직 인간적인 면모를 띠고 있었다면 맨체스터는 지옥이었다. 이곳의 인구는 1760년부터 1830년 사이에 1만7,000명에서 18만 명으로 열배 늘었다.[92] 공간이 부족해서 언덕 위에 자리 잡은 공장은 6층, 7층, 심지어는 13층까지 올라갔다. 노동자들의 연회소와 노동자 주택들이 여기저기에 무질서하게 들어섰다. 어디나 진창투성이였다. 포장한 길이 한 군데라면 엉망진창인 도로가 열 군데 꼴이었다. 남녀노소 할 것 없이 더러운 집에 우글댔다. 지하실에도 한꺼번에 15-16명까지 살았다. 5만 명의 아일랜드인들이 전형적으로 비참한 하층 프롤레타리아트를 이루었다. "6만 명의 가톨릭계 아일랜드인들"이 있다고 토크빌이 이야기한 리버풀도 마찬가지였다. 그는 이렇게 쓰고 있다. "이곳도 맨체스터만큼이나 비참하지만 다만 그것이 숨겨져 있을 뿐이다." 산업화의 딸인 이 모든 도시들에 대해서 영국의 인구증가는 필요한 노동력을 언제나 충분히 공급하지는 못하고 있었다. 그래서 웨일스, 스코틀랜드 그리고 여기에 더해서 아일랜드로부터 이주민들이 들어와서 이 상황을 구해주었다. 그리고 기계화 때문에 비전문 작업들이 증가했으므로 여성과 이동의 노동에 의존하게 되었다. 이들은 이주민들과 마찬가지로 다루기 쉽고 임금도 싼 노동력이기 때문이다.

따라서 산업혁명은 필요한 모든 사람들을 끌어모았다. 그중에는 노동자도 있고 새로운 시대가 창출한 "3차 산업 분야"의 인력도 있다. 에르네스트

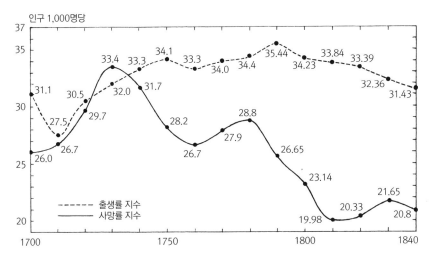

인구 1,000명당

- - - 출생률 지수
— 사망률 지수

51. 영국의 사망률과 출생률
두 곡선은 타당성 있는 추산치들을 이용하여 그린 것이다. 그러나 사실 그 추산치들은 연구자마다 상이하다. 두 곡선 사이의 차이는 1730년대 이후 영국의 인구가 급증한 것을 알려준다. (조지 트리벨리언, 『영국 사회사』, 1942, p.361)

라브루스는 모든 성공한 산업이 관료화를 불러온다고 말한 바 있는데[93] 영국이 바로 그런 경우였다. 노동력이 풍부하다는 또다른 표시는 하인층이 미어터질 정도로 많다는 점이다. 이것은 과거의 현상이었지만 산업혁명이 그것을 없앤 것이 아니라 오히려 강화시켰다. 19세기 초에 런던 인구의 15퍼센트 이상이 하인이었다.

1750년 이후 영국은 사람들의 수가 크게 늘어나서 이들을 어디에 써야 좋을지 모를 정도였다. 그렇다면 이들은 무거운 짐이나 방해물이었을까? 아니면 모터였을까? 이들은 원인일까, 결과일까? 이들이 유용하고 필수불가결한 존재였다는 것은 말할 필요도 없다. 이 많은 사람들이 없었다면 아무것도 이루지 못했을 것이다. 그러나 이것이 우리의 문제는 아니다. 문제는 양자 사이의 상관관계이다. 인구변동과 산업변동은 철도 레일처럼 함께 움직이는 두 개의 거대한 과정이다. 그중 하나가 다른 하나를 결정하는 것일까? 불행히도 우리는 두 가지 모두에 대해서 정확한 기록을 가지고 있지 못하다. 영국의 인구사는 불완전한 주민등록 기록에 근거한다. 우리가 이야기하는 모든 것은 아주 조심스럽게 이용해야 하며 장래에 대규모 계산과 검증작업을 하면 뒤집힐지 모른다. 이와 마찬가지로 산업화 과정(그것이 대략 생산의 변화를 나타내는 곡선과 같은 것이라고 할 때)을 정확히 추적할 수 있겠는가? "1740년 이후 생산이 증가하지 않았더라면 생활수준의 하락으로 사망률 증가가 야기되어 인구의 증가도 막혔으리라고 생각하는 것이 타당하다"고 필리스 딘은 말했다.[94] 그림 51의 그래프에서 보듯 1740년은 사망률과 출생률이 "교차하는" 순간이다. 이때 이후 출생이 승리를 거두었다. 만일 이것이 맞는다면 이 단순한 주장은 그 자체로서 인구혁명이 산업발전을 뒤좇아갔다는 증거가 된다. 적어도 상당 부분 인구혁명이 산업혁명에 의해서 인도된 것은 사실이다.

기술 : 불충분한 필요조건

산업혁명의 핵심 요인 중에서 그동안 권위를 많이 상실한 것이 있다면 그것은 기술 부문이다. 마르크스는 기술이 최우선적이라고 믿었다. 그러나 최근의 역사학 연구서들은 탄탄한 논증을 통해서 기술이 제1동인(primum mobile)이라고 보는 것을 거부하고 심지어는 폴 바이로크의 경우처럼 하나의 기폭제도 아니었다고 본다. 일반적으로 발명은 산업능력이 구비되기 이전에 이루어지며 바로 그 때문에 그 발명이 소용이 없게 된다. 유효한 기술의 적용은 정의상 경제의 일반적인 움직임에 뒤처지게 되어 있다. 기술이 실제로 사용되기까지는 구체적이고 지속적인 수요가 여러 번 요청을 해와야 한다.

예컨대 직물업을 보면 직조(천 짜기)와 방적(실 잣기)이라는 가장 중요한 두 부문으로 되어 있다. 17세기에 한 명의 직조공은 자신의 일을 계속하기 위해서 7-8명의 방적공(대개는 여공)을 필요로 했다. 그러므로 더 많은 노동력을 요하는 것은 방적 분야였고 기술혁신도 이 부문에서 이루어졌어야 한다. 그런데 실제로는 1730년에 존 케이가 플라잉 셔틀*을 발명 함으로써 직조 부문이 더욱 유리해졌다. 그러나 직조 부문을 가속화시킨 이 초보적인 발명(용수철에 의해서 움직이는 북은 사실 손으로 작동시키는 것이었다)은 1760년 이후에 가서야 보급되었다. 아마도 그 이유는 바로 이때에 방적을 가속화시킨 세 가지의 발명이 이루어지고 또 보급되었기 때문이다. 첫 번째 것은 1765년에 나온 제니 방적기로, 단순한 모델은 가내 작업장들도 구비하고 있었다. 두 번째 것은 1769년경에 나온 아크라이트의 수력 방적기이고, 세 번째 것은 그보다 10년 뒤인 1779년에 나온 크럼프턴의 뮬 방적기로서, 이와 같이 불리게 된 까닭은 이 기계가 앞의 두 기계의 특징을 혼합한 것이기 때문이다.[95]** 이때부터 방적은 10배 이상 생산이 증가하기 시작했으며 그 결과 앤틸리스 제도, 동인도, 남아메리카의 영국 식민지들로부터 원면의 수입이 증가했다. 그러나 방적과 직조 사이의 불균형은 이후로도 거의 1840년대까지 계속되었다. 1800년경에 방적과정에 증기기관을 도입하여 기계화가 이루어졌을 때에도 직조 분야에서는 단지 직조공을 늘리고 임금이 높아갔을 뿐 전통적인 수공방식을 계속했다. 수직기(手織機)가 권좌에서 물러나게 된 것은 나폴레옹 전쟁 이후의 일이며, 그때에도 예컨대 리처드 로버츠의 기계를 통해서 공정이 완성되었음에도 불구하고 이런 기계의 도입은 느리게 이루어졌다. 그 이유는 수직기를 기계 직기로 바꾸는 것이 필수적이지도 않았고 이익이 더 크지도 않았기 때문이다(기계들로 인한 경쟁과 실업 때문에 직조공들의 임금이 큰 폭으로 떨어졌던 것이다).[96]

그러므로 폴 바이로크의 다음과 같은 말이 틀리지 않는다. "산업혁명 초기에는 기술이 경제를 결정하는 요소라기보다는 오히려 경제에 의해서 결정

---

* flying shuttle : 비사(飛梭)라고도 번역한다. 직조기의 북을 기계동력을 이용해서 자동으로 왕복하게 만든 장치이다.

** 뮬(mule)은 수나귀와 암말과의 잡종인 노새를 뜻하므로, 뮬 방적기는 두 종류의 방적기의 특징이 섞여서 만들어진 것임을 나타낸다.

되는 요소이다." 혁신이 시장활동에 달린 문제라는 것은 분명하다. 혁신이란 소비자들의 지속적인 수요가 있어야만 반응한다. 영국의 국내시장의 경우 원면의 연평균 소비량은 1737-1740년에 170만 파운드, 1741-1749년에 210만 파운드, 1751-1760년에 280만 파운드, 1761-1770년에 300만 파운드였다. "이것은 20년 뒤에 영국이 소비하게 될 양에 비교해보면……보잘것 없는 양이었다." (초기 기계화 이전인) 1769년에 1인당 소비량은 300그램으로서 이것은 "1년에 1인당 셔츠 한 벌을 생산하는"[97] 정도였다. 그런데 이것은 분명히 중요한 분기점이 되는 수준이다. 1804-1807년에 프랑스도 이 수준에 이르렀을 때 면직업의 기계화가 시작되었다.

수요가 혁신을 만든다고 하더라도 수요 자체는 가격 수준에 달려 있는 문제이다. 영국은 18세기 초부터 대량의 인도산 면직물을 흡수할 수 있는 대중적인 시장이 있었다. 그 이유는 인도산 면직물이 싸기 때문이었다. 디포는 이 날염 면직물의 과도한 유행을 조롱하는 글을 쓰면서 이 수입 면직물이 이렇게 크게 유행하기 이전에는 여주인보다는 하녀가 입는 치마였다고 말했다. 유행 때문에 날염직물의 가격이 올라서 영국의 시장이 축소된 면도 있겠지만 정부에 의해서 강제적으로 억압된 면도 컸다. 영국 정부는 인도산 면직물에 대해서 재수출용이 아닌 한 영국으로 수입하지 못하도록 조치했던 것이다(이러한 강제는 면직물 수요가 얼마나 큰지를 보여주는 간접적인 증거이다). 이런 조건들을 볼 때, 초두리가 지적한 것처럼,[98] 영국의 혁신을 인도한 것은 영국의 수요의 압력이라기보다는 인도의 저가격과의 경쟁이었다. 그리고 의미심장한 것은 혁신이 일어난 분야가, 소비량이 엄청나게 크고 그래서 수요가 대단히 큰 모직물과 같은 국가산업도 아니고 심지어 마직업도 아닌 면직업이었다는 점이다. 모직물 분야에서 기계화가 이루어진 것은 훨씬 훗날의 이야기이다.

영국의 야금업도 마찬가지이다. 가격요소가 수요만큼이나 혹은 그 이상으로 혁신에 영향을 미쳤다. 우리는 에이브러햄 다비가 코크스를 이용한 제련방식을 완성했고 슈롭셔* 지방의 콜브룩데일에 있는 용광로들에서는 1709년부터 이것을 사용했지만 다른 사업가들은 이 세기 중반까지 그 방식을 사용하지 않았다는 것을 알고 있다. 1775년만 해도 선철의 45퍼센트가 목탄을 사용하는 용광로에서 생산되었다.[99] 폴 바이로크는 코크스를 사용한 제련방식이 뒤늦게 성공한 것이 수요 증가의 압력 때문이라고 보았는데 이것은 분명한 사실이다.[100] 그러나 찰스 하이드는 이 방식이 뒤늦게야 채택된 배경을 명확하게 설명한다. 1750년 이전의 약 40년 동안 영국에서 작동하던 70개의 용광로는 왜 이 새로운 방식을 무시했던가? 왜 1720년부터 1750년 사이에 옛날 방식의 용광로가 18개씩이나 새로 만들어졌을까?[101] 그 이유는 단순하다. 우선 스웨덴에서 수입하는 철에 대해서 조세를 부과한데다가 수송비용이 워낙 높은 나머지 지역끼리의 경쟁이 존재하지 않았으며, 완제품의 수출이 활기를 띠고 있었기 때문에 옛 방식을 사용하는 사업도 아주 높은 수익을 올리고 있었다.[102] 이에 비해서 코크스를 사용하면 오히려 생산비가 눈에 띄게 상승했을 뿐 아니라(톤당 2파운드 상승했다), 이렇게 용해한 철을 정련하는 경우 작업이 더 어렵기 때문에, 만일 그 가격이 시장 가격보다 더 싸지 않으면 철공업자에게 매력적이지 않았기 때문이다.[103]

그렇다면 역으로 1750년 이후 새로운 기술의 변화가 하나도 없었으면서도 20년 동안 코크스를 사용하는 용광로가 27개가 생기고 옛날 방식의 것이 25개나 폐쇄된 변화가 일어난 이유는 무엇인가? 왜 철공업자들은 점점 더 코크스를 이용해서 만든 선철을 가지고 작업했을까? 그 이유는 철의 수요가 늘어남에 따라 목탄의 가격이 크게 올랐기 때문이다(이제 목탄의 가격은 선철 생산비의 약 절반을 차지하게 되었다).[104] 반면에 코크스를 이용한 제련방식은 1730년대부터 석탄 가격의 하락 덕분에 이익을 보았다. 그리하여 상황이 역전되었다. 1760년경에 목탄을 이용한 제련의 생산비는 경쟁 방식

---

* Shropshire : 웨일스와의 경계지역인 잉글랜드 서부의 옛 지방명.

에 비해서 톤당 2파운드 높았다. 그러나 우리가 다시 한번 묻지 않을 수 없는 것은 이런 조건 속에서도 이전 방식이 그렇게 오랫동안 계속 유지되었으며 1775년에도 여전히 전체 생산의 절반 정도를 차지한 이유가 무엇인가 하는 점이다. 그 이유는 아마도 수요가 대단히 빠르게 증가해서 이것이 절름발이 오리를 구해주었기 때문일 것이다. 수요가 워낙 커서 가격이 높이 유지되었으므로 코크스를 사용하는 생산자들이 경쟁자들을 도태시킬 정도로 가격을 낮추지 않았던 것이다. 이런 상태가 1775년까지 지속되었다. 그후 두 제련방식 사이의 가격 차가 더욱 벌어져서야 전반적으로 목탄의 사용을 포기하게 되었다.

그러므로 매슈 볼턴과 제임스 와트가 개발한 증기기관과 기계의 도입이 용광로의 연료로서 코크스를 도입시킨 것은 아니다. 사실 이전에 이미 그 과정은 시작되었다. 증기기관이 있든 없든 코크스는 결국 승리했을 것이다.[105] 그렇다고 해서 이후 영국의 야금업에 증기기관이 중요한 역할을 했다는 것을 부인하는 것은 아니다. 우선 증기기관은 강력한 송풍기의 작동을 가능하게 해주었기 때문에 용광로의 규모를 상당히 크게 만들었다. 다른 한편 반드시 흐르는 물 가까이에 위치해야 한다는 제약조건으로부터 야금업을 해방시켜서 새로운 지역에 야금업이 자리 잡도록 만들었다. 대표적인 곳으로는 스태퍼드셔의 블랙컨트리를 들 수 있다. 이곳은 철광과 석탄은 풍부하게 매장되어 있으나 급류의 물은 부족했다.

반드시 목탄을 사용해야 하고 그 높은 가격을 감내해야 했던 제약에서 벗어난 것은 제련과정만이 아니었다. 거의 동시에 철의 정련과정 역시 그런 제약에서 해방되었다. 1760년경에만 해도 철물작업에 석탄을 쓰는 것은 이미 정련된 철을 재가열해서 망치질하는 가장 마지막 과정에 불과했으나 1780년경에는 포팅* 방식을 도입함으로써 정련과정 전체에 석탄을 사용했다. 그

---

* potting : 포트 담금질, 즉 침탄(강의 탄소 함유량을 증가시키기 위해서 적당한 매제[媒劑] 중에서 가열하는 조작) 과정 후에 침탄 상자로부터 물품을 직접 꺼내서 담금질하는 방법을 말한다.

결과 전국의 쇠막대 생산이 단번에 70퍼센트나 증가했다.[106] 그러나 이 점에서도 찰스 하이드는 정설을 부인했다. 1784년부터 1795년까지 여러 해 동안의 힘든 과정 끝에 교련법(攪鍊法, puddling)이 완성되었으나 이 때문에 정련과정에서 목탄이 사라지게 된 것이 아니다. 목탄은 그 전에 이미 사라졌다.[107] 그렇지만 교련법은 영국의 야금업에서 결정적인 진보를 의미했으며 질로 보나 양으로 보나 혁명적이었다. 이것은 지금까지 질적으로만이 아니라 양적으로도 보잘것없는 수준에 있었던 영국의 철 생산이 한 세기 이상 세계 1등의 수준을 유지하도록 만들었다.

한편, 일상생활에서나 공장에서나 모든 영역에서 환상적으로 훌륭한 기계들이 등장할 수 있었던 것은 이렇게 생산된 철의 질이 우수했기 때문이 아닐까? 이런 점에서 볼 때 기술사(技術史)에서 증기기관의 여러 다양한 단계들을 추적하는 것은 대단히 흥미로운 일이다. 초기의 증기기관은 나무, 벽돌, 무거운 골재들 그리고 약간의 금속 튜브 등이 고작이었으나, 1820년 이후부터는 수많은 관(管) 다발들로 구성되었다. 처음 증기기관이 나온 때에는 높은 압력을 받는 보일러와 각 부분들이 많은 문제를 일으켰다. 토머스 뉴커먼만 하더라도 이전에 토머스 세이버리*가 만든 기계의 단점, 즉 높은 압력 때문에 연결부들이 터지는 문제를 해결하기 위해서 아주 우람한 기계를 만들 수밖에 없었다. 그 기계는 많은 기둥들, 벽돌로 쌓은 아궁이, 나무 추, 구리 보일러, 놋쇠 실린더, 납으로 만든 관 등으로 되어 있었다. 이렇게 비용이 드는 재료들을 주철이나 철로 대체하는 일은 아주 느리고 힘들게 이루어졌다. 와트 자신도 스코틀랜드의 캐런**의 철공소에서 완전한 실린더를 만들지는 못했다. 이 문제를 해결한 사람은 존 윌킨슨이었다. 그는 구멍을 일정한 구경(口徑)으로 다듬는 기계를 발명했다.[108]

---

* Thomas Savery(1650?-1715) : 영국의 군 엔지니어. 유리 연마기를 발명했고, 최초로 상용 증기기관(배수용 펌프)의 특허를 받았다.
** Carron : 스코틀랜드 중부지역의 캐런 강가에 있는 도시. 1760년에 세워진 철공소로 유명하다.

이 모든 문제가 19세기 첫 10년 동안 해결되었다. 동시에 기계류 제작에서 목재가 사라졌고 수많은 종류의 철제 기계부품이 만들어지기 시작해서 "전통적인 기계의 형태를 변화시킬 수 있었다."[109] 1769년에 존 스미턴은 캐런의 철공소를 위해, 주물로 만든 축을 갖춘 철제 원통을 처음 만들었다. 그러나 그것은 실패로 끝났다. 구멍이 많은 주철이 결빙을 버텨내지 못했다. 그전 해인 1768년에 건설한 런던교에도 지름이 큰 원통들은 아직 나무로 만들었다. 그러나 1817년에 이것들은 모두 철제 원통들로 교체되었다.[110]

야금업은 장기적으로 보면 결정적인 역할을 하겠지만 18세기에는 아직 중요한 역할을 하지 못했다. 데이비드 랜디스는 이렇게 썼다. "철공업은 산업혁명의 기원 문제에서 [역사가들로부터] 실제 가치보다 더 큰 주목을 받았다."[111] 산업혁명의 연대기에 집착한다면 분명히 그렇다고 할 수 있다. 그러나 산업혁명은 매 순간 스스로를 발명해야 하는 연속과정이다. 그것은 앞으로 오게 될, 또 올 수밖에 없는 발명들을 기다리고 있는 것과 같다. 언제나 새로운 것이 더해진다. 그래서 가장 마지막의 진보가 그 이전 것들을 정당화하고 거기에 의미를 부여한다. 석탄, 코크스, 주철, 철, 강철 등은 아주 중요한 주인공들이다. 그러나 어떤 의미에서 결국 증기기관이 이 모든 것들을 정당화해준다. 그리고 증기기관 역시 와트의 회전식 엔진과 철도 이전에는 자기 자리를 찾기까지 대단히 지체했다. 산업혁명 초기의 장관을 볼 수 있던 1840년의 시점에 에밀 르바쇠르는 1마력은 21명의 인력과 동일하며 이 점에서 보면 프랑스는 특별한 부문의 노예 100만 명을 가지고 있는 것이나 다름없다고 이야기했다.[112] 더군다나 이것은 앞으로도 계속 엄청나게 증가하게 되어 있다. 1880년에 이 수치는 9,800만 명에 이르러서 프랑스 인구의 두 배반에 해당했다. 그러니 영국은 어떠했겠는가!

면직업은 "하찮은" 것이 아니다

영국의 산업혁명의 막이 오른 이후 역사가들이 즐겨 다뤘던 주제는 면직업의 붐이었다. 그러나 그것도 옛날 일이 되었다. 유행이 지나간 것이다. 면직업은 새로운 연구의 희생물이 되었다. 오늘날에는 면직업을 너무 소소한 주인공으로 보는 경향이 있다. 면직물 총생산은 수백만 "파운드" 단위이고 석탄 총생산은 수백만 "톤" 단위이다. 영국에서 가공된 원면의 양은 1800년에 처음으로 5,000만 파운드를 넘어섰는데, 이것은 약 2만3,000톤에 해당한다. 리글리에 의하면 이것은 "탄광 한 곳에서 150명의 광부가 1년에 캐내는 석탄의 양이다."[113] 다른 한편, 면직업의 기술혁신들은 예전의 직물산업들(모직, 면직, 견직, 마직)에 특유한 일련의 장기적인 변화들 속에 위치해 있으며 이것들은 16세기 이전부터 변화해오던 것이기 때문에, 면직업은 앙시앵 레짐에 속한 산업이라든가 혹은 존 힉스가 말한 바와 같이 "사람들이 흔히 생각하는 것처럼 새로운 산업의 출발이라기보다는 과거 산업의 마지막"이라고 보기 쉽다. 극단적으로 이야기해서 15세기의 피렌체에서 이미 이와 유사한 성공을 거두었다고 생각할 수 있지 않은가?[114] 에르네스트 라브루스가 리옹 역사학 회의(1970년 10월)에서 케이의 플라잉 셔틀에 대하여 그 시대에는 대단한 찬탄을 받았을지 모르나 "어린아이 장난감"에 불과하다고 말한 것도[115] 대개 이런 의미이다. 그러므로 이것은 대규모 근대적 수단 없이 이루어진 혁명이었다. 면직물은 가벼우면서도 상당히 큰 가치를 가진 상품이기 때문에 당시의 교통수단을 그대로 이용할 수 있었고 예컨대 페나인 산맥의 계곡에 있는 물레방아의 미약한 힘도 이용할 수 있었다. 그래서 우선 이와 같은 면직업의 내적인 발달이 먼저 다 이루어진 후에야 사후에 증기기관을 이용하게 되었다. 이것은 수량이 일정하지 않고 또 부족한 단점을 보완해주었다. 그러나 사실 증기기관은 면직업을 위해서 발명된 것이 아니다. 직물업은 늘 자본보다는 노동력에 대한 요구가 더 큰 분야였다.[116]

그렇다면 존 힉스가 말한 앙시앵 레짐의 혁명이라는 꼬리표를 받아들여야 하는가? 그러나 면직업의 혁명은 이전 것들과 핵심적인 차이가 있다는 점에 주목해야 한다. 이 경우에는 어쨌든 성공을 거두었다는 사실이 중요하다.

다시 경제침체로 돌아가지 않고 장기적 성공을 거두기 시작하여 끝내는 "지속 성장"을 이룬 것이다. 그리고 "영국의 산업화 초기에는 그 어떤 산업도 이와 유사한 중요성을 가지지는 못했다."[117] 그래서 면직업의 혁명을 "하찮은 것으로 보는" 것이야말로 진정으로 위험한 일이다. 물론 면직업은 일반적으로 사람들이 이야기하는 것보다 더 장기간에 걸친 사전조건들로부터 느리게 발전해나온 것이 사실이다. 유럽에서 면직물을 생산하기 시작한 것은 12세기부터이다. 그러나 레반트 지역에서 수입한 원면으로 제조한 면사는 너무 가늘어서 그다지 튼튼하지 못했다. 그래서 면사만 사용할 수는 없고 면사와 아마사를 날 줄과 씨줄로 섞어서 짰다. 이 "혼방"을 퓌텐(futaine)이라고 하는데 독일 도시들의 바르헨트(Barchent)나 영국의 푸스티안(fustian)과 같은 것도 유사한 종류이다. 이 직물들은 모양도 거칠고 상당히 비싸며 또 세탁도 힘들었다. 그래서 17세기에 유럽에 원재료만이 아니라 인도산 직물, 그중에서도 특히 날염직물이 들어왔을 때 이것은 대성공을 거두었다. 이 순면 직물은 값이 싸면서도 훌륭한 색상으로 염색되어 있었고 유럽산 직물과 달리 세탁을 해도 상하지 않는 놀라운 상품이었다. 조만간 이 상품이 유럽을 휩쓸었고 동인도회사의 배들이 이 상품을 대량으로 수입했다. 여기에는 유행도 한몫을 했다. 모직업보다는 푸스티안 직물업을 보호하기 위해서 영국은 1700년과 1720년에 그리고 프랑스는 1686년부터 자국 영토 내에서 인도산 면직물의 판매를 금지시켰다. 그러나 이 상품은 재수출용으로 수입된다는 명분으로 계속 들어왔고 밀수도 마음껏 활개를 치고 있어서 도처에 퍼져갔다. 그래서 금지조치, 경찰의 습격, 상품의 압류 등을 비웃는 듯이 아름다운 모습을 선보이며 고집스러운 유행을 만족시키고 있었다.

영국과 전 유럽에서 진행된 면직물 혁명은 우선은 인도 산업의 모방 수준으로 시작되었다가 추격 그리고 다음에는 추월을 달성했다. 그것은 비슷한 품질의 상품을 싼 가격에 만드는 일이었다. 인도의 장인과 대항해서 싼 가격을 유지하려면 기계를 이용하는 수밖에 없었다. 그러나 이 시도가 즉각적으로 성공하지는 못했다. 인도의 직조용 실처럼 섬세하면서도 충분히 강한 면사로 직조를 하려면 1775-1780년경에 나올 아크라이트와 크럼프턴의 기계들을 기다려야만 했다. 이후 인도 직물의 시장은 영국의 신(新)산업의 등장으로 경쟁이 격화되었다. 이 시장은 잉글랜드만이 아니라 그레이트 브리튼 섬 전체, 더 나아가서 유럽 전체(곧 이 시장은 각국의 국민산업들의 경쟁터가 되었다), 아프리카 해안(이곳에서는 면직물과 흑인 노예를 물물교환했다), 아메리카 식민지, 튀르키예와 레반트, 더 나아가서 인도 자신까지 포함하게 되었다. 면직물은 언제나 가장 중요한 수출품이었다. 1800년에 이것은 대영제국의 전체 수출의 4분의 1이었고 1850년에는 절반을 차지했다.[118]

이렇게 하나씩 점령해간 해외시장들이 상황에 따라 서로 더해지든지 대체되어갔는데 이런 것들이 생산의 어마어마한 증가를 설명해준다. 1785년에는 4,000만 야드(yard)였던 수출량이 1850년에는 20억2,500만 야드가 되었다![119] 동시에 완제품의 가격이 큰 폭으로 떨어졌다. 1800년에 지수 500이던 것이 1850년에 100으로 떨어진 것이다. 이에 비해서 밀과 대부분의 곡물들은 같은 기간에 가격이 약 3분의 1정도만 떨어졌다. 이윤은 처음에 환상적으로 높은 수준이었지만(훗날 영국의 한 정치인의 말에 의하면 "이익률이 5퍼센트나 10퍼센트 정도가 아니라 수백 퍼센트, 수천 퍼센트였다")[120] 곧 급속하게 감소했다. 대신 전 세계 시장을 상품으로 완전히 뒤덮었기 때문에 이익률의 감소를 보완할 수 있었다. "아직 매뉴팩처에서 대규모 자본축적이 가능할 정도로 이익이 충분히 높다"고 1835년에 한 사람은 이야기했다.[121]

1787년 이후에 이륙이 있었다면 그것은 면직물 덕분이다. 에릭 홉스봄은 면직업의 팽창의 리듬이 계속적으로 대영제국 경제 전체의 리듬을 나타낸다고 보았다. 다른 모든 산업들이 면직업과 함께 상승하고 또 그것이 하락하면 따라서 하락했다. 이 현상은 20세기까지도 계속되었다.[122] 여하튼 영국의 면직물 공업에 대해서 당대인들은 전례 없이 대단히 강력한 세력이라는 인상을 받았다. 직조업에도 기계화가 도입되려고 하던 1820년경에는 면직업은 벌써 다른 어느 분야보다도 증기력을 많이 이용하는 "증기산업(steam industry)"이 되었다. 1835년경에 면직물 공업은 증기기관 에너지로 3만 마력을 사용하던 데에 비해서 수력 에너지로는 1만 마력 정도를 사용했다.[123] 이 신참세력이 얼마나 강력한지를 보고 싶다면 "6-7층[또는 그 이상]짜리 공장들이 수백 채 들어서 있고 각 공장 위에는 당당하게 시커먼 연기를 내뿜는 거대한 굴뚝들이 박힌"[124] 근대적 도시 맨체스터의 엄청난 발전을 보는 것으로도 충분하지 않겠는가? 맨체스터는 주변 도시들을 자신의 제국에 복속시키고 있었는데 그중에는 리버풀 항구도 포함되어 있었다. 이곳은 바로 얼마 전만 해도 영국의 중요한 노예 무역항이었으나 이제는 원면—특히 미국에서 들어오는—의 중요한 수입항이 되어 있었다.[125]

이것과 비교해볼 때 예전에 영광의 산업이었던 모직물 공업은 오랫동안 구태의연한 모습을 보이고 있었다. 1828년에 한 매뉴팩처 경영인은 옛날을 회상하며, 1780년경에 제니 방적기가 도입되면서 그전에 방적 일을 하던 집들에서는 낡은 물레를 다락방에 올려버리고 모든 사람들이 면직물 노동자가 되었다고 이야기했다. "양모로 실을 잣던 것은 완전히 사라져버렸고 또 아마로 실을 잣던 것도 거의 사라지더니 그후에는 그저 면화, 면화, 면화뿐이었소."[126] 그후에 제니 방적기가 모직물 공업에도 응용되었지만 이것이 완전히 기계화된 것은 면직물 공업에서보다 30여 년 뒤의 일이다.[127] 노리치에 뒤이어 모직물 공업의 수도가 된 리즈에서 방적이 기계화되기 시작했지만(직조보다 방적이 먼저 기계화된 것은 당연한 일이다) 1811년에도 아직 이 분야는 수공업적이고 농촌적인 성격을 띠고 있었다. "[리즈의] 모직물 시장은 커다란 건물 한 채 그리고 마당 주위에 둘러 있는 네모난 시장 터로 되어 있다. 이곳은 화재를 막기 위해서 벽돌로 담을 쌓고 쇠로 바닥을 댔다. 반농반공(半農半工)의 성격을 띤 2,600명 정도의 매뉴팩처 경영자들이 이곳에서 한 번에 한 시간씩, 1주일에 두 번 점포를 연다. 이들은 긴 회랑의 벽을 따라 각자 칸막이를 하고 있다.……직포를 뒤에 쌓아놓은 그들은 손에 견본을 들고 있다. 구매자들은 두 줄로 늘어서 있는 사람들 가운데로 지나가며 견본을 비교한다. 가격은 거의 획일적으로 정해지므로 흥정이 아주 빠르게 맺어진다. 양측 모두 몇 마디 말도 없이 또 시간도 거의 들이지 않는 가운데 많은 사업이 이루어진다."[128] 이것이 전산업(前産業)의 현장이라는 데에는 의심의 여지가 없다. 이 사업을 주도하는 사람은 구매자인 상인이다. 따라서 모직물 공업은 면직물 공업의 혁명적인 변화를 좇아가지 못한 것이다. 셰필드와 버밍엄 등지의 칼 제조업, 철물업 등도 마찬가지로 수많은 소규모 작업장에서 수행되고 있었다. 그 외에도 옛날식의 활동들이 무수히 많이 남아 있었으며 그중에 일부는 20세기까지도 남아 있다.[129]

면직물이 오랫동안 선두 자리를 차지하고 난 다음에는 철이 그 자리를 이어받았다. 수익은 미약하면서도 막대한 고액 투자를 요구하는 철도, 기선 및 기타 설비들을 영국이 갖추었다는 것은 이 나라에 이미 많은 돈이 축적되어 있었음을 말해주는 것이 아니겠는가? 면직물 공업이 기계화와 대규모 야금업의 팽창에 직접적으로 중요한 역할을 한 것은 아니라고 해도 면직물 공업 분야의 높은 수익이 돈을 지불한 것이다. 그리고 난 후 한 사이클은 다음 사이클을 추진시켰다.

원거리 교역의 승리

18세기 영국에 대해서 **상업혁명**의 시기였다고 말하는 것은 결코 지나친 말이 아니다. 상업이 정말로 폭발적으로 발전했던 것이다. 이 세기 동안 국내 시장만을 향한 산업생산은 지수 100에서 150으로 발전했으나 수출산업은 100에서 550으로 발전했다. 해외교역은 다른 것에 비해서 훨씬 앞선 첨단주자였다. 물론 이 "혁명" 자체에 대해서 설명이 필요하며 이때의 설명은 전 세계를 포함하는 것이어야 한다. 상업혁명과 산업혁명과의 관계는 긴밀하면서도 상호적이다. 두 혁명은 서로 강력한 지지를 보내고 있었다.

영국은 해외에서의 성공을 통해서 거대한 상업제국을 형성했다. 앤틸리스

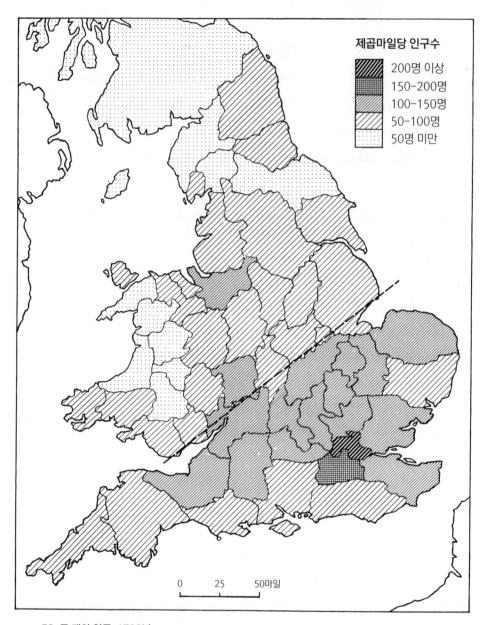

52. 두 개의 영국, 1700년
영국의 인구와 부는 세번 강 하안의 글로스터와 워시 만 연안의 보스턴을 연결하는 구분선을
놓고 양분되었다. (헨리 클리퍼드 다비, 앞의 책, p.524)

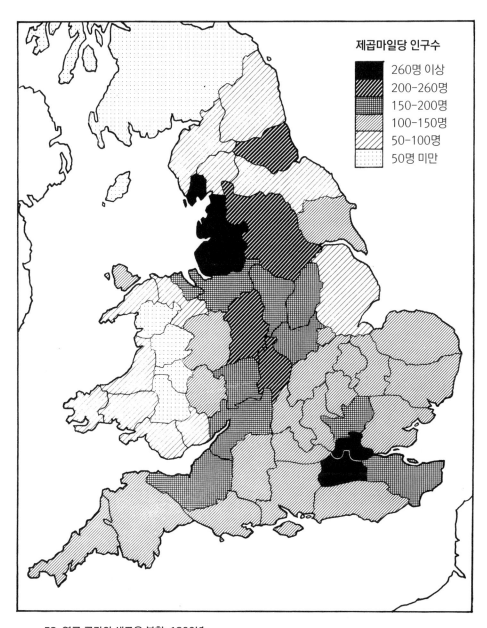

53. 영국 공간의 새로운 분할, 1800년

가난한 영국에서 급격한 인구증가가 일어났고 이제 영국은 근대산업국가가 되었다. (같은 책, p.525)

제도로부터 인도까지 그리고 중국과 아프리카 연안에까지 이르는 세계 최대의 교역단위에 대해서 영국 경제가 개방되었다. 이 거대한 영역에 대해서 유럽과 해외지역, 둘로 나누어보면 이 독특하기 짝이 없는 운명의 기원을 더 잘 이해할 수 있을 것이다.

1760년을 기점으로 살펴볼 때, 영국의 교역과 세계의 교역이 실제로 모두 증가하지만 영국이 가까운 유럽 지역과 수행하던 교역은 상대적으로 줄어들었고 반대로 역외교역은 증가하고 있었다. 영국의 대 유럽 교역을 수입, 수출, 재수출이라는 세 영역으로 나누어 계산해보면 재수출 영역에서만 유럽 교역의 비중이 지배적이고 또 18세기 내내 안정적이었다는 점을 확인하게 된다(1700-1701년 85퍼센트, 1750-1751년 79퍼센트, 1772-1773년 82퍼센트, 1797-1798년 88퍼센트). 반면 수입영역은 이와 달라서 비중이 갈수록 줄어들었고(같은 기간 중에 각각 66퍼센트, 55퍼센트, 45퍼센트, 43퍼센트) 유럽 대륙으로의 수출은 그 이상으로 하락했다(각각 85퍼센트, 77퍼센트, 49퍼센트, 30퍼센트).[130]

이러한 두 영역에서의 하락은 의미심장한 일이다. 영국 교역의 무게중심은 말하자면 유럽으로부터 멀어져가서 점차 아메리카 식민지(곧 미국이 될 것이다) 및 인도(특히 플라시 전투 이후)와의 교역이 증가했다. 어쩌면 이것은 『홀란트의 부(*Richesse de la Hollande*)』(1778)[131] 저자인 아카리아스 드 세리오네가 제기한 날카로운 지적과 일치하는 것 같다. 우리는 여기에서 훌륭한 설명을 기대할 수 있을지 모르겠다. 그가 보기에 영국은 세계에서 물가가 가장 높은 나라였다. 국내 물가와 인건비가 너무 오른 나머지 이웃한 프랑스 및 네덜란드와의 경쟁에서 이기지 못하게 되었을 뿐 아니라 마찬가지로 지중해 지역, 레반트 지역, 이탈리아, 스페인 등과의 경쟁에서 뒤처졌다(스페인의 경우 적어도 카디스에 대해서는 이 말이 타당하다. 그러나 스페인령 아메리카에서는 영국이 자메이카의 "자유항들"을 이용하여 꽤 잘 막아냈다). 다만 유럽 내에서 결정적인 두 곳에서는 영국이 우위를 지켰다. 오래 전부터 견고한 정복지였던 포르투갈이 한 곳이고 해군 보급과 산업 원재료(목재, 마스트, 대마, 철, 피치, 타르)를 확보하는 러시아가 또다른 곳이다. 우리의 설명을 좀더 확장해보면 영국은 더 이상 유럽 내에서 이익을 취하지 못하고 오히려 후퇴했으나 대신 나머지 전 세계에서 승리를 거둔 것이다.

이 승리에 대해서는 면밀한 분석이 필요하다. 우리는 크게 보아서 영국이 자국의 상업을 어떻게 "한계화(marginaliser)"*했는지를 알 수 있다. 그것은 대개 무력을 통한 승리였다. 1757년에 인도에서, 1762년에 캐나다와 아프리카 해안에서 영국은 경쟁자들을 분쇄했다.132) 그러나 언제나 무력에 의해서만 그렇게 된 것은 아니다. 막 독립을 획득한 미국은 옛날의 모국 수도로부터 갈수록 더 많은 상품들을 구매했다(그만큼 판매한 것은 아니지만).133) 마찬가지로 1793-1795년에 있었던 유럽 내의 전쟁이 영국에 도움을 주었다. 이 전쟁을 통해서 영국은 세계를 장악할 수밖에 없게 된 반면, 네덜란드와 프랑스는 오히려 세계쟁탈전에서 축출당했다. "전 세계 모든 나라들은 지난 10년 동안(1804-1813) 영국의 호의를 입지 않고는 교역을 수행할 수 없었다"고 혁명기 및 나폴레옹 제국 전쟁기 동안 영국에 머물렀던 한 프랑스인은 썼다.134)

영국이 지배권을 행사하는 세계-경제 내에서 자신의 보호구역과도 같은 "주변부" 국가들에 근거하여 교역을 수행함으로써 얻는 이점은 명백하다. 너무 높아진 국내 물가는 생산수단의 변화를 초래했을 뿐 아니라(인건비가 너무 비싸지자 기계를 사용하게 되었다) 원재료(그리고 여기에 더해서 직접 유럽에 재판매할 수 있는 상품들까지) 역시 가격이 낮은 지역에서 구매하도록 만들었다. 이런 일들은 영국의 교역이 세계 최일급의 선단에 힘입어 원거리라는 장애를 극복할 수 있었기 때문에 가능했다. 조선업, 의장업, 해상모험에 대한 투자 혹은 보험업 등 항해 분야에서 영국만큼 분업이 발달한 나라

---

* 여기에서는 유럽 이외의 세계 각국으로, 즉 변방지역으로 확대한 것을 말한다

는 어디에도 없었다. 이 점에서는 네덜란드도 영국을 따라갈 수 없었다. 장문의 논문보다도 차라리 보험업자들이 모여드는 카페들을 일별해보는 것이 사정을 잘 알려 줄지도 모른다. 예루살렘(Jerusalem), 자메이카(Jamaica), 샘즈(Sam's) 그리고 1774년 이후에 새로 문을 연 로이즈 커피(Lloyd's Coffee) 등이 그런 곳들이다. 보험 중개인은 고객의 주문서를 손에 쥐고 보험업자의 지점들을 차례로 돌아다니며 필요한 투자자를 모집했다. 심지어 외국인들도 올바른 주소를 알고 있었다.[135] 로이즈 커피는 새로운 소식과 정보가 집중되는 놀라운 중심지가 아니었던가? 선박의 상태에 대해서는 선주보다 그 선박에 대해서 보험을 들어준 보험업자들이 더 잘 알고 있었다. 그들은 확실히 이기게 되어 있는 게임을 했다.

사실은 영국 전체가 그들의 선단 덕택에 확실히 이기게 되어 있는 게임을 하고 있었다. 혁명전쟁과 제국전쟁 동안 프랑스가 영국에 대해서 대륙을 봉쇄하려고 했으나, 일부 지역에서 영국이 어떻게 감시와 적대행위를 돌파했는지에 대해서는 이미 여러 사람들이 말한 바 있으므로 재론할 필요가 없을 것이다. 영국은 언제나 빈틈을 발견했다. 덴마크의 톤닝엔(1807년까지), 엠덴과 헬골란트(1810년까지) 등이 대표적인 예이다. 한 곳이 닫히면 다른 곳이 열렸다.[136] 세계적으로 보아도 영국의 교역은 방해받지 않고 계속되었고 때로는 일상적으로 수행될 정도였다. 동인도회사는 나폴레옹 전쟁 동안 인도로부터 날염 면직물들을 아무런 불안감 없이 계속 수입했다. "10년 전부터 수천 통의 원면이 동인도회사의 창고에서 잠자고 있다. 이것은 스페인의 게릴라들에게 [셔츠 및 바지 제조용으로] 공급하기 위한 것이다."[137]

물론 상업혁명만으로는 산업혁명을 다 설명할 수 없다.[138] 그러나 영국 경제가 자신의 수준 이상으로 발달할 수 있었던 데에 상업의 발달이 도움이 되었다는 사실은 명백하다. 그러나 많은 역사가들은 그 가치를 최소화하려고 한다. 심층적으로 보면 이것은 자본주의적인 성장을 **국내** 발전만으로 설명하려는 사람들과, 국외에서 체계적으로 전 세계를 이용하면서 이루어진 것으로 보려는 사람들 사이의 치열한 논쟁과 관련이 있다. 이 논쟁은 끝이 없을 것이다. 왜냐하면 두 가지 설명이 모두 훌륭하기 때문이다. 그 당시에 영국의 찬미자였던 사람이 이미 첫 번째 설명에 동의하고 있다. 1812년에 루이 시몽은 이렇게 썼다. "영국의 부의 근원은 대규모 국내 유통, 대규모의 분업, 기계의 우수성에서 찾아야 한다."[139] "다른 사람들이 영국의 해외무역의 중요성을 과장하는 것은 아닌지 의심스럽다."[140] 또다른 증인은 이렇게 이야기하기도 한다. "영국이 부유해진 것은 해외무역 덕분이라는 통속적인 생각은 다른 모든 통속적인 생각들과 마찬가지로 유력해보이는 만큼이나 잘못된 것이다."[141] 그는 또 확신을 가지고 이렇게 말한다. "대륙체제를 만든 그 심오한 정치가들이 어떻게 이야기하든 간에 해외무역은 그 어떤 나라에도 중요하지 않으며 영국에 대해서도 마찬가지이다." 여기에서 "체제"란 대륙봉쇄를 말하는데, 앞의 말을 한 모리스 뤼비숑—혁명기의 프랑스만이 아니라 제국기의 프랑스를 혐오한 인물이다—은 대륙봉쇄야말로 멍청한 짓이라고 생각했다. 영국의 무역을 공격한다는 것은 미친 짓이 아닌가? 그에 의하면 대륙을 봉쇄한다는 것도, 도저히 도착할 수 없는 인도에 가겠다고 1798년에 함대와 육군 정예부대를 이집트에 보낸 것도 모두 시간 낭비이자 미친 짓이다. 사실 영국이 인도로부터 얻는 것이 무엇이라는 말인가? 기껏해야 30척의 선박들이 왕래하는데 "이 배들의 적재물 절반은 그렇게 먼 항해를 하기 위해서 필요한 물과 식량이다."

이러한 부조리한 생각들이 유포된 이유는 캉티용 같은 인물을 포함하여 많은 사람들이 국제무역상 흑자나 적자 같은 것은 없다고 주장했기 때문이다. 이들의 견해에 의하면 어떤 나라가 외국에 판매한 액수는 외국에서 구매한 액수와 늘 일치한다. 이것은 나중에 상무성(Board of Trade) 의장을 역임한 허스키슨이 "상호적이고 균등한 이윤의 교환(Interchange of reciprocal and equivalent benefits)"이라고 부른 것과[142] 같은 균형을 의미한다. 그러나 아일랜드에서든, 인도나 아메리카 혹은 다른 곳에서든 영국이 수행한 교역이 무역균형을 이루지 않았다는 것은 말할 필요도 없다.

관세자료를 비롯해서 현재 우리가 가지고 있는 자료로 영국의 무역량 증가를 확인할 수는 있겠지만, 그렇다고 영국의 무역수지를 계산할 수는 없다. 필리스 딘은 장문의 분석에서 이 점을 잘 설명했으나 여기에서 그것을 요약할 수는 없다.[143] 추산치만 가지고 보면 영국의 무역수지는 거의 흑자를 보지 않았거나 아예 적자였던 것 같다. 그러나 여기에서 자메이카나 프랑스령 앤틸리스 제도의 무역수지에 대해 내가 설명했던 것을 상기해볼 필요가 있다. 사실 관세자료는 그 자체에 결함이 있다는 점 이외에도 기본적으로 영국 항구들을 통해 수출입되는 상품만 기록한다는 점을 기억해야 한다. 여기에는 자본의 이동, 세관의 통제에서 벗어난 노예무역 등의 "삼각무역", 선박 소유자들이 얻는 운임, 자메이카의 플랜테이션 경영주나 인도의 나바브들의 송금, "인도 내 무역"과 같은 요소들이 배제되어 있는 것이다……

이런 조건에서 볼 때, 해외무역이 부인할 수 없이 큰 규모이고 또 대단한 비율로 증가한다는 점을 인정하지만 국내교역량과 해외무역량을 비교하면 해외무역의 중요성이 매우 작다는 식의 설명이 과연 타당할까? 이미 데이비드 맥퍼슨은 『상업 연보(*Annals of Commerce*)』(1801)에서[144] 국내교역이 해외무역의 두세 배에 달한다는 것을 이야기했고[145] 또 그런 수치가 없더라도 국내교역이 월등히 큰 규모라는 것은 의심의 여지가 없는 사실이다. 그러나 이렇게 말한다고 모든 문제가 해결되는 것은 아니다. 여기에서 해외 원거리무역과 국내교역의 상대적인 의미에 대한 논의를 다시 거론하지는 않겠다. 그러나 영국의 산업혁명의 팽창과 관련해서 국내교역이 아무리 중요하다고 해도 그것이 결코 해외무역의 중요성을 반감시키지는 않는다는 점은 밝혀두어야 한다. 18세기 동안 수출용 생산이 450퍼센트 증가한 반면(1700년에 지수 100이었던 것이 1800년에 544가 되었다) 내수용은 52퍼센트만 증가했다는(1700년에 지수 100이었던 것이 1800년에 152가 되었다) 사실 하나만으로도 영국의 생산에서 해외시장이 차지하는 중요성을 잘 알 수 있을 것이다.

1800년 이후 그 중요성은 더욱 커졌다. 1800년부터 1820년까지 영국의 수출은 83퍼센트 증가했다.[146] 산업혁명에서 국내와 해외라는 두 추동요소 또는 두 승수(乘數)는 서로 연관을 맺었다. 하나가 없으면 다른 하나도 작동하지 못했을 것이다.

총량보다 잉여를 비교한 인도의 역사가 아말렌두 구하의 추론은[147] 나에게 상당히 충격적이었다. 그의 방법은 예컨대 영국이 인도에서 얻은 잉여, 투자로 전환된 영국의 저축잉여 등을 분석하는 것이다. 여러 종류의 계산을 통해서 확인한 바에 의하면 영국의 투자는 1750년에 600만 파운드(국민총생산의 5퍼센트)였고 1820년에는 1,900만 파운드(국민총생산의 7퍼센트)였다. 이것과 비교할 때 1750년부터 1800년까지 영국이 인도에서 매년 200만 파운드의 잉여를 얻었다는 것이 하찮은 일인가? 우리는 인도의 잉여(그중에서도 특히 나바브의 돈)가 영국 경제에 어떻게 분배되었는지 잘 모른다. 그러나 그 잉여가 그대로 숨어버렸거나 비활동적으로 되었다고는 할 수 없다. 그것은 분명히 영국의 부의 수준을 높였다. 영국의 성공도 바로 이러한 높은 수준에서 이루어졌던 것이다.

국내 수송의 증대

해외무역의 가속화 역할이 그렇게 중요한데도 어떻게 보면 이 책에서 국내의 전국시장을 너무 강조한 나머지 해외무역을 과소평가하도록 만들었을지 모른다.[148] 우선 개략적으로 국내교역이 해외무역의 두세 배였다는 점을 받아들인다면,[149] 해외무역액(재수출은 제외)이 1760-1769년에 연평균 2,000만 파운드 정도였으므로[150] 국내교역액은 4,000만-6,000만 파운드 정도일 것이고, 이익이 전체 중 약 10퍼센트라고 하면[151] 전체 이익은 약 400만-600만 파운드라는 거액이 된다. 산업혁명은 이 활기찬 유통경제에 직접 연결되어 있었다. 그런데 영국에서는 왜 이것이 그렇게 일찍 발달했을까?

이에 대해서 우리는 이미 부분적으로 설명을 개진한 바 있다. 런던이 혁명적인 중앙집중화 역할을 했다는 점, 시장이 증대되고 침투력 있는 화폐경제가 일반화되었다는 점, 전통적인 가축 정기시들과 그중에서도 특히 오랫동안 이 방면에서 최고의 자리를 차지하던 스타워브리지 정기시에서 볼 수 있는 바처럼 교환이 팽창해 있었다는 점, 런던 근처에 후광을 두르듯이 늘어선 시장도시들이나 혹은 런던 내부의 전문화된 도매시장들이 활력 있게 기능했다는 점, 대니얼 디포가 잘 지적한 것처럼 중개인들이 늘어나서 점점 더 많은 대중에게 소득과 이윤을 재분배했다는 점 등이 흔히 제시되는 요인들이다. 간단히 요약하자면 관계망들이 정교화되고 근대화되며 갈수록 스스로 작동하게 되었다는 점이다. 마지막으로 언급할 특히 중요한 사항은 수송수단이 증대했다는 점인데 이것은 당면한 교역의 요구 이상으로 발달하고 더 나아가서 교역의 발달을 보장해주었다.[152)

이것 역시 이 책에서 이미 언급한 문제이다. 그러나 영국의 유통에 관한 훌륭한 예의 하나로서 이것을 다시 언급하는 것이 무용하지는 않을 것이다. 영국의 유통은 우선 항구와 항구 사이를 잇는 거대한 연안항해를 통해서 시작되고 확보되었다. 이 점에서 볼 때에도 역시 바다는 영국에게 첫 번째 기회를 주었다. 연안항해업자들(colliers)은 영국 선단의 4분의 3을 차지했으며 이 분야에서 선원의 수는 1800년의 경우에 적게 잡아도 10만 명이었다.[153) 이렇게 볼 때 연안항해는 우리가 아는 바와 같이 영국에 필요한 많은 항해인들을 길러내는 핵심적인 학교 노릇을 했다. 많은 것들이 연안을 따라서 수송되었다. 대량의 밀, 뉴캐슬의 석탄 등이 타인 강 어귀로부터 템스 강까지 이동했다. 영국의 해안을 따라 위치한 20여 개의 항구들이 거의 연속적으로 교환을 중개했다. 이 항구들 중에 어떤 것들은 아주 좋은 위치를 차지하고 접근도 쉬운 반면, 어떤 것들은 곤란한 여건에도 불구하고 할 수 없이 이용해야 하는 경우도 많았다. 영불해협의 항구들은 아주 좋은 대피처를 제공하며 동시에 (대니얼 디포가 지적하듯이) "밀수와 협잡(smuggling and roguing)"의 중심지들이 되었다.[154)

영국의 유통에 두 번째 기회를 준 것은 강이었다. 해안에서 대단히 멀리 떨어진 노리치의 경우 "수문과 정류소 없이(without lock or stops)" 바다로부터 직접 닿을 수 있었기 때문에 상공업이 발달하지 않았을까?[155] 윌런은 늘 그렇듯이 간략하고 명확한 그의 책에서[156] 해상의 배를 직접 이용하거나 적어도 상품을 내륙 깊숙이 들여옴으로써 영국 해안의 연안항해와 바로 연결되는 강에서의 수송이 얼마나 혁명적으로 중요했는지를 보여주었다.

일반적으로 물의 흐름이 느린 영국의 강들은 1600년 이후로는 원래 자연상태 그대로 이용하는 경우가 거의 없었다. 도시에서 요구하는 석탄과 기타 무거운 상품들—특히 건축자재들—때문에 강의 수로를 차차 개선해나갔다. 운항로를 확장하고 일부 곡류(曲流)는 짧게 끊어버리고 수문을 설치했다. 윌런의 주장에 의하면 수문은 증기기관과 거의 같은 정도로 중요한 발명이었다.[157] 강의 수로 정비는 운하를 예고하는 일종의 도제수업 기간이었다. 운하는 우선 강의 수로를 더 길게 연장하든지 두 수로를 연결하는 역할을 했다. 그러나 일부 강들은 거꾸로 새로 건설한 운하들을 연결하는 역할을 하게 되어서야 수로가 정비되기도 했다.

그러므로 이른바 운하 건설의 광기는 진짜 광기가 아니고 투자였다. 흔히 이 투자는 두 번 중에 한 번은 불행한 결과를 가져왔다지만, 이것은 달리 이야기하면 두 번 중에 한 번은 행복한 결과를 가져왔다는 의미이다. 수로의 노선을 잘 정하고, 특히 여기에서 중요한 요점으로서 이 운하가 석탄 운반에 이용되고, 이 사업을 시행하는 주체—건설회사일 수도 있고 혼자서 책임을 감당하는 사업가일 수도 있다—의 크레딧 활동이 잘 이루어진다면 그런 경우에 속할 것이다.

운하 건설의 광기는 1755년에 머지 강에 합류하는 생키 강의 평행운하*와 함께 시작되었다.[158] 이 사업은 워슬리 근처의 탄광들과 맨체스터를 잇

---

* 강물의 흐름과 평행 방향으로 건설한 운항용 운하.

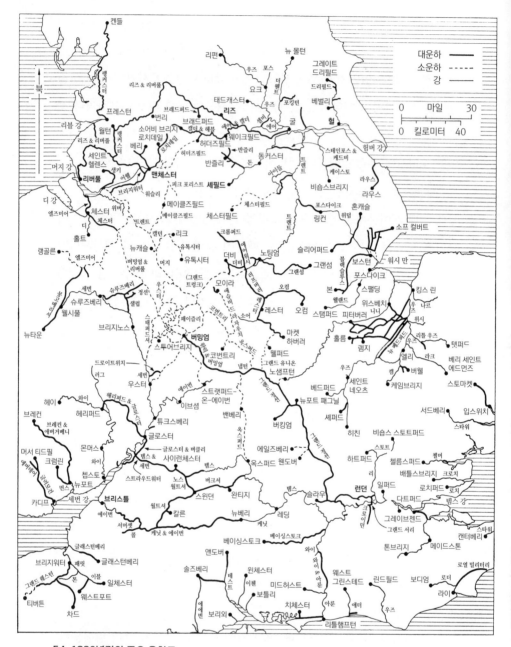

54. 1830년경의 주요 운항로

그림 38에 나오는 토머스 스튜어트 윌런의 지도(1660-1700)와 비교해보라. (해럴드 제임스 다이오스와 데릭 하워드 알드크로프트의 책)

는 그 유명한 운하 건설—완벽한 공사로 알려져 있다—보다 수년 앞선 것이다.[159] 브리지워터 공작이 "혼자서 이 사업을 맡아서 할 때 이 사업에는 프랑스 은행—이름만 거창할 뿐 실속이 없는 기관—보다 더 많은 지폐의 유통을 필요로 했는데 이때 이 지폐들은 결코 신용을 잃지 않았다. 또 프랑스 은행에서 그랬던 것처럼 유통 중인 지폐액수의 4분의 1에 해당하는 돈을 현찰로 지하실에 보관할 필요도 없었다. 이것은 그에게 정말로 다행스러운 일이었다. 왜냐하면 그는 사실 작업장을 둘러보러 마차를 타고 다닐 때 그 마차의 마부에게 줄 푼돈조차 가지고 있지 않았기 때문이다.[160] 이것은 기업가가 아주 사업을 잘 꾸려나간 경우이다. 그는 광산을 하나 소유하고 있었는데 이 덕분에 유리하게 돈을 빌릴 수 있었다. 모든 사람들이 잘 알고 있듯이 부자만 돈을 빌릴 수 있기 때문이다. 그의 사업은 잘 진행되었다. 그의 탄광에서 생산한 석탄을 맨체스터에 수송하여 이전보다 절반 정도 싼 가격에 석탄을 팔 수 있었으며 그가 투입한 자금과 비용에 대해서 매년 20퍼센트의 수익을 올렸다. 운하는 계획을 잘 수립하지 못한 사람들에 대해서만 광기였을 따름이다. 왜냐하면 해상 수송을 기준으로 삼았을 때 운하를 이용한 수송비는 3배 정도 비싼 것에 불과했다(수레를 이용할 경우 9배, 끌짐승을 이용하는 경우 27배나 비쌌다).

육상으로는 유료도로(turnpike)—최초의 것은 아마도 1654년에 시작된 듯싶다—가 그런대로 쓸 만한 도로망을 건설했다. 이 유료도로들은 운하와 마찬가지로 개인의 주도로 건설되었다(국가는 스코틀랜드와 아일랜드 방향의 전략도로에만 관심이 있었다). 사람들이 말하는 만큼 그렇게 상태가 심각하지는 않았지만 어쨌든 마차는 다닐 수 없는 데다가 특히 겨울에는 아예 통행이 불가능한 옛날 도로들이 이제 이 유료도로들로 대체되었다.

그러나 표면을 단단하게 포장한 새 도로들(사실 이것은 아주 오래된 기술이며 거의 로마 시대 이래 변화가 없었다)이나[161] 적극적인 운하 건설로 모든 문제들이 풀린 것은 아니었다. 예컨대 탄광 입구로부터 도크까지 석탄을 운반하는 문제는 여전히 미해결 상태였다. 18세기 말에 가서 금속레일이 등장했다. 이 레일은 철도의 전신 정도로서 존 해럴드 클래펌은 기관차 없는 철도라고 표현했다.[162] 뒤펭 남작이 이 '레일로드(railroad)'를 프랑스어로 '루트-오르니에르(route-ornière)'라고 번역했기 때문에[163] 사람들은 레일의 가운데 부분이 파여 있고 거기에 차량의 좁은 바퀴가 들어가 있는 것으로 상상했다.* 그러나 실제로는 이때의 레일이란 단순히 막대기를 뜻했다. 초기의 레일은 단순한 나무 막대기였고 그 위로 차량의 목제 바퀴가 굴러가게 되어 있었다. 이것은 17세기부터 배스의 채석장, 콘월의 탄광 그리고 뉴캐슬 주변의 석탄 운송지 등에 사용되었다.[164] 바퀴가 옆으로 굴러떨어지지 않도록 바깥에 테를 둘러서 보완한 이 레일 위로 말이 차량을 끌고 갔는데, 보통의 도로보다 세 배 이상의 짐을 끌었다. 이때 주목할 만한 것은 1767년경에 주물로 만든 레일이 나무 레일을 대신하게 된 점이다. 1800년부터는 증기기관을 견인력으로 사용하는 연구가 진행되었다. 최초의 기관차는 1814년에 등장했다.

이렇게 등장한 철도의 길이는 (아직 기관차는 없는 상태이지만) 1816년경에 뉴캐슬 근처에서 76리외나 되었다.[165] 웨일스의 글러모건 백작령에서는 100여 리외에 달했는데 이곳의 수도인 카디프에는 머서 티드빌 탄광들과 스완지 항구가 있었다. 스코틀랜드에서도 글래스고와 에든버러 주변에서 이 체제가 발달했으며 "몇 년 전부터 자본가들에게 이에 대한 계획들이 가장 많이 제기된 곳"도 이곳이었다.[166] "평평한 레일"을 이용한 이 철도들 중에 한 노선은 글래스고 시내로까지 들어와 있었는데 이를 본 뒤펭 남작은 "프랑스의 대도시에서도 아주 경사가 심한 지역—예컨대 파리의 생트-준비에브 언덕 같은 곳—에는 도로의 한쪽에 이 평평한 레일을 설치할 수 있을 것"이라고 생각했다.[167] 1833년에 샤를 퀴슈테가 쓴 『철도와 증기 기관차를 이용

---

* '오르니에르(ornière)'란 원래 수레바퀴 자국을 의미하며 따라서 '루트-오르니에르'라고 하면 레일에 홈이 파여 있는 듯한 인상을 받게 된다.

한 맨체스터로부터 리버풀까지의 여행기(*Voyage de Manchester à Liverpool par le Rail-way et la Voiture à Vapeur*)』는 프랑스에서 선풍을 일으켰다. 그는 이 책에서 "철 테를 댄 길(chemins à bandes de fer)",[168] 워터 스트리트의 "역(gare)",[169] 여러 다양한 엔진들—"그중에서 로버트 스티븐슨 씨가 만든 샘슨(Samson)이라는 이름의 엔진이 현재까지 가장 완벽한 것이다"[170]—을 아주 상세히 묘사했다. 이 엔진들은 "물 운반인들이 지고 가는 보통의 물통 정도의 크기밖에 안 된다."[171]

목제 레일로부터 기관차의 등장까지 영국의 운송설비에서 레일이 중요한 역할을 했다. 이렇게 수송이 가속화된 것이 영국의 발전 전체를 뒷받침했다는 것은 대(大)학자가 아니더라도 쉽게 이해할 것이다. 오늘날에도[172] 성장과 수송설비 사이에는 상관관계가 있다. 명령과 정보의 빠른 전달 문제와도 관련을 가지는 커뮤니케이션의 속도는 사업계에서 필수적인 요소이다. 1790년경에 구리의 독점을 비롯해서 콘월과 셰틀랜드 주변에 널리 분산된 여러 사업들을 운영했던 토머스 윌리엄스의 경우 당시 런던에서 랭커셔나 웨일스 지방까지 상업서신들이 오늘날과 같은 빠른 속도로 전달되는 발전이 없었더라면 어떻게 성공을 거둘 수 있었겠는가?[173]

영국에서 강의 수로들을 정비하고 운하, 육상 도로, 철도 등이 건설되어 점차 긴밀한 연결망이 만들어졌다고는 하지만 수송의 발달이 오직 영국 내의 이야기이겠는가? 원거리 연결은 어떠했겠는가? 모든 것은 연쇄적으로 발달했다. 1800년에 "심각한 기근을 겪던 영국은 인도로부터 60만 캔탈의 쌀을 도입했는데 이때 수송비는 1캔탈당 12프랑이었다. 이에 비해서 한 프랑스인이 말하는 바에 의하면 브르타뉴의 한 읍이 로렌의 다른 읍으로부터 곡물 1캔탈을 들여올 때 거리는 150리외밖에 떨어져 있지 않은데 수송비는 40-50프랑 이하로 내려가지 않았다."[174] "우리는 20년[1797년부터 1817년 사이를 말하는 것 같다] 전부터 런던에서 다음과 같은 사실들을 볼 수 있다. 영국이 이탈리아와 적대관계에 들어가서 옛날처럼 매뉴팩처에 필요한 비단을 구입할 수 없게 되자 곧 동인도회사가 인도에 뽕나무를 심어 매년 수천 통의 비단을 들여왔다. 영국이 스페인과 적대관계에 들어가서 옛날처럼 매뉴팩처에 필요한 인디고를 구입할 수 없게 되자 곧 동인도회사가 인도에 이 식물을 재배하도록 하여 매년 수천 통의 인디고를 들여왔다. 영국이 러시아와 적대관계에 들어가서 옛날처럼 해군에 필요한 대마를 구입할 수 없게 되자 곧 인도에 대마 씨를 뿌려서 공급을 대체했다. 영국이 아메리카와의 적대관계 때문에 면화를 공급받지 못하자 곧 동인도회사가 방적공과 직조공이 필요로 하는 것을 인도로부터 들여왔다. 영국이 자신의 식민지들과 적대관계에 들어가자 동인도회사가 설탕과 커피를 유럽에 공급했다.……" 이 진술에 대해서는 토론이 필요하다. 그런데 놀라운 것은 이 말을 한 사람이 영국의 부가 해외무역에 근거한다는 "속설"을[175] 비판하고 영국은 자급자족적으로 살아갈 수 있다고 주장한 사람이라는 점이다. 물론 영국이 자급자족적으로 살아갈 수도 있겠으나 그렇게 되면 완전히 다른 기반 위에 서게 되고 세계를 정복하는 일은 다른 민족에게로 넘어갔을 것이다…….

느린 진화

지금까지 우리가 개진한 이야기를 통해서 몇 가지 사실을 확인하게 되었다. 무엇보다도 산업혁명에서 그렇지만, 다른 모든 심층적인 역사적 문제들에서도 단기적인 것, '사건'이 우선적인 역할을 하지는 않는다. 모든 것은 느리게 진행된다. 코크스를 이용한 제련, 직조의 기계화, 진정한 농업혁명, 진정한 증기기관, 진정한 철도……. 산업혁명은 끊임없이 탄생되는 것이다. 그리고 그렇게 탄생해 움직여가기 위해서는 여러 차례의 파괴, 정비 그리고 "재구조화(restructuration)"가 필요하다. 찰스 윌슨과 에릭 홉스봄[176]의 교훈에 따르면 영국에서 산업혁명은 이미 왕정복고(1660) 당시에 잠재되어 있었다. 그렇지만 그 어떤 것도 빠르게 만들어지지는 않았다. 사실 표면적으로는 터무니없이 지체된 세기인 17세기 동안 앙시앵 레짐은 기반이 허물어지고 쓰러진 것이나 다름없다. 전통적인 농업구조와 토지소유가 파괴되었다(또는 파괴가 완수되었다). 길드 제도의 해체가 이루어졌는데, 이것은 대화재가 일어난 1666년 이후 런던에서도 볼 수 있는 일이었다. 항해조례도 갱신되었다. 보호와 방어라는 중상주의적 정책들을 만드는 마지막 조치들이 연이어 나왔다. 이 모든 것들이 움직여 나가서 1724년에 디포가 묘사한 바에 의하면 영국은 "매일같이 면모를 일신했다." 여행자들은 매일 새로운 것을 관찰했다.[177] 이제 영국은 오늘날의 의미의 저개발국이 아니었다. 생산, 생활수준, 복지가 증가하고 경제의 도구들이 완성되어갔다. 특히 주목할 점으로, 영국은 각각의 분야들이 충분히 발달해서 위기가 닥쳤을 때 어느 한 분야가 다른 것들에 병목현상을 일으키는 일이 없어졌다. 그러므로 이제 이 나라는 어느 방향을 잡든지 그리고 어떤 기회가 닥치든지 간에 발전을 이룰 준비가 된 것이다.

그러나 각 분야들이 서서히 완숙하여 작동되었고 그래서 산업혁명과 연관된 요소들을 제공할 수 있게 되었으며 그 각각이 여타의 요구에 응할 수 있게 되었다는 이와 같은 이미지는 완전히 만족스러운 것일까? 이 이미지는 산업혁명 그 자체가 하나의 목적으로서 의도적으로 추진되었고, 영국의 경제와 사회가 기계의 시대라는 새로운 시대의 도래를 가능하게 하기 위해서 줄곧 노력했다는 식의 잘못된 인상을 준다. 엄밀히 말하면, 사전에 규정된 것으로서 산업혁명을 경험한다는 이미지는 오늘날 산업혁명을 추구하는 경우에나 적용할 수 있는 것이다. 이때에는 이미 알려진 모델들을 통해서 앞으로 나아가게 될 길들을 알고 있다. 그러나 영국의 경험은 이런 것과는 다르다. 영국은 하나의 목표를 향해서 나아간 것이 아니라 강력한 삶의 상승과정에서 그 목표와 마주치게 된 것이다. 그 삶의 상승은 산업혁명을 앞으로 밀고 가는 무수히 많은 엇갈린 흐름들 속에서 나왔다. 그리고 그 많은 흐름들이 모두 하나의 틀에 맞게 흐르는 것이 아니다.

산업혁명을 넘어서

산업혁명이 아무리 광범위하다고 해도 사건들이 넘쳐흐르는 이 시대 전체를 나타내는 유일한 전체성도 아니고 또 가장 큰 전체성도 아니라는 것은 우리가 사용하는 말들을 보아도 알 수 있다. 사회 전체가 산업생활 방식을 향해서 움직여간다는 의미의 **산업주의**(industrialisme)라는 말이 산업혁명이라는 말보다 더 넓은 의미를 가진다는 것은 분명하다. 농업 우위의 사회로부터 산업생산 우위의 사회로의 이행을 뜻하는—그 자체가 이미 심대한 움직임이다—**산업화**는 앞에서 이야기한 것보다 더 넓은 의미를 가진다는 것도 분명하다. 산업혁명은 말하자면 산업화의 가속화라고 할 수 있을 것이다. 한편 **근대화**라는 말은 산업화보다도 더 넓은 뜻을 가진다. "산업발전만이 근대경제의 전부가 아니다."[178) **성장**은 더더욱 넓은 뜻을 가진다. 이 말은 역사의 총체성을 포함한다.

이제 자신보다 더 큰 움직임 속에 자리 잡은 산업혁명에 대해서 거리를 두고 바깥에서 보기 위하여 성장의 여건과 실체로부터 이야기를 시작할 수 있을 것이다.

여러 다양한 성장

"산업혁명은 근대적 성장의 원천이 아니었다"고 이야기한 더글러스 노스와 로버트 토머스의 생각을 논의의 출발점으로 삼을 수 있을 것 같다.[179) 산업혁명이 성장의 흐름 위에 떠 있고 또 성장의 흐름에 의해서 떠받쳐져 있지만, 양자는 분명히 서로 다르다. 나는 차라리 힉스의 다음과 같은 말에 동의한다. "지난 200년간의 산업혁명은 다름 아닌 거대한 장기적 붐(boom)이었다."[180) 문제의 이 붐이란 결국 성장과 같은 것이 아닐까? 그 성장은 산업혁명 속에 갇히지 않은 성장이고 사실 산업혁명에 선행한 성장이다. 1940년대부터[181) 갑자기 각광을 받기 시작한 성장이라는 말은 오늘날의 용례에서는

"장기지속적인 복합진화 과정"[182]이다. 그런데 우리는 정확히 이 말을 파악한 것일까? 대개 경제학자들은 19세기 이후에 대해서만 성장이라는 말을 쓴다. 그렇지만 그 메커니즘에 대한 설명에 대해 모든 경제학자가 동의하지는 않는다. 어떤 사람들은 성장은 반드시 균형 성장이라고 보는가 하면 어떤 사람들은 반드시 불균형 성장이라고 본다. **균형 성장**—넉시, 영, 하트웰—은 모든 영역들이 꽤 규칙적인 진행 속에서 동시에 움직여 나가는 것으로서 수요의 측면에서 설명을 하며, 발전의 핵심 모터로서 전국시장의 역할을 중시한다. **불균형 성장**—해럴드 이니스, 앨버트 허슈먼, 슘페터, 로스토—은 하나의 특권적인 영역으로부터 출발하여 다른 영역으로 움직임이 이전되는 것이다. 이때 성장은 뒤에 처진 주자들이 선두주자를 따라잡는 것이며, 전체적으로 볼 때 공급을 강조하고 경제의 주의적(主意的) 측면—아민토레 판파니가 말한 것처럼—을 강조한다. 마지막으로 이 관점에서는 그러한 발전을 이루기 위해서 국내시장의 확대보다는—비록 이 국내시장이 곧 전국시장으로 변형되고 있다고 하더라도—국외시장의 급격한 변동이 더 중요하다.

이러한 구분을 한 후 하트웰은 이것을 응용하여 산업혁명은 균형 성장의 자식이라고 주장했다.[183] 그의 주장은 탁월하다. 그 과정에서 그는 경제학자들이 19세기에 대해서 개진한 성장의 형태를 18세기 말까지 확대했다. 그러나 사실 그로서는 구체적인 실상(적어도 우리가 알고 있는 실상)을 크게 왜곡시키지 않으면서도 불균형 성장 이론을 산업혁명에 적용시킬 수도 있었을 것이다. 과거에 많은 역사가들이 언제나 명확히 인식하지는 못하면서도 선택한 것이 이 이론이었다. 아마도 깊은 생각 끝에 선택하더라도 결과는 마찬가지였을 것이다. 우선 이 이론은 극적이고 "사건사적(événementialiste)"이다. 그리고 단순하면서도 설득력이 있다. 면직업의 붐은 분명히 실제로 일어났던 일이며 의심의 여지없이 최초로 기계화된 대중산업이었다. 그러니 면직물업이 눈덩이를 처음 굴러가게 만든 것이 아니겠는가?

그런데 이 두 가지 설이 꼭 상반된 것이라고 보아야 할까? 이 두 가지 설은 장기적 움직임들과 단기적 움직임들의 중첩과 대립의 평상적인 변증법 속에서 동시에 또는 차례로 타당성을 가진 것이 아닐까? 둘 사이의 구분은 실제적인 것이라기보다 이론적인 것이 아닐까? 한 영역에서의 활기찬 진전이 성장을 촉발시킬 수 있다는 것에 대해서는 많은 예가 있고 이번 장에서 제시한 예들 중에서도 찾을 수 있으며 아마 오늘날의 세계에서도 증거를 찾을 수 있을 것이다. 그러나 이 성장은 만일 많은 영역들에 걸친 광범위한 대응을 얻지 못한다면, 조만간 중단되고 고장을 일으키게 된다는 것 역시 이미 살펴보았다. 그러므로 **균형 성장**이냐 **불균형 성장**이냐를 따지기보다는 차라리 **지속 성장**이냐 **비지속 성장**이냐를 따지는 것이 나을 듯싶다. 이것이야말로 현실적인 구분이다. 그것은 심층적인 단절, 적어도 19세기의 서유럽에서 일어난 구조적인 단절에 상응한다. 내가 보기에 전통적 성장과 근대적 성장을 구분한 쿠즈네츠가 전적으로 타당한 듯하다.[184]

근대적 성장이란 바로 지속 성장이다. 이에 대해서 오래 전에 프랑수아 페루는 이것이 가격의 상승이나 하락과 무관하다고 말한 바 있는데[185] 이것은 19세기와 심층적으로 상이한 전통적인 세기들을 관찰하는 데에 익숙한 역사가들에게 놀라움과 충격을 주었으며 더 나아가서 그들을 불안하게 만들었다. 프랑수아 페루 혹은 그 주장을 나름대로 수용한 폴 바이로크의 주장이 맞다는 것은 물론이다. 대영제국 전체의 국민총생산과 1인당 소득은 장기적인 물가하락기(1810-1850)와 장기적인 물가상승기(1850-1880) 그리고 다시 다음번의 물가하락기(1880-1890) 동안 꾸준히 상승했다. 첫 번째 시기에는 각각 2.8퍼센트와 1.7퍼센트, 두 번째 시기에는 2.3퍼센트와 1.4퍼센트, 세 번째 시기에는 1.8퍼센트와 1.2퍼센트를 기록했다.[186] 성장이 지속적이었던 것, 이것이야말로 기적 중의 기적이었다. 위기 동안에도 성장이 완전히 중단된 적은 결코 없었다.

이런 변화가 있기 이전의 전통적인 성장은 수 세기가 지나는 동안 도약과 고장 또는 후퇴가 이어지는 변덕스러운 방식으로 진행되었다. 그래서 다음과 같은 대단히 장기적인 시기 구분을 할 수 있다. 1100-1350, 1350-1450, 1450-1520, 1520-1720, 1720-1817년이다.[187] 이 시기들은 서로 상반된 특징을 보인다. 첫 번째 시기에 인구가 상승하다가 두 번째 시기에는 하락했고 세 번째 시기에는 다시 상승하다가 네 번째 시기에는 정체했으며 마지막 다섯 번째 시기에는 다시 급격히 상승했다. 매번 인구상승기 동안에는 생산과 국민소득이 증가해서 "인구가 재산이다"라는 속담이 맞아 보인다. 그러나 그때마다 1인당 소득은 감소하거나 폭락하기도 했다. 이에 비해서 인구하락기에는 오히려 개선되었다. 펠프스 브라운과 실라 홉킨스가 7세기간에 대해서 작성한 그래프에서 이 점을 읽을 수 있다.[188] 그러므로 국민소득과 1인당 소득 사이에는 **상치현상**(相馳現狀)이 나타난다. 국민생산의 증가는 그것을 이룩한 사람들의 소득을 감소시키면서 이루어진다는 것, 이것이 앙시앵 레짐의 법칙이다. 그리고 사람들이 여러 차례 반복하여 말한 것과는 달리 영국 산업혁명의 초기는 **아직 앙시앵 레짐에 속하는** 성장에 의해서 지탱되었다고 나는 주장할 것이다. 지속 성장이라는 기적은 1815년 이전, 차라리 1850년 이전에는 결코 일어나지 않았으며 어떤 사람들은 1870년 이전에는 일어난 적이 없다고도 말한다.

성장을 어떻게 설명할 것인가?

성장의 방식이 어떻든지 간에 그 움직임은 경제를 부양시킨다. 그것은 마치 썰물 때 모래바닥에 주저앉았던 배를 파도가 다시 띄우는 것과 같다. 성장은 서로 연결되어 있는 균형과 불균형의 끊임없는 연속을 만들고, 쉬운 것이든 어려운 것이든 성공을 가능하게 해주어 소용돌이를 피하게 하고 일자리를 창출하며 이윤을 만든다……. 성장은 매번 지체와 축소 다음에 세계의 장기적인 호흡작용을 다시 시작하게 만든다. 그런데 이렇게 모든 것을 설명해주는 이 움직임 자체를 설명하는 것은 쉬운 일이 아니다. 성장 그 자체는 신비적이다.[189] 환상적으로 훌륭한 통계학 도구들을 갖춘 오늘날의 경제학자들에게도 역시 다를 바 없다. 우리는 단지 가설만 이용할 수 있는데 우리가 이미 말한 바와 같이 **균형 성장**과 **불균형 성장**이라는 두 가지 설명이 제기된 것을 보면 그 가설도 오류임에 틀림없다. 우리가 꼭 이 두 가지 사이에서 골라야 할 필요는 없다.

이런 관점에서 볼 때, "경제성장을 **가능하도록** 만들어주는 것"과 "경제성장이 실제로 **일어난 방식**"을 나누어서 본 쿠즈네츠의 구분이[190] 결정적인 것으로 보인다. "성장의 잠재력"은 바로 "균형잡힌" 발전이며 그것은 상이한 요소들과 상이한 주체들 사이의 지속적인 상호작용에 의해서, 또 토지, 노동, 자본, 시장, 국가, 사회제도들 사이의 구조적 변화들에 의해서 서서히 얻어진 것이 아니겠는가? 이 성장은 반드시 **장기지속** 안에 각인되어 나타날 수밖에 없다. 이렇게 되면 산업혁명의 기원을 13세기이든 16세기이든 혹은 17세기이든 아무 때에나 연결시킬 수 있게 된다. 이와 반대로 성장이 "실제로 일어난" 방식이란 **콩종크튀르적인** 것으로서 상대적으로 짧은 시간의 소산이다. 그것은 기술의 발견, 국민적인 혹은 국제적인 기회와 같은 상황의 요구에 따른 것이기도 하고 어떤 때에는 순전히 우연의 산물이기도 하다. 예컨대 만일 인도가 면직물 직조의 국제적 중심지(모델이면서 동시에 경쟁자)가 아니었다면, 어떻든지 영국에서 산업혁명이 시작되기야 했겠으나 그것이 꼭 면직업으로부터 시작되지는 않았을 것이다.

만일 이와 같은 장기와 단기의 중첩을 받아들인다면, "위기에서 위기로" 변덕스럽게—하나의 모터에서 다른 모터로, 하나의 시장에서 다른 시장으로, 하나의 에너지원에서 다른 에너지원으로, 하나의 압력수단에서 다른 압력수단으로 상황에 따라서 모든 것을 바꾸어가며—진전한다는 불균형 성장과 마땅히 균형 잡힌 방식을 취한다는 균형 성장의 설명을 큰 어려움 없이 연결할 수 있다.

지속 성장이 이루어지려면 느린 진보의 누적인 장기(長期)가 이미 "경제성장을 가능하게 하는 것"을 예비해놓았어야 하고, 또 매번 콩종크튀르가 변덕을 부릴 때마다 고장 난―또는 곧 고장 날 것이 확실한―모터를 작동준비가 완료된 예비 모터로 갈아 끼워야 한다. 지속 성장은 영원히 계속되는 릴레이 경주이다. 13-14세기에 성장이 지속되지 않았던 이유는 이 성장을 출발시킨 물레방아가 아주 한정된 도약만을 가져다주었으며 다른 에너지원이 그 뒤를 이어 나타나지 않았기 때문이다. 또 농업이 인구의 변동을 쫓아가지 못했고 수확체감의 경향에 사로잡혔기 때문이기도 하다. 산업혁명 시기까지 모든 성장의 추진력은 내가 이 책의 제1권에서 "가능성의 한계(limite du possible)"라고 불렀던 것에 부딪혔다. 그것은 농업생산, 수송, 에너지, 시장의 수요 등에서의 천장을 의미한다. 근대적 성장은 한계를 의미하는 그 천장이 끊임없이 상승할 때에 비로소 시작된다. 그렇지만 그 천장은 어느 날 다시 만들어질 것이다.

분업과 성장

성장이 이루어질 때마다 **분업**이 다시 문제가 된다. 분업은 파생 과정이며 후위대(後衛隊)와 같은 현상이다. 분업은 상당한 거리를 두고 성장을 뒤쫓아가고, 성장은 말하자면 자신의 뒤에서 좇아오는 분업을 끌고 간다. 점차 복잡해지는 분업의 정도는 성장의 훌륭한 척도, 심지어는 성장의 측정요소와도 같다.

마르크스가 믿었고 또 그런 믿음 속에서 썼던 바와는 달리, 애덤 스미스는 분업을 발견하지 않았다. 그는 단지 플라톤, 아리스토텔레스, 크세노폰 등이 예견했고 또 애덤 스미스 이전에 윌리엄 페티(1623-1687), 에른스트 루트비히 카를(1687-1743), 애덤 퍼거슨(1723-1816), 체사레 베카리아(1735-1793) 등이 지적한 바 있는 오래된 개념에 일반이론의 권위를 달아준 것에 불과하다. 그러나 애덤 스미스 이후 경제학자들은 분업이 마치 뉴턴의 만유인력과 같은 정도로 탄탄한, 새로운 만유인력인 것처럼 믿게 되었다. 그 중 한 명인 장-바티스트 세가 이런 열광에 저항하자 그때부터 분업은 유행이 지나가버린 개념이 되어버렸다. 뒤르켐은 "분업은 단지 부차적으로 파생된 개념으로서……사회생활의 표면에서 진행되는 것이다. 특히 경제적 분업이야말로 표면적인 것에 불과하다"고 주장했다.[191] 과연 이 말이 확실할까? 나는 분업이, 마치 군사들 뒤를 따라들어가 점령지를 조직하는 군대의 경리참모부와 유사하다고 생각해왔다. 더 잘 조직하고 그리하여 갑자기 교환이 확대되는 것이 왜 중요한 일이 아니겠는가? 3차 산업이라고 부르는 서비스 분야의 확대는 오늘날 보편적인 현상으로서 이것은 분업과 관련이 있고 사회-경제적 이론의 핵심에 자리 잡고 있다. 성장과 동행하는 사회적 탈구조화와 재구조화 역시 그와 유사하다. 왜냐하면 성장은 단지 분업을 확대시키는 것만이 아니라 그 여건을 혁신시켜서 시대에 뒤처진 과업은 없애버리고 완전히 새로운 과업들을 제시하기 때문이다. 성장은 결국 사회와 경제를 새 모델에 맞추어 재조직한다. 산업혁명은 새로우면서도 충격적인 분업을 가져 왔다. 그것은 여러 메커니즘들을 보존하기도 하고 정련하기도 하지만 동시에 사회적, 인간적으로 수많은 파괴적 결과를 야기했다.

분업 : 선대제(先貸制)의 종말

도시와 농촌 사이에서 수행되는 산업 중에 가장 널리 퍼져 있는 형태는 선대제(putting-out system)였다.[192] 이것은 당시 유럽 전역에 일반화되어 있던 노동조직으로서, 아주 일찍부터 상업자본이 시골의 싼 잉여노동력을 이용할 수 있도록 했다. 시골의 장인들은 집에서 가족의 도움을 받으며 일하는 동시에 밭과 몇 마리의 가축들을 가지고 있다. 양모, 아마, 면 등의 원재료는 도시 상인으로부터 공급받고 대신 이 상인의 통제를 받으며, 나중에 완제품이나 반제품을 상인에게 주고 돈을 받는다. 선대제는 따라서 도시와 시골, 장인제와 농업활동, 산업활동과 가족활동 등을 섞고 최상층에서는 상업자본주의와 산업자본주의를 섞는다. 장인에게 이것은 고요한 삶은 아니라고 해도 균형 있는 삶을 의미했다. 한편 기업가에게는 고정자본의 비용을 줄이고 더 나아가서 너무나도 빈번했던, 수요의 급작스러운 감소라는 문제를 극복할 가능성을 의미했다. 판매가 부진하면 그는 선대제 종사자들에게 주문을 줄이고 그래서 일자리를 제한하며 종국에 가면 작업을 중단시킬 수 있다. 공급이 아니라 수요가 산업생산을 제약하는 경제에서는 가내생산이 거기에 필요한 탄력성을 제공한다. 한마디 말, 한 번의 몸짓으로 가내생산이 멈추었다가 다시 한마디로 재개되는 것이다.[193]

최초의 노동력 집중 형태이자 최초로 **규모의 경제***를 추구했던 매뉴팩처도 그러한 운신의 폭을 남겨놓아서 광범위하게 가내노동과 연결되어 있었다. 어쨌든 기계화된 공장이 매뉴팩처적인 해결책을 완성하고 승리를 확고히 하기 전까지는 매뉴팩처는 아직 생산의 극미한 부분만을 차지하고 있었다.[194] 아직은 시간이 더 필요했던 것이다.

새로운 체제가 몰고 온 단절은 사실 느리게 진행되었다. 심지어 그렇게 혁명적이라는 면직물 공업에서도 수공업 직조와 기계식 직조가 반세기 동안이나 공존할 만큼 가족경영을 하는 작업장이 오랫동안 남아 있었다. 1817년에도 한 관찰자에 의하면[195] "1750년경에 존 케이가 발명한 플라잉 셔틀이 쓰인다는 차이가 있을 뿐" 과거의 작업장과 똑같았다. 증기기관의 힘으로 움직이는 기계식 직조기인 역직기(power loom)는 1820년대에야 완성되었다. 근대적 공장에서 이루어지는 빠른 방적과 전통적인 방식의 직조 사이의 격차가 오랫동안 지속되자 당연히 옛날의 분업관계가 흔들리게 되었다. 예전에는 물레 작업이 직조공의 필요량을 겨우 따라갔으나 이제는 기계에 의해서 실 생산이 크게 증가하자 상황이 바뀌었다. 수작업으로 이루어지는 직조업은 일꾼의 수를 크게 늘리고 미친 듯이 일을 하도록 시켜야만 했지만 대신 임금이 올라갔다. 시골 사람들은 이제 더 이상 농사일을 하지 않으려고 했

---

* économie d'échell, economy of scale : "투입된 모든 생산요소의 총량(규모)을 확대함으로써 얻는 생산비의 절약 또는 수익상의 이익"으로 정의되는 경제학 개념. "규모에 대한 수익(returns to scale)"이라고도 한다.

다. 이 사람들은 전업(專業) 노동자의 반열에 동참했으며 여기에 여성과 아동까지 합류해서 그 수가 눈에 띄게 늘었다. 1813-1814년의 21만3,000명의 직조공 중에 절반이 넘는 13만 명이 14세 이하였다.

아마도 장인활동을 하는 모든 사람들이 끊임없이 영양부족과 기아로 허덕이던 사회에서는 어린아이들이 부모와 함께 밭이나 가내작업장, 점포에서 일하는 것이 언제나 일반적인 현상이었을 것이다. 그래서 광산이든 면방적 작업장이든 초기의 공장과 사업장에서는 개인 단위로 고용하기보다는 집단적으로 함께 일하는 가족 단위로 고용하는 일이 더 많았다. 베리에 있는 로버트 필의 공장에서는[196] 1801-1802년에 136명의 피고용자 중에 95명이 26개 가문에 속해 있었다. 그래서 가내작업장이 통째로 공장으로 편입되는 것이 규율이나 노동효율성 등에 유리한 해결책이었다. 한 명의 노동자에 한두 명의 아동들이 조수로 일하는 소규모 작업팀이 가능한 정도가 아니라 더 유리했기 때문이다. 그러나 기술발전의 결과 곧 이런 방식은 사라졌다. 예컨대 1824년 이후 직물업에서 리처드 로버츠에 의해서 완성된 자동 뮬 방적기가 사용되자 엄청나게 빠른 속도로 실이 생산되기는 했으나 이 기계를 온전히 가동시키기 위해서는[197] 한 명의 남자 혹은 여자가 기계를 감시하는 가운데 아홉 명까지의 어린—때로는 정말로 아주 어린—조수들이 일을 해야 했다. 이에 비해서 옛날의 뮬 방적기는 고작해야 한두 명의 조수밖에 필요하지 않았다. 그러므로 공장 안에서는 가족의 응집성이 사라졌고 아동노동에 완전히 다른 맥락과 의미가 부여되었다.

이보다 약간 더 일찍 일어났던 현상으로 역직기의 발달과 함께 훨씬 더 파국적인 다른 조직해체가 일어났다. 이번에는 가내 직조 작업장이 사라졌다. "아이 한 명이 어른 한두 명의 몫을 할 수 있게 하는"[198] 역직기는 정말로 사회적 재난을 초래했다. 수많은 실업자들이 길거리로 내몰렸다. 그리고 임금도 폭락했다. 그 결과 노동비용이 형편없어져서 비참한 지경에 이른 장인들의 수작업 시간이 이성적으로 생각할 수 있는 한계를 넘어설 만큼 길어졌다.

동시에 새로운 분업관계가 형성되어 노동사회를 도시화하고, 자신의 눈앞에서 사라져가는 일자리를 애타게 찾아 헤매는 빈민의 사회를 분열시켰다. 이 분업은 결국 빈민들이 그동안 익숙하던 시골에서 멀리 떠나게 했고 삶의 질을 악화시켰다. 도시에서의 거주와 채소, 우유, 계란, 가금류 등 전통적으로 얻던 부산물의 상실, 그리고 거대한 작업장에서의 노동, 친절과는 거리가 먼 십장의 감시, 복종, 이동의 자유의 상실, 엄격히 규정된 시간표의 준수 등은 즉각적으로 큰 시련이 되었다. 이것은 삶의 양식과 전망을 바꾸어 종국적으로는 자기 자신의 존재에 대해서 소외되도록 만들었다. 먹는 것도 변화했다. 조악한 음식을 그나마 조금밖에 먹지 못했다. 닐 스멜저는 사회학자 겸 역사가로서 면직업이 흥기한 새로운 세계에서 전개되던 이 뿌리 상실의 드라마를 추적해보았다.[199] 노동자 세계는 몇 년이 지나서야 우애조합,* 민중은행**과 같은 새로운 보호기구들을 가지게 되었다.[200] 노동조합(trade union)은 더 훗날의 일이다. 이 새로운 시민들에 대해서 부자들이 어떻게 생각하는지에 대해서는 너무 큰 기대를 하지 않는 것이 낫다. 그들은 이 사람들을 "어리석고 사악하고 싸움 잘하고 반항적"이라고 보았고 여기에 덧붙여서 그들의 잘못은 "일반적으로 가난하다"는 것이라고 생각했다.[201] 노동자들 자신의 공장노동에 대한 생각은 또 다르다. 이들로서는 가능하면 도망가고 싶다는 생각뿐이었다. 1838년에는 직물업 노동자 중에 겨우 23퍼센트만이 성인 남자였다. 그러므로 다루기가 더 편한 여성 및 아동의 노동이 다수를 차지했다.[202] 1815-1845년의 영국보다 더 불만이 깊은 사회는 없다. 이 시기는 기계 파괴적인 러다이트 운동, 사회를 기꺼이 전복시키려고

---

* société amicale, friendly society : 질병, 죽음, 노쇠 등의 곤란으로부터 개인을 보호하기 위해 자발적으로 결성된 상호부조조합. 17-18세기에 등장하여 19세기에 가장 성행했다. 중세 길드부터 이런 관행이 있었으나, 우애조합은 손해 정도와 그에 따른 보상, 각 개인의 부담 정도를 미리 정했다는 데에서 진일보한 것이다. 이로부터 노동조합, 공제조합, 보험회사 등이 발전했다.
** banque populaire, cooperative bank : 19세기 중엽에 노동자, 장인 등이 긴급한 금전적 필요에 대비하기 위해서 상호 출자하여 만든, 일종의 대여금고와 유사한 조직.

하는 정치적 급진주의, 생디칼리슴, 게다가 공상적 사회주의들이 연이어 나온 때였다.[203]

산업가

분업은 단지 기업의 하층에서만이 아니라 최상층에서도 일어나며 오히려 여기에서 더 빠른 속도로 진행된다. 이때까지의 법칙은 영국에서든 대륙에서든 지배적인 중요성을 가진 과업들은 분할하지 않는다는 것이었다. 대상인이 그의 수중에 모든 것을 장악하고 상인, 은행가, 의장업자, 제조업자 등의 역할을 동시에 했다. 예를 들면 영국에서 지방은행(country bank)이 발달하고 있을 때 이 은행 소유주들은 원래 곡물 상인, 양조업자, 그 외에 여러 방면의 일을 하는 대상인이었다가 그들 자신의 사업과 이웃 사람들의 사업상 필요 때문에 은행업을 하게 된 사람들이었다.[204] 여러 종류의 직업을 겸하는 대상인은 어디에나 간여했다. 동인도회사의 지배는 당연한 일이고, 영국은행도 지배하면서 이 은행의 선택과 우대정책의 방향을 결정했으며, 하원의 의석을 차지하고, 명예의 계단을 올라가고, 조만간 영국 전체를 지배했다. 영국은 이미 이들의 이해관계와 정열에 순종했다.

그러나 18세기 말에서 19세기 초에 새로운 유형의 활동적 인간인 "산업가(industriel, industrialist)"가 등장했다. 이들은 로버트 필의 두 번째 내각 구성(1841) 이전에 이미 하원에 등장하여 정치의 전면에 나섰다. 이 사람들은 독립을 얻기 위해서 전산업과 상업자본주의 사이의 연결을 하나씩 끊어갔다. 이들과 함께 등장하고, 뿌리를 내리고, 매년 팽창한 것은 무엇보다도 산업생산에 전력을 다하는 새로운 자본주의였다. 피터 마시어스에 의하면 이 새로운 "기업가(entrepreneur)"는 무엇보다도 "조직 책임자일 뿐이지, 대혁신들의 선구자인 경우는 거의 없고 그 자신이 발명가도 아니었다."[205] 이들이 자신감을 보이는 재능 그리고 이들이 기꺼이 맡는 업무는 새로운 기술의 핵심을 지배하고, 십장과 노동자들을 장악하며, 전문가로서 시장상황을 파악하여 자기 기업의 생산방향을 잡고 필요하면 방향을 바꾸는 종류의 일이다. 이들은 중간에서 매개하는 상인들을 이용하지 않고 스스로 원재료의 구입과 조달, 그 품질과 규칙적인 확보 등의 문제를 담당한다. 대량 판매를 원하기 때문에 이들은 스스로 시장상황의 변동을 파악하고 거기에 적응하려고 한다. 토드모든의 공장 소유주로서 면사 방적업을 운영했던 필든 가문은 자기 공장에서 쓸 면화의 구입을 위해서 19세기 초에 미국에 대리인들을 둘 정도였다.206) 런던의 대(大)양조업자들은 런던에 있는 마크 뒷골목(Mark Lane)이나 베어 부두(Bear Quay) 같은 곳에서 맥아를 사는 일이 거의 없고, 대신 영국 동부의 보리 산지에 대리인들을 두었다. 런던의 양조업자가 보낸 한 편지의 내용을 보건대 그들은 이 대리인들을 아주 엄격하게 다루었던 것 같다. "당신이 지난번에 나에게 보냈던 맥아의 표본을 파발꾼을 통해서 돌려보내오. 이것은 어찌나 질이 나쁜지……내 양조장에서는 더 이상 한 포대도 받지 않겠소.……만일 내가 다시 한번 더 이런 편지를 쓸 일이 생긴다면 내 구매계획 전체를 바꾸겠소."207)

이런 행동은 새로운 차원의 산업에 조응하는 것이다. 1812년에 한 프랑스인이 묘사한 양조업도 그런 것 중의 하나이다. 이것은 "런던 시의 흥밋거리이다. 그중 버클리 회사의 양조장이 가장 크다. 모든 것은 30마력짜리 '소방펌프'에 의해서 움직였다. 200명의 사람들과 다수의 말이 있기는 하지만 이들은 거의 실외 작업에만 쓰인다. 이 거대한 매뉴팩처의 실내에서는 거의 한 사람도 볼 수 없고 모든 것은 보이지 않는 손에 의해서 작동된다. 높이가 12피트이고 지름이 20피트짜리 보일러가 불 위에 놓여 있고 그 안에는 홉이 가득 차 있는데 그 안에서 커다란 써레들이 끊임없이 오르내리며 휘돌아간다. 엘리베이터들이 하루에 2,500말의 술찌끼들을 건물 꼭대기로 올리면208) 여러 경로를 통해서 이것을 사용하는 구역으로 배분한다. 이 통들은 손도 닿지 않은 채 이동한다. 이 모든 것을 움직이는 펌프 역시 대단히 정교하게 만들어져서 충격이나 마찰이 전혀 일어나지 않기 때문에 거의 시계 소리 정도의 소음밖에 없다는 것이 과장이 아니다. 바닥에 바늘 떨어지는 소리도 들을 수 있을 정도이다. 최종 처리과정을 거친 술을 담는 통은 실로 거대한 크기였다. 가장 큰 것은 36갤런짜리 바릴 통 3,000개를 담을 수 있었는데 이것은 톤당 8바릴로 치면 375톤의 용량에 해당된다. 이런 통들이 40-50개가 있는데 그중 작은 것들이라고 하더라도 800바릴, 즉 100톤의 용량이었다.……맥주가 가득 담긴 가장 작은 통만 하더라도 3,000파운드 스털링의 가치를 가지므로 이런 비율로 다른 것들까지 모두 합해서 계산해보면 지하 술 창고 하나가 30만 파운드 스털링의 자본에 해당한다. 맥주를 소비자에게 수송하는 데에 쓰는 바릴들은 8만 파운드 스털링의 비용이 들기 때문에 이 건물 전체가 가지고 있는 자본액수는 최소한 50만 파운드 스털링이 넘는다. 이 건물은 불연재로 되어 있다. 바닥은 쇠로 되어 있고 벽에는 벽돌을 사용했다. 여기에서 매년 25만 바릴의 맥주가 생산되는데 이것은 200톤급 배 150척으로 구성된 선단에 실을 수 있는 양이다.……"209) 이 거대한 양조장들은 게다가 자신의 상품 분배망까지 조직해 가지고 있었다. 런던에도 시내 카바레의 절반에 직접 술을 공급했고 더블린에도 그들의 대리인을 통해서 직접 공급했다.210) 이것이 중요한 사실로서 이 산업생산 기업은 완전한 독자성을 지향하고 있었던 것이다. 피터 마시어스는 나폴레옹 전쟁을 거치면서 부를 쌓아 1817년경에는 부호로 모습을 드러낸 토머스 큐비트라는 공공토목사업 기업가의 예를 이런 관점에서 인용하고 있다. 그의 성공은 기술적 혁신과는 전혀 무관하며 단지 새로운 방식의 업무관리에 의한 것이었다. 이 분야에서 옛날에는 반드시 있게 마련이었던 하청인들을 없앴으며 상임 노동력을 확보하고 자신의 크레딧도 조직했다.211)

이런 독립성은 새로운 시대의 표시였다. 마침내 산업과 다른 사업 영역 사이의 분업이 완수되었다. 역사가들은 이것에 대해서 산업자본 주의의 도래라고 이야기했으며 나 역시 여기에 동의한다. 그러나 문제는 그런 역사가들은 동시에 이 시기에 가서야 진정한 자본주의가 시작되었다고 이야기한다

는 점이다. 이 점은 훨씬 더 논의가 필요한 부분이다. "진정한" 자본주의라
는 것이 존재한다는 말인가?

영국 사회의 영역별 분할

장기적인 성장의 영향 아래에 있는 사회는 전체적으로 분업에 의해서 충격
을 받지 않을 수 없다. 영국은 어느 곳에서나 분업이 진행되었다. 왕정복고
의 해인 1660년이나 권리장전의 해인 1689년에 있었던 의회와 국왕 사이의
정치권력의 분할은 장기적으로 영향력을 미칠 분할의 시초였다. 문화의 한
영역(교육으로부터 극장, 신문, 출판, 학자들의 회합 등에 이르기까지)이 점점
더 독립적이고 영향력이 강한 하나의 세계로 떨어져나오는 방식 역시 마찬
가지이다. 이러한 단절은 상인들 세계의 분할에서도 찾아볼 수 있다(이에 대
해서 어쩌면 내가 너무 성급하게 이야기했을지 모르겠다). 마지막으로 앨런 피
셔(1930)와 콜린 클라크(1940)가 제기한 고전적인 틀에서 이야기된 직업구조
의 변화도 들 수 있다. 다시 말해서 언제나 최대의 지위를 차지하던 농업영
역이 축소되고 2차 영역(공업)과 3차 영역(서비스업)이 증대했다. 하트웰[212]
이 리옹 역사학 회의에서 했던 대단히 훌륭한 발표는 그동안 거의 누구도 의
문을 제기하지 않았던 이 문제에 대해서 숙고할 기회를 주었다.

산업을 세 영역으로 나누는 것이 결코 완전하지는 않다. 예컨대 1차 산업
과 2차 산업 사이의 구분이 모호한 때가 있다(농업과 공업이 섞일 수 있다).
모든 것을 다 포괄하는 3차 산업에 대해서는 그 구성이 무엇이며 더 나아가
서 그 정체성이 무엇인지에 대해서 묻게 된다. 일반적으로 여기에는 상업,
수송업, 은행업, 행정과 같은 "서비스" 업종을 넣지만, 여기에서 하인층은 배
제해야 하는가? 엄청난 수에 달하는 가내하인들(1850년경에 영국의 하인들
의 수는 100만 명 이상으로서 농업종사 인구에 약간 못 미치는 **두 번째**의 직업
집단이었다)[213]을 원칙적으로 다른 업종에 비해서 높은 생산성을 가지는 3
차 산업 영역 속에 분류하는 것이 타당한가? 아마 그렇지 않을 것이다. 그러

나 이런 제한을 염두에 둔 채, 피셔-클라크의 법칙대로 3차 산업 분야가 점차 증대한다는 것은 사회가 발전 도상에 있다는 증거라는 점을 일단 받아들이도록 하자. 오늘날 미국 사회에서는 3차 산업 분야가 전 인구의 반을 차지한다. 이것은 유례없는 일이며 미국 사회가 그만큼 발달해 있다는 증거이다.

하트웰의 판단에 의하면, 역사가와 경제학자들은 18-19세기 영국의 발전에서 3차 산업이 차지하는 중요성을 간과하고 있다. 서비스 혁명의 진전은 산업혁명의 또다른 측면으로서 농업혁명에 비견되는 현상이다.

서비스 분야가 팽창했다는 것은 분명하다. 수송업이 발달하고, 상업영역이 세분화되고, 점포가 끊임없이 증가하는 동시에 전문화되며, 기업이 규칙적인 리듬으로—그러나 전체적으로 보면 아직 제한된 방식이기는 하다—수가 늘어나며 또 관료화하고, 대리인, 회계원, 검사원, 보험계리사, 위탁판매업자 등 새로운 혹은 새로워지는 직능들이 늘어가고, 은행의 수가—아직은 보잘것없었지만—곧 크게 증가했다. 수많은 행정업무를 책임지는 국가 역시 관료화되었고, 그리하여 비대증에 걸렸다. 물론 영국의 국가기구가 대륙의 국가들보다는 덜 비대했고 또 실제로도 많은 직무를 다른 기관에 양도했지만 그래도 날씬한 것은 결코 아니었다. 우리는 3차 산업의 수에 육군과 해군, 하인을 더하지는 않겠다. 그러나 의사, 법조인 같은 자유직업인이 여기에 중요한 위치를 차지한다는 것에는 의문의 여지가 없다. 법조인은 이미 그레고리 킹의 시대에 증가하기 시작했으며 웨스트민스터의 법학교에서 많은 사람들이 교육을 받고 있었다.[214] 18세기 말에 자유직업인은 순풍에 돛을 단 듯이 팽창했고 스스로를 개혁하고 옛날 조직을 혁신했다.

18세기 영국에서 이러한 3차 산업의 혁명이 일어난 원인은 산업의 발달에 있었을까? 그것은 말하기 힘든 문제이다. 특히 콜린 클라크 자신이 말한 것처럼 영역별 분할은 언제나 존재했고 늘 계속되며 장기지속 속에서 존재하는 만큼 더욱 어려운 문제이다. 어쨌든 3차 산업의 확대가 성장을 가져왔다고 말할 수는 없다.[215] 그러나 분명한 것은 그것이 성장의 표시라는 점이다.

분업과 영국의 지리

남은 문제는 분업이 영국의 경제적 지리를 재편하도록 유도한 충격을 추적해보는 일이다. 프랑스에서 그랬던 것처럼, 영국에서는 18세기의 팽창과 함께 지방의 자급자족의 벽이 허물어지는 일 이상의 사태가 벌어졌다.[216] 문제가 되는 것은 진화가 아니라 충격이었다. 흔히는 모든 것이 완전히 전도되었다. 영국의 각 지방들 상호 간의 작용—영국이라는 섬의 공간 속에 투영되고, 그 공간에 의해서 설명되며, 눈에 보이는 신호로서 그 공간에 각인되는 작용—이야말로 영국의 성장과 영국 내의 산업혁명에 대해서 가장 많은 것을 이야기하는 최상의 문서이다. 영국에는 역사지리에 대한 훌륭한 개설서들이 있고[217] 지역마다 과거 역사에 대한 탁월한 연구서들이 즐비함에도[218] 불구하고 놀랍게도 전체를 조망하는 연구가 이루어지지 않았다.

그러나 문제는 분명히 제기되었다. 적어도 뮌헨 역사학 회의(1965) 때의 존스,[219] 1934년의 데이비드 오그,[220] 1942년의 조지 트리벨리언[221] 등이 대표적인 예들이다. 내가 보기에 이들은 핵심적인 사항을 이야기했다. 즉, 영국의 공간은 세번 강 하류에 있는 글로스터로부터 보스턴(과거에 피렌체나 한자 동맹 등에 양모를 공급하던 워시 만에 위치한 작은 도시)을 잇는 선으로 양분되어 있다는 것이다.[222] 이 구분선은 웨일스 지역을 뺀 나머지 영국의 국토를 거의 같은 면적을 가지고 서로 대치하는 두 공간으로 나눈다. 남동부 지방은 런던 분지와 그 주변지역으로 대변되는 곳으로서 가장 비가 적게 오는 곳이다. 이곳은 동시에 가장 역사학 연구가 많이 이루어진 지역이기도 하다. "이곳은 수 세기 동안 종교기관, 지방시장, 대학, 도로상의 중계점 및 교역창고 그리고 [옛] 매뉴팩처 중심지들 등 모든 유형의 도시생활이 부화하여 만나는 곳이었다."[223] 수도, 부, 상업활동, 중요한 곡물생산 지역, 수도의 요구 때문에 변형되고 근대화된 농촌, 런던에서 북쪽의 노리치와 브리스틀 같은 영국 전산업중심지들을 잇는 노선 등 모든 이점들이 이곳에 역사적으로 누적되었다. 이에 비해서 북서부 지방은 비가 많이 오고 언덕이 많아주로 가축을 사육하는 지역이다. 이웃 지역에 비해서 이곳은 일종의 주변부 지역이고 지체해 있는 곳이다. 수치상으로도 이 점을 확인할 수 있다. 17세기에(런던을 제외한) 인구비는 1 대 4였고 (조세자료로부터 계산한) 부의 비율은 5 대 14였다.[224]

그런데 산업혁명은 이 불균형을 완전히 뒤바꾸었다. 과거에 특권적인 지위를 누리던 영국[남부지방]에서는 전통적 산업이 쇠퇴했다. 이곳은 자본주의적인 부와 상업상의 힘에도 불구하고 새로운 산업을 받아들이고 정착시키지 못했다. 이와 반대로 구분선 이북의 또다른 영국은 "몇 세대 만에"[225] 놀라울 정도로 근대적인 부유한 지역으로 탈바꿈했다. 런던으로부터 출발해서 노샘프턴과 맨체스터를 지나 스코틀랜드로 가는 길은 오늘날 페나인 산맥의 석탄 띠를 이루는 곳이다. 이곳의 여기저기 흩어져 있는 분지들에는 인력과 기계들이 집중했고 영국에서 가장 우울하면서도 가장 역동적인 대밀집지역들이 "미국식으로" 발달한 곳이었다. 그 증거는 지금도 남아 있다. 각각의 석탄생산 분지들은 자신들의 특성, 유형, 독특한 역사를 가지고 있고, 각지에서 도시들―버밍엄, 맨체스터, 리즈, 셰필드―이 단번에 성장하여 영국의 중심을 북쪽으로 끌고 왔다. 산업화, 도시화가 맹렬히 이루어졌다. 검은 영국은 사람들을 이식하고 반죽하는 기계였다. 이 거대한 건설작업에 대해서 지리가 모든 것을 설명해주지는 않지만 극단적인 석탄 결정주의, 커뮤니케이션의 제약, 인력자원의 역할 그리고 과거가 가진 지속적인 무게 등을 밝히는 데에 도움이 된다. 18-19세기의 격렬한 새로운 힘은 일종의 사회적 공백 안에서 건설될 필요가 있었던 것 같다.

영국 북서부 지방은 오늘날 신문기자들이 프랑스의 서부에 대해서 "프랑스의 황무지" 운운하는 식이라면 모를까 진짜 황무지는 물론 아니다. 그러나 이곳은 스코틀랜드처럼, 런던 중심의 잉글랜드에 비해 **주변부**이다. 그런데 이 주변부지역―스코틀랜드도 마찬가지이지만―이 이번에는 중심부지역에 합쳐지고 시간 지체를 따라잡으면서, 중심부와 같은 수준에 도달했다.

중심부-주변부의 이론에 비추어보면 이것은 예외이며 거의 언어도단에 가까운 일이다. 아닌 게 아니라 스머트는 스코틀랜드에 대해서 이곳은 예외이며 언어도단이라고 한 바 있다.[226] 그 이유는 다음과 같다. 중심부지역(영국 남동부)의 도약은 주변부지역 아주 가까운 곳에서 일어났기 때문이다(그리고 주변부라는 이 말은 스코틀랜드에 대해서는 타당할지 모르나 영국 북서부에 대해서는 반밖에 맞지 않는다). 게다가 제2의 영국[영국 북부지방/역주]과 스코틀랜드는 급속한 산업화를 통해서 지체를 만회했다. 그런데 언제나 산업화는 덜 부유한 곳에 이식될 경우 그곳의 가난함이 이점이 되어 크게 발달하게 된다. 오늘날 한국, 홍콩, 싱가포르를 보라. 마찬가지로 이탈리아와 비교하여 보면 북유럽도 그런 경우였다.

금융과 자본주의

자본의 역사는 영국 최초의 산업혁명을 포괄하고 있어서 그것에 대해서 동행하기도 하고 선행하기도 하며 그것을 관통하고 또 추월한다. 모든 것을 전진시키는 예외적인 성장이 이루어질 때 자본 역시 변형되고 팽창하며, 또 산업자본주의가 중요성―조만간 절대적인 중요성―을 확보하게 된다. 그러나 과연 산업자본주의는 세계사적으로 그리고 자본주의 그 자신의 역사상으로 볼 때 새롭게 탄생한, 정말로 새로운 형태일까? 또 이것은 근대사회의 대량생산과 거대한 고정자본 덕분에 자본주의가 진정으로 완성에 이르고 진실한 모습을 띠게 된 것을 의미할까? 이전 단계는 단지 서론에 불과한 유치한 것이거나, 박학한 역사가들의 호기심의 대상에 불과한 것일까? 대개 많은 역사학적인 설명이 이렇게 말해왔다. 틀린 말은 아니지만 그렇다고 맞는 말도 아니다.

내가 보기에 자본주의는 오래된 모험이다. 산업혁명이 시작되었을 때 그 뒤에는 폭넓은 과거의 경험이 있었으며 그것은 반드시 상업적인 것만은 아니었다. 19세기 초반의 영국에서도 자본은 여러 다양한 고전적인 형태를 띠

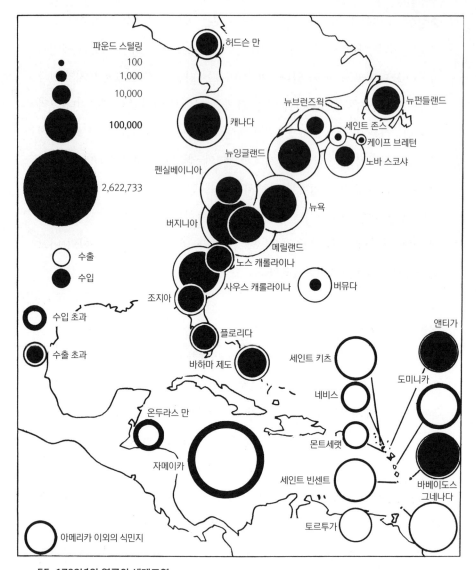

55. 1792년의 영국의 세계교역

백색은 수입, 흑색은 수출을 나타내며, 내부의 원의 색이 백색이면 수입 초과, 흑색이면 수출 초과를 나타낸다. 내부가 빈 것처럼 보이는 원은 수출과 수입이 거의 균등한 경우로 다음 국가들이 해당한다. 튀르키예, 수입 29만559, 수출 27만3,715 ; 이탈리아, 수입 100만9,000, 수출 96만3,263 ; 아일랜드, 수입 262만2,733, 수출 237만866. 영국이 흑자를 보이는 곳으로는 아메리카 국가들 ; 포르투갈, 수입 97만7,820, 수출 75만4,612 ; 이든 조약 이후의 프랑스, 수입 71만7,034, 수출 122만1,666 등이다. 전체적으로 살펴보면 유럽, 수입 1,117만860, 수출 1,281만3,435 ; 아메리카, 수입 560만3,947, 수출 815만9,502 ; 아시아, 수입 267만1,547, 수출

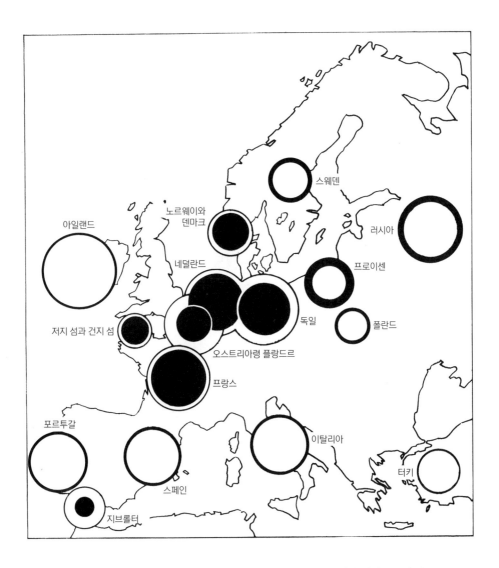

아일랜드

노르웨이와
덴마크

스웨덴

러시아

네덜란드

프로이센

독일

폴란드

저지 섬과 건지 섬

오스트리아령 플랑드르

프랑스

포르투갈

이탈리아

터키

스페인

지브롤터

262만7,887 ; 아프리카, 수입 8만2,917, 수출 136만7,539 ; 그리고 세계 전체로는 수입 1,952만9,273, 수출 2,487만8,362로서 500만의 흑자이다. 수출 중에는 "영국 공산품"이 1,850만9,796이며 외국 공산품의 재수출이 656만8,565이다. 이런 교역을 하기 위해서 입항한 선박 1만5,463척, 출항한 선박 1만5,010척으로서 전체 3만470척이며, 그중 외국 선박이 3,620척이다. 영국 선박은 평균 톤수 122톤, 평균 선원 수 7명이다. 영불 간의 교역으로 선박이 3,160번 왕래했는데 그중 430번이 외국 선박에 의해서 이루어졌다. 아시아 교역으로는 28번의 출항과 36번의 입항이 있었는데 모두 영국 선박이며 평균 톤수는 786톤, 평균 선원 수는 93명이다(이 기록에는 석탄을 주로 운반하는 영국의 연안항해를 고려하지 않았다). (영국 관련 여러 통계를 이용하여 작성, A. E., M. et D. 영국 10 f° 130).

고서 여전히 활기에 휩싸여 있었다. 농업자본은 1830년에만 해도 영국의 부의 절반을 차지했다. 산업자본은 아주 천천히 성장하다가 곧 급속한 성장을 시작했다. 상업자본은 아주 오래된 성격의 것으로서 **상대적으로** 덜 중요하지만 대신 전 세계의 차원으로 확대되어 식민주의를 만들었다(여기에 대해서는 조만간 적합한 이름과 정당성을 찾아야 했다). 마지막으로 금융자본(여기에는 은행과 금융이 혼용되어 있다)이 있는데 이것은 런던의 시티(City)가 세계적인 우월성을 가지기 이전에도 존재했다. 루돌프 힐퍼딩은 합자회사들이 널리 퍼지고 온갖 다양한 형태의 자금이 거대한 규모로 집적된 20세기에 가서야 금융자본주의가 만들어졌다고 보았다.227) 이때는 산업자본주의라는 성부(聖父), 훨씬 처지는 위치이기는 하지만 상업자본주의라는 성자(聖子), 그리고 모든 곳에 뚫고 들어가는 돈의 자본주의라는 성령(聖靈)의 삼위일체의 시대라고 보았다.228)

논란의 여지가 없지 않은 이 이미지가 중요한 것이 아니다. 다만 힐퍼딩은 순수한 산업자본주의라는 생각에 저항한 것이며, 자본의 세계는 폭이 넓은 세계로서 금융―그가 보기에는 아주 새로운 형식―이 나머지 모든 것에 대해서 우위를 가지며 침투하고 지배하는 세계라고 보고 있다는 것이 중요하다. 나는 이런 시각에 어렵지 않게 동의할 수 있지만, 단 자본주의의 복수성(複數性)이 아주 오랜 현상이라는 점, 금융자본주의는 1900년대 초에 가서야 새로 생긴 것이 아니고 과거에―비록 제노바, 암스테르담과 같은 일부 지역에 한정된 일이기는 하지만―상업자본주의의 현격한 성장과 정상적인 투자기회를 훨씬 상회하는 자본축적이 이루어진 후에229) 이 금융자본주의가 일시적으로나마 전 사업계를 장악하고 지배할 수 있었다는 점 등을 전제로 해야 한다.

영국에 대해서 이야기한다면 20세기 초 훨씬 이전에 이미 "돈의 자본주의"의 성장을 비롯해서 폭넓은 활동이 펼쳐졌다는 것은 분명하다. 이 시대 훨씬 이전에 영국에서 급격한 성장의 시대를 관통하는 혁명과도 같은 흐름이 형성되었을 때 그 속에는 금융혁명도 자리를 잡고 있었다. 이것은 이 나라의 산업화와 혼용되어 있는 것으로서 산업화를 유발시킨 것은 아니라고 하더라도 적어도 그것과 동행하고 나아가서 그것을 가능하도록 만들었다. 흔히 영국은행이 산업화에 자금을 댄 것은 아니라고 말한다. 그러나 최근의 연구들은 장기 크레딧과 단기 크레딧이 18세기와 심지어 19세기에도 기업을 지탱해주었다는 것을 밝히고 있다.[230]

1694년에 설립된 영국은행은 이 모든 체제의 중심축이었다. 이 축의 둘레에 그리고 이 축을 기반으로 런던의 사은행들이 존립했다. 이런 은행들은 1807년에 73개였다가 1820년대에는 100여 개가 되었다.[231] 지방에서는 **지방은행**(country bank)이 적어도 18세기 초에는 등장했고 "거품(Sea Bubble)" 사건* 당시에 수가 늘어났다가 파산에 이끌려 들어갔다. 지방은행의 수는 1750년에 10여 개에 불과했으나 1784년에는 120개가 되었고 1797년경에 290개, 1800년에 370개, 그러다가 1810년경에는 650개가 되었다.[232] 이 마지막 시점에 대해서 다른 저자는 은행의 수를 900개로 파악했는데 이것은 아마도 일부 은행들이 유지하던 지점들까지를 모두 합한 수인 것 같다. 이와 같은 자발적인 은행 설립은 릴리퍼트**의 승리가 분명하며(사실 이 은행들은 6명 이상의 동업자를 가지지 못하게 되어 있었다)[233] 또 투기의 산물임과 동시에 지방의 콩종크튀르와 지방의 필요의 산물이기도 했다. 반드시 런던만이 투기를 독점했던 것은 아니다. "지방은행(banque de comté)"은[234] 아주 흔히는 기존 기업이 개장한 보충적인 사무실에 불과한 것으로서 은행권의 발행, 할인, 여신과 같은 활동들을 하되 단지 이웃에 대한 봉사라든지 대개 흉허물없는 친밀한 사업의 면모를 띠고 있었다. 이 자발적인 은행가들은 아주 다양한 직업 출신이었다. 케임브리지의 포스터 가문은 제분업자이자 곡물상인 출신이었다. 리버풀에서는 대부분의 은행가들이 상인 출신이었

---

* 이 책 제1권 584쪽의 역주를 참조하라.
** 조너선 스위프트의 『걸리버 여행기』 제1부에 나오는 소인국의 이름이다.

다. 버밍엄의 로이스 가문은 철물상 출신이었고, 노팅엄의 스미스 가문은 양말 및 편물류 제조인 출신이었으며, 노리치의 거니 가문은 실을 파는 상인이자 마직물 제조업자였고, 콘월의 은행가들의 대부분은 광산 소유주들이었고 그 외에 맥아나 홉 상인, 양조업자, 직물상, 잡화상, 관세 징수인 출신들이 있었다.235)

결국 18세기에 은행은 지방의 콩종크튀르에 따라 등장했으며 이것은 초기의 새로운 산업의 설립과 거의 비슷한 방식이었다. 영국의 지방은 크레딧, 환어음, 현찰 등이 필요했는데 사은행들이 이런 모든 역할을 맡아서 했던 것이다. 이 은행들은 은행권까지 발행할 수 있었는데 이것은 아주 높은 이익의 원천이 되었다. 왜냐하면 적어도 초기에는―사람들이 이 은행들에 저축을 할 만큼 신용하기 전에는―이 은행들로서는 화폐를 발행함으로써만 크레딧을 확대시켰기 때문이다.236) 원칙적으로 이 은행들은 화폐발행액에 해당하는 금을 보유하고 있었지만, 한 번 위기가 닥쳐와서 사람들이 공황심리를 가지게 되면―실제로 1745년에 이런 일이 있었다―이 은행들은 파산을 피하기 위해서 런던의 은행들로부터 황급히 현찰을 구했다. 그러나 언제나 파산을 피할 수 있었던 것은 아니다. 특히 1793년과 1816년의 위기 때에는 파산이 심각했다. 그런데 이렇게 은행들이 파산을 했다는 사실은 지방은행들이 단기만이 아니라 장기의 고액 대부를 많이 했다는 것을 말해준다.237)

그러나 전체적으로 보면 이 체제는 건실했다. 그 이유는 공식적으로는 아니지만 실제로는 영국은행이 "제일 마지막에 의지하는 대부은행"의 역할을 통해서 다른 은행들을 지탱해주었기 때문이다.238) 일반적으로 영국은행의 현찰준비액은 런던이든 지방이든 사은행들이 곤경에 빠져서 갑자기 인출을 요구해왔을 때 그것을 충분히 감당할 정도였다. 1797년 이후에 영국은행이 발행한 지폐의 금태환을 정지한 이후, 이 지폐는 지방은행들로서는 만약의 경우에 자신이 발행한 지폐와 의무적으로 교환해야 하는 화폐가 되었다. 사은행들이 저축은행이 됨으로써 차지농이나 지주만이 아니라 산업가, 광산주 혹은 운하 건설업자 등에게 더욱 많은 대부를 할 여력을 갖추게 되었다는 점은 일반적인 안정성의 표시로 볼 수 있다.[239] 방금 말한 대로 운하 건설업자가 은행을 이용할 수 있었다는 것은 브리지워터 공작의 채무가 완벽한 증거를 제공한다.

1826년 이후 법률적으로 주식은행(joint stock bank)이 가능해지자[240] 이제 이전 세대의 은행들보다 더 견실하고 자금을 풍부하게 보유한 새로운 세대의 은행들이 만들어졌다. 이 은행들이 더 신중했을까? 그렇지는 않다. 이 은행들로서는 기존 은행들로부터 고객을 빼앗아와야 했으므로 더 큰 위험을 감수해야 했다. 이런 은행들의 수는 눈에 띄게 늘어났다. 1836년에 70개였으나 같은 해 1월 1일부터 11월 26일까지 42개의 새로운 주식은행들이 "창립되어 기존 은행들과 경쟁을 벌였다."[240] 곧 이 은행들은 100여 개로 늘어났고 지점들까지 갖추게 되어서 이제는 시대에 뒤처진 지방은행과 거의 같은 수에 이르렀다.

런던은 이 은행들에 폐쇄적이었으나 결국은 이 은행들이 강제로 런던으로 밀고 들어갔다. 그리고 1854년에는 런던 은행들의 어음교환소(clearing house)에도 참여하게 되었다. 다시 말해서 런던이 유일한 중심축으로서 맡는 정교한 그리고 갈수록 더욱 정교해지는 현찰과 크레딧의 유통에 이 은행들이 전적으로 참여하게 된 것이다. 은행들 간의 정산을 위해서 1773년에 만들어진 어음교환소에 대해서 프랑스인 모리스 뤼비숑은 감탄 어린 어조로 이렇게 설명한다. "이곳의 유통체제가 조직된 방식을 보노라면 영국에서는 지폐도 화폐도 없다고 할 정도이다. 런던에 있는 40명의 회계원들 사이에서 이 왕국의 거의 모든 지불과 거래가 처리된다. 매일 저녁에 회합하여 서로 상대방에 대해서 보유한 유가증권들을 교환하기 때문에, 결국 1,000루이 가치의 증권이 수백만 루이의 유통을 맡아서 처리하는 일이 흔히 일어나는 것이다."[241] 이 얼마나 감탄스러운 발명인가! 그러나 사실 16-17세기에 리옹이나 브장송-피아첸차의 전통적인 정기시들의 체제를 관찰한 사람들 역시 이것과 완전히 똑같이 이야기하지 않았던가! 그러나 옛날의 대정기시들의 경우에는 1년에 고작 네 번 정도 회합이 이루어지는 데 비해서 런던의 어음교환소에서는 매일 회합이 이루어진다는 사실이 중요하다.

다른 한편 은행은 정기시가 가지지 못한 다른 역할을 했다. 명민한 한 프랑스인은 이렇게 이야기했다. "이 나라에서는 대상인이든 그 외에 다른 누구이든 간에 자기 집에 돈을 보관하지 않는다. 이들은 돈을 은행이나 회계원에게 맡기고 그로부터 돈을 인출하여 쓴다. 은행이나 회계원은 예금주의 구좌를 개설해두고 그의 크레딧에 따라 모든 지출을 해결해준다."242) 이렇게 은행에 집중된 돈은 활동적이게 되어서 유통되고 위험을 감수하게 된다. 왜냐하면 어떤 은행가라도 돈을 금고 속에 잠자게 내버려두지 않기 때문이다. 리카도가 말한 것처럼, 은행만의 독자적인 기능은 "다른 사람의 돈을 사용하면서 시작된다."243) 게다가 어떤 돈은 의무적인 경로를 따라서 유통된다. 영국은행과 영국정부 사이, 또 "마지막 의지처"로서의 조직과 기회를 의미하는 영국은행 및 여타 은행과 상공업 기업들 사이의 유통이 그것이다. 또 일반인을 위한 저축은행(saving bank)의 중개도 중요한 역할을 한다. 가난한 사람들의 저축금을 모으는 이 사업은 거대한 규모를 이루었다. 한 프랑스인의 말에 의하면 "영국에서 빈자들의 부는 [그 전체 액수로 보면] 다른 왕국의 부자들의 부보다도 훨씬 크다."244)

이 설명에는 보충해야 할 것이 있다. 세 번째 세대의 준(準)은행이라고 할 수 있는 어음 중개업자(bill-broker)가 런던에서 활동하며 할인소(discount house)를 설립한 것을 살펴보아야 한다. 또한 지방은행들의 대리점이나 중개소 역할을 하는 런던 시티의 사은행들이 어떻게 크레딧을 재분배했는지, 어떻게 영국 남동부의 잉여자금을 활동적인 북서부 지역으로 이전시킬 수 있었는지 등을 보여야 한다. 사실 그것은 아주 분명한 방식으로 진행되었다. 자금을 빌려주는 사람, 빌리는 사람, 중개인 사이의 자금 재배분은 오직 최고의 이자율에 따랐던 것이다.

마지막으로 영국은행에 대하여 다음의 사실들을 확인할 필요가 있다.

• 이 은행은 여러 다양한 특권들과 업무들을 수행하는 정부은행이었을 뿐 아니라, 주주들이 있는 사은행으로서 아주 건전하게 사업을 운영하고 있었다. "100파운드 스털링에 발행된 주식은 1803년에 136파운드가 되었고 오늘날[1817년 2월 6일] 355파운드가 되었다."[245] 18세기 내내 이 은행의 주식은 런던과 암스테르담에서 주식투기의 대상이 되었다.

• 영국은행권의 사용이 끊임없이 증대하여 원래 런던과 그 주변지역에서만 배타적으로 사용되던 이 화폐가 이제 전국으로 보급되었다. 랭커셔, 맨체스터, 리버풀 등지의 노동자들은 사은행에서 발행한 화폐로 지불받는 것을 거부했다. 이 돈은 가게에서 흔히 가치하락을 겪었기 때문이다.[246] 런던과 맨체스터를 합한 지역만 해도 벌써 아주 훌륭한 활동영역이었다. 그러다가 1797년 이후에는 영국은행권이 전국에서 금화의 대체물이 되었다.

우리는 또 새로운 증권들이 밀려들던 증권거래소(stock exchange)를 방문할 필요도 있다. 이곳에서 이루어지는 거래량은 크게 증대했다. 1825년에는 114종목이 새로 상장되었는데 그중 20개는 철도 관련 종목이고, 22개는 대출과 은행 관련 종목이며, 17개는 해외 광산(특히 남아메리카 지역의 광산) 관련 종목, 그리고 11개는 가스 조명 관련 종목이었다……. 이 114개의 신종목들만 해도 1억 파운드의 유입액을 나타냈지만[247] 모든 자금이 처음부터 곧바로 투입되지는 않는다는 것을 고려하면 이 금액은 최소치였을 것이다.

그런데 이때 벌써 영국 자본의 해외 출혈이 시작되었다. 19세기 말경 환상적으로 큰 금액에 이르렀던 이 해외투자는 사실 1815년에 시작되었던 것이다.[248] 그러나 모두가 성공한 것은 아니어서 운명이 다양하게 갈렸으며 1826년부터는 가공할 위기에 빠지기도 했다. 그럼에도 불구하고 대단히 활기 넘치는 시장을 통해서 주식 및 금융상의 투기 그리고 자본수출이 계속되었다. 산업생산이 여전히 최고의 성장세를 지속했고(산업생산은 10여 년 전에 비해 두 배로 성장했고 적어도 1880년까지는 그와 같은 리듬을 계속 유지했다)[249] **국내 투자가** 영국의 유사 이래 아마도 최대치를 기록하던[250] 1860년대의 몇몇 연간에는 해외금융투자가 국내 **총투자액**과 같은 수준에 이르렀다.[251] 또 국민소득 중에서 상업과 수송이 차지하는 **비율**은 계속 증가해서 1801년의 17.4퍼센트, 1821년의 15.9퍼센트로부터 1871년의 22퍼센트, 1907년의 27.5퍼센트가 되었다.[252]

그렇다면 "진정한" 자본주의인 "산업"자본주의가 상업자본주의(즉, 가짜 자본주의)로부터 승리를 거두어 왕좌를 이어받았다가 애석하게도 극히 근대적인 금융자본주의에게 다시 왕좌를 넘겨주었다는 식으로 이야기할 수 있을까? 사실 은행, 산업 그리고 **상업**자본주의(자본주의는 무엇보다도 상업적이지 않은 때가 결코 한 번도 없었다) 같은 것들은 19세기 내내 공존했고 19세기 이전에도 그랬으며 19세기 이후에도 계속 그랬다.

시간이 흐르면서 끊임없이 변화하는 것은 기회와 이윤율이다. 그것은 분야마다 그리고 국가마다 상이하게 나타난다. 그리고 이런 것들의 변화에 따라서 각각의 자본주의적인 투자액이 변화했다. 영국에서 산업화가 본격적으로 진행되던 1830년부터 1870년경까지 "자본 / 소득"의 계수는 영국사상 유례없이 높았다.[253] 그러나 이것이 산업자본주의 그 자체 때문이었을까, 아니면 영국의 지배를 받는 세계시장이 증가함에 따라서 영국의 산업이 증가했기 때문일까? 같은 시대에 파리의 자본주의의 발달과정을 통해서 이 점을 비교해볼 수 있다. 당시 파리는 **자기 자신**에게 가장 유리하고 이윤이 높은 자리를 차지하고는 영국과 그 자리를 다투고 있었는데, 그러기 위해서 결국 금융을 선택했다. 파리의 사업계는 유럽 내의 자본 움직임을 조직하는 위치에 섰다. 1818년 9월에 기사(騎士) 세기에는 런던으로부터 다음과 같은 글을 써보냈다. "20년 전부터 파리는 유럽의 은행 업무의 주요 중심지가 된 반면, 런던은 아직 문자 그대로 은행도시가 되지는 못했다. 그 결과 한 나라에서 다른 나라로 자금을 이체시키는 은행업무를 수행하려는 영국의 자본가들은 유럽의 여러 은행도시들에 의뢰해야 했는데 그중에서도 파리는 가장 가까이 있었기 때문에 오늘날 영국의 은행업무의 대부분은 파리를 통해서 이루어진다."[254] 이 진술은 더 면밀히 살펴볼 필요가 있다. 그러나 부인할 수 없는 사실은 파리가 런던의 옆에서 그리고 그 그늘 아래에서 하나의 역할을 맡다가 결국에는 효과적인 경쟁자가 되었다는 점이다. 런던 증권거래소 역사의 전문가인 월터 배젓*의 말이 사실이라면, 파리에 불리하게 상황이 변화한 것은 1870년 이후이다. 그의 견해에 의하면 보불전쟁 이후에야 영국인이 전 유럽에 대한 은행가가 되었다고 한다.[255]

콩종크튀르는 어떤 역할을 했는가?

이번 장의 마지막 질문이 될 이 질문에 대해서는 단정적인 대답이 불가능하다. 그리고 이 질문은 산업혁명의 역사적 장을 넘어서보려는 우리의 의도와도 어긋나는 것이 아닌가? 어떤 면에서는 그렇다고 할 수 있다. 왜냐하면 여기에서 말하려는 콩종크튀르의 시간은 상대적으로 짧은 시간(콘드라티예프 사이클 이상의 시간단위는 못 되는)의 콩종크튀르이기 때문이다. 우리는 장기지속을 벗어던지고 관찰 대상이 되는 현실에 더욱더 근접한 관찰점으로부터 스펙터클을 보고자 한다. 그러면 구체적인 사실들이 우리의 시야에 더 크게 들어올 것이다.

　마치 파도처럼 끊임없이 계속되는 장기적 변동들과 반(半)장기적 변동들은 세계사의 법칙이다. 이것은 먼 곳으로부터 우리에게까지 전해져왔고 앞으로도 영구히 계속될 법칙이다. 이 반복적인 리듬에 대해서 샤를 모라제는 **동적인 구조**(structures dynamiques)라는 표현을 썼는데, 이를 다시 풀어서 말하자면 미리 프로그램된 움직임이다. 이와 같은 콩종크튀르는 이미 살펴본 문제들의 핵심으로 우리를 인도하며 그것도 아주 독특한 길을 통해서 접근

---

* Walter Bagehot(1826-1877) : 영국의 경제학자, 저널리스트. 아버지 소유의 선박업과 금융업 회사에서 일했으며 「이코노미스트(*Economist*)」의 주간을 역임했다. 『롬바드 가(*Lombard Street*)』, 『물리학과 정치학(*Physics and Politics*)』 등의 저서가 있다.

하도록 한다. 그것은 가격사라는 길인데 이에 대한 해석은 지난 40-50년간 역사학계에서 가장 큰 문제 중의 하나였다. 이 분야에서 영국의 역사학자들은 외국의 역사학자들에 비해 결코 손색없는 성과를 거두었다. 이들이 수집한 가격사 계열(series) 자료들은 최상에 속한다. 그러나 이들은 (프랑스의 연구자들을 포함해서) 다른 역사가들과는 다른 방식을 취한다.

아주 단순화해서 이야기하면 에르네스트 라브루스, 피에르 빌라르, 르네 베렐, 장 뫼브레 등 프랑스의 역사가들이 어느 정도 명백하게 정식화하여 콩종크튀르를 외부적인 힘으로 보는 것에 대해서 영국의 역사가들은 거부한다. 나 자신을 포함해서 프랑스의 역사가들은 콩종크튀르가 동시발생적인 과정들을 지휘하며 그런 가운데 사람들의 역사를 엮어낸다고 본다. 이에 비해서 영국의 역사가들은 각국의 과정과 사건들이 그 나라 특유의 콩종크튀르들을 만든다고 본다. 1778-1791년의 스테그네이션과 물가 하락은 프랑스 역사가들에 의하면 라브루스가 말하는 국제적인 인터사이클에 의해서 지배되는 것이지만 영국 역사가들에 의하면 미국 독립전쟁(1774-1783)과 그 여파에 의해서 지배되는 것이다. 나는 조망의 상호성이라는 것에 대해서 완전히 확신하기 때문에 이 두 견해가 모두 타당하며 이 두 가지 방향으로 설명을 개진해야 한다는 점을 받아들이지 않을 수 없다. 그러나 이 둘 중에 어느 방향으로 가느냐에 따라서 책임 혹은 달리 말하면 유효한 원인들의 방향과 성격이 달라질 것이다.

애슈턴[256]과 그의 견해를 따르는 역사가들[257]이 파동에 영향을 미치는 일련의 요소들을 거론한 것은 타당한 일이다. 우선 가장 먼저 이야기되는 것이 전쟁이다. 아무도 여기에 반대하지 못할 것이다. 더 정확히 이야기하면 전쟁과 평화 사이의 균형이 문제가 된다(1756-1763년의 7년전쟁, 1775-1783년의 미국 독립전쟁, 1793-1802년 및 1803-1815년의 혁명 프랑스 및 나폴레옹 프랑스에 대항하는 전쟁들). 다음으로는 농업경제(다시 이야기하거니와 농업은 1830년대까지도 영국의 가장 중요한 활동분야였다)의 동요—풍작, 평년

작, 흉작 사이의 변동―가 중요한 요소로 1710, 1725, 1773,* 1767, 1792-1793, 1795-1796, 1799-1800년과 같은 흉년은 경제 전 분야를 뒤흔들어 놓는 이른바 앙시앵 레짐의 위기를 초래했다.[258] 19세기에도 외국산 곡물의 수입에 의존해야 하는 일이 갈수록 빈번하게 일어났고 수입량의 증가는 영국 경제를 계속해서 동요시켰다. 물론 그러한 동요가 일어난 것은 다른 문제이기보다는 밀이나 밀가루를 더 빨리 받기 위해서 즉각적인 지불―더군다나 대리인의 말로는 현찰지불―을 해야 했다는 데에서 유래한 정도이지만 말이다.

영국의 **파동**을 불러온 다른 요소들로 교역 사이클(trade cycle)도 있다. 상승과 하락의 움직임을 보이는 영국의 교역은 그 자체가 콩종크튀르의 상승과 하락으로 전환되었다. 혹은 금화와 은화의 총량 그리고 온갖 종류의 증권들로 이루어진 화폐의 유통도 문제가 된다. 런던의 거래소(이곳에서는 희망보다는 근심걱정이 더 빈번해서 "민감한 상태"가 일반적이었다)[259]는 콩종크튀르의 여러 움직임들을 기록하는 흥미로운 지진계이지만, 동시에 이곳이 지진을 불러일으키는 악마 같은 힘을 행사하기도 했다. 1825-1826, 1837, 1847년이 그런 경우이다. 대체로 18세기 마지막 3분기 동안 그랬던 것처럼, 경제생활의 최상층에는 이른바 전통적인 유형의 앙시앵 레짐의 위기 이외에 크레딧의 위기가 10년 간격으로 찾아왔다.[260]

영국의 역사가들의 생각이 대체로 이런 내용들이다. 이에 비해서 프랑스 역사가들이 보는 콩종크튀르는―이들의 생각이 맞는지 틀리는지는 별개의 문제이다―그 자체로서 하나의 실제이다(비록 그 자체로서 설명하는 것이 쉬운 일이 아니지만). 레옹 뒤프리에나 빌헬름 아벨도 동의하듯이 가격들은 하나의 전체를 구성한다. 뒤프리에는 심지어 **가격구조**(structure des prix)를 이야기하기도 했다. 가격들은 서로 연결되어 있으며, 또 이것들이 모두 진동한

---

* 원문의 이 수치는 문맥으로 보아 오자(誤字)일 가능성이 있다.

다는 것은 각각의 특별한 변화들이 서로가 서로에게 더해지기 때문이다. 특히 강조할 점은 하나의 국가경제—그것이 아무리 중요하더라도—에 한정된 하나의 "떨림(vibration)"이 중요하지 않다는 것이다. 영국 혼자서만이 가격을 만든 것이 아니며 또 영국 혼자 자국의 교역의 상승 및 하락, 혹은 화폐유통을 만든 것이 아니다. 전 세계의 다른 모든 경제들이 여기에 작용했고 모든 것들이 거의 같은 발걸음을 뗀다. 이것이 우리 역사가들에게 처음부터 가장 놀라운 일이었다. 이 주제에 대해서는 르네 베렐이 쓴 결정적이고 또 진실을 드러내는 그리고 놀라움을 안겨주는 책을 보라.

영국의 가격 움직임을 상승시키거나 중단시키고 또 하락시키는 콩종크튀르는 영국에만 유일한 시간이 아니라 "세계의 시간"이다. 이 시간이 부분적으로 영국에서 형성되고 런던이 그 가운데 핵심적인 진앙지라는 것은 가능한 정도를 넘어서 확실한 일이지만, 동시에 전 세계가 이 콩종크튀르를 만들고 변형시켰다는 것도 사실이다. 그러므로 콩종크튀르는 영국만의 것이 아니다. 그 결과는 아주 분명하다. 가격의 반향이 느껴지는 구역은 전 세계이며 다만 영국이 그 중심지를 이룰 뿐이다. 따라서 영국의 콩종크튀르는 부분적으로 외생적이며 영국 밖에서, 특히 가까운 유럽 지역에서 일어나는 일이 영국의 역사에 관한 증거가 될 수 있다. 유럽과 영국은 같은 콩종크튀르에 따른다. 그렇다고 이것이 영국과 유럽이 같은 위치에 서 있다는 것은 아니다. 경제 일반에서 콩종크튀르적인 위기의 역할에 대해서 이야기하면서 나는 그와는 반대로 위기가 약자와 강자(예컨대 17세기의 이탈리아와 네덜란드)를 같은 방식으로 공격하지 않았고 그럴 수도 없었다는 점, 따라서 위기란 더 강한 자의 역동성을 강화하고 약한 자의 후퇴를 더 촉진시킴으로써 국제 경제상의 과업과 상호관계를 재배분하는 기회라는 점을 강조한 바 있다. 그러므로 나는 1873-1896년에 있었던 콘드라티예프 사이클의 하강국면이 이 기간 동안 영국을 공격한 대불황(Great Depression)에 책임이 있다는 것을 부인한 마시어스의 주장에 동의하지 않는다.[261] 그의 주장에 의하면, 독일과 미국의 성장률이 이 기간에 떨어졌다고 하더라도 독일, 미국 그리고 영국의 운명은 상이하며, 또 영국이 상대적인 후퇴를 겪은 결과 세계경제에서의 비중이 상대적으로 떨어진 것은 여전히 사실이라는 것이다. 아마 그럴지도 모른다. 1929년의 위기 당시 명백하게 나타날 것들이 이때 이미 시작되었던 것이다. 그러나 독일, 미국, 영국에서, 또 물론 프랑스에서도 **동시에** 성장이 완화되었다는 것은 분명한 사실이다. 대단히 놀랍기는 하지만 거의 부인하기 힘든 것은 이런 **그래프들**—그것들이 위치해 있는 수준이 아니라—이 한 방향의 움직임을 보인다는 것이다.

광대한 공간 속에서 콩종크튀르가 유사하게 나타나고 거의 모든 지역에 동시에 영향을 미친다는 것은 19세기와 오늘날에 분명한 사실일 뿐 아니라 18세기와 그 이전에도 명백한 사실이었다. 그러므로 1770-1780년대에 영국에서 일어났던 일들과 프랑스에서 있었던 일들—라브루스의 치밀한 연구 덕분에 우리가 자세히 알고 있는—을 비교해봄직하다. 그러나 이에 대해서 너무 큰 환상을 가져서는 안 된다. 프랑스의 이미지가 영불해협 너머에서도 그대로 타당하지는 않기 때문이다. 우리에게 제공된 그래프는 복합적이며 따라서 반드시 같은 언어를 이야기한다고 할 수는 없다. 나라마다 같은 기준을 가지고 가격, 임금, 생산의 콩종크튀르를 연구한다면, 일치점과 상위점이 뚜렷해질 것이고 유사성 혹은 상이성의 문제를 풀 수 있지 않을까 하고 생각할지 모른다. 그러나 실제로는 그렇지 않다. 프랑스나 영국의 많은 생산재와 소비재의 가격들을 비교한다면 프랑스의 가격 움직임이 영국의 가격 움직임에 비해서 더 변동이 심하고 극적이라는 사실을 곧바로 확인하게 된다. 이것은 어쩌면 당연한 일이다. 세계의 중심지에서는 다른 곳에 비해서 물이 덜 요란하게 끓어오르기 때문이다. 필리스 딘과 윌리엄 콜이 연구한 영국의 가격 그래프에서 1780년부터 1792년 동안에 인터사이클을 찾아보기는 힘들다. 이때는 오히려 "안정성"을 나타내는 수평 부분의 시기라고 할 수 있을 것이다. 뒤프리에는 이 수평 부분이 1773년부터 시작되었다고 보고 있다. 이와 반대로 그다음 시기에 나타나는 콘드라티예프 사이클—1791년에 시작되어 1812년에 정점을 이루고 1851년에 하락이 끝난다—의 곡선들에 대해서는 이견이 없다.

우리는 결론적으로 영국의 산업혁명에는 (개략적인 연대로) 1781-1815년 사이에 두 개의 움직임 또는 호흡이 있었는데 그중 첫 번째가 더 힘든 시기였고 두 번째 것은 무난한 시기였다고 이야기할 수 있을 것이다. 크게 보아서 이것은 프랑스와 유럽 대륙의 호흡 리듬이었다. 조만간 정치적 혁명의 회오리바람에 문을 열게 될 루이 16세 치하의 불행하고 고통받는 프랑스에 대응하는 것은 음산한 콩종크튀르 때문에 곤경을 겪던 조지 3세의 영국이었다. 영국에서는 곤경 끝에 정치적 폭발이 일어나지는 않았지만, 어쨌든 곤경이 있었다는 것은 사실이다. 10여 년 동안 영국의 경제에 유리하게 작용해오던 상승이 이때 가서 중단되었다. 아무것도 제대로 된 것이 없는 정도는 아니지만 이전처럼 잘 나간 것은 분명히 아니었다. 프랑스와 마찬가지로 영국도 아메리카 전쟁에 쏟아부은 노력과 엄청난 비용의 대가를 치르고 있었다. 그리고 뒤이어 나온 위기는 모든 것을 복잡하게 만들었고 과업을 재분배했으며 영역별 차이를 심화시켰다. 영국에서만이 아니라 프랑스에서도 교역이 크게 팽창했지만 양국 모두에서 무역수지가 불리해졌다. 상업적인 회복을 맹렬히 추진했으나 대개는 반밖에 성공하지 못했다. 서로 적대적이고 불신하던 두 세력이 1786년에 이든 조약을 체결하여 서로 접근한 것은 안전의 추구의 표시가 아니겠는가?

대개 비정상적으로 장기적인 경기침체는 기업들을 솎아내는 결과를 가져왔다. 즉, 적응하고 잘 버텨내는 기업들은 유리한 위치에 서지만 살아남기에 너무 약한 것으로 판명된 기업들은 고사하고 만다. 자국 내에 "2세대의 혁신들"이 일어나던 시기에 이 힘든 과정을 맞이했다는 점은 영국으로서 행운이었다. 제니 방적기(1768), 수력 에너지를 이용한 동력 방적기(1769), 천공기(1775), 회전식 증기기관(1776-1781), 교련법(1784), 사용 가능한 최초의 압

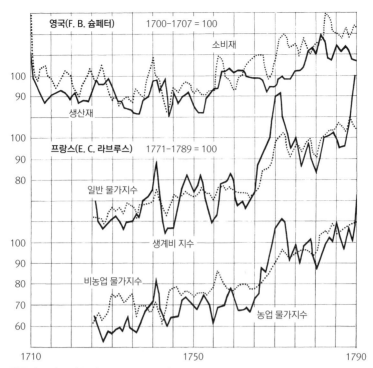

56. 영국과 프랑스의 물가, 1710-1790년
프랑스의 경우 라브루스 인터사이클이 뚜렷하게 보이지만, 영국의 경우에도 그러한가? (가스통 앵베르, 『콘드라티예프 장기지속 변동』, 1959, p.207)

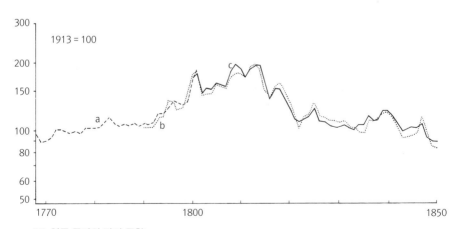

57. 영국 물가의 장기 동향
변동 폭을 완화하여 부드럽게 만든 이 장기 동향의 그래프에서 레옹 뒤프리에가 언급한 "안정기"가 1772-1783년에 걸쳐 있는 것을 어렵지 않게 찾을 수 있다. 콘드라티예프 사이클은 프랑스에서처럼 1791년경에 시작되어 1810-1812년(프랑스에서는 1817년)에 정점에 이르고 1850-1851년에 최저점에 도달했다. 세 개의 그래프는 세 개의 다른 계산을 나타낸 것이다. (필리스 딘, 윌리엄 앨런 콜, 『영국의 경제성장, 1688-1959』, 1962, 부록)

연기(1786), 완전한 단계에 들어간 선반(1794)……. 그러므로 재건이 일어나기 직전에 거대한 기술투자가 있었던 셈이다.

1791년에 경제적 시간은 다시 유리한 국면으로 들어갔다. 가격이 오르고 경제활동이 팽창과 동시에 분할되고 생산성이 크게 증가했다. 영국의 농업은 워털루 시기까지 그 덕을 보았으며 중농들도 유리한 가격조건 때문에 계속 생존이 가능했다. 혁명전쟁과 제국전쟁이라는 정신나간 듯한 낭비를 지탱할 수 있었던 것도 이때가 이처럼 유리한 시기였기 때문이다(영국의 경우 그 비용은 10억 파운드에 달했다).[262] 그러나 이런 유리한 시기는 영국만 독점하는 것이 아니었으므로 대륙에서도 역시 비록 느린 과정이기는 하지만 근대적인 산업을 발전시켰다.

그러나 영국에서 상승 국면의 콩종크튀르는 임금보다 물가가 더 빨리 오르는 결과를 낳았다. 인구증가까지 여기에 가세하여 1770-1820년에는 생활수준의 하락, 시세로 표현한 1인당 소득의 하락이 초래되었다(1688년 9.1파운드, 1770년 19.1파운드, 1798년 15.4파운드, 1812년 14.2파운드, 1822년 17.5파운드).[263] 13세기부터 19세기까지 영국 석공들의 임금에 대한 그래프를 작성한 펠프스 브라운과 실라 홉킨스의 연구는 이에 대한 최상의 증거이다. 우리는 이 그래프를 위에 전재(轉載)하고 그것이 어떤 기준에 의해서 그려졌는지를 밝혔다. 이 그래프는 정말이지 결정적으로 중요하다. 이것은 수백 년의 기간을 통해서 물가의 상승과 실질임금의 하락 사이에 규칙적인 상관관계가 있음을 보여준다. 물가의 상승은 생산의 급등과 인구증가—이 두 현상은 서로 연결되어 서로가 서로를 지배한다—를 결정하지만 매번 임금은 하락한다. 앙시앵 레짐의 조건에서 진보란 노동자의 복지를 희생시켜가며 이루어진 것이다. 그런데 앙시앵 레짐의 부인할 수 없는 표시인 이 법칙은 브라운과 홉킨스의 계산에 따르면 1760년부터 1810-1820년 사이에 더욱 뚜렷해졌으며, 1800년경에 임금이 최저 수준에 달했다(이때 콩종크튀르 전체를 기록한 이 그래프는 거의 정점에 이른다).[264] 물가가 하락하던 1820년

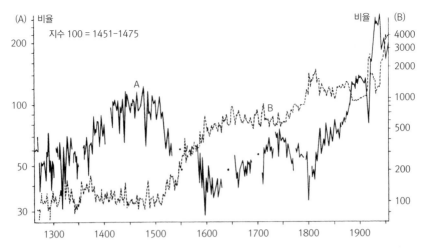

(A) 비율
지수 100 = 1451~1475

(B) 비율

58. "장바구니" 물가

아벨이나 푸라스티에-그랑다미(이 책 제1권의 178쪽을 보라)의 연구와 마찬가지로, 이 그래프도 물가-임금 사이의 변증법으로부터 1인당 소득과 유사한 것을 이끌어내려는 경제사가들의 노력을 보여준다. 영국의 석공은 일정한 급여를 받고 그것으로 일정한 생활필수품을 소비한다. 그중 전형적인 것들(흔히 "장바구니"로 표현한다)이 지수로 사용된다. 점선 그래프는 이 "장바구니" 물가의 변동을 나타내고, 실선 그래프는 임금과 장바구니 물가 사이의 관계를 나타낸다(1415~1475년의 지수가 100이다). 두 그래프를 비교하면 물가가 안정되거나 폭락하는 시기(1380~1510년과 1630~1750년)에 소비가 증가하고 복지수준이 오르는 것을 확인하게 된다. 반대로 물가가 오르는 시기에는 복지수준이 하락한다. 1510~1630년과 산업혁명 전야인 1750~1820년이 그런 시기이다. 그 이후에는 실질임금과 물가는 동반 상승했다. (펠프스 브라운과 실라 홉킨스의 논문[캐러스-윌슨, 「경제사 논문집」, 제2권, pp.183, 186])

이후에 임금 사정이 개선되었다는 것은 다름 아니라 이전의 법칙이 다시 작동하게 되었다는 것을 말한다. 사실 기적과도 같은 변화가 일어난 것은 새로운 콘드라티예프 사이클이 시작된 1850년 이후에 가서의 일이다(1850년은 영국과 대륙 모두에 또 하나의 의미 있는 시점이다). 이번에는 가격이 상승하고 임금도 그 움직임을 따라갔다. 드디어 지속 성장이 등장한 것이다.

이렇게 해서 나는 논쟁의 핵심에 도달했다. 영국이 근대화되는 과정에서 지불한 대가가 무엇인가 하는 이 문제에 대해서 너무나도 많은 역사가들이 일부러 논의를 회피했다. 이 문제를 처음 논의한 역사가들과 마찬가지로 나는 영국 대중의 복지수준이 하락했다고 믿는다. 농업노동자이든 공장노동자 혹은 수송업 종사자이든 실질임금이 하락한 것이다. (이 시대에 대한 노련한 역사가가 아닌 나로서는 위험부담을 안고 이야기하는 바이지만) 영국의 초기 산업화 시기인 1760-1815년과 워털루 전쟁 이후 시기를 비교해볼 때 이후 시기가 앞 시기에 비해서 노동자 및 농민의 동요가 더 크고 완강했지만 실제로는 앞 시기의 상황이 더 가혹했던 것으로 보인다. 그러나 동요가 있었다는 것 자체는 사정이 아주 좋지는 않다고 해도 개선이 이루어지고 충분히 건강을 유지하고 있다는 증거가 아니겠는가? 그렇더라도(이것이 선행하는 다른 유형의 성장에 비해서 볼 때 산업성장이 치르는 **추가적인** 대가라고 할 수 있는 것으로서) 지나치게 **빠른** 도시화의 드라마가 전개되어 비참한 주거 상황, 유해한 음식(충분한 수송수단이 확보되지 못하여 심지어 썩은 음식까지 먹었다), 각 개인이 가족적인 지지와 마을 공동체의 여러 다양한 재원으로부터 격려되도록 만든 사회적 이탈 등의 파국적인 결과들이 누적됨으로써 노동자 일반 대중에 대해서는 브라운과 홉킨스의 그래프가 보여주는 바처럼 1817년부터 1850년까지 증가했던 실질임금과 1인당 소득이 부분적으로 취소되었다. 그러나 1780-1815년에는 실질임금이 하락했기 때문에 상황이 더더욱 나빴던 것이 분명하다(실질임금의 하락은 아메리카 전쟁 당시에 가서 시작된 것이 아니라 1760년부터,[265] 즉 18세기 후반을 특징 짓는 생산과 인구의 급격한 증가가 있던 시기부터 시작되었다는 점에 주목해야 한다).

"산업기반이 형성되는 데에 두 세대가 희생되었다." 당대 영국인들의 코멘트들에 근거하여 오늘날의 역사가들이 내리는 이와 같은 결론은[266] 야전 지휘관이었던 르네-마르탱 피예가 해당 시기의 영국에 대하여 남겨놓은 증언을 보면 부인하기 어렵다.[267] 1807년에 포르투갈의 신트라에서 부상당한 채 포로가 된 그는 석방될 때까지 영국에서 오랫동안 살았다. 그리고 그는 영국에 대해서 그다지 큰 애정을 가지고 있지는 않았지만(감옥을 사랑하는 죄수가 어디 있겠는가?) 증오심을 가지고 있지도 않았기 때문에 중립적인 훌륭한 증인으로서 이야기하고 있다고 볼 수 있다. 그는 당시의 영국에 대해서 아주 힘겨운 시대라는 점을 증언한다. "내가 본 모든 매뉴팩처들은 가동을 멈추었다. 사람들은 기근에 시달리고 조세에 허덕였으며 지폐는 가치가 하락했다.……"268) 1811년에 "매뉴팩처는 더 이상 노동자들에게 임금을 해결해줄 수 없었기 때문에 임금 대신 생산품을 주었다. 그러면 이 불쌍한 사람들은 빵을 구하기 위해서 현장에서 그 상품들을 원래 가치의 3분의 2로 팔기도 했다."269) 또다른 명민한 증인으로서 영국 찬미자였던 루이 시몽은 같은 시기에270) "노동자들은 통상적인 임금을 가지고는 자신과 자기 가족들에게 필요한 빵, 육류, 의복을 구하지 못했다"고 말했다. 농업노동자들의 경우에는 "임금이 일반 다른 지표들에 비해서 불쌍할 정도로 크게 뒤처지고 있었다." 1812년에 글래스고에서271) 그는 이렇게 썼다. "면직업 노동자들의 급료는 19년 전에 비해 4분의 1밖에 안 되었다. 그동안 물가는 두 배로 올랐음에도 불구하고 말이다." 그가 제시한 수치는 의심스러울지 모르겠지만 빈곤화가 진행되었다는 사실만은 분명하다.

그러나 피예는 군인이었기 때문에 영국의 대단한 군비확장 노력을 잘 인식하고 있었던 만큼 더 멀리 내다보았던 것 같다. 군사력의 확충을 위해서 영국 정부는 "우리 나라[프랑스/역주]보다 훨씬 많은 수의"272) 군인을 모집했다. 20만 명의 육군을 보유하고(그리고 영국군의 임금은 프랑스군 임금의 네 배였다는 것도 고려해야 한다)273) 거대한 해군선단을 유지한다는 것은 엄청난 부담이었다. 아마도 이 때문에 "거품 중의 거품"인274) 가장 비천한 사회계급으로부터 충원한 육군과 해군 병사들을 그토록 가혹하게 몰아붙였던 것 같다. 어느 집 아들이 타락하여 그 집 가족이 그에게 군적을 사주면 사람들은 이렇게 말하고는 했다. "이 악당 놈은 교수형에 처했어야 했는데……이제는 붉은 제복(redcoat)*밖에는 다른 수가 없지."275) 이들은 영국의 최악의 하층 프롤레타리아들이었다. 이들은 농민, 노동자, 유랑인 등의 진짜 프롤레타리아로부터 충원된 사람들이었다. 그렇게 된 데에는 어디에 잘못이

---

* 영국군의 별칭.

있었을까? 산업화에도, 부의 최정상으로 올라가고 있던 자본주의에도, 심지어 전쟁에도, 또 모든 것을 포괄하는 콩종크튀르에도 잘못이 없다. 단지 이 모든 것들에 동시에 잘못이 있는 것이다.

많은 역사가들은 이런 고통스러운 현실을 직시하려고 하지 않았다. 그들은 이것을 인정하기를 거부했다. 누구는 생활수준의 측정이 정확성과 확실성을 기할 수 없다고 이야기한다. 또 누구는 기계화의 시대 이전에는 노동자의 상황이 더 나쁘거나 혹은 적어도 비슷했다고 말한다. 또다른 사람은 1790년부터 1830년까지 가격이 결코 하락하지 않았다고 믿는다. 그러나 도대체 어떤 가격을 말하는가? 명목가격을 말하는가, 실질가격을 말하는가? 그리고 우리가 살펴본 그래프들이 이미 가격이 상승했다가 하락세로 돌아섰다는 것을 충분히 이야기하지 않았던가? 그리고 임금은 어떠한가? 영국 민중은 자국의 승리의 대가를 비싸게 치렀다. 차지농계급에만 부를 안겨준 농업의 진보, 거기에 기계들, 기술의 승리, 상업의 우위, 런던의 최우선권, 산업가와 영국은행의 주주들이 거두어들이는 부 등 모든 것들이 대가를 요구했다. 단지 육군, 해군, 워털루 전쟁과 같은 군사적인 승리만이 대가를 요구하는 것이 아니다. 그러나 1850년 이후 그리고 그 이후 시기에 영국민 전체가 (이들 사이의 사회적 불평등은 차치하고) 세계 전체에 대한 승리에 참여했다는 것을 여기에 첨언해야 정당한 일일 것이다. **상대적으로 볼 때** 가장 부유하면서 덜 불행하다는 것이 세계-경제의 중심에 위치하는 민족의 운명이다. 17세기의 네덜란드인, 오늘날의 미국인이 19세기의 영국인이 누렸던 것과 같은 특권을 누렸거나 현재 누리고 있으며 그것은 사회의 최상층으로부터 최하층에 이르기까지 마찬가지였다.

물질적 진보와 생활수준

콩종크튀르적인 관찰을 통해 18-19세기의 영국의 산업혁명은 꽤 새로운 방식으로 다시 조명되었다. 이것은 약간 떨어져서 관찰함으로써 성장의 복잡한 면모를 더욱 잘 볼 수 있는 훌륭한 관찰점이다. 산업혁명은 분리하는 것이 쉽지 않은 여러 문제들의 집단이다. 이 문제들은 그것들을 앞으로 밀고 나가고 범람시키기도 하는 큰 강물과도 같은 흐름에 있다. 또 산업혁명이라는 이 문제가 워낙 크기 때문에 세계사 일반에 대해서, 또 성장의 진정한 변화와 원동력에 대해서 그리고 지속 성장의 시작에 대해서 질문을 던지도록 만든다(지속 성장의 시발점에 대해서는 흔히 이야기하는 1830-1832년—흔히 산업혁명의 첫 번째 단계의 종착점으로 언급되었다—보다는 1850년이 더 맞는 것 같다). 또 산업혁명은 유럽의 장기지속적인 성장에 대해서 숙고하도록 만든다. 산업혁명은 오랫동안 불명확한 채 있는 과거와 다시 불명확해지려는 현재 사이에 끼여 있는, 장기지속적인 성장 가운데 가장 화려한 순간이다.

국민총생산과 1인당 소득이라는 두 개의 변수로 성장을 측정한다면(나 같으면 차라리 "국민총생산과, 브라운과 홉킨스가 조사한 석공의 실질임금이라는 두 변수를 가지고 조사한다면"이라고 말하겠다) 빌헬름 아벨이 말한 것처럼[276] 12-13세기에는 이 두 변수가 동시에 상승했다. 이것은 이미 "지속 성장"의 모델이라고 할 만한 것이다. 그후 1350년부터 1450년까지 국민총생산, 생산량, 인구는 모두 감소했지만 사람들의 복지수준은 개선되었다. 말하자면 이 세 가지 것들은 진보가 안겨준 과제들을 벗어던지고 그로부터 이익을 본 셈이다. 그렇게도 연구자들이 많이 치켜세웠던 16세기 동안(16세기 연구자들[seiziémistes]은 "그들의" 세기에 관한 한 민족주의자들이다*) 그리고 1620-1650년까지 인구와 생산이 동시에 증가하여 유럽이 다시 사람들로 붐볐으나, 대신 그들의 일반 복지는 끊임없이 악화되었다. 대가를 지불하지 않는 진보는 없다는 것이 언제나 타당한 법칙이다. 1650년 이후 "17세기의 위기"—이것은 역사학에서 의도적으로 더 암울하게 칠해졌다—는 1720, 1730년, 혹은 1750년까지 심각하게 맹위를 떨쳤다. 그리하여 1350년에서와

---

* 16세기를 연구하는 역사가들이 그들의 연구 대상 시기에 대해서 좋은 시기였음을 강변하는 경향이 강하다는 뜻이다.

같은 현상이 다시 나타났다. 진보가 정체한 가운데 각 개인들의 복지가 증대한 것이다. 르네 베렐의 말이 옳다.277) 그러고는 18세기에 들어서 모든 것이 다시 시작되었다. "번영"이 이루어졌고 실질임금은 하락했다.

앙시앵 레짐의 독특한 리듬을 깬 19세기 중반 이후는 완전히 다른 시대로 들어선 것 같다. 이제 장기추세(trend)는 인구, 물가, 국민총생산, 임금의 동시 상승을 그리고 있었으며 단지 간헐적으로 단기 사이클들에 의해서 이런 상승이 중단되었을 뿐이다. 그리하여 "지속 성장"이 영원히 약속된 듯하다.

그러나 1850년부터 1970년까지 단지 120년밖에 지나지 않았다. 장기추세의 장기적 위기는 "근대"와 함께 완전히 사라진 것일까? 여기에 답하는 것은 쉬운 일이 아니다. 왜냐하면 이 장기적인 변동의 비밀, 그 원인, 심지어 그것들 간의 상관관계에 대해서도 우리는 아직 알지 못하기 때문이다. 많은 훌륭한 역사가들이 이와 같은 사이클의 역사에 빈정거리는 태도를 보였다. 사람들은 그것을 관찰하고 확인은 하지만 설명은 하지 못한다. 그것은 단지 존재하기만 하는 것인가? 인간의 역사는 일반적인 논리를 가지고는 설명하기 힘든, 권위적인 전체적 리듬에 복종하는가? 나는 분명히 그렇다고 믿는다. 비록 그것이 사람을 당황하게 만드는 요인이 있기는 하지만 말이다. 이것은 마치 기후 사이클의 존재는 분명히 증거를 가지고 이야기할 수 있으나 학자들도 그 기원에 대해서는 추측 이상의 것을 넘지 못하는 것과 비슷하다. 나는 세계의 물질의 역사와 경제의 역사에 리듬을 부여하는 조수(潮水)와 같은 이 운동들을 믿는다. 비록 그 운동들을 만드는 유리하거나 불리한 문턱점들—수많은 관계들의 산물—이 아직 불가사의한 채 남아 있기는 하지만……. 그리하여 1972-1974년부터 우리가 겪고 있는 세계의 곤경이 시작된 이래 나는 종종 다음과 같은 문제를 제기해보았다. 우리는 콘드라티에프 사이클의 하강국면에 들어선 것이 아닐까? 혹은 그보다도 더 긴 장기추세의 하강국면이 시작된 것은 아닐까? 그래서 우리가 매일같이 이 위기를 억제하기 위해서 사용하는 수단들이 사실 환상 중에서도 환상에 불과한 것이 아닐까? 사실 모든 장기적인 동향의 국면 변화는 구조적인 위기로서 그 것은 단지 구조적인 파괴와 재건에 의해서만 해결될 수 있다.

이미 여러 해 전에 내가 이런 논지를 가지고 강의를 했을 때, 장기적인 위기에 대한 나의 예측에 대해서 학생들은 단지 미소만 지을 뿐이었다. 역사의 이름으로, 또 장기 사이클을 특징으로 하는 기나긴 과거—이에 대해 사람들은 단지 확인만 할 따름이지, 설명을 제시하지는 못하지만—의 이름으로 그와 같은 예측을 한다는 것은 분명히 대단히 위험한 일이다. 그러나 현재에 대한 경험을 가지고 있는 오늘날의 경제학자들 역시 가설의 수준에 머무르고 있지 않은가? 우리가 매일같이 조금씩 더 깊이 함몰해가는 그 장기적인 위기가 어느 만큼의 시간 동안 **지속될지**를 예측한다거나 심지어는 그것이 어떤 성격의 것인지를 설명하는 데에 대해서 그들은 우리들만큼이나 무능력하지 않은가?

결론

역사와 현실

나는 **자본주의**라는 말과 그것의 온갖 의미 그리고 그 모호성까지를 근대 초기 세계사라는 광대한 영역에 도입했다. 대단한 업적이라고 할 수는 없으나 여하튼 이로써 여러 문제들을 제기하게 되었다. 그렇게 한 것이 옳은 일일까? 자본주의라는 말을 가지고 수 세기의 기간에 걸쳐 적용되는 **핵심적인 모델**을 만드는 것이 옳은 일일까? 모델이란 땅에서 만든 다음 바다에 띄우는 배와 같다. 과연 이 배는 물에 떠서 항해할 수 있을까? 만일 그렇다면 우리의 배가 싣고 있는 설명력도 타당성을 가질 것이다.

내가 사용하는 의미로서의 자본주의는 이 책 전체를 통해서 훌륭한 "지수" 역할을 했다. 그것을 기준으로 삼음으로써 우리는 다음과 같은 기본 문제 및 기본 현실들에 직접적이고 유용한 방식으로 접근하게 되었다. 장기지속, 경제의 분할, 세계-경제, 장기 변동, 혼융된 또는 혼융해가는 사회계서제(계급투쟁이라고까지 말할 수는 없다고 하더라도), 지배적인 소수가 맡는 지속적이면서도 다양한 역할들, 산업혁명……. 이 책에서 제기했던 모든 문제와 논의들을 최종 점검하는 이 마지막 자리에서 다룰 만한 것으로서 자본주의라는 이 폭발적인 주제보다 더 나은 것이 무엇이겠는가? 분명 이 이상의 선택은 없을 것이다. 그러나 그렇다고 해서 이미 이야기했고 증명을 마친 모든 증거, 주장, 사례들을 간략하게라도 다시 끄집어낼 필요는 없을 것이다. 흔히 그렇듯이 저서의 핵심 내용을 침착한 어조로 다시 들려주고 나서 문을 닫는 고전적인 결론방식은 역사책에는 맞지 않는다고 본다. 역사책이란 결코 완전히 끝나는 것이 아니며, 영구히 타당한 것을 쓰는 것도 아니다.

긴 여행을 마친 지금 우리에게 필요한 일은 차라리 문과 창문을 열어서 환기를 하고 집 바깥으로 나가보는 일이다. 그동안에 우리가 쌓아올린 문제의식은 단지 전산업화 시대의 근대 초기에만 관련된 것이 아니므로(만일 그렇지 않다면 그 문제의식은 심층의 역사에 이르지 못한 것임에 틀림없다) 나는 이 모델을 다른 시대의 틀 속에―즉 다른 험한 물속으로―밀어넣어보고자 한다. 그런데 무대를 바꾸고자 한다면 우리의 눈으로 직접 볼 수 있고 우리의 손가락으로 직접 만져볼 수 있는 오늘날의 시대로 바꾸어보는 것이 어떻겠는가? 그러면 우리는 소급적인 역사라는 마법의 세계에서 벗어나와서 재구성 작업을 할 필요가 없는 현재의 광경을 마주하게 된다. 그것은 모든 풍성함과 혼란을 간직한 채 우리에게 다가온다.

그와 같은 여행은 차라리 당연한 귀결이다. 역사의 비밀스러운 목적, 그 심층적인 동기는 현재에 대한 설명에 있지 않은가?[1] 오늘날 역사는 여러 다양한 인간과학들과 접촉하는 가운데 점차 일종의 과학―비록 다른 인간과학들과 마찬가지로 불완전하고 개략적인 상태이지만―이 되어가고 있으나, 문제에 대해서 답을 내리는 만큼이나 문제를 제기하고 또 과거에 대해서만큼이나 현재에 대한 척도가 되려고 한다. 그리하여 나는 용기를 내어 모험을 감행하고자 한다. 그 모험은 내가 보기에는 가능한 것이고 유용하며 심지어 유쾌한 것이기도 하다. 공포의 대상인 시대착오(anachronisme)라는 괴물을 지나치게 의식하지 말고 과감하게 비교를 해도 좋으리라. 그 비교에 내재해 있는 우연적인 요소들에 대해서는 지나친 양심의 가책을 느끼지 말고 일단 제쳐두어도 좋다. 지난 시간들을 통과하는 기나긴 탐구의 끝에 도달한 우리에게 현재란 훌륭한 방향판 또는―이런 표현이 가능하다면―진리의 검증판이 될 수 있을 것이다.

물론 여기에서 내가 과거로부터의 조명을 통해 현재를 설명하고자 하는 것은 아니다. 다만 내가 행했던 설명들과 내가 사용했던 서술과정들이 현재라는 이 험난한 물결 속에서 어떻게 살아남는지를 관찰하고자 할 뿐이다. 19세기 이전의 자본주의를 중심으로 해서 내가 만들었던 이 모델은 명백하고 거칠기만 한 모순들을 잘 견뎌내며 현재에도 계속 유용하게 사용될 수 있을까? 나는 현재가 과거를 부정하지 않으리라고 믿는다. 오히려 현재가 과거를 조명하고 또 과거는 현재를 조명할 것이다. 둘 사이의 유사성은 분명하다. 그러나 그러한 연속성은 오직 서유럽 세계, 즉 이른바 자유세계에만 해당된다. 오늘날의 이른바 자유세계라는 말은 1917년 이전에 그랬던 것처럼 전 세계를 포괄하지는 않는다. 사회주의권 국가들에서의 극적인 실험 결과, 자본주의는 지구상의 대단히 광범한 지역으로부터 사라졌다. 따라서 오늘날의 세계는 연속성과 동시에 불연속성을 보이며 이 모순은 이제 내가 차례로 살펴볼 여러 문제들의 지평에 자리를 잡게 된다. 장기지속 구조로서의 자본주의, 사회적 복합체의 한 부분으로서의 자본주의, 생존이냐 아니냐의 기로에 있는 자본주의(그러나 만일 자본주의가 사라진다면 그와 동시에 우리 사회의 불평등도 함께 사라질까? 아마도 그렇지는 않으리라) 그리고 마지막으로 이 긴 연구의 핵심적인 증거가 되는 것으로서 시장경제와 구분되는 영역으로서의 자본주의 등이 우리가 살펴볼 문제들이다.

장기지속

이 책을 통해서 나는 **잠재적인** 자본주의는 역사의 첫새벽부터 윤곽이 잡혔으며 수 세기 동안 발전하고 지속되었다고 주장했다. 그렇다면 테오도어 몸젠,[2] 미하일 로스톱체프,[3] 앙리 피렌[4]의 말이 옳다. 자본주의를 예고하는 표시들은 이미 오래 전부터 찾아볼 수 있었다. 도시와 교환의 급증, 노동시장의 등장, 사회의 밀도, 화폐의 보급, 생산의 증대, 원거리 시장 혹은 달리 말하자면 국제시장⋯⋯. 기원후 1세기에 인도가 원격지의 말레이 제도를 지배 또는 적어도 그곳으로 침투했을 때, 로마가 지중해 세계 전역을 힘으로 장악했을 때, 9세기에 중국이 지폐를 발명했을 때, 11–13세기 사이에 서유럽이 지중해를 회복했을 때, 16세기에 세계시장이 형성되었을 때 "자본의 전기(傳記)"는 그럭저럭 시작되었다고 할 수 있다⋯⋯. 많은 현명한 역사가들은 자본주의를 이야기할 때 16세기 이전으로 거슬러올라가려고 하지 않는다. 혹은 어떤 역사가들은 산업혁명의 놀라운 폭발을 자본주의와 동일시하여 18세기 이전으로 거슬러올라가지 않으려고도 한다. 그러나 이와 같은 "단기적인" 관점에서 보더라도 벌써 그 기간이 4–5세기나 된다. 다시 말해서 자본주의는 장기지속적인 구조를 가진다. 그러나 장기지속이라고 해서 완전한 부동(不動)을 의미하지는 않는다. 장기지속이란 곧 반복적인 움직임의 연속을 말한다. 그러나 거기에는 많은 변형과 복귀, 쇠퇴와 정비, 정체 등을 동반한다. 이것은 사회학자들이 말하는 구조화(structuration), 탈구조화(destructuration), 재구조화(restructuration)와 같은 것이다⋯⋯. 때로는 흔하지 않은 일이지만 대규모 단절이 개입되기도 한다. 그에 대한 가장 중요한 예는 물론 산업혁명일 것이다. 틀린지 맞는지는 모르겠으나, 이러한 급변들 가운데에도 자본주의의 핵심은 여전히 똑같은 채 남아 있다고 나는 주장하고 싶다. 오히려 변화를 통해서 자신을 유지해나간다는 것이 자본주의의 자연스러운 속성 아니겠는가? 자본주의는 이런 변화들로부터 힘을 얻어내는 가운데, 우리가 이미 언급한 바처럼 세계 어느 곳에서든지 그리고 어느 시대에서든지 간에 경제의 가능성들의 경계를 짓는 일종의 포락선의 수준으로 그 자신의 운명의 폭을 축소시키기도 하고 다시 확대시키기도 한다.

상업자본주의, 산업자본주의, 금융자본주의 하는 식으로 단계별 발전 또는 연속적인 도약으로 파악하는 것은 오류이다. 이런 방식의 파악에서는 한 단계에서 다음 단계로 연속적인 진보가 이루어지되 "진정한" 자본주의는 생산을 수중에 장악한 이후 시기에야 가능했다고 생각하기 쉽다. 그런 관점에서 보면 그 이전 시기에는 상업자본주의 또는 선(先)자본주의라고만 말해야 한다. 그러나 우리가 이미 살펴본 바처럼 예전의 대"상인들"은 결코 전문화하는 법이 없었으며 상업, 은행업, 금융업, 증권투자, "산업"생산—선대제나 혹은 흔하지는 않지만 매뉴팩처—등을 차별 없이 동시에 또는 연속적으로 수행했다. 상업, 산업, 은행업이 부채꼴처럼 연속상으로 펼쳐져 있는 것, 즉 여러 형태의 자본주의의 공존은 13세기의 피렌체, 17세기의 암스테르담, 18세기 이전의 런던 등지에서 이미 볼 수 있었다. 19세기 초가 되면 기계류의 사용으로 산업이 고수익 영역이 되었고 이 영역에 자본주의가 대규모로 집합했던 것 같다. 그러나 자본주의가 반드시 이 영역에만 한정되지는 않았다. 영국에서 면직업의 붐 당시 엄청나게 높았던 수익률이 경쟁의 심화로 인해 2-3퍼센트로 떨어지자, 강철이나 철도 등 다른 산업분야로 자본이 이전했다. 게다가 금융자본주의, 은행 그리고 그 어느 때보다도 활기를 띠었던 증권투기, 대규모 국제무역, 식민지 수취, 국채 등이 되살아났다. 이때에도 역시 전문화는 일어나지 않았다. 또 예컨대 프랑스의 벤델 가문은 철공소 주인, 은행가, 보주 지방에서의 직물업자, 1830년의 알제리 원정대에 대한 군보급업자 등으로서의 역할을 동시에 했다.[5]

다른 한편, 19-20세기의 자유주의적인 자본주의 또는 경쟁적인 자본주의에 대해서 무엇이라고 말하든 간에 독점은 자신의 권리를 잃지 않았다. 독점은 단지 다른 형태를 띠고 나타났을 뿐이다. 그것은 트러스트(trust)와 지주회사로부터 1960년대에 해외지사의 수가 세 배로 늘어난 유명한 미국의 다국적 기업에 이르기까지 여러 형태들을 가지고 있다. 1973년의 경우를 보면, 187개의 다국적 기업들이 적어도 5개국 이상에 뚫고 들어가서 "미국 해외투자의 4분의 3 이상을 차지했을 뿐 아니라 미국 수출의 2분의 1 그리고 미국 시장 내 공산품 판매 중의 3분의 1을 차지했다." 외국에 산업을 창출하는 바람에 자국의 고용을 축소시킨다는 비난, 국제수지의 적자를 가져온다는 비난 그리고 달러 화를 비롯한 국제 환 투기에서 재난에 가까운 영향을 미친다는 비난 때문에 다국적 기업들은 몇 년 동안 미국 상원의 조사를 받았다. 그러나 이 기업들은 아무런 문제 없이 오늘날에도 건재하다. 이 회사들은 그 어떤 영역도 가리지 않고 활동한다. 산업 분야는 말할 것도 없고(이것은 저임금 국가에 투자하는 방식을 말한다) 단기 가용자금을 충분히 가지고 있는 경우에는 금융 분야에도 진출하지만(미국 상원조사위원회의 의견에 의하면 이 기업들은 "각국 중앙은행들이나 국제 화폐기구들의 화폐 잔액보다 두 배 이상의 금액을 보유하고 있어서" 그들이 보유한 현금의 2퍼센트만 움직여도 어느 곳에서든지 대단히 심각한 화폐 위기를 초래할 수 있다) 상업 분야 역시 예외가 아니다. 다국적 기업을 변호하는 한 견해에 의하면, 1971년에 이 기업들은 미국의 생산 중에서 34퍼센트만 차지하고 있으면서도 미국의 수출의 절반 이상(62퍼센트)을 차지하고 있다고 한다.[6]

요컨대 오늘날에든 과거에든 자본주의의 중요한 특권은 **선택**의 자유를 가지고 있다는 점이다. 그 특권은 사회 내에서의 지배적인 위치, 대자본, 차입의 능력, 정보망 그리고 여기에 더해서 강력한 소수집단 구성원들(비록 경쟁 때문에 분열되어 있다고 해도)간에 일련의 법칙과 인적 관계를 만드는 연결망 같은 것들 때문에 가능한 것이다. 아마도 그 활동범위는 더욱 크게 확대되었을 것이다. 왜냐하면 경제의 모든 영역이 자본주의에 적합한 대상이 되었고, 특히 생산 부문에 자본주의가 광범위하게 뚫고 들어갔기 때문이다. 그러나 지난날 자본주의가 모든 상업경제를 다 장악하지 않은 것처럼, 오늘날의 자본주의 역시 많은 범위의 활동에 대해서 지배를 포기하고 있다. 그런 것들은 스스로 운영되고 있는 시장경제, 소기업의 주도, 장인과 노동자의 열성, 서민의 노력 등에 맡겨져 있다. 자본주의가 도맡는 분야는 따로 있다. 대규모 부동산 및 증권투기, 대은행, 대규모 산업(자체의 무게와 조직 때문에 가격의 결정에 상당한 자유를 누린다), 국제무역 그리고 또 특별한 경우이기는 하지만 농업과 수송업(예컨대 다른 국적으로 선박을 등록하여 세금을 피하는 선박회사들은 엄청난 이익을 본다)도 포함되는 수가 있다. 그리고 자본주의가 선택의 자유를 가지고 있다는 것은 곧 어느 순간에라도 방향을 선회할 수 있다는 것을 의미하는데 이것이야말로 자본주의의 활력의 비밀이다.

물론 그와 같은 적응능력, 민활성, 반복적인 힘 등을 가지더라도 자본주의가 모든 위험에서 벗어나 있는 것은 아니다. 대(大)위기가 닥치면 많은 자본가들이 몰락하고 만다. 그러나 이때에도 다른 자본가들은 살아남고 또 이를 이용해서 제자리를 잡는 자본가들도 있다. 이때 새로운 해결책들은 흔히 자본가들 바깥에서 만들어진다. 혁신이란 대개 아래로부터 나온다. 그러나 그 혁신들은 거의 자동적으로 자본 소유주들의 수중에 들어간다. 그리하여 결국 혁신된 자본주의, 흔히는 강화된 자본주의가 등장하는데, 이것은 이전과 다름없이 활력 있고 효율적이다. 부(富)란 시간이 흐르면서 계속 주인을 바꿔가며 그 결과 하나의 토지라고 해도 다양한 "부류"의 지주가 연속적으로 나타난다는 것에 대해서 다브넬 자작은 한편으로 놀라기도 하고 한편으로 기뻐하기도 했다.[7] 그의 생각이 옳기는 하지만 그와 같이 소유가 이전된다고 해서 개별적인 부, 혹은 개별적인 소유가 없어지지는 않는다. 자본주의에 대해서도 마찬가지이다. 모든 것이 바뀌지만 그러는 가운데 자본주의는 계속 이어진다. 암스테르담에서 가장 중요한 사업가들 중의 한 명이었던 헨리 호프가 제4차 영란전쟁 후인 1784년에 상업에 대해서 남긴 말은 다시 언급할 가치가 있다. "그것은 자주 아프기는 하지만 결코 죽지는 않는다."[8]

모든 것을 포괄하는 사회

자본주의를 단순히 "경제체제"로만 상정한다면 그 어느 것보다도 큰 실수이다. 실제로 자본주의는 사회 질서를 근간으로 하여 살아가며, 또 적대적이든 우호적이든 국가라는 그 거추장스러운 존재와 (거의) 동격의 관계를 유지하며 살아간다. 이것은 늘 그래왔던 현상이다. 동시에 자본주의는 사회적 건조물을 견고하게 유지하는 데에 도움을 주는 모든 문화적 원조를 이용한다. 왜냐하면 문화는 아무리 불평등하게 향유되고 또 모순적인 흐름들이 관류하는 실체라고 해도, 결국은 기존 질서의 유지에 최상의 공헌을 하기 때문이다.

돈, 국가, 문화 등 서로 대립하면서도 지지하는 이러한 여러 다양한 사회 계서제들 가운데 가장 중요한 역할을 하는 것은 무엇일까? 이미 말한 바와 같이 그것은 경우에 따라서 다를 것이다.

오늘날의 사업가들 같으면 정치가 가장 중요한 역할을 맡고 있으며 국가 권력이 너무 막강하기 때문에 은행이나 대(大)산업자본도 국가에 비하면 아무것도 아니라고 말할 것이다. 그리고 물론 진지한 논평자들 가운데에도 국가는 공룡과 같은 존재로서 모든 것을 짓누르고 개인 영역의 주도권과 "혁신가"의 유익한 자유를 빼앗기 때문에 이 공룡을 다시 동굴로 몰아넣어야 한다고 주장하는 사람이 적지 않다. 그러나 이와는 정반대로 말할 수도 있다. 즉 경제와 자본주의야말로 모든 것에 침투하고 개인의 자유를 빼앗는다고 볼 수도 있다. 사실 우리가 알아두어야 할 사항은 국가와 자본—적어도 대기업과 독점과 같은 일부 자본—은 지난날과 마찬가지로 오늘날에도 서로 아주 잘 어울리며 지낸다는 것이다. 말하자면 자본은 제법 잘 헤쳐나가고 있는 중이다. 언제나 그렇듯이 자본은 도로나 통신 등의 하부구조, 군대, 연구 및 교육과 같은 부담이 큰 과업 등 거의 수익성이라고는 없으면서도 아주 많은 비용이 드는 일들을 국가에 떠맡기고 있다. 그 외에도 공중위생, 사회보장 등의 많은 부분 역시 국가의 일이다. 더군다나 자본은 염치 불고하고 국가로부터 온갖 종류의 면세, 보조금, 지원금 등을 누린다. 원래 국가는 엄청난 자금을 수취하고 또 그것을 재분배하는 기계이다. 국가는 받는 것보다 더 많은 돈을 사용하는 기계이며 따라서 돈을 차입하는 기계이기 때문이다. 자본은 이렇게 마르지 않는 샘에 늘 가까이한다. "사개인 영역을 특징짓는 기업가 정신의 역동성이 국가활동에 의해서 방해를 받는다는 것은 신화에 불과하다. 사실은 이와 반대로 최근의 자본주의[오늘날의 자본주의, 즉 사람들이 이야기하는 '완숙한 자본주의']는 국가의 특별한 활동들 가운데에서 전체 체제―다름 아닌 자본주의체제―의 생존을 확보하는 수단을 발견한다." 이와 같은 생각은 이탈리아의 경제학자인 페데리코 카페에게서[9] 차용한 것이다(카페 자신은 오늘날의 독일에 대한 클라우스 오페의 연구와[10] 1977년의 미국에 대한 제임스 오코너의 연구를[11] 많이 원용했다). 마지막으로 "독점자본주의"―오코너가 말하는 "경쟁 영역(competitive sector)"과 반대되는 영역―가 번영을 누리는 것도 국가와 좋은 관계를 유지하거나 또는 공생하는 덕분이다. 국가는 재정적인 인센티브(투자를 활성화시키는 역할을 한다)를 허여하고 엄청난 주문계약을 하며 해외시장의 문호개방을 도와주는 조치를 취해주기 때문이다. 그 결과 "국가 영역[복지국가도 포함된다]의 확대는 개인산업, 특히 독점산업의 팽창에 필수불가결하다"고 오코너는 주장한다. "형식적으로는 경제권력과 정치권력이 분리되어 있지만 양자 사이에는 아주 긴밀한 비형식적 관계가 맺어져 있다."[12] 아마 그럴 것이다. 그러나 자본과 국가 사이의 협정은 최근에 와서야 맺어진 것이 아니다. 이것은 근대사의 수 세기를 관류하는 일관된 현상이었다. 1557년의 카스티야이든 1558년의 프랑스 왕정이든 국가가 흔들릴 때마다 자본주의 역시 타격을 받았다.

자본주의와 문화와의 관계는 한층 더 미묘하다. 문화는 대립적인 면을 가지고 있기 때문이다. 즉, 문화는 지지물이자 반대물이며 전통이자 도전이다. 물론 도전이라고 해도 활기차게 폭발하고 나서는 곧 소진되어버린다. 예컨대 루터 시대의 독일에서 푸거, 벨저 등 대사업 가문들의 독점에 대한 반대는 지지부진했다. 거의 언제나 문화는 기존 질서에 대한 보호 역할로 되돌아갔으며 자본주의는 여기에서 자신의 안전을 도모하는 수단을 발견한다.

오늘날에도 사람들은 자본주의가 최상의 체제는 아니지만 적어도 최악의 체제는 넘어서며, 개인의 재산에 손을 대지 않으면서도 사회주의체제보다 효율적이고 개인의 자발성을 옹호한다고 말하고는 한다(이것이야말로 다시금 슘페터가 말하는 혁신에 영예를 돌리는 일이다!). 여기에 대한 호의적인 주장들은 광활한 지역에 대한 사격처럼 아주 넓은 범위에 걸쳐 있어서 어떤 것은 정말로 목표물에서 멀리 벗어난 것으로 보인다. 예컨대 화폐야말로 명백한 부정의(不正義)의 구조임에도 불구하고 사회적 불평등을 옹호하는 모든 논증들은 다 여기에 일조를 한다. 1920년에 케인스는 무조건적으로 "부의 분배에서의 불평등"에 찬성한다고 선언했다.[13] 그의 의견에 의하면 이것이야말로 경제가 활력을 유지하는 데에 필수불가결한 자본의 축적을 확대시키는 최상의 수단이라는 것이다. 「르 몽드(Le Monde)」(1979년 8월 11일 자)는 "모든 종류의 불평등이란 자연스러운 현상인데 그것을 부인한다고 해서 무슨 소용이 있는가?"[14] 하고 쓸 정도가 되었다.

이 논쟁에서는 모든 권위를 다 이끌어들여 무기로 사용할 수 있다. 퓌스텔 드 쿨랑주이든 조르주 뒤메질이든, 혹은 콘라트 로렌츠,[15] 또는 자유주의자들에 대한 비난에 다름 아닌 미슐레에 대한 공격이든 그야말로 모든 것이 동원될 수 있다. 사람들은 변하지 않는 인간성을 이야기하기도 하는데 이것은 곧 사회 역시 변화 가능성이 없다는 것을 말한다. 사회는 언제나 부정의하고 계서화되어 있었으며 불평등했다. 이런 식으로 역사는 정당화의 힘을 제공한다. 심지어 시장의 "보이지 않는 손"―그 어떤 인위적인 의지보다도 모든 것을 스스로 잘 조종하는―의 오래된 신화도 여전히 죽지 않았다. 이에 따르면 "각자 자신의 이해에 봉사하는 것이 곧 일반의 이해에 봉사하는 것이다." 그러므로 "그대로 내버려두어서(laissez faire) 가장 뛰어난 자가 이기도록 하라." 미국은 자수성가한 사람(self-made man)의 신화에 빠져 있다. 자수성가한 사람은 모든 부와 명예를 스스로 쌓은 사람이며 그리하여 온 국민에게 귀감이 되는 사람이다. 물론 그와 같은 성공의 사례는 미국이든 다른 나라에서든 얼마든지 있을 테지만, 우선 이들이 "정직이 늘 최선의 정책"이라는 태도로 살아오지 않았다는 점은 차치하더라도, 이런 사람들의 수가 흔히 이야기하는 것만큼 그렇게 많지 않았다는 점을 생각해보아야 한다. 시그먼드 다이아몬드는 심지어 미국의 이른바 자수성가한 사람들이 사실은 수 세기 동안 축적되어온 가산을 이용하여 성공한 것이면서도 그들이 그 사실을 교묘히 숨겨왔다는 것을 폭로하며 그들을 비웃었다.[16] 15세기 이래 유럽의 "부르주아(bourgeois)"의 성공 역시 전적으로 똑같은 이야기이다.

다만 완전히 사라진 것이 있다면 그것은 19세기 초의 자본주의적인 행복감과 거리낄 것 없는 자신감이다. 그후 이와 같이 방어적인 자세로 바뀌게 된 것은 부분적으로는 상승하는 사회주의의 가열찬 공격에 대한 대응이었는데 이것은 16세기에 가톨릭 종교개혁이 종교개혁에 대한 대응이었던 것과 일면 유사하다. 당연히 공격과 반격이 잇달았다. 모든 문제들이 서로 연관되어 있는 만큼 오늘날의 사회 및 경제의 증대하는 위기는 심층적인 문화의 위기를 의미하기도 한다. 1968년의 경험이 우리에게 그점을 가르쳐주고 있다. 본인이 원하지도 않는 사이에 1968년 혁명의 아버지가 된 허버트 마르쿠제는 "1968년을 실패라고 보는 것은 정말이지 어리석은 짓이다"라고 이야기한 바 있다(1979년 3월 23일).[17] 이 말은 틀린 말이 아니다. 이 혁명은 사회의 구조를 흔들어놓았고 인습과 제약, 끝내는 무관심까지 깨어버렸다. 사회와 가족의 결이 완전히 찢어져서 모든 차원에서 새로운 양식의 삶이 재건되지 않으면 안 될 정도였다. 이런 점에서 이것은 진정 문화혁명이었다. 그후 온갖 비난의 한복판에 몰린 자본주의는 지난날에 비해서 훨씬 취약한 위치에 놓였다. 그리고 단지 사회주의자들이나 정통 마르크스주의자들로부터만 공격을 당한 것이 아니라 모든 형태의 권력을 부정하는—"국가를 무너뜨려라!"라고 주장하는—새로운 집단으로부터도 공격을 당했다.

그러나 시간은 계속 흐른다. 10여 년이란 사회의 느린 역사에 대해서는 아무것도 아니지만, 개인의 삶에서는 긴 시간이다. 1968년의 활동가들은 인내력이 큰 사회 속으로 다시 흡수되었다. 사회가 가진 완만함이란 엄청난 저항력과 흡수력으로 작동하는 법이다. 관성(inertia)은 이 사회에 미만해 있다. 그러므로 1968년 혁명을 결코 실패라고는 할 수 없다고 해도 반대로 그것이 전적인 성공이었을까 하는 의구심도 들게 마련이다. 무엇보다도 전적인 성공이라든가 전적인 단절이라는 것이 문화의 영역에서 가능한가? 르네상스와 종교개혁을 보자. 이것들은 차례로 터져나온 두 개의 커다란 문화혁명이며 장기적인 영향을 미치는 혁명이었다. 기독교 문명에 로마와 그리스를 다시 도입한다는 것[르네상스/역주]만 해도 벌써 폭발적인 것이었으나 천의무봉(天衣無縫)과 같던 교회를 분열시킨다는 것[종교개혁/역주]은 더 엄청난 현상이었다. 그러나 결국 모든 것은 지나가버리고 기존 질서에 흡수되었으며 상처가 아물었다. 르네상스는 마키아벨리의 『군주론(*Il Principe*)』과 가톨릭 종교개혁에 귀결되었다. 종교개혁은 최상층 자본주의라는 지배적인 성격의 새로운 유럽을 해방시켰다. 그리고 독일에서는 영방영주들을 탄생시켰다(그러나 이것은 불행한 결과를 가져왔다). 농민전쟁(1525) 당시 루터 역시 대중봉기의 대의를 저버리지 않았던가?

자본주의는 살아남을 것인가?

수년 전 보리스 포르시네프는 나를 비롯한 다른 부르주아 역사가들(즉, 서방 역사가들)이 자본주의의 기원이나 초기의 발전에 대해서는 상세히 이야기하면서 그 종말에 대해서는 이야기하지 않는다고 부드러운 어조로 비판을 가했다.[18] 여기에 대해서 나는 변명할 거리가 없지 않다. 나의 연구는 근대 초기에 한정되어 있으므로, 18세기 말에 자본주의가 한창 발전해가는 것을 지켜보는 것이 나의 잘못은 아니다. 그러나 다른 한편 오늘날 자본주의가 위기와 급전(急轉)을 겪는다고는 하지만 그렇다고 자본주의가 오늘이나 내일 중에 죽을 병자는 아니라고 믿는다. 물론 자본주의는 더 이상 감탄을 불러일으키는 존재는 못 된다. 예전에는 마르크스 자신이 자본주의에 대해서 감탄하지 않았던가? 그리고 이제 사람들은 막스 베버나 베르너 좀바르트가 이야기했던 것처럼 자본주의가 하나의 발전을 마감하는 마지막 단계라고 생각하지도 않는다. 그렇다고 해서 혹시 완만한 진화의 결과 자본주의를 대체할 새로운 체제가 등장할 경우 그 체제가 자본주의와 친형제처럼 닮지는 않았으리라는 것을 부정하는 것은 아니다.

사실 나는 자본주의가 "내부적인" 쇠퇴로 인해서 저절로 붕괴하리라는 예상은 전적으로 틀린 견해라고 생각한다. 그와 같은 붕괴가 일어나기 위해서는 극단적으로 격렬한 외부충격과 믿을 수 있는 대체방안이 있어야만 한다. 사회의 거대한 무게와 지배적인 소수—이들은 경계를 늦추지 않고 오늘날 전 세계적인 연대를 이루고 있다—의 저항은 이데올로기적인 논쟁이나 변혁 프로그램, 혹은 일시적인 선거에서의 승리 정도로는 쉽게 흔들리지 않는다. 전 세계의 모든 사회주의의 승리라는 것은 외부적인 충격과 극도의 폭력을 이용해서 얻은 것이다. 1917년의 러시아 혁명, 1945년의 동유럽 체제들, 1947년의 중국 공산혁명, 1959년의 쿠바 게릴라의 성공, 1976년의 베트남 해방 등이 모두 그런 예들이다. 그리고 이 모든 운동들은 사회주의의 미래에 대한 전폭적인 신뢰 위에 구축된 것이었으나 오늘날에는 그 미래가 불명확하다.

1970년대에 시작된 오늘날의 위기가 자본주의를 위협하고 있다는 데에 아마 누구도 부인하지 않을 것이다. 이 위기는 1929년의 위기보다 한층 더 심각하며 대기업들도 모두 이 위기에 빠져 있는 듯하다. 그러나 체제로서의 자본주의는 이 위기를 이기고 살아남을 가능성이 매우 높다. **경제적으로 말해서(이데올로기적으로 말하는 것이 아니다)** 자본주의는 심지어 위기에서 벗어나면서 더욱 강화될 것으로 보인다.

사실 우리는 전산업화 시대의 유럽에서 위기의 역할이 무엇이었는지를 보았다. 그것은 소기업(물론 자본주의의 차원에서 볼 때 소기업이다), 경제적으로 행복한 시기에 새로 만들어진 취약한 기업, 혹은 반대로 너무 오래되어서 낡아빠진 기업들을 정리한다. 그러므로 위기는 경쟁을 강화하는 것이 아니라 경감시키고 핵심적인 경제활동들을 소수의 수중에 집중시키는 역할을 한다. 이런 점에서는 오늘날에도 전혀 변화가 없다. 국내적 차원이든 국제적 차원이든 트럼프 카드를 새롭게 돌리는 현상(즉, "뉴딜[New Deal]")이 일어나면, 강자에게 유리한 결과를 가져다줄 뿐이다. 그러므로 나는 허버트 마르쿠제가 최근에 자크 엘렌슈타인과의 논쟁에서 다음과 같이 주장한 것에 동의한다. "위기는 자본주의의 발전에 핵심이며 인플레이션, 실업 등은 [오늘날] 자본주의의 중앙화 및 집중화를 강화한다. 이것은 발전의 새로운 단계의 시작이지, 결코 자본주의의 최종적인 위기가 아니다."[19] 중앙화와 집중화는 사실 사회 및 경제 구조물을 건설하고 또 조용히 파괴하는 요인이다. 이미 1968년에 자동차 회사 피아트의 사장 조반니 아녤리는 "앞으로 20여 년 뒤에는 전 세계에 6-7개의 자동차 브랜드만 남게 될 것"이라고 예견했다. 오늘날 9개의 그룹이 전 세계 자동차 생산의 80퍼센트를 차지한다. 장기적인 위기들(나는 오늘날의 위기가 바로 그런 장기적인 위기라고 본다)은 생산, 수요, 이윤, 고용 등의 구조들 간의 점증하는 차이에 벌칙을 부과하고 있다. 고장이 일어나고 그것을 수리하는 과정에서 어떤 활동들은 쇠락하든지 아예 사라져간다. 그러나 동시에 생존자들에게는 새로운 이윤의 노선들이 생기는 것이다.

게다가 대(大)위기들은 국제적인 차원에서 또다른 재분배를 조장한다. 여기에서도 역시 세계의 헤게모니를 잡은 자들과 그 지역이 바뀐다면 강한 자는 더 강해지고 약한 자는 더 약해진다. 지난 수십 년 동안 세계는 심대하고 아주 다양한 방식으로 변화했다. 미국의 경우에는 경제의 중심이 남부와 서부로 이동해갔다(이 현상이 무엇보다도 뉴욕을 쇠퇴시켰다). 그리하여 자크 아탈리는 "세계의 중심이 대서양으로부터 태평양으로 이전해갔으며" 이곳에서 미국-일본을 연결하는 축이 형성되었다고 말했다(1979).[20] 제3세계 역시 분열되었다. 산유국들은 새롭게 부를 쌓아가는 데에 비해 그 외의 저개발국들은 더욱 심한 비참과 곤경을 겪었다. 그 외에도 지난날 주로 원재료 수출만 하던 후진국에서 주로 외부의 힘(특히 서유럽 세계, 그중에서도 다국적 기업)에 의해서 산업화가 이루어졌다. 요컨대, 오래 전부터 서유럽이 지배해왔던 세계의 대부분 지역에서 자본주의는 전략을 수정해야만 했다. 생활수준은 낮지만 개발 가능한 지역들로는 거대한 라틴 아메리카, 이른바 "자유롭게 된" 아프리카, 인도 등이 있다. 그중에서 인도는 아마도 결정적인 단계를 넘어선 것으로 보인다. 기근에 익숙하던 이 나라에서(1943년의 흉년 때에는 벵골 지역에서 300만–400만 명의 아사자가 발생했다) 농업의 발전이 이루어져 2–3년 동안의 풍작으로 1978년에는 사상 최초로 잉여가 발생했으며, 곡물 저장—예상도 못했던 일이라 도저히 해결할 수 없는 문제였다—의 어려움 때문에 할 수 없이 수출을 해야 했다. 그렇지만 이것만으로는 아직 결정적인 전환점을 맞이한 것은 아니다. 결정적인 전환점이 되려면 인도의 농민들이 인도산 제품에 대한 구매자가 되어야만 할 것이다. 그러나 인도에서는 아직 궁핍이 일반화적이며 인구는 1년에 1,300만 명이나 증가하고 있다![21] 이러한 새로운 제3세계를 앞에 두고 자본주의는 지배방식을 재조직하든지 다른 방식을 선택해야만 하는 것이 분명하다. 그러나 그렇게 하면서도 여전히 가공할 과거의 힘, 즉 기존 지위의 힘을 이용할 것이 분명하다.

"전통과 이전 세대들은 살아 있는 사람들의 뇌에 악몽처럼 내리누른다"고 마르크스는 썼다. 사람의 마음에만 내리누르는 것이 아니라 차라리 살아 있는 사람의 존재 그 자체 위에 내리누른다고 말하는 것이 온당하리라. 장-폴 사르트르는 불평등이 사라진 사회, 그리하여 사람에 대한 다른 사람의 지배가 없는 사회를 꿈꾸었다. 그러나 오늘날 세계의 그 어떤 나라에서도 전통과 특권은 사라지지 않았다. 그런 것들이 사라지게 하려면 모든 사회적 위계들을 무너뜨려야만 한다. 그것은 단지 돈의 위계, 국가의 위계, 사회적 특권의 위계를 없애는 정도가 아니라, 과거와 문화의 불균등한 무게를 없앤다는 것을 뜻한다. 사회주의국가들의 경험들을 보면, 돈의 위계라는 하나의 위계만 없앨 경우 산더미같이 많은 문제들이 나타나며 평등, 자유, 심지어는 풍요를 확보하지도 못한다는 것을 알 수 있다. 통찰력 있는 혁명이 일어난다고 해도—그러나 과연 그런 혁명이 있을 수 있을까? 그리고 만일 기적적으로 그런 혁명이 일어났다고 해도 언제나 곤란을 안겨주는 주변환경 때문에 그런 특별한 상태를 오래도록 유지할 수 있겠는가?—부술 것을 부수고 유지할 것을 유지하는 데에는 아주 큰 어려움에 봉착할 것이다. 유지해야 할 것으로는 기본적인 자유, 독립적인 문화, 야바위 주사위 같은 일이 없는 시장경제, 그리고 어느 정도의 박애 등을 들 수 있겠으나 그런 것들을 지켜낸다는 것은 너무나도 큰 것을 바라는 셈이다. 특히 자본주의에 대한 도전은 곧 경제적인 곤경의 시기라는 것과 같은 의미인데, 실상 대규모 구조적인 개혁은 언제나 힘들고 정신적으로 충격적인 것이기 때문에 그런 것을 완화하기 위해서는 풍요—다시 말하지만 엄청난 풍요—가 필요하다는 모순에 빠지게 된다. 더군다나 기하급수적으로 늘어나는 오늘날의 인구증가의 흐름은 잉여의 공평한 문제를 더욱 어렵게 만들고 있는 형편이기도 하다.

마지막 결론 : 자본주의와 시장경제

여러 다양한 형태의 자본주의와 "시장경제" 사이의 구분이 완전한 의미를 가지는 것은 종국적으로 정치적 차원에서이다. 내 생각에 이것은 의심의 여지가 없다.

마르크스나 레닌도 인정했듯이 지난 19세기에 일어난 거대한 자본주의의 흥기는 명백하게 경쟁적인 성격이었고 또 건전한 성격을 가지고 있었다. 그와 같은 언급은 환상에 물든 것이고, 과거로부터 물려받은 편견, 혹은 예전으로부터의 판단실수에 기인한 것일까? 18세기에는 "무위도식하는" 귀족들의 공짜 특권에 비하여 볼 때 상업적인 특권이 노동에 대한 정당한 대가로 보였다. 19세기에 들어와서 동인도회사류의 대규모 국가독점 회사들의 시대를 맞이하자, 상업상의 자유는 진정한 경쟁이라는 말과 동의어가 되었다. 한편 산업생산(자본주의의 일부 영역이었다)은 흔히 경쟁에 직면한 소기업들에 의해서 이루어지며 바로 오늘날에도 마찬가지이다. 이 때문에 기업가는 공익에 봉사하는 사람이라는 고전적인 이미지가 생겼고 이것이 19세기 내내 지속되었으며 이와 함께 자유교역과 자유방임의 덕목이 치켜세워진 것이다.

놀라운 것은 그와 같은 이미지가 전문가들 내의 토론에서는 1929년 이전에 이미 의심의 대상이 되었음에도 불구하고 정치 언어, 저널리즘의 언어, 통속적인 경제학 교육에서는 여전히 퍼져 있다는 점이다. 케인스는 불완전 경쟁을 이야기했다. 현재의 경제학자들은 한층 더 나아간다. 그들이 볼 때에는 시장가격과 독점가격이 따로 있다. 즉, 독점영역과 "경쟁영역"이라는 두 개의 층이 있는 것이다. 이와 같은 양립성의 이미지는 오코너 존 갤브레이스 모두에게서 볼 수 있다.[22) 그렇다면 일부 사람들이 **경쟁영역**이라고 명명하는 것을 **시장경제**라고 부를 수는 없을까? 가장 상층에는 독점이 있고 그 아래에 중소기업들에게 맡겨진 경쟁이 있는 것이다.

이 구분은 아직 우리의 논의에서 널리 받아들여지지는 않지만 점차 상층의 것을 가리켜서 자본주의라고 부르는 관례가 퍼져가고 있다. 자본주의는 갈수록 **최상급**이 되어간다. 프랑스에서 일반인들의 비판이 쏟아지는 것은 어느 영역일까? 다름 아닌 트러스트, 다국적 기업 등 상층의 영역이다. 내가 매일 신문을 사는 작은 가게는 자본주의와 관련을 가진 것이 아니다. 단지 그런 작은 가게들이 속한 체인이 있다면 그것이 자본주의와 관련을 가질 따름이다. 그리고 소규모 제조업 작업장이나 독립적인 소기업들도 자본주의와 관련을 가지지 않는다. 이런 것들에 대해서는 프랑스에서 흔히 "49"라고 부르는데 그 이유는 노조문제와 세금문제 때문에 고용원 수를 50명 미만으로 줄이려고 하기 때문이다. 이런 소기업들은 무수히 많이 존재하며 그들 간에 심한 경쟁을 치르고 있다. 이런 현상에 주목하면 우리의 문제에 대해서 빛을 찾을 수 있을 듯하다.

지난날 세계 최고의 산업도시였던 뉴욕에서는 1970년대의 위기 이전 약 20년 동안 소기업들이 하나씩 사라져갔다. 흔히 고용원 수가 20명이 채 되지 않았던 이 기업들은 이 시의 상공업의 요체를 이루고 있었다. 엄청난 제조업 영역, 수백 개의 인쇄소, 수많은 식품산업 공장들, 많은 수의 부동산 개발업자들……. 이곳은 각 단위들이 서로 충돌하면서 동시에 서로 의지하는 진정으로 "경쟁적인" 세계였다. 그러나 소비자들이 원하는 모든 것들을 시

내에서 만들고 저장하고 그리하여 얼마든지 제공했던 수천 개의 소기업들이 축출되자 뉴욕 시는 해체되기에 이르렀다. 이 세계를 파괴하고 대체하여 시 바깥의 거대한 생산단위에 유리하도록 만든 것은 대기업들이다. 뉴욕 시의 오래된 옛날 기업이 이곳의 학교에 빵을 만들어 공급하던 것이 이제는 뉴저지 주에서 만들어져서 들어온다.[23]

이것이야말로 세계에서 가장 "발전한" 나라의 핵심부에서도 경쟁적이었던 경제가 어떻게 변모할 수 있는지를 보여주는 좋은 예이다. 그것은 물론 소수의 인원을 고용하고 개인적인 경영을 하는 뒤처진 경제이다. 그것은 황폐화된 뉴욕에 도저히 채울 수 없는 빈 공간을 남긴 채 사라져갔다. 그러나 이와 같은 세계가 모든 곳에서 사라져간 것은 아니어서 한편으로 바로 우리의 눈앞에서 여전히 유지되고 있다. 내가 보기에 가장 이상적인 예는 피렌체 근방의 중요한 직물업 중심지인 프라토이다. 이 지역에는 아주 작지만 활력이 넘치는 소기업들이 밀집해 있다. 이곳의 인력은 모든 과제에 쉽게 적응하고 모든 필요한 변화에 능하며 유행과 콩종크튀르의 변화를 쉽게 좇아간다. 또한 일종의 선대제를 연상하게 하는 오래된 관행이 있다. 오늘날 이탈리아의 대규모 직물업 기업들이 불황을 겪을 때에도 프라토에서는 완전고용을 누린다.

이러한 예들을 많이 열거하는 것이 나의 목적이 아니다. 다만 경제의 하층이 상당히 두텁게 존재한다는 것을 지적하고 싶을 뿐이다. 그것을 어떤 이름으로 부르든지 상관없지만, 중요한 것은 여하튼 그것이 존재하며 독립된 단위들로 구성되어 있다는 사실이다. 그러므로 자본주의는 사회적인 것의 총화이며 우리 사회 전체를 포괄한다고 너무 성급하게 이야기해서는 안 될 일이다. 프라토의 소규모 작업장이나 오늘날 파산의 위험에 처한 뉴욕의 작은 인쇄소들은 진정한 자본주의의 틀 속에 위치시킬 수 없다. 그런 것들을 자본주의적인 것이라고 본다면 사회적인 차원에서든 경제적 조직의 차원에서든 적합하지 않다.

마지막으로 언급해야 할 점은 상층의 자본주의가 옆에 제쳐놓은 것 혹은 방기한 것을 경쟁영역이 모두 차지하지는 않는다는 점이다. 18세기만이 아니라 오늘날에도 광범위한 지상층[우리 식으로 1층/역주]의 영역이 존재하는데, 최근의 경제학자들의 추산에 의하면 오늘날 가장 **산업화된** 국가에서도 이런 층이 전체 경제활동의 30–40퍼센트를 차지한다고 한다. 이것은 정말로 놀라운 규모라고 하지 않을 수 없다. 그와 같은 영역은 시장과 국가통제의 바깥에 놓여 있는 밀수, 재화와 서비스의 물물교환, "암거래노동", 가정 내의 활동—토마스 아퀴나스는 이 가계경제만이 "순수한 경제(economia pura)"라고 보았으며, 이 영역은 당연한 이야기이지만 오늘날까지 지속되고 있다—등을 합친 것이다. "삼분할(tripartition)" 체제, 여러 층을 가진 경제라는 개념은 과거에 아주 중요했다고 이야기했지만 이것은 오늘날에도 여전히 타당한 모델이며 타당한 관찰의 틀이다. 그러므로 우리 사회의 지상층을 고려하지 않은 통계는 불완전한 분석일 수밖에 없다.

그러므로 우리 사회의 상층에서 하층까지 모두 아우르는 자본주의"체제(système)"라는 관점은 여러 면에서 수정되어야만 한다. 그와 반대로 자본주의와 그 아래층인 비(非)자본주의 사이에 생동하는 변증법이 작동한다. 사람들은 흔히 대기업이 중소기업들을 한입에 삼킬 수도 있는데 그렇게 하지 않고 용인한다는 말을 하고는 한다. 얼마나 자비로운 일인가! 이와 비슷하게 스탕달은 그렇게도 잔인했던 르네상스 시대의 이탈리아에서 대도시들이 선심을 베풀어서 소도시들을 살려주고 있다고 생각했다. 그러나 내 생각에 (그리고 내 생각이 맞을 것이라고 확신하는 바이지만) 대도시들은 소도시들의 봉사를 받지 않으면 살아남을 수가 없다. 마찬가지로 갤브레이스에 의하면 대기업들은 릴리퍼트적인 소기업들을 존중하는데 그 이유는 소기업들이 그들의 작은 규모 때문에 높은 생산비를 나타내고 이것이 시장가격을 높게 유지시킴으로써 대기업의 이윤율을 상승시키기 때문이라는 것이다. 만일 대기업들만 존재한다면 그들 마음대로 가격을 결정하고 이윤을 증대시킬 방도가 없다! 사실 대기업들은 무엇보다도 사회 전체에 필수적으로 필요하지만 자본주의로서는 취급하고 싶지 않은 수많은 군소 과업들을 처치하기 위해서 자신보다 작은 규모의 단위들을 필요로 한다. 또 18세기에 일부 매뉴팩처들이 끊임없이 주변의 장인 작업장들에 의존했던 것과 마찬가지로 대기업들도 완제품이나 반제품 형태로 납품하는 하청기업들을 필요로 한다. 예컨대 오늘날 사부아의 소규모 공장에서 만드는 볼트들은 아주 먼 곳에까지 판매된다. 그리고 중개업자, 소매상들 역시 그들 나름의 자리가 있다……. 이 모든 중개의 연쇄망은 물론 자본주의에 종속적이지만 이들 자신은 중소기업이라는 특정 영역을 이루고 있다.

한편 자본주의와 하층 사이의 갈등이 순전히 경제적 차원의 것이라면—실제로는 그렇지 않지만—양자 사이의 공존은 마찰 없이 이루어질 수 있을 것이다. 최근의 한 경제학자들의 심포지엄은 그런 결론을 내렸다.[24] 그러나 문제는 여기에 정부의 정책이 개입된다는 점이다. 제2차 세계대전 이후 유럽의 여러 국가들에서 정부는 마치 뉴욕에서 그런 것처럼 소규모 기업들을 정리하는 정책을 의도적으로 펼쳤다. 이들이 보기에 소기업들은 경제적 지체의 잔존물이자 그 표시였다. 그 대신 국가는 독점을 창출했다. 프랑스 전력공사(EDF, Électricité de France)를 예로 들 수 있는데 국가 속의 국가라고 하는 이 기업은 오늘날 새로운 에너지의 개발을 가로막는 요인으로 지목되는 형편이다. 그리고 대규모 사기업들만이 이전부터 국가로부터 크레딧과 지원을 받고 있으며 이와 반대로 은행들은 정부의 통제를 받고서 중소기업에 대한 여신을 제한하여 그 결과 중소기업들은 일거리를 잃고 사라져갔다.

이보다 더 위험한 정책은 없을 것이다. 이것이야말로 사회주의권 국가들이 저지른 중대한 실수를 다른 형태로 재현하는 것이다. 레닌은 이렇게 말하지 않았는가. "소규모 상업생산은 매일 그리고 매순간 자발적으로 자본주의와 부르주아지를 탄생시킨다.……소생산과 교역의 자유가 있는 곳에 자본주의가 등장한다."[25] 그는 또 이렇게 이야기하지 않았던가. "자본주의는 마

876

을 시장에서 시작된다." 그러므로 결론은 자본주의를 없애기 위해서는 그 뿌리에 있는 개인들의 생산과 교역의 자유를 제거해야 한다는 것이다. 레닌의 이와 같은 언급들은 시장, 교환의 하층영역, 장인층이 가지는—그리고 내 생각으로는 이 모든 것들의 영악함이 가지는—거대한 창의적 능력에 대한 경의의 표시가 아니겠는가? 경제에서 창의적 능력이란 단지 기본적으로 중요한 부(富)일 뿐 아니라 전쟁이나 경제의 심각한 고장 등으로 구조적인 변화가 요구되는 위기의 기간에 후퇴할 수 있는 진지를 가리키기도 한다. 지상층이란 설비와 조직의 육중함 때문에 마비되는 일이 없는 곳으로서 언제나 유연한 적응능력을 가지고 있다. 이곳은 자원, 즉흥적인 해결의 구역이며 게다가 혁신의 구역이기도 하다. 그러나 일반적으로 최상의 발명은 자본 소유주의 수중에 떨어지게 되어 있다. 최초로 면직업의 혁명을 가지고 온 사람들은 자본가들이 아니고 작지만 역동적인 소기업들이었다. 오늘날이라고 다르겠는가? 프랑스의 대(大)자본주의의 대표 격인 한 사람은 나에게 이렇게 이야기했다. "발명가는 결코 큰돈을 벌지 못합니다!" 그 발명은 다른 사람에게 넘어가게 되어 있다. 그러나 어쨌든 그것을 만든 것은 그들이다! MIT에서 발표된 한 보고서에 따르면 지난 15년 동안 미국에서 창출된 고용 중에 절반 이상이 고용인 50인 이하의 소기업에 의한 것이었다.

결국 시장경제와 자본주의 사이의 구분을 받아들인다면 정치가들이 변함없이 우리에게 강요해왔던 "전부 아니면 무(無)"라는 사고를 피할 수 있지 않을까? 정치가들은 독점에 대해서 완전한 자유를 인정하지 않고서는 시장경제를 보존할 수 없다든지, 이 독점을 모두 "국영화하지" 않고서는 처치할 수 없다고 생각하는 것이다. 프라하의 봄 당시의 강령이었던 "위에서의 사회주의, 아래에서의 자유와 '자발성'"이라는 것은 위급한 이중의 현실에 대한 이중의 해결책으로 제시된 것이었다. 그러나 그 어떤 사회주의가 기업이 가지는 것과 같은 자유와 기동성을 가질 수 있겠는가? 그런 해결책은 단지 자본의 독점을 국가의 독점으로 대체한 것이며 하나의 해악 위에 다른 또 하나의 해악을 더하는 것에 불과했으므로, 좌파의 고전적인 해결책들이 유권자의 열광을 불러일으키지 않았다는 것은 놀라운 일이 아니다. 만일 우리가 진지하고도 정직하게 해결책들을 모색한다면 경제적인 해결책들은 어렵지 않게 발견할 것이다. 그것은 시장영역을 확대하여 이제까지 한 집단이 홀로 누리던 경제적 이점들을 시장으로 돌리는 것이다. 그러나 진정한 어려움은 거기에 있지 않다. 그 어려움은 사회적인 것이다. 국제적인 차원에서 세계-경제의 중심부에 위치한 국가들이 그들의 특권을 포기하기를 기대하기 어려운 것처럼, 국내적인 차원에서 자본과 국가를 연결하고 거기에 국제적인 지원을 확보한 지배집단들이 게임의 규칙을 지키면서 활동하고 또다른 사람에게 주도권을 넘기리라고 기대할 수 있을까?

1979년 10월 30일

주

서론

1. *Conquerors and Rulers. Social Forces in Medieval China*, 2ᵉ éd. 1965, pp. 13 이하, 다음 에서 인용, Immanuel Wallerstein, *The Modern World System*, 1974, p. 6.
2. Ashin Das Gupta, "Trade and Politics in 18th Century India", *in : Islam and the Trade of Asia*, p. p. D. S. Richards, 1970, p. 183.
3. René Bouvier, *Quevedo "homme du diable, homme de Dieu"*, 1929, p. 83.
4. Jean Imbert, *Histoire économique des origines à 1789*, 1965 ; Hans Hausherr, *Wirtschafts-geschichte der Neuzeit*, 1954 ; Hubert Richardot et Bernard Schnapper, *Histoire des faits économiques jusqu'à la fin du XVIIIᵉ siècle*, 1963 ; John Hicks, *A Theory of Economic History*, 1969, 프랑스어판, 1973.
5. *Allgemeine Wirtschaftsgeschichte des Mittelalters und der Neuzeit*, 2 vol., 1958.
6. Frédéric Novalis, *L'Encyclopédie*, 1966, p. 43.
7. René Clemens, *Prolégomènes d'une théorie de la structure économique*, 1952, 특히 p. 92.
8. Witold Kula, 수년 전의 좌담에서. 다음을 참조하라. *On the Typology of Economic Systems. The Social Sciences. Problems and orientation*, 1968, pp. 109-127.
9. José Gentil da Silva, 참고문헌 불명. 본인에게 물어보았으나 출처를 기억하지 못했다.
10. *Les Étapes du développement politique*, 1975, p. 20.
11. *Le Monde*, 1970년 7월 23일, K. S. Carol의 기사.
12. 다음에서 인용, Cyril S. Belshaw, *Traditional Exchange and Modern Markets*, 1965, p. 5.
13. Joseph Schumpeter, *History of Economic Analysis*, 2ᵉ éd. 1955, I, p. 6.
14. Jean Poirier, "Le commerce des hommes", *in : Cahiers de l'Institut de science économi-que appliquée*, n° 95, 1959년 11월, p. 5.
15. Marc Guillaume, *Le Capital et son double*, 1975, p. 11.
16. Jean-Baptiste Say, *Cours complet d'économie politique pratique*, I, 1828, p. 7.
17. Fernand Braudel, "Histoire et sciences sociales : la longue durée", *in : Annales E.S.C.*, 1958, pp. 725-753.
18. J. Schumpeter, 앞의 책, 제2장, 여러 곳. Élisabeth Boody-Schumpeter에 의하면 네 번째 방법은 사회학적 방법이 될 것이라고 한다.

제1장

1. 이 책 제2권의 제5장을 참조하라.

2. Simonde de Sismondi, *Nouveaux Principes d'économie politique*, ed. Jean Weiller, 1971, p. 19.

3. 같은 책, p. 105, 주 1.

4. 이런 한정된 의미로서 이 단어가 쓰인 것을 다음의 책에서 찾을 수 있었다. Fritz Rörig, *Mittelalterliche Weltwirtschaft, Blüte und Ende einer Weltwirtschaftsperiode*, 1933. 한편, 다음에서는 "일종의 세계경제(eine Art Weltwirtschaft)"라는 표현을 쓰고 있는데 이것도 타당해 보인다. Hektor Ammann, *Wirtschaft und Lebensraum der mittelalterlichen Kleinstadt*, 출판년도 불명, p. 4.

5. Léon-H. Dupriez, "Principes et problèmes d'interprétation", p. 3, *in : Diffusion du progrès et convergence des prix. Études internationales*, 1966. 이 장에서 내가 전개한 논의는 월러스틴의 명제들과 일치한다. 그러나 내가 언제나 월러스틴에게 동의하는 것은 아니다.

6. Fernand Braudel, *La Méditerranée et le monde méditerranéen à l'époque de Philippe II*, Iʳᵉ éd., 1949, pp. 325, 328 이하.

7. F. Braudel, *Médit*……, 1966, 1, p. 354.

8. A. M. Jones, "Asian Trade in Antiquity", *in : Islam and the Trade of Asia*, 앞의 책, p. 5.

9. "법칙(lois)"이라는 말을 쓰지는 못하겠으나 Georges Gurvitch의 예를 좇아 경향적인 법칙(règles tendancielles)이라는 표현을 쓸 것이다.

10. Paul M. Sweezy, *Le Capitalisme moderne*, 1976, p. 149.

11. 이것은 월러스틴의 표현이다.

12. Georg Tectander von der Jabel, *Iter persicum ou description d'un voyage en Perse entrepris en 1602*……, 1877, pp. 9, 22–24.

13. Pedro Cubero Sebastián, *Breve Relación de la peregrinación que ha hecho de la mayor parte del mundo*, 1680, p. 175.

14. Louis-Alexandre Frotier de la Messelière, *Voyage à Saint-Pétersbourg ou Nouveaux Mémoires sur la Russie*, 1803, p. 254.

15. *Médit*……, I, p. 259.

16. Philippe de Commynes, *Mémoires*, III, 1965, p. 110.

17. René Descartes, *Œuvres*, I, *Correspondance*, 1969, p. 204.

18. Charles de Brosses, *Lettres familières écrites d'Italie en 1739 et 1740*, 1858, p. 219.

19. Jacques de Villamont, *Les Voyages*……, 1607, p. 203.

20. 같은 책, p. 209.

21. 물론 이것은 무신앙자(esprits libres)라는 뜻이다.

22. Brian Pullan, *Rich and Poor in Renaissance Venice*, 1971, p. 3.

23. *Voyage d'Angleterre, de Hollande et de Flandres*, 1728, Victoria and Albert Museum, 86 NN 2, fᵒ 177. "브라운 파(brownistes)"는 1580년대에 로버트 브라운의 가르침에서 태어난 개신교도 분파를 가리키며, "천년교도(millénaires)"는 천년왕국설 신봉자들(millénaristes)을 말한다.

24. 같은 곳, fᵒˢ 178-179.

25. Hugo Soly, "The "Betrayal" of the Sixteenth Century Bourgeoisie :a Myth? Some considerations of the Behaviour Pattern of the Merchants of Antwerp in the Sixteenth Century", *in : Acta historiae neerlandicae*, 1975, pp. 31-49.

26. Louis Coulon, *L'Ulysse françois ou le voyage de France, de Flandre et de Savoie*, 1643, pp. 52-53 et 62-63.

27. Alonso Morgado, *Historia de Sevilla*, 1587, p. 56.

28. 1640년까지 포르투갈의 국왕이기도 했다.

29. Evaldo Cabral de Mello, *Olindo restaurada. Guerra e Açucar no Nordeste, 1630-1654*, 1975, p. 72.

30. 같은 곳.

31. Charles Carrière, Marcel Courdurié, *L'Espace commercial marseillais aux XVIIᵉ et XVIIIᵉ siècles*, 타이프본, p. 27.

32. A.N., Marine, B⁷ 463, 11 (1697).

33. Patrick Chorley, *Oil, Silk and Enlightenment. Economic Problems in XVIIIth century Naples*, 1965. 다음도 참조하라. Salvatore Ciriacono, *Olio ed Ebrei nella Repubblica veneta del Settecento*, 1975, p. 20.

34. 이 책 제2권의 제4장을 보라.

35. *Médit……*, 1966, I, p. 113 이하.

36. 같은 책, p. 358.

37. Ernst Wagemann, *Economía mundial*, 1952, II, p. 95.

38. Johann Heinrich von Thünen, *Der isolierte Staat in Beziehung auf Landwirtschaft und Nationalökonomie*, 1876, I, p. 1.

39. E. Condillac, *Le Commerce et le gouvernement*, 1776, 1966년판, pp. 248 이하. 이 책에서는 가상의 섬에서의 경제를 그리고 있다.

40. *Siedlungsgeographische Untersuchungen in Niederandalusien*, 1935.

41. 이 책 제2권의 40-48쪽을 보라.

42. *Recherches sur la nature et les causes de la richesse des nations*, II, 1802, pp. 403 이하, 다음에서 인용, Pierre Dockès, *L'Espace dans la pensée économique*, 1969, pp. 408-409.

43. 이 책의 61쪽을 보라.

44. H. Pirenne, *Histoire de Belgique*, III, 1907, p. 259.

45. A. Emmanuel, *L'Échange inégal*, 1969, p. 43.

46. 1978년 프라토 역사학 회의에서의 발표.

47. 같은 곳.

48. Johann Beckmann, *Beiträge zur Œkonomie……*, 1781, III, p. 427. 1705년에 84개의 상업 회사가 있었는데 그중에 스페인계가 12개, 제노바계가 26개, 프랑스계가 11개, 영국계가 10개, 함부르크계가 7개, 홀란드 및 플랑드르계가 18개였다. François Dornic, 앞의 책, p. 85. 이것은 다음에 따른 것이다. Raimundo de Lantery, *Memorias*, 제2부, pp. 6-7.

49. Jean Georgelin, *Venise au siècle des Lumières*, 1978, p. 671.

50. Tibor Wittman, "Los metales preciosos de América y la estructura agraria de Hungria a los fines del siglo XVI", *in : Acta historica*, XXIV, 1967, p. 27.

51. Jacques Savary, *Dictionnaire universel de commerce……*, 1759-1765, V, col. 669.

52. Jacques Dournes, *Pötao, une théorie du pouvoir chez les Indochinois Jörai*, 1977, p. 89.

53. Abbé Prévost, *Histoire générale des voyages*, VI, p. 101.

54. J. Paquet, "La misère dans un village de l'Oisans en 1809", *in : Cahiers d'histoire*, 1966, 3, pp. 249-256.

55. Germaine Levi-Pinard, *La Vie quotidienne à Vallorcine au XVIIIᵉ siècle*, 2ᵉ éd. 1976.

56. "Cervières, une communauté rurale des Alpes briançonnaises du XVIIIᵉ siècle à nos jours", *in : Bulletin du Centre d'histoire économique et sociale de la région lyonnaise*, 1976, nᵒ 3, pp. 21 이하.

57. 다음에서 인용, Isaac de Pinto, *Traité de la circulation et du crédit*, 1771, pp. 23-24.

58. H. C. Darby, *An Historical Geography of England before a.d. 1800*, 1951, p. 444.

59. E. Narni-Mancinelli, Matteo Paone, Roberto Pasca, "Inegualanzia regionale e uso del territorio : analisi di un' area depressa della Campania interna", *in : Rassegna economica*, 1977.

60. Christiane Klapisch-Zuber, *Les Maîtres du marbre. Carrare 1300-1600*, 1969, pp. 69-76.

61. Moscou, A.E.A., 705/409, fᵒˢ 12, 1785.

62. *Le Monde*, 1978년 6월 27일.

63. 이 책 제2권 제5장의 633-639쪽을 보라.

64. 이 책 제2권 제5장의 633-639쪽을 보라.

65. T. S. Willan, *Studies in Elizabethan Foreign Trade*, 1959, p. v.

66. Pierre Brunel, *L'État et le Souverain*, 1977, p. 12.

67. '도가도(Dogado)'란 아드리아 해 북쪽의 석호, 작은 섬들, 내포(內浦) 등으로 이루어진 지

역으로서 베네치아의 연안을 이루는 곳을 가리킨다(이탈리아 백과사전, XIII, p. 89).

68. Elena Fasano, *Lo Stato mediceo di Cosimo I*, 1973.
69. Georges Livet, *L'Équilibre européen de la fin du XVe à la fin du XVIIIe siècle*, 1976.
70. Claude Manceron, *Les Vingt Ans du roi*, 1972, p. 121.
71. Ragnar Nurske, *Problems of Capital Formation in Underdeveloped Countries*, 1953, p. 4.
72. P. Chaunu, *Séville et l'Atlantique*, VIII, 1, 1959, p. 1114.
73. A. Emmanuel, 앞의 책, p. 32.
74. David Ricardo, *Principes de l'économie politique et de l'impôt*, p. p. Christian Schmidt, 1970, pp. 101–102.
75. G. Tomasi di Lampedusa, *Le Guépard*, 1960, p. 164.
76. Maurice Lévy-Leboyer, François Crouzet, Pierre Chaunu.
77. 1776년 3월 24일에 할인은행(Caisse d'Escompte)이 창설될 때까지 그랬다.
78. 이 책의 156–160쪽을 보라.
79. 앞의 책, 10쪽.
80. Wallerstein, *The Modern World System*, II, 제2장.
81. J. Georgelin, *Venise au siècle des Lumières*, 앞의 책, p. 760.
82. 같은 책, p. 14, 여러 곳.
83. *Médit*……, II, p. 41.
84. Jacques Gernet, *Le Monde chinois*, 1972, p. 429.
85. 이 책의 624–625쪽을 보라.
86. 다음에서 인용, H. R. C. Wright, *Congrès de Leningrad 1970*, V, p. 100.
87. W. Kienast, *Die Anfänge des europäischen Staatensystems im späteren Mittelalter*, 1936.
88. *Geschichte der Kriegskunst*……, 1907.
89. 이 에피소드는 내가 예전에 알제리 중앙정부 고문서 보관소에 보관된 Diego Suárez 관련 문서에서 본 기억으로부터 인용했다.
90. Cabral de Mello, *Olinda restaurada*……, 앞의 책, 여러 곳.
91. 같은 책, p. 246.
92. 이 주제에 관련해서 나는 상파울루 대학의 Cruz Costa 교수와 편지를 교환했다.
93. 총검의 도입에 관해서는 다음을 보라. J. U. Nef, *La Guerre et le progrès*, 1954, pp. 330–333.
94. 다음에서 인용, J. U. Nef, 같은 책, p. 24.
95. Pasquale Villani, "La società italiana nei secoli XVI e XVII", *in Ricerche storiche ed economiche in memoria di C. Barbagallo*, 1970, I, p. 255.
96. Philippe Auguste d'Arcq, *La Noblesse militaire*, 1766, pp. 75–76. 강조는 내가 한 것이다.
97. B. G. Zanobi, *in :* Sergio Anselmi, *Economia e Società : le Marche tra XV et XX secolo*, 1978, p. 102.
98. I. Wallerstein, 앞의 책, p. 87.
99. Federico Brito Figueroa, *Historia económica y social de Venezuela*, I, 1966, 여러 곳.
100. G. Macartney. *Voyage dans l'intérieur de la Chine et en Tartarie, fait dans les années 1792, 1793 et 1794*……, II, p. 73.
101. Louis-Narcisse Baudry des Lozières, *Voyage à la Louisiane et sur le continent de l'Amérique septentrionale fait dans les années 1794–1798*, 1802, p. 10.
102. Peter Laslett, *Un Monde que nous avons perdu*, 1969, pp. 40 이하.
103. *Médit*……, 1966, I, p. 426.
104. 이 책 제2권의 192쪽을 보라.
105. 같은 곳.
106. A.d.S. Venise, Senato Zecca, 42, 1639년 7월 20일.
107. Abbé Jean-Bernard Le Blanc, *Lettres d'un François*, 1745, II, p. 42.
108. 같은 책, p. 43.
109. 같은 책, p. 1.
110. 같은 책, Ill, p. 68.

111. Jacques Accarias de Sérionne, *La Richesse de l'Angleterre*, 1771, p. 61.
112. 다음의 논의는 1978년의 프라토 역사학 회의에서 발표한 것으로서 스코틀랜드에 대한 Smout의 발표와 H. Kellenbenz, P. Bairoch의 발표 내용이다.
113. A. Das Gupta, 앞의 논문, *in : Islam and the Trade of Asia*, p. p. D. S. Richards, 1970, p. 206.
114. *Précis de sociologie d'après W. Pareto*, 2ᵉ éd., 1971, p. 172.
115. G. Imbert, *Des Mouvements de longue durée Kondratieff*, 1959.
116. *Théorie économique du système féodal : pour un modèle de l'économie polonaise*, 1970, p. 48.
117. 콘드라티예프 사이클에 관한 최근의 논의에 대해서는 다음을 참조하라. W. W. Rostow, "Kondratieff, Schumpeter and Kuznets : Trend Periods Revisited", *in : The Journal of Economic History*, 1975, pp. 719−753.
118. W. Brulez, "Séville et l'Atlantique : quelques réflexions critiques", *in : Revue belge de philologie et d'histoire*, 1964, nᵒ 2, v. 592.
119. P. Chaunu, *Séville et l'Atlantique*, VIII, 1, 1959, p. 30.
120. Dietrich Ebeling et Franz Irsigler, *Getreideumsatz, Getreide und Brotpreise in Köln, 1368−1797*, 1976.
121. F. Braudel et F. Spooner, "Prices in Europe from 1450 to 1750", *in : The Cambridge Economic History of Europe*, IV, 1967, p. 468.
122. P. Chaunu, 앞의 책, p. 45.
123. *Gazette de France*, p. 489.
124. Pierre Chaunu, *Les Philippines et le Pacifique des Ibériques*, 1960, p. 243, 주 1.
125. L. Dermigny, *La Chine et l'Occident. Le commerce à Canton au XVIIIᵉ siècle, 1719−1833*, I, 1961, p. 101, n. 1.
126. "En Inde, aux XVIᵉ et XVIIᵉ siècles : trésors américains, monnaie d'argent et prix dans l' Empire mogol", *in : Annales E.S.C.*, 1969, pp. 835−859.
127. 다음에서 인용, Pierre Vilar, *Congrès de Stockholm*, 1960, p. 39.
128. Rondo Cameron, "Economic History, Pure and Applied", *in : Journal of Economic History*, 1976년 3월, pp. 3−27.
129. *Il Problema del trend secolare nelle fluttuazioni dei prezzi*, 1935.
130. G. Imbert, 앞의 책.
131. 같은 곳.
132. "Les implications de l'emballement mondial des prix depuis 1972", *in : Recherches économiques de Louvain*, 1977년 9월.
133. *In : Annales E.S.C.*, 1961, p. 115.
134. P. Léon, *in :* Congrès de Stockholm, 1960, p. 167.
135. *La Crise de l'économie française à la fin de l'Ancien Régime et au début de la Révolution*, 1944, pp. viii−ix.
136. *Théorie économique du système féodal⋯⋯*, 앞의 책, p. 84.
137. "Gazettes hollandaises et trésors américains" *in : Anuario de historia económica y social*, 1969, p. 333.
138. P. Vilar, *L'Industrialisation en Europe au XIXᵉ siècle*, Colloque de Lyon, 1970, p. 331.
139. *Hérésies économiques*, 1972, p. 50.
140. P. Beyssade, *La Philosophie première de Descartes*, 타이프본, p. 111.
141. Earl J. Hamilton, "American Treasure and the Rise of Capitalism", *in : Economica*, 1929년 11월, pp. 355−356.
142. Phelps Brown, S. V. Hopkins, "Seven Centuries of Building Wages", *in : Economica*, 1955년 8월, pp. 195−206.
143. Charles Seignobos, *Histoire sincère de la nation française*, 1933.

제2장

1. 이상의 사실들은 다음에 따른 것이다. Paul Adam, *L'Origine des grandes cités maritimes*

indépendantes et la nature du premier capitalisme commercial, p. 13.

2. Régine Pernoud, *Les Villes marchandes aux XIVe et XVe siècles*, 1948, Paul Grousset의 서문, p. 18.

3. *Studi di storia economica*, 1955, 1, p. 630.

4. 1799년에 소(小) 피트 총리가 신설한 소득세.

5. Henri Pirenne, *La Civilisation occidentale au Moyen Âge du XIe au milieu du XVe siècle, Histoire générale*, de G. Glotz, VIII, 1933, pp. 99-100.

6. *Cours complet d'économie politique pratique*, 앞의 책, I, p. 234.

7. *Traité de la circulation et du crédit*, 앞의 책, p. 9.

8. Renée Doehaerd, *Le Haut Moyen Âge occidental, économies et sociétés*, 1971, p. 289.

9. P. Adam, 앞의 책, p. 11.

10. 1931년에 알제에서 있었던 강연에서 Henri Pirenne이 했던 표현.

11. "The Closing of the European Frontier", *in : Speculum*, 1958, p. 476.

12. Wilhelm Abel, *Agrarkrisen und Agrarkonjunktur*, 1966, p. 19.

13. Johannes Bühler, *Vida y cultura en la edad media*, 1946, p. 204.

14. J. H. Sucher van Bath, *The Agrarian History of Western Europe, A.D. 500-1850*, 1966, p. 24.

15. Yves Renouard, *Les Villes d'Italie de la fin du Xe au début du XIVe siècle*, 1969,1, p. 15.

16. Karl Bosl, *Die Grundlagen der modernen Gesellschaft im Mittelalter*, 1972, II, p. 290.

17. 자주 이 말을 내 앞에서 하고는 했다. 다음을 참조하라. Armando Sapori, "Caratteri ed espansione dell' economia comunale italiana", *in : Congresso storico intemazionale per l'VIII° centenario della prima Lega Lombarda*, Bergame, 1967, pp. 125-136.

18. "What accelerated technological Progress in the Western Middle Ages", *in : Scientific Change*, p. p. Crombie, 1963, p. 277.

19. "Les bases monétaires d'une suprématie économique : l'or musulman du VIIe au XIe siècle", *in : Annales E.S.C.*, 1947, p. 158.

20. *L'Économie rurale et la vie des campagnes dans l'Occident médiéval*, 1962, 1, p. 255.

21. *La Nascita dell'Europa, sec. X-XIV*, 1966, pp. 121, 그 이하.

22. "La civiltà economica nelle sue esplicazioni dalla Versilia alla Maremma (secoli X-XVII)", *in : Atti del 60° Congresso Intemazionale della "Dante Alighieri"*, p. 21.

23. *Wirtschaftsgeschichte Deutschlands von 16. bis 18. Jahrhundhert*, 1951, I, p. 327.

24. *Mittelalterliche Weltwirtschaft……*, 1933, p. 22.

25. 프랑크푸르트-암-마인의 영향력에 대한 유사한 언급을 다음에서 찾아볼 수 있다. Hans Mauersberg, *Wirtschafts- und Sozialgeschichte zentraleuropäischer Städte in neuerer Zeit*, 1960, pp. 238-239.

26. H. Pirenne, *in : G. Glotz, Histoire générale*, VIII, 앞의 책, p. 144.

27. 같은 책, p. 11.

28. 같은 책, p. 90 ; Henri Laurent, *Un Grand Commerce d'exportation. La draperie des Pays-Bas en France et dans les pays méditerranéens, XIVe-XVe siècles*, 1935, pp. 37-39.

29. H. Pirenne, 앞의 책, p. 128.

30. 1598년 1월 13일에 엘리자베스 여왕의 명령에 의해서 실행되었다. 이 텍스트는 다음에 나와 있다. Philippe Dollinger, *La Hanse (XIIIe-XVIIe siècles)*, 1964, pp. 485-486.

31. Tibor Wittman, *Les Gueux dans les "bonnes villes" de Flandre (1577-1584)*, 1969, p. 23 ; Hippolyte Fierens-Gevaert, *Psychologie d'une ville, essai sur Bruges*, 1901, p. 105 ; E. Lukca, *Die Grosse Zeit der Niederlande*, 1936, p. 37.

32. Archives Datini, Prato, 1399년 4월 26일.

33. H. Pirenne, 앞의 책, p. 127.

34. J. A. van Houtte, "Bruges et Anvers, marchés "nationaux" ou "internationaux" du XIVe au XVIe siècle", *in : Revue du Nord*, 1952, pp. 89-108.

35. *Brügges Entwicklung zum mittelalterlichen Weltmarkt*, 1908, p. 253.

36. 앞의 책, p. 16.

37. 이 문단 전체는 다음에 의한 것이다. P. Dollinger, 앞의 책.
38. H. Pirenne, 앞의 책, pp. 26−27.
39. P. Dollinger, 앞의 책, p. 42.
40. Witold Hensel, Aleksander Gieysztor, *Les Recherches archéologiques en Pologne*, 1958, pp. 54 이하.
41. P. Dollinger, 앞의 책, p. 21.
42. Renée Doehaerd, "À propos du mot "Hanse"", *in : Revue du Nord*, 1951년 1월, p. 19.
43. P. Dollinger, 앞의 책, p. 10.
44. *Médit*……, I, p. 128.
45. P. Dollinger, 앞의 책, p. 177.
46. 같은 책, p. 54.
47. 이 책 제2권의 490쪽을 보라.
48. P. Dollinger, 앞의 책, p. 39.
49. 같은 책, p. 148.
50. 같은 책, p. 39.
51. 같은 책, p. 59.
52. 같은 책, p. 86.
53. Henryk Samsonowicz, "Les liens culturels entre les bourgeois du littoral baltique dans le bas Moyen Âge", *in : Studia maritima*, I, pp. 10−11.
54. 같은 논문, p. 12.
55. 같은 곳.
56. 같은 곳.
57. P. Dollinger, 앞의 책, p. 266.
58. 같은 책, p. 55.
59. 같은 책, p. 130.
60. 같은 책, p. 95.
61. 같은 책, pp. 100−101.
62. Marian Maluwist, *Croissance et régression en Europe, XIVᵉ−XVIIᵉ siècles*, 1972, pp. 93, 98.
63. P. Dollinger, 앞의 책, p. 360.
64. M. Malowist, 앞의 책, p. 133.
65. 같은 책, p. 105.
66. Eli F. Heckscher, *Der Merkantilismus*, 스페인어판 : *La Epoca mercantilista*, 1943, p. 311.
67. *Histoire des prix et des salaires dans l'Orient médiéval*, 1969, p. 237.
68. Robert-Henri Bautier, "La marine d'Amalfi dans le trafic méditerranéen du XIVᵉ siècle, à propos du transport du sel de Sardaigne", *in : Bulletin philologique et historique du Comité des Travaux historiques et scientifiques*, 1959, p. 183.
69. M. del Treppo, A. Leone, *Amalfi medioevale*, 1977. 이것은 순전히 상업적인 측면만 강조하는 전통적인 아말피의 역사에 대한 항의이다.
70. M. Lombard, 앞의 논문, *in : Annales E.S.C.*, 1947, pp. 154 이하.
71. Armando Citarella, "Patterns in Medieval Trade : The Commerce of Amalfi before the Crusades", *in : Journal of Economic History*, 1968년 12월, p. 533, 주 6.
72. R.-H. Bautier, 앞의 논문, p. 184.
73. R. S. Lopez, 앞의 책, p. 94.
74. Y. Renouard, 앞의 책, p. 25, 주 1.
75. Elena C. Skrzinskaja, "Storia della Tana", *in : Studi veneziani*, X, 1968, p. 7. "*In mari constituta, caret totaliter vineis atque campis.*"
76. M. Canard, "La Guerre sainte dans le monde islamique", *Actes du IIᵉ Congrès des sociétés savantes d'Afrique du Nord*, Tlemcen, 1936, *in* : II, pp. 605−623.
77. Alexius I Comnenus의 1082년 5월의 금인칙서(chrysobulle)는 베네치아에 모든 지불을 면제했다(H. Pirenne, 앞의 책, p. 23).

78. Giuseppe Tassini, *Curiosità veneziane*, 1887, p. 424.
79. Gino Luzzatto, *Studi di storia economica veneziana*, 1954, p. 98.
80. Benjamin David, "The Jewish Mercantile Settlement of the 12th and 13th Century Venice : Reality or Conjecture?", *in : A.J.S. Review*, 1977, pp. 201-225.
81. Wolfgang von Stromer, "Bernardus Tauronicus und die Geschäftsbeziehungen zwischen der deutschen Ostalpen und Venedig vor Gründung des Fondaco dei Tedeschi", *in : Grazer Forschungen zur Wirtschafts-und Sozialgeschichte*, III.
82. G. Luzzatto, 앞의 책, p. 10.
83. 같은 책, pp. 37-38.
84. Giorgio Gracco, *Società e stato nel medioevo veneziano (secoli XII-XIV)*, 1967.
85. Heinrich Kretschmayr, *Geschichte von Venedig*, 1964, I, p. 257.
86. W. Heyd, *Histoire du commerce du Levant au Moyen Âge*, 1936, p. 173.
87. 다음에 의하면, 그렇게 끔찍한 것은 아니었다. Donald E. Queller et Gerald W. Dory, "Some Arguments in Defense of the Venetians on the Fourth Crusade", *in : The American Historical Review*, n° 4, 1976년 10월, pp. 717-737.
88. R. S. Lopez, 앞의 책, pp. 154 이하.
89. Jacques Mas-Latrie, *Histoire de l'île de Chypre sous le règne des princes de la maison de Lusignan*, 1861, I, p. 511.
90. 화폐의 주조에 대해서는 이 책 제2권의 270쪽을 보라.
91. Richard Hennig, *Terrae incognitae*, 1950-1956, III, pp. 109 이하.
92. 다음에서 반박된 견해. F. Borlandi, "Alle origini del libro di Marco Polo", *in : Studi in onore di Amintore Fanfani*, 1962, I, p. 135.
93. Elizabeth Chapin, *Les Villes de foires de Champagne des origines au début du XIVe siècle*, 1937, p. 107, 주 9.
94. Henri Pirenne, 앞의 책, I, p. 295.
95. H. Laurent, 앞의 책, p. 39.
96. Robert-Henri Bautier, "Les foires de Champagne", *in : Recueil Jean Bodin*, V, 1953, p. 12.
97. H. Pirenne, 앞의 책, p. 89.
98. Félix Bourquelot, *Étude sur les foires de Champagne*, 1865, I, p. 80.
99. Hektor Ammann, "Die Anfänge des Aktivhandels und der Tucheinfuhr aus Nordwest-europa nach dem Mittelmeergebiet", *in : Studi in onore di Armando Sapori*, p. 275.
100. 이 이름의 기원에 대해서는 알려져 있지 않다. 아마도 같은 이름을 가지고 있던 피렌체의 거리에서 유래했을 가능성이 있다. 이 거리에는 아르테 디 칼리말라의 창고가 있었다 (Dizionario enciclopedico italiano).
101. *Médit*……, I, p. 291.
102. 같은 곳.
103. H. Laurent, 앞의 책, p. 80.
104. Henri Pigeonneau, *Histoire du commerce de la France*, I, 1885, pp. 222-223.
105. 같은 곳.
106. Mario Chiaudano, "I Rothschild del Duecento : la Gran Tavola di Orlando Bonsignori", *in : Bolletino senese di storia patria*, VI, 1935.
107. R.-H. Bautier, 앞의 책, p. 47.
108. F. Bourquelot, 앞의 책, I, p. 66.
109. H. Laurent, 앞의 책, p. 38.
110. 같은 책, pp. 117-118.
111. R.-H. Bautier, 앞의 책, pp. 45-46.
112. Vital Chomel, Jean Ebersolt, *Cinq Siècles de circulation internationale vue de Jougne*, 1951, p. 42.
113. 이 책의 173쪽을 보라.
114. Wolfgang von Stromer, "Banken und Geldmarkt : die Funktion der Wechselstuben in

Oberdeutschland und den Rheinlanden", Prato, 1972년 4월 18일, 4e semaine F. Datini.

115. Augusto Guzzo, *Secondo Colloquio sull'età dell'Umanesimo e del Rinascimento in Francia*, 1970, 서론.

116. Giuseppe Toffanin, *Il Secolo senza Roma*, Bologne, 1943.

117. Guy Fourquin, *Les Campagnes de la région parisienne à la fin du Moyen Âge*, 1964, pp. 161-162.

118. 그러나 발루아의 필리프 6세가 1344-1349년에 상파뉴 정기시의 특권을 갱신하려고 시도했다는 것에 주목할 필요가 있다. M. de Laurière, *Ordonnances des rois de France*, 1729, II, pp. 200, 234, 305.

119. *Banca e moneta dalle Crociate alla Rivoluzione francese*, 1949, p. 62.

120. 같은 곳.

121. Raymond de Roover, "Le rôle des Italiens dans la formation de la banque moderne", in : *Revue de la banque*, 1952, p. 12.

122. 이 책 제2권의 158쪽을 보라.

123. Carlo Cipolla, *Money, Prices and Civilization*, 1956, pp. 33-34.

124. H. Kretschmayr, 앞의 책, II, p. 234.

125. 같은 책, pp. 234-236.

126. 같은 책, p. 239.

127. *Foundation of Capitalism*, 1959, pp. 29 이하.

128. Hannelore Gronauer, "Die Seeversicherung in Genua am Ausgang des 14. Jahrhunderts", in : *Beiträge zur Wirtschaftsund Sozialgeschichte des Mittelalters*, 1976, pp. 218-260.

129. H. Kretschmayr, 앞의 책, II, p. 300.

130. Christian Bec, *Les Marchands écrivains à Florence 1375-1434*, 1968, p. 312.

131. *Médit*······, I, p. 310.

132. 같은 책, p. 311.

133. *Bilanci generali*, 1912 (édités par la Reale Commissione per la pubblicazione dei documenti finanziari della Repubblica di Venezia, IIe série).

134. 이 책의 430쪽 이하를 보라.

135. *Bilanci generali*, 2e série I, 1, Venise, 1912.

136. 같은 책, Documenti n. 81, pp. 94-97. 이 텍스트는 다음에 나와 있다. H. Kretschmayr, 앞의 책, II, pp. 617-619.

137. *Médit*······, I, p. 452.

138. 사람들은 관례대로 연간 화폐발행액과 화폐유통액 사이의 비율이 1 대 20이라는 점을 받아들인다.

139. Pierre-Antoine, comte Daru, *Histoire de la République de Venise*, 1819, IV, p. 78.

140. Oliver C. Cox, *Foundation of Capitalism*. 1959. p, 69, 주 18(Molmenti에 의거).

141. 이 책의 174쪽 이하를 보라.

142. A.d.S. Venise, Notano del Collegio, 9, f° 26 v°, n° 81, 1445년 8월 12일.

143. 같은 곳, 14 f° 38 v°, 1491년 7월 8일 ; Senato Terra, 12, f° 41, 1494년 2월 7일.

144. *Médit*······, II, pp. 215-216.

145. A.d.S. Venise, Senato Terra, 4, f° 107 v°.

146. P. Molmenti, *La Storia di Venezia nella vita privata*······, 1880, I, pp. 124, 131-132.

147. Piero Pieri, "Milizie e capitani di ventura in Italia del Medio Evo", in : *Atti della Reale Accademia Peloritana*, XL, 1937-1938, p. 12.

148. H. Kretschmayr, 앞의 책, II, p. 386.

149. Girolamo Priuli, *Diarii*, ed. A. Segre, 1921,1, p. 19.

150. Federico Chabod, "Venezia nella politica italiana ed europea del Cinquecento", in : *La Civiltà veneziana del Rinascimento*, 1958, p. 29. 스페인의 대사들과 "국왕" 막시밀리안의 도착에 관한 내용. Archivio Gonzaga, série E, Venezia 1435, Venise, 1495년 1월 2일.

151. H. Hausherr, 앞의 책, p. 28.

152. *Bilanci*······, I, pp. 38-39. William Mac Neill, *Venice, the Hinge of Europe 1081-1797*,

1974, p. 66에서 말한 것처럼 1318년이 아니라 *Bilanci*……, 1, pp. 38-39에서 말한 1228년 이전이다. 독일 상관(Fondaco dei Tedeschi)은 "베네치아의 중심부에 위치해 있으며 독일 상인들이 이곳에서 숙박한다(qui tenent fonticum Venetie ubi Teutonici hospitantur)."

153. J. Schneider, "Les villes allemandes au Moyen Âge. Les institutions économiques" *in : Recueil de la Société Jean Bodin*, VII, *La Ville, institutions économiques et sociales*, 1955, 제2부, p. 423.

154. Antonio H. de Oliveira Marques, "Notas para a historia da Feitoria portuguesa da Flandes no seculo XV", *in : Studi in onore di Amintore Fanfani*, 1962, II, pp. 370-476, 특히 p. 446. Anselmo Braamcamp Freire, "A Feitoria da Flandes", *in : Archivio historico portuguez*, VI, 1908-1910, pp. 322 이하.

155. *Médit*……, I, p. 428.

156. G. Luzzatto, 앞의 책, p. 149.

157. *Médit*……, I, p. 277.

158. Alberto Tenenti, Corrado Vivanti, "Le film d'un grand système de navigation : les galères marchandes vénitiennes, XIVe–XVIe siècles", *in : Annales E.S.C.*, 1961, p. 85.

159. 앞의 책, pp. 62 이하.

160. Federigo Melis, *La Moneta*, 타이프본, p. 8.

161. Federigo Melis, "Origenes de la Banca Moderna", *in : Moneda y Credito*, 1971년 3월, pp. 10-11.

162. Federigo Melis, *Storia della ragioneria, contributo alla conoscenza e interpretazione delle fonti più significative della storia economica*, 1950, pp. 481 이하.

163. Federigo Melis, *Sulle fonti della storia economica*, 1963, p. 152.

164. 이 책 제2권의 402쪽 이하를 보라.

165. R. Hennig, 앞의 책, III, pp. 119 이하 ; IV, p. 126.

166. G. Tassini, 앞의 책, p. 55.

167. E. Lattes, *La Libertà delle banche a Venezia*, 1869, 제2장.

168. Gino Luzzatto, *Storia economica di Venezia dal* XI *al* XVI *secolo*, 1961, p. 101.

169. G. Luzzatto, 앞의 책, p. 212.

170. G. Luzzatto, 앞의 책, p. 78.

171. G. Luzzatto, *Studi*……, 앞의 책, pp. 135-136.

172. 같은 책, p. 130.

173. Reinhold C. Mueller, "Les prêteurs juifs à Venise", *in : Annales E.S.C.*, 1975, p. 1277.

174. G. Luzzatto, *Studi*……, 앞의 책, p. 104.

175. 같은 책, p. 104.

176. 같은 책, p. 106, 주 67.

177. "Le rôle du capital dans la vie locale et le commerce extérieur de Venise entre 1050 et 1150", *in : Revue belge de philologie et d'histoire*, XIII, 1934, pp. 657-696.

178. "Aux origines du capitalisme vénitien", 앞의 논문에 대한 논평, *in : Annales E.S.C.*, 1935, p. 96.

179. R. Morozzo della Rocca, A. Lombardo, *I Documenti dei commercio veneziano nei secoli XI-XIII*, 1940, 다음에서 인용, G. Luzzatto, *Studi*……, p. 91, 주 9.

180. G. Luzzatto, *Storia economica*……, 앞의 책, p. 82.

181. 같은 책, pp. 79-80.

182. Raymond de Roover, "Le marché monétaire au Moyen Âge et au début des temps modernes", *in : Revue historique*, 1970년 7-9월, pp. 7 이하.

183. *Médit*……, I, p. 347.

184. 같은 곳.

185. F. Melis, *La Moneta*, 앞의 책, p. 8.

186. Frédéric C. Lane, *Venice, a Maritime Republic*, 1973, p. 166.

187. 같은 책, p. 104.

188. *Industry and Economic Decline in 17ᵗʰ Century Venice*, 1976, pp. 24 이하.

189. A.d.S. Venise, Senato Terra, 4, fᵒ 71, 1458년 4월 18일.

190. Domenico Sella, "Les mouvements longs de l'industrie lainière à Venise aux XVIᵉ et XVIIᵉ siècles", *in : Annales E.S.C.*, 1957년 1-3월, p. 41.

191. B. Pullan, *Rich and Poor in Renaissance Venice*, 1971, p. 33 이하 ; Ruggiero Maschio, "Investimenti edilizi delle scuole grandi a Venezia (XVI-XVII sec.)", Semaine de Prato, 1977년 4월.

192. A.d.S. Venise, Senato Mar, II, fᵒ 126, 1446년 2월 21일.

193. D. Sella, 앞의 논문, pp. 40-41.

194. Ömer Lutfi Barkan, "Essai sur les données statistiques des registres de recensement dans l'Empire ottoman aux XVᵉ et XVIᵉ siècles", *in : Journal of economic and social history of the Orient*, 1957년 8월, pp. 27, 34.

195. 1453년 2월 18일에 상원은 "우리의 영광의 주이신 하느님을 위하여 그리고 우리 상인들 과 시민들의 편의와 이익을 위하여(ob reverentiam Dei, bonum christianorum honorem, nostri domimi et pro commodo et utilitate mercatorum et civium nostrorum)" 콘스탄티 노폴리스를 구하기로 결정했다. "콘스탄티노폴리스 시는 우리의 영토의 일부로 알려져 있으며 따라서 이교도의 수중에 떨어져서는 안 된다(civitas Constantinopolis que dici et reputan potest esse nostri dominii, non deveniat ad manos infidelium)." A.d.S. Venise, Senato Mar, 4, 170.

196. A.d.S. Venise, Senato Secreta, 20, fᵒ 3, 1454년 1월 15일.

197. H. Kretschmayr, 앞의 책, II, pp. 371 이하.

198. Damião Perez, *Historia de Portugal*, 1926-1933, 8 vol.

199. Ralph Davis, *The Rise of the Atlantic Economies*, 2ᵉ éd., 1975, p. 1.

200. 무엇보다도 Vitorino Magalhães-Godinho의 저작.

201. R. Davis, 앞의 책, p. 4.

202. Gonzalo de Reparaz hijo, *La Epoca de los grandes descubrimientos españoles y portugueses*, 1931.

203. Prospero Peragallo, *Cenni intorno alla colonia italiana in Portogallo nel secoli XIVᵉ, XVᵉ, XVIᵉ*, 2ᵉ éd., 1907.

204. Virginia Rau, "A Family of italian Merchants in Portugal in the XVᵗʰ century : the Lomellini", *in : Studi in onore di A. Sapori*, 앞의 책, pp. 717-726.

205. Robert Ricard, "Contribution à l'étude du commerce génois au Maroc durant la période portugaise, 1415-1550", *in : Annales de l'Inst. d'Études orientales*, III, 1937.

206. Duarte Pacheco Pereira, *Esmeraldo de situ orbis⋯⋯*, 1892, 다음에서 인용, R. Davis, 앞 의 책, p. 8.

207. 앞의 책, p. 11.

208. Vitorino Magalhães-Godinho, "Le repli vénitien et égyptien et la route du Cap, 1496-1533", *in : Éventail de l'histoire vivante*, 1953, II, p. 293.

209. Richard Ehrenberg, *Das Zeitalter der Fugger*, 1922, 2 volumes.

210. Hermann Van der Wee, *The Growth of the Antwerp Market and the European Economy (14ᵗʰ-16ᵗʰ Centuries)*, 1963, II, p. 127.

211. Henri Pirenne, *Histoire de Belgique*, 1973, II, p. 58.

212. G. D. Ramsay, *The City of London*, 1975, p. 12.

213. Émile Coornaert, "Anvers a-t-elle eu une flotte marchande?", *in : Le Navire et l'économie maritime*, p. p. Michel Mollat, 1960, pp. 72 이하.

214. 같은 책, pp. 71, 79.

215. G. D. Ramsay, 앞의 책, p. 13.

216. H. Pirenne, 앞의 책, II, p. 57.

217. G. D. Ramsay, 앞의 책, p. 18.

218. Lodovico Guicciardini, *Description de tous les Pays-Bas*, 1568, p. 122.

219. H. Vander Wee, 앞의 책, II, p. 203.

220. Émile Coornaert, "La genèse du système capitaliste : grand capitalisme et économie traditionnelle à Anvers au XVIᵉ siècle", *in : Annales d'histoire économique et sociale*, 1936, p. 129.

221. Oliver C. Cox, 앞의 책, p. 266.

222. 앞의 책, 3 vol.

223. 같은 책, II, p. 128.

224. 같은 책, II, p. 120.

225. J. Van Houtte, 앞의 책, p. 82.

226. Renée Doehaerd, *Études anversoises*, 1963,1, pp. 37 이하, 62−63.

227. Anselmo Braamcamp Freire, 앞의 논문, pp. 322 이하.

228. Hermann Van der Wee, 앞의 책, I, Appendice 44/1.

229. 같은 책, II, p. 125.

230. 같은 책, II, pp. 130−131.

231. 같은 책, II, p. 131.

232. 같은 책, II, p. 129.

233. 같은 곳.

234. Anselmo Braamcamp Freire, 앞의 논문, p. 407.

235. Vitorino Magalhães-Godinho, *L'Économie de l'Empire portugais aux XVᵉ et XVIᵉ siècles*, 1969, p. 471.

236. John U. Nef, "Silver production in central Europe, 1450−1618", *in : The Journal of Political Economy*, 1941, p. 586.

237. *Médit⋯⋯*, I, p. 497.

238. Richard Gascon, *Grand Commerce et vie urbaine au XVIᵉ siècle. Lyon et ses marchands*, 1971, p. 88.

239. H. Van der Wee, 앞의 책, II, p. 156.

240. Earl J. Hamilton, "Monetary inflation in Castile, 1598−1660", *in : Economic History*, 6, 1931년 1월, p. 180.

241. 1529년 귀부인의 강화 ; 1535년 카를 5세에 의한 밀라노 점령.

242. Fernand Braudel, "Les emprunts de Charles Quint sur la place d'Anvers", *in :* Colloques Internationaux du C.N.R.S., *Charles Quint et son temps*, Paris, 1958, p. 196.

243. H. Van der Wee, 앞의 책, II, p. 178 주 191.

244. Pierre Chaunu, *Séville et l'Atlantique*, VI, pp. 114−115.

245. 이 책의 284쪽 이하를 보라.

246. J. Van Houtte, 앞의 책, p. 91.

247. *Médit⋯⋯*, I, pp. 436−437.

248. H. Van der Wee, 앞의 책, II, p. 179 주 195.

249. Hugo Soly, *Urbanisme en Kapitalisme te Antwerpen in de 15 de Eeuw*, 프랑스어 요약, pp. 457 이하.

250. T. Wittman, 앞의 책, p. 30.

251. P. Dollinger, 앞의 책, pp. 417−418.

252. H. Van der Wee, 앞의 책, II, pp. 228−229.

253. 같은 책, p. 238.

254. 같은 책, II, p. 186.

255. Charles Verlinden, Jan Craeybeckx, E. Scholliers, "Mouvements des prix et des salaires en Belgique au XVIᵉ s.", *in Annales E.S.C.*, 1955, pp. 184−185.

256. John Lothrop Mottley, *La Révolution des Pays-Bas au XVIᵉ siècle*, II, p. 196.

257. 같은 책, III, p. 14.

258. 같은 책, III, 제1장.

259. *Médit⋯⋯*, I, p. 438, 주 6. 이 문제에 대한 최근의 논쟁으로는 다음을 보라. William D. Phillips, Carla R. Phillips, "Spanish wool and dutch rebels : the Middelburg Incident of 1574", *in : American Historical Review*, 1977년 4월, pp. 312−330.

260. Hermann Van der Web, "Anvers et les innovations de la technique financière aux XVIe et XVIIe siècles", *in : Annales E.S.C.*, 1967, p. 1073.

261. 같은 논문, p. 1071.

262. 같은 논문, p. 1073, 주 5.

263. 같은 논문, p. 1076.

264. Raymond de Roover, *L'Évolution de la lettre de change, XIVe−XVIIIe siècles,* 1953, p. 119.

265. *Les Gueux dans les "bonnes villes" de Flandre, 1577−1584,* Budapest, 1969.

266. B.N., Ms. Fr. 14666, f° 11 v°. Relation de 1692.

267. Giovanni Botero, *Relationi universali,* 1599, p. 68.

268. 같은 곳.

269. Comtesse de Boigne, *Mémoires,* 1971, I, p. 305.

270. Jacques Heers, *Gênes au XVe siècle,* 1961, p. 532.

271. Jérôme de La Lande, *Voyage d'un Français en Italie*······, 1769, VIII, pp. 492−493.

272. *Voyage,* D'Espinchal백작의 미간행 저작, Bibliothèque de Clermont-Ferrand, 1789.

273. 같은 책.

274. 같은 책.

275. Vito Vitale, *Breviario della storia di Genova,* 1955, I, p. 148.

276. 같은 책, p. 163.

277. *Médit*······, I, p. 357, 주 2.

278. V. Vitale, 앞의 책, I, p. 346.

279. 같은 책, p. 349.

280. 같은 책, p. 421.

281. Hannelore Groneuer, 앞의 논문, pp. 218−260.

282. 같은 책

283. A.N., K 1355, 1684년 5월 21일.

284. A.N., A.E., B¹ 529, 1710년 4월 12일.

285. B.N., Ms. Fr., 16073, F 371.

286. Giuseppe Felloni, *Gli Investimenti finanziari genovesi in Europa tra il Seicento e la Restaurazione,* 1971, p. 345.

287. Fernand Braudel, "Endet das "Jahrhundert der Genuesen" im Jahre 1627 ?", *in : Mélanges Wilhelm Abel,* p. 455.

288. Roberto S. Lopez, *Studi sull'economia genovese nel Medio Evo,* 1936, pp. 142 이하.

289. Roberto S. Lopez가 평소에 흔히 하던 말로서, 출판되지 않은 그의 옛 강의록 중에 들어 있다.

290. *Médit*······, I, p. 313.

291. Carmelo Trasselli가 그의 강의에서 흔히 주장하던 명제에 의한 것이다.

292. V. Vitale, 앞의 책(주 275)의 본문과 참고 문헌을 참조하라.

293. R. S. Lopez, *Genova marinara del Duecento : Benedetto Zaccaria, ammiraglio e mercante,* 1933, p. 154.

294. Carmelo Trasselli, "Genovesi in Sicilia", *in : Atti della Società ligure di storia patria,* IX (LXXXIII), fasc. II, p. 158.

295. 같은 논문, pp. 155−178.

296. 같은 곳, 그리고 그의 구두 설명에 의거.

297. 같은 곳.

298. Carmelo Trasselli, "Sumario duma historia do acucar siciliano", *in : Do Tempo e da Historia,* II, 1968, pp. 65−69.

299. 이 책 제2권의 577−588쪽을 보라.

300. Geronimo de Uztáriz, *Théorie et pratique du commerce et de la marine,* 1753, p. 52.

301. Renée Doehaerd, *Les Relations commerciales entre Gênes, la Belgique et l'Outremont,* 1941, I, p. 89.

302. R. Ricard, 앞의 논문(주 205).

303. Ramón Garande, "Sevilla fortaleza y mercado", *in : Anuario de historia del derecho español*, II, 1925, pp. 33, 55 이하.

304. Virginia Rau, "A Family of Italian Merchants in Portugal in the XVth century : the Lomellini", *in : Studi in onore di Armando Sapori*, pp. 717−726.

305. André-E. Sayous, "Le rôle des Génois lors des premiers mouvements réguliers d'affaires entre l'Espagne et le Nouveau Monde", *in : C.r. de l'Académie des Inscriptions et Belles-Lettres*, 1930.

306. Felipe Ruiz Martín, *Lettres marchandes*……, p. xxix.

307. 같은 곳.

308. *Médit*……, I, p. 310.

309. F. Braudel, "Les emprunts de Charles Quint sur la place d'Anvers", 앞의 논문, p. 192.

310. R. Carande, 앞의 논문.

311. Henri Lapeyre, *Simón Ruiz et les asientos de Philippe II*, 1953, pp. 14 이하.

312. *Médit*……, I, p. 315.

313. Felipe Ruiz Martín, *Lettres marchandes*……, p. xxxviii.

314. Giorgio Doria, "Un quadriennio critico : 1575−1578. Contrasti e nuovi orientamenti nella società genovese nel quadro della crisi finanziaria spagnola", *in : Mélanges Franco Borlandi*, 1977, p. 382.

315. Communication de Giorgio Doria, 타이프본, Colloque de Madrid, 1977.

316. *L'Économie mondiale et les frappes monétaires en France 1493−1680*, 1956, pp. 13 이하.

317. Felipe Ruiz Martín, *Lettres marchandes*……, p. xliv.

318. 같은 책, p. xxxii.

319. 같은 책, pp. xxx−xxxi.

320. *Médit*……, I, p. 457.

321. 이 칙령으로 에스쿠도(escudo)라는 에퀴 금화가 탄생함으로써 그라나다의 엑셀렌테 (excellente)를 대체했다. 다음을 참조하라. *Médit*……, I, p. 429, 주 5.

322. Henri Pirenne, *Histoire de Belgique*, IV, 1927, p. 78.

323. *Médit*……, I, pp. 458−461.

324. 같은 책, I, pp. 463, 464 ; Felipe Ruiz Martín, *El Siglo de los Genoveses*, 근간 예정.

325. Fernand Braudel, "La vita economica di Venezia nel secolo XVI", *in : La Civiltà veneziana del Rinascimento*, p. 101.

326. F. Braudel, 같은 책.

327. *Médit*……, I, p. 295, 주 1 ; p. 457, 주 1.

328. 이 책의 제1장과 주 48을 보라.

329. F. Braudel, "Endet das Jahrhundert……", 앞의 논문, pp. 455−468.

330. A. E. Feavearyear, *The Pound Sterling*, 1931, pp. 82−83.

331. A.E., M. et D. Hollande, 122, f° 248 (mémoire d'Aitzema, 1647).

332. José Gentil da Silva, *Banque et crédit en Italie au XVIIe siècle*, 1969, I, p. 171.

333. F. Braudel, "Endet das Jahrhundert……", 앞의 논문, p. 461.

334. Michel Morineau, "Gazettes hollandaises et trésors américains", *in : Anuario de Historia económica y social*, 1969, pp. 289−361.

335. J. de La Lande, *Voyage en Italie*……, 앞의 책, IX, p. 362.

336. 같은 책, IX, p. 367.

337. *Gli Investimenti finanziari genovesi in Europa tra il Seicento e la Restaurazione*, 1971.

338. 같은 책, p. 472.

339. 같은 책, p. 168, 주 30.

340. 같은 책, p. 249.

341. 같은 책, pp. 392, 429, 453.

342. B.N., Ms Fr. 14671, f° 17, 1743년 3월 6일.

343. G. Felloni, 앞의 책, p. 477.

344. 제노바는 프로테스탄트 상인들이 자국 내에 들어오는 것을 용인했기 때문이다.
345. Carmelo Trasselli의 명제에 따른 것이다.
346. José Gentil da Silva, 앞의 책, pp. 55-56.

제3장

1. 이 장 전체에서 홀란트(Hollande)라는 말을, 나쁜 관례이기는 하지만, 흔히 네덜란드 전체를 가리키는 말로 사용할 것이다[한국어판에서는 모두 "네덜란드"로 옮겼으며 "홀란트"라는 말은 네덜란드의 한 주(州)인 홀란트 주를 가리키는 말로만 썼다/역주].
2. Violet Barbour, *Capitalism in Amsterdam in the Seventeenth Century*, 1963, p. 13.
3. 이 책의 217쪽 이하를 보라.
4. Richard Tilden Rapp, "The Unmaking of the Mediterranean Trade……", *in : Journal of Economic History*, 1975년 9월.
5. G. de Uztariz, 앞의 책, p. 97. 네덜란드의 면적은 34만 제곱킬로미터임을 상기할 필요가 있다.
6. *Œuvres complètes*, I, p. 455. Josiah Tucker(1712-1799)는 영국의 경제학자로서 그의 저작 중에 Turgot가 『교역에 관한 중요한 문제들(*Les Questions importantes sur le commerce*)』을 번역했다.
7. A.N., K 1349, 132, f° 20.
8. *The Complete English Tradesman*……, 1745, II, p. 260. 그는 "훌륭한 한 저자가 쓴 내용"을 좇아 이야기한다고 말했으나 그 저자가 누구인지는 밝히지 않았다.
9. A.N., Marine, B⁷, 463, f° 30.
10. G. de Uztariz, 앞의 책, p. 98.
11. Jean-Baptiste d'Argens, *Lettres juives*, 1738, III, p. 192.
12. Jacques Accarias de Sérionne, *Les Intérêts des nations de l'Europe développés relativement au commerce*, 1766, I, p. 44.
13. Jean-Nicolas de Parival, *Les Délices de la Hollande*, 1662, p. 10.
14. A.E.M. et D. 72, Hollande, 1755년 11월.
15. Guicciardini, 앞의 책, p. 288.
16. Gaudard de Chavannes, *Voyage de Genève à Londres*, 1760, 페이지가 표시되어 있지 않다.
17. *Viaje fuera de España*, 1947, p. 1852.
18. C. R. Boxer, *The Dutch Seaborne Empire*, 1969, p. 7.
19. J.-N. de Parival, 앞의 책, p. 76.
20. 같은 책, p. 56.
21. 같은 책, p. 82.
22. 같은 책, p. 13.
23. 같은 책, p. 26.
24. 같은 책, p. 12.
25. "The Role of the Rural Sector in the Development of the Dutch Economy, 1500-1700", *in : Journal of Economic History*, 1971년 3월, p. 267.
26. Jean-Claude Flachat, *Observations sur le commerce et sur les arts d'une partie de l'Europe, de l'Asie, de l'Afrique et des Indes orientales*, 1766, II, p. 351.
27. Charles Wilson, *England's Apprenticeship 1603-1763*, 1965, 3ᵉ éd. 1967, p. 71 ; *La République hollandaise des Provinces-Unies*, 1968, p. 31 ; Immanuel Wallerstein, *The Modern World System*, II, 제2장, 타이프본.
28. Barry Supple, *Commercial Crisis and Change in England 1600-1642*, 1959, p. 34.
29. Jean-Claude Boyer, "Le capitalisme hollandais et l'organisation de l'espace dans les Provinces-Unies", *Colloque franco-hollandais*, 1976, 타이프본, 특히 p. 4.
30. J.-N. de Parival, 앞의 책, p. 83.
31. Jan de Vries, "An Inquiry into the Behavior of wages in the Dutch Republic and the Southern Netherlands, 1500-1800", 타이프본, p. 13.
32. Pieter de La Court, *Mémoires de Jean de Witt*, 1709, pp. 43-44.

33. 앞의 책, p. 216.

34. Abbé Scaglia, *in* Hubert G. R. Reade, *Sidelights on the Thirty Years' War*, Londres, 1924, III, p. 34, 다음에서 인용, John U. Nef, *La Guerre et le progrès humain*, 1954, pp. 29−30.

35. Ivo Schöffer, "Did Holland's Golden Age coincide with a Period of Crisis?", *in : Acta historiae neerlandica*, 1966, p. 92.

36. *Journal de Verdun*, 1751년 11월, p. 391.

37. A.N., K 879, 123 et 123 *bis*, n° 18, f° 39.

38. J. L. Price, *The Dutch Republic during the 17th Century*, 1974, pp. 58 이하.

39. P. de La Court, 앞의 책, p. 28.

40. J.-N. de Parival, 앞의 책, p. 104.

41. Johann Beckmann, *Beiträge zur Œkonomie*⋯⋯ 1779−1784, II, p. 549.

42. 앞의 책, p. 37.

43. A.N., A.E., B¹ 619, 1670년 3월 6일.

44. J. Savary, 앞의 책, I, p. 84.

45. J.-B. d'Argens, 앞의 책, III, p. 194.

46. *Le Guide d'Amsterdam*, 1701, pp. 2, 81.

47. 같은 책, pp. 82−83.

48. *Gazette d'Amsterdam*, 1669년 2월 14, 21, 28일, 6월 18일.

49. *Le Guide d'Amsterdam*, 앞의 책, p. 1.

50. J. Accarias de Sérionne, 앞의 책, I, p. 173.

51. J. L. Price, 앞의 책, p. 33.

52. J.-N. de Parival, 앞의 책, p. 41.

53. W. Temple, *Observations upon the Provinces of the United Netherlands*, 1720, p. 59.

54. *Le Guide d'Amsterdam*, 1701, pp. 1−2.

55. G. V. Mentink et A. M. Van der Woude, *De demografische outwikkeling te Rotterdam en Cool in de 17e en 18e eeuw*, 1965.

56. J.-N. de Parival, 앞의 책, p. 33.

57. Friedrich Lütge, *Geschichte der deutschen Agrarverfassung vom frühen Mittelalter bis zum 19. Jahrhundert*, 1967, p. 285. Ivo Schöffer, *in : Handbuch der europäischen Geschichte*, ed. p. Theodor Schieder, IV, 1968, p. 638. 하네케마이어(Hannekemaaier)란 네덜란드어로 일용노동자를 가리키며 푸펀(poepen)과 모펀(moffen)은 일상어에서 경멸적으로 독일인을 가리키는 말이다.

58. A.N., Marine, B⁷, 463, f° 39 (1697).

59. 독일계 유대인보다 더 중요한 사람들은 세파르딤이었다. 이들은 특히 포르투갈 출신들로서 아우어어케르크[옛 교회/역주]에 따로 묘지를 가지고 있었다(*Le Guide d'Amsterdam*, 1701, p. 38 ; Violet Barbour, 앞의 책, 참고 문헌, p. 25, 주 42도 보라). 포르투갈계 유대인에 대해서는 다음의 논문을 보라. E. M. Koen, "Notarial Records relating to the Portuguese Jews in Amsterdam up to 1639", *in : Studia Rosenthaliana*, 1973년 1월, pp. 116−127.

60. *Die Juden und das Wirtschaftsleben*, 1911, p. 18 ; *Médit*⋯⋯, I, pp. 567 이하.

61. *Médit*⋯⋯, 같은 책.

62. Ernst Schulin, *Handelsstaat England*, 1969, p. 195.

63. 이 책 제2권의 208−209쪽을 보라.

64. Léon Van der Essen, *Alexandre Farnèse, prince de Parme, gouverneur général des Pays-Bas, 1545−1592*, IV, 1935, p. 123.

65. C. R. Boxer, 앞의 책, p. 19, 주 5.

66. *Voyage en Hollande, in : Œuvres complètes*, 1969, XI, p. 336, 다음에서 인용, C. Manceron, 앞의 책, p. 468.

67. J.-N. de Parival, 앞의 책, p. 36.

68. J. Alcalá Zamora y Queipo de Llano, *España, Flandes y el Mar del Norte (1618−1639). La última ofensiva europea de los Austrias madrileños*, 1975, p. 58.

69. W. Temple, 앞의 책, p. 26.

70. J.-N. de Parival, 앞의 책, p. 19.

71. A.N., K 1349, 132, fº 162 vº 이하(1699).

72. A.N., M 662, dos. 5, fº 15 vº.

73. A.N., K 1349, 132, fº 168.

74. Jacques Accarias de Sérionne, *La Richesse de la Hollande*, 1778, I, p. 68.

75. A.E., CP. Hollande, 94, fº 59.

76. J. Accarias de Sérionne, 앞의 책, I, p. 69.

77. 그것은 결국 대(大)상인에게로 돌아갔다. A.N., M 662, dos. 5, fº 13 vº.

78. A.N., K 1349, 132, fº 174 et 174 vº.

79. 어떤 이유에서인지는 모르겠으나 기름에 대한 언급이 없다.

80. A.N., A.E., B¹, 624.

81. J. Accarias de Sérionne, 앞의 책, I, p. 255.

82. 같은 책, II, p. 54.

83. C. Wilson, *Anglo-Dutch Commerce and Finance in the Eighteenth Century*, 1941, p. 3.

84. P. de La Court, 앞의 책, p. 28.

85. 다음에서 인용, C Wilson, *Profit and Power. A Study of England and the Dutch Wars*, 1957, p. 3.

86. I. de Pinto, 앞의 책, p. 263.

87. Jacques Accarias de Sérionne, *La Richesse de l'Angleterre*, 1771, 특히 pp. 42, 44.

88. J.-B. d'Argens, 앞의 책, III, p. 193.

89. A.N., A.E., B¹, 619, Pomponne의 서한, 헤이그, 1669년 5월 16일. 콜베르가 말한 2만 척의 선박이란 순전히 과장이다. 1636년에 이 선단의 선박 수는 2,300–2,500척이었을 것이며 여기에 더해서 2,000척 정도의 큰 청어잡이 선박들이 있었을 것이다. 다음을 참조하라. J. L. Price, 앞의 책, p. 43. 우리의 추산치(60만 톤)는 다음의 추산치와 일치한다. W. Vogel, "Zur Grosse der Europäischen Handelsflotten……", *in : Forschungen und Versuche zur Geschichte des Mittelalters und der Neuzeit*, 1915, p. 319.

90. Temple, 앞의 책, p. 47.

91. J.-B. Tavernier, *Les Six Voyages……*, 1676, II, p. 266.

92. A.N., Marine, B⁷, 463, fº 45, 1697.

93. A.N., M 785, dos. 4, fᵒˢ 68–69.

94. 같은 곳.

95. 이 배의 후미 부분을 열어서 마스트 목재들을 싣는다.

96. *Le Guide d'Amsterdam*, 1701, p. 81.

97. Archives de Malte, 65–26.

98. L. Dermigny, *Le Commerce à Canton……*, 앞의 책, p. 161, 주 4.

99. A.N., G⁷, 1695, fº 52, 1710년 2월 15일.

100. 이 파견에 대해서는 다음을 참조하라. Isaac Dumont de Bostaquet, *Mémoires*, 1968.

101. A.N., K 1349, nº 132, fº 130.

102. Moscou, A.E.A., 50/6, 537, 1, 12/23, 1787년 1월.

103. "Dutch Capitalisai and the European World Economy", *in : Colloque franco-hollandais*, 1976, 타이프본, p. 1.

104. "Les interdépendances économiques dans le champ d'action européen des Hollandais (XVIᵉ–XVIIIᵉ siècles)", *in : Colloque franco-hollandais*, 1976, 타이프본, p. 76.

105. Francisco de Sousa Coutinho, *Correspondencia diplomatica……durante a sua embaixada en Holanda*, 1920–1926, II, 227, 1648년 1월 2일 : "*que como he de tantas cabeças e de tantos juizos differentes, poucas vezes se acordão todos inda pera aquillo que milhor lhes esta*".

106. A. R. J. Turgot, 앞의 책, I, p. 373.

107. 즉, 위로부터 통제한다는 것을 말한다.

108. A.N., K 1349, fº 11.

109. W. Temple, 다음에서 인용, C. Boxer, *The Dutch Seaborne Empire*, 앞의 책, p. 13.

110. A.N., K 1349, f° 35 v°. 홀란트 주 혼자서 네덜란드 전체 조세액의 58퍼센트 이상을 제공했다.

111. I. Schöffer, *in : Handbuch*⋯⋯, 앞의 책, p. 654.

112. C. Proisy d'Eppes, *Dictionnaire des girouettes ou nos contemporains d'après eux-mêmes*, 1815.

113. "The Low Countries", *in : The New Cambridge Modern History*, IV, 1970, p. 365.

114. K. D. H. Haley, *The Dutch in the 17ᵗʰ Century*, 1972, p. 83.

115. A.N., K 1349, f° 7, 7 v°.

116. B. M. Vlekke, *Evolution of the Dutch Nation*, 1945, pp. 162–166, 다음에서 인용, C. R. Boxer, 앞의 책, p. 11, 주 4.

117. 선체의 틈을 메우는 사람, 보잘것없는 사람.

118. 분별 있게, 조심스럽게(Littré 사전).

119. J.-N. de Parival, 앞의 책, p. 190.

120. *Le Guide d'Amsterdam*, 앞의 책, p. 21.

121. 앞의 책, p. 39.

122. I. de Pinto, 앞의 책, pp. 334–335.

123. J. L. Price, 앞의 책, p. 220.

124. 같은 책, p. 224.

125. A.N., K 849, f° 34.

126. Marcel Marion, *Dictionnaire des institutions de la France aux XVIIᵉ et XVIIIᵉ siècles*, 1923, p. 521.

127. 네덜란드에서 감자가 일찍이 재배되기 시작했다는 점에 대해서는 다음을 보라. Chr. Vandenbroeke, "Cultivation and Consumption of the Potato in the 17ᵗʰ and 18ᵗʰ Century", *in : Acta historiae neerlandica*, V, 1971, pp. 15–40.

128. A.N., K 849, n° 18, f° 20.

129. I. de Pinto, 앞의 책, p. 152.

130. J.-N. de Parival, 앞의 책, p. 41.

131. A.N., K 1349, 132, f° 215.

132. A.N., K 849, fᵒˢ 17–18.

133. 같은 곳.

134. 같은 곳.

135. I. de Pinto, 앞의 책, p. 147.

136. *Journal du commerce*, 1759년 1월.

137. Varsovie, Archives Centrales, fonds Radzivill, 1744년 8월 18일.

138. I. de Pinto, 앞의 책, p. 94.

139. 도박 용어로서 '판돈을 올린다'는 뜻.

140. J. de Vries, "An Inquiry into the Behavior of Wages⋯⋯", 앞의 논문, p. 13.

141. Jules Michelet, *Histoire de France*, XIV, 1877, p. 2.

142. A.E., CP. Hollande, 35, f° 267 v°, 1646년 5월 15일.

143. 네덜란드 동인도회사의 약어.

144. A.N., K 1349, 50 v°.

145. 같은 곳.

146. 앞의 책, p. 53.

147. A.E., C.P. Hollande, 46, f° 309.

148. 네덜란드 동인도회사의 17명의 이사들.

149. C. Boxer, 앞의 책, p. 46, 다음에서 인용, G. Papagno, 앞의 논문, pp. 88–89 ; 이 장의 주 271을 보라.

150. A.N., M 785, dos. 4, fᵒˢ 16–17.

151. J. G. Van Dillen, "Isaac Le Maire et le commerce des Indes orientales", *in : Revue d'histoire moderne*, 1935, pp. 121–137.

152. A.N., A.E., B¹, 619, 1665년 6월 18일.

153. J. Du Mont, *Corps universel diplomatique du droit des gens, contenant un recueil des traitez*……, 1726, IV, p. 274.

154. José Gentil da Silva, "Trafics du Nord, marchés du "Mezzogiorno", finances génoises : recherches et documents sur la conjoncture à la fin du XVIᵉ siècle", *in : Revue du Nord*, 1959년 4-6월, p. 146.

155. I. Wallerstein, *The Modern World System*, 앞의 책, I, p. 211 ; P. Jeannin, 앞의 논문, p. 10.

156. 무데르(Moeder)란 "어머니로서의 무역", 즉 젖을 먹여 길러주는 무역이라는 뜻이다.

157. 다음에서 인용, I. Wallerstein, 앞의 책, pp. 198-199.

158. *Médit*……, I, p. 128 ; V. Vazquez de Prada, *Lettres marchandes d'Anvers*, 1960,1, p. 48.

159. J. Gentil da Silva, *Banque et crédit en Italie*……, I, p. 593, 주 183.

160. 같은 곳.

161. Germaine Tillion, *Les Ennemis complémentaires*, 1960.

162. A. Grenfeld Price, *The Western Invasions of the Pacific and its Continents*, 1963, p. 29.

163. Simancas, E°-569, f° 84 (날짜 없음) ; Virginia Rau, "Rumos e vicissitudes do comércio do sal português nos seculos XIV a XVIII", *in : Revista da Faculdade de Letras* (Lisboa), 1963, n° 7, pp. 5-27.

164. Felipe Ruiz Martín, 아직 출간되지 않은 책.

165. *Médit*……, I, p. 535.

166. *Médit*……, I, p. 574.

167. *Médit*……, I, p. 575 ; Jean-Pierre Berthe, "Les Flamands à Séville au XVIᵉ siècle", *in : Fremde Kaufleute auf der iberischen Halbinsel*, p. p. H. Kellenbenz, 1970, p. 243.

168. Jacob Van Klaveren, *Europäische Wirtschaftsgeschichte Spaniens im 16. und 17. Jahrhundert*, 1960 ; *Médit*……, I, pp. 573 이하.

169. J. Van Klaveren, 앞의 책, pp. 116-117.

170. A.N., K 1349, n° 133. 네덜란드 정부에 관한 비망록, fᵒˢ 3 et 4 ; H. Pirenne, 앞의 책, 1973, III, p. 60.

171. "Gazettes hollandaises et trésors américains", *in : Anuario de Historia económica y social*, 1969, pp. 289-361.

172. Earl J. Hamilton, 앞의 논문, *in : Economic History*, 1931, pp. 182 이하.

173. *Médit*……, I, p. 463.

174. *Médit*……, I, pp.577-578.

175. *Navigatio ac itinerarium Johannis Hugonis Linscotani in Orientalem sive Lusitanorum Indiam*……, 1599.

176. Abbé Prévost, 앞의 책, VIII, p. 75.

177. 같은 곳.

178. W. H. Moreland, *From Akbar to Aurangzeb*, 1922의 앞부분(pp. 1-44)에 있는 대단히 유용한 요약문을 보라.

179. Simancas, Estado Flandes 619, 1601.

180. Abbé Prévost, 앞의 책, VIII, pp. 75-76.

181. A.N., K 1349.

182. W. H. Moreland, 앞의 책, p. 19, 주 1.

183. A.N., K 1349, F 36.

184. R. Davies, 앞의 책, p. 185.

185. A.d.S. Gênes, Spagna, 15.

186. C.S.P. East Indies, p. 205, Cottington à Salisbury, 1610년 2월 18일.

187. L. Dermigny, 앞의 책, I, p. 107.

188. 같은 책, I, p. 106.

189. David Macpherson, *Annals of Commerce*, 1805, II, p. 233.

190. L. Dermigny, 앞의 책, I, p. 105, 주 1.

191. A.N., Marine, B⁷, 463, f° 145 ; J. Savary, 앞의 책, V, col. 1196.

192. A.N., K 1349, f° 44.

193. C. G. F. Simkin, *The Traditional Trade of Asia*, 1968, p. 188.

194. W. H. Moreland, 앞의 책, p. 63.

195. C. G. F. Simkin, 앞의 책, p. 225.

196. C. R. Boxer, 앞의 책, p. 143.

197. 같은 책, p. 196.

198. W. H. Moreland, 앞의 책, p. 32.

199. 같은 책, p. 38.

200. C. G. F. Simkin, 앞의 책, pp. 199 이하 ; A.N., K 1349.

201. Constantin Renneville, *Voyage de S. van Rechteren*······, 1703, II, p. 256.

202. D. Macpherson, 앞의 책, II, p. 466.

203. Hermann Kellenbenz, "Ferdinand Cron", *in : Lebensbilder aus dem Bayerischen Schwaben*, 9, pp. 194−210.

204. Duarte Gómes Solis, *Mémoires inédits de*······ (1621) éd. Bourdon, 1955, p. 1 ; J. Cuvelier, L. Jadin, *L'Ancien Congo d'après les archives romaines, 1518−1640*, 1954, p. 499, 1632년 4월 10일.

205. A.N., K 1349, 132, f° 34.

206. *Voyage curieux faict autour du monde par Francis Drach, admiral d'Angleterre*, 1641, p. p. F. de Louvencourt, 1859, pp. 306−307.

207. *Médit*······, I, pp. 277, 279.

208. 영국인들에 대한 "학살" 당시 이들은 음모가담 혐의로 체포되어 흉내만 낸 재판 끝에 처형당했다. W. H. Moreland, 앞의 책, p. 23.

209. Abbé Raynal, *Histoire philosophique et politique des établissements et du commerce des Européens dans les deux Indes*, 1775, III, p. 21.

210. C. Renneville, 앞의 책, V, p. 119.

211. Kristof Glamann, *Dutch asiatic Trade, 1620−1740*, 1958, p. 68.

212. 같은 책, p. 168.

213. W. H. Moreland, 앞의 책, p. 64.

214. K. Glamann, 앞의 책, p. 58.

215. A. Lioublinskaia, *Lettres et mémoires adresses au chancelier P. Séguier, 1633−1649*, 1966. Lettre de Champigny, Aix, 1647년 10월, pp. 321−322.

216. F. de Sousa Coutinho, 앞의 책, II, p. 313. Niza 후작에게 보낸 서한, 1648년 2월 17일.

217. K. Glamann, 앞의 책, p. 120.

218. 같은 책, p. 131.

219. A.N., Marine, B[7], 463, f° 253, 1687년의 보고서.

220. 같은 곳.

221. K. Glamann, 앞의 책, pp. 91−92.

222. A.N., Marine, B[7], 463, f°s 177−178.

223. 같은 곳, f°s 161 이하.

224. 같은 곳.

225. L. Dermigny, 앞의 책, I, p. 281.

226. A.N., Marine, B[7], 463, f 158−160.

227. 같은 곳.

228. François Pyrard de Laval, *Seconde Partie du voyage*······ *depuis l'arrivée à Goa jusques à son retour en France*, 1615, II, p. 353.

229. Abbé Prévost, 앞의 책, VIII, pp. 126−129.

230. 혹은 "여분의 후추를 바다에 던졌다(Ernst Ludwig Carl, *Traité de la richesse des princes et de leurs États et des moyens simples et naturels pour y parvenir*, 1722−1723, p. 236)."

231. C. Renneville, 앞의 책, V, p. 124.

232. A.N., Marine, B[7], 463, 251−252.

233. C. G. F. Simktn, 앞의 책, p. 197.

234. W. H. Moreland, 앞의 책, p. 77.
235. C. G. F. Simktn, 앞의 책, p. 197.
236. K. Glamann, 앞의 책, pp. 19 et 207.
237. 같은 책, p. 166.
238. 같은 책, p. 265.
239. 같은 책, p. 231.
240. L. Dermigny, 앞의 책, III, p. 1164.
241. 앞의 책, p. 265.
242. A.N., G⁷, 1697, f° 117, 1712년 8월 21일.
243. G. de Uztariz, 앞의 책, p. 103.
244. K. Glamann, 앞의 책, p. 6 ; J. Savary, 앞의 책, V, col. 1606 이하.
245. C. G. F. Simkin, 앞의 책, p. 192.
246. A.E., Mémoires, Hollande, 72, 243.
247. K. Glamann, 앞의 책, p. 60.
248. Abbé Prévost, 앞의 책, IX, p. 55.
249. A.N., Marine, B⁷, 463, f° 205.
250. 전함의 경우에는 더 많은 인원이 승선한다. 1605년에 Matelief가 동행한 배 11척이 텍
     셀을 출항할 때 선원은 모두 1,357명으로서 배 1척당 평균 123명이었다. 그러므로 우
     리의 추산치는 8,000명(배 1척당 50명)에서 1만6,000명(배 1척당 100명) 사이이다. C.
     Renneville, 앞의 책, III, p. 205.
251. A.N., Marine, B⁷, 463, f° 205.
252. J.-P. Ricard, 앞의 책, p. 376.
253. *Essai politique sur le commerce*, 1735, p. 51.
254. Moscou, A.E.A., 50/6. 서지 사항이 불완전하다.
255. Ivo Schôffer가 책임자였다.
256. C. G. F. Simkin, 앞의 책, p. 182.
257. J. Savary, 앞의 책, V, col. 1610-1612.
258. A.N., A.E., B¹, 619, La Haye, 1670년 6월 25일.
259. J. Savary, 앞의 책, I, col. 25 ; V, col. 1612.
260. K. Glamann, 앞의 책, pp. 244 이하.
261. 같은 책, pp. 252 이하.
262. 같은 책, p. 248.
263. Moscou, A.E.A., 50/6, 539, 57, Amsterdam, 1788년 7월 25일-8월 5일.
264. 앞의 책, p. 249.
265. 같은 책, p. 265.
266. 같은 책, pp. 229-231.
267. 앞의 책, I, p. 465.
268. C. Boxer, *The Dutch Seaborne*, 앞의 책, p. 52 ; *Les Six Voyages*……, 1681, II, p. 420.
269. W. H. Moreland, 앞의 책, p. 315.
270. A.N., Marine, B⁷, 463, f°ˢ 245 et 257-258.
271. Giuseppe Papagno, "Struttura e istituzioni nell' espansione coloniale : Portogallo e Olanda",
     in : *Dall'Età preindustriale all'età del capitalismo*, p. p. G. L Basini, 1977, p. 89.
272. Francesco Carletti, *Ragionamenti del mio viaggio in torno al mondo*, 1958, pp. 213 이하.
273. K. Glamann, 앞의 책, pp. 33 이하.
274. 같은 책, p. 34. Cornelis Bicker는 1622년에 서인도회사의 이사(bewindhebber)였고 그의
     동생인 Jacob은 동인도회사의 이사였다.
275. 같은 책, pp. 35-36.
276. W. H. Moreland, 앞의 책, p. 61.
277. *Grande Enciclopedia portuguesa brasileira*, III, "바이아(Baïa)" 항목.
278. R. Hennig, 앞의 책, p. 8 ; Victor von Klarwill, *The Fugger News Letters*, 1924-1926, 1,
     p. 248.

279. 권리위양의 허가(concession accordée)라는 뜻.

280. A.N., K 1349, 132, f° 107 v°.

281. A.d.S. Florence, Correspondance de Gênes, V, 32.

282. J. Accarias de Sérionne, *Richesse de la Hollande*, 앞의 책, pp. 137–138.

283. J. Cuvelier, L. Jadin, 앞의 책, pp. 501–502.

284. K. Glamann, 앞의 책, p. 155.

285. 이 책의 77–80쪽을 참조하라.

286. British Museum, Sloane, 1572, f° 65.

287. A.N., K 1349, 132, f° 117 v°.

288. J. Du Mont, 앞의 책, VI, p. 215.

289. '덤불이 우거진 미개간지'라는 뜻. 프랑스어로 'bled(벽촌)'라고 번역한 것은 흥미롭기는 하지만 정확하지는 않은 것이다.

290. *Journal du voyage de deux jeunes Hollandais*, 앞의 책, p. 377.

291. A.N., Marine, B⁷ 463, f° 216–217.

292. B.N., Ms. Portugais, 26, f°ˢ 216 et 216 v°, Lisbonne, 1668년 10월 8일.

293. P. de La Court, 앞의 책, p. 52.

294. J. Du Mont, 앞의 책, I, p. 15.

295. Simancas, Estado Flandes, 2043.

296. A.N., K 1349, 132, f° 34 v°.

297. Archives de Malte, 6405, 18세기 초.

298. A.N., K 1349, 132, f° 135.

299. L. Guicciardini, 앞의 책, p. 108.

300. C. Wilson, *Anglo-Dutch commerce*……, 앞의 책, p. 20.

301. 1748, I, pp. 339–340.

302. 같은 곳.

303. A.N., B¹, 619, Pomponne의 서한, 1669년. Konrad van Beuningen은 프랑스 주재 네덜란드 대사였다.

304. 같은 곳, d'Estrades, La Haye, 1665년 2월 5일.

305. D. Defoe, *A Plan of the English Commerce*, 1728, p. 192.

306. Le Pottter de La Hestroy, A.N., G⁶, 1687 (1703), f° 67.

307. A.N., B¹, 619, 1669년 6월 27일.

308. 같은 곳, 1670년 10월 30일.

309. J.-F. Melon, 앞의 책, p. 237.

310. 같은 책, p. 238.

311. 같은 책, p. 239.

312. 통화(monnaie courante)의 뜻.

313. Moscou, A.E.A., 50/6, 490, 1773년 4월 17일.

314. J. Accarias de Sérionne, *Les Intérêts des nations*……, 앞의 책, II, p. 200.

315. J. Savary, 앞의 책, I, col. 331 이하 ; J. Accarias de Sérionne, 앞의 책, I, p. 278.

316. J. Accarias de Sérionne, 앞의 책, II, p. 250.

317. 같은 책, II, p. 321.

318. 같은 책, I, p. 226.

319. 같은 곳.

320. A.N., A.E., B¹ 165, 1783년 2월 13일.

321. J. Accarias de Sérionne, 앞의 책, I, p. 278.

322. 같은 곳.

323. 같은 곳.

324. *Manias, Bubbles, Panics and Crashes and the Lender of Last Resort*, 타이프본, 제2장, pp. 1 이하.

325. J. Savary, 앞의 책, I, col. 8.

326. 여기에서 transport는 transfert(양여, 명의 변경)의 뜻이다.

327. J. Accarias de Sérionne, 앞의 책, II, pp. 314-315.
328. 여기에서 retraite는 remise(수수료, 커미션)의 뜻이다.
329. Giulio Mandich, *Le Pacte de Ricorsa et le marché étranger des changes*, 1953.
330. C. Wilson, *Anglo-Dutch Commerce*……, 앞의 책, p. 167.
331. J. Accarias de Sérionne, 앞의 책, I, p. 226.
332. 같은 책, II, p. 210.
333. 같은 책, I, p. 397.
334. 1489년에 헨리 7세에 의해서 주조된 금화로서 파운드 스털링 화와 같은 가치를 가지고 있었다.
335. A.d.S. Naples, Affari Esteri, 804.
336. 이것은 은행에서의 이체보다는 직접 금을 보내는 것이 더 유리하게 되는 환율을 가리킨다(R. Barraine, *Nouveau Dictionnaire de droit et de sciences économiques*, 1974, p. 234).
337. A.N., Marine, B⁷, 438, Amsterdam, 1774년 12월 13/26일.
338. *In : L'Express*, 1974년 1월 28일.
339. J. Accarias de Sérionne, 앞의 책, II, p. 201.
340. A.N., Marine B⁷ 438, f° 6, Amsterdam, 1774년 3월 17일, Maillet du Clairon의 서한.
341. F. Ruiz Martín, *Lettres marchandes*……, p. xxxix.
342. *Médit*……, II, p. 44.
343. Eric J. Hobsbawm, *The Age of Revolution*, pp. 44-45.
344. C. Wilson, *Anglo-Dutch Commerce*……, 앞의 책, pp. 88-89.
345. 여기에서 obligation은 오늘날의 titre(채권, 증권)의 의미이다.
346. A.E., CP. Hollande, 513, f° 360, La Haye, 1764년 3월 9일.
347. Moscou, A.E.A., 480, 50/6.
348. Moscou, A.E.A., 12/23, 1784년 3월, 50/6, 522, f° 21 v°. 프리미엄(prime)이라는 표현을 쓰고 있다는 점에 주목하라. 한 프랑스 문서(A.E., C.P. Hollande, 577, f° 358, 1788년 12월 12일)는 "수익(bénéfice)"이라는 말을 쓰고 있다. 러시아가 300만 플로린을 차용한 데 대한 수익은 12만 플로린이어서 4퍼센트의 비율이었다.
349. 이 책 제2권의 134쪽 이하를 보라.
350. Moscou, A.E.A., 480, 50/6, f° 13, Amsterdam, 1770년 4월 2-13일.
351. 같은 곳, f° 6, Amsterdam, 1770년 3월 29일-4월 9일.
352. Moscou, A.E.A., 472, 50/6, f 3 v°-4, Amsterdam, 1763년 3월 18-29일과 1763년 3월 25일-4월 5일.
353. Moscou, A.E.A., 539, 50/6, 62 v°, 1788년 8월 26일.
354. A.E., C.P., 578, f° 326, 1789년 6월 2일.
355. 같은 책, 579, f° 3, 1789년 7월 3일.
356. 같은 책, f°ˢ 100 v° 이하, 1789년 8월 18일.
357. 스웨덴 44만8,000제곱킬로미터, 노를란드 지방 26만1,500제곱킬로미터, 남부 스웨덴 18만6,500제곱킬로미터.
358. Maurice Zimmerman, *États Scandinaves, régions polaires boréales*, in : P. Vidal de la Blache, L. Gallois, *Géographie universelle*, III, 1933, p. 143.
359. 이것은 K. Bücher의 유명한 구분이다. 즉, 가정경제, 도시경제, 영토경제가 그것이다.
360. 이 책의 47-48쪽을 보라.
361. P. Dollinger, *La Hanse*……, 앞의 책, p. 52.
362. Claude Nordmann, *Grandeur et liberté de la Suède (1660-1792)*, 1971, p. 93.
363. 같은 책, p. 17.
364. 육지 면적만 고려하면 1제곱킬로미터당 인구밀도는 3명이다.
365. 앞의 책, p. 17.
366. 흔히 다음과 같이 구분한다. 1721년 이전에 스웨덴 역사는 "위대함(grandeur)"을 지니고 있었으나 18세기에는 "자유(liberté)"를 누렸다.
367. 같은 책, p. 94.

368. 같은 책, p. 45.

369. P. Dollinger, 앞의 책, pp. 527-528.

370. V. Barbour, 앞의 책, p. 102.

371. C. Nordmann, 앞의 책, p. 50.

372. 같은 책, p. 453.

373. Eli F. Heckscher et E. F. Söderlund, *The Rise of Industry*, 1953, pp. 4-5.

374. C. Nordmann, 앞의 책, p. 243.

375. J. Savary, 앞의 책, V, col. 1673 이하.

376. 일반적으로 중립국의 선박들은 교전국의 계정으로 운항했다.

377. C. Nordmann, 앞의 책, pp. 63-64.

378. L. Dermigny, 앞의 책, I, pp. 173 이하.

379. "The Economic Relations between Peasants, Merchants and the State in North Eastern Europe, in the 17th and 18th Centuries", 타이프본, Colloque de Bellagio, 1976.

380. 이 책 제2권의 306-308쪽 이하를 보라.

381. 농민 부채 원부(Bücher von Bauernschulden)는 법정에서 증거로 이용되었다.

382. Pierre Jeannin, *L'Europe du Nord-Ouest et du Nord aux XVIIᵉ et XVIIIᵉ siècles*, 1969, p. 93.

383. 헴만(hemman)은 스웨덴 농민들의 세습재산이었다. 이것을 heman이라고 표기한 문서도 있다. A.N., K 1349.

384. C. Nordmann, 앞의 책, p. 15.

385. Maria Bogucka, "Le marché monétaire de Gdansk et les problèmes du crédit public au cours de la première moitié du XVIIᵉ siècle", 타이프본, *Semaine de Prato*, 1972, p. 5.

386. 앞의 책, V, col. 579-580.

387. M. Bogucka, 앞의 논문, p. 3.

388. Walter Achilles, "Getreidepreise und Getreidehandelsbeziehungen europäischer Räume im 16. und 17. Jahrhundert", *in : Zeitschrift für Agrargeschichte und Agrarsoziologie*, 1959년 4월, p. 46.

389. Marian Malowist, *Croissance et régression en Europe*, 1972, p. 172.

390. Sven-Erik Aström, 1976년 벨라조 회의에서의 발표(주 379 참조).

391. Witold Kula, *Théorie économique du système féodal*, 1970, pp. 93 이하에서 제시.

392. J. Savary, 앞의 책, V, col. 578.

393. Le Pottier de La Hestroy, 앞의 문서, P. 17.

394. Père Mathias de Saint-Jean (alias Jean Éon), *Le Commerce honorable⋯⋯*, 1646, pp. 89-90.

395. P. Boissonnade, P. Charliat, *Colbert et la Compagnie de commerce du Nord (1661-1689)*, 1930, pp. 31 이하.

396. Le Pottier de La Hestroy, 앞의 문서, p. 18.

397. A.N., A.E., B\ 619, La Haye, 1669년 9월 5일.

398. A.N., G⁷, 1695, 52.

399. A.N., M 662, nº 5, fº 1 vº.

400. 같은 곳, p. 98.

401. 같은 곳, p. 59 vº.

402. 같은 곳, p. 115.

403. C. Nordmann, 앞의 책, pp. 54-55.

404. Le Pottier de La Hestroy, 앞의 문서, p. 25.

405. Père Mathias de Saint-Jean (alias Jean Éon), 앞의 책, pp. 30 이하, pp. 87 이하.

406. 이 책을 보라[원서에 페이지 정보가 기재되어 있지 않다. 아마도 이 책 제2권의 675-676쪽에 해당하지 않을까 싶다/역주].

407. *Anglo Dutch Commerce⋯⋯*, 앞의 책, pp. 6-7.

408. 같은 곳.

409. 같은 책, p. 10, 주 5.

410. *A Plan of the English commerce*, 1728, p. 163.
411. C. Wilson, 앞의 책, pp. 7-10.
412. E. Schulin, 앞의 책, p. 230. *"All our merchants must tum Dutch factors."*
413. C. Wilson, 앞의 책, pp. 16-17.
414. 같은 책, p. 11.
415. C. Wilson, *England's Apprenticeship⋯⋯*, 앞의 책, p. 322.
416. *La République hollandaise des Provinces-Unies*, 1968, p. 33.
417. 앞의 책, pp. 223 이하.
418. Constantin Renneville, *Voiage de Paul van Caerden aux Indes orientales*, 1703, II, p. 133.
419. 네덜란드 동인도회사가 설립되기 이전의 회사를 말한다.
420. C. Renneville, 앞의 책, pp. 170-173.
421. Jean Meyer, *Les Européens et les autres*, 1975, p. 253.
422. 앞의 논문, 1763년 8월.
423. C. H. E. de Wit, 다음에서 인용, J. L. Price, 앞의 책, p. 220, 주 9.
424. A.N., Marine, B⁷ 435, f°2.
425. *Gazette de France*, 1772년 4월 24일.
426. 같은 곳.
427. A.N., Marine, B⁷, 434, f° 30 ; 435, f° 1 이하. "클리퍼드 가문의 회사와 그보다는 규모가 작은 다른 회사들 두셋에서 연이어 파업이 일어났으나 근심을 불러일으키지도 않았고 신용을 절대적으로 상실한 것도 아니다."
428. Moscou, A.E.A., 50/6, 506, f° 49.
429. 이와 같은 대조는 이미 다음에서 언급되었다. Ch. Carrière, M. Courdurié, 앞의 책, I, p. 85. "농업 사이클은 국제적인 대항구(마르세유를 지칭한다)의 활동과 정확히 맞아떨어지지는 않는다."
430. *Anglo-Dutch Commerce⋯⋯*, 앞의 책, p. 176.
431. J. Accarias de Sérionne, *Les Intérêts de l'Europe⋯⋯*, 앞의 책, II, p. 205.
432. M. G. Buist, *At Spes non fracta. Hope and Co, 1770-1815*, 1974, pp. 12-13.
433. M. Torcia, *Sbozzo del commercio di Amsterdam*, 1782, p. 9.
434. A.E., C.P. Hollande, 513, f° 64 v°.
435. C. Wilson, 앞의 책, p. 168.
436. M. Torcia, 앞의 책, p. 9.
437. A.d.S. Venise, Inghilterra 119, f° 92, 92 v°.
438. C. Wilson, 앞의 책, pp. 167-168.
439. *Gazette de France*, 584, Hambourg, 1763년 8월 22일.
440. 같은 곳, *624*, Copenhague, 1763년 9월 3일.
441. Moscou, A.E.A., 50/6, 472, f° 50, 1763년 8월 12일.
442. 같은 곳.
443. 같은 곳, f° 51 v°.
444. 같은 곳.
445. discompte는 escompte(할인)의 뜻으로 쓰였다.
446. Moscou, A.E.A., 50/6, 472, f° 44.
447. A.N., A.E., CP. Hollande, 513, f° 64 v°.
448. 사업이 유예된(sursis) 기간을 말한다.
449. A.d.S. Naples, Affari Esteri 800, La Haye, 1763년 8월 2일.
450. 같은 곳, 8월 26일에 전달된 8월 16일 자 베를린으로부터의 의견서.
451. *Gazette de France*, 544, 1763년 8월 4일.
452. A.d.S. Naples, Affari Esten 800.
453. *Gazette de France*, 296, La Haye, 1763년 4월 22일.
454. M. Torcia, 앞의 책, p. 9.
455. Moscou, A.E.A., 50/6, 490, 1-2.

456. 같은 곳.

457. 같은 곳.

458. 같은 곳.

459. *Anglo-Dutch Commerce*……, pp. 169 이하.

460. A.N., Marine, B⁷, 435, Amsterdam, 7, 1773년 4월 5일.

461. A.N., Marine, B⁷, 438, Amsterdam, 7, 1774년 3월 28일.

462. A.N., Marine, B⁷, 435, Amsterdam, 3, 1773년 2월 4일.

463. 1929년 10월 24일 목요일. 다음을 참조하라. J. K. Galbraith, *The Great Crash, 1929*, 1955.

464. 인터사이클 또는 간10년 사이클(interdécennal)을 가리킨다. 이 책의 97쪽을 보라.

465. C. E. Labrousse, *La Crise de l'économie française*……, 앞의 책, p. xxii.

466. Robert Besnier, *Histoire des faits économiques jusqu'au XVIIIᵉ siècle*, 1962−1963, p. 249.

467. Moscou, A.E.A., 50/6, 539, fᵒ 47.

468. C. P. Thurnberg, *Voyage en Afrique et en Asie, principalement au Japon, pendant les années 1770−1779*, 1794, p. 30.

469. A.E., C.P. Hollande, 543, Amsterdam, 1780년 12월 28일.

470. 다음에서 따온 표현이다. Pieter Geyl, *La Révolution batave (1783−1798)*, 1971.

471. I. Schöffer, 앞의 책, pp. 656 et 657.

472. Moscou, A.E.A., 50/6, 531, f 51.

473. 같은 곳, 534, fᵒ 126 vᵒ.

474. 같은 곳, 530, fᵒ 62.

475. 같은 곳, 531, fᵒˢ 92−93, Amsterdam, 1786년 12월 18/29일.

476. 같은 곳, 50/6, 531, fᵒ 66.

477. 같은 곳.

478. M. G. Buist, 앞의 책, p. 431.

479. 즉, 스타트하우더(stathouder)를 말한다.

480. A.E., C.P. Hollande, 565, fᵒˢ 76−83.

481. P. Geyl, 앞의 책, p. 90.

482. A.E., C.P. Hollande, 575, fᵒ 70.

483. P. Geyl, 앞의 책, pp. 94 이하.

484. 같은 책, p. 95.

485. A.E., C.P. Hollande, 575, fᵒˢ 253 이하, La Haye, 1787년 12월 14일 ; 다음도 참조하라. A.E., C.P. Hollande, 578, fᵒ 274, La Haye, 1789년 5월 15일.

486. 같은 곳.

487. A.E., C.P. Hollande, 576, fᵒ 46, 1788년 4월 3일.

488. A.E., C.P. Hollande, 575, fᵒ 154 vᵒ, 1787년 10월 25일.

489. Moscou, A.E.A., 50/6, 533, fᵒ 60.

제4장

1. Jean Romeuf, 1958 ; Alain Cotta, 1968 ; H. Tezenas du Montcel, 1972 ; Bouvier-Ajam 외 여러 명, 1975.

2. 다음을 참조하라. Pierre Vilar, "Pour une meilleure compréhension entre économistes et historiens. "Histoire quantitative" ou économétrie rétrospective?", in : *Revue historique*, 1965, pp. 293−311.

3. Jean Marczewski, *Introduction à l'histoire quantitative*, 1965 ; R. W. Fogel, 특히 *The Economics of slavery*, 1968 ; 많은 논문들 중에서도 특히, "Historiography and retrospective econometrics", in : *History and Theory*, 1970, pp. 245−264 ; "The New Economic History. I. Its finding and methods", in : *The Economic History Review*, 1966, pp. 642−656.

4. 이 책 제2권을 보라.

5. Pierre Chaunu의 표현, "La pesée globale en histoire", in : *Cahiers Wilfredo Pareto*, 1968.

6. François Perroux, "Prises de vues sur la croissance de l'économie française, 1780–1950", *in : Income and Wealth*, V, 1955, p. 51.

7. 다음에서는 초보적인 시장과 국제시장이 전국시장을 비롯한 그 중간의 시장들보다 앞서 등장했다고 말한다. W. Sombart, *Der moderne Kapitalismus*, 1928, II, pp. 188–189.

8. 이 책의 46–48쪽을 보라.

9. Louis Chevalier, *Démographie générale*, 1951, 특히 p. 139.

10. "Études sur l'ancienne communauté rurale en Bourgogne. II. La structure du manse", *in : Annales de Bourgogne*, XV, 1943, p. 184.

11. 이렇게 극미한 단위는 아주 오래된 것이다. Frédéric Hayette의 생각에, 유럽의 마을들은 로마 시대의 주형 속에서 만들어졌으며 여기에서 벗어나오는 것은 8–9세기에 가서의 일이다. "The Origins of European Villages and the First Europansion", *in : The Journal of Economic History*, 1977년 3월, pp. 182–206, J. A. Raftis의 주석, pp. 207–209.

12. Guy Fourquin, *in :* Pierre Léon, *Histoire économique et sociale du monde*, 1977, I, p. 179. 프랑스의 코뮌(commune)은 부유한 지역에서는 면적이 10제곱킬로미터도 안 되지만 가난한 지역에서는 45제곱킬로미터에 이르기도 한다.

13. Levi-Pinard, *La Vie quotidienne à Vallorcine*, 앞의 책, p. 25.

14. Michael Weisser, "L'économie des villages ruraux situés aux alentours de Tolède", 타이프본, 1971, p. 1.

15. *Crises agraires en Europe (XIIᵉ–XXᵉ siècle)*, 1973, p. 15.

16. 다음을 참조하라. Pierre Chevalier, *La Monnaie en Lorraine sous le règne de Leopold (1698–1729)*, 1955, p. 126, 주 3(1711).

17. Lucien Gallois, *Paris et ses environs*, 출판년도 불명(1914), p. 25.

18. R. Brunet의 서한, 1977년 11월 25일. "약 1,000제곱킬로미터가 전형적인 크기인 것 같은데 이것은 우연한 사실은 아닌 것으로 생각됩니다."

19. R. Brunet에 의하면, 보제지 800제곱킬로미터(이것은 논의의 여지가 있다), 부아브르 800 제곱킬로미터, 오주 지방 1,200–1,400제곱킬로미터, 발루아 1,000제곱킬로미터, 오트 1,000제곱킬로미터.

20. Guy Cabourdin, *Terre et hommes en Lorraine du milieu du XVIᵉ siècle à la guerre de Trente Ans, Toulois et comté de Vaudémont*, 1975, I, p. 18.

21. Jean Nicolas, *La Savoie au XVIIIᵉ siècle*, 1978, p. 138. 타랑테즈 1,693제곱킬로미터, 모리엔 1,917제곱킬로미터, 샤블레 863제곱킬로미터, 준부아 1,827제곱킬로미터.

22. 1815년 이전에 대해서는 Paul Guichonnet로부터 제공받은 정보에 의한 것이다.

23. Marco Ansaldo, *Peste, fame, guerra, cronache di vita valdostana del sec. XVII*, 1976.

24. Émile Appolis, *Le Diocèse civil de Lodève*, 1951, pp. v, vi, 1, 주 1, 2.

25. G. Cabourdin, 앞의 책.

26. Marzio Romani, conférence, Paris, 1977년 12월 8일.

27. Lucien Febvre, *in : Annales E.S.C.*, 1917, p. 205.

28. Armand Brette, *Atlas des bailliages ou juridictions assimilées, ayant formé unité électorale en 1789*, 출판년도 불명, p. viii. "1789년에 선거구를 구성하고 있던 400개 이상의 바야주 중에 이웃 바야주와 파루아스를 분할하여 가지고 있거나 경계가 모호하거나 분쟁을 하는 등의 문제가 전혀 없는 바야주는 아마 한 곳도 없었을 것이다."

29. 이 긴 문단에서 province, région, région naturelle, marché provincial, marché régional 등은 구분 없이 쓰였다. 이 문제에 대해서는 다음을 참조하라. André Piatier, *Existe-t-il des régions en France?*, 1966 ; *Les Zones d'attraction de la région Picardie*, 1967 ; *Les Zones d'attraction de la région Auvergne*, 1968.

30. "Tableau de la France", dans *Histoire de France*, II, 1876, p. 79.

31. "Ritratti di cose di Francia", *in : Opere complete*, 1960, pp. 90–91.

32. J. Dhont, "Les solidarités médiévales. Une société en transition : la Flandre en 1127–1128", *in : Annales E.S.C.*, 1957, p. 529.

33. P. Chevalier, 앞의 책, p. 35.

34. 1712–1770년. 마리아-테레지아는 그를 1753년부터 그가 사망할 때까지 오스트리아령

네덜란드의 감독관으로 임명했다.

35. A.d.S. Naples, Affari Esteri 801, La Haye, 1768년 9월 2일. 브뤼셀 정부가 오스텐더의 양모 수입에 대해서 편의를 보아준 것에 관해서는 같은 문서, 1768년 5월 27일을 보라.

36. *The Opposition to Louis XIV*, 1965, p. 217.

37. P. Chaunu, *in :* F. Braudel et E. Labrousse, *Histoire économique et sociale de la France*, I, vol. I, p. 28.

38. Joseph Calmette, *L'Élaboration du monde moderne*, 1949, pp. 226–227.

39. Ernest Gossart, *L'Établissement du régime espagnol dans tes Pays-Bas et l'insurrection*, 1905, p. 122.

40. Eli F. Heckscher, *La Epoca mercantilista*, 1943, pp. 30 이하.

41. Thorold Rogers, *History of agriculture and prices in England*, 1886, 다음에서 인용, E. Heckscher, 앞의 책, pp. 32–33.

42. 앞의 책, p. 30.

43. Abbé Coyer, *Nouvelles Observations sur l'Angleterre par un voyageur*, 1749, pp. 32–33.

44. A.N., Marine, B[7] 434, 1776년경.

45. A. Ponz, 앞의 책, I, p. 1750.

46. Marcel Reinhard, "Le voyage de Pétion à Londres (1791년 11월 24일–12월 11일)", *in :* Revue d'histoire diplomatique, 1970, pp. 35–36.

47. Otto Stolz, "Zur Entwicklungsgeschichte des Zollwesens innerhalb des alten deutschen Reiches", *in :* Vierteljahrschrift für Sozial- und Wirtschaftsgeschichte, 1954, 46, I, pp. 1–41.

48. *Bilanci……*, 앞의 책, 1, p. ci, 1794년 12월 20일.

49. Ricardo Krebs, *Handbuch der europäischen Geschichte*, p. p. Theodor Schieder, 1968, vol. 4, p. 561.

50. E. Heckscher, 앞의 책, p. 93.

51. Charles Carrière, *Négociants marseillais au XVIIIe siècle*, 1973, pp. 705, 710–712. 1767년경.

52. A.N., H 2940 ; L.-A. Boiteux, *La Fortune de mer*, 1968, p. 31, 다음에 의거, Philippe Mantellier, *Histoire de la communauté des marchands fréquentant la rivière de Loire*, 1867.

53. J. Savary, 앞의 책, I, col. 22–23.

54. A.d.S. Gênes, Lettere Consoli 1/26, 28 (Londres, 1673년 12월 11/12일).

55. A.N., f° 12, 65, f° 41 (1719년 3월 1일).

56. A.N., H 2939 (인쇄물).

57. 같은 곳.

58. P. Dockes, 앞의 책, p. 182.

59. R. Besnier, 앞의 책, p. 99.

60. Moscou, A.E.A., 93/6, 439, f° 168. Paris, 1786년 11월 20일–12월 1일.

61. *Gazette de France*, 1763년 1월 3일(Londres, 1762년 12월 24일).

62. I. de Pinto, 앞의 책, p. 2.

63. Traian Stoianovitch의 타이프본에 의거.

64. Michel Morineau, "Produit brut et finances publiques : analyse factorielle et analyse sectorielle de leurs relations", 타이프본, Semaine de Prato, 1976.

65. "Zur Entwicklung des Sozial Produckts in Deutschland im 16. Jahrhundert", *in :* Jahrbuch für Nationalökonomie und Statistik, 1961, pp. 448–489.

66. 앞의 논문, p. 18.

67. "L'unité économique des Balkans et la Méditerranée à l'époque moderne", *in :* Studia historiae œconomicœ, Poznan, 1967, 2, p. 35.

68. *La Catalogne dans l'Espagne moderne……*, 1962, III, p. 143.

69. B.N., Ms. fr. 21773, f° 31.

70. *Die Entstehung der Volkswirtschaft*, 1911, p. 141.

71. 나는 장래의 프랑스 은행이나 영국은행 등을 고려하여 이 단어를 오용한 감이 있다.

72. *Manias, Bubbles, Panics and Crashes and the Lender of Last Resort*, 앞의 타이프본.

73. Man Habib, "Potentialities of capitalist development in the economy of the Mughal India", International Economic History Congress, 타이프본, pp. 10-12, 주 p. 12 ; I. Habib, "Usury in Medieval India", *in : Comparative studies in Society and History*, VI, 1964년 7월.

74. "Commercial Expansion and the Industrial Revolution", *in : The Journal of European Economic History*, IV, 3, 1975, pp. 613-654.

75. *Cadiz y el Atlántico, 1717-1778*, 1976.

76. P. Dockes, 앞의 책, p. 157.

77. Emmanuel Le Roy Ladurie, "Les comptes fantastiques de Gregory King", *in : Annales E.S.C.*, 1968, pp. 1085-1102.

78. Pierre de Boisguilbert, *Détail de la France*, 1699, éd. I.N.E.D., 1966, II, p. 584.

79. 앞의 책, pp. 153 이하.

80. François Perroux, 다음에서 인용, Jean Lhomme, *in : Georges* Gurvitch, *Traité de sociologie*, 3ᵉ éd., 1967, I, p. 352, 주 2.

81. Arthur Lyon Bowley, Josiah C. Stamp의 선구적인 책, *National Income*이 출판된 시점이다.

82. "Europe's Gross National Product, 1800-1875", *in : The Journal of European Economic History*, 1976, p. 273.

83. *Comptabilité nationale*, 1965, pp. 3, 6, 28, 30. 다음을 참조하라. F. Fourquet, *Histoire quantitative. Histoire des services collectifs de la comptabilité nationale*, 1976, p. v.

84. 이 용어는 다음에서 처음으로 쓰였다. William Petty, *Political Arithmetick*, 1671-1677.

85. Louis Jeanjean의 편지, 1973년 1월 9일.

86. 이 책의 제2권을 보라.

87. *Croissance et structure économique*, 1972, p. 58.

88. Jacques Attali, Marc Guillaume, *L'Anti-économique*, 1974, p. 32.

89. F. Perroux의 생각이다. 다음에서 인용했다. C. Vimont, *in :* Jean Romeuf, *Dictionnaire des sciences économiques*, 1958, II, p. 984.

90. 같은 책, p. 982.

91. *Dictionnaire économique et financier*, 1975, p. 1014.

92. *In :* Jean Romeuf, 앞의 책, p. 985.

93. "Estimations du revenu national dans les sociétés occidentales pré-industrielles et au XIXᵉ siècle", *in : Revue économique*, 1977년 3월.

94. 같은 곳.

95. 같은 책, p. 193.

96. A.d.S. Venise, Senato Mar, 23, f° 36, 36 v°, 1534년 9월 29일.

97. 베네치아와 도가도의 인구를 합한 것이다.

98. 모직업 노동자들의 연수입 총액(총인원 2만 명, 노동자 수 5,000명으로 계산하여 합계 74만 두카트)으로부터 추산하고 또 베네치아의 인구를 20만 명으로 가정한 것이다.

99. P. Mantellier, 앞의 책, p. 388. F. Spooner의 계산에 대해서는 이 책의 434-436쪽을 참조하라.

100. Vauban, *Projet d'une dixme royale*, 1707, pp. 91-93.

101. Charles Dutot, *Réflexions politiques sur les finances et le commerce*, 1738.

102. 같은 책, I, pp. 366 이하.

103. J. D. Gould, *Economic Growth in History*, 1972, p. 4.

104. 같은 책, p. 5.

105. 이 책 제1권, 초판의 139-141쪽[원서]을 보라.

106. H. Van der Wee, "Productivité, progrès technique et croissance économique du XIIᵉ au XVIIIᵉ siècle", 타이프본, Semaine de Prato, 1971.

107. 주제 : *Produit brut et finances publiques, XIIIᵉ-XIXᵉ siècles*.

108. 2ᵉ éd., 1952.

109. J. de Vries, *The Dutch Rural Economy in the golden Âge*, 앞의 책, p. 95.

110. 다음을 참조하라. P. Bairoch, "Population urbaine et taille des villes en Europe de 1600 à 1700", *in : Revue d'histoire économique et sociale*, 1976, n° 3, p. 21.

111. M. Reinhardt, "La population des villes, sa mesure sous la Révolution et l'Empire", *in : Population*, 1954, p. 287.

112. 앞의 책, I, 1952, pp. 61 이하.

113. 세계의 인구를 1차 산업, 2차 산업, 3차 산업 종사자로 구분한 것. 1700년에는 활동인구의 81퍼센트가 1차 산업(농업, 임업, 어업)에 종사했으나 1970년에는 이 수치가 54.5퍼센트가 되었다. 다음을 참조하라. Paul Bairoch, "Structure de la population active mondiale de 1700 à 1970", *in : Annales E.S.C.*, 1971, p. 965.

114. Pieter de La Court, *Mémoires de Jean de Witt*, 1709, pp. 30-31.

115. Gregory King, *An Estimate of the Comparative Strength of Great Britain and France……*, 1696.

116. François Quesnay, *Tableau œconomique*, 1758.

117. K. Glamann, 1976년 10월 12일의 대단히 도움이 되는 서한. 이 책의 그림 29를 참조하라.

118. *François Quesnay et la physiocratie*, 1958, I, pp. 154 이하.

119. "*Zur Entwicklung des Sozialprodukts……*", 앞의 논문, p. 489.

120. Jean Marczewski, "*Le produit physique de l'économie française de 1789 à 1913*", *in : Histoire quantitative de l'économie française, Cahiers de l'I.S.E.A.*, n° 163, 1965년 7월, p. xiv.

121. 같은 곳.

122. 같은 곳.

123. *Médit……*, 1966, I, pp. 384 이하.

124. Robert E. Gallman et E. S. Howle, "The Structure of U.S. Weath in the Nineteenth Century", Colloque de la Southern Economic Association ; Raymond W. Goldsmith, "The Growth of Reproducible Wealth of the United States of America from 1805 to 1950", *in : Income and Wealth of the United States : Trends and Structure*, II, 1952.

125. 앞의 책, p. 58.

126. "La fortune privée de Pennsylvanie, New Jersey, Delaware (1774)", *in : Annales E.S.C.*, 1969, p. 245.

127. Hubert Brochier, Pierre Tabatoni, *Économie financière*, 2ᵉ éd., 1963, p. 131.

128. J. H. Mariéjol, *in* : Ernest Lavisse, *Histoire de France*, 1911, VI, 제1부, p. 37.

129. P. G. M. Dickson, "Fiscal Need and National Wealth in 18th Century Austria", 타이프본, Semaine de Prato, 1976.

130. 앞의 책.

131. Vauban, 앞의 책, p. 153.

132. "Taxation in Britain and France 1715-1810", Semaine de Prato, 1976, publié *in : The Journal of European Economic History*, 1976, pp. 608-609.

133. Museo Correr, Fonds Donà delle Rose, 27.

134. A.N., K 1352.

135. 이 책의 주 98과 420쪽을 보라.

136. Lucien Febvre, "Un chapitre d'histoire politique et diplomatique : la réunion de Metz.

137. Jacques Bloch-Morhange, *Manifeste pour 12 millions de contribuables*, 1977, p. 69 ; 경제학자, 역사학자이며 동시에 저널리스트인 David Warsh와 Lawrence Minard의 시사적인 논문, "Inflation is now too serious a matter to leave to economists", *in : Forbes*, 1976년 11월 15일, p. 123.

138. 영국에서는 Kaldor, Dudley Jackson, H. A. Turner, Frank Wilkinson, 미국에서는 John Hotson, 프랑스에서는 J. Bloch-Morhange 그리고 앞에서 언급한 David Warsh, Lawrence Minard 논문을 참조하라.

139. J. Robinson, *L'Accumulation du capital*, 앞의 책, p. 18.

140. *An Economic History of Sweden*, 1954, pp. 61, 69, 70, 116.

141. "Le revenu national en Pologne au XVIᵉ siècle", *in : Annales E.S.C.*, 1971, nᵒ 1, pp. 105-113.

142. "L'urbanisation de la France au XIXᵉ siècle", *in :* Colloque des historiens français de l' économie, 1977.

143. E. A. Wrigley, "The Supply of Raw Materials in the Industrial Revolution", *in : The Economic History Review*, 1962, p. 110.

144. *The International Economy and Monetary Movements in France 1493-1725*, 1972, p. 306.

145. 앞의 책, II, p. 587.

146. *Staat und Staatsgedanke*, 1935, p. 62.

147. *Le Bourgeois*, 1911, p. 106.

148. Jean Bouvier, "Histoire financière et problèmes d'analyse des dépenses publiques", *in : Annales E.S.C.*, 1978, p. 209.

149. P. Adam, 앞의 책, 타이프본, p. 43.

150. René Gandilhon, *Politique économique de Louis XI*, 1941, p. 322.

151. *In :* F. Braudel et E. Labrousse, *Histoire économique et sociale de la France*, II, 1970, pp. 166-167.

152. 이 문서는 Paul Guichonnet의 개인 소장 자료이다. 복사물이 파리의 인문과학원(Maison des Sciences de l'Homme)에 있다.

153. B.N., Ms. fr. 21773, fᵒˢ 133 이하.

154. Régine Robin, *La Société française en 1789 : Semur-en-Auxois*, 1970, pp. 101-109.

155. B.N., Ms. fr. 21773, fᵒˢ 133 이하.

156. 같은 곳.

157. *Histoire économique de la France*, 1939, p. 232.

158. R. Gascon, *in :* F. Braudel et E. Labrousse, 앞의 책, I, p. 256.

159. Cardinal François Mathieu, *L'Ancien Régime en Lorraine*.

160. René Baehrel, *Une Croissance : la Basse-Provence rurale, (fin du XVIᵉ siècle-1789)*, 1961, 여러 곳, 특히 pp. 77 이하.

161. J. Accarias de Sérionne, *Les Intérêts des nations de l'Europe⋯⋯*, 앞의 책, I, p. 224.

162. J. Huguetan, *Voyage d'Italie curieux et nouveau*, 1681, p. 5.

163. A.N., 129, A.P., 1.

164. A.N., 125, A.P., 16 (1687).

165. B.N., Ms. fr. 21773, fᵒˢ 73 à 75 vᵒ.

166. Arthur Young, *Voyages en France, 1787, 1788, 1789*, 1976, I, p. 89.

167. A. Ponz, 앞의 책, p. 1701.

168. Labrousse, *in :* F. Braudel et E. Labrousse, 앞의 책, II, p. 173.

169. A.N., G⁷, 1674, fᵒ 68, Paris, 1709년 12월 17일 ; A.N., G⁷, 1646, fᵒ 412, Orléans, 1709 년 8월 26일.

170. 같은 곳, fᵒ 371, 382 ; 1647, fᵒ 68, Orléans, 1709년 4월 1일, 22일, 12월 17일.

171. Moscou, A.E.A., 93/6, 394, fᵒˢ 24 et 24 vᵒ, 1783년 9월 30일.

172. H. Richardot, 앞의 책, p. 184, 다음에서 인용, P. Dockes, 앞의 책, p. 20.

173. *In :* F. Braudel et E. Labrousse, 앞의 책, I, p. 22.

174. 같은 책, I, p. 39.

175. P. Dockes, 앞의 책, p. 156.

176. 같은 책, p. 308.

177. 같은 책, pp. 25 et 353.

178. 다음에서 인용, Marcel Rouff, *Les Mines de charbon en France au XVIIIᵉ siècle*, 1922, p. 83, 주 1.

179. 1709년 4월 9일. 다음에서 인용, Claude-Frédéric Lévy, *Capitalistes et pouvoir au siècle*

des Lumières, 1969, p. 325.

180. 다음에서 인용, P. Dockes, 앞의 책, p. 298.

181. Raymond Collier, *La Vie en Haute-Provence de 1600−1850*, 1973, p. 36.

182. R. Gascon, *in* : F. Braudel, E. Labrousse, 앞의 책, I, vol. I, p. 328.

183. José Gentil da Silva, *Banque et crédit en Italie*······, 앞의 책, p. 514.

184. 같은 책, pp. 94, 285, 480, 490.

185. M. Morineau, "Lyon l'Italienne, Lyon la magnifique", *in* : *Annales E.S.C.*, 1974, p. 1540 ; F. Bayard, "Les Bonvisi, marchands banquiers à Lyon", *in* : *Annales E.S.C.*, 1971.

186. A.N., G⁷, 1704, 111.

187. R. Gascon, *in* : F. Braudel, E. Labrousse, 앞의 책, I, p. 288.

188. F. C. Spooner, *L'Économie mondiale et les frappes monétaires en France 1493−1680*, 1956, p. 279.

189. Denis Richet, *Une Société commerciale Paris-Lyon dans la deuxième moitié du XVIᵉ siècle*, 1965, conférence à la Société de l'histoire de Paris et de l'Île-de-France, 타이프본, p. 18.

190. *Histoire de Marseille*, III, pp. 236−237.

191. D. Richet, 앞의 책, p. 19.

192. *Œuvres*, p. p. G. Schelle, 1913, 1, p. 437.

193. P. Dockès, 앞의 책, p. 247.

194. Jules Delaborde, *Gaspard de Coligny, amiral de France*, 1892, III, p. 57.

195. *Mémoires de Jean Maillefer, marchand bourgeois de Reims*, 1890, p. 52.

196. E. Brachenhoffer, *Voyage en France 1643−1644*, 1925, pp. 110 et 113.

197. Lewis Roberts, *The Merchants Mapp of Commerce*, 1639, 다음에서 인용, E. Schulin, 앞의 책, p. 108.

198. B.N., Ms. fr. 21773, fᵒˢ 31 이하.

199. 같은 곳.

200. 같은 곳.

201. André Rémond, "Trois bilans de l'économie française au temps des théories physiocratiques", *in* : *Revue d'histoire économique et sociale*, 1957, pp. 450−451.

202. 무엇보다도, A.N., G⁷.

203. C.-F. Lévy, 앞의 책, p. 332.

204. Jacques Saint-Germain, *Samuel Bernard, le banquier des rois*, 1960, p. 202.

205. C.-F. Lévy, 앞의 책, p. 338.

206. Mathieu Varille, *Les Foires de Lyon avant la Révolution*, 1920, p. 44.

207. A.N., KK 1114, fᵒˢ 176−177. 리옹의 지사였던 d'Herbigny가 리옹 지사인 de la Michodière 의 보고원들과 함께 작성한 1762년의 비망록.

208. M. Varille, 앞의 책, p. 45.

209. A.N., G⁷, 359−360.

210. P. de Boislisle, *Correspondance des contrôleurs généraux*······, 1874−1897, II, p. 445.

211. A.N., G⁷, 363, 1709년 7월 25일.

212. 같은 곳, 7월 15일.

213. 같은 곳, 1709년 8월 2일.

214. M. Varille, 앞의 책, p. 44.

215. Guy Antonietti, *Une Maison de banque à Paris au XVIIIᵉ siècle, Greffulhe, Montz et Cie, 1789−1793*, 1963, p. 66.

216. A.D. Loire-Atlantique, C 694, Claude-Frédéric Lévy에 의해서 보고된 문서.

217. Edgar Faure, *La Banqueroute de Law*, 1977, p. 55.

218. 앞의 책, carte nᵒ 1.

219. Henri Hauser, "La question des prix et des monnaies en Bourgogne", *in* : *Annales de Bourgogne*, 1932, p. 18.

220. *The Elizabethans and America*, 다음에서 인용, I. Wallerstein, *The Modern World System*,

앞의 책, p. 266, 주 191.

221. Fritz Hartung, Roland Mousnier, "Quelques problèmes concernant la Monarchie absolue", *in : Congrès intern. des sc. hist.*, Rome, 1955, vol. IV, p. 45.

222. *In : F.* Braudel, E. Labrousse, *Histoire économique et sociale de la France*, II, p. 525.

223. R. Besnier, 앞의 책, p. 35.

224. *Beauvais et le Beauvaisis de 1600 à 1730. Contribution à l'histoire sociale de la France du XVIIᵉ siècle*, 1960, pp. 499 이하.

225. Jean Delumeau, "Le commerce extérieur de la France", *in : XVIIᵉ siècle*, 1966, pp. 81−105 ; du même auteur, *L'Alun de Rome*, 1962, pp. 251−254.

226. Emmanuel Le Roy Ladurie, *Essai sur la statistique de la population française*, 1969, A. d' Angeville의 서문, p. xx.

227. Michel Morineau, "Trois contributions au Colloque de Göttingen", *in : Vom Ancien Régime zur französischen Revolution*, p. p. Albert Cremer, 1978, p. 405, 주 61.

228. 같은 책, pp. 404−405.

229. J.-C. Toutain, 타이프본, Congrès international d'Édimbourg, 1978, A 4, p. 368.

230. 1702−1713년에 프랑스의 해적들은 4,543차례에 걸쳐 적들을 약탈했다. E. Labrousse, *in : F.* Braudel, E. Labrousse, 앞의 책, II, p. 191.

231. 다음에서 인용, Charles Frostin, "Les Pontchartrain et la pénétration commerciale française en Amérique espagnole (1690−1715)", *in : Revue historique*, 1971, p. 310.

232. Michel Augé-Laribé, *La Révolution agricole*, 1955, p. 69.

233. Abbé Ferdinando Galiani, *Dialogues sur le commerce des bleds*, 1949, p. 548.

234. A.N., F¹², 724.

235. M. Morineau, "Produit brut et finances publiques······", 앞의 논문, 타이프본, p. 18.

236. *L'Autre France*, 1973.

237. B.N., Ms. fr. 21773.

238. 같은 곳, fᵒˢ 127 vᵒ−131.

239. A.N., G⁷, 1685, 67.

240. 앞의 책, p. 75.

241. *Les Négociants bordelais, l'Europe et les îles au XVIIIᵉ siècle*, 1974, pp. 381 이하.

242. B.N., Ms. fr. 21773, fᵒ 148.

243. A.N., G⁷, 1692, fᵒ 146.

244. Louis Trenard, *Histoire des Pays-Bas français*, 1972, p. 330.

245. 앞의 논문, p. 437.

246. Jean Meyer, *L'Armement nantais de la seconde moitié du XVIIIᵉ siècle*, 1969, p. 62.

247. A.N., G⁷, 1686, fᵒˢ 59 et 60.

248. *Gazette d'Amsterdam*, 1672.

249. A.N., Colonies, F 2A, 16 et F 2A, 15 (1698년 3월 4일).

250. A.N., 94 AQ 1 (1748년 1월 8일).

251. A.N., G⁷, 1698, 224 (1714년 2월 19일).

252. 같은 곳, 223 (1714년 2월 7일).

253. 다음에 의거, Victor Hugo, *En voyage : Alpes et Pyrénées*, 1890.

254. 납세구(généralité)란 지사가 관리하는 행정단위를 말한다.

255. François de Dainville, "Un dénombrement inédit au XVIIIᵉ siècle : l'enquête du contrôleur général Orry, 1745", *in : Population*, 1952, pp. 49 이하.

256. 앞의 논문, pp. 443 et 446.

257. E. Labrousse, *in : F.* Braudel, E. Labrousse, 앞의 책, II, p. 362.

258. Marcel Marion, *Les Impôts directs sous l'Ancien Régime principalement au XVIIIᵉ siècle*, 1974, pp. 87−112. 1749년에 만들어진 조세는 10분의 1세에 근거하여 만든 것이다. "이 조세는 토지소득세보다 거의 많지 않았고 20분의 1세에 훨씬 못 미쳤다." M. Marion, *Dictionnaire des institutions*, p. 556.

259. Jean-Claude Perrot, *L'Âge d'or de la statistique régionale française, an IV-1804*, 1977.

260. A.N., F¹², 721 (1783년 6월 11일).

261. *Toulouse et la région Midi-Pyrénées au siècle des Lumières, vers 1670-1789*, 1974, p. 836, 결론.

262. 이 문제에 관해서는 다음을 참조하라. Anne-Marie Cocula, "Pour une définition de l'espace aquitain au XVIIIᵉ siècle", *in : Aires et structures du commerce français*, p. p. Pierre Léon, 1975, pp. 301-309.

263. Philippe de Vries, "L'animosité anglo-hollandaise au XVIIᵉ siècle", *in : Annales E.S.C.*, 1950, p. 42.

264. *Letters and Papers, Foreign and Domestic, of the Reign of Henry VIII*, p. p. Brewer. III/II, 1867, p. 1248, 다음에서 인용, E. Heckscher, 앞의 책, p. 693, 주 1.

265. Abbé J.-B. Le Blanc, 앞의 책, I, p. 137.

266. *Voyages en France……*, 앞의 책, I, p. 73.

267. A. L. Rowse, "Tudor Expansion : the Transition from Medieval to Modern History", *in : William and Mary Quarterly*, 1957, p. 312.

268. Sully, *Mémoires*, III, p. 322.

269. Abbé J.-B. Le Blanc, 앞의 책, III, p. 273.

270. Jean-Gabriel Thomas, *Inflation et nouvel ordre monétaire*, 1977, p. 58.

271. J. Savary, 앞의 책, III, col. 632.

272. J.-G. Thomas, 앞의 책, pp. 60-61.

273. 영국의 역사가들 사이에 널리 유행된 이 표현은 J. D. Gould의 책 제목으로 이용되었다. J. D. Gould, *The Great Debasement*, 1970.

274. dwt는 페니웨이트(pennyweight)의 약자로서, 1온스의 20분의 1을 나타낸다. 11온스 12페니웨이트와 12온스 사이의 비율을 계산해보라. 답은 240분의 222, 즉 40분의 37이 된다.

275. J. D. Gould, 앞의 책, p. 89의 표.

276. Raymond de Roover, *Gresham on Foreign Exchange*, 1949, p. 67.

277. 같은 책, p. 68.

278. 같은 책, pp. 198 이하, 270 이하.

279. A. E. Feavearyear, *The Pound Sterling. A History of English Money*, 1963, pp. 82-83.

280. J. Keith Horsefield, *British Monetary Experiments 1650-1710*, 1960, pp. 47-60.

281. 1663년에 찰스 2세에 의해서 만들어졌다.

282. A.E., C.P. Angleterre, 173, fᵒ 41.

283. 같은 곳, fᵒ 132, 1696년 10월 8일.

284. J. K. Horsefield, 앞의 책, p. 50.

285. Jacques E. Mertens, *La Naissance et le développement de l'étalon-or, 1696-1922*, 1944, p. 91.

286. J.-G. Thomas, 앞의 책, pp. 68-69.

287. J. K. Horsefield, 앞의 책, p. 85.

288. 앞의 책, p. 80. "프랑스에서는 모든 유가증권을 '종이'라고 구분 없이 표현한다.……이것은 한심스러운 일이다."

289. Louis Simond, *Voyage d'un Français en Angleterre pendant les années 1810 et 1811*, 1816, II, pp. 228 이하.

290. Maurice Rubichon, *De l'Angleterre*, 1815-1819, p. 357. "1808년 이후 기니 화는 완전히 사라졌다". L. Simond, 앞의 책, I, p. 319 ; II, p. 232.

291. L. Simond, 앞의 책, pp. 227-228.

292. Arnold Toynbee, *L'Histoire*, 1951, p. 263.

293. Bartolomé Bennassar, *L'Angleterre au XVIIᵉ siècle (1603-1714)*, 출판년도 불명, p. 21.

294. 이 책 제2권의 제1장을 보라.

295. T. S. Willan, *The Inland Trade*, 1976.

296. Daniel Defoe, *The Complete English Tradesman*, 5ᵉ ed. 1745, I, pp. 340-341.

297. 같은 곳.

298. 같은 곳, I, p. 342.

299. T. S. Willan, *Rivers Navigation in England, 1600−1750*, 1964, p. 133.

300. 다음에서 인용, Kay Bert Westerfield, *Middlemen in English Business particularly between 1660 and 1760*, 1915, p. 193.

301. T. S. Ashton, *An Economic History of England : the 18th century*, 1972, pp. 66−67.

302. René-Martin Pillet, *L'Angleterre vue à Londres et dans ses provinces pendant un séjour de dix années*, 1815, p. 23.

303. J. K. Horsefield, 앞의 책, p. 15.

304. Eric J. Hobsbawm, *Industry and Empire*, 1968, p. 11, et Sydney Pollard, David W. Crossley, *The Wealth of Britain, 1085−1966*, 1968, pp. 165−166.

305. J. Accarias de Sérionne, *Les Intérêts de l'Europe*……, 앞의 책, I, p. 46.

306. E. Hobsbawm, 앞의 책, p. 253.

307. S. G. E. Lythe et J. Butt, *An Economic History of Scotland, 1100−1939*, 1975, pp. 70 이하.

308. T. C. Smout, *A History of Scottish People*, 1973, p. 225.

309. 같은 곳, pp. 153 이하, 특히 p. 155.

310. T. C. Smout, 프라토 역사학 회의에서의 회담, 1978.

311. J. Accarias de Sérionne, *La Richesse de l'Angleterre*, 앞의 책, p. 52.

312. T. C. Smout, 앞의 책, p. 226.

313. Charles Baert-Duholant, *Tableau de la Grande-Bretagne, de l'Irlande et des possessions angloises dans les quatre parties du monde*, Paris, an VIII, I, p. 202.

314. "울타리(palissade)는 전쟁의 전황에 따라 전진과 후퇴를 거듭한다." P. Vidal de La Blache, *États et nations de l'Europe*, 4ᵉ éd., 출판년도 불명, p. 307.

315. 예를 들면 J. H. Plumb은 그의 책 *England in the Eighteenth Century*, 1973에서 다소 의하한 제목의 장 "The Irish Empire", pp. 178 이하에서 그렇게 하고 있다.

316. Christopher Hill, *in :* M. Postan et C. Hill, *Histoire économique et sociale de la Grande Bretagne*, I, 1977, p. 378.

317. J. H. Plumb, 앞의 책, p. 179.

318. *Épocas do Portugal económico*, 1929. 사이클이란 브라질에서 차례로 나타난 주요 활동들을 말한다. 염료용 목재 사이클, 설탕 사이클, 금 사이클 등이 있다.

319. C. Baert-Duholant, 앞의 책, I, pp. 320−355.

320. I. de Pinto, 앞의 책, p. 272.

321. A.N., A.E., Bᴵ, 762, fᵒ 253. 강조는 내가 한 것이다.

322. 같은 곳.

323. Moscou, A.E.A., 35/6, 312, fᵒ 162, 1779년 12월 9일, 1780년 2월 2일.

324. A.E., C.P. Angleterre, 533, fᵒ 73, 1780년 3월 14일.

325. J. H. Plumb, 앞의 책, p. 164.

326. États et nations de l'Europe, 앞의 책, p. 301.

327. Pablo Pebrer, *Histoire financière et statistique générale de l'Empire britannique*, 1834, II, p. 12.

328. Jonathan Swift, *History of the tour Last Years of the Queen*, 1713년 집필, 1745년 저자의 사망 후인 1758년 출간, 다음에서 인용, P. O. M. Dickson, 앞의 논문, pp. 17−18.

329. D. Defoe, 앞의 책, II, p. 234.

330. A.N., 257 AP 10.

331. *Journal du Commerce*, 1759, pp. 105−106 ; 다음에서 부분적으로 인용, I. de Pinᴛo, 앞의 책, p. 122.

332. 다음에서 인용, P. G. M. Dickson, 앞의 논문, p. 23.

333. A.N., 257 AP 10.

334. L. C. A. Dufresne de Saint-Léon, *Études sur le crédit public*, 1824, p. 128.

335. J.-B. Say, 앞의 책, VI, 1829, p. 187.

336. I. de Pinto, 앞의 책, pp. 41−42.

337. P. G. M. Dickson, 앞의 책, p. 16.

338. 같은 곳.

339. Moscou, A.E.A., 날짜 불명, 35/6, 3190, f° 114.

340. Archives de Cracovie, fonds Czartoryski, 808, f 253.

341. Moscou, A.E.A., 3301, f° 11 v°, Simolin, 1782년 4월 5-16일.

342. Museo Correr, P.D., C 903/14.

343. Orville T. Murphy, "Du Pont de Nemours and the Anglo-French Commercial Treaty of 1786", in : *The Economic History Review*, 1966, p. 574.

344. D. Guérin, *La Lutte des classes sous la Première République, bourgeois et "bras nus" 1793-1797*, 1946, p. 51.

345. A.N., A.E., B¹, 762, f' 151, 1787년 6월 26일.

346. A.E., M. et D. Angleterre, 10.

347. A.N., A.E., B¹, 762.

348. J. Savary, 앞의 책, V, col. 744.

349. M. Rubichon, 앞의 책, II, p. 354.

350. A.N., A.E., B¹, 762, f° 161.

351. 같은 곳, f° 162.

352. 같은 곳, f° 255.

353. A.E., M. et D. Angleterre, 10, f°s 96 et 106.

354. "명백하다"는 뜻. 다음을 보라. J. Dubois, R. Logane, *Dictionnaire de la langue française classique*, 1960, p. 106.

355. Archives Vorontsov, Moscou, 1876, IX, p. 44, Londres, 1785년 11월 4/15일.

356. J. Van Klaveren, "Die historische Erscheinung der Korruption", II, in : *Vierteljahrschrift für Sozial und Wirtschaftsgeschichte*, 1958, p. 455.

357. A.N., A.E., B¹, 762, f° 255, 1789년 12월 18일.

358. R. Besnier, 앞의 책, p. 38.

359. P. Mathias et P. O'Brien, 앞의 논문, pp. 601-650.

360. T. J. Markovitch, *Histoire des industries françaises : les industries lainières de Colbert à la Révolution*, 1976.

361. A.N., G⁷, 1692, Г 34.

362. Albert Cremer, "Die Steuersystem in Frankreich und England am Vorabend der französische Revolution", in : *Von Ancien Régime zur französischen Revolution*, 1978, pp. 43-65.

363. 앞의 책, I, pp. 31 et 275.

제5장

1. 이 장을 쓰는 데 도움이 된 두 권의 책은 다음과 같다. Michel Devèze, *L'Europe et le monde à la fin du XVIIIᵉ siècle*, 1970 ; Giorgio Borsa, *La Nascita del mondo moderno in Asia orientale*, 1977.

2. 이 표현은 불완전하다. 왜냐하면 비유럽(non-Europe)이라는 영역에 이 대륙의 동쪽을 포함시키기 때문이다. 그러나 비서구(non-Occident)라는 표현은 쓸 만한가? 다음에서는 "진정으로 유럽적인 유럽(Europe vraiment européenne)"이라는 표현을 쓰고 있다. Charles Verlinden, in : *L'Avènement des temps modernes*, p. p. Jean-Claude Margolin, 1977, p. 676.

3. Giuliano Guozzi, *Adamo e il Nuovo Mondo. La nascita dell'antropologia come ideologia coloniale : dalle genealogie bibliche alle teorie razziali*, 1977.

4. Edmundo O'Gorman, *The Invention of America*, 1961. 다음에도 똑같은 표현이 나온다. "유럽은—그 말이 가지고 있는 여러 뜻에서—세계를 발명했다." François Perroux, *L'Europe sans rivage*, 1954, p. 12.

5. Francisco Lopez de Gómara, *Historia general de las Indias, Primera Parte*, 1852, p. 156.

6. Friedrich Lütge, *Deutsche Sozial- und Wirtschaftsgeschichte*, 1966, p. 288 ; H. Bechtel, 앞의 책, II, p. 49.

7. *Les Fonctions psychologiques et les œuvres*, 1948.

8. C. Manceron, 앞의 책, p. 524.
9. B.N., Ms. fr. 5581, f 23, 1717년 12월 2일.
10. P. Chaunu, *Séville et l'Atlantique*······, 앞의 책, VIII, p. 48.
11. Alonso de Ercilla, *La Araucana* (1569년에 출간), 1910, 제27장, p. 449.
12. Alvaro Jara, *Tierras nuevas, expansión territorial y ocupación del suelo en América (s. XVI–XIX)*, 1969 ; Pierre Monbeig, *Pionniers et planteurs de São Paulo*, 1952.
13. François Chevalier, *La Formation des grands domaines au Mexique. Terre et société aux XVIe–XVIIe siècles*, 1952, p. 4.
14. Frédéric Mauro, *Le Brésil du XVe à la fin du XVIIIe siècle*, 1977, p. 145.
15. Roland Mousnier, *in :* Maurice Crouzet, *Histoire générale des civilisations*, V, 1953, p. 316.
16. D. Pedro de Almeida, *Diario*, p. 207, 다음에서 인용, Oruno Lara, *De l'Atlantique à l'aire caraïbe : nègres cimarrons et révoltes d'esclaves, XVIe–XVIIe siècles*, 출판년도 불명, II, p. 349.
17. 킬롬보(quilombo)는 도주 노예들의 은신처를 가리키는 브라질 말이다.
18. Frédéric Mauro, 타이프본, 프라토 역사학 회의에서의 회담록, 1978.
19. D. A. Brading, *Mineros y commerciantes en el Mexico borbónico 1763–1810*, 1975, p. 138.
20. "Introduction à l'histoire de Guadalajara et de sa région", colloque C.N.R.S., *Le Rôle des villes dans la formation des régions en Amérique latine*, pp. 3 이하.
21. *Les Mécanismes de la vie économique dans une société coloniale : le Chili (1680–1830)*, 1973, 특히 pp. 262 이하.
22. Pedro Calmón, *Historia social do Brasil*, 1937, p. 191. 이 "집단 이주"는 1871년에 일어났다.
23. Georg Friederici, *El Caracter del Descubrimiento y de la Conquista de América*, 1973, p. 113.
24. D. A. Brading, 앞의 책, p. 20.
25. *Capitalism and Slavery*, 4e éd., 1975.
26. 같은 책, p. 30.
27. Karl Marx, *Le Capital*, 1938, I, p. 785, 다음에서 인용, Pierre Vilar, "Problems of the formation of capitalism", *in : Past and Present*, 1956, p. 34.
28. Marcel Bataillon, *Études sur Bartolomé de Las Casas*, 1965, p. 298.
29. M. Devèze, 앞의 책, p. 358.
30. M. Devèze, *Antilles, Guyanes, la mer des Caraïbes de 1492 à 1789*, 1977, p. 173.
31. Nicolás Sánchez Albornoz, *La Población de América latina*, 2e éd., 1977, pp. 62 이하.
32. J. L. Phelan, *The Millenial Kingdom of the Franciscans in the New World*, 1956, p. 47.
33. Juan A. et Judith E. Villamarin, *Indian Labor in Mainland Colonial Spanish America*, 1975, p. 17.
34. Jean-Pierre Berthe, "Aspects de l'esclavage des Indiens en Nouvelle-Espagne pendant la première moitié du XVIe siècle", *in : Journal de la société des américanistes*, LIV-2, p. 204, 주 48.
35. Alvaro Jara, 타이프본, 프라토 역사학 회의에서의 회담록, 1978.
36. Le P. Aljofrin, 1763, 다음에서 인용, D. A. Brading, 앞의 책, p. 369.
37. Anibal B. Arcondo, "Los precios en una economía en transición. Córdoba durante el siglo XVIII", *in : Revista de economía y estadística*, 1971, pp. 7–32.
38. Daniel Defoe의 표현이다. *Moll Flanders*, Abbey Classics éd., p. 71, 다음에서 인용, E. Williams, 앞의 책, p. 18.
39. M. Devèze, *Antilles, Guyanes*······, 앞의 책, p. 185.
40. Edouard Fournier, *Variétés historiques et littéraires*, 1855–1863, VII, p. 42, 주 3.
41. R. Mousnier, 앞의 책, p. 320.
42. Giorgio Spini, *Storia dell'età moderna*, 1960, p. 827.

43. E. Williams, 앞의 책, p. 19.
44. E. Williams, 앞의 책, D. W. Brogan의 서론, p. viii.
45. 1860년에 쿠바에서는 철도 건설에 힘입어 1만1,000에이커에 달하는 어마어마한 규모의 사탕수수 플랜테이션을 건설했으나 자메이카 섬에서는 가장 큰 규모의 것이라고 해도 2,000에이커를 넘지 못했다. E. Williams, 앞의 책, pp. 151-152.
46. E. Williams, 앞의 책, p. 26.
47. Adam Smith, *La Richesse des Nations*, 1976, p. 289.
48. "Sociedad colonial y sublevaciones populares : el Cuzco, 1780", 타이프본, p. 8.
49. Émile-G. Léonard, *Histoire générale du protestantisme*, III, 1964, pp. 6, 692 이하 ; "L'Église presbytérienne du Brésil et ses expériences ecclésiastiques", *in : Études évangéliques*, 1949.
50. J. Lynch, *The Spanish American Revolutions, 1803-1826*, 1973, p. 128, 다음에서 인용, Nicole Bousquet, *La Dissolution de l'Empire espagnol au XIXᵉ siècle*, 타이프본 박사학위 논문, 1974, p. 106.
51. François Coreal, *Voyages aux Indes occidentales*, 1736, I, p. 244.
52. P. Chaunu, *Séville et l'Atlantique*……, 앞의 책, t. VIII,, p. 597.
53. C. Freire Fonseca, *Economia natural y colonizacão do Brasil (1534-1843)*, 1974, 타이프본 박사학위 논문.
54. 이 책 제1권, 초판의 45쪽[원서]을 보라.
55. J. Accarias de Sérionne, *Les Intérêts des nations de l'Europe*……, I, 1766, p. 56.
56. F. Coreal, 앞의 책, I, pp. 220-221.
57. F. Mauro, *Le Brésil*……, p. 138.
58. J. Accarias de Sérionne, 앞의 책, 1, p. 85. 브라보(Bravo)란 야만인이라는 의미이다.
59. Marcel Giraud, *Histoire de la Louisiane française*, 1953, I, pp. 196-197.
60. 다음에서 인용, J. M. Price, *in : Platt et Skaggs, Of Mother Country and Plantations*, 1972, p. 7.
61. Charles M. Andrews, *The Colonial Period of American History. The Settlements*, I, 1970, pp. 518-519.
62. Enrique Florescano, *Precios del maíz y crisis agrícolas en Mexico (1708-1810)*, 1969, p. 314.
63. Russell Wood, *in : Journal of Economic History*, 1977년 3월, p. 62, 주 7.
64. D. A. Brading, 앞의 책, pp. 457-458.
65. Germán Arciniegas, *Este Pueblo de América*, 1945, p. 49, compare cette crise à une sorte de Moyen Âge.
66. F. Coreal, 앞의 책, I, pp. 353-354. 포파얀은 콜롬비아의 한 주로서 보고타의 남동쪽에 위치해 있다.
67. N. Bousquet, 앞의 책, p. 42. 소코로는 콜롬비아의 산탄데르 지방에 있는 도시이다.
68. François Chevalier, "Signification sociale de la fondation de Puebla de Los Angeles", *in : Revista de historia de América*, 1947, nᵒ 23, p. 127.
69. Reginaldo de Lizarraga, "Descripción del Perú, Tucuman, Rio de la Plata y Chile", *in : Historiadores de Indias*, 1909, II, p. 465.
70. D. A. Brading, 앞의 책, p. 36.
71. A.N., Marine, B⁷, 461, f° 39. William Pitt (1708-1778) reçut en 1766 le titre de comte de Chatham.
72. M. Devèze, *L'Europe et le monde*……, 앞의 책, p. 331, 다음에 의거, M. L. Hansen, *The Atlantic Migration (1607-1860)*, H. Cowan, *British Emigration to North America*, 1961.
73. 같은 곳.
74. A.N., A.E., B III, 441. 팔라티나트 출신이라는 뜻이다.
75. 같은 곳.
76. 즉, 의장업자의 계정으로.
77. 의장업자에게 지불되었다.

916

78. A.N., Colonies, C 11 4 11, f° 205 이하.
79. A.N. Colonies, C 11 4 11.
80. R. Mousnier, 앞의 책, p. 320.
81. A.N., A.E., B III, 441, 1782.
82. A.N., A.E., C.C.C. Philadelphie, 7, f° 358, New York, 1810년 10월 27일.
83. Fawn Brodie, *Thomas Jefferson : an Intimate History*, 1976.
84. A.N., A.E., B III, 441, 1781.
85. 같은 곳.
86. J. F. Jameson, *The American Revolution considered as a Social Movement*, 1925, 이탈리아어판, 1960, pp. 34 이하.
87. 같은 책, p. 36.
88. 같은 책, p. 23.
89. P. J. Grosley, *Londres*, 1770, p. 232.
90. J. F. Jameson, 앞의 책, p. 23.
91. Michel Fabre, *Les Noirs américains*, 2ᵉ éd., 1970.
92. A.N., Marine, B⁷, 467, 1789년 2월 17일.
93. A. Smith, 앞의 책, p. 286.
94. Bernard Bailyn, *The New England Merchants in the 17ᵗʰ Century*, 1955, pp. 16 이하.
95. A.N., Marine, B⁷, 458.
96. A.N., A.E., B III, 441.
97. P. J. Grosley, 앞의 책, p. 232.
98. J. Accarias de Sérionne, *Les Intérêts des nations⋯⋯*, I, pp. 211−213.
99. E. Williams, 앞의 책, p. 147 ; J. W. Fortescue, *A History of the British Army*, 1899−1930, IV, 제1부, p. 325.
100. R. Mousnier, 앞의 책, p. 327.
101. A.d.S. Naples, Affari Esten, 801, La Haye, 1768년 10월 21일.
102. J. Accarias de Sérionne, *Les Intérêts des nations⋯⋯*, 앞의 책, I, p. 73, 주 a.
103. J. Accarias de Sérionne, *La Richesse de l'Angleterre*, 앞의 책, p. 96.
104. A.E., C.P. États-Unis, 53, f° 90 이하. 1786년에 건설된 조지타운은 오늘날에는 워싱턴 시의 아담한 교외지역이 되었다.
105. 관례적으로 드는 시기는 아야쿠초의 설탕이 승리하는 1824년 12월 9일이다. 그러나 나는 개인적으로 1825년(이 책의 581쪽을 보라)이 더 중요한 해라고 보는데, 런던이 처음으로 스페인령 아메리카에 대한 투자에 고무된 해였다.
106. Earl Diniz Mac Carthy Moreira, "Espanha e Brasil : problemas de relacionamento (1822−1834)", *in : Estudos iberoamericanos*, 1977년 7월, pp. 7−93.
107. Jacob Van Klaveren, *Europäische Wirtschaftsgeschichte Spaniens⋯⋯*, 앞의 책, 1960, p. 177.
108. Le Pottier de La Hestroy, 앞의 문서, f° 34.
109. Ernst Ludwig Carl, 앞의 책, II, p. 467.
110. A.E., C.P. Angleterre, 120, f° 237.
111. 다음에서 인용, Lewis Hanke, "The Portuguese in Spanish America", *in : Revista de historia de América*, 1962, p. 27.
112. British Museum, Add. 28370, f°ˢ 103−104, El duque de Medina Sidonia à Matheo Vázquez, San Lucar, 1583년 9월 17일.
113. 같은 곳, f° 105.
114. A.N., Marine, B⁷, 232, f° 325, 다음에서 인용, E. W. Dahlgren, *Relations commerciales et maritimes entre la France et les côtes de l'océan Pacifique*, 1909, p. 37.
115. 역사가들 중에는 17세기 말에 쿼터가 4퍼센트에 불과하다고 보는 사람도 있다. 그러나 이것은 믿기 힘들다. A. Garcia-Baquero Gonzalez, 앞의 책, I, p. 82.
116. 이 수치는 아마도 과장되었을 것이다.
117. F. Coreal, 앞의 책, I, p. 308.

118. Carrière, *Négociants marseillais*……, 앞의 책, I, p. 101.

119. A.E., M. et D. Amérique, 6, f⁰s 287−291.

120. A.N., F¹², 644, f⁰ 66, 1722년 3월.

121. A.N., A.E., B¹ 625, La Haye, 1699년 2월 19일.

122. N. Bousquet, 앞의 책, p. 24 ; Simon Collier, *Ideas and Poulies of Chilean Independence, 1808−1833*, 1963, p. 11.

123. Alice Canabrava, *O Comércio portugués no Rio da Praia (1580−1640)*, 1944 ; Marie Helmer, "Comércio e contrabando entre Bahía e Potosi no século XVI", *in : Revista de historia*, 1953, pp. 195−212.

124. H. E. S. Fisher, *The Portugal Trade*, 1971, p. 47.

125. J. Accarias de Sérionne, *Les Intérêts des nations*……, 앞의 책, I, p. 86.

126. 다음에서 인용, J. Van Klaveren, "Die historische Erscheinung der Korruption, in ihrem Zusammenhang mit der Staats- und Gesellschaftsstruktur betrachtet", I, *in : Vierteljahrschrift für Sozial- und Wirtschaftsgeschichte*, 1957년 12월, pp. 305−306, 주 26.

127. Gonzalo de Reparaz, "Los caminos del contrebando", *in : El Comercio*, Lima, 1968년 2월 18일.

128. A.N., K 1349, p. 124 et 124 v⁰.

129. A.N., G⁷, 1692, Granville-Locquet의 비망록, p. 206 v⁰.

130. N. Bousquet, 앞의 책, p. 17, 다음에 의거, Pierre Chaunu, "Interpretación de la Independencia de América Latina", *in : Perú Problema*, n⁰ 7, 1972, p. 132 ; J. Vicens Vives, *An Economic History of Spain*, 1969, p. 406.

131. Claudio Sánchez Albornoz는 자신이 이런 내용을 썼음을 인정했다. 그러나 그와 나는 정확한 참고 문헌을 찾지 못했다.

132. A.E., M. et D. Amérique, 6, f⁰ 289.

133. 아메리카와 스페인 식민지들에 대한 노예 공급 독점권인 아시엔토(asiento)는 16세기 말부터 수행되었다. 스페인 왕위 계승 전쟁 초기(1701)에는 이것이 프랑스에 넘어갔다. 1713년에 펠리페 5세가 이 권리를 영국에게 이양했을 때, 이것은 국제조약과 같은 성격이 되었다. 남해회사와 맺은 조약에 의하면 30년 동안 매년 4만8,000명의 노예를 송출하고 식민지 정기시에 500톤급의 배인 나비오스 데 페르미오스(navios de Permios) 2척을 보낼 수 있었다. 1748년의 엑스-라-샤펠 조약 16조에 의해서 이 내용을 4년 동안 연장하기로 했으나 영국 회사는 1750년에 이것을 포기했다.

134. M. Devèze, *L'Europe et le monde*……, pp. 425−426.

135. 1756년 5월 18일의 칙령, A. Garcia-Baquero Gonzalez, 앞의 책, I, p. 84.

136. N. Bousquet, 앞의 책, p. 8.

137. 원칙적으로 이 배들은 독자적으로 항해하지만, 출항 당시의 적재상품들은 등록되었다 (registradas).

138. A. de Indias, E 146, 다음에서 인용, G. Desdevises du Dézert, *L'Espagne de l'Ancien Régime*, III, 1904, p. 147.

139. 같은 곳, p. 148. 열네 번째 항구는 1788년에 개항한 산-세바스티안 항구였다.

140. Moscou, A.E.A., 50/6, 500, 3, Amsterdam, 1778년 1월 12/23일.

141. Oscar Cornblit, "Society and Mass Rebellions in Eighteenth Century Peru and Bolivia", *in : St Antony's Papers*, 1970, pp. 9−44.

142. 상공회의소(Chambre de commerce)이다. 이 기관은 대외무역을 조직, 통제하면서 상당한 특권을 누렸다.

143. 다음을 참조하라. J. R. Fisher, *Government and Society in Colonial Peru*, 1970, principalement pp. 124 이하.

144. D. A. Brading, 앞의 책, pp. 304, 312.

145. 같은 책, p. 38 ; 이 비망록의 프랑스어판, A.E., C.C. Mexico, 1, f⁰s 2−15.

146. "Obstacles to Economic Growth in 19th Century Mexico", *in : American Historical Review*, 1978년 2월, pp. 80 이하.

147. 같은 논문, p. 82.

148. A. Hanson Jones, 앞의 논문.
149. J. Vicens Vives, *Historia social y económica de España y América,* 앞의 책, IV, p. 463.
150. 이 역시 Holden Furber의 자의적인 계산의 결과이다. *John Company at work,* 1948, p. 309. 이 계산에는 밀수가 고려되지 않았다.
151. A.E., CP. États-Unis, 59, f° 246 v°.
152. Jurgen Schneider, "Le commerce français avec l'Amérique latine pendant l'âge de l' indépendance (première moitié du XIXᵉ siècle)", *in : Revista de historia de América,* 1977, pp. 63-87.
153. Nico Perrone, "Il manifesto dell'imperialismo americano nelle borse di Londra e Parigi", *in : Belphagor,* 1977, pp. 321 이하. 자본은 유럽으로 도피했고 그중 "가장 많은 부분 은……프랑스로 갔다." 이것은 1828년 11월의 상황이다. A.E., M. et D. Amérique, 40, 501, fᵒˢ 4 이하.
154. A.N., A.E., B III, 452.
155. "Feudalismo y capitalismo in América latina", *in : Boletín de estudios latino-americanos y del Caribe,* 1974년 12월, pp. 21-41.
156. 이 문단의 이하 내용들은 모두 다음에 따른 것이다. A.N., Marine, B⁷, 461, 미국의 국내 산업과 해외무역에 관한 비망록, 1789년 2월.
157. 앞의 책, p. 49.
158. 다음에서 인용, B. H. Sucher van Bath, 앞의 논문, p. 25.
159. 이 책의 제2권을 보라.
160. E. Florescano, 앞의 책, p. 433.
161. C. Gibson, *The Aztecs under Spanish Rule,* 1964, p. 34.
162. M. Bataillon, 앞의 책, p. xxxi.
163. 같은 책, p. xxx.
164. *Der Charakter der Entdeckung und Eroberung Amerikas durch die Europäer,* 1925, I, pp. 453-454.
165. 앞의 책, pp. 30 이하, 126.
166. "Lo zucchero e l'Atlantico", *in : Miscellanea di Studi sardi e del commercio atlantico,* III (1974), pp. 248-277.
167. M. Devèze, *L'Europe et le monde……,* pp. 263 이하.
168. Robert Challes, *Voyage aux Indes d'une escadre française (1690-1691),* 1933, pp. 85-87.
169. 콘트라 코스타(Contra Costa) : 남부 아프리카 연안의 인도양.
170. W. G. L. Randles, *L'Empire du Monomotapa du XVᵉ au XVIIIᵉ siècle,* 1975, p. 7.
171. Roland Oliver et G. Matthew, *History of East Africa,* 1966, p. 155, 다음에서 인용, M. Devèze, *L'Europe et le monde……,* 앞의 책, p. 301.
172. Auguste Toussaint, *L'Océan Indien au XVIIIᵉ siècle,* 1974, p. 64.
173. Moscou, A.E.A., 1774년 10월 18일, 완전한 참고문헌은 소실.
174. K. G. Davies, *The Royal African Company,* 1957, pp. 5 et 6.
175. 다음에 의거, N. Sánchez Albornoz, 앞의 책, p. 66.
176. W. G. L. Randles, *L'Ancien Royaume du Congo des origines à la fin du XIXᵉ siècle,* 1968 ; J. Cuvelier et L. Jadin, 앞의 책 ; G. Balandier, *La Vie quotidienne au royaume de Kongo du XVIᵉ au XVIIIᵉ siècle,* 1965.
177. J. Savary, 앞의 책. "Manille" 항목, III, col. 714.
178. J. Cuvelier et L. Jadin, 앞의 책, p. 114.
179. Pierre Poivre, *Voyages d'un philosophe, ou Observations sur les mœurs et les arts des peuples de l'Afrique, de l'Asie et de l'Amérique,* 1768, p. 22.
180. *La Cosmographie universelle……,* 1575, f° 67.
181. Philip Curtin, *Economic Change in Precolonial Africa. Senegambia in the Era of the Slave Trade,* 1975, pp. 235, 237-247.
182. 이 책 제1권, 초판의 36쪽[원서]을 보라.

183. B. Bailyn, 앞의 책, p. 16.

184. Père Jean-Baptiste Labat, *Nouvelle Relation de l'Afrique occidentale*, 1728, IV, p. 326, 감비아 관련 부분.

185. P. Curtin, 앞의 책, p. xxiii.

186. 같은 책, p. 4.

187. W. G. L. Randles, *L'Ancien Royaume du Congo*……, 앞의 책, p. 69.

188. 같은 책, p. 87.

189. O. Lara, 앞의 책, II, pp. 291-292.

190. J. Beraud-Villars, *L'Empire de Gao. Un État soudanais aux XVe et XVIe siècles*, 1942, p. 144.

191. W. G. L. Randles, *L'Ancien Royaume du Congo*……, 앞의 책, p. 132.

192. 같은 곳.

193. 같은 책, p. 135.

194. W. G. L. Randles, *L'Empire du Monomotapa*……, 앞의 책, p. 18.

195. W. G. L. Randles, *L'Ancien Royaume du Congo*……, 앞의 책, p. 216.

196. *Konkwistadorzy Portugalscy*, 1976.

197. Paul Milioukov, Charles Seignobos, Louis Eisenmann, *Histoire de Russie*, I, 1932, p. 158, 주 1 ; *Médit*……, I, p. 174.

198. J.-B. Labat, 앞의 책, V, p. 10.

199. 모험상인(aventurier)의 뜻.

200. W. G. L. Randles, *L'Ancien Royaume du Congo*……, 앞의 책, pp. 217 이하 ; C. Verlinden, *in* : J.-C. Margolin, 앞의 책, p. 689. 폼베이루(pombeiro)라는 말은 오늘날의 스탠리 풀 지역에 있던 활기찬 시장인 품보(pumbo)에서 유래했다.

201. Gaston Martin, *Nantes au XVIIIe siècle. L'ère des négriers (1714-1774)*, 1931, pp. 46 이하.

202. P. Curtin, 앞의 책.

203. 같은 책, pp. 334 이하.

204. Y. Bernard, J.-C. Colli, D. Lewandowski, *Dictionnaire*……, 앞의 책, p. 1104.

205. M. Devèze, *L'Europe et le monde*……, 앞의 책, p. 310 ; C.W. Newbury, Reginald Coupland, C. Lloyd, D. Curtin, H. Brunschwig에 대한 그의 언급.

206. A.E., C.C.C. Londres, 12, f°s 230 이하, Séguier의 편지, 1817년 5월 12일.

207. *Considérations*…… *sur l'abolition générale de la Traite des Nègres adressées aux Négociateurs qui doivent assister au Congrès de Vienne, par un Portugais*, 1814년 9월, pp. 17-18. (B.N., Paris, LK 9, 668.)

208. 이 문단 전체는 다음의 책에 힘입은 바 크다. Jacqueline Kaufmann-Rochard, *Origines d'une bourgeoisie russe, XVIe-XVIIe siècles*, 1969.

209. C. Verlinden, 앞의 책, 이 장의 주 2를 보라.

210. I. Wallerstein, 앞의 책, p. 320.

211. Walther Kirchner, "Über den russischen Aussenhandel zu Beginn der Neuzeit", *in* : *Vierteljahrschrift für Sozial- und Wirtschaftsgeschichte*, 1955.

212. B. H. Summer, *Survey of Russian History*, 1947, p. 260, 다음에서 인용, R. M. Matton, *in* : *Russian Imperialism from Ivan the Great to the Revolution*, p. p. Taras Hunczak, 1970, p. 106.

213. George Vernadsky, *The Tsardom of Moscow, 1547-1682*, V, 1969, p. 166.

214. Artur Attman, *The Russian and Polish Markets in International Trade 1500-1650*, 1973, pp. 135 이하.

215. 같은 책, pp. 138-140.

216. rijksdaaler, 또는 rigsdaler, rixdollar 등은 네덜란드의 공식 탈러 화(thaler)로서 1579년 이래 전국 신분의회에 의해서 주조되었다.

217. M. V. Fechner, *Le Commerce de l'État russe avec les pays orientaux au XVIe siècle*, 1952, 러시아어판. Léon Poliakof가 요약과 중요한 부분의 번역을 맡아주어서 큰 도움을 받았다.

218. A. Gerschenkron, *Europe in the Russian mirror*, 1970, p. 54.
219. Marian Malowist, "The economic and social Development of the Baltic Countries, XVth–XVIIth century", *in : Economic History Review*, 1959년 12월, pp. 177–189.
220. A.N., K 1352, f° 73, 1720년경.
221. 같은 곳.
222. Samuel H. Baron, "The Fate of the Gosti in the reign of Peter the Great", *in : Cahiers du monde russe et soviétique*, 1973년 10–12월, pp. 488–512.
223. J. Kaufmann-Rochard, 앞의 책, p. 88.
224. 같은 책, pp. 87, 227.
225. 같은 책, pp. 227–228.
226. J. Kulischer, *Wirtschaftsgeschichte Russlands*, I, p. 447.
227. 혹은 리아드(riad) : 상가(商街).
228. 1푸드(poud) = 16.38킬로그램.
229. J. Kulischer, 앞의 책, I, pp. 447 이하.
230. 이하의 내용에 관해서는 다음을 참조, J. Blum, *Lord and Peasant in Russia from the 9th to the 19th century*, pp. 106 이하.
231. Michael Confino, *Systèmes agraires et progrès agricole. L'assolement triennal en Russie aux XVIIe–XIXe siècles*, 1970, p. 99.
232. Frédéric Le Play, *L'Ouvrier européen*, 1877–1879, 다음에서 인용, J. Blum, 앞의 책, pp. 316–317.
233. Archives Vorontsof, 앞의 책, XXI, p. 327.
234. J. Blum, 앞의 책, p. 283 ; Roger Portal, "Manufactures et classes sociales en Russie au XVIIIe siècle", *in : Revue historique*, 1949년 4–6월, p. 169.
235. Peter Simon Pallas, *Voyages······ dans plusieurs provinces de l'Empire de Russie et dans l'Asie septentrionale*, Paris, 1794, I, p. 14, 주 1.
236. J. Blum, 앞의 책, pp. 302–303.
237. 같은 책, pp. 293–294.
238. 같은 책, pp. 300–301.
239. 같은 책, p. 288.
240. 같은 책, p. 290.
241. 같은 책, p. 473.
242. J. Kaufmann-Rochard, 앞의 책, p. 191.
243. Louis Alexandre Frotier de la Messelière, *Voyage à Saint-Pétersbourg ou Nouveaux Mémoires sur la Russie*, 앞의 책, p. 116.
244. Auguste Jourdier, *Des forces productives, destructives et improductives de la Russie*, 1860, p. 118.
245. J. P. Kilburger, *Kurzer Unterricht von dem russischen Handel*, 다음에서 인용, J. Kulischer, 앞의 책, p. xii, pp. 248 et 329.
246. J. Kaufmann-Rochard, 앞의 책, p. 46.
247. Adam Olearius, *Voyage en Moscovie, Tartarie et Perse*, 1659, p. 108, 다음에서 인용, J. Kaufmann-Rochard, 앞의 책, p. 46.
248. J. Kulischer, 앞의 책, p. 338.
249. J. Blum, 앞의 책, p. 286.
250. J. Kaufmann-Rochard, 앞의 책, pp. 39 이하.
251. Archives Vorontsof, 앞의 책, XXI, p. 333.
252. J. Kaufmann-Rochard, 앞의 책, p. 65.
253. François Barrême, *Le Grand Banquier*, 1685, p. 216.
254. A.N., Marine, B^7, 457, 1780.
255. A.E., M. et D. Russie, 7, f° 298, 1770년경.
256. A.E., M. et D. Russie, 2, f° 176, 1773.
257. P. Philippe Avril, *Voyage en divers États d'Europe et d'Asie, entrepris pour découvrir un*

nouveau chemin à la Chine⋯⋯, 1692, p. 103.

258. Eugenio Alberi, *Relazioni degli ambasciatori veneti durante il secolo XVI*, 1839–1863, III, 2, Giac. Soranzo, p. 199.

259. A.d.S. Venise, Inghilterra, Londres, 1703년 6월 18–19일.

260. J. Savary, 앞의 책, V, col. 658 이하.

261. Boris Nolde, *La Formation de l'Empire russe*, 2 vol., 1952–1953.

262. François-Xavier Coquin, *La Sibérie, peuplement et immigration paysanne au XIXᵉ siècle*, 1969, pp. 9–10.

263. 같은 곳.

264. P. Camena D'Almeida, *in : Géographie universelle*, V, 1932, p. 258.

265. 이런 구체적인 사실들은 다음에서 얻은 것이다. F.-X. Coquin, 앞의 책, p. 109.

266. A.E., M. et D. Russie, 2, f° 187 v°–188.

267. F.-X. Coquin, 앞의 책, p. 11.

268. 같은 책, p. 12.

269. A.E., M. et D. Russie, 7, fᵒˢ 246–249. Raynal 신부에 대한 관찰기.

270. P. Camena d'Almeida, 앞의 책, p. 217.

271. J. G. Gmelin, *Voyage en Sibérie⋯⋯*, 1767, II, p. 50.

272. 같은 책, II, 123.

273. J. Kaufmann-Rochard, 앞의 책, p. 200.

274. *Gazette de France*, 1772년 4월 4일, p. 359.

275. W. Lexis, "Beiträge zur Statistik der Edelmetalle nebst einigen Bemerkungen über die Wertrelation", *in : Jahrbuch für Nationalökonomie und Statistik*, XXXIV, 1908, p. 364.

276. C. M. Foust, "Russian Expansion to the East through the 18th Century", *in : Journal of Economic History*, 1961, p. 472.

277. Maurice-Auguste de Benyowsky, *Voyages et mémoires⋯⋯*, 1791, p. 63.

278. P. S. Pallas, *Voyage à travers plusieurs provinces de l'Empire russe*, 1771–1776, III, p. 490.

279. 같은 책, p. 487.

280. M.-A. de Benyowsky, 앞의 책, p. 48.

281. A.E., M. et D. Russie, 2, F 188.

282. James R. Gibson, *Feeding the Russian Fur Trade : provisionment of the Okhotsk seaboard and the Kamtchatka peninsula, 1689–1856*, 1970.

283. Ernst Hoffmann, *Reise nach den Goldwäschen Ostsiberiens*, 1847, nouvelle édition 1969, pp. 79 이하.

284. 1728, 1732, 1741, 1746, 1755년 — A.E., M. et D. Russ, 2, fᵒˢ 183–185.

285. 같은 곳.

286. J. Savary, 앞의 책, V, col. 659 이하.

287. C. M. Foust, 앞의 논문, p. 477.

288. J. G. Gmelin, 앞의 책, I, p. 49.

289. C. M. Foust, 앞의 논문, p. 477 ; A.N., A.E., M. et D. Russie, 2, f° 182.

290. Archives Vorontsof, 앞의 책, IX, pp. 32–33.

291. Gino Luzzatto, *Storia economica dell'età moderna e contemporanea*, II, 1952, p. 16.

292. A.N., A.E., B\ 485.

293. A.d.S. Naples, Affari Esteri, 800 ; *Gazette de Cologne*, 1763년 9월 23일. 러시아 화폐의 환율이 런던에 공시된 것은 1762년 이후의 일로 보인다.

294. Moscou, A.C., Fonds Vorontsof, 1261, 4–446.

295. Archives Vorontsof, 앞의 문서, XXI, p. 137.

296. 같은 책, p. 315.

297. 같은 책, X, p. 201.

298. J. Blum, 앞의 책, p. 293.

299. R. Portal, 앞의 논문, pp. 6 이하.

300. J. Blum, 앞의 책, p. 294.

301. A.N., Marine, B⁷, 457.

302. A.N., K 1352.

303. Archives Vorontsof, 앞의 문서, VIII, p. 363.

304. Fernand Grenard, *Grandeur et décadence de l'Asie*, 1939, p. 72.

305. A.E., M. et D. Turquie, 36, f° 16.

306. G. Tongas, *Les Relations de la France avec l'Empire ottoman, durant la première moitié du XVIIᵉ siècle*, 1942, p. 141.

307. Giovanni Botero, *Relationi universali*, 1599, II, pp. 117−118.

308. C. Boxer, "The Portuguese in the East, 1500−1800", *in : Portugal and Brazil, an Introduction*, éd. par H. V. Liver-More, 1953, p. 221.

309. A.d.S. Venise, Relazioni, B 31.

310. François Savary de Brèves, *Relation des voyages de*······, 1628, p. 242.

311. Maestre Manrique, *Itinerario de las misiones que hizo el Padre F. Sebastian Manrique*······, 1649, p. 460.

312. Abbé Prévost, 앞의 책, IX, 1751, p. 88 (Voyage d'A. de Rhodes, 1648).

313. Edward Brown, *A Brief Account of Some Travels*······, 1673, pp. 39−40.

314. T. Stoianovitch, 타이프본, *in : Conférence de la Commission d'histoire économique de l'Association du Sud-Est européen*, Moscou et Kiev, 1969.

315. W. Platzhoff, *Geschichte des europäischen Staatensystems, 1559−1660*, 1928, p. 31.

316. Herbert Jansky, *in : Handbuch der europäischen Geschichte*, p. p. T. Schieder, 앞의 책, IV, p. 753.

317. 같은 책, p. 761.

318. Jorjo Tadić, "Le commerce en Dalmatie et à Raguse et la décadence économique de Venise au XVIIᵉ siècle", *in : Aspetti e cause della decadenza economica veneziana nel secolo XVII*, 1961, pp. 235−274.

319. Robert Mantran, "L'Empire ottoman et le commerce asiatique au XVIᵉ et au XVIIᵉ siècle", *in : Islam and the Trade of Asia*, p. p. D. S. Richards, 앞의 책, p. 169. 바그다드의 점령 1534년, 바소라의 점령 1535년과 그후 1546년.

320. Moscou, A.C., 276−1−365, f^(os)171−175.

321. A.E., M. et D. Turquie, 11, f^(os) 131−151.

322. 거래가 일어난 순서대로 적어두는 장부(Littré 사전).

323. Pierre Belon, *Les Observations de plusieurs singularitez et choses mémorables trouvées en Grèce, Asie, Judée, Égypte, Arabie et autres pays estranges*, 1553, f° 181 v°.

324. Abbé Prévost, 앞의 책, IX, p. 88.

325. *Gazette d'Amsterdam*, 1672년 12월 13일. 카미니에크는 오늘날 우크라이나의 카메네츠 포돌스키로서, 1793년까지 차례로 터키령, 타타르령, 폴란드령이었다가 그후 러시아령이 되었다.

326. Paul-Ange de Gardane, *Journal d'un voyage dans la Turquie d'Asie et la Perse, fait en 1807 et 1808*, 1809, p. 13.

327. Bibliothèque Marciana, Scritture, Oro e argento, VII, MCCXXVIII, 55.

328. 헝가리 국왕에 의해서 주조된 두카트 금화의 이름. 이 화폐는 흔히 외국에서 모방되었다.

329. Ugo Tucci, "Les émissions monétaires de Venise et les mouvements internationaux de l'or", *in : Revue historique*, 1978년 7월, p. 97, 주 23.

330. 같은 책, p. 109, 주 65.

331. F. Rebuffat, M. Courdurie, *Marseille et le négoce marseillais international (1785−1790)*, 1966, pp. 126 이하.

332. C. Sonnini, *Traité sur le commerce de la mer Noire*, 출판년도 불명.

333. A.N., A.E., B¹, 436, 다음에서 인용, T. Stoianovitch, 앞의 타이프본, p. 35.

334. 1955년 파리 회의에서.

335. *Médit*······, II, p. 61.

336. 같은 책, I, p. 263.

337. Henri Maundrell, *Voyage d'Alep à Jérusalem*, 1706, p. 2 (1696년의 여행).

338. 어느 지방지에서 보았으나 불행하게도 자료를 소실했다.

339. A.d.S. Naples, Affari Esteri, 800, La Haye, 1761년 8월 21일.

340. Moscou, A.E.A., 4113, 158, f° 4, Venise, 1787년 12월 4/15일.

341. A.E., M. et D. Turquie, 15, f°s 154-159.

342. *Observations sur l'état actuel de l'Empire ottoman*, p. p. Andrew S. Ehrenkreutz, 1965, pp. 49-50.

343. 같은 책, p. 53.

344. 같은 책, p. 54.

345. 쿠츄크 카이나르지 조약에서.

346. 콘스탄티노폴리스 조약(1784년 1월)에 의해서 크림 반도는 러시아에 할양되었다.

347. 이 책의 제1권을 보라.

348. K. N. Chaudhuri, *The Trading World of Asia and the English East India Company, 1660-1760*, 1978, p. 17.

349. A.E., M. et D. Turquie, II, f°s 131-151, 1750.

350. H. Furber, 앞의 책, p. 166.

351. A.E., M. et D. Turquie, 11, f° 162.

352. 같은 곳, f° 151, 1750.

353. H. Furber, 앞의 책, p. 66.

354. A.E., M. et D. Turquie, 11, f°s 70 et 70 v°.

355. 같은 곳, f° 162.

356. Moscou, A.E.A., 35/6, 371, f° 32.

357. 같은 곳, 93/6, 438, f° 81.

358. Luigi Celli, *Due Trattati inediti di Silvestro Gozzolini da Osimo, Economista e Finanziere del sec. XVI*, 1892, 서론, p. 8.

359. Moscou, A.E.A., 1787년 10월, 불완전한 참고 문헌.

360. M.-A. de Benyowsky, *Voyages et mémoires*……, 앞의 책, I, p. 51.

361. "Agenda for Ottoman History", *in : Review*, 1, 1977, p. 53.

362. Moscou, A.E.A., 1785년 3월, 불완전한 참고 문헌.

363. *Handbuch der europäicher Geschichte*, p. p. T. Schieder, 앞의 책, p. 771.

364. A.d.S. Naples, Affari Esteri, 805.

365. Michel Morineau, 타이프본, 프라토 역사학 회의에서의 회담록, 1977, p. 27.

366. J. Rousset, *Les Intérêts présens des puissances de l'Europe*, 1731, I, p. 161.

367. Ange Goudar, *Les Intérêts de la France mal entendus*……, 1756, I, p. 5.

368. 이 문단과 관련해서 나는 특히 다음의 책을 이용했다. Giorgio Borsa, *La Nascita del mondo moderno in Asia Orientale*, 1977 ; Michel Devèze, *L'Europe et le monde*……, 앞의 책.

369. Maurice Lombard, *L'Islam dans sa première grandeur*, 1971, p. 22.

370. 이 책 제1권, 초판의 309쪽[원서]를 보라.

371. 소말리아 남부부터 모잠비크에 이르는 해안에 대해서 아랍인들이 붙인 이름("흑인"이라는 뜻).

372. *Indonesian Trade and Society*, 1955.

373. 타밀인들은 인도 남부와 실론 섬에 거주한다.

374. Archibald R. Lewis, "Les marchands dans l'océan Indien", *in : Revue d'histoire économique et sociale*, 1976, p. 448.

375. 같은 논문, p. 455.

376. 같은 논문, pp. 455-456.

377. Donald F. Lach, *Asia in the Making of Europe*, 1970, I, p. 19.

378. Franco Venturi, *L'Europe des Lumières, recherches sur le XVIIIᵉ siècle*, 1971, pp. 138-139.

379. C. G. F. Simkin, 앞의 책, p. 182.

380. Giorgio Borsa, 앞의 책, p. 31.

381. A.N., Colonies, C², 254, f° 15 v°.

382. L. Dermigny, *La Chine et l'Occident*……, 앞의 책, II, p. 696.

383. 이 책의 308-309쪽을 보라.

384. L. Simond, *Voyage d'un Français en Angleterre*……, 앞의 책, II, p. 280.

385. Victor Jacquemont, *Voyage dans l'Inde*……, 1841-1844, p. 17.

386. M. Devèze, 앞의 책, p. 223.

387. British Museum, Sloane 1005.

388. R. Challes, *Voyage aux Indes*……, 앞의 책, p. 436.

389. A.N., Colonies, C², 105, f °233.

390. François Martin(1640-1706), 1701년부터 동인도회사의 총재.

391. A.N., Colonies, C² 105, f°s 256 v° et 257.

392. Maestre Manrique, 앞의 책, p. 398.

393. K. N. Chaudhuri, 앞의 책, pp. 447-448.

394. A.N., A.E., B III, 459.

395. A.N., Colonies, C², 75, f° 165.

396. 아마도 이 회사의 단기 차입금(bonds)일 것이다. Sana Panchanam, "Einige Probleme der kapitalistichen Entwicklung Indiens im 19. Jahrhundert", *in : Jahrbuch für Wirtschafts-geschichte*, 1970,1, pp. 155-161.

397. V. I. Pavlov, *Historical Premises for India's Transition to Capitalism*, 2e éd., 1978, pp. 326-332.

398. K. N. Chaudhuri, 앞의 책, p. 455.

399. 같은 책, p. 456.

400. Abbé Prévost, 앞의 책, I, pp. 35, 48, 49.

401. Carlo M. Cipolla, *Velieri e Cannoni d'Europa sui mari del mondo*, 1969, pp. 116-117.

402. 같은 곳.

403. 같은 곳.

404. T. T. Chang, *Sino-Portuguese Trade from 1514 to 1644*, 1934, p. 120, 다음에서 인용, C. M. Cipolla, 앞의 책, p. 117.

405. *The Embassy of Sir Thomas Roe to the Court of the Great Moghol*, 1899, II, p. 344, 다음에서 인용, G. Borsa, 앞의 책, p. 25.

406. C. M. Cipolla, 앞의 책, p. 119, 주 17.

407. K. N. Chaudhuri, 앞의 책, pp. 457, 461.

408. I. Bruce Watson, "The Establishment of English Commerce in North-Western India in the Early Seventeenth Century", *in : Indian Economic and Social History*, XIII, n° 3, pp. 384-385.

409. K. N. Chaudhuri, 앞의 책, p. 461.

410. A.N., A.E., B III, 459, Mémoire de Bolts, 19 messidor an V.

411. 이에 따라 상인과 장인들은 상품을 인도하기로 약속한다.

412. I. B. Watson, 앞의 논문, pp. 385-389.

413. A.N., A.E., B III, 459.

414. A.N., Colonies, C², 105, f° 218 v°-220.

415. A.N., Colonies, C¹¹, 10, 1750년 12월 31일. 광저우에서 Pierre Poivre와 르 마스카랭 호의 선장 사이에 있었던 갈등을 보라(1750년 6월).

416. C. Boxer, *The Portuguese Seaborne Empire, 1415-1825*, 1969, p. 57, 다음에서 인용, I. Wallerstein, 앞의 책, p. 332.

417. V. I. Pavlov, 앞의 책, p. 243.

418. 예컨대, Norman Jacobs, *Modern Capitalism and Eastern Asia*, 1958.

419. B. R. Grover, "An Integrated Pattern of Commercial Life in the Rural Society of North India during the 17th-18th centuries", *in : India Historical Records Commission*,

XXXVII, 1966, pp. 121 이하.

420. L. C. Jain, *Indigenous Banking in India*, 1929, p. 5.
421. 이 말의 의미에 관한 논쟁에 대해서는 다음을 보라. Irfan Habib, *The Agrarian System of Mughal India*, 1963, pp. 140 이하.
422. Irfan Habib, "Potentialities of Capitalistic Development in the Economy of Mughal India……", cit., p. 10.
423. Satish Chandra, "Some Institutional Factors in Providing Capital Inputs for the Improvement and Expansion of Cultivation in Medieval India", *in : Indian Historical Review*, 1976, p. 85.
424. 같은 논문, p. 89.
425. B. R. Grover, 앞의 논문, p. 130.
426. S. Chandra, 앞의 논문, p. 84.
427. I. Habib, "Potentialities……", cit., p. 8.
428. 같은 논문, pp. 18-19.
429. 같은 논문, pp. 3-4.
430. 같은 논문, p. 4, 주 2.
431. Abbé Prévost, 앞의 책, XI, pp. 661-662.
432. 같은 책, pp. 651-652.
433. 같은 책, p. 652.
434. 벵골에서 1마운드(maund) = 3만4,500킬로그램, 수라트에서 1마운드 = 1만2,712킬로그램(K. N. Chaudhuri, 앞의 책, p. 472).
435. B. R. Grover, 앞의 논문, pp. 129-130.
436. I. Habib, "Potentialities……", cit., pp. 7-8 ; W. H. Moreland, 앞의 책, pp. 99-100, 103-104.
437. I. Habib, "Usury in Medieval India", 앞의 논문, p. 394.
438. B. R. Grover, 앞의 논문, p. 138.
439. 인도의 한 주. 주도는 뭄바이.
440. I. Habib, "Potentialities……", cit., pp. 46-47.
441. 같은 논문, p. 43.
442. Sonnerat, *Voyage aux Indes Orientales et à la Chine*, 1782, I, pp. 103, 104.
443. *Jahangir's India : the Remonstrantie of Francisco Pelsaert*, 1925, p. 60, 다음에서 인용, I. Habib, "Potentialities……", cit., p. 43, 주 2.
444. I. Habib, "Potentialities……" cit., pp. 44-45.
445. 같은 논문, p. 45.
446. Abbé Prévost, 앞의 책, X, p. 1.
447. 같은 책, X, p. 93.
448. 같은 책, X, p. 237.
449. H. Furber, 앞의 책, p. 10.
450. I. Habib, "Potentialities……", cit., p. 55 et 주 2.
451. A.N., Marine, B[7], 443, f° 254.
452. V. I. Pavlov, 앞의 책, p. 329.
453. H. Furber, 앞의 책, p. 187.
454. A.N., Colonies, C[2], 105, f° 291 v°.
455. H. Furber, 앞의 책, pp. 189-190.
456. V. I. Pavlov, 앞의 책, p. 233.
457. K. N. Chaudhuri, 앞의 책, p. 260.
458. 같은 책, p. 258.
459. Abbé Prévost, 앞의 책, X, p. 65.
460. 장인들과 의무적인 상품 인도를 내용으로 하는 계약을 맺지 않고.
461. A.N., A.E., B III, 459, 1814년 4월, 옛 동인도회사와 1785년에 건립된 동인도회사의 교역에 관한 비망록, f°s 32, 여러 곳.
462. 같은 문서, f° 12.

463. Satish Chandra, "Some Aspects of the Growth of a Money Economy in India during the Seventeenth Century", *in : The Indian Economic and Social History Review*, 1966, p. 326, et B. R. Grover, 앞의 논문, pp. 132.

464. B. R. Grover, 앞의 논문, pp. 128, 129, 131.

465. 같은 논문, p. 132.

466. 퐁디셰리의 프랑스 상관이 있는 곳으로서 식량 및 상품의 공급이 부족해서 고통을 받고 있었다.

467. A.N., Colonies, C², 75, f° 69.

468. Percival Spear, *The Nabobs*, 1963, pp. xiv 이하.

469. A.N., C², 286, f° 280.

470. I. Habib, "Potentialities⋯⋯", *cit.*, p. 12, 주 1.

471. 같은 논문, p. 32.

472. Abbé Prévost, 앞의 책, X, p. 232.

473. Roland Mousnier, *in :* Maurice Crouzet, *Histoire générale des civilisations*, IV, 1954, p. 491.

474. Abbé Prévost, 앞의 책, X, p. 235.

475. 안장 뒤에 고정시키는 접은 망토.

476. A.N., Colonies, C², 56, f°ˢ 17 v. 이하, 1724. 이 시기에 이와 같은 나사 수입액은 1년에 5만 에퀴에 달했다.

477. Abbé Prévost, 앞의 책, X, p. 245.

478. I. Habib, "Potentialities⋯⋯", cit., pp. 38 이하.

479. 같은 논문, pp. 36-37.

480. Abbé Prévost, 앞의 책, X, p. 146.

481. François Bernier, *Voyages⋯⋯ contenant la description des États du Grand Mogol⋯⋯*, 1699, 1, p. 94.

482. Abbé Prévost, 앞의 책, X, p. 235.

483. 같은 책, X, p. 95.

484. P. Spear, 앞의 책, p. xiii.

485. M. N. Pearson, "Shivaji and the Decline of the Mughal Empire", *in : Journal of Asian Studies*, 1970, p. 370.

486. A. K. Majumdar, "L'India nel Medioevo e al principio dell'età moderna", *in : Propyläen Weltsgeschichte*, 이탈리아어판, VI, 1968, p. 191.

487. 같은 책, p. 189.

488. 16세기 초에 개창된, 비슈누 신을 숭앙하는 힌두교 종파. 시크교도들은 라호르 왕국을 건국했다.

489. H. Furber, 앞의 책, p. 303.

490. A. K. Majumdar, 앞의 책, p. 195.

491. *Médit⋯⋯*, I, p. 340.

492. H. Furber, 앞의 책, p. 25.

493. Giuseppe Papagno, "Monopolio e libertà di commercio nell'Africa orientale portoghese alla luce di alcuni documenti settecenteschi", *in : Rivista storica italiana*, 1974, II, p. 273.

494. A.N., A.E., B III, 459, Mémoire de Louis Monneron, 1ᵉʳ prairial an IV.

495. A.N., 8 A Q 349.

496. T. Raychaudhuri, *Readings in Indian Economy*, 1964, p. 17, 다음에서 인용, V. I. Pavlov, 앞의 책, p. 87.

497. V. I. Pavlov, 앞의 책, pp. 86-88.

498. 같은 책, pp. 239 이하.

499. 같은 책, pp. 324-335.

500. 같은 책, pp. 99 이하.

501. K. N. Chaudhuri, 앞의 책, p. 273.

502. V. I. Pavlov, 앞의 책, p. 215.

503. 같은 책, p. 216.

504. 같은 책, p. 217 ; 18세기에 영국이 인도에서 외국산 강철을 수입할 때—특히 인도의 조선업에 사용되는 강철의 경우에—영국 강철을 들여오지 않고 스웨덴의 강철을 들여온 것도 이런 이유에서이다.

505. Armando Cortesão, *in : The Suma Oriental* de Tome Pires, 1944, II, pp. 278–279 ; V. Magalhães Godinho, 앞의 책, p. 783.

506. M. A. P. Meilink Roelofsz, *Asian Trade and European Influence*, 1962, pp. 13 이하.

507. O. W. Wolters, *Early Indonesian Commerce*, 1967, pp. 45 이하.

508. Abbé Prévost, 앞의 책, VIII, p. 316.

509. 같은 책, VIII, p. 312.

510. 같은 책, IX, 74 (1622).

511. 같은 책, XI, p. 632.

512. Sonnerat, 앞의 책, II, p. 100.

513. 이 문제에 대한 고전서로 다음이 있다. G. Coedes, "Les États hindouisés d'Indochine et d'Indonésie", 1948, *in : Histoire du monde*, de M. E. Cavaignac, t. VII.

514. M. A. P. Meilink-Roelofsz, *in : Islam and the Trade of Asia*, p. p. D. S. Richards, 앞의 책, pp. 137 이하.

515. Luis Filipe F. R. Thomaz, "Maluco e Malaca", *in : A Viagem de Fernão de Magalhães e a questão das Molucas*, p. p. A. Teixera, 1975, pp. 33 이하. 주목할 만한 지적이다.

516. 같은 책, p. 33.

517. 다음에서 인용, Pavlov, 앞의 책, p. 221.

518. 같은 곳.

519. Abbé Prévost, 앞의 책, I, p. 116.

520. 같은 책, I, p. 115.

521. M. A. Hedwig Fitzler, "Der Anteil der Deutschen an der Kolonialpolitik Philipps II von Spanien in Asien" *in : Vierteljahrschrift für Sozial- und Wirtschaftsgeschichte*, 1935, p. 251.

522. L. F. F. R. Thomaz, 앞의 논문, p. 36.

523. Abbé Prévost, 앞의 책, I, p. 336 (1592).

524. 같은 책, VI, pp. 62–63.

525. 같은 책, VIII, pp. 480 이하.

526. 앞의 책, pp. 160 이하.

527. A.N., Colonies, C^{11}, f° 10 v°.

528. 앞의 책, p. 176.

529. *Voyage en Inde du comte de Modave, 1773–1776*, pp. J. Deloche, 1971, p. 77.

530. 같은 곳.

531. "I. Wallerstein et l'Extrême-Orient, plaidoyer pour un XVIe siècle négligé", Colloque de Leyde, 1978년 10월, 타이프본.

532. "Littoral et intérieur de l'Inde", Colloque de Leyde, 1978년 10월, 타이프본.

제6장

1. Littré 사전 참조, *Révolution :* "Retour d'un astre au point d'où il était parti(별이 원래 자기가 떠났던 위치로 돌아감)."

2. Hannah Arendt, *On Revolution*, 1963, 프랑스어판, *Essai sur la Révolution*, 1967, p. 58.

3. Jürgen Kuczynski, "Friedrich Engels und die Monopole", *in : Jahrbuch für Wirtschaftsgeschichte*, 1970, 3, pp. 37–40.

4. Adolphe Blanqui, *Histoire de l'économie politique en Europe depuis les Anciens jusqu'à nos jours*, 1837, II, p. 209. "와트와 아크라이트라는 두 천재적인 사람들의 두뇌로부터 탄생하자마자 산업혁명(Révolution industrielle)은 영국을 지배하게 되었다." ; 다음을 참조하라. R. M. Hartwell, *The Industrial Revolution and Economic Growth*, 1971,

p. 111 ; Peter Mathias, *The First Industrial Nation. An Economic History of Britain 1700–1914*, 1969, p. 3.

5. Maurice Dobb, *Études sur le développement du capitalisme*, 1969, p. 274, 주 3 ; A. Besançon, *in : Quarterly Journal of Economics*, XXXVI, 1921, p. 343.
6. *Les Étapes de la croissance économique*, 1967, p. 55.
7. *Croissance et structures économiques*, 앞의 책, pp. 247 이하.
8. Simon Kuznets, "Capital formation in Modern Economic Growth", *in : Troisième Conférence internationale d'histoire économique*, Munich, 1965,1, p. 20, 주 1.
9. Phyllis Deane, *The First Industrial Revolution*, 1965, p. 117.
10. "Encore la révolution anglaise du XVIIIᵉ siècle", *in : Bulletin de la Société d'histoire moderne*, 1961, p. 6.
11. Thomas S. Ashton, *La Révolution industrielle*, 1955, 프랑스어판 서문, p. x.
12. J. Hicks, *A Theory of Economic History*, 앞의 책, pp. 151–154.
13. J.-B. Say, *Cours complet d'économie politique*, 앞의 책, II, p. 170.
14. T. S. Ashton, "The Treatment of Capitalism by Historians", *in : Capitalism and the Historians*, ed. F. A. Hayek, 1954, p. 60.
15. P. Deane, 앞의 책, pp. 116, 117, 주 1, 다음에 의거, W. W. Rostow, *The Economics of Take off into Sustained Growth*, 1963.
16. Ignacy Sachs, *Pour une économie politique du développement*, 1977, p. 9.
17. 같은 곳.
18. 칠레의 경제학자인 Oswaldo Sunkel의 이 표현은 다음에서 차용한 것이다. I. Sachs, 앞의 책, p. 34.
19. Ignacy Sachs, *La Découverte du Tiers Monde*, 1971, pp. 18–30.
20. 같은 곳.
21. A.N., F¹², 1512 C, liasse 5.
22. Lynn White, *Medieval Technology and Social Change*, 1962, p. 80 ; M. Rostovtzeff, *The Social and Economic History of the Hellenistic World*, 1967, I, p. 365.
23. Stephen Finney Mason, *Histoire des sciences*, 1956, p. 34.
24. A. Vierendel, *Esquisse d'une histoire de la technique*, 1921, I, p. 38.
25. *L'Autre France. L'histoire en perspective géographique*, 1971, pp. 51–53.
26. *La Révolution industrielle du Moyen Âge*, 1975.
27. *La Crise du féodalisme*, 1976.
28. "An Industrial Revolution of the thirteenth Century", *in : Economic History Review*, 1941.
29. 이 표현은 G. F. von Schmoller 또는 F. Philippi가 독일을 가리켜서 만든 것이다.
30. Eleonora M. Carus Wilson, "The Woollen Industry", *in : The Cambridge Economic History*, II, 1952, p. 409.
31. *Little Red Book of Bristol*, ed. F. B. Bickley, 1900, 58, II, 7.
32. Frédéric C. Lane, "Units of Economic Growth historically considered", *in : Kyklos*, XV, 1962, pp. 95–104.
33. W. Abel, *Agrarkrisen und Agrarkonjunktur*, 앞의 책, p. 51.
34. C. M. Cipolla, "The Professions, The Long View", *in : The Journal of European Economic History*, printemps 1973, p. 41.
35. G. Bois, 앞의 책, p. 246.
36. Roger Bacon, 다음에서 인용, L. White, *Medieval Technology……*, 앞의 책, p. 134.
37. Jacob Cornelius Van Leur, *Indonesian Trade and Society*, 1955, p. 20.
38. 이 책의 제2권을 보라.
39. Herman Kellenbenz, *Deutsche Wirtschaftsgeschichte*, I, 1977, p. 167.
40. Gemma Miani, "L'économie lombarde aux XIVᵉ et XVᵉ siècles", *in : Annales E.S.C.*, 1964년 5–6월, p. 571.
41. Renato Zangheri, "Agricoltura e sviluppo del capitalismo", *in : Studi storici*, 1968, p. 539.
42. Eric J. Hobsbawm, "Il secolo XVII nello sviluppo del capitalismo", *in : Studi storici*,

1959−1960, p. 665.
43. Carlo Poni, "All' origine del Sistema di fabbrica······", *in : Rivista storica italiana*, 1976, pp. 444 이하.
44. L. White, 앞의 책, p. 129.
45. 같은 책, p. 28.
46. Gino Barbieri, *Le Origini del capitalismo lombardo*, 1961 ; G. Miani, 앞의 논문.
47. John U. Nef, "The Progress of Technology and the Growth of Large-Scale Industry in Great Britain, 1540−1640", *in : Economic History Review*, 1934년 10월, p. 23.
48. S. Pollard and D. W. Crossley, *Wealth of Britain······*, 앞의 책, 1968.
49. John Cleveland, *Poems*, 1650, p. 10.
50. John U. Nef, 앞의 논문, pp. 3−24.
51. S. Pollard and D. W. Crossley, 앞의 책, p. 85.
52. 같은 책, p. 130.
53. 같은 책, pp. 84 et 95.
54. Charles Hyde, *Technological Change and the British Iron Industry, 1700−1820*, 1977.
55. 이 책의 788−789쪽을 보라.
56. C. Hyde, 앞의 책, pp. 42 이하, 144.
57. S. Pollard et D. W. Crossley, 앞의 책, pp. 105, 136−137.
58. 같은 곳.
59. 같은 책, pp. 142−143.
60. John U. Nef, *The Conquest of the Material World*, 1964, pp. 141−143.
61. "The Origins of the Industrial Revolution", *in : Past and Present*, 1960년 4월, pp. 71−81.
62. *L'Industrialisation en Europe au XIX*ᵉ *siècle*, p. p. Pierre Léon, François Crouzet, Richard Gascon, colloque de Lyon, 1970년 10월 7−10일, 1972년.
63. Pierre Vilar, "La Catalogne industrielle. Réflexions sur un démarrage et sur un destin", *in : L'Industrialisation en Europe au XIX*ᵉ *siècle*, 앞의 책, p. 421.
64. Jacques Bertin, 같은 책, p. 477.
65. H. W. Flinn, *The Origins of the Industrial Revolution*, 1965.
66. H. J. Habakkuk, "Historical Experience of Economic Development", *in : E. A. G. Robinson ed., Problems of Economic Development*, 1955, p. 123.
67. Paul Bairoch, *Révolution industrielle et sous-développement*, 1974, p. 73.
68. E. L. Jones, "Le origini agricole dell'industria", *in : Studi storici*, IX, 1968, p. 567.
69. Jethro Tull, *The Horse Hoeing Husbandry*, 1733.
70. Jonathan David Chambers et Gordon Edmund Mingay, *The Agricultural Revolution 1750−1880*, 1966, pp. 2−3.
71. 같은 곳.
72. 같은 곳.
73. 같은 곳.
74. P. Bairoch, 앞의 책, p. 222의 도표, p. 226의 도표 ; P. Mathias, *The First Industrial Nation*, 앞의 책, p. 474의 도표.
75. Charles-Alexandre de Baert-Duholant, *Tableau de la Grande-Bretagne······*, 앞의 책, IV, pp. 242−243.
76. E. L. Jones, 앞의 논문, pp. 568 이하.
77. E. A. Wrigley, *in : Past and Present*, 1967, 다음에서 인용, E.L. Jones, 앞의 논문, p. 569.
78. E. L. Jones, 앞의 논문, p. 570.
79. 같은 논문, pp. 572−574.
80. J. D. Chambers et G. E. Mingay, 앞의 책, p. 18.
81. 같은 책, pp. 199−201.
82. M. Rubichon, 앞의 책, II, p. 13.
83. Abbé J.-B. Le Blanc, *Lettres d'un Français*, 앞의 책, II, pp. 64 et 66−67.
84. M. Rubichon, 앞의 책, II, pp. 12−13.

85. 같은 책, II, p. 122.
86. P. Bairoch, 앞의 책, p. 87.
87. 같은 책, p. 215.
88. R. Reinhard, A. Armengaud, J. Dupaquier, *Histoire générale de la population mondiale*, 1968, pp. 202 이하.
89. Roland Marx, *La Révolution industrielle en Grande-Bretagne des origines à 1850*, 1970, pp. 57–58.
90. 같은 곳.
91. Alexis de Tocqueville, *Voyages en Angleterre*, 1958, pp. 59, 78.
92. E. Hobsbawm, *Industry and Empire*, 앞의 책, p. 40.
93. *In : L'Industrialisation en Europe au XIXe siècle*, 앞의 책, p. 590.
94. P. Deane, 앞의 책, p. 34.
95. E. Hobsbawm, 앞의 책, p. 42.
96. *A History of Technology*, ed. C. Singer, E. J. Holmyard, A. R. Hall, T. L. Williams, 1958, IV, pp. 301–303.
97. P. Bairoch, 앞의 책, p. 20.
98. *The Trading World of Asia and The English East India Company 1660–1760*, 앞의 책, pp. 273 이하.
99. 1791년에 단지 10퍼센트에 불과했다. Ch. Hyde, *Technological Change……*, 앞의 책, p. 66.
100. P. Bairoch, 앞의 책, p. 249.
101. C. Hyde, 앞의 책, p. 219.
102. 같은 책, pp. 47–51.
103. 같은 책, pp. 37–40.
104. 같은 책, pp. 57 et 79.
105. 같은 책, p. 71.
106. 같은 책, p. 93.
107. 같은 책, pp. 83–94.
108. Francis K. Klingender, *Art and the Industrial Revolution*, 1968, pp. 9–10.
109. *Histoire générale des techniques*, M. Daumas 감수, 1962, III, p. 59.
110. 같은 책, p. 13.
111. David S. Landes, *L'Europe technicienne*, 1969, p. 127.
112. Émile Levasseur, *La Population française*, 1889–1892, III, p. 74.
113. E. A. Wrigley, "The Supply of Raw Material in the Industrial Revolution", *in : The Economic History Review*, 앞의 논문, p. 13.
114. J. Hicks, 앞의 책, 2e éd., 1973, p. 147.
115. E. Labrousse, *in : L'Industrialisation de l'Europe au XIXe siècle*, 앞의 책, p. 590.
116. P. Deane, 앞의 책, pp. 90–91.
117. E. Hobsbawm, *Industry and Empire*, 앞의 책, p. 51.
118. P. Mathias, 앞의 책, p. 250.
119. E. Hobsbawm, *L'Ère des révolutions*, 1969, p. 54, 주.
120. 같은 책, p. 52.
121. 같은 책, p. 58.
122. 같은 책, p. 55.
123. J. H. Clapham, *An Economic History of Modern Britain*, 1926, pp. 441–442.
124. 다음에서 인용, E. Hobsbawm, *Industry and Empire*, 앞의 책, p. 40.
125. L. Simond, 앞의 책, I, p. 330 ; 미국의 원면이 도착한 것은 1791년경이다.
126. 다음에서 인용, P. Deane, 앞의 책, p. 87.
127. 1820년 이후에는 원면을 위해서 그리고 1850년 이후에는 양모를 위해서. S. Pollard and D. W. Crossley, 앞의 책, p. 197.
128. L. Simond, 앞의 책, II, pp. 102–103.
129. P. Mathias, 앞의 책, p. 270.

130. P. Deane, 앞의 책, p. 56.

131. J. Accarias de Sérionne, *La Richesse de la Hollande*, 앞의 책

132. François Crouzet, *L'Économie britannique et le blocus continental 1806−1813*, 1958,1, p. 157.

133. P. Deane, 앞의 책, p. 56.

134. M. Rubichon, 앞의 책, II, p. 312.

135. Thomas S. Ashton, *An Economic History of England. The 18th Century*, 1955, pp. 132 이하.

136. F. Crouzet, 앞의 책, pp. 294 이하.

137. M. Rubichon, 앞의 책, II, p. 382. 나는 원문의 유격대(guérillas)를 유격대원들(guérilleros)로 바꾸었다.

138. W. W. Rostow, 앞의 책, p. 560.

139. L. Simond, 앞의 책, II, p. 284.

140. 같은 책, p. 282.

141. M. Rubichon, 앞의 책, I, p. 575.

142. *On Depreciation*, p. 69 ; L. Simond, 앞의 책, II, p. 24에서는 다음과 같이 번역했다 "교역은 등가의 상등을 상호 교환하는 것에 불과하다."

143. P. Deane, 앞의 책, pp. 58 이하.

144. D. Macpherson, 앞의 책, III, p. 340.

145. T. S. Ashton, 앞의 책, p. 63.

146. P. Mathias, 앞의 책, p. 466.

147. P. Mathias, 앞의 책에 대한 서평, Amalendu Guha, "The First Industrial Nation······", in : *The Indian Economic and Social History Review*, vol. 7, 1970년 9월, pp. 428−430.

148. 이 책의 제4장을 보라.

149. D. Macpherson의 언급과 같다. 주 144를 참조하라.

150. P. Deane, W. A. Cole, *British Economic Growth*, 1688−1959, 1962, p. 48.

151. 일반적인 비율이다. 다음을 참조하라. M. Rubichon, 앞의 책, I, p. 574.

152. T. S. Willan, *The Inland Trade*, 앞의 책, 제1장.

153. R.-M. Pillet, *L'Angleterre vue à Londres et dans ses provinces*, 앞의 책 ; 콜리에(colliers)란 석탄운반선을 말한다.

154. *Historical Geography of England before 1800*, 1951, pp. H. C. Darby, p. 522.

155. D. Defoe, *Tour······*, I, p. 63, 다음에서 인용, H.C. Darby, 앞의 책, p. 498.

156. T. S. Willan, *Rivers Navigation in England······*, 앞의 책.

157. 같은 책, p. 94.

158. C. Dupin, 앞의 책, p. 163, 주.

159. 같은 책, p. 171.

160. M. Rubichon, 앞의 책, II, p. 111.

161. T. S. Willan, *The Inland Trade*, 앞의 책.

162. J. H. Clapham, 앞의 책, pp. 381−382.

163. C. Dupin, 앞의 책, pp. 148 이하.

164. P. Mathias, 앞의 책, p. 277.

165. C. Dupin, 앞의 책, p. 149.

166. 같은 책, p. 144.

167. 같은 책, p. 157.

168. M. Cuchetet, *Voyage de Manchester à Liverpool par le Rail Way et la voiture à vapeur*, 1833, p. 6.

169. 같은 책, p. 11.

170. 같은 책, p. 9.

171. 같은 책, p. 8.

172. Charles P. Kindleberger, *Economic Development*, 1958, p. 96.

173. J. R. Harris, in : *L'Industrialisation de l'Europe au XIXᵉ siècle*, 앞의 책, p. 230.

174. M. Rubichon, 앞의 책, I, pp. 529-530.
175. 이 책의 802쪽을 보라.
176. 앞의 책.
177. D. Defoe, *Tour*……, 앞의 책, 1927년판, I, p. 2.
178. P. Adam, 타이프본, p. 92.
179. D. C. North et R. P. Thomas, *The Rise of the Western World*, 1973, p. 157.
180. John Hicks, *Value and Capital*, 1939, p. 302, 다음에서 인용, R.M. Hartwell, 앞의 책, p. 114.
181. Jean Romeuf, *Dictionnaire*……, I, p. 354.
182. 강조는 내가 한 것이다. Y. Bernard, J.-C. Colli, D. Lewandowski, *Dictionnaire*…… 앞의 책, p. 401.
183. 앞의 책, pp. 185 이하.
184. S. Kuznets, *Croissance et structure économiques*, 1972, 여러 곳, 특히 pp. 248 이하.
185. "Prise de vues sur la croissance de l'économie française……", 앞의 논문, pp. 46-47.
186. P. Bairoch, 앞의 책, p. 44, 그림 IV.
187. Gaston Imbert, *Des mouvements de longue durée Kondratieff*, 1959.
188. E. H. Phelps Brown, Sheila V. Hopkins, "Seven Centuries of Building Wages", in : *Economica*, 1955년 8월, p. 197.
189. R. M. Hartwell, 앞의 책, p. xvii.
190. 강조는 S. Kuznets가 한 것이다. 앞의 책, pp. 92-94.
191. 다음에서 인용, Raymond Aron, *Les Étapes de la pensée sociologique*, 1967, p. 321.
192. 이 책의 제2권을 보라.
193. J. Hicks, 앞의 책, p. 155 "…… *It was casual labour that was the typical condition of the preindustrial proletariat.*"
194. 이 책의 제2권을 보라.
195. Neil J. Smelser, *Social Change in the Industrial Revolution. An Application of Theory to the Lancashire Cotton Industry 1770-1840*, 3ᵉ éd. 1967, p. 147.
196. P. Mathias, 앞의 책, p. 202.
197. 같은 책, p. 203.
198. A.E., C.C., Londres, fᵒˢ 146-151, 1817년 3월 13일.
199. Neil J. Smelser, 앞의 책, pp. 129 이하.
200. 같은 책, p. 165.
201. L. Simond, 앞의 책, II, p. 103.
202. E. Hobsbawm, *Industry and Empire*, 앞의 책, p. 51.
203. 같은 책, p. 55.
204. P. Mathias, 앞의 책, p. 170.
205. 같은 책, p. 151.
206. 같은 책, p. 152.
207. 같은 책, pp. 152-153.
208. 발효된 보리 찌꺼기로서 맥주를 만드는 데 쓰인다.
209. L. Simond, 앞의 책, pp. 193-194.
210. P. Mathias, 앞의 책, p. 153.
211. 같은 책, p. 154.
212. R. M. Hartwell, "The Tertiary Sector in English Economy during the Industrial Revolution", in : *L'Industrialisation de l'Europe*……, 앞의 책, pp. 213-227.
213. P. Mathias, 앞의 책, p. 263.
214. R.-M. Pillet, 앞의 책.
215. 다음을 참조, Colloque de Lyon, *L'Industrialisation de l'Europe*, 앞의 책, 특히 p. 228의 토론.
216. 이 책의 445쪽을 보라.
217. H. C. Darby, 앞의 책

218. 고전적인 저작들 가운데에서도 다음 등을 보라. A. N. Dodd, *The Industrial Revolution in North Wales*, 1933 ; H. Hamilton, *The Industrial Revolution in Scotland*, 1932 ; J. D. Chambers, *Nottinghamshire in the Eighteenth Century*, 1932 ; W. H. B. Court, *The Rise of the Middland Industries*, 1938 ; T. C. Smout, *A History of the Scottish People 1560-1830*, 앞의 책.

219. E. L. Jones, "The constraints of Economic Growth in Southern England 1660-1840", *in :* Congrès de Munich, 1965.

220. *England in the Reign of Charles II*, 1934.

221. *English Social History*, 1942, p. 298.

222. Albert Demangeon, "Îles Britanniques", *in : Géographie universelle*, I, 1927, p. 219.

223. 같은 논문, p. 149.

224. G. M. Trevelyan, 앞의 책, p. 298, 주 1. 이 수치들이 1인당 수치임을 염두에 두어야 한다. 열등한 지역이라는 북부 잉글랜드에서 이 수치가 더 높다는 것은(10파운드 대 7파운드) 일반 대중에게는 글로스터-보스턴 연결선 이북에서의 생활이 더 낫다는 것을 뜻한다.

225. A. Demangeon, 앞의 책, p. 149.

226. T. S. Smout, 타이프본, Semaine de Prato, 1978.

227. Rudolf Hilferding, *Das Finanzkapital*, Iʳᵉ éd. 1910, 프랑스어판 : *Le Capital financier*, 1970.

228. 같은 책, pp. 311-312.

229. 이 책의 제2장과 제3장을 보라.

230. R. Hilferding, 앞의 책, pp. 175-177.

231. François Crouzet, *L'Économie de la Grande-Bretagne victorienne*, 1978, p. 280.

232. P. Mathias 앞의 책, p. 169.

233. 1826년에 552개의 은행들 가운데 49개가 한 명의 이사를, 157개가 2명의 이사를, 108개가 4명의 이사를, 43개가 5명의 이사를, 26개가 6명의 이사를 두고 있었다. A.E., C.C., Londres, 21, fᵒˢ 168-177, 1826년 3월 22일.

234. 프랑스의 외교 서한에서는 Country Bank를 흔히 Banque de comté로 번역하여 썼다.

235. P. Mathias, 앞의 책, p. 170.

236. 같은 책, p. 171.

237. 같은 책, p. 176.

238. 같은 책, pp. 172-173.

239. 같은 책, pp. 171-172.

240. A.E., C.C., Londres, 27, 319-351, 1837년 6월 12일.

241. M. Rubichon, 앞의 책, II, p. 259.

242. Chevalier Séguier, Londres 1818년 8월 5일 ; A.E., C.C. Londres, 13, fᵒ 274.

243. W. Bagehot, *Lombard Street, ou le Marché financier en Angleterre*, 1874, p. 21.

244. A.E., C.C Londres, 22, fᵒ 275, Londres, 1828년 7월 24일.

245. A.E., C.C, Londres, 12, fᵒ 38 vᵒ.

246. T. S. Ashton, "The Bill of Exchange and Private Banks in Lancashire, 1790-1830", *in : Papers and English Monetary History*, pp. T. S. Ashton et R. S. Sayers, 1953, pp. 37-49.

247. A.E., C.C., Londres, 20, fᵒ 29, Londres, 1825년 2월 10일.

248. T. S. Ashton, *La Révolution industrielle*……, 앞의 책, p. 141.

249. P. Deane et W. A. Cole, 앞의 책, p. 296.

250. 같은 책, p. 305.

251. S. Pollard et D. W. Crossley, *Wealth*……, 앞의 책, p. 199.

252. P. Deane et W. A. Cole, 앞의 책, pp. 166 et 175.

253. 같은 책, pp. 304-305.

254. A.E., C.C. Londres, 13, fᵒ 357, 1818년 9월 6일.

255. W. Bagehot, *Lombard Street ou le marché financier en Angleterre*, 1874, p. 31.

256. *Economic Fluctuations in England 1700-1800*, 1959.

257. P. Mathias, 앞의 책, pp. 227 이하.
258. 이것은 E. Labrousse의 용어로서 프랑스의 역사가들에게는 친숙한 표현이다.
259. A.E., C.C. Londres, 101, 1829년 11월 14일.
260. 이 책 제3장의 368쪽 이하를 보라.
261. P. Mathias, 앞의 책, p. 404.
262. 같은 책, p. 144.
263. P. Bairoch, *Révolution industrielle*, 앞의 책, p. 271, 그림 28.
264. E. H. Phelps Brown et S. Hopkins, 앞의 논문, pp. 195-206.
265. S. Pollard et D. W. Crossley, 앞의 책, p. 185.
266. 같은 곳.
267. R.-M. Pillet, 앞의 책.
268. 같은 책, p. 30.
269. 같은 책, p. 24.
270. L. Simond, 앞의 책, I, p. 223.
271. 같은 책, II, p. 285.
272. R.-M. Pillet, 앞의 책, p. 31.
273. 같은 책, p. 350.
274. 같은 책, p. 337.
275. 같은 책, p. 345.
276. W. Abel, *Agrarkrisen und Agrarkonjunktur*, 앞의 책
277. R. Baehrel, *Une Croissance : la Basse-Provence rurale (fin du XVIᵉ–1789)*, 1961.

결론

1. Émile Callot, *Ambiguïtés et antinomies de l'histoire et de sa philosophie*, 1962, p. 107에
   서 다음을 언급했다. Marc Bloch, *Apologie pour l'histoire ou métier d'historien*, 5ᵉ éd.,
   1964, p. 10.
2. Theodor Mommsen, *Römische Geschichte*, 특히 Marx의 비판적인 언급을 통해서(『자본론』
   에서는 "몸젠 선생[Herr Momsen]"이라는 표현으로 많이 등장한다), *Das Kapital*, Berlin,
   Dietz Verlag, 1947-1951, II, p. 175, 주 39, III, p. 359, 주 47, p. 857, 주 45. 핵심적인 문장
   은 다음과 같다. "고대 농업경영 중에 자본주의적인 농업과 가장 큰 유사성을 보이는, 카
   르타고와 로마의 농업경영은 진정한 자본주의적 경영이라기보다는 오늘날 플랜테이션에
   서 수행되는 경영방식과 더 닮았다. 거기에는 형식적인 유사성이 있으나 그것은 몸젠 선
   생처럼 자본주의 생산체제를 이해하기는 하되 모든 화폐에 근거한 경제에서 자본주의 생
   산체제를 찾으려고 하지는 않는 모든 사람들에게는 모든 핵심적인 점들에서 단순한 환
   상으로 보일 것이다."(*Le Capital*, Éditions Sociales, 1960, I, III, t. III, p. 168)
3. 특히 다음이 그렇다. *Storia economica e sociale dell'impero*, 1933, p. 66. 이에 대해서
   는 다음에서 비난을 받았다. Paul Veyne, "Vie de Trimalcion", *in : Annales E.S.C.*, XVI
   (1961), p. 237.
4. 그는 이런 입장을 여러 번 취했다. 특히, *Les Étapes sociales du capitalisme*.
5. Theodor Zeldin, *Histoire des passions françaises*, I, *1848–1945*, 1978, p. 103.
6. Jacqueline Grapin, *in : Le Monde*, 1973년 11월 11–12일.
7. *Découvertes d'histoire sociale*, 1920, p. 58.
8. Marten G. Buist, *At Spes non fracta*, 1974, p. 431.
9. "Appunti sull'economia contemporanea : il dibattito attorno all'azione dello Stato nel
   capitalismo maturo", *in : Rassegna Economica*, 1978, pp. 279–288.
10. C. Offe, *Lo Stato nel capitalismo maturo*, 1977.
11. J. O'Connor, *La Crisi fiscale dello Stato*, 1977.
12. 앞의 책, p. 13.
13. 다음에서 인용, Paul Mattick, *Marx et Keynes*, 1972, p. 11.
14. François Richard, *Injustice et inégalité*.
15. René Rémond, ""Nouvelle droite" ou droite de toujours", *in : Le Monde*, 1979년 7월 20일.

16. 무엇보다도, *The Reputation of the American Businessman*, 1955 ; *The Image of the American Entrepreneur : transformation of a Social Symbol*, 1963.

17. *Match*, 1979년 3월 23일.

18. 우리의 대화, 그리고 내가 소장하고 있는 타이프본 원고(러시아어로부터 프랑스어로 번역)에서.

19. 주 17을 보라.

20. *L'Express*, 1979년 6월 9-15일.

21. Alain Vernholes, *in : Le Monde*, 1979년 7월 21일, 그러나 같은 신문, 1979년 9월 5일을 를 보면 벌써 우타르 프라데시 지방의 기근이 심각했다.

22. O'Connor에 대해서는 다음에 의거, F. Caffè, 앞의 논문, pp. 285-286 ; J. K. Galbraith 에 대해서는, *La Science économique et l'intérêt général*, 1973, 여러 곳. "L'univers du marché concurrentiel", p. 12.

23. Jason Erstein, "The Last Days of New York", *in : New York Review of Books*, 1976년 2월 19일.

24. 인문과학원(Maison des Sciences de l'Homme)과 밀라노의 보코니 대학이 공동주최한 파리 심포지엄, 1979년 2월 22-23일, "유럽 경제체제에서의 중소기업." 본문에서의 언급은 Francesco Brambilla 교수의 것이다.

25. 다음에서 인용, Basile Kerblay, *Les Marchés paysans en U.R.S.S.*, 1968, pp. 113-114. Lénine의 언급은 러시아어판, *Œuvres*, t. XXXI, pp. 7-8, t. XXXII, pp. 196, 268, 273.

인명 색인